KB069674

범죄수사심리학

범죄, 사법, 법률, 개입

Graham Davies · Anthony Beech 공저 | 이봉건 · 이철원 공역

Forensic Psychology (2nd ed.)

Crime, Justice, Law, Interventions

학지사

역자 서문

이 책은 Graham Davies와 Anthony Beech 편저의 *Forensic Psychology*(2012)를 번역한 교재다. 원서의 제목은 'Forensic Psychology'로 직역하면 '법정심리학'이지만, '법정' 대신에 한국에서 친숙한 용어인 '범죄'로 대체하고 수사 실무에 관한 내용이 많은 것도 감안해서 '범죄수사심리학'으로 번역하였다.

범죄심리학의 2대 분야에는 실험범죄심리학(experimental forensic psychology)과 임상범죄심리학(clinical forensic psychology)이 있다. 이 책의 역자는 임상심리전문가/인지행동치료전문가/범죄심리전문가로서 임상범죄심리학자의 입장에 주안점을 두고 관련 활동을 쭉 해 왔으며, 심리학과 학부과정에도 임상범죄심리를 주로 가르칠 범죄심리학 과목을 개설하고 강의를 해 왔다. 그간 시중에 나와 있는 범죄심리 관련 저서나 역서를 교재로 3~4년간 사용해 보았으나, 가독성이나 내용의 충실도 면에서 만족스럽지 못하여 매년 바꾸다가 제대로 된 원서를 번역해 볼 마음을 갖게 되었다. 그러던 중 Davies와 Beech의 이 원서가 눈에 띄었다.

이 원서는 요즘의 추세를 잘 반영하고 실무에 적용 가능한 내용에도 충실하였다는 점이 특징이다. 또한 최근 동향과 연구 결과를 빠뜨리지 않고 상세하게 소개하고 있어서, 세계적으로 정평이 나 있고 많이 채택되는 교재인 것도 특징이다. 임상범죄심리학 분야는 새로운 연구 결과와 심리학적 치료 성과(outcome)가 속속 보도되는 등 급속히 확장되고 발전하는 분야다. 따라서 새로운 선진 기법과 지식을 도입하고, 이를 한국화하는 것이 시급하다고 판단된다. 각 장 맨 뒤에 읽을거리(영문자료)와 원서 맨 뒤에 용어집이 첨부되어 있는데, 이도 번역하여 함께 실었다.

이 교재는 총 21개의 장을 3인의 임상심리전문가가 분담해서 번역하였다. 이봉건은 1, 4, 6, 8, 9, 11, 13, 18, 19, 21장을, 이철원은 2, 5, 7, 10, 12, 14, 15, 16, 17, 20장을, 신우승은 3장(신경과학)을 번역하였다. 맨 앞의 입문(introduction)은 3인이 1/3씩 분담하여 번역하였다. 이봉건이 맡은 장 중에서 9장, 18장은 박사과정의 하은혜, 19장은 석사과정의 민병선, 21장은 석사과정의 박성신이 그 기초 원고를 제공하였고, 이를 이봉건이 보완하고 다듬었다.

원서를 번역하면서 독자가 읽기 쉽고 이해하기 쉽게 번역하도록 노력했다. 보다 우리말답고 읽고 나서 쉽게 이해할 수 있게끔(readable) 의역하고 문장을 다듬었으며, 역자 나름대로 각주를 달거나 괄호 속에 한글로 부연 설명하기도 하였다. 용어도 가급적이면 임상 및 범죄 심리학계와 인근 분야에서 널리 사용되는 말로 옮기려고 노력하였다. 또한 한글로 번역하다 보면 용어의 뜻이 정확하게 이해되지 않을 수 있기 때문에 중요한 원어는 가급적 괄호로 처리하여 독자의 전문 용어 숙지 및 이해를 돕고자 하였다. 이는 국내에서 전문 용어가 통일되어 있지 않아 의사소통이 원활하지 못할 수 있는 점을 보완한 것이며, 전공 원서를 읽을 때 도움이 될 것이다. 그러나 이해하기 어렵거나 오역이 있는 부분이 있으면 이는 전적으로 역자들의 잘못이다. 이를 알려 주신다면 이 교재의 내용 향상에 많은 도움이 될 것이다.

이 책은 심리학 관련 학과에서 범죄심리학 강좌용 교재로 개발되었지만, 그 밖에도 경찰의 범죄수사나 교정 분야에서 보조 교재나 읽을거리로 사용할 수 있을 것이다. 또 일반인에게는 범죄자의 속성을 이해함으로써 피해를 방지하는 데에도 어느 정도 도움이 되리라 기대된다.

이 역서의 출간을 위해 세밀하고 꼼꼼하게 교정해 주고 교재의 가독성을 높이기 위하여 문장을 많이 다듬어 준 학지사 출판사의 편집부 직원들께 감사드린다.

역자 대표
이봉건

편저자 서문

법정심리학(forensic psychology)은 대학원생에게 하나의 전문직업으로서뿐만 아니라 학생으로서 관심 대상이 되어 계속 발전하고 있다. 또한 언론매체에서도 이 주제가 일반 대중에게 상당한 흥미를 일으킨다는 것을 보여 주었다. 그러나 저자들 중 일부가 고뇌 속에 지적했듯이 사회적 통념과 현실 사이에는 상당한 괴리가 있는 경우가 많다.

2008년에 Graham Davies는 그의 레스터(Leicester) 대학교 동료인 Clive Hollin 및 Ray Bull과 함께 *Forensic Psychology*라는 책을 출간하였다. 이 책은 학부 상급생 및 대학원생을 위한 주제를 보다 간략하게 다루는데, 수사 실무, 재판 절차 및 범죄자 치료에 대한 심리학적 기여를 소개하고 있다.

초판 서문에서는 미국의 사법체계를 기준으로 삼고 있는 교재들이 많은 것을 언급하였다. 그러나 미국의 사법체계는 유럽 및 영국에서의 모형과는 아주 근본적으로 다르기 때문에 초판에서는 이런 불균형을 조정하려고 시도하였다. 이번 2판에서는 Graham Davies와 버밍엄(Birmingham) 대학교의 범죄심리학(criminological psychology) 교수인 Anthony Beech가 함께 편집을 맡아서 초판에서의 성공적인 시도를 발판으로 더욱 발전시키려고 하였다.

이 교재는 2008년 초판을 단순히 개량한 판본이라기보다는 그 이상이다. 이 책의 목표와 범위는 독자 및 교수진으로부터 피드백을 많이 받아 크게 확장되었다. 장(chapter)의 수효도 거의 두 배로 늘어서 법정 실무의 새로운 영역과 확장되는 영역까지 다루고 있다.

이 새로운 장에서는 다양한 유형의 범죄자 및 범행을 다루고 있다. 저자 중 일부와 그들이 쓴 장들이 존속되기는 했지만, 그동안 이 분야에서 일어났던 발전을 반영하기 위하여 철저하게 개정되고 새롭게 업데이트되었다.

편집자들은 원고 기여자를 선정함에 있어서 선도적인 고참 연구자들뿐만 아니라 오늘날 학생 세대의 흥미와 열정을 돋구는 데 특별한 재주를 보여 준 젊은 학자들도 종전대로 계속 영입해 왔다.

이 새로운 개정증보판은 가장 최근에 Wiley 출판사에서 영국심리학회 편으로 출간된 심리학 시리즈의 맨 뒤에 덧붙여지게 되었다. 학회편 교재의 위상에 맞게 이 교재에는 전용 웹사이트가 마련되어 있어서 그 외의 법정 관련 사이트뿐만 아니라 이 교재의 각 장에 제시된 학생용 퀴즈 문제에 접속하는 법도 제시하고 있다. 사례연구는 모든 장에 소개되어 있으며, 주관식 문제 및 교실에서의 토론거리용 주제와 그 밖에 읽을거리로 추천되는 도서도 소개되어 있다. 또한 강사용 사이트도 있어서 예상 시험문제와 견본용 PPT 슬라이드도 제공하고 있다.

이전 판에서처럼 이 교재도 제4부로 나뉘어 있다. 제1부 범죄의 원인에서는 범죄에 대한 다양한 이론적 접근법을 고찰하는데, 범죄학적(criminological) 관점과 심리학적(psychological) 관점 모두를 살펴본다. 그 밖에도 주목할 만한 것은 범죄 행위의 발달적 측면(생애 전반적 범죄자, criminal careers)과 심리생물학적 접근(psychobiological approaches)만을 다루는 새로운 장이 추가되었다는 점이다. 이 두 개 장은 모두 이 분야의 선도적인 권위 있는 전문학자가 저술하였다.

제2부에서는 범죄 수사를 소개하는데, 목격자 증언, 수사 면담 및 속임수 탐지 같은 전통적 주제 이외에도 스토킹과 가정폭력, 범죄자 프로파일링과 범죄 연계분석, 그리고 현시점의 테러라는 쟁점에 대해서 전문가가 소개하는 내용도 있다.

제3부에서는 재판 과정의 심리적 측면을 살펴보는데, 여기에서는 판사 및 배심원 의사결정의 심리적 측면, 증인에 대한 압박, 신원 확인 증거의 특수한 문제점, 그리고 점차 증가 추세인 전문가 증인으로서 심리학자의 활용이라는 논쟁거리가 들어 있다.

제4부에서는 범죄자의 치료라는 주제를 더 확대해서 다룬다. '무엇이 효과가 있는가?'라는 의문에 대한 대답 및 심리학자들이 개발한 다양한 위험 평가 도구와 행동수정 프로그램을 살펴보는 것 이외에도, 성범죄와 공격범죄로 유죄판결을 받은 범죄자들의 치료 그리고 학습부진과 정신장애 범죄자의 치료에 초점을 맞춘 이 방면의 전문가가 쓴 장이 있다.

'선한 삶(good lives)' 운동의 개척자 중 한 명이 쓴 마지막 장에서는 법정에서 유죄판결과 선고를 받은 사람들에 대한 교정 및 재활의 전망을 살펴보고 있다.

편저자들은 Wiley 출판사 직원들로부터 도움과 지원을 많이 받았다. Andrew McAleer는 2판의 작성을 처음부터 권고하였으며, 보다 확대되고 포괄적인 교재를 바라는 우리의 목표를 뒷받침해 주었다. Georgia King은 우리의 잡다하고 늘상 있는 주문사항을 친절하고 효과적으로 해결해 주었다. Katharine Earwaker는 책 표지 디자인과 교재 속에 넣을 적절한 예시를 찾는 과제를 기꺼이 맡아 주었다. 우리는 이들 모두와 독자 여러분이 이 교재를 좋아하기를 소망한다.

Graham Davies와 Anthony Beech

차례

세부 차례

입문

GRAHAM DAVIES, ANTHONY BEECH & CLIVE HOLLIN

이 장의 개요

법정심리학(forensic psychology)은 심리학적 연구와 적용 범위가 광범위하며 발전하는 분야다. 법정심리학은 심리학과 법학의 중첩 분야로서, 법률 및 범죄 관련 사안까지 아울러서 다양한 연구 주제가 포함되어 있다. 엄밀하게 말하면, 법정심리학의 **법률적 측면(legal aspect)** 에서는 심리학적 지식과 방법을 법률 절차에 적용하는 데 중점을 두며, **범죄적 측면(criminological aspect)** 에서는 심리학적 이론과 방법을 범죄 행동을 이해하고 개입(interventions)을 통해 감소시키는 데 적용하는 것을 다룬다. 요점을 정리하면, 법률적 측면에서는 증거, 증언 및 재판을 다루는 반면, 범죄적 측면에서는 범죄와 범죄자에 초점을 맞춘다. 법정심리학자가 수행하는 과제의 유형에는 다음과 같은 것들이 있다.

- 범죄자를 위한 처치 프로그램을 안내해 주고 실시하는 것
- 형사 정책 및 그 시행을 뒷받침해 줄 연구 성과(증거)를 산출해 내는 것
- 폭력범 및 성범죄자가 될 위험도를 평가하는 것
- 가정폭력과 가족 관련 문제
- 약물이나 알코올 문제가 있는 범죄자를 치료하는 것
- 보고서를 작성하고 법정에 증거를 제출하는 것
- 가석방 심사위원회 및 정신보건 심판관에 조언을 제공하는 것
- 범죄 분석 및 범죄자 프로파일링
- 증언의 신뢰도에 대한 실험연구 및 현장연구를 수행하는 것
- 용의자 및 취약성이 있는(vulnerable) 증인을 면접하는 기법에 대해 조언을 제공하는 것
- 대테러 정책 및 인질 협상

법정심리학(forensic psychology) 이라는 포괄적 용어는,

법정(forensic) 이라는 용어가 엄밀히 말하면 범죄의 적발(detection)과 연결되어 사용되는 과학적 검사 또는 기법을 사용한다는 뜻이지만, 법률적 및 범죄학적 연구와 응용 모두를 아우르는 데 쓰인다. 범죄와 범법 행위가 사회적 쟁점으로서 그 중요성이 계속 높아짐에 따라 정책 입안자들이 "어떤 사람이 범법 행위를 하도록 만드는 것이 무엇인가요?" 그리고 "어떻게 해야 범죄가 감소할 수 있나요?"와 같은 문제 제기에 대해 답변을 해 주기 위해서라도, 보편적으로는 심리학 분야, 세부적으로는 법정심리학 분야에 점차 지원을 요청하게 된 것은 필연적인 것으로 보인다. 이 책의 목표는 범죄의 원인(1부)에서부터 범죄의 탐지(2부), 심리 과정(3부) 그리고 끝으로 범죄자에 대한 위험도 평가와 처치(4부)에 이르기까지 심리학과 관련된 현행 활동 범위(주제)의 대략적인 윤곽을 보여 주는 것이다.

우리는 우선 본문 각 장(chapters)의 흐름을 이해하기 쉽도록 각 영역별 배경을 간략하게 설명한다. 따라서 법정심리학이 오늘날 어떻게 고도의 심리과학(psychological science)으로서 우뚝 서게 되었는지를 이해하려면, **법률심리학(legal psychology)** 과 **범죄심리학(criminological psychology)** 모두의 뿌리를 간략하게 살펴보는 것이 유용할 것이다. 그다음에 우리는 법정심리학 관련 전문직과 주요 학술 단체 및 관련 학회지를 소개한 후, 이 책의 구조와 내용을 개괄적으로 살펴볼 것이다.

법률심리학

법률심리학(legal psychology)은 실험심리학자가 처음으로 개척한 응용심리학 영역 중 하나다. 이 분야는 1970년대까지는 시들하다가 심리학과 법학이 중첩되

면서 연구 분야에 대한 관심이 크게 고조되었고 이 추세가 오늘날까지 이어지고 있다. 법률심리학은 20세기로 넘어오는 시점에 유럽에서 시작되었다(Sporer, 1982 참조). 초기의 개척자 중 유명한 학자는 오스트리아 사람인 Hans Gross(1847~1915)인데, 그는 전 생애에 걸쳐 증인에 대한 예심(pre-trial) 조사를 4만 5,000회 이상 수행했다고 한다. 그는 풍부한 경험의 결과로 증언의 정확성에 대해 회의적이 되었고 신뢰할 만한 증언을 가려내기 위한 검사를 개발하였다. 그는 자신의 경험을 법률심리학 최초의 교재라고 할 만한 책으로 저술하였는데, 이는 1898년에 출간되었다.

Gross의 관심사 중 하나는 질문을 받고 있는 증인의 피암시성(suggestibility)이었다. 프랑스 심리학자 Alfred Binet(1857~1911)은 아동의 피암시성과 동조현상(conformity)에 관한 초창기 연구의 일부를 수행했고, 그 결과를 그의 저서 *La Suggestibilité*(1900)에 수록했는데, 그의 생각은 독일 심리학자 Louis William Stern(1871~1938)에 의해 계승되었다. Stern은 Psychologie der Aussage(언어적 보고에 관한 심리학, Psychology of Verbal Reports)라고 자신이 이름 지은 연구계획의 일환으로 증언심리학(witness psychology)을 전문으로 다루는 최초의 학술지를 간행하였으며, '사건 검사(event test)'와 같은 새로운 방법을 도입하였다. 이 방법은 사건의 경위를 조심스럽게 목격자들 앞에서 재현한 후 목격자들에게 사건의 내용을 각자 자신의 말로 적어서 보고하게 하고 세부 내용을 묻는 질문에 대하여 답변하도록 하였는데, 이는 현재도 사용되는 기법이다(Sporer, 1982). 피암시성은, 특히 영향받기 쉬운 증인(vulnerable witnesses) 및 그의 증언에 미치는 영향에 관련해서는 현대에도 연구의 초점이 되고 있다(5~6장 참조).

언어적 보고(Aussage) 중시 추세는 독일에서 제1차 세계대전 때까지는 활발했다. 이 새로운 학문이 영어권 세계로 전파된 것은 Stern의 친구인 Hugo Münsterberg(1863~1916) 덕분이었다. Münsterberg는 미국의 William James가 미국 내 최초의 실험심리학 연구실을 세우는 데 초청을 받아 1892년에 독일에서 미국 하버드 대학교로 옮겨 갔다. Münsterberg의 법률심리학에 관한 관심은 증언 이외의 주제로까지 확대되었다. 1908년에 Münsterberg는 『증언대에 서서(On the Witness Stand)』라는 책을 출간하였는데, 이는 법률 시행(사법) 전반뿐만 아니라 특히 재판(사법 판단) 과정에서의 심리학의 가치를 널리 알리고 드높이기 위한 것이었다. Münsterberg가 소개한 주제에는 다음과 같은 것들이 있었다.

- 증인의 증언 내용의 정확성
- 거짓말의 탐지
- 거짓 자백
- 법정에서 심의 시 암시적으로 질문하기
- 효과적인 면담 절차

슬프게도 Münsterberg의 저술은 법률심리학이 새롭게 동트는 시기에 길잡이의 역할을 하지 못하였다. 이 책에서 쓰인 다소 과장스러운 어조와 신뢰성이 적은 일반화 방식은 법조인들로부터 소외당하는 결과를 초래했다[그는 법조인들을 고집스럽게 '완고한(obdurate)' 사람들이라며 마음속에서 치워 버렸다]. 그러나 이 책에 담긴 내용과 함축성은 바로 그들에게 가장 유용했을 수 있다. 미국의 저명한 판사 John H. Wigmore(1863~1943)는 가상의 재판에 대한 풍자적 해설에서 권위 있는 지적을 제시하며 Münsterberg의 허울만 그럴듯하고 웅대한 주장이 비웃음거리가 되도록 크게 부각시켰다(Wigmore, 1909). 하지만 Wigmore는 그 당시에는 심리학이 법학 분야에 제공해 줄 것이 거의 없지만, 언젠가 성장하여 의미 있는 기여를 할 때가 올 수 있을지도 모름을 실제로 인정했다. Münsterberg가 1916년에 죽자 그의 발상에 대한 이와 같은 배척이 뒤따랐고, 이는 결국 미국에서 법률심리학의 연구에 종지부를 찍게 만들었다. 그러나 법률심리학에 대한 관심이 1970년대에 다시 부활되자 Münsterberg가 내세웠던 주제들의 대부분이 당시 연구 활동의 중심이 되었으며, 당시 사회의 스트레스에서 야기된 새로운 주제들도 이에 합류하게 되었다.

법률적 사안에 심리학자들이 다시 관여하게 된 주요 동기 중의 하나는 **용의자를 잘못 짚어서(mistaken identification)** 엉뚱한 사람에게 피해를 입히게 되는 것에 대한 염려에서 비롯되었다. 영국에서는 대법관 Devlin이 1976년에 용의자 신원 파악의 오류를 저지른 일련의 사례에 관한 보고서를 출간하였다. 신원 파악의 법 조항과 실제 처리 절차에 대한 **Devlin의 진실규명(Devlin Inquiry)**은 영국에서는 심리학자로부터 지각(perception) 및 신원 파악에 관한 증거를 받아들인 최초의 사건이었다. 조사 결과에 따른 권고사항 중 하나는 다음과 같다. "연구는 심리학에서 밝혀낸 지식을 신원 파악을 위해 용의자를 쭉 보여 주는 행사와 재판부의 실무 관행에 대해 적용할 방도를 세우는 것을 목표로 해야 한다."(p. 149)는 것이었다. 이는 신체 및 목소리를 통한 신원 확인에 관한 연구에 대해 (영국) 내무부의 경비 지원을 곧바로 이끌어 냈으며(Bull & Clifford, 1984; Shepherd et al., 1982), 그리하여 경찰 및 사법부에 적용되는 심리학 연구의 가치를 전반적으로 보다 긍정적으로 보게끔 이끌었다(Bull et al., 1983). 신원 파악에 대한 연구는 최근의 법정연구에서 주된 영향이다(14장 참조).

미국에서는 신원 파악 문제에 대한 심리학자의 관여가 다소 다른 형태로 이루어졌다. 영국에서는 보통 증언 관련 전문성을 갖춘 심리학자가 범죄 재판 시 증거를 제시하는 것이 허용되지 않았다. 단지 예외가 있다면 소위 거짓 자백으로 여겨지는 사례(예: Gudjonsson, 2003)에 대해서였다. 미국에서는 Elizabeth Loftus와 Robert Buckhout(1935~1990)가 보편적으로는 목격자 증언에 대하여, 세부적으로는 신원 파악의 신뢰성에 대하여 법정에서 전문가로서 증언을 하도록 허락된 최초의 심리학자들 중 하나였다. 이런 증언은 재판정에서 통상 이의제의를 받았으며 그 결과 증인의 오류(witness error)를 가져오는 과정을 잘 이해하기 위한 연구에 더 많은 투자가 이루어지게 되었다(15장 참조). 여기에서 평가자 변수(estimator variables)와 체제 변수(system variables)를 구분할 필요성이 대두된다(Wells, 1978).

- **평가자(estimator) 변수**는 증인이 범죄자를 처음 보았을 때와 관련된 무질서한 환경, 이를테면 불빛(조명) 그리고 증인과 떨어진 거리 등에 관한 것이다.
- **체제(system) 변수**는 사법경찰관의 통제하에 있는 요인들, 이를테면 신원 파악 대열에 얼마나 많은 사람이 늘어서 있는지 그리고 그들이 용의자와 얼마나 친숙한지 등에 관한 것이다.

이와 같은 새로운 연구의 상당 부분이 Loftus의 영향력 있는 저서인 *Eyewitness Testimony*(1979)에 요약되어 있다. 이 책은 실험심리학자들로 하여금 재판 과정에 더욱 흥미를 불러일으키는 데 공헌하였다. Loftus의 연구는 목격자 증언의 변덕스러움에 집중되어 있다. 이는 '사건 이후의 정보(post-event information)'에 의한 영향을 탐색하여 **언어적 보고의 이동(Aussage movement)**에 대한 발견에 기반을 둔 것이다. 즉, 어떤 사건이 발생한 후에 어떤 범죄 현장의 목격자가 읽었거나 본 정보 또는 대화를 나누었던 정보, 그리고 이 정보가 뒤이은 모든 재판에서 목격자 증언의 신뢰도에 끼쳤을지도 모르는 부정적 영향에 대해 조사했던 것이다(5~6장 참조). 1980년대에 미국의 대학에서는 심리학과 법학을 함께 연구하는 연계 박사과정(법학박사/철학박사 프로그램, JD/PhD programs)을 최초로 개설했다. 이는 법률적 절차의 심리학적 측면에 대하여 훨씬 더 폭넓게 살펴보도록 하는 연구를 촉발했다. 재판 판결문 낭독 시의 단어구사 방식(wording)과 시간분배(timing), 특히 배심원의 의사결정 등에 관한 연구(Hastie et al., 1983)는 법철학(jurisprudence)과 관련된 심리학 영역의 기초가 되었다(12장 참조).

법정심리학자의 초기 관심사 중 하나는 아동 증언의 신뢰도에 대한 것이었는데, 이 쟁점도 1980년대에 다시 돋보이게 부각되었다. 영국과 미국에서는 아동의 증언이 전통적으로 재판부에 의해서 배제되거나 제한되었는데, 그 이유는 **피암시성(suggestibility)**을 우려하였기 때문이다. 그러나 이런 규제 때문에 대부분의 아동학대 관련 호소가 실질적으로 재판에 회부되지 못하게 되었다는 사회적 여론이 드높아졌다. 새로운 연구, 특히 미국 심리학자인 Gail Goodman에 의한 연구(예: Rudy & Goodman, 1991)는 적절한 상황에서는 아동들이 신뢰할 만한 증언을 할 수 있음을 입증하였다. 이는 관련 법률을 개정하고 원격 증언이나 비디오 증언 같은 아동 친화적 진술방법을 도입하자는 사회적 압력을 드높였다(15장 참조; Davies, 1999).

나이가 아주 어린 아동의 증언을 무비판적으로 받아들이는 데 따르는 위험은 미국의 Kelly Michaels 재판(Bruck et al., 1998), 그리고 영국의 Shieldfield Nursery 사건(추문)(Webster & Woffindon, 2002) 같은 잘못된 재판에 드러나 있다. 특히 미국의 발달심리학자 Stephen Ceci의 연구 결과는 아동의 증언이 다소라도 신뢰성이 있을 수 있는 상황을 부각시켜 주고 있다. 아동을 대상

으로 면담을 수행해야 할 책임이 있는 수사관을 위해 심리학자들이 작성한 공식적 지침서에서는 아동의 증언이 갖는 강점뿐만 아니라 약점에 대해서도 조심스럽게 서술한다(5~6장 참조).

Münsterberg에게서 비롯된 또 다른 관심사는 **속임수(deception)**의 탐지다. 심리학자들은 '거짓말 징표(lie-signs)'에 관련된 많은 (검증되지 않은) 주장을 조심스럽게 연구해 왔고 다양한 장비에 대하여 비판적인 관점을 갖게 되었다. 이런 장비에는 다중기록장치(polygraph, 소위 '거짓말탐지기'; Wilcox, 2009)에서부터 기능적 자기공명 영상(functional magnetic resonance Imaging: fMRI), 두뇌 주사(brain scanning; 이 기법에 관한 설명은 3장 참조)에 이르기까지 구비되어 있으며, 그것이 거짓말을 완벽하게 짚어 낸다고 주장되었다(Vrij, 2008). 그러나 2004년에 영국심리학회(British Psychological Society)에서는 현재에 이르기까지 인지도가 있는 모든 방법에 관한 개관 보고서를 출간하면서 그 어떤 방법도 법정에서 진실과 거짓을 가려내는 데 사용하도록 권고할 수 있을 정도의 기준에 도달하지 못했다고 결론지었다.

성인의 증언 관련 피암시성과 신뢰도 문제는 **발굴된 기억(recovered memories)**의 타당성에 대한 신랄한 비판과 논쟁에 의해 부각되었다. 이 기억은 외상(trauma)에 대한 기억으로서, 치료 과정 중에 흔히 발굴되어 회상되며, 당사자가 그 이전에는 몰랐던 내용이다. 이 문제도 재판의 결과로 크게 부각되었다. 그것은 전문가 증언에 관한 견해 충돌이 심각했던 살인사건 재판이었다. 미국 캘리포니아에서는 George Franklin이 약 20년 전에 Susan Nason이라는 어린 소녀를 살해한 죄로 법정에 섰다. 그의 죄에 대한 유력한 증거는 그의 딸의 목격 증언이었는데, 그의 딸은 자기가 어렸을 때 아버지가 살인을 저질렀던 기억을 최근에 생생하게 발굴하였다. 검사 측 전문가인 정신과 의사 Lenore Terr는 기억

의 억압은 임상 환자들에게서 흔한 일이며 Franklin 딸의 기억은 이 유형에 딱 들어맞는다고 주장했다. 피고측에서는 Elizabeth Loftus가 Franklin 딸의 증언에는 중요한 오류가 들어 있으며, 당시의 지역 신문에 보도되지 않은 내용은 하나도 없다고 주장했다. Franklin의 딸은 그녀 스스로 만들어 낸 심상(imagery)에 관한 진실에 대해 밝히기를 거부하였다. 이 심상은 아마도 치료 과정 중의 암시에 의해 촉발된 것일 수 있다. 배심원은 George Franklin을 유죄로 평결하였지만, 선고 내용은 상고에서 뒤집혔다(Maclean, 1993). 이와 같이 뒤집힌 이유는 발굴된 기억이 종종 신뢰할 만하지 못하며, 가짜 기억(false memories)이 정교한 실험 기법을 통해 심리학 실험실에서 즉각적으로 만들어질 수 있다는 것을 밝힌 축적된 연구 결과에도 부분적으로 기인된다. 인지심리학자와 임상심리학자는 발굴된 기억이 신뢰할 만한 또는 가짜로 판명되기 쉬운 상황에 대해 계속 논쟁 중이다(15장 참조).

최근 감시(policing)와 적발(detection)의 인물 파악 비중이 큰(high-profile) 세 개 영역에서는 Münsterberg의 흥미를 끌었을 것으로 여겨질 정도로 심리학적 연구 결과를 잘 활용하고 있다. 〈양들의 침묵(Silence of the Lambs)〉 같은 영화와 〈크래커(Cracker)〉 같은 TV 연속극은 심리학자의 역할을 범죄자 프로파일러(profiler)로서 멋있게 돋보이도록 만들었다. 물론 심리학이 프로파일링(profiling)과 범죄 분석에서 실제로 기여하는 바는 매스컴에서 채색한 그림에는 못 미치고 있다(9장 참조). 스토킹(stalking)은 공공연히 저질러지기 아주 쉬운 또 다른 범죄다. 일반적으로는 '팬'들이 저명인사를 악착같이 따라다니는 상황을 볼 때 그렇다(Meloy et al., 2008). 그러나 이는 법원에서 볼 때는 배우자 폭력(intimate partner violence)에 해당될 수 있는 것이다(10장 참조). 테러 행위도 신문에 보도되지 않은 적이 없다. 이에 따라 심리학자들은 테러분자들의 동기를 이해하고 그에 따라 테러분자가 테러를 자행할 위험성과 후속 결과를 줄이기 위한 방법에 대하여 정부로부터 점차 지원 요청을 많이 받고 있다(11장 참조).

범죄심리학

관습법(common law)에서는 심리학과 범죄 행동 사이에 중요한 연결성이 있음을 오래전부터 인식하고 있었다. 이는 범행 의지(mens rea 또는 guilty mind)라는 법의 원리에 내포되어 있다. 그 뜻은 어떤 사람이 어떤 (범죄) 행위를 자기 의지대로(wilfully) 그리고 자기 의도대로(intentionally) 저지르지 않았다면 유죄가 아니라는 것이다. 범죄 행동에 대한 초기의 이론들에서는 범죄 행동의 유전 가능성을 강조하였다. 이는 이탈리아 범죄학자 Cesare Lombroso(1835~1909)의 저술에서도 나타난다. 또한 Lombroso는 범죄자들이 원래 태어나기를 그렇게 태어났으며, 이런 속성은 그가 습관성 범죄자에게 있다고 믿었던 얼굴의 특이성과 체격에 드러나 있다는 것을 주장하기 위해 관상학(physiognomy)에서 유래된 아이디어[즉, 인간의 특질(traits)은 얼굴과 체형의 구조에 반영된다는 생각]를 사용했다. 일부 학자는 강간범이나 살인범의 외모상 특징을 이미 잘 파악하고 있다고 시사하기도 했지만(예: Goldstein et al., 1984), 이런 고정관념이 사실에 기초한다는 증거는 거의 없다. 일찍이 1913년에 영국의 의사인 Charles Goring(1880~1917)은 많은 범죄자와 대조집단인 군인 표본을 비교했을 때 관상이나 그 밖의 신체적 특징에서 의미 있는 차이가 거의 없음을 발견하였다.

Freud와 그의 계승자들이 시작한 심리학적 이론의 적용은 범죄를 포함해서 많은 일상생활의 개념에 대해 의미 있는 영향을 미쳤다. 심리학자이자 정신과 의사였고 정신분석가였던 John Bowlby(1907~1990)는 아동이 생후 7개월에서 12개월 사이에 어머니와 분리되면 이후의 발달과 행복감(자신과 타인에 대한 애착의 관점에서)에 심각한 결과를 초래하고 나중에 범죄자가 될 가능성이 높아진다고 주장하였다.

애착은 유아가 태어날 때부터 가지고 나온 생물학적 욕구를 통해 부모나 일차적 보호자와 친밀한 접촉을 유지하는 과정이라고 광범위하게 정의된다. 친근한 접촉은 안정감을 만들고 뇌의 진정 체계에 영향을 준다. 유아들은 스스로 진정시키는 능력을 가지고 태어나지 않는다. 따라서 스트레스 신호(예: 붙잡기, 포옹하기, 웃어 주기, 먹여 주기)에 대한 보호자의 반응이 스트레스 수준의 조절과 감소에 영향을 준다. Fonagy(2001)는 애착 유형은 유전적 요인과 사회적 경험의 조합에 의해 형성된다고 하였다. 그리고 초기의 사회적 경험이 소질의 양식을 형성한다고 보았다.

따라서 개인의 애착 양식은 인생 경험과 상호작용(Young et al., 2003)에 의해 만들어진 일련의 지속적인 특성이라고 할 수 있다. 이러한 점에서 유아와 일차적 보호자 간의 관계는 유아의 미래 대인관계와 친근한 관계의 모형을 제공한다. 이 모델은 개인과 아동기의 일차적 보호자의 관계가 긍정적이든 부정적이든 상관없이 유지된다. 따라서 개인의 미래 사회적 상호작용의 모델이 형성되면 이 모델은 접근이나 회피행동/상호작용 그리고 극단적으로는 범죄행동에 있어서도 기본적으로 적용될 수 있다. 이 문제들은 초기 애착과 후기 범죄 행동에 미치는 영향을 다룬 2장에서 보다 자세히 논의될 것이다. 4장에서는 아동학대의 신체적·심리적 영향을 논의할 것이다.

행동주의 학파는 또한 치료를 통해 반사회적 행동을 이해하고 변화시킨다는 점에서 범죄심리학에 중요한 영향을 주었다. 행동주의는 정상이든 비정상이든 조건화 기제를 통해 모든 인간의 행동을 조성하는 데 있어 학습의 역할을 강조한다. 행동주의 맥락에서는 두 가지 커다란 학파가 있는데, Pavlov 학파의 고전적 조건화와 조작적 조건화[이 접근법은 Bandura(1977)의 사회학습 이론으로 변화되었다.]가 그것이다.

Hans Eysenck(1916~1997)는 범죄와 성격을 연결하는 일반적인 이론을 개발하기 위해서 Ivan Pavlov(1849~1936)의 조건화 원리를 사용하였다. Eysenck(1977)는 그의 이론에 개인의 성격을 결정하는 요인으로서 생물학적 요인과 사회적 요인을 포함시켰다. Eysenck에 따르면 개인의 성격은 주로 사회적인 환경 속에서 다른 사람들로부터(또는 조건화되어) 배우는 능력에 의해 결정된다. 따라서 성격은 반사회적이거나 범죄적인 행동을 하게 만드는 성격의 윤곽을 결정하는 아동의 사회화 과정에서 중요한 역할을 하게 된다. Eysenck의 개념들은 범죄자에 대한 심리학적 연구를 고무시켰고, 그것에 대한 지지 결과도 나타났다. 그러나 지금은 너무 기계적이고 생물학적이며 결정론적이라고 여겨진다. 한때는 범죄 행동을 설명하는 심리학 이론에서 중요한 이정표 역할을 했지만 Eysenck의 이론은 현대의 범죄 이해와 재활에는 지속적으로 영향을 미치지 못하고 있다.

좀 더 많은 영향력을 발휘한 사람은 미국의 심리학자 B. F. Skinner(1904~1990)다. 그는 Pavlov의 이론을 조작적 학습의 개념으로 발전시켰다. 간단히 말하자면, Skinner는 개인의 행동이 환경을 활동시키고(또는 조작하고) 개인에 대한 결과를 초래한다는 것이다. 어떤 사람에게 보상을 가져오는 결과(사회적으로 또는 물질적으로)를 낳는 행동은 반복될 가능성이 높아진다. Skinner는 이러한 경우를 그 행동이 강화되는 것으로 설명하였다. 만일 행동이 혐오스러운 결과를 가져오면 그 행동이 반복될 가능성이 낮아진다. Skinner는 이를 행동이 처벌받는 것이라고 설명하였다. Skinner의 조작적 조건화 개념은 범죄 행동을 설명하는 데 사용되었다(Jeffery, 1965). 더 나아가서 Skinner의 조작적 학습은 범죄자가 재범을 할 가능성을 감소시키는 작업에 활용되었고 약간의 성공을 거두었다(Laws & Marshall, 2003; Milan, 2001).

20세기 후반, 인지심리학이 출현하여 사고, 정서와 같은 내적 과정이 행동주의적 학습이론에 통합되었다. 이 통합은 심리학자 Albert Bandura(1977, 1986)에 의해 사회학습이론(social learning theory: SLT)으로 발달되어 더욱 명료해졌다. 사회학습이론은 외현 행동은 물론 내적 과정(즉, 인지)을 변화시키는 목적을 가진 개입을 시작하게 하였고, 인지행동치료와 그와 연관된 치료법이 나타나게 하였다(인지행동치료에 대해서는 16~18장 참조).

인지행동치료 개입은 범법자들에게 점차 보편적으로 사용되고 있다(예: Browne et al., 2012; Ireland et al., 2009). 예를 들면, 사회심리학자 RayMond Novaco(Novaco et al., 2012)는 일부 폭력의 형태를 이해하는 데 분노가 중요함을 강조하였다. 따라서 분노 조절 치료법은 폭력 범죄자들에게 널리 사용되었다(18장 참조). 유사하게, 성폭력 범죄자 치료에서는 인지행동치료가 주된 개입방법이 되었고(18장 참조; Beech et al., 2009), 지적장애의 치료에 있어서는 사회학습/인지치료적 접근이 성공적으로 채택되었다(이러한 범법자들에 대한 자세한 치료법은 19장 참조). 적절한 인지 발달이 결정적으로 중요하다는 점은 미국 심리학자 Lawrence Kohlberg(1927~1987)에 의해서도 강조되었다. 그의 업적은 위대한 발달심리학자 Jean Piaget(1896~1980)에게 영향을 주었다. Kohlberg는 도덕적 성숙을 충분히 이루기 위해서 아동들이 처벌의 위협에 기초한 도덕성으로부터 질서와 상호성의 사회적 가치를 인식하는 데 기초한 도덕적 추론에 이르기까지의 6단계 도덕 발달 과정을 잘 통과하는 것이 필요하다고 주장하였다(Power et al., 1989). 개인이 도달해야 할 가설적인 단계와 실제 행동 간의 연계성에 대해서는 논란의 여지가 남아 있지만, 도덕적 판단의 발달에 대한 Kohlberg의 공식적 분석은 범죄자를 이해하고 도와주는 데 많은 영향을 끼치고 있다(2장 참조).

영국의 또 다른 발달이론에서는 **합리적 선택이론**에 근거한 범죄예방 측정방법들이 있다. Cornish와 Clarke(1986)는 범죄자가 범죄를 저지를 때 개인적 이득이 우선적인 동기가 되지만, 그러한 기회가 왔을 때 발각되는 것을 피할 수 있는가에 따른 합리적 선택에 의해 범죄가 유발된다고 가정하였다. 이 이론은 상황적 범죄 예방이라고 알려져 있는데(Wortley & Mazerolle, 2008), 전기적인 경보를 통해 범죄의 가능성을 최소화시키고 경찰 순찰을 증가시켜 범죄 탐지 기회를 최대화할 수 있도록 환경을 변화시키는 것이다.

그러나 1970년대와 1980년대 사이에 그러한 심리학적 이론과 실제가 발달했음에도 불구하고 범죄자 재활에 대해서는 아무것도 하지 않고 있다는 견해가 일반적이었다(Martinson, 1974; 그에게는 공평하게 보이겠지만, Martinson의 견해는 치료가 감옥보다는 공동체에서 더 잘 이루어지고 있다는 것이었다). 이러한 견해는 영국을 포함한 일부 세계의 정치가와 경찰 관계자들이 늘어나는 범죄에 대처하기 위한 범죄 사법 체계로서 더 많은 감옥을 세워야 한다는 비관적인 합의에 이르도록 하였다. 그러나 10년의 기간이 지나면서 이러한 견해는 캐나다와 영국에 있는 일부 심리학자 집단, 특히 '초기에 무슨 작업을 해야 할 것인가?'라는 가치 아래 모인 집단의 도전을 받았다(Andrews & Bonta, 1994; McGuire, 1995). 이 심리학자들은 범죄자들에 대한 치료 시행의 결과를 종합분석한 결과, 기본적으로 인지-행동 방법을 포함한 개입이 통제집단에 비해 재범의 확률을 낮추었다고 보고하였다. '범죄적인 뇌'에 대한 개념은 계속 연구되어 왔지만(Johnson, 1998), '범죄자는 만들어지는 것이 아니라 타고나는 것'이라는 비관적인 견해는 20세기 초반에 심리학자들과 정신과 의사들에 의해 지속적으로 도전받아 왔고 검증되었다. 여하튼 치료가 매우 어려운 강한 성향의 소유자들이 여전히 관찰되고 있다. 특히 관심을 끄는 것은 『정신장애의 진단 및 통계 편람(Diagnostic and Statistical Manual of Mental Disorders: DSM-IV-TR)』(American Psychiatric Association, 2000)에서 반사회적 성격장애로 진단된 사람이나 사이코패스로 확인된 사람들[전형적으로 Hare의 정신병질 점검표 개정판(Hare Psychopathy Checklist Revised: PCL-R; Hare, 1991, 2003)을 사용해서 확인된]의 뇌에서 무엇이 일어나고 있는지에 대한 것이다. www.mentalhealth.com에 제시되어 있는 표들을 보면 투옥된 범죄자들의 80~85%가 반사회적 성격장애(이러한 용어의 중복성 때문에 별로 놀랄 일은 아닌)로 진단될 수 있는 반면에, 20%만이 사이코패스로 간주된다(일반 전집에서는 1% 정도가 해당되는 것으로 나타남; Hare, 1999). 여기서 알아 둘 것은 사이코패스들이 가장 심각한 범죄의 약 절반을 차지하고 있다는 것이다. 예를 들면, 연쇄 살인의 절반과 반복된 강간을 하고 감옥에서 풀려난 사이코패스의 80%는 3년 안에 다른 범죄를 저지른다.

유전적인 요인이 범죄 행동에 얼마나 영향을 미치는지에 대해서는 논의할 여지가 있지만, 3,586명을 대상으로 한 네덜란드 쌍생아 연구(Christensen et al., 1977)에서 일란성 쌍생아는 이란성 쌍생아에 비해 22%의 범죄 일치율을 보였다. 한편, Blonigen 등(2003)에 따르면 271명의 성인 쌍생아들이 정신병질적 성격 특질에 대한 자기보고를 하였고, 유전적인 소인이 정신병질적인 성격 구성 개념의 변량에 근본적으로 영향을 미치는 것으로 나타났다. 청소년 범죄에 유전적 소인이 강한 영향을 미치고 있고(Popma & Raine, 2006), 수많은 염색체가 반사회적인 행동에 연관되어 있다는 증거가 늘어나고 있지만, 어떤 염색체도 '범죄 행동을 설명'해 주지는 못하고 있다(Goldman & Ducci, 2007). 복잡한 행동에 대한 잠재적인 유전적 원인에 대한 연구는 다양한 염색체를 포함하고 있어 고전적인 Mendel의 유전법칙처럼 단일 염색체를 사용하는 조건에 비해 기본적으로 복잡할 수밖에 없다(Uhl & Grow, 2004).

빈약한 양육은 범죄 행동으로 이어질 가능성이 높다. 예를 들면, 60년도 더 된 옛날에 Bowlby(1946)는 44명의 청소년 도둑을 연구하고 비행의 원인이 '모성의 박탈'이라는 결과를 자신의 책에 기술하였다. 좀 더 최근에는 많은 연구자가 문제 양육(강압적인 부모-자녀 상호작용과 부모와 아동 간의 긍정적이고 애정 어린 애착관계의 부재, 일관성 없는 양육과 강한 처벌)이 파괴적이고 공격적이며 때로 폭력적인 행동의 발달을 유발한다고 주장하고 있다.

4장에서는 반사회적/정신병질적 범죄자들의 뇌 구조와 기능을 알아보기 위해 두뇌 주사와 다른 기법을 포함한 신경과학 영역의 최신 연구들을 검토할 것이다. 미래 범죄에 대해 개인의 위험성을 어떻게 평가하고 어떻게 치료할 것인가에 대한 이해는 범죄심리학의 중요한 부분이다. 여하튼 감옥에 있는 죄수(남녀 포함)의 70%가 정신적인 문제를 가지고 있다는 사실을 간과하지 않는 것이 중요하다. 교도소에 있는 많은 남녀와 아동은 다른 사람들보다 더 정신적인 보호가 필요하다(정신장애가 있는 범죄자들의 문제에 대한 논의는 19장 참조).

당신이 정신적인 문제를 더 깊게 하고 건강에 위기를 초래하는 방법을 확실히 찾고 싶다면 붐비는 교도소(그리고 특히 적막이 감도는 독방의 고독)가 그 길이 될 수 있다. 또한 죄수들의 30% 이상이 약물 관련 범죄로 투옥되어 있고 약물은 들치기와 강도와 같은 유형의 범죄의 대부분에 관련이 있는 것으로 나타나고 있다(들치기의 80%, 강도의 70~80% 및 약탈의 54%). 반면에, 노상 강도 피해자의 1/4(29%) 이상이 약물의 영향하에 있는 공격자들에게 당한 것으로 나타났다. 유사하게, 병인론적 연구에서도 구류 처분을 받은 사람 중 55%가 문제가 있는 약물 사용자로 밝혀졌다.

21세기로 접어들면서 '무슨 작업을 해야 할 것인가'에 대한 운동을 통해 범죄 사법 체계 내에서 형사 정책이 증거 기반 접근이 되어야 한다는 점을 강조하였는데, 이는 유럽과 남아메리카의 실용적인 정책 입안자들에 의해 지지되었다. Tony Ward와 동료들은 그들의 '좋은 삶 모델(good lives model)'(Ward & Gannon, 2006; 이 접근법의 충분한 이해를 위해 이 책의 21장 참조)과 Richard Laws와 Tony Ward(2011)의 '단념 모델(desistance model)'을 따라 재활이 보다 전체적이고 긍정적인 접근을 해야 한다고 역설하였다. 우리는 또한 약물 재활 전략을 올바르게 적용하고 정신장애 문제를 가진 범죄자들을 치료하는 것이 형사 체계에 부담을 줄 수 있고 심각하고 폭력적인 범죄를 저지른 강력한 성격장애자를 다루기 위한 자원을 낭비할 수 있다는 점을 알고 있다.

우리는 또한 이 책에서 여성 범죄자들에 관해서는 구체적으로 언급하지 않고 있음에 주목하고자 한다. 모든 주요 범죄 범주에서 남자들이 여자를 압도하고 있다(강도, 약탈, 약물 범죄, 상해 범죄 및 대인 폭행 범죄를 저지른 이의 85~95%가 남자). 범죄 사법 체계에 따라서 여성에 대한 서비스는 신데렐라와 같은 비참한 처지에 놓여 있다. 많은 여성이 다른 범죄보다 절도와 장물의 취급과 같은 비폭력적인 범죄로 교도소에 간다. 이것은 복역 중인 여성(Woman in Orison) 웹사이트(www.womeninprison.org.uk/statistics.php)를 보면 알 수 있다.

- 복역 중인 여성 4명 중 1명은 아동기 때 지방 관청 보호소에서 시간을 보낸 적이 있다.
- 70%가 두 개 이상으로 진단될 수 있는 정신장애 문제를 가지고 있다.
- 양형을 받고 복역 중인 여성의 66%가 구속 전에 심각한 수준의 약물 의존이나 음주 상태에 있었다.
- 50% 이상이 친근한 파트너로부터 학대를 받았다고 보고하였다(10장 참조).
- 2003~2007년에 여성 수감자는 전체 죄수의 6% 정도였는데 자해/자기손상을 보인 여성 수감자는 48%였다.
- 1만 7,700명 이상의 아이가 엄마의 복역 때문에 엄마와 떨어져 있다. 즉, 수감 중인 여성의 1/3이 자녀를 가지고 있다.

여성 범죄자에 대해 좀 더 구체적으로 알고 싶은 사람들은 Barker(2009), Blanchette와 Brown(2006), Gannon와 Cortoni(2010)가 제공하는 유용한 자료를 찾아보거나 Lart 등(2008)이 여성 범죄자들의 재범을 감소시키기 위한 목적으로 만든 개입의 증거에 대한 빠른 평가 자료를 보아도 된다. 이제부터 우리는 학생들이 범죄심리학을 실습하는 과정을 검토할 것이다.

법정심리학자가 되는 길

범죄심리학 경력을 쌓기 위한 보편적인 길은 없지만 대부분의 나라에서는 최소한 다음과 같은 세 가지 요건을 필요로 한다.

- 과학으로서의 광범위한 심리학적 배경, 특히 심리학 학사 학위(학문적 배경)

● 고급 법정심리학 과정(특별 훈련)
● 범죄 장면에서 지도감독을 받는 수련 기간(전문가 실습)

대부분의 나라에서는 법정심리학자들이 전문가 조직에 등록되어야 한다. 이는 최상의 실습을 하고 윤리적인 지침을 확보하기 위한 것이다(미국의 지침은 www.ap-ls. org/links/currentforensicguidelines. pdf 참조).

영국의 경우

● 법정심리학자가 되고자 하는 학생들은 영국심리학회(www.bps.org.uk)가 공인한 심리학 학위가 있어야만 하는데, 이를 GBC(Graduate Basis for Chartership)라 한다.
● 영국심리학회의 GBC 회원 자격을 얻었다는 것은 그 학생이 심리학에 대해 폭넓고 깊이 있는 지식과 **대상 특정적**이고 전용적인 기술이 있음을 입증해 준다. 만약 상위 2등급의 학점을 받았고 법정심리학 관련 분야에서 말했던 경험을 입증할 수 있다면(형무소에서 재소자를 돕거나 증인을 돕는 자원봉사자로 활동했거나, **법정 장면**에서 현장 실습을 해 봤던 경험일 수 있다.), 이들은 졸업 후 수련 과정에 지원할 때 유리한 위치에 있게 된다.
● 많은 영국 대학은 영국심리학회가 공인하는 법정심리학 분야의 졸업 후 수련 프로그램(석사 및/또는 박사 수준)을 제공하고 있다. 석사 학위자는 1년 과정이며, 박사 학위자는 보통 3년이 소요된다(www.bps.org.uk/careers-education-training/ careers-education-and-training을 보면 영국에서 공인된 법정심리학 과정에 대한 정보를 얻을 수 있다).
● 그 과정이 끝나면, 학생은 전문가 자격이 있는 슈퍼바이저의 지도하에 법정 장면에서 2년 동안의 실습 기간을 거쳐야 한다(법정심리학 박사 학위자는 보통 2년의 실습 기간이 전체 프로그램 기간에 포함되게 된다). 이 단계를 만족스럽게 마무리하면 영국 심리학회가 인정하는 심리학 전문가의 지위를 얻게 되어 자신의 이름 뒤에 CPsychol을 붙일 수 있으며 심리학 전문가 로고를 사용할 수 있게 된다.
● 한편, **법정심리학자**는 법으로 보호받는 여러 전문가 타이틀 중 하나이기에, 이러한 직함을 쓰기를 원한다면 건강전문가위원회(Health Professions Council)에 등록을 해야 한다. 만약 학생이 앞의 모든 단계를 성공적으로 끝마쳤고 윤리 지침을 어긴 일이 없다면 등록에 아무 제한이 없을 것이다.
● 건강전문가위원회(www.hpc-uk.org/aboutus/ contactus)는 대중을 보호하기 위해 존재하며, 이는 가입 회원들이 하는 치료 행위의 적절성을 보장함으로써 이루어진다. 위원회의 역할은 관리 대상인 전문가의 능력 계발이나 지위 향상에 도움을 주는 데 있지 않다. 그 역할은 영국심리학회가 담당한다.

영국에서 법정심리학 분야의 전문가 지위를 얻는 것은 최소 6년이 소요되는 길고도 엄격한 과정이기는 하지만, 대부분의 다른 선진국에 비해 그렇게 긴 것은 아니다. 주별로 세부사항은 차이가 있겠지만, 호주와 캐나다는 대체로 유사한 수련 요구사항과 비슷한 패턴의 별도의 학위와 전문가 자격 취득 방식으로 요구되고 있다. 미국에서는 법정심리학에서의 학위 과정이 박사 단계까지 이어지며, 장시간의 구두시험을 통과해야만 주어지는 학위 자격에 도전하려면 그 전에 슈퍼바이저의 지도하에 인턴십 기간 2년을 추가적으로 보내야 한다. 아무튼 전문가로서의 삶은 모든 면에서 보상을 받는다.

자격 관리 기관이 추산하기로 전문가 자격을 갖고 전문 기관에 소속되어 있을 때 평생 동안 얻을 수 있는 경제적 이득은 약 15만 2,000파운드라고 한다.

법정심리학자의 전문 단체

- 영국심리학회 산하 범죄심리학 분과(The Division of Forensic Psychology: DFP)는 1977년에 범죄와 법 심리학 분과로 설립되었으며, 1999년에 법정심리학 분과로 명칭이 바뀌었다.

- DFP는 형사 및 민사 정의 시스템에서 일하는 심리학자들의 이익을 대변한다. DFP의 회원은 대학교, 교도소 및 의료, 교육, 사회 서비스에서 일하는 법정심리학자들로 이루어진다. DFP에 지원하려면 그 전에 영국심리학회에 먼저 가입할 자격을 갖추어야 한다. DFP에는 회원 등급이 있다. 정회원 자격을 얻으려면 학위와 슈퍼바이저하의 현장실습을 모두 마쳐야 하지만(앞의 '법정심리학자가 되는 길' 참조), 관심이 있는 심리학 학위 소지자는 일반 회원이 될 수 있다. DFP의 공식 저널은 『법과 범죄심리학(Legel and Criminological Psychcolgy)』이다. DFP의 웹사이트 주소는 http://dfp.bps.org.uk다.

- 심리학과 법의 유럽연합(European Association of Psychology and Law: EAPL)은 1992년에 설립되었으며, 두 분야의 접점에서 일하는 심리학자와 변호사를 위한 대표적 유럽 조직이다. EAPL은 연구를 촉진 · 개발하고, 유럽의 각기 다른 지역을 돌며 정기적으로 콘퍼런스를 개최하며, 정기적 출간 작업을 진행시키는 것을 목표로 삼고 있다. 심리학이나 법조계 또는 형사학이나 정신과와 같은 관련 분야에서의 전문 자격이 있는 모든 사람은 회원 자격을 얻을 수 있다. 정회원 자격은 대학교 수준의 자격이나 동급의 전문 경험이 있어야 하며, 공식적인 자격증이 없는 학생의 경우엔 일반 회원으로 가입할 수 있다. EAPL의 공식 저널은 『심리학, 범죄 그리고 법(Psychology, Crime and Law)』이다. EAPL의 웹사이트 주소는 www.eapl.eu다.

- 미국 심리학-법 학회(American Psychology-Law Society: AP-LS)는 미국심리학회(American Psychological Association: APA)의 41번째 분과로서 학문, 실무, 공공 서비스에 기여하기 위한 학제 간 조직이다. AP-LS의 회원은 APA의 회원이 될 필요가 없긴 하나, 많은 회원은 두 조직 모두에 속해 있다. 최근 활동으로 강의계획과 강의자료들을 모으고, 심리학과 법조계에서의 취업 기회를 조사하며, 전문가 증언의 특수한 윤리적 문제를 연구하는 것들이 있다. 또한 과학기술정책 포럼을 후원하고, 주로 APA의 지원하에 이루어지는 정기적인 회의를 주최한다. AP-LS의 공식 저널은 『법과 인간행동(Law and Human Behavior)』이며, 웹사이트 주소는 www.ap-ls.org다.

- 응용심리학자를 위한 다수의 조직에는 많은 수의 법정심리학자가 가입해 있다. 기억과 인지 응용 연구학회(Society for Applied Research in Memory and Cognition: SARMAC)는 1994년에 설립되었으며, 심리학과 법에 관심을 가지고 있는 많은 연구자가 속해 있다. 정기적인 콘퍼런스가 열리면 법률 주제를 다루는 세션이 항상 있으며, 심리학이나 관련 분야의 학부생이나 졸업생에게 회원 자격이 주어진다. 그 외에 관심 있는 사람은 일반 회원으로 가입할 수 있다. 오랜 기간 SARMAC의 공식 저널은 『응용 인지 심리학(Applied Cognitive

글상자 1　　**법정심리학 관련 유용한 웹사이트**

여기 열거된 것들은 법정심리학자(또는 잠재적인)에게 도움이 될 수 있는 몇몇 유용한 웹사이트다.

- BBC 법정심리학에 대한 간단한 소개: www.bbc.co.uk/science/humanbody/mind/articles/psychology/psychology_6.shtml
- 범죄와 정의 연구센터(Centre for Crime and Justice Studies): www.crimeandjustice.org.uk
- 버밍엄 대학 법정/범죄심리학센터(Centre for Forensic and Criminological Psychology): http://cfcp.bham.ac.uk/main.php
- 캐나다 교정국(다수의 유용한 자료가 있다.): www.csc-scc.gc.ca
- 영국심리학회 산하 법정심리학 분과: http://dfp.bps.org.uk
- FBI: www.fbi.gov
- 법정심리학 자료: www.tncrimlaw.com/forensic/f_psych.html
- 영국내무성(이것이 대표 웹사이트다. 연구와 통계 페이지들이 아마도 가장 유용하며, 다른 섹션에선 범죄 관련 정보들 역시 갖추고 있다.): www.homeoffice.gov.uk
- 법무부(법원, 형사사건, 보호관찰, 형무소 관련 정보를 얻기에 좋다.): www.justice.gov.uk

NHS(NHS 내에서의 법정심리학 업무에 대해 설명하고 있다.)
- www.nhscareers.nhs.uk/details/Default.aspx?Id=451
- 옵저버(범죄와 정의에 대한 기사들에 링크된다.): www.observer.co.uk/crimedebate
- 법정심리학과 법에 관련된 웹사이트로의 링크: www.oklahoma.net/~jnichols/forensic.html

Psychology, http://onlinelibrary.wiley.com/journal/10.1002/(ISSN)1099-0720)』이었으나, 2012년부터는 자체적으로 저널을 발간할 예정이다. SARMAC의 웹사이트 주소는 www.sarmac.org/society.html이다.

● 국립학대자치료기관(National Organisation for the Treatment of Abusers: NOTA, www.nota.co.uk)과 성학대자치료협회(Association for the Treatment of Sexual Abusers: ATSA, www.atsa.com)는 영국과 미국 각각의 성범죄자 치료 기관이며, 일반적으로 성범죄자들을 평가/치료하는 다수의 법정심리학자가 소속되어 있다. 두 기관의 연합 저널은 『성폭력과 성학대 학회지: 연구와 치료 학회지(Journal of Sexual Aggression and Sexual Abuse: A Journal of Research and Treatment)』다.

● 〈글상자 1〉은 법정심리학 관련 정보를 추가로 얻을 수 있는 몇몇 유용한 웹사이트 주소를 제공한 것이다.

이 책의 구조와 내용

이 책에서는 학생들에게 법정심리학의 핵심 영역들을 소개하고자 한다. 총 네 부분으로 나뉘는데, 각 부분은 법정심리학의 서로 다른 측면들에 할애되며, 범죄 행동의 원인부터 범죄자 치료에 이르기까지 자세하게 살펴볼 것이다.

제1부: 범죄의 원인. 1장에서는 Emma Palmer가 범죄 행동을 설명하는 것으로 알려진 심리학과 사회학의 대표 이론들을 검토해 볼 것이며, 특히 범죄, 정신질환, 학습 장애 그리고 성격장애 간의 관련성을 중심으로 살펴볼 것이다. 2장에서는 David Farrington과 Maria Ttofi가 범죄의 발달적 기원, 특히 어떤 아동들이 가족 배경이나 초기 경험 때문에 성인이 되었을 때 범죄자가 될 수 있을 것인가에 대해 살펴볼 것이다. Anthony Beech, Benjamin Nordstrom과 Adrian Raine은 3장에서 범죄에 대해 매우 다른 관점을 제시한다. 그들은 최근 두드러지는 신경학적 증거들이 특정 개인이 타고난 유전적 특성으로 인해 범죄생활로 빠지기 쉬운 성향을 갖게 된다는 관점을 지지한다고 주장한다. 특히 특정 뇌 영역들은 구조적으로나 기능적으로 반사회성 성향이 있는 사람들과 다른 사람들 간에 차이가 있다고 한다. 4장에서는 Catherine Hamilton-Giachristsis와 Emma Sleath가 범죄가 피해자의 삶에 미치는 영향으로 관점을 전환시키며, 아동과 성인이 범죄를 맞닥뜨렸을 때 탄력성을 증진시키는 요인들을 파악하는 데 초점을 둔 최근 연구들을 강조한다.

제2부: 범죄 수사. 최첨단 경찰학이 눈부시게 발전을 해 왔으나(CSI 효과), 대부분의 조사는 여전히 증인 진술로 시작되고 또 해결된다. 5장에서는 Lindsay Malloy, Daniel Wright와 Elin Skagerberg가 수행한 기억 연구에서의 이론들과 핵심 결과들을 살펴보고, 이들을 성인과 아동 증인 면담에 적용한다. Robyn Holliday, Joyce Humphries, Charles Brainerd와 Valerie Reyna(6장)는 계속 이들 주제를 발전시켜 특히 취약한 증인에 관하여 다룬다. 저자들은 증인으로부터 얻는 유용한 정보를 최대화하면서도 오류는 최소화할 수 있는, 심리학자들이 개발한 기술들에 대해 설명한다. Ulf Holmberg(7장)는 용의자가 죄를 솔직하게 자백하게 하는 데 어떤 면에선 가장 좋은 방법일 수 있는 윤리적 면담(취조)을 강조한다. 용의자들은 취조 과정에서 자주 거짓말을 하는데, 8장에서 Pär Anders Granhag와 Maria Hartwig는 경찰 취조 과정 중의 거짓말 탐지에 대한 최근 연구들을 개관하였다. 최근 수년 동안, 치안 유지(policing)와 범죄 적발(detection) 분야에서 주목받고 있는 세 영역이 법정심리학과 관계를 맺게 되었다. 9장에서는 Jessica Woodhams가 범죄 분석 및 범죄자 프로파일링의 실제와 연쇄 범죄자를 정확히 찾아내기 위해 행동 증거와 범죄 현장 증거를 사용하는 것에 대해 고찰한다. 스토킹은 언론의 관심을 끄는 또 다른 범죄로서, 10장에서 Louise Dixon과 Erica Bowen은 대부분의 스토킹이 배우자 폭력의 특징을 지닌다는 재미없는 현실을 짚어낸다. 저자들은 그러한 폭력의 범위와 다양성을 설명하고 재발 위험 평가의 의의에 대해 고찰한다. 테러리즘 역시 뉴스에서 뜸해질 일이 없는데, 11장에서 Max Taylor는 어떤 사람이 테러리즘에의 참여하고, 지속하며, 그리고 마찬가지로 중요하게 이탈하게 되는지 그 과정을 살펴보았다.

제3부: 심리(審理) 과정. 12장에서는 Jacqueline Wheatcroft가 법원이 어떻게 운영되는지를 설명한다.

변호사가 질문 방식을 달리했을 때의 영향, 공판 전 공시와 법적 판결, 그리고 판사와 배심원이 어떻게 유죄 또는 무죄에 대한 결론에 도달하게 되는지에 대한 연구를 개관한다. 법정에서의 증거 제출과 검증 과정은 증인들에게 과도한 스트레스를 야기할 수 있으며, 특히 나이나 장애로 인해 취약한 상태일 때 더욱 그러하다. 13장에서는 Helen Westcott와 Graham Davies가 법적 절차에 대해 염려하고 두려워하는 증인을 어떻게 하면 가장 안전하게 보호할 수 있는지를 살펴본다. 어떤 유형의 증거들은 판사와 변호사 모두 비슷한 정도로 계속 각별한 관심을 기울이게 한다. 14장에서는 Tim Valentine이 증거 식별 및 작업을 보다 신뢰 있게 만들려는 심리학 연구에서 비롯된 혁신적 방법의 신뢰도를 자세히 살펴본다. 마지막으로, 15장에서는 Brian Clifford가 전문 증인으로서 심리학자의 논쟁적 역할에 대해 고찰한다. 특히 식별 오류의 가능성, 아동의 증언 그리고 시간이 어느 정도 지난 후 발굴된 기억들과 관련하여 살펴본다.

제4부: 범죄자 다루기. James McGuire는 16장에서 양형의 핵심 역할에 대해 살펴보며, 처벌을 달리했을 때 갱생과 재범 가능성에 미치는 영향은 어떠한지를 살펴본다. 17장에서는 Ruth Hatcher가 범죄자에 대한 현대적 치료 방식과 어떤 범죄자가 언제 우리의 주변으로 다시 풀려나도 안전한지를 결정하는 '위험 평가'의 중요 쟁점들을 자세히 살펴본다. 대중에게 각별한 관심을 끄는 두 집단의 범죄자는 강력범죄 또는 성범죄에서 유죄로 밝혀진 경우다. 18장에서 Leigh Harkins, Jayson Ware와 Ruth Mann은 그러한 범죄자들에게 가장 효과적인 치료방법과 그것이 예방 또는 미래에 타인에게 가하는 위해를 줄이는 데 어느 정도 영향이 있는지를 개관한다. 지적장애가 있는 범죄자들의 비율은 전체 재소자 수에서 불균형적으로 나타난다. 19장에서는 William Lindsay, John Taylor와 Amanda Michie가 어떤 개입이 그들의 특별한 요구에 잘 들어맞고 미래의 범죄 위험을 줄여 줄 수 있는지 고찰한다. 정신장애가 있는 범죄자는 범죄자 집단에서 두드러지는 또 다른 집단으로서, 20장에서는 Dawn Fisher, Michelle Ginty와 Jagjit Sandhu가 최근 두각을 나타내는 법정 정신건강 전문 분야 및 다양한 치료 방식과 평가 과정에 대해 고찰한다. 끝으로, 이 책의 마지막 장(21장)에서는 Tony Ward, Chelsea Rose와 Gwenda Willis가 처벌과 응징을 넘어서 과거 범죄자들이 갱생을 통해 보다 나은 삶과 보다 생산적인 삶을 사는 것에 대해 살펴본다.

참고문헌

American Psychiatric Association (2000). *Diagnostic and statistical manual of mental disorders, fourth edition, text revision* (DSM-IV-TR). Washington DC: American Psychiatric Association.

Andrews, D., & Bonta, J. (1994). *The psychology of criminal conduct.* New Providence, NJ: LexisNexus.

Bandura, A. (1977). *Social learning theory.* New York: Prentice-Hall.

Bandura, A. (1986). *Social foundations of thought and action: A social-cognitive theory.* Englewood Cliffs, NJ: Prentice-Hall.

Barker, J. (Ed.) (2009). *Women and the criminal justice system: A Canadian perspective.* Toronto: Emond Montgomery.

Beech, A. R., Craig, L. A. & Browne, K. D. (2009). *Assessment and treatment of sex offenders: A handbook.* Chichester: John Wiley & Sons, Inc.

Binet, A. (1900). *La suggestibilité* [On suggestibility]. Paris:

Schleicher.

Blanchette, K., & Brown, S. L. (2006). *The assessment and treatment of women offenders: An integrated perspective*. Chichester: John Wiley & Sons, Inc.

Blonigen, D. M., Carlson, S. R., Krueger, R. F., & Patrick, C. J. (2003). A twin study of self reported psychopathic personality traits. *Personality and Individual Differences, 35*, 179–197.

Bowlby, J. (1946). *Forty-four juvenile thieves*. London: Bailliere Tindall and Cox.

Bowlby, J. (1969). *Attachment and loss: Attachment*. New York: Basic Books.

Bowlby, J. (1973). *Attachment and loss: Separation, anxiety and anger*. New York: Basic Books.

Bowlby, J. (1980). *Attachment and loss: Loss, sadness and depression*. New York: Basic Books.

British Psychological Society. (2004). *A review of the current scientific status and fields of application of the polygraphic deception detection*. Leicester: British Psychological Society.

Browne, K. D., Beech, A. R., Craig, L. A., & Shihning (Eds.) (2012). *Handbook of forensic psychology practice*. Oxford: Wiley-Blackwell.

Bruck, M., Ceci, S. J., & Hembrooke, H. (1998). Reliability and credibility of young children's reports: From research to policy and practice. *American Psychologist, 53*, 136–151.

Bull, R., Bustin, R., Evans, P., & Gahagan, D. (1983). *Psychology for police officers* (Reprinted, 1985). Chichester: John Wiley & Sons, Inc.

Bull, R., & Clifford, B. (1984). Earwitness voice recognition accuracy. In G. Wells & E. Loftus (Eds.), *Eyewitness testimony: Psychological perspectives*. New York: Cambridge University Press.

Christensen, K., Holm, N. V., Mcgue, M., Corder, L., & Vaupel, J. W. (1977). A Danish population-based twin study on general health in the elderly. *Journal of Aging and Health, 11*, 49–64.

Cornish, D. B., & Clarke, R. V. G. (Eds.) (1986). *The reasoning criminal: Rational choice perspectives on offending*. New York: Springer-Verlag.

Davies, G. M. (1999). The impact of television on the presentation and reception of children's evidence. *International Journal of Law and Psychiatry, 22*, 241–256.

Devlin, P. (1976). *Report to the Secretary of State for the Home Department on the departmental committee on evidence of identification in criminal cases*. London: HMSO.

Eysenck, H. J. (1977). *Crime and personality* (3rd edn). London: Routledge and Kegan Paul.

Fonagy, P. (2001). The human genome and the representational world: The role of early mother-infant interaction in creating an interpersonal interpretive mechanism. *Bulletin of the Menninger Clinic, 65*, 427–448.

Gannon, T. A., & Cortoni, F. (Eds.) (2010). *Female sexual offenders: Theory, assessment, and treatment*. Chichester: Wiley-Blackwell.

Goldman, D., & Ducci, F. (2007). The genetics of psychopathic disorders. In A. R. Felthous & H. Sa (Eds.), *International handbook of psychopathic disorders and the law* (pp. 149–169). Chichester: John Wiley & Sons, Inc.

Goldstein, A. G., Chance, J. E., & Gilbert, B. (1984). Facial stereotypes of good guys and bad guys: A replication and extension. *Bulletin of the Psychonomic Society, 22*, 549–552.

Gross, H. (1898). *Kriminalpsychologie* [Criminal Psychology]. Leipzig: Vogel. English translation available at http://manybooks.net/titles/grosshanetext98crmsy10.html (retrieved 31 August 2011).

Gudjonsson, G. H. (2003). *The psychology of interrogations and confessions: A handbook*. Chichester: John Wiley

& Sons, Inc.

Hare, R. D. (1991). *The Hare Psychopathy Checklist – Revised (PCL-R)*. Toronto, Ontario: Multi-Health Systems.

Hare, R. D. (1999). *Without conscience: The disturbing world of the psychopaths among us*. New York: Guilford.

Hare, R. D. (2003). *The Hare Psychopathy Checklist-Revised (PCL-R)* (2nd edn). North Tonawanda, NY: Multi-Health Systems.

Hastie, R., Penrod, S. D., & Pennington, N. (1983). *Inside the jury*. Cambridge, MA: Harvard University Press.

Hollin, C. R. (Ed.) (2001). *Handbook of offender asssessment and treatment*. Chichester: John Wiley & Sons, Inc.

Ireland, J. L., Ireland, C. A., & Birch, P. (2009). Assessment, treatment and management of violent and sexual offenders (pp. 97-131). Cullompton, Devon: Willan.

Jeffery, C. R. (1965). Criminal behavior and learning theory. *Journal of Criminal Law, Criminology, and Police Science, 56*, 294-300.

Johnson, M. (1998). Genetic technology and its impact on culpability for criminal actions. *Cleveland State Law Review, 46*, 443-470.

Lart, R., Pantazis, C., Pemberton, S., Turner, W., & Almeida, C. (2008). *Interventions aimed at reducing re-offending in female offenders: A rapid evidence assessment (REA)*. London: The Home Office. Retrieved 31 August 2011 from www.justice.gov.uk/publications/docs/intervention-reduce-female-reoffending.pdf

Laws, D. R., & Marshall, W. L. (2003). A brief history of behavioral and cognitive behavioral approaches to sexual offenders: Part 1. Early developments. *Sexual Abuse: A Journal of Research and Treatment, 15*, 75-92.

Laws, D. R., & Ward, T. (2011). Desistance from sexual offending: Alternatives to throwing away the keys. New York: Guilford Press.

Loftus, E. F. (1979). *Eyewitness testimony*. Cambridge, MA: Harvard University Press.

Maclean, H. N. (1993). *Once upon a time*. New York: Harper-Collins.

McGuire, J. (Ed.) (1995). *What works: Reducing reoffending*. Chichester: John Wiley & Sons, Inc.

Meloy, J. R., Sheridan, L., & Hoffmann, J. (Eds.) (2008). *Stalking, threatening, and attacking public figures: A psychological and behavioral analysis*. New York: Oxford University Press.

Milan, M. A. (2001). Behavioural approaches to correctional management and rehabilitation. In C. R. Hollin (Ed.), *Handbook of offender assessment and treatment* (pp. 139-154). Chichester: John Wiley & Sons, Inc.

Martinson, R. (1974). What works?—Questions and answers about prison reform. *The Public Interest, 10*, 22-54.

Münsterberg, H. (1908). *On the witness stand: Essays on psychology and crime*. New York: McClure.

Novaco, R. W., Renwick, S., & Ramm, M. (2012). *Anger treatment for offenders*. Chichester: Wiley-Blackwell.

Popma, A. & Raine, A. (2006). Will future forensic assessment be neurobiologic? *Child and Adolescent Psychiatry Clinics of North America, 15*, 429-444.

Power, F. C., Higgins, A., & Kohlberg, L. (1989). *Lawrence Kohlberg's approach to moral education*. New York: Columbia University Press.

Rudy, L., & Goodman, G. S. (1991). Effects of participation on children's reports: Implications for children's testimony. *Developmental Psychology, 27*, 527-538.

Sporer, S. L. (1982). A brief history of the psychology of testimony. *Current Psychological Reviews, 2*, 323-340.

Uhl, G. R., & Grow, R. W. (2004). The burden of complex

genetics in brain disorders. *Archives of General Psychiatry, 61,* 223-229.

Vrij, A. (2008). *Detecting lies and deceit: Pitfalls and opportunities.* Chichester: John Wiley & Sons, Inc.

Ward, T., & Gannon, T. A. (2006). Rehabilitation, etiology, and self-regulation: The comprehensive good lives model of treatment for sexual offenders. *Aggression and Violent Behavior, 11,* 77-94.

Webster, R., & Woffindon, B. (2002, 31 July). Cleared: The story of Shieldfield. *The Guardian (G2).* Retrieved 31 August 2011 from www.richardwebster.net/cleared.html

Wells, G. L. (1978). Applied eyewitness testimony research: System variables and estimator variables. *Journal of Personality and Social Psychology, 36,* 1546-1557.

Wigmore, J. J. (1909). Professor Münsterberg and the psychology of evidence. *Illinois Law Review, 3,* 399-445.

Wilcox, D. (Ed.) (2009). *The use of the polygraph in assessing, treating and supervising sex offenders.* Chichester: John Wiley & Sons, Inc.

Wortley, R., & Mazerolle, L. (2008). *Environmental criminology and crime analysis.* Cullompton, Devon: Willan.

Young, J. E., Klosko. J. S., & Weisharr, M. E. (2003). *Schema therapy: A practitioner's guide.* London: Guilford Press.

법정심리학 관련 읽을거리

Adler, J., & Gray, J. (Eds.) (2010). *Forensic psychology: Concepts, debates and practice* (2nd ed.). Cullompton, Devon: Willan Publishing. 법정심리학 분야의 선도적 연구자들이 쓴 현대의 주요 논제에 대한 쓸모 있는 최신의 개관을 소개한다.

Andrews, D., & Bonta, J. (2010). *The psychology of criminal conduct* (5th edn). New Providence, NJ: LexisNexus. 범죄자 재활에서 효과를 가져 오는 요소가 무엇인지에 대해 선도적 학자들 중 두 명이 쓴 종자 같은 업적의 최신판.

Blackburn, R. (2001). *The psychology of criminal conduct* (2nd edn). Chichester: John Wiley & Sons, Inc. 법정심리학 분야의 종자 같은 도서 중의 하나로서 개정판이다.

Brown, J., & Campbell, E. (Eds.) (2010). *The Cambridge handbook of forensic psychology.* Cambridge: CUP. 법정심리학 분야의 많은 주제를 쓸모 있게 모아 놓은 책.

Browne, K. D., Beech, A. R., & Craig (Eds.) (2012). *Handbook of forensic psychology practice.* Oxford: Wiley-Blackwell. 이 책은 범죄자들을 다룰 때의 주요 주제에 대한 최신의 해설서다.

Bull, R., & Carson, C. (Eds.) (2003). *Handbook of psychology in legal contexts* (2nd edn). Chichester: John Wiley & Sons, Inc. 민사 및 형사 모두의 맥락을 포함하는 법률적 관점에서 본 심리학의 기여도에 대한 종합적 개관.

Flannery, D. J., Vazsonyi, A. T., & Waldman, I. D. (2007). *Cambridge handbook of violent behavior and aggression.* Cambridge: Cambridge Unversity Press. 폭력 및 공격 행동에 관한 유용한 지침서.

Gudjonsson, G. H. (2003). *The psychology of interrogations and confessions: A handbook.* Chichester: John Wiley & Sons, Inc. 이 분야의 개척자들이 쓴 피암시성과 거짓 자백의 사례에 관한 이론을 개관하고 있는 책.

Hare, R. D. (1999). *Without conscience: The disturbing world of the psychopaths among us.* New York: Guilford. 이는 아주 읽고 이해하기 쉬운 책으로서 정신병질자의 마음에 대해서 귀중한 통찰을 할 수 있게 해 준다.

Hollin, C. (Ed.) (2003). Th*e essential handbook of offender assessment and treatment.* Chichester: John Wiley & Sons, Inc; and Ireland, J. L., Ireland, C. A. & Birch, P.

(2009). (Eds). *Violent and sexual offenders: Assessment, treatment and management.* Cullompton, Devon: Willan. 위 두 책은 위험한 범죄자를 다루는 요령에 대한 권위 있는 서술을 제공한다.

Loftus, E. F. (1996). *Eyewitness testimony.* Cambridge, MA: Harvard University Press. (Original work published 1979). 이 방면의 선도적 연구자가 쓴 증언 연구에 관한 고전적인 교재로서, 읽기 쉽고 그 내용이 아직도 쓸모 있다.

Maruna, S. (2001). *Making good: How ex-convicts reform and rebuild their lives.* Washington, DC: American Psychological Association. Maruna가 범죄로부터 손을 떼거나 또는 지속하고 있는 범죄자들의 이탈적 삶과 소망을 조사한 내용이다. 범죄의 단념 과정에 대한 귀중한 통찰을 제공해 준다.

Shepherd, J. W., Ellis, H. D., & Davies, G. M. (1982). *Identification evidence: A psychological evaluation.* Aberdeen: Aberdeen University Press.

Soothill, K., Rogers, P., & Dolan, M. (Eds.) (2008). *Handbook of forensic mental health.* Cullompton, Devon: Willan. 법정 정신건강(forensic mental health) 분야의 선도적인 학자/연구자들이 쓴 법정 정신건강에 관한 종합적인 참고서.

Vrij, A. (2008). *Detecting lies and deceit: Pitfalls and opportunities.* Chichester: John Wiley & Sons, Inc. 성인 및 청소년에서의 속임수 및 그 탐지에 관한 논쟁을 종합적으로 소개한다.

Ward, T., Polaschek, D., & Beech, A. R. (2006). *Theories of sexual offending.* Chichester: John Wiley & Sons, Inc. 성범죄의 배후 이론, 미시적 이론 그리고 범행 과정에 대한 개관서.

제1부
범죄의 원인

제1장 범죄를 이해하기 위한 심리학적 접근

EMMA J. PALMER

주요 용어

고의 | 기능적 분석 | 뇌전도 | 대리 강화/학습 | 신경영상촬영 | 영국 범죄통계 | 종단연구 | 종합분석 | 죄지은 행위 |

이 장의 개요

심리학적 이론
   도덕적 판단이론
   사회적 정보처리이론

이론, 증거 및 범죄
   대인 폭력
   성범죄
   방화

정신장애가 있는 범죄자

정신장애가 있는 범죄자는 왜 특별한 사례에 해당되는가
정신장애가 있는 범죄자의 유형
정신병질적 범죄자의 특별 사례

결론

요약
주관식 문제
참고문헌
주석이 달린 읽을거리 목록

학문 분야의 하나로서, 심리학은 범죄를 이해하고 왜 사람들이 범법 행위를 저지르는지를 이해하는 데 도움이 되는 많은 이론을 제공해 왔다. 물론 범죄를 심리학으로만 이해할 수 있는 것은 아니다. 우리가 범죄를 이해하는 데 도움을 주는 그 밖의 학문 분야는 사회학, 철학, 의학 및 생물학, 법학 등 아주 많이 있다. 그러나 심리학 특유의 이론과 방법론 덕분에 사람이 왜 범죄를 저지르는지에 대한 중요한 의문점을 심리학 나름의 관점에서 이해할 수 있게 된다.

따라서 이 장에서는 세 가지 영역을 살펴보겠다. 첫째, 범죄의 현대적 심리이론 두 가지, 즉 범죄를 이해하기 위한 도덕적 판단이론(moral reasoning theory) 그리고 사회적 정보처리이론(social information-processing approach)의 개요를 소개하겠다. 둘째, 심각한 범죄의 세 가지 유형, 즉 대인 폭력, 성범죄 그리고 방화에 대한 이론을 살펴보겠다. 끝으로, 정신장애가 있는 범죄자라는 특별한 쟁점 영역도 논의할 것이다. 이 절에서는 정신장애 중 구분되는 유형인 정신질환(mental illness), 지능 부족(정신지체) 그리고 성격장애를 다룰 것이며, 이 세 유형과 범죄 행위의 연관성도 살펴본 후 정신병질적(psychopathic) 범죄자에 관한 쟁점을 보다 깊이 다룰 것이다.

심리학적 이론

도덕적 판단이론

도덕적 판단(moral reasoning)과 범죄 행위 간의 관계를 조사한 문헌은 상당히 많다. 도덕적 판단이란 우리가 우리 행동의 도덕성에 대해서 판단하고 정당화하는 방식을 지칭한다. 지금껏 심리학 분야에서 도덕적 판단

에 대해 가장 잘 알려진 접근은 Piaget(1932)가 처음 제안했고 Kohlberg(1969, 1984)가 뒤를 이어 발달시킨 인지발달적 접근이다. Kohlberg의 이론은 개인이 발달 과정을 거치면서 도덕적 판단의 6단계를 거치는 것으로 구성되는데, 판단력이 점차 추상적으로 관념화되고 복합적으로 되어 간다. 이 이론은 최근 Gibbs(2003, 2010)가 '사회도덕적 판단(sociomoral reasoning)' 이론으로 개정하였다. 여기에서는 사회에서 보는 관점 취하기, 공감(empathy)의 역할이 더 중요하게 강조되고 있다.

Gibbs(2003)의 이론에서는 Kohlberg의 이론(〈표 1-1〉 참조) 중에서 첫 4단계에만 초점을 맞추고 있다. 1~2단계는 '미성숙한 도덕적 판단(immature moral reasoning)'을 보여 주는데, 이 시기에는 판단이 피상적이고 자아

표 **1-1 Gibbs의 사회도덕적 판단의 단계**

미성숙한 도덕적 판단
• 1단계: 일방향적이고 구체적인 것을 중심으로 판단은 강력한 권위 인물(예: 부모)과 (자신의) 행동에 뒤따르는 구체적 결과에 따른다. 이때는 특정한 관점이 거의 또는 전혀 없음을 보여 준다.
• 2단계: 교환할 줄 알고 도구적 행동을 할 줄 앎 판단 시 사회적 상호작용(어울림)에 대해 기본적으로 이해된 내용도 감안한다. 그러나 이는 통상 대가/이득의 거래라는 관점에서 이루어지며, 자신에게 오는 이득이 가장 중요하다.

성숙한 도덕적 판단
• 3단계: 공생적이고 친사회적임 판단 시 대인관계 및 이에 연결된 사회적 규범/기대에 대해 이해된 내용도 감안한다. 공감 및 사회에서 보는 관점을 취하는 것도 뚜렷이 나타나며, 자신의 양심에 호소하는 것도 보인다.
• 4단계: 체계적이고 표준적임 판단 시 복잡한 사회적 체계에 대해 이해된 내용도 감안하며, 사회에서의 요구, 기본 권리와 가치관 그리고 인격/도덕성에 호소하는 것도 보인다.

중심적(egocentric)이다. 3~4단계는 '성숙한 도덕적 판단(mature moral reasoning)'의 단계로서 대인관계 및 다른 사람들의 욕구도 이해하고 있음을 보여 주며, 특히 4단계에서는 사회적 수요(societal needs)도 이해함을 보여 준다. Gibbs는 사회적 조망(관점)의 습득─즉, 공감과 같은 정서가 판단 및 행동에 대한 동기를 일으키는 결정 과정에서 역할을 맡을 수 있도록 이 두 단계에서 판단을 위한 방법(기술)을 습득하는 것─의 필요성을 강조하였다(Hoffman, 2000).

도덕적 판단과 범죄 행위의 관련성을 입증하는 증거는 현재 상당히 많다(Palmer, 2003, 2007). Kohlberg와 Gibbs의 이론을 살펴보면, 각 단계별로 범죄 행위를 도덕적으로 정당화하는 것이 가능하다.

- **1단계**: 범죄 행위는 처벌만 피할 수 있으면 도덕적으로 문제될 것 없다.
- **2단계**: 범죄 행위는 나에게 오는 이득이 비용보다 크다면 도덕적으로 문제될 것 없다.
- **3단계**: 범죄 행위는 대인관계를 뒤흔들지 않는다면 도덕적으로 문제될 것 없다.
- **4단계**: 범죄 행위는 사회의 존립을 뒤흔들지 않거나 법률이나 관행에 의해 허용된다면 도덕적으로 문제될 것 없다.

그러나 범죄 행위가 모든 단계에서 정당화된다고 하더라도, 그 행위가 통상 일어나는 상황은 성숙 수준이 더 낮은 단계의 도덕적 판단과 관계가 있다. 이런 관계를 조사한 연구 결과는 이 예측을 뒷받침해 주고 있다(개관을 위해서는 Blasi, 1980; Nelson et al., 1990; Palmer, 2003; Stams et al., 2006 참조). 이런 연구의 제한점은 대부분의 연구가 청소년을 대상으로 수행된 것이라는 것이다.

또한 두 개의 연구 결과는 젊은 범죄자의 도덕적 미성숙이 범죄 행위를 저지른 사람들에게서만 나타나지 않으며 (그들의) 가치관이 다르다고 하더라도 일관성 있게 나타남을 보여 주고 있다(Gregg et al., 1994; Palmer & Hollin, 1998).

Gibbs(2003, 2010)는 또한 도덕적 판단과 범죄 행위 간의 관계에서 인지 왜곡(cognitive distortions)이 영향을 미치는 것도 조사했다. Gibbs에 따르면, 범행을 뒷받침하는 주요한 인지 왜곡은 자아중심적 편향(egocentric bias)으로서, 이는 범죄자의 미성숙한 도덕적 판단과 사고방식의 특징 두 가지를 모두 갖추고 있다(Antonowicz & Ross, 2005; Ross & Fabiano, 1985). 자아중심성이 범죄 행위의 저변에 깔려 있다는 주장을 뒷받침하기 위해 많은 유형의 부차적 인지 왜곡이 존재한다고 제안되었다. 여기에는 적대적 귀인 편향(hostile attributional bias)도 포함된다. 이것 때문에 애매한 사건/사회적 상호작용을 적대적인 것으로 해석하며, 다른 사람을 해치는 행동을 자신의 탓으로 돌리기보다는 남이나 외부 요인의 탓으로 돌리고, 죄책감과 후회하는 감정을 줄이기 위하여 자신의 반사회적 행동의 후속 결과를 극소화시키고 자신의 행동을 달리 명명하게 된다.

연구 결과는 이러한 인지 왜곡이 반사회적인 비행 청소년들에게 있음을 입증해 주고 있다(Barriga & Gibbs, 1996; Liau et al., 1998; Palmer & Hollin, 2000). 따라서 도덕적 판단이론의 체계에서 보면, 범죄 행동은 아동기를 벗어나서도 사회적 도덕의 발달이 지체된데다가 자아중심적 편향이 수반된 결과로 보인다. 더욱이 부차적인 인지 왜곡이 발달되면 도덕적 수준에서 볼 때 자신의 행동에 대한 책임을 져야 함에도 불구하고 그로부터 벗어나게 된다.

사회적 정보처리이론

사회적 정보처리 모형은 어떤 사람들은 왜 다른 사람들과 달리 특정 상황에서 공격적으로 반응하는지 그 개인차를 알아보기 위해서 공격성과 비행 행동을 설명하는 데 적용되어 왔다. 이런 이론들이 많이 있지만, 이 분야에서 영향력이 있는 것은 Crick과 Dodge(1994)의 이론이다. 이는 사회적 정보처리의 6단계 모형으로서, 개인이 자신의 주변 사회를 어떻게 지각하고 주변 사회에 대한 정보를 어떻게 처리하며, 과거의 경험이 이런 과정에 어떤 영향을 미치는지를 설명하는 모형이다. 이 모형에서의 6단계는 다음과 같다.

① 사회적 단서를 부호화하기
② 상황을 해석하고 정신적으로 표상화하기
③ 상황에서의 목표/성과를 명료화하기
④ 상황에서 취할 반응을 떠올리기 또는 만들어 내기
⑤ 반응을 선택하기
⑥ 선택한 반응을 나타내기

이들 단계가 특정한 상황 자극에 대해서 순차적으로 일어나지만, Crick과 Dodge(1994)는 여러 단계가 동시에 일어날 수도 있으며, 그에 따라 단계들 간에 상호 영향을 줄 수도 있다고 시사한다. 따라서 이 모형은 선형적(linear, 순차적) 과정이라기보다는 순환적(circular) 과정으로 개념화될 수 있다. 모든 단계에 걸쳐서, 정보처리 과정은 사회적 도식(schema)과 대본(scripts) 같은 개인의 과거 경험에 토대를 둔 사회적 지식 구조의 영향을 받는다.

첫 번째 단계에서 사회적 단서가 지각되고 부호화된다. 이는 두 번째 단계에서 사회적 지식 구조가 상황을 해석하고 그에 대한 정신적 표상을 만들어 내는 데 쓰인다. 두 번째 단계에서는 상황을 해석하면서, 다른 사람의 의도와 해당 사건의 인과관계에 대한 귀인(원인 찾기)이 이루어진다. 전반적으로, 이런 과정은 사회적 도식과 대본의 형태로 저장된 과거 경험의 영향을 받아서 정보를 신속하게 처리하는 것을 촉진하기 위한 인지적 축약본(shortcuts)이 만들어지게 된다.

세 번째 단계에서는 상황에 걸맞는 목표/성과 중 선호하는 것을 선택한다. 이는 이미 갖고 있었던 목표 지향성(goal orientations), 그리고 이 지향성이 해당 상황과 연결된 사회적 단서에 맞게 수정된 것의 영향을 받는 것 같다.

네 번째 단계에서는 상황에 대해 나타낼 수 있는 반응들의 윤곽을 그려 내게 된다. 이는 비슷한 상황에서의 과거 경험을 돌이켜 보거나 새로운 반응을 만들어 내는 식으로 이루어질 수 있다. 이런 반응들을 다섯 번째 단계에서 평가하여 그중 하나를 선택하게 된다. 이상의 단계는 최근의 반응 평가 및 결정 모형[response evaluation and decision(RED) model; Fontaine & Dodge, 2006]에서 점차 주목을 받게 되었다. RED 모형은 반응을 평가할 때 사용되는 많은 준거를 제시하고 있는데, 여기에는 (반응의 도덕적/사회적 속성의 관점에서) 반응이 얼마나 효과 있고 가치 있다고 보느냐(perceived efficacy & value), 그리고 성과지향 행동이 얼마나 효과 있고 가치 있다고 보느냐도 포함된다. 끝으로, 여섯 번째 단계에서는 선택한 반응을 행동으로 표출하는데, 이를 위해서는 적절한 언어적 및 비언어적 사회 기술이 갖추어져 있어야 한다.

사회적 정보처리와 범죄 행동

현재 상당히 많은 연구 결과에서는 공격적이고 비행을 저지르는 사람이 6단계 전반에 걸쳐서 독특한 유형의 사회적 정보처리 과정을 나타냄을 보여 주고 있다

(개관은 Fontaine & Dodge, 2006; Palmer, 2003 참조).

연구 결과에 의하면 공격적인 사람은 처음 두 단계에서 사회적 단서를 부호화하고 해석할 때 다양한 문제를 겪는 나머지 당면한 상황을 부정확하게 표상화한다. 공격적인 성향이 높은 사람은 사회적 단서를 보다 적게 지각하는 것으로 보이며(Dodge & Newman, 1981), 공격적 단서를 보다 잘 알아차리고(Gouze, 1987), 상호작용의 끝부분에 있는 단서에 보다 많은 주의를 기울이는 (Dodge & Tomlin, 1987) 것으로 보인다. 공격적인 사람들은 상황을 해석할 때 자기 내면의 도식에 더 많이 의존하는데(Dodge & Tomlin, 1987), 이런 도식은 내용 면에서 공격적인 성향을 띠고 있다(Strassberg & Dodge, 1987).

많은 연구 결과는 공격적인 사람들이 적대적인 귀인 편향(attributional bias)을 갖고 있어서 상황을 적대적인 것으로 잘못 해석하기 쉽다는 것을 보여 주고 있다 (Orobio de Castro et al., 2002; Slaby & Guerra, 1988). 이런 경향성은 사람이 위협을 느끼거나(Dodge & Somberg, 1987) 충동적으로 반응을 보일 때(Dodge & Newman, 1981) 더욱 우세하게 나타난다. 또한 공격적인 사람들이 외부 요인의 탓으로 돌리는 경향이 많음을 시사하는 연구도 있다(Fondacaro & Heller, 1990).

연구 결과에 따르면 세 번째 단계에서는 공격적인 사람들이 친사회적(prosocial) 목표보다는 지배력 확보와 복수를 위한 목표를 추구하는 경향이 있음을 발견하였다(Lochman et al., 1993).

공격적인 사람들은 공격적이지 않은 사람들에 비해서 반응을 적게 나타내는데([그림 1-1] 참조), 이는 그들이 꺼내 쓸 수 있는 반응 목록이 많지 않음을 시사한다 (Slaby & Guerra, 1988). 이런 반응들의 내용은 공격적이지 않은 사람들이 나타내는 친사회적 반응 내용에 비교할 때 공격적인 성향이 높다(Bliesener & Lösel, 2001; Lösel et al., 2007; Quiggle et al., 1992).

[그림 1-1] 공격적인 사람들은 반응을 적게 나타내는데, 이는 그들이 꺼내 쓸 수 있는 반응 목록이 많지 않음을 시사한다.

출처: ⓒ SakisPagonas. Shutterstock사의 허락하에 게재함.

다섯 번째 단계에서는 공격적인 사람들이 반응을 평가하는 기준이 다르다. 이를테면, 그들은 친사회적 반응보다 공격적인 반응을 더 긍정적으로 평정하며 (Quiggle et al., 1992), 공격성을 보인 후의 성과에 대한 기대도 보다 긍정적이고, 공격성을 보이는 것에 따른 자신감(자기효능감, self-efficacy)도 더 높았다(Hart et al., 1990). 따라서 공격성이 자신의 목표를 달성하는 데 보다 더 효과적인 것이라고 보고 있다.

끝으로, 여섯 번째 단계에서는 사회성 기술이 중요한데, 공격적인 사람들은 사회성 기술이 빈약하다는 증거가 일부 있다(Howells, 1986 참조). 선택한 반응을 나타내서 그 효과가 성공적이면, 이는 긍정적으로 평가될 것이며 강화될 것이다. 이는 Fontaine 등(2008)의 장기적 연구에서 뒷받침되는 시사점이다.

종합하여, 공격적이고 반사회적인 행동과 연관된 특유의 처리 과정을 감안하면, 사회적 정보처리가 청소년 비행과 성인 범법 행위의 발달 과정에 영향력을 행사하는 것으로 보인다. 더욱이 연구 결과에 의하면 문제가 있는 단계의 수가 많을수록, 공격적이고 반사회적인 행동의 수준도 더 높게 나타난다(Crick & Ladd, 1990; Lansford et al., 2006; Slaby & Guerra, 1988). 이런 행동 패턴은 아주 어린 아동들에게서도 발견되었으며 (개관은 Palmer, 2003 참조), 부모 훈육이 가지는 역할의 중요성을 보여 주는 연구 결과와 함께 볼 때, 이런 행동의 발달 과정에서 초기 아동기의 경험은 중요하게 부각된다.

이론, 증거 및 범죄

대인 폭력

언론 매체들은 종종 우리에게 폭력적인 범법 행위가 많이 자행되고 있다는 인상을 준다. 그러나 실제로는 그렇지 않다. 통계 자료에 의하면 2009년 10월부터 2010년 9월의 1년 사이에 폭력 범죄는 경찰에 신고된 범법 행위 중 20.1%이고, **영국 범죄통계**의 범법 행위 중 21.5%이며, 그 수준은 오랫동안 안정된 수치를 유지해 왔다(Home Office, 2011). '폭력(violence)'이라는 명칭 속에 들어가는 범죄는 다양한데, 살인(murder), 고의적이지 않은 살인(manslaughter) 그리고 강도가 포함된다. 가정폭력은 심각한 문제 중 하나로 점차 인식되고 있으며 이 책에서도 살펴볼 것이다.

Polaschek(2006)가 지적했듯이, 폭력적인 범법자의 범죄 행동에 대한 연구에서 이들이 전문 폭력범은 아니지만 다양한 범법 행위를 저지르는 경향이 있음이 밝혀졌다. 사실상, 전문 폭력범으로서 범법 행위를 저지르는 사람은 아주 드문 실정이다. 또한 **종합분석**과 **종단연구** 결과는 폭력적인 범법자들이 범법 행동을 일찍부터 나타내기 시작하며 전 생애에 걸쳐서 공격성과 폭력이 쭉 지속되는 것을 보여 주고 있다(Moffitt et al., 2002; Molero-Samuelson et al., 2010).

폭력과 폭력범법을 설명하려는 이론들이 많이 있는데, 여기에는 폭력적 범법 행위에서의 사회적 요인의 역할에 초점을 맞추는 이론과 공격성의 인지행동이론이 포함된다. 이 두 가지 접근은 2장에서 다룰 것이므로, 이 장에서는 간략하게만 언급한다.

> **영국 범죄통계**
> **(British Crime Survey)**
> 영국에서 범죄의 정도를 측정하기 위해 일반인 중에서 표본을 선택해서 지난 1년간 범죄를 겪은 적이 있는지의 여부를 묻는 연례 통계조사 결과

> **종합분석**
> **(meta-analysis)**
> 특정한 연구상의 의문점에 대한 답을 찾기 위한 일환으로 여러 개의 양적 연구(quantitative studies)의 결과를 종합하는 통계적 기법

> **종단연구**
> **(longitudinal study)**
> 장기간에 거쳐서 반복적으로 관찰하는 연구 설계의 한 유형

인지행동이론과 폭력

인지행동적 접근에서는 폭력에서 인지적 평가(cognitive appraisal)와 그 밖의 (정신) 내면의 과정이 발휘하는 역할에 초점을 맞추고 있다. 위와 같은 과정을 조사하는 한 가지 방식은 Crick과 Dodge(1994)의 사회적 정보처리의 6단계 모형이다. 앞에서 개요를 살펴보았듯이, 공격적인 사람들은 이 6단계에 걸쳐서 각기 독특한 유형의 정보처리 방식을 보여 준다. 적대적 귀인 편향은 가장 강력한 발견 중의 하나인데, 41개의 연구 결과에 대한 종합분석 결과는 이런 편향이 아동 및 청소년의 공격 행동과 아주 밀접한 관계가 있다고 결론짓고 있으며(Orobio de Castro et al., 2002), 보다 최근의 연구는 위와 같은 관계가 성인기에도 지속됨을 보여 주고 있다(Petitt et al., 2010). 공감(empathy)은 또 하나의 중요한 요인인데, Jolliffe와 Farrington(2004)의 종합분석 결과에서는 공감 능력이 낮은 것과 폭력성 범법 행위 사이에 의미 있는 연관이 있음을 보고하고 있다.

정서적 흥분(emotional arousal)도 인지 과정에 영향을 미칠 수 있는데, 분노가 폭력에서 중요한 비중을 차지하기 때문이다. 이런 접근을 주장하는 학자들은 폭력이

분노 상태에서 비롯된다고 본다(즉, '폭력 행위'는 '분노 행동'이다; Howells, 2004, p. 190). Novaco의 연구는 분노에 의한 정서적 흥분(angry emotional arousal)과 인지 과정 사이에 역비례(reciprocal) 관계가 있음을 보여 주는데, 이는 중요하다. Novaco(1975; Novaco & Welsh, 1989)의 제안에 따르면 분노 관련 생각은 상황 속의 사건에 의해서 촉발될 수 있다. 그러면 이 분노 관련 생각이 정서적 흥분(여기에는 생리적 및 심리적 부분이 모두 포함됨)을 높이고, 그러면 이런 흥분이 분노 관련 생각의 강도를 더욱 높인다. 이런 순환이 계속되면, 인지(분노 관련 생각)와 정동(affect)의 수준이 차례차례 높아져서, 결국에는 폭력이 나타날 위험성이 높아진다.

사회적 요인과 폭력

다양한 사회적 요인이 폭력적 범법 행위와 관련이 있는 것으로 밝혀졌는데, 그들 중 상당수는 일반적 범법 행위와 관련된 요인들과 비슷한 것이다. 종단연구에서 가족 구조와 부모 훈육 방식이 폭력적 범법 행위의 발달에서 중요한 역할을 한다는 증거도 나왔다(예: Moffitt, 2003). 또한 연구에서는 폭력과 아동기의 심각한 학대 및 가족폭력의 목격 사이에 명백한 연결고리가 있음을 보여 주고 있다(Widom & Maxfield, 2001). 이런 연결고리의 사이에는 학대가 아동의 심리적 기능, 이를테면 문제해결 및 대처 능력에 미치는 영향이 매개(mediated)하는 것으로 보인다. 〈사례연구 1-1〉을 보라.

사례연구 1-1   **젊은이들이 저지르는 패거리(갱) 폭력**

요즘 젊은이들로 구성된 갱이 흉기로 다른 사람을 찌르거나 그보다 더 심한 공격을 한 것이 거의 매주 보도되고 있다([그림 1-2]). 젊은 갱들이 살인에 연루된 최근 사건에는 Jessie James와 Rhys Jones의 사례가 있다. 이 두 사람 모두 젊은이로서 다른 젊은이들 무리에 의해서 무분별하게 살해당했다. 이 사례연구에서는 이런 유형의 폭력 범죄의 원인이 될지도 모를 몇몇 요인을 살펴보고자 한다.

우선 젊은 갱 단원들의 사회적 배경부터 살펴보기로 하자. 갱이 도시의 내부 지역에서 창궐한다는 것은 의심할 바 없는 사실이다. 많은 언론 매체의 보도는 영국에서 런던과 맨체스터 같은 도시를 언급하고 있다. 이런 도시에서 갱과 관련되어 보이는 지역은 통상 낙후되고 사회적으로 궁핍한 곳이다.

사회적으로 궁핍한 지역 출신의 젊은이들은 다른 연관된 문제도 종종 겪는다. 예를 들면, 이 지역에 사는 가족들은 가난하게 살며, 부모는 저임금으로 일을 하거나 실직 상태인데, 이는 가족의 생계에 압박 요인이 될 수 있다. 이런 문제는 편부나 편모의 경우 더 클 수 있다. 예를 들어, 편부모가 일을 나갈 경우 어린아이들은 나이가 많은 형제가 돌보게 되므로 십 대들은 오랫동안 부모의 손길에서 벗어나 있게 된다.

이 때문에 어떤 젊은이들은 친구나 또래로부터의 압력에 취약해져 반사회적 행동에 참여하거나 범죄를 저지르게 될 수 있다. 특유의 조직 문화가 있는 갱 중의 어느 하나에 들어가면 범죄의 피해자가 되는 것을 어느 정도 막아 줄 수 있다. 이는 많은 젊은이가 칼(나이프)을 사용하기 위해서보다는 자기 자신을 보호하기 위해서 칼(또는 다른 무기)을 소지하기 시작했다는 것을 인정한 사실로 입증된다. 폭력적인 분위기에 둘러싸이게 되면 이와 같은 점증 단계(incremental steps)를 거쳐서 더욱더 폭력을 유발해 내는 것으로 보인다.

사회적으로 궁핍한 지역에 있는 학교는 낙후되어 있는 경우도 있으며, 학생들의 행동 및 정서 문제로 인해 고투

하기도 한다. 명백한 것은 이것이 학생들이 받는 수업 및 관련 경험에 영향을 끼칠 수 있다는 것이다. 나쁜 친구들과 함께하다 보면 학업을 덜 중요시하게 될 수 있어서, 더 나아가서는 공부를 통한 성취가 '멋있어(cool)' 보이지 않으며, (공부가 아닌) 다른 반사회적인 성향이 강한 활동을 통해 인정을 받게 된다. 이런 젊은이들에게는 반사회적 행위 금지명령(ASBO)을 받는 것이 중등교육시험 합격증(GCSEs)을 받는 것보다 더 가치 있는 것으로 보이는 경우가 많다.

불행하게도 사회적 궁핍, 낮은 학력 그리고 가족 문제로 인한 부정적 영향은 평가하기도 어려우며, '신속히 고쳐지기(quick fix)'보다는 장기간에 걸쳐서 해결될 수 밖에 없다.

[그림 1-2] 젊은 갱에 의한 폭력은 뉴스에 주기적으로 보도된다.

출처: ⓒ Monkey Business Images. Shutterstock사의 허락하에 게재함.

신경심리학적 요인과 폭력

폭력이 뇌 손상(brain damage)이나 뇌 기능부전(brain dysfunction)과 관련이 있다는 증거도 일부 있다. **뇌전도(EEG)**와 **신경영상촬영(heuroimaging)**을 이용한 연구는 폭력적 범법자에게서 뇌의 비정상 수준이 높다는 증거를 보여 주었다(Plodowski et al., 2009 참조). 연구 결과는 뇌의 전두엽 및 측두엽의 손상 및 기능이상(malfunctioning)이 폭력과 가장 연관성이 큼을 시사하고 있다. 그러나 신경심리학적 연구는 다양한 방법론적 문제를 내포하고 있다. 여

> **뇌전도**
> (electroencephalogram: EEG)
> 두뇌의 전위(electrical potential)상의 변화를 기록하는 절차

> **신경영상촬영**
> (heuroimaging)
> 뇌 구조와 활동을 조사하는 데 사용되는 뇌 주사(走査)촬영(scanning) 기법

기에는 인과관계가 있다고 주장하기 어려운 점, (뇌의) 비정상의 기준이 무엇이냐에 대한 의문점, 통제집단의 부적절성 그리고 표본의 대표성에 관한 문제가 포함된다. 그러므로 연구 결과는 조심스럽게 해석해야 한다(3장과 Raine, 2002 참조).

최근에는 신경심리학적 요인이 폭력에서 발휘하는 역할에 관심이 기울여졌다. 이 접근은 폭력의 발달이 사회적·환경적·유전적 그리고 신경생물학적 요인들의 상호작용에서 비롯된다는 점에 토대를 두고 있다(Loeber & Pardini, 2009). 그러나 신경생물학적 요인과 심리사회적 변인 두 가지 모두의 역할 및 이 둘 간의 상호작용을 조사한 연구는 드물다(Rutter, 2009 참조).

가정폭력

가정폭력(domestic violence)은 가족 내에서 통상 배우자 간에 나타나는 폭력을 지칭한다. 가정폭력에 대한 이론/설명은 대부분 페미니스트(여성동등주의자, feminist)의 관점에 토대를 두고 있다. 이 관점에서 사회라는 것은 (남성 중심의) 가부장적인 것(patriarchal)으로, 남성이 여성과 아동의 삶을 가족 내에서뿐만 아니라 사회제도를 통해서도 통제한다는 생각이 그 밑바닥에 깔려 있다(10장과 Stewart et al., 2001 참조). 남성은 물리적 폭력뿐만 아니라 심리적 및 경제적 억압(coercion)을 통해서 여성의 복종을 얻어 내는 것이라고 여겨지고 있다. 사회학습이론 또한 가정폭력을 이해하는 데 적용되었다. 이 접근에서는 가정폭력을 관찰 및 유사 행동의 모방, 그리고 그것을 통해서 보상을 받는 과정을 통해서 학습된 행동으로 본다(대리학습). 다른 접근에서는 가정폭력을 학대자의 정신병리에 의한 것(Dutton, 1995)이거나, 비

> **대리 보상/학습**
> (vicarious reinforcement/learning)
> 다른 사람이 저지른 행동이 가져오는 보상 및 처벌을 관찰하여 자신의 행동방식이 영향을 받는 식으로 학습하는 것

정상적인(dysfunctional) 관계에서 비롯된 것(Geffner et al., 1995)으로 본다.

성범죄

'성범죄(sexual offences)'라는 말에는 많은 범죄 행위가 내포되어 있는데, 여기에는 강간(rape), 불법 성교 행위, 파렴치한 성적 공격, 파렴치한 노출, 그리고 아동에 대한 성추행이 포함된다. 성적이지 않은 그 밖의 범죄에도 때때로 성적인 요소가 들어 있는 경우가 있을 수 있는데, 이를테면 성적 동기에 의한 살인이 있다. 범죄의 신고율이 낮은 문제 때문에 성범죄의 발생 수치를 정확하게 파악하기는 어렵다. 그러나 2010년 9월부터 1년간의 수치는 이 기간에 경찰이 집계한 성범죄가 5만 5,169건이었음을 보여 주고 있다(Home Office, 2011).

성범죄에 대한 주요 이론은 6개가 있다. 이들 중 3개는 아동 성학대도 함께 다루며, 2개는 강간, 나머지 1개는 모든 유형의 성범죄에 대한 설명을 제공한다.

Finkelhor(1984)의 4개 전제조건 모형(four preconditions model)에 따르면 아동 치한범(molester)이 범죄를 저지르기 위해 거쳐야 하는 4개 사전 조건(단계)이 있다. 첫째, 성학대의 동기—이를테면 아동에게 성적으로 흥분이 느껴지는 것, 아동과의 정서적 어울림(부합성, congruence), 또는 성인에 대한 성적 표현이 막혀 있는 것 등—가 있어야 한다. 둘째, 범행에 대한 내면의 억제력을 뛰어넘어야 한다. 이런 억제력은 아동학대에 대한 왜곡된 믿음을 통해서나, 알코올 또는 약물의 복용을 통해서, 또는 심각한 스트레스를 겪은 후 극복해 낼 수 있다. 셋째, 학대가 일어나려면 외부 요인이 해결되어야 한다. 예를 들면, 아동과 그 가족의 신뢰를 얻거나 또는 아동이 혼자 있는 상황이 되어야 한다. 넷째, 아동의 저항을 극복해야 하는데, 완력을 쓰거나 잘 달

래는(grooming) 기법을 사용해서 이루어 낸다.

아동 성학대에 대한 두 번째 이론은 Hall과 Hirschmann (1992)의 4개 구성요소 모형(quadripartite model)이다. Finkelhor의 모형과 마찬가지로, 이 이론도 범죄가 발생하는 데 네 가지 구성요소가 필요하다고 주장한다. 그것은 아동에 대한 성적 흥분, 아동학대를 정당화해 주는 태도와 믿음(인지), 자기조절 능력이 형편없는 것 그리고 성격 문제다. 이 이론에서 아동 성학대를 저지르기 쉽게 하는 취약성은 성격 문제에서 비롯된다고 시사하고 있다. 좋은 기회 등의 상황 요인이 이런 취약성을 촉발시켜서 이탈된 성적 흥분, 정서적 동요(emotional chitarbarice), 그리고 범죄를 허용하는 사고를 일으키고 결국 범행이 발생하게 되는 것이다. 아동 치한범의 하위 유형도 제시되었는데, 이는 위의 각 요소의 상대적 비중을 감안해서 이루어진 것이다. 그러므로 일부 아동 학대범은 이탈된 성적 흥분의 수준이 더 높은 반면에, 다른 아동 학대범은 정서적 동요가 더 높고, 또 다른 학대범은 인지 왜곡이 더 심할 수 있다. 아동 치한범에 대한 위험 요인을 조사한 연구 결과는 이 이론에서 제시한 4개 구성요소를 지지하는 증거를 보여 주고 있기 때문에 위 모형을 어느 정도 지지하는 것으로 보인다.

세 번째 이론은 Ward와 Siegert(2002)가 제시한 통로 모형(pathways model)이다. 이 모형에서는 별개이지만 서로 상호작용하는 4개의 심리적 기제가 아동 성학대에 관련되어 있다고 주장한다. 여기에는 친밀성/사회적 결핍(intimacy/social deficits), 왜곡된 성적 대본(distorted sexual scripts), 인지적 왜곡(cognitive distortions) 그리고 정서 조절부전(emotional dysregulation)이 있다. 모든 성범죄에는 이 4개의 요소들이 관여하지만, 한 개의 요소가 범행으로 연결된 각각의 통로를 지배한다. 기능부전의 기제가 여러 개인 범죄자들은 5번째의 통로도 갖추게

되는데, 이들이 '진짜 아동성애호자(pure paedophiles)' 가 아닌가 생각되고 있다.

강간에 대한 이론을 살펴보면, Malamuth 등(1993)은 성적 공격성의 상호작용 모형(interaction model of sexual aggression)을 제시하였다. 세부적으로 말하면, 이 모형에서는 성적 공격성이 두 개의 '통로(paths)', 즉 적대적인 남성우월주의(masculinity)와 성적 난잡성(promiscuity)의 상호작용의 결과라고 본다. 적대적 남성우월주의 통로에서는 남성우월주의의 관점에서 공격적인 친밀관계와 성적 정복의 역할을 강조하는데, 이처럼 남성우월주의 관점에는 힘을 소중히 여기는 것(valuing power), 위험 감수, 지배 욕구 그리고 경쟁 욕구가 들어 있다.

Malamuth 등(1993)은 적대적 남성우월주의 통로에 속한 특성이 많은 남성들에게서는 성적 난잡성이 성적 공격성으로 이어지기가 더 쉽다고 주장했다. 이런 주장은 자기보고식 성적 공격성 척도를 사용하여 비범죄자 표본을 대상으로 조사한 결과도 뒷받침되었다. 그러나 성범죄자 표본을 대상으로 해서 타당도 조사가 이루어져야 할 필요가 있다.

Ward와 Beech(2006)는 생물학적 · 신경심리학적 · 생태학적 요인을 감안한 성범죄 행위에 대한 통합이론을 개발했다. 이 이론에서는 성범죄가 그런 행위를 저지르도록 이끄는 '취약성(vulnerabilities)' 때문에 비롯된다고 주장한다. Ward와 Beech(2006)에 의하면, 이런 취약성은 유전, 진화 과정 그리고 신경생물학적 과정이 뇌의 발달에 미치는 영향에서 비롯된다. 위와 같은 여러 계통(systems)과 사회학습 사이의 상호작용이 성범죄자의 특징, 즉 이탈된 성적 흥분, 인지 왜곡 및 정서 조절부전을 일으킨다고 주장된다. 그러나 오늘날까지도 이 이론을 검증하려고 한 경험적 연구는 거의 없다.

현 시점에서 모든 유형의 성범죄를 설명하려는 이론은 유일하게 Marshall과 Barbaree(1990)의 통합이론

(integrated theory)뿐이다. 이 접근에서는 심리적 취약성으로 이끄는 생물학적·발달적·사회문화적 그리고 상황적 변수를 모두 감안한다. 아동기의 부정적 경험(예: 부모의 보살핌 부족, 학대)은 아동이 다른 사람들과의 사회적·정서적·성적 애착을 형성하는 데 문제를 겪기 쉽게끔 만든다. 사춘기에는 호르몬의 변화가 일어나서 공격성과 성욕이 동일한 신경학적 물질에서 비롯되는 탓에 서로 영향을 줄 수 있게 된다. 사회성 기술이 부족하면 성적으로 친밀해지고자 하는 친사회적 접근 시도가 거부당할 수 있는데, 이는 분노를 일으키며 공격적 반응을 나타낼 가능성을 높인다. 공격 행동이 사회문화적 출처(sources)(예: 또래, 언론 매체)로부터 지지받는 것을 보게 되면, 이는 그 사람의 공격성의 표출 가능성을 높일 것이다. 그 밖의 사회적 요인과 정서 상태, 이를테면 약물 남용, 분노, 성적 좌절 등도 개인이 반사회적 행동을 억제하는 데 지장을 줄 수 있다. 종합하면, 이상의 모든 요인이 성범죄를 저지르게 하는 결과를 초래할 수 있다.

Marshall과 Barbaree의 이론의 약점은 그 해당 범위가 넓다는 데 있다. 이는 각기 다른 유형의 성범죄가 발생하는 이유를 제대로 설명해 주지 못한다는 것을 의미한다. 또한 연구 결과에 의하면 이 이론에서 강조하는 일부의 속성, 이를테면 공격 행동 및 억제부전 같은 것이 모든 성범죄자에게서 나타나는 것은 아니다.

성범죄에 관한 지금까지 살펴본 모든 이론에 공통된 요인이 있다. 그것은 성범죄의 발생이 다른 사람을 성적으로 학대하도록 유도하는 인지 왜곡, 이탈된 성적 흥분, 빈약한 정서 및 충동 조절력, 남들과 관계를 맺는 데에서의 어려움 등이 혼합되어 일어난다는 것이다. 이들 문제는 발달 과정에서의 역경이 그 원인인 것으로 보인다. 이상의 이론에 대한 보다 자세한 소개는 Hollin, Hatcher 등(2010), Hollin, Palmer 등(2010)에서 찾아볼 수 있다.

성범죄자의 특성에 대한 연구 결과는 성범죄에 대한 더 깊은 이해를 할 수 있게 해 주었다. Beech 등(2005)은 강간범을 대상으로 한 이와 같은 연구의 결과를 요약하여 제시하였다. 강간범에게서 흔히 발견되는 특징으로는 성적 선입견, 여성에 대한 강간/폭력 시의 성적 호기심, 성적 우월감(sexual entitlement), 적대적 남성우월주의 및 (여성을) 성적으로 통제하려는 믿음, 여성에 대한 불신, 다른 성인들과의 정서적 친밀성의 결여, 불평불만이 많은 정신 도식(grievance schema), 문제해결 능력의 부족, 정서조절 능력의 부족, 충동적인 생활 방식 등이 있다. 아동 성학대자에 대한 연구 결과, 위의 특징과 일부 중복되는 부분이 밝혀졌다. 여기에는 성적 선입견, 아동에 대한 성적 호기심 또는 성적 선호, 성적 우월감, 아동 성학대를 지지하는 믿음, 성인과의 정서적 친밀성의 결여, 아동과의 정서적 일체감, 문제해결 능력의 부족 그리고 자존감의 저하, 정서적 외로움 및 개인적인 정신적 고통 같은 개인적 부적절감(personal inadequacy) 등이 있다(예: Bumby, 1996; Fisher et al., 1999; Hanson & Bussière, 1998; Hanson & Morton-Bourgon, 2005).

방화

영국에서 주요 화재의 상당수는 방화에서 비롯된 것으로서, 영국 내무성(Home Office)의 통계에 의하면 2006~2007년도에 4만 3,100건의 방화가 경찰에 접수되었다(Nicholas et al., 2007). 소방서의 기록은 방화의 비율이 한층 더 높아서, 2006년도에 영국에서 7만 2,545건의 화재가 방화로 의심된다고 하였다(Department for Communities and Local Government, 2008). **방화(arson)**는 재물에 의도적으로 불을 놓은 것을 지칭하는 반면, **불**

지르기(firesetting)는 어린 아동에 의한 것임을 지칭할 때 흔히 쓰이는 광의의 용어로서 꼭 방화의 의도가 내포된 것은 아니다. Geller(1992)는 방화를 4개 범주로 제안하였다. 즉, 정신질환과 관련된 방화, 의학적이거나 생물학적 장애와 관련된 방화, 청소년의 불장난이나 불 지르기, 그리고 심리생물학적 요인과 전혀 관련이 없는 방화로 구분했다. Geller는 마지막 범주의 방화에 이익을 위한 방화, 범죄 은닉을 위한 방화, 복수를 위한 방화, 허무함이나 인정 욕구로 인한 방화, 파괴지상주의 또는 정치적 목적으로 인한 방화도 포함시켰다. 방화 및 불 지르기와 관련된 요인은 다음에 보다 자세히 살펴볼 것이다. 그러나 성범죄 등의 다른 범죄와는 달리, 방화에 대해서는 논리 정연한 이론은 없다(Palmer et al., 2010 참조).

성인 방화범

성인을 대상으로 한 연구는 대부분이 정신과적 장애가 있는 사람들의 방화에 초점을 맞추어 왔다. 물론 이들의 방화는 전체 방화사건 중 적은 부분에 불과할 뿐이다. 이는 연구 결과를 범죄교정 체계 속의 모든 범죄자에게 일반화시킬 수 있느냐 하는 의문점을 제기해 왔다. 그러나 이 연구 결과들은 방화에 관련될 수 있는 요인을 많이 제시해 주고 있다.

정신과적 문제가 있는 사람들에 대한 연구 결과는 방화가 많은 정신질환과 관련될 수 있음을 시사한다. 여기에는 정신분열증(Ritchie & Huff, 1999), 성격장애(Hurley & Monahan, 1969), 우울증(O'Sullivan & Kelleher, 1987), 양극성 정동장애(bipolar affective disorders) 및 기분장애(mood disorders)(Geller, 1992)가 포함된다.

연구된 것은 거의 없지만, 방화와 신경과적 장애, 이를테면 간질(Byrne & Walsh, 1989), 비정상적 뇌파(EEG; Powers & Gunderman, 1978), 두부 외상(head trauma;

Hurley & Monahan, 1969) 등과의 관련성은 없어 보인다. 치매와는 연결성이 있다는 증거가 약간 있지만, 이는 아마도 우연한 사고이거나 부주의한 흡연의 탓일 것이다(Cohen et al., 1990).

방화와 발달장애 및 지능 부전 사이의 관련성에 대해서는 증거가 보다 많다(Murphy & Clare, 1996; Ritchie & Huff, 1999). 이런 관련성은 발달장애 및 지능 부전을 가진 이들이 불을 놓으면 어떤 결과가 나타날지를 잘 모르는 데 기인할 가능성이 있다.

방화 행동에 대한 **기능적 분석**(functional analysis) 결과는 방화 행동에 대한 강화 요인으로서의 사회 및 환경 자극의 중요성(Swaffer, 1994), 그리고 이런 강화 요인이 반사회

> **기능적 분석** (functional analysis)
> 어떤 행동이 당사자 개인에게서 어떤 기능을 맡고 있는지에 초점을 두어 그 행동의 특성을 이해하려는 접근방식

적 행동을 저지르려는 소질(predispositions)과 상호작용하는 것의 중요성을 부각시켜 주었다(Fineman, 1995). Canter와 동료들은 불 지르기와 방화의 행동 패턴을 이해하려고 연구를 수행했다. Canter와 Fritzon(1998)은 두 개의 차원을 사용하여 방화를 분류하였다. 즉, 사람 지향 방화 대 사물 지향 방화, 표현적 방화 대 도구적 방화로 구분했다. 이 연구자들은 이 두 차원이 상호작용하여 네 가지 범주의 방화를 설명해 낸다고 주장했다. 즉, 표현적 사람 지향 방화, 표현적 사물 지향 방화, 도구적 사람 지향 방화, 그리고 도구적 사물 지향 방화로 세분된다. 성인 및 청소년 방화자 표본을 대상으로 한 연구에서, Canter와 Fritzon은 그들이 분류한 네 가지 범주에 속한 대상자들이 많은 면에서 그 특성이 달랐다고 보고하였다. 이후 Santilla 등(2003), Almond 등(2005)의 연구에서도 이들의 연구와 똑같은 결과가 나왔다.

청소년 방화자

연구에서는 젊은 방화자의 특징 중 상당수가 일반적인 비행청소년 집단의 특징과 중복된다고 밝혔다[개관은 Kolko(2001) 참조]. 젊은 방화자는 남성인 경우가 많다([그림 1-3]). 22개의 연구에 대한 종합분석(meta analysis) 결과, 젊은 방화자의 82%가 남성인 것으로 밝혀졌다(Kolko, 1985). 아동기의 불 지르기는 그 밖에도 다양한 유형의 외현화(externalising) 행동과 연관된 경우가 종종 있다. 여기에는 공격성, 극도의 반사회적 행동과 품행장애가 포함된다(Dadds & Fraser, 2006; Kolko, 1985; McCarty & McMahon, 2005). 다른 연구에서는 방화자들 사이에서 약물과 알코올 남용 수준이 높은 것으로 보고되었다(예: Repo & Virkkunen, 1997).

다양한 심리적 요인이 아동 및 청소년의 불 지르기와 관련이 있었다. 여기에는 충동성, 자기주장 기술의 부족, 그리고 갈등해결 능력의 부족 같은 대인관계 기술의 부족이 해당된다(Harris & Rice, 1984). 또한 정신과적 문제가 불 지르는 사람들에게서 보다 많다는 증거가 있다(Kolko & Kazdin, 1988; Räsänen et al., 1995).

부모와 가족의 기능 수준도 불 지르기에 연관이 있는 것으로 나타났다. 관련 요인에는 아이를 잘 돌보지 않는 것, 이를테면 제대로 지켜보지 않는 것(lack of supervision)과 훈육(discipline)이 느슨하거나 일관되지 못한 것이 포함된다(Kolko & Kazdin, 1990). 아동 학대, 제대로 대우를 못 받은 것(maltreatment) 및 방임(neglect)도 젊은 방화자에게서 많은 편이었다. 청소년의 불 지르기는 또한 부모와의 관계 문제, 갈등 및 폭력, 그리고 부모가 개인적인 어려움과 생활 스트레스를 겪고 있다고 호소하는 경우와도 관련이 있다(Kolko & Kazdin, 1991; McCarty & McMahon, 2005). 젊은 방화자들은 또한 비방화자에 비해서 어머니가 없는 경우가 많은 것으로 나타났는데, 40%가 고아원, 입양가정이나 정신

[그림 1-3] 젊은 방화자는 남성인 경우가 많다.

출처: ⓒ Vanessa Nel. Shutterstock사의 허락하에 게재함.

과 시설에서 지낸 적이 있다(Ritvo et al., 1982). 그 밖에도 젊은 방화자들은 학력 수준이 낮고, 학교에서 말썽을 피우고, 정학/퇴학을 당한 경우가 많았다(Hollin et al., 2002).

젊은 방화자와 방화한 적이 없는 비행 소년을 비교한 한 연구에 따르면 방화자들은 비방화자들보다 문제가 더 많아서, 어른에게 영향을 줄 수 있는 힘을 획득하기 위하여 방화를 종종 사용할 정도였다(Sakheim & Osborn, 1986). Kolko(2001)는 또한 아동의 방화 행동의 동기를 조사하면서 아동이 인화물질과 방화방법에 접하게 되는 것이 중요한 역할을 함을 강조했다(방화자의 평가 및 치료에 대한 고찰은 19장 참조).

정신장애가 있는 범죄자

'정신장애가 있는 범죄자'는 정신장애를 갖고 있으면서 범죄를 저지른 사람을 지칭하는 법률 용어다. 정신장애의 유형에는 정신질환(mental illness, 정신분열증과 우울증), 지능부전(intellectual disabilities) 그리고 성격장애(personality disorder)뿐만 아니라 정신병질적(psychopathic) 범죄자의 특별한 경우도 해당된다. 정신장애와 범죄 행위 사이의 관계를 조사한 연구는 많이 있다. 이 양자 간에는 무언가 관계가 있는 것이 확실해 보이는데, 그 이유는 범죄자 중에서 정신장애의 유병률(prevalence)이 증가하고 있기 때문으로, 이는 특히 여성, 노인 그리고 소수인종 사이에서 그렇다(Fazel & Danesh, 2002; Shaw, 2001; Steadman et al., 2009). 이는 일반인에 비해서 정신과적 문제가 있는 집단이 범죄 행위를 저지르는 것이 더 많다는 사실에서도 반영된다(Taylor, 2001).

정신장애가 있는 범죄자는 왜 특별한 사례에 해당되는가

법률의 관점에서는 범죄로 인해 유죄로 판정되려면 범죄학적으로 책임이 있어야(criminally responsible) 한다. 이는 법률에서 **죄지은 행위(actus rea)**와 **고의(mens rea)**를 구분하는 것과 관련된다. 어떤 사람이 유죄로 판정되려면, 죄지은 행위와 고의가 모두 입증되어야 한다. 즉, ① 행위가 범죄 행위

> **죄지은 행위**
> **(actus rea)**
> 문자 그대로 '죄지은 행위(guilty act)'를 뜻하며, 범죄 행위가 일어났음을 의미한다.

> **고의**
> **(mens rea)**
> 문자 그대로 '죄책감(guilty mind)'을 뜻하며, 피고가 자신의 범행 의도를 알고 있으며 자신의 행위에 대한 책임을 지고 있는 것을 의미한다.

이며 피고가 그 범죄 행위를 저질렀음이 입증되어야 하며, ② 범행을 저지를 당시에 피고는 (a) 자기가 하고 있는 것이 나쁜 일이라는 것과 (b) 자기가 하고 있는 것이 잘못된 일(즉, 법률에 위배됨)이라는 것을 모두 알고 있어야 한다.

영국에서는 McNaughton 법령(McNaughton Rule)에 따라서 어떤 사람도 다음의 경우에는 범죄의 책임이 없다고 명시하고 있다. 즉 '…… 범행을 저지를 때, 피고 측이 마음의 질환으로 인해 이성적 결함(defect of reason) 같은 것을 겪고 있어서 자기가 하고 있는 행위의 본질과 속성을 모를 정도일 경우 또는 피고 측이 이를 알고 있었다고 하더라도 그가 잘못된 행위를 하고 있었다는 것을 몰랐을 경우에는 범죄의 책임이 없다.'

피고 측이 이러한 '결함(defect)' 또는 정신장애가 범행 당시에 있었음을 입증할 수 있다면, 당사자는 범죄의 책임이 없다는 이유로 '유죄가 아닌(not guilty)' 것으로 판정될 수 있다.

정신장애가 있는 범죄자의 유형

다음에는 정신장애의 다양한 유형과 범죄 행위의 연관성을 살펴볼 것이다.

정신질환

정신질환(mental illness)의 범주에는 정신분열증과 우울증이 포함되는데, 이들을 차례차례 살펴보기로 한다.

정신분열증은 지각(perception), 사고(thought), 정동 및 행위(affect and actions)의 비정상을 특징으로 하는 일단의 장애들을 지칭한다. 종종 환각(hallucinations), 망상(delusions) 또는 편집증(paranoia)을 겪고(정신분열증으로 인한 정신병 증상), 또한 다른 사람들로부터 철수(withdraw)하는 경우가 종종 있다. 일반인에게서 정신

분열증의 유병률은 약 1%다. 이 수치는 범죄자들 사이에서는 훨씬 더 높아서, 정신과적 처치를 받도록 이송된 범죄자들이 이미 폭력 범죄를 저질렀던 적이 있는 경우가 종종 있다. 12개 국가의 범죄자에 대한 62종의 연구를 체계적으로 개관해서, Fazel과 Danesh(2002)는 남성 및 여성 범죄자 중 4%가 정신분열증을 갖고 있었다고 보고하였다. 미국에서의 최근 연구에서는 남성 수형자 중 14.5%와 여성 수형자 중 31%가 교도소 수용 당시 심각한 정신질환을 갖고 있었다고 보고하였다(Steadman et al., 2009). 이와 같은 수치는 정신분열증이 어떻게 해서든 범죄 행위를 일으키는 것은 아닌지, 또는 다른 요인에 의해서 이런 연결성이 있는 것으로 보이는지의 의문점을 불러일으켰다(Douglas et al., 2009 참조). 주목해야 할 것은 대부분의 연구가 정신분열증과 폭력 범죄의 연결성을 조사했다는 점이다.

정신분열증이 범죄 행위와 연결될 수 있는 이유에 대해서 세 가지의 설명이 제시되었다. 첫째, 정신분열증이 범죄 행위를 유발(causes)한다는 것이고, 둘째, 정신분열증은 범죄 행위의 후속 결과(consequence)의 하나라는 것이며, 또는 셋째, 정신분열증은 범죄 행위와 상관관계가 있을 뿐(correlated)이며 둘 다 다른 요인이 원인이라는 것이다(Douglas et al., 2009). 첫 번째 설명에 대해서는 정신분열증과 연결된 망상적 생각, 명령조의 환청 그리고 그 밖의 망상이 (범죄) 행동에 영향을 미쳤을 수 있음이 시사되었지만, 물론 연구에서는 이런 경우가 소수의 사례에서만 나타났음을 보여 주었다(Monahan et al., 2001; Smith & Taylor, 1999).

두 번째 설명인 정신분열증이 범죄 행위의 후속 결과라는 설명에 대해서는 정신분열증이 범죄, 특히 폭력 범죄를 저질러서 유발된 스트레스와 외상으로부터 비롯되었을 수 있다고 제시되었다. 이를 지지하는 다소의 증거가 있는데, 연구에서는 폭력 범죄를 저지른 것이 정신분열증이 있는 사람들에게서 자살/자해와 피해를 입은 것(victimisation)과 관련되어 있음을 보여 주고 있다(Hillbrand, 2001; Nicholls et al., 2006).

세 번째 설명에 대한 연구에서는 유사한 요인들이 정신분열증과 폭력 행동 모두와 연결되어 있음을 보여 주고 있다. 이를테면, 가족과 관련된 부정적 인생 경험, 대인관계의 문제, 낮은 사회경제적 지위, 실직 등이 해당된다(Elbogen & Johnson, 2009; Walsh et al., 2002). 따라서 스트레스를 주는 생활사건을 겪으면 관련된 취약성 소질을 갖고 있는 사람에게서 정신분열증과 범죄 행위/폭력 모두가 유발될 수 있다고 시사되었다. 약물의 오용이 동반되는 경우의 문제점도 부각되었다(Elbogen & Johnson, 2009; Taylor, 2001). 알코올과 약물의 복용은 정신분열증과 관련된 정신병적 증상을 악화시킬 수 있으며, 약물치료에 잘 따르지 않게 할 수도 있다. 약물의 오용은 또한 그 자체가 범죄 행위를 저지를 가능성을 높일 가능성이 있다(Mills et al., 2003). 또한 정신분열증으로 진단된 범죄자들은 그 밖의 다른 정신건강상의 문제도 갖고 있을 수 있는데, 이는 상황을 더욱 복잡하게 만든다.

우울증은 단극성(주요) 우울증과 양극성 우울증의 두 유형으로 나눌 수 있다. 주요 우울증(major depression)은 슬픈 기분이 전반적으로 깔려 있는 것, 죄책감 및 자기 비난의 감정, 비정상적인 식욕, 피로, 무기력(lethargy) 그리고 자살에 대한 반복적 생각이 특징이다. 양극성 우울증에서는 조증(mania)과 우울증(depression)의 시기를 교대해서 겪는다. 위 두 유형 중에서 주요 우울증이 가장 흔한 것으로 일반인 중에서 약 8%가 나타나며, 양극성 우울증은 약 1% 정도가 겪는다. 반면에, 범죄자들에 대한 연구에서는 우울증의 유병률이 좀 더 높은 것으로 나타났다(Brinded et al., 2001). 예를 들면, Fazel과 Danesh(2002)의 개관 논문에서는 주요 우울증의 유병률이 남성 수형자 중에서 10%, 여성 수형자 중에서 12%인 것으로 나타났다.

우울증과 범죄 행위가 연결될 수 있는 방식은 많다. 첫째, 우울해서 범죄를 저지를 수 있다. 둘째, 우울증이 범행 후 죄책감 때문에 촉발될 수 있다. 셋째, 범죄를 저지른 당시에 이미 우울한 상태에 있지만, 우울증이 범행을 일으킨 것은 아닌 경우가 있을 수 있다. 또한 범죄 행위로 인한 교도소 구금으로 인해 우울증이 촉발되는 경우도 있을 수 있다.

연구는 첫 번째와 세 번째 설명에 대하여 관심이 많이 집중되었다. 연구 결과에 의하면 우울증과 범죄 행위 사이의 연결 정도는 정신분열증과 성격장애의 경우에 비해서 훨씬 약하다(예: Grann et al., 2008).

세 번째 설명에 관해서는 어떤 요인이 우울증을 촉발시켰을 수 있는지를 살펴보는 것도 중요할 것이다. 사회 및 환경 요인이 우울증 일화(depressive episode)의 선행사건이 되는 경우가 종종 있다. 그 예로는 실직, 대인관계 문제 등이 있다(Kendler et al., 1999). 위에서 언급했듯이, 이런 요인은 그 자체가 범죄 행위의 높은 발생 가능성과 관련이 있다.

전반적으로 볼 때, 정신질환은 정신분열증과 우울증 모두에 대해서 범죄 행위와의 관련성을 설명하려 할 때 고려해야 할 유일한 요인이 아닐 수도 있다. 또한 범죄자, 그의 정신 상태, 소질 그리고 사회 및 환경 요인 간의 복잡한 상호작용도 고려해야 할 것이다. 약물 오용으로 인한 악화의 가능성도 무시해서는 안 될 것이다. 더욱이 위의 각 요인들의 개별적 영향은 시기와 사람에 따라 다를 수 있다. 〈사례연구 1-2〉를 보라.

사례연구 1-2   폭력 행위: 정신질환 아니면 사회적 고립?

최근에 총을 가진 사람에 의해 많은 사람이 살해되는 일이 특히 미국에서 쏟아지고 있다([그림 1-4]). 2007년 4월 버지니아 공대에서 발생한 최근의 인상적인 사건에서는 조승희라는 23세의 대학생이 다른 학생 및 직원 32명을 사살하고 자살했다. 총기 난사사건이 벌어진 후, 이 학생이 정신건강상의 문제를 겪고 있었고 13세 이후로 자살 기도를 보였다는 것이 드러났다. 그러나 그의 과거사를 보다 면밀하게 살펴보면 최근의 사건과 연루된 또 다른 문제가 있었음을 알 수 있다.

조의 가족은 조가 8세였을 때 미국으로 이민 왔다. 그는 영어를 잘 몰랐기 때문에 사회적으로 고립되었을 것이다. 그의 어학 실력이 좋아진 다음에도 그는 말이 없었고, 심지어는 남들과 동떨어져 있었다. 12세에 그는 사회불안장애, 세부적으로는 선택적 함구증(selective mutism)의 진단을 받았다. 그는 항우울제를 처방받았는데, 처음에는 그것이 도움이 된 것 같았지만 대략 1년 후에는 복용을 중단하였다. 조는 아버지와도 좋은 관계가 아니어서 부모에게도 별로 말이 없었던 것으로 보도되었다. 그러나 이런 것이 십 대로서 문제가 되는 행동이 아닌 웬만큼 정상적인 행동으로 봐 줄 수 있을지는 불확실하다.

고등학교 시절 담당교사는 조가 학교를 잘 다니도록 도와주기 위한 프로그램을 개발해 냈고, 조는 상담 프로그램에 계속 참석했다. 결과적으로 그는 2003년에 좋은 성적으로 졸업하였다. 학교에서는 집 근처의 대학으로 진학하라고 권고했지만, 그는 버지니아 공대에 지원하기로 마음먹었다. 입학 후 조의 학생생활 담당자는 조에게 도움이 필요하면 연락할 대학 내 전문가의 이름을 알려 주었다. 그러나 조는 전혀 연락을 하지 않았다.

대학에서의 초기 몇 년간은 조에게 괜찮았던 것 같다. 조는 학점도 좋았고 가족들과도 정기적으로 접촉하였다. 그러나 2005년 가을에 문제가 나타나기 시작하였다. 그는 집에 편지 쓰는 것을 중단하였고, 교수들과 말싸움을 벌였으며, 조에게 성희롱을 하는 전자우편, 문자메시지, 전화 연락을 받았다는 여학생들의 불평불만이 나왔다. 결과적으로 조는 상담을 받게 되었다. 기숙사 룸메이트도 조가 누군가로부터 한 여성에게 연락하는 것을 그만두라는 경고를 받고 나자 "지금 죽어 버리겠다."고 말했다고 보고했다. 이후 정신과적 평가가 실시되었고, 대학 상담관으로부터의 짧은 전화 연락도 몇 번 이루어졌다.

이상의 사실을 종합하면, 조는 확실히 정신건강상에 문제가 있었던 것으로 보인다. 그러나 그가 사회적으로 고립되고 사회 기술이 부족했던 것도 사건의 발생에 기여했다는 것으로 명백하다. 고등학교에서 안전망으로 작용했던 강력한 지지 시스템(support system)이 대학교에서는 없었고, 이에 따라 조는 점차적으로 더욱더 고립된 것이다. 이상의 환경 요인들이 조의 정신건강 악화 및 이와 연관된 조의 반사회적 행동이 증가하는 과정에서 중요한 역할을 했다는 것은 명백하다. 또한 이 사례는 정신질환과 범죄 행위 간의 관계가 복잡함을 보여 주는 좋은 예가 된다.

[그림 1-4] 최근에는 총을 가진 사람에 의해 많은 사람이 살해되는 사건이 폭증하고 있다.

출처: ⓒ Sascha Burkard. Shutterstock사의 허락하에 게재함.

지능부전

지능부전(intellectual disabilities)이 있는 사람의 특징은 지능과 사회 기능이 손상되어 있다는 것이다. 지능부전에 걸맞는 IQ(지능지수) 점수에 대한 법적 기준은 없지만, 임상 실제에서는 70점의 IQ를 통상 '경계선(borderline)'으로 간주한다. 여기에다가 평균 이하의 사회 기능 수준을 보이면, 지능부전의 진단이 적용된다. 50점 이하의 IQ는 상당한 수준의 손상을 의미한다. 지능부전은 출생 시부터 보일 수 있으며, 출생 시의 산소 결핍증(hypoxia, lack of oxygen), 심각한 질환 또는 뇌 손상으로 인해 발생할 수 있다.

일반인 중 2~2.5%의 사람들이 70 이하의 IQ를 갖고 있다(Holland, 2004). Fazel 등(2008)은 최근에 4개국에서의 10개 연구를 체계적으로 개관한 결과, 교도소 재소자 중 지능부전이 있다고 진단된 사람들이 0~2.8% 사이에 있었으며, 이를 토대로 이 연구자들은 지능부전이 있는 사람들은 통상 0.5~1.5% 사이에 있다고 결론지었다. 그러나 이 수치는 교도소에 수감되어 있다기보다는 「정신보건법(Mental Health Act)」에 의해 병원 입원 명령을 받았거나 지역사회의 관리를 받고 있는 지능부전의 범죄자를 감안하면 낮게 추정된 것일 수 있다. 다른 연구에서는 지능부전이 있는 사람을 위한 심리 서비스를 받고 있는 사람들 사이에서의 범행 발생률을 조사했다. 다시 한 번, 여기에서도 범행의 발생 수준이 낮게 나타나 2%(Lyall et al., 1995)에서 5%(McNulty et al., 1995) 사이에 있었다.

위와 같은 수치에도 불구하고, 지능부전이 범죄 행위와 어떻게 연결되는지에 대해서는 확실한 것이 하나도 없다. '지능부전'이라는 용어는 많은 특성에서 각기 다를 수 있는 다양한 사람에게 쓰이고 있다. 결과적으로 이 용어에 대한 정의는 명확하지 않다. 이는 특히 경계선 부분에 대해서 그러하다. 연구 결과는 지능부전이 있는 범죄자들은 두 가지 유형이 있음을 시사해 주고 있다(Holland, 2004). 첫째, 경미한 수준의 지능부전이 있어서 관련 서비스 기관에서 파악하지 못하고 있는 범죄자들로서, 다른 가족들이 범죄자인 불리한 여건의 가정 출신인 경우가 많으며 일반 범죄자와 공통점을 많이 갖고 있는 경우다. 둘째, 지능부전을 위한 서비스 기관에서 파악된 범죄자들인데 아주 이질적인 집단이다. 이 범죄자들은 범행을 적게 저지른다고 여겨지지만, 저지른 범행은 그 수준이 더 위험한 것일 수 있다.

지능부전이 있는 사람들이 저지르는 범행의 종류는 다양하지만, 성범죄로 유죄를 선고받은 경우가 특이하게도 많은 것 같다(Law et al., 2000). 그러나 지능부전이 있는 범죄자의 성범죄와 일반적인 성범죄자의 성범죄 사이에는 뚜렷한 차이가 있어 보인다. 일반적 성범죄자와 비교할 때, 지능부전이 있는 범죄자들이 저지른 성범죄는 계획성이 부족하며 피해자가 가해자를 잘 모르는 경우가 종종 있다. 이런 점을 감안하면, 지능부전이

있는 범죄자들의 성범죄가 의도적인 성적 공격 행위라기보다는 다른 사람을 향해 부적절하고 충동적인 행동을 표출한 것뿐일 수 있다. 이는 지능부전이 있는 사람이 위와 같은 상황에서 남들에게 받아들여질 만한 행동을 하는 것과 관련된 사회 규칙을 잘 모르고, 그들에게 남들이 받아들일 만한 성적 접근 행동을 하기 위해 자신의 감정과 사회성 기술을 표현하고 발휘할 사회적 역량이 부족해서 그럴지도 모른다(Hudson et al., 1999).

유사한 설명이 폭력 범죄를 저지른 지능부전 범죄자들에게도 적용되었다. 이 경우에는 폭력 행동이 충동성이나 좌절감 또는 분노 상황에 대처하기 위한 사회성 기술의 부족에 따른 결과일 수 있다. 또한 연구 결과는 지능부전이 있는 사람들의 표본에서 드러난 공격성이 그들의 낮은 자기개념(self-concept)과 관련이 있음을 보여 주었다(Jahoda et al., 1998).

성격장애

성격장애(personality disorder)는 자신과 타인 및 주변 환경과 관계짓는 방식에 영향을 미쳐서 결국 사회 기능상의 주요 문제를 야기하는 (성격상으로) 고집스러운 (persistent) 장애를 말한다. DSM-IV에는 10개의 성격장애가 제시되어 있는데, 이들은 3개의 범주로 분류된다 (American Psychiatric Association, 1994). A 범주(괴짜-특이)에는 망상형(paranoid), 분열성(schizoid) 그리고 분열형(schizotypal) 성격장애가 있고, B 범주(연극적인-변덕스러운-감정적)에는 반사회적(antisocial), 경계선적(borderline), 연극성(histrionic) 그리고 자기애성(narcissistic) 성격장애가 있으며, C 범주(불안-두려운)에는 회피성(avoidant), 의존성(dependent) 그리고 강박성(obsessive-compulsive) 성격장애가 있다.

Coid 등(2006)은 영국의 일반 성인 중에서 최소한 한 개의 성격장애를 갖고 있는 사람의 유병률이 4.4%라고

보고했다(남성은 5.4%, 여성은 3.4%). 유병률이 가장 높은 것은 강박성 성격장애(2.6%)이고, 가장 낮은 것은 의존성 성격장애와 분열형 성격장애였다. 이런 유병률은 범죄자들에서 훨씬 더 높다.

영국 및 웨일즈에서 실시된 재소자 집단을 대상으로 한 연구에서는, 남성 재소자 중 72.9%가 최소한 한 개의 성격장애의 진단기준에 부합되는 것으로 나타났다(Roberts et al., 2008). 반사회적 성격장애(64.5%)가 가장 많았고, 그다음에는 망상형 성격장애(21.7%)였으며, 연극성 성격장애와 의존성 성격장애가 가장 낮았다(각각 1.2%와 0.7%). 또한 재소자 집단에서는 다른 성격장애 및 정신질환이 동반되는 경우가 상당하였다.

연구 결과는 성격장애와 범행 사이에, 특히 반사회적 성격장애와 폭력 범죄 간에 다소 관련성이 있음을 보여 주고 있다(Hodgins et al., 1996; Roberts & Coid, 2010). 다른 성격장애와 범행 사이의 관련성을 조사한 연구는 적은 편이지만, 그중 Roberts와 Coid(2010)는 다양한 범죄 유형과 여타의 성격장애 사이에는 상관관계가 비교적 낮다고 보고하였다. 이렇게 상관관계가 낮은 것이 충분히 이해되지는 못하고 있지만, 범죄 행위와 연관된 많은 성격장애에는 공통된 성격 특질(traits)이 다수 있다(Hart, 2001). 이런 공통된 특질에는 불안, 정서적 불안정, 불안한 애착, 우울, 적대감, 충동성 및 공감 부족이 포함된다. 더욱이 공격적인 성향이 있고 반사회적 행동의 전력이 있으면 반사회적 성격장애의 진단기준에 해당된다(McMurran, 2001). 그러나 범죄 행위의 원인을 성격장애의 탓으로 돌리고자 할 때에는 조심해야 하는데, 범죄를 저지를 위험성을 높이는 요인은 성격장애 이외에도 다른 요인이 있을 수 있기 때문이다. 이를테면 약물 남용, 그 외의 성격장애 그리고 다른 정신질환이 해당될 수 있다.

영국 및 웨일즈에서는 성격장애가 있는 범죄자는 교도소나 보호관찰(probation) 명령의 처분을 받거나, 또는 「정신보건법」 1983조에 의거한 처분을 받을 수 있다. 법령에서 성격장애는 '정신병질적 장애(psychopathic disorder)'라는 법적 분류 체계에 속한다. 정신병질적 장애의 정의는 '지속적인 정신적 장애로서 또는 정신의 기능부전으로서 이것이 비정상적으로 공격적이거나 심각하게 무책임한 행위를 초래하는 경우'다. 그러나 '정신병질적 장애'는 임상적 진단명이 아니다. 다음에 살펴보겠지만, 정신병질(psychopathy)과 성격장애는 중복되는 부분이 있기는 해도 같은 것이 아니다.

정신병질적 범죄자의 특별 사례

'정신병질적 범죄자(psychopathic offender)'라는 말은 1983년 「정신보건법」에 의거해서 '정신병질적 장애(psychopathic disorder)'를 갖고 있는 것으로 분류되는 범죄자들을 지칭한다. 이 장애는 (지능의 손상이 의미 있는 수준이든 아니든 관계없이) '지속적인 정신적 장애 또는 정신의 기능부전으로 정의되며, 이로 인해 비정상적으로 공격적이거나 심각하게 무책임한 행위를 저지르게 된 경우가 해당된다.' 따라서 이 용어는 임상진단명이라기보다는 법률 용어일 뿐이다. 임상적으로는, 정신병질적 장애라는 이름하에 구금된 범죄자들은 성격장애, 특히 반사회적 성격장애와 비슷한 특질을 보인다. 그러나 반사회적 성격장애의 진단이 정신병질적 장애라는 범주에 속한 모든 범죄자에게 적용될 수 있다는 뜻은 아니다.

정신병질적 범죄자를 잘 기술하고 정신병질에 대한 진단기준을 확립하려는 시도가 쭉 있어 왔다. 이런 분야의 가장 중요한 업적 중의 일부는 Cleckley(1976)와 Hare(1980)가 이룬 것이다. 이들의 연구는 정신병질자를 정의하는 데 필요한 많은 특징을 잘 부각시켜 주었다. 여기에는 죄책감과 후회가 없는 것, 충동성, 무책임감, 병리적인 거짓말, 남을 조종하려는 것, 정동의 깊이가 얕은 것, 자아중심성, 언변이 매끄러운 것, 겉보기에 매력적인 것 그리고 경험을 해도 깨닫지 못하는 것이 있다.

Hare는 임상적 평가 도구인 정신병질 점검표 개정판(Psychopathy Checklist-Revised: PCL-R; 자세한 내용은 17장 참조; 또한 Hare, 1991, 2003)을 개발하는 데까지 나아갔다. 연구 결과는 이 검사가 정신병질 내에서 상호 연관된 세 개 측면을 평가해 내는 것을 보여 주고 있다. 즉, ① 대인관계에서 자신을 지나치게 내세우고 남을 조종하려는 양식, ② 정동을 못 느끼는 것, 그리고 ③ 충동적이고 무책임한 행동양식이다(Cooke et al., 2004; Cooke & Michie, 2001).

많은 연구에서는 (PCL-R을 사용하여 평가했을 때) 정신병질이 있는 범죄자는 집요하고 심각한 수준의 범죄자이며, 정신병질과 폭력 사이의 관계가 아주 밀접하다는 것을 보여 주었다[종합분석 결과는 Campbell et al.(2009) 참조; Edens et al., 2007; Leistico et al., 2008]. 그러나 이러한 관계의 세부 기제에 대해서는 잘 알려져 있지 않다. Hart(1998)는 인지, 정동 그리고 행동과 관련하여 세 가지 의견을 제시하였다. 첫째, 정신병질자는 적대적 귀인 편향, 주의력 결핍 그리고 폭력에 따른 강화를 당연시하는 믿음을 위시한 인지 패턴을 보여 주고 있다. 둘째, 정신병질자는 죄책감, 공감 그리고 두려움의 정동을 못 느끼며, 이는 자신이나 다른 사람들의 안전이 어떻게 되든 간에 범죄 행위를 저지를 가능성을 높일 수 있다. 셋째, 정신병질자는 행동적 충동성을 보여 주는데, 이 때문에 종종 생각 없이 행동하기도 한다.

'정신병질적 장애'라는 법률 용어에는 문제점이 많다. 첫째, 정신병질적 장애는 폭력적이고 대단히 반사회적인 행동을 보고 내려진 것이기 때문에 정신병질적 장애의 진단에는 순환 논리의 문제점이 있다. 따라서 정신병질의 정신과적 상태와 정신병질의 증상이 되는 행동 사이에 구분이 되지 않는다. 그러므로 정신병질이 폭력과 연관된다는 것은 전혀 놀랄 만한 일이 아니다. 일반인 중에서도 정신병질적 특질이 있는 사람들이 있는데, 이들은 범죄를 저지르지 않거나(또는 체포되지 않아서) 범죄 사법 체계에서 파악되지 않을 수 있다. 둘째, 연구에서는 법적으로 정의된 정신병질자와 PCL-R을 사용해서 가려낸 사람들이 같은 사람이 아니라는 것이 밝혀졌다. 예를 들면, Blackburn(1995)은 그의 연구에 포함된 정신병질자의 1/4만이 PCL-R을 썼을 때 정신병질자로 구분되었다고 썼다. 그러므로 정신병질적 장애와 정신병질은 동일한 구성개념(construct)을 반영하고 있는 것이 아니다(즉, 다른 것을 재고 있다). 이상의 논쟁점은 정신병질이 실제로는 심각한 성격장애일지도 모르거나 또는 정신장애라기보다는 특정 상황에 적응하느라 발전된 생활 방식에 불과한 것일지도 모른다는 생각을 불러일으켰다(Rice, 1997). 후자의 생각이 맞다면, 폭력 행위를 저지른 정신병질자는 다른 폭력 범죄자의 경우와 마찬가지로 똑같은 요인으로 인해 그런 행위를 저지르는 것일 수도 있다(처치 관련 논제에 대한 충분한 검토는 18장 참조).

결론

이 장에서는 심리학적 이론과 연구가 범죄 행위를 이해하는 데 어떻게 기여해 왔는지를 살펴보았다. 살펴보았듯이, 도덕적 판단이론과 사회적 정보처리이론과 같은 몇몇 이론이 일반적 범죄 행위에 적용되어 왔다. 또한 심리학은 폭력 범죄, 성범죄 및 방화 같은 특수 영역에 대해서도 적용되어 왔는데, 이는 이와 같은 심각한 범죄를 보다 잘 이해하기 위한 시도의 일환이었다.

정신장애가 있는 범죄자는 심리학에 또 다른 도전적 과제가 되는데, 각기 다른 문제가 있는 다양한 사람이 이 범주에 포함되기 때문이다. 이런 범죄자를 정신장애의 유형에 따라서 이해하려고 하는 것은 이런 장애와 범죄 행위 사이의 연관성(associations)을 이해하는 첫 단계에서 도움이 된다. 이 방면의 연구는 정신장애가 범행을 **유발**(causes)하는지 또는 그 연관성이 다른 요인들과의 관계로 설명될 수 있는지의 의문점을 다소 풀어 주었다. 살펴보았듯이, 연관성이 존재하는 것은 사실이지만 인과관계를 찾아내기가 어려운 경우가 종종 있다.

끝으로, 정신병질적 범죄자의 특별한 사례를 살펴보았다. 이는 정신병질적 장애에 대한 법적 정의상의 문제점과 Hare(1991)가 정의한 정신병질의 개념과 이 장애의 관계에 관련된 문제점을 부각시켜 주었다.

전반적으로 볼 때, 심리학이 범죄 행위의 이유를 이해하는 데 중요하게 기여할 수 있는 것으로 볼 수 있다. 그러나 우리가 아직 충분히 이해하지 못하고 있는 쟁점이 많아서 이 영역에서는 후속 연구가 필요하다. 이런 것의 예에는 성범죄의 발달적 선행 요인, 방화 및 불 지르기에 대한 일관성 있는 이론, 그리고 정신장애와 범죄 행위 사이의 연관성의 진실 등이 있다. 이런 지식의 중요성은 범죄자에 대한 실제 적용 시 그 지식이 얼마나 실무에 도움을 줄 수 있느냐에 달려 있다. 즉, 범죄자를 대상으로 재범의 가능성을 줄이기 위하여 개입을 할 때 개선해야 할 점을 실무 지침에 반영할 수 있도록 일깨워 주는 식으로 실제적으로 응용되어야 할 것이다.

요약

- 이 장에서는 심리학적 이론과 연구가 범죄 행위에 대한 이해를 어떻게 증진시켜 주었는지를 살펴보았다.
- Kohlberg의 도덕적 판단이론과 사회적 정보처리이론 같은 이론들이 범죄 행동에 대해 적용되었다.
- 심리학은 또한 폭력 범죄, 성범죄 그리고 방화 같은 특수 범죄 영역에도 적용되었다.
- 정신장애가 있는 범죄자에는 각기 다른 문제를 갖고 있는 다양한 사람이 포함된다. 정신장애의 유형에 따라서 범죄자를 분류하는 것이 정신장애와 범죄 행위 사이의 연관성을 이해하는 데 도움이 되어 왔다.
- 연구는 또한 정신장애가 범죄 행위를 유발하는 것인지 또는 정신장애와 범죄 행위의 연관성이 다른 요인과의 관련성으로 설명될 수 있는지의 의문점을 어느 정도 규명해 주었다. 정신장애와 범죄 행위 사이에 연관성이 존재하는 것이 사실이지만, 뒤얽힌 인과관계를 풀어내기가 어려운 경우가 종종 있다.
- 끝으로, 정신병질적 범죄자의 특별한 사례를 살펴보았다. 이는 정신병질적 장애에 대한 법적 정의상의 문제점과 Hare (1991)가 정의한 정신병질의 개념과 이 장애의 관계에 관련된 문제점을 부각시켜 주었다.

주관식 문제

1. 범죄 행동이 나타나게 하는 요인은 무엇인가?
2. 독특한 유형의 사회적 정보처리 방식을 갖고 있는 범죄자는 어떻게 해서 그렇게 되었을까?
3. 폭력 범죄의 여러 이론을 비교하고 차이점을 찾아보라.
4. 정신질환으로 인해서 범죄가 유발되는가?

참고문헌

Almond, L., Duggan, L., Shine, J., & Canter, D. (2005). Test of the arson action system model in an incarcerated population. *Psychology, Crime and Law, 11*, 1-15.

American Psychiatric Association. (1994). *Diagnostic and statistical manual of mental disorders, 4th edition (DSM-IV)*. Washington, DC: American Psychiatric Association.

Antonowicz, D. H. (2005). The reasoning and rehabilitation program: Outcome evaluations with offenders. In M. McMurran & J. McGuire (Eds.), *Social problem-solving and offending: Evidence, evaluation and evolution* (pp. 163-181). Chichester: John Wiley & Sons, Inc.

Barriga, A. Q., & Gibbs, J. C. (1996). Measuring cognitive distortion in antisocial youth: Development and preliminary validation of the 'How I Think' questionnaire. *Aggressive Behavior, 22*, 333-343.

Beech, A., Oliver, C., Fisher, D., & Beckett, R. (2005). *STEP 4: The Sex Offender Treatment Programme in prison: Addressing the offending behaviour of rapists and sexual murders*. University of Birmingham: Centre for Forensic and Family Psychology.

Blackburn, R. (1995). Psychopaths: Are they bad or mad? In N. K. Clark & G. M. Stephenson (Eds.), *Criminal behaviour: Perceptions, attributions, and rationality.*

Issues in criminological and legal psychology, No. 22. Leicester: British Psychological Society.

Blasi, A. (1980). Bridging moral cognition and moral action: A critical review of the literature. *Psychological Bulletin, 88*, 1-45.

Bliesener, T., & Lösel, F. (2001). Social information processing in bullies, victims, and competent adolescents. In G. B. Traverso & L. Bagnoli (Eds.), *Psychology and law in a changing world: New trends in theory, practice and research* (pp. 65-85). London: Routledge.

Brinded, P. M. J., Simpson, A. I. F., Laidlaw, T. M., Fairley, N., & Malcolm, F. (2001). Prevalence of psychiatric disorders in New Zealand prisons: A national study. *Australian and New Zealand Journal of Psychiatry, 35*, 166-173.

Bumby, K. (1996). Assessing the cognitive distortions of child molesters and rapists: Development and validation of the RAPE and MOLEST scales. *Sexual Abuse: A Journal of Research and Treatment, 8*, 37-54.

Byrne, A., & Walsh, J. B. (1989). The epileptic arsonist. *British Journal of Psychiatry, 155*, 268-271.

Campbell, M. A., French, S., & Gendreau, P. (2009). The

prediction of violence in adult offenders: A meta-analytic comparison of instruments and methods of assessment. *Criminal Justice and Behavior, 36,* 657-590.

Canter, D. V., & Fritzon, K. (1998). Differentiating arsonists: A model of fire-setting actions and characteristics. *Legal and Criminological Psychology, 3,* 73-96.

Cleckley, H. (1976). *The mask of sanity* (5th edn). St. Louis, MO: Mosby.

Cohen, M. A. A., Aladjem, A. D., Bremin, D., & Ghazi, M. (1990). Fire-setting by patients with the acquired immunodeficiency syndrome (AIDS). *Annals of International Medicine, 122,* 386-387.

Coid, J., Yang, M., Tyrer, P., Roberts, A., & Ullrich, S. (2006). Prevalence and correlates of personality disorder in Great Britain. *British Journal of Psychiatry, 188,* 423-431.

Cooke, D. J., & Michie, C. (1998). Predicting recidivism in a Scottish prison sample. *Psychology, Crime and Law, 4,* 169-11.

Cooke, D. J., Michie, C., Hart, S. D., & Clark, D. (2004). Reconstructing psychopathy: Clarifying the significance of antisocial and socially deviant behaviour in the diagnosis of psychopathic personality disorder. *Journal of Personality Disorders, 18,* 337-357.

Crick, N. R., & Dodge, K. A. (1994). A review and reformulation of social information-processing mechanisms in children' social adjustment. *Psychological Bulletin, 115,* 74-101.

Crick, N. R., & Ladd, G. W. (1990). Children's perceptions of the outcomes of aggressive strategies: Do the ends justify being mean? *Developmental Psychology, 26,* 612-620.

Dadds, M. R., & Fraser, J. A. (2006). Fire interest, fire setting and psychopathology in Australian children: A normative study. *Australian and New Zealand Journal of Psychiatry, 40,* 581-586.

Department for Communities and Local Government. (2008). *Fire statistics, United Kingdom 2006.* London: Department for Communities and Local Government.

Dodge, K. A., & Newman, J. P. (1981). Biased decision-making processes in aggressive boys. *Journal of Abnormal Psychology, 90,* 375-379.

Dodge, K. A., & Somberg, D. R. (1987). Hostile attributional biases among aggressive boys are exacerbated under conditions of threat to the self. *Child Development, 58,* 213-224.

Dodge, K. A., & Tomlin, A. M. (1987). Utilization of self-schemas as a mechanism of interpersonal bias in aggressive children. *Social Cognition, 5,* 280-300.

Douglas, K. S., Guy, L. S., & Hart, S. D. (2009). Psychosis as a risk factor for violence to others: A meta-analysis. *Psychological Bulletin, 135,* 679-706.

Dutton, D. G. (1995). *The domestic assault of women: Psychological and criminal justice perspectives.* Vancouver, Canada: UBC Press.

Edens, J. F., Campbell, J. S., & Weir, J. M. (2007). Youth psychopathy and criminal recidivism: A meta-analysis of the psychopathy checklist measures. *Law and Human Behavior, 31,* 53-75.

Elbogen, E. B., & Johnson, S. C. (2009). The intricate link between violence and mental disorder: Results from the national epidemiological survey on alcohol and related conditions. *Archives of General Psychiatry, 66,* 152-161.

Fazel, S., & Danesh, J. (2002). Serious mental disorder in 23,000 prisoners: A systematic review of 62 surveys. *Lancet, 359,* 545-550.

Fazel, S., Xenitidis, K., & Powell, J. (2008). The prevalence of intellectual disabilities among 12,000 prisoners: A systematic review. *International Journal of Psychiatry and Law, 31,* 369-373.

Fineman, K. R. (1995). A model for the qualitative analysis

of child and adult fire deviant behaviour. *American Journal of Forensic Psychology, 13*, 31–60.

Finkelhor, D. (1984). *Child sexual abuse: New theory and research*. New York: Free Press.

Fisher, D., Beech, A. R., & Browne, K. (1999). Comparison of sex offenders to non-sex offenders on selected psychological measures. *International Journal of Offender Therapy and Comparative Criminology, 43*, 473–491.

Fondacaro, M. R., & Heller, K. (1990). Attributional style in aggressive adolescent boys. *Journal of Abnormal Child Psychology, 18*, 75–89.

Fontaine, R. G., & Dodge, K. A. (2006). Real-time decision making and aggressive behavior in youth: A heuristic model of response evaluation and decision (RED). *Aggressive Behavior, 32*, 604–624.

Fontaine, R. G., Yang, C., Dodge, K. A., Bates, J. E., & Pettit, G. S. (2008). Testing an individual systems model of response evaluation and decision (RED) and antisocial behavior across adolescence. *Child Development, 79*, 462–475.

Geffner, R., Barrett, J. J., & Rossman, B. B. R. (1995). Domestic violence and sexual abuse: Multiple systems perspectives. In R. H. Mikesell, D.-D. Lusterman & S. H. McDaniel (Eds.), *Integrating family therapy: Handbook of family psychology and systems theory* (pp. 501–517). Washington, DC: APA.

Geller, J. L. (1992). Arson in review. *Clinical Forensic Psychiatry, 15*, 623–645.

Gibbs, J. C. (2003). *Moral development and reality: Beyond the theories of Kohlberg and Hoffman*. Thousand Oaks, CA: Sage Publications.

Gibbs, J. C. (2010). *Moral development and reality: Beyond the theories of Kohlberg and Hoffman* (2nd edn). Thousand Oaks, CA: Sage Publications.

Gouze, K. R. (1987). Attention and social problem solving as correlates of aggression in pre-school males. *Journal of Abnormal Psychology, 15*, 181–197.

Grann, M., Danesh, J., & Fazel, S. (2008). The association between psychiatric diagnosis and violent re-offending in adult offenders in the community. *BMC Psychiatry*, 8–92.

Gregg, V. R., Gibbs, J. C., & Basinger, K. S. (1994). Patterns of developmental delay in moral judgment by male and female delinquents. *Merrill-Palmer Quarterly, 40*, 538–553.

Hall, G. C. N., & Hirschmann, R. (1992). Sexual aggression against children: A conceptual perspective of etiology. *Criminal Justice and Behavior, 19*, 8–23.

Hanson, R. K., & Bussière, M. T. (1998). Predicting relapse: A meta-analysis of sexual offender recidivism studies. *Journal of Consulting and Clinical Psychology, 66*, 348–362.

Hanson, R. K., & Morton-Bourgon, K. E. (2005). The characteristics of persistent sexual offenders: A meta-analysis of recidivism studies. *Journal of Consulting and Clinical Psychology, 73*, 1154–1163.

Hare, R. D. (1980). A research scale for the assessment of psychopathy in criminal populations. *Personality and Individual Differences, 1*, 111–119.

Hare, R. D. (1991). *The Hare Psychopathy Checklist-Revised (PCL-R)*. Toronto, Ontario: Multi-Health Systems.

Hare, R. D. (2003). *The Hare Psychopathy Checklist-Revised (PCL-R)* (2nd edn). North Tonawanda, NY: Multi-Health Systems.

Harris, G. T., & Rice, M. E. (1984). Mentally disordered fire-setters: Psychodynamics versus empirical approaches. *International Journal of Law and Psychiatry, 7*, 19–34.

Hart, C. H., Ladd, G. W., & Burleson, B. R. (1990). Children' expectations of the outcomes of social strategies: Relations with sociometric status and maternal disciplinary styles. *Child Development, 61*, 127–137.

Hart, S. D. (1998). Psychopathy and risk for violence. In D. J. Cooke, A. E. Forth, J. Newman & R. D. Hare (Eds.), *Psychopathy: Theory research and implications for society* (pp. 355-373). Netherlands: Kluwer Academic Publishers.

Hart, S. D. (2001). Forensic issues. In W. J. Livesley (Ed.), *Handbook of personality disorders: Theory, research, and treatment* (pp. 555-569). New York: The Guilford Press.

Hillbrand, M. (2001). Homicide-suicide and other forms of co-occurring aggression against self and against others. *Professional Psychology: Research and Practice, 32*, 626-635.

Hodgins, S., Mednick, S. A., Brennan, P. A., Schulsinger, G., & Engberg, M. (1996). Mental disorder and crime: Evidence from a Danish birth cohort. *Archives of General Psychiatry, 54*, 489-496.

Hoffman, M. L. (2000). *Empathy and moral development: Implications for caring and justice.* Cambridge: Cambridge University Press.

Holland, A. J. (2004). Criminal behaviour and developmental disability: An epidemiological perspective. In W. R. Lindsay, J. L. Taylor & P. Sturmey (Eds.), *Offenders with developmental disabilities* (pp. 23-34). Chichester: John Wiley & Sons, Inc.

Hollin, C. R., Epps, K. J., & Swaffer, T. J. (2002). Adolescent fire-setters: Findings from an analysis of 47 cases. *Pakistan Journal of Psychological Research, 17*, 1-16.

Hollin, C. R., Hatcher, R. M., & Palmer, E. J. (2010). Sexual offences against adults. In F. Brookman, M. Maguire, H. Pierpoint & T. Bennett (Eds.), *Handbook of crime* (pp. 505-524). Cullompton: Willan Publishing.

Hollin, C. R., Palmer, E. J., & Hatcher, R. M. (2010). Sexual offences against children. In F. Brookman, M. Maguire, H. Pierpoint & T. Bennett (Eds.), *Handbook of crime* (pp. 525-541). Cullompton: Willan Publishing.

Home Office. (2011). *Crime in England and Wales: Quarterly update to September 2010.* London: Home Office.

Howells, K. (1986). Social skills training and criminal and antisocial behaviour in adults. In C. R. Hollin & P. Trower (Eds.), *Handbook of social skills training, volume 1: Applications across the life span.* Oxford: Pergamon.

Howells, K. (2004). Anger and its link to violent offending. *Psychiatry, Psychology and Law, 11*, 189-196.

Hudson, A., Nankervis, K., Smith, D., & Phillips, A. (1999). *Identifying the risks: Prevention of sexual offending amongst adolescents with an intellectual disability.* Melbourne: Research Unit, Disability Services Division, Victorian Department of Human Services.

Hurley, W., & Monahan, T. M. (1969). Arson: The criminal and the crime. *British Journal of Criminology, 9*, 145-155.

Jahoda, A., Pert, C., Squire, J., & Trower, P. (1998). Facing stress and conflict: A comparison of the predicted responses and self-concepts of aggressive and non-aggressive people with intellectual disability. *Journal of Intellectual Disability Research, 42*, 360-369.

Jolliffe, D., & Farrington, D. P. (2004). Empathy and offending: A systematic review and meta-analysis. *Aggression and Violent Behavior, 9*, 441-476.

Kendler, K. S., Karkowski, L. M., & Prescott, C. A. (1999). Causal relationship between stressful life events and the onset of major depression. *American Journal of Psychiatry, 156*, 837-841.

Kohlberg, L. (1969). Stage and sequence: The cognitive-developmental approach to socialization. In D. A. Goslin (Ed.), *Handbook of socialization theory and research* (pp. 347-480). Chicago: Rand McNally.

Kohlberg, L. (1984). *Essays on moral development: The psychology of moral development.* San Francisco, CA:

Harper and Row.

Kolko, D. J. (1985). Juvenile fire-setting: A review and methodological critique. *Clinical Psychology Review, 5*, 345-376.

Kolko, D. J. (2001). Fire-setters. In C. R. Hollin (Ed.), *Handbook of offender assessment and treatment* (pp. 391-414). Chichester: John Wiley & Sons, Inc.

Kolko, D. J., & Kazdin, A. E. (1988). Prevalence of fire-setting and related behaviours among child psychiatric patients. *Journal of Consulting and Clinical Psychology, 56*, 628-630.

Kolko, D. J., & Kazdin, A. E. (1990). Matchplay and fire-setting in children: Relationship to parent, marital and family dysfunction. *Journal of Clinical Child Psychology, 19*, 229-238.

Kolko, D. J., & Kazdin, A. E. (1991). Motives of childhood fire-setters: Fire-setting characteristics and psychological correlates. *Journal of Child Psychology and Psychiatry, 32*, 535-550.

Lansford, J. E., Malone, P. S., Dodge, K. A., Crozier, J. C., Pettit, G. S., & Bates, J. E. (2006). A 12-year prospective study of patterns of social information processing problems and externalizing behaviors. *Journal of Abnormal Child Psychology, 35*, 715-724.

Law, J., Lindsay, W. R., Quinn, K., & Smith, A. H. W. (2000). Outcome evaluation of 161 people with mild intellectual disabilities who have offending or challenging behaviour. *Journal of Intellectual Disability Research, 45*, 130-138.

Leistico, A. M. R., Salekin, R. T., DeCoster, J., & Rogers, R. (2008). A large-scale meta-analysis relating the Hare measures of psychopathy to antisocial conduct. *Law and Human Behavior, 32*, 28-45.

Liau, A. K., Barriga, A. Q., & Gibbs, J. C. (1998). Relations between self-serving cognitive distortions and overt vs. covert antisocial behavior in adolescents. *Aggressive Behavior, 24*, 335-346.

Lochman, J. E., Wayland, K. K., & White, K. J. (1993). Social goals: Relationship to adolescent adjustment and to social problem solving. *Journal of Abnormal Child Psychology, 21*, 135-151.

Loeber, R., & Pardini, D. (2009). Neurobiology and the development of violence: Common assumptions and controversies. In S. Hodgins, E. Viding & A. Plodowski (Eds.), *The neurobiological basis of violence: Science and rehabilitation* (pp. 1-22). London: Oxford University Press.

Lösel, F., Bliesener, T., & Bender, D. (2007). Social information processing, experiences of aggression in social contexts, and aggressive behavior in adolescents. *Criminal Justice and Behavior, 34*, 330-347.

Lyall, I., Holland, A. J., Collins, S., & Styles, P. (1995). Incidence of persons with learning disability detained in police custody: A needs assessment for service development. *Medicine, Sciences and the Law, 35*, 61-71.

Malamuth, N. M., Heavey, C. L., & Linz, D. (1993). Predicting men's antisocial behavior against women: The interaction model of sexual aggression. In G. C. N Hall, R. Hirschman, J. R. Graham & M. S. Zaragoza (Eds.), *Sexual aggression: Issues in etiology, assessment and treatment* (pp. 63-97). Washington DC: Taylor & Francis.

Marshall, W. L., & Barbaree, H. E. (1990). An integrated theory of sexual offending. In W. L. Marshall, D. R. Laws, & H. E. Barbaree (Eds.), *Handbook of sexual assault: Issues, theories and treatment of the offender* (pp. 257-275). New York: Plenum.

McCarty, C. A., & McMahon, R. (2005). Domains of risk in the developmental continuity of fire setting. *Behavior Therapy, 36*, 185-195.

McMurran, M. (2001). Offenders with personality disorders. In C. R. Hollin (Ed.), *Handbook of assessment and treatment* (pp. 467-479). Chichester: John Wiley &

Sons, Inc.

McNulty, C., Kissi-Deborah, R., & Newsom-Davies, I. (1995). Police involvement with clients having intellectual disabilities: A pilot study in South London. *Mental Handicap Research, 8*, 129-136.

Mills, J. F., Kroner, D. G., & Hemmati, T. (2003). Predicting violent behavior through a static-stable variable lens. *Journal of Interpersonal Violence, 18*, 891-904.

Moffitt, T. E. (2003). Life-course-persistent and adolescence-limited antisocial behavior: A 10-year research review and a research agenda. In B. B. Lahey, T. E. Moffitt & A. Caspi (Eds.), *Causes of conduct disorder and juvenile delinquency* (pp. 49-75). New York: Guilford Press.

Moffitt, T. E., Caspi, A., Harrington, H., & Milne, B. J. (2002). Males on the life-course persistent and adolescence-limited pathways: Follow-up at age 26 years. *Development and Psychopathology, 14*, 179-207.

Molero-Samuelson, Y., Hodgins, S., Larsson, A., Larm, P., & Tengström, A. (2010). Adolescent antisocial behaviour as predictor of adverse outcomes to age 50: A follow-up study of 1,947 individuals. *Criminal Justice and Behavior, 37*, 158-174.

Monahan, J., Steadman, H. J., Silver, E., Appelbaum, P. S., Robbins, P. C., Mulvey, E. P., et al. (2001). *Rethinking risk assessment: The MacArthur study of mental disorder and violence*. New York: Oxford University Press.

Murphy, G. H., & Clare, I. C. H. (1996). Analysis of motivation in people with mild learning disabilities (mental handicap) who set fires. *Psychology, Crime and Law, 2*, 153-166.

Nelson, J. R., Smith, D. J., & Dodd, J. (1990). The moral reasoning of juvenile delinquents: A meta-analysis. *Journal of Abnormal Child Psychology, 18*, 231-239.

Nicholas, S., Kershaw, C., & Walker, A. (2007). *Crime in England and Wales 2006/07* (4th edn). London: RDSD.

Nicholls, T. L., Brink, J., Desmarais, S. L., Webster, C. D., & Martin, M. (2006). The Short-Term Assessment of Risk and Treatability (START): A prospective validation study in a forensic psychiatric sample. *Assessment, 13*, 313-327.

Novaco, R. W. (1975). *Anger control: Development and evaluation of an experimental treatment*. Lexington, KT: D. C. Heath.

Novaco, R. W., & Welsh, W. N. (1989). Anger disturbances: Cognitive mediation and clinical prescriptions. In K. Howells & C. R. Hollin (Eds.), *Clinical approaches to violence* (pp. 39-60). Chichester: John Wiley & Sons, Inc.

Orobio de Castro, B., Veerman, J. W., Koops, W., Bosch, J. W., & Monshouwer, H. (2002). Hostile attribution of intent and aggressive behavior: A meta-analysis. *Child Development, 73*, 916-934.

O'Sullivan, G. H., & Kelleher, M. J. (1987). A study of fire-setters in the south-west of Ireland. *British Journal of Psychiatry, 151*, 181-823.

Palmer, E. J. (2003). *Offending behaviour: Moral reasoning, criminal conduct and the rehabilitation of offenders*. Cullompton: Willan Publishing.

Palmer, E. J. (2007). Moral cognition and aggression. In T. A. Gannon, T. Ward, A. R. Beech & D. Fisher (Eds.), *Aggressive offenders' cognition: Theory, research and practice* (pp. 199-214). Chichester: John Wiley & Sons, Inc.

Palmer, E. J., & Hollin, C. R. (1998). A comparison of patterns of moral development in young offenders and non-offenders. *Legal and Criminological Psychology, 3*, 225-235.

Palmer, E. J., & Hollin, C. R. (2000). The inter-relations of sociomoral reasoning, perceptions of own parenting, and attribution of intent with self-reported delinquency. *Legal and Criminological Psychology*, 5, 201-218.

Palmer, E. J., Hollin, C .R., Hatcher, R. M., & Ayres, T. C. (2010). Arson. In F. Brookman, M. Maguire, H. Pierpoint & T. Bennett (Eds.), *Handbook of crime* (pp. 380-392). Cullompton: Willan Publishing.

Pettit, G. S., Lansford, J. E., Malone, P. S., Dodge, K. A., & Bates, J. E. (2010). Domain specificity in relationship history, social-information processing and violent behaviour in early adulthood. *Journal of Personality and Social Psychology*, 98, 190-200.

Piaget, J. (1932). *The moral judgment of the child*. London: Routledge and Kegan Paul.

Plodowski, A., Gregory, S. L., & Blackwood, N. J. (2009). Persistent violent offending among adult men: A critical review of neuroimaging studies. In S. Hodgins, E. Viding & A. Plodowski (Eds.), *The neurobiological basis of violence: Science and rehabilitation* (pp. 137-155). London: Oxford University Press.

Polaschek, D. L. L. (2006). Violent offenders: Concept, theory, and practice. In C. R. Hollin & E. J. Palmer (Eds.), *Offending behaviour programmes: Development, application, and controversies* (pp. 113-154). Chichester: John Wiley & Sons, Inc.

Powers, P. S., & Gunderman, R. (1978). Kleine-Levin syndrome associated with fire setting. *Pediatrics and Adolescent Medicine*, 132, 786-792.

Quiggle, N. L., Garber, J., Panak, W. F., & Dodge, K. A. (1992). Social information processing in aggressive and depressed children. *Child Development*, 63, 1305-1320.

Raine, A. (2002). Biosocial studies of antisocial and violent behavior in children and adults: A review. *Journal of Abnormal Child Psychology*, 30, 311-326.

Räsänen, P., Hirvenoja, R., Hakko, H., & Vaeisaenen, E. (1995). A portrait of the juvenile arsonist. *Forensic Science International*, 73, 41-47.

Repo, E., & Virkkunen, M. (1997). Young arsonists: History of conduct disorder, psychiatric diagnosis and criminal recidivism. *Journal of Forensic Psychiatry*, 8, 311-320.

Rice, M. E. (1997). Violent offender research and implications for the criminal justice system. *American Psychologist*, 52, 414-423.

Ritchie, E. C., & Huff, T. G. (1999). Psychiatric aspects of arsonists. *Journal of Forensic Science*, 44, 733-740.

Ritvo, E., Shanock, S., & Lewis, D. (1982). Fire-setting and nonfire-setting delinquents: A comparison of neuropsychiatric, psychoeducational, experiential and behavioural characteristics. *Child Psychiatry and Human Development*, 13, 259-267.

Roberts, A., Yang, M., Zhang, T., & Coid, J. (2008). Personality disorder, temperament, and childhood adversity: Findings from a cohort of prisoners in England and Wales. *Journal of Forensic Psychiatry and Psychology*, 19, 460-483.

Roberts, A. D. L., & Coid, J. W. (2010). Personality disorder and offending behaviour: Findings from the national survey of male prisoners in England and Wales. *Journal of Forensic Psychiatry and Psychology*, 21, 221-237.

Ross, R. R., & Fabiano, E. A. (1985). *Time to think: A cognitive model of delinquency prevention and offender rehabilitation*. Johnson City, TN: Institute of Social Sciences and Arts.

Rutter, M. (2009). Introduction: The two-way interplay between neuroscience and clinical practice in the understanding of violence and its remediation. In S. Hodgins, E. Viding & A. Plodowski (Eds.), *The neurobiological basis of violence: Science and rehabilitation* (pp. *xi-xx*). London: Oxford University Press.

Sakheim, G. A., & Osborn, E. (1986). A psychological

profile of juvenile fire-setting in residential treatment: A replication study. *Child Welfare, 45*, 495-503.

Santilla, P., Häkkäen, H., Alison, L., & Whyte, C. (2003). Juvenile fire-setters: Crime scene actions and offender characteristics. *Legal and Criminological Psychology, 8*, 1-20.

Shaw, J. (2001). *Prison healthcare.* NHS National Programme on Forensic Mental Health Research and Development. Department of Health.

Slaby, R. G., & Guerra, N. G. (1988). Cognitive mediators of aggression in adolescent offenders: 1. Assessment. *Developmental Psychology, 24*, 580-588.

Smith, A. D., & Taylor, P. J. (1999). Serious sex offending against women by men with schizophrenia. *British Journal of Psychiatry, 174*, 233-237.

Stams, G. J., Brugman, D., Dekovi, M., van Rosmalen, L., van der Laam, P., & Gibbs, J. C. (2006). The moral judgment of juvenile delinquents: A meta-analysis. *Journal of Abnormal Child Psychology, 34*, 697-713.

Steadman, H. J., Osher, F. C., Robbins, P. C., Case, B., & Samuels, S. (2009). Prevalence of serious mental illness among jail inmates. *Psychiatric Services, 60*, 761-765.

Stewart, L., Hill, J., & Cripps, J. (2001). Treatment of family violence in correctional settings. In L. L. Motiuk & R. C. Serin (Eds.), *Compendium 2000 on effective correctional programming.* Ottawa, Ontario: Ministry of Supply and Services.

Strassberg, Z., & Dodge, K. A. (1987). *Focus of social attention among children varying in peer status.* Paper presented at the annual meeting of the Association for the Advancement of Behavior Therapy, Boston, MA.

Swaffer, T. J. (1994). Predicting the risk of reoffending in adolescent fire-setters II: The key to success. In N. K. Clark & G. M. Stephenson (Eds.), *Rights and risks: The application of forensic psychology* (pp. 64-67).

Leicester: British Psychological Society.

Taylor, P. J. (2001). *Mental illness and serious harm to others.* NHS National Programme on Forensic Mental Health Research and Development. London: Department of Health.

Walsh, E., Buchanan, A., & Fahy, T. (2002). Violence and schizophrenia: Evaluating the evidence. *British Journal of Psychiatry, 180*, 490-495.

Ward, T., & Beech, A. R. (2006). An integrated theory of sexual offending. *Aggression and Violent Behavior, 11*, 44-63.

Ward, T., & Siegert, R. J. (2002). Toward a comprehensive theory of child sexual abuse: A theory knitting perspective. *Psychology, Crime, & Law, 8*, 319-351.

Widom, C. S., & Maxfield, M. G. (2001). *An update of the cycle of violence.* Washington, DC: National Institute of Violence.

주석이 달린 읽을거리 목록

Hollin, C. R. (2007). Criminological psychology. In M. Maguire, R. Morgan & R. Reiner (Eds.), *The Oxford handbook of criminology* (4th ed.). (pp. 43-77). Oxford: Oxford University Press. 이 장은 범죄행동의 심리학적 이론을 개관하고 있다.

Palmer, E. J., Hollin, C. R., Hatcher, R. M., & Ayres, T. C. (2010). Arson. In F. Brookman, M. Maguire, H. Pierpoint & T. Bennett (Eds.), *Handbook of crime* (pp. 380-392). Cullompton: Willan Publishing. 이 장은 방화범에 관한 연구결과를 개관하고 있다.

Polaschek, D. L. L. (2006). Violent offenders: Concept, theory, and practice. In C. R. Hollin & E. J. Palmer (Eds.), *Offending behaviour programmes: Development, application, and controversies* (pp. 113-154). Chichester: John Wiley & Sons, Inc. 가정폭력을 포함한 폭력범의 이론 및 치료법에 대한 유용한

개관을 제공한다.

Prins, H. (2005). *Offenders, deviants or patients?* (3rd ed.). Hove: Routledge. 정신장애가 있는 범죄자에 관련된 쟁점의 복잡성을 부각시켜주고 있다.

Ward, T., Polaschek, D. L. L., & Beech, A. R. (Eds.) (2006). *Theories of sexual offending.* Chichester: John Wiley & Sons, Inc. 성범죄 이론에 대한 훌륭한 자료.

제2장 범죄의 발달적 · 심리학적 이론

DAVID P. FARRINGTON & MARIA M. TTOFI

주요 용어

| 가족 유대감 | 발달적 성향 | 비행 발달에 대한 케임브리지 연구 | 사회통제이론 | 사회학습이론 | 상호작용이론 |
| 상황적 요인 | 생애과정 지속 범행 | 생활양식이론 | 전향적 종단연구 | 청소년 한정 범행 |
| 통합인지 반사회적 잠재성 이론 |

이 장의 개요

이 장에서 우리는 우선 범죄에 대한 네 개의 발달적 이론을 살펴볼 것이다. Lahey와 Waldman(2005)의 **발달적 성향이론**, Moffitt(1993)의 청소년 한정/생애과정 지속이론, Thornberry와 Krohn(2005)의 **상호작용이론**, Sampson과 Laub(2009)의 연령 증가에 따른 **사회통제이론**(이 이론들에 대한 보다 자세한 내용은 Farrington, 2005 참조). 그다음 네 개의 심리학적 이론을 살펴볼 것이다. Bowlby(1969)의 애착이론, Eysenck(1996)의 성격이론, Patterson(1982)의 **사회학습이론**, Walters(2006)의 **생활양식이론**, 마지막으로, 우리는 **통합인지 반사회적 잠재성(ICAP) 이론**(Farrington, 2005b)을 살펴볼 것이다.

발달적 성향이론
(developmental propensity theory)
어떤 사람이 품행장애나 청소년 비행을 하게 되는 기저의 성향을 발전시키도록 이끄는 요인을 설명하기 위한 이론

상호작용이론
(interactional theory)
상이한 연령에서의 반사회적 행동을 고무하는 요인과 양방적 효과(예: 빈약한 부모의 감독이 반사회적 행동의 원인이 되고 반사회적 행동이 빈약한 부모의 감독을 일으키는 것)를 가정하고 있는 이론

사회통제이론
(social control theory)
사람들은 자신이 속한 사회와의 유대 강도에 따라 범행을 억제한다고 가정하는 이론

사회학습이론
(social learning theory)
사람들이 다른 사람들을 관찰하거나 모방하거나 강화를 받음으로써 학습한다는 이론. 이 이론은 주의, 기억 그리고 동기를 모두 포함하기 때문에 행동주의자들과 인지학습이론 간의 다리 역할을 하는 것으로 기술되어 왔다.

생활양식이론
(lifestyle theory)
과거 거대 이론의 통찰과 현대 간편 모델의 방법론적 엄격함을 조화시킬 수 있는 포괄적인 개념적 틀을 제공함으로써 이론적인 간편 모델에 의존하고 있는 심리학에 의해 생긴 문제를 교정하려는 이론. 이 이론은 범죄가 성격적인 생활양식의 한 부분이라고 가정한다.

발달적 이론

발달과 생애과정 범죄학(developmental and life-course criminology: DLC)은 세 가지 주제에 주로 관심을 가지고 있다. ① 요람에서 무덤까지 이르는 시기의 범행과 반사회적 행동, ② 다양한 연령에서의 위험과 보호 요인의 영향, 그리고 ③ 발달 과정에 대한 생애사건의 영향. 전통적인 범죄학 이론에서는 범행을 개인 간의 차이, 즉 하류층 소년들이 상류층 소년들보다 왜 범죄를 더 많이 저지르는가와 같은 방식으로 설명하려고 한 반면, DLC 이론들은 시간에 걸친 범행을 개인 내 변화로 설명하려고 한다(Farrington et al., 2002).

발달적 위험과 보호 요인, 생애사건 및 DLC 이론에 대한 연구를 수행할 때는 **전향적 종단연구**를 하는 것이 필수적이다. Farrington은 400명의 런던 거주 남성을 대상으로 8세에서 48세까지 전향적 종단연구를 한 **비행 발달에 대한 케임브리지 연구**(Farrington et al., 2006; Farrington, Coid et al., 2009)에서는 다음과 같이 지적하였다. 1990년대에 발달적 그리고 생애과정 범죄학이 중요하게 된 주된 이유는 그 10년 사이에 범행에 대한 종단적인 연구가 매우 많이 출판되었고 의미 있는 것들이 많

통합인지 반사회적 잠재성(ICAP) 이론
[integrated cognitive antisocial potential(ICAP) theory]
케임브리지 연구에서 얻은 결과에 영향을 받아 기본적으로 하류층 남성들이 범행을 저지른다고 설명하는 이론

전향적 종단연구
(prospective longitudinal surveys)
한 집단의 개인들(동질적인)을 시간에 따라 추적하면서 반복적으로 측정하는 연구

비행 발달에 대한 케임브리지 연구
(cambridge study in delinquent development)
런던 남부 지역에 거주하는 남성 411명을 대상으로 1961년 8세 때 연구를 시작하여 50세까지의 유죄 판결 경력과 48세까지의 생애 성공에 관한 정보를 얻기 위해 실시된 전향적 종단연구

았기 때문이다. 특히 영향력이 있었던 것은 미국의 덴버, 피츠버그 및 로체스터의 청소년 재판과 비행 예방국이 수행한 세 가지 '원인과 관련성' 연구(Huizinga et al., 2003; Loeber et al., 2003; Thornberry et al., 2003)였다. 1990년대에 두각을 나타낸 또 다른 중요한 연구는 시애틀 사회 발달 프로젝트(Hawkins et al., 2003), 뉴질

랜드의 듀네딘 연구(Moffitt et al., 2001), 몬트리올 종단 실험연구(Tremblay et al., 2003) 그리고 Glueck과 Glueck(1950)의 고전적 연구를 Laub와 Sampson (2003)이 심층 분석한 것이다.

Lahey와 Waldman: 발달적 성향이론

Lahey와 Waldman(2005)은 품행장애와 청소년 비행의 발달을 아동기와 청소년기에 초점을 두어 설명하고자 하였다. 그들의 발달적 성향이론은 발달 추세 연구 (Loeber et al., 2000)에서 수집된 자료의 영향을 받았다. Lahey와 Waldman은 성인 생애사건에 초점을 맞추지 않았고 성인기의 범행 중단을 설명하려는 시도도 하지 않았다. 그들은 다양한 유형의 사람들을 변별하는 것이 바람직하다고 가정했다. 그리고 그들은 단순히 청소년 한정 및 생애과정 지속 범죄자의 두 가지 범주보다 발달적 경로의 연속성을 제기하였다.

그들의 주된 구성개념은 반사회적 성향이다. 반사회적 성향은 시간에 따라 지속되는 경향이 있고 반사회적 행동의 다양성과 중복성과 같은 매우 다양한 행동적 표상을 가지고 있다. 반사회적 성향에 가장 중요한 영향을 미치는 요인은 낮은 인지적 능력(특히 언어적 능력)과 친사회성(냉정하고 감정에 휘둘리지 않는 특질과는 반대되는 것으로 동감과 공감), 대담성(자제되지 않거나 통제가 잘 안 되는) 그리고 부정적인 정서성(예: 쉽게 좌절되고 싫증을 내며 귀찮아하는)의 세 가지 성향 차원이다. 이 네 가지 요인은 유전적인 기초를 가지고 있는 것으로 언급되고 있어 Lahey와 Waldman은 유전-환경 상호작용에 대해 논의하였다.

Lahey 등(2006)은 이 이론에 대해 중요한 경험적 검증을 하였다. 그들은 피츠버그 청년 연구에서 수집된 연구 자료를 분석하였다. 거기에서 7세 때의 친사회성

(부적으로), 대담성 및 부정적 정서성이 11세에서 17세 사이의 자기보고식 비행에 대해 각각 예언함을 발견하였다. 이에 덧붙여서 이러한 예언은 가족 수입, 어머니의 교육 수준 및 인종 같은 주요 인구학적 비행 예언 요인을 통제한 분석에서도 유의한 것으로 나타났다. 이후의 연구에서 Lahey 등(2008)은 세 가지 차원을 측정하기 위해 아동 및 청소년 기질 척도(Child and Adolescent Dispositional Scale: CADS)를 개발하였고 이 요인들이 조지아, 시카고 및 피츠버그의 세 표본에서 품행장애를 예언하는 것으로 보고하였다.

Moffitt: 청소년 한정 대 생애과정 지속 범행

Moffitt(1993)은 반사회적인 사람(정도보다는 종류에서 다른)들은 질적으로 다른 두 가지 범주를 가지고 있다고 가정하였다. 즉, 생애과정 지속(life-course-persistent: LCP)과 청소년 한정(adolescent-limited: AL) 범죄자(**청소년 한정 범행**과 **생애과정 지속 범행**)다. 이 용어가 지적하고 있는 바와 같이 LCP들은 이른 나이에 범행을 시작해서 십 대를 넘어서까지 지속한다. 반면에, AL들은 주로 자신들의 십 대에 짧은 범죄 경력을 가지고 있다. LCP들은 폭력을 포함한 광범위한 범죄를 저지르는 반면, AL들은 반달리즘과 같은 '반항적인' 비폭력적 범죄를 주로 저지른다. 이 이론은 듀네딘 (Dunedin) 종단연구(Moffitt et al., 2001)의 결과를 설명해 준다.

LCP들의 범행을 자극하는 주된 요인들은 인지적 결

> **청소년 한정 범행**
> (adolescent-limited offending)
> 10대 때 일어나는 비행/반사회적 행동을 말한다. 성인이 되면 멈춘다.

> **생애과정 지속 범행**
> (life-course-persistent offending)
> 종종 아동기에서 시작되어 개인의 전 생애에 걸쳐 지속되는 비행/반사회적 행동을 말한다.

손, 통제되지 않은 기질, 과잉행동, 빈약한 양육, 혼란된 가정, 10대 부모, 가난 및 낮은 사회경제적 지위(socio-economic status: SES)다. 낮은 심박률과 같은 유전적이고 생물학적 요인도 의미가 있었다. 이웃에 대한 논의가 많이 이루어지지는 않았지만, LCP들의 신경심리학적 위험성이 불리한 환경과 서로 복합적으로 상호작용할 것이라고 가정되었다. 이 이론은 신경심리학적 결손과 불리한 환경이 반사회적 성향과 같은 기저의 구성개념에 영향을 주지 않는 것으로 가정하였다. 오히려 신경심리학적이고 환경적인 요인들은 반사회적 행동에 더 주요한 구성개념이라고 시사하였다.

AL들의 범행을 자극하는 주요 요인은 '성숙성의 결여'(십 대 시기에 어른들로부터 물질적인 보상을 얻어 낼 수 있는 능력의 부족)와 또래 영향(특히 LCP들로부터의)이다. 결과적으로 AL들은 그들이 합법적인 성인 역할을 하거나 그들의 욕망을 합법적으로 성취할 수 있는 나이가 되면 범행을 멈춘다. AL들은 신경심리학적인 결손이 거의 없기 때문에 쉽게 멈춘다. 이론은 여기에 전과 기록, 감금, 약물 또는 알코올 중독 그리고 (소녀의 경우) 특히 AL들의 경우 원하지 않는 임신과 같은 '올가미에 빠진 사람(snares)'의 명명 효과가 있는 것으로 가정하고 있다. 여하튼 시간에 걸쳐 범행을 저지르는 것으로 관찰된 연속성은 주로 LCP들이 주도한다. 이 이론은 주로 범죄자의 발달에 초점을 맞추고 있고 범행을 저지른 이유에 대해서는 설명하려고 하지 않는다. 여하튼 AL들에게는 비행 또래의 존재가 중요한 상황적 영향을 미치고 LCP들에게는 기회나 피해자가 중요한 요인임을 시사해 준다.

범죄 기회에서의 의사결정은 AL들(가능한 이익에 비해 가능한 비용을 재 보는)에게는 합리적이라고 추정되지만, LCP들(생각 없이 잘 학습된 '자동화된' 행동 목록을 주로 따르는)에게는 그렇게 추정되지 않았다. 여하튼 LCP

들은 주로 실용주의적 동기에 영향을 받는 반면, AL들은 십 대의 지루함에 영향을 받는다. 직업을 갖거나 결혼을 하는 것과 같은 성인 생애사건들은 별로 중요하지 않은 것으로 가정된다. 왜냐하면 LCP들은 반사회적인 생활양식에 너무 빠져서 할 수가 없고, AL들은 성인 역할을 할 수 있는 나이가 되면 자연스럽게 중지하기 때문이다.

DLC 이론이 일찍 나왔고 유명했기 때문에 다른 이론보다 더 많은 경험적 연구가 이루어졌을 가능성은 있다. Moffitt(2006)은 자기 이론에 대한 10년간의 연구 결과를 매우 인상적인 내용으로 출판하였다. 많은 예언이 확인되었지만, 그녀는 부가적인 개인들의 범주가 필요한 데 대해 논의하였다. 그 범주는 절제자(과도하게 통제하거나 두려움이 많거나 성적으로 수줍어하거나 인기가 없는), 낮은 수준의 만성 범죄자(LCP같이 통제되지 않은, 가족의 역경을 가진, 부모가 정신병력이 있는, 낮은 지능을 가진), 그리고 성인기 발병 범죄자(Moffitt에 따르면 그 실존이 의심스러운)다. 그녀는 사춘기 절제자는 성인기 범죄자가 되지 않는다고 주장하였다. 그러나 Zara와 Farrington(2009)은 성인기 발병 범죄자들이 케임브리지 연구에서 더 신경질적이었으며, 8~10세 때 친구가 적었고, 18세까지도 성적으로 처녀인 경우가 많았음을 발견하였다.

Thornberry와 Krohn: 상호작용이론

Thornberry와 Krohn(2005)의 상호작용이론은 특히 상이한 연령에서 나타나는 반사회적 행동을 고무하는 요인들에 초점을 두고 있다. 이 이론은 로체스터 청년 발달 연구(Thornberry et al., 2003)에 영향을 받았다. Thornberry와 Krohn은 범죄자의 유형을 제안하지는 않았지만 어느 연령대에서 시작되는가에 따라 반사회적 행동의 원인이 달라진다고 시사하였다. 이른 연령대(출생부터 6세까지)에서 가장 중요한 세 가지 요인은 신경심리학적 결손과 어려운 기질(예: 충동성, 부정적 정서, 무공포증, 빈약한 정서 조절), 양육 결손(예: 빈약한 관리, 낮은 정서적 유대감, 일관성 없는 양육 원칙, 신체적 처벌) 그리고 구조적 역경(예: 가난, 실직, 복지 의존, 혼란된 이웃)이다. 그들은 또한 구조적 역경이 빈약한 양육 환경을 일으킨다고 하였다.

신경학적 결손은 나이가 있는 연령대의 아동들이 시작하는 반사회적 행동에는 덜 중요하다. 6~12세 때는 이웃과 가족 요인이 특히 두드러지게 의미가 있는 반면, 12~18세 때는 학교와 또래 요인이 지배적이었다([그림 2-1]). 또한 Thornberry와 Krohn은 일탈 기회,

[그림 2-1] 6~12세경에는 이웃과 가족 요인이 특히 중요하고 12~18세경에는 또래 요인이 지배적이다.

출처: ⓒ Elena Rostunova, Shutterstock사의 허락하에 게재함.

갱 집단, 일탈된 학교 연계망이 반사회적 행동을 일으키는 데 중요하다고 하였다. 그들은 후기 행위자(18~25세)들은 낮은 지능과 빈약한 학교 수행과 같은 인지적 결손을 가지고 있지만 초기 연령대에서는 가족이나 학교 환경의 지지를 받아 반사회적 행동으로부터 보호된다고 하였다. 18~25세경에 반사회적 행동이 시작되면 취직이나 결혼과 같은 성인 역할로 전환하는 데 성공하기 어렵다는 것도 발견하였다.

상호작용이론의 가장 뚜렷한 특징은 상호적인 인과론을 강조한다는 것이다. 예를 들면, 이 이론은 아동의 반사회적 행동이 부모의 강제적인 반응을 유발하고 또래로부터 배척받거나 미래에 반사회적 행동을 할 가능성을 높인다고 제안하였다. 이 이론이 범죄의 기저에 대해 단일한 주요 개념을 가정하고 있지는 않지만 일찍 시작한 아동들의 반사회적 행동이 신경학적 및 양육의 결손과 구조적 역경 때문에 지속되는 경향이 있음을 시사하였다. Thornberry와 Krohn은 흥미롭게도 늦게 시작한 사람들(18~25세)은 빨리 시작한 사람들(12~18세)보다 더 많은 인지적 결손을 가지고 있기 때문에 더 오래 지속될 것으로 예언하였다. 이 이론의 초기에 Thornberry와 Krohn(2001)은 사회 환경의 변화(예: 강한 **가족 유대감**), 예방적 요인(예: 높은 지능과 학교에서의 성공) 그리고 개입 프로그램에 의해 반사회적 행동이 중지될 수 있다고 가정하였다. 따라서 그들은 범죄 재판 과정이 미래의 범죄 행동에 영향을 미칠 수 있다고 생각하였다.

> **가족 유대감**
> (family bonding)
> 부모와 아동이 가족 내에서 같은 목표와 태도를 공유함으로써 조화를 이루어 나갈 수 있게 해 준다.

Thornberry(2005)는 이러한 이론을 반사회적 행동의 세대 간 전달을 설명하는 데까지 확장하였다. 그는 부모의 친사회적 또는 반사회적 유대감, 구조적 역경, 스트레스원 그리고 비효율적인 양육 방식이 부모의 반

사회적 행동과 아동의 반사회적 행동을 매개하는 요인이라고 제시하였다. Thornberry 등(2009)은 이러한 생각을 로체스터 세대 간 연구에서 검증하였고 부모의 스트레스와 비효율적인 양육 태도가 가장 중요한 매개 요인이라고 결론지었다.

Sampson과 Laub: 연령 증가에 따른 비공식적 사회통제이론

Sampson과 Laub(2005)의 이론의 가장 중요한 개념은 연령 증가에 따른 비공식적 사회 통제다. 비공식적 사회 통제란 가족, 또래, 학교 그리고 나중의 결혼이나 직업과 같은 성인 사회제도의 유대 강도를 의미한다. Sampson과 Laub은 범죄를 저지르려고 하는 사람들은 문제의식이 없고(아마도 쾌락주의자적인 욕구에 의해 야기된) 범법이 사회와의 유대 강도에 의해 억제된다는 가정에 근거하여 사람들이 범죄에 가담하지 않는 이유를 설명하는 데 기본적인 목표를 두었다. 그들의 이론은 Glueck과 Glueck (1950)이 남자 비행 소년과 비행 소년이 아닌 사람들을 대상으로 한 추수 연구에 대한 분석 결과에 영향을 받았다(Laub & Sampson, 2003; Sampson & Laub, 1993).

유대 강도는 부모, 학교, 비행 친구 및 비행 형제와의 애착에 달려 있고 또한 양육방법이나 지도감독과 같은 부모의 사회화 과정에도 의존한다. 구조적 배경 변인(예: 사회계층, 인종, 대가족, 부모의 범죄, 혼란된 가족)과 개인차 요인(예: 낮은 지능, 어려운 기질, 조기 품행장애)은 비공식적 사회 통제(애착과 사회화 과정)에 영향을 미침으로써 범죄 행동에 간접적인 효과를 가지고 있다.

Sampson과 Laub은 전반적인 생애과정에 관심을 가지고 있다. 그들은 일관성보다는 시간에 따른 변화를 강조하며 초기 아동기의 빈약한 능력이 후기 생애 결과를 예언하는 위험 요인임을 중시하고 있다. 그들은 군입대, 안정된 직업, 결혼과 같은 후기 인생사건(성인 전환점)이 현재로부터 과거를 끊어 내고 범법을 중지하는 데 중요하다고 본다. 또한 그들은 이웃의 변화가 범죄의 변화를 일으킬 수 있다고 주장한다. 그들은 변화와 예측 불가능성을 강조하기 때문에 '생애과정 지속자'와 같은 범죄자 유형의 중요성을 부인한다. 그들은 범죄 행동이 범죄자 유형에 상관없이 연령이 증가하면서 감소한다고 시사하였다(Sampson & Laub, 2003).

Sampson과 Laub은 그들의 이론에 범죄사건에 대한 상황의 즉각적인 영향을 분명하게 포함시키지는 않았다. 그리고 기회는 어디에나 존재하기 때문에 중요하지 않은 것으로 믿었다(Sampson & Laub, 1995). 여하튼 그들은 구조화된 일상 활동이 적은 것이 범죄 행동을 촉진한다고 제시하였다. 그들은 사람들이 범죄를 저지르는 것보다 저지르지 않는 것의 이유에 초점을 맞췄으며, 개인의 자유의지와 목적에 맞는 선택(인본주의적인 경향)이 중단을 결심하는 데 중요한 요인이라고 강조하였다. 그들은 또한 공식적인 명명이 직업 불안정과 실직에 영향을 미침으로써 범죄 행동에 영향을 준다고 가정하였다. 그들은 조기 비행이 성인기 사회적 유대를 약하게 만들고 결국 성인기 범죄를 억제하는 데 실패하도록 한다고 주장하였다.

그들 이론의 후기 입장에서 Sampson과 Laub(2009)은 또다시 범죄자 유형론에 반대하였고 '문제가 있고 예측할 수 없는 발달'을 선호하였다. 그들은 장기적인 범죄 유형은 개인차나 아동기 또는 청소년기 특성으로 설명될 수 없다고 보았으며 아동기 변인은 '사소한 예후적 장치'라고 하였다. 더 나아가서 그들은 '미리 결정된 발병'을 의미하는 '발달적 범죄학'의 개념에 반대하고 개인과 환경이 끊임없이 상호작용하는 '생애과정 범죄학'의 입장을 선호하였다.

다행스럽게도 Sampson과 Laub의 예언은 경험적으로 검증될 수 있었다. 우리의 견해는 아동기 위험 요인이 '사소한' 후기 범죄의 예언변인보다 더 낫다는 것이다. 예를 들면, 케임브리지 연구에서는 유죄 판결을 받은 아동의 비율이 아동기 위험 요인이 없었던 경우는 20%였지만 5~6세에 아동기 위험 요인이 있었던 경우는 85%로 증가하였다(Farrington, Coid et al., 2009). 유사하게, 성인기 범죄의 예언에서도 Sampson과 Laub은 아동기 변인이 성인 변인을 독립적으로 예언하지 못한다고 기대하였다. 그러나 Farrington, Ttofi 등(2009)은 8~10세경의 몇 가지 변인이 21세 이후의 범죄 발생이나 지

속성을 예언할 수 있다는 결과를 얻었다. 분명히 더 많은 연구가 필요한데, 특히 Moffitt(1993), Sampson과 Laub(2009)의 반대되는 예언을 대조해 볼 필요가 있다.

사례연구: 비행 발달에 대한 케임브리지 연구

다음의 두 사례는 비행 발달에 대한 케임브리지 연구에서 따온 것이다. 〈사례연구 2-1〉은 오랜 기간에 걸

사례연구 2-1　소년 A

이 소년이 태어날 때 부모의 나이는 모두 24세였다. 유죄 판결을 받은 부모는 없었다. 그는 동생이 두 명 있었는데 그중 한 명이 유죄 판결을 받았다. 7세 때 그의 아버지는 엄마를 믿을 수 없는 여자라고 비난하면서 편집증 증상을 보여 정신병원에 입원하였다. 8세 때 그는 고집이 세고 공격적이며 돌아다니길 좋아한다는 말을 들었다. 그는 반에서 39명 중 37등을 했으며 못살게 굴면 쉽게 상처를 받았다. 8~10세 때 그는 배짱이 있고 인기가 없었지만 문제를 일으키지는 않았고, 정신과적으로 치료를 받는 아버지처럼 신경질적이었다. 8세 때 그의 어머니는 아동이 거칠고 별나며 성가시게 하고 성질이 급해서 통제가 안 된다는 얘기를 들었다. 10세 때 사회복지사는 소년의 아버지가 정규적인 일이 없고 가끔 노동일을 하면서 집에서 아무것도 하지 않는다고 보고하였다.

12세 때 아동의 아버지는 정신분열증으로 정신병원을 들락거렸고, 아동은 아버지의 부모와 함께 살았다. 13세 때 그는 보호를 받다가 말다가 했다. 그는 무감동했고 꿈속에 사는 것 같다는 말을 했지만 잠을 자지 못했기 때문이라고 둘러댔다. 14세 때 학교 보고서에는 그가 발달이 덜 되었고 철회되어 있으며 약자를 못살게 굴고 옷을 아무렇게나 입고 잘 씻지 않는다고 쓰여 있었다. 14세 때 그는 복지 시설에 살았으며 그의 아버지는 어디에 있었는지 알려지지 않았다. 15세 때 그의 어머니는 낮에는 시민봉사실에서 일하고 밤에는 복권방에서 일하면서 생계를 꾸려 나갔다. 15세에 학교를 떠난 후에는 4년간 다섯 개의 임시 일을 했고 그때마다 강도짓을 했다. 그는 24세에 결혼했고 두 아들을 두었으며 아직 부인과 살고 있다.

11세 때 그는 가게 진열대에서 만화를 훔쳤고 경찰에 붙잡혔다. 13세 때는 공기총을 들고 거리를 배회해서 경찰이 왔다. 그는 16세 때 차를 훔쳐 몰다가 유죄 판결을 받았다. 19세 때는 폐가에서 술통 배관을 훔친 죄로 유죄 판결을 받았다. 20세 때는 음주운전으로 체포된 뒤에 파출소에서 행패를 부리고 범죄 피해를 입혀 유죄 판결을 받았다. 35세 때는 훔친 차를 사서 유죄 판결을 받았고, 마지막으로 43세 때는 불법 무기 소지 혐의로 유죄 판결을 받았다. 그는 그의 범죄에 대해 벌금형만 받았고 한 번도 보호관찰 선고를 받지 않았다.

쳐 간헐적으로 범지를 저지른 소년의 사례이고, 〈사례연구 2-2〉는 단기간에 자주 범죄를 저지른 소년의 사례다. 두 사례 모두 전형적으로 박탈되고 혼란되었으며, 비행 문제가 있는 가정 배경이 있었고, 개인적인 일탈과 낮은 학교 수행을 보였다.

사례연구 2-2   소년 B

이 소년은 네 명의 형제 중 막내다. 그가 태어날 때 그의 아버지는 38세였고 어머니는 40세였다. 부모 중 유죄 판결을 받은 사람은 없었다. 그는 위로 형 둘과 누나 하나를 두었는데 모두 유죄 판결을 받은 적이 있다. 8~10세 때 그는 배짱이 있고 말썽을 피우는 것으로 평가되었다. 그의 검사에서 지능은 낮게 나왔고 그의 부모는 불화가 있고 그의 어머니는 신경질적으로 정신과적 치료를 받아야 하는 것으로 평가되었다. 9세에 사회복지사는 가족 환경이 적대적이라고 기술하였으며 아버지가 '독재자'라는 의견을 달았다. 아버지는 술을 마시러 자주 나갔고 어머니는 그런 아버지에 대해 불평을 했다. 어머니는 빚을 지고 있었다. 소년은 책을 읽지 않고 퇴보하였으며 우유병을 던지는 것과 같은 문제를 일으키는 갱들과 어울려 다녔다. 그의 아버지는 그를 '행복한 방랑자'라고 불렀는데, 그 이유는 그가 늦게까지 밖에 있을 수 있고 무엇을 했는지 말하지 않아도 되기 때문이라고 하였다. 그는 12세 때 학교에 다니지 않는 처신이 나쁜 다른 소년들과 어울려 다닌다는 소리를 들었다. 그의 아버지는 인쇄공이라는 좋은 직업을 가졌고 가족은 편안하게 지냈다.

14세 때 소년이 다닌 학교에서는 어머니가 과잉보호하고 아버지는 엄격하며 벌을 주는 편이었다고 기술하고 있다. 소년은 조용하고 수동적이며 신경질적이고 철회되어 있으며 IQ는 70으로 기술되어 있다. 그의 범행은 부모의 불화에서 귀인되었다. 15세 때 사회복지사는 아버지가 과음을 하고 십이지장 궤양을 앓고 있었으며 어머니는 까다롭고 신경질적이며 우울하고 집안일에 무관심하여 더럽고 냄새가 난다고 기술하였다. 그녀는 세탁소에서 일했고 지속적으로 난폭하였기에 지방 법정에 아버지를 고소하였다. 소년은 15세에 학교를 떠났다. 16세 때에는 그의 아버지와 과격한 논쟁을 벌였고 아버지는 어머니를 종종 때렸다. 그 후 아버지는 집을 떠났고 어머니는 집세를 낼 수 없어 쫓겨났다. 어머니는 신경증으로 고통을 받았고 치료를 위해 입원하였다. 18세 때 소년은 지붕 수리공으로 돈을 잘 벌었고 밤마다 술집에 가서 자주 취했다. 그는 18세 때 임신한 여자친구와 결혼을 했으며 다섯 명의 아들을 낳았고 현재까지 부인과 살고 있다.

그는 10세 때 차 유리를 깨고 라디오를 훔치려고 한 혐의로 처음으로 유죄 판결을 받았다. 그는 11세와 12세 때도 유사한 범행으로 유죄 판결을 받았고 보호관찰 명령을 받았다. 13세 때 남의 집에서 도둑질을 했고 14세 때는 공격적인 무기(칼)를 소지한 혐의로 유죄 판결을 받았으며 그 시기에 인가된 학교로 보내졌다. 16세 때 차 타이어와 휠을 훔쳐 유죄 판결을 받았고 16, 17, 18 및 19세 때도 차를 훔쳐 유죄 판결을 받았다. 그는 이 범죄로 벌금을 내거나 보호관찰을 받았다. 마지막으로, 그는 20세 때 보석상을 턴 혐의로 (총신이 짧은 산탄총을 가진 동료와 함께) 유죄 판결을 받았고 감옥에서 18개월을 살았다. 이후 그는 더 이상 범죄를 저지르지 않았다.

심리학적 이론

　심리학적 이론들은 어떤 사람들이 왜 다른 사람과는 달리 범죄자가 되는지를 설명하고자 한다. 그것은 항상 충동성이나 성격 요인 또는 지능과 같은 심리적 또는 개인차 요인을 가정하고 부모의 지도감독이나 훈육과 같은 가정 요인도 가정한다. 또한 그것은 때로 생물학적, 또래, 학교, 지역사회, 이웃과 **상황적 요인(situational factors)**도 가정한다. 1장에서는 일부 심리학적 이론을 고찰하였는데, 여기에서는 네 개의 이론을 좀 더 고찰하고자 한다.

> **상황적 요인**
> (situational factors)
> ·개인의 행동에 영향을 미치는 환경 내의 요인

Bowlby: 애착이론

　Bowlby(1969)는 아동과 일차적 양육자(보통 엄마) 간 애착의 중요성을 강조하였다. 그는 아동이 생애 첫 5년 동안, 특히 첫 2년 동안([그림 2-2]) 어머니와 지속적이고 따뜻하며 애정 어린 관계를 갖는 것이 매우 중요하다고 주장하였다. 나아가서 그는 어머니의 사랑이 비타민이나 단백질이 신체건강에 중요한 것만큼 정신건강에 중요하다고 주장하였다. 만약 아동이 생애 첫 5년 동안에 장기간의 모성 박탈을 경험한다면(특히 붕괴된 가정에서), 이것은 돌이킬 수 없는 부정적인 영향을 미칠 가능성이 높고 아동은 차가운 '애정 결핍 성격'과 비행 소년이 될 가능성이 높다고 하였다.

　Bowlby의 이론은 정서적인 문제로 그의 클리닉에 의뢰된 44명의 청소년 절도자와 44명의 통제 아동에 대한 경험적 연구에 많은 영향을 받았다(Bowlby, 1951). 그는 두 집단 아동의 부모를 면담한 후 청소년 절도범의 약 40%가 통제집단에 비해 생애 첫 5년 동안 어머니

[그림 2-2] Bowlby는 아동의 생애에서 5세까지, 특히 초기 2세까지 어머니와 지속적이고 따뜻하며 애정 어린 관계를 갖는 것이 매우 중요하다고 주장하였다.

출처: ⓒ Balazs Justin. Shutterstock사의 허락하에 게재함.

로부터 6개월 이상 분리된 경험이 있음을 발견하였다. 아동 절도범의 1/3은 통제집단에 비해 '애정 결핍 성격'을 가졌다. 여하튼 현대의 기준으로 보면 이 연구는 방법론적으로 약했다. 예를 들면, 피험자가 너무 적었고 비행에 영향을 미칠 수 있는 다른 변인, 즉 붕괴된 가정의 많은 아동이 시설에서 양육되었으며(그래서 붕괴된 가정보다는 시설에서의 양육과 지속적으로 변하는 보호자 요인이 더 중요한 요인이 됨.), 부모들이 회고적으로 보고한 것(그래서 그들의 보고는 아동이 비행을 저질렀다는 지식에 의해 편포되었을 수 있음.)과 같은 변인에 대한 통제를 하지 못했다.

붕괴된 가정에 대한 대부분의 연구는 어머니보다는 아버지의 상실에 초점을 맞추기 때문에 아버지의 상실이 훨씬 더 일반적이다. 전향적 종단연구에서는 생물학적 부모로부터 분리된 아동들이 건강한 가정의 아동들에 비해 범죄를 저지를 가능성이 더 많은 것으로 나타났다. 예를 들면, 영국의 뉴캐슬 지역에서 실시한 생일이 같은 1,000개의 가족에 대한 연구에서 Kolvin 등(1988)은 생애 첫 5년 동안 이혼이나 분리를 경험한 소년들이 32세 때 유죄 판결을 받을 위험성이 두 배가 되는 것을 발견하였다(28%와 53%). 케임브리지 연구에서는 10세 생일에 부모로부터 분리된 아동의 60%가 50세에 유죄 판결을 받은 반면, 그렇지 않은 집단에서는 36%인 것으로 나타났다(Farrington, Coid et al., 2009). 뉴질랜드의 듀네딘 연구에서는 Henry 등(1996)이 한부모 가정의 소년이 특히 유죄 판결을 많이 받는 것으로 나타났다.

McCord(1982)는 보스턴에서 생물학적 아버지의 상실로 인해 붕괴된 가정과 후기 소년 범죄의 관계에 대한 혁신적 연구를 수행하였다. 그녀는 범죄 발생률이 애정 어린 엄마가 없는 붕괴된 가정의 소년들(62%)에게서 높게 나타났고, 부모 갈등에 의해 붕괴된 가정의 소년들(52%)의 경우에는 애정 어린 엄마와는 관계없이 범죄 발생률이 높다는 점을 발견하였다. 갈등 없이 붕괴된 가정의 범죄 발생률(26%)은 낮았고, 그리고 중요하게도 애정 어린 어머니가 있는 붕괴된 가정의 소년들의 범죄 비율(22%)도 낮았다. 이러한 결과들은 붕괴된 가정에 범죄 인자가 있는 것이 아니라 부모의 갈등이 그 원인일 수 있음을 시사해 주었다. 그들은 또한 애정 어린 엄마가 어떤 점에서는 아버지의 상실을 보상해 줄 수 있다고 시사하였다.

또한 붕괴된 가정의 원인에 대한 중요성은 Wadsworth(1979)가 5,000명의 아동을 출생 시부터 추적한 영국 국립 건강과 발달 연구에서도 나타났다. 이 연구에서 사생아는 배제되었고 모든 아동은 결혼한 두 명의 부모와 함께 생을 시작했다. 이혼이나 별거에 의해 붕괴된 가정의 소년들은 21세 때 어머니가 죽거나(19%) 아버지가 죽은(14%) 소년들, 붕괴되지 않은 가정(14%)의 소년들에 비해 유죄 판결을 받거나 공식적으로 주의를 받은 비율이 더 높았다(27%). 출생부터 4세 사이에 가정이 붕괴된 소년들은 비행이 예언되었지만 11세에서 15세 사이에 가정이 붕괴된 소년들은 특히 범죄적이지 않았다. 재혼(사망보다는 이혼이나 별거 이후에 더 많은)은 비행 위험을 더 증가시켰는데, 이는 양부모의 영향이 바람직하지 못했음을 시사해 주었다. Wells와 Rankin(1991)이 행한 종합분석에서도 부모의 사망보다는 이혼이나 별거에 의해 붕괴된 가정의 소년이 더 강한 비행과의 관련성을 보여 주었고, 보다 최근의 연구에서도 이혼의 바람직하지 않은 영향이 확인되었다(Price & Kunz, 2003).

많은 연구에서 양육자의 잦은 변화가 아동의 범죄를 예언해 준다고 보고되었다(예: Krohn et al., 2009). 예를 들면, 500명 이상의 생일이 같은 남자에 대한 종단적 연구에서 Mednick 등(1990)은 이혼 후 양육자가 변한 소년들이 이혼 후 안정되었거나(42%), 이혼하지 않은(28%) 가정의 소년들 범죄율이 훨씬 높은 것으로 예언하였다(65%). 뉴질랜드의 듀네딘 연구에서 Henry 등(1993)은 부모의 갈등과 아동의 일차적 양육자의 변화가 11세까지의 아동의 반사회적 행동을 예언한다고 보고하였다. 또한 200명 이상의 소년을 추수 연구한 오리건 청년 연구에서 Capaldi와 Patterson(1991)은 반사회적인 어머니가 양육의 변화를 일으키고 결국 아동의 반사회적인 행동을 야기한다고 결론지었다.

붕괴된 가정과 비행 간의 관계에 대한 설명은 세 가지 주요 유형으로 나뉜다. 외상이론(Bowlby의 것과 같은)은 부모의 상실이 부모에 대한 애착의 영향 때문에 가장 흔하게 아동에게 상처를 주는 효과가 있다고 주장한다. 생애과정이론은 스트레스 경험의 관점에서 분리를 강조하고 있고 다른 스트레스원인 부모 갈등, 부모 상실, 줄어든 경제적 환경, 부모 인물의 변화 및 빈약한 아동 양육방법에도 초점을 두고 있다. 선택이론은 붕괴된 가정이 다른 가정에 비해 부모 갈등, 비행 또는 반사회적 부모, 낮은 가정 수입 또는 빈약한 자녀 양육방법과 같은 위험 요인에서 이미 차이가 있기 때문에 아동의 비행을 유발한다고 주장한다.

세 가지 이론에서 추출된 가설들이 케임브리지 연구에서 검증되었다(Juby & Farrington, 2001). Bowlby의 이론처럼 아버지의 상실보다 어머니의 상실이 더 큰 상처를 주었다. 여하튼 붕괴된 가정의 소년들이 건강한 가정의 소년들보다 비행을 더 많이 저질렀으나 건강하지만 갈등이 높은 가정의 소년들보다 더 많이 저지르지는 않는 것으로 나타났다. 흥미롭게도 이러한 결과는 스위스에서도 반복되었다(Haas et al., 2004). 전반적으로 가장 중요한 요인은 과거 혼란 궤적이었다. 분리 후 어머니와 남은 소년들은 건강하고 갈등이 낮은 수준의 소년들과 동일한 비행 비율을 보였다. 아버지나 친척 또는 타인(예: 양부모)과 남은 소년들은 높은 비행 비율을 보였다. 결론적으로, 연구 결과들이 외상 또는 선택 이론보다 생애과정이론에 더 맞는 것으로 나타났다.

Eysenck: 성격이론

심리학은 행동이 개인과 환경 간의 상호작용에 의해 유발된다고 가정한다. 연구들에 따르면 행동은 시간에 걸쳐 분명히 일관성 있게 나타나고, 또는 좀 더 정확하게 말해 개인의 상대적인 순서화는 시간에 걸쳐 뚜렷하게 일관성을 보인다(Roberts & Del Vecchio, 2000). 이러한 행동 일관성은 기본적으로 특정한 상황에서 특정한

방식으로 행동하려는 기저 경향의 지속성에 달려 있다고 가정된다. 이러한 경향은 충동성, 흥분 추구, 주장성, 공손함과 의무감 같은 '성격 특질'로 정의된다. 외향성과 같은 보다 큰 성격 차원은 성격 특질의 '군집'이라고 불린다.

1990년 전까지 성격과 범죄에 대해 가장 잘 알려진 연구는 의심할 바 없이 Eysenck 이론과 Eysenck 성격 질문지에 고무된 것이었다(Eysenck, 1996). 그는 인간이 쾌락적이고 즐거움을 추구하며 통증을 피하려는 존재라는 가정하에 범죄를 자연스럽고 합리적인 것이라고까지 보았다([그림 2-3]). 그는 절도, 폭력 및 반달리즘 같은 비행 행위가 범죄자들에게는 근본적으로 즐겁거나 유익한 것이라고 가정하였다. 왜 모든 사람이 범죄자가 되지는 않는가에 대한 설명을 하기 위해 Eysenck는 범죄를 저지르려는 쾌락주의적인 경향성이 조건화된 공포 반응으로 볼 수 있는 양심에 의해 저지되기 때문이라고 제안하였다.

Eysenck는 양심이 아동기에 형성된다고 제안하였다. 아동이 인정받지 못하는 행위를 할 때마다 부모가 처벌을 한다면 아동기에 각성된 통증과 공포가 고전적(자동적) 조건화의 과정에 의해 행위와 연합되는 경향이 있다. 아동이 같은 행위로 여러 번 처벌을 받게 되면 다음에 그 행위를 하려고 할 때 공포를 느끼고 이 공포가 그 행위를 하는 것을 멈추도록 하는 경향이 있다. 이 이론에 의하면 조건화된 공포 반응이 양심이고 양심은 아동이 부당한 행동을 하려고 할 때 주관적으로 죄책감을 경험하게 만든다.

Eysenck의 이론에 의하면 범죄를 저지르는 사람은 강한 양심이 형성되지 못한 사람들이다. 왜냐하면 그들은 태어날 때부터 빈약한 조건화 가능성을 가지고 있기 때문이다. 빈약한 조건화 가능성은 Eysenck의 세 가지 성격 차원과 연결되어 있다. 외향성(extraversion: E), 신

[그림 2-3] Eysenck는 인간이 쾌락주의적이고 즐거움을 추구하며 고통을 피하려고 한다는 가정하에서 범죄 행위를 자연스럽고 합리적인 것이라고까지 보았다.

출처: ⓒ Monkey Business Images, Shutterstock사의 허락하에 게재함.

경증적 경향성(neuroticism: N), 그리고 정신병적 경향성(psychoticism: P). E 차원이 높은 사람들은 피질 각성 수준이 낮기 때문에 조건 반응이 적게 일어난다. N 차원이 높은 사람들은 평상시 높은 수준의 불안이 학습을 방해하기 때문에 조건화가 덜 일어난다. 또한 신경증적 외향성자들은 N이 추동으로 작용하기 때문에 현재의 행동 경향성을 강화시켜 특히 범죄자가 되기 쉽다. 또한 Eysenck는 P가 높은 사람들은 범죄자가 되기 쉽다고 예측하였다. 왜냐하면 정신병적 경향성(정서적인 차가움, 낮은 공감, 높은 적대감 및 비인간성)이라는 정의에 포함된 특질이 전형적인 범죄 요인을 포함하고 있기 때문이다. 여하튼 P 척도의 의미는 분명하지 않다. 그리고 그것은 정신병질(1장에서 논의된)이라고 부르는 것이 보다 더 정확할 것이다. Zuckerman(1989)은 P 척도를 '충동적인 비사회화된 감각 추구'로 불러야 한다고 주장하였다.

　　Eysenck의 성격 차원과 공식적이고 자기보고된 범죄 행위를 연관시킨 연구들을 고찰해 볼 때, 높은 N(그러나 E는 아닌)은 공식적인 범죄와 관련되어 있는 반면, 높은 E(그러나 N은 아닌)는 자기보고형 범죄 행위와 상관이 있는 것으로 나타났다(Farrington et al., 1982). 높은 P는 둘 다와 상관이 있지만 이것은 동어반복적 결과일 수 있다. 왜냐하면 P 척도 정의의 많은 부분이 반사회적 행동과 연관되어 있거나 수감자와 비수감자를 변별할 수 있는 문항으로 구성되어 있기 때문이다. 케임브리지 연구에서 E와 N이 모두 높은 사람들은 청소년 자기보고형 범죄자나 성인기 공식적 범죄자 그리고 성인기 자기보고형 범죄자가 될 경향이 많지만, 청소년 공식 범죄자가 될 가능성은 적은 것으로 나타났다. 이러한 관련성은 낮은 가족 수입, 낮은 지능 그리고 빈약한 부모 양육 행동과 같은 범죄 인자 위험 요인과는 독립적으로 나타났다. 여하튼 성격 질문지의 개별 문항을 연구해 보면 유의한 상관이 주로 충동성(예: 생각하기 위해 멈추지 않고 일을 빨리하기)을 측정하는 문항에 의해 나타나는 것이 명백하다. 따라서 Eysenck 이론에 고무되어 이루어진 연구들은 충동성과 범죄의 연관성을 필수적으로 반영해야 할 것으로 보인다.

충동성이 범죄를 예언하는 가장 결정적인 성격 차원이라는 것은 일반적으로 사실이다. 불행하게도 빈약한 행동 통제 능력을 말해 주는 구성 개념들은 수없이 많다. 여기에는 충동성, 과잉활동성, 안절부절못함, 서투름, 행동하기 전에 결과를 고려하지 않는 것, 미래에 대한 계획 능력 부족, 짧은 시야, 낮은 자기통제, 감각 추구, 위험 추구 그리고 만족을 지연시키는 능력의 부족이 포함된다.

이 구성 개념들을 조작적으로 정의하거나 측정할 수 있는 방법은 매우 다양하다. 여기에는 Porteus 미로(서투름, 운동 협응 및 미래를 계획할 수 있는 능력을 측정하는)와 같은 정신운동 검사, 자기보고식 질문지('나는 종종 생각 없이 일을 하거나 말을 한다'와 같은 문항을 포함한), 부모, 교사 및 또래의 평정 그리고 다양한 심리검사(예: 아동의 만족 지연 능력을 측정하기 위해 작은 즉각적인 보상과 큰 지연 보상 사이에서 선택을 하도록 하는)가 포함된다. 다양한 방식으로 측정되는 이 모든 구성 개념은 당연히 범죄의 측정과 일관성 있는 상관을 보여 주었다(Blackburn, 1993, pp. 191-196; Jolliffe & Farrington, 2009).

케임브리지 연구에서 교사가 주의가 산만하고 안정되어 있지 못하다고 선정한 소년들과 부모, 동료 또는 교사가 배짱이 있고 모험 추구적이라고 평가한 소년들, 8~10세에 정신운동 검사에서 충동적이라고 나온 소년들은 모두 생애 후기에 범죄자가 되는 경향이 있는 것으로 나타났다. 나중에 자기보고된 충동성도 범죄와 상관이 있는 것으로 나타났다. 배짱, 주의력 부족, 안절부절못함과 같은 요인도 모두 공식적인 유죄 판결과 자기보고형 비행을 예언하였다. 그리고 배짱은 가장 좋은 독립 예언변인으로 일관성 있게 나타났다(Farrington, 1992).

충동성의 측정에 대한 가장 광범위한 연구는 White 등(1994)이 수행한 남자 종단연구다(피츠버그 청년 연구). 10~13세 때 자기보고된 비행과 가장 강력한 상관을 보인 측정치는 교사가 평정한 충동성(예: 생각 없이 행동하기), 자기보고된 충동성, 자기보고된 통제의 어려움(예: 만족을 지연시킬 수 없는), 운동 불안정성(비디오 테이프로 관찰된) 그리고 정신운동 충동성(추적검사에서)이었다. 일반적으로 언어적 행동 평정검사가 정신운동 수행검사보다 범죄와 더 강한 상관을 보였다. 이러한 결과는 인지적 충동성(사고 과정에 기초한)이 행동적 충동성(검사 수행에 기초한)보다 더 관련성이 높음을 시사해 주었다. 미래 시간 지각과 만족 지연 검사는 자기보고된 비행과 덜 강한 상관을 보였다.

충동성과 범죄 간의 연관성을 설명하려고 하는 이론은 수없이 많다. 그중 가장 보편적인 것 중의 하나는 충동성이 뇌의 전두엽에 위치한 실행기능의 결손을 반영한다는 것이다. 이 신경심리학적 결손을 보이는 사람들은 자신의 행동에 대한 통제 능력이 빈약하고, 자신들의 행동에 대한 결과를 고려하지 못하며, 즉각적인 만족에 초점을 맞추기 때문에 범죄를 저지를 가능성이 높다. 실행기능은 지속적인 주의와 집중, 추상적인 추론, 개념 형성, 목표 형성, 예견 그리고 계획, 프로그래밍과 운동 행동의 목적적인 연계의 시발, 효과적인 자기검색과 행동에 대한 자각, 부적절하거나 충동적인 행동의 억제를 포함한다(Moffitt & Henry, 1991; Morgan & Lilienfeld, 2000). 흥미롭게도 몬트리올 종단 실험연구에서 14세에 실시된 실행기능 측정치는 폭력 소년과 비폭력 소년들을 변별해 주는 가장 강한 신경심리학적 요인으로 나타났다(Seguin et al., 1995). 이 상관은 가족 역경 측정치(출생 시 부모의 나이, 부모의 교육 수준, 붕괴된 가족 및 낮은 사회계층에 기초한)와는 독립적인 것으로 나타났다.

Patterson: 사회학습이론

Patterson(1982)과 Patterson 등(1992)은 억압의 개념에 초점을 맞춰 사회학습이론을 개발하였다. 이는 부모와 아동의 상호작용을 체계적으로 관찰한 것에 근거한 것이었다. Patterson은 반사회적 아동의 부모가 자녀 양육방법에서 결손이 있음을 발견하였다. 이들 부모는 자녀에게 그들이 어떻게 행동하기를 기대하고 있는지에 대해 말하지 않았고, 바람직한 행동을 하도록 감독을 하지 못했으며, 적절한 보상과 불이익을 빠르고 명확하게 주는 법칙을 확립하는 데 실패했다. 반사회적 아동의 부모는 처벌을 많이 했지만(꾸짖기, 소리치기, 위협하기), 그것을 아동의 행동과 연계하여 일관성 있게 사용하는 데 실패했다.

사회학습이론의 기본적인 생각은 단순하다. 보상받은 행동은 계속해서 일어날 확률이 높아지고 처벌받은 행동은 이후에 일어날 확률이 낮아진다는 것이다. Patterson은 특히 부모와 아동에 의한 강압적인 행동의 중요성을 강조하였다. 만일 부모가 아동에게 강압적으로 행동한다면(예: 소리치거나 위협함으로써) 그 효과는 아동의 반응에 달려 있다. 만약 아동이 강압적으로 반응해서(예: 고함치거나 대드는) 부모가 강압적인 행동을 그만둔다면 그 아동은 적대적인 상황을 끝내기 위해서 적대적인 반응을 사용해야 한다고 학습할 것이다. 주요 개념은 강압적인 가족에게 양육되는 아동이 강압적인 행동을 학습한다는 것이다. 반대로 노련한 부모는 바람직한 행동에 대해 정적 강화(보상)를 사용하고 바람직하지 못한 행동에 대해서는 무시하거나 타임아웃(아동을 자기 방으로 보내는 것)을 사용한다. 이 이론에 따르면 부모의 일관성 있고 연계된 반응 그리고 아동에 대한 주의 깊은 감독이 비행을 예방하는 데 효과적이다(Snyder et al., 2003).

이 이론과 같이 다양한 양육방법이 비행을 예언한다는 연구가 보고되었다. 가장 중요한 자녀 양육 차원은 아동에 대한 감독과 주시, 훈육과 부모의 강화, 따뜻하거나 차가운 정서적 관계 그리고 아동에 대한 부모의 몰입이다. 부모의 감독이란 아동의 활동을 주시하고 살펴보며 경각심을 가지고 있는 정도를 말한다. 이 모든 자녀 양육방법 중에서 빈약한 부모 감독이 범죄의 가장 강하고 반복 검증할 수 있는 예언 요인이다(Smith & Stern, 1997). 많은 연구는 부모가 그들의 자녀가 어디에 있는지, 언제 나갔는지를 모르거나 어린 나이에 길거리를 돌아다니도록 놔두는 경우 그 자녀가 비행 아동이 될 가능성이 높음을 말해 주고 있다. 예를 들면, McCord(1979)가 실시한 보스턴의 고전적인 케임브리지-소머빌 연구에서 아동에 대한 빈약한 부모 감독이 45세까지의 폭력과 범죄를 가장 잘 예언한 것으로 나타났다.

부모의 훈육이란 부모가 아동의 행동에 어떻게 반응하는가를 말한다. 강하고 처벌적인 훈육(신체적 처벌을 포함해서)은 범행을 예언한다(Haapasalo & Pokela, 1999). John과 Elizabeth Newson(1989)은 700명에 가까운 노팅엄 아동에 대한 추수 연구에서 7~10세 사이의 신체적 처벌이 이후의 유죄 판결을 예언한 것으로 나타났다. 범죄자의 40%가 11세 때 손으로 맞거나 물건으로 맞은 것으로 나타났다. 비범죄자는 14%였다. 잘못되거나 일관성이 없는 훈육 또한 비행을 예언한다. 이것은 한 부모가 잘못된 훈육을 하거나 나쁜 행동에 대해서는 눈을 감거나 때로 너무 심하게 처벌을 하는 것과 두 부모 중 한 명은 관대하거나 순하고 다른 한 명은 심하게 처벌하는 비일관성을 포함한다.

세인트루이스의 Robins(1979)가 수행한 고전적 종단 연구는 빈약한 부모의 감독, 엄격한 훈육 및 배척하는 태도가 모두 비행의 예언 요인임을 보여 주었다. 케임브리지 연구에서도 유사한 결과가 나타났다. 8세 때 측정한 엄격하거나 잘못된 부모의 훈육, 잔악하고 수동적이거나 무시하는 부모의 행동과 빈약한 부모의 감독은 모두 이후의 청소년 유죄 판결과 자기보고형 비행을 예언하였다(West & Farrington, 1973). 일반적으로 역경이 있는 가족 배경의 특징은 이후의 청소년 유죄 판결의 위험성을 두 배로 증가시킨다.

　Patterson은 그의 이론을 부모관리 훈련을 개발하는 데 적용하였다. 그는 반사회적 부모가 효과적인 아동 양육방법을 훈련받도록 하였다. 즉, 그들은 아동이 무엇을 하는지 알고, 장기간에 걸쳐 아동의 행동을 주시하며, 집 안에서의 규칙을 분명하게 말해 주고, 행동과 연계하여 보상과 처벌을 주며, 동의하지 않는 것에 대해 협상을 함으로써 갈등과 위기가 더 커지지 않도록 하였다. 그의 처치는 단기간의 작은 척도 연구에서 아동의 절도와 반사회적 행동이 감소하는 효과를 나타냈다(Dishion et al., 1992; Patterson et al., 1982). 시애틀의 Webster-Stratton(2000)이나 호주 브리즈번의 Sanders 등(2000)이 고안한 다른 유형의 부모 교육 형태도 아동의 반사회적 행동을 감소시키는 데 효과적인 것으로 나타났다(Piquero et al., 2009 참조).

Walters: 생활양식이론

　Walters(2006)는 범죄 생활양식의 발달과 이후의 변화 그리고 중지 과정을 설명하는 데 목적을 둔 이론을 제안하였다. 그는 범죄 생활양식의 중요한 특징이 사회 규칙 위반(예: 범행), 무책임감(예: 직업이나 관계에서), 자기관대성(예: 물질 남용이나 문신) 그리고 대인 간 침해(예: 폭력)라고 규정하였다. 이 생활양식은 일종의 인지, 자기신념 그리고 사고 양식과 관련되어 있다(Walters, 2002). 그의 기능적 모델은 이러한 생활양식이 어떻게 발달되었는지를 주로 쾌락주의적 동기, 흥분 추구, 개

인적 이익에 대한 욕구 그리고 공포나 위협에 대한 건설적이거나 방어적인 반응에 초점을 맞추어서 설명하고 있다. 방어적 반응은 공격성, 철회, 부동(움직이지 않음), 양보가 포함된다. 마지막으로, 그의 변화 모델은 사람들이 어떻게 범죄 생활양식을 포기하게 되는지를 자기개념의 변화, 책임감 수용, 자기확신의 증가 그리고 자신의 행동이 타인에게 주는 영향의 인식에 초점을 맞추어 설명하고 있다.

　많은 연구에서 범행은 West와 Farrington(1977)이 '비행 생활 방식'이라고 부르는 남성들이 일으키는 사회적 문제의 보다 큰 집합체의 한 요소라고 지적하고 있다. 그들은 다음과 같이 결론을 내렸다(p. 78).

　비행자들 자신의 설명대로 판단하자면 그들은 비행을 저지르지 않은 사람에 비해 덜 동조적이고, 사회적으로 덜 제한되어 있으며, 이러한 차이들이 그들의 모든 생활 측면에서 나타난다. 그들은 흡연, 음주, 도박 및 성적 습관에서 매우 과도하다. 그들은 음주 후에 더욱 난폭해진다. 그들은 난폭하게 운전하고 상처를 더 잘 참는다. 그들은 돈을 헤프게 쓴다. 그들은 독서를 좋아하지 않고 더 이상의 진학을 원하지 않는다. 그들의 이력은 매우 불안정하다. 그들은 주당 수입이 많지만 전망이 좋지 않은 직업인 경우가 많다. 그들은 많은 문제를 일으키는 모든 남성 집단과 더 많이 얽혀 있다. 그들은 집 밖에서 여가 시간의 대부분을 보내고, 겉으로 보기에는 목적 없이 '왔다 갔다 하는' 경우가 많다. 그들은 금지된 약물을 더 많이 사용한다. 그들은 태도 질문지에서 보다 공격적인 성향이 많고 기존의 의견에 대해 반대하는 경향이 있는 반응을 보인다. 그들은 부모의 가정과 갈등을 일으키거나 떨어져 지내는 경우가 많다. 그들은 기존의 태도와 반대되는 의복 양식과 장신구,

눈에 띄는 문신 등을 더 쉽게 한다. (또한) 비행자들은 비행을 하지 않는 사람들에 비해 언어적인 표현 태도는 물론, 행동에 있어서도 더 공격적이다.

범죄 행위 중지에 대한 많은 연구는 Walters의 생활양식이론(Kazemian & Farrington, 2010)과 일치한다. 예를 들어, Gove(1985)에 따르면 범죄 행위 중지는 다섯 가지 주요한 내적 변화의 결과다. 자기중심성에서 타인을 고려하는 쪽으로의 변화, 친사회적 가치와 행동의 발달, 사회적 상호작용의 용이성 증가, 지역사회의 다른 구성원을 더 많이 배려하기, 그리고 '인생의 의미'에 대한 관심의 증가. Giodarno 등(2002)은 인지변형이론을 논의했다. 이 이론에서 인지 변화란 중지 과정을 촉진하는 것이라고 정의된다. 그들은 인지변형 과정을 네 가지로 기술하였다. 첫째, 범죄자는 변화에 개방되어야만 한다. 둘째, 자기선택의 과정을 통해 개인은 중지를 촉진시킬 수 있는 친사회적 경험(예: 취직, 결혼)에 그들 자신을 노출해야 한다. 셋째, 개인은 새로운 친사회적이고 비범죄적인 정체감을 가져야 한다. 마지막으로, 개인은 범죄 생활양식에 대한 지각을 변화시켜 범행의 부정적 결과를 명백히 인식해야 한다.

통합인지 반사회적 잠재성(ICAP) 이론

통합인지 반사회적 잠재성(ICAP) 이론([그림 2-4])은 기본적으로 하류층 남성이 저지른 범행을 설명하기 위한 것이다. 이 이론은 케임브리지 연구(Farrington, 2005b)에서 얻은 결론에 영향을 받았다. 그것은 긴장, 통제, 학습, 명명 그리고 합리적 선택 접근과 같은 다른 많은 이론으로부터 아이디어를 통합했다(Cote, 2002 참조). 이 이론의 주요 개념은 반사회적 잠재성(AP)이다.

이 반사회적 잠재성이 반사회적 행동으로 전환되는 것은 기회와 희생자를 설명하는 인지(사고와 의사결정) 과정에 좌우된다고 가정한다. [그림 2-4]는 한 페이지에 ICAP 이론의 핵심 요소를 정교하면서도 단순하게 보여주고 있다. 예를 들어, 이 그림에서는 중지나 상이한 연령대와 비교하여 발병 과정이 왜 다르게 작동하는지를 보여 주지는 않는다.

범행의 기저에 있는 주요 구성 개념은 반사회적 잠재성(AP)으로, 이는 반사회적 행위를 할 수 있는 잠재성을 말한다. '범행'은 가장 흔한 범죄들로서 절도, 주거침입강도, 노상강도, 폭행, 반달리즘, 사소한 사기 그리고 약물 사용이 포함된다. 또한 근본적으로 미국이나 영국 같은 서구 산업사회에서 유죄 판결을 받을 수 있는 행동을 말한다. AP에서 나타나는 장기적인 개인 간 차이와 단기적인 개인 내 변화는 다르다. 장기 AP는 충동성, 긴장, 모델링과 사회화 과정, 생활사건에 좌우되는 반면, AP의 단기 변화는 동기와 상황 요인에 좌우된다.

장기 AP의 관점에서는 사람들을 낮은 수준부터 높은 수준까지 연속선상에 순서화할 수 있다. 한 연령대에서 AP 전집의 분포는 매우 편포될 수 있다. 비교적 적은 사람들이 상대적으로 높은 AP 수준을 가질 수 있다. 높은 AP를 가진 사람들은 다양한 형태의 범죄를 포함해서 다양한 유형의 반사회적 행위를 할 가능성이 높다. 그러므로 범행과 반사회적 행동은 구별되는 것이 아니라 상호작용할 수 있는 것이다. AP(장기 대인 간 변화)에 따라 사람들을 상대적으로 순서화하는 것은 시간에 따라 일관성을 보이는 경향이 있다. 그러나 AP의 절대적인 수준은 십 대에 정점을 찍으면서 연령에 따라 변한다. 왜냐하면 장기 AP에 영향을 미치는 요인(예: 아동에서 청소년으로 옮겨 감에 따른 또래의 중요성 증가와 부모의 중요성 감소)이 개인 내에서 변화하기 때문이다.

명료성으로만 본다면, [그림 2-4]는 ICAP이론이 역

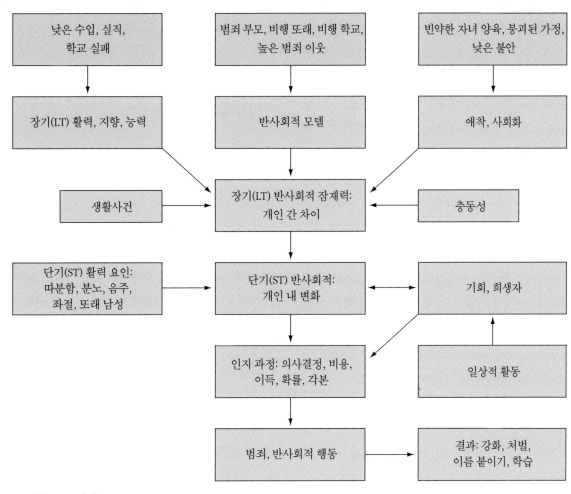

주: LT = 장기, ST = 단기

[그림 2-4] 통합인지 반사회적 잠재성(ICAP) 이론

동적인 것이기보다 정적인 것으로 보이게 만든다. 예를 들면, 상이한 연령대에서의 범행의 변화를 설명하지 못한다. 상이한 연령대나 생애 단계에서 다른 요인이 중요한 것으로 기대할 수 있기 때문에 상이한 연령대에 대해서는 다른 모델이 필요할 것으로 보인다. 아마도 부모들이 자녀들에게 가장 중요한 영향을 미칠 것이다. 청소년기에는 또래도 더 많은 영향을 미칠 것이고, 성인기에는 배우자나 파트너가 더 많은 영향을 미칠 것이다(Theobald & Farrington, 2009).

장기 위험 요인

반사회적 잠재성에서 장기간 지속되는 개인 간 차이를 예언하는 위험 요인에 관한 유명한 연구는 잘 알려져 있다. 예를 들어, 케임브리지 연구에서 후기 범행에 영향을 미치는 가장 중요한 아동기 위험 요인들은 과잉활동-충동성-주의력 결핍, 낮은 지능이나 낮은 학업 성취, 가족 범죄성, 가족 가난, 대가족, 빈약한 자녀 양육과 붕괴된 가정이다(Farrington, 2003). [그림 2-4]는 위험 요인이 어떻게 장기 AP에 영향을 미치는지에 대해 가설적으로 보여 주고 있다. 이 그림은 보호 요인을 구체화하고 발병, 지속, 확장, 축소와 중지에 미치는 영향을 연구하는 데까지 확장될 수 있다.

긴장이론(strain theory)에 따르면 잠재적으로 높은 장기 AP로 이끄는 주된 활력 요인은 물질에 대한 욕구와 가까운 사람들 사이에서의 지위, 흥분과 성적 만족이다. 그러나 이러한 동기들은 그들을 만족시키는 반사회적 방법이 습관적으로 선택될 때에만 높은 AP로 이끌 수 있다. 반사회적 방법은 수입이 낮거나 실직했거나 학교에서 실패한 사람들처럼 자신들의 욕구를 합법적으로 만족시키기 어려운 사람들이 선택하는 경향이 있다. 여하튼 선택된 방법은 신체적인 능력과 행동 기술에 좌우될 수도 있다. 예를 들어, 5세 아동은 차를 훔치기 어렵다. [그림 2-4]의 네모칸은 활력과 지향 과정 및 능력을 간명하게 보여 주고 있다.

또한 장기 AP는 애착과 사회화 과정에 좌우된다. AP는 부모가 좋은 행동에 대해서는 일관성 있고 연계적으로 보상을 주고 나쁜 행동에 대해서는 처벌을 하는 경우 낮아질 것이다(사랑의 철회는 아동을 때리는 것보다 사회화시키는 데 보다 효과적인 방법이 될 수 있다). 낮은 불안을 가진 아동들은 사회화가 잘 되지 않을 수 있는데, 그 이유는 그들이 부모의 처벌을 덜 무서워하기 때문이다. AP는 아동이 (친사회적) 부모와 애착이 덜할수록, 예를 들어 부모가 차갑고 배척하는 경우에 높아질 것이다. 붕괴된 가정은 애착과 친사회적 과정이 모두 손상되었을 소지가 있다.

장기 AP는 범죄 부모, 비행 형제 그리고 예를 들어 범죄율이 높은 학교와 이웃의 비행 또래와 같은 반사회적 모델에 노출되거나 영향을 받으면 높아질 수 있다. 또한 장기 AP는 결과를 생각하지 않고 행동하는 충동적인 사람들에게서 높게 나타날 수 있다. 이와 함께 생활사건도 AP에 영향을 줄 수 있다. (남자의 경우) 사람들이 결혼을 하거나 높은 범죄 지역에서 벗어나면 낮아지고 애인과 헤어진 후에는 증가한다.

범죄 수행에 대한 설명

ICAP 이론에 따르면 범죄와 다른 유형의 반사회적 행위의 수행은 개인(그의 현재 AP 수준과 함께)과 사회적 환경(특히 범죄 기회와 희생자)의 상호작용에 달려 있다. 단기 AP는 따분함, 분노, 음주 또는 좌절, 또래 남성들의 격려 등과 같은 단기 활력 요인에 의해 개인 내에서 변화한다. 범죄 기회와 희생자의 활용 가능성은 일상적인 활동에 좌우된다. 일시적인 기회와 희생자를 만나는 것은 마치 단기 AP의 증가로 사람들이 범죄 기회와 희생자를 찾는 동기를 갖는 것처럼 단기 AP의 증가를 일으킬 수 있다.

일정 수준의 AP를 가진 사람이 어떤 상황에서 범죄를 수행하느냐 하는 것은 인지 과정에 달려 있다. 인지 과정은 주관적인 이득 고려하기, 비용과 다른 결과의 확률, 저장된 행동 목록 또는 각본을 포함한다(Huesmann, 1997). 주관적인 이득과 비용은 훔칠 수 있는 물질과 경찰에게 체포될 수 있는 가능성과 결과와 같은 즉각적인 상황적 요인을 포함하고 있다. 또한 그것은 부모나 여자친구에게 인정을 받지 못하거나 또래로부터 격려나 강화를 받는 것과 같은 사회적 요인도 포함하고 있다. 일반적으로 사람들은 그들에게 합리적인 방향으로 의사결정을 하는 경향이 있지만 낮은 수준의 AP를 가진 사람들은 자신들의 행동이 합리적인 것으로 보일 때(주관적으로 기대되는 유용성에 근거해서)라도 범죄를 저지르지 않는다. 마찬가지로 높은 단기 AP 수준(예: 분노나 취한 상태)은 사람들이 그렇게 하는 것이 합리적으로 보이지 않을 때라도 범죄를 저지르게 만들 수 있다.

범행의 결말은 학습의 결과처럼 장기 AP에서의 변화를 가져오고 향후의 인지적 결정 과정에 변화를 일으킨다. 이것은 특히 그 결말이 강화적(예: 물질을 얻거나 동료의 인정을 받을 때)이거나 처벌적(예: 법적인 처벌을 받거나 부모의 인정을 받지 못할 때)일 때 그렇다. 또한 그 결말이 범죄자에게 낙인을 찍거나 이름 붙이기를 포함하고 있다면 그는 자신의 목적을 합법적으로 성취하는 데 어려움이 더욱 많아질 것이고 이로 인해 AP는 더 증가할 것이다([그림 2-4]는 복잡하지 않게 만들어져 있기 때문에 이러한 피드백의 효과를 알아보기 어려울 것이다).

결론

지금까지 살펴본 많은 이론의 주된 문제는 정확하게 양적인 예언을 할 수 없기 때문에 검증하거나 논박하기 어렵다는 것이다. 경험적인 결과로 예언하거나 일치율을 알아보기 위해서는 다양한 이론을 비교하고 대조하기 위한 노력이 많이 필요하다(Farrington, 2006 참조). 예를 들어, Farrington, Ttofi 등(2009)은 케임브리지 연구에서 8세부터 48세까지 사춘기 한정, 후기 발병 및 지속적인 범죄자의 발달에 대해 연구했다. 그들은 Moffitt의 이론(1993)과는 달리 사춘기 한정 범죄자들은 지속적인 범죄자들과 몇 개의 위험 요인이 같다는 점을 발견하였다. Sampson과 Laub의 이론(2005)과는 대조적으로, 초기 위험 요인은 범죄자들이 21세 이후에도 범죄를 지속하거나 멈추는 데 중요한 예언을 하였다.

발달적이고 심리학적인 이론은 범죄의 감소에 많은 정책적 의미를 가지고 있다. 첫째, 위험성이 있는 아동은 이른 나이에 합리적인 정확성을 가지고 분명하게 확인할 수 있다. 가장 나쁜 범죄자들은 이른 나이에 시작되고 장기적인 범죄 경력을 가진다. 때로 범행은 발달

적인 순서로 볼 때 동물 학대, 따돌리기, 가출 및 파괴적인 학교생활과 같은 반사회적 행동의 초기 형태로서 먼저 나타난다. 만성적이고 생애과정 지속 범행이 후기에 더 강해지는 것을 예방하기 위해서는 초기에 개입하는 것이 바람직하다. 예를 들면, 학교에서의 왕따시키기를 예방하는 프로그램은 일반적으로 효과가 있다(Ttofi & Farrington, 2001). 아동이 만성적인 범죄자가 될 위험에 처해 있는지, 특정 욕구를 가진 아동이 누구인지를 확인하기 위해서 위험-욕구 평가 도구를 개발할 필요가 있다. 이 도구들은 학교에 입학한 직후인 6~8세에 실시할 수 있다.

이러한 이론들로부터 개입을 위한 시사점을 끌어내는 것이 바람직하고, 무선화된 실험으로 검증하는 것도 필요하다. 근본적으로 원인에 대한 결론은 비실험적인 종단연구보다 실험연구로 끌어내는 것이 더 확신을 줄 수 있다. 여기에 요약된 결과들은 개입을 위한 시사점이 명백하다(Farrington, 2007). 위험 초점적 예방의 주된 개념은 반사회적 행동을 하게 하는 주된 위험 요인을 확인하고 그에 대한 예방법을 시행하는 것이다. 이에 덧붙여서 중요한 보호 요인을 강화하려는 시도도 있어야만 한다.

범죄자들이 그들 생활의 많은 측면에서 반사회적인 경향을 보인다는 사실은 범행을 감소시키는 데 성공한 어떤 측정이라도 순응 문제, 관계 문제, 취업 문제, 알코올과 약물 문제 그리고 공격적 행동과 같은 문제를 감소시키는 데 광범위한 이득이 있음을 의미한다. 결과적으로 성공적인 프로그램의 재정적인 이득은 그들의 재정적 비용보다 더 클 것이다. 이제 보다 타당한 이론과 보다 효과적인 정책을 개발하는 데 관심을 두고서 다양한 발달적 그리고 심리학적 이론들을 비교하고 대조하며 검증할 새로운 프로그램을 준비할 시기가 무르익었다.

요약

● 발달적 이론들은 아동기부터 성인기까지 범행의 발달을 설명하는 데 목적이 있다.
● 심리학적 이론들은 왜 어떤 사람들이 다른 사람들에 비해 더 범죄자가 되는지를 설명하고자 한다.
● 심리학적 이론들은 특히 성격, 충동성, 자녀 양육방법과 붕괴된 가정을 포함한 개인과 가족 요인에 초점을 맞춘다.
● 많은 이론은 왜 반사회적 행동이 아동기부터 성인기까지 연속성을 갖는지 그리고 왜 범죄자들이 특정한 반사회적 행동을 하기보다 범행에서 왔다 갔다 하는지를 설명하고자 한다.
● 일부 이론(예: Moffitt)은 다양한 형태의 범죄자에 대해서 다양한 설명이 필요함을 주장하고 있다.
● 많은 이론은 예방 기술의 목표가 될 수 있는 초기 범행 위험 요인을 확인하였다.

주관식 문제

1. 범죄의 발달에 관한 Moffitt의 이론과 Sampson과 Laub의 이론을 비교하고 대조하라.
2. 범죄의 예방에서 발달적이고 심리학적인 이론들이 가지고 있는 주요한 정책적 의미는 무엇인가?
3. 어떤 한 이론을 고찰한 후 그 이론을 지지한 것과 지지하지 않은 결과를 논의하라.
4. 시간에 걸쳐 나타나는 반사회적 행동의 연속성이 개인이나 환경에서의 연속성을 반영하는가?

참고문헌

Blackburn, R. (1993). *The psychology of criminal conduct*. Chichester: John Wiley & Sons, Inc.

Bowlby, J. (1951). *Maternal care and mental health*. Geneva, Switzerland: World Health Organization.

Bowlby, J. (1969). *Attachment and loss. Vol. 1. Attachment*. New York: Basic Books.

Capaldi, D. M., & Patterson, G. R. (1991). Relation of parental transitions to boys' adjustment problems. *Developmental Psychology, 27*, 489-504.

Cote, S. (Ed.) (2002). *Criminological theories*. Thousand Oaks, CA: Sage.

Dishion, T. J., Patterson, G. R., & Kavanagh, K. A. (1992). An experimental test of the coercion model: Linking theory, measurement and intervention. In J. McCord & R. E. Tremblay (Eds.), *Preventing antisocial behavior: Interventions from birth through adolescence* (pp. 253-282). New York: Guilford.

Eysenck, H. J. (1996). Personality and crime: Where do we stand? *Psychology, Crime and Law, 2*, 143-152.

Farrington, D. P. (1992). Juvenile delinquency. In J. C.

Coleman (Ed.), *The school years* (2nd ed., pp. 123–163). London: Routledge.

Farrington, D. P. (2003). Key results from the first 40 years of the Cambridge Study in Delinquent Development. In T. P. Thornberry & M. D. Krohn (Eds.), *Taking stock of delinquency: An overview of findings from contemporary longitudinal studies* (pp. 137–183). New York: Kluwer/Plenum.

Farrington, D. P. (Ed.) (2005a). *Integrated developmental and life-course theories of offending*. New Brunswick, NJ: Transaction.

Farrington, D. P. (2005b). The Integrated Cognitive Antisocial Potential (ICAP) theory. In D. P. Farrington (Ed.), *Integrated developmental and life-course theories of offending* (pp. 73–92). New Brunswick, NJ: Transaction.

Farrington, D. P. (2006). Building developmental and life-course theories of offending. In F. T. Cullen, J. P. Wright & K. R. Blevins (Eds.), *Taking stock: The status of criminological theory* (pp. 335–364). New Brunswick, NJ: Transaction.

Farrington, D. P. (2007). Childhood risk factors and risk-focussed prevention. In M. Maguire, R. Morgan & R. Reiner (Eds.), *The Oxford handbook of criminology* (4th ed., pp. 602–640). Oxford: Oxford University Press.

Farrington, D. P., Biron, L., & LeBlanc, M. (1982). Personality and delinquency in London and Montreal. In J. Gunn & D. P. Farrington (Eds.), *Abnormal offenders, delinquency, and the criminal justice system* (pp. 153–203). Chichester: John Wiley & Sons, Inc.

Farrington, D. P., Coid, J. W., Harnett, L., Jolliffe, D., Soteriou, N., Turner, R., & West, D. J. (2006). *Criminal careers up to age 50 and life success up to age 48: New findings from the Cambridge Study in Delinquent Development*. London: Home Office (Research Study No. 299).

Farrington, D. P., Coid, J. W., & West, D. J. (2009). The development of offending from age 8 to age 50: Recent findings from the Cambridge Study in Delinquent Development. *Monatsschrift fur Kriminologie und Strafrechtsreform (Journal of Criminology and Penal Reform), 92*, 160–173.

Farrington, D. P., Loeber, R., Yin, Y., & Anderson, S. J. (2002). Are within-individual causes of delinquency the same as between-individual causes? *Criminal Behaviour and Mental Health, 12*, 53–68.

Farrington, D. P., Ttofi, M. M., & Coid, J. W. (2009). Development of adolescence-limited, late-onset and persistent offenders from age 8 to age 48. *Aggressive Behavior, 35*, 150–163.

Giordano, P. C., Cernkovich, S. A., & Rudolph, J. L. (2002). Gender, crime, and desistance: Toward a theory of cognitive transformation. *American Journal of Sociology, 107*, 990–1064.

Glueck, S., & Glueck, E. T. (1950). *Unraveling juvenile delinquency*. New York: Commonwealth Fund.

Gove, W. (1985). The effect of age and gender on deviant behavior: A biopsychological perspective. In A. S. Rossi (Ed.), *Gender and the life course* (pp. 115–144). New York: Aldine.

Haapasalo, J., & Pokela, E. (1999). Child-rearing and child abuse antecedents of criminality. *Aggression and Violent Behavior, 1*, 107–127.

Haas, H., Farrington, D. P., Killias, M., & Sattar, G. (2004). The impact of different family configurations on delinquency. *British Journal of Criminology, 44*, 520–532.

Hawkins, J. D., Smith, B. H., Hill, K. G., Kosterman, R., Catalano, R. F., & Abbott, R. D. (2003). Understanding and preventing crime and violence: Findings from the Seattle Social Development Project. In T. P. Thornberry & M. D. Krohn (Eds.), *Taking stock of* delinquency: An overview of findings from contemporary longitudinal studies (pp. 255–312). New York: Kluwer/Plenum.

Henry, B., Caspi, A., Moffitt, T. E., & Silva, P. A. (1996). Temperamental and familial predictors of violent and nonviolent criminal convictions: Age 3 to age 18. Developmental Psychology, 32, 614–623.

Henry, B., Moffitt, T. E., Robins, L., Earls, F., & Silva, P. A. (1993). Early family predictors of child and adolescent antisocial behaviour: Who are the mothers of delinquents? Criminal Behaviour and Mental Health, 3, 97–118.

Huesmann, L. R. (1997). Observational learning of violent behavior: Social and biosocial processes. In A. Raine, P. A. Brennan, D. P. Farrington & S. A. Mednick (Eds.), Biosocial bases of violence (pp. 69–88). New York: Plenum.

Huizinga, D., Weiher, A. W., Espiritu, R., & Esbensen, F. (2003). Delinquency and crime: Some highlights from the Denver Youth Survey. In T. P. Thornberry & M. D. Krohn (Eds.), Taking stock of delinquency: An overview of findings from contemporary longitudinal studies (pp. 47–91). New York: Kluwer/Plenum.

Jolliffe, D., & Farrington, D. P. (2009). A systematic review of the relationship between childhood impulsiveness and later violence. In M. McMurran & R. Howard (Eds.), Personality, personality disorder, and violence (pp. 41–61). Chichester: John Wiley & Sons, Inc.

Juby, H., & Farrington, D. P. (2001). Disentangling the link between disrupted families and delinquency. British Journal of Criminology, 41, 22–40.

Kazemian, L., & Farrington, D. P. (2010). The developmental evidence base: Desistance. In G. J. Towl & D. A. Crighton (Eds.), Forensic psychology (pp. 133–147). Oxford: Blackwell.

Kolvin, I., Miller, F. J. W., Fleeting, M., & Kolvin, P. A. (1988). Social and parenting factors affecting criminal–offence rates: Findings from the Newcastle Thousand Family Study (1947–1980). British Journal of Psychiatry, 152, 80–90.

Krohn, M. D., Hall, G. P., & Lizotte, A. J. (2009). Family transitions and later delinquency and drug use. Journal of Youth and Adolescence, 38, 466–480.

Lahey, B. B., Applegate, B., Chronis, A. M., Jones, H. A., Williams, S. H., Loney, J., & Waldman, I. D. (2008). Psychometric characteristics of a measure of emotional dispositions developed to test a developmental propensity model of conduct disorder. Journal of Clinical Child and Adolescent Psychology, 37, 794–807.

Lahey, B. B., Loeber, R., Waldman, I. D., & Farrington, D. P. (2006). Child socioemotional dispositions at school entry that predict adolescent delinquency and violence. Impuls: Tidsskrift for Psykologi, 3, 40–51.

Lahey, B. B., & Waldman, I. D. (2005). A developmental model of the propensity to offend during childhood and adolescence. In D. P. Farrington (Ed.), Integrated developmental and life-course theories of offending (pp. 15–50). New Brunswick, NJ: Transaction.

Laub, J. H., & Sampson, R. J. (2003). Shared beginnings, divergent lives: Delinquent boys to age 70. Cambridge, MA: Harvard University Press.

Loeber, R., Farrington, D. P., Stouthamer-Loeber, M., Moffitt., T. E., Caspi, A., White, H. R., Wei, E. H., & Beyers, J. M. (2003). The development of male offending: Key findings from fourteen years of the Pittsburgh Youth Study. In T. P. Thornberry & M. D. Krohn (Eds.), Taking stock of delinquency: An overview of findings from contemporary longitudinal studies (pp. 93–136). New York: Kluwer/Plenum.

Loeber, R., Green, S. M., Lahey, B. B., Frick, P. J., & McBurnett, K. (2000). Findings on disruptive behavior disorders from the first decade of the Developmental Trends Study. *Clinical Child and Family Psychology Review, 3,* 37-60.

McCord, J. (1979). Some child-rearing antecedents of criminal behavior in adult men. *Journal of Personality and Social Psychology, 37,* 1477-1486.

McCord, J. (1982). A longitudinal view of the relationship between paternal absence and crime. In J. Gunn & D. P. Farrington (Eds.), *Abnormal offenders, delinquency, and the criminal justice system* (pp. 113-128). Chichester: John Wiley & Sons, Inc.

Mednick, B. R., Baker, R. L., & Carothers, L. E. (1990). Patterns of family instability and crime: The association of timing of the family's disruption with subsequent adolescent and young adult criminality. *Journal of Youth and Adolescence, 19,* 201-220.

Moffitt, T. E. (1993). Adolescence-limited and life-course-persistent antisocial behavior: A developmental taxonomy. *Psychological Review, 100,* 674-701.

Moffitt, T. E. (2006). Life-course persistent and adolescent-limited antisocial behavior. In D. Cicchetti & D. J. Cohen (Eds.), *Developmental psychopathology, Vol. 3: Risk, disorder, and adaptation* (pp. 570-598). New York: John Wiley & Sons, Inc.

Moffitt, T. E., Caspi, A., Rutter, M., & Silva, P. A. (2001). *Sex differences in antisocial behaviour: Conduct disorder, delinquency, and violence in the Dunedin longitudinal study.* Cambridge: Cambridge University Press.

Moffitt, T. E., & Henry, B. (1991). Neuropsychological studies of juvenile delinquency and juvenile violence. In J. S. Milner (Ed.), *Neuropsychology of aggression* (pp. 131-146). Boston: Kluwer.

Morgan, A. B., & Lilienfeld, S. O. (2000). A meta-analytic review of the relation between antisocial behavior and neuropsychological measures of executive function. *Clinical Psychology Review, 20,* 113-136.

Newson, J., & Newson, E. (1989). *The extent of parental physical punishment in the UK.* London: Approach.

Patterson, G. R. (1982). *Coercive family process.* Eugene, OR: Castalia.

Patterson, G. R., Chamberlain, P., & Reid, J. B. (1982). A comparative evaluation of a parent training program. *Behavior Therapy, 13,* 638-650.

Patterson, G. R., Reid, J. B., & Dishion, T. J. (1992). *Antisocial boys.* Eugene, OR: Castalia.

Piquero, A., Farrington, D. P., Welsh, B. C., Tremblay, R. E., & Jennings, W. G. (2009). Effects of early family/parent training programs on antisocial behavior and delinquency. *Journal of Experimental Criminology, 5,* 83-120.

Price, C., & Kunz, J. (2003). Rethinking the paradigm of juvenile delinquency as related to divorce. *Journal of Divorce and Remarriage, 39,* 109-133.

Roberts, B. W., & Del Vecchio, W. F. (2000). The rank-order consistency of personality traits from childhood to old age: A quantitative review of longitudinal studies. *Psychological Bulletin, 126,* 3-25.

Robins, L. N. (1979). Sturdy childhood predictors of adult outcomes: Replications from longitudinal studies. In J. E. Barrett, R. M. Rose & G. L. Klerman (Eds.), *Stress and mental disorder* (pp. 219-235). New York: Raven Press.

Sampson, R. J., & Laub, J. H. (1993). *Crime in the making: Pathways and turning points through life.* Cambridge, MA: Harvard University Press.

Sampson, R. J., & Laub, J. H. (1995). Understanding variability in lives through time: Contributions of life-course criminology. *Studies on Crime and Crime Prevention, 4,* 143-158.

Sampson, R. J., & Laub, J. H. (2003). Life-course desisters? Trajectories of crime among delinquent boys followed to age 70. *Criminology, 41,* 555-592.

Sampson, R. J., & Laub, J. H. (2005). A general age-graded theory of crime: Lessons learned and the future of life-course criminology. In D. P. Farrington (Ed.), *Integrated developmental and life-course theories of offending* (pp. 165-181). New Brunswick, NJ: Transaction.

Sampson, R. J., & Laub, J. H. (2009). A life-course theory and long-term project on trajectories of crime. *Monatsschrift für Kriminologie und Strafrechtsreform (Journal of Criminology and Penal Reform), 92,* 226-239.

Sanders, M. R., Markie-Dadds, C., Tully, L. A., & Bor, W. (2000). The Triple P—Positive Parenting Program: A comparison of enhanced, standard and self-directed behavioral family intervention for parents of children with early onset conduct problems. *Journal of Consulting and Clinical Psychology, 68,* 624-640.

Seguin, J., Pihl, R. O., Harden, P. W., Tremblay, R. E., & Boulerice, B. (1995). Cognitive and neuropsychological characteristics of physically aggressive boys. *Journal of Abnormal Psychology, 104,* 614-624.

Smith, C. A., & Stern, S. B. (1997). Delinquency and antisocial behavior: A review of family processes and intervention research. *Social Service Review, 71,* 382-420.

Snyder, J., Reid, J., & Patterson, G. R. (2003). A social learning model of child and adolescent antisocial behaviour. In B. B. Lahey, T. E. Moffitt & A. Caspi (Eds.), *Causes of conduct disorder and juvenile delinquency* (pp. 27-48). New York: Guilford.

Theobald, D., & Farrington, D. P. (2009). Effects of getting married on offending: Results from a prospective longitudinal survey of males. *European Journal of Criminology, 6,* 496-516.

Thornberry, T. P. (2005). Explaining multiple patterns of offending across the life course and across generations. *Annals of the American Academy of Political and Social Science, 602,* 156-195.

Thornberry, T. P., Freeman-Gallant, A., & Lovegrove, P. J. (2009). Intergenerational linkages in antisocial behaviour. *Criminal Behaviour and Mental Health, 19,* 80-93.

Thornberry, T. P., & Krohn, M. D. (2001). The development of delinquency: An interactional perspective. In S. O. White (Ed.), *Handbook of youth and justice* (pp. 289-305). New York: Plenum.

Thornberry, T. P., & Krohn, M. D. (2005). Applying interactional theory to the explanation of continuity and change in antisocial behavior. In D. P. Farrington (Ed.), *Integrated developmental and life-course theories of offending* (pp. 183-209). New Brunswick, NJ: Transaction.

Thornberry, T. P., Lizotte, A. J., Krohn, M. D., Smith, C. A., & Porter, P. K. (2003). Causes and consequences of delinquency: Findings from the Rochester Youth Development Study. In T. P. Thornberry & M. D. Krohn (Eds.), *Taking stock of delinquency: An overview of findings from contemporary longitudinal studies* (pp. 11-46). New York: Kluwer/Plenum.

Tremblay, R. E., Vitaro, F., Nagin, D., Pagani, L., & Seguin, J. R. (2003). The Montreal longitudinal and experimental study: Rediscovering the power of descriptions. In T. P. Thornberry & M. D. Krohn (Eds.), *Taking stock of delinquency: An overview of findings from contemporary longitudinal studies* (pp. 205-254). New York: Kluwer/Plenum.

Ttofi, M. M., & Farrington, D. P. (2011). Effectiveness of school-based programs to reduce bullying: A systematic and meta-analytic review. *Journal of Experimental Criminology, 7,* 27-56.

Wadsworth, M. (1979). *Roots of delinquency.* London: Martin Robertson.

Walters, G. D. (2002). The Psychological Inventory of Criminal Thinking Styles (PICTS): A review and meta-analysis. *Assessment, 9,* 278-291.

Walters, G. D. (2006). *Lifestyle theory: Past, present and future.* New York: Nova Science Publishers.

Webster-Stratton, C. (2000). *The Incredible Years training series.* Washington, DC: Office of Juvenile Justice and Delinquency Prevention.

Wells, L. E., & Rankin, J. H. (1991). Families and delinquency: A meta-analysis of the impact of broken homes. *Social Problems, 38,* 71-93.

West, D. J., & Farrington, D. P. (1973). *Who becomes delinquent?* London: Heinemann.

West, D. J., & Farrington, D. P. (1977). *The delinquent way of life.* London: Heinemann.

White, J. L., Moffitt, T. E., Caspi, A., Bartusch, D. J., Needles, D. J., & Stouthamer-Loeber, M. (1994). Measuring impulsivity and examining its relationship to delinquency. *Journal of Abnormal Psychology, 103,* 192-205.

Zara, G., & Farrington, D. P. (2009). Childhood and adolescent predictors of late onset criminal careers. *Journal of Youth and Adolescence, 38,* 287-300.

Zuckerman, M. (1989). Personality in the third dimension: A psychobiological approach. *Personality and Individual Differences, 10,* 391-418.

주석이 달린 읽을거리 목록

Cullen, F. T., & Wilcox, P. (Eds.) (2010). *Encyclopedia of criminological theory* (two volumes). Los Angeles, CA: Sage. 이 백과사전은 다음과 같은 이론, 즉 사회학 습이론, 합리적 선택이론, 범죄와 성격, ICAP 이론, 생 체사회적 이론, 자기-통제 이론, 정신병질, 도덕발달이 론, 발달적 성향 이론, 발달 경로, 청소년 한정 대 생애 과정 지속 범죄, 연령 증가 정보 사회 통제, 생활양식이

론, 상황적 행위 이론 및 다른 많은 이론을 총망라하고 있다. 여기에 기술되지 않은 어떤 다른 범죄학적 이론 도 생각하기 어렵다.

Farrington, D. P. (Ed.) (1994). *Psychological explanations of crime.* Aldershot: Dartmouth. 이 책은 개인 요인 (Eysenck성격 이론, 충동성 및 낮은 자기 통제), 가족 요인(Trasler의 사회 학습 이론) 그리고 또래, 학교 및 상황적 요인에 초점을 둔 이론들을 고찰하였다.

Farrington, D. P. (Ed.) (2005). *Integrated developmental and life-course theories of offending.* New Brunswick, NJ: Transaction. 이 책은 Lahey and Waldman, Piquero와 Moffitt, Farrington, Catalano와 동료, LeBalnc, Sampson 및 Laub, Thornberry와 Krohn 및 Wikstrom이 주장한 범죄에 관한 여덟 가지 주요 발달 이론과 생애 과정 이론에 대한 설명을 하고 있다. 또한 이론에 대해 보다 많은 정보를 제공해 주는 개요와 결론을 포함하고 있고 그들에 대해 비교하고 있다.

Farrington, D. P., & Welsh, B. C. (2007). *Saving children from a life of crime.* Oxford: Oxford University Press. 이 책은 가족, 사회경제적, 또래, 학교 및 지역사회가 범죄 에 미치는 영향에 대한 사실을 고찰하였다. 그리고 가 족, 또래, 학교 및 지역사회가 범죄 예방에 대해 할 수 있는 일들을 기술하였다.

Lahey, B. B., Moffitt, T. E., & Caspi, A. (Eds.) (2003). *Causes of conduct disorder and delinquency.* New York: Guilford Press. 이 책의 이 장은 Patterson, Moffitt, Lahey, Wikstrom 및 Sampson에 의한 이론을 제시하고 있다. 이와 함께 반사회적 행동과 신체적 공 격성의 발달, 공격성의 원인에 대한 인지적 요인, 생물 학적 영향 및 동물 모델을 제시하고 있다.

Wortley, R. (2011). *Psychological criminology.* London: Routledge. 이 책은 범죄에 대한 생물학적, 성격, 발달, 학습, 인지 및 상황적 이론을 고찰하였다.

제3장 법정 신경과학의 공헌

ANTHONY BEECH, BENJAMIN NORDSTROM & ADRIAN RAINE

주요 용어

| ACE 모형 | 마음이론 | 외상성 뇌손상 | 일란성/이란성 쌍둥이 | 태아 알코올 증후군 | 품행장애 |

이 장의 개요

이 장에서는 법정 신경과학이 범죄 행동의 원인을 이해하는 데 기여한 바를 살펴보고자 한다. 이 장의 첫 번째 절에서는 태아기 및 출산 후 위험 요인으로 발전할 수 있는 신경생물학적 과정에서의 장애들, 그리고 문제 있는 양육 방식들이 종종 유전적 요인과 결합하여 범죄를 저지를 가능성을 어떻게 증가시키는지에 대해 논의한다. 다음으로, 대다수 범죄의 원인이 되는 정신병질이나 반사회성 성격장애와 같은 반사회적 장애의 위험 요인들에 대해 어느 정도 자세하게 살펴볼 것이다. 같은 절에서 보통 반사회성 성격장애의 이전 단계로 알려진 품행장애에 대해서도 간단히 살펴볼 것이다. 그리고 첫 번째 절에서 간단히 소개된 위험 요인들이 중요 뇌 영역, 특히 편도체, 뇌섬엽, 안와전전두 피질, 전대상회 피질에 어떤 영향을 미치는지, 그리고 이들 영역에서 문제가 생겼을 때 어떻게 정신병질, 반사회성 성격장애 그리고 품행장애로 나타내게 되는지에 대해 살펴볼 것이다. 마지막으로, 범죄자에게 문제가 되는 뇌의 구조와 기능들을 조사하는 데 사용되어 온 기법들 중 일부를 살펴볼 것이다.

이제 위험 요인들을 임신(태아기) 중의 요인, 출산(분만기) 중의 요인 그리고 출산 후의 요인 및 부정적 양육으로 나누어서 좀 더 자세히 살펴보고자 한다. 〈사례연구 3-1〉에서는 많은 위험한 범죄자의 과거에서 나타나는 위험 요인들의 종류를 분명하게 보여 주고 있다.

발달적 위험 요인과 범죄

태아기 요인

태아기 요인은 잘 휘어진 새끼손가락, 유인원 손금, 처진 귀 또는 혀갈림증(균열설)과 같은 태아 발달 과정에서의 기형에서 비롯되는 것으로 여겨지는 가벼운 신체장애들이다. 이들 요인은 신경 발달 과정에서 기형 여부에 대한 생체 지표 역할을 하는 것으로도 여겨진다. 이러한 **경미한 신체 이상(Minor physical anomalies: MPAs)**들은 유전적 기반에 의한 것일 수 있지만, 산소 결핍, 출혈 또는 감염에 의해서도 유발될 수 있다(Guy et al., 1983). 초기 연구들에서는 행동 문제를 나타내는 학령기 남아에서 MPAs 유병률이 높은 것으로 나타났다(Halverson & Victor, 1976). MPAs는 또한 3세 정도로 어린 아동의 공격적 행동과도 상관관계가 있는 것으로 나타났다(Waldrop et al., 1978). 게다가 14세에 확인된 MPAs가 17세의 폭력성을 예측한다고 알려져 왔다(Arsenault et al., 2002). 비슷한 연구인 정신과적으로 문제가 있는 부모의 자식 중 남아 72명을 대상으로 한 연구에서 MPAs와 가족 내 문제가 모두 있는 경우엔 성인기에 폭력적 범죄를 저지를 가능성이 특히 높아지는 것으로 나타났다. 다른 연구에서는 MPAs가 있는 경우에 환경적 위험 요인(예: 가난, 부부 갈등)과 유의미하게 상호작용하여 청소년기의 품행 문제를 예측하는 것으로 나타났다(Pine et al., 1997).

임신 중 산모의 흡연이 아이들이 반사회적 행동을 발달시키는 경향이 있음을 보여 주는 뚜렷한 증거들이 있다(Wakschlag et al., 2002). 임신 중 산모의 흡연은 아동기의 외현화 행동 경향과 청소년기의 범죄 행위를 예측한다(Fergusson et al., 1988; Orlebeke et al., 1997; Wakschlag et al., 1997). 연구자들은 흡연과 후기 범죄 행위 간의 투여량 의존적 관계를 밝혀내었다. 즉, 임신 중 흡연량이 많을수록 아동이 성장하여 범죄를 저지를 확률이 커진다는 것이다([그림 3-1]; Brennan et al., 1999; Maughan et al., 2004). 흡연이 이러한 결과를 나타내게 한다는 기제는 알려져 있지 않지만, 기초과학 연구에서 흡연의 부산물이 뇌의 도파민과 노르아드레

사례연구 3-1　D. P.

　　미국에서 한 젊은 여성이 자신의 집에서 룸메이트가 집을 비운 동안 난폭하게 폭행을 당했다. 가해자는 그녀를 주먹으로 때리고 칼로 베는 난폭한 신체적 공격을 가한 후, 침실에서 그녀의 손을 램프 전선으로 묶고 그녀의 집과 차를 샅샅이 뒤졌다. 그는 그녀의 방으로 돌아와 그녀를 강간하고, 칼로 목을 그은 후 가슴을 찔러 그녀를 살해했다. 잠시 후 그는 경찰에 체포되었다. 그 젊은 여성의 살인범은 D. P.로 알려졌으며, 24세이고 폭력 전과가 있었다. 그의 변호인 측에서는 그가 살인을 저질렀다는 것을 부인하지 않았지만, 그 범죄가 충동적이고 우발적이었다고 주장하였다. 검사 측에서는 그의 범죄가 악질적이고 계획적이었으며, 1급 살인(해당 범죄가 일어난 미국에서 사형 선고를 받을 수 있는 중대 범죄)에 해당한다고 주장하였다. 배심원단이 D. P.가 1급 살인을 저질렀으며 유죄라고 판단하자, 선고 과정에서 감형을 통해 독극물 주입을 사용한 사형을 면할 수 있도록 정보가 제공되었다. D. P.의 변호인 측에서는 그의 범행이 사전에 계획된 것이 아니기 때문에 사형 집행이 당연할 정도로 비난받을 만한 수준은 아니라고 지속적으로 주장하였다. 더 나아가 그들은 누군가가 경솔하고 충동적인 행동을 저질렀다는 이유로 사형이 집행된다면 사형에 대한 문턱을 낮출 것이고 미래의 사건들에 대해서도 극형을 남발하게 될 것이라고 하였다. 검사 측에서는 D. P.가 냉혈한에 악질적인 살인범이기 때문에 최대한 강력한 처벌을 받아야 한다고 맞섰다.

　　D. P.의 과거에 대한 정보를 보면, 그는 십 대 미혼모에게서 태어났고, 너무 많이 운다는 이유로 난폭하게 흔들어서 생긴 상처들까지 포함하여 생후 2년간 5번이나 병원 응급실을 가야 했다. 그는 또한 아기일 때 페인트 조각을 먹었다고 한다. 아동기 후기의 병원 기록을 보면 심각한 신체적·성적 학대로 치료를 받은 사실이 나타나 있다. 어떤 의료 기록에서는 그의 휴지기 심박수가 1분에 60회로 기록되었는데, 이는 그 나이에 3퍼센타일에 해당하는 수치다. 학교 기록에서는 파괴적 행동을 보이고 성적이 좋지 못했던 기록이 있다. 사회복지 기록을 보면 그의 어머니가 자주 집을 비웠기 때문에 그는 혼자서 위험한 도심 지역의 버려진 건물에서 자야 했다. 신경심리검사 결과 뚜렷한 실행기능 문제와 우반구의 기능장애가 나타났다. PET 결과에서는 좌우 양측 전두엽 피질에서 상당한 정도의 혈류 감소가 나타났다. 이러한 생물심리학적 위험 요인들의 종합적인 영향으로 인해 D. P.는 사형을 당하는 대신 종신형을 살게 되었다.

날린 체계에 영향을 줄 수 있음이 증명되었다(Eckstein et al., 1997). 흡연은 강력 범죄자들에게서 손상이 관찰되는 영역인 기저핵, 대뇌, 소뇌피질 등 다양한 뇌의 구조에 영향을 미칠 수 있다(Olds, 1997; Raine, 2002). 또한 임신 중 알코올 섭취가 반사회적 행동을 쉽게 나타내게 한다는 수많은 증거가 있다(Fast et al., 1999; Olson et al., 1997; Streissguth et al., 1996).

　　태아 알코올 증후군(Foetal Alcohol Syndrome: FAS)은 자궁 내에서 알코올에 노출된 적이 있는 아동 모두에게서 나타나지는 않으며, 완전한 태아 알코올 증후군을 보이지 않더라도 일부 기능장애를 나타낸다는 연구 결과들이 있다(Schonfeld et al., 2005). 자궁 내에서 높은 수준의 알코올에 노출된 적이 있는 아동은 태아 알코올 증후군 진단 기준을 충족하지 않더라도 반사회적 행동 위험이

> **태아 알코올 증후군(FAS)**
> 단일한 징후가 아니며, 심각도가 다양한 일종의 장애 스펙트럼이다.

[그림 3-1] 어머니의 임신 중 흡연량이 많을수록 아동이 성장한 후에 범죄를 저지를 가능성이 증가한다.

출처: © Zurijeta. Shutterstock사의 허락하에 게재함.

증가하게 된다(Roebuck et al., 1999).

주산기 위험 요인

조산합병증은 주산기(분만 전후 시기)에 일어나는 골치 아픈 사건으로서 다음을 포함한다. 산모의 자간전증(임신 중 고혈압이 나타나는 의학적 상태), 조산, 저체중아, 겸자분만, 신생아 집중치료 시설로 전과, 산소결핍증, 그리고 낮은 Apgar 점수(신생아의 건강을 측정). 산모의 합병증은 신생아의 뇌 기능에 해로운 영향을 미치는 것으로 알려져 왔다(Liu 2004; Liu & Wuerker, 2005). 조산합병증을 겪은 신생아는 그렇지 않은 신생아에 비

해 11세에 외현화 행동을 나타낼 가능성이 높다. 조산합병증은 낮은 지능과 외현화 행동 간의 관계를 매개하는 것으로 나타났다(Liu et al., 2009).

Raine, Brennan 등(1994)은 4,269명의 덴마크 남성 코호트를 대상으로 연구를 진행하였고, 조산합병증과 **심각한 어머니의 거부**가 유의미하게 상호작용한다는 것을 밝혀내었는데(예: 낙태 시도, 원치 않는 임신 또는 양육권 포기), 어머니의 거부는 청소년기의 강력 범죄를 예언하는 것으로 알려져 있다. 이러한 결과들은 미국, 스웨덴, 핀란드 그리고 캐나다에서 반복 검증되어 왔으며, 난산은 반사회적 행동으로 이끄는 심리사회적 위험 요인들과 상호작용한다는 것이 반복적으로 밝혀져 왔다(Hodgins et al., 2001; Kemppainen et al., 2001; Tibbetts & Piquero, 1999).

출생 후의 위험 요인

한동안 영양실조가 범죄 행동의 위험 요인으로서 연구되어 왔다(Breakey, 1997; Werbach, 1995). 영양실조가 이후의 반사회적 행동에 영향을 미친다는 정확한 기제는 잘 알려져 있지 않다. 단백질 또는 미네랄들이 신경전달물질과 호르몬을 조절하거나 신경 독소를 개선하는 것으로 가정되어 왔다(Coccaro et al., 1997; Liu & Raine, 2006). 연구들에서는 단백질, 아연, 철 그리고 도코사헥사엔산(오메가3 지방산의 성분 중 하나)과 같은 영양의 결핍이 뇌 손상을 야기하여 아동기와 청소년기에 반사회적 행동을 일으킬 수 있다고 한다(Arnold et al., 2000; Lister et al., 2005; Rosen et al., 1985).

대부분의 연구가 출생 후의 기간에 초점을 맞추고 있기는 하나, 한 연구에서는 태아기의 영양실조가 반사회적 행동이 나타나는 데에 어떤 역할을 하는지 살펴보았다(Neugebauer et al., 1999). 연구자들은 제2차 세계

대전 당시 독일이 네덜란드 도시를 대상으로 식량 운송을 중단시켰던 시기에 임신 중이었던 산모의 자녀들을 대상으로 연구를 진행하였다. 식량 봉쇄는 아사 직전의 상황과 심각한 식량 부족을 초래하였다. 연구자들은 그 기간에 임신 초기와 중기(후기 제외)였던 산모의 남아가 식량 부족을 경험하지 않은 산모의 남아보다 반사회성 성격장애를 나타낼 확률이 2.5배 높은 것을 발견하였다. 1만 1,875명의 임신부를 대상으로 실시한 태아기 영양 상태에 대한 다른 연구에서는 오메가3 지방산이 풍부한 해산물을 적게 먹은(즉, 일주일에 340g 이하) 여성들의 자녀는 그러한 해산물을 많이 먹은 여성들의 자녀보다 신경 발달 평가에서 친사회적 행동 점수가 유의미하게 낮은 것으로 나타났다(Hibbeln et al., 2007).

종단연구들에서는 유아기의 영양실조가 아동기의 공격적 행동, 주의력 결핍과 관련이 있는 것으로 나타났으며(Galler et al., 1983; Galler & Ramsey, 1989), Liu와 Raine(2006)은 3세 때 단백질, 철분 또는 아연 결핍을 경험했던 아동들이 통제집단에 비해 8세 때는 공격적 행동과 과잉행동을, 11세 때는 반사회적 행동을, 그리고 17세에는 과도한 운동 행동과 품행장애를 나타냈다고 하였다. 또한 이 연구에서는 영양 결핍의 정도와 이후에 보이는 행동 문제의 정도 간의 관계를 분명하게 보여 주었다.

외상성 뇌손상(Traumatic Brain Injury: TBI)

외상성 뇌손상(Traumatic Brain Injury: TBI)은 일종의 전구 증상으로서 반사회적 행동에 영향을 주는 것으로 알려져 왔다. 일군의 연구자는 미성년 범죄자 표본의 반수 정도가 TBI 병력을 지니고 있음을 발견하였고, TBI가 있는 범죄자들의 부모 보고에 따르면 1/3 정도가 손상으로 인한 신경심리학적 후유증을 지니고 있는 것으로 나타났다(Hux et al., 1998). 다른 연구에서는 기존 연구에 비

> **외상성 뇌손상**
> (traumatic brain injury: TBI)
> 외부의 힘에 의해 뇌에 손상이 일어난 것을 의미한다.

해 TBI의 정의를 보다 엄격하게 적용하여 해당 연구의 범죄자 표본 중 27.7%가 TBI 병력을 지니고 있음을 밝혀내었다(Carswell et al., 2004). 대규모의 종단연구들에서도 TBI 병력이 있는 청소년들이 범죄 행동을 나타낼 가능성이 증가함을 반복적으로 보여 주었다(Asarnow et al., 1991; McAllister, 1992; Rivera et al., 1994).

문제 있는 상호작용(애착)에 이르는 부정적 발달력

애착 개념은 아기가 주 양육자와 친밀한 관계를 유지하고자 하는 생물학적 욕구를 선천적으로 가지고 있고, 안전함을 경험함으로써 정서 및 뇌의 정서 조절 체계(자기진정, self-soothing)에 영향을 미치는 과정으로 폭넓게 정의될 수 있다(Mitchell & Beech, 2011). 그러므로 개인의 애착 유형이란, 자기 삶의 체험과 상호작용을 이해하는 일련의 영속적 특징으로 볼 수 있다(Young et al., 2003). 이 모형에 따르면 아동기 시절 주 양육자와 아이의 관계가 긍정적이었든 부정적이었든 간에 유지되며, 살아가는 동안 사회적 상호작용이 대체로 부정적이든 긍정적이든 간에 유지되어 미래의 사회적 상호작용의 토대가 된다. 안정 애착을 형성하면 타인을 안전하고, 도움을 구할 수 있고, 지지적인 대상으로 여기게 되지만(Baldwin, 2005), 불안정 애착을 형성하면 사회적 지위에 집착하게 되어 타인을 조정하거나 거부할 수 있는 권력을 추구하게 된다(Gilvert, 2005).

〈글상자 3-1〉에는 성인기에 확인되는 네 가지 애착 유형을 설명하고 있다. 한 가지는 안정 애착이며 나머지 세 가지는 불안정 애착이다(무시형, 집착형, 혼란형). 〈글상자 3-2〉에는 애착의 신경화학에 대해 매우 간단하게 설명되어 있다.

일반적인 애착 관련 문헌들에서 불안정 애착 유형(문

글상자 3-1   **성인기의 애착 유형**

안정(자율) 애착은 애착 관련 경험들이 좋건 나쁘건 그에 대해 객관적인 평가를 내릴 수 있는 것이 특징이며, 유년기에 세심하고 반응적인 양육을 경험한 것과 관련된다. 안정 애착 유형의 사람은 유년기와 성인기 모두에서 높은 자존감을 보였고, 타인을 따뜻하고 수용적이라 여겼으며, 애인에 대해 높은 수준의 친밀감을 보고하였다.

무시형 애착(아동기 회피형)은 성취를 중시하고 자립심이 뛰어난 반면, 친밀함은 부족한 것이 특징인 유형이다. 이러한 패턴은 거부나 간섭이 심한 양육 형태와 관련이 있으며, 이는 부모가 거리를 두고 냉정하고 통제적인 방식으로 대하는 것을 의미한다. 따라서 만약 부모가 정서적으로 여유가 없다면 아이들은 부모로부터 멀어지려는 경향을 나타낼 것이며, 타인에 대한 의존도를 최소화하는 방식을 발달시키게 된다. 이러한 패턴은 이후의 삶에서도 유지된다. 이는 애착 기제의 비활성화로 이어지며, 결국엔 타인과의 따뜻한 상호작용은 없는 대신 정서적으로 독립적이고 자기보존 행위만을 하려는 성인으로 성장하게 만든다. 당연히 이러한 사람은 때때로 반사회적 성향을 나타낼 소지가 있으며, 주로 자신에게만 몰두해 있고, 타인에게 도움이나 정서적 지지를 구하기 위해 다가가려 하지 않을 것이다.

집착/불안 애착(아동기 저항 또는 양가적 애착)은 과거(주로 아동기) 애착 경험에 매여 있어서 타인과의 상호작용에 대해 일관되게 보지 못하는 것이 특징이다. 이 유형은 비일관된 양육 방식과 관련되며, 부모가 아동의 자율성이나 탐색 과정에 간섭함으로써 자녀가 관계의 질에 대해 불확실하다고 여기게 만들며, 이후 삶에서 거절의 두려움 속에서 살아가게 만든다. 따라서 이러한 사람은 특히 대인관계와 관련된 문제에 대해 혼란감을 경험한다. 그리하여 이러한 유형은 높은 거절 민감성, 무능감, 부적절감 그리고 매우 극단적인 사회적 철수와 관계가 있다.

혼란/미해결 애착(아동기 혼란 애착)은 부모의 학대와 가장 자주 관련되는 유형으로서(4장 참조), 주 양육자가 미해결된 상실 경험이나 외상을 지니고 있을 수 있다. 여기 겁을 주는(또는 겁을 먹는) 양육 방식은 아동에게 안전의 원천이 되어야 할 대상이 공포의 원천이 되는 갈등으로 이끄는 상황을 만들어 낸다. 이러한 애착 유형을 지닌 사람은 타인과 상호작용 시 적대감을 겉으로 드러내지는 않지만 수동-공격적인 방식으로 행동할 수 있다. 이 애착 유형이 심리장애를 지닌 사람들에게 흔하다는 점 또한 주목할 만하다.

(Main, 1995; Main & Hess, 1990)

글상자 3-2   **애착의 신경화학**

- 신경생물학적 수준에서의 애착 형성 과정은 일차적으로 신경전달계통(neuropeptides)인 옥시토신(oxytocin: OT)과 아르기닌 바소프레신(arginine vasopressin: AVP)의 분비에 의해 시작되며, 그다음 이 물질들은 편도체(amygdala), 안와 전전두 피질(orbital prefrontal cortex) 그리고 전대상 피질(anterior cingulated cortex)에 작용한다.
- OT와 AVP는 단지 두 개의 아미노산 위치가 다를 뿐이다. 이들은 시상하부(hypothalamus)의 신경분비세포(neurosecretory neurons)에서 합성되어 뇌하수체(pituitary)로 전달되며, 말초 또는 뇌의 다른 영역에 분비된다.

- OT와 AVP는 말초신경계에서 중요한 호르몬들이다(뇌하수체 후엽에서 혈류로 방출되면, OT는 여성의 자궁 수축과 젖의 분비를 일으키고, AVP는 신장에서의 수분 재흡수 및 혈관 수축을 조절한다).
- 변연계(limbic system), 특히 편도체와 해마(hippocampus)에 분비되는 경우, OT와 AVP는 신경전달물질처럼 작용한다.
- OT와 AVP가 뇌로 분비되면 사회적 유대, 스트레스 조절, 사회적 의사소통 그리고 정서 반응을 일으키는 것과 관련된다.
- OT와 AVP는 대인관계에서 다정한 신체 접촉이나 냄새와 같은 즐거운 감각을 경험했을 때 분비되기도 한다 (Uvnas-Moberg, 1998; Wismer Fries et al., 2005).
- OT와 AVP의 신경전달물질인 세로토닌(5-hydroxytryptamine, 5HT)과 도파민의 활동에 의해 조절된다.
- 출산 시 그리고 모유 수유 시, OT(호르몬으로 작용한다.)가 말초신경계로 분비되며, 종종 중추 시냅스에서의 분비가 동반되기도 한다.
- 마찬가지로, 남성과 여성 모두에게서 성행위가 절정에 달하거나 후의 행위 중에 많은 양의 OT가 말초와 뇌로 빠르게 분비되기 때문에(Blaicher et al., 1999; Caldwell, 2002) '사랑의 화학물질'로 보일 수 있다.
- AVP 또한 성행위 중에 뇌로 분비되며, 성관계 상대방과의 유대에 도움이 되는 행동 패턴을 시작/유지시킨다. 특히 AVP는 인간이 아닌 종들에서 수컷이 다른 수컷들에게 공격적이게 만드는 것으로 보인다.
- AVP 분비가 인간의 애착 행동에서 맡은 정확한 역할은 비록 현재로서는 불명확하나 사회적 기억을 공고화하는 데 필요한 것으로 가정되고 있다.

제 행동에 의한)들과 이후의 범죄 행동 간에 관련성이 있다는 증거들이 나오고 있다. 1940년대처럼 이른 시기에 Bowlby(1944)는 불충분한 양육 및 주요 애착 대상(즉, 부모와 같은 존재)과의 분리가 양쪽 모두 또는 어느 한쪽만으로 정신병질자의 특성인 무정한 상호작용 유형을 발달시킨다고 제안하였다(아래 참조). 몇몇 연구자는 강압적인 부모-자녀 상호작용의 역할, 부모-자녀 간의 긍정적이고 애정 어린 유대의 부재, 방치, 비일관된 양육 그리고 처벌 강도에 주목하였고(예: Frodi et al., 2001; Greenberg et al., 1993; Sampson & Laub, 1990), Craissati(2009)는 폭력적인 범죄자의 삶이 극도로 비정상적인 애정 표현, 학대 경험 그리고 타인에 대한 공감 결여와 관련된다는 것에 주목하였다(배우자 폭력 범죄자 관련 논의는 10장 참조).

불안정 애착의 특정 유형 및 그것들과 범죄 패턴의 관계와 관련하여 Dozier 등(1999)은 지속적인 부모와의 분리 경험과 부모/양육자의 공포스러운 위협이 결합되면 아동은 강한 증오를 동반하기 쉬운 역기능적 수준의 분노를 경험하게 된다는 점에 주목하였다([그림 3-2]).

처음에는 분노가 부모에게 향할 수 있지만, 이는 명백히 위험한 전략이다(부모로부터의 잠재적 위협 수준을 감안할 때). 그러한 경우, 초기 부모와의 강한 애착 부재는 아이를 통제하려는 어른의 무력으로 가려져 왔을 수 있으며, 부모의 통제보다 반사회적 또래의 영향을 더 많이 받게 되는 청소년기에 비행이 나타나기 시작한다 (Craissati, 2009). Lyons-Ruth 등(2001)은 혼란 애착과 어머니의 심리사회적 문제는 초기 아동기의 적대적인 행동을 잘 예측한다고 보고하였다. Finzi 등(2001)은 신

[그림 3-2] 지속적인 부모와의 분리 경험과 부모/양육자의 공포스러운 위협이 결합되면 아동은 역기능적 수준의 분노를 경험하게 된다.

Source: ⓒ kondrytskyi. Shutterstock사의 허락하에 게재함.

체적 학대를 경험한 아동들은 회피 애착 유형을 나타내며, 타인에 대해 공격적이고 의심이 많다는 것을 발견하였다. Weinfield 등(2008)은 회피 또는 혼란 애착 유형을 가진 아동은 부모와 또래에게 화를 내거나 공격적인 행동을 하기 쉬운데, 이는 양육자의 거부와 무관심에 대한 반응이거나, 양육자가 공포스럽거나 겁에 질려 있는 상황 때문일 수 있다는 점에 주목하였다. Saltaris (2002)는 과거에 학대와 극도로 비정상적인 애정 표현을 경험한 경우 타인에 대한 공감 결핍이 뚜렷해지며, 이는 이후의 강력 범죄들과 관련된다는 것을 발견하였다.

지금부터는 유전적 성향이 앞서 설명한 환경적 위험요인들과 어떻게 상호작용할 수 있는지 간단하게 살펴볼 것이다.

유전자-환경 상호작용과 범죄

어떤 증후군에 유전적 요소가 있는지를 확인하는 방법 중 하나는 형제들, 특히 **일란성/이란성 쌍둥이** 사이에서의 동시발생 빈도를 비교하는 것이다. Blonigen 등(2003)은 353쌍의 성인 쌍둥이를 대상으로 자기보고형 검사인 정

신병질성격척도(Psycholpathic Personality Inventory: PPI; Lilienfield & Andrews, 1996)를 실시하고, 일란성 쌍둥이(N = 165; r = .46, p < .05)와 이란성 쌍둥이(N = 106; r = 0.26, 유의하지 않음)를 비교함으로써 정신병질 성향은 물론 다른 PPI의 모든 하위 척도(마키아벨리즘, 무정함, 충동성)의 변량에 유전이 기여한다는 것에 대한 상당한 증거를 보고하였다. Larsson 등(2006)은 ACE 모델('A' = 유전자, 'C' = 공유된 가족 환경, 'E' = 두부 외상과 같은 개인 고유의 환경적 위험 요인)을 사용하여 정신병질의 유전적 기초를 살펴보았다. 연구자들은 'A'(유전자)가 변량의 63%를 설명하고, 'C'(공유된 환경)는 0%를 설명하고, 'E'(고유의 환경)는 37%를 설명한다는 것을 알아내었다. 반면, Miles와 Carey(1997)는 종합분석 연구를 통해 공격성을 살펴봄으로써, 공격적 행동을 설명할 때 유전자('A')와 공유된 환경('C')이 똑같이 중요하다는 것을 발견하였다. Rhee와 Waldman (2002)은 100개 이상의 행동 유전 연구의 결과를 토대로 종합분석 연구를 진행하였으며, 반사회적 행동 변량의 40~50%는 유전적 양식('A')에 의한 것이며, 15~20%는 공유된 환경적 영향('C'), 그리고 30%는 고유의 환경적 영향('E')에 의한 것임을 발견하였다.

입양아 연구는 반사회적 행동에 유전과 환경이 어느 정도로 기여하는지를 연구하는 또 다른 방법이다. 그러한 연구들에서는 아동의 행동에 관하여 아동의 친부모와 양부모의 특성을 고려하게 된다. 덴마크에서 대규모

일란성/이란성 쌍둥이 [monozygotic(MZ)/dizygotic(DZ) twins]

일란성 쌍둥이는 하나의 난자에서 성장하며 동일한 유전 형질을 보유하게 된다. 이란성 쌍둥이는 두 개의 별도의 난자에서 자라나며 보통의 형제들과 마찬가지로 50%의 동일한 유전자를 공유한다.

ACE 모델 (ACE model)

한때 ACE 모델은 유전과 환경의 상대적 비중을 평가하였다. 유전율은 문자 'A'로, 공동의 또는 공유되는 환경은 'C'로, 그리고 환경적 조건은 'E'로 표시된다. '공유되지 않은 환경적 영향'으로 알려져 있기도 하다.

표본을 대상으로 진행한 연구에서, Gabrielli와 Mednick (1984)은 범죄 행동에 유전적 소인이 있음을 뒷받침할 수 있는 강력한 증거를 찾아내었다. 862명의 스웨덴 남성 입양아를 대상으로 한 연구에서는 유전적 영향이 이후의 범죄 행동에 있어 가장 유의미한 변인이었다(Cloninger et al., 1982). 이 연구에서 연구자들은 만약 어떤 사람이 친부모와 양부모가 모두 범죄자인 경우, 그 사람이 범죄를 저지를 가능성은 개인 위험도의 총합보다 훨씬 커진다는 것을 발견하였다. 다시 말하자면, 범죄와 관련된 생물학적 소인을 지닌 사람이 범죄를 야기하는 환경에서 자라나면 범죄를 저지를 가능성이 배가된다는 것이다.

유전-환경 상호작용을 다룬 또 다른 대규모 연구에서는 모노아민 산화효소(monoamine oxidase-A: MAO-A)의 활동을 저하시키는 유전자형을 지닌 사람들을 발견하였다(Caspi et al., 2002). (MAO-A는 도파민, 노르에피네프린 그리고 세로토닌과 같은 신경전달물질을 분해하는 효소다.) 연구자들은 모노아민 산화효소의 활동이 높은 집단과 낮은 집단으로 나누어 비교하였고, 아울러 아동기의 학대 경험 유무에 따라 비교하였다. 그들은 낮은 모노아민 산화효소 활동성, 아동기 학대 경험, 품행장애를 나타낼 가능성 간에 강력한 상호작용이 존재한다는 증거를 발견하였다(이에 대해서는 아래에 좀 더 자세히 설명되어 있다).

앞의 〈글상자 3-1〉에 설명된 애착 유형의 발달 역시 유전적 요인과 사회적 경험의 결합을 통해 형성되는 것이다(Fonagy, 2001). 예를 들면, 최근의 분자유전학 연구에서는 애착 유형의 차이가 신경전달물질 도파민과 세로토닌과 관련된 유전자의 차이를 반영하는 것이라고 제안하였다(Gillath et al., 2008). 따라서 DRD2 도파민 수용기 유전자의 특정 형태(다형)가 집착/불안 애착이 특징인 불안정 애착 유형과 관련되고, 5HT2A 세로토닌 수용기 유전자의 다형은 회피 애착과 관련된다는 것이다(Gillath et al., 2008). 이들 후보 유전자들은 특정 방식의 사회적 상호작용 성향을 가지도록 하지만, 이런 성향은 초기의 사회적 경험에 의해 발현되거나 변화될 수 있으며, 잠재적 반사회적 행동에 대한 보호 요인으로 작용할 수도 있다.

위험 요인 변화시키기

분명 범죄 행동에 대한 모든 위험 요인(예: 남성, 친부모가 범죄 전력이 있는 경우)이 변화될 수 있는 것은 아니다. 하지만 일부 위험 요인(예: 흡연, **영양 섭취**)은 변화될 가능성이 있다. 〈글상자 3-3〉에는 이들 개입법 중 일부가 제시되어 있다.

이 장 후반부에서는 위험 요인이 실제 뇌에 미치는 영향이 어떠한지 살펴볼 것이다. 하지만 우선 위험 요인들 중 특정 유형의 반사회성 장애(특히 정신병질과 반사회성 성격장애)와 관련하여 부정적인 발달력이 미치는 영향에 대해 살펴볼 것이다.

글상자 3-3　환경적 위험 요인 변화시키기

- 태아기 알코올 노출을 줄이는 성공적인 개입법이 개발되었다(Chang et al., 1999, 2005).
- 임신 중 흡연을 줄이는 개입법이 개발되어 왔으나, 아직까지는 덜 효과적이다(Ershoff et al., 2004).
- 다른 연구들에서는 영양실조 문제를 해결하고자 하였다. 한 연구에서는 486명의 주립학교 학생을 대상으로 무선

화, 이중맹검법, 위약 효과 통제방법을 사용하여 매일 종합비타민과 미네랄을 추가로 제공함으로써 반사회적 행동을 줄일 수 있는지를 보고자 하였다(Schoenthaler & Bier, 2000). 4개월 후 치료집단에서는 통제집단에 비해 반사회적 행동이 47% 줄어들었다.

- 무선화, 이중맹검법, 위약 효과 통제방법하에 50명의 아동에게 오메가3 지방산을 제공하였다. 오메가3 지방산을 제공받은 집단은 통제집단에 비해 품행장애 문제가 42.7% 감소하였다(Stevens et al., 2003).
- 다른 개입법에서는 한 번에 여러 위험 요인을 다룰 것을 강조한다. 예를 들면, 범죄 및 반사회적 행동을 성공적으로 예방하는 방법 중 하나는 임신 기간과 산욕기에 해당되는 기간에 간호사가 가정에 방문하여 아기의 육아, 건강, 영양에 대해 안내를 제공하는 것이었다(Olds et al., 1998).
- 임신 기간 중 영양, 건강 그리고 육아에 대한 교육을 한 경우, 15세 때 청소년 범죄가 줄어드는 것으로 나타났다(Lally et al., 1988).
- 다차원적 개입이 효과를 지니는지 알아보기 위해 3~5세 아동을 대상으로 무선 배정 실험을 통해 운동, 영양 관리 그리고 교육을 강화하였다. 이러한 개입법은 17세 때 반사회적 행동을, 23세 때는 범죄 행동을 유의미하게 감소시키는 것으로 나타났다. 또한 3세 때 영양실조 징후를 나타냈던 하위 집단에서 특히 효과적이라는 결과는 해당 치료 중 영양 관리 측면이 특히 유익함을 시사한다(Raine et al., 2003).

반사회성 장애의 위험 요인

정신병질

정신병질은 다른 유형의 정신 질환이나 장애에서 보이는 신체 증상들로 알아내기가 쉽지 않다. 예를 들면, 정신병질자는 조현병으로 진단된 환자와 달리 무언가를 시키거나 특정 방식으로 행동하도록 만드는 목소리를 듣는 것과 같은 환각을 경험하지 않는다(이 장애에 대한 설명은 20장 참조).

정신병질은 특유의 임상 증상들로 쉽게 파악될 수 있는 것이 아니다. 이는 다음과 같이 폭넓게 묘사될 수 있는 성격적 특성들을 지니고 있다. **쉽게 법을 어기는, 구변 좋은/겉보기에 매력적인, 조종하는 데 능한, 후회나 죄의식/양심이 없는, 병리적 거짓말, 정서적 깊이가 없는, 무책임과 충동성, 냉담하고 기생충 같은 삶의 방식, 행동 억제를 잘** 하지 못하는, 무분별한 성생활과 아동기 시절의 (반사회적) 문제들.

정신병질자들은 정서적 공감 능력에 결함이 있는 것으로 보이며, **마음이론(Theory of Mind: ToM)** 능력은 사건들에 대해 도덕적인 해석이 필요하지 않은 경우에만 비교적 영향을 받지 않는 것으로 나타났다(Blair, 2005). 분명한 것은 이들 성격 성향과 행동이 결합되

> **마음이론(ToM)**
> 마음 상태(신념, 의도, 욕망, 가장, 지식)가 자신과 타인에게서 비롯되는 것이고, 타인이 자기 자신과 다른 신념, 욕구, 의도를 가지고 있음을 이해하는 능력

면 그 사람은 범죄를 저지를 가능성이 높아진다는 것이다. 〈글상자 3-4〉에는 정신병질의 인구통계학적 특성이 제시되어 있다.

위험요인과 정신병질에 관하여 Lang 등(2002)은 아동기에 괴롭힘을 당했던 경험과 이후에 나타내는 폭력성의 관계를 보고하였는데, 정신병질자의 아버지가 알코올 중독자이거나 반사회적인 경우의 수를 근거로 삼

글상자 3-4   **성인기의 애착 유형**

• 전체 인구 중 약 1%에서 나타난다.

• 수감된 범죄자의 20%는 정신병질의 기준을 충족할 가능성이 있다(Hare, 1999).

• 전체 범죄의 약 반 정도는 정신병질자가 저지른다.

• 정신병질은 재범(즉, 유사한 또 다른 범죄를 저지름)을 예언하는 좋은 지표가 된다.

• 수감된 정신병질자들은 40세까지 평균 네 번의 강력 범죄를 저질렀다.

• 감옥에서 출소한 정신병질자 중 80%, 일반 수감자 중 50%가 보통 3년 이내에 다른 범죄를 저지른다.

• 이 장애는 20개 문항으로 이루어진 정신병질 점검표(Psychopathy Checklist-Revised: PCL-R; Hare, 1991, 2003)로
  평가하는 것이 가장 일반적이다(17장, 〈표 17-4〉에 제시).

(www.mentalhealth.com/dis/p20-pe04.html 참조)

[그림 3-3] 누구든 될 수 있다 …… 쉽게 알아볼 수 있는 증상이 없다는 것은 누가 정
신병질자인지 말하기가 매우 어렵다는 의미다.

출처: ⓒ gemphotography. Shutterstock사의 허락하에 게재함.

왔다([그림 3-3]). 게다가 그러한 사람들이 심각한 아동 학대 또는 방치, 어린 시절에 쉼터나 시설에 위탁된 경험에 대한 증거를 자주 보고한다는 사실 또한 둘 사이에 어떤 연결고리가 있음을 시사한다. 성인기에 보이는 정신병질 성향은 8세 이전의 아동기에도 존재한다고 보고되어 왔다(Blair, 2005; Blair et al., 2006). 따라서 그러한 위험 요인들이 정신병질 성향의 발달을 조장한다고 보는 것은 타당하다.

예를 들어, Blair 등(2005)은 부정적 양육은 좋지 못한 애착을 형성하게 하고 도덕성의 발달을 저해한다는 점에 주목하였다. 따라서 그러한 방치/외상은 애착 유형과 미래의 애착 형성 전략에 깊고 지속적인 영향을 미치게 될 것이다. Frodi 등(2001)이 26명의 범죄자를 대상으로 실시한 연구에서는 무시형 애착 유형이 가장 많았고, 나머지는 애착이론의 용어로는 '분류할 수 없는' 것으로 보고되었다. Taylor(1997)는 여성 표본에서의 무시형 애착이 정신병질과 상관이 있다는 것을 발견하였다. 이들 연구에서 나타난 관계가 정신병질이 반드시 무시형 애착으로부터 비롯된다는 것을 시사하지는 않는다(Beech & Mitchell, 2009). 하지만 이러한 표본들과 애착 개념을 함께 고려하는 것이 겉보기엔 낯설지만 분명 어떤 관련성을 시사하고 있다.

정신병질적 행동에 대한 발달 모형은 Anderson과 동료들이 보고한 초기 아동기에 복내측 전전두 피질에 손상을 입은 두 신경학적 사례에 대한 연구에 의해서도 지지된다(Anderson et al., 1999; 2000). 이들 두 사례에서의 외상성 뇌손상은 '가성정신병질'이라 불리는 일종의 증후군을 야기하였고, 이는 성인기까지 지속되었다. 두 사례에서 정신병질의 모든 특징이 나타나지는 않았지만, 그들의 도덕적 추론 능력은 극도로 제한되어 있었고, 언어적·신체적으로 폭력적이었으며, 계획을 세우지 못했고, 그들의 행동에 대해 죄책감이나 후회를 전혀 표현하지 않았으며, 언어적 또는 신체적 처벌에 반응하지 않았다. 이 외상성 뇌손상은 Solomon과 Heide(2005)가 보고한 초기 심리적 외상으로 인해 신경 단위에서 일어난 변화와 일부 대응된다. 〈사례연구 3-2〉를 보면 19세기에 정신병질을 후천적으로 획득한 사례에 대한 설명이 있다.

반사회성 성격장애

『정신장애의 진단 및 통계 편람(Diagnostic and Statistical Manual of Mental Disorders: DSM-IV-TR)』(American Psychiatric Association, 2000, p. 706)에 따르면 반사회성 성격장애(antisocial personality disorder: ASPD)는 "타인의 권리를 침해하고 무시하는 행태가 전반적·지속적으로 보이며" 사회적 규범을 무시하고, 타인을 속이고, 충동적이고, 쉽게 흥분하고/공격적이고, 타인의 안전을 무모하게 무시하고, 무책임하고, 가책을 느끼지 않는 것으로 설명되어 있다. ASPD의 DSM-IV-TR 진단 기준은 〈글상자 3-5〉에 제시되어 있다.

문제 있는 발달력과 반사회성 성격장애 간에 관련성이 있다는 증거는 Zanarini 등(1989)의 연구에서 얻을 수 있는데, DSM의 ASPD 진단 기준을 충족하는 참가자 중 89%가 아동기의 일부 기간에 부모/주 양육자와의 지속적인 분리를 경험했다고 보고하였고, 특히 이혼이나 별거가 그 원인이 되었다고 한다(Robins, 1996). McCord(1979)는 어머니가 정이 없고 충분히 보살펴 주지 않을 때, 그리고 아버지가 '일탈을 일삼는 사람'일 때 ASPD로 자랄 가능성이 가장 크다는 것을 알아내었다. 또한 Zanarini 등(1989)은 ASPD로 진단된 사람 중 다수가 아동기에 신체적 학대를 경험하거나 엄격한 규율하에 있었음을 보고하였다.

품행장애(CD)는 보통 ASPD의 전조가 된다. 하지만 CD가 있는 청소년 중 다수는 ASPD로 진행되지 않는다. DSM-IV-TR에 따르면 CD는 타인의 기본 권리를 침해하고 사회 규범을 위반하는 반복적이고 지속적인 행동 패턴으로

> **품행장애 (CD)**
> 타인의 기본 권리를 침해하고 사회적 규범을 어기는 반복적이고 지속적인 행동 패턴이다. CD를 가진 사람들 중 다수는 타인에 대해 공감하거나 배려하지 않으며, 타인의 의도를 실제의 상황보다 적대적이고 위협적인 것으로 오지각하는 경우가 많다.

PHINEAS GAGE

　　Phineas Gage는 신경해부학과 반사회적 행동 간의 연관성을 잘 보여 주는 대표적인 사례다(Damasio et al, 1994). 그는 미국의 Rutland & Burlington 철도 회사에서 현장감독으로 열심히 일하던 사람이었다. 그는 도덕적으로 강직하고 타의 모범이 되어 지역사회에서 매우 존경을 받았다. 그는 항상 정시에 출근하였고, 절대 욕을 하는 일이 없었으며, 담배와 술을 하지 않았다. 1848년 9월 13일 오후, 그는 버몬트 주의 캐번디시 근방에서 선로 작업을 위해 바위를 발파하는 작업을 감독하고 있었다. 드릴로 바위에 **구멍이 뚫리고** 여기에 화약이 부어졌다. 발파 전 **마지막 단계로 손잡이가 긴 철막대로 화약을 다지고 있었다.** 불행하게도, 철막대가 구멍의 가장자리를 긁으면서 불꽃을 일으켰고, Gage가 자리를 피하기 전 화약이 폭발하고 말았다. 철막대는 구멍에서 미사일처럼 튀어나와 Gage의 두개골을 똑바로 뚫고 날아가 80피트 정도 되는 거리에 떨어졌다. Gage가 의식을 되찾고 말을 하자 모두 놀랐으며, 심지어 그는 자세를 바로 하여 일어선 후 치료를 받기 위해 타고 갈 마차로 걸어가기까지 했다.

　　비록 Gage가 기적적으로 사고에서 살아남았지만, 그는 완전히 다른 사람이 되었다. 한때 그는 시간을 잘 지키고, 독실하고, 예의가 바른 사람이었지만 사고 이후에는 화를 잘 내고, 신뢰할 수 없고, 불경한 사람이 되었다. 그는 사고 이후 10년 넘게 생존했지만, 그의 친구들은 현재의 그가 사고 이전에 알고 있던 그와 닮은 점이 전혀 없다고 보았다. Damasio 등(1994)은 이전에 얻은 측정치들을 토대로 그의 두개골을 재구성하여 Gage가 좌우 전전두 피질에 손상을 입었음을 보여 주었다. 해당 부분이 손상되면 정서처리와 실행기능에 문제가 생길 수 있다. Gage는 '획득된 정신병질'의 대표적 사례가 되었다.

ASPD의 진단 기준(DSM-IV-TR)

• 타인의 권리를 침해하고 무시하는 행태가 전반적 · 지속적으로 보이며, 이러한 특징은 15세 이후에 시작된다.

• 다음 중 세 가지 이상의 항목으로 나타난다.

　– 법률적 · 사회적 규범을 따르진 않는다.

　– 거짓말을 반복하거나 자신의 이익을 위해 타인을 속인다.

　– 충동적이고 미래에 대한 계획을 세우지 못한다.

　– 쉽게 흥분하고 공격적이다.

　– 자신이나 타인의 안전을 무모하게 무시한다.

　– 시종일관 무책임하다.

　– 가책을 느끼지 않으며 무관심하거나 합리화한다.

　– 진단 당시 최소 18세 이상이어야 한다.

　– 15세 이전 품행장애 진단 증거가 있어야 한다.

반사회성 성격장애의 유병률은 3.6%(남성 5.5%, 여성 1.9%)다. 수치상 수감된 범죄자의 80~85%가 반사회성 성격장애로 확실히 진단될 수 있다고 하는데(www.mentalhealth.com/dis/p20-pe04.html), 진단 기준을 감안하면 그리 놀랄 일은 아니다.

서, 이후의 반사회적 행동의 전조 증상으로 보는 경우가 많다. CD를 가진 사람 중 다수가 타인에 대해 공감하거나 배려하지 않으며 타인의 의도를 실제보다 적대적이고 위협적인 것으로 오지각하는 경우가 많다. Rosenstein과 Horowitz(1996)에 따르면 회피 애착이 CD와 관련되는 것으로 나타났다.

사회적/반사회적 행동의 신경생물학

사회적 행동은 신경생물학적 작용, 특히 편도체(amygdala), 안와 전전두 피질(the orbital prefrontal cortex) 그리고 전대상 피질(anterior cingulate gyrus)에 의해 뒷받침된다. '사회적 뇌'의 신경생물학/신경화학에 대해서는 많은 연구가 이루어졌지만, 범죄와의 관련성을 보는 연구는 비교적 많지 않다. 이 절에서는 이러한 기능들의 신경생물학에 대해 살펴볼 것이다.

중간뇌에서 사회적 뇌와 관련하여 가장 중요한 영역은 변연계다. 이 영역을 대략적으로 정의하면 정서와 동기 통제에 결정적인 역할을 하는 뇌 구조의 집합이라 할 수 있을 것이다. 변연계의 주요 구조는 편도체와 전대상 피질 및 안와 전전두 피질과 관련된 뇌 영역(뇌섬엽)으로 이루어진다. 이제 이들 구조에 대해 간단하게 살펴볼 것이다(이 주제에 대한 좀 더 깊이 있는 검토는 Mitchell & Beech, 2011 참조).

편도체는 서로 연결된 핵(뉴런의 집합)들로 이루어져 있으며, 측두엽 안쪽 깊이 위치해 있다. 편도체의 기능은 각성과 관련되며, 공포와 관련된 자율 반응 조절, 정서 기억 그리고 주의, 학습, 정서에 중심적인 역할을 한다. 편도체는 측면과 기저핵으로 이루어진 기저외측 콤플렉스(basolateral complex)와 중심내측 콤플렉스(centromedial complex)의 주요 두 하위 영역으로 구분될 수 있다. 기저외측 콤플렉스는 전전두 피질, 변연 피질 그리고 해마로부터 신호가 들어오는 편도체의 일차적인 입력 영역으로 볼 수 있으며, 성적인 행동에 강한 영향을 미친다. 이들 신경 구조들은 중립적 자극과 성적 강화 자극 간에 조건화가 일어날 수 있게 한다. 기저핵과 측면핵은 함께 강화에 보다 전반적인 역할을 한다. 중심내측 콤플렉스의 중심핵은 공포 자극에 대한 반응에 관여한다. 일차적으로 피질과 시상으로부터 편도체의 측면핵으로 신호가 보내지고 중심핵에 이러한 감각 정보가 입력되면 공포 반응이 일어나게 된다. 이들 감각 정보의 입력은 높은 수준의 가소성을 지닌 시냅스를 형성한다. 이는 조건 형성된 정서적으로 유의미한 자극을 부호화할 수 있게 하므로, 편도체가 혐오 조건형성에서 핵심적인 역할을 하게 한다(LeDoux, 2000). 내측핵은 신경회로의 중심에 위치해 있으면서 성적인 행동들을 지휘하고 조직한다.

뇌섬엽은 오랜 기간 간과되어 왔던 뇌 영역이었는데, 인간다움을 이해하는 데 중대한 역할을 하는 것으로 드러났다. 이 영역은 혐오, 자부심, 굴욕감, 죄책감, 수치심과 같은 사회적 감정의 원천이라고 제안되었으며, 도덕적 직관, 공감, 정서적 반응 능력을 돕는다.

OPFC는 사회적 뇌의 신경망의 정점으로 여겨지며,

강화물의 변화가 예측될 때 이에 맞추어 행동을 적응시키는 데 중요하다. 이는 대뇌 피질에서 복잡한 사회적 사건을 인지적으로 분석한 결과와 편도체와 자율신경계에 의해 중재된 정서적 반응을 서로 연결하는 역할을 한다. 그래서 OPFC는 '수렴대'와 같은 역할을 하며, 시상하부와의 연결을 통해 내부와 외부의 정보를 통합할 수 있게 한다. 자율 기능을 억제하는 역할(편도체와 다른 피질하 영역을 통한)을 한다는 것은 정서 조절에 매우 중요하다는 의미다. OPFC의 다른 역할은 타인의 반응에 대한 기대감을 조성함으로써 행동을 조절하는 것이다.

ACC는 모성 행동을 보이는 동물들부터 나타난다. 따라서 전대상회는 의사소통, 협동, 공감에 대한 기초 회로를 제공하며, 개인적 정보와 환경적 정보를 동시에 모니터하다가 그 상황에서 가장 적절한 정보와 특정 순간에 주의를 할당시키는 데 관여한다. ACC는 정서 영역과 인지 영역으로 나눌 수 있으며, 정서적 과정과 주의 과정을 통합한다. ACC는 또한 친밀한 정서적 유대를 경험하거나, 고통이나 사회적 스트레스를 경험하는 경우에 특히 활성화된다. 이 영역에 손상을 입게 되면 공감 능력이 저하되고, 정서적으로 불안정해지며, 사회적으로 부적절한 행동을 보인다(Brothers, 1996).

신경생물학적 문제와 범죄

앞서 설명한 초기의 박탈 경험과 다른 부적절한 양육 환경은 생애 전반에 걸쳐 지속될 수 있는 사회적 기능과 정서적 기능의 심각한 문제와 관련된다. 이러한 문제들은 예측될 수 있는데, 초기 경험들이 애착/사회 두뇌 시스템 기저의 신경생물학과 신경화학의 장기적 변화로 나타날 것이기 때문이다. 그런 이례적인 형태 조직은 사회적 철수, 병리적인 수줍음, 폭발적이고 부적절한 정서성, 정상적인 정서적 애착을 형성할 수 있는 능력의 결여를 야기할 수 있다.

사회적 뇌(즉, 편도체, OPFC, ACC) 및 이와 관련된 뇌 구조의 손상과 기능의 손상 간의 관련성을 지지하는 수많은 증거가 있다. 이들 구조의 손상은 폭력성, 도구적 공격성 그리고 극단적인 반사회성 성격장애와 정신병질적 행동의 증가로 이어진다는 것이다. 〈표 3-1〉은 뇌의 구조를 살펴보는 데 사용해 온 기법들을, 그리고 〈표 3-2〉는 그러한 뇌 구조의 기능적 측면을 평가하는 데 사용해 온 기법들을 설명하고 있다.

표 3-1 뇌 영역들의 구조적 결함 여부를 평가하기 위해 사용된 기법

컴퓨터 단층촬영[computerised axial tomography: CAT/CT(computerised tomography: CT)]

CAT 스캔은 신체의 축을 따라 일련의 X선을 투사하여 얻어진다. X선이 밀도가 다른 세포들을 통과하는 양이 동일하지 않기 때문에 체액, 뼈 그리고 뇌세포를 구분할 수 있게 된다. 컴퓨터는 이러한 부분들을 합쳐 연속된 횡단면의 이미지들을 얻는다.

자기공명영상(magnetic resonance imaging: MRI)

MRI는 강력한 자기장을 이용하여 뇌의 수소 원자들(수분에 기본적으로 존재한다)을 한 방향으로 배열시켜 얻는다. 그러면 라디오 주파수의 전자기장이 발산되며, 이 신호들은 MRI 스캐너의 수신기에서 감지된다. 이 신호들은 고해상도의 이미지로 합쳐져 뇌의 회백질과 백질을 구분할 수 있게 한다. MRI는 CAT와 달리 방사선을 사용하지 않으면서 더욱 자세한 사진을 얻을 수 있지만 시간이 보다 오래 걸리고 훨씬 비용이 많이 든다. 따라서 두 종류 모두 측정 및 연구가 가능한 뇌 구조의 이미지를 얻을 수 있다고 할 수 있다.

확산텐서영상(diffusion tensor imaging: DTI)

상대적으로 최신 기술이며, 백질 영역과 뇌의 다양한 부분 간 연결의 구조적 결함 여부를 알 수 있는 이미지를 얻는다.

표　3-2　뇌의 여러 영역의 기능적 측면을 평가하기 위한 기법

뇌전도(electroencephalogram: EEG)

뇌전도 측정 시, 피험자 두피의 특정 위치에 전극을 부착한다. 이들 전극에서 뇌의 전기적 신호를 감지하면, 컴퓨터가 이를 기록·분석한다. 그러면 신호의 진동수와 진폭은 해석이 가능해진다. 진동수의 증가는 각성의 증가와 관련되며, 낮은 진동수는 낮은 각성과 관련된다.

사건관련전위(event-related potential: ERP)

특정 자극을 제시한 후 뇌의 활동이 변화되는 정도를 측정한다. 변화 또는 디플렉션은 양 또는 음의 방향으로 일어날 수 있으며, 자극이 제시되고 수 밀리세컨드 내에 일어난다. 보통 ERP는 여러 번 측정되는데, 시행된 모든 시도를 가지고 평균을 구한다. P300은 양의 파형으로서 자극을 제시한 후 약 300밀리세컨드 경과 후에 발생한다. P300은 자극 평가 또는 범주화 과정을 반영한다(즉, 주의의 관여와 관련이 있다).

기능적 자기공명영상(functional magnetic resonance imaging: FMRI)

인지 과제를 수행하기 전과 후, 관심 영역의 혈중 산소 농도의 변화를 측정한다. 이러한 혈류의 산소 수준(blood oxygen level dependent: BOLD) 신호들을 통해 두뇌의 해당 영역이 얼마나 활성화되어 있는지를 알 수 있다. 여러 뇌 영역의 기능들이 문제가 되고 있는 상태와 어떻게 관련되는지를 알아보기 위해 실험집단과 통제집단의 두뇌 활성화 또는 비활성화 패턴을 비교 연구해 볼 수 있다.

양전자방사단층촬영(photon emission tomography: PET)

이 방법은 포도당과 같은 방사성 동위원소를 피험자에게 주사한다. 뇌의 이미지는 신경의 활동에 따라 포도당이 대사되면 방사선 신호가 높게 나타나는 것을 이용하여 얻을 수 있다.

단일광자전산화단층촬영(single photon emission tomography: SPECT)

이러한 형태의 기법 또한 방사성 동위원소를 주사하게 된다. 뇌의 각기 다른 부분에서 나오는 방사선의 양은 카메라가 감지한다. 이 차이들은 영역별 대뇌 혈류의 차이로 인해 생기며, 이는 여러 뇌 영역의 활동 수준 차이를 반영한다.

범죄자의 문제에 대한 구조적 증거

　Raine 등(2000)은 ASPD를 지닌 21명을 대상으로, 약물중독자, 비범죄자 통제집단을 대응집단으로 삼아 연구를 진행하였다. 그들은 OPFC의 회백질이 다른 두 대응집단에 비해 11% 작은 것을 발견하였다. 다른 연구자들은 정상 통제집단에 비해 ASPD를 가진 사람들은 측두엽이 작고(Dolan et al., 2002; Laakso et al., 2002), 배외측, 내측 전두엽 그리고 OPFC 또한 축소되어 있는 것을 발견하였다(Laakso et al., 2002). Laakso와 동료들(Laakso et al., 2000, 2001)은 알코올 문제와 ASPD를 지닌 강력 범죄자 집단의 해마 뒷부분(공포 조건형성과 관련된 영역)이 더 작았고, PCL-R 점수가 높을수록 해마(학습과 기억을 담당하는 구조)의 크기가 작아진다는 것을 밝혀내었다.

　Huebner 등(2008)은 CD가 있는 아동의 OPFC과 측두엽의 회백질 부피가 통제집단에 비해 더 작은 것을 발견하였다. Sterzer 등(2005)은 CD가 있는 청소년의 편도체와 뇌섬엽의 회백질 부피가 정상 통제집단에 비해 작은 것을 발견하였다. Kruesi 등(2004)은 수감되어 있는 정신병질자를 대상으로 한 연구에서 오른쪽 측두엽의 부피(편도체를 포함하는) 감소가 품행장애와 측두엽의 부피 감소와 관련이 있었으나, 전전두엽 부피와는 관련성이 나타나지 않았다고 보고하였다.

범죄자의 문제에 대한 기능적 증거

Blair 등(2006)과 Mitchell 등(2002)의 연구에서, 정신병질자들이 보이는 심리·행동 특성은 편도체와 OPFC에 관여하는 신경회로 기능의 이상을 반영한다고 주장하였다. Birbaumer 등(2005)은 fMRI를 사용하여 언어적 그리고 자율신경 조건형성 과제를 하는 동안 정신병질자들의 변연계-전전두엽 회로에서 유의미한 활성화가 일어나지 않는다는 것을 발견하였다. 정신병질자들은 상당한 정도로 편도체의 기능이 저하되어 있어 공포를 인지하는 능력이 부족하다. 이는 타인에게 폭력을 행사하는 핵심 요소로 작용하여 범죄를 저지르기 쉽게 만들며, 이러한 기능의 저하는 타인(잠재적 피해자)의 마음 상태를 이해하거나 알아차릴 수 없게 만든다.

Raine, Buchsbaum 등(1994)은 PET 연구를 통해, 살인자 집단은 정상 통제집단에 비해 연속 수행 과제를 마친 후 전내측 전전두엽, OPFC 그리고 상측 전두 피질에서 포도당 대사가 저하되어 있는 것을 발견하였다. 대규모 표본을 대상으로 유사한 방법론을 적용한 후속 연구에서도 전측 전두 피질에서 포도당 대사가 저하된 양상이 나타났으며, 편도체와 해마에서도 마찬가지였다(Raine, Buchsbaum et al., 1997).

Sterzer 등(2005)은 fMRI를 사용하여 품행장애 남자 청소년들과 이들과 대응되는 14명의 통제집단을 대상으로 중립적 사진과 매우 부정적인 정서를 지닌 사진을 보고 있을 때의 뇌 활성화 패턴을 살펴보았는데, 부정적 사진을 볼 때 품행장애 집단은 통제집단에 비해 왼쪽 편도체의 활성화가 유의미하게 낮게 나타났다. 유사한 방법론을 사용한 다른 연구에서는 아동과 청소년 중 정서 결여 성향 및 적대적 반항장애 또는 품행장애를 지닌 12명, 주의력결핍 과잉행동장애(attention deficit hyperactivity disorder: ADHD)를 지닌 12명, 통제집단 12명을 대상으로 하여 연구를 진행하였다. 모든 실험 참여자는 중립, 화가 난, 무서운 얼굴 사진들을 보았다. 다른 두 집단에 비해 정서 결여 성향을 지닌 집단은 무서운 얼굴 사진을 볼 때(화난 또는 중립 사진과는 달리) 편도체의 활성화 정도가 유의미하게 작았다(Marsh et al., 2008). 더욱이 기능적 연결성 분석에서 정서 결여 아동들은 복내측 전전두엽 피질과 편도체 간의 연결이 약화되어 있는 것으로 나타났다. 연결 저하 정도는 정서 결여 성향을 측정한 척도 점수와 부적 상관을 보였다. 성인을 대상으로 한 연구들의 결과도 유사하였다(Kiehl et al., 2004; Muller et al., 2003).

아동과 청소년에서의 느린 뇌파는 이후의 범죄 행동과 관련되는 것으로 나타났다(Mednick et al., 1981; Petersen et al., 1982). Raine 등(1990)은 휴지기 EEG로 각성 수준을 측정하였고, 각성 수준이 높은 동년배에 비해 낮은 각성을 보이는 15세 소년들은 24세에 범죄자가 될 가능성이 높다는 것을 보여 주었다. 외현화 및 반사회적 행동을 보이는 아동은 전두엽 EEG 비대칭 분석에서 비정상적 양상을 보이는 것으로 나타났다(Ishikawa & Raine, 2002; Santesso et al., 2006). **우세 EEG 주파수**는 나이에 따라 증가하는 것으로 나타났다. 범죄 행동에 대한 비정상적 EEG는 피질의 미성숙에서 기인하는 것으로 가정되어 왔다(Volavka, 1987). 비정상적 전두엽 EEG 비대칭은 말을 오해하게 하고 분석적 추론에 결함을 야기함으로써 정서 조절을 어렵게 한다(Santesso et al., 2006).

반사회성 표본을 대상으로 한 ERP 연구를 메타분석한 결과, 반사회적인 사람들은 일반적으로 P300 진폭이 작았고 잠재기가 긴 것으로 나타났다(Gao & Raine, 2009). 약물 남용과 범죄 행동이 일찍 나타나는 경우도 마찬가지로 P300의 진폭이 작은 것과 관련성을 보였다(Iacono & McGue, 2006). 다른 연구들에서도 15세 때

100밀리세컨드에서의 음의 진폭(N100, 과제가 없을 때 예측할 수 없는 자극이 주어지면 발생)이 크고 P300 잠재기가 빠른 것은 24세 때의 범죄 행동을 예측하였다(Raine et al., 1990).

신경심리 검사는 다양한 뇌 영역의 기능 수준을 측정할 수 있는 또 다른 방법이다. 범죄의 신경심리적 측면에서 가장 일관된 결과 중 한 가지는 반사회적 집단은 그렇지 않은 집단에 비해 언어적 지능이 낮다는 것이다(Brennan et al., 2003; Déry et al., 1999; Teichner & Golden, 2000). 연구자들은 13세 때 실시한 검사에서 보인 언어적 결함은 18세에서의 비행을 예측한다는 것을 발견하였다(Moffitt et al., 1994). 많은 저자는 사회적 위험 요인을 지니고 있는 아동에게 그러한 신경심리적 결함들이 있다면 둘 간에 상호작용 효과가 나타난다는 증거들 또한 발견하였다(Aguilar et al., 2000; Brennan et al., 2003; Raine 2002).

실행기능은 범죄와 관련된 또 다른 흥미로운 신경심리학적 기능이다(Moffitt, 1990, 1993). 39개 연구의 4589명 자료를 종합분석하여 실행기능 이상과 반사회적 행동 간의 관련성을 살펴본 결과(Morgan & Lilienfeld, 2000), 실행기능 이상에 대해 유의한 효과 크기(청소년 범죄 d=0.86, 품행장애 d=0.46)를 얻었다. 다른 신경심리 검사들은 반사회적인 사람들이 강한 정서 자극에 어떻게 반응하는지에 초점을 맞추었다. Loney 등(2003)은 정서 결여 성향을 보이는 청소년들이 정서적으로 부정적인 단어가 제시되었을 때 반응 시간이 느렸고, 충동적인 성향을 지닌 청소년들은 그러한 자극에 대해 반응 시간이 빨랐다는 것을 발견했다. 성인 정신병질자들은 수동-회피 학습 과제에서 결함을 보였고(Newman & Kosson, 1986), 청소년 정신병질자들은 보상에 대해 고반응성을 보이는 것으로 나타났다(Scerbo et al., 1990). 종합하면, 이러한 자료들은 정신병질자들이 자신의 행동의 결과로서 처벌에는 덜 민감하고 보상 가능성에 보다 민감하다는 것을 말해 준다. 또한 실행기능 관련 문헌들을 고려해 볼 때, 그들은 계획을 세우고, 합리적으로 자기이득을 추구하고, 충동을 통제하고 일상에서 맞닥뜨리는 다양한 문제에 유연하게 대처하는 것이 어려울 수 있다. 이번엔 범죄와 관련된 기타 심리생리학적 변인들을 살펴볼 것이다.

기타 심리생리학적 증거

다수의 심리생리학 연구는 범죄 행동과 생물학적 변인들의 관련성을 발견하였다. 이들 연구에는 심박수와 피부 전도도에 대한 것들이 있다. 이제 이들 영역에서 밝혀낸 결과들을 간단히 살펴볼 것이다.

낮은 휴지기 심박수

종단연구들에서는 낮은 휴지기 심박수가 이후에 반사회적 행동을 보일 위험이 있는 사람들을 정확하게 파악하는 것으로 나타났다. 또한 낮은 휴지기 심박수는 청소년 표본에서 반사회적 행동과 관련하여 반복검증이 가장 잘 되는 생물학적 변인이다(Ortiz & Raine, 2004). 29개의 표본을 종합분석적으로 살펴본 결과, 평균 효과 크기는 0.56이었다. 이 효과는 성별 및 측정방법과 상관없이 나온 수치다(Raine, 1996). 비행발달에 대한 케임브리지 연구(2장 참조)에서 폭력에 대한 위험 요인 중 가장 유의미한 독립변인을 알아보기 위해 회귀분석을 연속으로 여섯 번 실시하였다(Farrington, 1997). 여기서 단지 두 개의 위험 요인(낮은 휴지기 심박수, 집중력 부족)만이 다른 모든 위험 요인들과 독립적으로 폭력을 예측하는 것으로 나타났다.

같은 연구에서 낮은 휴지기 심박수와 심각한 환경적 위험 요인(예: 대가족, 십 대 어머니, 낮은 사회경제적 지위)

간의 상호작용이 존재하며, 이것이 폭력적 행동을 일으키는 것는다는 것을 밝혀내었다. 이러한 결과는 반사회적 행동 특유의 것으로서(Rogeness et al., 1990) 다른 정신의학적 증후군에서는 나타나지 않는다. 낮은 휴지기 심박수가 이후의 범죄를 예측한다는 결과는 많은 나라에서 반복 검증되었다(Farrington, 1997; Mezzacappa et al., 1997; Moffitt & Caspi, 2001; Raine, Venables et al., 1997). 마지막으로 높은 휴지기 심박수를 보이는 경우엔 이후의 폭력적 행동과 부적인 상관을 보였다(즉, 높은 휴지기 심박수는 범죄 성향 증가에 대한 보호 요인이다; Raine et al., 1995).

피부 전도도

낮은 피부 전도도는 품행 문제와 관련되는 것으로 나타났다(Lorber, 2004). 품행장애가 있는 남아들은 피부 전도도의 변화가 작았고 조건화된 공포 반응이 잘 일어나지 않았다(Fairchild et al., 2008; Herpertz et al., 2005). 종단연구들에서 15세 때의 낮은 피부 전도도가 24세에 형사 범죄를 저지르는 것과 관련이 있음을 보여 주었고(Raine et al., 1995), 11세 때의 낮은 피부 전도도는 13세에 보호 시설 입소를 예측하였다(Kruesi et al., 1992). 3세 때 피부 전도도로 측정된 공포 조건형성의 손상은 8세 때는 공격성을, 23세 때는 범죄 행동을 예측하는 것으로 나타났다(Gao et al., 2010). 교감신경계의 반응성은 정신병질 경향이 있는 청소년과 품행장애 아동 그리고 정서 결여 성향을 나타내는 사람들에게서 낮게 나타난다(Anastassiou-Hadjichara & Warden, 2008; Kimonis et al., 2006; Loney et al., 2003). 3세에 불쾌한 자극에 대해 비정상적 피부 전도도 반응을 보이는 것은 성인기에 정신병질을 나타내는 것에 대한 위험 요인이다(Glenn et al., 2007).

요약

● 이 장에서 생물학적 측면이 범죄를 저지르는 사람을 파악하고 가능하면 예측하는 데 어떻게 사용될 수 있는지를 명확하게 하고자 하였다. 특히 그러한 문제들을 야기할 수 있는 태아기, 분만기, 출산 후 그리고 발달력에서의 위험 요인들을 개관하고, 그중 미래 범죄에 영향을 주는 것은 무엇인지 살펴보았다.

● 우리는 유전과 환경적 요인 간의 관계 및 그것들이 범죄와 맺는 관련성에 대해서도 간단히 설명하고자 하였다.

● 다음으로 이들 위험 요인이 뇌의 특정 부분에 어떻게 영향을 주는지 살펴보았고, 그러한 뇌의 문제 영역을 구조와 기능의 관점에서 검사할 때 사용되는 기술들을 일부 설명하였다.

● 우리는 이들 과정을 이해하는 것이 위험 요인을 변화시키거나 위험 소지가 있는 개인을 대상으로 이 책의 4부에 설명된 범죄 성향 약화를 위해 개발된 서비스를 제공하는 것을 가능하게 하는 첫걸음이 될 것이라 제안한다.

주관식 문제

1. 부모와 건강하지 못한 애착을 형성하는 것이 반사회적 행동의 필수적인 또는 충분한 원인이 되는가?
2. 범죄 성향을 증가시킬 수 있는 태아기 위험 요인과 출산 후 위험 요인을 각각 두 가지씩 답하라. 위험 요인들 중 변화될 수 있는 것이 있는가? 만약 그렇다면 어떤 공공정책을 제안함으로써 범죄 행동을 줄일 수 있겠는가?
3. 구조적 뇌영상 연구와 기능적 뇌영상 연구 간의 차이에 대해 설명하시오.
4. 유전과 환경이 범죄에 미치는 영향과 관련하여 ACE 모형 연구들이 시사하는 바는 무엇인가?
5. 뇌영상 정보가 형사재판에 사용될 수 있는가? 만약 그렇다면 어떻게 사용될 수 있는가?

참고문헌

Aguilar, B., Sroufe, A., Egeland, B., & Carlson, E. (2000). Distinguishing the early-onset/persistent and adolescent-onset antisocial behavior types: From birth to six years. *Development and Psychopathology, 12,* 109-132.

American Psychiatric Association. (2000). *Diagnostic and statistical manual of mental disorders, fourth edition, text revision* (DSM-IV-TR). Washington DC: American Psychiatric Association.

Anastassiou-Hadjichara, X., & Warden, D. (2008). Physiologically-indexed and self-perceived affective empathy in conduct-disordered children high and low on callous-unemotional traits. *Child Psychiatry and Human Development, 39,* 503-517.

Anderson, S. W., Bechara, A., Damasio, H., Tranel D., & Damasio A. R. (1999). Impairment of social and moral behavior related to early damage in human prefrontal cortex. *Nature Neuroscience, 2,* 1032-1037.

Anderson, S. W., Damasio, H., Tranel, D., & Damasio, A. R. (2000). Long-term sequelae of prefrontal cortex damage acquired in early childhood. *Developmental Neurospychology, 18,* 281-296.

Arnold, L. E., Pinkham, S. M., & Votolato, N. (2000). Does zinc moderate essential fatty acid and amphetamine treatment of attention-deficit/hyperactivity disorder? *Journal of Child and Adolescent Psychopharmacology, 10,* 111-117.

Arsenault, L., Tremblay, R. E., Boulerice, B., & Saucier, J. F. (2002). Obstetrical complications and violent delinquency: Testing two developmental pathways. *Child Development, 73,* 496-508.

Asarnow, R., Satz, P., Light, R., & Neumann, E. (1991). Behavior problems and adaptive functioning in children with mild and severe closed head injury. *Journal of Pediatric Psychology, 16,* 543-555.

Baldwin, M. W. (2005). *Interpersonal cognition.* New York: Guilford.

Beech, A. R., & Mitchell, I. J. (2009). Attachment difficulties. In M. McMurran & R. Howard (Eds.), *Personality, personality disorder and risk of violence* (pp. 213-228). Chichester: John Wiley & Sons, Inc.

Birbaumer, N., Viet, R., Lotze, M., Erb, M., Hermann, C., Grodd, W., et al. (2005). Deficient fear conditioning in psychopathy—A functional magnetic resonance imaging study. *Archives of General Psychiatry, 62,* 799–805.

Blaicher, W., Gruber, D., Bieglmayer, C., Blaicher, A. M., Knogler, W., & Huber, J. C. (1999). The role of oxytocin in relation to female sexual arousal. *Gynecologic and Obstetric Investigation, 47,* 125–126.

Blair, R. J. R. (2005). Applying a cognitive neuroscience perspective to the disorder of psychopathy. *Development and Psychopathology, 17,* 865–891.

Blair, R. J. R., Mitchell, D., & Blair, K. (2005). *The psychopath: Emotion and the brain.* Oxford: Blackwell.

Blair, R. J. R., Peschardt, K. S., Budhani, S., Mitchell, D. G. V., & Pine, D. S. (2006). The development of psychopathy. *Journal of Child Psychology and Psychiatry, 47,* 262–275.

Blonigen, D. M., Carlson, S. R., Krueger, R. F., & Patrick, C. J. (2003). A twin study of self reported psychopathic personality traits. *Personality and Individual Differences, 35,* 179–197.

Bowlby, J. (1944). Forty-four juvenile thieves: Their characters and home-life. *International Journal of Psychoanalysis, 25,* 19–53.

Breakey, J. (1997). The role of diet and behaviour in childhood. *Journal of Paediatrics and Child Health, 33,* 190–194.

Brennan, P. A., Grekin, E. R., & Mednick, S. A. (1999). Maternal smoking during pregnancy and adult male criminal outcomes. *Archives of General Psychiatry, 56,* 215–219.

Brennan, P. A., Hall, J., Bor, W., Najman, J. M., & Williams, G. (2003). Integrating biological and social processes in relation to early-onset persistent aggression in boys and girls. *Development and Psychopathology, 39,* 309–323.

Brennan, P. A., Mednick, S. A., & Raine, A. (1997). Biosocial interactions and violence: A focus on perinatal factors. In A. Raine, P. Brennan, D. Farrington & S. A. Mednick (Eds.), *Biosocial basis of violence* (pp. 163–174). New York: Plenum Press.

Brothers, L. (1996). Brain mechanisms of social cognition. *Journal of Psychopharmacology, 10,* 2–8.

Caldwell, J. D. (2002). A sexual arousability model involving steroid effects at the plasma membrane. *Neuroscience and Biobehavioral Reviews, 26,* 13–30.

Carswell, K., Maughan, B., Davis, H., Davenport, F., & Goddard, N. (2004). The psychosocial needs of young offenders and adolescents from an inner city area. *Journal of Adolescence, 27,* 415–428.

Caspi, A., McClay, J., Moffitt, T. E., Mill, J., Martin, J., Craig, I. W., et al. (2002). Role of genotype in the cycle of violence in maltreated children. *Science, 297,* 851–854.

Chang, G., McNamara, T. K., Orav, E. J., & Wilkins-Haug, L. (2005). Brief intervention for prenatal alcohol use: A randomized trial. *Obstetrics and Gynecology, 10,* 991–998.

Chang, G., Wilkins-Haug, L., Berman, S., & Goerz, M. A. (1999). Brief intervention for alcohol use in pregnancy: A randomized trial. *Addiction, 94,* 1499–1508.

Cloninger, C. R., Sigvardsson, S., Bohman, M., & von Knorring, A. (1982). Predisposition to petty criminality in Swedish adoptees. II. Cross-fostering analysis of gene-environment interaction. *Archives of General Psychiatry, 39,* 1242–1247.

Coccaro, E. F., Bergeman, C. S., Kavoussi, R. J., & Seroczynski, A. D. (1997). Heritability of aggression and irritability: A twin study of the Buss-Durkee aggression scales in adult male subjects. *Biological Psychiatry, 41,* 273–284.

Craissati, J. (2009). Attachment problems and sex

offending. In A. R. Beech, L. E. Craig & K. D. Browne (Eds.), *Handbook of assessment and treatment of sexual offenders* (pp. 13-38). Chichester: John Wiley & Sons, Inc.

Damasio, H., Grabowski, T., Frank, R., Galaburda, A. M., & Damasio, A. R. (1994). The return of Phineas Gage: Clues about the brain from the skull of a famous patient. *Science, 264*, 1102-1105.

Déry, M., Toupin, J., Pauzé, R., Mercier, H., & Fortin, L. (1999). Neuropsychological characteristics of adolescents with conduct disorder: Association with attention-deficit-hyperactivity and aggression. *Journal of Abnormal Child Psychology, 27*, 225-236.

Dolan, M., Deakin, J. F. W., Roberts, N., & Anderson, I. M. (2002). Quantitative frontal and temporal structural MRI studies in personality-disordered offenders and control subjects. *Psychiatry Research Neuroimaging, 116*, 133-149.

Dozier, M., Stovall, K. C., & Albus, K. (1999). Attachment and psychopathology in adulthood. In J. Cassidy & P. R. Shaver (Eds.), *Handbook of attachment theory and research* (pp. 497-519). New York: Guilford Press.

Dustman, R. E., Shearer, D. E., & Emmerson, R. Y. (1999). Life-span changes in EEG spectral amplitude, amplitude variability and mean frequency. *Clinical Neurophysiology, 110*, 1399-1409.

Eckstein, L. W., Shibley, I. J., Pennington, J. S., Carver, F. M., & Pennington, S. N. (1997). Changes in brain glucose levels and glucose transporter protein isoforms in alcohol- or nicotine-treated chick embryos. *Brain Research and Developmental Brain Research 15*, 383-402.

Ershoff, D. H., Ashford, T. H., & Goldenberg R. L. (2004). Helping pregnant women quit smoking. An overview. *Nicotine and Tobacco Research, 6*, S101-S105.

Fairchild, G., Van Goozen, S. H. M., Stollery, S. J., &

Goodyer, I. M. (2008). Fear conditioning and affective modulation of the startle reflex inmale adolescents with early-onset or adolescence-onset conduct disorder and health control subjects. *Biological Psychiatry, 63*, 279-285.

Farrington, D. P. (1997). The relationship between low resting heart rate and violence. In A. Raine, P. Brennan, D. Farrington & S. A. Mednick (Eds.), *Biosocial basis of violence* (pp. 89-106). New York: Plenum Press.

Fast, D. K., Conry, J., & Loock, C. A. (1999). Identifying Fetal Alcohol Syndrome among youth in the criminal justice system. *Journal of Developmental and Behavioral Pediatrics, 20*, 370-372.

Fergusson, D. M., Woodward, L. J., & Horwood, L. J. (1998). Maternal smoking during pregnancy and psychiatric adjustment in late adolescence. *Archives of General Psychiatry, 55*, 721-727.

Finzi, R., Ram, A., Har-Even D., Shnitt, D., & Weizman, A. (2001). Attachment styles and aggression in physically abused and neglected children. *Journal of Youth and Adolescence, 30*, 769-786.

Fonagy, P. (2001). The human genome and the representational world: The role of early mother-infant interaction in creating an interpersonal interpretive mechanism. *Bulletin of the Menninger Clinic, 65*, 427-448.

Frodi, A., Dernevik, M., Sepa, A., Philison, J., & Bragesjö, M. (2001). Current attachment representations of incarcerated offenders varying in degree of psychopathy. *Attachment and Human Development, 3*, 269-283.

Gabrielli, W. F., & Mednick, S. A. (1984). Urban environment, genetics, and crime. *Criminology, 22*, 645-652.

Galler, J. R., & Ramsey, F. (1989). A follow-up study of the influence of early malnutrition on development. *Journal of the American Academy of Child and*

Adolescent Psychiatry, 26, 254-261.

Galler, J. R., Ramsey, F., Solimano, G., & Lowell, W. E. (1983). The influence of early malnutrition on subsequent behavioral development. II. Classroom behavior. *Journal of the American Academy of Child and Adolescent Psychiatry, 22*, 16-22.

Gao, Y., & Raine, A. (2009). P3 event-related potential impairments in antisocial and psychopathic individuals: A meta-analysis. *Biological Psychiatry, 83*, 199-210.

Gao, Y., Raine, A., Venables, P. H., Dawson, M. E., & Mednick, S. A. (2010). Poor childhood fear conditioning predisposes to adult crime. *American Journal of Psychiatry, 167*, 56-60.

Gilbert, P. (2005). Compassion and cruelty: A biopsychosocial approach. In P. Gilbert (Ed.), *Compassion: Conceptualisations, research and use in psychotherapy* (pp. 9-74). London: Routledge.

Gillath, O., McCall, C., Shaver, P. R., Baek, J. M., & Chun, D. S. (2008). Genetic correlates of adult attachment style. *Personality and Social Psychology Bulletin, 34*, 1396-1405.

Glenn, A. L., Raine, A., Mednick, S. A., & Venables, P. (2007). Early temperamental and psychophysiological precursors of adult psychopathic personality. *Journal of Abnormal Psychology, 116*, 508-518.

Greenberg, M. T., Speltz, M. L., & DeKlyen, M. (1993). The role of attachment in the early development of disruptive behavior problems. *Development and Psychopathology, 5*, 191-213.

Guy, J. D., Majorski, L. V., Wallace, C. J., & Guy, M. P. (1983). The incidence of minor physical anomalies in adult male schizophrenics. *Schizophrenia Bulletin, 9*, 571-582.

Halverson, C. F., & Victor, J. B. (1976). Minor physical anomalies and problem behavior in elementary schoolchildren. *Child Development, 47*, 281-285.

Hare, R. D. (1991). *The Hare Psychopathy Checklist-Revised.* Toronto: Multi-Health Systems.

Hare, R. D. (1999). *Without conscience: The disturbing world of the psychopaths among us.* New York: Guilford.

Hare, R. D. (2003). *The Hare Psychopathy Checklist-Revised: Second Edition.* Toronto: Multi-Health Systems.

Herpertz, S. C., Mueller, B., Qunaibi, M., Lichterfeld, C., Konrad, K., & Herpertz-Dahlmann, B. (2005). Response to emotional stimuli in boys with conduct disorder. *American Journal of Psychiatry, 162*, 1100-1107.

Hibbeln, J. R., Davis, J. M., Steer, C., Emmett, P., Rogers, I., Williams, C., et al. (2007). Maternal seafood consumption in pregnancy and neurodevelopmental outcomes in childhood (ALSPAC study): An observational cohort study. *Lancet, 369*, 578-585.

Hodgins, S., Kratzer, L., & McNeil, T. F. (2001). Obstetric complications, parenting, and risk of criminal behavior. *Archives of General Psychiatry, 58*, 746-752.

Huebner, T., Vloet, T. D., Marx, I., Konrad, K., Fink, G. R., Herpertz, S. C., et al. (2008). Morphometric brain abnormalities in boys with conduct disorder. *Journal of the American Academy of Child and Adolescent Psychiatry, 47*, 540-547.

Hux, K., Bond, V., Skinner, S., Belau, D., & Sanger, D. (1998). Parental report of occurences and consequences of traumatic brain injury among delinquent and non-delinquent youth. *Brain Injury, 12*, 667-681.

Iacono, W. G., & McGue, M. (2006). Association between P3 event-related brain potential amplitude and adolescent problem behavior. *Psychophysiology, 43*, 465-469.

Ishikawa, S. S., & Raine, A. (2002). Psychophysiological correlates of antisocial behavior: A central control hypothesis. In J. Glicksohn (Ed.), *The neurobiology of criminal behavior* (pp. 187-229). Boston, MA: Kluwer.

Joseph, R. (2003). Environmental influences on neural plasticity, the limbic system, emotional development and attachment: A review. *Child Psychiatry and Human Development, 29*, 189-208.

Kemppainen, L., Jokelainen, J., Jarvelin, M. R., Isohanni, M., & Rasanen, P. (2001). The one-child family and violent criminality: A 31-year follow-up study of the Northern Finland 1966 birth cohort. *American Journal of Psychiatry, 158*, 960-962.

Kiehl, K., Smith, A. M., Mendrek A., Forster B. B., Hare, R. D., & Liddle P. F. (2004). Temporal lobe abnormalities in semantic processing by criminal psychopaths as revealed by functional magnetic resonance imaging. *Psychiatry Research Neuroimaging, 130*, 27-42.

Kimonis, E. R., Frick, P. J., Fazekas, H., & Loney, B. R. (2006). Psychopathy, aggression, and the processing of emotional stimuli in nonreferred girls and boys. *Behavioral Sciences and the Law, 24*, 21-37.

Kruesi, M. J. P., Casanova, M. V., Mannheim, G., & Johnson-Bilder, A. (2004). Reduced temporal lobe volume in early-onset conduct disorder. *Psychiatry Research Neuroimaging, 132*, 1-11.

Kruesi, M. J. P., Hibbs, E. D., Zahn, T. P., Keysor, C. S., Hamberger, S. D., Bartko, J. J., et al. (1992). A 2-year prospective follow-up study of children and adolescents with disruptive behavior disorders. Prediction by cerebrospinal fluid 5-hydroxyindoleacetic acid, homovanillic acid, and autonomic measures? *American Journal of Psychiatry, 49*, 429-435.

Laakso, M. P., Gunning-Dixon, F., Vaurio, O., Repo-Tiihonen, E., Soininen, H., & Tiihonen, J. (2002). Prefrontal volume in habitually violent subjects with antisocial personality disorder and Type 2 alcoholism. *Psychiatry Research Neuroimaging, 114*, 95-102.

Laakso, M. P., Vaurio, O., Koivisto, E., Savolainen, L., Eronen, M., Aronen, H. J., et al. (2001). Psychopathy and the posterior hippocampus. *Behavioral Brain Research, 118*, 187-193.

Laakso, M. P., Vaurio, O., Savolainen, L., Repo, E., Soininen, H., Aronen, H. J., & Tiihonen, J. (2000). A volumetric MRI study of the hippocampus in Type 1 and 2 alcoholism. *Behavioral Brain Research, 109*, 117-186.

Lally, J. R., Mangione, P. L., & Honig, A. S. (1988). Long-range impact of an early intervention with low income children and their families. In D. R. Powell (Ed.), *Parent education as early childhood intervention* (pp. 79-104). Norwood, NJ: Ablex.

Lang, S., Klinteberg, B., & Alm, P. O. (2002). Adult psychopathy and violent behavior in males with early neglect and abuse. *Acta Psychiatrica Scandinavica, 106*, Supplement 412, 93-100.

Larsson, H., Andershed, H., & Lichtenstein, P. (2006). A genetic factor explains most of the variation in the psychopathic personality. *Journal of Abnormal Psychology, 115*, 2211-2230.

LeDoux, J. E. (2000) Emotion circuits in the brain. *Annual Review of Neuroscience, 23*, 155-184.

Lilienfeld, S. O., & Andrews, B. P. (1996). Development and preliminary validation of a self-report measure of psychopathic personality traits in noncriminal populations. *Journal of Personality Assessment, 66*, 488-524.

Lister, J. P., Blatt, G. J., DeBassio, W. A., Kemper, T. L., Tonkiss, J., Galler, J. R., et al. (2005). Effect of prenatal protein malnutrition on numbers of neurons in the principal cell layers of the adult rat hippocampal formation. *Hippocampus, 15*, 393-403.

Liu, J. (2004). Childhood externalizing behavior. Theory and implications. *Journal of Child and Adolescent Psychiatric Nursing, 17*, 93-103.

Liu, J., & Raine, A. (2006). The effect of childhood malnutrition on externalizing behaviors. *Current Opinion in Pediatrics, 18*, 565-570.

Liu, J., Raine, A., Wuerker, A., Venables, P. H., & Mednick, S. A. (2009). The association of birth complications and externalizing behavior in early adolescents. *Journal of Research on Adolescence, 19*, 93-111.

Liu, J., & Wuerker, A. (2005). Biosocial bases of aggressive and violent behavior—implications for nursing studies. *International Journal of Nursing Studies, 42*, 229-241.

Loney, B. R., Frick, P. J., Clements, C. B., Ellis, M. L., & Kerlin, K. (2003). Callous-unemotional traits, impulsivity and emotional processing in adolescents with antisocial behavior problems. *Journal of Clinical Child and Adolescent Psychology, 32*, 66-80.

Lorber, M. F. (2004). Psychophysiology of aggression, psychopathy, and conduct problems: A meta-analysis. *Psychological Bulletin, 130*, 531-552.

Lyons-Ruth, K., Alpern, L., & Repacholi, B. (1993). Disorganized infant attachment classifi cation and maternal psychosocial problems as predictors of hostile aggressive behavior in the preschool classroom. *Child Development, 64*, 572-585.

Main, M. (1995). Recent studies in attachment. In S. Goldberg, R. Muir, & J. Kerr (Eds.), *Attachment theory: Social, developmental and clinical perspectives* (pp. 407-474). Hillsdale: NJ: Analytic Press.

Main, M., & Hesse, E. (1990). Parent's unresolved traumatic experiences are related to infant disorganization status: Is frightened and/or frightening behavior the linking mechanism? In M. T. Greenberg, D. Cicchetti & E. M. Cummings (Eds.), *Attachment in the pre-school years* (pp. 61-182). Chicago, IL: University of Chicago Press.

Marsh, A. A., Finger, E. C., Mitchell, D. G. V., Reid, M. E., Sims, C., Kosson, D. S., et al. (2008). Reduced amygdala response to fearful expressions in children and adolescents with callous-unemotional traits and disruptive behavior disorders. *American Journal of Psychiatry, 165*, 712-720.

Maughan, B., Taylor, A., Caspi, A., & Moffitt, T. E. (2004). Prenatal smoking and early childhood conduct problems. *Archives of General Psychiatry, 61*, 836-843.

McAllister, T. (1992). Neuropsychiatric sequelae of head injuries. *Psychiatric Clinics of North America, 15*, 661-665.

McCord, J. (1979). Some child-rearing antecedents of criminal behavior in adult men. *Journal of Personality and Social Psychology, 37*, 1477-1486.

Mednick, S. A., Volavka, J., Gabrielli, W. E., & Itil, T. (1981). EEG as a predictor of antisocial behavior. *Criminology, 19*, 219-229.

Mezzacappa, E., Tremblay, R. E., Kindlon D. J., Saul J. P., Arsenault, L., Seguin, J. R., et al. (1997). Anxiety, antisocial behavior and heart rate regulation in adolescent males. *Journal of Child Psychology and Psychiatry, 38*, 457-468.

Miles, D. R., & Carey, G. (1997). Genetic and environmental architecture of human aggression. *Journal of Personality and Social Psychology, 72*, 207-217.

Mitchell, D. G. V., Colledge, E., Leonard, A., & Blair, R. J. R. (2002). Risky decisions and response reversal: Is there evidence of orbitofrontal cortex dysfunction in psychopathic individuals? *Neuropsychologia, 40*, 2013-2022.

Mitchell, I. J., & Beech, A. R. (2011). Towards an attachment related neurobiological model of offending. *Clinical Psychology Review, 31*, 872-882.

Moffitt, T. E. (1990). Juvenile delinquency and attention-deficit disorder. Developmental trajectories from age 3 to 15. *Child Development, 61*, 893-910.

Moffitt, T. E. (1993). Adolescence-limited and life-course-persistent antisocial behavior. A developmental taxonomy. *Psychological Review, 100*, 674-701.

Moffitt, T. E., & Caspi, A. (2001). Childhood predictors differentiate life-course persistent and adolescence-limited antisocial pathways among males and females. *Development and Psychopathology, 13*, 355-375.

Moffitt, T. E., Lynam, D. R., & Silva, P. A. (1994). Neuropsychological tests predicting persistent male delinquency. *Criminology, 32*, 277-300.

Morgan, A. B., & Lilienfeld, S. O. (2000). A meta-analytic review of the relationship between antisocial behavior and neuropsychological measures of executive function. *Clinical Psychology Review, 20*, 113-136.

Muller, J. L., Sommer, M., Wagner, V., Lange, K., Taschler, H., Röder, C. H., et al. (2003). Abnormalities in emotion processing within cortical and subcortical regions in criminal psychopaths: Evidence from a functional magnetic imaging study using pictures with emotional content. *Psychiatry Research Neuroimaging, 54*, 152-162.

Muneoka, K., Ogawa, T., Kamei, K., Muraoka, S., Tomiyoshi, R., Mimura, Y., et al. (1997). Prenatal nicotine exposure affects the development of the central serotonergic system as well as the dopaminergic system in rat offspring. Involvement of route of drug administrations. *Brain Research and Developmental Brain Research, 102*, 117-126.

Neugebauer, R., Hoek, H. W., & Susser, E. (1999). Prenatal exposure to wartime famine and development of antisocial personality disorder in early adulthood. *Journal of the American Medical Association, 4*, 455-462.

Newman, J. P., & Kosson, D. S. (1986). Passive avoidance learning in psychopathic and non-psychopathic offenders. *Journal of Abnormal Psychology, 95*, 252-256.

Olds, D. (1997). Tobacco exposure and impaired development: A review of the evidence. *Mental Retardation and Developmental Disabilities Research Reviews, 3*, 257-269.

Olds, D., Henderson, C. R. J., Cole, R., Eckenrode, J., Kitzman, H., Luckey, D., et al. (1998). Long-term effects of nurse home visition on children' s criminal and antisocial behavior: 15-year follow-up of a randomized controlled trial. *Journal of the American Medical Association, 280*, 1238-1244.

Olson, H. C., Streissguth, A. P., Sampson, P. D., Barr, H. M., Bookstein, F. L., & Thiede, K. (1997). Association of prenatal alcohol exposure with behavioral and learning problems in early adolescence. *Journal of the American Academy of Child and Adolescent Psychiatry, 36*, 1187-1194.

Orlebeke, J. F., Knol, D. L., & Verhulst, F. C. (1997). Increase in child behavior problems resulting from maternal smoking during pregnancy. *Archives of Environmental Health, 52*, 317-321.

Ortiz, J., & Raine A. (2004). Heart rate level and antisocial behavior in children and adolescents: A meta analysis. *Journal of American Academy of Child and Adolescent Psychiatry, 43*, 154-162.

Petersen, K. G. I., Matousek, M., Mednick, S. A., Volavka, J., & Pollock V. (1982). EEG antecedents of thievery. *Acta Psychiatrica Scandanavia, 65*, 331-338.

Pine, D. S., Shaffer, D., Schonfield, I. S., & Davies, M. (1997). Minor physical anomolies. Modifiers of environmental risks for psychiatric impairment? *Journal of the American Academy of Child and Adolescent Psychiatry, 36*, 395-403.

Raine, A. (1996). Autonomic nervous system activity and violence. In D. M. Stoff & R. B. Cairns (Eds.), *Neurobiological approaches to clinical aggression research* (pp. 145-168). Mahwah, NJ: Lawrence Erlbaum.

Raine, A. (2002). Biosocial studies of antisocial and violent behavior in children and adults: A review. *Journal of Abnormal Child Psychology, 304*, 311-326.

Raine, A., Brennan, P., & Mednick, S. A. (1994). Birth complications combined with early maternal rejection at age 1 year predispose to violent crime at age 18 years. *Archives of General Psychiatry, 51*, 984-988.

Raine, A., Buchsbaum, M., Stanley, J., Lottenberg, S., Abel, L., & Stoddard, S. (1994). Selective reductions in prefrontal glucose metabolism in murderers. *Biological Psychiatry, 36*, 365-373.

Raine, A., Buchsbaum, M., & LaCasse, L. (1997). Brain abnormalities in murderers indicated by positron emission tomography. *Biological Psychiatry, 42*, 495-508.

Raine, A., Lencz, T., Bihrle, S., LaCasse, L., & Colletti, P. (2000). Reduced prefrontal gray matter volume and reduced autonomic activity in antisocial personality disorder. *Archives of General Psychiatry, 57*, 119-127.

Raine, A., Mellingen, K., Liu, J., Venables, P., Sarnoff, A., & Mednick, S. A. (2003). Effects of environmental enrichment at ages 3-5 years on schizotypal personality and antisocial behavior at ages 17 and 23 years. *American Journal of Psychiatry, 160*, 1627-1635.

Raine, A., Venables, P. H., & Mednick, S. A. (1997). Low resting heart rate age 3 years predisposes to aggression at age 11 years. Evidence from the Mauritius Child Health Project. *Journal of American Academy of Child and Adolescent Psychiatry, 36*, 1457-1464.

Raine, A., Venables, P. H., & Williams, N. (1990). Relationships between CNS and ANS measures of arousal at age 15 years as protective factors against criminal behavior at age 29 years. *American Journal of Psychiatry, 152*, 1595-1600.

Raine, A., Venables, P. H., & Williams, N. (1995). High autonomic arousal and electrodermal orienting at age 15 years as protective factors against criminal behavior at age 29 years. *American Journal of Psychiatry, 152*, 1595-1600.

Rhee, S. H., & Waldman, I. D. (2002). Genetic and environmental influences on antisocial behavior: A meta-analysis of twin and adoption studies. *Psychological Bulletin, 128*, 490-529.

Rivera, J., Jaffee, K., Polissar, N. L., Fay, G. C., Martin, K. M., Shurtleff, H. A., et al. (1994). Family functioning and children's academic performance and behavior problems in the year following brain injury. *Archives of Physical Medicine and Rehabilitation, 75*, 369-379.

Robins, L. (1996). *Deviant children grown up*. Baltimore, MD: Williams & Wilkins.

Roebuck, T. M., Mattson, S. N., & Riley, E. P. (1999). Behavioral and psychosocial profiles of alcohol-exposed children. Alcoholism. *Clinical and Experimental Research, 23*, 1070-1076.

Rogeness, G. A., Cepeda, C., Macedo, C. A., Fischer, D., & Harris, W. R. (1990). Differences in heart rate and blood pressure in children with conduct disorder, major depression and separation anxiety. *Psychiatry Research, 33*, 199-206.

Rosen, G. M., Deinard, A. S., Schwartz, S., Smith, C., Stephenson, B., & Grabenstein, B. (1985). Iron deficiency among incarcerated juvenile delinquents. *Journal of Adolescent Health Care, 6*, 419-423.

Rosenstein, D. S., & Horowitz, H. A. (1996). Adolescent attachment and psychopathology. *Journal of Consulting and Clinical Psychology, 64*, 244-253.

Saltaris, C. (2002). Psychopathy in juvenile offenders: Can temperament and attachment be considered as robust developmental precurors. *Clinical Psychology Review, 22*, 729-752.

Sampson, R. J., & Laub, J. H. (1990). Crime and deviance

over the life course: The salience of adult social bonds. *American Sociological Review, 55,* 609-627.

Santesso, D. L., Reker, D. L., Schmidt, L. A., & Segalowitz, S. J. (2006). Frontal electroencephalogram activation asymmetry, emotional intelligence, and externalizing behaviors in 10-year-old children. *Child Psychiatry and Human Development, 36,* 311-328.

Scerbo, A., Raine, A., O'Brien, M., Chan, C. J., Rhee, C., & Smiley, N. (1990). Reward dominance and passive avoidance learning in adolescent psychopaths. *Journal of Abnormal Child Psychology, 18,* 451-463.

Schoenthaler, S. J., & Bier, I. D. (2000). The effect of vitamin-mineral supplementation on juvenile delinquency among American schoolchildren: A randomized double blind placebo-controlled trial. *Journal of Alternative and Complementary Medicine, 6,* 19-29.

Schonfeld, A. M., Mattson, S. N., & Riley, E. P. (2005). Moral maturity and delinquency after prenatal alcohol exposure. *Journal of Studies on Alcohol, 6,* 19-29.

Solomon, E. P., & Heide, K. M. (2005). The biology of trauma. *Journal of Interpersonal Violence, 20,* 51-60.

Sterzer, P., Stadler, C., Krebs, A., Kleinschmidt, A., & Poustka, F. (2005). Abnormal neural responses to emotional visual stimuli in adolescents with conduct disorder. *Biological Psychiatry, 57,* 7-15.

Stevens, L., Zhang, W., Peck, L., Kuczek, Y., Grevstad, N., & Mahon, A. (2003). EFA supplementation in children with inattention, hyperactivity, and other disruptive behaviors. *Lipids, 38,* 1007-1021.

Streissguth, A. P., Barr, H. M., Kogan, J., & Bookstein, F. L. (1996). *Understanding the occurrence of secondary disabilities in clients with fetal alcohol syndrome (FAS) and fetal alcohol effects (FAE). Technical Report No. 96-06.* Seattle, WA: University of Washington, Fetal Alcohol and Drug Unit.

Taylor, C. (1997). *Psychopathy and attachment in a group of incarcerated females. Unpublished doctoral dissertation.* San Francisco, CA: California School of Professional Psychology, Alliant International University.

Teichner, G., & Golden, C. J. (2000). The relationship of neuropsychological impairment to conduct disorder in adolescence: A conceptual review. *Aggression and Violent Behavior, 5,* 509-528.

Tibbetts, S. G., & Piquero, A. R. (1999). The influence of gender, low birth weight, and disadvantaged environment in predicting early onset of offending. A test of Moffitt's interactional hypothesis. *Criminology, 37,* 843-878.

Uvnas-Moberg, K. (1998) Oxytocin may mediate the benefits of positive social interaction and emotions. *Psychoneuroendocrinology 23,* 819-835.

Volavka, J. (1987). Electroencephalogram among criminals. In S. A. Mednick, T. E. Moffitt & S. Stack (Eds.), *The causes of crime. New biological approches* (pp. 137-145). Cambridge: Cambridge University Press.

Wakschlag, L. S., Lahey, B. B., Loeber, R., Green, S. M., Gordon, R. A., & Leventhal B. L. (1997). Maternal smoking during pregnancy and the risk of conduct disorder in boys. *Archives of General Psychiatry, 54,* 670-676.

Wakschlag, L. S., Pickett, K. E., Cook, E., Benowitz, N. L., & Leventhal, B. L. (2002). Maternal smoking during pregnancy and severe antisocial behavior in offspring: A review. *American Journal of Public Health, 92,* 966-974.

Waldrop, M. F., Bell, R. Q., McLauglin, B., & Halverson, C. F. (1978). Newborn minor physical anomalies predict short attention span, peer aggression, and impulsivity at age 3. *Science, 199,* 563-564.

Weinfield, N. S., Sroufe, A., Egeland, B., & Carlson, E. (2008). Individual differences in infant-caregiver attachment: Conceptual and empirical aspects of security. In J. Cassidy & P. R. Shaver (Eds.), *Handbook of attachment: Theory, research, and clinical applications* (2nd ed.). (pp. 78-101). New York: Guilford.

Werbach, M. (1995). Nutritional influences on aggressive behavior. *Journal of Orthomolecular Medicine, 7,* 45-51.

Wismer Fries, A. B., Ziegler, T. E., Kurain, J. P., Jacoris, S., & Pollack, S. D. (2005). Early experience in humans is associated with changes in neuropeptides critical for regulating social behavior. *Proceedings of the National Academy of Sciences, 102,* 17237-17240.

Young, J. E., Klosko, J. S., & Weisharr, M. E. (2003). *Schema therapy: A practitioner's guide.* London: Guilford Press.

Zanarini, M. C., Gunderson, J. G., Marino, M. F., Schwartz, E. O., & Franenber, F. R. (1989). Childhood experiences of borderline patients. *Comprehensive Psychiatry, 30,* 18-25.

주석이 달린 읽을거리 목록

Bartol, C. R., & Bartol, A. M. (2008). *Criminal behavior* (8th ed.). Upper Saddle River, NJ: Pearson. 이 책에는 범죄 행동의 생물학적 위험 요인에 대해 명료하고 쉽게 설명해 놓은 챕터들이 있다.

Cassady, J., & Shaver, P. R. (Eds.). *Handbook of attachment; Theory research and clinical applications* (2nd ed.). New York: Guilford Press. 이 책은 애착 개념에 대한 배경 지식을 잘 담고 있다.

Feinberg, T. E. (2001). *Altered egos: How the brain creates the self.* New York: Oxford University Press. 이 책은 Phineas Gage의 일화(〈사례연구 3-2〉)에 흥미를 느낀 사람들에게 추천할 만하다. Feinberg의 글은 가독성이 좋으며, 그는 뇌의 각 부분에서 일어난 손상이 어떻게 신경정신과적 증후군을 일으키는지에 대해 설명하고 있다. 이 책이 범죄에 초점을 맞추고 있지는 않지만, 어떻게 뇌가 성격을 결정하는지에 대해 멋지게 설명하고 있다.

Hare, R. D. (1999). *Without conscience: The disturbing world of the psychopaths among us.* New York: Guilford Press. 이 책은 가독성이 매우 좋으며, 정신병질자의 마음에 대한 값진 통찰력을 기를 수 있게 해 준다.

Hodgins, S., Viding, E., & Plodowski, A. (2009). *The neurobiological basis of violence: Science and rehabilitation.* Oxford: Oxford University Press. 폭력의 신경생물학 분야의 선두적 연구자들에 의해 해당 분야가 잘 개관된 책이다.

Volavka, J. (2002). *Neurobiology of violence* (2nd ed.). Washington, DC: American Psychiatric Publishing, Inc. 폭력의 신경생물학에 대해 어느 정도 깊이가 있으면서도 굉장히 포괄적으로 다루고 있는 책이다. 남용약물과 이것이 폭력 위험에 어떤 영향을 미치는지에 대해 멋지게 다룬 챕터가 있다.

제4장 대인 범죄가 피해자에 미치는 영향

CATHERINE HAMILTON-GIACHRITSIS & EMMA SLEATH

주요 용어

가족으로부터의 외상	간접 피해	공존질환	내재화 증상	부적응적 믿음	사회문화적 요인	성역할
스트레스 면역 훈련	아동보호계획	애인 폭력	외현화 행동/증상	인지처리치료	자살 성향	장기노출치료
정서와 스트레스 경로의 조절부전	조종행동	종단연구	집행기능	탄력성	학대의 세대 간 전이
해당 증상

이 장의 개요

슬프게도, 너무나도 많은 사람이 아동기부터 폭력과 성욕의 희생자가 되고 있으며, 많은 성인 남녀도 강간(rape)과 **애인 폭력**(intimate partner violence: IPV) 같은 대인 범죄의 희생자가 되고 있다. 이런 대인 범죄의 영향은 신체적·심리적·사회적 및 대인관계를 위시한 다양한 영역에서 단기적으로뿐만 아니라 장기적으로도 나타날 수 있으며, 재정적 부담과 간접적 영향을 통해 지역사회에도 해를 끼치고 있다. 아동기에 미치는 부정적 영향에는 정신건강상의 어려움, 학업 포기, 행동상의 어려움 및 나중에 또 당할 위험성의 증가 그리고/또는 타인에게 위해를 가하는 것이 포함되는 것으로 알려졌다. 성인기에는 피해를 당하는 것이 단기간 및 장기간 모두에 걸쳐서 신체 및 정신 건강의 악화와 관련되는데, 이는 피해자의 삶의 기능 수준과 질에 심각한 영향을 미칠 수 있다. 이 장에서는 대인 범죄의 정의와 양상을 간략하게 살펴본 뒤에, 아동기에 받은 피해(즉, 신체적·성적·정서적 학대)와 성인기에 받은 피해(즉, 강간과 애인 폭력)의 단기적 및 장기적 영향을 고찰할 것이다.

> **애인 폭력**
> **(intimate partner violence: IPV)**
> 이성이든 동성이든 현재 또는 과거의 애인을 대상으로 한 신체적·성적·심리적 공격 및/또는 통제하려는 행동을 말한다.

아동기의 피해

대인 범죄를 평가할 때 핵심적인 어려움 중의 하나는 이런 사건의 발생을 정확하게 추정하는 것에 관련된 것인데, 이는 사건 자료의 출처상 차이와 방법론적 다양성(예, 적용된 정의, 표집방법, 측정 도구)뿐만 아니라 피해자 스스로 자신을 범죄의 희생자로 보느냐 그리고/또는 이런 일을 보고할 수 있다고 생각하느냐의 여부도 관련된다. 예를 들면, 네델란드에서의 국가 차원의 조

사연구에서는 피해자가 당한 사건 중 단지 12.6%만이 아동 보호 기관에 보고된 것으로 밝혀졌는데(Euser et al., 2010), 다른 연구에서도 이와 비슷한 결과를 보여 주고 있다(Fallon et al., 2010). 마찬가지로, 정의가 서로 다른 것도 기록되는 학대사건의 수효에 영향을 미친다. 미국에서 303명의 학대받은 아동 표본에서, 방임은 사건당 70.1% 발생했던 것으로 나타난 반면, 아동 보호 전문가들로부터는 사건의 41%가 해당되는 것으로 파악되었다(Mennen et al., 2010). 따라서 사건에 관한 자료를 검토하려면 이 방면의 연구를 할 때 그 속에 내재된 방법론적 어려움부터 감안해야 할 필요가 있다.

정의와 측정

신체적·성적·정서적 학대와 방임(〈표 4-1〉 참조)은 가족 내에서 또는 가족 밖에서도 일어날 수 있다. 학대의 정의는 지역, 문화적 배경 그리고 이를 채택하여 사용하는 전문 직종에 따라서 달라진다(Cicchetti & Toth, 1995). 최근에는 애인 폭력을 증언하는 것 자체가 정서적 학대의 한 유형으로 종종 언급되며 애인 폭력의 정의 속에 들어가게 되었다.

학대 발생률은 통상 발생률(incidence)과 유병률(prevalence)의 두 가지 중 한 가지로 보고된다. 발생률은 일정 기간, 즉 통상 1년 이내에 보고되거나 포착된 사건의 수를 지칭하는 반면, 유병률은 돌이켜 보니 아동기(아동 학대는 보통 0~8세 사이) 동안 학대를 겪었다고 보고한 사람의 수를 말한다.

2010년 3월 31일 기준으로 발생률의 측면에서 보면, 영국에서는 3만 9,100명의 아동이 **아동보호계획**(Child Protection

> **아동보호계획**
> **(Child Protection Plan: CPP)**
> 신체적·성적 및/또는 정서적 학대 및/또는 방임으로부터 보호할 필요가 있다고 여겨지는 아동을 대상으로 관심을 기울여야 할 자세한 세부 내용, 미리 마련된 조치 사항 그리고 감시 활동을 적용하는 것을 말한다.

표   4-1   아동기 학대의 정의

신체적 학대	때리고, 흔들고, 던지며, 독을 타고, 불로 그을리거나 뜨거운 물로 데이게 하며, 물에 빠뜨리거나, 목을 조르거나 기타 아동에게 신체적 위해를 야기하는 행위를 하거나 아동이 그런 위해를 당하지 않도록 보호하지 않는 것을 말한다. 또한 신체적 위해는 부모나 돌봄이가 아동의 증상을 인위적으로 만들어 내거나 의도적으로 질병을 유도해 내는 과정에서도 야기될 수 있다.
성적 학대	아동에게 무슨 일이 일어나고 있는지를 깨닫고 있든 아니든 간에, 아동이나 젊은 사람에게 매춘을 위시한 성 행위를 강요하거나 꾀어서 하게 하는 것이다. 여기에는 비접촉성 행위도 포함될 수 있는데, 이를테면 아동 외설물(포르노)을 시청하게 하거나 그 제작 과정에 포함시키는 것, 성행위를 지켜보고 있게 하는 것, 또는 아동에게 부적절한 성행위를 하도록 촉구하는 것 등이 해당된다.
정서적 학대	아동을 지속적으로 정서적 학대를 하여 아동의 정서 발달에 심각하고 지속적인 악영향을 야기한 것을 말한다. 여기에는 다른 사람을 학대하는 것을 보게 하거나 듣게 하는 것도 해당될 수 있다. 아동에 대한 모든 유형의 학대는 단독으로 발생한다고 하더라도 어느 정도의 정서적 학대가 그 속에 들어 있는 것이다.
방임	아동의 기본적인 신체적·심리적 욕구를 꾸준히 들어주지 못해서 아동의 건강이나 발달에 심각한 장해가 나타나기 쉬운 것을 말한다. 방임은 산모의 약물 남용으로 인해서 임신 중에도 발생할 수 있다. 아이가 출생하면, 방임은 아이를 보호하지 않는 것 또는 아동에게 필요한 의학적 진료 혹은 처치를 받도록 책임껏 행동을 하지 않는 것도 해당될 수 있다. 또한 여기에는 아동의 기본적인 정서적 욕구를 무시하거나 이에 반응을 보이지 않는 것도 해당될 수 있다.

출처: *Working Together to Safeguard Children*(Department for Education and Skills, 2006). 허락하에 게재함.

Plan: CPP)의 대상이었고(1,000명당 3.55명의 꼴), 1년 전체 동안에는 4만 4,300명의 아동이 해당되었으며, 이들 중 13.4%가 그다음 해의 CPP 실시 대상이 되었다(Department for Education, 2010). 학대의 유형별 분류는 〈표 4-2〉를 보라. 가장 큰 위험은 아기들에게 있는데,

영국과 웨일즈 지방에서 한 살 미만의 아동이 CPP에 등록된 비율이 가장 높아서(1,000명당 5.6명꼴), 등록된 아동 전체의 13%나 되었다(Department for Children, Schools and Families, 2008). 영국, 유럽과 미국의 발생률을 비교한 결과는 다소간의 유사성(덴마크와 영국)을

 표   4-2   영국에서 2010년 3월 31일까지 1년간 아동보호계획(CPP)의 대상으로 의뢰된 18세 이하의 아동

	N	%
방임	19,300	43.5
정서적 학대	12,300	27.8
신체적 학대	6,300	14.2
성적 학대	2,500	5.6
다중적인 문제 또는 보호조치가 연결되지 않음	4,000	9.0

출처: Department for Education(2010)에서 허락하에 발췌함.

표 4-3 영국, 유럽 및 미국에서의 발생률*

구분	1,000명당 해당 수	표본	출처
영국	3.5	아동보호계획에 속한 아동, 0~17세	Department for Education, 2010
덴마크	2.7	0~17세	Riis et al., 1997
네덜란드	6.9	국가 발생률 연구 0~18세	Euser et al., 2010
미국	17.1	국가 발생률 연구 0~18세	Sedlak et al., 2010
미국	43.1 (주에 따라 15.4~104.3에 걸쳐 있음)	국가 의뢰 비율(허수나 중복 가능성이 있을 수 있음)	US Department of Health and Human Services et al., 2010

* 표본, 기준 및 정의상에서 방법론으로 차이가 있음.

보여 주지만, 전문 기구(이를테면, 국가 차원의 발생률 연구에서처럼)로부터 아동에 대한 돌봄 요구를 받아들이게 되면 의뢰하는 비율이 높아지는 경향이 있다(〈표 4-3〉 참조).

유병률 자료는 통상 자기보고에 기초하지만 유병률 수치는 사용된 방법에 따라 크게 달라진다. 이런 방법론적 차이 때문에 방법론이 다른 연구를 비교하기 어렵게 될 수 있다(Gilbert et al., 2009). 영국에서 May-Chahal과 Cawson(2005)은 18~24세 사이의 2,869명을 대상으로 조사하여 그중 16%가 아동기에 가족 내에서 또는 가족 외(extrafamilial)에서 학대를 겪은 적이 있다고 보고했다. 2007년까지 수행된 아동 성학대의 유병률 연구를 개관했더니, 전반적인 평균 유병률이 미국 15.8%(N=47,369명), 아시아 10.1%(N=7,110명) 그리고 유럽 9.2%(N=35,974명)인데 비해서 아프리카는 34.4%(N=2,357명)에 이르는 분포를 보였다(Pereda et al., 2009). 일반적으로 여성의 유병률은 남성보다 의미 있게 높았는데, 예외는 남아프리카공화국으로 남녀 모두 매우 높았다(여성은 43.7%, 남성은 60.95%). 그러나 프랑스(여성은 0.9%, 남성은 0.6%)와 포르투갈(여성은

2.7%, 남성은 2.6%)은 남녀 모두에서 그 비율이 아주 낮았다.

그럼에도 불구하고 어떤 연구 결과에서는 학대 중 일부 유형(즉, 성적 학대와 신체 학대)의 유병률이 미국의 경우 2003년에서 2008년 사이에 감소한 것으로 나타났지만, 형제가 학대를 당하는 것을 목격하는 것뿐만 아니라 돌봄이(caregiver)에 의한 신체적 학대와 방임은 증가한 것으로 나타났다(Finkelhor et al., 2010).

아동기 학대의 영향

아동기 학대의 부정적 영향은 아동기(〈표 4-4〉 참조)에, 그리고 성인기로 이어져서도(〈표 4-5〉 참조) 모두 나타난다. 그러나 일부 아동은 학대받은 경험을 극복하고 일상생활에서 기능을 잘 발휘하고 적응 행동을 보여 준다는 것도 인정되고 있다(Goldstein & Brooks, 2005).

불행하게도 아동기 학대로 인한 가장 극단적인 결과는 사망 및/또는 기능 상실이다. 영국과 미국에서 이러한 사망 사고의 대부분이 5세 이하의 아동에게서 발생하는데, 1세 미만 유아 사망률이 가장 높고, 가장 흔한

표 4-4 아동기 학대의 영향

사망

신체적 · 정신적 기능부전

정신건강상의 어려움(예: 외상 후 스트레스, 섭식장애, 자해 행동)

신체건강상의 어려움(예: 수면장애, 야뇨증, 유분증, 스트레스)

정서적 어려움(예: 자기존중감이 낮은 것, 자기가치가 낮은 것)

행동상의 어려움(예: 반사회적 행동, 범죄 행위, 약물 오용)

학업상의 어려움과 학업 중단(중퇴)

사회적 및 대인적 기능에 미치는 영향(예: 남들과의 관계, 친해지기 어려움)

추가로 피해를 받을 위험성

표 4-5 25개의 종합분석 연구를 개관해서 발견된, 아동기 성학대가 그 이후의 성인기로 이어지는 장기적 영향

증상	효과 크기의 범위 (Pearson의 상관계수: r)
알코올 문제	0.07
분노	0.18
불안	0.13~0.20
경계선 성격장애	0.28
우울증	0.12~0.22
해리 증상	0.09~0.19
섭식장애	0.06~0.10
적개심	0.11
대인 민감성	0.10
대인관계 문제	0.19
강박 증상	0.10~0.17
편집증	0.11
공포증	0.12
외상후 스트레스 장애	0.20
심리 적응 문제	0.10~0.27
정신병 증상	0.11
자해	0.20
자존감의 손상	0.04~17
자신의 신체를 불구로 만들기 (self-mutilation)	0.20
성적 적응	0.09~18
무차별 성행위	0.14
사회 적응	0.07
신체화 증상	0.09~17
약물 오용	0.20
자살 생각과 행동	0.09~0.22
외상 후 스트레스 증상	0.25

출처: Hillberg et al. (2011)에서 SAGE 출판사의 허락하에 발췌함.

원인은 두부 손상, 신체 구타 및/또는 극심한 방임이었다(Kleevens & Leeb, 2010; Sidebotham et al., 2011). 영국에서 2005년과 2009년 사이의 발생률은 매년 10만 명당 0.63건(0~7세)이었다. 사망 원인 중 가장 많은 것은 극심한 신체적 공격이었는데([그림 4-1] 참조), 이 사건 중 최소한 40%에서는 사망의 직접적 원인은 아닐지라도 극심한 방임이 있었다(Sidebotham et al., 2011). 아동 나이의 중앙치(median)는 16개월이었는데, 남아는 신체적 공격을 겪기 쉽고, 여아는 극심한 방임을 당하기 쉬우며, 이보다 나이가 더 많은 아동은 살인의 희생자가 될 가능성이 높았다. 학대를 받아 사망한 아동 중에서 단지 1/3 정도만이 아동 보호 기관으로 그 소식이 전달되었다. 2009년 미국에서는 아동 10만 명당 2.34명이 아동 학대로 사망한 것으로 나타났다(US Department of Health and Human Services et al., 2010). 사망 사건의 80% 이상에서 친척(주로 모계와 부계의 보호자)에게 책임이 있는 것으로 여겨지고 있다(Lee & Lathrop, 2010).

아동 학대의 영향 중 가장 잘 파악된 것 중 하나는 그것이 정신건강 그리고 정서적 · 행동적 어려움으로 잘

[그림 4-1] 모든 유형의 학대가 악영향을 끼친다는 것이 발견되었지만, 일부 연구에서는 심리적 학대나 정서적 학대가 가장 부정적인 영향을 미친다는 것을 시사해 주고 있다.

출처: ⓒ Sean Bolt. Shutterstock사의 허락하에 게재함.

이어진다는 것이다. 아마도 이들 중 가장 현저한 것은 우울증 및 그 밖의 내재화(internalising) 장애일 것이다 (Kim & Cicchetti, 2006). 여기에 해당되는 것은 섭식장애 (Nygaard Christoffersen & DePanfilis, 2009), 심리적 고통 (psychological distress) (Newcomb et al., 2009), 불안 (Cougle et al., 2010) 그리고 우울증(Bennett et al., 2010)뿐만 아니라 자해 또는 자살 행동, 중독 그리고 자존감의 저하가 있다(개관은 Gilbert et al., 2009 참조). 모든 유형의 학대가 악영향을 끼치는 것으로 나타나기는 했지만, 일부 연구에서는 심리적 학대 또는 정서적 학대가 가장 부정적인 영향을 미친다고 시사하고 있다(Nygaard Christoffersen & DePanfilis, 2009).

스트레스 자극(가족 갈등, 부모의 개인적 고민, 가정과 지역사회에서 가해지는 외적 구속 요인), 사회경제적 지위, 그리고 아동의 성별을 통제하고 나자, 아동 학대라는 한 가지 요인이 청소년에서의 내재화 및/또는 외현화의 문제를 잘 예측해 주었다(Herrenkohl & Herrenkohl, 2007).

또한 초기 연구들에서는 남아가 공격적인 행동과 품행장애 같은 **외현화 증상**(externalising symptoms)을 발달시키기 쉽고([그림 4-2] 참조) 여아는 우울증 같은 **내재화 증상**(internalising symptoms)을 발달시키기 쉬운 것을 보여 주는 경향이 있었다(Feiring et al., 2002). 나중의 연구는 아래에 제시된 바와 같이, 더 복잡한 양상을 보여 주고 있다. 한 연구에서는 모든 유형의 아동 학대와 피해자가 청소년 특유의 건강상 위험 열 가지 중 최소한 여덟 가지를 나타낼 가능성 사이에 상관관계가 있음을 발견하였다. 열 가지의 건강상 위험에는 우울증, 알코

외현화 행동/증상 (externalising behaviours/ symptoms)

이들은 밖으로 드러나는 행동 속에 내포된 문제를 지칭하는 것으로서 아동이 주변 환경에서 보이는 부정적인 반응을 반영한다. 여기에는 공격성, 비행 및 과잉활동이 포함된다. 유사한 다른 용어로는 품행 문제 (conduct problems)와 반사회성(antisocial)이라는 용어가 있다.

내재화 증상 (internalising symptoms)

개인 내면에 있는 정서적 및 행동적 문제인데, 내면의 불안과 걱정(예: 불안/우울)을 과잉 통제하려고 하는 것을 말한다.

[그림 4-2] 초기 연구에서는 남아들이 공격 행동과 품행장애 같은 외현화 증상을 발달시키기 쉬운 반면에, 여아는 우울증 같은 내재화 증상을 발달시키기 쉽다는 것을 보여 주었다.

출처: ⓒ Lynne Carpenter. Shutterstock사의 허락하에 게재함.

올의 상시 복용, 폭음, 마리화나 또는 알코올과 흡입제의 복용, 극렬한 싸움질 등이 포함된다(Hussey et al., 2006).

피해자가 되는 것의 정의를 확장시켜서 따돌림 (bullying)과 **간접 피해(indirect victimisation)**를 입는 것까지 포함시켰더니, 피해를 당한 적이 여러 번 있는 아동이 나중에 잘못 되는 경우가 많은 것으로 나타났다(Turner et al., 2009). 한 **종단연구**에서는 (타인의) 고의 때문에 피해를 당한 아동들(즉, 성인으로부터 학대를 당하거나 다른 아동으로부터 따돌림을 당함)은 혼동 변수(confounding variables,

> **간접 피해**
> **(indirect victimisation)**
> 다른 누군가가 피해를 보는 것을 목격함으로써 피해를 받은 느낌이 드는 것을 말한다. 이를테면, 다른 사람이 따돌림을 당하고 있는 것을 지켜보거나 또는 부모끼리 서로 폭력적인 행위를 하는 것을 지켜보았을 때의 느낌을 말한다.

예: 사회경제적 박탈, IQ가 낮은 것, 유전적 취약성; Arseneault et al., 2011)를 통제하고 나서도, 12세의 나이에 정신병적 증상을 보일 가능성이 의미 있게 높은 것으로 나타났다.

학대가 미치는 한 가지 주요한 악영향은 학대가 그 후에도 계속 이루어지기 쉽게 하는 것인데, 이는 결과적으로 더욱 심각한 악영향에 이르게 한다는 것을 시사하는 증거가 상당히 많다(Barnes et al., 2009). 아동이 보호 기관에 다시 의뢰되는 비율은 4년 내에는 8~13%(Fryer & Miyoshi, 1994)였다가 학대받은 유아를 11~15년간 계속해서 추적 조사했을 때는 43.2%에 이르기까지 걸쳐 있었다(Thompson & Wiley, 2009). 가족에 의한 재의뢰율은 5년 내에 걸쳐서 1~2%(위험이 낮은 것)에서 50% 이상(고위험 가족)까지 분포되어 있지만, 10년이 넘으면 85%까지 올라갈 수도 있다(DePanfilis & Zuravin, 1998). 그러나 의뢰한 후부터 첫 12개월 동안에 위험성이 가장 높아서(Hindley et al., 2006), 아동이 두 번째로 의뢰되어 오게 되면 위험성이 두 배가 된다(Hamilton & Browne, 1999). 그 밖에 다른 위험 요인들이 더 있으면 더욱 복잡해진다. 애인 폭력과 아동 학대가 동시에 발생하면, 두 가지 유형의 가정폭력에 대해 이전에 의뢰한 경우가 더 많았고 애인 폭력의 강도도 더 큰 것으로 발견되었으며(Browne & Hamilton, 1999), 재의뢰도 더 빨리 이루어졌다(Casanueva et al., 2009).

20년 전에 Widom(1989)은 아동 학대를 당한 후에는 범죄 활동에 관여할 위험성이 높아졌다고 지적했다. 이런 주장은 후에 다른 연구들의 지지를 받았다(개관은 Falshaw et al., 1996 참조). 그렇다 하더라도 대부분은 범죄를 저지르기까지는 가지 않는다는 점도 인정되고 있다(Widom, 1991). 학대를 반복해서 당하는 사람들이 폭력 범죄를 저지를 위험이 가장 높다(Hamilton et al., 2002). 따라서 이런 범죄 행동과 관련된 요인을 고려하는 것이 중요하다.

범죄 행동과 관련된 요인

나이(발달단계), 성별, 학대의 유형, 가해자와의 관계, 학대의 빈도 및 심각도의 이 모든 것이 범죄 행동을 저지르게 되느냐와 연결되어 있다(Gilbert et al., 2009). 외현화 행동은 사건의 발생 빈도가 높은 것과 관련되어 있으며 중요한 발달 시기와 관련되어 나타나지만, 사회적 기능의 장해는 시간의 흐름에 걸쳐서 사건이 분포되어 있는 것과 더 관련성이 크다. 이는 아동이 학대가 없는 시기에 탄력성(resilience)을 나타낼 시간적 여유가 있는 것을 시사하는 것으로 보인다(English et al., 2005). 더욱이 지지적인 돌봄이가 있으면 장기적으로 부정적인 영향을 받을 가능성이 줄어든다(Alexander & Lupfer, 1987). 그러나 아동 학대의 대부분이 가족, 친구 또는 아는 사람에 의해 저질러지고 있어서, 가정환경이 지지적인 분위기가 아니기 쉽다.

이와 같은 현상의 기제를 조사하기 위한 연구가 시작되었다. 예를 들면, **가족으로부터의 외상(familial trauma)**이 (가족과 무관한 외상이나 외상이 없는 경우와 비교해서) 사회경제적 지위, 불안 그리고 두부 손상을 받았을 가능성을 설명하는 부분을 제외하고 나서도 **집행기능(executive functioning**, 예: 작업기억, 처리속도)상의 수행도가 낮은 것과 관련이 있는 것이 밝혀졌다. 집행기능의 수행도가 낮은 것은 학교 공부를 제대로 따라가는 데서의 어려움뿐만 아니라

> **가족으로부터의 외상 (familial trauma)**
> 가족 중의 일원에 의해 저지러진 학대 또는 방임

> **집행기능 (executive functioning)**
> 계획하기, 추상적 사고 및 문제해결 같은 고차원적 인지 과제를 담당하는 두뇌 과정을 말한다. 집행기능부전(executive dysfunction)에는 충동 조절, 자기조절(self-regulation), 지속적인 주의집중, 계획 및 문제해결상의 손상과 같은 것이 포함된다.

사회적 기능 및 대인관계적 기능의 저하도 가져올 수 있다(DePrince et al., 2009). 또한 5세 이전에 신체적 및 성적 학대를 당하고는 내재화된 증상을 나타냈던 아동들은 코르티솔 생성을 통해 **정서와 스트레스 경로의 조절 부전(dysregulation of the emotion and stress pathways)**이 발생한 것으로 나타났다(Cicchetti et al., 2010). 저자들은 이른 나이에 성적 또는 신체적 학대를 받은 아동들이 내재화된 증상을 나타낸 반면, 다른 아동들은 그렇지 않은 한 가지로서 유전 인자를 들었지만, 이는 좀 더 연구를 해 보아야 알 수 있을 것이다. 전반적으로 장기적인 부정적 영향과의 관련성은 밝혀졌지만, 이런 일이 어떤 경로를 통해 일어나는지는 좀 더 조사를 해 볼 필요가 있다.

> **정서와 스트레스 경로의 조절 부전 (dysregulation of the emotion and stress pathways)**
> 생리적 반응으로 인해 정서와 스트레스를 상대적으로 잘 조절하지 못하게 된 것을 말한다.

아동기 학대가 성인기에 미치는 부정적 영향

아동기 학대 경험이 성인기가 되어서도 정신건강과 신체건강뿐만 아니라 사회적·정서적 기능에도 영향을 미치는 것이 입증되었다(〈표 4-5〉 참조). 놀랄 것도 없이, 아마도 아동기에 나타난 어려움 중의 많은 것이 성인이 되어서도 남아 있게 된다. 또한 성격 특성에 미치는 지속적인 영향도 더 뚜렷해 보인다(Kim et al., 2009). 장기적인 영향은 가족(즉, 65세 이하)이 조기 사망할 위험성을 높일 정도까지 다다른다. 이는 아마도 가족 분위기가 혼란에 빠진 결과일 것이며, 신체적 방임, 약물 오용 그리고 범죄 행위가 그 특징인 가정에서 일어날 위험성이 가장 높을 것이다(Anda et al., 2009).

아동기에 학대를 받은 적이 있는 사람들은 성인기에는 성적 피해 및/또는 애인 폭력(Gilbert et al., 2009)을 통해 또다시 피해를 받거나 범죄 행동을 저지를 위험성

이 높아질 수 있다[피해자에서 가해자로 뒤바뀐 것(victim to offender cycle)으로 알려짐; Farrington et al., 2001]. 널리 뜨거운 논란을 일으킨 학대의 영향 중 하나는 학대받은 아동이 나중에 커서 가족 내에서 학대자가 될 위험성(**학대의 세대 간 전이**, intergenerational cycle of maltreatment: ICM)에 관한 것이다. 어떤 학자들은 그 비율이 30%(+/-5%; Kaufman & Zigler, 1987)나 될 정도로 높다고 주장한다. 다른 증거는 단기적으로(13개월) 추적 조사했을 때 그 비율이 6.7%로 낮았음을 보여 주었다(Dixon, Browne et al., 2005). 어릴 적 학대받았던 아

> **학대의 세대 간 전이**
> (intergenerational cycle of maltreatment: ICM)
> 학대받은 아동이 커서 나중에 가족 내에서 학대자가 되는 것을 말한다.

동이 커서 부모가 된 후 학대자가 되게 하는 가장 중요한 위험 요인은 그가 어릴 적의 부모가 21세 미만이고, 정신질환이나 우울증의 전력이 있으며, 가정에서 폭력적인 성인이 있었을 경우였다. 이들 위험 요인 외에 훈육 방식이 나빴을 때(예: 비현실적인 기대감, 상호작용 방식이 안 좋음, 부정적인 귀인) ICM과의 연결성이 훨씬 더 높아졌다(Dixon, Hamilton-Giachritsis et al., 2005). 주목할 만한 것은 사회적 지지와 재정적 안전성이 있느냐 없느냐에 따라서 이 악순환이 계속되느냐(즉, ICM을 계속하는 자), 그리고 새로 학대를 시작하는 부모가 되느냐(즉, 어릴 적에 학대를 받지 않았는데 자녀를 학대하는 부모)가 악순환의 고리를 끊는 부모가 되느냐와 구분되었

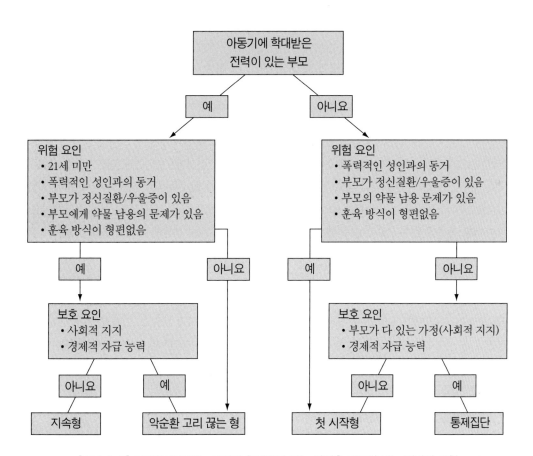

[그림 4-3] 아동을 학대하는 가정과 학대하지 않는 가정을 구분해 내는 개념적 모형

출처: Dixon, Browne & Hamilton-Giachritsis (2009)에서 발췌함. Springer사의 허락하에 게재함.

다(Dixon et al., 2009; [그림 4-3] 참조). 이 결과는 학대 부모가 될 위험 요인이 되는 두 가지, 즉 학대를 받은 적이 있는 것과 지지를 받지 못했던 것에 대한 보호 요인으로서의 정서적 · 사회적 지지의 중요성을 알려 준 선행 연구 결과를 뒷받침해 주고 있다(Cerezo et al., 1996; Egeland, 1988; Ertem et al., 2000).

탄력성

〈사례연구 4-1〉에서 볼 수 있듯이, 아동기 학대는 장기적으로 다양한 부정적 악영향을 끼친다. 그럼에도 어떤 사람들은 탄력성과 적응력을 보여 주고 있다. 현대의 연구에서는 이렇게 다른 결과를 이끌어 내는 데 관련된 기제를 좀 더 명확하게 정의 내리려고 시도하고 있다. 이런 연구 활동은 핵심 요인을 파악하는 것에서부터 이런 요인들의 작동 기제와 개입을 위한 함축성에 이르기까지 걸쳐 있다(Masten & O'Dougherty Wright, 2010). 탄력성(resilience)은 정의를 내리기가 어려운 개념으로서 많은 영역에서 정신병리가 없거나 성공적으로 기능을 발휘하고 있는 것으로 약간씩 다르게 통용되고 있다(Luthar, 2003). 또한 탄력성에 대한 평가치도 평가하는 시간대

> **탄력성 (resilience)**
> 합의된 정의는 없지만, 일반적으로 많은 영역에서 정신병리가 없거나 성공적으로 기능을 발휘하고 있는 것을 의미하는 것으로 통용되고 있다.

사례연구 4-1   반복되는 피해자의 발생과 학대의 세대 간 악순환

Sharon은 30대 초반의 싱글맘이다. 그녀에게는 세 자녀가 있다. 그녀의 어릴 적 경험은 많은 학대와 방임으로 얼룩져서, 그녀 인생의 많은 부분이 학대와 관련되었다. 어머니는 알코올 중독자였고, 그녀를 정서적으로 학대했다. 그녀의 아버지는 그녀와 그녀의 어머니에게 신체적으로 폭력을 휘둘렀다. 다른 형제들도 마찬가지로 신체적 폭력을 당해서 모두 가능한 한 빨리 집을 떠나 버렸다. Sharon과 그녀의 자매 한 명은 어머니의 음주, 이들에 대한 외할아버지의 심각한 신체적 폭력과 방임 때문에 보호 기관을 들어갔다 나왔다 하곤 했다. Sharon은 배다른 남자 형제가 가한 성적 학대를 폭로했다. 누구도 Sharon을 보호해 주지 못했으며, 이런 상황에서 그녀를 떼어 놓거나 그녀의 배다른 남자 형제를 그녀와 떨어져 있도록 해 주지 못했다. 학교에서도 Sharon은 다른 아이들로부터 따돌림을 당했는데, 부모의 방임으로 인해 몰골이 형편없었기 때문이다. 따라서 부정적인 경험은 많이 한 반면에, 보호 요인은 몇 개밖에 없었다. 사춘기 때부터 Sharon은 내재화 문제(즉, 우울증)와 외현화 문제(즉, 공격 행동, 위험 감수 행동, 음주)를 모두 나타내기 시작했다. 이 때문에 Sharon은 계속해서 피해를 당하기 쉬웠고, 10대 전반과 20대 초반에 성폭력을 당했다. 성인이 되자 Sharon은 물질의 오용, 자해 행동, 우울증과 공격적인 행동으로 어려움을 겪었다. 또한 그녀는 애인으로부터도 피해를 받았다. 슬프게도, 그녀가 세 자녀 모두를 대하는 방식은 정서적으로 방임하고 신체적으로 학대하는 정도가 아주 심한 것으로 보였다. Sharon의 자녀들은 Sharon의 자해가 반복되는 것을 보았으며, 따라서 집으로 의료진 및/또는 경찰관이 출동한 것도 보아야 했다. 그녀는 자신이 자녀들에게 사랑을 많이 주지 못했다고 인정했지만, 물질적으로 많이 보상해 주었다고 했다. 주목할 만한 것은 자녀들이 비슷한 행동을 나타내기 시작했고, 그 패턴이 (대를 물려서) 다시 반복되고 있다는 것이다.

의 길이에 따라 달라진다. 그러나 핵심적인 메시지는 아동기 및/또는 성인기의 학대를 모두 당한 사람들이 반복해서 탄력성을 보여 주었다는 것이다.

성인기의 피해

성인이 피해자가 되는 범죄가 사회에서 많이 발생한다. 이 절에서는 ① 애인 폭력과 ② 강간과 성적 피해의 두 가지 특정 범죄에 초점을 맞춘다.

또한 이 두 범죄를 소개하면서, 피해자에 대한 신체적·심리적 영향을 모두 고찰하며 피해자에 미치는 영향을 심층적으로 조사할 것이다. 여성은 이러한 범죄의 피해자가 될 위험성이 높다. 그러나 이런 범죄의 남성 피해자도 소홀히 하지 말아야 한다. 따라서 이런 유형의 폭력에 따른 여성과 남성 피해자 모두의 경험을 자세히 살펴볼 것이다.

애인 폭력

이와 같은 대인 폭력에는 아주 다양한 유형의 학대 행동이 들어 있을 수 있다. 문헌을 보면, 신체적 학대, 성적 학대, 권력/조종 행동 그리고 언어 학대의 영향은 피해자의 건강에 부정적인 영향을 미치는 것으로 나타나 있다(Coker et al., 2002).

정의/명명의 문제

이 범죄에 대한 정의를 내릴 때 대인관계에서 나타날 수 있는 폭력은 애인 폭력(intimate partner violence: IPV) 또는 가정폭력(domestic violence)이라고 다르게 기술되어 왔다. 여기에서 피해자는 매 맞은 남성/여성으로 기술된다. IPV라는 용어가 약간 더 선호되는 경향

이 있으며 특히 북미에서 그러한데, 북미에서는 애인 사이에서 겪는 폭력이라고 좀 더 명료하게 표현할 수도 있기 때문이다(McCaw et al., 2007). 이 절에서는 이 용어를 사용하고자 한다. 왜냐하면 여기에서 살펴보려고 하는 폭력은 전적으로 애인(배우자) 간 또는 이전 애인 사이에서 일어나는 것에만 국한되기 때문이다.

신체건강에 미치는 영향

IPV 피해자는 의료기관에 올 때 다양한 신체 부상을 입은 상태에서 올 수 있다. 가장 흔한 부상은 얼굴, 목 그리고 팔에 있다(Tjaden & Thoennes, 2000; Williamson, 2000). IPV는 또한 피해자의 장기적인 신체건강에도 안 좋은 영향을 미칠 수 있다(〈표 4-6〉 참조). Campbell (2002)은 이와 같은 건강상의 문제의 상당수(예: 과민성 장증후군)가 스트레스와 연관되어 있으며, 이는 이러한 건강 문제가 왜 IPV 피해자에게서 많은지를 설명해 줄 수도 있을 것이다.

정신건강에 미치는 영향

IPV로 인한 신체적 영향 이외에도, 이런 폭력이 피해자의 정신건강에 미칠 수 있는 영향에 대해서도 살펴보는 것이 중요하다(〈표 4-7〉 참조). IPV의 피해자는 우울증, 외상후 스트레스 장애(PTSD), **자살 성향**(suicidality) 및 약물 오용 같은 정신건강상의 문제를 겪을 위험성이 높다(Golding, 1999). 더욱이 **공존질환**(comorbidity), 즉 피해자가 한 가지 이상의 정신건강 문제를 겪는 것도 보고되었다(Nixon et al., 2004).

우울증은 IPV 경험과 의미 있게 관련이 있는데(Wong et al., 2011), IPV 피해자의 표본

> **자살 성향**
> (suicidality)
> 자살과 관련된 생각이나 행동을 포함한다.

> **공존질환**
> (comorbidity)
> 처음 진단받은 장애 이외에도 두번째(또는 그 이상의) 진단을 받는 것을 말한다.

에서 유병률의 정도는 우울증의 국가 통계조사에서 보고된 수치보다 의미 있게 더 높다(예: Singleton et al., 2001). IPV 피해자의 우울 증상은 특히 그간 겪은 심리적 학대의 강도뿐만 아니라 아동기 학대의 피해자였던 것도 관련된다(Koopman et al., 2007). 아동기 학대와 IPV를 모두 겪은 여성은 학대받지 않은 여성에 비해서 우울 증상을 두 배나 많이 겪는 것으로 나타났다(예: Fogarty et al., 2008).

IPV 피해자의 일부는 또한 물질 오용 문제도 호소한다. 피해자 수의 추정치를 보면, 약 10%가 해를 끼칠 정도의 알코올 또는 약물 사용을 보고하는 것으로 시사된다(Coker et al., 2002; Gerlock, 1999). 알코올 중독 처치 프로그램에 등록한 여성 표본집단에서는 2/3 이상이 지난해에 IPV를 겪었다고 보고하였다(Chase et al., 2003). Temple 등(2008)의 종단연구에서도 자주 술을 마신 여성(M=0.50)이 가끔 마신 여성(M=0.25), 드물게 마신 여성(M=0.22) 또는 무시할 정도로 마신 여성(M=0.24)에 비해서 신체적인 IPV를 겪었을 가능성이 더 높다는

 표   4-6   IPV와 연관이 있는 것으로 보고되는 신체 부상 및 신체건강 관련 증상

부상	신체건강 관련 증상
베인 것	만성 통증(목 통증, 두통, 편두통, 골반 통증을 포함)
찰과상	중추신경계 문제(졸도, 발작)
멍든 것	위내장계 증상(식욕 부진, 구역질)
골절	위내장계 장애(과민성 장증후군)
염좌	심장계 증상(고혈압, 흉부 통증)
치아가 깨진 것	비뇨기계 증상(통증, 방광/신장감염)
물린 상처	성기능 장애
무의식	

출처: Campbell(2002); Ellsberg, et al. (2008); Williamson(2000)에서 허락하에 발췌함.

 표   4-7   IPV 피해자의 정신건강 문제의 유병률

구분	유병률(%)	
	평균	범위
우울증	47.6	17.5~60.6
자살 성향(자살 기도 및 자살 생각 포함)	17.9	4.6~77.0
외상후 스트레스 장애	63.8	31.0~84.4
알코올 의존	18.5	6.6~44.0
약물 의존	8.9	7.0~25.0

출처: Golding(1999)에서 허락하에 발췌함.

것을 발견했다. 약물 오용 문제의 원인을 찾는 과정에서, Bennett과 O'Brien(2007)은 IPV와 약물 오용 사이의 관계가 이 두 각각의 요인이 나머지 다른 요인을 겪을 위험성을 높여 주는 식으로 역행적인 관계라고 주장했다. 따라서 약물 오용 문제가 있는 여성은 IPV을 겪을 위험성이 더 크고, IPV를 겪고 있는 여성은 약물 오용 문제가 발달될 위험성이 더 크다(Kilpatrick et al., 1997).

학대의 유형

앞서 언급한 바와 같이, IPV는 다양한 서로 다른 행동으로 구성되어 있을 수 있다. Bonomi 등(2006)은 신체적 및/또는 성적 IPV를 모두 겪은 여성이 비신체적 IPV를 겪은 여성에 비해서 건강상의 문제가 더 의미 있게 많음을 발견했다. 유사하게, Coker 등(2002)은 신체적 폭력과 조종 목적의 IPV 행동을 일생 동안 겪은 것이 현재의 건강이 나쁜 것과 관련이 있음을 발견했다. 우울 증상과의 관련성 측면에서, Coker 등(2002)은 우울 증상이 IPV의 모든 유형(신체, 조종 및 언어)과 의미 있는 관계가 있지만, 언어 학대에 비해 조종 목적의 IPV 행동과의 연관성이 더 큰 것을 발견했다. 또한 Mechanic 등(2008)은 PTSD의 발생 여부가 괴롭힘 행위, 정서적·언어적 학대 그리고 가벼운 부상을 입은 것으로 예측할 수 있었지만, 신체적 학대와는 무관하다는 것을 발견했다. 우울증은 괴롭힘 행위와 정서적·언어적 학대가 있으면 예측할 수 있지만, 신체적 부상이나 신체적 학대와는 무관하였다.

애인 폭력의 남성 피해자

평생 유병률의 수준을 보면, 남자 중 5.8%가 신체적 IPV를 겪고, 0.2%는 성적 IPV를 겪으며, 17.3%는 심리적 IPV를 겪는 것으로 보인다(Coker et al., 2002). 남성 피해자가 겪는 신체 부상은 여성 피해자의 경우와 비슷하다. 즉, 걷어차이고, 밀리고, 쥐어 잡히며, 주먹질을 당하는 것뿐만 아니라 목이 졸리고(22.2%), 찔리는 것(1.9%) 같은 훨씬 더 심각한 공격을 여성이 당하는데 남성도 이와 비슷하다. 그러나 남성 피해자는 여성 피해자보다 신체 부상을 입을 가능성이 적다고 밝혀졌는데, 그 이유는 아마도 몸집의 크기와 힘의 세기 면에서 성별에 따른 차이가 있기 때문일 수 있다(Holtzworth-Munroe, 2005). 또한 여성 가해자의 조종 목적의 행동도 남성 피해자(95%)로부터 보고되었는데, 그 범위는 위협(threats)(77.6%), 정서적 학대(74.1%) 그리고 겁주기(intimidation)(63.3%)에 이르기까지 다양하다(Hines et al., 2007). 하지만 **조종행동(control behaviours)**은 여성 피해자에게서 더 많은 것으로 밝혀졌다. Robinson과 Rowlands(2009)의 연구에서는 조종행동이 남성 피해자에 비해 여성 피해자에게 6배나 많이 가해진 것이 밝혀졌다.

> **조종행동 (control behaviours)**
> 애인이 저지르는 행동으로서, 상대방의 자유를 제한하거나 상대방이 할 수 있는 행위나 행동 방식을 조종하려는 것을 말한다. 이를테면, 상대방이 얼마나 자주 집 밖으로 나갈 수 있는지를 조종하는 행위를 말한다.

여성 피해자와 비교해 남성 피해자도 유사한 IPV 경험을 겪은 것을 감안할 때, 신체적·정신적 건강에 미치는 영향도 매우 유사할 것으로 보는 것이 논리적이다. 남성 피해자는 정서적 상처, 두려움, 무력감, 분노, 우울증, 고통 등의 많은 심리적 영향에 대해 보고하고 있다(Hines & Malley-Morrison, 2001). 외상 후 증상과의 관계에 대해서 Hines(2007)는 남자의 경우 애인과의 관계에서 겪은 폭력의 수준이 외상후 스트레스 증상을 의미 있게 예측해 준다는 것을 발견했다. Affifi 등(2009)은 남성 피해자들 사이에서, IPV가 있으면 정신과적 공존질환(두 개 이상의 정신과 장애), 붕괴적 장애(disruptive disorder) 그리고 물질 오용 문제가 나타날 가능성이 더 크다는 것을 밝혀냈다.

Coker 등(2002)은 남성 피해자와 여성 피해자를 비교한 결과, 건강에 부정적인 영향을 미치는 양상이 IPV의 남성과 여성 피해자 모두에게서 많은 부분 유사하게 나타났음을 발견했다. 그러나 Carbone-Lopez 등(2006)의 발견에 의하면, 남성과 여성이 아주 유사한 패턴으로 IPV를 겪은 것으로 나타났지만, 여성의 경우가 피해로 인해 신체적·정신적 건강이 더 나빠지기 쉽다. 마찬가지로, Affifi 등(2009)의 발견에 의하면, 남성 피해자는 IPV의 여성 피해자에 비해 정신건강이 나빠지는 범위가 더 좁다. 이는 남성 피해자가 외현화 장애(예: 붕괴적 행동장애 및 물질 오용 문제)만을 나타내기 쉬운 반면, 여성 피해자는 자살 생각 이외에도 내재화 장애(예: 불안 장애)와 외현화 장애를 모두 나타내기 쉽다는 것을 의미한다. 이것은 IPV가 미치는 영향이 남성 피해자와 여성 피해자에게 다르게 발현될지도 모름을 시사한다.

회복 및 형사 사법 체계와의 연결

IPV로부터의 회복 과정에 대한 우리의 지식과 이해 정도는 아직도 제한적이다(Smith, 2003). Blasco-Ros 등(2010)은 비록 겪은 학대의 유형이 영향을 주기는 하지만 IPV 피해자들이 그것의 악영향으로부터 회복할 수 있음을 보여 주었다. 회복과 관련된 요인은 사회적 지원과 학대 중지다(Beeble et al., 2009). IPV 피해자를 돕기 위해 실시된 개입에서는 외상 후 증상을 치료하였더니 다소 간의 효과가 있음을 보여 주었다(Johnson & Zlotnick, 2009). 그러나 그 효과가 장기적인지를 평가한 연구는 드물다(Stover et al., 2009). Allen과 Wozniak(2011)은 적은 수의 피해자를 대상으로 개입의 효과를 평가했다. 개입은 10주를 넘는 기간에 실시되었는데, 그 이후에 피해자의 외상 후 증세가 의미 있게 호전되었다. 회복 과정은 여러 가지의 주제와 연결되었는데, 이를테면 피해자를 위한 안전한 생활 환경의 구축, 자신의 삶에서 자율성을 세우는 것, 자신의 외모에 자부심을 갖기, 자기 자신의 존재감을 되찾기, 더욱더 평화가 깃든 삶을 살기, 지역사회에 다시 발 디딛기 등의 주제가 있었다. 그러나 피해자는 학대받은 환경을 떠난 지 수십 년이 지나도 여전히 외상 후 증상을 겪을 수 있다(Smith, 2003).

〈사례연구 4-2〉에 나타난 바와 같이, IPV 피해자 중 상당수는 도움을 잘 요청하지 못한다. 여기에는 자신과 가족의 안전, 경제적 의존, 애착 및 전념, **사회문화적 요인(sociocultural factors)** 그리고 사법적 요인 같은 심리적 요인 등이 장애물이 된다(Hien & Ruglass, 2009).

> **사회문화적 요인 (sociocultural factors)**
> 사람들의 생각과 행동을 이끄는 사회와 문화 모두에서의 내부 요인

형사 사법 절차에 들어가면 IPV 피해자에게는 도움을 요청하고 법률 지원 기관에 접근할 수 있는 기회가 제공된다. 이는 이들의 회복에서 중요한 역할을 할 가능성이 있다(Bell et al., 2011). 공식 및 비공식 지원을 받는 수준의 측면에서 보면, Barrett과 St. Pierre(2011)는 피해자의 2/3가 공식적인 지원을 받으려고 접촉하고 80% 이상은 비공식적인 지원을 받으려고 접촉하는 것을 보여 주었다. 그러나 이렇게 한다고 하더라도 아무런 지원도 요청하지 않는 IPV 피해자가 웬만큼은 남아 있게 된다. 도움을 받으려고 경찰서나 법원이 제공하는 프로그램에 접촉하는 것의 빈도수가 가장 적었다(Wolf et al., 2003). Walby와 Allen (2004)은 여성 피해자의 약 1/3과 남성 피해자의 2/3가 자신들이 피해를 입은 것에 대해 누구에게도 말한 적이 없다는 것을 발견했다. 그 이유는 범죄가 너무 사소한 수준이었다거나 개인의 사적인 문제라는 것에서부터 다시 피해를 당할까 봐 무서워서 그랬다는 것에 이르기까지 다양하였다. Walby와 Allen이 언급하였듯이, 경찰서에 사건을 신고했다고 하더라도, 여기에서 법정으로까지 진행되어 가는 경우는 아주 드물었다.

36세의 여성 Mary는 결혼한 지 5년이 되었다. Mary는 아동기에 신체적 및 성적 학대를 당한 적이 있다. 그녀는 전문대학을 졸업한 후 (18세에) 학업을 그만두고는 전업 직장을 구해서 일해 왔지만 최근 7년간은 일하지 않았으며 자신의 직업을 주부라고 적었다. 그녀에게는 3세의 딸이 하나 있다. 지난 4년간, Mary는 남편이 저지른 IPV의 피해자였다. Mary의 남편은 Mary의 삶의 여러 측면을 조종했다. 그래서 Mary는 남편의 허락 없이 집을 떠나지 못했다. 또한 Mary는 친구가 거의 없고 강력한 사회적 지원 연결망도 없었다. 게다가 Mary의 남편은 지난해에 그녀에게 약 7번이나 신체적 폭행을 가했다. 이러한 공격은 그 강도가 다양했다. 그녀는 한번은 맞아서 얼굴 위에 멍 자국이 남아 병원에 찾아가야만 했다. 신체적 폭력 이외에도, 그녀의 남편은 그녀를 여러 차례 강간했다. Mary는 금년에 이르러서는 자살에 대해 여러 번 생각했지만, 그녀의 아이를 남편의 손에 맡기고 싶지 않았다. 그녀는 남편에게 맞은 기억이 섬광처럼 떠오르는 것을 겪었고, 이로 인해 공황발작이 나타나게 되었다. Mary는 경찰을 부를까도 생각했지만 아이를 빼앗길까 봐 걱정되어 그러지 못했다. 또한 그녀가 따로 나가서 살 곳이 없고 먹고 살 돈이 없는 것도 이유가 되었다. Mary는 집에서 견뎌 내고 있는 폭력에 대해 누구에게도 말하지 못했다.

강간과 성 피해

이 절에서는 강간이 피해자에게 어떤 영향을 미치는지를 살펴본다. 그리고 또다시 신체적 · 정신적 건강에 미치는 영향을 평가하겠다. IPV의 경우와 마찬가지로 문헌의 대부분에서는 초점이 여성 강간 피해자에게 맞추어져 있지만, 남성을 강간한 사건도 있다는 것을 간과하지 말아야 한다.

신체건강에 미치는 영향

강간은 폭력 범죄이지만, 많은 연구 결과는 피해자의 약 2/3가 의료진의 관심을 끌 정도의 신체적 부상을 입지는 않는다는 것을 보여 주고 있다(Feist et al., 2007). 그러나 이것은 모든 연구에서 그렇게 나타난 것은 아니다. 이를테면, Kelly 등(2005)은 연구 대상자 중 70%가 강간으로 인해 부상을 입은 것을 발견했다. 부상을 입은 피해자 중에서, Myhill과 Allen(2002)은 52%가 경미한 부상을 입었고(눈에 멍이 듦), 30%는 중간 수준의 부상을 당했으며(여러 부위가 멍듦), 그리고 10%는 심한 부상을 입었고(베이고 뼈가 부러짐), 마지막으로 나머지 9%는 '또 다른' 부상을 입었다는 것을 발견했다. Baker와 Sommers(2008)는 조사 대상자 중 62.8%가 성기에 부상을 입었는데, 그 범위가 생식기 부위에 1~24개의 각기 구분되는 부상을 입기까지 했음을 보여 주었다. 그러나 피해자는 성기 부위보다는 성기 이외의 곳에 부상을 입기가 더 쉽다(Sommers et al., 2001).

피해자의 신체건강과 관련해서 보면, 강간당한 것은 중요한 생리적 비정상이 나타나는 것과 관련이 있다(〈표 4-8〉 참조). 특히 강간으로 인한 부상이 계속 남아 있는 피해자는 부상을 입지 않은 피해자에 비해서 통증을 더 자주 호소하고, 기능부전 때문에 더 오래 누워 있고, 더 많은 기능부전이 나타나는 것과 연관되어 있었다(Leserman et al., 1997). 놀랄 것도 없이, 이와 같은 신체건강 관련 호소를 하는 강간 피해자는 자신

표 4-8 성폭행 피해자의 신체건강 상태에 대한 보고 내용의 요약

증상
위내장 증상(속메스꺼움, 복통, 대장염, 소화불량, 식욕 부진을 포함)
통증(골반 통증, 허리 통증, 관절통, 근육통, 두통을 포함)
심폐 증상(심계항진, 숨 가쁨)
신경과적 증상(졸도, 현기증, 시야가 흐릿함)
성적/생식계 증상(월경 전 증상, 생리 불순, 성교 시 통증)

출처: Chandler et al. (2006); Clum et al. (2001); Golding(1994)에서 허락을 받고 발췌함.

의 건강이 실제로 좋지 않게 되었다고 보는 경향이 있다(Goodman et al., 1993). 그러나 사회적 지지가 제공되면 이런 영향이 완화되는 것으로 나타났다. 즉, 사회적 지지를 많이 받은 강간 피해자들은 강간 후의 자신의 건강 상태에 대해서 더 좋게 평정하였다(Kimerling & Calhoun, 1994).

정신건강에 미치는 영향

다른 유형의 대인 폭력과 마찬가지로, 강간은 외상 후 스트레스 장애(PTSD), 우울증, 수면장애, 불안 및 공포, 약물 오용 그리고 사회 적응 문제와 관련이 있다(Clum et al., 2001; Tjaden & Thoennes, 2006). 강간 피해자는 IPV 피해자의 경우와 마찬가지로, 공존질환이 흔히 나타난다(Kilpatrick & Acierno, 2003). 또한 다른 유형의 외상적 사건을 겪은 사람들에 비해서 PTSD를 겪기 쉽다(Kilpatrick et al., 2007). 강간 피해자 사이에 PTSD의 유병률은 조사된 집단에 따라서 다를 수 있지만, 모든 강간 피해자의 약 1/3이 외상 후 증상을 보이고 있다. Kilpatrick과 Acierno는 그들이 조사한 피해자 중 32%가 평생 PTSD를 나타냈고 12.4%는 현재(최근 6개월 동안) PTSD의 진단을 받았다는 것을 발견하였다.

피해자와 관련된 일부 요인도 강간을 당한 후 PTSD를 나타낼 가능성을 높이는 것으로 입증되었다. 이를테면, 이전에 우울증과 알코올 오용의 전력이 있는 경우에 그러하였다(Acierno et al., 1999). 더욱이 자기비난과 **부적응적 믿음(maladaptive beliefs)**도 건강이 나빠지는 것과 관련되어 있었다. 특히 성격 특성에 따른 비난(피해자의 성격 탓으로 돌리고 비난하는 것)이 대단히 고통스러운 것이고 건강에도 나쁜 것으로 밝혀졌다(Koss et al., 2002).

마찬가지로, 다른 사람에게 부정적인 사회적 반응을 받는 것도 PTSD 증상의 강도가 센 것과 매우 큰 관련이 있었다. 특히 부정적이거나 낙인찍는 것 같은 반응을 느끼는 것이 PTSD 증상의 강도와 가장 강력하게 관련이 있었다(Ullman & Filipas, 2001a). 그러나 어떤 요인들은 PTSD 증상이 심하지 않도록 해 주는 보호 기능도 발휘하였는데, 피해자의 교육 수준, 피해자의 나이가 많은 것, 그리고 공격받은 것을 보다 상세하게 털어놓는 것이 PTSD 증상을 약하게 겪는 것과 관련이 있었다(Ullman & Filipas, 2001a).

> **부적응적 믿음**
> (maladaptive beliefs)
> 긍정적인 적응을 보이지 못하는 사고방식을 굳게 고수하는 것(예: 자책은 신체건강이 더 나빠지는 것과 관련됨)

인정한 강간 피해자와 인정하지 않은 강간 피해자

자신이 피해당한 것을 강간으로 보지 않는 피해자가 자신이 강간을 당했다고 여기는 피해자들만큼 그 경험으로 인해서 외상적 충격을 받게 되는지 또는 이미 받은 것인지를 조사하는 과정에서 상당한 논란이 있었다 (Conoscenti & McNally, 2006). 대략적인 추정치에 의하면, 강간 피해를 입은 여성들의 42~43%는 자신이 당한 것을 강간이라고 명명하지 않는 것으로 보인다 (Littleton et al., 2007). Botta와 Pingree(1997)은 강간 피해를 입었다고 인정한 피해자들은 자기가 강간을 당한 것인지 확신하지 못하는 피해자들에 비해서 정서적 문제를 적게 보고하는 것을 발견했다. 이는 사실을 인정하는 것이 피해자에게는 긍정적인 단계가 될 수 있음을 시사한다. 그러나 Conoscenti와 McNally(2006)는 강간을 인정한 피해자와 인정하지 않는 피해자 간에 PTSD의 수준에서는 차이가 없었지만, 전자는 후자에 비해서 건강상의 문제가 더 심하다고 보고하는 것을 발견했다. Layman 등(1996)은 강간을 인정한 피해자는 인정하지 않는 피해자에 비해서 PTSD 증상과 강간 관련 스트레스를 더 많이 보고한 것을 발견했다. 이 발견은 Littleton과 Henderson(2009)의 지지를 받았는데, 이들도 마찬가지로 강간을 인정한 피해자가 인정하지 않은 피해자에 비해서 PTSD 증상을 더 많이 보고한 것을 발견했다. 그러나 성폭행을 당한 것을 인정한 것이 PTSD 증상이 나타나는 것과 연결되는 것은 아님을 발견했다. 유사하게, Harned(2004)는 경로 분석(path analysis)을 이용하여, 피해자가 겪는 고통은 성폭력 그 자체에서 비롯된 고통보다는 성폭행을 당한 경험을 어떻게 명명하느냐에 따라서 달라진다는 것을 보여 주었다. 이런 발견은 피해자의 인정 여부가 피해에 따른 악영향을 예측해 주지 못할 수도 있음을 시사한다고 여겨지지만, 이 분야의 연구는 아직도 계속 발전 중이다.

성폭력의 특징

성폭력 관련 특징 중 대부분은 PTSD의 **해당 증상 (symptomology)** (예: 피해자와 가해자의 관계) 여부와 관계가 없는 것으로 밝혀졌다. 그러나 피해자가 인식한 생명의 위협은 더 심각한 외상 후 증상과 연관되어 있었다(Ullman et al., 2007). 또한 단 한 번 사고를 당한 피해자에 비해 여러 번 피해를 입은 여성에게서 PTSD 증상의 수준이 더 높게 나타났다 (Wilson et al., 1999). 보다 최근의 연구에서는 무력에 의한 강간(forcible rape, 강압, 부상 또는 위협 중 하나가 들어감), 무능력 상태의 강간(incapacitated rape; 피해자가 약물/알코올을 스스로 마시고 취한 경우도 포함) 그리고 약물을 이용한 강간(drug-assisted rape, 가해자가 고의로 약물/알코올을 사용하여 피해자를 중독시킨 경우를 포함) 간의 구분 가능성에 초점을 맞추고 있다(Zinzow, Resnick, McCauley et al., 2010). 이러한 발견은 무력에 의한 강간 피해자가 PTSD와 주요우울증 일화를 나타낼 위험이 가장 높다는 것을 입증해 주었는데, 피해를 입지 않은 사람에 비해서 두 가지의 진단 기준에 부합되는 경우가 세 배나 많다는 것을 보여 주었다. 무능력 상태의 강간 및 약물을 이용한 강간과 비교했을 때, 강압에 의한 강간 피해자(OR[1]=3.46)는 무능력 상태의 강간 피해자(OR=1.37)보다 PTSD에 걸릴 위험이 높았으며, 그다음으로는 무능력 상태의 강간(OR=1.30) 및 약물을 이용한 강간 피해자(OR=1.30) 모두에 비해서 주

> **해당 증상 (symptomology)**
> 특정한 상태(condition) 또는 현상(phenomenon)과 연관된 증상(symptoms) 및 증후군(syndromes)

---

1) OR(odd ratio, 교차비): SPSS 통계프로그램에서는 '요인에 대한 승산비'로 표현됨.

요우울증 일화(OR=3.65)를 나타낼 위험이 더 높았다 (Zinzow, Resnick, Amstadter et al., 2010; Zinzow, Resnick, McCauley et al., 2010). 향후 이루어지는 연구에서 이런 경향을 확인할 필요가 있지만, 강간의 유형은 피해자의 정신건강에 다른 영향을 미쳐 왔을 수 있다.

강간을 당한 남성 피해자

남성은 흔히 성범죄의 피해자보다는 가해자로 간주된다(Mezey & King, 2000).

그러나 영국 및 웨일즈 지방에서는 1994년에 강간죄에 관한 법률을 개정하여 강간의 피해자로 남성도 포함시키도록 강간의 정의를 확대하였다. 그래서 「성범죄법」 2003조(Sexual Offences Act 2003)에서는 남성과 여성 모두 피해자가 될 수 있도록 강간죄를 정의하고 있다. Walker 등(2005a)은 연구 대상인 남성 강간 피해자 14명 중 1/3이 자신들이 부상 입은 것에 대해 의학적 치료를 요청했는데, 단지 5명만이 성폭력을 당한 것이라고 밝혔음을 발견했다. 그러나 Weiss(2010)는 남성

강간 피해자의 9%만이 성폭력으로 인해 지속적인 신체적 부상을 입었다고 보고한다는 것을 발견했다.

강간을 당하게 되면 그 심리적 영향이 여성 피해자의 경우와 비슷해서, 남성 피해자들은 우울증, 불안, 약물 오용 및 자살 기도를 보고한다(Walker et al., 2005b). 그들은 또한 성욕(sexuality)과 남성성(masculinity)과 관련된 갈등도 호소하는데, 피해자가 강간을 당하고 나서 자신의 남성성을 상실한 것처럼 여기는 것 같은 것이다([그림 4-4] 참조; Walker et al., 2005a). Davies와 Rutland (2007)는 남성 강간 피해자의 대부분이 도움을 요청하는 것에 대해 별 기대를 하지 않는데, 그 이유는 동성애 혐오적 태도와 남성의 **성역할** (gender role)에 대한 고정관념을 미리 예상하고(피해자가 동성애자가 아닐 때조차) 그들이 부닥칠 수 있는 반응을 감안하기 때문이다. 남성 강간 피해자의 경우, 자신이 남성이고 남성으로서의 체력을 갖고 있음을 의식한다는

> **성역할**
> (gender role)
> 성별에 따른 적합한 행동을 하고 사회적으로 금지된 행동과 규범을 자기 것으로 받아들이는 것

[그림 4-4] 다른 유형의 대인 폭력과 마찬가지로, 강간은 PTSD, 우울증, 불면증, 불안과 공포, 약물 오용 그리고 사회 적응 문제와 관련되어 있다.

출처: ⓒ Edw. Shutterstock사의 허락하에 게재함.

것은 자신이 성폭력을 당한 것을 드러내지 않을 마음을 가질 수도 있다는 것인데, 공개하면 고립감을 느끼게 될까 두려워서다(Willis, 2009). Monk-Turner와 Light (2010)는 항문 성교를 당한 남성 피해자의 경우 피해에 대한 상담을 받으려고 하지 않는 것을 발견하였다.

회복 및 형사 사법 체계의 지원

Kimerling과 Calhoun(1994)은 연구 대상자의 75%가 심각한 수준에서 경미한 수준까지 우울증의 진단에 부합되는 것을 발견했다. 그러나 성폭력을 당한 지 1년이 지나자 이 수치는 26%로 감소하였고, 이는 강간 피해자 중 상당수가 강간의 부정적인 영향으로부터 회복한다는 것을 시사한다. 이와 비슷하게, Rothbaum 등 (1992)은 PTSD 증상이 성폭력을 당한 지 2주 후의 94%에서 한 달이 지나자 64%로 감소한 것을 보고하였다. 그러나 성폭력 피해자의 회복 속도는 다른 폭력 피해자에 비해 더 느려지기가 쉽다(Gilboa-Schectman & Foa, 2004). 피해로 인한 악영향에 대해서 도움을 요청하는 과정에서도 차이가 있을 수 있다. Amstadter 등(2010)은 강간 피해자가 도움을 요청하는 것은 PTSD 증상과 관련이 있는 것이지, 우울증이나 물질 오용과는 관련이 없는 것을 발견하였다. 이들에 대한 개입은 우울증과 PTSD 같은 강간 피해와 연관된 증상의 상당 부분을 치료하는 데 효과가 있던 것으로 밝혀졌다. Vickerman과 Margolin(2009)은 인지행동 프로그램이 증상을 호전시키는 데 효과가 있음이 입증되어 왔으며, 이는 또한 **인지처리치료**(cognitive processing therapy), **장기노출 치료**(prolonged exposure therapy) 및 **스트레스 면역 훈련** (stress inoculation training)의 효

> **인지처리치료**
> **(cognitive processing therapy)**
> PTSD에 대한 치료법의 한 유형

> **장기노출치료(prolonged exposure therapy)**
> PTSD에 대한 인지행동 방식의 치료법

과성도 어느 정도 뒷받침하는 것이라고 시사하였다.

강간당했다고 경찰에게 신고하는 것은 강간 피해자에게 도전적인 경험이 될 수 있어 많은 사람이 완수하지 못하는 단계다(HMCPSI/HMIC, 2007). **이차 피해**(secondary victimisation) (Campbell et al., 1999)라고 알려진 것인데, 강간 피해자 중 의미 있는 수가 경찰서가 도움이 되지 않는 기관이라고 보고하였다(Ullman & Filipas, 2001b). Kaukinen과 DeMaris(2009)는 경찰에게 신고하는 것이 우울증의 수준을 증가시키는 등 성폭력의 영향을 악화시키는 것으로 보인다는 것을 발견했다. 다른 연구들에서는 PTSD 증상 악화와 부정적인 사회적 반응의 연관성을 강조하였다. 이런 부정 사회적 반응은 종종 경찰서 같은 공식적 지원 기관에서 받는 경우도 있다(예: Filipas & Ullman, 2001). 그러나 이러한 관계성은 조심스럽게 해석해야 하는데, 왜냐하면 특정 유형의 강간 피해는 경찰에 신고하는 경우가 더 많기 때문이다(Du Mont et al., 2003). 그 이유는 아마도 이런 유형의 강간이 장기적으로 영향을 더 많이 끼치는 것과 관련이 있을 수 있다(Kaukinen & DeMaris, 2009).

Campbell 등(2001)은 연구 대상자의 절반이 사법 기관에의 접촉이 마음에 상처를 주는 것으로 간주한다는 것을 발견했다. 그러나 1/3은 이런 기관에의 접촉이 치유에 도움이 된다고 간주하였다. 가해자에 대한 기소를 하지 않은 피해자는 사법 기관과의 접촉이 마음에 상처를 준다고 간주하는 경우가 더 많았다.

> **스트레스 면역 훈련(stress inoculation training)**
> PTSD에 대한 치료법의 한 유형으로서, 미래의 스트레스 상황에 대비해서 면역주사를 놓는 것과 같은 시도를 한다.

요약

● 아동기의 학대 및 성인기의 IPV와 강간 피해자는 남녀 모두 그 피해의 결과로 무시할 수 없는 정도의 신체적 · 정신적 악영향을 받는 것으로 밝혀졌다. 이러한 악영향은 남성과 여성 피해자에게 나타나는 양상이 다를 수 있다. 이는 특히 IPV의 경우에 그러한데, IPV를 겪은 여성이 외현화 및/또는 내재화 장애를 나타내는 것에 비해서, 남성은 피해에 따른 악영향의 범위가 좁은 것으로 밝혀졌다.

● 이러한 악영향에서 회복되기 위해서는 효과적인 개입을 받아야 한다. 효과적 개입으로는 인지적 접근과 행동적 접근이 혼합된 방식이 사용된다(예: PTSD로 진단된 성인 피해자의 경우에는 인지처리치료).

● 많은 피해자가 이러한 부정적인 영향을 장기간 나타내지 않았는데도, 연구방법론을 살펴보면 최근까지도 연구 초점이 부정적인 영향에 맞추어져 있었다는 것을 인정하는 것이 중요하다.

● 많은 사람이 학대받은 경험을 겪고 나서도 성공적인 삶을 영위한다는 사실을 토대로 '탄력성(resilience)'을 보여 주는 아동과 성인에 대한 관심이 점증하고 있다.

● 피해자의 고통을 경감시켜 주고 아동기와 성인기에 받은 악영향뿐만 아니라 피해자의 가족, 지역사회 및 사회 전반에 미친 영향을 줄여 주기 위해 개입 및 예방 프로그램을 수립하려면, 어떤 경로를 통해서 각기 다른 결과가 나타나는지를 조사하는 것이 중요하다.

주관식 문제

1. 학대나 방임을 겪었던 아동이 아동기뿐만 아니라 성인기에도 장기간의 부정적 영향을 나타낼 위험성이 크다는 증거를 비판적으로 평가하라.
2. 학대의 세대 간 전이(intergenerational cycle of maltreatment)와 관련된 위험 요인 및 보호 요인에 대하여 논의하라.
3. 약물 오용(알코올 포함)과 애인 폭력 사이의 관련성에 대하여 비판적으로 평가하라.
4. IPV 피해자와 강간 피해자에게 나타나는 영향을 비교하고 대조하면서, 성인기에 피해자가 되었을 때의 심리적 영향에 대해서 논의하라.

참고문헌

Acierno, R., Resnick, H., Kilpatrick, D. G., Saunders, B., & Best, C. L. (1999). Risk factors for rape, physical assault and posttraumatic stress disorder in women: Examination of differential multivariate relationships.

Journal of Anxiety Disorders, 13, 541-563.

Affifi, T. O., MacMillan, H., Cox, B. J., Asmundson, G. J. G., Stein, M. B., & Sareen, J. (2009). Mental health correlates of intimate partner violence in marital relationships in a nationally representative sample of males and females. *Journal of Interpersonal Violence, 24*, 1398-1417.

Alexander, P. C., & Lupfer, S. L. (1987). Family characteristics and long-term consequences associated with sexual abuse. *Archives of Sexual Behaviour, 16*, 235-245.

Allen, K. N., & Wozniak, D. F. (2011). The language of healing: Women's voices in healing and recovering from domestic violence. *Social Work in Mental Health, 9*, 37-55.

Amstadter, A. B., Zinzow, H. M., McCauley, J. L., Strachan, M., Ruggiero, K. J., Resnick, H. S., & Kilpatrick, D. G. (2010). Prevalence and correlates of service utilisation and help seeking in a national college sample of female rape victims. *Journal of Anxiety Disorders, 24*, 900-902.

Anda, R. F., Dong, M., Brown, D. W., Felitti, V. J., Giles, W. H., Perry, G. S., Valerie, E. J., & Dube, S. R. (2009). The relationship of adverse childhood experiences to a history of premature death of family members. *BMC Public Health, 9*, 106.

Arseneault, L., Cannon, M., Fisher, H. L., Polanczyk, G., Moffitt, T. E., & Caspi, A. (2011). Childhood trauma and children's emerging psychotic symptoms: A genetically sensitive longitudinal cohort study. *American Journal of Psychiatry, 168*, 65-72.

Baker, R. B., & Sommers, M. S. (2008). Relationship of genital injuries and age in adolescent and young adult rape survivors. *Journal of Obstetric, Gynecologic, and Neonatal Nursing, 37*, 282-289.

Barnes, J. E., Noll, J. G., Putnam, F. W., & Trickett, P. K. (2009). Sexual and physical revictimization among victims of severe childhood sexual abuse. *Child Abuse and Neglect, 33*, 412-420.

Barrett, B. J., & St. Pierre, M. (2011). Variations in women's help seeking in response to intimate partner violence: Findings from a Canadian population based study. *Violence against Women, 17*, 47-70.

Beeble, M. L., Bybee, D., Sullivan, C. M., & Adams, A. E. (2009). Main, mediating, and moderating effects of social support on the wellbeing of survivors of intimate partner violence across 2 years. *Journal of Consulting and Clinical Psychology, 77*, 718-729.

Bell, M. E., Perez, S., Goodman, L. A., & Dutton, M. A. (2011). Battered women's perceptions of civil and criminal court helpfulness: The role of court outcome and process. *Violence against Women, 17*, 71-88.

Bennett, D. S., Wolan Sullivan, M., & Lewis, M. (2010). Neglected children, shame-proneness, and depressive symptoms. *Child Maltreatment, 4*, 305-314.

Bennett, L., & O'Brien, P. (2007). Effects of coordinated services for drug-abusing women who are victims of intimate partner violence. *Violence Against Women, 13*, 395-411.

Blasco-Ros, C., Sanchez-Lorente, S., & Martinez, M. (2010). Recovery from depressive symptoms, state anxiety and post-traumatic stress disorder in women exposed to physical and psychological but not to psychological intimate partner violence: A longitudinal study. *BMC Psychiatry, 98*. Retrieved 17 August 2011 from www.biomedcentral.com/1471-44X/10/98

Bonomi, A. E., Thompson, R. S., Anderson, M., & Reid, R. J. (2006). Intimate partner violence and women's physical, mental and social functioning. *American Journal of Preventive Medicine, 30*, 458-466.

Botta, R. A., & Pingree, S. (1997). Interpersonal communication and rape: Women acknowledge their assaults. *Journal of Health Communication, 2*, 197-212.

Browne, K. D., & Hamilton, C. (1999). Police recognition of links between spouse abuse and child abuse. *Child Maltreatment, 4*, 136–147.

Campbell, J. C. (2002). Health consequences of intimate partner violence. *The Lancet, 359*, 1331–1336.

Campbell, R., Sefl, T., Barnes, H. E., Ahrens, C. E., Wasco, S. M., & Zaragoza-Diesfield, Y. (1999). Community services for rape survivors: Enhancing psychological well-being or increasing trauma. *Journal of Consulting and Clinical Psychology, 67*, 847–858.

Campbell, R., Wasco, S. M., Ahrens, C. E., Sefl, T., & Barnes, H. E. (2001). Preventing the 'second rape': Rape survivors' experiences with community services providers. *Journal of Interpersonal Violence, 16*, 1239–1259.

Carbone-Lopez, K., Kruttschnitt, C., & MacMillan, R. (2006). Patterns of intimate partner violence and their associations with physical health, psychological distress, and substance use. *Public Health Reports, 121*, 382–392.

Casanueva, C., Martin, S. L., & Runyan, D. K. (2009). Repeated reports for child maltreatment among intimate partner violence victims: Findings from the National Survey of Child and Adolescent Well-Being. *Child Abuse and Neglect, 33*, 84–93.

Cerezo, M. A., D'Ocon, A., & Dolz, L. (1996). Mother-child interactive patterns in abusive families versus nonabusive families: An observational study. *Child Abuse and Neglect, 20*, 573–587.

Chandler, H. K., Ciccone, D. S., & Raphael, K. G. (2006). Localisation of pain and self-reported rape in a female community sample. *Pain Medicine, 7*, 344–352.

Chase, K. A., O'Farrell, T. J., Murphy, C. M., Fals-Stewart, W., & Murphy, M. (2003). Factors associated with partner violence among female alcoholic patients and their male partners. *Journal of Studies on Alcohol, 64*, 137–149.

Cicchetti, D., Rogosch, F. A., Gunnar, M., & Toth, S. L. (2010). The differential impacts of early physical and sexual abuse and internalizing problems on daytime cortisol rhythm in school-aged children. *Child Development, 81*, 252–269.

Cicchetti, D., & Toth, S. L. (1995). A developmental psychopathology perspective on child abuse and neglect. *Journal of the American Academy of Child and Adolescent Psychiatry, 34*, 541–563.

Clum, G. A., Nishith, P., & Resick, P. A. (2001). Trauma-related sleep disturbance and self-reported physical health symptoms in treatment-seeking female rape victims. *Journal of Nervous and Mental Disease, 189*, 618–622.

Coker, A. L., Davis, K. E., Arias, I., Desai, S., Sanderson, M., Brandt, H. M., & Smith, P. H. (2002). Physical and mental health effects of intimate partner violence for men and women. *American Journal of Preventive Medicine, 23*, 260–268.

Conoscenti, L. M., & McNally, R. J. (2006). Health complaints in acknowledged and unacknowledged rape victims. *Anxiety Disorders, 20*, 372–379.

Cougle, J. R., Timpano, K. R., Sachs-Ericsson, N., Keough, M. E., & Riccardi, C. J. (2010). Examining the unique relationships between anxiety disorders and childhood physical and sexual abuse in the National Comorbidity Survey-Replication. *Psychiatry Research, 177*, 150–155.

Davies, M., & Rutland, F. (2007). Male rape: The scope of the problem. *Forensic Update, 89*, 29–32.

Department for Children, Schools and Families. (2008). *Referrals, assessments and children and young people who are the subject of a child protection plan or are on the child protection registers: year ending 31 March 2007.* London: Department for Children, Schools and Families.

Department for Education and Skills. (2006). *Working

together to safeguard children. London: The Stationery Office.

Department for Education. (2010). *Referrals, assessments and children who were the subject of a child protection plan (2009-10 Children in Need census, final)*. London: Department for Education.

DePanfilis, D., & Zuravin, S. J. (1998). Rates, patterns and frequency of child maltreatment recurrences among families known to CPS. *Child Maltreatment, 3*, 27-42.

DePrince, A. P., Weinzierl, K. M., & Combs, M. D. (2009). Executive function performance and trauma exposure in a community sample of children. *Child Abuse and Neglect, 33*, 353-361.

Dixon, L., Browne, K. D., & Hamilton-Giachritsis, C. E. (2005). Risk factors of parents' abused as children: a mediational analysis of the intergenerational continuity of child maltreatment (Part I). *Journal of Child Psychology and Psychiatry, 46*, 47-57.

Dixon, L., Browne, K. D., & Hamilton-Giachritsis, C. E. (2009). Patterns of risk and protective factors in the intergenerational cycle of maltreatment. *Journal of Family Violence, 24*, 111-122.

Dixon, L., Hamilton-Giachritsis C. E., & Browne, K. D., (2005). Behavioural measures of parents' abused as children: a mediational analysis of the intergenerational continuity of child maltreatment (Part II). *Journal of Child Psychology and Psychiatry, 46*, 58-68.

Du Mont, J., Miller, K. L., & Myhr, T. L. (2003). The role of 'real rape' and 'real victim' stereotypes in the police reporting practices of sexually assaulted women. *Violence against Women, 9*, 466-486.

Egeland, B. (1988). Breaking the cycle of abuse: implications for prediction and intervention. In K. D. Browne, C. Davies & P. Stratton (Eds.), *Early prediction and prevention of child abuse* (pp. 87-102). Chichester: John Wiley & Sons, Inc.

Ellsberg, M., Jansen, H., Heise, L., Watts, C. H., & Garcia-Moreno, C. (2008). Intimate partner violence and women's physical and mental health in the WHO multi-country study on women's health and domestic violence: an observational study. *The Lancet, 371*, 1165-1172.

English, D. J., Graham, J. C., Litrownik, A. J., Everson, M., & Bangdiwala, S. I. (2005). Defining maltreatment chronicity: Are there differences in child outcomes? *Child Abuse and Neglect, 29*, 575-595.

Ertem, I. O., Leventhal, J. M., & Dobbs, S. (2000). Intergenerational continuity of child physical abuse: how good is the evidence? *The Lancet*, 356, 814-819.

Euser, E. M., van IJzendoorn, M. H., Prinzie, P., & Bakermans-Kranenburg, M. J. (2010). Prevalence of child maltreatment in the Netherlands. *Child Maltreatment, 15*, 5-17.

Fallon, B., Trocmé, N., Fluke, J., MacLaurin, B., Tonmyr, L., & Yuan, Y-Y. (2010). Methodological challenges in measuring child maltreatment. *Child Abuse and Neglect, 34*, 70-79.

Falshaw, L., Browne, K. D., & Hollin, C. R. (1996). Victim to offender: A review. *Aggression and Violent Behavior, 1*, 389-404.

Farrington, D. P., Jolliffe, D., Loeber, R., Stouthamer-Loeber, M., & Kalb, L. M. (2001). The concentration of offenders in families and family criminality in the prediction of boys delinquency. *Journal of Adolescence, 24*, 579-596.

Feiring, C., Taska, L., & Chen, K. (2002). Trying to understand why horrible things happen: Attribution, shame and symptom development following sexual abuse. *Child Maltreatment, 7*, 26-41.

Feist, A., Ashe, J., Lawrence, J., McPhee, D., & Wilson, R. (2007). Investigating and detecting recorded offences of rape. Home Office online report 18/07. Retrieved 17 August 2011 from www.homeoffice.gov.uk/rds/pdfs07/rdsolr1807.pdf

Filipas, H. H., & Ullman, S. E. (2001). Social reactions to sexual assault victims from various support sources. *Violence and Victims, 16*, 673-392.

Finkelhor, D., Turner, H., Ormrod, R., & Hamby, S. L. (2010). Trends in childhood violence and abuse exposure: Evidence from 2 national surveys. *Archives of Pediatrics and Adolescent Medicine, 164*, 238-242.

Fogarty, C. T., Fredman, L., Heeren, T. C., & Liebschutz, J. (2008). Synergistic effects of child abuse and intimate partner violence on depressive symptoms in women. *Preventive Medicine, 46*, 463-469.

Fryer, G. E., & Miyoshi, T. J. (1994). A survival analysis of the revictimization of children: the case of Colorado. *Child Abuse & Neglect, 18*, 1063-1071.

Gerlock, A. A. (1999). Health impact of domestic violence. *Issues in Mental Health Nursing, 20*, 373-385.

Gilbert, R., Spatz-Widom, C., Browne, K. D., Fergusson, D., Webb, E., & Janson, S. (2009). Burden and consequences of child maltreatment in high-income countries. *The Lancet, 373*, 68-81.

Gilboa-Schechtman, E., & Foa, E. B. (2004). Patterns of recovery from trauma: The use of intraindividual analysis. *Journal of Abnormal Psychology, 110*, 392-400.

Golding, J. M. (1994). Sexual assault history and physical health in randomly selected Los Angeles women. *Health Psychology, 13*, 130-138.

Golding, J. M. (1999). Intimate partner violence as a risk factor for mental disorders: A meta-analysis. *Journal of Family Violence, 14*, 99-132.

Goldstein, S., & Brooks, R. B. (Eds.) (2005). *Handbook of resilience in children.* NY: Kluwer Academic/Plenum Publishers.

Goodman, L. A., Koss, M. P., & Russo, N. F. (1993). Violence against women: Physical and mental health effects. Part I: Research findings. *Applied and Preventive Psychology, 2*, 79-89.

Hamilton, C. E., & Browne, K. D. (1999). Recurrent maltreatment during childhood: A survey of referrals to police child protection units. *Child Maltreatment, 4*, 275-286.

Hamilton, C. E., Falshaw, L., & Browne, K. D. (2002). The links between recurrent maltreatment and offending behaviour. *International Journal of Offender Therapy and Comparative Criminology, 46*, 75-94.

Harned, M. S. (2004). Does it matter what you call it? The relationship between labelling unwanted sexual experiences and distress. *Journal of Consulting and Clinical Psychology, 72*, 1090-1099.

Herrenkohl, T. I., & Herrenkohl, R. C. (2007). Examining the overlap and prediction of multiple forms of child maltreatment, stressors, and socioeconomic status: A longitudinal analysis of youth outcomes. *Journal of Family Violence, 22*, 553-562.

Hien, D., & Ruglass, L. (2009). Interpersonal partner violence and women in the United States: An overview of prevalence rates, psychiatric correlates and consequences and barriers to help seeking. *International Journal of Law and Psychiatry, 32*, 48-55.

Hillberg, T., Hamilton-Giachritsis, C. E., & Dixon, L. (2011). Critical review of meta-analyses on the association between child sexual abuse and adult psychopathology. *Trauma, Violence, & Abuse, 12*, 38-49.

Hindley, N., Ramchandani, P. G., & Jones, D. P. H. (2006). Risk factors for recurrence of maltreatment: a systematic review. *Archives of Diseases of Childhood, 91*, 744-752.

Hines, D. (2007). Posttraumatic stress symptoms among men who sustain partner violence: An international multisite study of university students. *Psychology of Men and Masculinity, 8*, 225-239.

Hines, D. A., Brown, J., & Dunning, E. (2007).

Characteristics of caller to the domestic abuse helpline for men. *Journal of Family Violence, 22,* 63-72.

Hines, D. A., & Malley-Morrison, K. (2001). Psychological effects of partner abuse against men: A neglected research area. *Psychology of Men and Masculinity, 2,* 75-85.

HMCPSI/HMIC. (2007). *Without consent: A report on the joint review of the investigation and prosecution of rape offences.* London: Home Office.

Holtzworth-Munroe, A. (2005). Male versus female intimate partner violence: Putting controversial findings into context. *Journal of Marriage and Family, 67,* 1120-1125.

Hussey, J. M., Chang, J. J., & Kotch, J. B. (2006). Child maltreatment in the United States: Prevalence, risk factors, and adolescent health consequences. *Pediatrics, 118,* 933-942.

Johnson, D. M., & Zlotnick, C. (2009). HOPE for battered women with PTSD in domestic violence shelters. *Professional Psychology: Research and Practice, 40,* 234-241.

Kaufman, J., & Zigler, E. (1987). Do abused children become abusive parents? *American Journal of Orthopsychiatry, 57,* 186-192.

Kaukinen, C., & DeMaris, A. (2009). Sexual assault and current mental health: The role of help-seeking and police response. *Violence against Women, 15,* 1331-1357.

Kelly, L., Lovatt, J., & Regan, L. (2005). *A gap or a chasm? Attribution in reported rape: Home Office Research Study, 293.* London: Home Office.

Kilpatrick, D. G., & Acierno, R. (2003). Mental health needs of crime victims: Epidemiology and outcomes. *Journal of Traumatic Stress, 16,* 119-132.

Kilpatrick, D. G., Acierno, R., Resnick, H. S., Saunders, B. E., & Best, C. L. (1997). A 2-year longitudinal analysis of the relationships between violent assault and substance use in women. *Journal of Consulting and Clinical Psychology, 65,* 834-847.

Kilpatrick, D. G., Amstadter, A. B., Resnick, H. S., & Ruggiero, K. J. (2007). Rape-related PTSD: Issues and interventions. *Psychiatric Times, 24,* 50-58.

Kim, J., & Cicchetti, D. (2006). Longitudinal trajectories of self-system and depressive symptoms among maltreated and nonmaltreated children. *Child Development, 77,* 624-639.

Kim, J., Cicchetti, D., Rogosch, F. A., & Manly, J. T. (2009). Child maltreatment and trajectories of personality and behavioural functioning: Implications for the development of personality disorder. *Developmental Psychopathology, 21,* 889-912.

Kimerling, R., & Calhoun, K. S. (1994). Somatic symptoms, social support, and treatment seeking among sexual assault victims. *Journal of Consulting and Clinical Psychology, 62,* 333-340.

Kleevens, J., & Lieb, R. (2010). Child maltreatment fatalities in children under 5: Findings from the National Violence Death Reporting System. *Child Abuse & Neglect, 34,* 262-266.

Koopman, C., Ismailji, T., Palesh, O., Gore-Felton, C., Narayanan, A., Saltzman, K. M., Holmes, D., & McGarvey, E. L. (2007). Relationships of depression to child and adults abuse and bodily pain among women who have experienced intimate partner violence. *Journal of Interpersonal Violence, 22,* 438-455.

Koss, M. P., Figuredo, A. J., & Prince, R. J. (2002). Cognitive mediation of rape's mental, physical and social health impact: Tests of four models in cross-sectional data. *Journal of Consulting and Clinical Psychology, 70,* 926-941.

Layman, M. J., Gidycz, C. A., & Lynn, S. J. (1996). Unacknowledged versus acknowledged rape victims: Situational factors and posttraumatic stress. *Journal of*

Abnormal Psychology, 105, 124-131.

Lee, C. K., & Lathrop, S. L. (2010). Child abuse-related homicides in New Mexico: A 6-year retrospective review. *Journal of Forensic Sciences, 55*, 100-103.

Leserman, J., Li, Z., Drossman, D. A., Toomey, T. C., Nachman, G., & Glogau, L. (1997). Impact of sexual and physical abuse dimensions on health status: Development of an abuse severity measure. *Psychosomatic Medicine, 59*, 152-160.

Littleton, H., & Henderson, C. E. (2009). If she is not a victim, does that mean that she was not traumatised? Evaluation of predictors of PTSD symptomology among college rape victims. *Violence against Women, 15*, 148-167.

Littleton, H. L., Rhatigan, D. L., & Axsom, D. (2007). Unacknowledged rape: How much do we know about the hidden rape victim? *Journal of Aggression, Maltreatment, & Trauma, 14*, 57-74.

Luthar, S. (2003). *Resilience and vulnerability: Adaptation in the context of childhood adversities.* Cambridge: Cambridge University Press.

Masten, A. S., & O'Dougherty Wright, M. (2010). Resilience over the lifespan: Developmental perspectives on resistance, recovery and transformation. In J. Reich, A. J. Zautra & J. S. Hall (Eds.), *Handbook of adult resilience* (pp. 213-237). NY: Guildford Press.

May-Chahal. C., & Cawson, P. (2005). Measuring child maltreatment in the United Kingdom: a study of the prevalence of child abuse and neglect. *Child Abuse & Neglect, 29*, 969-984.

McCaw, B., Golding, J. M., Farley, M., & Minkoff, J. R. (2007). Domestic violence and abuse, health status, and social functioning. *Women & Health, 45*, 1-23.

Mechanic, M. B., Weaver, T. L., & Resick, P. A. (2008). Mental health consequences of intimate partner abuse: A multidimensional assessment of four different forms of abuse. *Violence Against Women,*

14, 634-654.

Mennen, F. E., Kim, K., Sang, J., & Trickett, P. K. (2010). Child neglect: Definition and identification of youth's experiences in official reports of maltreatment. *Child Abuse and Neglect, 34*, 647-658.

Mezey, G. C., & King, M. B. (2000). *Male victims of sexual assault* (2nd ed.). Oxford: Oxford University Press.

Monk-Turner, E., & Light, D. (2010). Male sexual assault and rape: Who seeks counselling? *Sexual Abuse: A Journal of Research and Treatment, 22*, 255-265.

Myhill, A., & Allen, J. (2002). *Rape and sexual assault of women: The extent and nature of the problem. Findings from the British Crime Survey.* Home Office Research Study 237. London: Home Office.

Newcomb, M. D., Munoz, D. T., & Vargas Carmona, J. (2009). Child sexual abuse consequences in community samples of Latino and European American adolescents. *Child Abuse & Neglect, 33*, 533-544.

Nixon, R. D. V., Resick, P. A., & Nishith, P. (2004). An exploration of comorbid depression among female victims of intimate partner violence with posttraumatic stress disorder. *Journal of Affective Disorders, 82*, 315-320.

Nygaard Christoffersen, M., & DePanfilis, D. (2009). Prevention of child abuse and neglect and improvements in child development. *Child Abuse Review, 18*, 24-40.

Pereda, N., Guilera, G., Forns, M., & Gomez-Benito, J. (2009). The prevalence of child sexual abuse in community and student samples: a meta-analysis. *Clinical Psychology Review, 29*, 328-338.

Riis, L., Bodelsen, H., & Knudsen, F. U. (1997). Incidence of child neglect and child abuse in Copenhagen. (In Danish). *Ugeskr Laeger, 160/37*, 5358-5362.

Robinson, A. L., & Rowlands, J. (2009). Assessing and managing risk among different victims of domestic abuse: Limits of a generic model of risk assessment? *Security Journal, 22,* 190-204.

Rothbaum, B. O., Foa, E. B., Riggs, D. S., Murdoch, T., & Walsh, W. (1992). A prospective examination of post-traumatic stress disorder in rape victims. *Journal of Traumatic Stress, 5,* 455-475.

Sedlak, A. J., Mettenburg, J., Basena, M., Petta, I., McPherson, K., Greene, A., & Li, S. (2010). *Fourth National Incidence Study of Child Abuse and Neglect (NIS-4): Report to Congress.* Washington, DC: U. S. Department of Health and Human Services, Administration for Children and Families.

Sidebotham, P., Bailey, S. E., Belderson, P., & Brandon, M. (2011). Fatal child maltreatment in England, 2005-2009. *Child Abuse and Neglect, 35,* 299-306.

Singleton, N., Bumpstead, R., O'Brien, M., Lee, A., & Meltzer, H. (2001). *Psychiatric morbidity among adults living in private households, 2000.* London: HMSO. Retrieved 17 August 2011 from www.statistics.gov.uk/downloads/theme_health/psychmorb.pdf

Smith, M. E. (2003). Recovery from intimate partner violence: A difficult journey. *Issues in Mental Health Nursing, 24,* 543-573.

Sommers, M. S., Schafer, J., Zink, T., Hutson, L., & Hillard, P. (2001). Injury patterns in women resulting from sexual assault. *Trauma, Violence and Abuse, 2,* 240-258.

Stover, C. S., Meadows, A. L., & Kaufman, J. (2009). Interventions for intimate partner violence: Review and implications for evidence-based practice. *Professional Psychology: Research and Practice, 40,* 223-233.

Temple, J. R., Weston, R., Stuart, G. L., & Marshall, L. L. (2008). The longitudinal association between alcohol use and intimate partner violence among ethnically diverse community women. *Addictive Behaviours, 33,* 1244-1248.

Thompson, R., & Wiley, T. R. (2009). Predictors of re-referral to child protective services: A longitudinal follow-up of an urban cohort maltreated as infants. *Child Maltreatment, 14,* 89-99.

Tjaden, P., & Thoennes, N. (2000). Prevalence and consequences of male-to-female and female-to-male intimate partner violence as measured by the National Violence against Women survey. *Violence Against Women, 6,* 142-161.

Tjaden, P., & Thoennes, N. (2006). Extent, nature, and consequences of rape victimization: Findings from the National Violence Against Women Survey. Washington, DC.: Department of Justice.

Turner, H., Finkelhor, D., & Ormrod, R. (2009). Poly-victimization in a national sample of children and youth. *American Journal of Preventive Medicine, 38,* 323-330.

Ullman, S. E., & Filipas, H. H. (2001a). Predictors of PTSD severity and social reactions in sexual assault victims. *Journal of Traumatic Stress, 14,* 369-389.

Ullman, S. E., & Filipas, H. H. (2001b). Correlates of formal and informal support seeking in sexual assault victims. *Journal of Interpersonal Violence, 16,* 1028-1047.

Ullman, S. E., Filipas, H. H., Townsend, S. M., & Starzynski, L. L. (2007). Psychosocial correlates of PTSD symptom severity in sexual assault survivors. *Journal of Traumatic Stress, 20,* 821-831.

US Department of Health and Human Services, Administration for Children and Families, Administration on Children, Youth and Families, Children's Bureau. (2010). Child Maltreatment 2009. Retrieved 17 August 2011 from www.acf.hhs.gov/programs/cb/stats_research/index.htm#can

Vickerman, K. A., & Margolin, G. (2009). Rape treatment outcome research: Empirical findings and state of the literature. *Clinical Psychology Review, 29,* 431-448.

Walby, S., & Allen, J. (2004). *Domestic violence, sexual assault and stalking: Findings from the British Crime Survey. Home Office Research Study 276.* London: Home Office.

Walker, J., Archer, J., & Davies, M. (2005a). Effects of rape on men: A descriptive analysis. *Archives of Sexual Behavior, 34,* 69-80.

Walker, J., Archer, J., & Davies, M. (2005b). Effects of male rape on psychological functioning. *British Journal of Clinical Psychology, 44,* 445-451.

Weiss, K. G. (2010). Male sexual victimisation: Examining men's experience of rape and sexual assault. *Men and Masculinities, 12,* 275-298.

Widom, C. S. (1989). The cycle of violence. *Science, 244,* 160-166.

Widom, C. S. (1991). Avoidance of criminality in abused and neglected children. *Psychiatry, 54,* 162-174.

Williamson, L. (2000). *Domestic violence and health: The response of the medical professional.* Bristol: The Policy Press.

Willis, D. G. (2009). Male-on-male rape of a adult man: A case review and implications for interventions. *Journal of the American Psychiatric Nurses Association, 14,* 454-461.

Wilson, A. E., Calhoun, K. S., & Bernat, J. A. (1999). Risk recognition and trauma-related symptoms among sexually revictimised women. *Journal of Consulting and Clinical Psychology, 67,* 705-710.

Wolf, M. E., Ly, U., Hobart, M. A., & Kernic, M. A. (2003). Barriers to seeking police help for intimate partner violence. *Journal of Family Violence, 18,* 121-129.

Wong, F. Y., DiGangi, J., Young, D., Huang, Z. J., Smith, B. D., & John, D. (2011). Intimate partner violence, depression, and alcohol use among a sample of foreign-born southeast Asian women in an urban setting in the United States. *Journal of Interpersonal Violence, 26,* 211-229.

Zinzow, H. M., Resnick, H. S., Amstadter, A. B., McCauley, J. L., Ruggiero, K. J., & Kilpatrick, D. G. (2010). Drug- or alcohol-facillitated, incapacitated, and forcible rape in relationship to mental health among a national sample of women. *Journal of Interpersonal Violence, 25,* 2217-2236.

Zinzow, H. M., Resnick, H. S., McCauley, J. L., Amstadter, A. B., Ruggiero, K. J., & Kilpatrick, D. G. (2010). The role of rape tactics in risk for posttraumatic stress disorder and major depression: Results from a national sample of college women. *Depression and Anxiety, 27,* 708-715.

주석이 달린 읽을거리 목록

Dixon, L., Browne, K. D., & Hamilton-Giachritsis, C. E. (2009). Patterns of risk and protective factors in the intergenerational cycle of maltreatment. 이 논문은 자녀 학대의 세대 전이를 계속하는 부모와 이런 악순환을 끊었거나 과거에 학대받은 적이 없는데도 자녀를 학대하기 시작한 부모를 비교한 경험적 자료를 제시하고 있다.

Ellsberg, M., Jansen, H., Heise, L., Watts, C. H., & Garcia-Moreno, C. (2008). Intimate partner violence and women's physical and mental health in the WHO multi-country study on women's health and domestic violence: an observational study. *The Lancet, 371,* 1165-1172. 이 대규모 연구는 10개 국가에서 피험자를 표집하여 신체건강 및 정신건강 모두에서 애인 폭력의 피해가 끼치는 영향을 조사한 것이다.

Goldstein, S., & Brooks, R. B. (2005). *Handbook of resilience in children.* NY: Kluwer Academic. 이 편저는 아동기 탄력성의 개념과 정의를 고찰하고 있다. 이 책에서는 탄력성과 연관된 요인을 탐색하고, 이런 요인들이 방지 및 개입 프로그램에서 어떻게 이용될 수 있는지를 고찰하고 있다.

Mersky, J. P., & Topitzes, J. (2010). Comparing adult outcomes of maltreated and non-maltreated children: A prospective longitudinal investigation. *Children and Youth Services Review, 32*, 1086-1096. 학대받은 아동에 대한 장기적인 처치 결과를 전망적 연구로 수행해 낸 것으로서, 여기에서는 부정적 처치 결과와 관련된 요인뿐만 아니라 탄력성을 예측해 주는 요인들도 개관해 주고 있다.

Ullman, S. E., & Filipas, H. H. (2001b). Correlates of formal and informal support seeking in sexual assault victims. *Journal of Interpersonal Violence, 16*, 1028-1047. 이 연구논문은 강간 피해자를 대상으로 공식적 과정(즉, 형사 사법 체계) 및 비공식적 과정 모두를 통해 도와주는 것을 조사한 것으로서, 강간 피해자가 지지를 얻을 수 있는 다양한 통로를 부각시켜 주고 있다.

Walker, J., Archer, J., & Davies, M. (2005b). Effects of male rape on psychological functioning. *British Journal of Clinical Psychology, 44*, 445-451. 강간이 남성 피해자 표본에 미치는 영향을 조사한 몇 안 되는 연구들 중의 하나다. 이 논문에서는 이와 같이 잘 연구되지 않은 집단을 소홀히 하지 않는 것이 중요함을 부각시켜 주고 있다.

제2부
범죄 수사

제5장 목격자 증거

LINDSAY C. MALLOY, DANIEL B. WRIGHT & ELIN M, SKAGERBERG

주요 용어

| PEACE 면담 모델 | 부호화 | 소통관계(라포) | 일화적 | 틀린 정보 패러다임 | 틀린 정보 효과 |

이 장의 개요

인간의 인지 능력은 믿을 수 없을 정도로 놀랍다. 길거리 범죄 현장에 있었던 목격자가 직면한 과제를 생각해 보자. 인지 체계는 목격자에게 그의 눈에 반사된 빛의 특징을 시각 정보로 바꿀 것이다. 그리고 범인의 음성 체계가 만든 공기 중의 소란의 특징을 청각 정보로 전환시킬 것이다. 그 사람은 이러한 정보 근원(때로 냄새, 맛 그리고 촉각 정보)을 고도로 기능적인 과거 경험의 지식 기반에 동조시킬 것이다. 이후의 어떤 시점에, 목격자는 과거 정보를 현재로 가져오는 데 연속적으로 적용되는 이 지식 기반을 사용할 것이다. 목격자는 그 사건을 회상하기 위해서 정신적으로 과거로 돌아가는 여행을 할 수도 있는데, 이를 **일화적(episodic)** 기억이라고 부른다(Tulving, 1985). 이러한 인지적 능력이 놀라운 것만큼이나 그것은 완벽하지 않다. 정보는 잊히고 왜곡된다. 과

> **일화적**
> **(episodic)**
> 특정한 일화나 사건에 관련된 것임을 뜻한다.

거 세기의 기억 연구는 이러한 결손에 체계적인 유형이 있음을 밝혀냈다. 목격자 기억 오류는 잘못된 투옥의 우선적인 원인으로 영국에서 논쟁이 되고 있다.

이 장의 목적은 법정 또는 법률 심리학과 같이 특정하게 관련된 상황에서의 기억의 신뢰성을 논의하는 것이다. 우리는 기억 연구의 주요한 결과와 이론들을 고찰하고 이들을 협조적인 성인이나 아동 목격자의 면담에 적용한다. 목격자 증언의 범위는 광대하기 때문에(두 권으로 개관된 Toglia et al., 2006 참조) 이 장에서는 일부만 선택하였다. 이에 덧붙여서 우리는 법정 실무와 미래 연구에 대해 많은 조언을 받았다. 우리는 목격자가 여러 사람 중에서 용의자를 선택할 기회를 갖는 확인 줄 세우기(미국 영어로 '줄 세우기')를 포함시키지 않았다. 이것은 14장 및 Brewer와 Wells(2011)에서 다룰 것이다.

기억 연구의 결과들이 어떻게 법정 맥락에 응용될

수 있는지를 이해하기 위해서는 기억 과학이 어떻게 작동하는지를 이해하는 것이 필수적이다. 범죄 맥락에서 볼 때 목격자 기억은 신뢰할 만하다면 유죄나 무죄를 진단할 수 있는 도구다. 이는 현재의 목격자 증거가 유죄인 사람은 보다 유죄인 것으로 보게 할 수 있고 무죄인 사람은 보다 무죄인 것으로 볼 수 있게 한다는 것을 의미한다. 신뢰할 만하기 위해서 증거가 항상(always) 올바를 필요는 없지만 통상적으로(usually) 올바를 필요는 있다. 미국 대법원의 Daubert(1993) 규칙은 과학적 증거가 제시될 때 오류율을 제시해야 한다고 되어 있다(심리 연구의 법적 허용성에 대한 논의는 15장 참조). 법정은 법정에서 제시되는 증거에 대해 최대 오류율(또는 최소 신뢰도)을 허용하지 않는다고 말한다. 왜냐하면 이 역치는 증거의 유형에 좌우되거나 개별 사례의 특정성에 의해 좌우되기 때문이다. 목격자 연구의 주된 목적 중의 하나는 이 오류율을 추정하고 오류율이 다양한 요인에 의해 얼마나 변하는가를 알아보는 것이다.

궁극적으로 목격자 기억과 같은 복잡하고 맥락 의존적인 법정 도구의 신뢰도를 추정하기 위해서는 그 체계가 어떻게 작동하는지를 이해하는 것이 필수적이다. 만일 한 과학자가 신체 검색 장치를 통해 폭발물을 탐지하는 도구의 신뢰도를 결정하려고 한다면 과학자는 설계도를 볼 수 있어야 한다. 설계도는 그 장치를 이해할 수 있는 순조로운 출발을 도와줄 것이다. 인간의 인지 체계를 이해하는 것은 더 어려운데, 시행착오를 하면서 진화하는 특별한 기계의 현재 진행 산물이기 때문이다. 그러므로 인지심리학자들은 목격자의 기억이 어떻게 작동되는지를 알아보기 위해서 '역기계화(reverse engineering)'를 사용해야만 한다. 심리학자들은 사람들이 자신의 행동을 보면서 어떻게 작업하는지에 대한 지식이 있기 때문에 인간의 마음을 이해하고, 인간의 인지 모델을 만들어 내기 위해 다양한 방법을 사용한

다. 가장 보편적인 두 개의 방법은 사람들을 자연적인 환경에 놓고 관찰하면서 어떤 기제가 작동하는지를 추론하는 것과 사람들에게 정교하게 설계된 상황을 제시하면서 그들이 하는 행동에 따라 잠재적인(때로 통상적인) 기제를 변별하는 것이다. 이 두 접근법은 Wright (2006)의 목격자 증언과 관련된 부분에서 보다 자세히 기술될 것이다. 인지과학에서 주로 사용되는 세 번째 접근법은 컴퓨터 프로그램으로 예시하면서 상이한 입력 형태가 제시될 때 그 체계가 어떻게 작동하는지, 그리고 그 체계의 여러 측면이 변할 때 어떻게 행동에 영향을 주는지를 검증할 수 있는 자세한 모델을 만드는 것이다. 이 접근법은 인지심리학의 다른 영역보다 목격자 연구에서는 덜 사용되고 있다.

요약하면, 이러한 것들은 목격 과정을 이해하고 상이한 상황에서의 기억의 신뢰도를 추정하는 데 사용되는 목격자 연구방법들이다. 이 장에서 우리는 협조적인 성인과 아동 목격자를 면담하는 것에 초점을 두어 이와 관련된 목적을 가진 연구들을 기술할 것이다. 그런데 그에 앞서 이 주제와 모두 관련이 있는 인간 기억의 일반적인 문제를 일부 다룰 가치가 있다.

인간 기억에 관한 일반적인 논쟁

기억의 층이론을 넘어서서

이 장의 주된 결론 중의 하나는 배심원, 경찰, 교사와 같은 사람들이 목격자 증언에 너무 많은 비중을 둔다는 것이다. 우리는 우리가 살고 있는 이 복잡한 세상을 이해하기 위해 비유를 사용한다(Lakoff & Johnson, 1980). Roediger(1980; Draaisma, 2001 참조)는 사람들이 기억에 사용하는 많은 비유를 기술하였다. 가장 흔한 비유는 기억이 테이프 녹음기(이것이 무엇인지 나이 많은 교수에게 물어보라)나 아이팟(iPod: 주로 음악파일 재생기)처럼 작용한다는 것이다. 당신은 많은 정보를 저장하고(노래는 사건 기억과 같다) 당신이 그것을 인출하고 싶다면 어떤 버튼을 눌러야만 한다. 당신이 원하는 기억을 찾는다면 인출된 것은 정확할 것이다. 이 비유에 따르면 기억 오류는 당신이 올바른 파일을 찾지 못할 때(그리고 잘못된 파일을 선택했을 때) 일어날 수 있다. 그러나 올바른 파일을 선택한다면 그것이 시간이 지남에 따라 불완전하거나 약간 희미해졌더라도 보고된 정보가 근본적으로 정확할 수 있을 것이다.

할리우드 법정 목격자 확인을 살펴보자. 외상을 입은 희생자는 그의 판단의 손가락으로 구슬 같은 눈 뒤에서 찡그린 표정을 짓고 있는 피고인을 가리켰다. 그리고 목격자는 그녀가 범죄를 저지를 때의 '사악한 눈초리'를 묘사하였다. 이 증언에서 어떻게 오류가 있을 수 있는가? 이 비유를 따르면 목격은 파일을 다운받아서 피의자의 범죄를 가해자로 기술하는 것이다.

아이팟의 비유는 대중문화에서는 너무 익숙한 것으로 상식적이고 실제로 진실인 것처럼 보인다. 그러나 인출이 기억의 중요한 부분이기 때문에 잘못된 인출이 일부 기억 오류를 일으킬 수 있고 아이팟 비유가 적절하지 않을 수 있다. 법률가가 이 잘못된 통념을 바꿀 수 있는 가장 좋은 방법은 인간의 두뇌를 책상 위에 쾅 하고 내려놓는 것이다. 법정에서 책상 위에 쾅 하고 놓인 물체에서 실제로 커다란 액체가 튀어 나온다면 배심원들이 어떻게 그것이 시간적인 정확성을 가지고 정보를 정확하게 전환할 수 있다고 믿겠는가? 뇌는 크기와 질감이 껍질 벗긴 감귤 같은데 할리우드라 하더라도 감귤이 위대한 지적 기술을 가졌다고 믿지는 않을 것이다.

인간의 뇌는 감귤보다 정확하고 완전하게 기억을 산출할 수 있고 아이팟(비록 뇌가 아이팟이 할 수 있는 것보다 더 많은 일을 할 수 있지만)보다는 기억의 정확성이나 완전성이 덜할 수 있다. 따라서 이들의 중간에 있는 어떤 것을 비유로 드는 것이 더 나을 것 같다. Neisser(1967; Hebb, 1947, p. 47 참조)는 고생물학자들이 몇 개의 공룡 화석으로 공룡을 재구성해 내는 이론으로 대안적인 비유를 기술했다. Neisser는 기억이 과거의 지식으로부터 현재를 목적으로 과거를 재구성해 내는 것이라고 주장하였다. 비유가 어떤 일이 돌아가는 것을 정확하게 말해 주지 않는다는 것을 알고 있는 것도 중요하지만—어느 누구도 우리 각자가 우리의 뇌 속에 작은 고생물학자를 가지고 있다고 믿지는 않지만—고생물학자들이 사용하는 과정이 기억에서 작동하는 정신 과정의 일부와 유사할 수 있다.

Bartlett의 도식(1932), Schank와 Abelson의 각본(1977) 그리고 Minsky의 틀(1975)과 같은 이론들은 사건 기억과 컴퓨터 절차를 위한 가능한 조직에 대해 기술하였다. 조직화는 사람들이 미래에 사건을 재구성하는 데 사건의 여러 측면을 사용하는 방식처럼 사람들이 접하는 사건의 부호화를 안내해 주는 구조를 허용해 줄 수 있다. 도식, 각본 그리고 틀은 새로운 사건 유형에 대한 정보처리와 과거의 같은 유형의 사건에 대한 기억의 활성화 과정을 모두 허용해 주는 사건의 범주다. 인간은 아이팟보다 훨씬 더 유연성이 많고 우리가 일상생활에서 경험하는 불확실성에 대처하고 학습할 수 있는 능력이 더 좋다. 인간이 진화하는 대부분의 상황에서 새로운 기억은 그렇게 중요하지 않다. 우리는 정보를 빠르게 처리하기 위해 간단하거나 귀납적인 방법을 택하고 사건을 연합시키는 것을 학습한다. 이것은 우리의 기억이 체계적인 방식 내에서 역동적임을 의미한다.

재구성 기억에 관한 가장 중요한 연구 중의 하나는 1970년대에 시작되었다. Elizabeth Loftus(개관은 Loftus, 2005 참조)는 기억의 재구성적 본질과 사건 후에 접하게 되는 정보 환경(사건 후 정보, post-event information: PEI)이 모두 원래 사건의 기억을 재구성하는 데 영향을 미칠 수 있다는 것을 보여 주었다. 기억의 연구에 대한 중요성도 있지만 이 연구와 Loftus(1986)의 개인적인 노력으로 기억 연구가 미국 법적 사례에 적용될 수 있게 되었다. 그녀의 고전적인 연구 하나를 고찰해 보자. Loftus와 Palmer(1974; 실험 2)는 실험 참가자들에게 자동차 사고가 나는 필름을 보여 주고 그들에게 '쾅 하고 부딪쳤을' 때 또는 서로 '접촉'했을 때 차가 얼마나 빨리 달렸는지를 물었다([그림 5-1] 참조). 추정된 평균 속도는 질문이 더 많은 난폭한 파괴를 포함하고 있을 때(즉, 덜 난폭한 '접촉'보다 '쾅 하고 부딪치는 것'을 사용했을 때) 더 높았다. 흥미롭게도 차가 '쾅 하고 부딪쳤을 때'의 속도를 추정하라고 요구받았던 사람들은 후에 그 장면에서 부서진 창문을 기억하는 데에도 더 많은 오류를 보였다.

Loftus는 사건 후에 제시된 정보가 어떻게 사건에 대한 기억에 체계적으로 영향을 미칠 후 있는지를 보여 줄 수 있었다. 더 나아가서 그녀는 질문의 형태에 따라서 정보가 매우 교묘하게 끼워 넣어질 수 있음을 보여 주었

[그림 5-1] Loftus와 Palmer(1974; 실험 2)는 실험 참가자들에게 자동차 사고 필름을 보여 주었다. 그리고 '쾅 하고 부딪친' 경우와 '접촉한' 경우에 그 차가 얼마나 빨리 달렸는지를 물었다.

출처: ⓒ Evgeny Murtola. Shutterstock사의 허락하에 게재함.

다. Loftus(1993)는 과거 사건의 정보가 트로이 목마에 숨은 적들과 같은 역할—부호화할 때는 탐지되지 않다가 나중에 과거 사건을 기억할 때는 대혼란을 일으키는 방식으로—을 한다고 기술하였다. 과거 사건에 의해 기억이 와전되는 것을 종종 **틀린 정보 효과(misinformation effect)**라고 부르며, Loftus와 Palmer가 시작한 이러한 실험 설계는 **틀린 정보 패러다임**(misinformation paradigm)의 예다(더 많은 논의는 6장 참조).

과거 사건 정보가 목격자 상황에 도입되는 다른 방법은

> **틀린 정보 효과**
> **(misinformation effect)**
> 사회적(승인) 그리고 심리적(기억) 요인들이 사건에 대한 사람들의 부호화, 저장, 인출 그리고 보고에 영향을 주는 효과

다른 공동 목격자와 함께 얘기하는 것이다. Skagerberg와 Wright(2008)는 영국 서섹스 지방에서 범죄에 대해 용의자 줄 세우기를 하는 데 참가한

> **틀린 정보 패러다임**
> **(misinformation paradigm)**
> 틀린 정보 효과를 검증하기 위해 Loftus가 만든 세 단계의 패러다임

목격자를 연구하였다. 대부분의 사람은 공동 목격자가 있었다고 말했고 이들은 서로 대화를 나눴다. 한 사람이 오류를 저지르면 그것이 다른 사람한테 퍼졌는데 이 과정을 기억 동조(memory conformity)라고 부른다(Wright et al., 2000). 영국에서 이 과정의 예는 Jill Dando의 살인사건 조사에서 이루어진 것이다. 경찰은 용의자

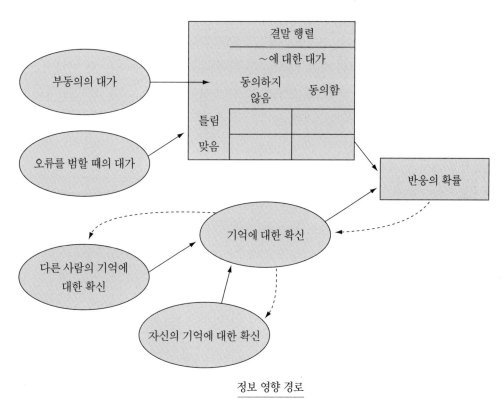

[그림 5-2] 기억 동조 연구의 틀

출처: Wright et al. (2010)에서 허락하에 게재함.

Barry George를 줄 세우기에 포함시켰다. 16명의 목격자 중 단 한 명만이 그를 알아보았지만, 이는 다른 목격자들에게 빠르게 퍼져 나갔고 그들은 용의자가 범인이 맞는지에 대해 논의했다. 이것이 다른 목격자들에게 영향을 준 것으로 나타났다. 예를 들어, 목격자들 중의 한 사람은 줄 서 있는 용의자를 확인할 만큼 확신이 없었지만, 논의 후에는 George가 자신이 본 남자라고 '95% 확신'하였다. 그리하여 Barry George는 1심에서 유죄 판결을 받았다. 그러나 이 판결은 2008년 8월에 뒤집혔다(좀 더 상세한 내용은 14장의 〈사례연구 14-2〉 참조).

지난 10년에 걸쳐 많은 연구실에서 기억 동조를 검증하였다. 그것은 사회 및 인지 심리학의 흥미로운 조합이었다(더 고찰하기 위해서는 Wright et al., 2009 참조). 연구자들은 사람들이 처음에는 다른 기억을 가지고 있으면서 사건에 대해 논의를 하지만 종종 의견 일치에 이를 수 있음을 발견하였다. 그들은 통상 처음에 가장 강한 확신을 가진 사람에게 동의하였다. 기억 동조는 사회/규준적 이유(집단의 한 부분으로 느껴지길 원하는 것)와 인지/정보적 이유(다른 사람이 생각하는 것이 옳다는 것)에 의해 일어난다. [그림 5-2]는 반응의 가능성을 예언할 때 사회적 측면(누군가에게 동의하지 않을 때의 비용)이 인지적 측면(당신이 옳다는 신념)과 어떻게 조합되는지를 보여 주고 있다.

기억의 3단계

기억은 **부호화(encoding)**, 저장 그리고 인출의 세 가지 단계로 나뉠 수 있다. 사건에 대해 좋은 기억을 가지기 위해서 사람은 그 장면에서 무엇이 일어나고 있는지, 그리고 특히 법적으로 중요한 특정 사건에 주의를 기울여야

> **부호화 (encoding)**
> 정보가 인간의 기억에 등록되는 과정

만 한다. 예를 들어, Simon과 Chabris(1999)는 참가자들에게 농구공을 튕기고 있는 전형적인 비디오를 보여 주었다. 그때 고릴라 옷을 입은 남자가 그 게임의 가운데로 걸어 들어왔다! 참가자들이 농구공의 패스 횟수를 세고 있었기 때문에 그들 중의 많은 사람이 고릴라를 알아채지 못했다. 마술가들은 종종 자신의 손동작과는 떨어진 다른 곳을 가리킴으로써 이러한 현상을 이용한다. 이것은 목격자 증언에서도 일어날 수 있다. 무기 초점 효과(weapon focus effect; Loftus et al., 1987; Steblay, 1992)는 무기가 어떻게 주의를 끄는지, 그리고 범인의 얼굴을 부호화하는 데 충분하지 않은 짧은 사건 시간 동안 법적으로 더 중요한 범인의 얼굴보다 무기를 기억하는 것에 대해 기술하고 있다([그림 5-3] 참조). 여기에는 얼굴에 대한 기억에 부정적으로 영향을 미치는 무기의 두 가지 측면이 있는 것으로 보인다. 첫째, 주의는 얼굴과 떨어진 곳을 향하고 있다. 둘째, 사건이 매우 정서적일 때, 인지 능력은 더 나빠지는 경향이 있다(Deffenbacher et al., 2004). 또한 환경을 부호화하는 다른 측면도 주의에 영향을 미친다. 어떤 사건이 단지 짧은 기간에 일어난다면 기억은 더 나빠지는 경향이 있

[그림 5-3] 무기 초점 효과에서 무기가 주의를 끈다는 것은 범인의 얼굴을 부호화할 시간이 충분하지 않음을 의미할 수 있다.

출처: ⓒ Ilias Strachinis. Shutterstock사의 허락하에 게재함.

다. 유사하게 알코올과 많은 약물도 부호화를 손상시킬 수 있다(Evans et al., 2009 참조).

어휘에 대한 주의

'기억'이라는 단어는 다양한 원리를 가지고 다양한 방식으로 사용된다. 때로 인지심리학자들은 기억을 **잠재적 정신 경험**(latent mental experience)이라고 부른다. 왜냐하면 사람들이 마음의 눈으로 과거 사건을 보고 회상을 하거나[이는 **일화적**(episodic) 또는 **회고적**(recollective) 기억이라고 불린다.] 과거 사건에 대해 특정한 신념을 가지고 있기 때문이다[이는 **의미 기억**(semantic memory)이라고 불린다]. 이들은 심리학자들이 기록된 자료로부터 추론한 잠재적 개념이다. 목격자 연구자들도 통상 '기억'이라는 단어를 과거 사건에 대해 경찰 조사관이 조사한 내용에 대한 반응을 말할 때 사용한다. 따라서 경찰이 목격자에게 차의 색깔이 어떤 것이었느냐고 물었을 때 목격자가 '푸른색'이라고 대답했다면 '푸른색'이 기억이다.

목격자 면담

경찰이 목격자가 범죄에 관한 정보를 가지고 있을지 모른다고 생각하면, 그들은 사건에 관한 목격에 대해 면담한다. 6장에는 경찰이 취약한 목격자에게 적용하는 몇 가지 방법이 논의되어 있다. 여기서 우리는 단지 주된 논쟁 몇 가지만 특별히 언급할 것이고, 최근에 발전된 것만 논의할 것이다. 초점은 경찰이 어떻게 협조적인 성인 목격자들에게 사건 기억에 관해 면담하는가 하는 것이다. 다음 절에서 우리는 아동 면담에 대해 논의할 것이다. 여기서 '협조적'이라는 것은 목격자가 사건에 관해 기억할 수 있는 모든 것을 정확하게 보고하려고 노력한다는 것을 경찰이 가정하고 있음을 의미한다. 때로 경찰은 목격자가 자신들이나 동료를 범죄자로 만들 수 있는 무엇인가를 숨기려 할 수 있다고 믿는다. 경찰이 협조적이지 않다고 믿고 있는 피의자나 다른 사람을 면담하는 것에 대한 연구는 7장과 8장 그리고 Vrij 등(2010)에 기술되어 있다.

전통적으로 경찰 면담은 범죄에 관해 전형적으로 표준 면담(standard interview; Schreiber-Compo et al., 출판 중)이라고 알려진 폐쇄형 질문을 포함하고 있다(예: "그 사람이 칼을 가지고 있었습니까?"). 이러한 유형의 질문은 보통 '예'나 '아니요'라는 한 단어 대답을 유발하도록 설계되어 있다. 경찰이 확신을 갖기 위해서 바라는 대답은 '예'라는 것이다. 폐쇄형 질문은 목격자를 제한할 수 있고 목격자가 확신하지 못하는 대답도 격려할 수 있다. 면담자는 이런 유형의 직접적인 질문을 통해 면담 동안에 정보의 흐름을 통제한다.

Fisher와 Geiselman(1992)은 면담 중인 목격자로부터 보다 정확한 정보를 얻기 위한 인지적 면담(cognitive interview: CI) 기법을 개발하였다. CI의 효과에 대한 많은 연구가 최근에 수행되었다(최근의 개관은 Fisher et al., 2011; Memon et al., 2010 참조). CI는 인지심리학의 이론과 연구에 근거한 일련의 기술을 사용한다. CI는 세 가지 기법을 사용해서 목격자를 격려한다. **소통관계**(라포, rapport), 능동적 참여 그리고 기억술.

> **소통관계 (라포, rapport)**
> 면담자가 피면담자와 친근한 관계를 형성할 수 있는 예비 면담 단계

그것은 미국에서 개발되었지만 영국에서도 널리 사용되고 있다(CI에 대해 좀 더 알아보려면 6장 참조). CI는 몇 가지 기본적인 원리를 가지고 있지만 주된 목적은 목격자에게 좀 더 통제권을 주는 것이다. 가장 중요한 목적은 상식적인 것이다. 경찰이 알고자 하는 사건에 관한 지식을 가지고 있는 것은 목격자다. 면담은 면담

동안에 목격자로부터 가능한 한 많은 정보를 끌어내도록 설계되어야 한다. 따라서 목격자는 말을 가장 많이 하는 사람이 되어야 한다. 나중에 경찰은 어느 부분이 조사에 가장 많이 관련되어 있는지를 결정할 수 있다.

다른 면담 기법도 많이 진전되었지만 경험적 검증은 아직 적은 편이다(그리고 부분적으로 CI에 근거하고 있다). 가장 중요한 것 중의 하나는 1990년대에 영국 가정국이 도입한 **PEACE 면담 모델(PEACE model of interviewing)**이다(7장 참조). PEACE는 계획, 참여, 설명, 종결 및 평가를 나타낸다. 평가 단계가 중요하다. 범

> **PEACE 면담 모델 (PEACE model of interviewing)**
> 면담의 단계를 의미하는 기억술이다. P는 계획(Planing)과 준비, E는 참여(Engage)와 설명, A는 설명(Account)과 명료화, 그리고 C는 종결(Closure)과 평가(Evaluation)

죄 장면의 불빛 같은 상황적 요인이나 범죄 순간에 취한 목격자 같은 개인적 요인 때문에 목격자 설명에는 정확성과 유용성에 변화가 있을 수 있다. 더군다나 앞서 언급했듯이 목격자는 범죄의 설명과 기억에 관한 확신에서 모두 왜곡될 수 있는 사건 후 정보에 접할 수 있다. 사람들에게 범죄에 관한 당신의 기억이 얼마나 좋은지 판단하라고 하는 것은 어려운 과제일 수 있고, 〈글상자 5-1〉에 논의되어 있듯이 완벽한 정확성의 지표가 되지 못한다. 그것을 해야 한다면 목격자가 그들의 확신도를 추정할 수 있는 다른 정보를 받기 전에 행해야만 한다. 또한 목격자에게 그들이 사건에 관해 다른 사람에게 말한 것과 같은 사건 후 정보에 관해 접할 수 있었는지에 대해 물어보아야 한다.

글상자 5-1   확신과 정확성

목격자가 법정에서 피고인을 지적한다면 법정변호사는 목격자에게 그 확인에 대해 얼마나 확신을 갖는지 종종 질문한다. 그러면 목격자는 '절대적으로 확신'한다고 반응한다. 이러한 확신은 배심원들이 목격자의 정확성에 대해 더 많은 확신을 하게 만든다. 여기에는 두 가지 문제가 있다. 하나는 확신하는 기억이 때로 맞지 않을 때가 있다는 것이다. 당신이 인지심리학 수업을 들었다면 섬광기억(flashbulb memory)에 대해 들었을 것이다. 이것은 정말로 생생한 기억이다. Talarico와 Rubin(2003)은 이 기억의 주된 특징이 정확성보다는 그것이 가지고 있는 확신이라는 것을 밝혔다. 기억 확신(메타기억)과 기억 정확성은 사건 후 다른 경로를 따른다고 생각하는 것이 종종 유용하다.

법정에서 정확성을 예언하는 확신도를 사용할 때 생기는 두 번째 문제는 정확성에 영향을 주지 않으면서 확신도를 증가시키는 많은 법적 상황이 있다는 것이다. 이들 중 최고는 목격자가 자신이 확신한 사람이 재판 중에 있고 줄 세우기에서 용의자였다는 것을 안다는 것이다. 그들이 용의자를 확인했음을 안다는 것은 목격자의 기억에서 확신을 증가시킨다(Wells & Bradfield, 1998). 더군다나 자백(7장 참조)과 같은 다른 증거가 있다면 목격자의 확신은 더 증가할 것이다(Hasel & Kassin, 2009).

물론 확신은 정확성과 관련이 있다. 당신은 6주 전에 있었던 무선적으로 선택된 저녁보다 어젯밤의 저녁에 대한 기억에 대해 더 확신을 가질 수 있고 그것이 더 정확할 수 있다. 여기서 중요한 점은 확신은 기억이 반드시 정확하다는 것을 의미하지 않는다는 것이다. 그리고 정확성에 영향을 주지 않고 확신을 증가시킬 수 있는 요인을 고려해 볼 필요가 있다는 것이다.

특정 상황에서 CI를 채택한 몇 가지 사례가 있다. 예를 들어, Gabbert 등(2009)은 대규모의 목격자 집단에 실시할 수 있는 자기실시 면담(self-administered interview: SAI)을 개발하였다. 이것은 범죄가 붐비는 거리에서의 폭동이나 승객으로 가득 찬 버스나 기차에서 일어난 사건처럼 목격자 주변에 많은 사람이 있을 때 일어난 경우 유용하게 사용될 수 있다. 경찰은 SAI를 사람들이 서로 이야기를 하기 전에, 그래서 그들의 설명이 오염되기 전에 예비적인 보고를 받는 것으로 사용할 수 있다. 이것은 또한 목격자가 면담 동안에 더 많은 것에 접촉했는지를 경찰이 결정하는 데 도움을 줄 수 있다.

CI에 대한 연구는 많이 이루어졌다. Memon 등(2010)은 최근 이 연구에 대한 종합적인 개관서를 출판했다. 그들의 결론은 CI 절차가 부정확한 정보를 약간 증가시키긴 하지만, 정확한 정보를 더 많이 생산한다는 것이다. 특히 범죄 조사 중에 경찰은 약간 부정확한 정보에 대한 대가를 치르면서 정확한 정보를 더 많이 얻는 것에 대해 행복해할 수 있다. 왜냐하면 부정확한 것들은 다른 증거에 의해 걸러질 수 있기 때문이다. 현재

의 CI판이 가치 있는 도구이긴 하지만, 다양한 장면에서의 연구를 통해 유용성을 높여야 할 것이다. 나아가서 CI의 개별적인 요소들에 대한 조사가 이루어져야 하고 (6장 참조), 새로운 잠재적 요소들에 대한 검증도 이루어져야 한다('눈 감기'에 대한 〈글상자 5-2〉 참조).

요약하면, 경찰은 조사를 시작할 때 정보가 사라지기 전에 될 수 있는 대로 빠르고 정확하게 정보를 얻고자 한다. 이것은 경찰이 목격자에게 그들이 기억할 수 있는 것에 대해 질문할 때와 같이 목격자 증거에서도 진실이다. 조사 면담의 목적은 가능한 한 부정확성은 적고 정확성이 많은 정보를 얻는 것이다. 하나만 덧붙인다면, 면담이 끝날 때쯤이면 무엇이 정확한 증거이고 무엇이 부정확한 정보인지가 명확하게 드러난다.

아동 목격자 면담

목격자 증언의 신뢰도에 대한 많은 논쟁과 목격자 증거를 검증하는 연구들은 어린 잠재적 목격자들에게

글상자 5-2　눈 감기

목격자의 기억을 돕는 것은 그들의 눈을 감게 하는 것과 같은 단순한 것이 될 수 있다. Perfect 등(2008)은 눈 감기가 일상적인 사건의 회상에서 정확한 정보(부정확하지 않은)의 양을 증가시킨다고 보고하였다. Vredeveldt, Baddeley 등(개관 중)은 눈 감기가 폭력사건에 대한 기억, 특히 시간이 지연된 후에 목격자를 면담하는 경우에도 기억을 유의하게 증가시킨다는 것을 발견했다. 목격자가 눈을 감는 것은 시각적 정보를 기억하는 데 특히 효과적이었는데, 일주일 후에 시각적 내용을 회상시켰을 때 37%가 증가하였다. Vredeveldt, Hitch 등(2011)은 눈 감기가 왜 작동하는지를 연구해서 두 가지 설명을 이끌어 냈다. 첫째, 눈 감기는 일반적인 인지적 부담을 감소시켜 인출 수행을 향상시킨다. 둘째, 눈 감기는 시각화를 촉진해서 시각적 정보의 회상을 향상시킨다. 목격자에게 눈을 감으라고 하는 것은 특히 면담자의 훈련이나 면담 시간이 제한되어 있는 경우, 목격자 증언을 향상시키는 좋은 도구일 수 있다.

(Annelies Vredeveldt)

초점을 맞춰 왔다. 아동들이 성인들보다 법적 체계에 포함되는 경우가 드물더라도, 그들은 법적인 사례에 대한 증언을 요청받았을 때 그들의 발달적 상태와 성격에 어떤 어려움을 보일 수 있다. 따라서 과학자들은 현명하게 설계된 연구실 실험과 현장에서 아동의 목격자 능력을 조사하는 데 수십 년을 보냈다. 매우 단순하게 아동은 성인과 몇 가지 중요한 방식에서 차이를 보이기 때문에 증언을 이끌어 낼 때나 법정에서 그것을 사용할 때 이들을 고려해야만 한다(아동의 증언에 영향을 미칠 수 있는 요인에 대한 논의는 6장, 아동 목격자가 법정에서 증거를 말할 때 직면할 수 있는 어려움에 법적 체계가 어떻게 반응해야 하는지에 대한 개관은 13장 참조).

어떤 목격자—성인이건 아동이건—든지 주요 목적은 그들로부터 가능한 한 정확하고 상세한 설명을 얻는 것이다. 아동이 다양한 유형의 사례에 대해 증언하지만(예: 살인이나 다른 범죄에 대한 목격), 자신들이 희생자인 경우 학대에 대해 증언하는 경우가 흔하다(Bruck et al., 2006; Lamb et al., 2008). 면담이 적절한 방식으로 이루

사례연구 5-1   뚜렷한 목격

스코틀랜드의 B9002 캐브래크에서 럼즈덴 도로로 가는 길은 외롭고 황량한 황무지를 구불구불 돌아 나가고 있다. 1986년 6월 23일 이 도로를 따라 여행을 하던 사람이 10세의 소녀와 마주치고는 깜짝 놀랐다. 그녀는 멍한 상태에 피를 흘리면서 반쯤 옷이 벗겨진 채로 배수로 옆에 서 있었다. 소녀는 애버딘 병원으로 급히 이송됐고 거기서 커다란 돌로 반복적으로 맞은 것 같은 두개골과 얼굴, 턱의 다발성 골절이 발견되었다. 또한 그녀는 성폭행을 당했다.

한 경찰이 그 소녀가 서서히 회복될 때까지 밤낮으로 곁을 지켰고, 그녀는 고통스러운 체험을 말하기 시작했다. 그는 자신이 칼을 든 사람에게 납치돼서 차에 태워졌고 한적한 장소로 갔으며 거기서 공격을 당했고 죽도록 버려졌다고 말하였다. 그 사고가 있기 바로 전에 그녀의 선생님은 학생들에게 항상 수상한 상황에서 접근하는 낯선 사람의 외모를 잘 기억하라고 말했다. 이틀 후 경찰은 문제가 될 만한 충분한 정보를 끌어내었다. '잘생긴 남자로 5피트 7인치 정도 되는 키에 면도를 깨끗하게 했으며 검은 머리에 기름을 발라 양쪽으로 가르마를 탔다.' 또한 그 소녀는 그가 포켓에 뚜렷한 기름 정비 로고가 있는 스웨터를 입고 있었고, 차의 의자 커버에 대해서도 상세하게 기술하였다. 경찰은 그 장소에서 관련된 차를 확인할 수 있는 바퀴 흙받이, 타이어 자국 그리고 페인트 조각을 찾아내었다. 그 차는 대량 생산된 닷선 살룬이었지만 아동의 의자에 대한 진술을 통해 영국으로 수입된 700대의 특별 제작된 모델의 하나라는 것이 밝혀졌다. 그 지역에는 9대가 등록돼 있었다.

확인된 첫 번째 차는 Colin Findlay의 것이었다. 그는 기름 정비공이었고 최근에는 연안 어부로 일하고 있었다. 그의 차는 닷선 살룬이었는데 흙받이가 없었다. 그의 옷장에서는 뚜렷한 로고가 있는 스웨터를 포함하여 물에 젖은 옷 뭉치가 발견되었다. 범죄 발생 일주일 만에 경찰은 북해의 해저 유전 플랫폼으로 Findlay를 체포하러 갔다. 그는 재판에서 어린 소녀를 강간하고 폭행하려 했다는 점을 죄로 인정했다.

논의할 점: 경찰의 결정적인 역할은 그녀가 그녀의 상처로부터 회복될 때까지 옆에 머물렀다는 것이다. 당신이라면 유용하고 정확한 정보를 최대한으로 얻기 위해 어떤 질문을 하고 어떻게 그것들을 짜 맞추었을 것인가?

[그림 5-4] 아동에 대한 법정 면담자의 목소리 톤과 내용은 매우 중요하다. 그리고 면담자가 최상의 실무 지침에 따라 수행해야 한다는 것은 법적 체계에 속해 있는 성인에게는 부담이다.

출처: ⓒ Lisa F. Yong. Shutterstock사의 허락하에 게재함.

어지더라도 어린 아동은 경찰에게 쓸모없는 정보를 제공할 수 있다(〈사례연구 5-1〉 참조). 학대 사례의 경우 법적 체계는 전형적으로 외부(또는 보강) 증거를 완전히 없애거나 외부 증거가 특정 용의자의 확인에 엮이지 않도록 한 후 면담해야 한다. 아동의 진술은 때로 사례들에 대해 경찰과 사회복지국이 우선적인 관심을 두거나 검사가 앞으로 어떻게 진행하는 것이 가장 좋은지를 결정하는 데 유용한 증거를 제공해 줄 수 있다. 이러한 이유로 아동의 증언을 끌어내는 것이 결정적이고 그렇게 하는 동안 아동의 능력과 제한점을 염두에 두는 것도 중요하다.

6장에서 논의하겠지만, 아동은 성인에 비해 제한된 기억 용량을 가지고 있고 더 암시적이며 의사소통에서 능숙하지 못하다(London & Kulkofsky, 2010; Malloy & Quas, 2009 참조). 따라서 법정 면담가의 목소리 톤과 내용은 결정적인 중요성을 가지고 있고, 법적 체계에 포함되어 있는 성인은 가장 좋은 실무 안내서에 따라 행동해야 하는 부담이 있다([그림 5-4] 참조; Home office, 1992, 2007). 아동 면담에 가장 많이 논의되고 있는 면담 기법은 국립 아동건강과 인간발달 연구소(National Institute of Child Health and Human Development: NICHD)의 조사 면담 요강이다(고찰을 위해 Lamg et al., 2008 참조). 거기에는 면담자들이 가장 좋은 실무를 수행하는 데 도움이 될 수 있는 구조화된 지침이 제공되어 있다. NICHD 요강은 아동 발달(예: 기억, 언어)에 관심이 있는 연구 결과에 기초하고 있고, 실제적인 필요와 법적 요구를 염두에 두고 설계되었다. 그것은 광범위하고 국제적인 현장 검증에 사용되고 있다.

NICHD 조사 면담 요강

NICHD 조사 면담 요강은 기본적으로 실사 전 국면(presubstantive phase)과 실사 국면(substantive phase)

의 두 개의 부분으로 구성되어 있다. 실사 전 국면은 몇 가지 주요 국면이 있다. 도입 국면에서는 아동이 '정보 제공자'로서의 역할을 할 수 있도록 몇 가지 점이 준비된다. 예를 들어, 아동이 "저는 몰라요."라고 하면 "그렇다."라고 말하는 것이라는 설명을 듣는다. 또한 대답을 할 때 추측을 하면 안 된다는 주의도 듣는다. 이러한 지시가 포함되는 이유는 연구 증거들이 아동이 그들이 오해하고 있다는 것을 인정하거나 알아차리더라도 질문에 단순하게 대답만 하려는 경향이 있다는 것을 보여 주기 때문이다(예: Memon & Vartoukian, 1996; Waterman et al., 2000). 많은 사법권에서의 법적 요구에 따라, 그 매뉴얼은 다음에 아동이 '진실'과 '거짓'이라는 개념 간의 차이를 알고 있는지(즉, 그들이 '진실-거짓 능력'을 보여 줄 수 있는지) 평가할 수 있는 발달적으로 적절한 질문을 하도록 충고한다. 아동은 추상적인 개념의 정의를 정확하게 표현하지 못할 수도 있다. 그래서 아동의 개념적인 이해력을 알아보기 위해 '진실' 또는 '거짓'에 대해 정의를 내리라고 요구하는 질문은 그들에게 허용되지 않는다. 여하튼 어린 아동(4세경에도)들도 연령에 맞는 좀 더 구체적인 질문과 예를 사용하여 질문을 한다면 진실-거짓에 대해 이해하고 있는지를 드러낼 수 있다(예: "내가 내 신발이 빨간색이라고 말한다면 그것이 진실이니, 거짓이니?"; Lyon et al., 2011; Lyon, Carrick, & Wuas, 2010).

소통관계 형성 국면(rapport building phase)에서는 아동들이 중성적인 사건(예: 어제 또는 최근 휴일에는 무엇을 했는지)에 대한 기억을 기술하는 연습을 한다. 이 '일화적 기억 연습'은 이후에 개방형 질문에 반응하는 연습이 허용되는 실사 국면에서 아동에게 기대되는 세부사항의 수준과 연결된다. 이러한 점에서 그것은 아동이 서술적 연습을 하고 면담자에게 편안함을 느낄 수 있는 시간을 허용해 줌으로써 준비 운동을 할 기회를 제공해 준다. 마지막으로, 이 국면은 면담자들에게 아동으로부터 자유회상 보고를 이끌어 낼 수 있는 적절한 질문을 연습할 기회를 제공해 준다. 소통관계 형성 국면은 지지적인 환경이 아동의 협조적인 자발성을 높이고 보고 능력에 유익하다는 연구 결과에 따라 설계된 것이다(예: Bottoms et al., 2007; Jershkowitz et al., 2006; Quas et al., 2005; Roberts et al., 2004).

다음에 면담자들은 전형적으로 아동 피면접자의 남용을 주의하면서 주의 깊게 실제 문제를 논의하는 실사 국면으로 전환한다. 면담자는 "네가 오늘 여기에 왜 왔는지 말해 주겠니?"와 같이 목표사건을 확인하기 위해 개방형 질문을 하는 것으로 시작한다. 면담자는 목표사건을 확인하기 위해 보다 초점적인 질문을 할 필요도 있을 수 있다(예: "나는 너에게 어떤 것이 일어났는지 알고 있어. 일어났던 일을 처음부터 끝까지 나한테 말해 주겠니?") 아동이 진술을 하기 시작하면 면담자는 개방형 질문에서 보다 초점적인 질문으로 갈 수 있다. 자유회상으로 얻은 정보는 다른 질문 유형으로 얻는 정보보다 더 정확할 수 있다(예: Dale et al., 1978; Dent, 1986; Goodman et al., 1991). 따라서 초점적 질문은 필요할 때만 사용해야 한다. 목표는 개방형 질문과 추수 '단서 질문'(예: "그런 다음 무엇이 일어났니?" "앞서 너는 '사람/사물/행위'를 언급했어. 그것에 대해 나에게 모두 말해 줘.")에 대한 반응을 제공하는 자유회상 서술의 형태로, 가능한 한 많은 정보를 이끌어 내는 것이기 때문이다. 단서 질문은 또한 면담자 오염에서 자유롭게 해 준다. 왜냐하면 그들은 단지 아동이 이미 언급한 사건에 대해서만 질문을 하기 때문이다.

아동이 자유회상 단계에서 보다 많은 정보를 제공하지 못하는 경우에는 면담자가 특정한 범주에 속한 정보를 요구하는 직접적인 질문을 할 필요도 있다. 그것은 종종 '왜, 누구, 어떤'('wh-')으로 만들어진 질문의 형태를 가지고 있다. 예를 들어, 아동이 차를 언급했다고 하면 "그 차의 색깔은 무엇(wh-at)이었니?"라고 물어볼 수 있다. 아동의 보고에서 여전히 중요한 세부사항들이 빠져 있다면 면담자는 제한된 조건이 달린 질문을 할 수도 있다. 전형적으로 '예/아니요' 또는 "옷 위로 만졌니, 아니면 옷 속으로 만졌니?"와 같은 강제 선택 질문을 할 수도 있다.

암시적인 질문은 아동이 언급하지 않은 세부사항(예: 아동이 만졌다는 말을 하지 않는 경우, "그가 어디에서 너를 만졌니?")들을 알 수 있는 것과 아동과 기대된 반응(예: "그가 너를 때렸니, 안 때렸니?")을 가지고 의사소통하는 것도 포함된다. 암시적인 질문은 항상 회피되어야 하는데 그것이 기억 보고를 오염시키고 신뢰도를 감소시키기 때문이다. 연구 결과들은 특히 그것이 반복될 때 암시적 면담 절차가 어린 아동들이 그들이 목격한 것과 달리 사건에 대해 심각하게 왜곡된 설명을 하도록 이끌 수 있음을 보여 준다(〈사례연구 5-2〉 참조).

사례연구 5-2　Sam Stone이 보육원을 방문하다

최근의 고전적 연구에서 Leichman과 Ceci(1995)는 암시적 질문과 정형화가 'Sam Stone'이라고 불리는 남자가 아동 주간센터(보육원)를 잠깐 방문했던 사건에 대한 아동의 보고에 미치는 영향을 조사하였다. 아동들은 3~6세 사이였고 네 집단으로 나뉘었다. 첫 번째는 그의 방문에 관해 어떤 정보도 듣지 못한 통제집단이고, 두 번째는 그가 방문하기 전 주에 Sam Stone의 가정된 서투름에 대한 이야기를 반복해서 읽은 정형화 집단이다. 이 두 집단은 다음 10주 동안 네 번에 걸쳐 비암시적인 방식으로 Sam의 방문에 관해 연속해서 면담을 받았다. 세 번째 암시 집단은 Sam의 서투름에 대해서 어떤 정형화된 정보도 받지 못했고 10주 동안 네 번의 면담을 받았다. 그러나 Sam이 책을 찢고 곰인형을 더럽혔다는 암시적인 질문을 받았다. 네 번째의 정형화 및 암시 집단은 사전에 정형화된 이야기를 읽었고 암시적인 질문과 함께 네 번의 면담을 받았다. 마지막 단계에서 모든 아동은 다섯 번째 면담을 받는데 어떤 일이 일어났는지에 대해 자유회상을 한 후 훈련된 면담자가 Sam이 책이나 곰인형에 손상을 입혔는지에 대해 구체적이지만 중성적인 질문을 하였다.

통제집단의 아동들은 일반적으로 정확성이 높은 설명을 하였고 Sam이 책이나 곰인형을 손상시키지 않았다고 하였다. 정형화 집단에서는 어떤 아동도 Sam이 책이나 곰인형을 손상시켰다고 자발적으로 보고하지 않았다. 그러나 질문을 받았을 때 어린 아동의 약 42%가 동의하였고 부드럽게 그렇지 않다고 했을 때도 12%가 이 주장을 고집하였다. 5~6세 아동들은 더 어린 아동의 약 절반 정도였다. 암시 집단에서는 3~4세 아동의 52%가 그리고 5~6세 아동의 38%가 질문을 받았을 때 샘이 책이나 인형을 손상시켰다는 데 동의하였다. 그리고 가장 어린 집단의 12%가 그렇지 않다는 얘기를 들었어도 이 주장을 유지하였다(나이 든 아동의 10%에 비교해서). 여하튼 정형화와 암시의 조합은 정확성에 있어서 가장 치명적이었다. 여기서는 가장 어린 집단의 72%가 Sam이 책이나 곰인형을 손상시켰다고 주장했고, 21%가 부드럽게 그렇지 않다는 얘기를 들은 후에도 그가 이런 잘못 중의 하나를 저질렀다고 주장하였다. 5~6세 아동들은 질문을 받았을 때 좀 더 정확했지만 11%는 여전히 나쁜 행동이 일어났다고 주장하였다. 이 조건에 있는 많은 아동이 암시에 동의하는 것을 멈추지 않았고, 잘못된 세세한 부분에 대한 반응을 스스로 더 꾸며 댔다(Sam이 곰인형을 욕실로 가지고 가서 크레용으로 더럽히기 전에 뜨거운 물에 넣었다).

논의할 점: 이 연구가 성적 또는 신체적 학대를 받은 아동의 진술을 평가할 때 조사자들에게 주는 잠재적인 시사점은 무엇인가?

　마지막으로, Leichtman과 Ceci는 다양한 집단의 아동보호 전문가들에게 이 아동들이 Sam의 행동에 대해 기술하는 비디오테이프를 보여 준 후 그들이 아동의 진술만을 근거로 정확한 설명과 부정확한 설명을 변별해 낼 수 있는지를 알아보았다. 이 비공식적인 검사의 수행 결과는 본질적으로 우연의 수준이었다. 전반적으로 전문가들은 정확한 설명을 가장 믿을 수 없는 것으로 평가하였고, 부정확한 설명을 가장 믿을 만한 것으로 평가하였다!

논의할 점: 전문가들이 어떤 아동이 진실을 말하는지, 그리고 어떤 아동이 잘못된 기억에 의존하고 있는지를 보다 정확하게 결정하기 위해서 아동에게 질문을 한다면 어떤 것을 할 수 있는가?

　면담할 때 어린 아동은 나이 든 아동에 비해 특히 일반적으로 개방형 질문일 경우 전형적으로 말을 적게 한다. 그러나 4세 아이조차도 자유회상 국면에 대한 반응으로 기억에 관한 정보를 제공할 수 있다(예: Lamb et al., 2003). 비록 그들이 많은 세부사항을 빠뜨린 빈약한 설명을 제공하더라도, 어린 아동들이 한 자유회상 진술은 나이 든 아동들이 제공한 진술보다 덜 정확하다고 할 수 없다.

　여하튼 어린 아동들은 보다 자세하게 보고하기 위해 보통 더 많은 단서와 상황을 요구한다(Hamond & Fivush, 1991; Lamb et al., 2003). 전 세계적으로 현장 연구들은 NICHD 요강이 조사 면담의 질을 향상시키므로 가치가 있다고 보고하였다. 이 요강을 사용했을 때 개방형 질문이 증가했고 초점적이었으며 암시적인 질문은 감소하였다(Cyr & Lamb, 2009; Lamb et al., 2008; Orbach et al., 2000; Sternberg et al., 2001). 이러한 국제적인 현장연구에서 개방형 권유에 대한 반응으로 세부사항의 대부분과 최초 학대에 대한 노출이 나타났다. NICHD 요강은 또한 사례 평가와 기소에도 긍정적인 함축성을 가지고 있다(Hershkowitz et al., 2007; Pipe et al., 2008). 이것은 그것의 법적 가치가 면담실을 넘어 확장될 수 있음을 의미한다.

　아동에 대해 법적인 면담을 할 때는 특별한 관심을 가져야만 한다. 여하튼 아동의 발달적 능력과 한계에 대한 자각은 법적 면담 그 자체로 끝나는 것이 아니다. 연구자들과 실무자들은 또한 아동의 증거가 법정에서 어떻게 제시되고 사용되는지에 대해서도 관심을 가져야 한다. 법적 체계가 아동이 목격자로 참여할 때 관련될 수 있는 스트레스를 줄일 수 있는 몇 가지 혁신적인 방법이 있다. 예를 들면, 어떤 재판에서는 아동이 준비 프로그램에 참여할 수 있거나, 법적인 과정을 극복하는 데 도움을 줄 수 있는 지지자와 함께할 수도 있다(Malloy et al., 2006 참조). 다른 분야로부터 빌려 온 혁신적인 장치―폐쇄 회로 텔레비전(CCTV)―는 법정 밖에서 아동 목격자들을 조사할 수 있게 함으로써 그들의 스트레스를 완화시킬 수 있게 해 주었다. 아동은 독립된 방에서 직접적인 조사나 교차조사를 받을 수 있고 피고인과의 대면을 피할 수 있는 반면, 증언은 법정에서 생방송으로 나올 수 있다. 이론적으로 CCTV는 아동 목격자와 법적 체계 모두에게 이익이 되는 방향에서 다양한 목적으로 사용될 수 있다. 즉, CCTV는 아동의 스트레스 및 법적 참여와 관련된 부정적 결과를 동시에 감소시켜 준다(Goodman et al., 1992; Quas, Goodman et al., 2005). 그리고 아동이 '서 있는 것'을 극복할 수 있도록 도와주어서 잠재적으로 외상적인 사건에 대해 정확하고 자세한 정보를 인출하거나 보고하는 데 필요한 인지적 자원을 더 많이 활용할 수 있게 해 준다.

법적 체계에서 아동이 효과적으로 참여할 수 있도록 촉진하기 위한 몇 가지 혁신적인 측정 도구가 있긴 하지만, CCTV는 가장 많이 연구된 개혁 중의 하나를 대표한다. CCTV는 아동의 스트레스를 감소시키는 것으로 보인다. CCTV를 통해 면담을 할 때 아동은 관찰자들에게 보다 이완된 것으로 평정되었다(13장과 Davies & Noon, 1991, 1993 참조). 그리고 법적 전문가들에게는 '개방된 법정'에서 증언을 한 아동들보다 더 자신감이 많고 일관성이 있으며 행복한 것으로 평정되었다(Davies & Noon, 1993). 또한 Goodman 등은 CCTV를 통해 면담할 때 보다 더 정확했음(예: 직접적인 질문에 대한 반응에서)을 지적했다(Orcutt et al., 2001 참조). 안타깝게도 아동들의 신뢰도는 전통적인 방식으로 조사하는 것에 비해 CCTV로 조사할 때 약간 감소하는 것으로 나타났다. 그러나 Goodman 등의 연구에서 CCTV의 사용은 배심원들이 아동 반응의 신뢰성을 결정하는 데 영향을 주지 않는 것으로 나타났다. 중요하게도 CCTV는 피고인이 유죄라고 가정하도록 배심원들을 이끌지 않는다. 미국에서 CCTV가 드물게 사용되는 것은 문제다. 왜냐하면 미국의 6차 수정 헌법의 대질 조항은 피고인이 '자신에게 적대적인 목격자와 대질할 수 있는' 권리를 제공하기 때문이다. 반대로 영국에서는 CCTV가 더 많이 사용되고 있어서 아동의 법적 참여를 촉진시키는 데 관심이 있는 사람들이 어떠한 대질 조항에 의해서도 제한받지 않으며, 그 결과로 많은 현장 작업

이 영국에서 수행되고 있다(법정에서의 아동의 증언을 촉진하는 방법에 대한 논의는 13장 참조).

요약하면, 우리는 아동들이 성인보다 의사소통 능력이 덜하고 좀 더 암시적이라는 것을 알고 있는 반면, 학령 전 아동들조차도 스트레스를 받거나 학대받은 경험을 포함한 그들의 경험을 정확하게 보고할 수 있음도 알고 있다. 법적 및 법정 전문가들은 아동의 능력과 한계를 깨닫고 신경을 써서 발달적으로 적절한 방식으로 질문을 하고 개념을 말해야 한다. 특히 아동에게 사용할 수 있는 심문 면접 요강(NICHD 같은)은 면담자나 법적 맥락에 있는 아동과 일을 하는 사람들이 죄상의 실무를 하도록 도와줄 수 있다. CCTV와 같은 다른 측정 도구는 아동의 증언이나 안녕을 향상시키거나 촉진할 수 있을 것이다.

마지막으로, 목격자(아동이나 성인이나 비슷하게)에게 범죄에 관한 면담을 할 때 기억 이상의 것이 작동한다는 점을 명심하는 것이 중요하다. 성공적인 면담을 위해 목격자는 자신의 경험을 기꺼이 드러내려고 해야 하고 논의하려는 동기가 있어야 한다. 지난 수십 년에 걸쳐 수행된 대부분의 연구는 협조적인 목격자를 어떻게 면담할 것인가에 초점을 두어 왔다. 그리고 우리는 이 장에서 몇 가지 주된 결과를 고찰하였다. 많은 연구가 아동의 잘못된 진술의 위험성에 초점을 맞추고 있지만 거기에는 또한 오류 부정과 노출 지연 그리고 철회의 위험성이 있다(Goodman-Brown et al., 2003; Malloy et al., 2007; Pipe et al., 2007). 법적 체계는 오류 진술과 오류 부정 모두 비극적 결과를 가져올 수 있기 때문에 신중해야 한다(13장 참조).

아동의 진술이 학대의 발견에 결정적이기 때문에 노출의 실패, 지연된 노출 및 철회는 기소와 개입을 방해할 수 있다(Myers, 1992). London 등(2005, 2008)은 아동 성적 학대의 노출에 관한 문헌을 고찰하였다. 그들

은 대다수의 아동이 아동기 성적 학대의 노출을 장기간(성인기까지) 지연하고 있다는 결론을 내렸다. 아동이 진실한 학대 진술을 철회하는 정도가 지연된 노출보다 더 논쟁적이기는 하지만 최근의 연구들은 적어도 일부 학대받은 아동이 노출 후에도 성적 학대 진술을 철회한다는 점이 시사되었다. Malloy 등(2007)은 아동 성적 학대 희생자라고 진술한 아동의 23%가 심문 중에 자신의 진술을 철회한다는 것을 발견하였다. 철회는 보다 어린 아동이나 부모의 학대에 대해 진술한 아동, 비범죄 양육자(전형적으로 엄마)로부터 지지를 받지 못한 아동에게서 흔하게 나타났다. 다른 연구들은 아동이 학대를 빨리 노출하려는 의지를 사회적이거나 동기적인 요인(예: 아동-범죄자 관계, 부정적 결과에 대한 기대)과 연관시켜 왔다(Goodman-Brown et al., 2003; Hershkowitz et al., 2007; Malloy et al., 2011).

결론

사람들은 목격자 증거를 너무 많이 가치 있게 보거나 믿는 경향이 있다. 미국의 무죄 프로젝트(Innocence Project) 데이터베이스(www.innocenceproject.org)의 통계를 언뜻 보더라도 잘못된 목격자 증언이 잘못된 유죄 판결에서 75% 이상의 역할을 하고 있음을 알 수 있다. 인간의 기억 능력은 어떤 면에서는 뛰어나지만 완전하지 못하다. 지난 수십 년간의 연구들은 기억의 재건적 본질과 오류가 더 많이 일어나는 상황(예: 사람들이 잘못된 과거 사건 정보나 암시적 질문을 접할 때, 목격자가 그들의 기억을 다른 사람들과 논의할 때)을 이해하는 데 진보를 가져왔다.

법정 및 법적 실무자들이 순응성을 포함하여 인간 지능의 특성을 인식하는 것은 중요하다. 그들이 그렇게 할 수 있는 한 가지 방법은 목격자 증언을 끌어낼 수 있는 경험에 기초한 최상의 실무 면담방법을 채택하고 일관성 있게 사용하는 것이다. 이것은 특히 아동 목격자들에게 결정적이다. 왜냐하면 그들은 성인보다 더 암시적이고 잘못을 저지를 수 있는 다른 특성(예: 언어 기술의 발달)을 가지고 있기 때문이다. 가장 정확한 정보를 얻기 위해서 적절한 방법을 사용해야 하는 것은 면담자나 법률 집행자들이 가져야 할 의무다. 더 나아가서 연구자들은 계속해서 기존의 면담 요강을 개선할 수 있는 새로운 방법을 찾아야 한다(예: 눈 감기; 〈글상자 5-2〉 참조).

몇 가지 답변되지 않은 문제들이 남아 있고 법정 면담에서 암시 없이 아동이 학대받은 것에 대해 노출하는 것을 주저하는 문제를 적절히 다룰 수 있는 방법은 무엇인가와 같은 논쟁도 계속되고 있다. 앞으로의 연구는 법적 체계에서의 실제적인 주제와 문제를 다루어 나아가야 할 뿐만 아니라 작동하고 있는 기저의 이론적 원리를 확인하려고 노력해야 한다. 연구자들과 실무자들 사이의 협력, 열린 마음 그리고 상호 존중이 목격자 증언의 분야에서 진보를 일으키는 데 필수적이다. 우리는 과학자와 실무자들이 서로 배우고 들으며 경험을 기반으로 한 기술의 사용과 정의의 추구를 촉진하는 데 함께 일하기를 바란다.

요약

● 일반적으로 사람들은 목격자 증언을 과대평가한다. 모든 사람(법적 전문가와 배심원)이 인간 기억의 부정확한 본질을 인식하는 것이 중요하다.

● 기억은 재건 과정이다. 기억은 오류 암시와 같은 사건 후 정보나 다른 목격자들과의 사건 논의(기억 동조)에 영향을 받을 수 있다.

● 기억은 부호화, 저장 그리고 인출의 세 단계로 나뉠 수 있고 각 단계마다 순응적일 수 있다(예: 부호화 동안의 무기 초점 효과, 인출 시의 사건 후 정보 효과)

● 확신을 가지고 있는 목격자라 하더라도 그들이 목격하거나 경험한 사건을 재진술할 때 틀릴 수 있다.

● 인지적 면담(CI)은 잘 만들어진 것으로 협조적인 성인 목격자를 면담할 때 일반적으로 사용되는 방법이다. 그것은 인지심리학적 이론과 연구 결과에 근거하고 있고 인출을 도와주는 기억술 장치를 사용한다.

● 아동의 발달 상태와 성격은 목격자 증언을 제공할 때 어떤 도전에 부딪힐 수 있다. 여하튼 학령 전 아동이라 할지라도 적절히 면담을 받기만 하면 정확한 진술을 제공할 수 있다.

● 가장 많이 논의되고 있는, 아동 면담을 위해 설계된 면담 요강은 국립 아동건강 및 인간발달 연구소(NICHD)의 심문 면접 요강이다. NICHD 요강은 아동 발달에 관한 지식에 근거하고 있고 면담자에게 최상의 실무를 할 수 있는 구조화된 지침을 제공해 준다.

● 법정 및 법적 전문가들은 경험을 기반으로 한 최상의 실무 면담방법을 채택하고 일관성 있게 사용하는 것이 중요하다. 그리고 연구자와 실무자들은 목격자 증거를 얻기 위한 기법을 향상시키기 위해 지속적으로 함께 일해야 한다.

주관식 문제

1. 목격자 기억의 정확성은 기억의 모든 단계에서 영향을 받을 수 있다. 이 단계들을 기술하고 각 단계에서 목격자 기억의 정확성에 영향을 줄 수 있는 요인을 예를 들어 설명하라.

2. 아동 목격자 증언의 강점과 약점을 설명하라.

3. 과학자들은 인간의 기억이 '재건 과정'이라고 주장한다. 이것이 의미하는 바는 무엇인가?

4. 심문 면접 요강(성인용 인지 면담과 아동용 NICHD 심문 면접 요강)이 목격자의 능력과 한계를 어떻게 설명하는지에 대해 논의하라.

참고문헌

Bartlett, F. C. (1932). *Remembering: An experimental and social study.* Cambridge: Cambridge University Press.

Bottoms, B., Quas, J., & Davis (2007). The influence of interviewer-provided social support on children's suggestibility, memory, and disclosures. In M. E. Pipe, M. E. Lamb, Y. Orbach & A. Cederborg (Eds.), *Child sexual abuse: Disclosure, delay and denial* (pp. 135-157). Mahwah, NJ: Lawrence Erlbaum Associates.

Brewer, N., & Wells, G. L. (2011). Eyewitness identification. *Current Directions in Psychological Science, 20,* 24-27.

Bruck, M., Ceci, S. J., & Principe, G. F. (2006). The child and the law. In K. A. Renninger, I. E. Sigel, W. Damon & R. M. Lerner (Eds.), *Handbook of child psychology* (6th ed.). Vol. 4 (pp. 776-816). Hoboken, NJ: John Wiley & Sons, Inc.

Cyr, M., & Lamb, M. E. (2009). Assessing the effectiveness of the NICHD investigative interview protocol when interviewing French-speaking alleged victims of child sexual abuse in Quebec. *Child Abuse & Neglect, 33,* 257-268.

Dale, P. S., Loftus, E. F., & Rathbun, L. (1978). The influence of the form of the question of the eyewitness testimony of preschool children. *Journal of Psycholinguistic Research, 74,* 269-277.

Davies, G., & Noon, E. (1991). *An evaluation of the live link for child witnesses.* London: Home Office.

Davies, G., & Noon, E. (1993). Video links: Their impact on child witness trials. *Issues in Criminological & Legal Psychology, 20,* 22-26.

Davies, G., Stevenson-Robb, Y., & Flin, R. (1988). Tales out of school: Children's memory for an unexpected event. In M. M. Gruneberg, R. N. Sykes & P. Morris (Eds.), *Practical aspects of memory: Vol. I. Memory in everyday life* (pp. 122-127). Chichester: John Wiley & Sons, Inc.

Deffenbacher, K. A., Bornstein, B. H., Penrod, S. D., & McGorty, E. K. (2004). A meta-analytic review of the effects of high stress on eyewitness memory. *Law & Human Behavior, 28,* 687-706.

Dent, H. R. (1986). Experimental study of the effectiveness of different techniques of questioning child witnesses. *British Journal of Social and Clinical Psychology, 18,* 41-51.

Draaisma, D. (2001). *Metaphors of memory.* Cambridge: Cambridge University Press.

Evans, J. R., Schreiber Compo, N., & Russano, M. (2009). Intoxicated witnesses and suspects: Procedures and prevalence according to law enforcement. *Psychology, Public Policy & Law, 15,* 194-221.

Fisher, R. P., & Geiselman, R. E. (1992). *Memory-enhancing techniques in investigat-ive interviewing: The cognitive interview.* Springfield, IL: C. C. Thomas.

Fisher, R. P., Milne, R., & Bull, R. (2011). Interviewing cooperative witnesses. *Current Directions in Psychological Science, 20,* 16-19.

Gabbert, F., Hope, L., & Fisher, R. P. (2009). Protecting eyewitness evidence: Examining the efficacy of a self-administered interview tool. *Law and Human Behavior, 33,* 298-307.

Goodman, G. S., Bottoms, B. L., Schwartz-Kenney, B. M., & Rudy, L. (1991). Children's testimony about a stressful event: Improving children's reports. *Journal of Narrative and Life History, 1,* 69-99.

Goodman, G. S., Pyle-Taub, E., Jones, D. R. H., England, P., Port, L. P., Rudy, L & Prado, L. (1992). Emotional effects of criminal court testimony on child sexual assault victims. *Monographs of the Society for Research in Child Development, 57* (Serial No. 229).

Goodman, G. S., Toby, A. E., Batterman-Faunce, J. M., Orcutt, H., Thomas, S., Shapiro, C., & Sashsenmaier, T. (1998). Face to face confrontation: Effects of closed circuit technology on children's eyewitness testimony and jurors' decisions. *Law and Human Behavior, 22,* 165–203.

Goodman-Brown, T. B., Edelstein, R. S., Goodman, G. S., Jones, D. P. H., & Gordon, D. S. (2003). Why children tell: A model of children's disclosure of sexual abuse. *Child Abuse & Neglect, 27,* 525–540.

Hamond, N. R., & Fivush, R. (1991). Memories of Mickey Mouse: Young children recount their trip to Disney World. *Cognitive Development, 6,* 433–448.

Hasel, L. E., & Kassin, S. M. (2009). On the presumption of evidentiary independence: Can confessions corrupt eyewitness identifications? *Psychological Science, 20,* 122–126.

Hebb, D. O. (1949). *The organization of behavior.* New York: John Wiley & Sons, Inc.

Hershkowitz, I., Orbach, Y., Lamb, M. E., Sternberg, K. J., & Horowitz, D. (2006). Dynamics of forensic interviews with suspected abuse victims who do not disclose abuse. *Child Abuse & Neglect, 30,* 753–769.

Hershkowitz, I., Lanes, O., & Lamb, M. E. (2007). Exploring the disclosure of child sexual abuse with alleged victims and their parents. *Child Abuse & Neglect, 31,* 111–123.

Home Office. (1992). *Memorandum of good practice on video recorded interviews with child witnesses for criminal proceedings.* London: HMSO.

Home Office. (2007). *Achieving best evidence in criminal proceedings: Guidance on interviewing victims and witnesses, and using special measures.* London: Home Office.

Lakoff, G., & Johnson, M. (1980). *Metaphors we live by.* Chicago: University of Chicago.

Lamb, M. E., Hershkowitz, I., Orbach, Y., & Esplin, P. W. (2008). *Tell me what happened: Structured investigative interviews of child victims and witnesses.* Hoboken, NJ: John Wiley & Sons, Inc.

Lamb, M. E., Sternberg, K. J., Orbach, Y., Esplin, P. W., Stewhart, H., & Mitchell, S. (2003). Age differences in young children's responses to open-ended invitations in the course of forensic interviews. *Journal of Consulting and Clinical Psychology, 71,* 926–934.

Leichtman, M. D., & Ceci, S. J. (1995). The effects of stereotypes and suggestions on Preschoolers' reports. *Developmental Psychology, 31,* 568–578.

Loftus, E. F. (1986). Ten years in the life of an expert witness. *Law and Human Behavior, 10,* 241–263.

Loftus, E. F. (1993) The reality of repressed memories. *American Psychologist, 48,* 518–537.

Loftus, E. F. (2005). Planting misinformation in the human mind: A 30–year investigation of the malleability of memory. *Learning and Memory, 12,* 361–366.

Loftus, E. F., Loftus, G. R., & Messo, J. (1987). Some facts about weapon focus. *Law and Human Behavior, 11,* 55–62.

Loftus, E. F., & Palmer, J. C. (1974). Reconstruction of automobile destruction: An example between language and memory. *Journal of Verbal Learning and Verbal Behaviour, 13,* 3–13.

London, K., Bruck, M., Ceci, S. J., & Shuman, D. W. (2005). Disclosure of child sexual abuse: What does the research tell us about the ways that children tell? *Psychology, Public Policy, & the Law, 11,* 194–226.

London, K., Bruck, M., Wright, D. B., & Ceci, S. J. (2008). Review of the contemporary literature on how children report sexual abuse to others: Findings, methodological issues, and implications for forensic interviewers. *Memory, 16,* 29–47.

London, K., & Kulkofsky, S. (2010). Factors affecting the accuracy of children's forensic reports. In G. M. Davies & D. B. Wright, (Eds.), *New frontiers in applied memory* (pp. 119–141). New York: Psychology Press.

Lyon, T. D., Carrick, N., & Quas, J. A. (2010). Young children's competency to take the oath: Effects of task, maltreatment, and age. *Law and Human Behavior, 34*, 141–149.

Lyon, T. D. (2011). Assessing the competency of child witnesses: Best practice informed by psychology and law. In M. E. Lamb, D. La Rooy, L. C. Malloy & C. Katz (Eds.), *Children's testimony: A handbook of psychological research and forensic practice* (pp. 69–85). Chichester: John Wiley & Sons, Inc.

Malloy, L. C., Lyon, T. D., & Quas, J. A. (2007). Filial dependency and recantation of child sexual abuse allegations. *Journal of the American Academy of Child & Adolescent Psychiatry, 46*, 162–170.

Malloy, L. C., Mitchell, E. B., Block, S. D., Quas, J. A., & Goodman, G. S. (2006). Children's eyewitness memory: Balancing children's needs and defendants' rights when seeking the truth. In M. P. Toglia, J. D. Read, D. F. Ross & R. C. L. Lindsay (Eds.), *Handbook of eyewitness psychology: Volume 1: Memory for events* (pp. 545–574). Mahwah, NJ: Lawrence Erlbaum Associates, Inc.

Malloy, L. C., Brubacher, S. P., & Lamb, M. E. (2011). Expected consequences of disclosure revealed in investigative interviews with suspected victims of child sexual abuse. *Applied Developmental Science, 15*, 8–19.

Malloy, L. C., & Quas, J. A. (2009). Children's suggestibility: Areas of consensus and controversy. In K. Kuehnle & M. Connell (Eds.), *The evaluation of child sexual abuse allegations: A comprehensive guide to assessment and testimony* (pp. 267–297). Hoboken, NJ: John Wiley & Sons, Inc.

Memon, A., Meissner, C. A., & Fraser, J. (2010). The cognitive interview: A meta-analytic review and study space analysis of the past 25 years. *Psychology, Public Policy, & Law, 16*, 340–372.

Memon, A., & Vartoukian, R. (1996). The effect of repeated questioning on young children's eyewitness testimony. *British Journal of Psychology, 87*, 403–415.

Minsky, M. (1975). A framework for representing knowledge. In P. H. Winston (Ed.), *The psychology of computer vision* (pp. 211–277). New York: McGraw-Hill.

Myers, J. E. B. (1992). *Legal issues in child abuse and neglect.* Newbury Park, CA: Sage.

Neisser, U. (1967). *Cognitive psychology.* Appleton-Century-Crofts: New York.

Orbach, Y., Hershkowitz, I., Lamb, M. E., Esplin, P. W., & Horowitz, D. (2000). Assessing the value of structured protocols for forensic interviews of alleged child abuse victims. *Child Abuse & Neglect, 24*, 733–752.

Orcutt, H. K., Goodman, G. S., Tobey, A. E., Batterman-Faunce, J. M., & Thomas, S. (2001). Detecting deception in children's testimony: Factfinders' abilities to reach the truth in open court and closed-circuit trials. *Law and Human Behavior, 25*, 339–372.

Perfect, T. J., Wagstaff, G. F., Moore, D., Andrews, B., Cleveland, V., Newcombe, S. *et al.* (2008). How can we help witnesses to remember more? It's an (eyes) open and shut case. *Law and Human Behavior, 32*, 314–324.

Pipe, M. E., Lamb, M. E., Orbach, Y., & Cederborg, A.-C. (2007). *Child sexual abuse: Disclosure, delay and denial.* Mahwah, NJ: Lawrence Erlbaum Associates.

Pipe, M. E., Orbach, Y., & Lamb, M. E. (2008). The effect of the NICHD Interview Protocol on the outcomes of child sexual abuse investigations. In M. E. Lamb, *How does the quality of interviews with alleged victims of child abuse affect investigation and intervention?* Symposium presented at the annual meeting of the American Psychology Law Society, Jacksonville, FL.

Quas, J. A., Goodman, G. S., Ghetti, S., Alexander, K. W., Edelstein, R., & Redlich, A. D., Cordon, I. M., & Jones, D. P. H. (2005). Childhood sexual assault victims: Long-term outcomes after testifying in criminal court. *Monographs of the Society for Research in Child Development, 70*, 1-145.

Quas, J. A., Wallin, A. R., Papini, S., Lench, H., & Scullin, M. H. (2005). Suggestibility, social support, and memory for a novel experience in young children. *Journal of Experimental Child Psychology, 91*, 315-341.

Roberts, K. P., Lamb, M. E., & Sternberg, K. J. (2004). The effects of rapport-building style on children's reports of a staged event. *Applied Cognitive Psychology, 18*, 189-202.

Roediger, H. L. (1980). Memory metaphors in cognitive psychology. *Memory & Cognition, 8*, 231-246.

Schank, R. C., & Abelson, R. P. (1977). *Scripts, plans, goals, and understanding: An inquiry into human knowledge structures*. Hillsdale, NJ: Erlbaum.

Schreiber-Compo, N., Hyman-Gregory, A. R., & Fisher, R. P. (in press). Interviewing behaviors in police investigators: A field study of a current U. S. sample. *Psychology, Crime, and Law*.

Simons & Chabris (1999). Gorillas in our midst: Sustained inattentional blindness for dynamic events. *Perception, 28*, 1059-1074.

Skagerberg, E. M., & Wright, D. B. (2008). The prevalence of co-witnesses and co-witness discussions in real eyewitnesses. *Psychology, Crime, & Law, 14*, 513-521.

Steblay, N. M. (1992). A meta-analytic review of the weapon focus effect. *Law and Human Behavior, 16*, 413-424.

Sternberg, K. J., Lamb, M. E., Orbach, Y., Esplin, P. W., & Mitchell, S. (2001). Use of a structured investigative protocol enhances young children's responses to free-recall prompts in the course of forensic interviews. *Journal of Applied Psychology, 86*, 997-1005.

Talarico, J. M., & Rubin, D. C. (2003). Confidence, not consistency, characterizes flashbulb memories. *Psychological Science, 14*, 455-461.

Toglia, M. P., Read, J. D., Ross, D. F., & Lindsay. R. C. L. (2006). *Handbook of eyewitness memory, Vol. 1: Memory for events*. Mahwah, NJ: Lawrence Erlbaum Associates.

Tulving, E. (1985). How many memory systems are there? *American Psychologist, 40*, 385-398.

Vredeveldt, A., Baddeley, A. D., & Hitch, G. J. (under review). Interviewing witnesses: Closing the eyes improves memory of a violent event. *Manuscript submitted for publication*.

Vredeveldt, A., Hitch, G. J., & Baddeley, A. (2011). Eye-closure helps memory by reducing cognitive load and enhancing visualisation. *Memory & Cognition, 39*, 1253-1263.

Vrij, A., Granhag, P. A., & Porter, S. (2010). Pitfalls and opportunities in nonverbal and verbal lie detection. *Psychological Science in the Public Interest, 11*, 89-121.

Waterman, A. H., Blades, M., & Spencer, C. P. (2000). Do children try to answer nonsensical questions? *British Journal of Developmental Psychology, 18*, 211-226.

Wells, G. L., & Bradfield, A. L. (1998). 'Good, you identified the suspect': Feedback to eyewitnesses distorts their reports of the witnessing experience. *Journal of Applied Psychology, 83*, 360-376.

Wright, D. B. (2006). Causal and associative hypotheses in psychology: Examples from eyewitness testimony research. *Psychology, Public Policy, & Law, 12*, 190-213.

Wright, D. B., London, K., & Waechter, M. (2010). Social anxiety moderates memory conformity in adolescents.

Applied Cognitive Psychology, 24, 1034-1045.

Wright, D. B., Memon, A., Skagerberg, E. M., & Gabbert, F. (2009). When eyewitnesses talk. *Current Directions in Psychological Science,18,* 174-178.

Wright, D. B., Self, G., & Justice, C. (2000). Memory conformity: Exploring misinformation effects when presented by another person. *British Journal of Psychology, 91,* 89-202.

주석이 달린 읽을거리 목록

Bottoms, B. L., Najdowski, C. J., & Goodman, G. S. (2009). *Children as victims, witnesses, and offenders: Psychological science and the law.* New York: The Guilford Press. 이 종합 책은 법적 체계에서의 청년의 분쟁을 고찰하였다. 특히 아동 피해자, 목격자 그리고 피고인에 대한 문헌을 한 책에서 논의하였다.

Brewer, N., & Wells, G. L. (2011). Eyewitness identification. *Current Directions in Psychological Science, 20,* 24-27. 목격자 수행에 영향을 주는 주요 변인과 어떤 요인이 신뢰롭게 정확성을 예측할 수 있는지를 고찰한 최근의 논문.

Davies, G. M., & Dalgleish, T. (Eds) (2001). *Recovered memories: Seeking the middle ground.* Chichester: John Wiley & Sons, Inc. 발굴된 기억 주제에 대해 모든 측면의 논쟁을 고려한 유용한 논의.

Lamb, M. E., La Rooy, L., Malloy, L. C., & Katz, C. (Eds.) (2011). *Children's testimony: A handbook of psychological research and forensic practice* (2nd ed.). Chichester: John Wiley & Sons, Inc. 학대를 포함한 경험 또는 목격한 사건에 관해 믿을 수 있는 증언을 할 수 있는 아동의 능력과 아동의 증언에 관한 광범위한 주제를 다루고 있는 완전 최신판 책.

Loftus, E. F. (1996). *Eyewitness testimony* (2nd ed.). Harvard: Harvard University Press. 몇 년 전에 출판되었음에도 불구하고 여전히 이 장에서 논의되고 있는 많은 주제에 대해 매우 알기 쉽게 개요를 설명한 책이다.

Milne, R., & Bull, R. (1999). *Investigative interviewing: Psychology and practice.* Chichester: John Wiley & Sons, Inc. 이 책은 최선의 증거를 얻기 위해서 피의자, 피해자 그리고 증인에 대해 어떻게 면담할 것인지에 대한 심리학적 연구에 초점을 두었다.

제6장   취약한 증인을 면담하기

ROBYN E. HOLLIDAY, JOYCE E. HUMPHRIES,
CHARLES J. BRAINERD & VALERIE F. REYNA

주요 용어

관점 바꾸기	기억출처 확인 오류	맥락 재진술	면접자 편향	모든 것을 보고하기	소통관계	순서 바꾸기
우수한 실무 면담 지침	인출 간섭	작업기억	장기기억	주도권 넘기기	최선의 증거 얻어 내기	친숙성
틀린 정보 효과	퍼지 흔적 이론	피암시성	혼합된 기억	흔적 변경

이 장의 개요

법정에서 증언하는 증인 중 보호 대상자의 수는 대부분의 서구 국가에서 최근 의미 있게 증가하였다. 가장 널리 인정되는 보호 대상자는 성학대 혐의 사례에서 자주 증언하는 아동이겠지만, 그 밖에 다른 보호 대상자 집단도 법정에서 점차 자주 눈에 띄고 증언의 소리도 듣게 된다. 이들은 노인이나 학습부진(learning disabilities)이 있는 증인이기 쉽다. 이런 증인들이 등장하는 것은 사회의 모든 구성원이 법정에 나와 그들의 목소리로 증언을 할 수 있도록 하고, 범죄자들은 확실하게 기소되도록 해야 할 필요성을 보여 주는 것이다(13장 참조). "목격자 증언(eyewitness testimony)은 법정에서 쓰일 수 있는 모든 증거 중에서 가장 꼼짝달싹할 수 없게 만드는 것이다."(Loftus, 1991) 목격자 증언의 신뢰성은 목격하거나 겪은 사건에 대한 기억의 정확성에 달려 있다. 이제 심리과학과 법조 체계는 밀접한 연관을 갖게 되었다. 법정에서는 취약한(vulnerable) 증인의 목격 증언에 대한 충격적인 연구 결과에 주목하게 되었으며, 그것은 이제 실제 재판 중인 사례에 늘상 적용되고 있다. 심리과학의 기여는 지엽적인 것이 아니었다. 오히려 연구 결과는 장기 구금과 성범죄자 같은 평생 붙어 다닐 명칭을 위시하여 중요 사례의 재판 결과를 바꾸어 놓았으며, 때로는 피고에게 무죄를 안겨 주기도 하고, 때로는 범죄에 연루된 것을 입증해 주기도 하였다(실제 사례는 Ceci & Bruck, 1995 참조).

이 장에서는 기억이 작용하는 방식과 부호화하고 저장한 후 나중에 기억에서 정확하게 해당 자료를 인출하기 위해 사용해야 하는 전략을 살펴보는 것부터 시작한다. 그다음에는 기억을 못해 내는 것의 원인, 특히 틀리지만 굳게 믿는 기억을 만들어 내는 데 **피암시성(suggestibility)**과 **틀린 정보(misinformation)**가 어떤 역할을 하는지를 살펴보게 될 것이다. 이와 같은 그릇된 기억(false memories)은 취약한 증인의 경우 특히 문제가 되는 부분이었다. 다음에는 특별한 면담 기법을 살펴볼 것인데, 이는 증인으로 하여금 경찰과 재판부에 오류는 최소한이면서 정확한 정보는 최대한 제공할 수 있도록 하기 위해 개발된 것이다.

피암시성
(suggestibility)
틀린 정보 효과
(misinformation effect)를
보라.

우리의 경험이 어떻게 해서 뇌 속의 정보로 전환되는가

정보처리이론

정보처리이론에서는 두뇌를 정보가 흐르고 있는 복잡한 상징 구사 계통(symbol-manipulating system)—컴퓨터에 비유한 것—으로 본다(5장 참조). 정보처리이론은 단일한 하나의 이론이 아니고, 정보가 뇌 속으로 흘러 들어가고 뇌 밖으로 흘러나오는 과정에 대한 설명이라고 보면 되겠다. 우리가 기억하는 내용이 말한 내용 그대로의 기억(verbatim memory, 자세한 내용으로서 급속히 접근 불가한 상태로 들어감)과 재구성(reconstruction)—즉, 크게 상호 의존적인 이 두 개의 과정—이 혼합된 것이라는 점은 널리 인정되고 있다.

퍼지흔적이론(fuzzy-trace theory; 예: Brainerd & Reyna, 1995, 1998)에서는 말한 내용 그대로의 기억(자세한 내용; 예를 들면, '빨간 차')과 요점 기억(gist memories, 즉 어의적 및 관계적 정보; 예를 들면 '차'는 애매하게 명세화(specified)된다—차의 색깔은 아무 색이나 될 수 있다)이 부호화(encoded)되고 저장되고 다음에는 인출된다고 주장한다. 예를 들면, 경찰 조사에서 정보를 기억해 내도록 요구받거나 또는 용의자를 일렬로 세워 놓고 가려내라고 요구받으면, 말한 내용 그대로의 기억을 회상하는 것은 표적(용의자)의 세부사항(예: 줄 서 있는 사람의 얼굴)과 기억 속에 있는 세부사항이 **정확하게(exact)** 일치하는지의 여부에 따라서 이루어진다. 반면에, 요점 기억을 회상해 내는 것은 표적(용의자)의 세부

퍼지흔적이론 (fuzzy-trace theory)
기억의 이중 과정 모형(dual-processes model of memory), 말한 내용 그대로(verbatim)와 요점(gist)에 관한 흔적(traces)은 각각 그 세부 내용이 따로따로 부호화된다.

사항(예: 줄 서 있는 사람의 얼굴)과 기억 속에 있는 세부사항 사이의 **유사성(similarity)**을 토대로 이루어진다(Brainerd et al., 1999). 퍼지흔적이론에 따르면 틀린 기억이 많이 나오는 것은 경험한 것의 요점을 이해하려는 노력의 결과로 저절로 생긴 것이며, 이런 경향성은 반복적인 학대의 경우처럼 연결된 사건들이 반복해서 발생할 때 증가한다(Holliday et al., 2011; Reyna et al., 2007). 그러나 이와 같이 관련된 사건들을 알아서 스스로 연결 짓는 편향의 경향성(biasing tendency)은 성인보다는 아동에게서 더 적다고 한다(Brainerd & Reyna, 2007).

정보의 부호화, 저장 및 인출을 위한 기억 전략

기억 전략

기억 전략은 세부 내용을 **작업기억(working memory)** 속에 담아 놓고(hold), 정보를 저장하며, 정보를 **장기기억(long-term memory)** 및 이미 갖고 있던 기존의 지식 쪽으로 옮기는 데 사용되는 면밀한 정신 활동이다. 달리 말하면, 기억 전략은 우리의 면밀한 통제하에 있는 인지적 또는 행동적 활동으로서, 기억 수행도를 증진시키고자 할 때 통상 사용된다(5장 참조).

환경에서 들어오는 정보는 부호화되어야 한다. 예를 들면, 용의자의 옷차림, 머리카

작업기억 (working memory)
정보를 장기기억 속으로 저장하기 전에 정보에 대한 저장 및 가공(manipulation) 작업을 동시에 할 수 있게 해 주는 임시 기억 체계. 작업기억은 추리, 이해 및 학습 같은 복잡한 과제를 수행하는 데 필요하다.

장기기억 (long-term memory)
개인적으로 중요한 정보를 오랫동안 저장하는 곳. 이런 정보의 일부는 회상하기가 상당히 용이한 반면, 다른 기억은 접근하기가 훨씬 더 어렵다. 장기기억은 망각되기 쉽지만, 일부 기억은 평생 지속된다.

[그림 6-1] 우리는 전화번호를 외우려고 할 때 정보를 반복하는 시연(되뇜) 기억 전략을 사용할 수 있다.

출처: © Ilya Genkin. Shutterstock사의 허락하에 게재함.

락 및 눈 색깔, 나이, 크기 및 체형 등의 세부적인 내용으로 부호화된다. 정보가 일단 부호화되고 나면, 부호화된 정보는 우리의 두뇌 속에 저장된다. 부호화된 세부 내용은 단기기억에서 장기기억으로 옮겨진다. 전이(transfer), 시연(되뇜, rehearsal), 정교화(elaboration), 조직화(organisation)와 같은 다양한 기억 전략이 세부 내용을 저장하는 데 사용된다. 새로 저장된 정보는 우리가 기존에 갖고 있던 지식의 창고에서 합쳐진다. 예를 들면, 우리는 전화번호를 기억하거나 시장에서 사려고 하는 물건 또는 자동차의 면허판을 기억하려고 할 때 시연(되뇜) 기억 전략을 사용하기도 한다([그림 6-1]). 우리는 정교화 전략을 이용해서 우리가 기억하려고 하는 세부

내용들이 의미 있게 연결되도록 만들 수도 있다. 예를 들면, '코끼리(elephant)' '핀(pin)' 그리고 '몸뚱이(trunk)'라는 단어를 기억하기 위해, 우리는 '코끼리가 자기 몸통 속에 핀을 갖고 있다(The elephant had a pin in his trunk.)', 또는 각 단어의 첫 글자만 따서 'e, p, t'라고 기억할 수 있다.

기억 내용은 어떻게 우리의 두뇌 속에서 밖으로 나오게 되는가

우리의 두뇌 속에 정보를 저장하는 전략이 있듯이, 정보를 인출하는 기억 전략도 존재한다. 인출 전략은 장기기억에 있는 정보에 접근하여 정보를 즉각 사용할 수 있는 단기기억으로 옮기도록 고안된 세밀한 정신적 조작(deliberate operations)이다. 앞의 예를 다시 들어 보면, 용의자에 대해 부호화된 정보는 경찰 조사 등에서 요구되면 회상해 내야 한다. 재인(recognition)은 이렇게 회상하는 데 가장 간단하고 손쉬운 방법이다. 증인에게 수배자의 일련의 사진(mug shots)이나 경찰서에서 일렬로 세워 놓은 용의자 중에서 대상자를 가려내도록 요청하는 것은 증인에게 (용의자 관련) 세부 내용을 회상하라고 요구하는 것보다는 더 쉽다. 왜냐하면 일련의 용의자 사진이나 용의자를 일렬로 세워 놓은 것이 인출 단서의 역할을 하기 때문이다(14장 참조). 회상은 가장 어려운 기억 과제인데, 왜냐하면 회상해 내려면 현재 없는 자극에 대한 기억 정보를 생성해 내야 하기 때문이다. 여기서 중요한 것은 목격자 증언의 정확성이 부호화, 저장 및 인출 단계에서 각기 여러 요인의 영향을 받을 수 있다는 것이다.

아동과 기억 전략

기억 전략을 구사하는 방식은 발전한다. 사용하는 전략의 유형, 수 및 효율성은 나이에 따라 다르다(Bjorklund, 2005). 전략을 사용하는 것은 아동의 취학 전 나이에 나타나기 시작하는데 처음에는 그다지 성공을 거두지 못한다. 아동 중기에는 기억 전략을 사용하는 것이 극적으로 많아진다.

저장 전략

시연(되뇜)

이 주제에 대한 종자 같은 역할을 한 연구는 Flavell 등(1966)의 연구였다. 이 연구자들은 5, 7 및 10세의 아동들에게 기억해야 할 대상을 그림으로 보여 주었다. 연구 결과는 아동의 나이가 많아지면서 기억 부호화 전략으로서 언어적 시연(rehearsal)을 스스로 사용하는 것이 많아졌고 그리하여 회상 수준도 높아지는 것을 보여 주었다.

조직화

정보를 의미 있는 덩어리(chunk)로 묶는 것, 예를 들면 전화번호를 외우려고 할 때 전화번호를 세 자리씩 덩어리로 묶는 것이 보통일 것이다. 이제는 고전이 된 논문에서 Miller(1956)는 성인이 평균 7개(+/-2개)의 무선적인 숫자나 글자를 기억 속에 담아 둘 수 있다고 보고했다. Moely 등(1969)은 아동이 조직화(organisation) 전략을 사용하는 것을 연구하였다. 5, 6, 8, 10 및 11세의 아동들에게 분류 항목이 각기 다른 대상의 그림(예: 동물)을 갖고 2분간 자유롭게 이리저리 움직이고 만지게 한 후 나중에 회상하게 하였다. Moely 등은 아동이 그 림(예: 사자, 개)을 분류 항목(예: 동물)으로 분류해 낸 횟수에 관심이 있었다. 나이가 가장 많은 집단은 그림을 즉각 항목별로 분류해 낸 반면, 나이가 가장 어린 집단은 거의 그렇게 해내지를 못했다. 이는 회상률의 향상과 관련이 있었다.

정교화

두 개의 항목 사이에 관계를 만드는 것, 예를 들면 '돼지(pig)'와 '진흙(mud)'이라는 단어를 기억하기 위해 이 두 단어를 한 문장 속에 넣어서 '진흙이 돼지를 삼켰다(The mud swallowed the pig).'라고 하는 것을 말한다. Beuhring과 Kee(1987)는 5학년과 12학년 학생 참여자를 대상으로 이런 전략을 사용하는 것의 효과를 조사했다. 이 연구자들은 짝짓기 연합 학습(paired-associate learning) 과제상의 수행도가 상급 학년의 참여자들에게 정교화(elaboration) 기법을 가르쳐 주었을 때 크게 향상되는 것을 발견하였다. 따라서 정교화 전략을 효율적으로 사용할 줄 아는 것은 후기의 발달단계(청소년 후기)에 나타난다. 사실상 대학생들에게는 이처럼 노력이 드는 정교화 작업을 사용하도록 가르쳐 줄 필요가 종종 있는데, 성인들은 통상 이 전략을 꾸준히 일관성 있게 사용하지 않기 때문이다(개관은 Bjorklund, 2005 참조).

인출 전략

저장 전략과 마찬가지로, 인출 전략을 쓸 줄 아는 것도 발달단계에 따라 달라진다. 기억의 내용은 그것을 학습한 맥락을 다시 되살려 주면 보다 정확하게 인출된다. 앞의 예를 다시 활용하면, 용의자가 범죄를 저지르는 것을 목격한 장소로 증인을 다시 데리고 가면, 회상에 긍정적인 효과가 있었다. 맥락은 어린 아동들에게는 특히 중요하다(Bjorklund, 2005). 어린 아동은 재인 유형의 기억 검사에서 더 잘 해냈는데, 그 이유는 부분적으로는 원래의 인출 단서(예: 단어 또는 그림)에 다시 접하게 되기 때문이다. Kobasigawa(1974)는 가용한(available) 인출 단서(예: 단서 카드)를 효율적으로 사용하는 것이 5~6세에서 10~11세 사이에서는 연령에 따라서 증가한다는 증거를 발견하였다. 나이가 어린 아동도 나이가 많은 아동만큼 많은 정보를 부호화하기는 하지만 회상 시 도움이 되는 가용한 인출 단서를 자기 스스로 사용할 줄은 몰랐다.

틀린 정보 패러다임

우리의 기억 내용은 많은 외부 자극(예: 부모, 친구, 언론 등의 중간 매체 그리고 사진)의 영향을 받기 쉽다. 그러나 목격자 증언의 정확성에 영향을 미치는 가장 중요한 요인은 피암시성(suggestibility)이라고 주장할 수 있다.

기억 재구성(memory reconstruction, 즉 틈을 메우는 것; Bartlett, 1932 참조) 개념은 목격자 증언의 신뢰도에 관한 연구에서 가장 핵심적이다. Elizabeth Loftus는 목격자 증언에 관한 실험실 연구에서 인정받는 개척자다. Loftus와 동료들(Loftus et al., 1978)은 틀린 정보 패러다임(misinformation paradigm)을 도입했다. 여기에서는 참여자가 어떤 사건을 목격하면 원래의 사건 중 일부 내용이 틀리게 되도록 유도한 후에 원래의 내용을 다시 회상하게 한다. 예를 들면, Loftus(1977)는 대학생들에게 도로에서의 교통사고에 대한 일련의 컬러 슬라이드를 보여 주었다. 빨간색의 닷선 차가 보행자를 넘어뜨렸다. 이것을 초록색 차량의 운전자가 목격하였는데, 이 목격자는 차를 세우지 않았다. 피험자들에게는 이 후자의 차가 파란색이라고 틀리게 알려 주

었다. 틀린 정보를 제공받은 참여자들은 통제집단에 비해서 세우지 않은 목격자 차량의 색깔로 파란색이나 푸르스름한 녹색(색채 배열 상 인접함)을 선택하는 경향이 높았다. 달리 말하면, 실험에 참여했던 목격자들은 차량에 대한 **혼합된 기억(blended memories)**의 증거를 보여 주었다. 즉, 초록색(목격자의 차량 색깔)과 파란색(암시로 준 색깔)의 혼합된 색깔에 대한 증거를 보여 준 것이다.

> **혼합된 기억**
> (blended memories)
> 원래의 기억 내용과 사건 이후의 기억 내용이 혼합된 것

원래의 사건과 사건 이후의 잘못된 내용 중에서 고르라고 요청하면, 성인(Loftus et al., 1978, 1989)과 아동(Ceci et al., 1987; Holliday et al., 1999; Lampinen & Smith, 1995)에 대한 연구에서는 틀리게 유도된 참여자들이 통제집단(틀리게 유도되지 않은)에 비해서 틀리도록 유도하는 암시에 따라서 잘못 선택하는 경향이 의미 있게 높음을 일관성 있게 발견하였다. 이 패러다임(연구방법)은 성인 및 아동에게 틀린 정보를 제시하는 관련 연구 분야에서 재인 기억의 '표준 검사(standard test)'로 명명되었다.

McCloskey와 Zaragoza(1985)는 '개정판 검사(modified test)'를 개발했는데, 틀린 항목 대신에 새로운 항목을 넣은 것 이외에는 표준 검사와 같은 것이다(〈표 6-1〉 참조). 표준 검사에서는 마지막 단계에 참여자들에게 원래의 항목과 틀리게 유도된 항목(예: 빨간색 공 대 초록색 공) 중에서 고르게 한다. 개정판 검사에서는 틀리게 유도된 항목이 앞에서는 못 보았던 새로운 항목(예: 파란색 공)으로 대체된다. McCloskey와 Zaragoza는 틀린 정보가 원래 기억을 훼손시킨다면, 틀리게 유도된 조건의 참여자들은 통제 조건의 참여자들에 비해서 원래의 사건 내용(예: 빨간색 공)을 적게 선택할 것이라고 주장했다. 성인을 대상으로 개정판 재인

표 6-1 표준 검사 및 개정판 검사의 패러다임

실험 조건	1단계 원래의 내용	2단계 사건 후 틀린 정보	표준 검사	개정판 검사
통제	(예: 빨간색 공)	(예: 공)	(예: 빨간색 공 대 초록색 공)	(예: 빨간색 공 대 파란색 공)
틀리게 유도	(예: 빨간색 공)	(예: 초록색 공)	(예: 빨간색 공 대 초록색 공)	(예: 빨간색 공 대 파란색 공)

검사를 사용한 일련의 실험에서, McCloskey와 Zaragoza는 틀리도록 유도된 집단과 통제집단 사이에서 재인의 정확성에서 의미 있는 차이를 발견하지 못하였고, 이는 기억 훼손(memory impairment)의 견해에 반대되는 증거가 되었다. 이들은 '표준' 검사 패러다임에서 탐지된 틀린 정보 효과는 전적으로 요구 특성(demand factors) 및/또는 반응 편향(response biases)에 기인하는 것이며, 진짜로 기억이 바뀐 것을 반영하는 것이 아니라고 했다.

많은 연구자가 McCloskey와 Zaragoza(1985)의 발견, 즉 개정판 검사가 틀린 정보 효과를 없애 주지 못한다는 점을 반복해서 확인해 주었다(예: Belli et al., 1994; Bowman & Zaragoza, 1989). 그러나 다른 연구자들은 틀린 정보가 개정판 검사에서 작지만 신뢰할 만한 효과를 가져다준다는 것을 발견하였다(예: Belli et al., 1992; Holliday et al., 1999; Schreiber & Sergent, 1998; 이 문헌에 대한 개관은 Holliday et al., 2002; Reyna et al., 2002 참조).

아동 증언과 피해자

역사적으로 많은 국가에서 아동은 법률 전문가 및 그 밖에 관련 전문가로부터 신뢰스럽지 못한 목격자로 간주되었다([그림 6-2] 참조). 사실상 1980년대 이전에 는 아동은 증인으로 부적절하며, 이야기를 지어내기 쉽고, 피암시성이 높으며, 환상과 현실을 구분할 능력이 없다고 믿었다. 즉, 요점은 그들이 2등급 증인이라는 것이다(13장 참조). 20세기로 들어서면서, 기억과 지능 검사에서 가장 영향력 있는 개척자 중의 한 사람이었던 프랑스 발달심리학자 Alfred Binet(1857~1911)는 그의 고전적인 책 *La Suggestibilité*(1900)를 출간하였다. Binet는 사람의 내면에서 우러나오는 자기암시[auto-suggestion), 현저한 생각(prominent thought)의 영향]가 피암시성의 저변에 깔린 주요 요인이라고 제시하였다(Ceci & Bruck, 1995). Binet는 7세에서 14세 사이의 아동들에게 길이가 점차 길어지는 선들을 일렬로 보여 주고 나서(학습 단계), 마지막으로 보여 준 선과 길이가 같은 표적 선(target line)을 여러 개 보여 주었다. 그다음 각 아동은 표적 선을 한 번에 하나씩 그림으로 그렸다. Binet는 아동이 각 표적 선의 길이가 같음에도 불구하고, (학습 단계에서 보았던 대로) 길이가 점차 길어지는 선을 그렸다고 보고하였다.

1910년에 독일 심리학자 William Stern(1871~1938)은 아동, 청소년 및 젊은 성인들(나이가 7세에서 18세 사이)에게 몇 분 전에 보았던 그림의 세부 내용을 회상해 보게 했다. 다음에는 참여자들에게 설문에 응답하게 했는데, 이런 설문 중 일부는 그림에 대한 것이었고, 일부는 방향이 다른 엉뚱한 것이었다. 틀린 기억과 피암시

[그림 6-2] 역사적으로 아동은 신뢰스럽지 못한 목격자로 간주되었다.

출처: © Alexander Smushkov. Shutterstock사의 허락하에 게재함.

성에 관한 현대적 연구의 선구자인 Stern은 틀리게 유도하는 질문이 오류를 가장 많이 가져왔고, 자유회상 시에 오류가 가장 적었으며, 나이가 가장 어린 아동은 청소년과 젊은 성인들에 비해서 암시의 영향을 많이 받았다고 보고하였다(Ceci & Bruck, 1995). 1911년에 또 다른 독일 심리학자 Otto Lipmann(1880~1933)은 아동이 목격한 사건의 세부 내용을 부호화하는 방식이 성인과 다르다고 시사하였다. 또한 그는 아동이 성인에 비해 권위 있는 어른이 제시하는 질문에 대해서 잘 따라서 대답한다고 언급했다. 아동 증언과 피암시성에 관한 Lipmann의 견해에 따라서, 인지적(내면) 및 사회적(외부) 요인 모두의 역할이 현대 연구에서 초점의 대상이 되었다(예: Bruck & Ceci, 1999).

지난 20년간 목격자 증언에 관한 연구가 폭발적으로 이루어졌다. 여기에는 아동 증언에 관한 연구가 많이 있다(Brainerd & Reyna, 2005; Ceci & Bruck, 1995). 이런 연구는 시의적절한데, 왜냐하면 ① 전문가들이 증언을 통해 목격자 증언의 신뢰성에 대한 견해를 재판부에 제공하기 시작했고(예: Loftus & Ketcham, 1991 참조), ② 보도되는 아동 학대 사건이 점차 많아짐에 따라서(〈사례연구 6-1〉과 〈사례연구 6-2〉 참조) 1960년대와 1970년대의 사회 분위기가 급속도로 변했으며, ③ 아동 학대 사례 중 기소가 제대로 이루어지는 경우는 거의 없었고, ④ 점차 많은 나라에서 아동 증언을 수용하고 아동이 제시하는 증거에 대한 법률적 제한 조치를 폐기하는 것이 보강 법령(corroboration rule, 즉, 전적으로 아동의 증언에 의해서도 유죄가 성립될 수 있음을 배심원에게 알려 주는 공문; 5장과 13장 참조)으로 알려지게 되었기 때문이다.

사례연구 6-1 　올드 커틀러(Old Cutler) 장로교회 부설 주간보호 센터

1991년도의 State 대 Fijnje 사례에서 보면, Robert Fijnje는 미국 플로리다 주 마이애미에 있는 교회의 지원을 받는 주간보호센터에 오는 취학 전 아동들을 대상으로 2년간에 걸쳐서 성학대를 한 혐의로 고소되었다. Fijnje는 올드 커틀러 장로교회 부설 주간보호 센터에서 교사의 조수였는데, 학대를 저질렀다는 시기의 나이는 11세에서 13세 사이였다.

처음 알게 된 것은 세 살 짜리 아동이 퇴행적 배변 행위를 하고, 악몽을 꾸며, 교회 주간보호센터에 오려고 하지 않았기 때문에 치료를 받게 되었고 그 과정에서 드러났다. 첫 회기에 치료자가 왜 주간보호센터에 오지 않으려 하는지 물어보았더니, 이 어린 아동은 한 소년이 있는데 너무 거칠게 장난을 치고, 자신을 공중으로 던졌다가 안아서 잡는다고 말했다(센터 요원에 의해서 피고가 실제로 이런 짓을 했고, 그가 너무 높이 던져 올린 아동들이 항의해도 이를 무시했던 것이 나중에 확인되었다). 치료 회기 중에 이 아동은 성학대를 당했다는 것을 전혀 표출하지 않았고, 신체적 또는 보강 증거가 없었음에도 불구하고, 치료자는 첫 회기부터 성학대가 이 어린 아동의 문제의 뿌리라고 가정했던 것으로 보인다. 왜냐하면 치료자가 첫 치료 회기가 끝나고 곧 주정부에서 운영하는 학대 신고용 직통전화에 신고한 후 자신의 이런 믿음을 공개했기 때문이다(Ceci & Bruck, 1995, pp. 13-14).

치료를 시작한 지 대략 3개월 이상 지나자 해부 인형 덕분에 아동은 소위 성적 괴롭힘을 당했던 것을 처음으로 자세히 털어놓게 되었다. 그 후 7개월 동안에 걸쳐서, 이 아동은 자신이 학대를 당하는 동안 (아동의 주장에 따르면) 근처에 있었던 다른 아동과 어른의 이름을 많이 열거했다(Ceci & Bruck, 1995, p. 14).

Fijnje는 그의 14번째 생일 이후 곧 체포되었다. 소년범 시설에서 2년을 보낸 뒤, 그는 방면되었다.

후속 연구: 이 사례에서는 아주 어린 아동에게서 치료 시 유도된 잘못된 기억이 소개되었다. 나이가 어린 아동은 상당수가 치료를 시작한 지 수개월이 지날 때까지는 성학대를 털어놓지 않았다. 그러나 이를 폭로한 첫 번째 아동은 폭로하기 최소한 6개월 전에 일어났던 사건을 회상해 내고 있었다. 이 아동의 나이가 3세인데, 자기가 2세 반의 나이 때 일어났다고 주장하는 학대의 내용을 얼마나 신뢰할 수 있을 것인가? 아동 중 아무도 법정에서 증언을 하지 않았다. 그 대신 각 아동마다 담당 치료자가 아동을 대신해서 증거를 제시하였다(풍문, hearsay).

후속 연구를 스스로 해 보려면, 소위 성학대 및/또는 의식적 학대(ritual abuse)의 한 사례나 여러 사례를 찾아서 면접자 편향이나 자기 생각에 맞는 증거만 찾아내려는 편향(interviewer or confirmatory bias), 권위적 인물에 대한 묵종, 또래의 압력 그리고 유도성 및 암시성 질문의 예를 찾아보라.

아동의 말은 믿을 수 있는가

1988년 8월 2일 26세의 보육원 교사 Margaret Kelly Michaels은 미국 뉴저지 주 메이플우드 (Maplewood)에 있는 위 케어(Wee Care) 보육원에서 아동들을 성학대한 혐의로 유죄 판결을 받았다(State v. Michaels, 1988). Kelly는 아동들의 성기 위에 땅콩버터를 바르고 핥아 냈으며, 누드 상태로 피아노를 쳤고, 아동들에게 자신의 소변을 마시고 대변을 먹게 했으며, 아동을 성폭행하고 나이프, 포크, 스푼 그리고 로고 블록으로 공격했다고 한다. 그녀는 7개월간에 걸쳐서 정규 수업 시간 동안에 위의 행위를 저질렀다고 고발되었다. 동료 교사들은 그녀가 이런 행위를 하는 것을 전혀 알아채지 못했고, 아동이 부모에게 말한 것도 전혀 없었으며, 수업이 끝난 후 아동들이 귀가했을 때 어떤 부모도 자기 아이에게서 이상한 행동의 징후, 또는 성기 부위가 까진 흔적이나 아동들의 몸에서 소변이나 대변의 냄새를 맡지 못했다(Ceci & Bruck, 1995, pp. 11-12).

1980년대 및 1990년대 초에 주간보호센터에 있는 아주 어린 아동에 대해 성학대가 저질러졌다는 주장이 폭발적으로 증가했는데, 이에 대한 주요한 전제 조건은 아동은 그런 세부적인 내용을 절대로 꾸며 내지 못하며, 오히려 아동은 그런 일을 폭로하는 데 종종 주저한다는 것이다(아동 성학대 적응 증후군, child sexual abuse accommodation syndrome; Summit, 1983 참조).

Bruck와 동료들은 1995년에 이상의 모든 사례에도 적용할 수 있는 연구 결과를 발표했다. Bruck 등은 아주 정반대의 결과를 발견해 낸 것이다. 즉, 3세 아동도 자신의 성기를 다른 사람이 만졌다는 이야기를 만들어 낸다는 것이다.

- Bruck 등은 (허락을 받고) 의사의 진료실에 비밀 카메라를 설치하고는 3세 아동의 일상적 진찰 과정을 녹화했는데, 이때 참여자 중 절반의 아동에 대해서는 소아과 의사가 아동의 성기와 엉덩이를 부드럽게 만졌다.
- 검사가 끝난 직후, 각 아동을 옆방으로 데리고 가서 의사가 그들을 만졌는지에 대해서 물었다(실험자는 해부적으로 정밀한 인형의 성기를 가리켰다. 이런 인형은 미국에서 사회복지사 및 정신과 의사들이 면접 중에 널리 사용하고 있다).
- 절반 이상의 아동이 자신이 검사받은 것에 대해서 부정확하게 설명했다.
- 많은 아동이 일어나지 않은 방식으로 인형의 성기와 항문을 만졌다.
- 아동 중 거의 60%가 인형을 성적 또는 공격적 방식으로 다루었다.

후속 연구: 아동에 대한 사법적 면담 시 보조도구(장난감, 인형)나 그림을 사용하는 것과 같은 다른 방법의 강점 및 약점은 무엇인가? 이와 같은 다른 방법들이 해부학적으로 정밀하게 제작된 인형보다 더 신뢰할 만한가?(15장 참조)

아동의 증언에 영향을 미치는 요인

자기가 겪었거나 목격한 사건에 대한 6세 아동의 기억은 얼마나 신뢰할 수 있을까? 이에 대한 대답은 많은 요인에 달려 있다. 어린 아동은 나이가 더 많은 아동에 비해서 정보를 더 빨리 잊는 경향이 있다(Brainerd et al., 1990; Howe, 1991). 그래서 목격한 사건과 증언 사이의 지체된 시간 간격이 결정적이다. 어린 아동은 나이가 많은 아동과 성인에 비해서 세부적인 내용을 더 적게 보고한다. 그러나 아동이 회상해 내는 정보는 보통 아주 정확하다(Holliday, 2003a). 1981년에 Nelson과 Gruendel은 맥도날드 햄버거 가게에 가는 것 같은 일상적이고 친숙한 일에 대해서 취학 전 아동들에게 말로 보고하게 한 연구의 결과를 발표했다. 이들이 발견한 것은 3세 정도로 어린 아동이 마치 그 일을 여러 번 겪은 것처럼 그 일의 상세한 내용을 정확하게 기억해 냈다는 것이다. 그러나 어린 아동은 질문하는 성인에게 성인이 듣고 싶어 한다고 아동이 생각하는 내용도 말하는 경향이 있었다(Holliday et al., 1999). 그래서 때로는 기억 내용이 원래 무엇에 관한 것인지도 혼동하곤 하였다. 즉, 어떤 사건을 겪은 아동이 그 사건에 대한 틀린 정보를 제공받으면 그에 따라서 사건에 대한 기억과 그릇된 정보에 대한 기억을 혼동하게 되는 수가 있었다. 이제 우리는 아동의 증언에 영향을 미치는 광범위한 요인들에 대해 살펴보겠다.

인지 요인

기억

어린 아동의 자유회상 내용은 정확하기는 하지만 나이가 많은 아동의 것에 비해서 완성도가 떨어진다. 따라서 면접자는 세부적인 질문을 써서 자세한 내용을 탐색해야 한다. 질문하면 수집되는 정보의 양은 많아지겠지만 이런 정보는, 특히 어린 아동에게는 자유회상을 하라고 요청해서 얻는 정보에 비해서 덜 정확한 경우가 종종 있다(Brainerd et al., 2002; Holliday, 2003a). 개방형 질문(예: "무슨 일이 일어났는지 내게 말해 줄 수 있겠니?")이 세부적 질문(예: "모자 색깔이 그 남자의 모자와 같니?")에 비해서 더 정확한 답변을 이끌어 내는 것이 보통이지만, 세부적 질문에 대해 정확히 답변하는 능력은 나이가 듦에 따라 향상된다(Holliday, 2003a; Poole & White, 1995).

사건에 기반을 둔 지식

아동의 기억 중 맞고 틀리는 등의 차이를 만드는 원인에서 중요한 것이 사전 지식(prior knowledge)이다(Bruck et al., 1997; Reyna et al., 2002). 아동의 사건 관련 지식을 조사하는 연구들에서는 경험과 일치하는 사전 지식이 기억의 정확성에 긍정적 영향을 미치는 것에 주목하였으며(예: Chi, 1978; Goodman & Quas, 1997; Schneider et al., 1989), 아동에게 사전 지식과 일치하지 않는 정보를 기억해 내도록 요구했을 때 기억 오류가 발생하는 것에 초점을 맞추었다(예: Ceci et al., 1981; Pillemer et al., 1994; Welch-Ross & Schmidt, 1996). Ornstein 등(1998)은 아동의 사전 지식이 신체검사에 대한 기억의 즉각 회상(immediate recall)과 지연 회상(delayed recall)에 미치는 영향을 조사하였는데, 그런 사건에 대한 지식이 회상에 대해 긍정적인 효과와 부정적인 효과 모두를 나타냄을 발견하였다. 이는 아동이 자신이 겪은 것과 자신에게 기대되는 바를 혼동함을 시사한다.

언어

아동의 이해 수준과 표현 기술은 틀린 정보를 받아들이는 데 영향을 미친다. 아동은 질문을 이해하지 못할 수도 있다(Waterman et al., 2002). 면접자는 아동의 대답을 오해해서 아동이 말한 것의 의미를 섣부르게 결론 내릴 수도 있다. 목격자 증언과 특히 관련된 것은 시간, 날짜 및 높이의 개념인데, 이들은 모두 아동기를 거치면서 점차적으로 습득되는 것이다. 사실상 소위 용의자의 키를 추정하는 것은 아동에게는 아주 어려운 일이다(물론 일부 성인에게도 마찬가지다). 학대사건이 언제, 얼마 동안 발생했는지를 정확하게 추정하는 것은 나이가 10세경이 될 때까지는 해내기가 어렵다(Saywitz & Camparo, 1998).

사회 요인

복종(따르는 것)

아동이 자기에게 질문을 하는 성인(예: 경찰관, 판사, 및 사회복지사 등)을 따르는 것(compliance)도 아동이 틀린 정보를 받아들이는 정도에 영향을 미친다. 어린 아동은 이런 사람들의 지위가 높은 것을 아주 잘 알고 있어서 암시받은 정보를 대답하기 쉽다. 왜냐하면 아동은 권위가 있는 성인을 신뢰할 만한 정보 제공자로 보기 때문이다(Ceci et al., 1987; Lampinen & Smith, 1995; Toglia et al., 1992). 예를 들면, Ceci 등(1987)의 연구에서는 가장 나이 어린 아동(4세)에게 또 다른 아동(7세)이 틀린 정보를 제공해 주었을 때, 피암시성의 효과는 감소하였지만 전혀 없지는 않은 것으로 나타났다. 따라서 이처럼 나이가 어린 아동의 경우에도 피암시성의 효과는 권위가 있는 성인이 제공한 정보에 대한 강한 믿음에 의해서 부분적으로 영향이 있었다.

면접자 편향

면접자 편향(interviewer bias)에 대한 주장—면접자 스스로가 아동이 목격했거나 겪었다고 믿는 바에 부합되는 내용을 최대한 끌어내기 위해서 면접 진행 과정을 끌고 나가는 것—은 1980년대와 1990년대의 유명한 재판 심의 과정에서 공통되게 제기되었다(예: Ceci & Bruck, 1995; Garven et al., 1998; Guilliatt, 1996; Pendergrast, 1996). 면접자들은 자신이 일어났다고 믿는 것을 뒷받침해 주는 세부 내용들만을 찾으려 한 것으로 보인다. 1980년대와 1990년대 미국에서 논의된 일련의 주간보호(daycare) 사례(예: 꼬마 Rascals, Kelly Michaels, Country Walk)에서 Ceci와 Bruck(1995)는 면접자 편향의 뚜렷한 증거를 부각시켰다. "단 하나의 가설만 맹목적으로 추구하고, 아동에 대해 다른 각도에서 볼 때 동등한 수준으로 믿을 만한 설명(대안)을 검증해 보려고 하지도 않았다."(p. 99)

> **면접자 편향 (interviewer bias)**
> 면접자 스스로가 아동이 목격했거나 겪었다고 믿는 바에 부합되는 내용을 최대한 끌어내기 위해서 면접 진행 과정을 끌고 나가는 것

반복된 면접과 질문

많은 나라에서는 아동 관련 사례를 법정에서 다루기 전에 통상 여러 명의 전문가와 가족 구성원들이 아동을 여러 번 면접하게 한다. 그러나 다른 나라에서는 전문가와의 첫 면접을 비디오로 녹화해서 사용하는 것으로 여러 번의 면접을 대체한다(13장 참조). 실험실 연구 결과에 의하면, 면접 진행 중에 반복해서 계속 물어보는 것은 아동에게 자신이 처음에 답변한 것이 틀렸다는 인상을 줄 수도 있다. 특히 어린 아동은 반복해서 질문을 받으면 대답하는 내용을 바꾸기가 쉽고 종종 멈칫거리며 모르겠다고 말할 수 있다(물론 반복해서 물으면 때로는 회상이 촉진될 수도 있다; Reyna & Titcomb, 1997). 이

와 같이 멈칫거리게 되는 것은 '예/아니요'로 대답하도록 질문을 받을 때 특히 그러하다(Poole & White, 1991; 또한 Bruck et al., 1995 참조).

틀린 정보 효과

연구자들은 아동이 사건을 목격한 후에 틀린 정보를 제공받음으로 인해서 부정적으로 영향을 받게 되는 상황이 어떤 것인지를 가려내려고 계속 노력하고 있다. 이 영역에서 연구상 관심이 높아지게 된 계기는 아동이 사법 과정에 점차 많이 관여하게 된 데 있다. 영국에서는 아동의 증언을 (재판 과정 중에) 포함시키기 위하여 몇 개의 법률 조항이 개정되었다. 여기에는 보강(corroboration) 증거를 요구하지 않기로 한 것, 폐쇄회로 TV(CCTV; 5장과 13장 참조)를 통한 법정 증거의 제시, 비디오로 녹화된 면담 자료의 증거 채택, 그리고 능력 요건(competency requirement)의 완화(13장 참조)가 포함된다. 유일한 증인이 아동뿐이라면, 아동 증언의 신뢰성이 해당 사례의 판결에 결정적이다(Reyna et al., 2002). 이런 사례에서 아동의 보고 내용의 신뢰성에 영향을 미치는 핵심 논쟁거리 중의 하나가 암시적 질문(suggestive questioning)이다. 이와 같이 질문하는 것은 1980년대와 1990년대에 영국을 위시한 많은 나라에서 어린 아동이 성폭력 당한 것을 고소한 경우를 포함한 비교적 큰 사건에서 볼 수 있다(Ceci & Bruck, 1995; Guilliatt, 1996; Pendergrast, 1996 참조). 이 장에서 우리는 피암시성 또는 틀린 정보 효과(misinformation effect)에 대해 포괄적인 정의를 채택하였다. 여기에는 '해당 사건에 대한 아동의 부호화, 저장, 인출 그리고 언어 표현'에 영향을 미치는 사회적 요인(순순히 따르는 것)과 심리적 요인(기억)이 포함된다(Ceci & Bruck, 1993, p. 404). 아동은 틀린 정보의 영향을 받기 쉽다.

그러나 이러한 효과의 저변에 깔린 기제의 속성에 대해서는 논란이 계속되고 있다(Brainerd & Reyna, 2005; Holliday et al., 2002).

Ceci 등(1987)은 널리 인용되고 있는 일련의 연구에서, 3세에서 12세 사이의 아동에게서 틀린 정보 효과에 대한 증거를 찾아냈는데, 이런 효과의 크기는 3학년과 4학년에서 가장 컸다. Zaragoza(1987, 1991)는 3세에서 6세 사이의 아동을 표준(Loftus) 기억 검사 도구로 측정했을 때에만 피암시성의 효과에 대한 증거가 있음을 발견하였다. Zaragoza는 결론짓기를, 표준 검사에 내재된 사회적 요구라는 요인과 반응 편향이 아동의 피암시성 효과를 일으킨 것이지 표적 사건에 대한 기억 내용의 변화 때문은 아니라고 했다. Holliday 등(1999)은 5세 아동과 9세 아동에게 표준 검사 또는 개정판 검사에서 반응을 나타나게 하는 식으로 해서, 원래의 사건에 대한 기억 혼적의 강도와 사건 이후 틀린 정보에 대한 기억 혼적의 강도 사이의 관계를 조사했다. 피암시성의 효과는 두 유형의 검사에서 모두 발견되었다. 이는 기억과 사회 요인 모두 아동의 피암시성 효과에 기여한다는 것을 시사한다(또한 Holliday & Hayes, 2001 참조; 개관은 Bruck & Ceci, 1999; Holliday et al., 2002; Reyna et al., 2002 참조).

아동의 이중 기억 과정과 피암시성

피암시성은 우리가 의식하고 있는 과정인가? 무의식적 과정인가? 혹은 두 가지 모두인가? 이는 중요한 의문점인데 왜냐하면 피암시성이 대부분 의식되는 과정이라면, 그것이 기억에 미치는 부정적 영향을 극소화시킬 방법을 고안해 내는 것이 가능할 수도 있기 때문이다. 이러한 의문점에 대한 답을 찾기 위해 지난 10년간 Holliday의 연구실에서 일련의 연구가 수행되었다(예: Holliday, 2003b; Holliday & Albon, 2004; Holliday &

Hayes, 2000, 2001, 2002).

Holliday와 Hayes(2000)는 아동에게서 나타나는 틀린 정보 효과는 두 개의 기억 과정, 즉 재수집(recollection: 암시를 의도적으로 받아들임)과 **친숙성(familiarity:** 암시를 자동적으로 수용함)에 의한 것임을 보여 주었다(이와 관련된 접근방법은 Brainerd et al., 1998 참조). 이들은 5세 및 8세 된 아동에게 이야기를 읽어 준 다

> **친숙성**
> **(familiarity)**
> 어떤 일부분의 내용이 주변 맥락은 잘 모르지만 이전에 겪은 적이 있던 것 같은 느낌

음에, 사건 이후에 발생한 것으로서 원래의 내용과는 틀리게 유도하기 위한 다른 세부 내용을 제시하고는, 재인 기억 검사를 실시했다. Holliday와 Hayes는 재수집과 친숙성 모두가 아동이 틀린 정보를 보고하는 데 관여했지만, 이 두 과정의 상대적 비중은 틀린 정보를 부호화하는 방법에 의해 달라졌음을 보여 주었다. 단순히 틀린 정보를 암기시켰을 때보다는 아동 마음속에서 그것이 스스로 우러나왔을 때가 재수집의 비중이 더 컸음이 발견되었다. 이러한 발견은 틀린 정보가 아동에게 영향을 미칠 때 묵종(compliance) 같은 사회적 요구 요인들이 관여할 수 있다는 견해와 일치한다(Zaragoza, 1991). 그러나 일반적으로 볼 때 틀린 정보의 효과는 재수집보다는 친숙성에 기인하는 경우가 더 많다. 피암시성 속에서 친숙성 요소의 많은 부분은 **흔적 변경(trace alteration:** 사건 이후의 내용에 관한 암시로서 초기 기억의 세부 내용 위에 자동적으로 덧씌움; Loftus et al., 1978), **인출 간섭(retrieval interference:** 사건 이후의 내용에 관한 암시로서 초기 기억의 세부 내용이 인출되는 것을 간섭하여 저지함; Morton, 1991) 그리고 기억출처 확인 이론[source-

> **흔적 변경**
> **(trace alteration)**
> 틀린 정보가 처음 겪은 사건에 대한 기억 흔적 위에 덧씌워지거나 가미된 것

> **인출 간섭**
> **(retrieval interference)**
> 처음 겪은 사건에 대한 기억 흔적이 최근에 부호화되었거나 보다 강력한 정보로 인해 접근이 차단되는 현상

monitoring theories: 각자 친숙성에 대한 반응의 기준을 세우고 틀린 정보에 대해서 보고하는데, 틀린 정보가 가장 최근에 접하게 된 것이기 때문이다. 이때에는 기억의 출처에 대해서 생각해 보지도 않는다. 이의 시사점은 대부분의 경우 **기억출처 확인 오류(source monitoring errors)**가 자동적 기억 과정에 의한 것임을 반영해 주고 있다는 것이다; Johnson et al., 1993]의 영향을 받는다. 그러나 재수집과 친숙성 모두를 중요시하는

> **기억출처 확인 오류**
> **(source-monitoring error)**
> 기억의 원래 출처를 잘못 짚는 것[예: 자기 내면의 생각을 실제 외부에서 들린 것으로(physical reality) 혼동하는 것]

이론, 이를테면 퍼지흔적이론(Brainerd & Reyna, 1998) 같은 것이 위의 자료에 가장 잘 들어맞는다. Holliday와 Hayes(2000)의 연구에서 보고된 결과의 주요 내용이 4세에서 10세 사이의 아동을 대상으로 한 후속 연구에서 반복해서 나타났으며(Holliday, 2003b; Holliday & Albon, 2004; Holliday & Hayes, 2001, 2002), 실생활 사건에 대해서도 똑같이 나타났다(Memon et al., 2006). 중요한 것은 친숙성에 기반을 둔 피암시성이 4~5세에서 10세로 나이가 올라가면서 **감소**했다는 것이다.

아동 목격 증언의 함축성

Holliday와 동료들의 연구 결과가 시사하는 점은, 아동으로 하여금 부정확한 세부 내용을 스스로 만들어 내어 표현하도록 은근히(inadvertently) 격려하는 질문 기법이 질문하는 사람의 (잘못 유도하는) 암시를 대놓고 전달하는(overt provision) 것에 비해서 후속된 증언의 정확성을 더 심각하게 훼손시킬 수도 있다는 것이다(Reyna et al., 2002). 마찬가지로 연구자들은 아동기에 실제로 일어나지 **않았던** 일(예: 유리창을 부순 것)에 대한 정신적 심상을 만들어 내면 아동은 그런 일이 실제로 일어났다고 말하게 될 가능성이 높다는 것을 발견했다

(Garry et al., 1996).

앞에서 살펴본 주간보호 사례에서, 아동들은 치료적 개입[예: 심상 유도법(imagery induction)]뿐만 아니라 자기들에게 일어났을지도 모르는 사건들에 대해 생각하거나 심사숙고하도록 요구하는 수사 기법의 영향을 자주 받았다(Ceci & Bruck, 1995). 예를 들면, 맥마틴(McMartin) 보육원 사례에서, 이 기법들은 다른 수단으로는 학대 관련 증거를 얻어 내지 못했을 때 가장 많이 사용되었다. 연구자들의 보고에 의하면, 실제 일어나지 않은 일을 상상하거나 마음속에 그려 보도록 자주 촉구를 받은 어린 아동들은 그런 일이 실제로 일어났다고 믿게 되었으며, 이런 일의 주변 여건과 정서 상태를 자세히 묘사하였다(예: Ceci, Huffman et al., 1994; Ceci, Loftus et al., 1994).

고정관념의 유도와 피암시성

Leichtman과 Ceci(1995)는 3세에서 6세 사이의 아동을 대상으로 Sam Stone이라는 성인 남성이 찾아왔을 때의 기억에 대해서 사전에 주입시킨 고정관념이 미치는 영향을 조사했다. Sam이 찾아오기 전에 일주일의 간격을 두고 계속해서 아동들에게 Sam이 착하지만 기민하지 못한 사람이라고 서술한 이야기를 들려주었다. Sam이 찾아온 지 10주 후에, 아동들은 Sam이 실제로는 저지르지 않은 행위(책을 찢은 것, 곰인형을 더럽힌 것)에 대해 묻는 유도성 질문 두 개가 들어 있는 면담을 받았다. 중요한 것은 아동 중 30%가 Sam이 위의 행위 중 최소한 한 개 이상은 저질렀다고 틀리게 보고했다는 것이다. 따라서 아동들의 잘못된 보고는 Sam이 학교를 방문하기 전에 그에 대한 부정적 고정관념이 아동들에게 심어진 데 기인한 것으로 보인다(5장 참조).

형사 사법의 맥락에서 부정적 고정관념이 아동의 재회상에 미치는 영향은 리틀 래스컬스(Little Rascals) 주간보호 사례와 맥마틴 보육원 사례, 그리고 1987년에 텍사스에서 Frederico Macias의 사형수 감방(death row) 사례에서 볼 수 있다(Ceci & Bruck, 1995). Macias 사례에서는 아동의 틀린 증언이 아동이 목격했다고 주장한 시기보다 앞서 있어서 그녀의 부모가 아동에게 Macias에 대한 부정적 정보를 제공한 것의 영향을 받았을 수도 있다. Memon 등(2006)의 최근 연구에서는 어린 아동들이 그릇된 정보가 긍정적인 내용일 때에는 성인 남성이 교실에 방문하기 전에 그들에게 제시된 그릇된 정보를 뿌리치기가 어려움을 보여 주었다. 이와 비슷한 비유는 Soham 살인으로 알려진 2003년 여름에 일어난 두 명의 영국 여학생 살인사건에도 적용될 수 있다. 두 명의 살인자, 즉 Ian Huntley과 그의 여자친구 Maxine Carr(재판 과정을 그릇되게 끌고 가려고 공모한 죄로 유죄 판결을 받음)는 일선 학교와 연결되어 있어서 여학생들에게 이미 알려져 있었다. 실제로 Huntley는 실종된 여학생들을 처음 찾을 때에는 협력하는 척하는 모습을 보였으며 심지어는 여학생들이 실종된 후 TV에 등장하기도 했다. 증인들이 처음에 Huntley와 Carr의 움직임과 그들의 행동에 대한 정보를 제공하지 않은 것은 학생 증인들이 그들에 대해 긍정적인 이미지를 갖고 있었기 때문일 수 있다.

취약한 성인

나이 많은 목격자

나이가 많은 성인은 특별한 증인 집단이다([그림 6-3]). 어떤 나라에서는 지역사회에서 계속 활동하는 노인의 수가 증가 추세에 있고, 이로 인해서 노인 중 일부는 범죄의 증인이나 피해자가 될 확률이 높아지고 있다. 노인 학대(신체적·심리적·경제적·성적 학대와 방임)는 점차 그 건수가 많아지고 있다고 보도되고 있다. 75세 이상의 노인이 특히 그 대상이 되기 쉬우며, 남녀의 비율은 동일하다(Action on Elder Abuse, 2004). 노인 중 비교적 나이가 젊은 계층뿐만 아니라 최고령층으로부터도 재판 과정에 도움이 될 만한 목격자 증언을 얻어 내는 것이 이제는 정책 입안자와 전문가들의 주요 관심사가 되고 있다(13장 참조).

실험실 연구 중에서는 극소수의 연구만이 나이가 많은 성인들의 목격 증언 관련 정확성에 대해서 조사했다. 일반적으로 해당 사건이 슬라이드 쇼(Yarmey & Kent, 1980)처럼 회상되든, 비디오 클립(동영상; Holliday et al., 출판 중; List, 1986)처럼 회상되든, 또는 생방송(Yarmey, 1993)처럼 회상되든 간에, 나이 많은 성인들은 (젊은 성인들에 비해서) 회상률이 불완전하고 덜 정확했다. 나이와 관련된 이와 같은 차이는 기억해야 할 사건을 보여 준 후 기억 정도를 금방 검사하거나, 몇 분이나 며칠 지나 검사했을 때에도 나타났다(Brimacombe et al., 1997; List, 1986; Yarmey, 1993).

[그림 6-3] 나이가 많은 성인은 특별한 증인 집단이다.

출처: ⓒ Steshkin Yevgeniy. Shutterstock사의 허락하에 게재함.

학습부진이 있는 증인

학습부진(learning disabilities: LD)이 있는 사람들은 형사 사법 체계에서 취약한 증인으로 간주되는 또 다른 목격자 집단이다. 이런 성인들은 어떤 사건에 대한 세부 내용을 부호화, 저장 및 인출하는 데 통상 정상적 성인들보다 느리다고 보고되고 있다(Milne & Bull, 2001). 그렇다고 해서 이는 그들이 회상해 내는 정보가 부정확하다는 것은 아니다. 대조적으로, 회상한 세부 내용의 건수는 더 적지만, 다른 성인 증인에 못지않게 그 내용이 아주 정확하다.

학습부진이 있는 사람들에 대한 연구 결과는 그들이 사회적 요구 요인으로 인한 부정적 영향을 특히 받기 쉽다는 것을 보여 주었다. 실제로 Kebbell과 Hatton (1999)은 관련 연구문헌을 개관했는데, 학습부진이 있는 성인들은 질문의 내용에 관계없이 질문에 대해 무조건 그렇다고 응답하기가 쉽다는 결과를 보고하였다. 또한 학습부진이 있는 성인은 다른 성인에 비해서 질문에 대해 대답할 때 맞추어 넣는(make up) 경향이 더 높았다. 이런 특성을 감안하면, 학습부진이 있는 성인(그리고 아동)을 대상으로 질문이나 면담 진행을 얼마나 잘하느냐에 따라서 그들이 암시의 영향을 크게 받을 수 있다는 것은 놀랄 만한 것이 아니다. 이와 같이 취약한 증인을 면담할 때에는 유의해야 한다.

학습부진이 있는 성인들은 기억에서 정보를 인출할 때 특히 어려움을 겪을 수 있다. 실제로 이러한 증인들이 피암시성이 아주 높다는 것이 밝혀진 점을 감안하면(예: Cardone & Dent, 1996; Milne et al., 1999), 다른 취약한 증인 집단과 마찬가지로 학습부진이 있는 성인들에게는 적절하게 그리고 암시하지 않는 말투로 질문하는 것이 아주 중요하다. 취약한 증인들을 면담하기 위해 개발된 특별한 면담 진행 방식(protocols)의 일부가 다음 절에서 소개된다.

사법적 면담의 진행 방식

인지 면담

원래의 인지 면담(original cognitive interview)의 진행 방식(protocol)은 Geiselman과 동료들(1984)이 성인 증인에 대해 사용하려고 고안해 낸 것이다. 기억 흔적 인출(memory trace retrieval)은 부호화할 때의 상황과 인출할 때의 상황 간에 중복되는 부분이 있을 때[예: 부호화 특정성(encoding specificity); Tulving & Thomson, 1973] 증진되는 것이 보통이다. 이와 같은 중복성(overlap)은 **맥락 재진술(context reinstatement)**에 의해서 이루어질 수 있다. 즉, 회상하려고 하는 당시 사건 주변의 물리적 및 대인적 맥락을 정신적으로 다시 만들어 내는 것(재구성)이다. 두 번째 지시는 **모든 것을 보고하기(report all)**다. 즉, 증인이 보기에 관련성이 있든 없든 간에 모든 세부 내용을 이야기하도록 요구하는 것이다. 또한 기억 흔적 각각은 여러 개의 각기 다른 인출 통로를 통해서도 접근할 수 있으므로, 사전 지식과 기대에 의존하는 것을 최소한으로 줄여 준다. 변형된 인출(varied retrieval; Tulving, 1974)은 **관점 바꾸기(change perspective)** 지시(사건을 여러 가지의 다른 관점에서 회상하는

> **맥락 재진술 (context reinstatement)**
> 당시 사건 주변의 물리적 및 대인적 맥락을 정신적으로 다시 만들어 내도록(재구성) 촉구하는 인지 면담 기법

> **모든 것을 보고하기 (report all)**
> 증인이 보기에 관련성이 있든 없든 간에 수사 중인 사건에 관한 모든 것을 이야기하도록 촉구하는 인지 면담 기법

> **관점 바꾸기 (change perspective)**
> 원래 사건을 다른 관점에서 회상하도록 촉구하는 인지 면담 기법

것)와 **순서 바꾸기(change order)** 지시[사건을 다른 각도의 시간의 흐름(예: 거꾸로)에 따라서 회상하는 것]에 의해서 촉진된다.

개정된 인지 면담(revised cognitive interview; Fisher & Geiselman, 1992)에는 네 가지의 인지적 기억 증진법이 포함되어 있다. 그러나 이 또한 사회적 요인과 의사소통 요인(예: 소통, 면담의 **주도권을** 면담받는 사람에게 **넘기기**)의 중요성을 강조하고 있다. 기억 수행도가 나이 먹는 것에 의해서 영향을 받는 정도는 사회적 요인에 달려 있다. 예를 들면, 나이 많은 성인이 기억 검사에서 보이는 정확도는 나이 많은 것에 대한 부정적 고정관념(예: 나이가 들면 기억력이 나빠진다)이 담긴 내용을 그들에게 읽어 주었더니 감소하였다(Hess & Hinson, 2006). 이와 같은 고정관념 때문에 아마도 나이가 많은 성인들이 기억 검사에서 숙지된 내용을 보고할 때 극히 조심하게 될 수 있다. 인지 면담은 이를 줄여 주는데, 그 이유는 부분적으로는 인지 면담에서 관련성이 어느 정도나 있다고 보이든 간에 모든 세부 내용을 보고하는 것(모든 것을 보고하도록 지시하는 것)이 중요하다고 강조하기 때문일 것이다. 또한 인지 면담에서 증인은 기억해 내야 할 사건에 관해서는 전문가라는 점을 강조하기 때문일 것이다('주도권 넘기기' 지시). 전문가들에게는 정확한 회상을 촉진시켜 주는 단축형 개정판 면담 진행 방식이 중요하다. 왜냐하면 취약한 증인(주의 폭이 좁고, 빨리 잊어버림)을 면담할 때 수반될 수 있는 문제점이 있고, 범죄사건 발생 후 가능한 한 빨리 최대한의 정보를 얻어 내려고 경찰 및 기타의 전문 요원들이 압박감을 느끼기 때문이다(자세한 내용은 5장 참조).

> **순서 바꾸기 (change order)**
> 원래 사건을 다른 각도의 시간의 흐름에 따라서 회상하도록(예: 거꾸로) 촉구하는 인지 면담 기법

> **주도권 넘기기 (transfer of control)**
> 면담의 주도권을 면담받는 사람에게 넘기기 위해 고안된 인지 면담 기법

틀린 정보의 효과와 인지 면담

인지 면담에서 사용하는 기억 환기방법이 학령기 아동 증인을 대상으로 잘못 유도하는 질문을 사용했을 때 그 영향을 극소화시키는지에 대한 몇몇 연구가 수행되었다. 예를 들면, Memon 등(1996)은 8세 및 9세 아동들에게 짧은 영화를 보여 주고 나서, 12일 후에 잘못 유도하는 질문과 중립적인 질문을 인지 면담 전후에 걸쳐서 제시했다. 인지 면담에서는 인지 면담 기억 증진법 중에서 단지 맥락 재진술과 모든 것을 보고하기 외 두 가지만 사용했다. Memon 등(1996)은 면담 전 질문에 대한 반응에서는 차이가 없음을 발견하였다. 그러나 면담 후 아동들에게 질문했을 때에는 인지 면담을 이미 받고 난 후에 질문을 던진 경우가 구조화된(통제) 면담을 받고 질문을 던진 경우에 비해서 잘못 유도하는 질문에 대해서 정확한 반응을 더 많이 나타냈다(이와 유사한 연구 결과는 Milne & Bull, 2003 참조). Hayes와 Delamothe(1997)는 맥락 재진술과 모든 것을 보고하기 기억 증진법이 6세 및 10세 아동의 경우에 이들을 면담하기 **전에** 이미 제시된 틀리게 유도하는 정보를 받아들이는 경향을 감소시켜 주지 못했다고 보고하였다. 틀린 정보의 제공 시기와 사법 면담의 실시 시기의 차이 때문에 이와 같은 어긋난 결과가 발생한 것이 명백하다. 실제로 Holliday(2003b)는 위 가설을 검증하였다. 5세 및 8세 아동을 대상으로 자유회상을 말해 보라고 시키기 전과 기억 검사를 실시하기 전에 발달적 측면을 감안하여 수정ㆍ보완된 인지 면담법을 사용해서 면담을 실시했더니, 면담 중과 후속된 재인 기억 검사 시에 틀린 정보를 보고하는 정도가 의미 있게 감소하였다고 보고하였다. 중요한 것은 이 발견이 사건 발생 후에 틀린 정보를 주는 단계에서 실험자가 제시한 단서에 대한 반응으로서 아동이 스스로 만들어 낸 틀린 정보에 대해서만 적용된다는 것이다.

인지 면담 기억 증진법은 아동의 회상을 향상시켜 주는가

앞서 소개된 연구 결과를 감안하여, Holliday의 다음 단계의 연구는 개정판 인지 면담의 단축형을 실시했을 때 피암시성을 감소시키는 데 효과가 있느냐를 알아보는 것이었다. 나이가 어린 아동들의 주의 폭이 좁은 것을 감안하면, Holliday(2003b)의 개정판 인지 면담 단축형이 적절할 것이라 여겨질 수 있을 것이다.

이에 따라 Holliday와 Albon(2004)은 인지 면담의 여러 가지 유형이 4세 및 5세 아동의 정확한 회상 및 그 후의 틀린 정보에 대한 보고에 미치는 영향을 조사했다. 아동들에게 특정 사건을 한 번 보여 준 후에 틀린 정보를 읽어 주거나 아동 스스로 만들어 내도록 하게 하였고, 그다음에 인지 면담을 받게 했다. 발달적 측면을 감안하여 수정ㆍ보완된 인지 면담을 사용했을 때가 통제 역할을 한 면담에 비해서 정확한 세부 내용을 유의하게 보다 많이 얻어 낼 수 있었다. Holliday(2003b)가 발견한 것처럼, 틀린 정보를 제시해 주고 난 뒤에 인지 면담을 실시했을 때는 면담 중에 아동이 틀린 정보를 보고하는 경우가 감소하였으며 기억 검사에서 아동 스스로 만들어 낸 틀린 정보도 적게 보고하였다. 그러나 중요한 것은, 단지 두 가지의 인지 면담 기억 증진법—모든 것을 보고하기와 맥락 재진술—을 함께 사용했을 때가 틀린 정보가 기억에 미치는 부정적 영향을 어느 정도 막아 주었다는 점이다(또한 Verkampt & Ginet, 2010 참조). 이 연구 결과가 함축하는 바는 발달적 측면에서 적절한 면담법에 위 두 가지의 인지 면담 기억 증진법을 포함시켜 실시하는 것이 인지 면담의 전체 소요 시간 중 약 70%를 차지할 것이라는 점이다.

학습부진이 있는 성인의 인지 면담

극소수의 연구자가 학습부진이 있는 성인들을 대상으로 진행 방식에 따른 인지 면담을 실시하여 그 효과를 검증했다. 예를 들면, Brown과 Geiselman(1990)은 인지 면담이 통제 면담에 비해서 정확한 세부 내용이 1/3 더 많이 나왔음을 보고하였다(학습부진이 있는 성인들은 다른 성인들에 비해서 세부 내용을 정확하게 회상해 내는 정도가 적었으며, 이는 면담 방식이 달라진다고 해도 변화하지 않았다).

Milne 등(1999)의 연구에서는 경미한 수준의 학습부진이 있는 성인들과 정상 성인들에게 사건 개요를 담은 짧은 동영상을 보여 주고는 그다음 날에 인지 면담 또는 구조화된(통제) 면담을 실시했다(구조화된 면담에 대해서는 Köhnken, 1993 참조). 그 결과, 인지 면담을 받은 사람들에게서 정확한 세부 내용이 좀 더 많이 나온 것으로 나타났다. 그러나 불행하게도 인지 면담을 받은 학습부진 성인들은 구조화된 면담을 받은 학습부진 성인들에 비해서 동영상 속에서 목격한 인물에 대해서 꾸며 낸(confabulated) 세부 내용을 더 많이 보고하였다(Milne & Bull, 2001). 분명하게, 이와 같은 취약한 증인 및 피해자에 대해서 연구의 관심을 좀 더 많이 기울일 필요가 있겠다.

우수한 실무 면담 지침 및 최선의 증거 얻어 내기

1989년 이후 대법관 Pigot를 위원장으로 하는 담당 위원회의 건의에 따라서, 비디오로 녹화된 면담이 아동 증인의 사례에 대한 심의에서 증인의 실제 출석 대신에 사용되어 왔다([그림 6-4] 참조). 「형사사법 시행령 1991(Criminal Justice Act 1991)」에는 비디오로 녹화된

면담이 주요 증거로 받아들여질 수 있다고 명시되어 있는데, 법원에서는 이 법률을 따랐고, 그리하여 아동이 법정에 증거를 제출하는 사례의 수효가 의미 있게 증가하였다(13장 참조).

권고된 면담이 갖는 증거 능력을 감안하여, Pigot 위원회에서는 면담이 암시나 틀린 정보를 최소한으로 제공하면서 법원에서 받아들일 수 있는 방식으로 실시되도록 하기 위해서 세부 지침이 마련되어야 한다고 권고하였다. 「형사사법 시행령 1991」에서는 또한 경찰관과 사회복지사들이 학대 혐의 사건의 경우 관련된 아동에 대해서 위와 같이 면담을 실시해야 할 책임이 공동으로 있다고 명시하였다. 면담자는 **우수한 실무 면담 지침**(Memorandum of Good Practice: MOGP)에서 범죄 변론을 위한 아동 증인의 비디오 녹화 면담(Video Recorded Interviews with Child Witnesses for Criminal Proceedings: MOGP; Home Office & Department of Health, 1992)에 관해 처음으로 도입된 지침을 따라야 한다. 이 지침은 **최선의 증거 얻어 내기**(Achieving Best Evidence: ABE; Home Office & Department of Health, 2001; 이에 대한 보다 많은 정보 및 후속 개정판은 13장 참조) 지침으로 합쳐졌으며, 이는 범죄 변론: 아동을 위시한 취약하거나 겁먹은 증인을 위한 지침(Criminal Proceedings: Guidance for vulnerable or intimidated witnesses, including children)에 포함되었다. MOGP가 아동 증인을 위해 설계된 것인

> **우수한 실무 면담 지침 (Memorandum of Good Practice: MOGP)**
> 1992년에 영국 및 웨일즈 지방에서 범죄 변론을 위해 아동 증인을 대상으로 비디오로 녹화하는 수사 목적의 면담을 진행하는 경찰관과 사회복지사를 위해 처음으로 도입된 공식적 지침. 나중에 이 지침은 최선의 증거 얻어 내기(Achieving Best Evidence) 지침으로 대체되었다.

> **최선의 증거 얻어 내기 (Achieving Best Evidence: ABE)**
> 2001년에 작성된 것으로서, 영국 및 웨일즈 지방에서의 모든 당사자(예: 법조인, 경찰관, 사회복지사 등) 및 모든 취약한 증인을 위해 첫 면담부터 재판정 출두에 이르기까지에 대한 공식적 지침

[그림 6-4] 1989년 이후 아동 증인에 대해서는 법정에서의 실제 조사 대신에 비디오 녹화 면담이 사용되어 왔다.

출처: ⓒ Lisa F. Young. Shutterstock사의 허락하에 게재함.

반면에, ABE는 모든 취약한 증인을 위해 작성된 것으로서, 여기에는 노인과 학습부진이 있는 사람들도 포함된다. 이 두 가지의 면담 진행 방식은 면담 및 목격 증언의 전문가인 심리학자들로부터 자료를 많이 받아서 개발한 것이다.

MOGP와 ABE에서는 다음과 같이 권고한다.

초기 단계

- 아동과 소통관계(라포, rapport)를 형성하라.
- 범죄/학대가 발생한 후 가능한 한 빨리 면담하라.
- 훈련된 면담자로 하여금 비공식적(informal) 분위기에서 면담을 실시하게 하라.
- 면담의 목적과 과정을 설명해 주라.
- 질문에 답변할 때의 기본 규칙을 세우고 알려 주

라. 아동에게 모든 질문에 대해서 답변하지 않아도 되며, 모든 질문에 정답이나 오답이 있는 것이 아니라는 점을 말해 주라. 이는 사회적 요구에 따른 피암시성을 극소화하기 위함이다. 아동에게 필요하면 '모른다'로 대답하라고 알려 주라.

자유진술 단계

- 아동이 자유롭게 진술하도록 격려하라.

면담 중 질문 단계

- 질문을 할 때 **단계적 접근**(phased-approach)을 사용하라. 개방형 질문(예: "무슨 일이 일어났는지 자신의 표현 방식으로 내게 말해 주겠니?")으로 시작하여, 세부적 질문(예: "그의 셔츠는 무슨 색깔이었지?")과 비유도성(non-leading) 질문(예: "이 일이 일어나고 있을 때 누이는 어디 있었니?")을 한 후, 폐쇄형 질문(예: "그가 옷 입은 것에 대해서 기억나는 것은 없니?")을 하되, 필요한 경우에만 유도성 질문(예: 아이가 목욕탕으로 끌려 들어갔다고 언급하지 않았을 때, "그가 너를 목욕탕으로 끌고 들어간 뒤 무슨 일이 일어났지?")을 하라. 반복해서 질문하는 것을 피하라.
- 강제 선택식 질문(예: "셔츠가 빨간색이니 아니면 푸른색이니?")을 사용하는 것을 최대한 줄이거나 아예 하지 말라. 여러 개의 질문을 섞어서 하는 것을 최대한 줄이거나 아예 하지 말라(예: "그가 너에게 함께 위층으로 올라가자고 요구했니? 그러고는 너는 침실로 들어갔니?").

종결

- 면담이 끝나면 아동이 말한 것(아동이 말한 그대로)을 요약하고 (아동으로부터) 질문을 받으라.

우수한 실무 면담 지침은 실제 상황에서 얼마나 효과가 있나

Davies 등(2000)은 경찰관들이 4세에서 14세 사이의 아동들을 대상으로 성학대 수사를 할 때 진행했던 다수의 MOGP 면담을 자세히 조사했다. 그들에 따르면 면담의 길이가 20분에서 90분 사이에 걸쳐 있을 정도로 상당히 달랐다(MOGP 지침에서는 60분이 넘지 않도록 권고함). 소통관계를 형성하기 위한 시간은 거의 쓰이지 않았다(평균 10분 미만이었음). 나이가 어린 아동에게는 세부적인 질문이 정보를 많이 도출했으며, 나이가 많은 아동에게는 개방형 질문이 더 효과적이었다.

마찬가지로 Sternberg 등(2001)은 학대받은 것으로 의심되는 4세에서 13세 사이의 아동을 대상으로 비디오 녹화된 119개의 MOGP 면담의 질을 조사했다. 경찰 면담자는 개방형 질문보다 강제 선택식 질문을 훨씬 더 많이 사용하였다. 실제로 Sternberg 등이 발견한 것은 아동이 보고한 세부 내용의 1/3 이상이 강제 선택식 질문과 유도성 질문에 대한 대답으로 나온 것이라는 것이었다. 이상의 결과를 토대로 해서, Lamb 등(2007)은 대안적 면담 절차인 NICHD 면담 진행 방식을 개발했는데, 이는 영국에서 일부 경찰 조직에서 사용되고 있다. 이는 5장에 자세히 기술되어 있다.

스코틀랜드에서 아동 증인을 면담할 때의 지침

2003년에 스코틀랜드 행정부는 『스코틀랜드에서 아동 증인을 면담할 때의 지침(Guidance on Interviewing Child Witnesses in Scotland)』을 출간했는데, 이는 아동뿐만 아니라 학습부진이 있는 성인 및 노인 같은 그밖의 취약한 증인을 대상으로 사용할 일련의 수사 면담 진행 방식(protocols)이다. 운영위원회의 위원장은 애버딘(Aberdeen) 대학교의 교수 Amina Memon와 그녀의 동료 교수 Lynn Hulse가 공동으로 맡았다. 이 종합적인 문서는 ABE와 아주 유사하다.

어느 것이 최선인가: 인지 면담 아니면 지침에 따른 면담?

연구자들이 보고한 내용을 보면 아동에 대한 인지 면담의 효과는 일관적이지 못하다. 중요한 발견은 일반적으로 인지 면담은 표준 면담이나 구조화된 면담에 비해서 7세부터 12세 사이의 아동에 대해서는 정확성이 줄지 않으면서도 올바른 정보를 더 많이 도출해 주었다는 것이다(Geiselman & Padilla, 1988; Granhag & Spjut, 2001; Holliday, 2003a, 2003b; McCauley & Fisher, 1996; Saywitz et al., 1992). 그럼에도 불구하고 일부 연구자(예: Hayes & Delamothe, 1997; McCauley & Fisher, 1995; Memon et al., 1997)는 부정확 및/또는 작화된(꾸며 낸, confabulated) 세부 내용을 보고하는 것이 잇따라 높아지는 것을 발견하였다.

또한 연구자들은 인지 면담에서 더 많이 보고되는 세부 내용의 유형도 조사하였다. 예를 들면, Milne와 Bull(2003)은 8세에서 9세 사이의 아동들이 구조화된 면담에 비해서 인지 면담에서 사람과 행위의 세부 내용을 더 정확하게 회상해 냈다고 보고하였다. 반면에, Granhag와 Spjut(2001), Memon 등(1997)은 취학 연령의 아동에게서 사람에 관한 세부 내용을 보고하는 데 있어서 그런 차이를 발견하지 못하였다. 5세에서 12세 사이의 아동을 대상으로 한 인지 면담이 MOGP와 ABE에 기반을 둔 통제 조건의 면담에 비해서 더 정확한 정보를 얻어 냈다(Granhag & Spjut, 2001; McCauley & Fisher, 1996; Saywitz et al., 1992).

Holliday(2003b)는 두 개의 면담 기법, 즉 Fisher와

Geiselman(1992)이 개발한 개정판 면담 진행 방식에 기반을 둔 수정된 인지 면담과 MOGP에 따른 면담을 비교하였다. 연구 결과, 수정된 인지 면담이 MOGP 면담에 비해서 면담 진행 중에 아동의 보고 내용이 더 완벽하였으며 27%나 더 정확한 정보의 회상을 이끌어 냈다. 중요한 것은 인지 면담이 4세 및 5세 아동처럼 어린 아동에게서 정확한 세부 내용을 보고하는 것을 촉진시켰다는 점이다. 사법의 측면에서 중요한 것은 수정된 인지 면담이 MOGP 면담에 비해서 사람, 행위 그리고 사물에 대한 정보를 보다 많이 보고하게 해 주었다는 것이다.

Wright와 Holliday(2007a)가 수행한 연구에서는 노인 증인들에게 짧은 영화를 보여 주고 MOGP 또는 개정된 인지 면담을 사용해서 회상된 정도를 비교하였다. 젊은 성인들에 비해서 나이가 많은 성인들은 회상이 불완전하고 덜 정확했다. 개정된(즉, 단축형) 인지 면담을 사용했을 때 사람, 행위 그리고 사물에 대한 세부 내용이 정확하게 회상되는 정도가 향상되는 추세가 나타났고, 이는 나이에 무관하였다(또한 Wright & Holliday, 2007b 참조).

Holliday 등(출판 중)의 최신 연구에서는 인지 면담이 나이가 많은 증인들에게서 틀린 정보 효과를 감소시켜 줄 수 있음을 보고하였다. 나이가 젊은 성인과 나이가 많은 성인에게 범죄의 진행 단계를 보여 주는 비디오 클립을 보여 주었고 다음 날에는 틀린 정보를 제시해 주었다. 그다음에 그들에게 수정된 인지 면담 또는 통제 면담을 사용하여 면담을 실시하고는 기억 검사를 실시하였다. 나이가 젊은 성인은 나이가 많은 성인에 비해서 정확한 세부 내용을 세 배나 많이 회상해 냈다. 그러나 두 집단 모두에서 정확한 정보의 회상 정도는 수정된 인지 면담을 사용해서 면담을 실시했을 때 증가하였다. 의미 있는 것은 나이가 많은 성인에게서 확인된 틀린 정보 효과가 수정된 인지 면담을 사용해서 사전에 면담을 진행했던 경우에는 소멸되었다는 점이다.

요약

- 취약한 증인과 범죄 피해자로는 아동, 노인 그리고 학습부진자가 있다.
- 이런 증인이 최선의 증거를 제시하게 하려면 특별한 어려움이 있다.
- 면담 절차는 기억의 작동 방식에 관한 지식을 감안해서 세울 필요가 있다.
- 기억의 부호화, 저장 및 인출의 각 단계는 관련 내용을 기억 속에 정확하게 유지하고 있다가 인출해 내기 위해 사용되는 전략이다.
- 취약한 증인, 특히 어린 아동에게서 신뢰할 수 없는 증거를 도출해 낼 가능성이 있는 요인에는 면담자 편향, 지식, 권위 있는 인물에의 묵종 그리고 기억이 있다.
- 아동의 피암시성 저변에 깔려 있는 과정과 그에 대한 이론적 해설을 알아야 한다.
- 면담 진행 방식(protocols)은 특히 아동 및 그밖의 취약한 증인을 위해 개발된 것이다. 여기에는 인지 면담, 내무성 및 보건부에서 개발한 다양한 지침(MOGP와 ABE) 그리고 NICHD 진행 방식(NICHD protocol)이 있다.
- 이와 같은 면담 절차 중 몇 가지에 대해서 여러 취약한 증인 집단을 대상으로 상대적 효율성을 평가하는 연구가 수행되었다.

주관식 문제

1. 틀린 정보 효과(misinformation effect)에 관한 흔적 변경(trace-alteration)이론과 흔적 차단(trace-blocking)이론을 비교하고 대조하라.

2. 퍼지흔적(fuzzy-trace)이론은 아동의 피암시성에서 연령의 차이에 따른 영향을 어떻게 설명하는가?

3. 나이가 어린 아동에게 인지 면담을 실시할 수 있을까?

4. 아동이 목격했거나 현장에 함께 있었던 사건에 관한 기억이 묵종의 영향을 받는지에 대해서 논의해 보라.

참고문헌

Action on Elder Abuse. (2004). *Hidden voices: Older people's experience of abuse*. London: Help the Aged.

Bartlett, F. (1932). *Remembering: A study in experimental and social psychology*. Cambridge: Cambridge University Press.

Belli, R. F., Lindsay, D. S., Gales, M. S., & McCarthy, T. T. (1994). Memory impairment and source misattribution in postevent misinformation experiments with short retention intervals. *Memory & Cognition, 22*, 40-54.

Belli, R. F., Windschitl, P. D., McCarthy, T. T., & Winfrey, S. E. (1992). Detecting memory impairment with a modified test procedure-manipulating retention interval with centrally presented event items. *Journal of Experimental Psychology: Learning, Memory, & Cognition, 18*, 356-367.

Beuhring, T., & Kee, D. W. (1987). Developmental relationships among metamemory, elaborative strategy use, and associative memory. *Journal of Experimental Child Psychology, 44*, 377-400.

Binet, A. (1900). *La Suggestibilite*. Paris: Schleicher.

Bjorklund, D. F. (2005). *Children's thinking* (4th ed.). CA: Wadsworth/Thomson.

Bowman, L. L., & Zaragoza, M. S. (1989). Similarity of encoding context does not influence resistance to memory impairment following misinformation. *The American Journal of Psychology, 102*, 249-264.

Brainerd, C. J., & Reyna, V. F. (1998). Fuzzy-trace theory and children's false memories. *Journal of Experimental Child Psychology, 71*, 81-129.

Brainerd, C. J., & Reyna, V. F. (2005). *The science of false memory*. New York: Oxford University Press.

Brainerd, C. J., & Reyna, V. F. (2007). Explaining developmental reversals in false memory. *Psychological Science, 18*, 442-448.

Brainerd, C. J., Reyna, V. F., & Forrest, T. J. (2002). Are young children susceptible to the false-memory illusion? *Child Development, 73*, 1363-2377.

Brainerd, C. J., Reyna, V. F., Howe, M. L., & Kingma, J. (1990). *The development of forgetting and reminiscence. Monographs of the Society for Research in Child Development, 55*.

Brainerd, C. J., Reyna, V. F., & Mojardin, A. H. (1999). Conjoint recognition. *Psychological Review, 106*, 160-179.

Brainerd, C. J., Stein, L., & Reyna, V. F. (1998). On the

development of conscious and unconscious memory. *Developmental Psychology, 34,* 342-357.

Brimacombe, C. A., Quinton, N., Nance, N., & Garrioch, L. (1997). Is age irrelevant? Perceptions of young and old adult eyewitnesses. *Law and Human Behaviour, 21,* 619-634.

Brown, C. L., & Geiselman, R. E. (1990). Eyewitness testimony of mentally retarded: Effect of the Cognitive Interview. *Journal of Police & Criminal Psychology, 6,* 14-22.

Bruck, M., & Ceci, S. J. (1999). The suggestibility of children's memory. *Annual Review of Psychology, 50,* 419-439.

Bruck, M., Ceci, S. J., Francoeur, E., & Renick, A. (1995) Anatomically detailed dolls do not facilitate preschoolers' reports of a pediatric examination involving genital touching. *Journal of Experimental Psychology: Applied, 1,* 95-109.

Bruck, M., Ceci, S. J., & Melnyk, L. (1997). External and internal sources of variation in the creation of false reports in children. *Learning and Individual Differences, 9,* 289-316.

Cardone, D., & Dent, H. (1996). Memory and interrogative suggestibility: The effects of modality of information presentation and retrieval conditions upon the suggestibility scores of people with learning disabilities. *Legal and Criminological Psychology, 1,* 165-177.

Ceci, S. J., & Bruck, M. (1993). Suggestibility of the child witness: An historical review and synthesis. *Psychological Bulletin, 113,* 403-439.

Ceci, S. J., & Bruck, M. (1995). *Jeopardy in the courtroom: A scientific analysis of children's testimony.* Washington, DC: American Psychological Association.

Ceci, S. J., Caves, R. D., & Howe, M. J. A. (1981). Children's long-term memory for information that is incongruous with their prior knowledge. *British Journal of Psychology, 72,* 443-450.

Ceci, S. J., Huffman, M. L. C., Smith, E., & Loftus, E. F. (1994a). Repeatedly thinking about a non-event: Source misattributions among preschoolers. *Consciousness and Cognition, 3,* 388-407.

Ceci, S. J., Loftus, E. F., Leichtman, M. D., & Bruck, M. (1994b). The possible role of source misattributions in the creation of false beliefs among preschoolers. *International Journal of Clinical and Experimental Hypnosis, 42,* 304-320.

Ceci, S. J., Ross, D. F., & Toglia, M. P. (1987). Suggestibility of children's memory: Psycho-legal implications. *Journal of Experimental Psychology: General, 116,* 38-49.

Chi, M. T. (1978). Knowledge structures and memory development. In R. S. Siegler (Ed.), *Children's thinking: What develops?* (pp. 73-96). Hillsdale, NJ: Erlbaum.

Davies, G. M., Westcott, H. L., & Horan, N. (2000). The impact of questioning style on the content of investigative interviews with suspected child sexual abuse victims. *Psychology, Crime & Law, 6,* 81-97.

Fisher, R. P., & Geiselman, R. E. (1992). *Memory-enhancing techniques for investigative interviewing: The cognitive interview.* Springfield, IL: Charles C. Thomas.

Flavell, J., Beach, D. R., & Chinsky, J. M. (1966). Spontaneous verbal rehearsal in a memory task as a function of age. *Child Development, 37,* 283-299.

Garry, M., Manning, C. G., Loftus, E. F., & Sherman, S. J. (1996). Imagination inflation: imagining a childhood event inflates confidence that it occurred. *Psychonomic Bulletin & Review, 3,* 208-214.

Garven, S., Wood, J. M., Malpass, R. S., & Shaw, J. S. (1998). More than suggestion: The effect of interviewing techniques from the McMartin preschool case. *Journal of Applied Psychology, 83,* 347-359.

Geiselman, R. E., Fisher, R. P., Firstenberg, I., Hutton, L. A., Sullivan, S., Avetissian, I., & Prosk, A. (1984). Enhancement of eyewitness memory: An empirical evaluation of the cognitive interview. *Journal of Police Science and Administration, 12,* 74–80.

Geiselman, R. E., & Padilla, J. (1988). Cognitive interviewing with child witnesses. *Journal of Police Science and Administration, 16,* 236–242.

Goodman, G. S., & Quas, J. A. (1997). Trauma and memory: Individual differences in children' recounting of a stressful experience. In N. L. Stein, P. A. Ornstein, B. Tversky & C. Brainerd (Eds.), *Memory for everyday and emotional events* (pp. 267–294). Mahwah, NJ: Erlbaum.

Granhag, P. A., & Spjut, E. (2001). Children's recall of the unfortunate fakir: A further test of the enhanced cognitive interview. In R. Roesch, R. R. Corrado & R. Dempster (Eds), *Psychology in the courts* (pp. 209–222). London: Routledge.

Guilliatt, R. (1996). *Talk of the devil: Repressed memory and the ritual abuse witch-hunt.* Melbourne: Text Publishing.

Hayes, B. K., & Delamothe, K. (1997). Cognitive interviewing procedures and suggestibility in children's recall. *Journal of Applied Psychology, 82,* 562–577.

Hess, T. M., & Hinson, J. T. (2006). Age–related variation in the influences of aging stereotypes. *Psychology and Aging, 3,* 621–625.

Holliday, R. E. (2003a). The effect of a prior cognitive interview on children's acceptance of misinformation. *Applied Cognitive Psychology, 17,* 443–457.

Holliday, R. E. (2003b). Reducing misinformation effects in children with Cognitive interviews: Dissociating recollection and familiarity. *Child Development, 74,* 728–751.

Holliday, R. E., & Albon, A. J. (2004). Minimising misinformation effects in young children with cognitive interview mnemonics. *Applied Cognitive Psychology, 18,* 263–281.

Holliday, R. E., Brainerd, C. J., & Reyna, V. F. (2011). Developmental reversals in false memory: Now you see them, now you don't! *Developmental Psychology, 47,* 442–447.

Holliday, R. E., Douglas, K., & Hayes, B. K. (1999). Children's eyewitness suggestibility: Memory trace strength revisited. *Cognitive Development, 14,* 443–462.

Holliday, R. E., & Hayes, B. K. (2000). Dissociating automatic and intentional processes in children's eyewitness memory. *Journal of Experimental Child Psychology, 75,* 1–42.

Holliday, R. E., & Hayes, B. K. (2001). Automatic and intentional processes in children's eyewitness suggestibility. *Cognitive Development, 16,* 617–636.

Holliday, R. E., & Hayes, B. K. (2002). Automatic and intentional processes in children's recognition memory: The reversed misinformation effect. *Applied Cognitive Psychology, 16,* 1–16.

Holliday, R. E., Humphries, J. E., Milne, R., Memon, A., Houlder, L., Lyons, A., & Bull, R. (in press). Reducing misinformation effects in older adults with Cognitive Interview mnemonics. *Psychology & Aging.*

Holliday, R. E., Reyna, V. F., & Hayes, B. K. (2002). Memory processes underlying misinformation effects in child witnesses. *Developmental Review, 22,* 37–77.

Home Office & Department of Health. (1992). *Memorandum of good practice on video recorded interviews with child witnesses for criminal proceedings.* London: HMSO.

Home Office & Department of Health. (2001). *Achieving best evidence in criminal proceedings: Guidance for vulnerable or intimidated witnesses, including children*. London: HMSO.

Howe, M. L. (1991). Misleading children's story recall: Forgetting and reminiscence of the facts. *Developmental Psychology, 27*, 746-762.

Johnson, M. K., Hashtroudi, S., & Lindsay, D. S. (1993). Source monitoring. *Psychological Bulletin, 114*, 3-28.

Kebbell, M., & Hatton, C. (1999). People with mental retardation as witnesses in court: a review. *Mental Retardation, 37*, 179-187.

Kobasigawa, A. (1974). Utilization of retrieval cues by children in recall. *Child Development, 45*, 127-134.

Köhnken, G. (1993). *The structured interview: A step-by-step introduction*. Unpublished manuscript.

Lamb, M. E., Orbach, Y., Hershkowitz, I., Esplin, P. W., & Horowitz, D. (2007). Structured forensic interview protocols improve the quality and informativeness of investigative interviews with children: A review of research using the NICHD Investigative Interview Protocol. *Child Abuse & Neglect, 31*, 1201-1231.

Lampinen, J. M., & Smith, V. L. (1995). The incredible (and sometimes incredulous) child witness: Child eyewitnesses' sensitivity to source credibility cues. *Journal of Applied Psychology, 80*, 621-627.

Leichtman, M. D., & Ceci, S. J. (1995). The effects of stereotypes and suggestions on preschoolers' reports. *Developmental Psychology, 31*, 568-578.

List, J. A. (1986). Age and schematic differences in the reliability of eyewitness testimony. *Developmental Psychology, 22*, 50-57.

Loftus, E. F. (1977). Shifting human color memory. *Memory & Cognition, 5*, 696-699.

Loftus, E. F., Donders, K., Hoffman, H. G., & Schooler, J. W. (1989). Creating new memories that are quickly accessed and confidently held. *Memory & Cognition, 17*, 607-616.

Loftus, E. F., & Ketcham, K. (1991). *Witness for the defense: The accused, the eyewitness and the expert who puts memory on trial*. New York: St Martin's Press.

Loftus, E. F., Miller, D. G., & Burns, H. J. (1978). Semantic integration of verbal information into visual memory. *Journal of Experimental Psychology: Human Learning and Memory, 4*, 19-31.

McCauley, M. R., & Fisher, R. P. (1995). Facilitating children's eyewitness recall with the revised cognitive interview. *Journal of Applied Psychology, 80*, 510-516.

McCauley, M. R., & Fisher, R. P. (1996). Enhancing children's eyewitness testimony with the cognitive interview. In G. Davies, S. Lloyd-Bostock, M. McMurran & C. Wilson (Eds.), *Psychology, law, and criminal justice* (pp. 127-133). Berlin: de Gruyter.

McCloskey, M., & Zaragoza, M. (1985). Misleading postevent information and memory for events: Arguments and evidence against memory impairment hypotheses. *Journal of Experimental Psychology: General, 114*, 1-16.

Memon, A., Holley, A., Wark, L., Bull, R., & Köhnken, G. (1996). Reducing suggestibility in child witness interviews. *Applied Cognitive Psychology, 10*, 503-518.

Memon, A., Holliday, R. E., & Hill, C. (2006). Pre-event stereotypes and misinformation effects in young children. *Memory, 14*, 104-114.

Memon, A., Wark, L., Bull, R., & Köhnken, G. (1997). Isolating the effects of the cognitive interview techniques. *British Journal of Psychology, 88*, 179-197.

Miller, G. A. (1956). The magical number seven, plus or minus two: Some limits on our capacity for processing information. *Psychological Review, 63*, 81-97.

Milne, R., & Bull, R. (2001). Interviewing witnesses with learning disabilities for legal purposes. *British Journal of Learning Disabilities, 29*, 93-97.

Milne, R., & Bull, R. (2003). Does the cognitive interview help children to resist the effects of suggestive questioning? *Legal and Criminological Psychology, 8*, 21-38.

Milne, R., Clare, I. C. H., & Bull, R. (1999) Using the cognitive interview with adults with mild learning disabilities. *Psychology, Crime and Law, 5*, 81-101.

Moely, B. E., Olson F. A., Halwes, T. H., & Flavell, J. H. (1969). Production deficiency in young children's clustered recall. *Developmental Psychology, 1*, 26-34.

Morton, J. (1991). Cognitive pathologies of memory: A headed records analysis. In W. Kessen, A. Ortonly & F. Craik (Eds.), *Memories, thoughts, and emotions: Essays in honor of George Mandler.* (pp. 199-210). Hillsdale, NJ: Erlbaum.

Nelson, K., & Gruendel, J. (1981). Generalised event representations: Basic building blocks of cognitive development. In M. E. Lamb & A. L. Brown (Eds.), *Advances in developmental psychology* (vol. 1, pp. 131-158). Hillsdale, NJ: Lawrence Erlbaum.

Ornstein, P. A., Merritt, K. A., Baker-Ward, L., Furtado, E., Gordon, B., & Principe, G. (1998). Children's knowledge, expectation, and long-term retention. *Applied Cognitive Psychology, 12*, 387-405.

Pendergrast, M. (1996). *Victims of memory.* London: Harper Collins.

Pillemer, D. B., Picariello, M. L., & Pruett, J. C. (1994). Very long-term memories of a salient preschool event. *Applied Cognitive Psychology, 8*, 95-106.

Poole, D. A., & White, L. T. (1991). Effects of question repetition on the eyewitness testimony of children and adults. *Developmental Psychology, 27*, 975-986.

Poole, D. A., & White, L. T. (1995). Tell me again and again: Stability and change in the repeated testimonies of children and adults. In M. Zaragoza, J. R. Graham, G. N. N. Hall, R. Hirschman & Y. S. Ben-Porath (Eds.), *Memory, suggestibility, and eyewitness testimony in children and adults.* Thousand Oaks, CA: Sage.

Reyna, V. F., & Brainerd, C. J. (1995). Fuzzy-trace theory: An interim synthesis. *Learning and Individual Differences, 7*, 1-75.

Reyna, V. F., Holliday, R. E., & Marche, T. (2002). Explaining the development of false memories. *Developmental Review (Special Issue on Developmental Forensics), 22*, 436-489.

Reyna, V. F., Mills B., Estrada, S., & Brainerd, C. J. (2007). False memory in children: Data, theory, and legal implications. In M. Toglia & D. Read (Eds.), *The handbook of eyewitness psychology, Volume 1: Memory for events* (pp. 473-510). Mahwah, NJ: Erlbaum.

Reyna, V. F., & Titcomb, A. L. (1997). Constraints on the suggestibility of eyewitness testimony: A fuzzy-trace analysis. In D. G. Payne & F. G. Conrad (Eds.), *A synthesis of basic and applied approaches to human memory* (pp. 157-174). Hillsdale, NJ: Erlbaum.

Saywitz, K., & Camparo, L. (1998). Interviewing child witnesses. A developmental perspective. *Child Abuse and Neglect, 22*, 825-843.

Saywitz, K. J., Geiselman, R. E., & Bornstein, G. K. (1992). Effects of cognitive interviewing and practice on children's recall performance. *Journal of Applied Psychology, 77*, 744-756.

Schneider, W., Korkel, J., & Weinert, F. E. (1989). Domain-specific knowledge and memory performance: A comparison of high- and low-aptitude children. *Journal of Educational Psychology, 81*, 306-312.

Schreiber, T., & Sergent, S. (1998). The role of commitment in producing misinformation effects in eyewitness memory. *Psychonomic Bulletin and Review, 5*, 443-448.

Scottish Executive. (2003). *Guidance on interviewing child witnesses in Scotland.* Edinburgh: Scottish Executive.

Sternberg, K. J., Lamb, M. E., Davies, G. M., & Westcott, H. L. (2001). The Memorandum of Good Practice: Theory versus application. *Child Abuse Neglect, 26,* 669-681.

Summit, R. C. (1983). The child sexual abuse accommodation syndrome, *Child Abuse and Neglect, 7,* 177-193.

Toglia, M. P., Ross, D. F., Ceci, S. J., & Hembrooke, H. (1992). The suggestibility of children's memory: A social-psychological and cognitive interpretation. In M. L. Howe, C. J. Brainerd & V. F. Reyna (Eds.), *Development of long-term retention* (pp. 217-241). New York: Springer-Verlag.

Tulving, E. (1974). Cue dependent forgetting. *American Scientist, 62,* 74-82.

Tulving, E., & Thomson, D. M. (1973). Encoding specificity and the retrieval processes in episodic memory. *Psychological Review, 80,* 352-373.

Verkampt, F., & Ginet, M. (2010). Variations of the cognitive interview: Which one is the most effective in enhancing children's testimonies. *Applied Cognitive Psychology, 24,* 1279-1296.

Waterman, A., Blades, M., & Spencer, C. (2002). How and why do children respond to nonsensical questions? In H. L. Westcott, G. M. Davies & R. H. C. Bull (Eds.), *Children's testimony.* Chichester: John Wiley & Sons, Inc.

Wright, A. M., & Holliday, R. E. (2007a). Enhancing the recall of young, young-old and old-old adults with the cognitive interview and a modified version of the cognitive interview. *Applied Cognitive Psychology, 21,* 19-3.

Wright, A. M., & Holliday, R. E. (2007b). Interviewing cognitively impaired older adults: How useful is a cognitive interview? *Memory, 15,* 17-33.

Yarmey, A. D. (1993). Adult age and gender differences in eyewitness recall in field settings. *Journal of Applied Social Psychology, 23,* 1921-1932.

Yarmey, A. D., & Kent, J. (1980). Eyewitness identification by elderly and young adults. *Law and Human Behavior, 4,* 359-371.

Zaragoza, M. S. (1987). Memory, suggestibility, and eyewitness testimony in children and adults. In S. J. Ceci, M. Toglia & D. Ross (Eds.), *Children's eyewitness memory* (pp. 53-78). NY: Springer-Verlag.

Zaragoza, M. S. (1991). Preschool children's susceptibility to memory impairment. In J. Doris (Ed.), *The suggestibility of children's recollections: Implications for eyewitness testimony* (pp. 27-39). Washington, DC: American Psychological Association.

주석이 달린 읽을거리 목록

Ceci, S. J., & Bruck, M. (1995). *Jeopardy in the courtroom: A scientific analysis of children's testimony.* Washington, DC: American Psychological Association. 필독서. 이 장의 사례연구에 소개된 주간 보호 사례를 자세히 서술하고 있다.

Bjorklund, D. F. (2005). *Children's thinking* (4th ed.). CA: Wadsworth/Thomson. 기억 전략 및 기억 이론 같은 주제를 아주 훌륭하게 소개하고 있다.

Garven, S., Wood, J. M., Malpass, R. S., & Shaw, J. S. (1998). More than suggestion: The effect of interviewing techniques from the McMartin preschool case. *Journal of Applied Psychology, 83,* 347-359. 이와 같은 중요한 사례에서 쓰인 면담 방법을 소개한다.

Holliday, R. E. (2003). Reducing misinformation effects in children with cognitive interviews: Dissociating recollection and familiarity. *Child Development, 74,* 728-751. 아동에 대한 인지 면담 진행 방식의 유용성을 평가한 가장 최근의 연구 결과다.

Holliday, R. E., Douglas, K., & Hayes, B. K. (1999). Children's eyewitness suggestibility: Memory trace strength revisited. *Cognitive Development, 14,* 443-462. 피암시성의 기억 흔적 강도에 관한 이론을 평가하

고 있다.

Reyna, V. F., Holliday, R. E., & Marche, T. (2002). Explaining the development of false memories. *Developmental Review, 22,* 436-489. 아동의 피암시성, 틀린 정보 및 기억 착각을 소개하는 개관 논문이다.

제7장   용의자 면담

ULF HOLMBERG

이 장의 개요

길거리에서 크게 다투고 있는 두 사람을 상상해 보자. 싸우는 소리가 점점 커지다가 둘 중 한 사람이 다른 사람의 얼굴을 때렸다. 맞은 사람은 뒤로 넘어졌고 그는 머리가 보도 모서리에 부딪혀서 운 나쁘게 죽었다. 자, 당신이 판사이고 그 행위가 죽이려는 의도를 가지고 한 것인지 그렇지 않은 것인지를 판단해야 한다고 상상해 보자. 당신은 용의자를 데리고 있지만 그가 살인자인가, 아니면 예상치 못한 상황이 살인을 야기한 것인가? 용의자는 공격자인가, 아니면 단순히 자신을 방어한 것인가? 지문이나 DNA는 그런 질문에 답을 해 줄 수 없고 어떤 범죄가 언제, 어디서, 무엇을 가지고, 누구에 의해, 왜 저질러졌는지와 같은 다른 많은 질문에도 답을 할 수 없다. UN 인권조약에 따르면 용의자에게는 기소되기 전에 자신의 관점을 표현하고 설명할 수 있는 기회가 주어져야만 한다. 따라서 용의자를 면담하는 경찰은 범죄 조사에 관한 중요한 특징은 남겨 놓는다.

아래에 제시되어 있는 유죄 범죄자에 대한 경찰 면담자의 경험은 용의자에 대한 경찰 면담 시 실제로 무슨 일이 일어나는지를 독자들에게 보여 줄 것이다. 첫 번째 면담에서(예 A), 살인으로 기소된 용의자에게 경찰관은 지난 24시간 동안 용의자가 무엇을 했는지와 같은 질문을 반복하였다. 이 자백 추구 경찰 면담은 갈등으로 결말이 났다. 경찰관이 계속해서 같은 종류의 질문을 했기 때문에 용의자는 경찰관이 자신을 괴롭히려는 것으로 결론짓고 침묵을 유지했다(Holmberg et al., 2007, p. 357). 그러한 대질 접근은 용의자가 면담 중에 '회피' 하고자 하는 외부 압력을 만들어 낼 수 있다(Gudjonsson & Petursson, 1991; Gudjonsson & Sigurdsson, 1994).

두 번째 면담에서(예 B) 강간으로 혐의를 받고 있는 사람은 자신의 욕구와 정서를 인식하고 있는 경찰관을 만나고 있다고 기술하였다. 그는 다음과 같이 말했다.

……그리고 나는 질문을 받았고 말하기 시작하였다. 그녀(경찰관)는 정말로 정말로 마음이 넓은 사람이었다. 그녀는 나를 존중해 주었고 심문하는 중이라고 말을 할 수도 있었는데 시끄러운 방에서 심문하는 직업 이상의 것을 하고 있다고 느꼈다(Holmberg et al., 2007, p. 361).

세 번째 사례(예 C)에서 혐의가 있는 강간범의 경찰 면담에 대한 기술은 경찰 면담이 '문을 닫는 것' 뿐만 아니라 '문을 여는 것' 일 수 있다고 지적하였다.

나는 적절하게 행동하는 사람들과 말하는 것은 쉽다. 왜냐하면 사람을 면담하는 사람들은 당신을 처벌하지 않기 때문이다. 그러나 그들은 말하는 방식을 통해서 인간으로서 나에 대한 미움을 보여 줄 수 있고 그 순간에 당신은 돌아서서 그들의 미움을 돌려줄 수 있다(Holmberg, 1996, p. 37).

명백하게도 범죄 조사에서 가장 중요한 부분 중의 하나인 용의자 면담이 다양한 방식으로 행해지고 경험될 수 있기 때문에 이 장에서는 다양한 종류의 경찰 면담에 대해 논의할 것이다. 도입부이니까 **심문 요강 (iterrogation manuals)**에 있는 권고사항을 간략하게 조사하는 것으로써 시작해 보자.

이것은 대부분의 용의자가 거짓말쟁이이며 심리적으로 강압적인 기술을 사용해야 한다는 가정을 가지고 있는 자백 문화에 빛을 던져 주었다.

이러한 견해는 연구가 실제로 보여 주고 있는 지식을

> **심문 요강**
> **(interrogation manuals)**
> 경찰관, 형사 또는 과학 범죄 연구소의 전임자가 중요하다고 써 놓은 책이나 메모 또는 인쇄된 권고사항. 그 방법은 주로 심리학적 지식을 무비판적 · 주관적으로 사용해서 만든 자백 추구 절차들이다.

알지 못하는 심문자들로부터 나왔을 것이다. 경찰 면담자의 비난적이고 자백 추구적인 행동은 흉악한 범죄에 대한 사회의 복수 욕구를 반영하는 것일 수도 있다. 다음 절에서는 그러한 요강에 있는 지침에 따라 용의자를 조사하거나 질문하는 경찰관의 행동에 대한 효과를 기술한다. 자백 추구 심문을 한 결과 중의 하나는 **허위 자백**(false confession)이다. 세 번째 절에서 그것의 영향과 왜 일부 사람이 범죄에 대해 잘못 자백하는 지에 대한 다른 설명들을 논의할 것이다.

허위 자백
(false confession)
자백자가 하지 않은 범죄 행위에 대해 자백하거나 인정을 하는 것

마지막으로, 나는 심문에서 조사 면담으로 한 걸음 더 나아갈 것이고 용의자를 면담하는 것과 관련된 연구가 발견한 결과를 논의할 것이다. 다른 말로 하면, 용의자의 말하고자 하는 준비성을 증가시킬 수 있는 인권의 관점에서 일을 시작할 수 있다(이것이 재활과 범죄 없는 인생을 향한 첫걸음이라는 희망을 품고서).

심문 요강: 경찰이 무엇을 하라고 말해야 하나

거의 모든 자백을 받을 때 사람들이 자신들의 일을 어떻게 진행해야 하는지에 대한 지침을 제공하는 요강이 있다. 경찰의 일과 용의자의 심문도 예외는 없다. 영국에서 발간된 20개의 심문 요강과 안내서를 자세히 살펴보면 전략에 대한 관심만 있고 인권 문제는 명백하게 무시한 것을 알 수 있다. 이 요강들을 살펴보면 몇 가지 문제가 나타나고 용의자에 대한 경찰 면담자들이 어떻게 정보를 끌어내며 자백을 얻어 낼 수 있는가에 대해 심각한 의문을 가지게 된다. 요강 간의 가장 분명한 차이 중의 하나는 바로 심문의 목적에 대한 표현이

표 7-1 Reid 기법의 9단계

직접적인 긍정적 직면
주제 개발
부인 다루기
반대 극복하기
용의자의 주의 획득과 유지
용의자의 수동적 기분 다루기
대안적 질문 제시하기
용의자가 범죄 사실에 대해 여러 가지를 구두로 말하도록 하기
구두 자백을 문서 자백으로 전환하기

다. 미국의 요강이 전체적으로 시장을 지배하고 있고 (이 고찰에서 20개 중의 18개) 용의자로부터 자백을 얻어 내는 방법을 매우 강조하고 있다. 그중 몇 개는 Reid 기법의 영향을 받은 것으로 보인다(Inbau et al., 2001; 〈표 7-1〉 참조). 이것은 자백에 대한 용의자의 저항을 점차적으로 부수는 9단계 심문 과정을 포함하고 있다.

몇몇 요강(예: Inbau et al., 2001; Palmiotto, 2004; Royal & Schutt, 1976)은 심문이 면담보다 앞서서 이루어져야 한다는 생각을 가지고 있다. 따라서 이런 접근법의 주창자들은 면담과 심문에 차이가 있고 면담의 목적은 용의자가 유죄인가 아닌가를 확정하기 위해 정보와 사실을 얻는 것이라고 주장한다. Buckley(2006)에 따르면 면담 단계나 국면에서는 용의자가 정보를 자발적으로 내놓을 수 있도록 비난하지 않아야 하며 면담자가 용의자의 신뢰도를 깊이 있게 평가할 수 있는 행동이 드러나도록 해야 한다(Kassin, 2006).

Reid 기법의 창시자들은 85%의 정확성을 가지고 거짓말을 탐지할 수 있도록 면담자들을 훈련시킬 수 있다고 주장한다(출판된 것 중 어떠한 거짓말 탐지 실험연구의

성공률도 넘어서는). 전 세계에 있는 수천 명의 사람이 거짓말 탐지 연구를 검증했고 이 심리학적 연구들은 사람들이 우연한 수준 이상으로 거짓말을 탐지할 수 없다는 것을 발견하였다(8장 참조; 또한 Kassin, 2006; Vrij, 2000). Buckley(2006)에 따르면 면담자는 용의자가 진실을 드러내지 않으려 한다고 믿게 되면 용의자에게 심문을 할 준비를 한다. 이 두 번째 단계나 국면은 심문자가 대화의 95% 이상을 말하고 어떤 질문도 하지 않는 상태를 만든다. Weinberg(2002)는 심문자가 질문을 한다면 용의자의 죄에 대해 불안정감을 드러내는 것이 되기 때문에 좋은 전략으로 간주되지 않는다고 주장하였다.

심문의 유일한 목적은 자백을 얻어 내는 것처럼 보인다. 그리고 어떤 용의자에게는 이것이 진실을 말하라고 설득당한다는 것을 의미한다(Buckley, 2006). 당신은 '누구의 진실인가?'에 대해 질문해야만 한다. Reid 기법의 지지자들은 심문자와 경찰이라는 점을 염두에 두어야 한다. 여하튼 일부 무고한 사람은 자신들이 참여한 증거가 없음에도 불구하고 단지 경찰의 예감에 근거하여 심문을 받을 수 있다(Kassin, 2006). 이것은 심문이 객관적인 정보 수집 과정이라기보다는 편견이 경찰의 행동에 영향을 미치는 **유죄 추정 과정(guilt presumptive process)**이라는 것을 의미한다 (이 장의 후반부에서 유죄 추정과 그것이 면담자의 행동에 어떤 영향을 미치는지에 대해 논의할 것이다).

> **유죄 추정 과정**
> (guilt presumptive process)
> 용의자의 유죄를 가정하고 면담을 하는 양식

물론 자백은 경찰에게 가치가 있고 잘못된 것이 아닐 수 있다. 자백은 선을 회복하기 더 쉽게 해 주고, 희생자에게 보상과 만족을 줄 수 있으며, 용의자를 설득할 수 있고, 재판에서 유죄 판결을 끌어낼 수 있게 해 준다. 그러나 단지 자백만을 얻을 목적으로 심문 기법

을 사용한다면 조사 정책의 중요한 원리(무죄 추정; UN General Assembly, 1996, 14조 2항)를 어기게 될 것이다. 조사와 최초 면담에서 용의자가 유죄라고 결론이 난다면 심문 중에 자신의 죄를 부정하는 용의자는 당연히 거짓말을 하는 것으로 간주될 수 있다. 이러한 상황에서는 심문자가 더 이상 용의자의 신뢰도를 고려할 필요를 느끼지 않을 것이다.

자백을 얻는 기법 중의 하나는 **주제 설정(theme-building)**이다. 이것은 Reid 기법의 9단계 중의 하나로서 죄의 자인과 같은 것을 포함하여 용의자가 도덕적으로 정당화할 수 있는 길을 열어 주는 것이다. 그 개념은 용의자가 자신의 행위가 도덕적으로 어긋나고 자인을 하게 되면 자아상에 혼란을 가져오기 때문에 범죄를 자인하지 않으려고 한다는 것이다. 이때 심문자는 이미 알려진 범죄 사실들과 일치하는 위조된 이야기로 주제를 구성할 수 있다. 그 이야기는 용의자의 죄책감을 덜어 줄 수는 있지만 용의자가 그 이야기에 동의한다면 그 사람은 자연적으로 범죄를 자인하는 것이다. 이것은 "그래요, 돈을 훔쳤어요. 당신은 그것을 빌린 것일 수도 있지요, 단지 당신 가족의 음식 값을 지불하기 위해서. 당신은 그 돈을 돌려주고 싶지요? 안 그래요?"와 같은 것일 수 있다. 다른 방법은 허위 증거를 사용하거나 존재하지 않는 증거를 도입하는 것이다. 이를 통해 잡혀 온 용의자를 설득하거나 범죄를 자인하게 할 수 있다. 이 방법이 가지고 있는 문제 중의 하나는 무고하지만 피암시성이 높은 용의자가 범죄를 저지르지 않았는데도 법적 체계가 자백을 관대하게 볼 수 있다는 신념에 영향을 받으면 자백을 할 수 있다는 것이다. 따라서 어떤 문화에서는 경찰 심문 방법이 범죄 판단 체계를 위한 문제해결보다 더 문제를 일으키는 것이 될 수 있다.

요강에 나타나는 '심문'과 '면담'의 차이

혼란스러운 상황은 여러 요강에서 심문(interrogation) 과 면담(interviewing)이라는 단어를 어떻게 사용하는가 다. 보통 면담은 정보를 얻는 대화로 이해되고 있다. 몇 몇 요강(예: Benson, 2000; Butterfield, 2002; Rutledge, 2001)은 면담 국면을 수행하는 방법을 기술하고 있지 않지만 보통 좋은 의사소통의 중요성은 강조하고 있다. 그들은 일반적으로 용의자와 소통관계(라포, rapport) 형성하고 열린 마음으로 적극적으로 정보 추구를 하라 고 충고한다. 안타깝게도 일부 요강은 경찰에게 이 단 계에서는 용의자에게 어떤 혐의도 드러내지 말라고 충

[그림 7-1] 시민과 정치적 권리에 대한 UN 관례는 용의자가 자신에게 불리한 쪽으로 체포되거나 기소될 때 그 이유에 대해 즉각적으로 정보를 얻을 수 있는 권리를 언급하고 있다.

출처: Mark William Richardson, Shutterstock사의 허락하에 게재함.

고한다(예: Bristow, 1964; Inbau et al., 2001; Yeschke, 2003). 이것은 용의자가 자신에게 불리하게 체포되거 나 기소될 때 그 이유에 대해 즉각적으로 정보를 얻을 수 있는 권리를 언급한 시민과 정치적 권리에 대한 UN 관례(UN General Assembly, 1996, 9조)에 따르면 매우 의 심스러운 것이다([그림 7-1]).

심문은 일반적으로 자백만을 얻어 내기 위한 목적으 로 하는 대질 과정으로 기술되고 있다. 20개 요강 중 12 개는 국제법상 매우 의심스럽거나 실제로 불법적인 방 법을 포함하고 있다(예: Benson, 2000; Inbau et al., 2001; Starrett, 1998). 이런 주로 속임수나 허위를 포함하지만, 일부 요강(예: Butterfileld, 2002)은 UN 세계인권 선언 5조 (UN General Assembly, 1948)에서 정의한 실질적인 고문 과 매우 유사한 방법을 추천하고 있다. 심문자가 강압 적이고 속임수나 허위가 있는 심문을 할 때, 시민과 정 치적 권리에 대한 UN 관례(UN General Assembly, 1996, 14조)에 있는 자의성과 무죄 추정의 원리와 법적 갈등이 일어날 수 있다. 대부분의 요강은 독자를 혼란스럽게 할 수 있는 내현적 모순을 가지고 있는 것으로 보인다. 그 모순은 주로 한편으로는 용의자에게 인간적인 태도 를 취하고 소통관계를 형성하라고 하면서 다른 한편으 로는 거칠고 강압적인 것이 더 효과적이라고 하는 것이 다. 일부 요강(예: Inbau et al., 2001)은 정확한 신뢰도 평 가에 대한 면담 스트레스와 충격의 영향에 대해 논의하 고 있다. 스트레스를 받는 용의자는 허위에 대한 단서를 좀 더 많이 누설한다고 추정된다. 따라서 용의자에게 스 트레스를 주는 것은 좋다고 주 장한다. 이제는 스트레스가 라 포나 작업 동맹을 촉진하지 않 는다. **대화 관리**(conversation management: CM)의 맥락에서 볼 때 스트레스는 종종 기를

> **대화 관리**
> **(conversation management: CM)**
>
> Shepherd가 제안한 면담 기법으로 언어적인 측면과 비언어적인 측면 모두에서 경찰관의 자각과 면담 관리 를 강조한다.

죽인다. 여기에서 우리는 면담 국면에서 전형적인 허위 단서를 사용하는 것이 매우 비효과적이고 정확하게 허위를 탐지해 내기 위한 일에도 때로 직접적으로 비생산적임을 알아 둘 필요가 있다(8장; 또한 DePaulo et al., 2003; Granhag & Hartwig, 이 책; Vrig, 2000).

증거 사용에 관한 요강의 불일치

몇몇 요강은 경찰에게 알려진 증거의 사용에 관한 충고에서도 불일치를 보이고 있다(예: Inbau et al., 2001; Starrett, 1998). 그것이 나중에 증거가 발견되는 것에 대해서 잘 준비된 책략을 가지고 있을지라도 보통 다른 장과 스스로 모순되는 경우가 많다. 이것은 **사실적 접근**(factual approach)을 지속적으로 촉구하기 때문에 나타난다. 이 방법은 용의자에게 모든 가능한 증거, 때로는 잘못된 정보라도 직접 노출하는 것을 격려한다. 이는 용의자가 즉각적으로 자신이 잡혀 있고 더 이상의 저항이 쓸모없다는 것을 알 수 있게 하는 만큼 더 빨리 자백을 하도록 촉진해 준다. 강한(그리고 타당한) 증거가 유죄 용의자가 고백하는 것을 격려한다는 개념을 지지하는 연구가 있다(예: Gudjonsson & Bownes, 1992; Gudjonsson & Peuturson, 1991). 심문자들이 심문의 초기 단계에서부터 가용한 모든 증거를 사용하는 기법을 선호한다는 것은 그리 놀랄 일도 아니다. 불행하게도 많은 지능적인 용의자들은 모든 노출된 증거를 포함해서 허위 이야기를 선택한다. 이것은 정말 신뢰할 수 없는 것이고 조사자의 마음에 충분한 의심을 제기하게 된다.

면담의 초기에 모든 가용한 증거를 제시하는 것은 몇 가지 문제점을 안고 있다. 첫째, 모든 증거가 노출된

> **사실적 접근**
> (factual appoach)
>
> 때로는 잘못된 정보가 빠른 자백을 끌어낼 수 있다는 가정하에 용의자에 대한 모든 가능한 증거를 면담자가 노출하는 것

다면 조사자는 용의자가 제공하는 정보의 정확성을 검증할 모든 가능성을 누설하는 것이다. 증거가 노출되지 않는다면 수집된 증거로부터 범죄자나 조사자만 알 수 있는 어떤 것들에 관한 정보가 제공될 수도 있다. 더군다나 증거를 감춘 상태에서 범죄와 관련된 사실을 부정하는 용의자를 부른다면 용의자는 더 이상 침묵을 유지하지 못하고 조사자에게는 유용한 증거들이지만 명백하게 진실이 아닌 세부사항들을 드러나게 할 수 있다. 자신의 무죄를 보여 주는 (유죄) 용의자의 노력 속에서 용의자는 진실에 가까운 이야기를 창조할 수 있지만 조사자에게 유용한 증거와는 세부적인 데서 결정적으로 다를 수 있기 때문에 결국 잘못된 것이다.

용의자에게 경찰 정보의 노출을 지연시키는 전략은 전략적 증거 사용(strategic evidence use: SUE) 기법의 중요한 특징이다(이 기법에 대한 더 많은 정보는 8장 참조). SUE 기법은 면담의 초기에 단순히 증거를 감추고 있는 것 이상을 강조하고 있다. 기존의 증거를 노출하지 않음으로써 SUE 기법은 용의자가 범죄와 관련된 자신의 행동에 대한 모든 가능한 설명을 하도록 고무시킨다. 그러면 그것을 면담자가 알고 있는 증거와 비교할 수 있다. SUE 기법은 두 가지 장점이 있다. 하나는 조사자가 진실성이나 용의자 진술의 다른 측면에 대해 알려진 것과 반대로 말하는 것이 무엇인지를 판단할 수 있게 해 준다는 것이고, 다른 하나는 용의자가 자신의 유죄를 단순히 거부하는 것보다는 자신의 행동에 대해 자신만의 설명을 하도록 고무시켜 줄 수 있다는 것이다.

연구들은 훈련받지 않은 면담자에 비해 SUE 훈련 면담자가 조사자에게만 알려진 증거와 관련된 특정 질문을 근거를 밝히지 않고 더 많이 하는 것으로 밝혀냈다. 나아가서 SUE 훈련 면담자들은 훈련받지 않은 면담자들에 비해 속임수를 더 잘 탐지해 내는 것으로 나타났

다. SUE 기법은 면담에 의한 초기 증거 노출에 비해 허위 탐지를 더 높이는 것으로 알려져 왔다(8장과 Hartwig, 2006 참조; Hartwig et al., 2005a, 2006b, 2006). 더구나 SUE 기법에 의해 면담을 받은, 진실을 말하려는 용의자들은 전반적인 면담 환경을 고무시키는 데 중요한 요인인 신뢰받는다는 낙관성을 더 많이 경험한 것으로 나타났다(Hartwig et al., 2007).

결론적으로 많은 가용한 요강이 있지만 그것들은 증거기반, 유용성, 지침의 효과성, 법과 일관성의 고수에 있어서 질적으로 다양하다. 대부분의 요강은 연구 결과, 허위 자백의 위험성, 자발성과 무죄 추정과의 충돌과 같은 심각한 단점을 가지고 있다. 그리고 일부는 고문을 방지하는 원칙과 같은 기본적인 인권 문제와 간접적으로 갈등을 빚고 있다. 이 요강들은 왜 일부 경찰이 면담 시에 자백 추구적 접근법에 빠지는지를 일부 설명해 준다. 다른 좀 더 그럴듯한 설명은 용의자의 죄에 대한 신념의 발달이 경찰 면담자의 행동에 영향을 미친다는 것이다.

면담자 행동의 영향

이 장의 앞부분에서 언급한 예 A로 되돌아가 보자. 거기에서 용의자는 갈등만 일으키는 강압적이고 자백 추구적인 심문만 받았다. 용의자는 자신이 강압적인 외부 환경하에 있다고 느끼며 경찰관이 자신을 괴롭히고 있다고 지각해서 더 이상 말을 하지 않고 침묵을 지키기로 결론지은 것을 보았다. 예 C에서는 면담하는 동안에 경찰의 행동이 미칠 수 있는 영향을 예시하였다. 이 예의 남자는 면담자가 공격적이고 처벌적인 접근을 할 때보다 면담이 적절히 이루어질 때 자신이 저지른 범죄에 대해 털어놓기가 더 쉬웠다고 말했다. 용의자는 경찰이 용의자에게 미움을 보이면 용의자도 경찰에게 미움을 되돌려 줄 수 있다고 말하였다. 조사의 관점에서 보면 그러한 용의자는 저항적이고 비협조적인 것으로 보인다. 그러나 이러한 태도는 실제적으로는 경찰의 행동이 반영된 것이다.

Baldwin(1992, 1993)은 영국 경찰 면담 기록 중 400개의 비디오와 200개의 녹음을 분석하고는 전문성의 필요를 강조하였다. 일부 경찰은 자백 추구적인 접근법을 채택하여 용의자가 사전에 기술된 그들의 범죄를 받아들이도록 설득하였다. 이들 면담자는 용의자의 말을 듣지 않았고 오히려 그들을 지속적으로 괴롭혔다. 그러한 면담자들은 때로 지나치게 안절부절못하거나 공격적이며 약을 올리는 행동을 보였다. 일부는 거친 남자 스타일을 보였고 이것이 얼마나 비생산적인지를 인식할 수 없었다. Balwin은 자백 추구적인 접근법을 비판하였다.

Mostson과 Engelberg(1993)는 광범위한 범죄자와 용의자에 대한 118개의 경찰 면담 녹음을 분석하였다. 그들은 면담 양식이 공통적으로 대질과 자백 추구적이었고 이것이 큰 문제를 일으킨다고 보았다. 그러한 면담자들은 용의자들이 범죄에 가담한 것처럼 직접적으로 몰아붙였고 단순하게 진술을 인정하라고 요구하였다. 많은 용의자가 연루를 부정했고 저항을 보이거나 묵비권을 행사했다. 면담자들은 소통관계를 형성하거나 적절한 의사소통을 하려는 자신들의 노력을 방해하는 언어적·비언어적 차폐 행동을 통한 용의자의 저항에 부딪혔다. 피면담자들이 기꺼이 응하지 않는 것은 불안, 공포, 우울, 분노 그리고 반감과 같은 그들의 심리적 차폐에 기인한 것으로 보인다(Shepherd, 193). 그러한 비자발성은 면담자가 면담의 목적을 용의자에게 충분히 설명하지 못했을 때도 나타날 수 있다. 용의자들은 실제로 당하고 있을 때 '경로 지도(route map)'가 어떻게 되는지를 알고 싶어 한다. 또한 저항은 면담자가 파괴적으로 말하거나 부적절하게 듣거나 부적절한 속도를 낼 때 나타날 수 있다. 즉, 피면담자가 반응한 후에 면담자는 즉각적으로 다른 질문을 하거나 코멘트를 달거나 쉬지 못하게 해서 반추할 시간을 주지 않을 때도 나타난다.

Stephenson과 Moston(1993)은 자백 추구적 접근법에 대한 연구에서 1,067개의 면담을 조사한 후 이 사례의 73%에서 경찰면담자들이 용의자의 죄를 확신하는 것처럼 보였다고 하였다. 널리 알려진 Kassin과 Gudjonsson(2004)의 연구는 자백 관련 논문을 자세히 고찰하였다. 그들은 심문이 용의자의 유죄에 대한 강력한 사전 신념에 영향을 받으며 그에 따라 행동하는 유죄 추정 과정이라고 기술하였다. 경찰의 성공은 용의자가 자백을 하거나 부인하는 것에 따라 측정되었다. 죄에 대한 신념은 경찰과 용의자의 상호작용에 영향을 미치며 경찰관들이 왜 자백 추구적인 심문법을 채택하는지 설명해 준다(Mortimer & Shepferd, 1999). 심리학적 연구들은 사람들이 신념을 가지면 새로운 정보를 찾거나 해석할 때 선택적이 된다는 것을 발견하였다(예: Kassin et al., 2003 참조). 이러한 왜곡되고 선택적인 과정을 통해 사람들은 그들의 신념을 입증해 줄 정보를 찾으려고 한다. 이러한 인지적 확신 편향 과정은 모순되는 사실이 있는 경우라도 경찰관의 신념을 바꾸는 데 저항을 가져온다(Nickerson, 1998).

편향이 질문 양식에 어떻게 영향을 주는가

Innes(2002)는 범죄 조사 중에 경찰관들이 그 사례의 많은 증거에 압도되어서 전체적인 진실을 드러내 줄 수 있는 새로운 사실을 탐색하지 않을 수 있다고 주장하였다. 경찰은 범죄사건에 대한 내적 표상을 만족시켜 줄 수 있는 충분한 양의 증거를 탐색할 수 있다. 그리고 그러한 구성의 틈(증거가 없는)은 일관성 있는 이야기를

구성하기 위해 상상이나 억측으로 채워질 수 있다. Kassin 등(2003)은 유죄 추정이 면담자의 행동에 영향을 주는지를 검증하기 위하여 학생을 심문자로 사용한 연구를 하였다. 이 연구는 면담자가 무죄보다 유죄 추정을 채택했을 때 유죄 지향적 질문을 보다 많이 하고 자백을 이끌어 내기 위한 기법과 압력을 더 많이 사용함을 보여 주었다. 이러한 사전 신념은 자백 추구적 행동 확신의 과정으로 움직이게 하고 예 A에서 본 것처럼 용의자의 행동은 물론 면담자의 행동에도 영향을 미쳐 경찰이 용의자를 단지 괴롭히고 있다고 지각하게 만든다. Stephenson과 Moston(1993, 1994)은 기소 전략과 정보 수집 전략의 차이를 구분하였다. 증거가 강력하다고 판단되면 면담자들은 용의자들을 면담 초기에 비난하면서 기소 접근법을 사용한다. 따라서 증거가 강력하다는 경찰의 지각은 유죄 추정을 촉진시키고 강압적이고 지배적인 행동을 하게 만드는데, 이것이 오히려 용의자를 저항하고 부인하게 만들 수 있다. 그러한 분석은 83명의 유죄 살인자와 성범죄자들의 경찰 면담 경험을 분석한 Holmberg와 Christianson(2002)의 연구에서도 지지되었다. 그들은 면담 초기에 면담자들을 지배적이거나 인간적이라고 지각하였다. 지배적이라고 지각한 경우에 범죄자들은 면담자들을 참을성 없고 밀어붙이며 공격적이고 무뚝뚝하며 불친절하고 헐뜯으며 비난하는 것으로 지각하였다. 지배적인 경험은 또한 범죄자들의 불안감과 연관이 있었으며 기소된 범죄를 부인하는 경향과 관련이 있었다. 따라서 지배적이고 강압적이며 자백 추구적인 접근을 하는 것으로 보인 경찰관은 반치료적인 매개자가 될 수 있다. 왜냐하면 그러한 행동은 범죄 조사뿐만 아니라 범죄자의 재활에도 비생산적이기 때문이다. 이 접근법은 경찰들이 자백 추구적인 접근법을 사용할 때 유죄 범죄자들이 경험하는 외적 압력의 명백한 예다(Gudjonsson & Petursson, 1991;

Gudjonsson & Sigurdsson, 1999).

너무 많은 질문을 하는 것의 위험

질문을 기반으로 한 정보 추구 접근의 심각한 문제는 질문을 너무 많이 해서 비생산적이 될 수 있다는 점이다. 첫째, 인간은 정보를 처리하는 정신 자원이 제한되어 있다(Baddeley, 1998). 지난주에 먹은 점심 중 네 번을 어디서 누구와 먹었는지 물어보는 빠른 면담을 생각해 보자. 어떤 사람이 당신에게 3일, 4일, 6일 전에 어디에서 누구와 앉아 있었고 당신의 접시에는 정확하게 무엇이 있었는지를 물어보는 힘든 상황을 생각해 보라. 그 질문은 날짜와 사건의 양상에 따라 변한다. 당신이 회상하려고 하면 기억할 시간이 필요할 것이다. 면담자가 사건의 경과에 따라 여러 국면을 뛰어넘으면서 많은 질문을 하는 상황이라면 피면담자가 자세한 사항을 기억하는 데 시간이 필요하다. 그러한 상황에서 피면담자는 기억 자원이 질문 공세 때문에 과부하가 걸려서 피상적으로 대답할 것이다.

심리학자들이 언급한 정신적 자원의 제한에 대한 지식이 없는 경찰들은 피면담자의 침묵과 머뭇거림을 자신이 너무 빨리 질문해서 생긴 상황이기보다는 진실을 말하는 데 대한 주저함으로 잘못 해석할 수 있다. 피면담자는 생각하고 기억할 시간이 필요하다.

둘째, 질문에 포함된 정보는 용의자의 기억에 영향을 미칠 수 있다. 왜냐하면 피면담자는 질문에서 제공된 정보를 부정확하고 위조된 설명을 하는 데 포함시킬 수 있기 때문이다(목격자 증언에서 나타나는 같은 과정은 6장 참조). 따라서 많은 질문을 하는 면담자는 용의자의 범죄 행동에 대한 기억을 왜곡시킬 수 있다(범죄자의 기억에 관한 보다 자세한 기술은 Christianson, 2007 참조).

따라서 앞서 언급한 요강의 충고를 따라서 자백 추구적 절차를 사용하면 용의자의 저항을 불러올 것이고 자백을 받더라고 잘못된 것을 받을 것이다.

무고한 사람조차 범죄를 자백할 수 있다

범죄를 저지르지 않은 무고한 사람도 자백을 할 수 있을까? 그렇다. 그리고 그것은 새로운 현상도 아니다. Münsterberg는 1908년에 허위 자백에 대해 썼고 그것이 체포되고 심문받는 것에 대한 정서적 충격으로서 정상적인 반응이라고 기술하였다. 역사적으로 허위 자백을 한 예는 매우 많다. 예를 들면, 1932년 Charles Lindbergh의 아들을 납치했다고 한 사람은 약 200명이었다. 1980년대 가장 잘 알려진 자백자 중의 한 명은 Henrey Lee Lucas로, 그는 수백 건의 미제 살인에 대해 자백했다. 스웨덴에서는 수백 명 이상의 사람이 1986년 전 수상 Olof Palme의 살인자로 허위 자백한 후에 조사를 받았다. 이 허위 자백은 매우 상세했기 때문에 경찰들은 그것을 쉽게 무시할 수 없었다(경찰 총경 Per-Olof Palmgren, 개인적 의사소통, 2007. 10.). Gudjonsson과 Sigurdsson(1994)은 229명의 아이슬란드 범죄 수감자에 대해 자기보고 연구를 했는데 27명(12%)이 때로 경찰에게 허위 자백을 했다고 말한 것으로 나타났다. Sigurdsson과 Gudjonsson(1996)은 509명의 아이슬란드 수감자에 대한 유사한 연구에서 같은 수의 수감자(12%)들이 과거 경찰들에게 한두 번의 허위 자백을 한 것으로 보고하였다. 허위 자백을 하는 가장 빈번한 동기는 다른 사람을 보호하기 위한 것(50%), 경찰 강압으로부터 벗어나기 위한 것(48%)이거나 구치를 피하기 위한 것(42%)이었다(반응자들은 한 범주 이상을 선택했기 때문에 보고된 동기들은 서로 겹친다).

허위 자백 사례에 대한 연구는 몇 개가 더 있고, 그

수가 점점 증가하고 있다. 이는 허위 자백이 현실이고 재판의 실패로 이끌며, 그런 이유로 허위 자백에 있는 기제를 이해하는 것이 중요하다(〈사례연구 7-1〉 참조). 연구들은 허위 자백이 상이한 원인에 의해 유발될 수 있다고 본다(Kassin & Gudjonsson, 2004). Gudjonsson (2003)은 **자발적 허위 자백**(voluntary false confession)과 **강압-복종 허위 자백**(coerced-compliant false confession), 강압-내면화 허위 자백(coerced-intarnalised false confession)을 구분하였다.

> **자발적 허위 자백**
> (voluntary false confession)
>
> 용의자가 심문자의 어떠한 강압도 없이 허위 자백을 하는 것

> **강압-복종 허위 자백**
> (coerced-compliant false confession)
>
> 심문자의 강압에 의한 허위 자백으로 심문자만 만족하고 용의자는 받아들이지 않은 것

사례연구 7-1   허위 자백, 재판 실패의 예고

1998년 3월 30일 월요일, Jan Hoffman은 뉴욕타임즈의 첫 번째 페이지에 '경찰은 무죄인 사람이라도 자백을 할 만큼 강력한 방법을 사용했다'라는 제목의 기사를 실었다([그림 7-2]). 이 기사에서 Hoffman은 미국 심문자들이 용의자로터 자백을 끌어내기 위해 속임수, 사기 그리고 거짓말을 사용하고, 이 기법이 매우 강력해서 무고한 사람들도 죄를 자백한다고 주장하였다. Hoffman은 허위 자백에 대한 사례를 기술하면서 무고한 사람이 면담자가 듣고 싶어 하는 얘기를 했다고 보고하였다. 그 사람은 동네 가게 주인을 살해한 용의자였는데 9시간 동안 무죄를 주장하다가 허위 자백을 하였다. 9시간 동안 7명의 경찰이 질문을 다루었다. 경찰들은 용의자에게 그 장소에서 그의 지문과 머리카락을 발견했고 거짓말 탐지기도 통과하지 못했다고 거짓말을 했다. 이 많은 시간의 심문 후에 무고한 사람은 희망을 포기하고 진실을 말하면 자유를 돌려받을 수 있다고 생각하였다. 집으로 갈 수 있게 풀려나리라는 희망을 가진 그는 경찰들에게 그들이 듣기를 원하는 것을 말해 주었다.

[그림 7-2] 저널리스트 Jan Hoffman은 허위 자백으로 이끄는 심문방법을 비판했다.

때로 어떤 사람이 외부의 압력이 없었는데도 스스로 죄를 인정하는 진술과 범죄를 저질렀다는 허위 자백을 하는 경우가 있다. 이런 상황은 그 사람이 범인을 알고 범행과 관련되어 선고될 사람을 보호하기 위한 시도를 할 때 일어나는 경우가 많다. 명백하게도 무고한 사람이 자발적 허위 자백을 하는 데에는 여러 가지 의미가 있다. 악명을 얻고자 하는 병리적 욕구가 고도의 범죄 프로파일 사례에 대해 언론 매체가 보도한 것에 의해 자극받았을 수 있다. 다른 설명은 현실과 사실로부터 자신의 환상을 분리시킬 능력이 없는 사람일 수 있다. 또는 과거의 범죄나 죄에 대해 죄책감을 느껴서 자기처벌적인 욕구를 만족시키려고 하는 사람일 수도 있다. 어쩌면 정신 장애의 결과일 수도 있다. 자발적 허위 자백은 경찰로부터의 영향이 없이 전적으로 자백자가 하는 것이다. 이것은 다음에 볼 자백 유형과는 상황이 다르다.

경찰이 용의자에게 압력이나 강압을 하면서 심문을 했다면 강압-복종 허위 자백이 일어난 것이다(〈사례연구 7-2〉 참조). 이런 상황에서는 용의자가 어떤 조건적 이득이나 호의를 받으리라는 기대 속에서 명백한 강압을 받을 수 있다(Gudjonsson, 2003; Kassin & Gudjonsson, 2004). 자백자는 자신이 무죄라는 것을 명백히 알고 있음에도 불구하고 복종 행위를 한 것이다. 강압-복종 허위 자백을 하는 동기는 자백자가 도망갈 수 없는 위협적인 상황을 피하기 위한 것이다. 이런 유형의 자백을 하는 다른 이유는 실질적인 약속이나 기대 또는 보상의 희망이다.

세 번째 유형은 강압-내면화 허위 자백이다. 이는 종종 취약한 용의자가 일시적으로 또는 지속적으로 자신이 의문의 범죄를 저질렀다고 믿을 때 일어난다

> **강압-내면화 허위 자백 (coerced-internalised false confession)**
> 심문자의 강압에 의한 허위 자백으로, 용의자에게 진실이라고 완전히 받아들여진 것

(Gudjonsson, 2003; Kassin & Gudjonsson, 2004). 중요하게도 그러한 경우에 용의자는 간주된 사건(예: 음주나 약물)에 대한 기억이 전혀 없고 그러한 기억의 결핍이 때로 잘못된 기억을 만들어 낼 수 있다는 것이다. 대부분의 조사에서 용의자는 몇몇 긴 면담에 노출되고 자신의 부인을 의심하기 시작한다. 그러한 상황은 경찰로부터 사기나 속임수 또는 압력이 없는 상태에서 일어날 수 있다. 그 사람은 협조적이고 기억하려고 노력하며 기억이 없음에도 불구하고 자신이 범죄를 저질렀다고 믿게 될 수 있다. 경찰 면담자에게는 잘못된 기억을 일으킬 수 있는 질문을 계속할 필요가 없어졌다는 것이 매우 중요한 것이다. 대신에 면담자는 피면담자(기술된 각본에서는 무죄인 것 같은)가 매우 취약하고 특히 암시에 취약하기 때문이라며 면담을 끝내야만 한다. 그렇지 않으면 기억 불신 증후군(memory distrust syndrome: MDS)의 결과로 강압-내면화 허위 자백이 발생할 확률이 높아지기 때문이다(Gudjonsson, 2003). MDS를 가진 사람은 특히 질문에 내재된 암시 단서와 경찰관과 같은 권위적인 인물에 취약하기 때문에 잘못된 기억을 만들어 낼 가능성이 더 높아진다. 잘못된 기억의 창조는 자신의 자서전적 기억을 의심하고 암시 상태가 고조되었을 때 일어날 수 있다. 그는 협조적이고 사회적으로 고립되어 있을 수 있고 경찰로부터 교묘하게 또는 의도하지 않게 잘못된 기억으로 이끄는 힌트나 단서를 믿으라는 압력을 받을 수 있다. 기억의 원천은 혼란스럽게 되고 현실이 왜곡되며 내재화된 허위 자백을 위한 풍부한 기초가 만들어지게 된다.

Davis와 Leo(2006)는 허위 자백을 예방하기 위해 용의자가 죄의 추정을 가정할 만한 충분한 근거가 있을 때만 심문해야 한다고 주장하였다. 저자들은 또한 경찰이 직원들에게 확신적 편파가 범죄 조사자의 일에 어떻게 영향을 미치는지에 대한 내용을 포함한 교육을 해야

사례연구 7-2   강압-복종 허위 자백

1989년 뉴욕 시의 센트럴파크에서 조깅을 하다가 난폭하게 얻어맞고 강간당한 후 버려진 여자가 발견되었는데, 그녀는 살아났다(Kassin & Gudjonsson, 2004). 이틀 후 그 공격의 피의자로 14~16세 사이의 아프리카계 미국인과 히스패닉계 미국인 소년들 5명이 경찰에 체포되었다. 난폭한 범죄는 나라의 매체에 시청률을 높여 주는 사례다. 경찰은 소년들을 공격적으로 심문했고 그들은 범죄를 자백했다. 결국 자백한 사람 중의 4명은 비디오로 촬영됐고 재판에 제시되었으며 성공적인 유죄 판결이 불가피해 보였다. 비디오테이프는 4명의 소년이 조깅하는 여자를 어떻게 공격했고 범행했는지를 자세히 보여 주었다. 재판 중에 한 소년이 후회를 하면서 그러한 범죄를 다시 저지르지 않겠다고 법정에 호소하였다. 그 소년들을 범죄와 연결시킬 수 있는 법적 증거나 물리적 흔적은 없었지만 그들은 모두 유죄 판결을 받았고 장기간의 수감이 선고되었다. 여하튼 난폭한 범죄에 대한 소년들의 기술에는 오류가 있었다. 13년 후 한 남자가 살인죄와 조깅하는 사람을 공격해서 세 번의 강간을 한 죄로 선고되었는데, 그는 자발적으로 그 여자 조깅자를 공격하고 강간한 사람이 바로 자기뿐이라고 말하였다. 계속된 조사에서 그 새로운 용의자는 범죄와 범죄 장면에 대해 독특하고 확증되는 사실을 보여 주었다. 이 사건에서 DNA 검사는 희생자에게서 발견된 정액 샘플이 소년들이 아닌 그 새로운 용의자에게 죄가 있다는 것을 보여 주었다. 소년들이 감옥에서 13년을 보낸 후인 2002년 12월, 허위 자백에 근거한 다섯 소년에 대한 유죄 판결은 철회되었다. 소년들은 그들이 자백을 하면 방면되어서 집에 갈 수 있는 것으로 믿고 기대했다고 설명하였다. 이 자백은 집에 가고 잠자고 전화를 걸 수 있을 것으로 허락될 것이라는 종류의 복종에 대한 특정한 동기를 보여 준다. 면담을 끝내고 범죄를 해결하고자 하는 경찰의 욕구가 젊은 사람들, 특히 구치소에 갇혀 있으면서 자포자기하고 두려워하는 사람들에게 극단적으로 강압적인 행동을 유발했을 것이다.

한다고 하였다. 경찰들은 허위 자백을 촉진할 수 있는 실무를 깨닫고 회피하여야 한다(예: 자백 추구 기법을 사용하지 않기). 이것은 경찰들이 일부 용의자가 그러한 영향에 특히 약한 심리적 취약성이 있고 자신들의 면담 기법을 적절하게 적용할 수 있는 지식을 가져야 한다는 것을 의미한다. 많은 나라에서 심문의 개념은 하나의 자백 추구와 동의어로 인식되고 있다. 반면에, 면담의 개념은 정보를 주고받는 보다 넓은 개념으로 사용된다. 이제 이 장의 마지막 절을 살펴보자.

심문에서 조사적 면담까지

심문이라는 용어는 영국에서 조사적 면담과 같이 사용된다(Milne & Bull, 2003). 그것은 경찰 면담 시 태도 변화의 중요성을 강조하고 촉진한다. 경찰의 정보 수집 기법과 출판, 연구 간의 역사적 연결을 이해하기 위하여 심문이 조사적 면담으로 진화한 것에 대한 고찰을 간략하게 할 것이다.

먼 옛날부터 20세기 중반까지 일부 심문자는 범죄 사실을 발견하기 위해서 잔학한 행위를 사용하였다. 용의자는 침묵이나 거짓말로 그들의 사실을 숨기려고 하였다. 역사적으로 자백을 얻기 위해 선택된 방법은 신체적이고 정신적인 강압을 사용하는 것이었다. Münsterberg (1908/1923)는 위협과 고문이 용의자에게 자백을 받아 내기 위해 수천 년에 걸쳐 전 세계에서 사용됐다고 주장하였다. '고문(third degree)'이라는 용어는 1900년대에 자백을 얻어 내기 위해 심문받는 죄수에게 정신적이거나 신체적인 고문을 한다는 의미로 사용되었다 (Merriam-Webster, 2004). Münsterberg(1908/1923)는 '고문'을 눈부신 빛과 냉수 호스 그리고 흔적을 별로 남기지 않는 정교한 구타를 사용하는 것으로 기술하였다. 이 방법은 일부 국가에서 20세기 초 수십 년 동안 경찰들이 공식적으로 사용했다고 주장하였다. 여론은 고문이 용의자로부터 실제 진실을 찾아내는 데 효과적이라는 것을 믿지 않으면서 고문을 강력하게 반대했다. 1930년대 초반까지 그리고 아마도 그 이후에도 일부 국가에서의 경찰 면담 기법은 일반적으로 강압에 의한 것이었다(Leo, 1992).

스웨덴의 Hassler(1930)는 경찰 면담이 강압을 특징으로 하는 탐문이어야 한다고 주장하였다. 용의자는 괴로운 통증이나 위협 또는 속임수가 없는 상태에서 자발적으로 자백을 하도록 유도되어야 한다. 브라질인의 관점에서 Peixoto(1934)는 '고문'이 강압적이고 의심스러운 가치를 가지고 있다고 주장하였다. 1930년대와 1940년대에 강압적인 면담 방법은 쇠퇴하기 시작하였다(Leo, 1992). 스웨덴 경찰관들은 피면담자의 신뢰를 얻는 것을 추천하였고 경찰이 개방형 질문을 하기 전에 피면담자가 자유롭게 설명할 수 있는 기회를 주어야 한다고 하였다(Leche & Hagelberg, 1945). Leche와 Hagelberg는 경찰관이 사람들의 정서와 반응, 인간의 기억이 어떻게 작용하는지에 대한 지식, 진술이 어떻게 면담자가 채택한 방식에 영향을 받을 수 있는지에 대한 이해를 하는 것이 필요하다고 강조하였다.

진실을 확보하고 목격자의 진실성을 판단하기 위해서 Gerbert(1954)는 피면담자의 성격을 이해하는 것이 필요하다고 강조하였다. Gerbert는 죄가 있는 것처럼 보이는 일부 긴장한 피면담자는 면담자에게 실제로 반항적일 수 있는데, 면담자가 자신들을 공평하고 한쪽으로 치우치지 않는 방식으로 대우해 줄 것이라는 확신을 가질 때 이완될 수 있다고 말하였다. 여하튼 1960년대에는 경찰의 속임수 기법, 기술과 모략이 용의자에 대한 면담에서 공통적으로 사용되었다. 이들 방법은 앞서 언급했듯이 심리학 지식을 무비판적이고 주관적으로 사용한 것이다.

대화 관리

심리학자인 Eric Shepherd 박사는 1980년대 초 런던 경시청의 경찰들을 훈련시켰다. Shepherd는 경찰관이 만날 가능성이 있는 어떤 사람에게도 적용할 수 있는 대화 관리 각본을 개발하였다. 이 훈련의 맥락에서 Shepherd는 이 기술에 대해 대화 관리(CM; [그림 7-3])라는 용어를 만들었다. 이 용어는 경찰관이 언어적으로나 비언어적으로 의사소통적 상호작용을 의식하고 관리해야만 한다는 것을 의미한다(Milne & Bull, 1999). 대화 관리는 사전(pre), 중간(within) 및 사후(post) 면담 행동의 세 단계로 되어 있다.

초기 면담 단계에서 경찰은 객관적이고 편견 없이 일해야만 한다. 경찰은 사례를 자세히 분석하고 해야 할 질문을 만드는 등 면담을 준비하고 계획해야 한다. Shepherd(2007)는 이 과정을 '체계적 조사 순환(systematic sycle of investigation)'이라고 기술하면서 6개의 조사 과정의 첫 글자를 따서 'ACCESS' — 검토(assess), 수집(collect), 대조(collate), 평가(evaluate), 조

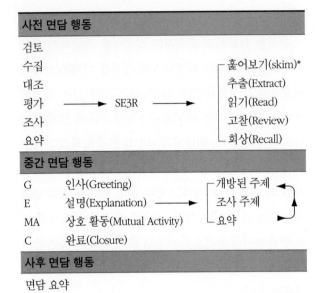

사전 면담 행동		
검토		
수집		훑어보기(skim)*
대조		추출(Extract)
평가	→ SE3R →	읽기(Read)
조사		고찰(Review)
요약		회상(Recall)

중간 면담 행동		
G	인사(Greeting)	개방된 주제
E	설명(Explanation) →	조사 주제
MA	상호 활동(Mutual Activity)	요약
C	완료(Closure)	

사후 면담 행동
면담 요약
조사 분석

[그림 7-3] 대화 관리

* '훑어보기(skim)' 대신에 Shepherd(2007)는 보다 넓은 의미를 가진 '조사(survey)'라는 단어를 사용하였다.
출처: Millne & Bull(1999), p. 57, [그림 4-1]을 John Wiley & Sons, Ltd의 허락하에 게재함.

사(survey) 및 요약(summary)—라고 표현하였다. 첫 단계에서 조사자는 가용한 정보와 필요한 정보가 무엇인지 상황을 검토해야 한다. 수집과 대조 단계에서는 조사자가 모든 정보를 수집하고 세부사항들을 조합해야 한다. 평가 단계의 목적은 세부사항을 한데 묶어 명백해진 조사 결과를 분석하는 것이다. 조사 단계에서는 분석에 대해 방법론적이고 포괄적으로 평가를 한다. 이 순환은 요약 단계에서 끝난다. 이 단계에서는 조사자가 이제까지 학습한 것을 고찰하고 체계적인 조사 순환을 다시 도입할 것을 준비해야 한다.

모든 범죄 조사에서 어려운 것은 문서나 언급된 자료의 체계적 분석이다. 그 목적을 위해 Shepherd (2007)는 SE3R이라는 방법을 개발하였다. SE3R의 목적은 조사자가 면담과 기록된 진술로부터 모든 정보를 잡

아내고 확인하며 기록하는 것을 도와주는 것이다. 이것은 Shepherd가 기술한 것처럼 면담자에게 면담에서 탐색될 필요가 있는 어떤 증거의 특징을 반영하는 기회를 제공하는 '모든 것을 잡아내는' 방법이다. 그 다섯 단계는 조사(survey), 추출(extract), 읽기(read), 고찰(review) 및 반응(respond)이다. 중간 면담 단계에서는 면담자가 네 가지 하위 단계에 주의를 기울여야 한다. 그것은 약자로 GEMAC로 쓰는 인사(greeting), 설명(explanation), 상호 활동(mutual activity), 완료(closure) 단계다. 인사 단계는 소통관계를 형성하기 위한 면담의 도입부를 포함한다. 설명 단계에서 면담자는 목표와 목적을 설정하고 면담을 진전시켜야 한다. 상호 활동은 피면담자가 언급을 시작하는 것과 면담자가 질문을 명확히 하는 것을 포함한다. 완료는 면담자가 그 회기의 내용과 수행에 모두 만족할 수 있는 정도로 긍정적인 면담을 하는 것을 시도하는 중요한 단계다.

CM은 영국과 웨일즈에서 도입된 「경찰과 범죄증거법 1984」(PACE라고 알려진)와 일치한다. PACE는 용의자를 심문하는 데 사용된 기존의 방법에 대한 비판에서 생겨난 대중, 연구 그리고 어느 정도는 경찰로부터의 반응이라고 생각된다(Bull, 1999). PACE의 등장은 영국과 웨일즈의 경찰 면담 기법을 더욱 연구하도록 고무하였다.

> **경찰과 범죄증거법 1984 (Police and Criminal Evidence Act 1984)**
>
> PACE라고 알려진 것으로 1984년 경찰 조사 행동과 용의자의 상호작용을 감독하기 위해 영국과 웨일즈에서 도입한 법령

윤리적 면담과 직면적 접근

경찰 면담자와 용의자의 의사소통 상호작용을 촉진하기 위하여 Shepherd(1991)는 면담자에게 인간적인 감정을 보여 주고 윤리적 면담(ethical interviewing: EI)

을 지지함을 보여 주는 것이 중요하다고 강조하였다. Shepherd는 EI 접근법이 전문적인 조사라고 주장하였다. 이 방법은 범죄 예방, 유죄의 탐지와 유죄 판결의 성공률을 높여 주는 조사의 질적 향상을 가져온다고 하였다. 이 접근법은 윤리적 원리에 근거해서 개인이 상호 존중을 보여 주고 존엄성, 자기결정 및 자유 선택을 할 수 있는 동일한 인권을 서로 가지고 있다는 점을 강조한다. 그것은 또한 같은 정도의 상호 이해를 가지고 서로 대하는 공감을 강조한다. 여하튼 전문적인 조사 면담자들은 중요한 면담 기술 중에서 공감과 연민을 보인다고 평정된 것이 발견되어 왔다(Cherryman & Bull, 2001).

앞서 언급하였듯이 Baldwin(1992, 1993)은 비디오와 녹음된 경찰 면담을 관찰한 후 전문성의 필요성을 강조하면서 기본적으로 건전한 면담 실무 규칙을 사용할 것을 요구하였다. 그러한 전문성은 용의자가 자신의 견해를 표현하더라도 면담을 공평하고 조용하게 할 수 있게 해 준다. 부가적으로 전문적인 경찰 면담자들은 도움이 안 되는 기법이나 강압을 사용하지 말고 용의자의 반응에 주의를 기울여야 한다. 따라서 개방된 면담자는 용의자가 반추할 시간과 자신의 입장을 표현할 기회를 주어야 한다. 전문적 면담자는 소통관계를 형성하고 용의자의 반응을 적극적으로 경청해야 한다. 여하튼 Baldwin은 많은 경찰이 용의자와 소통관계를 형성하는 데 어려움을 보이고 자백 추구 접근법을 채택하여 사전에 결정된 사건의 기술을 받아들이도록 용의자를 설득하려고 시도한다는 것을 관찰하였다.

Baldwin은 1990년대 초에 경찰 면담자의 능력은 받아들일 수 없을 만큼 낮다고 결론지었다. Moston과 Engelberg(1993)의 녹음된 경찰 면담 분석은 경찰이 문제가 많은 **직면**(confrontation)과 **자백 추구**(confession-seeking) **접근법**을 사용함을 보여 주었다. Stephenson과 Moston(1993, 1994)은 많은 면담을 분석한 결과 기소에 반하는 증거들이 강력하게 인지되었지만 경찰 면담자들은 변함없이 유죄를 가정하고 자백 추구 접근법을 채택한다고 보고하였다. 그러나 경찰 면담자들은 증거가 약하다고 인지했을 때는 정보 추구 전략을 사용하였다. 이 전략은 사건에 대한 용의자 자신의 설명을 얻을 수 있는 가능성을 증가시킨다.

Stephenson과 Moston의 결과와 일치하게, Williamson(1993)은 여러 경찰관이 용의자에 대해 채택하는 네 가지 면담 양식을 확인하였다. Williamson의 연구에서는 80문항으로 된 질문지를 사용하였다. 이 면담 양식의 두 가지는 자백 추구 절차와 확실한 증거 탐색이 특징이다. 첫 번째 자극 지향 접근법은 면담자가 협조적이고 온정주의적이며 도움을 주고 문제해결 방식으로 행동하는 것을 의미하는 공모적인(collusive) 것으로 개념화할 수 있다. 두 번째 자극 지향 양식은 좀 더 많이 사용되는 것으로 면담자가 용의자에게 참을성 없음을 보여 주면서 감정을 보이는 직면 접근법을 사용하는 것이다. 세 번째 양식은 증거를 확보하는 전략으로 상담(counselling)이라고 명명된 것인데 협조적이고 비감정적이며 비비판적인 태도를 절충한 것이다. 네 번째 양식은 '사업 같은(businesslike)'이라고 명명된 것인데 면담자가 증거 확보를 위해 직면적이고 무뚝뚝하며 사실적이고 공식적인 태도를 보이는 것이 특징이다. Williamson의 연구는 진실한 자백을 많이 얻는 면담자들은 용의자에게 긍정적인 태도를 보여 주었다고 보고하였다. 그들은 또한 동정적이고 협조적인 태도를 나타냈다. 반면에, 지배적인 면담자들은 빠른 질문을 통해 용의자에게 압력을 가하였다. 그러한 경찰관들은 용의자에게 동정적이지 않고 직면적이라고 간주되었고, 용의자들은 때로 저항과 부인으로 반응하였다. 그의 발견을 보면서 Williamson은 그 결과가 **조사적 면담**(investigative interviewing)이라는 개념과 일치함을 발견하였다.

PEACE 모델

조사적 면담은 1990년대 초 내무성과 경찰국장협회(Association of Chief Police Officers)의 후원하에 개발되었고 PEACE 면담 모델에 포함되었다(Milne & Bull, 2003; [그림 7-4]). 이것은 부분적으로는 불충분한 연구자들이 기존의 접근법을 사용하는 것에 대한 반응으로 시작되었는데, 그러한 방법에 대한 대중과 매체의 항의가 뒤따랐다. 약자 PEACE는 계획(planning)과 준비(preparation), 참여(engage)와 설명(explain), 기록보존(account), 명료화(clarification)와 도전(challenge), 종결(closure) 및 평가(evaluation)를 뜻하는데, 이는 좋은 면담의 중요한 단계로 보인다(Bull, 1999; Bull & Milne, 2004; Milne & Bull, 1999, 2003).

PEACE 모델에서는 면담자들이 우선 면담 전에 그들 자신이 주의 깊게 계획하고 준비할 의무가 있다. 경험

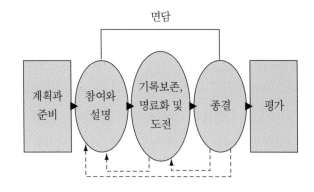

면담

계획과 준비 → 참여와 설명 → 기록보존, 명료화 및 도전 → 종결 → 평가

[그림 7-4] PEACE 모델의 다섯 단계. 면담 단계에서는 어떤 것을 보다 더 잘하기 위해 이전의 단계로 돌아갈 필요도 있고 그 후에 면담을 계속할 수 있다.

있는 경찰관들과 연구자들은 면담 전에 잘 준비된 것의 이점을 반복적으로 보여 주었다. 그들은 비용을 줄이고 면담의 결과에 영향을 미치는 가장 근본적이고 결정적인 기술의 하나로 계획과 준비 단계가 중요하다고 강조하였다. 계획과 준비 단계는 사례 파일을 읽고 사실에 익숙해지는 것뿐만 아니라 경찰관들이 피면담자에 대한 정보, 특히 면담을 복잡하게 만들거나 촉진시킬 수 있는 측면(예: 취약점, 종교적·문화적 측면, 중독, 신체적·환경적 상황)에 대한 지식을 찾도록 격려해 주는 것을 포함한다.

관심 있는 사람과 특정 사례에 대한 지식으로 무장한 경찰관들은 의심되는 용의자에게 어떻게 면담을 해야 할 것인지에 대한 계획을 가질 수 있다. 참여와 설명은 실제 면담의 첫 번째 단계로 면담자가 용의자에게 주장과 권리, 면담 절차를 설명해 준다. 이 단계에서도 면담자가 소통관계를 형성하는 것이 중요하고 용의자를 참여시켜 주요 사건에 대한 용의자의 조망을 제공하도록 동기화하는 것이 중요하다. 면담에서 이것을 도입하는 목적은 용의자들이 공평한 면담의 일원이 되리라는 것에 대한 '길 안내(route map)'를 제공하는 것이다.

기록보존, 명료화 및 도전 단계에서는 의문시되는 사건 동안에 일어난 것을 용의자가 설명하도록 할 수 있다. 그 후 면담자는 어떤 불일치를 분명히 하고 반대하는 데 필요한 용의자의 설명에 대해 질문을 한다. 종결 단계는 면담자가 언급된 것을 요약하고 모든 것이 정확하게 이해되었는지를 용의자와 함께 점검하는 단계다. 또한 가능한 한 용의자에게 조사의 다음 단계에 대한 정보를 주고 긍정적인 관점에서 면담을 끝내는 것이 중요하다. 긍정적인 완료는 앞으로의 면담 방향을 준비할 수 있게 해 준다.

PEACE 모델의 마지막 단계는 평가로서 경찰관들이 면담에서 드러난 사실들을 평가하고 이를 기존의 정보

와 면담의 목적에 연결시키는 것이다. 덧붙여서 면담자들이 자신들의 면담을 어떻게 수행했고 면담의 향상에 어떻게 기여했는지를 반성하는 것도 중요하다. PEACE 모델의 목적은 정확하고 믿을 만한 증거를 얻고 범죄조사에서 진실을 발견하는 것이다. 이 모델은 이전에 용의자를 강압적이고 설득적으로 면담했던 접근법과는 차별화되는 윤리적인 원칙을 강조한다. Walsh와 Bull(2010)은 142명의 용의자 면담을 조사한 후 PEACE 모델을 사용해서 각 단계를 주의 깊게 따르면 더 나은 면담 결과(더 많은 자백을 포함하는 충분한 설명)를 얻을 수 있다고 결론지었다.

인본주의적인 관점에서 Holmberg와 Christianson (2002)이 유죄 판결을 받은 살인자와 성범죄자들의 경찰 면담 경험을 연구한 결과, 일부 범죄자는 면담자들을 협조적, 동조적, 긍정적, 공감적, 도움을 주는 그리고 참여적이라고 지각한 것으로 나타났다. 인본주의적인 면담 경험은 면담자에게 존중받는다는 범죄자의 지각과 유의미한 상관을 보였다. 이 연구는 또한 인본주의적인 면담 양식과 범죄자의 범죄 인정 간에 유의한 정적 상관을 보여 주었다. Kebbell 등(2006)은 유사한 결과를 보고하였다. 그들은 19명의 성범죄자에게 가장 최근에 경찰 면담을 받은 것에 대한 느낌과 의문시되는 범죄를 자백하거나 부인한 이유에 대해 면담을 하였다. 두 번째 연구에서는 44명의 성범죄자에게 경찰 면담이 효과적인 것으로 지각되었는지를 묻는 질문지를 작성하도록 하였다. 이 연구의 결과로부터 Kebbell 등은 순수한 자백을 최대화하기 위해서는 경찰관들이 윤리적인 원칙과 인간성을 가진 행동과 열린 마음을 가져야 한다고 주장하였다.

더군다나 면담자들의 의사소통 기술은 면담이 수행되는 방법에 영향을 미칠 수 있다. 피면담자와의 관계를 이해하는 정도— 즉, 의사소통 기술로서의 라포—의

증가가 면담 양식을 선택하는 데 영향을 줄 수 있다는 것은 논의의 여지가 있다. 이러한 점에서 Vanderhallen 등(2010)은 인본주의적인 면담 양식이 소통관계를 촉진하고 면담자와 피면담자의 작업 동맹을 더 잘 만들 수 있다는 점을 발견하였다([그림 7-5]). Walsh와 Bull (2010)은 PEACE 모델의 면담에서 소통관계 형성의 중요성을 강조하였다. 그들은 면담 양식이 언급을 하지 않는 것부터 완전히 설명하거나 자백하는 것까지 범위의 면담 결과에 미치는 영향과 면담자의 기술을 조사하였다. 소통관계 형성은 면담 질과 결과를 고려할 때 가장 큰 단일 영향과 효과 크기를 가졌다.

Holmberg와 Christianson(2002), Kebbell 등(2006)과 다른 유사한 연구 결과와 결론은 두 개 이상의 변인

[그림 7-5] 손을 벌려 용의자와 만나는 것은 소통관계를 형성하고 작업 동맹을 맺는 데 필수적이다.

출처: © Alberto Zornetta. Shutterstock사의 허락하에 게재함.

이 관련이 있는 상관 자료에 근거하고 있다. 상관연구는 예를 들어 어떤 면담 행동이 어떤 반응을 이끌었다고 하는 인과관계에 대한 결론을 끌어낼 수 없다. 인과관계에 대한 결론에 도달하기 위해서는 포함된 변인—즉, 그 과정에서 실제로 무엇이 일어났는지—을 강력하게 통제하는 실험을 수행할 필요가 있다. 예를 들면, Holmberg와 Madsen(2010)은 기억 수행의 입장에서 사용된 면담 양식과 면담 결과 간의 인과관계를 조사하기 위한 실험을 수행하였다. 지배적인 양식을 비교한 결과, 이 연구에서는 인본주의적인 면담 양식과 더 나은 기억 수행 간에 유의미한 인과관계가 있는 것으로 나타났다. 따라서 인본주의적인 양식으로 면담을 받는 피면담자들은 지배적인 양식으로 면담을 받는 피면담자들에 비해 더 많은 정보를 제공받았다.

조사적 면담과 치료적 법학

치료적 법학(therapeutic jurisprudence)은 법철학과 법적 그리고 재판 실무 영역에서 움직임이 증가하고 있다. 그 뿌리는 20세기 초반부에 시작된 미국의 법 현실주의 운동에서 찾을 수 있다. 치료적 법학은 인간의 문제와 갈등에 초점을 맞추고 있으며, 조사받고 있는 개인에 대해 갈등이 사회적 · 심리적 영향을 유발하는지를 이해하려고 하는 경찰관, 검찰 그리고 다른 법적 분야를 고무시키고 있다. 그것은 법과 그 절차를 하나의 치료 매개체로 보고 있다. 그 이유는 법과 그 실행은 치료적 및 반치료적 결과를 모두 가져올 수 있기 때문이다(Petrucci et al., 2003).

치료적 법학의 목적은 법적 행위에 포함되어 있는 개인의 사회적 · 심리적 안녕을 촉진할 수 있는 법 절차를 개발하는 것이다. 그 개념은 법 행위자들이 행동과학에서 나온 이론과 경험적 지식을 사용하여 법 실무에 영향을 줄 수 있다는 것이다. 이러한 방식으로 법학은 법적 실무에서 심리적 안녕을 촉진할 수 있는 치료적 도구로 이해될 수 있다. Holmberg와 Christianson(2002)의 연구에서 매우 존중받고 있다고 느낀 용의자들은 덜 존중받고 있다고 느낀 용의자들에 비해 유의하게 높은 심리적 안녕감을 보여 주었다(Holmberg et al., 2007). 범죄를 저지른 범죄자들조차 그렇지 않은 사람들보다 유의하게 높은 심리적 안녕감을 보여 주었다. 죄의 인정은 조사와 법적 관점에서만 이해될 것이 아니다. 법적 치료 맥락에서의 인정도 범죄자들이 저지른 범죄를 통해 작업할 수 있게 해 줄 것으로 보인다. 그러한 인정은 용의자의 범죄 기억을 향상시켜 줄 뿐만 아니라 심리적 안녕을 촉진시켜 미래의 범죄를 예방할 수 있을 것이다.

요약

● 대부분의 경찰 정보 수집 기법에 대한 요강은 기본적인 인권법을 위반하는 자백 추구적인 특성을 가진 심문의 개념을 포함하고 있다.

● 이 요강들은 내현적으로나 외현적으로 용의자의 유죄를 추정하도록 해서 공평한 조사를 방해하거나 재판의 실수를 유발한다.

● 경찰의 용의자에 대한 유죄 추정과 강압적인 질문은 용의자로부터 저항을 이끌 수 있고 허위 자백과 재판의 실패를 가져

올 수 있다.

● Gudjonsson(2003)은 자발적 허위 자백, 강압-복종 허위 자백과 강압-내면화 허위 자백을 구분하였다.
● PEACE 면담과 같은 최근의 혁신은 용의자와 적절한 소통관계를 형성하고 자유롭게 반응하게 하며 유죄 추정보다는 사실을 중시하는 것을 강조한다.
● 그러한 접근법은 정의와 인권으로 특징지어지며 재판의 오류 위험성을 최소화할 수 있다.

주관식 문제

1. 용의자를 면담하기 위해 심문 요강은 어떤 기술을 권고하고 있고 인권법에 따르면 그들을 어떻게 해야 하는가?
2. 경찰 면담은 어떤 방식으로 편향되어 있고 그러한 편향은 면담자의 행동에 어떻게 영향을 줄 수 있는가?
3. 허위 자백의 세 가지 유형을 기술하고 그 이유를 설명하라.
4. 조사적 이점을 떠나서(빼고), 용의자가 자유롭게 참여함으로써 촉진될 수 이점을 적어도 두 가지 이상 논의하시오.

참고문헌

Baddeley, A. (1998). *Human memory: Theory and practice*. Boston, MA: Allyn & Bacon.

Baldwin, J. (1992). *Video taping police interviews with suspects—An evaluation. Police Research Series: Paper No. 1*. London: Home Office Police Department.

Baldwin, J. (1993). Police interview techniques: Establishing truth or proof? *The British Journal of Criminology, 33*, 325-352.

Benson, R. (2000). *Ragnar's guide to interviews, investigations, and interrogations*. Boulder, CO: Paladin Press.

Bristow, A. P. (1964). *Field interrogation* (2nd ed.). Springfield, IL: Charles C Thomas Publisher Ltd.

Buckley, J. P. (2006). The Reid Technique of interviewing and interrogation. In T. Williamson (Ed.), *Investigative interviewing: Rights, research, regulation*. Cullompton: Willan Publishing.

Bull, R. (1999). Police investigative interviewing. In A. Memon & R. Bull (Eds.), *Handbook of the psychology of interviewing*. Chichester: John Wiley & Sons, Inc.

Bull, R., & Milne, R. (2004). Attempts to improve police interviewing of suspects. In G. D. Lassiter (Ed.), *Interrogations, confessions and entrapment* (pp. 181-196). New York: Kluwer.

Butterfield, R. (2002). *The official Guide to interrogation*. Philadelphia: Xlibris Corporation.

Cherryman, J., & Bull, R. (2001). Police officers' perceptions of specialist investigative skills. *International Journal of Police Science and Management, 3*, 199-212.

Christianson, S. A. (2007). *Offenders' memories of violent crimes.* Chichester: John Wiley & Sons, Inc.

Davis, D., & Leo, R. (2006). Strategies for preventing false confessions and their consequences. In M. R. Kebbell & G. M. Davies (Eds.), *Practical psychology for forensic investigations and prosecutions* (pp. 121-149). Chichester: John Wiley & Sons, Inc.

DePaulo, B. M., Lindsay, J. J., Malone, B. E., et al. (2003). Cues to deception. *Psychological Bulletin, 129,* 74-118.

Gerbert, K. (1954). The psychology of expression and the technique of criminal interrogation. *Jahrbuch für Psychologie und Psychotherapie, 2,* 85-98.

Gudjonsson, G. H. (2003). *Psychology of interrogations and confessions: A handbook.* Chichester: John Wiley & Sons, Inc.

Gudjonsson, G. H., & Bownes, I. (1992). The reasons why suspects confess during custodial interrogation: Data from Northern Ireland. *Medicine, Science and the Law, 32,* 204-212.

Gudjonsson, G. H., & Petursson, H. (1991). Custodial interrogation: Why do suspects confess and how does it relate to their crime, attitude and personality? *Personality and Individual Differences, 12,* 295-306.

Gudjonsson, G. H., & Sigurdsson, J. E. (1994). How frequently do false confessions occur? An empirical study among prison inmates. *Psychology, Crime and Law, 1,* 21-26.

Gudjonsson, G. H., & Sigurdsson, J. E. (1999). The Gudjonsson Questionnaire-Revised (GCQR): Factor structure and its relationship with personality. *Personality and Individual Differences, 27,* 953-968.

Hassler, A. (1930). *Föreläsningar över den Svenska kriminalprocessen, I* (Lectures on the legal process in Sweden, I). Stockholm: A. B. Nordiska Bokhandeln i Distribution.

Hartwig, M. (2006). *Interrogating to detect truth and deception: Effects of strategic use of evidence.* Göteborg: Göteborg University.

Hartwig, M., Granhag, P. A., & Strömwall, L. A. (2007). Guilty and innocent suspects' strategies during police interrogations. *Psychology, Crime & Law, 13,* 213-227.

Hartwig, M., Granhag, P. A., Strömwall, L. A., & Kronkvist, O. (2006). Strategic use of evidence during police interviews: When training to detect deception works. *Law and Human Behavior, 30,* 603-619.

Hartwig, M., Granhag, P. A., Strömwall, L. A., & Vrij, A. (2005a). Detecting deception via strategic disclosure of evidence. *Law and Human Behavior, 29,* 469-484.

Hartwig, M., Granhag, P. A., Strömwall, L. A., & Vrij, A. (2005b). Strategic disclosure of evidence to detect deception: Towards a new research agenda. In A. Czerederecka, T. Jaskiewicz-Obydzinska, R. Roesch & J. Wójcikiewicz (Eds.), *Forensic psychology and law, facing the challenges of a changing world* (pp. 219-232). Krakow: Institute of Forensic Research Publishers.

Hoffman, J. (1998, 30 March). Police refine methods so potent, even the innocent have confessed. *The New York Times,* p. 1.

Holmberg, U. (1996). *Sexualbrottsförövares upplevelser av polisförhör* (Sexual offenders' experiences of police interviews). Report series 1996: 7. Kristianstad: Kristianstad University.

Holmberg, U., & Christianson, S. Å. (2002) Murderers' and sexual offenders' experiences of police interviews and their inclination to admit or deny crimes. *Behavioural Sciences and the Law, 20,* 31-45.

Holmberg, U., Christianson, S. Å., & Wexler, D. (2007). Interviewing offenders: A therapeutic jurisprudential approach. In S. Å. Christianson (Ed.), *Offenders' memories of violent crimes* (pp. 355-371). Chichester:

John Wiley & Sons, Inc.

Holmberg, U., & Madsen, K. (2010, June). *Humanity and dominance in police interviews: Causes and effects*. Paper presented at the 4th International Investigative Conference, Brussels.

Inbau, F. E., Reid, J. E., Buckley, J. P., & Jayne, B. C. (2001). *Criminal interrogation and confessions* (4th ed.). Sudbury: Jones & Bartlett.

Innes, M. (2002). The 'process structure' of police homicide investigations. *British Journal of Criminology, 42*, 669–688.

Kassin, S. M. (2006). A critical appraisal of modern police interrogations. In T. Williamson (Ed.), *Investigative interviewing: Rights, research, regulation*. Cullompton: Willan Publishing.

Kassin, S. M., Goldstein, C. J., & Savitsky, K. (2003). Behavioral confirmation in the interrogation room: On the dangers of presuming guilt. *Law and Human Behavior, 27*, 187–203.

Kassin, S. M., & Gudjonsson, G. H. (2004). The psychology of confessions: A review of the literature and issues. *Psychological Science in the Public Interest, 5*, 33–67.

Kebbell, M., Hurren, E., & Mazerolle, P. (2006). An investigation into the effective and ethical interviewing of suspected sex offenders. *Trends and Issues in Crime and Criminal Justice*, No. 327. Canberra: Australian Institute of Criminology.

Leche, E., & Hagelberg, V. (1945). *Förhör i brottmål* (Interrogation in criminal cases). Stockholm: P. A. Nordstedt & Söners Förlag.

Leo, R. A. (1992). From coercion to deception: The changing nature of police interrogation in America. *Crime, Law and Social Change, 18*, 35–59.

Merriam–Webster. (2004). *Merriam–Webster online dictionary*. Retrieved 20 August 2011 from www.merriam-webster.com

Milne, R., & Bull, R. (1999). *Investigative interviewing: Psychology and practice*. Chichester: John Wiley & Sons, Inc.

Milne, R., & Bull, R. (2003). Interviewing by the police. In D. Carson & R. Bull (Eds.), *Handbook of psychology in legal contexts* (pp. 111–125). Chichester: John Wiley & Sons, Inc.

Mortimer, A., & Shepherd, E. (1999). Frames of mind: Schemata guiding cognition and conduct in the interviewing of suspected offenders. In A. Memon & R. Bull (Eds.), *Handbook of the psychology of interviewing* (pp. 293–315). Chichester: John Wiley & Sons, Inc.

Moston, S., & Engelberg, T. (1993). Police questioning techniques in tape-recorded interviews with criminal suspects. *Policing and Society, 3*, 223–237.

Munsterberg, H. (1908/1923). *On the witness stand*. Garden City, NY: Doubleday.

Nickerson, R. S. (1998). Confirmation bias: A ubiquitous phenomenon in many guises. *Review of General Psychology, 2*, 175–220.

Palmiotto, M. J. (2004). *Criminal investigation* (3rd ed.). Lanham: Rowman & Littlefi-eld.

Peixoto, A. (1934). The interrogation and confessions in the judiciary process. *Revista de Criminologia Buenos Aires, 21*, 383–395.

Petrucci, C. J., Winick, B. J., & Wexler, D. B. (2003). Therapeutic jurisprudence: An invitation to social scientists. In D. Carson & R. Bull (Eds.), *Handbook of psychology in legal contexts* (pp. 579–601). Chichester: John Wiley & Sons, Inc.

Royal, R. E., & Schutt, S. R. (1976). *The gentle art of interviewing and interrogation: A professional manual and guide*. Upper Saddle River, NJ: Pearson Prentice Hall.

Rutledge, D. (2001). *Criminal interrogation, law and tactics* (4th ed.). Boston: Wadsworth Publishing.

Shepherd, E. (1991). Ethical interviewing. *Policing, 7*, 42–60.

Shepherd, E. (1993). Resistance in interviews: The contribution of police perception and behaviour. *Issues in Criminal and Legal Psychology, 18*, 5–12.

Shepherd, E. (2007). *Investigative interviewing: The conversation management approach*. Oxford: Oxford University Press.

Sigurdsson, J. E., & Gudjonsson, G. H. (1996). Psychological characteristics of 'false confessors' : A study among Icelandic prison inmates and juvenile offenders. *Personality and Individual Differences, 20*, 321–329.

Starrett, P. (1998). *Interview and interrogation for investigations in the public or private sector*. San Clementine CA: Law Tec Publishing Co. Ltd.

Stephenson, G. M., & Moston, S. J. (1993). Attitudes and assumptions of police offi cers when questioning criminal suspects. *Issues in Criminological and Legal Psychology, 18*, 30–36.

Stephenson, G. M., & Moston, S. J. (1994). Police interrogation. *Psychology, Crime and Law, 1*, 151–157.

UN General Assembly. (1948). *UN universal declaration of human rights, article 5*.

UN General Assembly. (1966). *UN covenant on civil and political rights, article 9, 14:2 (presumption of innocence)*.

Vanderhallen, M., Vervaeke, G., & Holmberg, U. (2010, June). *The working alliance in police interviewing*. Paper presented at the 4th International Investigative Conference, Brussels.

Vrij, A. (2000). *Detecting lies and deceit*. Chichester: John Wiley & Sons, Inc.

Walsh, D., & Bull, R. (2010). What really is effective in interviews with suspects? A study comparing interviewing skills against interviewing outcomes. *Legal and Criminal Psychology, 15*, 305–21.

Weinberg, C. D. (2002). *Effective interviewing and interrogation techniques*. San Diego CA: Academic Press.

Williamson, T. M. (1993). From interrogation to investigative interviewing: Strategic trends in police questioning. *Journal of Community and Applied Psychology, 3*, 89–99.

Yeschke, C. L. (2003). *The art of investigative interviewing* (2nd ed.). Burlington: Butterworth-Heineman.

주석이 달린 읽을거리 목록

Bartol, C. R., & Bartol, A. M. (2010). *Criminal behavior: A psychological approach*. NJ: Prentice Hall, Pearson Higher Education. 피의자에 대한 세밀한 분석을 제시하고 범죄자의 행동적, 정서적 및 인지적 측면에 대해 고찰한 책.

Bull, R., Valentine, T., & Williamson, T. (2009). *Handbook of psychology of investigative interviewing: Current developments and future directions*. Chichester: Wiley-Blackwell. 이 종합 핸드북은 범죄 수사에서 핵심적 역할을 하는 수사적 면접의 최근의 발달에 대해 탐구하고 있다.

Christianson, S. Å. (2007). *Offenders' memories of violent crimes*. Chichester: John Wiley & Sons, Inc. 이 책은 수사적 면담을 하기 위해 면접자들이 기억과 기억 왜곡이 어떻게 기능하는지 알아야 될 필요가 있는데 그런 부분을 제공하고 있다.

Gudjonsson, G. H. (2003). *The psychology of interrogation and confessions*. Chichester: John Wiley & Sons, Inc. Gudjonsson은 허위 자백과 피의자의 피암시성에 대해 포괄적인 기술을 하고 있다.

Kebbell, M. R., & Davies, G. M. (2006). *Practical psychology for forensic investigations and prosecutions*. Chichester: John Wiley & Sons, Inc. 수사적 면담, 기소 결정하기, 법정에서 제시되는 증거의 질 향상을 인도해 주는 포괄적

이고 실제적인 지침.

Memon, A., & Bull, R. (2000). *Handbook of the psychology of interviewing.* Chichester: John Wiley & Sons, Inc. 몇 가지 맥락(예: 법정과 사회적)에서 진단과 평가를 고찰하면서 면접의 심리학에 대해 기술한 훌륭한 교과서.

Williamson, T. (2006). *Investigative interviewing: Rights, research, regulation.* Cullompton, Devon: Willan. Williamson은 연구자와 실무자들과 함께 다양한 형태의 형사 사법 체계를 가지고 있는 매우 다양한 국가의 수사적 면접 방식을 고찰하였다.

Williamson, T., Milne, B., & Savage, S. (2009). *International developments in investigative interviewing.* Cullompton, Devon: Willan. 수사적 면접의 국제적 발달을 조사하였다. 특히 피의자에게 자백을 설득하는 전통적인 심문 모델과는 다른 움직임과 진실을 추구하며 완전하고 정확하며 믿을 수 있는 정보를 얻을 수 있는 접근법을 강조하였다.

제8장 거짓말 탐지

PÄR ANDERS GRANHAG & MARIA HARTWIG

주요 용어

| 가설 | 계층화된 음성강도 분석(LVA) | 과학적 내용분석(SCAN) | 기능적 자기공명영상(fMRI) | 모의 범죄 | 밑바닥 진실 | 심리적 스트레스 측정기(PSE) | 언어 분석 및 단어 분류(LIWC) | 위험성이 낮은 거짓말 | 위험성이 높은 거짓말 | 유죄인식 검사(GKT) | 음성 강도 분석 | 자기손발놀림 | 준거 기반의 내용분석(CBCA) | 진술 타당도 분석(SVA) | 타당도 점검표 | 통제질문 검사(CQT) | 폴리그래프(다중기록장치) | 현실성 파악(RM) |

이 장의 개요

속임수 탐지 연구의 새로운 방향
　　뇌영상 촬영
　　속임수를 시사하는 단서를 이끌어 내기 위한 면담 기법
　　진짜 의도와 가짜 의도를 가려내기
결론

요약
주관식 문제
참고문헌
주석이 달린 읽을거리 목록

우리가 소개하려는 주제가 무엇인지를 정의하는 것은 출발점으로서 좋은 경우가 종종 있다. 그러나 '속임수(deception)'에 대해 정의를 내린다는 것은 쉬운 작업이 아니며, 관련 문헌에는 많은 이론이 소개되어 있다. 이 장에서 우리는 속임수를 '속이는 사람이 틀렸다고 여기는 것을 상대방이 믿게 하거나 이해를 높여 주려는 의도의' 행위로 정의하겠다(Zuckerman et al., 1981, p. 3). 따라서 비의도적으로 잘못 기억해 내는 것은 거짓말하는 것이 아니다. 더욱이 속이는 것(falsification: 말하는 모든 것이 사실과 반대임), 왜곡(distortions: 거짓말쟁이의 의도에 맞도록 사실을 바꿈) 그리고 은폐(concealments: 거짓말쟁이가 진실을 감추고 있음)를 구분하는 것도 가능하다.

속임수 탐지의 분야에서 가장 흔히 연구되는 상황은 흔히 '표적(target)'으로 불리는 사람이 과거에 대해 진술하는데 그 내용이 진실이거나 거짓인 경우다. 다음에는 전자 기록장치—흔히 진술을 녹화하는 것인데—를 표적 대상자에게 보여 준다. 이들은 때로는 '거짓말 포착자(lie-catchers)'로 불린다. 이들 거짓말 포착자의 임무는 표적 인물이 거짓말을 하는지 또는 진실을 말하는지의 여부를 판단하는 것이다. 약 40년간 연구자들은 사람이 자행하는 속임수와 그 탐지를 연구하는 데 상당한 노력을 기울여 왔다.

이 장에서는 이와 같이 방대한 연구 결과들을 개관해 볼 것이다. 첫째, 우리는 속임수 행동과 진실된 행동의 특징을 살펴볼 것이다. 우리의 논의는 이 방면의 각기 다른 이론적 관점에 따라서 전개될 것이다. 이와 관련해서 우리는 사람들이 진실성의 정도를 평가할 때 흔히 적용하는 전략이 무엇인지와 이런 전략이 얼마만큼 성공을 거두었는지를 소개할 것이다.

둘째, 우리는 언어적 내용에 초점을 맞추는 방법, 즉 거짓말쟁이의 발언과 진실을 말하는 사람의 발언 사이의 차이를 나타내도록 고안된 방법을 살펴볼 것이다. 이 절에서는 여러 가지의 각기 다른 방법을 소개하는데, 이들은 모두 언어 내용의 분석에 초점을 맞추는 방법들이다. 그리고 우리는 어느 방법이 과학적으로 뒷받침되고 어느 방법은 그러지 못한지를 명확하게 구분할 것이다.

셋째, 우리는 속임수에 대한 정신생리적(psycho-physiological) 탐지, 간단히 말해, **폴리그래프(polygraph, 다중기록장치)**와 관련된 연구 결과의 개관을 소개할 것이다. 이 절에서는 가장 흔히 사용된 검사방법들과 각 검사별 타당도에 관한 연구뿐만 아니라 폴리그래프 검사의 적용에 관한 내용도 일부 소개한다.

> **폴리그래프 (polygraph, 다중기록장치)**
> 때로는 '거짓말 탐지기(lie detector)'로 불림. 통상 취조 중인 혐의자의 전기 피부 반응(galvanic skin response), 심장혈관계 활동 그리고 호흡 패턴을 통상 재는 기계를 말한다.

넷째, 우리는 속임수 탐지라는 분야의 새로운 방향 몇 가지에 초점을 맞출 것이다. 세부적으로 말하면, 우리는 속임수 탐지가 (fMRI 같은) 두뇌 주사(brain scanning) 그리고 각기 다른 여러 가지의 훈련 프로그램에 의해서 얼마나 향상될 수 있는지를 고찰하려 한다. 마지막으로 우리는 두 가지 미래의 방향을 제시하려 한다. 첫째는 속임수을 알려 주는 진단적 단서가 도출되도록 면접을 하는 방법이고, 둘째는 진짜 의도(true intent)와 가짜 의도(false intent)를 어떻게 가려낼 것인지에 관한 주제로서 현재 관심이 점차 높아지고 있다.

네 가지 접근

속임수 과정에는 어떤 인지 및 정서 과정이 작동할까? 그리고 이런 과정이 어떻게 해서 거짓말쟁이의 행동을 진실을 말하는 사람의 행동과 구분해 줄 수 있을까? 이런 의문에 대한 대답은 네 가지의 각기 다른 접근을 통해서 찾아볼 수 있다. 그것은 정서적 접근(emotional approach), 인지적 부하 접근(cognitive load approach), 통제 시도 접근(attempted control approach) 그리고 자기 제시 관점(self-presentational perspective)이다(DePaulo & Morris, 2004).

1. 정서적 접근

정서적 접근(emotional approach)에서는 거짓말한 것이 진실을 말할 때 겪은 경험과는 다른 정서를 일으킨다고 주장한다(Ekman, 2001). 예를 들면, 거짓말쟁이는 자신이 진실을 말하지 않은 것으로 판단되는 것에 대해서 두려움을 겪을 수 있다. 거짓말쟁이로 판정되어 뒤따르는 결과, 즉 예상되는 두려움에 대한 공포(fear of apprehension)는 주변 여건에 따라서 다를 수 있다. 예를 들면, 중범죄를 저질렀다고 의심되는 상황에서 속임수를 썼다고 판정되는 것은 중대한 결과를 가져올 수

있고, 이런 예상되는 결과는 과중한 두려움을 일으킬 수 있다. 정서적 접근에 따르면, 거짓말을 할 때 겪는 정서는 행동으로 표출될 수 있다. 예상되는 두려움에 대한 공포는 거짓말쟁이에게 스트레스와 흥분을 겪게 할 것이고, 이는 목소리의 음조를 높이고 얼굴을 더욱 벌겋게 만들며, 땀이 나게 하고 말할 때의 실수를 더 많이 일어나게 한다. 그리하여 거짓말쟁이는 죄책감으로 인해서 시선을 딴 곳으로 돌리게 될 것이다. 이 접근에 따르면, 거짓말쟁이가 겪는 정서가 강력할수록 그것이 새어 나오기가 쉬워서 행동상 눈에 띌 정도의 정서 흔적을 남기게 된다(Ekman, 2001).

2. 인지적 부하 접근

인지적 부하 접근(cognitive load approach)의 기본 생각은 거짓말하는 것이 진실을 말하는 것보다 정신적인 부담이 더 클 것이라는 데 있다(Vrij et al., 2008). 거짓말하는 것은 진실을 말하는 것보다 더 어려운 과제일 수 있는데, 이는 거짓말쟁이는 면담자가 아는 사실에 부합되는 스토리(story, 이야기)를 마련해서 제시해야 하기 때문이다. 이 스토리는 자기가 경험한 무언가에 토대를 두고 있어 보일 정도로 자세해야 하지만, 그것을 나중에 다시 반복해서 말해 달라고 요청받았을 때 기억해 내기가 쉽도록 간단해야 한다는 점에서 어려운 과제라고 할 수 있다(Burgoon et al., 1995). 연구 결과에 의하면, 인지적 부담을 주는 과제는 시선을 딴 곳으로 돌리게 하는 결과를 가져올 수 있다(Ekman, 2001), 왜냐하면 대화하는 상대방을 응시하는 것이 (정신을 집중해야 할 때) 주의를 산만하게 만들 수 있기 때문이다. 더욱이 이 접근에서는 인지적으로 부담을 주는 과제를 수행하게 되면 몸의 움직임이 줄어들게 되고(Ekman & Friesen, 1972) 말을 할 때 말하는 사이사이에 쉬는 간격

이 길어지게 될 뿐만 아니라 면담자의 질문을 받고 대답하는 사이의 간격도 길어지게 된다고 예측한다.

3. 통제 시도 접근

통제 시도 접근(attempted control approach)에서의 기본 생각은 거짓말쟁이는 내면의 과정(정서 같은)이 속임수의 단서를 드러내고 말 것임을 알아차리고 있으며, 따라서 포착되는 것을 피하기 위해서 그런 단서를 극소화하려고 시도할 것이라는 데 있다(Vrij, 2004). 역설적으로 말하면, 속임수에 대한 단서가 누출되는 것을 막기 위해서 자신의 행동을 통제하려고 시도하는 것 자체가 속임수를 알려 주는 단서가 될 수 있다(DePaulo & Kirkendol, 1989). 예를 들면, 신경과민과 흥분으로 인해 몸이 움직이는 것을 제지하려고 하다 보면 과잉통제를 초래하여, 상대방에게 몸 자세가 부자연스럽고 뻣뻣하다는 인상을 줄 수 있다.

4. 자기제시 관점

앞서 소개한 접근들은 거짓말을 진실을 말할 때와는 질적으로 다른 활동으로 간주한다. 이들과 대조적인 자기제시 관점(self-presentational perspective; DePaulo, 1992; DePaulo et al., 2003)이 있는데, 여기에서는 거짓말쟁이와 진실을 말하는 자 사이의 유사성을 강조한다. 자기제시는 남에게 특별한 인상을 주기 위해 자신의 행동을 조절하는 것으로 정의된 바 있다(DePaulo, 1992). 거짓말쟁이와 진실을 말하는 자는 공통된 목표를 갖고 있는 것으로 보인다. 즉, 그들은 정직해 보이고 싶어 한다. 거짓말쟁이와 진실을 말하는 자가 정직성을 주장하는 데 있어서 주요한 차이는 진실을 말하는 자는 자기의 주장에 대한 근거를 갖고 있다는 것과, 이들이 진실

의 범위 안에 머물러 있다는 것이다. 이로 인해서 거짓말쟁이와 진실을 말하는 자 사이에는 인지적으로뿐만 아니라 행동적으로 주요한 차이가 나타날 것으로 예상된다. 첫째, 속이는 발언은 진실된 발언에 비해서 말하는 사람에게 덜 수용될 것이다. 거짓말쟁이는 자기가 주장하는 정직성이 틀린 것이라는 것을 알아차리고 있어서 더욱 부정적인 감정을 느낄 수 있고, 그 결과 외부에서 볼 때 덜 즐겁고 더 긴장되어 보일 수 있다(DePaulo et al., 2003). 더욱이 거짓말쟁이는 자신이 지어낸 스토리와 관련된 사건이나 영역에 대해서 덜 친숙할 수 있기 때문에 관련 정보를 덜 제시할 수 있다.

거짓말쟁이와 진실을 말하는 자 사이의 두 번째 차이는 다음과 같이 나타날 것으로 예측된다. 거짓말쟁이는 믿게 보이도록 만들려는 의도를 자신이 알기에 진실과는 동떨어진 스토리를 지어낸다. 거짓말쟁이는 자신의 경험을 토대로 (자연스럽게) 서술하기보다, 자신의 행동 경험을 더 강조해서 말하기 쉽다(DePaulo et al., 1991). 자신의 행동을 조절하려고 시도한 것뿐만 아니라 자신이 의도적으로 꾸몄다는 느낌으로 인해서 거짓말쟁이의 행위는 신빙성이 떨어지고, 관련성이 적어 보이며, 긴장 수준이 높아 보일 수 있고, 그래서 그들의 모습은 한발 뒤로 물러서 있는 듯한(hold back) 모습으로 보일 수도 있다.

속임수에 대한 객관적 단서

앞서 제시한 이론에 대한 평가는 광범위한 종합분석(meta-analysis)을 통해 실시되었다. 이 종합분석에서는 속임수에 대한 객관적 단서, 즉 거짓말쟁이와 진실을 말하는 자 사이의 행동적 차이에 초점을 맞추었다(DePaulo et al., 2003; 또한 DePaulo & Morris, 2004 참

조). 이 종합분석에 포함된 연구들 대부분은 대학생을 대상으로 한 것이며, 실험실 상황에서 수행된 것이었다. 연구들에서는 자신이 목격한 사건과 모의 위반행위(mock transgressions, 즉 **모의 범죄**)에 관한 개인적 견해를 거짓말로 하거나 진실로 말하는 사람들이 동원되었다.

이와 같은 종합분석을 통해서 얻어 낸 가장 중요한 결과는 ① 속임수에 대한 신뢰할 만한 단서는 드물며, ② 속임수와 실제로 연결된 행동은 예언 요인으로서 그 가치가 적다는 것이다. 거짓말쟁이는 진실을 말하는 자에 비해서 긴장 수준이 다소 높은 것으로 보인다. 이는 그들이 동공이 좀 더 확장되어 있고 목소리의 음조가 더 높다는 데서 잘 드러난다. 거짓말쟁이와 진실을 말하는 자의 외모를 평정하게 했더니(누가 거짓말을 하고 누가 진실을 말하고 있는 것인지를 모르게 하고서), 거짓말쟁이가 더 긴장되고 신경이 예민한 것으로 보이는 경향이 있었다. 또한 거짓말쟁이는 진실을 말하는 자에 비해서 덜 협조적인 것으로 지각되었으며(그러나 정반대의 발견은 Vrij, 2005b 참조), 그들의 얼굴도 덜 유쾌한 상태에 있는 것으로 보였다.

거짓말쟁이의 스토리가 진실을 말하는 자의 스토리와 다르다는 것을 시사해 주는 단서도 적다. 거짓말쟁이는 진실을 말하는 자에 비해서 말하는 시간이 보다 짧고 세부 내용도 적게 언급한다. 또한 거짓말쟁이의 스토리는 덜 와 닿는데, 덜 그럴듯하고(less plausible), 논리적 구조가 약하며 두 가지 의미를 내포하는 성향이 더 높기(more ambivalent) 때문이다. 또한 거짓말쟁이의 말소리는 더 불명확하게 들리고, 목소리나 말 표현상 즉각적으로 나오는 것이 덜해 보인다. 이는 관찰자들이 볼 때 거짓말쟁이는 의사소통 방식에서 직접적 표현을

덜 쓰고, 관련성이 적어 보인다는 느낌을 주며, 개인적 측면의 말을 덜 하는 것으로 보인다는 것을 의미한다. 속임수성 발언과 진실성 있는 발언은 세부 내용면에서 다소 차이가 있다. 즉, 거짓말쟁이는 진실을 말하는 자에 비해서 틀린 말을 즉각 자발적으로 고치며 기억하지 못했다는 것을 덜 인정한다. 이는 거짓말쟁이의 스토리에는 진실성 발언에 들어 있는 소위 통상적인 결함(ordinary imperfections)이 다소 누락되어 있을 수 있음을 의미한다[이는 **진술 타당도 분석**(statement validity analysis: SVA)에 관한 연구 결과와 맥락을 같이한다. 이 분석법은 다음 장에서 살펴볼 것이다]. 종합하면, 연구 결과는 어느 정도 자기 제시 접근, 인지적 부하 접근 그리고 통제 시도 접근을 지지하고 있다.

> **모의 범죄 (mock crime)**
> 법정심리학에서 많이 사용되는 기법으로, 순진한 관찰자들에게 현실 같지만 만들어 낸(contrived) 범죄 행위를 보여 주는 것이다.

> **진술 타당도 분석 (statement validity analysis: SVA)**
> 아동이 말한 내용을 토대로 아동의 진술의 타당성을 평가하는 기법. 반구조화된 면담법(semi-structured interview) 발언에 대한 준거 기반의 내용분석(criteria-based content analysis: CBCA) 그리고 세 번째로 CBCA 결과에 대한 평가가 들어 있다.

거짓말 포착자의 수행도

인간의 속임수 탐지의 정확도를 조사한 연구들은 아주 많다. 거의 예외없이, 정확도 수준은 45%에서 60% 사이에 머물러 있다(Vrij, 2008). 한 종합분석 결과에서는 정확도 수준이 평균 54%인 것으로 나타났다(Bond & DePaulo, 2006). 우연의 수준이 50%인 것을 감안하면, 이 수치는 인상적인 결과라고 하기가 어렵다. 그러나 속임수에 대한 타당성 있는 단서가 드물고 그 효과도 약한 것을 감안하면, 위의 결과는 놀랄 만한 것이 못된다(당연함).

일반인뿐만 아니라 소위 거짓말 탐지 전문가라는 사람들—이를테면 경찰관, 판사 그리고 세관원—을 속

임수 탐지에 관한 연구에 참여시켰다. 이런 소위 전문가들은 진실성을 파악하는 데 좀 더 능숙할 것으로 가정될 수 있겠다. 왜냐하면 그들은 근무하면서 늘상 이런 일에 부딪히기 때문이다(Mann et al., 2004). 또한 경찰관들 스스로도 자신들이 일반인보다는 거짓말 탐지를 더 잘한다고 믿는 것으로 보인다(Inbau et al., 2001; Vrij, 2004). 경찰관의 속임수 탐지 능력에 관해 지금까지 수행된 연구의 결과는 이런 생각이 틀렸음을 알려 준다(이에 대한 개관은 Vrij, 2005a 참조). 그 연구들에서는 정확도가 45%에서 60% 사이에 머무르는 경향이 있었다. 달리 말하면, 일반인에게서 나타난 정확도와 아주 비슷했다는 것이다(예외는 Mann et al., 2004 참조). 보다 일반적으로 말해, 속임수 탐지 능력에서 개인차가 있다는 것을 뒷받침하는 증거는 거의 없다(Bond & DePaulo, 2008). 종합하면, 속임수 탐지의 정확도가 평균 수준에 불과하다는 것은 아주 뚜렷하고 확실한 현상이다.

속임수 행동에 대한 오해

사람들의 거짓말 탐지 능력이 형편없는 것이 부분적으로는 속임수 행동의 특성에 대한 잘못된 믿음에도 기인한다는 주장이 제기되었다. 일반인과 소위 거짓말 전문가(예: 경찰관) 모두에 대한 조사 연구 결과는 이를 뒷받침하고 있다. 즉, 속임수에 대한 객관적(즉, 실제적인) 단서와 주관적 단서(사람들이 속임수와 관련이 있다고 여기는 행동) 사이에 중복되는 부분이 없는 것으로 나타났다(Strömwall et al., 2004). 예를 들면, 사람들이 흔히 믿고 있다고 표현하는 것 중에는 거짓말쟁이는 응시를 싫어하는 것(gaze aversion, 눈 마주침이 줄어드는 것)을 나타내기 쉽다는 것이 있다. 또한 사람들은 거짓말하는 것을 주저하는 것, 말의 속도가 느린 것, 자주 길게 말을 멈추

고 있는 것, 미소 짓는 것과 **자기손발놀림**(self-manipulations)과 같은 움직임, 예를 들면, 손/손가락과 다리/발 움직임과 관련짓는 경향이 있다(Vrij, 2008). 일반적으로, 이런 행동은 신경과민(nervousness)을 나타낸다([그림 8-1]). 그러나 거짓말쟁이는 진실을 말하는 자에 비해서 꼭 높은 신경과민 상태에 있는 것은 아니다(Köhnken: Vrij & Semin, 1996에서 재인용). 〈사례연구 8-1〉을 보라.

속임수을 알려 주는 주관적 단서에 관한 조사연구의 한계점은 자기보고(self-reports)에 의존한다는 것이다. 사람의 인지 과정 일부 또는 전부가 의식의 자각 범위

> **자기손발놀림**
> **(self-manipulations)**
> 일반적으로 속임수와 연결되어 있다고 믿는 손/손가락과 다리/발 움직임

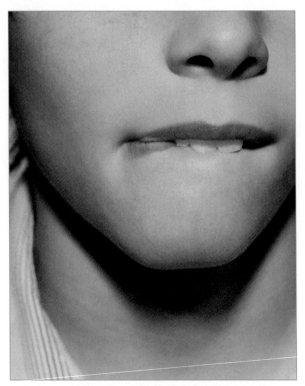

[그림 8-1] 사람들은 미소 짓는 것과 신경과민 상태를 보여 주는 자기손발놀림 행동, 예를 들어 손/손가락과 다리/발 움직임이 많아지는 것을 거짓말하는 것과 관련짓는 경향이 있다.

출처: ⓒ AISPIX. Shutterstock사의 허락하에 게재함.

의 밖에 있을 수 있기 때문에, 사람들이 자신의 인지 과정에 대해 자기보고를 해낼 수 없다는 주장이 오래전부터 제기되었다(Nisbett & Wilson, 1977). 이런 주장에 발맞추어, 속임수의 판단 시 사용되는 행동 특징에 대한 최근의 종합분석 결과에서는 사람들이 자기보고를 하는 단서에 꼭 의존하는 것만은 아니라는 것을 발견했다(Hartwig & Bond, 2011). 즉, 사람들이 응시를 싫어하는 것과 신경과민성 행동을 감안해서 자기보고를 하기는

하지만, 이런 단서들은 거짓말에 대한 판단을 내리는 것과 실제 상관관계가 가장 높은 것이 아니다. 조사연구와 반대로, 위의 종합분석 결과는 속임수에 대한 주관적 단서와 객관적 단서 사이의 중복성이 다소 큼을 보여 주었다. 이는 거짓말 탐지의 정확도가 낮은 것이 속임수 행동에 대해 거짓말 포착자들이 잘못 이해하고 있어서라기보다는 속임수에 대한 단서가 신통치 않은 데에서 비롯된 것일 가능성이 큼을 시사한다.

사례연구 8-1   속임수 탐지 훈련이 효과가 없는 경우

이 장의 뒤에서 살펴보겠지만, 다양한 유형의 훈련을 실시하여 속임수 탐지의 정확도를 향상시키려는 노력이 여러 차례 있었다. Kassin과 Fong(1999)은 이와 방향이 약간 다른 훈련에 대한 연구를 수행하였다. 정확도의 수준을 높일 것으로 예상되는 훈련 프로그램을 실시하는 대신, 여기에서의 훈련은 영향력이 아주 큰 경찰 심문 매뉴얼에서 가져온 속임수 탐지 요령에 대한 권고사항을 토대로 훈련 내용을 구성하였다.

연구에서는 16명의 참여자가 기물 파손(vandalism), 가게에서 물건 슬쩍하기(shoplifting) 또는 범죄가 아닌 행위를 위시한 네 가지의 모의 범죄 중 하나를 수행하게 했다. 이들 모두에게는 범죄에 관여된 것을 부인하도록 요청하여, 참여자들 중에서 가짜 부정(false denials, 범죄 행위를 저지른 참여자의 진술)과 진짜 부정(true denials, 범죄 행위를 저지르지 않은 참여자의 진술)을 한 사람들을 만들어 냈다. 이들 참여자에 대한 후속 심문 과정을 비디오로 녹화하였으며, 이를 자극을 위한 자료로 사용하였다. 40명의 일반인이 거짓말 포착자의 역할을 맡았으며, 이들은 훈련(training) 조건 또는 무지(naive) 조건으로 무선 배정되었다. 훈련은 Inbau, Reid와 동료들이 작성한 심문 매뉴얼 『범죄 취조와 자백(Criminal Interrogation and Confessions)』(가장 최신판은 Inbau et al., 2001)의 일부 내용을 기반으로 구성되었다. 이 책에 기술된 매뉴얼과 기법(Reid 매뉴얼 그리고 Reid 기법으로 지칭됨)은 거센 비난에 부딪혔는데, 그것이 (피의자를) 교묘하게 조종하고 심리적으로 강요하는 요소를 크게 강조하고 있으며(Gudjonsson, 2003), 또한 최근에는 진단적 가치가 완전히 결여된 속임수 탐지 단서를 제시했기 때문이다(Vrij, 2003). 연구에서는 훈련 조건에 속한 거짓말 포착자들이 Reid와 동료들이 제작한 속임수 관련 세미나용 자료에서 발췌한 두 개의 비디오 클립을 시청하였다. 첫 번째 클립은 말한 내용 중에서 속임수의 단서로 발견된 것을 소개했는데, 진실된 발언은 '직접적(direct)'이고 '자발적(spontaneous)'이며 '꾸미지 않은(unqualified) 것'이라고 기술했으며, 진실을 말하는 자가 부인(denials)하는 것은 '애매하지 않다(unequivocal)'고 기술했다(Inbau et al., 2001). 반면에, 속임성 발언은 '머뭇거리고(hesitant)' '보편적이며(general)' '핵심을 피해 가고(evasive)' '세부적이지 않은(unspecific)' 것이라고 말해 주었다. 두 번째 클립은 속임수에 대한 비언어적 단서에 관한 것으로서, 시선 접촉을 싫어하는 것, 앉은 자세가 축 늘어진 것(slouching in one's seat), 눈과 입을 가리는 것, 그리고 몸단장 하듯 제스처를 취하는 것 같은

자기손발놀림이 소개되었다. 매뉴얼 제작자들은 이런 단서의 가치를 크게 신뢰하고 있었다는 점에 주목해야 한다. 즉, 제작자들은 이런 단서를 활용하면 속임수 탐지의 정확도를 80% 넘게 달성할 수 있다고 주장하고 있다.

Kassin과 Fong(1999)의 연구 결과는 심문 매뉴얼에 실려 있는 과감한 주장과 반대였다. 훈련 집단은 무지 집단(이들의 정확도는 거의 56%에 도달함)에 비해서 더 낫기는 커녕 사실상 더 못한(정확한 판단이 거의 46%임) 수행도를 나타냈다. 그러나 훈련을 받은 집단은 무지 집단에 비해서 자신들이 진실을 정확히 판단해 냈다고 자신감을 더 많이 드러냈다. 또한 거짓말 포착자 중 훈련받은 집단은 자신의 판단에 대해서 그 근거를 보다 많이 보고하였으며, 이런 근거의 대부분은 훈련 자료에서 추천받은 단서와 관련된 것들이었다. 종합하면, 연구 결과는 Reid 매뉴얼에서 소개된 단서를 보고 활용하는 것이 비효율적일 뿐만 아니라 속임수와 진실을 탐지하는 정확도를 향상시키는 데 역효과를 낸다는 것을 보여 주고 있다. 불행하게도, 사법 기관 및 그 밖의 기관뿐만 아니라 민간 회사에서 일하는 50만 명 이상의 사람이 이미 이 기법의 훈련을 받았으며(Reid & Associates, 2011), 훨씬 더 많은 사법 전문가가 이 매뉴얼을 일상의 업무에서 참고하기 쉬울 것이다. 연구 결과는 진실성에 대한 판단을 내릴 때 경험적으로 뒷받침되지 않는 방법에 의존하는 것에 따른 문제를 직접 가르쳐 주며, 속임수와 진실의 탐지에 대해 과학적으로 타당하고 경험적으로 뒷받침되는 접근을 채택할 필요성을 간접적으로 지적해 준다.

속임수 탐지 관련 연구의 현실성 정도

속임수 탐지 연구의 외부 타당도도 의구심을 받아 왔다. 가장 중요하고 계속 이어지는 비판은 두 가지 사항에 대한 것으로, 첫째, 표적 자료(target material: 거짓말 포착자가 평가할 발언 내용)의 현실성에 대한 것, 둘째, 거짓말 포착자가 놓인 상황의 현실성에 대한 것이다(Hartwig, 2011). 정형화된 속임수 탐지 실험에서 표적은 자신의 견해나 감정에 대해서 또는 특정한 과거의 사건(때로는 모의 범죄)에 자신이 연루되었느냐에 대해서 진실된 또는 거짓된 발언을 담고 있다. 이런 것은 위험성이 낮은 상황(low-stake situation)으로 특징지을 수 있겠는데, 믿음직한 인상을 못 준다고 해도 결과가 나쁠 것이 거의 또는 전혀 없기 때문이다(**위험성이 낮은 거짓말**). 이는 사법 체계에서 부딪히는 위험성이 높은 상황(high-stake situations)을 제대로 반

> **위험성이 낮은 거짓말**
> (low-stake lies)
> 그 결과가 미미한 거짓말로, 통상 속임수에 대한 실험실 연구에서 참여자들이 말하는 거짓말

영해 주지 못하고 있다. 예를 들면, 용의자에 대한 유죄의 가능성을 결정하기 위해 용의자를 평가하는 상황은 다르다. 이런 상황에서 믿음직하게 행동하지 못하면 심각하고도 파장이 큰 결과를 초래할 수 있다. 즉, 속임수 행동이 위험성이 높고 낮은 상황에 따라서 다르게 나타날 수 있음을 주장할 수 있으며, 따라서 이를테면 **위험성이 높은 거짓말**을 탐지해 내는 경찰관의 능력 같은 것에 대해서 결론을 내리는 것이 섣부른 행위라고 주장할 수도 있을 것이다(Miller & Stiff, 1993). Aldert Vrij와 동료들은 경찰 심문 과정에서 실생활에서의 위험성이 높은 거짓말과 진실을 수사하는 데 중요한 한 발짝을 내딛었다(예: Mann et al., 2004). 그 양상이 아주 확실한 것은 아니지만, 이러한 연구 결과는 현실적인 표적 자료가 거짓말을 탐지하는 사람들의 능력을 약간 높여 준다는 것을 알려 주고 있다.

> **위험성이 높은 거짓말**
> (high-stake lies)
> 그 영향이 거짓말쟁이의 자유에 결정적인 영향을 미치는 거짓말로, 통상 경찰 취조 중에 용의자가 말하는 거짓말

속임수 탐지 연구의 현실성에 대한 비판 중 두 번째 부분은 평가가 이루어지는 맥락에 대한 것이다. 통상적으로는 연구 참여자들에게 표적에 대한 비디오 클립을 보여 준다. 따라서 연구 참여자들은 용의자에 대한 아무런 배경 정보도 없이, 그리고 진실성 평가의 토대로 삼는 데 필요한 질문을 던질 수도 없이 수동적으로 용의자의 모습을 바라보기만 할 수밖에 없다(Hartwig et al., 2004). 이는 경찰관이 진실성에 대한 판단을 내리는 통상적인 상황과는 아주 다른 것이다. 그 대신에, 경찰관들은 용의자의 배경 정보를 토대로 판단을 내리고 경찰관 자신과 용의자의 상호작용을 토대로 판단을 내리는 경우가 많다. 경찰관의 속임수 탐지 능력에 관한 연구에서 발견된 정확도의 비율이 중간 수준에 있는 한 가지 이유는 경찰들이 수동적 관찰만을 하고 거짓말을 포착해 내는 데 익숙지 않기 때문이라고 주장할 수도 있겠다. 그러나 연구 결과는 이런 주장이 틀렸음을 보여 주었다. 예를 들면, 노련한 범죄 수사관이 자기 스스로 선택한 방식대로 취조를 계획하고 수행할 기회를 주어도 진실성을 정확하게 평가하지 못한다는 것이 밝혀졌다(Hartwig et al., 2004).

언어적 내용으로 속임수를 탐지하기

말하는 내용을 토대로 속임수를 탐지하는 것이 가능할까? 그렇다면 무엇에 주목해서 들어야 할까? 그리고 사람이 분석하는 것이 나을까, 아니면 컴퓨터 프로그램을 사용하는 것이 더 나을까? 또는 언어 내용을 전적으로 무시하고, 그 대신에 말하는 사람의 목소리를 분석할 특수 장비를 사용하는 것이 더 나을까? 다음에서 우리는 위 질문에 대한 대답으로서 많은 속임수 탐지 방법을 서술하고, (가능한 곳에는) 각 방법의 변별력에 대

해서 소개할 것이다.

진술 타당도 분석

진술 타당도 분석(statement validity analysis: SVA)은 언어 내용을 기반으로 진실성을 평가하는 데 가장 널리 쓰이는 기법이다. 이는 원래 독일과 스웨덴에서 소위 성학대에 관련된 아동의 주장을 평가하기 위해 개발된 것이다(Trankell, 1963; Undeutsch, 1967). 이 기법의 저변에 깔려 있는 것은 Undeutsch 가설인데, 이 가설에 따르면 아동의 진술이 실제 경험에 대한 기억에 근거한 것이라면, 꾸며 낸 이야기를 기반으로 한 진술과는 내용과 질에서 다를 것이다(Steller & Köhnken, 1989). SVA는 4단계의 절차로 구성되어 있다

> **Undeutsch 가설 (Undeutsch hypothesis)**
> Udo Undeutsch가 처음으로 제안한 가설로, 아동의 진술이 실제 경험에 대한 기억에 근거한 것이라면 꾸며 낸 이야기를 기반으로 한 진술과는 내용과 질에서 다를 것이라는 것이다.

(Köhnken, 2004). 첫 단계는 사례 파일에 대한 철저한 분석을 하는 것이다. 이는 진술의 출처(source)에 대한 가설을 생성하는 데 기초가 된다. 둘째, 반구조화된 면담을 실시하여 아동이 자신의 이야기를 말하게끔 한다. 면담은 녹음한 후 받아쓰는 작업을 실시한다. 셋째, 신뢰도의 면에서 진술을 평가하는데, 이때 준거 기반의 내용분석(criteria-based content analysis: CBCA)을 사용한다. CBCA는 19개의 준거 목록에 기반을 둔다. 이 목록에는 예를 들어, '논리 구조(logical structure)' '상호작용의 서술(descriptions of interactions)'

> **준거 기반의 내용분석 (criteria-based content analysis: CBCA)**
> 진실성을 반영한다고 믿어지는 지표상에서 아동의 진술을 분석하는 방법으로, 19개의 준거로 구성됨. 진술 타당도 분석의 일부이다.

그리고 '자기평가절하(self-deprecation)' 같은 것이 있다. 목록의 전체와 각 준거에 대한 심층적 고찰은

Köhnken(2004)을 보라. 끝으로, **타당도 점검표(validity checklist)**를 이용해서 CBCA 결과에 대한 대안적 설명을 살펴본다(Steller & Köhnken, 1989).

> **타당도 점검표 (validity checklist)**
> 진술 타당도 분석의 마지막 단계로서, 아동의 진술에 대한 대안적 가설을 생각해 보는 단계

CBCA는 SVA의 핵심이 된다. CBCA의 19개 준거는 다섯 개의 범주로 나뉘는데, ① 일반적 특징, ② 세부 내용, ③ 내용상의 특이점, ④ 동기와 관련된 내용, 그리고 ⑤ 범행과 관련된 요소가 있다. 19개 준거에서 각각 해당되는 내용의 정도가 평정된다(예를 들면, '0' = 없음, '1' = 있음, '2' = 아주 크게 있음으로 구분되는 3점 척도를 사용한다). 요점은 해당되는 준거가 많고 각 준거의 존재가 더 강력할수록 진술이 진짜 개인적 경험에 근거하고 있다는 가설에 대한 뒷받침이 더 강력하다는 것이다.

CBCA가 진짜 진술과 꾸며 낸 진술을 어느 정도로 변별할 수 있을까? 이 의문에 대답하기 전에, 우리는 다음과 같은 것을 고려할 필요가 있다. 즉, CBCA가 어떤 나라에서는 법정에서 널리 사용되지만(Vrij, 2008), 이 기법의 진단적 가치를 평가하기 위하여 실생활의 사례를 사용하는 것은 문제가 있다는 것이다. 이 기법을 사용한 대부분의 사례에서는 진술 그 자체 이외에는 다른 증거가 없다. 이런 사례에서는 진술이 진짜 경험을 기반으로 한 것인지 꾸며 낸 경험에 근거한 것인지를 알 수가 없다[즉, **밑바닥 진실(ground truth)**은 모른다].

> **밑바닥 진실 (ground truth)**
> 특정한 사례에서 실제로 일어난 일의 실제. 범죄 수사 시에 증인의 진술만 갖고서는 실제를 파악하기가 불가능한 경우가 때때로 있다.

어떤 기법의 진단적 가치에 대한 정보를 얻기 위해서는 실험실 연구가 필요하다. Vrij(2005a)는 실험실 상황에서 수행된 37개의 초기 연구를 개관했다. 이 연구들의 대부분은 성인의 진술에 초점을 맞추고 있었지만

Undeutsch 가설이 아동의 진술에만 국한되지 않은 것과 마찬가지로 문제가 된다고 여겨지지 않았다(Köhnken, 2004). Vrij의 개관에서는 정확도가 전반적으로 73%로 나타났으며, 해당 기법이 진실된 진술과 꾸며 낸 진술을 탐지하는 데 똑같이 효과가 있는 것으로 입증되었다(전문가 증인의 관점에서 본 더 자세한 논의는 15장 참조).

현실성 파악

현실성 파악(reality monitoring: RM)이라는 용어는 수십 년간 기본 기억(basic memory)의 연구에서 쓰여 왔는데, 자기가 경험한 사건과 상상한 사건을 변별하는 능력을 지칭한다(Johnson & Raye, 1981). RM에 관한 연구 결과는 실제 경험이 지각(perceptual) 과정

> **현실성 파악 (reality monitoring: RM)**
> 상상한 사건으로부터 실제 사건에 대한 기억을 구분해 내는 과정. 이 구분은 시간 및 장소와 같은 맥락적 정보, 그리고 어의적(semantic) 정보 같은 것을 감안해서 이루어진다.

의 결과인 반면, 상상한 사건은 회고(reflective) 과정의 결과라는 견해를 뒷받침한다. 결과적으로, 실제 사건에 대한 기억은 상상한 사건에 대한 기억과 다른 경향이 있다. 구체적으로 말하면, 실제 사건에 대한 기억은 상상한 사건에 대한 기억에 비해서 지각적 정보(예: 입맛, 촉감, 냄새)와 맥락적 정보(예: 공간 및 시간상의 세부 사항)가 더 많이 들어 있는 경향이 있다. 상상한 사건에 대한 기억은 실제 사건에 대한 기억에 비해서 인지적 조작(cognitive operations, 예: "피곤했을 거야. 늦은 시간이었으니까.")이 더 많이 들어가 있는 경향이 있다.

스페인의 심리학자 Maria Alonso-Quecuty(1992)는 RM이 자기 자신의 실제 경험과 상상한 사건을 구분하는 데 뿐만 아니라, 다른 사람들의 실제 경험과 상상한 사건을 구분하는 데에도 사용될 수 있다고 시사하여, RM

을 진실된 진술과 속임수 진실을 구분하기 위한 도구로 정립한 최초의 인물이었다. 그 후 많은 연구자가 그녀의 아이디어를 따랐고(Sporer, 2004), 이제는 RM 준거 목록이 최종적으로 완성되는 단계에 서서히 이르고 있다.

Jaume Masip과 동료들(2005)은 속임수 탐지와 관련된 RM 연구들을 최초로 체계적으로 개관하여 제시하였다. 전반적 정확도는 75%였으며, 해당 기법은 진실과 거짓말을 탐지해 내는 데 거의 동등한 정확도를 나타내는 것으로 입증되었다. 흥미롭게도 이 기법은 아동의 진술과 성인의 진술에 대해서 똑같이 잘 작용하는 것으로 보인다. 요약하면, 이 기법이 잘 확립된 이론적 틀에 의존하고 있다는 점과 그 기준을 비교적 학습하기 쉽다는 점을 감안하면, RM 기법은 CBCA에 대한 다소 흥미로운 보조도구(또는 대안)다.

과학적 내용분석

과학적 내용분석(scientific content analysis: SCAN) 기법은 이전에 이스라엘에서 폴리그래프 검사관이었던 Sapir가 개발하였다. SVA 및 RM과 마찬가지로, SCAN의 저변에 깔린 가정은, 실제 경험에 대한

> **과학적 내용분석**
> (scientific content analysis: SCAN)
> 원래 Sapir가 개발한 기법. 기본 가정은 실제 경험에 대한 기억에 토대를 둔 진술은 꾸며 낸 것에 토대를 둔 진술과는 내용상 다르다는 것이다.

기억에 토대를 둔 진술은 꾸며 낸 것에 토대를 둔 진술과는 내용상 다르다는 것이다. SCAN에서는 서면 진술을 이용하는데, 피검사자가 손으로 쓴 진술이 선호된다(피검사자가 사용하는 단어를 그대로 사용하게 하기 위함). SCAN 준거의 목록은 광범위하며, '혐의의 부정(denial of allegations)' '정서성(emotions)' 그리고 '언어의 변화(change in language)' 같은 것이 들어 있다. 가장 흔히 사용되는 12개의 준거 목록은 Vrij(2008)와 Smith (2001)를 보라. CBCA와 RM에 비해서, SCAN은 코딩 면에서 표준화가 훨씬 덜 되어 있다.

현재까지 SCAN의 진단적 가치에 대해서는 연구가 이루어진 것이 거의 없다. 우리가 알기에는 SCAN에 대한 연구로 출간된 것은 단지 네 개뿐인데, 그중 두 개는 실험실 연구이고 나머지 두 개는 현장연구다. 두 개의 실험실 연구는 진실된 진술과 속임수 진술이 적용된 SCAN 준거상 다르지 않았음을 보여 주었으며(Nahari et al., 출판 중; Porter & Yuille, 1996), 두 개의 현장연구에서도 밑바닥 진실은 알 수가 없었다(Driscoll: Vrij, 2008에서 재인용; Smith: Vrij, 2008에서 재인용). 요약하면, 그 명칭이 과학적 색채가 짙기는 하지만, 이 기법을 뒷받침하는 과학적 증거는 아주 미약하다는 것을 알아야 한다(Shearer, 1999).

컴퓨터 기반의 언어학적 분석

그러나 속임수 탐지를 위한 또 다른 접근방법은 진술의 언어학적 구조(linguistic structure)를 조사하는 것이다. 이런 접근방법에 토대를 둔 과학적 연구가 1960년대 후반에 나타나기 시작했으며, 그 기본 생각은 우리가 이해하기 쉽다. 즉, 사람들이 단어를 선택하는 것이 실제 메시지보다도 그들의 마음 깊숙이 깔려 있는 정신상태를 더 잘 알려 줄 수도 있다는 것이다(Pennebaker & King, 1999). 언어학적 분석(linguistic analysis)을 실시하는 데에는 여러 가지 방법이 있지만(기본적으로는 자연 언어에 근거해서 말한 내용을 단어 수준으로 쪼개는 것임), 우리는 최근의 방법 한 가지만 소개할 것이다.

언어학적 분석과 단어 분류

언어학적 분석과 단어 분류(linguistic inquiry and word count: LIWC)는 컴퓨터에 기반을 둔 기법으로서, 단어를

각기 다른 분류 항목으로 범주화해서 언어학적 프로파일을 만들어 낸다. 분류 항목에는 ① 표준 언어 차원(standard language dimensions, 예: 대명사와 관사), ② 심리적 과정(예: 정서 과정 및 감각 과정) 그리고 ③ 주변 상황(relativity, 예: 공간 및 시간)이 있다.

> **언어학적 분석과 단어 분류 (linguistic inquiry and word count: LIWC)**
> 컴퓨터에 기반을 둔 기법으로서, 단어를 각기 다른 분류 항목으로 범주화해서 언어학적 프로파일을 만들어 낸다.

LIWC를 사용해서 발견한 한 가지는 어떤 단어들(예: 1인칭 대명사)은 속임수 진술에서 덜 나타나는 반면, 다른 단어들[예: 부정적 정서 단어(negative emotional words)]은 속임수 진술에서 더 자주 나타난다는 것이다. LIWC가 속임수 진술과 진실된 진술을 우연보다 낫게 가려낸다는 것이 입증되었다고 해도, 적중률을 검토해 보면 개선의 여지가 남아 있음을 알 수 있다. 예를 들면, Newman과 동료들(2003)은 (3개 연구 결과에 걸친) 평균 적중률이 67%임을 발견했다. 흥미롭게도, 최근 연구 결과는 LIWC 소프트웨어 프로그램을 사용하여 거짓말쟁이와 진실을 말하는 자의 진술을 RM 기준을 적용하여 자동적으로 코딩했을 때의 결과가 똑같은 기준을 적용하여 손으로 코딩했을 때보다 속임수를 시사하는 언어적 단서(verbal cues)를 더 적게 산출하였음을 보여 주고 있다(Vrij et al., 2007). 끝으로 그리고 중요하게도 말한 내용을 단어 수준으로 쪼개게 되면 우리는 문맥(context)을 잃어버리게 된다. 진술의 문맥이 사법 상황에서 중요하기 때문에 (즉, 시간이 흐름에 따라 진술도 발전함), 언어학적 분석이 사법 문맥의 틀 속에서 벗어나지 못할 수 있다.

음성 강도의 컴퓨터 분석

속임수 탐지를 위한 또 다른 접근방법은 언어 내용을 무시하고 음성 자체를 분석하는 것이다. 우리는 이런 접근법 두 가지를 살펴보겠다. 이는 음성 강도 분석(voice stress analysis: VSA)과 계층화된 음성 강도 분석(layered voice-stress analysis: LVA)이다.

음성 강도 분석

음성 강도 분석(voice stress analysis: VSA)은 때때로 심리적 스트레스 측정기(psychological stress evaluator: PSE)로 불린다. 이 기법의 기본 가정은 단순한 편이다. 우리의 말소리를 만들어 내는 근육의 활동을 측정하면, 말하는 사람의 정신 상태(예: 스트레스를 겪는

> **음성 강도 분석 (voice stress analysis: VSA)**
> 우리의 말소리를 만들어 내는 근육의 활동을 측정하면, 말하는 사람의 정신 상태(예: 스트레스를 겪는지)를 추론할 수 있을 것이라는 믿음에 근거한 기법

> **계층화된 음성 강도 분석 (layered voice-stress analysis: LVA)**
> 거짓말 탐지 기법의 일종으로서, 고도로 정교한 기술을 사용하여 인간의 귀로는 잡아내기 대단히 어려운 목소리상의 오류를 분석해 낸다. 장치보다 더 정교한 방법으로 더 잘 측정할 수 있을 것이라고 주장되고 있다.

> **심리적 스트레스 측정기 (psychological stress evaluator: PSE)**
> 음성 강도 분석의 또 다른 명칭

지)를 추론할 수 있을 것이다. 흥미로운 주요 현상은 소위 '미세 떨림(micro tremors)'이라고 불리는 것이다. 이는 전극으로 탐지 가능한 미약한 불수의적 근육 활동이다. 이런 떨림이 좀 더 큰 근육 덩어리, 예를 들면 이두박근(biceps) 속에서도 발생한다는 것은 잘 확립되어 있다. 안타깝게도, 말소리를 만들어 내는 근육 속에 떨림 활동이 있다는 것에 대한 과학적 증거는 거의 없다(Shipp & Izdebski, 1981). 요약하면, 말소리를 만들어 내는 근육 속에 떨림 활동이 없다면, 목소리 속에서 우리가 측정할 수 있는 떨림 활동도 없다는 것이다. 또한 목소리 속에 떨림 활동이 있다는 것을 보여 주는 것이 가능하다고 하더라도, 주요 문제점은 여전히 남아 있다. 즉, ① 어떤 유형의 떨림 활동과 거짓말, 그리고 ② 또 다른 유형의 떨림 활동과 진실을 말하는 것 사이

에 연관이 있다는 것에 대해 과학적으로 뒷받침할 증거를 찾아내야 한다. 종합하면, VSA 체계는 신뢰도와 타당도 모두와 관련된 문제점이 있는 것으로 보인다. 이 기법에 대한 유사한 회의적 견해는 국립연구원(National Research Council, 2003)에서 실시한 평가 보고서를 보라.

계층화된 음성 강도 분석

계층화된 음성 강도 분석(layered voice-stress analysis: LVA)은 보다 최근의 방법인데, 그 옹호자들은 이 방법이 고도로 정교한 기술을 사용한다고 주장한다. LVA는 디지털로 변환된 원래 신호(소리)를 분석해서 목소리상의 오류(errors in speech)를 파악해 내기 위해 컴퓨터 프로그램을 사용한다. 이런 오류는 인간의 귀로는 잡아내기가 대단히 어렵지만, 보다 정교한 방법으로 측정할 수 있다고 주장되고 있다. 이런 오류는 인간의 목소리에만 국한된 것이 아니고, 모든 유형의 소리(예: 시계의 째깍거리는 소리 또는 세탁기 소리)에서도 발견될 수 있다. LVA에서는 이 두 가지 오류에 대하여 통계적 결과를 산출해 주고, 이들을 활용하여 '진짜 값(truth value)'을 계산해 낸다. 사법 음성학(forensic phonetics)의 전문가들은 LVA의 진단적 가치를 동전 던지기와 동일한 것으로 매겼다(Eriksson & Lacerda, 2007).

속임수의 정신생리적 탐지

이 장의 앞부분에서 우리는 속임수에 대한 단서를 행동뿐만 아니라 진술의 언어 내용 속에서 찾아보았다. 속임수 탐지에 관한 세 번째의 주요 연구 흐름은 정신생리적 반응 유형의 차이에 초점을 맞춘다. 정신생리적 반응 유형은 통상 폴리그래프(polygraph)로 측정한다.

속임수에 대한 정신생리적 탐지의 발전 과정

속임수를 생리적으로 탐지하는 접근방법은 역사가 길다. 중국에서는 의심받는 죄인에게 쌀가루를 씹어서 뱉도록 시켰다. 그래서 쌀가루가 마른 상태에 있다면, 용의자는 유죄 판결을 받게 되어 있었다(Sullivan, 2001). 이런 기법의 저변에 깔려 있는 가정은 거짓말쟁이와 진실을 말하는 자는 생리적 반응에서 다르다는 것이다. 쌀가루 기법의 경우에 타액 분비가 감소한 것은 거짓말이 탄로 날까 두려워한 데 기인한 것으로 해석되었다. 이와 똑같은 가정이 19세기 후반에 Lombroso와 다른 이들이 용의자를 심문하면서 혈액 용량의 변화를 재는 데 기반이 되었다(Grubin & Madsen, 2005).

현재의 모습과 같은 폴리그래프(다중기록장치)는 Lombroso와 중국인들이 똑같이 파악해 보려고 했던 동일한 생리적 과정을 측정하려고 제작된 도구다. 현대의 폴리그래프가 기술적으로는 더 정교하지만, 폴리그래프의 기본 기능은 100년 전이나 오늘이나 똑같다(Grubin & Madsen, 2005). 현대의 폴리그래프([그림 8-2])는 최소한 세 개의 생리적 계통을 측정한다. 이들은 모두 자율신경계의 지배를 받는데, 전형적으로 전기피부 반응(galvanic skin response, 손바닥에서 땀나는 것을 잼), 최고혈압(수축기 혈압, systolic blood pressure)과 최저혈압(확장기 혈압, diastolic blood pressure) 같은 심장혈관계 활동[cardiovascular activity, 팔의 상부에 커프(cuff)를 대고 측정함], 그리고 호흡 패턴(가슴에 센서를 빙 둘러서 부착하고 잼)이다.

폴리그래프를 어떻게, 언제 사용해야 할지에 대한 정확한 지침을 제시하는 것은 어렵지만, 그것이 전 세계적으로 아주 다양한 상황에서 사용되고 있다고 말할 수 있겠다. 미국에서는 폴리그래프 검사가 사법 시행 기관의 많은 부서에서 이루어지고 있으며(Honts, 2004), 폴

[그림 8-2] 현대의 폴리그래프는 최소한 세 개의 생리적 계통을 측정한다. 이들은 전형적으로 전기 피부 반응(손바닥에서 땀나는 것을 잼), 최고혈압(수축기 혈압)과 최저혈압(확장기 혈압) 같은 심장혈관계 활동(팔의 상부에 커프를 대고 측정함), 그리고 호흡 패턴(가슴에 센서를 빙 둘러서 부착하고 잼)이다.

출처: ⓒ The University of Birmingham, UK. 허락하에 게재함.

리그래프 검사 결과는 많은 나라의 사법부에서 역할을 하고 있다. 이런 국가에는 벨기에, 캐나다, 이스라엘, 일본, 한국, 멕시코, 태국, 터키 등이 있다(Honts, 2004; Pollina et al., 2004; Vrij, 2008). 이들 국가에서 폴리그래프를 사용하는 방식은 다양하다. 일본에서는 폴리그래프상의 증거가 일반적으로 인정되는 반면(Hira & Furumitsu, 2002), 대부분의 나라에서는 법정에서 폴리그래프 검사 결과를 사용하는 데 제한을 둔다(Vrij, 2008). 전통적으로 영국에서의 폴리그래프 사용도 제한을 받아 왔다. 그러나 1980년대의 Geoffrey Prime 스파이 스캔들은 영국 정부에서 폴리그래프에 대한 관심을 불러일으켰다(Segrave, 2004). 연구팀이 지정되어 폴리그래프의 신뢰도, 타당도 및 윤리적 측면을 평가하고 범죄 수사 및 고용 관련 평가에의 응용에 대해 조사하게 되었다(Grubin & Madsen, 2005). 그리고 연구팀은 폴리그래프의 사용을 지지하는 경험적 증거는 제한되어 있으며, 또한 어떤 측면은 영국심리학회의 윤리강령

(British Psychological Society, 1986)에 어긋날 가능성이 있다는 결론에 도달하였다. 보다 최근의 연구팀의 보고서에서도 이전의 보고서와 같은 결과를 내놓았으며, 폴리그래프에 대해 생태학적으로(ecologically) 타당한 연구를 수행하는 것이 제한되어 있고, 폴리그래프를 거짓말 탐지기로 사용하는 것과 관련된 문제가 너무 많다고 결론지었다(British Psychological Society, 2004). 그럼에도 불구하고 영국의 연구자들은 최근에 폴리그래프를 성범죄자에 대한 지속적 관찰 및 치료를 위해 사용하는 것의 가능성을 탐색하였다. 지금까지는 이런 노력이 유망성이 있는 결과를 보여 주었다(Grubin & Madsen, 2006).

통제질문 검사

폴리그래프 검사에는 두 가지 주요 유형이 있다. 가장 흔히 사용되는 것은 **통제질문 검사**(control question test: CQT)인데, 때로는 대조질문 검사(comparison question test; Honts, 2004)로도 지칭되며, 미국, 캐나다 및 이스라엘에서 사법 시행 시 널리 사용되고 있다(Ben-Shakhar et al., 2002).

CQT는 여러 단계로 실시된다(Lykken, 1998). 도입 단계에서는 소통관계를 형성하고, 기본 정보를 수집하며 피험자에게 자유회상(free recall)을 해 보도록 권유한다. 그다음에는 질문을 구성해서 피험자와 폴리그래프 검사관이 그에 대해 함께 토의한다. 이렇게 하는 첫 번째 이유는 피험자가 모든 질문을 이해했는지를 검사자가 확실히 해 두려고 하기 때문이다. 두 번째 이유는 피험자가 질문에 대하여 '예' 또는 '아니요'라고 반응을 할 수 있기를 검사자가 원하기 때문이다(Vrij, 2008). 이런 단계를 거친 다음에는 질문 단계가 시작된다. 이 단계는 여러 차례 실시된 후, 여러 가지 다른 검사 상황에 걸쳐서 나타난 각 반응의 평균을 낸다. 피험자들에게는 세 가지 범주 중 하나에 속하는 질문을 많이 물어본다. 첫 번째 범주는 **무관한 질문**(irrelevant questions) 또는 **중립적 질문**(neutral questions)이다(예: "당신의 성이 Morris인가요?" "당신은 미국에서 사나요?"). 이런 질문은 결과 분석 시에는 포함되지 않는다. 두 번째 범주는 **유관 질문**(relevant questions)으로서, 수사 중인 범죄와 직접적으로 관련된 것이다(예: "당신은 스탠리(Stanley)에 있는 가옥을 부수고 침입했나요?" "당신은 Philip 씨를 쏘았나요?"). 세 번째 질문은 **통제 질문**(control questions)으로서, 과거의 위반행위에 관한 것이며 현재 조사 중인 사건과 무관한 것이다(예: "25세가 되기 전에 당신 것이 아닌 물건을 취득한 적이 있나요?"). 이런 질문은 누구한테서라도 속임수 반응을 나

> **통제질문 검사**
> **(control question test: CQT)**
> 폴리그래프 검사 중 한 가지 방법으로서 과거의 위반행위를 묻는 통제 질문에 대한 반응과 현재 수사 중인 범죄와 관련된 질문에 대한 반응을 비교하는 방법. 죄책감을 느끼는 사람이라면 (자신의 범죄와) 관련된 질문에 대해 더 강한 반응을 보이기 마련이라는 것을 가정한다.

타내도록 압박하기 위해 고안된 것이다. 이런 질문은 너무나 애매해서 가장 흔한 위반행위(사교적 목적을 위한 거짓말 같은 것)도 해당되는 것으로 여겨지게 할 수 있기 때문이며, 피험자가 검사의 도입 단계에서 이런 위반행위를 부인하도록 이미 유도되었기 때문이다. 통제 질문의 목적은 속임수에 대한 기저선(baseline)을 세워서 이를 기준으로 유관 질문에 대한 반응을 비교하기 위함이다. 단순하게 말하면, 검사의 결과를 결정짓는 것은 유관 질문에 대한 생리적 반응과 통제 질문에 대한 생리적 반응 사이의 차이가 된다. 기본 아이디어는 죄책감이 있는 피험자는 통제 질문에 비해서 유관 질문에 대해서는 더 강한 반응을 나타낼 것인 반면, 결백한 사람은 그 반대 양상을 나타낼 것이라고 기대된다는 것이다(Fiedler et al., 2002).

CQT의 타당도

폴리그래프는 현장연구 및 실험실 연구 모두를 통해서 그 성능이 평가되었다. 현장연구 결과에서는 CQT가 죄책감이 있는 용의자들을 분류하는 데 다소 유용함을 보여 주고 있다. Vrij(2008)의 개관연구에서는 죄책감이 있는 용의자의 80% 이상이 검사를 통과하지 못하였다는 결론이 내려졌다. 그러나 정확도는 결백한 용의자의 경우에 더 낮았다. 이는 검사가 허위 긍정 오류(false positive errors)의 경향성이 있다는 것을 의미하는 것으로서, 이는 허위 긍정 반응(false positives: 결백한 용의자를 죄가 있다고 분류하는 것)이 허위 부정 반응(false negatives: 죄 있는 사람을 결백하다고 분류하는 것)보다 더 심각한 잘못이라고 간주하는 사법부에 (이 절차 사용상의) 문제점을 안겨 준다. 그러나 현장연구 결과는 조심스럽게 해석해야 한다. 위 연구들과 연관된 주요 문제는 밑바닥 진실(ground truth)을 확립할 수 있느냐에 대한 것이다. 즉, 피험자가 실제 유죄인지 아닌지를

알 수 있느냐에 대한 것이다. 위의 연구들 중 일부에서 (유죄 여부로의) 분류를 결정짓는 주요한 정보 출처는 고백 증거였다. 과학자들에게 널리 알려진 사실은 결백한 사람들이 때때로 자기들이 저지르지도 않은 범죄를 고백하는 경우가 있다는 것이다(7장과 Kassin, 2004 참조).

실험실 연구에서는 밑바닥 진실은 문제가 되지 않는다. 오히려 문제는 외부 타당성이 있는 상황을 만들어 내는 것이다. 즉, 무엇보다도 수사하는 상황에서 폴리그래프 검사에 내재된 위험성이 큰 것을 감안하여 실험실에서 상황을 만드는 것이다. 폴리그래프에 관한 실험실 기반의 연구 결과에서 종합적인 정확도 수치를 산출하는 데 있어 한 가지 문제점은 해당 연구가 외부 타당성이 있는지를 결정하는 준거에서 변동성(variability)이 있다는 것이다. Honts(2004)는 연구 결과를 질이 높은 것으로 분류하기 위한 기준 3개를 제시하였다. 그러나 이런 기준도 절대적인 것은 아니다. 예를 들면, 기준 중 한 가지는 측정 장비와 검사 절차가 가능한 한 실제 상황의 그것과 비슷해야만 한다는 것이다. 검사 절차가 실제 상황의 그것과 비슷한가의 여부에 대해서는 견해가 각기 다를 수 있다. 종합적인 정확도를 추정하는 것과 관련된 두 번째 문제는 어떤 개관 논문에서 결론이 나지 않은 경우는 빼버리는 반면(이런 경우는 결정된 것이 없다고 주장하면서, 예: Honts, 2004), 다른 개관 논문에서는 이와 같은 결과도 포함시킨다. 따라서 정확도에 대한 추정치가 다를 수밖에 없다. Vrij(2008)의 개관 논문에서는 유죄 용의자에 대해서는 74%에서 82% 사이의 적중률을 보여 주었지만, 결백한 용의자에 대해서는 (적중시키지 못하는) 오류의 비율이 아주 높았다. Honts(2004)의 개관 논문에서는 정확도의 평균이 91%였으며, 허위 부정이나 허위 긍정에 대해서는 뚜렷한 경향성이 없었다. 세 번째로, 연구 결과를 요약한 보고서에서는 전반적인 정확도가 86%였다(National Research Council, 2003). 결론적으로, 정확한 수치를 제시하기는 어렵지만, 현장연구와 실험실 연구는 모두 CQT가 어느 정도 변별력이 있음을 알려 주고 있다.

CQT의 문제점

수십 년 동안 CQT는 거센 비판의 표적이었다(Ben-Shakhar & Furedy, 1990; Lykken, 1998). 이 장에서는 이런 비판에 대해 충분히 살펴볼 만한 여유가 없지만, 우리는 CQT의 사용에 반대하는 핵심적 주장 몇 가지를 간략하게 제시하려 한다. 아마도 가장 중요한 것은 CQT의 핵심 가정이 결백한 용의자가 유관 질문에 비해서 통제 질문에 대해서 더 큰 흥분 반응을 나타낼 것이라는 점이다. Ekman(2001)은 이와 같은 가정이 믿을 만한 것이 못된다고 주장한다. 예를 들면, 결백한 용의자도 과거의 다소 경미한 위반행위를 다루는 통제 질문에 비해서 유관 질문에서 자신이 억울하게 고발당하는 범죄의 세부 내용에 대해서는 보다 더 강한 반응을 보일 것이라고 생각될 수 있다.

유죄인식 검사

두 번째 유형의 폴리그래프 검사는 **유죄인식 검사**(guilty knowledge test: GKT; Furedy & Heslegrave, 1991; Lykken, 1959, 1960)다. GKT의 저변에 깔린 기본 생각은 간단하다. 이 기법은 유죄의 용의자만이 알고 있는 감추어진 지식을 탐지하는 것을 목표로 한다. 이는 하나의 질문을 던지면서 선택할 여러 답안을 함께 제시해서, 어느 답안이 맞는지를 물어보는 것으로 이루어진다(예: "Sylvester

> **유죄인식 검사**
> (guilty knowledge test: GKT)
> 폴리그래프 검사의 한 방법. 용의자에게 범죄에 관한 다중 선택식 질문을 던진다. 유죄 용의자는 유죄인 사람만이 알고 있을 올바른 답안에 대해서 생리적 흥분을 더 많이 나타나게 마련이라는 것이 기본 가정이다.

씨를 살해하기 위해 어떤 무기가 사용되었지요? 나이프? 단검? 가위?"). 기본 가정은 유죄 용의자는 정답을 알고 있을 것이므로, 틀린 답안에 비해서 맞는 답안이 제시되면 생리적 흥분이 더 많이 나타나리라는 것이다. 반면에, 결백한 용의자는 '유죄인식(guilty knowledge)'이 없기 때문에 모든 답안에 대해서 평균적으로 비슷한 반응을 나타낼 것이다(MacLaren, 2001).

GKT의 타당도

CQT가 부닥쳤던 현장연구와 실험실 연구 시의 방법론적 문제와 똑같은 문제가 GKT의 타당도를 평가하는 연구에도 그대로 적용되므로, 여기서 다시 논의하지 않겠다. CQT에 비해서 GKT는 유죄 용의자보다 결백한 용의자를 분류해 내는 데 약간 더 정확한 것으로 보인다. Vrij(2008)의 개관연구에서는 결백한 용의자 중 90% 이상과 유죄 용의자 중 약 80%가 실험실 연구에서는 올바르게 분류되었다. 이와 같은 연구 20개에 대한 개관 결과는 다소 낮은 수치를 보여 주었는데, 결백한 용의자 중 83%, 유죄 용의자 중 76%가 올바르게 분류되었다(MacLaren, 2001). 실제 현장연구 결과(Elaad, 1990; Elaad et al., 1992 참조)는 비대칭적 양상을 지지해 주는데, 현장연구 결과에 대한 요약(Vrij, 2008)에서는 결백한 용의자 중 96%가 검사 결과에 따라서 의심을 벗었던 반면에, 유죄 용의자 중에서는 단지 59%만이 검사를 통과하지 못한 것으로 나타났다(즉, 올바르게 분류됨).

GKT의 문제점

한 조사연구 결과에 의하면 일반 심리학자와 정신생리학자 모두의 표본(sample) 중 75%가 GKT가 과학적으로 타당한 원리에 근간을 두고 있다고 생각하는 반면, 이들 중 단지 33%만이 이런 생각이 CQT에 대해서

도 적용된다고 간주하고 있다(Iacono & Lykken, 1997). 그럼에도 불구하고 GKT에도 문제점이 있으며, 우리는 그중 두 가지를 살펴보려 한다. 첫째, 검사의 타당도는 올바른 답안이 쉽게 파악되는 경우에는 심각한 도전에 직면할 수 있다. 이와 같이 정답이 빤히 보이는 경우에는 결백한 용의자의 반응 패턴이 유죄 용의자의 반응 패턴과 비슷해 보이게 만들지도 모른다. 이런 문제에 대한 부분적인 해결 방안은 단순 무지(naive) 상태의 피험자들에게 여러 가지 가능한 답안을 제공하는 것이라고 생각될 수 있을 것이다. 그러나 Honts(2004)는 그렇게 한다고 해서 개인 특유의 편향에 따른 영향을 없애지는 못할 것이라고 했다.

두 번째 유형의 비판은 GKT의 적용 가능성에 관한 것이다. 검사가 사용될 때 결백한 용의자는 올바른 것이 무엇인지를 알고 있으면 안 된다. 그렇지 않으면 결백한 용의자는 언론매체와 같은 결정적 정보에 이미 노출된 것 때문에 '죄책감이 드는(guilty)' 반응을 할 수도 있다. 더욱이 유죄 용의자는 정답이 무엇인지를 알고 있어야만 한다. 유죄 용의자가 범죄 현장에 있던 특정한 세부 내용을 알아보지 못한다면 유죄 용의자는 아는 것이 없기 때문에 그 세부 내용에 관한 질문에 대해서 '결백한(innocent)' 반응을 나타낼 수도 있다. 이런 조건들은 이 기법의 적용 가능성을 크게 저해한다. 예를 들면, 이 기법이 FBI 사례의 10% 미만에 대해서만 적용될 수 있다고 추정된 적이 있다(Podlesny, Honts, 2004에서 재인용).

대응조치

피검자들이 폴리그래프 검사의 결과에 어느 정도까지 영향을 미치는 것이 가능할까에 대해서 관련 학계에서는 다소 논란이 있었다. 이런 목적을 가진 시도는 모

두 대응조치(countermeasures)라고 불린다. 그 목적이 (CQT 받는 중에) 통제 질문에 대한 반응을 의도적으로 높게 나오게 하려는 것일 수 있거나 또는 (GKT 받는 중에) 모든 종류의 답안에 대해 비슷한 반응이 의도적으로 나타나게 하려는 것일 수 있다. 사람들이 스스로 동원할 수 있는 대응조치가 오류 부정 결과를 일으키는 데 효과적이지 못하다는 것이 일관되게 밝혀졌다(Honts & Amato, 2002). 그러나 검사를 받기 전에 피검자들에게 대응조치를 가르쳐 주는 것은 폴리그래프에 좀 더 심각한 위협이 된다. 실험연구에서 대응조치에 관한 훈련을 받은 피검자들은 CQT의 정확도를 떨어뜨리는 결과를 보여 주었다. 대응조치는 혀를 깨물거나 발가락을 바닥에 대고 누르는 것 같은 신체적인 것(Honts et al., 1985)과, 숫자를 거꾸로 세는 것 같은 인지적인 것의 두 종류가 있었다(Honts et al., 1994). 각기 다른 여러 유형의 대응조치의 분류 및 관련 논의에 대해서는 Honts와 Amato(2002)를 보라.

속임수 탐지 연구의 새로운 방향

뇌영상 촬영

인간의 뇌를 주사(scanning, 走査)하는 방법은 많다([그림 8-3]). 흔히 사용되는 방법은 **기능적 자기공명영상**(functional magnetic resonance imaging: fMRI)으로 불린다.

이 방법은 이를테면 인지적 조작(cognitive operations) 중의 신경계 활동을 살펴볼 수 있게 해 준다. 최근에 fMRI는 여러 가지의 다른 목적을 위해서 사용되어 왔는데, 그중에는

> **기능적 자기공명영상**
> (functional magnetic resonance imaging: fMRI)
> 심리학에서 널리 사용되는 기법으로서 속임수 중에 일어나는 신경계 활동을 찾는 것같이 내부 활동을 영상으로 촬영하는 기법

속임수 중에 일어나는 두뇌 활동을 연구하는 것도 있었다. 이 연구에서 발견된 것은 거짓말할 때의 신경 활동은 진실을 말하는 동안의 활동과 비교할 때 다를 수 있음을 알려 준다(Spence et al., 2006). 구체적으로 말하면, fMRI 연구 결과는 속임수를 쓸 때에 전전두 피질(prefrontal cortex; 두뇌에서 '실행' 기능을 담당하는 부위로서 말하는 것과 문제를 푸는 것 같은 복잡한 인간의 행동을 뒷받침해 준다.)의 활동이 증가함을 보여 주고 있다. 이런 연구 결과들은 거짓말하는 것이 진실을 말하는 것에 비해서 인지적인 활동이 더 많이 요구됨을 시사하는 것으로 해석될 수 있다(Vrij et al., 2006).

속임수 탐지 도구로서 fMRI를 사용하는 것은 언론 매체에서 폭넓은 관심을 받았다. 사실상 속임수와 상관관계가 있는 신경계 활동에 관한 연구들은 흥미를 끌며, 보고된 연구 결과도 (아직까지는) 유망하다. 그럼에도 불구하고 이것은 속임수의 은밀한 과정이 한번에 완전히 풀렸다는 것을 의미하는 것이 아니다. fMRI 장비가 고가의 장비로서 이동이 어렵고 측정 대상이 움직이지 않고 가만히 있어야 한다는 사실을 감안하더라도, 지금까지 수행된 연구들은 아주 적다.

[그림 8-3] 인간의 두뇌를 주사(scanning)하는 **방법은 아주 많다.**

출처: © giorgiomtb. Shutterstock사의 허락하에 게재함.

fMRI가 사법 관련성이 아주 높은 상황에서의 속임수 여부를 잘 진단할지의 여부는 아직도 입증되어야 할 필요가 있다. 아마도 fMRI를 사용한 연구들이 속임수 과정 중에 일어나는 인지 과정에 대해서 어느 정도 밝혀 주기는 하겠다고 생각하는 것은 무난하리라 여겨지지만, 미래에 이런 기법을 사법 상황에 적용할 가능성에 대해서는 삼가야 할 것으로 보인다.

속임수를 시사하는 단서를 이끌어 내기 위한 면담 기법

연구 결과는 타당한 단서가 부족한 것이 거짓말 탐지의 정확도가 통상 평균 수준에 머물러 있는 결정적 이유임을 말해 준다(DePaulo et al., 2003; Hartwig & Bond, 2011). 따라서 면담을 전략적으로 능동적으로 실시해서 속임수에 대한 진단적 단서를 얻어 내려는 것을 목표로 하는 새로운 연구 흐름은 주목할 만하다(Vrij, Granhag et al., 2010). 이런 방향의 연구는 전형적인 방식의 속임수 연구를 진행할 때 사용된 보다 수동적인 배치(set-up)와는 대조되는 것으로 보일 수 있다. 이런 새로운 연구 흐름 속에서도 여러 가지의 각기 다른 접근법을 구분해 내는 것이 가능하며(Vrij et al., 2011), 우리는 이 중 세 가지를 간략하게 소개하려고 한다.

첫째, 거짓말이 진실을 말하는 것에 비해서 필요로 하는 과정이 더 많을 것이라는 가정에 기초한 연구에서는 표적 대상자에게 인지적 부담(cognitive load)을 더 많이 지워서 속임수 단서가 더 많이 드러나게 하려고 시도하였다. 저변에 깔린 가정은 거짓말쟁이가 이런 과제의 영향을 더 많이 받으리라는 것인데, 왜냐하면 거짓말쟁이의 정신적 역량이 거짓말을 해야 하는 인지적 과제로 인해 이미 압도당했기 때문이다. 예를 들면, 한 연구에서는 거짓말쟁이와 진실을 말하는 자에게 자신

의 이야기를 역순으로 말해 보게 했다. 이때 거짓말쟁이와 진실을 말하는 자 사이의 행동상 차이가 자신의 이야기를 연대순으로 말하는 통제 조건에 비해서, 각자 자신의 이야기를 역순으로 말할 때 더욱 두드러지는 것이 발견되었다(Vrij et al., 2008). 또 다른 연구에서는 표적 대상자에게 눈맞춤을 유지하도록 지시를 주었는데, 이는 선행 연구 결과 눈맞춤이 정신적으로 힘이 드는 것으로 발견되었기 때문이다(Beattie, 1981). 또다시, 속임수에 대한 단서는 눈맞춤을 유지하라는 지시가 없었던 통제 조건에 비해서 지시를 준 조건에서 더욱 두드러졌다(Vrij, Mann et al., 2010).

두 번째 접근법은 예상치 못한 질문을 던지는 것이다. 이 접근법의 핵심은 거짓말쟁이는 종종 면접을 받기 전에 준비한다는 것이며(Strömwall et al., 2006), 이런 준비 활동은 거짓말쟁이가 예상했던 질문을 받을 경우에만 도움이 된다는 것이다. 그러므로 이를 감안한 방안은 예상치 못한 질문을 던지는 것이다. 예상컨대, 진실을 말하는 사람은 자신의 기억을 끌어올려서 이런 질문에 대답할 수 있겠지만, 거짓말쟁이는 대답하기가 훨씬 더 힘들 것이다. 이 접근법은 Colwell과 동료들이 이미 예고한 바 있다. 이들은 인지 면담에서 도출된 기억술(mnemonics)을 활용하여, 그것을 쓰게 하면서 거짓말쟁이와 진실을 말하는 자에게 질문을 던졌을 때 속임수 단서가 더 두드러지는 것을 보여 주었다(Colwell et al., 2007). 이 접근법은 또한 Vrij와 동료들(2009)이 최근에 정교하게 발전시켰는데, 이들은 거짓말쟁이와 진실을 말하는 자에게 예상치 못한 방식으로 대답하게 해서 속임수의 진단적 단서를 도출해 내는 것이 가능함을 보여 주었다. 즉, 음식점(거짓말쟁이가 알리바이를 대기 위해서 자기가 있었다고 주장한 곳)의 구조를 그림으로 그려 보라고 요구했더니, 음식점을 자기 말로 설명했을 때에 비해서 속임수를 시사하는 단서가 더 많이 드러났

다. 요약하면, 연구 결과가 보여 주는 것은 속임수의 단서를 도출해 내는 것이 용의자에게 예상하지 못한 질문을 던지는 것뿐만 아니라, 예상했던 질문에 대해서 예상치 못했던 방식으로 대답하라고 요구하는 것으로도 가능하다는 것이다.

그러나 또 다른 '속임수 탐지를 위한 면담(interviewing to detect deception)'의 접근으로 **증거의 전략적 활용 기법**[strategic use of evidence(SUE) technique]에 기반을 둔 연구 프로그램이 있다. 이 기법은 용의자의 유죄를 시사하는 증거를 어느 정도 면담자가 갖고 있는 상황에 적용할 수 있다. 이 기법은 거짓말쟁이와 진실을 말하는 자가 취조에 대항하는 전략이 각기 다를 것이라는 가정에 근거하는데, 이는 이론에 의해서 유도된 것이다(Granhag & Hartwig, 2008). 세부적으로 말하면, 유죄와 무죄에 관한 심리학 분야에 적용할 수 있는 이론적 관점에서는 유죄 용의자가 아마도 자기의 유죄를 입증할 가능성이 있는 정보에 대해서는 훨씬 더 혐오하는 전략을 사용할 것이며(Strömwall et al., 2006), 반면에 무죄 용의자는 훨씬 더 솔직하고 간단명료한(straightforward) 전략을 사용할 것이라고(Kassin, 2005) 예상한다. 예를 들면, 결백한 사람들은 자신이 범죄 현장에 있었다는 것을 스스로 먼저 말할 수도 있는 반면, 죄가 있는 사람들은 그런 정보를 빼버리거나 부정하기 쉬울 것이다. 중요한 것은 최근의 연구 결과가 위와 같은 기본 가정이 경험적으로 지지되고 있음을 보여 주고 있다는 것이다. 요점을 말하면, 유죄(실험상 가짜) 용의자는 결백한 용의자에 비해서 자기의 유죄를 입증할 가능성이 있는 정보에 대해서는 언급하는 것을 자주 회피하고(Strömwall et al., 2006), 이런 정보를 알고 있다는 것을 부정하는 것(Hartwig et al., 2006)으로 발견되었다.

SUE 기법을 제대로 적용하려면 면접을 실시하기 전에 광범위한 계획을 세우는 것이 필요하다. 여기에는 보유하고 있는 증거에 대한 다차원적 평가도 필요하고 어떤 질문을 물어볼 것인지와 증거가 유죄를 밝혀 줄 가능성이 얼마나 있는지에 대한 전술적 고려도 포함된다. 그러나 이 기법의 핵심은 용의자로 하여금 ('회피'하고 있는 것에 대해서 입을 열게 하기 위해서) 자신의 이야기를 말하도록 격려하는 것이며, 다음 단계에서는 ('부정'하고 있는 것에 대해서 입을 열게 하기 위해서) 개방적이고 세부적인 질문을 던져서 결정적인 정보를 끌어내려는 것이다. 현재는 SUE 기법의 기본 단계를 밟으면, 속임수에 대한 진단적 단서를 도출해 내는 것이 가능하다는 것을 보여 주는 일련의 경험적 연구 결과가 있다(더 자세한 내용은 7장과 Clemens et al., 2010; Hartwig et al., 2005, 2011 참조). 요점은 유죄 용의자의 진술이 결백한 용의자의 진술에 비해서 확보된 증거와 일치하는 정도가 적은 경향이 있다는 것이다.

〈사례연구 8-2〉는 SUE 기법을 교육시킬 수 있다는 것과 이 기법이 속임수 탐지의 정확성을 향상시킬 수 있다는 것을 보여 준다. 이와 관련하여, 우리는 속임수 탐지 훈련에 대해 몇 마디 언급하고자 한다. '속임수 탐지'에 대한 워크숍은 대단히 인기가 많으며 그중 몇몇은 참여자들에게 더 우수한 거짓말 포착자가 되기 위한 훈련 과정을 제공한다. 이런 훈련 프로그램의 효과는 거의 평가된 적이 없어서, 우리도 이에 대해서는 아는 것이 거의 없다.

훈련의 효과에 관한 과학적 연구—즉, 거짓말쟁이와 진실을 말하는 자를 잘 구분해 낼 수 있도록 사람들을 훈련시키는 것과 관련된 연구의 수행을 위해서 진행된 노력—로 돌아가서, 우리는 몇 가지를 지적하고자 한다. 첫째, 그런 연구들은 아주 잠깐 동안 수행된 적이 있다(이 방면의 연구에 대한 요약은 Bull, 1989, 2004 참조). 둘째, 참여자를 훈련시키기 위해 사용된 방법론이 여러 연구에 걸쳐서 아주 다양하게 달랐다. 어떤 프로

사례연구 8-2　속임수 탐지 훈련이 효과가 있는 경우

　　Hartwig와 동료들(2006)은 훈련 중인 경찰관들에게 속임수 탐지를 더 잘 해낼 수 있도록 교육시키는 것이 가능함을 보여 주었다. 이들의 연구는 **증거의 전략적 활용 기법(SUE 기법)**의 효과를 조사하는 것으로 시작되었다. 이 연구는 스웨덴의 경찰대학에서 수행되었는데, 모두 82명의 경찰대학생이 참여하였다. 연구의 첫 단계(첫날)에서는 훈련생 중 절반에게 SUE 기법에 대한 세 시간짜리 훈련을 실시한 반면, 나머지 절반에게는 이런 훈련을 제공하지 않았다. 연구의 두 번째 단계(둘째 날)에서는 82명의 대학생 일단이 모의 용의자 역할을 수행하였는데, 이들 중 절반(유죄 용의자)은 책방에 있는 서류가방에서 지갑을 훔쳐 내는 모의 절도를 저질렀다. 나머지 절반은 똑같은 책방을 방문하여 무언가를 찾는 행동은 했지만, 모의 절도를 저지르지는 않았다(결백한 용의자). 둘째 날 후반부에 한 명의 경찰 훈련생이 (유죄든 무죄든) 각 용의자에게 (훈련을 받든 안 받았든) 면담을 실시하였다. 교육훈련을 받거나 안 받은 경찰 훈련생들에게 똑같은 사례 파일을 주었는데, 여기에는 용의자의 유죄를 시사하는 증거들이 몇 개 들어 있었다(예: 용의자의 손가락 지문이 서류가방 위에서 발견되었다는 것 등). 이 증거는 모든 용의자에게 마찬가지로 '진실(true)'이었는데, 모든 유죄의 용의자들이 지갑을 훔치기 위해서 서류가방을 만졌다는 면에서 그렇고, 모든 결백한 용의자도 종이 펀치용 특별 상자를 제대로 찾아내기 위해서는 서류가방을 만지지 않을 수가 없었다는 면에서 그렇다. 교육을 받은 훈련생들에게는 SUE 기법에 맞게 면담을 실시하게 하였으며, 교육을 받지 않은 훈련생은 원하는 대로 자유롭게 면담을 진행하게 하였다. 경찰 훈련생에게 배경 정보를 제공하고(비디오로 녹화된 면담을 그저 수동적으로 바라보게만 하지 않고) 용의자를 면담하게 해 줌으로써, 이 연구의 설계 방식은 이전의 모든 교육훈련 관련 연구들과는 아주 달랐다.

　　연구 결과, 교육을 받은 훈련생들이 SUE 기법을 실제로 사용했던 반면, 교육을 받지 않은 훈련생들은 그렇지 않았다. 더욱이 분석 결과는 ① 유죄 용의자들이 면담 중 자유회상을 하는 단계에서 자기의 유죄를 입증할 가능성이 있는 정보에 대해서는 언급하기를 피하였으며(반면에, 결백한 용의자들은 회피 전략을 훨씬 적게 사용하는 것을 보여 줌), ② 유죄의 용의자들은 자기의 유죄를 입증할 가능성이 있는 정보에 대해 세부적 질문을 받으면 그것을 알고 있다는 것을 부정하였다(반면에, 결백한 용의자들은 부정을 훨씬 적게 사용함). 간단히 말해, 이는 다음과 같은 사실을 알려 준다. 즉, 교육받은 면담자들이 유죄의 용의자들을 면담하면 이들은 교육을 받지 않은 면담자들에게 면담을 받을 때에 비해서 기존의 증거와는 훨씬 불일치하는 정도가 큰 진술을 했다. 세부적으로 말하면, 용의자의 진술과 증거가 불일치하면 할수록, 교육을 받은 면담자가 그 용의자를 유죄로 평가할 확률이 높다(이런 상관관계는 교육을 받지 않은 면담자의 경우에는 유의미하지 않은 것으로 드러났다). 요약하면, 교육을 받은 면담자는 SUE 기법을 사용해서 속임수에 대한 진단적 단서(진술과 증거의 불일치)를 도출해 냈고 이를 활용했다. 속임수 탐지에 대한 전반적 정확도는 교육을 받은 면담자의 경우 85.4%였고, 교육을 받지 않은 면담자의 경우는 56.1%였다. 교육을 받은 면담자의 정확도 점수는 관련 연구 결과 중에서 가장 높은 수치 중의 하나였던 반면, 교육을 받지 않은 면담자에 대한 정확도 점수는 그 밖의 대부분의 집단에서 얻은 수치와 비슷하였다(Bond & DePaulo, 2006).

그램들은 속임수 단서에 대한 정보를 소개했던 반면(예: Fiedler & Walka, 1993), 다른 연구에서는 속임수 단서에 대한 정보뿐만 아니라 자기 자신의 속임수 탐지 수행도에 대한 피드백 내용도 소개했다(예: Porter et al., 2000). 셋째, 훈련의 효과는 일반적으로 작았다. Frank와 Feeley(2003)의 종합분석은 20개의 훈련 실시 조건과 훈련 없는 조건을 비교한 연구에 토대를 둔 것인데(11개의 출판된 연구에서 추려 낸 것임), 속임수 탐지의 정확도 면에서 볼 때 총괄해서 아주 작은 효과를 보여 주었다(긍정적 효과는 의미가 있었으나, 훈련을 받은 참여자들의 경우 겨우 4% 정도만 향상시켰을 뿐임).

진짜 의도와 가짜 의도를 가려내기

최근에 연구자들은 속임수의 시도가 반드시 과거에 국한되는 것이 아니고, 어떤 상황에서는 미래에 대한 특정한 진술 내용이 진짜인지 아닌지를 평가해야 할 필요가 있다는 것을 인식하기 시작했다(Granhag, 2010). 달리 말하면, 때로는 진짜 의도와 가짜 의도를 가려내는 것이 결정적으로 중요하다는 것이다. 지금까지는 이 주제를 다룬 연구가 대단히 적었지만, 상당수가 (아주 합당한 이유로) 미래의 위협에 사로잡혀 있음을 감안할 때, 우리는 '가짜 의도(false intent)'가 미래 연구에서 흥미로운 대상이 될 것이라고 예측한다. 진짜 의도와 가짜 의도에 관한 최초의 심리법률학적(psycho-legal) 연구는 영국의 국제공항에서 수행되었는데(Vrij et al., 2011), 그 결과는 자신의 의도(최종 종착지에서의 활동)에 대해서 거짓말을 하는 탑승객들이 진실을 말하는 탑승객들이 진술한 것에 비해서 호소력이 떨어지지만 상세한 면에서는 비슷하였음을 보여 주었다. Granhag과 Knieps(2011)는 동일한 주제에 대해서 다른 접근법을 택하여, 일화성 미래 생각(episodic future thought: EFT)

이란 개념에서부터 시작하였다. 이는 미래에 일어날 가능성이 있는 한 번의 개인적 사건을 정신적으로 미리 경험하는 능력을 말한다(예: Szpunar, 2010 참조). 진실을 말하는 용의자 중 의미 있게 많은 비율의 사람이 (거짓말을 하는 용의자에 비해서) 자신의 미래 행동을 계획하면서 관련된 정신적 이미지를 떠올렸다는 데에 동의할 것이라고 예측되었고, 또 결과도 그렇게 나타났다. 요컨대, 연구에서 나온 경험적 증거에 의하면 EFT가 진짜 의도와 가짜 의도를 만들어 낼 때 일어날 수 있는 차이를 밝혀 주는 데 도움이 되는 개념이라는 가정이 강력한 지지를 받고 있다.

결론

속임수 탐지에 관한 연구는 과거 수십 년간 폭발적으로 늘어났으며, 현 시대의 흐름은 이와 같은 법정심리학의 하위 영역이 계속 성장할 것임을 전해 준다. 위협, 폭력 및 테러의 시대에서는 안전과 통제에 관한 연구에 프리미엄이 얹어진다. 우리는 속임수 탐지에 관한 연구가 사회 정의와 보다 안전한 사회를 향한 노력에서 중요한 역할을 한다고 믿는다. 그러나 연구가 의미 있는 기여를 하려면, 또 정책 입안자의 책상에까지 올라갈 수 있으려면, 여러 가지의 드센 도전을 극복해야만 한다. 요약하면, 언론 매체와 사이비 과학에 만연되어 있는 '속임수를 탐지할 간단명료한 방법(foolproof way to detect deception)' 주장의 정체를 드러나게 하는 것만으로는 충분하지 않다. 또한 연구자들은 자신의 활동에 대해서도 면밀한 주의를 기울일 필요가 있다. 현장은 해결되기를 기다리는 기존의 많은 문제(예: 보다 우수한 거짓말 포착자가 될 수 있도록 훈련시키는 방법)뿐만 아니라 새롭고 흥미로운 문제(예: 인터넷상의 속임수)를 많이 제기해 준다는 것이 맞다. 이런 문제들을 제대로 다루기 위해서는 연구 주제 전반의 생태학적 타당도를 높일 필요가 있다. 예를 들면, 연구자들은 대부분의 실제 면담 상황에서 일어나는 상호작용의 과정을 더 잘 드러내 줄 수 있는 창조적 연구 설계를 짜내야 한다. 긍정적 측면으로는, 연구 초점이 사람들의 판단 오류와 잘못된 믿음을 짚어내는 연구에서부터, 이를테면 전략적인 방

식으로 면담을 진행해서(Vrij, Granhag et al., 2010) 관련 종사자들의 속임수 탐지 수행도의 향상을 목적으로 하는 연구를 향해 패러다임의 발전이 이루어지고 있는 것으로 보인다. 이는 참으로 유망해 보이지만, 우리의 당장의 결론은 속임수에 관한 의미 있는 연구부터 많이 수행되어야 할 필요가 있다는 것이다.

요약

- 거짓말쟁이와 진실을 말하는 자의 행동을 예측하기 위해, 네 가지의 다른 접근이 제안되었다. 즉, 정서적 접근(emotional approach), 인지적 부하 접근(cognitive load approach), 통제 시도 접근(attempted control approach), 그리고 자기제시 관점(self-presentational perspective)이 제안되었다.
- 연구 결과는 사람들이 속임수를 잘 탐지해 내지 못함을 보여 주고 있다. 주요한 이유는 속임수 단서(객관적 단서)가 아주 드물고 속임수 단서에 대한 사람들의 믿음(주관적 단서)이 부정확하기 때문이다.
- 진술 타당도 분석(statement validity analysis: SVA)과 현실성 파악(reality monitoring: RM)은 속임수를 탐지하기 위하여 진술의 언어 내용을 분석하기 위한 두 가지 방법이다. 과학적 평가 결과는 이 둘 중 어느 방법도 완전하지는 못하지만, 진실성을 평가할 때 도움이 될 수 있음을 보여 주고 있다.
- 과학적 내용분석(scientific content analysis: SCAN), 음성 강도 분석(voice stress analysis: VSA) 그리고 계층화된 음성 강도 분석(layered voice-stress analysis: LVA) 같은 대안적 방법들에 대해 회의적인 데에는 이유가 있다. 이런 방법들은 이론적 근거가 미약하고 경험적 지지도 부족하기 때문이다.
- 통제질문 검사(control question test: CQT)와 유죄인식 검사(guilty knowledge test: GKT)는 속임수의 정신생리적 탐지 분야에서 가장 흔히 사용되는 두 가지 검사다. 둘 다 강한 비판을 많이 받았지만, 이들 검사는 어느 정도 속임수를 가려낼 수 있는 효용성이 있음이 입증되었다.
- 속임수에 대한 진단적 단서를 적극적으로 도출해 내기 위해서 면담을 전략적으로 진행하는 방법을 찾아내는 것을 목표로 하는 새로운 연구 흐름이 나타나고 있다. 이 새로운 연구 동향은 피동적인 입장에 있는 관찰자의 속임수 탐지 수행도를 평가하는 기존의 방식에 대비될 수 있다.

주관식 문제

1. 속임수 탐지의 분야는 이론적 측면에서 아주 잘 발달되었다고 할 수 없다. 그러나 거짓말쟁이와 진실을 말하는 자 사이의 행동적 차이를 예측하기 위해서 많은 접근법이 제시되었다. 이런 접근법 네 가지를 제시하고 기술하라. 또한 이들 간의 공통점과 차이점에 대해서도 고찰하라.

2. 연구 결과에 의하면 사람들의 속임수 탐지 수행도는 형편없다고 한다. 이 결과는 어떻게 설명할 수 있을까?

3. 속임수를 탐지하기 위해서 진술의 언어적 내용을 분석하는 데 두 가지 주요 기법이 있다. 이들 기법을 기술하고 그것의 신뢰도와 정확도를 설명하라.

4. 포괄적으로 말하면, 폴리그래프 검사에는 두 가지 유형이 있다. 각 유형을 기술하고 이들 간의 공통점과 차이점도 설명하라. 각각의 검사는 범법자의 속임수를 탐지하는 데 신뢰할 만한 도구라고 할 수 있는가?

참고문헌

Alonso-Quecuty, M. L. (1992). Deception detection and reality monitoring: A new answer to an old question? In F. Lösel, D. Bender & T. Bliesener (Eds.), *Psychology and law: International perspectives* (pp. 328-332). Berlin: Walter de Gruyter.

Beattie, G. W. (1981). A further investigation of the cognitive interference hypothesis of gaze patterns during conversation. *British Journal of Social Psychology, 20,* 243-248.

Ben-Shakhar, G., Bar-Hillel, M., & Kremnitzer, M. (2002). Trial by polygraph: Reconsidering the use of the Guilty Knowledge Technique in court. *Law and Human Behavior, 26,* 527-541.

Ben-Shakhar, G., & Furedy, J. J. (1990). *Theories and applications in the detection of deception: A psychophysiological and international perspective.* New York: Springer-Verlag.

Bond Jr, C. F., & DePaulo, B. M. (2006). Accuracy of deception judgments. *Personality and Social Psychology Review, 10,* 214-234.

Bond, C. F. Jr., & DePaulo, B. M. (2008). Individual differences in judging deception: Accuracy and bias. *Psychological Bulletin, 134,* 477-492.

British Psychological Society. (1986). The report of the working group on the use of the polygraph in criminal investigations and personnel screening. *Bulletin of the British Psychological Society, 39,* 81-94.

British Psychological Society. (2004). *A review of the current scientific status and fields of application of polygraphic deception detection.* Final Report from the BPS Working Party. London: British Psychological Society.

Bull, R. (1989). Can training enhance the detection of deception? In J. Yuille (Ed.), *Credibility assessment.* Deventer: Kluwer Academic.

Bull, R. (2004). Training to detect deception from behavioural cues: Attempts and problems. In P. A. Granhag & L. A. Strömwall (Eds.), *The detection of deception in forensic contexts* (pp. 251-268). Cambridge: Cambridge University Press.

Burgoon, J. K., Buller, D. B., & Guerrero, L. K. (1995). Interpersonal deception IX: Effects of social skills and nonverbal communication on deception success and detection accuracy. *Journal of Language and Social Psychology, 14*, 289-311.

Clemens, F., Granhag, P. A., Strömwall, L. A., Vrij, A., Landström, S., Roos af Hjelmsäter, E., & Hartwig, M. (2010). Skulking around the dinosaur: Eliciting cues to children's deception via strategic disclosure of evidence. *Applied Cognitive Psychology, 24*, 925-940.

Colwell, K., Hiscock-Anisman, C., Memon, A., Taylor, L., & Prewett, J. (2007). Assessment Criteria Indicative of Deception (ACID): An integrated system of investigative interviewing and detecting deception. *Journal of Investigative Psychology and Offender Profiling, 4*, 167-180.

DePaulo, B. M. (1992). Nonverbal behavior and self-presentation. *Psychological Bulletin, 111*, 203-243.

DePaulo, B. M., & Kirkendol, S. E. (1989). The motivational impairment effect in the communication of deception. In J. C. Yuille (Ed.), *Credibility assessment* (pp. 51-70). Dordrecht, The Netherlands: Kluwer.

DePaulo, B. M., LeMay, C. S., & Epstein, J. A. (1991). Effects of importance of success and expectations for success on effectiveness at deceiving. *Personality and Social Psychology Bulletin, 17*, 14-24.

DePaulo, B. M., Lindsay, J. J., Malone, B. E., Muhlenbruck, L., Charlton, K., & Cooper, H. (2003). Cues to deception. *Psychological Bulletin, 129*, 74-118.

DePaulo, B. M., & Morris, W. L. (2004). Discerning lies from truths: Behavioral cues to deception and the indirect pathway of intuition. In P. A. Granhag & L. A. Strömwall (Eds.), *The detection of deception in forensic contexts* (pp. 15-40). Cambridge: Cambridge

University Press.

Ekman, P. (2001). *Telling lies: Clues to deceit in the marketplace, politics and marriage.* New York: Norton.

Ekman P., & Friesen, W. V. (1972). Hand movements. *Journal of Communication, 22*, 353-374.

Elaad, E. (1990). Detection of guilty knowledge in real-life criminal investigations. *Journal of Applied Psychology, 75*, 521-529.

Elaad, E., Ginton, A., & Jungman, N. (1992). Detection measures in real-life criminal guilty knowledge tests. *Journal of Applied Psychology, 77*, 757-767.

Eriksson, A., & Lacerda, F. (2007). Charlatanry in forensic speech science: A problem to be taken seriously. *International Journal of Speech, Language and the Law, 14*, 169-193.

Fiedler, K., Schmid, J., & Stahl, T. (2002). What is the current truth about polygraph lie detection? *Basic and Applied Social Psychology, 24*, 313-324.

Fiedler, K., & Walka, I. (1993). Training lie detectors to use nonverbal cues instead of global heuristics. *Human Communication Research, 20*, 199-223.

Frank, M. G., & Feeley, T. H. (2003). To catch a liar: Challenges for research in lie detection training. *Journal of Applied Communication Research, 31*, 58-75.

Furedy, J. J., & Heslegrave, R. J. (1991). The forensic use of the polygraph: A psychophysiological analysis of current trends and future prospects. In J. R. Jennings, P. K. Ackles & M. G. Coles (Eds.), *Advances in psychophysiology*, Vol. 4 (pp. 157-189). Greenwich, CT: JAI Press.

Granhag, P. A. (2010). On the psycho-legal study of true and false intentions: Dangerous waters and some stepping stones. *Open Criminology Journal, 3*, 37-43.

Granhag, P. A., & Hartwig, M. (2008). A new theoretical perspective on deception detection: On the psychology of instrumental mind reading. *Psychology, Crime and Law, 14*, 189-200.

Granhag, P. A., & Knieps, M. (2011). Episodic future thought: Illuminating the trademarks of forming true and false intentions. *Applied Cognitive Psychology, 25*, 274-280.

Grubin, D., & Madsen, L. (2005). Lie detection and the polygraph: A historical review. *The Journal of Forensic Psychiatry and Psychology, 16*, 357-369.

Grubin, D., & Madsen, L. (2006). Accuracy and utility of post-conviction polygraph testing of sex offenders. *British Journal of Psychiatry, 188*, 479-483.

Gudjonsson, G. H. (2003). *The psychology of interrogations and confessions: A handbook*. Chichester: John Wiley & Sons, Inc.

Hartwig, M. (2011). Methods in deception research. In B. Rosenfeld & S. Penrod (Eds.), *Research methods in forensic psychology*. Chichester: John Wiley & Sons, Inc.

Hartwig, M., & Bond, C. F. Jr. (2011). Why do lie-catchers fail? A lens model meta-analysis of human lie judgments. *Psychological Bulletin, 137*, 643-659.

Hartwig, M., Granhag, P. A., Strömwall, L. A., Wolf, A., Vrij, A., & Roos af Hjelmsäter, E. (2011). Detecting deception in suspects: Verbal cues as a function of interview strategy. *Psychology, Crime, & Law, 17*, 643-656.

Hartwig, M., Granhag, P. A., & Strömwall, L. A. (2007). Guilty and innocent suspects' strategies during police interrogations. *Psychology, Crime & Law, 13*, 213-227.

Hartwig, M., Granhag, P. A., Strömwall, L. A., & Kronkvist, O. (2006). Strategic use of evidence during police interviews: When training to detect deception works. *Law and Human Behavior, 30*, 603-619.

Hartwig, M., Granhag, P. A., Strömwall, L. A., & Vrij, A. (2004). Police officers' lie detection accuracy: Interrogating freely vs. observing video. *Police Quarterly, 7*, 429-456.

Hartwig, M., Granhag, P. A., Strömwall, L. A., & Vrij, A. (2005). Detecting deception via strategic disclosure of evidence. *Law and Human Behavior, 29*, 469-484.

Hira, S., & Furumitsu, I. (2002). Polygraphic examinations in Japan: Application of the guilty knowledge test in forensic investigations. *International Journal of Police Science and Management, 4*, 16-27.

Honts, C. R. (2004). The psychophysiological detection of deception. In P. A. Granhag & L. A. Strömwall (Eds.), *The detection of deception in forensic contexts* (pp. 103-123). Cambridge: Cambridge University Press.

Honts, C. R., & Amato, S. (2002). Countermeasures. In M. Kleiner (Ed.), *Handbook of polygraph testing* (pp. 251-264). London: Academic.

Honts, C. R., Hodes, R. L., & Raskin, D. C. (1985). Effects of physical countermeasures on the physiological detection of deception. *Journal of Applied Psychology, 70*, 177-187.

Honts, C. R., Raskin, D. C., & Kircher, J. C. (1994). Mental and physical countermeasures reduce the accuracy of polygraph tests. *Journal of Applied Psychology, 79*, 252-259.

Iacono, W. G., & Lykken, D. T. (1997). The validity of the lie detector: Two surveys of scientific opinion. *Journal of Applied Psychology, 82*, 426-433.

Inbau, F. E., Reid, J. E., Buckley, J. P., & Jayne, B. C. (2001). *Criminal interrogation and confessions*. Gaithersburg: Aspen Publishers.

Johnson, M. K., & Raye, C. L. (1981). Reality Monitoring. *Psychological Review, 88*, 67-85.

Kassin, S. M. (2004). True or false: 'I know a false confession if I saw one'. In P. A. Granhag & L. A. Strömwall (Eds.), *The detection of deception in forensic contexts* (pp. 172-194). Cambridge: Cambridge University Press.

Kassin, S. M. (2005). On the psychology of confessions:

Does innocence put innocent at risk? *American Psychologist, 60*, 215–228.

Kassin, S. M., & Fong, C. (1999). 'innocent!' Effects of training on judgments of truth and deception in the interrogation room. *Law and Human Behavior, 23*, 499–516.

Köhnken, G. (2004). Statement validity analysis and the 'detection of the truth'. In P. A. Granhag & L. A. Strömwall (Eds.), *The detection of deception in forensic contexts* (pp. 41–63). Cambridge: Cambridge University Press.

Lykken, D. T. (1959). The GSR in the detection of guilt. *Journal of Applied Psychology, 44*, 385–388.

Lykken, D. T. (1960). The validity of the guilty knowledge technique: The effects of faking. *Journal of Applied Psychology, 44*, 258–262.

Lykken, D. T. (1998). *A tremor in the blood: Uses and abuses of the lie detector.* New York: Plenum Press.

MacLaren, V. V. (2001). A quantitative review of the Guilty Knowledge Test. *Journal of Applied Psychology, 86*, 674–683.

Mann, S., Vrij, A., & Bull, R. (2004). Detecting true lies: Police officers' ability to detect suspects' lies. *Journal of Applied Psychology, 89*, 137–149.

Masip, J., Sporer, S. L., Garrido, E., & Herrero, C. (2005). The detection of deception with the Reality Monitoring approach: A review of the empirical evidence. *Psychology, Crime & Law, 11*, 99–122.

Miller, G. R., & Stiff, J. B. (1993). *Deceptive communication.* Newbury Park: Sage Publications.

Nahari, G., Vrij, A., & Fisher, R. P. (in press). Does the truth come out in the writing? SCAN as a lie detection tool. *Law and Human Behavior.*

National Research Council. (2003). *The polygraph and lie detection.* Washington, DC: National Academy Press.

Newman, M. L., Pennebaker, J. W., Berry, D. S., & Richards, J. M. (2003). Lying words: Predicting deception from linguistic styles. *Personality and Social Psychology Bulletin, 29*, 665–675.

Nisbett, R. E., & Wilson, T. D. (1977). Telling more than we can know: Verbal reports on mental processes. *Psychological Review, 84*, 231–259.

Pennebaker, J. W., & King, L. A. (1999). Linguistic styles: Language use as an individual difference. *Journal of Personality and Social Psychology, 77*, 1296–1312.

Pollina, D. A., Dollins, A. B., Senter, S. M., Krapohl, D. J., & Ryan, A. H. (2004). Comparison of polygraph data obtained from individuals involved in mock crimes and actual criminal investigations. *Journal of Applied Psychology, 89*, 1099–1105.

Porter, S., Woodworth, M., & Birth, A. (2000). Truth, lies and videotape: An investigation of the ability of federal parole officers to detect deception. *Law and Human Behavior, 24*, 643–658.

Porter, S., & Yuille, J. C. (1996). The language of deceit: An investigation of the verbal clues to deception in the interrogation context. *Law and Human Behavior, 20*, 443–458.

Reid, J. E., & Associates. (2011). *The Reid technique of interviewing and interrogation.* Retrieved 20 August 2011 from www.reid.com

Segrave, K. (2004). *Lie detectors: A social history.* Jefferson, NC: McFarland and Company.

Shearer, R. A. (1999). Statement analysis: SCAN or scam? *Skeptical Inquirer, 23*, 40–43.

Shipp, T., & Izdebski, K. (1981). Current evidence for the existence of laryngeal macrotremor and microtremor. *Journal of Forensic Science, 26*, 501–505.

Smith, N. (2001). *Reading between the lines: An evaluation of the scientific content analysis technique (SCAN).* London: Home Office Policing and Reducing Crime Unit.

Spence, S. A., Hunter, M. D., Farrow, T. F. D., Green, R. D., Leung, D. H., Hughes, C. J., & Ganesan, V. (2006).

A cognitive neurobiological account of deception: Evidence from functional neuroimaging. In S. Zeki & O. Goodenough (Eds.), *Law and the brain* (pp. 169-182). Oxford: Oxford University Press.

Sporer, S. L. (2004). Reality monitoring and detection of deception. In P. A. Granhag & L. A. Strömwall (Eds.), *The detection of deception in forensic contexts* (pp. 64-102). Cambridge: Cambridge University Press.

Steller, M., & Köhnken, G. (1989). Criteria-Based Content Analysis. In D. C. Raskin (Ed.), *Psychological methods in criminal investigation and evidence* (pp. 217-245). New York, NJ: Springer-Verlag.

Strömwall, L. A., Granhag, P. A., & Hartwig, M. (2004). Practitioners' beliefs about deception. In P. A. Granhag & L. A. Strömwall (Eds.), *The detection of deception in forensic contexts* (pp. 229-250). Cambridge: Cambridge University Press.

Strömwall, L. A., Hartwig, M., & Granhag, P. A. (2006). To act truthfully: Nonverbal behavior and strategies during a police interrogation. *Psychology, Crime & Law, 12*, 207-219.

Sullivan, E. (2001). *The concise book of lying.* New York: Picador.

Szpunar, K. K. (2010). Episodic future thought: An emerging concept. *Perspectives on Psychological Science, 5*, 142-162.

Trankell, A. (1963). *Vittnespsykologins arbetsmetoder* (Methods of eyewitness psychology). Stockholm: Liber.

Undeutsch, U. (1967). Beurteilung der Glaubhaftigkeit von Aussagen (Assessing credibility of statements). In U. Undeitsch (Ed.), *Handbuch der Psychologie Vol. 11: Forensische Psychologie* (Handbook of psychology Vol. 11: Forensic psychology). (pp. 26-181). Göttingen: Hogrefe.

Vrij, A. (2003). We will protect your wife and child, but only if you confess. In P. J. van Koppen & S. D. Penrod (Eds.), *Adversarial versus inquisitorial justice: Psychological perspectives on criminal justice systems* (pp. 55-79). New York, NJ: Kluwer Academic.

Vrij, A. (2004). Why professionals fail to catch liars and how they can improve. *Legal and Criminological Psychology, 9*, 159-181.

Vrij, A. (2005a). Criteria-based content analysis: The first 37 studies. *Psychology, Public Policy and Law, 11*, 3-41.

Vrij, A. (2005b). Cooperation of liars and truth tellers. *Applied Cognitive Psychology, 19*, 39-50.

Vrij, A. (2008). *Detecting lies and deceit: Pitfalls and opportunities* (2nd ed.). New York, NY: John Wiley & Sons, Inc.

Vrij, A., Fisher, R., Mann, S., & Leal, S. (2006). Detecting deception by manipulating cognitive load. *Trends in Cognitive Science, 10*, 141-142.

Vrij, A., Granhag, P. A., Mann, S., & Leal, S. (2011). Outsmarting the liars: Toward a cognitive lie detection approach. *Current Directions in Psychological Science, 20*, 28-32.

Vrij, A., Granhag, P. A., & Porter, S. (2010). Pitfalls and opportunities in nonverbal and verbal lie detection. *Psychological Science in the Public Interest, 11*, 89-121.

Vrij, A., Leal, S., Granhag, P. A., Mann, S., Fisher, R. P., Hillman, J., et al. (2009). Outsmarting the liars: The benefit of asking unanticipated questions. *Law and Human Behavior, 33*, 159-166.

Vrij, A., Mann, S., Fisher, R. P., Leal, S., Milne, R., & Bull, R. (2008). Increasing cognitive load to facilitate lie detection: The benefit of recalling an event in reverse order. *Law and Human Behavior, 32*, 253-265.

Vrij, A., Mann, S., Kristen, S., & Fisher, R. P. (2007). Cues to deception and ability to detect lies as a function of police interview styles. *Law & Human Behavior, 31*, 499-518.

Vrij, A., Mann, S., Leal, S., & Fisher, R. P. (2010). 'Look into my eyes': Can an instruction to maintain eye contact facilitate lie detection? *Psychology, Crime & Law, 16*, 327–348.

Vrij, A., & Semin, G. R. (1996). Lie experts' beliefs about nonverbal indicators of deception. *Journal of Nonverbal Behavior, 20*, 65–80.

Zuckerman, M., DePaulo, B. M., & Rosenthal, R. (1981). Verbal and nonverbal communication of deception. In L. Berkowitz (Ed.), *Advances in experimental social psychology* (Vol. 14, pp. 1–59). New York: Academic Press.

주석이 달린 읽을거리 목록

DePaulo, B. M., Lindsay, J. J., Malone, B. E., Muhlenbruck, L., Charlton, K., & Cooper, H. (2003). Cues to deception. *Psychological Bulletin, 129*, 74–118. 속임수 단서에 관한 연구들을 가장 최근에 포괄적으로 종합분석한 논문으로서, 일관성 있 게 신뢰할 만한 단서가 어떻게 해서 거의 없는지를 부각시켜 주고 있다.

Ekman, P. (2001). *Telling lies: Clues to deceit in the marketplace, politics and marriage.* New York: Norton. 이 분야에서 국제적으로 인정받는 개척자가 쓴 속임수 과정에 대한 고전적 분석.

Granhag, P. A., & Strömwall, L. A. (2004). *The detection of deception in forensic contexts.* Cambridge: Cambridge University Press. 거짓말하기와 속임수의 다양한 측면에 대한 국제적 전문가 집단의 논문 모음집.

Vrij, A. (2008). *Detecting lies and deceit: Pitfalls and opportunities* (2nd ed.). Chichester: John Wiley & Sons, Inc. Aldert Vrij의 책은 거짓말 탐지에 관한 연구 문헌들을 가장 종합적으로 다룬 책일 것이다.

Vrij, A., Granhag, P. A., & Porter, S. (2010). Pitfalls and opportunities in nonverbal and verbal lie detection. *Psychological Science in the Public Interest, 11*, 89–121. 응용 측면에서 해당 주제를 조망하면서, 이 분야에 대한 최근의 광범위하고 쉽게 와 닿는 요약을 제시한다.

제9장 범죄자 프로파일링과 범죄 연계

JESSICA WOODHAMS

주요 용어

이 장의 개요

소수의 범죄자들이 범죄의 대부분을 저지른다는 것은 범죄학(criminology)에서 자명한 이치다. 또한 이와 같이 범죄를 많이 저지르는 상습적 범죄자들은 더 심각한 유형의 범죄도 저지른다. 범죄자가 실제 얼마나 되는지와 그들이 저질렀다고 믿어지는 범죄의 비율은 나라별로 다르지만 핵심 사항은 같다(Bennett & Davis, 2004; Farrington & West, 1993; Wolfgang et al., 1972). 범죄를 많이 저지르는 범죄자(prolific offenders)는 **연쇄 범죄자(serial offenders)**들로 분류되는데, 이들은 동일한 유형의 범행을 다른 상황에서 다른 사람에게 두 번 이상 저지르는 범죄자들이다(Federal Bureau of Investigation, 2008). 이런 범죄자는 많은 피해자에게 해를 끼치기 때문에 인적 및 물적 면에서 우리 사회에 큰 손실을 끼친다. 재정 면에서 보면, 영국에서 성폭행 때문에 사회가 치르는 비용은 대략 3만 1,000파운드로 추산되며, 피해자들이 입는 손해는 대략 2만 7,000파운드로 추산된다(Home Office, 2007). 범죄를 수사하기 위해 경찰에게 가용한 자원도 필연적으로 제한적일 수밖에 없어서 최근 몇 년간은 수없이 범죄를 저지르는 범죄자들을 표적으로 하는 지능 유도적 경찰 활동(intelligence-led policing)을 추구하는 움직임이 있었다(Innes et al., 2005).

유전자(DNA)나 지문과 같은 신체적 증거는 범죄자의 신원을 밝혀내는 것뿐 아니라 여러 범죄를 저지른 동일한 범죄자를 밝혀내는 가장 객관적인 방법 중의 하나이지만, DNA나 지문이 항상 범죄 현장에 남겨져 있는 것은 아니다(Davies, 1991). 이것은 범행 상황에 기인할 수도 있는데, 제3자의 개입 때문에 성폭행이 미수에 그친 경우가 그 예에 해당되겠다. 또한 범죄 수사 기법에 대한 대중의 인식이 높아지면서 일부 범죄자가 증거를 남기지 않으려고 조심한다는 것을 의미할 수도 있다(Durnal, 2010; Pye & Croft, 2004). 또 물리적 증거를 처리하는 데에는 시간과 비용이 들게 된다(Santtila et al., 2005). 범죄 현장에 물리적 증거가 없거나 또는 그런 증거를 처리하는 비용이 너무 많이 든다면, 범죄자의 신원을 파악하고 그가 저지른 범행의 정도를 결정하는 것을 뒷받침하는 데 사용될 수 있는, 범죄 현장의 다른 증거는 없을까? 이 장의 주제인 **범죄자 프로파일링(offender profiling)**과 **범죄 연계(crime linkage)**는 범인을 밝혀내는 것을 뒷받침할 잠재력이 있는 두 가지의 심리적 절차다.

이제 '범죄 연계'와 '범죄자 프로파일링'의 의미가 무엇인지를 생각해 볼 때가 되었다. 범죄 연계는 "동일한 범죄자가 저지르는 범죄를 행동상의 유사성(behavioural similarity)을 통해서" 그리고 때로는 지리적 및 시간적 근접성(geographical and temporal proximity)을 통해서 "확인하는 데 사용되는 행동 분석의 한 유형이다."(Woodhams, Hollin et al., 2007, p. 233) 이는 또한 사례 연계(case linkage), 연계 분석(linkage analysis) 그리고 사례 비교 분석(comparative case analysis)으로도 불린다.

범죄자 프로파일링은 심리학적인 프로파일링을 포함해서 다양한 이름으로 알려져 있는데 범죄 프로파일링(criminal profiling), 수사 프로파일링(investigative profiling), 범죄 현장 분석(crime scene analysis), 범죄 수사 자문(criminal investigative advice) 등이 있다.

범죄자 프로파일링에 대한 정의도 아주 다양해서, 비교적 좁은 의미에서는 범죄 현장에서의 행동으로부

연쇄 범죄자 (serial offenders)

동일한 유형의 범행을 다른 상황에서 다른 사람에게 두 번 이상 저지르는 범죄자들이다. 이 용어는 특정 범죄 유형에 적용될 수 있다(예: 연쇄 강간, 연쇄 살인, 또는 연쇄 강도).

범죄자 프로파일링 (offenders profiling)

가장 좁은 의미로는 범죄자가 범죄를 저지를 때의 행동으로부터 범죄자의 특성을 예측하는 것을 지칭한다.

범죄 연계 (crime linkage)

범죄자의 범죄 현장에서의 행동을 분석하여 앞으로의 연쇄 범죄를 미리 찾아내는 분석 기법을 말한다.

터 범죄자의 성격과 특성을 도출해 내는 것을 말하고 (Ainsworth, 2000), 더 넓은 의미로는 범죄자가 앞으로 나타낼 위협 행동의 수준을 추정해 내서 경찰에게 용의자를 면담하는 요령뿐만 아니라 범죄 연계 분석에 관한 조언을 제공하는 것까지 이른다(Copson, 1995). 이와 같이 정의가 다양한 것은 부분적으로는 프로파일러가 경찰에 제공해 온 조언의 범위가 다양한 탓도 있으며, 또한 대중매체에서 보여 주는 '범죄자 프로파일러'에 대해서 그만 생각하고 그 대신에 **행동 수사 자문관(behavioural investigative advisors**; Alison et al., 2010)이라고 명명하는 것으로 전환하려는 일관된 노력을 반영하는 것이기도 하다. 행동 수사 자문관은 경찰에게 다양한 범위의 수사 활동을 지원해 주는 전문가다(Rainbow, 2008). 명료하게 하기 위해서, 이 장에서 '범죄자 프로파일링'이란 용어는 범죄 현장의 행동을 토대로 범죄자의 특성이나 성격을 추론해 내는 활동을 지칭한다. 행동 수사 자문에 대해서는 뒤의 범죄자 프로파일링의 발전 과정에 관한 절에서 다시 살펴볼 것이다.

> **행동 수사 자문관**
> **(behavioural investigative advisors)**
> 경찰에 의해 고용되고 자문해 주는 전문가로서 경찰 수사에 도움될 행동 관련 조언을 제공한다.

범죄 연계와 범죄 프로파일링은 모두 **연쇄 살인(serial murder)**과 강간 같은 심각한 유형의 범죄에 아주 흔히 적용되어 왔다. Canter(2000)의 설명에 의하면, 범죄 수사관들이 심리적 조언을 처음으로 요청한 것은 동기가 없는 이방인(stranger) 범죄 및 연쇄 살인 때문이었다. 사실상 어떤 유형의 범죄 프로파일링을 적용할 수 있거나 적용해야만 한다는 것에 대해서는 이 방면의 연구문헌에서 다소 불일치가 있었다(Canter, 2000; Crabbe et al., 2008). 어떤 입장에서는 범죄 프로파일링이 폭력 범죄, 범죄자

> **연쇄 살인**
> **(serial murder)**
> 동일한 사람이 저질렀을 수 있는 일련의 살인을 지칭한다.

의 성격이 드러난 범죄 또는 정신적 기능부전(mental dysfunction)이나 정신병리 증상이 시사되는 범죄에만 적용되어야 한다는 점이 포함되어 제시되었다. 반면에, 다른 입장을 취하는 전문가들은 그것이 보다 널리 적용될 수 있다고 주장한다. 최근에 Goodwill과 Alison (2007)은 한 종류의 범죄 유형 내에서도(예: 절도 내에서 또는 강간 범죄 내에서) 어떤 범죄는 다른 범죄들 보다 프로파일을 좀 더 '드러낼(profilable)' 것이라고 제안했다. 범죄 프로파일링과 범죄 연계 연구의 주제가 되었던 범죄 유형의 범위가 아래에서 자세히 설명된다.

범죄 연계

법정심리학 관련 인기 드라마에서는 거의 언급된 적이 없지만, 범죄 연계는 미국, 캐나다, 오스트레일리아, 영국, 남아프리카공화국, 뉴질랜드 등 많은 국가에서 시행되고 있다. 이는 경찰에 고용된 전문가들, 이를테면 범죄 분석가, 행동 수사 자문관 및 경찰관이 사용하고 있을 뿐만 아니라, 연구(academic) 심리학자처럼 자문 전문가들도 사용하고 있다. 이 기법은 동일한 범죄자가 저지른 범죄를 가려내는 것을 목표로 하고 있다. 통상적으로 이 분석은 특별한 유형의 범죄에만 국한되는데, 예를 들면 동일한 범죄자가 저지른 이방인 연쇄 강간(series of stranger rapes)을 찾아내는 것이다(Canter, 1995).

범죄 현장에서의 행동을 토대로 동일범이 저지른 범죄를 정확히 파악해 내려면 해당 범죄자가 그런 유형의 범죄를 저지를 때마다 유사한 방식으로 행동한다는 것을 전제해야 한다. 이것을 **범죄자 일관성 가**

> **범죄자 일관성 가설**
> **(offender consistency hypothesis)**
> 범죄자가 비교적 일관성 있게 범행을 저지른다는 가정을 말한다. 이는 범죄자가 저지르는 범행이 범죄자가 보인 행동 면에서 유사해야만 한다는 것을 의미한다.

설(offender consistency hypothesis)이라고 부른다(Canter, 1995). 최근에는 범죄자들이 범죄의 유형이 달라도 일관성 있게 행동하는지에 관한 연구가 시작되었다(Tonkin et al., 2011). 그러므로 앞으로는 다양한 유형의 범죄를 저지르는 등 변신을 잘하는 연쇄 범죄자(예: 강간 두 번, 강도 네 번)뿐만 아니라 동일한 유형의 범죄를 전문적으로 저지르는 연쇄 범죄자(예: 강도 여섯 번)도 가려내는 것이 가능해질지도 모른다. 한 명의 범죄자가 저지르는 범행이 다른 비슷한 범죄자의 범행과 구분될 정도로 완벽히 일관되게 범행을 저지르지는 않는다는 점을 지적하는 것이 이 시점에서 중요하다(Bennell et al., 2009). 사실상 현실에서는 범죄자들의 범행 현장의 행동에서 완벽한 일관성이 나타날 확률은 거의 없을 것이다. 왜냐하면 상황의 변화에 따른 영향이 있기 때문이며(Davies, 1992), 강간, 강도 및 살인 같은 범죄는 대인관계적 속성의 영향을 받기 때문이다(Santtila et al., 2005).

범죄자가 범행을 저지를 때 비교적 일관성 있게 저지르는 것도 있어야 하겠지만, 또한 범죄자가 범행을 저지를 때 자신의 스타일이 어느 정도 뚜렷해야만 이런 분석 작업이 가능하다. 강도가 동일한 수법으로 강도질을 했다면, 이 연쇄 강도를 다른 범죄자의 연쇄 강도와 구분해서 말할 필요도 없을 것이다. 범죄 연계의 이 요건을 **행동상 독특성(behavioural distinctiveness**; Woodhams, Hollin et al., 2007) 또는 차별성(discrimination; Bennell & Canter, 2002)이라고 부른다. 여기에는 개인 내(intra-individual) 행동상의 변동이 개인 간(inter-individual) 행동상의 변동보다 적을 것이라는 암묵적 가정이 깔려 있다(Allison et al., 2002).

동일한 연쇄 살인범이 저지른 일련의 범죄를 구분해 내는 것은 여러 가지 이점이 있다. 여기에는 제한된 경찰의 자원을 효율적으로 배치하는 것이 가능하고, 다른 범행 현장에서 나오는 증인의 진술 및 신체적 증거를 한꺼번에 투입하는 것이 가능한 점이 있다(Grubin et al., 2001). 성범죄 같은 일부의 범죄 유형은 기소하기도 지극히 어렵고 이런 사건을 제대로 기소하려면 피해자 진술의 신뢰성이 가장 중요할 수 있다(Ellison, 2005). 이런 사건에서 범죄 연계는 더욱 쓸모가 있다. 범죄 연계를 통해서 어떤 범죄자를 연쇄 범죄의 용의자로 기소할 수 있게 되면, 각각의 피해자는 다른 피해자의 진술에서 자신의 진술에 대한 지지와 신뢰를 얻게 된다(Davies, 1992). 미국, 호주, 영국, 남아프리카 그리고 뉴질랜드에서는 범죄 연계 분석 결과가 재판 진행 자료 속에 포함되고 있다(두 개의 사례에 대한 세부적인 내용은 〈사례연구 9-1〉과 〈사례연구 9-2〉 참조).

> **행동상 독특성**
> **(behavioural distinctiveness)**
> 범죄자들은 범죄를 저지르는 방식 면에서 서로 구분된다는 원칙을 말한다.

사례연구 9-1   뉴캐슬 연쇄 살인

2004년 2월부터 2005년 1월까지 남아프리카의 콰줄루나탈 지방의 뉴캐슬 시에서 두 쌍의 젊은 부부가 공원에서 한 독신 남성 범죄자의 공격을 받아서, 여성 피해자들은 강간당하고 남성 피해자들은 살해당했다. 같은 시기에 또 다른 두 남성의 시신이 동일한 지역에서 발견되었다. 네 건의 강간 및 살인 사건을 연결 짓는 DNA 증거는 없었다. 그러나 신원 파악 과정에서 앞서 발생한 두 건의 범행에서 살아남은 강간 피해자가 용의자를 가려냈고 이 용의자는 자신이 살인에 연루되었음을 증인에게 실토하였다. Themba Anton Sukude는 증인에게 이와 같이 자백한 후 체포되었다. 행동상 유사성에 대한 증거가 이 용의자의 세 번째 살인과 네 번째 살인 혐의를 고소하는 데 사용되었다. Brigadier Labuschagne가 범죄 연계 분석을 통해 파악해 낸 행동상의 유사성과 상이성은 그 일부를 〈표 9-1〉에서 볼 수 있다. Labuschagne의 범죄 연계 분석 보고서는 재판에서 증거로 채택되었으며, 고소된 자는 모든 범죄 혐의에 대하여 유죄임이 밝혀졌다.

 표   9-1 뉴캐슬 연쇄 살인에서 Brigadier Labuschagne가 밝힌 유사한 행동과 상이한 행동(〈사례연구 9-1〉 참조).

범죄 1 살인과 강간	범죄 2 살인과 강간	범죄 3 살인	범죄 4 살인
야간에 발생함	야간에 발생함	야간에 발생함	야간에 발생함
칼로 여성 피해자를 위협하고 강간함	칼로 여성 피해자를 위협하고 강간함		
남성 피해자는 (현장에 있던) 돌로 살해됨	남성 피해자는 (현장에 있던) 돌로 살해됨	남성 피해자는 (현장에 있던) 돌로 살해됨	남성 피해자는 (현장에 있던) 돌로 살해됨
전격적인 (갑작스러운) 공격	전격적인 (갑작스러운) 공격	전격적인 (갑작스러운) 공격	전격적인 (갑작스러운) 공격
여성을 강간	여성을 강간	벌거벗은 채 발견된 남성 피해자(여성 강간 피해자가 있을 가능성?)	
소지품을 훔치지 않음	소지품을 훔침(전화기, 지갑)		소지품을 훔치지 않음

(Labuschagne, 2006)

사례연구 9-2   STEVEN FORTIN

Steven Fortin는 여러 정황으로 Melissa Padilla의 살해 혐의로 재판을 받았다(Meyer, 2007). 그는 마침내 2010년에 유죄 선고를 받고 살인죄로 가출옥이 없는 종신형을 받았다. 그에 대한 첫 재판에서, 은퇴한 FBI 프로파일러인 Roy Hazelwood는 Melissa Padilla를 살해한 범인의 행위와 Steven Fortin이 메인 주에서 유죄 선고를 받은 성폭행 사건에서 보인 행위 간에 행동상의 유사성이 있다는 증거를 제시하였다. 범죄 수법(modus operandi)이 된 행동(범행을 저지르는 데 필요한 행동)에서 15가지 유사점이 발견되었는데, 여기에는 피해자의 특징, 피해자들을 공격할 때의 주변 환경, 물리력의 사용 및 그 결과로 피해자들이 입은 상해 등이 포함되어 있다. 더욱이 범행 동기를 반영해 주는 5개의 의식(ritual) 행동이 두 사건 모두에서 공통적으로 뚜렷이 부각되었다. 즉, 두 피해자는 모두 얼굴을 잔인하게 얻어맞았고, 앞쪽에서 목 졸려 죽었으며, 항문으로 강간을 당했고, 턱과 가슴 부위가 입에 물렸다. Roy Hazelwood는 15가지의 범죄 수법(modus operandi) 행동이 공통적일 뿐만 아니라, 5개의 의식 행동도 공통적인 점이 두 번의 범죄에서 공통된 독특한 개인적 특징을 형성한다고 하였다.

(Hazelwood & Warren, 2003)

이 장의 앞부분에서 언급한 바와 같이, 범죄 연계는 범죄사건 간의 차이를 분석하는 것이고 이런 차이가 범죄 연관성의 가능성을 무효화시키는지 여부를 고찰하는 것이다. 〈사례 연구 9-2〉에서 Roy Hazelwood는 범행 장소, 사건 발생 시간/요일 그리고 피해자의 신체적 특징(즉, 키와 몸무게)을 포함하여 11개 (범죄사건 간)의 차이를 밝혀냈다. 그는 Janet Warren과 공저한 논문(Hazelwood & Warren, 2003)에서 이러한 차이의 원인이 범행의 기회 속성(opportunistic nature)과 메인(Main) 주에서의 공격 범죄가 제3의 인물로부터 방해를 받은 것일 수 있으며, 따라서 이 차이는 "한 사람이 저질렀다는 의견에 전혀 위협이 되지 않는다."라고 설명하고 있다(p. 316).

범죄자 프로파일링과 마찬가지로, 범죄 연계는 범죄현장뿐만 아니라 가능할 경우에는 가해자의 범행 방식에 대한 피해자나 증인의 진술도 자세히 조사하는 것이다. 종종 이는 (유사한 범죄 현장 행동 또는 DNA 비교를 통해서) 연쇄 범죄를 찾아냈다고 믿는 경찰의 요청을 받아서 진행되는데(Woodhams, Bull et al., 2007), 이런 과정을 통해서 **범죄 연계 전문가**(crime linkage practitioner)에게 동일한 연쇄 범죄에서 아직 드러나지 않은 다른 범죄가 있는지의 여부를 조사해 달라고 요청할 수도 있다. 또한 경찰에서도 범죄 연계 분석을 요청할 수도 있는데, 왜냐하면 어떤 한 사건을 수사하면서 그 사건이 너무 심각해서 연쇄 범죄자가 저지른 것이라고 생각되는 경우가 있기 때문이다.

범죄 연계 전문가는 동일한 범죄자가 두 개 이상의 범죄를 저질렀을 수도 있다고 의심되면, 각각의 범죄현장에서 나타난 (범죄자의) 행동을 자세히 분석한다. 범죄 연계 전문가는 범죄 간의 공통된 행동을 찾아내며

> **범죄 연계 전문가**
> (crime linkage practitioner)
> 경찰이 고용하였거나 경찰에게 컨설팅을 해 주거나 범죄 연계 분석을 하는 전문가를 말한다.

드러난 행동이 어떻게 해서 다르게 나타났을지에 대해서도 검토한다. 반복된 행동이 파악되고 나면, 이 전문가는 또한 이런 행동이 얼마나 드문 것인지에 대해서도 숙고해야만 한다. 이를 위해서 전문가는 위와 같은 특정 행동을 모든 범죄자가 나타내는 정도를 파악해야 할 필요가 있다. 예를 들면, 낯선 이에 의한 연쇄 강간사건에서 범인이 피해자를 항상 묶었다면, 전문가는 이런 방법이 낯선 이에 의한 모든 강간사건에서 얼마나 자주 나타나는지를 숙고할 필요가 있을 것이다. 이는 범죄 연계의 가정에 관련된 것인데, 그것은 범죄자가 자신의 범행 스타일에서 비교적 독특하다는 것이다. 어떤 행동이 비교적 드물게 나타나는데 연쇄 범행의 일환으로 여겨지는 모든 범행에서 공통적으로 발생한다면, 전문가는 동일한 범죄자가 이들 범행을 저지른 것이고 따라서 새로운 연쇄 범죄로 등록해야 한다고 좀 더 자신 있게 판단할 수 있다. 그러나 이러한 결론을 내리려면 전문가는 적어도 한 가지 이상의 행동을 감안해서 판단해야 할 것이다.

또한 전문가는 범행 장소의 지리적 위치 및 거리상의 근접성뿐만 아니라 이런 범행들이 이루어진 시간대가 얼마나 몰려 있는지에 대해서도 숙고할 것이다. 범행 장소의 **지리적 근접성**(geo-graphical proximity)은 동일한 범죄자가 이런 범행들을 저질렀는지 여부를 신뢰할 만하게

> **지리적 근접성**
> (geographical proximity)
> 두 개의 범행이 지역적인 공간에서 가까운 정도

보여 주는 지표로 여겨지는데, 그 이유는 범죄자는 자신이 익숙하고 잘 아는 지역에서 범행을 저지르기 때문이다(Bennell & Jones, 2005). 범죄자가 범행을 저지르는 지리적 영역에서 크게 중복되지 않는다고 하더라도, 동일한 범죄자가 저지르는 범죄는 공간적으로 함께 묶여 있을 것이며 또한 다른 범죄자가 저지른 범죄 현장으로부터는 거리가 멀 것이다. 어떤 나라에서는 대규모

[그림 9-1] 어떤 나라에서는 대규모의 경찰용 데이터베이스가 있는데 그 속에는 범죄 현장에서 범인이 나타낸 행동에 대한 정보가 들어 있다.

출처: © Nicholas Moore. Shutterstock사의 허락하에 게재함.

의 경찰용 데이터베이스를 운용하는데([그림 9-1]) 여기에는 범죄 현장에서 범인이 보인 행동, 지리적 위치 그리고 범행별 시간/날짜에 대한 정보가 들어 있다. 이런 정보는 범죄 연계 분석을 뒷받침하는 데 쓰일 수 있는데, 범행 시간과 장소상으로 인접해 있는 범행, 그리고 범죄 현장 행동상으로 비슷한 범죄를 이런 데이터베이스를 통해서 검색할 수 있기 때문이다. 이런 검색 작업은 수사관의 요청에 따른 반응으로서 수행될 수도 있고, 미리 앞서서 전향적으로(proactive) 수행될 수도 있다(Woodhams, Bull et al., 2007).

증거 기반의 전문 활동

경찰에서 수사 시 의사결정을 내리는 것을 뒷받침하기 위해 범죄 연계 분석을 사용하는 것은 법적인 소송절차에서 범죄 연계 분석을 사용할 때와 마찬가지로 범죄 연계를 부정확하게 했을 때 그 심각성이 크다는 것을 의미한다(Grubin et al., 2001). 심리학자의 전문적 활동 지침서에서는 **증거 기반의 전문 활동**(evidence-based practice)을 수행하는 것과 최선의 연구 증거를 사용하는 것이 중요하다고 강조한다

> **증거 기반의 전문 활동**
> (evidence-based practice)
> 해당 시점에서 최선의 이론이나 최선의 증거가 시사하는 심리적 전문 활동을 말한다.

(예: American Psychological Association, 2007; Health Professions Council, 2009). 따라서 범죄 연계 작업의 저변에 깔린 원칙들이 경험적으로 지지를 받고 있는 것으로 입증되어야 하며, 연구 결과들을 계속 제공해서 이 범죄 연계방법을 현장에서 실시할 때 계속 반영되도록 하는 것이 중요하다. 앞서 언급한 것처럼, 범죄 연계는 두 가지 가정 위에 이루어진다. 즉, 행동의 일관성과 독특성이다. 1970년대부터 지금까지 범죄 행동의 일관성과 독특성에 대한 연구 결과들(Green et al., 1976)이 계속해서 축적되어 왔으며, 비범죄 행동의 일관성과 독특성에 대해서는 이보다 훨씬 더 많은 연구 결과가 수십

년간 쌓여 왔다(Pervin, 2002).

경험적 증거

(비범죄) 행동의 일관성과 독특성에 대한 연구는 그 역사가 길었는데, 사람들이 상황에 따라서 행동의 일관성을 보였는지의 여부와 행동이 성격 또는 상황에 따라서 결정되는지의 여부에 대한 논쟁이 그 초점이었다(van Mechelen & de Raad, 1999). 현대의 성격 모형들[예: **인지-정동적 성격 체계**(cognitive-affective personality system: CAPS); Mischel & Shoda, 1995]에서는 행동이 성격 그리고 상황 모두의 결과라는 것을 인정하고 있다. 이 모형에 따르면 상황이 갖고 있는 심리적 특성이

> **인지-정동적 성격 체계 (cognitive-affective personality system: CAPS)**
> Mischel과 Shoda(1995)가 고안해 낸 성격 모형

행동을 일으키는 정신적 표상(mental representations, 즉 목표, 신념, 기대감, 계획 및 기억 등)을 활성화시키거나 억제한다는 것이다. 심리적 특성이 비슷한 상황은 비슷한 행동을 일으킬 것으로 가정되는데, 왜냐하면 이와 같이 비슷한 상황은 비슷한 정신적 표상을 촉발시킬 수 있기 때문이다(Mischel, 1999). CAPS 같은 성격 체계는 오랜 시간에 걸쳐서 발달되는데, 특히 아동기와 청년기에 많이 구축되는 것(Pervin, 2002)으로서 정신적 표상들 간 연결되는 패턴 및 강도 면에서 개인마다 다르다. 이런 모형들은 특정한 환경에서의 (심리적으로 유사한 상황에 직면하는 것과 같이) 행동상의 일관성을 예측해 줄 뿐만 아니라, 행동상의 개인별 차이도 예측해 준다. 또한 Zayas와 Shoda(2009)가 설명한 것처럼, 두 사람이 상호작용하는 상황에서는 한 사람의 행동이 다른 한 사람에게는 주변 상황이 된다([그림 9-2] 참조). 심리학자들은 이러한 가설과 예언을 검증했는데 심리적 유사성이 있는 상황에서의 행동상 일관성뿐만 아니라 동일한 상

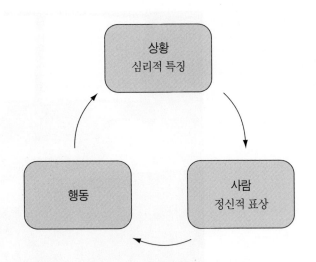

[그림 9-2] 상황과 사람이 상호작용하여 행동을 일으키는 관계도(예: 인지-정동적 성격 체계)
출처: Mischel & Shoda (1995). APA의 허락하에 게재함.

황에서도 사람이 다름으로 인해 다른 행동이 일관성 있게 나타난다는 증거를 발견하였다(Shoda et al., 1994). 비범죄 행동의 일관성과 독특성에 대한 연구에 비해서 범죄 행동의 일관성과 독특성에 대한 연구는 아직 유아기 단계라고 할 수 있다. 다양한 범주에 걸친 범죄 유형에 대한 연구가 수행되어 왔는데, 여기에는 살인(예: Bateman & Salfati, 2007), 성범죄(예: Bennell et al., 2009), 절도(Woodhams & Toye, 2007)와 같은 대인 범죄, 강도(예: Bennell & Jones, 2005)와 차량 절도(Tonkin et al., 2008)와 같은 취득성 범죄도 들어 있다. 방화죄(arson) 또한 연구되었다(Santtila, Fritzon et al., 2004). 개괄적으로 말하면, **취득성 범죄**(acquisitive crime)에 대한 연구에서는 연결성이 있는 범죄 현장 행동상의 일관성과 독특성에서 제한적인 증

> **취득성 범죄 (acquisitive crime)**
> 재물을 훔치거나 사기를 쳐서 재산을 갈취하는 유형의 범죄

거만 발견해 냈을 뿐이다. 반면에, 대인 범죄에 대한 연구에서는 범죄 현장 행동상의 유사성을 활용해서 동일

한 형식의 범죄인지의 여부를 상당히 정확하게 파악해 낼 수 있었다고 한다. 이런 결과는 대인 범죄에서 범죄 연계의 두 가지 가정을 뒷받침해 주고 있다. 그렇다고 해서 이 결과가 취득성 범죄를 저지른 범죄자가 행동에서 일관적이지 않거나 독특성이 없다는 것을 의미하는 것은 아니다. 그 대신 취득성 범죄자들의 범행 중의 행동 방식에 대해서 경찰이 갖고 있는 정보가 너무 제한적이라는 것만을 알려 주고 있는 것일 수 있다. 차량 절도나 강도가 발생할 때 현장을 목격한 증인이 없는 경우가 많아서 나중에 범죄자의 행동에 대해 경찰에 알려 줄 수 있는 사람이 없다는 점을 생각해 보면 이는 놀랄 만한 일이 아니다. 대신에 범죄자가 저지른 행동은 범죄 현장에 남겨져 있는 것으로부터 추리해 낼 수밖에 없다.

취득성 범죄에서 동일한 계열에 속하는 범죄는 지리적 및 시간적 근접성을 이용해서 아주 정확하게 가려낼 수 있다(예: Goodwill & Alison, 2006; Markson et al., 2010). 위의 근접성 요인들은 또한 대인 유형의 범죄에서 동일한 형식의 범죄에 속하는지의 여부를 잘 예측하게 해 주었다(Woodhams & Toye, 2007). 그러나 범죄 연계 작업에서 지리적 근접성의 효용성은 범죄마다 다르다. Bennell과 Jones(2005)는 그것이 재물 탈취 강도보다 주거 침입 강도에 대해서 더 효과가 있는 것을 발견하였다. 앞서 제시한 대로, 지리적인 근접성은 범죄자들이 범행을 저지르는 지역이 중복되는 정도가 가장 적을 때, 관련되어 있는 일련의 범죄를 가려내는 데 가장 효과적이다(범죄 연계에서 독특성이라는 요소). Bennell과 Jones의 설명에 따르면, 재화는 몰려 있는 경우가 많기 때문에 재물 탈취 강도가 범행을 저지르는 공간은 상당히 중복된다.

범죄 연계 작업을 할 때 지리적 근접성이 성공하는 데에는 여러 가지 이유가 있다. 한 가지 해석은 범죄 발생 장소에 대한 자료는 범죄 현장 행동에 비해서 객관적이어서 해석의 여지가 적다는 것이다(Alison et al., 2001). 또한 이 자료는 어떤 범죄를 수사할 때 경찰관이 통상적으로 수집하는 것이다(Tonkin et al., 2008). 그 밖의 설명으로는 범행 장소를 결정하는 것이 범죄자의 마음먹기에 달린 것이기 때문에 집 안에 무엇이 있느냐에 따라 훔친 재물의 유형이 결정되는 경우와는 달리 상황 요인의 영향을 덜 받기 때문이라는 것이다(Bennell & Canter, 2002).

증거 기반의 전문 활동에 대한 논제로 다시 돌아가서, 현재의 연구 수준으로는 범죄 연계 작업을 실시하는 데 관련된 확고한 지침을 제시하기가 너무 이른 실정이다. 그러나 현재까지의 연구에서 밝혀진 것들은 취득성 범죄에 관한 한 지리적 근접성(그리고 공간적 근접성은 좀 더 약한 수준으로)이 특정 범죄가 동일한 연쇄 범죄의 일부인지를 결정하는 데 유용하다는 것을 시사하고 있다. 대인 범죄에서, 적어도 절도와 성범죄에 대한 연구 결과들은 범죄 현장 행동을 토대로 연쇄 범죄 여부를 판단 내리는 것이 유용함을 시사해 준다. 절도범과 성범죄자는 비교적 특정한 영역에서 범행을 저지르는 것 이외에도, 범죄 현장 행동에서 일정한 정도의 일관성과 독특성을 나타내는 것으로 보인다.

범죄 연계의 효과성에 대한 평가

현존하는 연구들에 의하면, **연쇄 범죄임을 시사하는 지표** (indicators of series membership) 가 사용된다면 범죄 연계는 효과적일 수 있다. 그러나 범죄 연계에 대해 연구해서 밝혀낸 방식이 꼭 실제 수사 과

연쇄 범죄임을 시사하는 지표
(indicators of series membership)
행동, 시간 또는 공간으로 나타날 수 있는 범죄의 세부 특징으로서, 해당 범죄가 연쇄 범죄의 일환임을 시사해 주는 것이다.

정에서 실시되는 방식을 반영한다고 볼 수는 없다는 점에 주목할 필요가 있다. 실제 수사에서 범죄 연계의 효과성을 체계적으로 살펴본 대규모 연구는 없었다. 이런 연구를 수행하려면 연쇄 범죄 여부에 대한 예측을 전문가가 내린 후 일정 시간이 지나고 나서 추적 조사하여 동일한 범죄자라 예측한 대로 그 범죄들을 저질렀는지의 여부를 판정해야 할 것이다. 명백한 것은 위와 같이 평가를 하기 위해서는 연쇄범들이 체포되고 유죄 선고를 받아야 하는데, 특정 유형의 범죄에서는 체포/유죄 선고의 비율이 낮아서 그렇게 하기가 어렵다는 것이다. 이런 어려움은 위험 평가에 관한 연구를 할 때와 다르지 않다. 위험 평가 작업을 할 때에는 전문가들이 범죄자가 재범을 저지를 위험성에 대한 예측을 하고 일정한 시간이 지난 후에 범죄자의 범죄 기록을 사용해서 그들이 그 기간 내에 재범을 저질렀는지의 여부를 확인하게 된다.

성공적인 범죄 연계를 보여 주는 일화적 보고서와 사례연구들은 실제로 존재한다(예: Collins et al., 1998; Labuschagne, 2006). 더욱이 두 개의 실험연구에서는 범죄 연계 과제에서 전문가와 초보자의 수행도를 비교하여 평가하였다(Bennell et al., 2010; Santtila, Korpela et al., 2004). Santtila, Korpela 등(2004)은 차량 범죄에 숙련된 수사관, 다른 유형의 범죄에 숙련된 수사관, 초보 수사관 그리고 일반인을 대상으로 연쇄적 차량 절도를 연계 짓는 능력을 비교해 보았다. 그 결과, 차량 범죄에 숙련된 수사관이 가장 정확한 결과를 보여 주었다. 이들은 연쇄 범죄 여부에 대한 결정을 내릴 때 범죄 관련 특징(features)을 적게 사용하였으며, 이들이 초점을 맞춘 특징은 범죄자가 마음대로 할 수 있는 행동과 관련된 것이었다. 이런 특징에는 차량의 유형, 범행의 시간과 장소 등이 포함된다. Bennell 등(2010)은 대학생과 전문 수사관이 연쇄 강도를 얼마나 정확하게 연계 지을

수 있는지를 조사하였다. 이번에는 초보자(대학생)가 전문 수사관보다 범죄 연계 과제를 더 잘 수행해 냈다. 일부 전문 수사관이 말한 것으로 미루어 보면, 이런 결과가 나온 이유는 연구 결과상 연쇄 범죄 여부를 파악하는 데 덜 효과적인 것으로 시사된 행동(즉, 훔치러 들어갈 집을 어떻게 골랐는지, 그 집에 어떻게 들어갔는지, 그리고 무엇을 훔쳤는지 등)에만 수사관들이 매달렸기 때문일 수도 있다(중요한 것은 Santtila, Korpela 등(2004)은 차량 절도사건을 연계하는 전문가와 다른 유형의 범죄를 연계하는 전문가를 구분한 반면에, Bennell 등(2010)은 전문가들을 이런 식으로 구분하지 않았다는 점이다. 이 점이 두 연구 결과에서의 차이를 설명해 줄지 모른다). 흥미롭게도, 경험적 연구에 기반을 두고 강도사건들을 연계하는 훈련을 실시한 결과 두 집단 모두에서 수행도가 향상되었다.

범죄 연계에 대한 결론

범죄의 연쇄 여부를 파악해 내는 것은 경찰 수사를 유리하게 해 줄 수 있으며 사회에도 도움이 될 수 있다. 그러나 범죄 연계 전문가가 경찰이나 재판부에 부정확한 판단을 제공한다면, 그 결과는 심각하다. 따라서 범죄 연계 활동을 평가해서 그것이 타당성이 있는 전문 활동임이 입증되어야 할 필요가 크다. 사건을 연계 짓는 원칙을 검증하는 연구들이 축적되고 있는데 그 결과에 의하면 연쇄 범죄임을 시사하는 적절한 지표에만 주의를 기울인다면 정확한 범죄 연계는 가능하다고 한다. 그러나 이런 지표들도 수사 중인 범죄의 유형에 따라 달라진다. 범죄 연계 과제에서 전문가의 수행도를 조사한 두 개의 실험연구에서는 상반된 결과가 나타났지만 부적절한 행동을 범죄 연계에 사용하는 데에서 오류가 나타날 수 있음을 보여 주었다. 이와 더불어, 훈련의 결과로 연계를 찾는 과제의 수행도가 향상되었다는 Bennell 등

(2010)의 발견은 범죄 연계에 관한 연구 결과를 전문가에게 보급하는 것이 중요함을 부각시켜 준다. 법정심리학의 이 분야에서 현재 부족한 것은 실제 현장에서 이루어지는 범죄 연계 작업에 대한 평가로서, 이는 연쇄 범죄에 해당되는지를 예측하고 그다음에는 그 정확도를 파악하기 위해서 체계적으로 추적조사를 실시하는 것이다.

범죄자 프로파일링

범죄 연계에 비해서, 범죄자에 대한 프로파일링은 다양한 대중매체에서뿐만 아니라 상당히 많은 수의 학술 논문 및 책 속의 주제다([그림 9-3]). 이는 이론이 분분하고 강력한 견해차가 존재하는 영역이다. 독자도 알게 되겠지만, '범죄자 프로파일링'은 원칙이 있는 수사 관행을 의미하는 것이 아니며, 그것의 수행 방식은 시간이 흐름에 따라서 발전되어 왔고 또 계속해서 발전하고 있다. 이를 연구할 때 우리는 경찰이 보유하고 취합하는 자료를 사용해야만 하는 경우가 종종 있는데, 이는 자료의 질이라는 측면에서는 그 자체로 어려움이 있음을 보여 준다(Alison et al., 2001). 당신이 이 분야를 연구할 생각을 하고 있다면, 읽고 씨름해야 하는 문헌이 아주 많은 것에 크게 놀랄 수 있다. 이 분야는 연구하고 공부하기에는 흥미로운 영역이지만, 또한 동시에 도전이 되는 영역이다. 이 분야에서 이루어지는 논쟁의 상당 부분은 범죄자 프로파일링이 예술인지 과학인지 또는 그중 어느 것이어야만 하는지에 대한 것이다. 심리학자로서 우리의 전문활동은 증거에 기반을 두는 것이 중요하며 따라서 범죄자 프로파일링의 기본 가정에 대한 경험적 연구가 결정적으로 중요하다. 이와 같은 경험적 연구의 발전 과정을 살펴보기 전에, 범죄자 프

로파일링의 역사 및 그것이 어떻게 발전해 왔는지 몇몇 주요 과정을 간략히 살펴보겠다.

범죄자 프로파일링은 Thomas Bond 박사에게서 유래되었다. 그는 1880년 런던의 연쇄 살인범의 별명인 Jack the Ripper의 외모, 옷차림, 마음 상태 및 동기에 대한 의견을 영국 경찰에 제공했다(Canter, 2004). 그러나 Canter(2004)가 설명했듯이, 범죄자 프로파일링이 유명세를 타게 된 것은 미국에서 FBI의 활약 덕분이었다. 이후 범죄자 프로파일링(그리고 행동 수사 자문)을 경찰 수사의 방향을 잡는 데 쓰는 것은 다른 나라에도 널리 퍼졌는데, 여기에는 호주, 캐나다, 핀란드, 독일,

[그림 9-3] 범죄자 프로파일링과 같이 이론이 분분한 영역은 〈크래커(Cracker)〉 같은 TV 연재물을 위시해서 대중매체에서뿐만 아니라 상당히 많은 학술 논문의 주제가 되었다.

출처: ⓒ ITV / Rex Features. ITV Archive Poster with Robbie Coltrane, used for Cracker—2006. 허락하에 게재함.

스웨덴, 네델란드 및 싱가포르도 포함된다(Alison et al., 2010; Davis & Bennett, 2006; Snook et al., 2008). 1995년 Copson의 보고에 의하면, 과거 10년 동안에 영국에서는 200건 이상의 수사 과정에서 어떤 형태든 범죄자 프로파일링 방식의 자문(범죄 연계 분석을 포함)을 받았다고 한다.

범죄자 프로파일러는 다양한 전문적 배경을 갖고 있다. 1995년에 영국에서 이루어진 연구로서 184건의 프로파일링 자문에 관한 분석에 의하면, 그 자문은 법정 심리학자, 임상심리학자 및 일반심리학자, 법정 정신과 전문의 및 임상 정신과 전문의, 경찰관 및 경찰 내부의 과학자가 제공하였다(Copson, 1995). 범죄자 프로파일링 및 범죄 현장 분석에 대한 전문가의 증언이 재판부에서 받아들여지는 것을 다룬 최근의 국제적 개관 연구(Bosco et al., 2010)에서도 이와 비슷한 결과가 나타났다. 즉, 범죄학자, 정신과 전문의, 심리학자 그리고 FBI 특수요원은 모두 범죄자 프로파일링에 대한 전문가 증인으로서 역할을 발휘했다. 그들이 증언한 세 가지 주요 영역은 범죄 동기, 범죄자의 행동이 특별한 개인적 특징과 맞아떨어지느냐의 여부 그리고 범죄사건들 사이의 연계에 관한 증거였다.

이와 같이 역사가 오래된 것을 감안할 때, 우리는 범죄자 프로파일링이 과학적 연구에서 상당히 비중 있는 주제가 되어 왔을 것이라고 기대할 수 있다. 최근에 프로파일링 관련 문헌의 속성을 파악하기 위해서 두 개의 문헌 개관연구가 수행되었다(Dowden et al., 2007; Snook et al., 2007). 31년 동안의 문헌을 검색한 결과, Dowden 등(2007)은 범죄자 프로파일링에 관한 문헌을 상당히 많이 분류해 내서 논문을 132개나 파악해 냈다. 그러나 대부분의 논문은 토론 논문에 불과했으며, 단지 소수의 논문에서만 추계 통계치를 보고하고 있었다. 마찬가지로, Snook 등(2007)이 범죄자 프로파일링

에 관한 논문 130편의 내용을 분석한 결과에서도 범죄자 프로파일링의 주제에 관한 대부분의 저술이 경험적 증거를 기반으로 한 것이기보다는 일반 상식에 근거를 두었다는 결론을 내렸다. 경험적 연구 결과가 부족한 것은 증거 기반의 전문 활동이라는 심리학적 원리에서 볼 때 우려사항이다. Dowden 등(2007)이 주장했듯이, 경험적 연구는 범죄자 프로파일링이 '행동과학 내에서 하나의 적합한 학문 분야(legitimate field of study within the behavioral sciences)'로 정립되는 데 필요하다(p. 52). 범죄자 프로파일링의 저변에 깔린 원칙에 대한 몇몇 안 되는 경험적 연구 결과는 아래에 제시된다.

범죄자 프로파일링의 여러 이론

범죄자 프로파일링의 역사에 대해 거론할 때, 그것은 흔히 세 가지의 각기 다른 학파(이론)로 분류된다(Alison et al., 2010).

- **범죄 수사 접근**(criminal investigative approach, 또한 FBI 접근, 범죄자 수사 분석, 또는 범죄 현장 분석으로도 불림.)
- **임상 전문가 접근**[clinical-practioner approach, 또한 진단 평가(diagnostic evaluation)로도 알려짐.]
- **통계적 접근**[statistical approach, 때로는 수사심리학(investigative psychology)으로도 알려짐.]

각 접근에 대한 아주 짧고 간략한 소개가 다음에 제시된다. 세 가지 접근 사이의 핵심적 차이는 범죄자 프로파일러가 범죄자의 범죄 현장 행동으로부터 범죄자의 특징을 추측해 내기 위해 사용하는 지식 기반(knowledge base)에 있다. **그 밖의 다른 접근법에는 범죄 행위 프로파일링**(crime action profiling; Kocsis, 2007)과

행동 증거 분석(behavioural evidence analysis; Turvey, 2008)이 있다. 이 두 가지 접근에 대해서는 여기에서는 더 이상 소개하지 않겠지만, 이에 대해 관심이 있는 독자들은 앞에 제시한 참고문헌에서 관련 내용을 더 찾아볼 수 있을 것이다.

범죄 수사 접근

프로파일링에 대한 범죄 수사 접근은 수많은 사건을 접하고 다룬 풍부한 범죄 수사 경험에서 발달된 수사관의 광범위한 지식에서 나온다(Canter, 2004). 더욱이 FBI에서는 수감된 강간범과 살인범을 대상으로 면담을 실시하였는데, 이를 토대로 범죄자 유형론이 개발되었다(Wilson et al., 1997). 예를 들면, 성적인 동기로 연쇄 살인을 저질러서 유죄를 선고받은 범죄자 36명을 대상으로 한 심층 면접 결과에 FBI의 행동과학 팀(Behavioral Science Unit) 구성원들이 보유한 광범위한 수사 경험을 덧붙여서 살인자 유형론(Jackson & Bekerian, 1997)이 만들어졌고, 이는 범행 현장 행동을 토대로 어떤 살인사건의 범죄자가 조직적(organised), 혼란형(disorganised) 또는 혼합형(mixed)으로 분류될 수 있는지를 결정하는 데 사용되었다. 조직적 살인자라면 사전에 범행을 계획했고, 범행을 차분하게 저질렀으며, 단서를 거의 또는 전혀 남기지 않고 낯선 사람을 표적으로 했다는 증거를 보여 줄 것이다(Jackson & Bekerian, 1997). 범죄자 유형론을 개발할 때, 범죄자의 특징을 각 분류 항목에 연결 짓는다. 따라서 실제의 수사 과정에서는 범죄 현장 행동을 조사한 것을 토대로 범죄자를 세 가지 유형의 하나로 분류하고, 이를 기반으로 범죄자의 특징에 대해 예측할 수 있게 된다. 예를 들면, 조직적 유형의 살인은 순탄하게 인생을 살아왔고, 지능이 평균에서 높은 수준의 사이에 있을 것이며, 사회적으로 유능하고, 전문직 종사자가 저질렀을 것이다(Canter et al., 2004).

임상적 접근

여러 학자는 '임상적 프로파일링(clinical profiling)'에 대한 접근 방식은 한 가지만 있는 것이 아니라고 하였다(Mullen, 2000; Wilson et al., 1997). 어떤 임상적 프로파일러들(Copson et al., 1997)은 자신의 접근 방식이 애초의 FBI 프로파일러의 접근 방식과 같다고 보고, 범죄자의 동기를 해석하고 심리학 문헌(예: Boon, 1997의 성격이론)에서 관련 자료를 찾아내서 범죄자의 특징을 예측해 낸다. Boon(1997)은 임상적 프로파일링의 목표가 사건을 해결하자는 것이 아니라 "사건의 본질과 범죄자의 속성 모두에 대한 통찰을 얻기 위한 것"(p. 46)임을 강조한 바 있다. 범죄 수사 접근처럼, 임상적 프로파일러는 심리학적 이론을 사용할 뿐만 아니라 자신들의 과거 경험도 활용한다. 임상적 프로파일러는 범죄 수사의 경험보다는 법정 정신건강 현장에서 내담자를 대상으로 재활치료를 했던 경험을 현재 수사 중인 사건에 적용한다(Alison et al., 2004). 범죄자의 성격이나 특징에 대한 예측은 '단일 사례에 대한 다중적 관찰(multiple observations of single cases)'을 토대로 내려진다(Bekerian & Jackson, 1997, p. 210).

Boon(1997)과 Copson 등(1997)에 따르면, 임상적 접근을 취하는 프로파일러는 범죄에 대한 모든 가용한 정보를 수집하는 것부터 시작한다. 여기에는 피해자에 대한 자세한 내용, 범죄 현장 그리고 범행의 주변 상황이 포함된다. 또한 여기에는 '기본적 수준에서의 범죄 유형(예: 살인)을 살펴보고 나서 범죄의 특성에 대해 보다 세부적으로 진전해 나가는 것'도 포함될 수 있다(Boon, 1997, pp. 45-46). 이때 범행 시 사용된 무기, 피해자가 입은 부상의 내용과 정도 등의 측면에서 세부적으로 파악해 나간다. 프로파일러는 무슨 일이 어떻게(자세히) 그리고 누구에게 일어났는지를 이해하고 나서는 범죄사건을 재구성한다(Copson et al., 1997). Copson

---

글상자 9-1 **프로파일링에 대한 FBI 접근**

Jackson과 Bekerian(1997)에 따르면, FBI 접근에 따라 범죄자 프로파일을 만드는 순서는 다음과 같다.

- 자료 취합(data assimilation): 이 단계에서 프로파일러는 범죄에 대한 모든 가용한 정보를 수집해야 한다. 여기에는 문서(예: 피해자 또는 증인의 진술, 부검 결과 보고서) 또는 시각적 자료(예: CCTV나 사진)가 포함될 수 있다.
- 범죄의 분류(crime classification): 범죄를 수집된 정보를 이용하여 특정 유형으로 분류한다.
- 범죄의 재구성(crime reconstruction): 발생한 범죄에 대해 사건의 진행 순서, 관련자별 행동의 측면에서 범죄가 전개된 방식에 대한 가설을 세운다.
- 프로파일 생성(profile generation): 범죄자의 사회인구학적 특징, 범죄자의 습관 및 성격에 대한 가설이 포함된 프로파일이 생성된다. Jackson과 Bekerian(1997)에 의하면, 생성된 프로파일은 표준화된 방식으로 작성되는 경향이 있다.

등(1997)에 의하면, 임상적 프로파일러는 사건에 관련된 자료에서 (범죄자의) 정서, 욕구, 기분 및 정신병리 증상의 증거를 찾게 될 것이다. 범행에서 두드러지는 특징을 파악하고 난 후, 프로파일러는 당면한 범행을 설명하는 데 도움이 될 뿐만 아니라 경찰 수사의 지휘 작전에도 적합한 성격이론(들)을 선택한다(Boon, 1997). 그리고 범죄자의 동기를 이해하고 범죄자의 특징을 도출해 내는 데 도움이 되는 심리학 관련 문헌 자료를 검색해 낸다(Copson et al., 1997).

통계적 접근

프로파일링에 대한 통계적 접근은 David Canter 교수와 동료들이 만들었는데, "범죄자의 특징 및 심리적 과정을 추론하기 위하여 범죄 현장에서 발견된 행동 및 그 밖의 정보를 다변량분석한 것에 주로 근거를 둔다"(Alison et al., 2010, p. 118). Canter(2000)는 범죄자 프로파일링이 심리학에 확고한 뿌리를 둔 것이라고 보았으며, 심리학의 다른 영역과 비슷한 것이라고 주장하였다. 예를 들면, 직업심리학 분야에서는 심리학자들이 (심리측정 검사를 통해 알아보듯이) 개인의 특성에 대해 파악한 것을 바탕으로 직장에서 하게 될 미래의 행동을 예측하려고 한다. Canter(2000)는 이런 과정이 범죄자 프로파일러가 얻어 내려고 노력하는 것과 다르지 않다고 주장한다. 단지 범죄자 프로파일러가 하는 일은 위와 반대되는 작업일 뿐이다. 즉, 그들의 일은 범죄자가 저지른 행동에 대해 우리가 알고 있는 것을 기반으로 해서 범죄자의 특성이 무엇일까 예측하는 것이다. 범죄자의 프로파일을 만들어 낼 때, 통계적 접근을 하는 프로파일러는 범행 현장에서의 행동과 기존의 해결된 범죄 및 체포된 범죄자들의 데이터베이스로부터 생성해 낸 범죄자 특징 사이의 관계를 통계적으로 유도해 낸 후 이 관계를 이용해서 의문시되는 용의자의 특징에 대해서 예측하려고 한다(Snook et al., 2007). 따라서 프로파일링에 대한 통계적 접근은 프로파일링을 목적으로 한 연구 지향적 접근(research-oriented approach)인 것이며, 많은 연구는 범행 현장에서의 단 하나의 행동과 단 하나의 범죄자 특징 사이의 이원관계(bivariate relationships, 즉 일대일 관계)를 찾아내려고 하거나(예: Davies et al., 1998; House, 1997) 또는 범죄자의 특이한 특징이 특별한 유형의 범행과 연관성이 많은지를 수사할 목적으로 범행 현장 행동을 묶어서(cluster) 범행 유형을 파악해 내려고 했다(예: Canter & Fritzon, 1998; Canter & Heritage, 1990). 예를 들면, 강간, 소아성애 및 살인 등의 각기 다른 범죄 유형에 대한 여러 연구 결과는 범죄자와 피해자 사이의 '대인 간 상호작용 방식(modes of interpersonal transaction)'이 비슷하다고 보고하고 있다(Canter, 2000, p. 37). 이런 비슷한 방식이란 범죄자가 피해자를 사람(person)으로 취급하느냐(이 경우 라포 또는 관계를 형성하려고 할 것), 대상(object)으로 취급하느냐(이 경우 범죄자의 이익을 위해서 피해자를 이용하거나 조종할 것), 또는 범죄자의 정서 상태를 위한 도구(vehicle)로 생각하느냐를 말하는 것이다. 따라서 통계적 프로파일러는 범죄자가 범죄 현장에서 보인 하나 또는 그 이상의 행동(예: 끈을 썼느냐 또는 장갑을 썼느냐 등)을 관찰한 것을 토대로 해서 범죄자의 특징을 예측할 수 있거나, 또는 범죄자의 주된 범행 방식이나 대인 접촉 방식을 결정한 다음에 이런 유형 또는 방식과 관련되어 있는 것으로 알려진 공통 특징을 연구문헌에서 찾게 된다. 범죄자 프로파일링에 대한 주요 학파들은 범죄자 프로파일에서 제시되는 예측을 정당화하기 위해 연구 결과를 활용하는 부분과 심리적 이론 및/또는 전문가의 경험을 강조하는 부분에서 서로 다르게 발전되어 온 것이다. 1997년에 Bekerian과 Jackson은 범죄자 프로파일링 분야가 분열되고 있는 것은 아닌가 하는 우려를 표방하였으며, 범죄자 프로파일링이 하나의 전문 분야로 발전하기 위해서는 특출한 사례연구에 대한 경험뿐만 아니라 방대한 데이터베이스에 대한 통계적 분석도 활용하는 '하이브리드 프로파일링 기법(hybrid profiling techniques)'을 감안해야 한다고 주장했다. 현재 이는 어느 정도 실현되고 있다. Alison 등(2010)에 의하면, 위와 같은 구분은 현대에는 별로 중요하지 않게 되었는데, 왜냐하면 '보다 실용적이고 다학제적인 전문가–학자 모형(more pragmatic, interdisciplinary practitioner-academic model)'이 출현하였기 때문이다(p. 115).

범죄자 프로파일링의 가정

이 장의 앞부분에서 제시한 대로 개관 논문들은 범죄자 프로파일링에 대한 경험적인 연구가 부족하다는 것을 지적하고 있다. 제한적이기는 하지만, 경험적 연구가 수행된 한 분야는 범죄자 프로파일링의 기본 가정을 조사한 것이었다. 범죄자 프로파일링은 범죄 연계와 두 가지 가정, 즉 범죄자의 행동상 일관성과 독특성을 공유한다. 이런 가정에 대한 경험적인 연구 결과는 앞서 기술한 바와 같다. 그 밖에도, 범죄자 프로파일링에서는 범죄 현장에서의 특정인의 행동 방식과 그의 특징/성격 사이에 어떤 관계가 있다는 것을 가정한다. 이것은 행위(actions: A) → 특징(characteristics: C) 관계로 불리어 왔다(Canter, 1995). 행동과 특징 사이에 어떤 관계가 있다면, 범행을 저지를 때 비슷한 방식으로 행동하는 범죄자는 자신의 특징이나 성격의 측면에서 비슷해야만 할 것이다. 또는 역으로 범행 방식이 다른 범죄자는 특징/성격 면에서 달라야만 한다. 이는 **동종 가정(homology assumption)**이라고 명명되었다(Mokros & Alison, 2002). 최근의 개관 논문(Doan & Snook, 2008)에서는 동종 가정을 조사한 여섯 개의 연구를 요약·제시하였다. 이 연구자들은 방화, 강간 및 강도 범죄자를 대상으로 자료를 수집해 보았다. 그 결과, 동종 가정을 뒷받침하는 증거는 거의 발견되지 않았다. Goodwill과 Alison(2007)이 설명한 바와 같이, 위 연구에서 동종 가정을 지지하는 증거를 찾아내지 못한 한

> **동종 가정 (homology assumption)**
> 범죄 현장 행동과 범죄자의 특징 사이에 어떤 관계가 있기 때문에, 범죄 현장 행동이 비슷한 범죄자는 비슷한 특징을 공유할 것이라는 가정

가지 이유는 연구자들이 모든 범죄 현장 행동이 범죄자의 특징을 예측하는 데 똑같이 효과가 있다고 간주한 데 기인할지 모른다. 오히려 저지른 행동이 "상황적 요인, 심리적 요인 또는 대인관계적 요인의 영향을 받는 정도가 다르기 때문에 이런 현상이 나타났을 수 있다"(Goodwill & Alison, 2007, p. 824). 어떤 행동이 나타날 때 그 행동을 저지르는 사람과 상황 사이의 상호작용이 발휘하는 역할은 앞에서 언급한 바 있고 그것이 범죄자 프로파일링 연구자들이 장차 연구가 필요한 영역이라고 부각시켜 온 것이다(Alison et al., 2002).

더욱이 우리가 왜 특정한 사회인구(sociodemographic) 변수가 특정한 범죄 현장 행동과 관련이 있을 것이라고 기대하는지를 설명해 줄 이론적 체계가 필요하다(Mokros & Alison, 2002; [그림 9-4] 참조). 동종 가정에 대한 연구에서 검증 작업을 거친 범죄자 특징(예: 나이, 인종, 취업 경력, 학력, 기혼 여부, 범죄 경력 그리고 범죄 장소까지 간 거리)은 범죄자 프로파일에서 흔히 예측되기 때문에 선정된 것이다(Mokros & Alison, 2002). 그러나 성격 모형을 토대로 해서 우리가 범죄 현장 행동과 인구통계(demographic) 특징 사이에 어떤 관계가 있다고 기대해도 되는지에 대해서는 의문점이 제기되었다. 오히려 범죄 현장 행동과 발달과정(예: 과거의 학습 경험) 사이의 관계 또는 범죄가 아닌 상황에서의 행동 방식이 예측변인으로서 더 가치가 있을 수 있다(Woodhams & Toye, 2007).

최근에는 진화심리학, 소비심리학, 사회심리학 그리고 범죄학에서 나온 이론들이 왜 강도가 범죄 현장에서 신은 신발의 가격[현장에 남긴 **족적 증거(shoemark evidence)**로 추정]과 강도의 특징(나이 및 성별, 취업 상태, 거주지의 상대적 빈곤도) 사이의 관계를 기대할

족적 증거 (shoemark evidence)
범죄 현장에 남겨진 물리적인 사법적 증거로서, 범죄자가 신었던 신발이나 신발 용품에 대한 인상을 형성하게 해 준다.

만한지를 설명하는 데 쓰였다(Tonkin et al., 2009). 동종 가정을 검증하는 것은 다음과 같이 이루어졌다. ① 범죄자의 신발과 비슷한 가격의 신발을 신은 범죄자가 같은 또래이고 비슷한 수준의 빈곤한 지역에 사는지의 여부를 평가하고, ② 성별이 다르고 취업 상태가 다른 범죄자들이 위와 의미 있게 다른 가격의 신발을 신는지의 여부를 알아보았다. 동종 가정을 지지하

[그림 9-4] 범죄자 프로파일링의 기원은 Thomas Bond 박사로까지 거슬러 올라가는데, 그는 1880년 런던의 연쇄 살인범인 Jack(Jack the Ripper)의 신체적 외모, 옷차림, 정신상태 및 연쇄 살인의 동기에 대한 견해를 경찰에 제공했다.

출처: ⓒ Anelina. Shutterstock사의 허락하에 게재함.

는 증거가 범죄자의 취업 상태 및 궁핍한 주거 환경에 대해서 발견되었다. 또 동종 가정에 대해서 이론에 의거한 그 밖의 검증 작업은 유용한 결과를 도출해 낼 수 있을 것이다.

더욱이 범죄 현장 행동을 토대로 범죄자의 특징을 단순히 그림 그리듯이 나타낼 수 있다고 기대하는 것은 순진한 생각이며, 그러지 말고 우리는 범죄 행위와 범죄자 특징 간 관계의 저변에 깔려 있는 특정한 과정(예: 성격)을 이해하는 데 주력해야 한다는 주장이 제기되어 왔다(Youngs, 2004). 유사하게, Goodwill과 동료들(Goodwill & Alison, 2007; Goodwill et al., 2009)은 범행 현장 행동으로부터 범죄자의 특징을 예측하는 우리의 능력을 매개하는 변인을 조사하는 연구가 필요하다고 주장했다. 예를 들면, Goodwill과 Alison(2007)의 연구에서는 피해자의 나이로부터 범죄자의 나이를 예측하는 것이 가능한데 이것이 단지 범죄자가 사전에 범행을 계획했고 폭력을 과도하게 행사한 경우에만 그러함을 입증하였다. 그러므로 특정한 범죄 현장 행동을 토대로 특정한 범죄자의 특징을 예측하는 것이 가능할 수 있겠지만, 이는 단지 그런 관계를 설명해 줄 수 있는 이론적 체계를 갖고 있을 때에만 가능하며, 아마도 특정 상황에만 해당될 것이다. 이는 각각의 범행 현장 행동으로 초점을 옮기게 하는데, 이런 식으로 고찰하는 것이 어떤 전문가가 프로파일링을 어떤 식으로 해내는지를 더 잘 보여 줄 것이다. 최근에 Ter Beek 등(2010)은 네덜란드에서 범죄자 프로파일링을 수행하는 전문가들이 범죄자를 유형별(즉, 범행 방식 또는 상호작용 방식)로 나누기보다 각각의 범죄 현장 행동에 더 초점을 맞추는 것을 강조하였다.

범죄자 프로파일에 대한 평가

범죄자 프로파일의 내용은 면밀한 검토와 잇따른 비판의 대상이 된 또 다른 영역이다. 2003년에 Alison 등은 미국, 영국 및 다른 유럽 국가에서 프로파일러들이 1992년부터 2001년 사이에 작성한 21명의 범죄자 프로파일을 분석했는데, 이들 범죄자는 프로파일 작성 뒤에 유죄 판결을 받았다. 프로파일링의 주요한 세 개 학파(즉, 통계 학파, 범죄 수사 학파, 그리고 임상 학파)의 주장이 견본 속에 모두 들어 있었다. 프로파일에는 범죄자의 특징에 대한 무려 880개의 주장이 들어 있었다. 이런 프로파일러의 보고서들은 비판을 받게 되었는데 왜냐하면 Alison 등(2003)이 이런 주장의 절반 이상이 재판 이후에 확인해 볼 수가 없는 것으로 밝혔기 때문이다. 예를 들면, 여기에는 범죄자가 범행 순간에 감정이 어떠했는지에 대한 것이 있었다. 주장 중 20% 이상은 애매해서 다양하게 해석할 여지가 많았으며, 주장 중의 80% 이상에 대해서는 프로파일러가 자신이 제시한 의견에 대한 정당성을 전혀 제시하지 못하였다.

2007년에 Almond 등은 국립경찰진흥기관(National Policing Improvement Agency: NPIA)에서 일하는 행동 수사 자문관이 2005년에 작성한 45건의 보고서를 위와 비슷한 방식으로 분석하였다. 이들이 작성한 보고서는 범죄자의 특징에 대한 예측, 피해자 진술의 진실성, 연계 분석 그리고 지리적인 프로파일링을 담고 있었다. 이 보고서에는 805개의 주장이 들어 있었다. 주장 중 96%는 어떤 형태든 정당화하는 주장이 따랐지만, 단지 34%만이 공식적으로 인정을 받았다. 주장 중 70%는 확인할 수 있었으며, 43%는 틀릴 가능성이 있었고, 단지 8%만이 애매했을 뿐이었다. 적어도 영국에서는, 경찰관협회(Association of Chief Police Officers: ACPO)로부터 인증을 받거나 NPIA에서 근무하는 범죄자 프로파일러들이 작성한 보고서에 대해서 그 질을 평가하는 작업을 거친다(Rainbow, 2008). 뿐만 아니라, ACPO와 NPIA의 범죄자 프로파일러가 작성한 보고서 속에 있는 해석과 수사를 위한 제언도 증거 및/또는 논리적 근거의 뒷받침이 있어야 하며, 보고서의 질이 충분하지 못하다면 ACPO에서 인증된 자격이 취소될 수 있다.

요약하면, 범죄자 프로파일링의 내용에 대해서는 비판이 제기되어 왔지만, 전문적인 표준(professional standards)을 수립하기 위한 절차가 진행되고 있으며 평가 결과는 범죄자 프로파일링 보고서 중 일부의 질이 향상되고 있음을 시사해 주고 있다. 출판된 실제 범죄자 프로파일링 보고서 예에 관심이 있는 독자는 Alison 등(2004)과 Alison(2005)을 참조하라.

범죄자 프로파일링의 효과성에 대한 평가

범죄자 프로파일링에 대한 대중적인 문헌에서는 범죄자 프로파일링의 효과에 대한 보고서를 찾기가 어렵지 않다. 몇몇 저자는 범죄자 프로파일링의 긍정적인 적용 사례가 지나칠 정도로 많지만, 그런 주장을 뒷받침할 만한 경험적인 근거가 부족하다는 것을 부각시키고 있다(Snook et al., 2008; Woskett et al., 2007). 또한 Snook 등(2008)은 이런 적용 예는 잘못 생각하게 할 수 있는데, 예를 들면 프로파일러의 보고서에서 비율(proportion, 부정확한 예측도 감안함)보다는 올바른 예측의 수(number)를 보고하는 경우에 특히 그렇다고 경고하였다. 이 연구자들은 이런 점을 보여 주기 위하여 11개의 올바른 예측을 했다고 보고한 어떤 프로파일의 작성자를 예로 들고 있다. Snook 등(2008)은 이 프로파일이 13개의 부정확한 예측도 감안할 경우에는 실제로는 단지 38%만이 정확했음을 지적하였다.

사용자의 관점에서 범죄자 프로파일링 자문을 제시

하는 도구가 몇 개 있다. 이들은 영국과 네덜란드를 위시한 여러 나라에서 실시된 적이 있다. 1995년에 Copson은 영국에서 126명의 형사를 대상으로 설문조사를 했는데, 이들에게는 먼저 29명의 프로파일러가 제공한 범죄자 프로파일링 자문을 제공하였다. 이런 자문에는 미지의 범죄자의 특징에 대한 예측, 면접 전략에 대한 조언 그리고 연계 분석 자료가 들어 있었다. 탐정 중 50% 이상은 이러한 자문이 새로운 정보를 제공해 주기는 했지만 탐정들이 자문에 따라서 행동으로 옮기거나 자문이 사건을 해결하는 데 도움이 되기에는 쉽지 않겠다고 생각하는 것으로 나타났다. 위와 같은 난관에도 불구하고, 탐정 중 69%는 다음에 또 프로파일러의 자문을 받고 싶다고 밝혔다. Jackson 등(1997)은 이와 비슷한 결과를 보고하였다. 이들은 벨기에와 네덜란드에서 범죄자 프로파일링 자문을 제공받은 20개의 탐정 그룹을 대상으로 설문조사를 하였다. 자문의 범위는 Copson(1995)이 보고한 경우와 비슷했다. 42개의 평가가 이루어졌는데, 그중 단지 2개만이 완전히 부정적이었다. 단지 6개의 사건에서만 제공받은 자문이 범죄자의 특징을 예측하는 데 관련이 있었다. 이들 6개의 사건에서도 1개의 평가 결과는 부정적이었고, 3개는 중간 수준이었으며, 나머지 2개는 긍정적이었다. 그러나 이들 6개의 사건에서 자문을 활용해서 범죄자를 체포한 경우는 하나도 없었다.

사용자의 입장(Copson, 1995)을 조사하는 것뿐만 아니라, Gudjonsson과 Copson(1997)은 범죄자 프로파일을 만든 후 곧 체포된 50개의 범죄자 프로파일 속에 제시된 주장의 정확도를 평가할 수 있었다. 정확도를 평가할 수 있었던 자문 항목 중에서 통계적 프로파일러의 자문 항목 중의 68%, 임상적 프로파일러의 자문 항목 중 74%가 정확한 것으로 판단되었다. 프로파일의 내용에 대한 보다 최근의 연구(Alison et al., 2003; Almond et al., 2007)에서처럼, Gudjonsson과 Copson(1997)은 주장된 것 중 어떤 것들은 애매하다고 비판하였다. 범죄자 프로파일링의 사용자가 제공받은 조언에 만족해하는 것 같고 제시된 주장 중 상당수가 맞는 것으로 밝혀지기는 했지만, 위와 같은 평가 결과는 비판할 점이 없지 않다. 예를 들면, Canter(2000)는 범죄자 프로파일링의 저변에 깔린 가설을 뒷받침할 만한 증거가 제한적인 점을 염두에 두고, 위와 같은 주장이 너무 성급하다고 비판했다.

요약

● 범죄자 프로파일링과 범죄 연계는 모두 범죄자를 밝혀내는 데 큰 도움이 될 수 있지만, 제공된 자문이 부정확하다면 이 두 가지 방법 모두 경찰 수사를 잘못된 길로 들어가게 갈 위험이 있다(Goodwill et al., 2009; Grubin et al., 2001).

● 행동상 유사성을 기반으로 하여 여러 개의 범죄를 묶어서 연결시키는 것을 범죄 연계 분석(crime linkage analysis)이라고 부른다. 이는 널리 시행되고 있지만 대중매체에서는 거의 거론된 적이 없다.

● 범행 현장 행동으로부터 범죄자의 특징이나 성격을 예측하는 것을 범죄자 프로파일링(offender profiling)이라고 부르지만, 실제 적용하는 것은 이런 정의가 시사하는 만큼 평이한 것이 아니다.

● 범행 현장 행동으로부터 범죄자의 특징을 어떻게 프로파일링하느냐에 대해서 여러 학파가 발전되었다. 그러나 이런 학파들은 프로파일링에 대한 보다 통합된 접근을 향해 나아가고 있는 중이다.

● 이제는 광범위한 행동 수사 자문(behavioural investigative advice)이 경찰에 제공되고 있는데, 이는 범죄자 프로파일링과 범죄 연계 분석을 통합한 것이다.

● 범죄 연계와 범죄자 프로파일링은 모두 **증거 기반의 전문 활동(evidence based practice)**의 원칙에 따라서 평가되었다. (좁은 의미에서) 범죄자 프로파일링에서의 행동상 일관성과 독특성에 대한 가정 그리고 범죄 연계는 심리학적 연구들의 지지를 받았는데, 이 연구들은 제한점을 갖고 있으며 수사관이 직면한 과제의 현실적 측면을 아직도 제대로 반영하지 못하고 있다. 동종 가정(homology assumption)에 대한 연구도 썩 성공적이지 못하다.

● 개인의 주변 상황이 개인과 상호작용하여 행동을 일으키듯이 상황이 중요하다는 것은 범죄가 아닌 행동에 대한 심리학적 연구에서 오래전부터 인정되어 왔다. 이는 범죄 행위와 범죄자 특징 사이의 관계를 보다 복합적으로 볼 필요가 있음을 시사한다.

주관식 문제

1. 대중매체에서 보여 주는 범죄자 프로파일링은 실제의 모습과 어떻게 다른가?

2. 범죄 연계와 범죄자 프로파일링의 저변에 깔린 가정에 대한 경험적 증거를 비판적으로 평가하라.

3. 범죄자 프로파일링에 대한 여러 학파의 관점은 서로 어떻게 다른가?

4. 범죄자 프로파일링 또는 범죄 연계에 관한 연구 프로젝트를 수행하도록 지원금을 받았다면, 당신은 어떤 연구를 선택해서 수행할 것인가? 그 이유는 무엇인가? 이에 대답하려면 당신은 선행 연구의 범위와 질에 대해 먼저 비판부터 해야 한다.

참고문헌

Ainsworth, P. B. (2000). *Psychology and crime: Myths and reality*. Harlow, England: Longman.

Alison, L. J. (Ed.) (2005). *The forensic psychologist's casebook: Psychological profiling and criminal investigation*. Abington, Oxford: Willan.

Alison, L. J., Bennell, C., Mokros, A., & Ormerod, D. (2002). The personality paradox in offender profiling: A theoretical review of the processes involved in deriving background characteristics from crime scene actions. *Psychology, Public Policy and Law, 8*, 115–135.

Alison, L. J., Goodwill, A., Almond, L., van den Heuvel, C., & Winter, J. (2010). Pragmatic solutions to offender profiling and behavioural investigative advice. *Legal and Criminological Psychology, 15*, 115–132.

Alison, L. J., Smith, M., & Morgan, K. (2003). Interpreting the accuracy of offender profiles. *Psychology, Crime and Law, 9*, 185–195.

Alison, L. J., Snook, B., & Stein, K. L. (2001). Unobtrusive measurement: Using police information for forensic research. *Qualitative Research, 1*, 241–254.

Alison, L., West, A., & Goodwill, A. (2004). The academic and the practitioner: Pragmatists' views of offender profiling. *Psychology, Public Policy and Law, 10*, 71–101.

Almond, L., Alison, L., & Porter, L. (2007). An evaluation and comparison of claims made in behavioural investigative advice reports compiled by the National Policing Improvement Agency in the United Kingdom. *Journal of Investigative Psychology and Offender Profiling, 4*, 71–83.

American Psychological Association. (2007). *Guidelines for psychological practice with girls and women*. Retrieved 22 August 2011 from www.apa.org/practice/guidelines/girls-and-women.pdf

Bateman, A. L., & Salfati, C. G. (2007). An examination of behavioral consistency using individual behaviors or groups of behaviors in serial homicide. *Behavioral Sciences and the Law, 25*, 527–544.

Bekerian, D. A., & Jackson, J. L. (1997). Critical issues in offender profiling. In J. L. Jackson & D. A. Bekerian (Eds.), *Offender profiling: Theory, research and practice* (pp. 209–220). Chichester: John Wiley & Sons, Inc.

Bennell, C., Bloomfield, S., Snook, B., Taylor, P. J., & Barnes, C. (2010). Linkage analysis in cases of serial burglary: Comparing the performance of university students, forensic professionals, and a logistic regression model. *Psychology, Crime, and Law, 16*, 507–524.

Bennell, C., & Canter, D. (2002). Linking commercial burglaries by *modus operandi:* Tests using regression and ROC analysis. *Science and Justice, 42*, 1–12.

Bennell, C., & Jones, N. J. (2005). Between a ROC and a hard place: A method for linking serial burglaries by *modus operandi. Journal of Investigative Psychology and Offender Profiling, 2*, 23–41.

Bennell, C., Jones, N. J., & Melnyk, T. (2009). Addressing problems with traditional crime linking methods using receiver operating characteristic analysis. *Legal and Criminological Psychology, 14*, 293–310.

Bennett, D., & Davis, M. R. (2004, November). *The Australian forensic reference group: A multidisciplinary collaborative approach to profiling violent crime*. Paper presented at the Australian Institute of Criminology International Conference, Melbourne, Australia.

Boon, J. C. W. (1997). The contribution of personality theories to psychological profiling. In J. L. Jackson & D. A. Bekerian (Eds.), *Offender profiling: Theory, research and practice* (pp. 43–59). Chichester: John Wiley & Sons, Inc.

Bosco, D., Zappala, A., & Santtila, P. (2010). The admissibility of offender profiling in the courtroom: A review of legal issues and court opinions. *International Journal of Law and Psychiatry, 33,* 184–191.

Canter, D. (1995). Psychology of offender profiling. In R. Bull & D. Carson (Eds.), *Handbook of psychology in legal contexts* (pp. 343–355). Chichester: John Wiley & Sons, Inc.

Canter, D. (2000). Offender profiling and criminal differentiation. *Legal and Criminological Psychology, 5,* 23–46.

Canter, D. (2004). Offender profiling and investigative psychology. *Journal of Investigative Psychology and Offender Profiling, 1,* 1–15.

Canter, D., Alison, L, Alison, E., & Wentink, N. (2004). The organized/disorganized typology of serial murder: Myth of model? *Psychology, Public Policy and Law, 10,* 293–320.

Canter, D., & Fritzon, K. (1998). Differentiating arsonists: A model of firesetting actions and characteristics. *Legal and Criminological Psychology, 3,* 73–96.

Canter, D., & Heritage, R. (1990). A multivariate model of sexual offences behavior: Developments in offender profiling. *Journal of Forensic Psychiatry, 1,* 185–212.

Collins, P. I., Johnson, G. F., Choy, A., Davidson, K. T., & Mackay, R. E. (1998). Advances in violent crime analysis and law enforcement: The Canadian Violent Crime Linkage Analysis System. *Journal of Government Information, 25,* 277–284.

Copson, G. (1995). *Coals to Newcastle? Part 1: A study of offender profiling* (Special Interest Series Paper 7). London: Home Office.

Copson, G., Badcock, R., Boon, J., & Britton, P. (1997). Editorial: Articulating a systematic approach to clinical crime profiling. *Legal and Criminological Psychology, 7,* 13–17.

Crabbe, A., Decoene, S., & Vertommen, H. (2008). Profiling homicide offenders: A review of assumptions and theories. *Aggression and Violent Behavior, 13,* 88–106.

Davies, A. (1991). The use of DNA profiling and behavioural science in the investigation of sexual offences. *Medicine, Science & Law, 31,* 95–101.

Davies, A. (1992). Rapists' behaviour: A three aspect model as a basis for analysis and the identification of serial crime. *Forensic Science International, 55,* 173–194.

Davies, A., Wittebrood, K., & Jackson, J. L. (1998). *Predicting the criminal record of the stranger rapist* (Special Interest Series Paper 12). London: Home Office.

Davis, M., & Bennett, D. (2006). Criminal investigative analysis in the Australian context. *InPsych, October.*

Doan, B., & Snook. B. (2008). A failure to find empirical support for the homology assumption in offender profiling. *Journal of Police and Criminal Psychology, 23,* 61–70.

Dowden, C., Bennell, C., & Bloomfield, S. (2007). Advances in offender profiling: A systematic review of the profiling literature published over the last three decades. *Journal of Police and Criminal Psychology, 22,* 44–56.

Durnal, E. W. (2010). Crime scene investigation (as seen on TV). *Forensic Science International, 199,* 1–5.

Ellison, L. (2005). Closing the credibility gap: The prosecutorial use of expert witness testimony in sexual assault cases. *The International Journal of Evidence and Proof, 9,* 239–268.

Farrington, D. P., & West, D. J. (1993). Criminal, penal and life histories of chronic offenders: Risk and protective factors and early identification. *Criminal Behaviour and Mental Health, 3*, 492-523.

Federal Bureau of Investigation. (2008). *Serial murder: Multi-disciplinary perspectives for investigators.* Washington, DC: US Department of Justice.

Goodwill, A., & Alison, L. (2006). The development of a filter model for prioritizing suspects in burglary offences. *Psychology, Crime and Law, 12*, 395-416.

Goodwill, A., & Alison, L. (2007). When is profiling possible? Offense planning and aggression as moderators in predicting offenders' age from victim age in stranger rape. *Behavioral Sciences and the Law, 25*, 823-840.

Goodwill, A. M., Alison, L. J., & Beech, A. R. (2009). What works in offender profiling? A comparison of typological, thematic and multivariate models. *Behavioral Sciences and the Law, 27*, 507-529.

Green, E. J., Booth, C. E., & Biderman, M. D. (1976). Cluster analysis of burglary M/O's. *Journal of Police Science and Administration, 4*, 382-388.

Grubin, D., Kelly, P., & Brunsdon, C. (2001). *Linking serious sexual assaults through behavior.* Home Office Research Study 215. London: Home Office.

Gudjonsson, G. H., & Copson, G. (1997). The role of the expert in criminal investigation. In J. L. Jackson & D. A. Bekerian (Eds.), *Offender profiling: Theory, research and practice* (pp. 61-76). Chichester: John Wiley & Sons, Inc.

Hazelwood, R. R., & Warren, J. I. (2003). Linkage analysis: Modus operandi, ritual, and signature in serial sexual crime. *Aggression and Violent Behavior, 8*, 587-598.

Health Professions Council. (2009). *Standards of proficiency: Practitioner psychologists.* London: The Health Professions Council.

Home Office. (2007). *Crime in England and Wales 2006/7.* London: Home Office.

House, J. C. (1997). Towards a practical application of offender profiling: The RNC's criminal suspect prioritization system. In J. L. Jackson & D. A. Bekerian (Eds.), *Offender profiling: Theory, research and practice* (pp. 177-190). Chichester: John Wiley & Sons, Inc.

Innes, M., Fielding, N., & Cope, N. (2005). The appliance of science? The theory and practice of criminal intelligence analysis. *British Journal of Criminology, 45*, 39-57.

Jackson, J. L., & Bekerian, D. A. (1997). Does offender profiling have a role to play? In J. L. Jackson & D. A. Bekerian (Eds.), *Offender profiling: Theory, research and practice* (pp. 1-7). Chichester: John Wiley & Sons, Inc.

Jackson, J. L., van Koppen, P. J., & Herbrink, J. C. M. (1997). *Does the service meet the needs? An evaluation of the consumer satisfaction with specific profile analysis and investigative advice as offered by the Scientific Research Advisory Unit of the National Crininal Intelligence Division (CRI) — The Netherlands.* Leiden, The Netherlands: NSCR.

Kocsis, R. N. (2007). Schools of thought related to criminal profiling. In R. N. Kocsis (Ed.), *Criminal profiling: International theory, research and practice* (pp. 393-404). Totowa, NJ.: The Humana Press Inc.

Labuschagne, G. N. (2006). The use of linkage analysis as evidence in the conviction of the Newcastle serial murderer, South Africa. *Journal of Investigative Psychology and Offender Profiling, 3*, 183-191.

Markson, L., Woodhams, J., & Bond, J. (2010). Linking serial residential burglary: Comparing the utility of modus operandi behaviors, geographical proximity and temporal proximity. *Journal of Investigative Psychology and Offender Profiling, 7*, 91-107.

Meyer, C. B. (2007). Criminal profiling as expert evidence? An international case law perspective. In R. N. Kocsis (Ed.), *Criminal profiling: International perspectives in theory, practice and research* (pp. 207-248).

Totowa, NJ.: The Humana Press Inc.

Mischel, W. (1999). Personality coherence and dispositions in a cognitive-affective personality system (CAPS) approach. In D. Cervone & Y. Shoda (Eds.), *The coherence of personality: Social-cognitive bases of consistency, variability and organisation* (pp. 37-60). London: Guilford Press.

Mischel, W., & Shoda, Y. (1995). A cognitive-affective system theory of personality: Reconceptualising situations, dispositions, dynamics and invariance in personality structure. *Psychological Review, 102*, 246-268.

Mokros, A., & Alison, L. J. (2002). Is offender profiling possible? Testing the predicted homology of crime scene actions and background characteristics in a sample of rapists. *Legal and Criminological Psychology, 7*, 25-43.

Mullen, D. A. (2000). Criminal profiling: Real science or just wishful thinking. *Homicide Studies, 4*, 234-264.

Pervin, L. A. (2002). *Current controversies and issues in personality* (3rd ed.). New York: John Wiley & Sons, Inc.

Pye, K., & Croft, D. J. (2004). Forensic geoscience: introduction and overview. In K. Pye & D. J. Croft (Eds.), *Forensic geosciences: Principles, techniques and applications. Geological Society, London, Special Publications, 232*, 1-5.

Rainbow, L. (2008). Taming the beast: The UK approach to the management of behavioural investigative advice. *Journal of Police and Criminal Psychology, 23*, 90-97.

Santtila, P., Fritzon, K., & Tamelander, A. L. (2004). Linking arson incidents on the basis of crime scene behavior. *Journal of Police and Criminal Psychology, 19*, 1-16.

Santtila, P., Junkkila, J., & Sandnabba, N. K. (2005). Behavioral linking of stranger rapes. *Journal of Investigative Psychology and Offender Profiling, 2*, 87-103.

Santtila, P., Korpela, S., & Häkkänen, H. (2004). Expertise and decision-making in linking of car crime series. *Psychology, Crime and Law, 10*, 97-112.

Shoda, Y., Mischel, W., & Wright, J. C. (1994). Intraindividual stability in the organization and patterning of behavior: Incorporating psychological situations into the idiographic analysis of personality. *Journal of Personality and Social Psychology, 67*, 674-687.

Snook, B., Cullen, R. M., Bennell, C., Taylor, P. J., & Gendreau, P. (2008). The criminal profiling illusion: What's behind the smoke and mirrors? *Criminal Justice and Behavior, 35*, 1257-1276.

Snook, B., Eastwood, J., Gendreau, P., Goggin, C., & Cullen, R. M. (2007). Taking stock of criminal profiling: A narrative review and meta-analysis. *Criminal Justice and Behavior, 34*, 437-453.

Ter Beek, M., van den Eshof, P., & Mali, B. (2010). Statistical modelling in the investigation of stranger rape. *Journal of Investigative Psychology and Offender Profiling, 7*, 31-47.

Tonkin, M., Bond, J. W., & Woodhams, J. (2009). Fashion conscious burglars? Testing the principles of offender profiling with footwear impressions recovered at domestic burglaries. *Psychology, Crime and Law, 15*, 327-345.

Tonkin, M., Bull, R., Woodhams, J., Bond, J., & Palmer, E. (2011). Linking different types of crime using geographical and temporal proximity. *Criminal Justice and Behavior, 38*, 1069-1088.

Tonkin, M., Grant, T., & Bond, J. (2008). To link or not to link: A test of the case linkage principles using serial car theft data. *Journal of Investigative Psychology and Offender Profiling, 5*, 59-77.

Turvey, B. E. (2008). *Criminal profiling: An introduction*

to behavioral investigative analysis (3rd ed.). Burlington, MA: Academic Press.

van Mechelen, I., & de Raad, B. (1999). Editorial: Personality and situations. *European Journal of Personality, 13*, 333-336.

Wilson, P. R., Lincoln, R., & Kocsis, R. (1997). Validity, utility and ethics of profiling for serial violent and sexual offenders [electronic version]. *Psychiatry, psychology and Law, 1*, 1-11. Retrieved 22 August from http://epublications.bon-d.edu.au/hss_pubs/24

Wolfgang, M. E., Figlio, R. M., & Sellin, T. (1972). *Delinquency in a birth cohort.* Chicago: University of Chicago Press.

Woodhams, J., Bull, R., & Hollin, C. R. (2007). Case linkage: Identifying crimes committed by the same offender. In R. N. Kocsis (Ed.), *Criminal profiling: International perspectives in theory, practice and research* (pp. 117-133). Totowa, NJ: The Humana Press Inc.

Woodhams, J., Hollin, C. R., & Bull, R. (2007). The psychology of linking crimes: A review of the evidence. *Legal and Criminological Psychology, 12*, 233-249.

Woodhams, J., & Toye, K. (2007). An empirical test of the assumptions of case linkage and offender profiling with serial commercial robberies. *Psychology, Public Policy & Law, 13*, 59-85.

Woskett, J., Coyle, I. R., & Lincoln, R. (2007). The probity of profiling: Opinions of Australian lawyers on the utility of criminal profiling in Court. *Psychiatry, Psychology and Law, 14*, 306-314.

Youngs, D. (2004). Personality correlates of offence style. *Journal of Investigative Psychology and Offender Profiling, 1*, 99-119.

Zayas, V., & Shoda, Y. (2009). Three decades after the personality paradox: Understanding situations. *Journal of Research in Personality, 43*, 280-281.

주석이 달린 읽을거리 목록

Alison, L. J., Goodwill, A., Almond, L., van den Heuvel, C., & Winter, J. (2010). Pragmatic solutions to offender profiling and behavioural investigative advice. *Legal and Criminological Psychology, 15*, 115-132. 행동 수사 자문 및 '범죄자 프로파일링'이 어떻게 해서 발전되었는지를 잘 요약한다.

Alison, L., West, A., & Goodwill, A. (2004). The academic and the practitioner: Pragmatists' views of offender profiling. *Psychology, Public Policy and Law, 10*, 71-101. 범죄자 프로파일링 영역 속의 각기 다른 분파를 통합할 필요성을 제안하며 실제 사례를 대상으로 범죄자 프로파일을 구축하는 원리를 요약해서 설명한다.

Boon, J. C. W. (1997). The contribution of personality theories to psychological profiling. In J. L. Jackson & D. A. Bekerian (Eds.), *Offender profiling: Theory, research and practice* (pp. 43-59). Chichester: John Wiley & Sons, Inc. 이 장에서는 사례연구를 통하여 범죄자 특성에 대한 가설을 생성하기 위해 사례에서 두드러진 세부 내용을 성격이론과 어떻게 연결 지을 수 있는지를 예시해 주고 있다.

Canter, D., Alison, L, Alison, E., & Wentink, N. (2004). The organized/disorganized typology of serial murder: Myth of model? *Psychology, Public Policy and Law, 10*, 293-320. 조직화된/비조직화된 유형론(organised/disorganised typology)에 대한 상세한 비판 및 경험적 검증.

Herndon, J. S. (2007). The image of profiling: Media treatment and general impressions. In R. N. Kocsis (Ed.), *Criminal profiling: International theory, research and practice* (pp. 303-323). Totowa, NJ: Humana Press. 범죄자 프로파일링이 다양한 대중 매체에서 어떻게 제시되었는지에 대한 개관.

Rainbow, L. (2008). Taming the beast: The UK approach to the management of behavioural investigative advice. *Journal of Police and Criminal Psychology,*

23, 90-97. 영국의 행동 수사 자문관 중의 한 사람이 쓴 것으로서, 자문관들의 실무 활동을 소개하는 논문.

Woodhams, J., Bull, R., & Hollin, C. R. (2007). Case linkage: Identifying crimes committed by the same offender. In R. N. Kocsis (Ed.), *Criminal profiling: International perspectives in theory, practice and research* (pp. 117-133). Totowa, NJ: The Humana Press. 사례 연계(case linkage)가 실무에서 실시되는 방식을 기술하고 있으며, 법정에서의 전문가 증언을 받아들이는 기준의 관점에서 평가했을 때 사례 연계가 어떻게 해서 쓸모가 있게 되는지를 고찰한다.

제10장 애인 폭력과 스토킹

Louise Dixon & Erica Bowen

주요 용어

| 스토킹 | 애인 폭력(IPV) | 애착이론 |

이 장의 개요

'전 여자친구를 잔혹한 공격으로 찔러 죽인 스토커 유죄'라는 헤드라인 기사를 런던 이브닝 스탠다드 뉴스(London Evenign Standard News)에서 읽었다(Bailey, 2010). 이 기사는 24세의 Gemma Doorman이 그녀의 전 남자친구 Vikramgit Singh에 의해 어떻게 가슴 아픈 죽음에까지 이르렀는지를 기술하고 있다. 2008년 7월 그녀는 런던 남서부 레스토랑에 버려졌다. 이 '광적인 공격'은 수개월간의 스토킹과 희롱 후에 일어났으며, Doorman은 그전에 경찰에 신고했다.

이것은 한 상대방의 살인으로 끝나는 관계의 이야기를 묘사한 많은 세계적인 매체의 헤드라인의 한 예일 뿐이다. 모든 상대방 살해의 사례가 **스토킹(stalking)**과 희롱을 특징으로 하는 것은 아니지만, 대부분의 스토킹 피해자가 범죄자를 알고 있고, 많은 스토킹 사례에서 전 애인이 목표인 경우가 많다(Spitzberg, 2002). 그러한 살인 사례는 왜 그런 불행한 일이 일어났는지, 확실히 예측할 수 있는 사건을 예방할 수는 없었는지 하는 의문을 가지게 한다. 많은 학자와 실무자가 이 의문에 대해 답하기 위해 노력하고 있다.

애인 폭력(Intimate Partner Violence: IPV)이 왜 가장 심각하게 일어나는지를 이해하기 위해서는 근친관계에서 발생하는 폭력의 본질과 원인에 대해 이해하는 것이 필요하다. 이 문제에 대한 종합적인 설명을 하는 것은 이 장의 범위를 넘어서는 것이다. 이 장의 목적은 독자들에게 IPV와 스토킹에 관련된 문헌을 고찰한 결과를 제공하고 이를 통해 앞으로의 연구 기반을 튼튼히 할 수 있는 가장 영향력 있는 연구들을 참고하고자 하는 것이다. 이 장에서는 그러한 지식들이 위험 평가에 대해 가지고 있는 시사점들을 생각해 보기 전에 IPV와 스토킹

> **스토킹**
> **(stalking)**
> 특정한 개인에 대한 일련의 원하지 않고 반복되는 행동으로 두려움이나 안전에 대한 걱정을 유발하거나 희롱감을 느끼게 하는 것

의 정의, 비율, 이론 및 유형에 대해 검토할 것이다. 이 주제에 대한 더 자세한 논의는 4장을 보라.

정의와 용어

전문가들이 IPV와 스토킹에 대해 정확하고 일관성 있게 반응하기 위해서는 각 용어의 의미에 대한 동의가 이루어져야 한다. 정의를 통해 어떤 사건을 IPV로 분류할 것인지 또는 스토킹으로 분류할 것인지를 결정할 수 있고, 그에 맞는 대책을 제공할 수 있으며, 정책이나 실무에 사용할 수 있는 공식 통계치에 포함시킬 수 있다(Bowen, 2011a; Dixon & Graham-Kevan, 2011).

애인 폭력

IPV는 1970년대부터 공적이고 사회적인 문제로 인식되어 왔다([그림 10-1]; Dutton, 2006). 이것은 사회적 집단, 인종, 성별 또는 교육 수준과 무관하게 커플들 간에 일어난다. 따라서 인구의 특정한 하위 영역과 관련이 있다고 말할 수 없다. IPV의 정의(문헌에 수많은 정의가 존재한다)는 그것이 포함하는 다양한 형태의 공격성과 관련되어 있다. 전형적으로 정의는 신체적 · 심리적 그리고 성적 공격성을 포함하고 있고 단순히 신체적 폭력 이상의 것으로 이해되어야 함을 강조한다. 또한 일부 정의는 보다 정교한 '통제 행동들'이 정의에 포함되어야 한다는 것을 인식하고 있다(IPV의 각 형태의 예는 〈표 10-1〉에 제시되어 있다). 이러한 행동들은 신체적 공격의 전조이거나 동시에 일어날 수 있기 때문에 통제 행동을 인식하는 것이 중요하다는 연구들이 많다. 일부 여성은 신체적 공격 이상으로 더 많은 상처를 입었다고 보고하였다. 그들은 시간이 지나도 감소하지 않았다

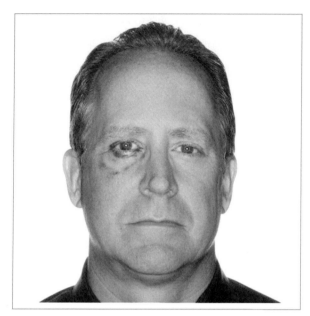

[그림 10-1] 애인 폭력(IPV)은 1970년대 이래로 대중적이고 사회적인 문제로 점차 이해되어 왔다.

출처: ⓒ Suzanne, Tucker. Shutterstock사의 허락하에 게재함.

(Graham-Kevan, 2007).

어떤 정의에서는 폭력에 포함된 커플의 관계 지위와 성별을 기술하는 데 특히 주의를 기울이고 있다. 많은 경험적 연구는 폭력이 데이트를 하는 젊은 커플(예: Bowen, 2011c; Ko et al., 2008)이나 사이가 멀어진 커플(예: Dutton & Kerry, 1999) 그리고 동성의 관계(예: Nowinski & Bowen, 개정 중; Renzetti & Miley, 1996)에서도 일어날 수 있다고 정의한다. 따라서 많은 정의가 현재나 과거의 결혼, 데이트, 동거하는 관계 그리고 이성과 동성의 성행위 커플들을 포함하고 있다. 따라서 용어는 모든 관계 유형을 포함해야만 하고 성적으로 중성적인 기술을 해야만 한다.

또한 폭력을 기술하는 형용사들은 정의를 내릴 때 신중하게 사용되어야 한다. 심각하고 만성적인 폭력을 언급하는 단어[예: '때리는(battering)']는 소수의 사례에만 적용되어야 하고, 덜 심각하고 잦지 않은 폭언에는

 표 10-1 다양한 형태의 애인 폭력의 예

애인 폭력의 형태	설명	행동적 행위의 예
신체적 공격/강압	타인에게 고통이나 상해를 입히기 위한 의도를 가지고 신체적 접촉을 하는 것 또는 사람에게 그들의 의지에 반해 어떤 것을 하라고 강압하는 것	밀기, 뺨을 찰싹 때리기, 잡아채기, 재갈 물리기, 주먹으로 때리기, 머리카락 잡아당기기, 발로 차기, 물건으로 때리기, 목조르기, 사람에게 해로운 무기 사용하기
성적 공격/강압	어떤 사람에게 그 사람의 의지에 반해 성적 접촉을 하기 위해 신체적 힘이나 언어적 강압을 사용하는 것	타인에게 성교를 강요하는 신체적 힘을 사용하는, 타인에게 성교를 강압하는 협박을 하거나 언어적인 위협을 가하는 강제 추행
심리적 공격	어떤 사람에게 심리적인 해(즉, 어떤 사람이 기능하기 위한 능력의 손상을 가져오는 지적 또는 정신적 능력에 대한 해; Browne & Herbert, 1997)를 일으키는 행동을 하는 것	모욕, 이름 부르기, 창피 주기, 다른 사람 또는 사랑하는 사람에게 해를 주겠다는 위협, 물건 파손하기
통제 행동	다른 사람의 행동을 통제하고 감독하기 위한 목적으로 하는 행동. 보다 정교한 행동은 간과하더라도 위에 언급한 모든 범주를 통제 행동이라고 기술할 수 있다. 여기에 있는 예는 그러한 정교한 행동과 관련된 것이다.	다른 사람의 돈을 통제하는 것, 다른 사람에게 곤란에 빠질 것이라고 말하는 것 또는 그렇지 않으면 '뭔가 잘못될 것'이라고 말하는 것, 동의 없이 다른 사람을 미행하는 것, 다른 사람의 동의 없이 이메일이나 전화를 점검하는 것, 다른 사람을 고의로 질투하는 것, 다른 사람이 친구나 가족을 만나지 못하게 하는 것, 어떤 방식으로든지 다른 사람의 움직임이나 접촉을 감독하는 것

포함시키지 않아야 한다. IPV라고 인식될 수 있는 행위의 범위는 그러한 제한적인 용어가 정의에 사용되는 정도로 제한되어야 한다. 공격성 분야를 연구하는 학자들은 다양한 수준의 행위를 표현할 때 분명한 용어를 사용해야 한다고 주장하였다. 공격성(aggression)은 상해를 가져올 확률이 적은 행위(예: 뺨을 찰싹 때리기)를 언급할 때 사용해야 하고, 폭력(violence)은 상해를 가져올 가능성이 높은 행위(예: 목 조르기 또는 찌르기)를 언급할 때 사용해야 한다는 것이다(Archer, 1994, 2000).

일관성을 갖기 위하여 이 장에서는 'IPV'를 애인 사이에서 일어난 공격성이나 폭력 행위를 말하는 용어로 사용할 것이다. 이 용어의 정의는 '어떤 성별이나 관계 지위를 가진 현재 또는 과거의 애인에게 사용된 어떤 형태의 공격성 그리고/또는 통제 행위'라고 이해될 수 있다(Dixon & Graham-Kevan, 2011, p. 1). 이 정의는 이 문제들이 어떤 성별의 사람들이나 어떤 관계 지위를 가진 사람들에게도 일어날 수 있고 형태와 정도가 변할 수 있음을 반영한다.

스토킹

'스토킹'이라는 용어는 반복된 범죄 행동이나 희롱을 경험한 매우 두드러진 사례에 대한 결론으로 채택된 구어체의 용어다(Budd & Mattinson, 2000). '스토킹'에 함유된 뜻은 자기 본위의 추적 행동(Westrup & Fremouw, 1998)이고, 이 용어에 포함된 행동 범위는 보다 광범위하다. 그리고 미행은 스토킹으로 확인된 행동들의 한 부분을 포함하고 있다. Sheridan과 Davies(2004)는 무한한 배열의 행동들을 스토킹이라고 정의할 수 있다고 하였다. 그 이유는 사실 현상을 정의한다는 것이 희생자의 지각에 의해 이루어지기 때문이다. 정말로, 이것은 문헌들에서 여러 가지 용어가 사용되는 이유 중의 하나

다. 예를 들어, '강박적 희롱(obsessional harassment)'(Zona et al., 1993)과 '희롱(harassment)'과 '강박적 미행(obsessional following)'(Meloy & Gothard, 1995)은 추적이나 미행 행동을 포함하지만 반드시 거기에 제한되어 있지는 않은 일련의 행동을 말하는 데 주로 사용된다.

'강박적(obsessional)'이라는 단어의 사용을 둘러싼 논쟁은 궁극적으로 직접적으로 스토킹 행동을 유발하는 목표에 대한 반복적이고 침투적인 생각이 현재 존재하고 있음을 의미한다. 이러한 가정은 아직 과학적으로 조사되지는 않았다. '스토킹'과 '미행' 용어에 대해 행동의 범위와 특정 행동 간에 별 차이가 없다는 점도 논의되고 있다(Westrup & Fremouw, 1998). '희롱'이라는 용어는 또한 원하지 않는 행동이 지속적으로 나타날 때 사용되고, 공포감을 유발하거나 유발하지 않을 수도 있으며, 스토킹 행동을 정의하는 특징의 일부분으로 정의될 수 있다.

문헌에서 이러한 행동을 언급하는 데 부정확하게 사용되는 용어 중의 하나는 '애정망상(erotomania)'이다. 애정망상은 『정신장애의 진단 및 통계 편람 제4판(Diagnostic and Statistical Manual of Mental Disorder: DSM-IV-TR)』(American Psychiatric Association, 2000)에 있는 정신과적 장애의 한 분류로서 환자가 '흔히 높은 지위를 가진 어떤 사람이 자기와 사랑에 빠졌다는 망상'을 가지고 있는 망상장애의 하위 유형이다(American Psychiatric Association, 2000, p. 329). 여하튼 애정망상이라고 진단된 많은 사람은 다른 정신과적 문제를 가지고 있다. 애정망상자가 실제로 다른 사람을 스토킹하는 행동을 할 것인지에 대해서는 명확하지 않다. 실제로 스토커가 애정망상으로 진단되는 경우는 드물고 애정망상자가 스토커가 되는 경우도 드물기 때문에 이 장애와 스토킹 현상 간의 관련성은 직접적인 도전을 받고 있다(Westrup & Fremouw, 1998).

영국 범죄조사(British Crime Survey) 2004/5에서는 스토킹을 '상대방이나 가족 구성원을 포함하는 어떤 사람이 야기한 두 개 이상의 사건'이라고 정의한다. 사건은 스트레스, 공포나 음란 경고, 원하지 않는 편지나 전화로 위협하기, 집이나 직장 주위에서 기다리거나 배회하기, 미행하거나 훔쳐보거나 방해하거나 개인 물건을 파손하기 등이다(Finney, 2006, p. v). 이 정의는 광범위한데 스토킹 행동의 대부분이 여러 맥락에서 바라지 않은 것이 아닌 것임을 보여 준다. 예를 들면, 어떤 사람이 당신의 집 밖에서 당신을 기다리는 것은 어떤 맥락에서 보면 공포를 유발하는 것으로 보이지 않을 수 있다. 더군다나 이 정의는 스토킹 행동이 일어나기 위해서는 희생자가 결과적으로 공포심을 느껴야 한다는 점을 강조하고 있다.

결론적으로, 위의 정의는 다양한 형태의 범죄와는 다른 매우 주관적인 스토킹의 본질에 초점을 두고 있다(Fox et al., 2011). 위협적이라거나 공포를 유발하는 행동에 대한 개인의 지각은 매우 다양하다. 결과적으로 어떤 목표가 그들이 스토킹을 당한다고 공식적으로 인지하지 못하고 있다면 스토킹은 실제로 일어난 것이 아닐 수 있다. 그러나 연구들은 스토킹 행동을 구성하거나 구성하지 않는 것에 대한 사람들의 지각이 상당히 일관성이 있다고 지적하고 있다(예: Sheridan et al., 2000, 2001, 2002). 이러한 어려움들을 제쳐 두고 볼 때, 문헌에서 제시되는 스토킹이라는 용어와 정의에 대해서는 일반적으로 일치를 보이고 있다. 스토킹은 공포나 안전에 대한 걱정 또는 당혹감을 유발할 수 있는, 특정 개인을 향한 원하지 않고 반복되는 행동의 범위로 정의될 수 있다([그림 10-2]; Cupach & Spitzberg, 2000; Sheridan & Davies, 2001; Westrup & Fremouw, 1998). 결론적으로 이것이 스토킹을 정의하려는 이 장의 목적에 해당하는 것이다.

[그림 10-2] 스토킹은 공포나 안전에 대한 걱정을 유발하거나 당혹감을 유발하는, 특정 개인을 향한 원하지 않고 반복되는 일련의 행동으로 구성된다.

출처: ⓒ Steven Frame. Shutterstock사의 허락하에 게재함.

애인 폭력 및 스토킹의 생애와 12개월 유병률

이 영역에 대한 연구들은 전형적으로 희생자 경험을 가진 지역사회의 대표적인 표본의 자기보고를 통해 IPV 및 스토킹의 생애와 12개월 유병률을 결정하려고 하였다. 한 국가의 유병률은 국가적으로 대표적인 지역사회 표본을 조사함으로써 결정될 수 있다(Gelles, 1990). 이 방법은 악의적으로 실제 사람을 과소 보고하는 경찰 체포자나 유죄 판결 기록을 사용하는 것보다 유력하다(Bowen, 2011a). 그러나 이 방법론도 문제가 없는 것은 아니다.

애인 폭력(IPV)

국가적으로 대표적인 표본을 대상으로 한 조사 결과는 IPV가 유의미한 크기를 가진 국제적인 사회문제임을 보여 주고 있다(예: World Health Organization, 2005). 여하튼 많은 연구가 국가적으로 대표될 수 있는 표본을 활용하긴 했지만 그들의 설계는 페미니스트들의 관점에 의해 이루어졌다. 즉, IPV는 여성에 대한 남성의 폭력으로 구성되어 있음을 가정하고 있다(남성에 대한 여성의 폭력이 아닌; 페미니스트의 관점에 대한 보다 깊은 논의는 '위험 요인과 이론' 절 참조). 결론적으로 이 관점에서 설계된 조사들은 필연적으로 여성들에게만 그들의 희생에 대해 질문한다(예: Moracco et al., 2007; World Health Organization, 2005). 이러한 일방적인 접근은 여성 희생자에 대한 지식으로 한정되고 남성 희생자, 여성 범죄 그리고 상호 공격(상대방 모두가 서로에게 공격하는 것)에 대한 학습을 방해한다.

범죄조사는 전형적으로 국가적으로 대표적인 표본에 대해 자기보고식 방법을 사용하여 희생률을 확인한다. 영국 범죄조사는 영국과 웨일즈에 사는 16~59세 사이의 남녀 표본을 통해 다양한 유형의 범죄 희생률을 확인하였다. 또한 영국 범죄조사는 경찰에 보고되지 않은 사고에 관한 정보를 수집하였다. 이것은 윗사람에게 악의적으로 과소 보고하는 것 때문에 근친 폭력에 있어서 특히 중요하였다(Bowen, 2011a). 2004년 이래로 영국 범죄조사는 일관성 있게 응답자들이 완전히 혼자서 완성하는 '근친 폭력' 양식을 포함시켰다. 약 2만 5,000명의 응답자들이 영국 범죄조사 2008/9에서 이 양식을 완성하였다. 결과는 남성의 약 13%와 여성의 약 24%가 16세부터 한 번 이상의 어떤 '상대방 학대'(비신체적, 위협, 폭력, 성적 모욕 또는 스토킹)의 희생자가 된 적이 있는 것으로 나타났다. 더군다나 남성의 3%와 여성의 5%가 그것이

12개월 이내에 발생했다고 보고하였다(Smith et al., 2010).

범죄 조사에서 드러난 사람들은 전형적으로 여성 희생자의 비율이 더 높았다. 이는 IPV에 대한 페미니스트들의 설명을 지지해 주는 것으로 종종 받아들여진다. 여하튼 범죄 조사의 맥락을 고려해 보아야 한다. 사람들, 특히 남성들은 관계 공격성을 범죄 행동으로 보지 않거나 그들의 경험을 폭력적인 것으로 해석하지 않는다(Povey et al., 2008; Straus, 1999). 따라서 응답자들에게 IPV가 범죄라고 생각할 수 있는 단서를 주는 것은 정확한 보고에 도움이 되지 않고, 따라서 범죄 조사 대상자들을 주의 깊게 해석해야 한다.

대표적인 지역사회 남녀 표본에 대해 관계의 갈등 맥락에서 그들의 경험을 질문한 조사는 그리 많지 않다(Santovena & Dixon, 2011). 이 방법론을 채택한 모범적인 조사는 국가 가족폭력 조사(National Family Violence Survey: NFVS)다(Straus et al., 1980; Straus & Gelles, 1985 참조). NFVS는 1975년과 1985년에 대표적인 미국 지역사회 표본을 대상으로 실시되었다. 그 조사에서는 체계적 측정 도구인 갈등전술척도(Conflict Tactics Scale: CTS)를 사용하여 상대방 공격의 비율과 심각성을 측정하였다. 이 척도는 1970년대 후반에 개발된 자기보고형 도구로서 CTS2까지 개정되었다(Straus et al., 1996 참조). 중요하게도 CTS/CTS2는 IPV를 앞에서 언급한 맥락보다 솔직하게 보고하는 데 도움을 줄 수 있는 관계 갈등의 맥락(범죄나 폭력이라기보다는)으로 설정하였다(Straus, 1999). 응답자들은 단순히 그들과 그들의 상대방이 서로 갈등하는 시간에 있었을 때 사전에 결정된 행동적 행위의 범위 안에 있었는지를 보고하도록 요구되었다.

CTS2는 합리적 전술, 신체적 모욕, 심리적 공격, 성적 강압 그리고 상해로 나뉜 다섯 개의 하위척도를 포함하고 있다. 더군다나 사소한 신체적 · 심리적 공격 행위, 성적 강압 그리고 상해는 좀 더 심한 형태의 이러한

행위들과 분리하였고, IPV를 구성하는 데 포함되지 않을 뻔한 덜 심각한 신체적 모욕 행위(뺨 때리기, 밀기, 멱살 잡기)들도 측정될 수 있었다. 목록화된 행동적 행위들은 명확하게 정의된 행동 범주를 형성하였다. 따라서 결과들은 표본 내 그리고 표본 간에 체계적으로 비교할 수 있었다. 실제로 이 도구는 대단위 자료의 체계적 수집을 가능하게 하여 국제적인 유병률과 발생률을 계산할 수 있었다. 이 방법론은 시간에 따라 12개월 이내에 남녀가 저지른 신체적 상대방 공격의 비율이 거의 같다는 것을 발견하였다. 생애 유병률의 입장에서는 응답자의 28%가 1975년에 신체적 희생을 보고하였고, 1985년에는 22%가 보고하였다.

스토킹 행동의 평가

스토킹을 평가하기 위해 많은 방법론이 도입되었고(Fox et al., 2011), IPV 유병률을 추정하기 위해 앞에서 논의된 문제들을 포함시켰다. 조사방법이 사용되었을 때 유병률에서 상당한 변화가 일어났다. 예를 들어, 영국 범죄조사 2004/5에서는 여성의 23%와 남성의 15%가 16세 이후에 스토킹을 경험했다고 보고하였다. 그러나 이전 연도에 보고된 희생에 근거했을 때는 이전에 확인된 성차는 사라졌고 남성과 여성의 9%가 그러한 경험을 보고하였다. 앞서 언급했듯이 스토킹은 반복적으로 명백하게 확인되는 행동의 범위 안에서 정의된다.

16세 이후의 경험에 근거했을 때, 여성의 33%와 남성의 25%가 상대방에게 스토킹을 당했다고 보고하였다. 남성과 여성의 5%는 가족에게 스토킹을 당했고, 여성의 34%와 남성의 35%는 그들을 알고 있는 누군가에게 스토킹을 당했다고 보고하였다. 그리고 여성의 42%와 남성의 48%가 낯선 사람에게 스토킹을 당했다고 보고하였다. 비율을 다 더하면 100%가 넘는데, 이는 표본

에서의 스토킹 경험을 중복해서 보고했기 때문이다. 이러한 자료들은 여성들이 남성들보다 애인이 저지른 스토킹을 더 많이 경험했다고 보고했음을 알려 준다. 반면에, 남성들은 다른 지인이나 낯선 사람에게 스토킹을 더 많이 당했음을 보여 준다.

북미 자료는 영국 범죄조사에서 보고된 것보다 뚜렷하게 낮은 유병률 추정치를 나타냈다. 2000년에서 2003년 사이에 상해 통제와 위험 연구(Basile et al., 2006)에서 나온 스토킹 유병률의 추정치는 성인의 4.5%가 스토킹을 당했다고 보고하였다. 그리고 여성이 남성보다 이 경험이 좀 더 많은 것으로 보고하였다(7% 대 2%). 보고된 유병률이 낮은 것은 사용된 스토킹의 정의에 영향을 받았을 가능성이 있다. 참여자들은 다음과 같은 질문을 받았다. '당신은 옆에서 화폐 수집가라고 말하는 사람을 만난 적이 있는가? 또는 판매원의 미행 또는 당신에 대한 감시, 당신의 의지에 반해 의사소통을 하려는 사람, 또는 한 달 이상 스토킹을 경험한 적이 있는가?' 응답자가 '예'라고 했다면 그다음에 가장 최근의 경험에 대해 '걱정할 정도는 아니었다, 귀찮았다, 약간 위험하거나 생명 위협을 느꼈다' 중에 선택해서 응답하도록 요구되었다(Basile et al., 2006, p. 173). 마지막 두 항목에 응답한 사람들만이 원하지 않고 공포를 유발하는 행동을 반영하는 스토킹의 희생자(Basile et al., 2006)로 분류되었다.

이러한 자료는 Spitzberg(2002)가 103개의 연구를 종합분석하여 스토킹의 평균 유병률이 여성에서는 23.5%이고 남성에서는 10.5%이며, 스토킹이 평균적으로 2년에 걸쳐 일어난다는 결과를 지지하는 것이다. 연구들에서는 희생자의 대부분이 여성이며(75%), 범죄자의 대부분도 여성이었다(79%). 사례의 절반 이하(49%)가 근친관계의 맥락에서 스토킹이 발생하였다. 이러한 결과는 성별과 관련된 반응과 보고 편향의 가능성을 생각해 볼 수

있다. 또한 그것이 상대방 폭력의 추정치에 영향을 준 방식처럼 스토킹 희생과 범죄의 추정에 영향을 주었을 가능성이 있다. 즉, 남성들은 자신의 희생을 더 적게 보고했을 가능성이 있다. 왜냐하면 그러한 경험을 정당화하기 위해 위협의 정도를 필요한 것보다 덜 느꼈을 가능성이 있기 때문이다(Sheridan et al., 2002; White et al., 2002).

애인 스토킹

국제적 연구들은 스토커의 희생자들이 현재나 과거에 친근했던 사람이나 배우자인 경우가 많다고 주장하였다(Melton, 2000). 비록 영국 범죄조사 2008/09는 이 것이 반드시 가장 많이 언급되고 있는 일반적인 스토킹의 형태는 아니라고 주장하였지만, 애인 스토킹이 성별에 영향을 받는 것이 명백하고 여성들이 보다 광범위하게 폭력을 당하는 것으로 나타났다. 애인 스토킹은 〈글상자 10-1〉에서 볼 수 있는 바와 같이 다섯 가지 주요 스토킹 이유의 '특별 사례'로 따로 분류된다(Logan & Walker, 2009).

IPV와 스토킹 비율을 결정하기 위한 조사에서 연구

글상자 10-1   근친관계 맥락에서의 스토킹

- 스토킹이 일어나는 관계는 일련의 폭력과 학대 행동으로 특징지을 수 있다(예: Cupach & Spitzberg, 2000; Davis et al., 2000). 실제로 Douglas와 Dutton(2001)은 〈표 10-1〉에 개관되어 있는 심리적 그리고/또는 통제 행동들을 포함하는 현재 또는 과거 애인의 스토킹은 그 자체가 IPV라고 주장하였다. 120명의 남성 IPV 범죄자에 대한 연구에서 30%가 그들의 상대방에게 스토킹을 당했다고 보고하였다(Burgess et al., 1977). 덧붙여서 스토커의 30%에서 65%가 최근에 스토킹을 한 애인에게 폭력을 행사한 것으로 나타났다(예: Kienlen et al., 1977).
- 스토킹이 근친관계의 맥락에서 일어날 때, 범죄자는 희생자에 대해 잘 알고 있는 지식, 특히 특정 공포, 걱정 그리고 취약점에 대한 지식을 가지고 광범위한 스토킹 전략을 끌어올 수 있다(Mohandie et al., 2006; Sheridan & Davis, 2001).
- 스토킹이 근친관계의 맥락에서 일어날 때 범죄자가 희생자를 위협하고 폭력을 사용할 가능성이 증가한다(James & Farngam, 2003; Rosenfeld, 2004). 이에 덧붙여서 폭력은 그것을 위협의 수단으로 처음 사용한 스토커에게서 그렇지 않은 사람보다 더 많이 나타났다(Brewster, 2000). 이 장의 서두에서 논의한 런던 이브닝 스탠다드의 사례 (Bailey, 2010)에서 보았듯이, 스토킹은 또한 애인 살인의 위험 요인이다. 예를 들어, McFarlane 등(1999)은 상대방 살인 희생자의 76%가 살해되기 전에 스토킹을 당한 것으로 보고하였다.
- 그러한 스토킹은 관계가 끝난 후보다는 관계가 있는 동안에 시작되는 경향이 있다(Mullen et al., 2000). 그 연구에 의하면 여성 애인 스토킹 희생자의 25%에서 80%가 관계를 맺고 있는 동안에 스토킹이 시작된 것으로 보고하였다 (예: Hackett, 2000; Logan, Cole et al., 2006; Melton, 2007).
- 스토킹의 발생은 희생자에 대한 커다란 심리적 스트레스, 즉 불안 증상과 외상후 스트레스 장애(Logan, Walker et al., 2006)에서부터 정신과적 증상이나 심한 우울(Blaauw et al., 2002)에 이르기까지의 스트레스와 연관이 있는 것으로 나타났다. 더군다나 이전에 난폭한 근친관계였던 경우에 스토킹이 발생하면, 희생자에게 일어나는 정서적인 스트레스가 더 가중되는 것으로 나타났다(예: Brewster, 2002).

자들이 사용하는 방법론은 다양하다. 따라서 조사나 국가 그리고 시간에 따라 비율을 비교하는 것이 어렵다. 결과적으로 큰 전집을 대표하는 것으로 결과를 일반화하기 전에 연구에 사용된 방법론을 주의 깊게 살펴보는 것이 중요하다. 연구자들은 동의된 정의와 용어, 방법론적 접근법의 일관성을 통해 유병률과 발생률을 비교할 수 있는 연구를 할 수 있다. 여하튼 대규모의 자기보고식 지역사회 연구(예: 국가 가정폭력 조사; Straus & Gelles, 1990)를 고려해 볼 때 신체적 폭력을 경험한 모든 남성과 여성의 수명 유병률을 20%에서 30% 사이로 추정하는 것이 타당한 근사치인 것으로 보인다(Dixon & Graham-Kevan, 2010). 그리고 스토킹을 당한 모든 남성과 여성의 수명 유병률을 10%에서 35% 사이로 추정하는 것이 타당해 보인다. 덧붙여서 이러한 증거는 이 두 가지 현상이 상당히 중첩되어 있음을 시사한다.

위험 요인과 이론

이론을 통해 어떤 현상이 어떻게 일어나는지를 설명하고 그것이 발생하는 환경과 요인(즉, 위험 요인)을 확인할 수 있다. 광범위한 위험 요인이 IPV와 스토킹 연구에 포함되었다. 그리고 전형적으로 관심이 있는 행동에 참여한 개인과 참여하지 않은 개인의 특성을 비교하여 위험 요인을 확인해 왔다. IPV와 관련된 연구가 경험적 증거 기반을 가지고 있는 것과는 달리 스토킹 연구는 덜 포괄적이고 스토커의 특성에 대한 우리의 지식도 체포된 임상 집단의 표본이나 정신병리가 심한 사람들 또는 대학생들을 통해 얻어진 것이다.

위험 요인의 역할을 고려할 수 있는 유용한 귀납적인 틀은 내포 생태학적 모델(nested ecological model; Dutton, 1985)로서 Bronfenbrenner(1979)의 생태발달

모델에서 채택한 것이다. 이 틀을 통해 위험 요인들은 개인에 대한 상대적 근접성에 따라 확인된다. 그렇게 해서 위험 요인들은 네 수준 중의 하나에서 일어나는 것으로 개념화되었다. 그 수준은 거시체계(macrosystem, 넓은 사회적·문화적 영향), 중시체계(mesosystem, 교회나 학교 같은 사회적 집단의 영향), 미시체계(microsystem, 대인관계 영향) 그리고 개체체계(ontogenic, 개인의 발달/내적 영향)다. 〈표 10-2〉는 이 모델의 각 수준에 해당하는 IPV와 스토킹 위험 요인의 예를 보여 주고 있다.

이 표는 IPV와 스토킹에는 매우 광범위한 요인들이 포함되어 있고, 이 두 행동은 공통 위험 요인을 가지고 있음을 보여 주고 있다. 스토킹이 친근하고 이전에 난폭한 근친관계에 있던 사람에게서 일어난다는 것은 놀라운 일도 아니다. 위험 요인이 복합적으로 있음에도 불구하고 IPV에 대한 가장 일반적인 이론적 설명은 단일 요인의 역할에 초점을 두고 있다(IPV에 관련된 이론을 좀 더 조사하기 위해서는 Bowen, 2011 참조).

페미니스트 이론은 이 입장에 대해 경험적으로 지지해 주는 결과가 별로 없다는 사실에도 불구하고 이제까지 IPV에 대해 가장 영향력 있는 설명을 해 왔다. 이러한 관점은 IPV를 남성이 그들의 여성 상대에 대해 압도적으로 행동화하는 것으로 본다. 이는 남성 우월과 여성 복종을 지지하는 사회적 법칙에 의해 야기된 것이라는 것이다(Dobash & Dobash, 1979; Yllö, 2005). 따라서 '가부장제(patriarchy)'가 남성들이 여성 상대에게 폭력을 행사하게 하는 직접적인 원인이라고 여겨진다(Bell & Naugle, 2008). 일부 여성이 남성 상대에게 폭력을 행사한다는 점이 페미니스트의 입장에서 받아들여지기도 하지만, 이것은 자기방어나 남성의 공격과 관련되어 많이 나타나는 것으로 알려져 있다(Dobash & Dobash, 2004; Respect, 2008). 결과적으로 여성에 대한 폭력은 다른 형태의 폭력이나 범죄와 관련이 없는 특별한 것으

표 **10-2** 남성 애인 폭력과 스토킹과 관련된 위험 요인의 예

생태학적 수준	애인 폭력 위험 요인	스토킹 위험 요인
거시체계	• 가부장적 가치/체계	
중시체계	• 무직 • 또래 집단이 친폭력적 규준을 가짐	• 무직
미시체계	• 높은 관계 갈등 • 낮은 관계 만족 • 친근한 관계에서의 행동 통제	• 불안전한 인간관계 • 관계의 종결 • 높은 관계 갈등 • 상대와 헤어지기 전의 심리적 학대 • 친근한 관계에서의 행동 통제 • 사회적 고립
개체체계	• 아동기 때의 IPV 목격 • 아동 학대 • 경계선 성격 특질 • 반사회적 성격 특질 • 약물 사용/남용 • 알코올 사용/남용 • 근친 폭력 태도 • 사회적 문제해결 결핍 • 여성에 대한 부정적 태도 • 질투 • 충동 통제의 어려움	• 물질 남용 • 정신분열증 • 경계선 성격 특질 • 자애적 성격 특질 • 애착 • 애정망상 • 낮은 공감 능력 • 높은 분노 특질 • 질투 • 높은 교육 수준 • 충동 통제의 어려움

로 간주된다(Dixon, Archer et al., 2011). 따라서 결국 페미니스트들은 여성에 대한 폭력을 없애기 위해 가부장적 사회 구조를 바꾸는 것만이 여성에 대한 남성 폭력의 근본적인 원인을 변화시킬 수 있다고 본다(Dutton, 2006). 이러한 바람직한 목적에도 불구하고 가부장제와 IPV 간에 기대한 만큼의 강한 상관이 있다는 것을 지지해 주는 경험적 결과는 별로 없다(예: Stith et al., 2004; Sugarman & Frankel, 1996).

사실 성별이 IPV의 범죄자나 희생자와 관련이 있는가에 대한 가설을 검증한 연구에서는 남성과 여성이 폭력 행위에 있어서 거의 동등한 비율로 나타남을 발견하였다. 이러한 성적 대칭은 앞서 언급한 국가 가정폭력 조사(Straus et al., 1980; Straus & Gelles, 1985)에서도 나타나고, 다른 연구의 모범이 되는 Archer(2000)의 종합 분석에서도 나타난다. Archer는 남성과 여성이 한 신체적 폭력의 비율을 조사하기 위해 82개의 독립된 연구를 가지고 이성 IPV 범행에서의 성별 차이를 조사하였다. 전체적으로 6만 4,487명의 자료를 조합하여 분석하였으며, 그 결과 비록 여성이 남성보다 전반적으로 좀 더 상해를 많이 입고($d = +0.15$) 의학적으로 치료를 더 많이 받는 것으로 나타났지만($d = +0.08$), 여성이 남성보다 자신의 상대방에게 신체적인 공격을 약간 더 많이 하는 것으로 나타났다(Cohen의 $d = -0.05$). 그는 또한 연구된 표본이 더 어리고 비임상적인 표본

이 여성 쪽에 더 많이 있는 중요한 효과 크기의 조절자라고 보고하였다. 예를 들어, 피난처 표본을 사용한 연구에서는 남성 방향으로 매우 높은 효과 크기가 나타난 반면, 지역사회와 학생 표본에서는 여성 방향으로 좀 더 높은 효과 크기가 나타났다. 그러한 연구 결과들은 남성과 여성이 모두 근친관계에서 신체적 폭력의 공격자나 희생자가 될 수 있음을 보여 주며, IPV에 대한 페미니스트들의 일방적 관점을 약화시키는 것으로 볼 수 있다.

IPV를 이해하는 데 적용되는 매우 인기 있는 이론은 사회학습이론(social learning theory: SLT; Bandura, 1977)이다. SLT에 따르면 폭력과 학대 행동 및 친폭력적 신념은 타인, 가장 전형적으로는 부모에 의해 모델이 된 행동과 태도를 직접 경험하거나 관찰함으로써 아동기 동안에 학습된다. 그러한 행동이 노출될 가능성은 그들이 강화된 것으로 지각되는지에 달려 있다. Woodin과 O'Leary(2009)는 행동적 학습이 고전적 및 조작적 조건화 과정 모두에 의해 일어날 수 있고, 인지적 매개 과정에 의해서도 일어날 수 있다고 보았다(p. 46). 그래서 가장 기본적인 수준에서 IPV에 대한 SLT의 설명은 아동이 관찰한 부모 간의 폭력이 근친관계에서의 아동 폭력 사용으로 이끈다고 예언한다. 이것은 '폭력의 세대 간 전달(intergenerational transmission of violence)'이라고 알려져 있는 것으로, IPV에 대한 SLT설명 중 가장 널리 검증된 가정이다. 여하튼 결과로 나타난 경험적 증거는 이 연합이 직접적이지는 않음을 시사해 주고 있다.

예를 들어, Ehrensaft 등(2003)이 582명의 청년과 그들의 어머니를 20년간 추적한 연구에서는 아동기 파괴적 행동장애와 아동기 방치와 학대, 양육 훈련과 부모 간 폭력이 성인 IPV의 위험 요인으로서 전향적 역할을 하는지에 대해 조사하였다. 그 결과, 아동기 품행장애 진단이 다른 위험 요인의 7배 정도로 높아 IPV의 가장 중요한 단일 위험 요인인 것으로 나타났다. 여하튼 부모 간 폭력에 노출되는 것과 아동 학대도 유의한 예언 변인으로 나타났다. 그 모델의 예언 인자로 아동기 품행장애가 포함된 경우, 품행장애는 부분적으로 아동 학대의 영향에 의해 매개되는 것으로 나타났다. 이 연구와 다른 전향적 종단연구의 결과들은 아동기의 폭력 모델에 대한 노출과 성인 IPV 간의 관계가 약하며 다른 부가적인 요인, 즉 아동기 품행장애와 반사회적 성격 특질에 영향을 받는 것으로 나타났다([그림 10-3]).

[그림 10-3] 아동기 동안의 폭력 모델 노출과 성인 애인 폭력 간의 관계는 약한 것으로 나타났다. 그리고 아동기 품행장애와 반사회적 성격 특질과 같은 부가적인 요인들에 영향을 받는 것으로 나타났다.

출처: ⓒ AFH. Shutterstock사의 허락하에 게재함.

페미니스트 이론을 따르면 SLT는 기술기반 치료 프로그램의 구성에 주요한 영향력을 가지고 있다. 그리고 현재의 많은 프로그램이 많든 적든 페미니스트 이념을 인지-행동적 기술 훈련에 접목하고 있다(Bowen, 2011a).

애착이론(attachment theory) 은 잘 개발된 초기 발달이론으로 초기 관계의 형성에 초점을 두고 있고, 이 관계들이 후기 아동기와 성인 기능에 어떻게 영향을 미치는지에 대한 시사점을 준다. 특히 애착 모델은 유아가 한 명 이상의 선호하는 양육자와 안정된 기반을 가질 필요성을 제기한다. 이를 통해 유아는 세계를 안전하게 탐색할 수 있고 필요한 경우 안전하게 되돌아올 수 있다(Bowlby, 1988). 결과적으로 건강한 발달을 하는 동안, 울고 매달리고 찾아다니는 접촉과 같은 애착

> **애착이론**
> **(attachment theory)**
> 잘 개발된 초기 발달이론으로 초기 관계의 형성에 초점을 두고 있고 이 관계들이 후기 아동기와 성인 기능에 어떻게 영향을 미치는지에 대한 시사점을 준다.

행동은 아동과 부모 사이에 애착이나 정서적 유대감이 발달하도록 이끈다(Goodwin, 2003). 그리고 공포, 불안, 스트레스를 겪는 것은 양육자에 대해 친숙성을 획득하는 데 도움을 준다. 애착이 근친관계에서 친숙성과 거리감을 조절하기 때문에 낭만적 애착 유형은 IPV 연구에 특정한 전망을 보장해 주는 것으로 가정되어 왔다(Hazan & Shaver, 1987). 〈글상자 10-2〉는 확인된 네 가지 성인 애착 양식을 기술하고 있다(Bartholomew & Horowitz, 1991).

성인 IPV가 아동기 때 발달된 불안정형 애착 양식(경멸하는, 집착하는, 두려워하는)을 반영하고 유기 불안과 분노와 관련되어 있다는 이론은 Dutton(1995, 1998, 1999)이 제기하였다. 실제로 IPV 남성은 안정형 애착 양식보다 불안정형 애착 양식이 특징적으로 더 많다는 증거가 있다(예: Dutton et al., 1994).

덧붙여서 IPV범죄자 표본에서는 불안정형 애착 특성과 일치하는 몇 가지 성격 구성 개념과 대인 기능 양

글상자 10-2   애착 양식 요약

애착은 두 개의 기본 차원을 반영한다. 즉, 자신에 대한 긍정성/부정성과 타인에 대한 긍정성/부정성으로 네 개의 성인 애착 양식을 만든다(Bartholomew & Horowitz, 1991).

- **안정형 애착 양식**(secure attachment style: **자신 긍정, 타인 긍정 입장**)을 가진 사람들은 이론적으로 안정된 친근성을 가지고 있고 자율적인 근친관계를 할 수 있는 것으로 본다.
- **무시형 애착 양식**(dismissing attachment style: **자신 긍정, 타인 부정 입장**)을 가진 사람들은 강박적으로 자기-신뢰를 하며 전형적으로 근친관계의 중요성을 최소화한다.
- **집착형 애착 양식**(preoccupied attachment style: **자신 부정, 타인 긍정 입장**)을 가진 사람들은 타인에 대해 높은 수준의 의존성을 보이고 자존감을 얻기 위해 근친관계의 중요성에 집착한다.
- **두려움형 애착 양식**(fearful attachment style: **자신 부정, 타인 부정 입장**)을 가진 사람들은 배척에 대한 두려움을 가지고 있어 친근성에 자체에 대해 두려움을 나타낸다. 결과적으로 이 사람들은 사회적 상호작용과 친근한 관계를 회피한다.

식이 많은 것으로 나타났다. 예를 들어, Dutton 등 (1994)은 두려움형 애착 양식은 분노, 질투 그리고 외상 증상과 관련이 있음을 발견하였다. Murphy 등(1994)은 결혼생활에서 폭력적인 남성들이 결혼생활에서 스트레스를 받지만 비폭력적인 남성이나 결혼생활에 만족하면서 비폭력적인 남성에 비해 그들의 상대방에 대해 더 높은 대인관계 의존성을 보이며, 자존감도 더 낮은 것으로 보고하였다. Holtzworth-Munroe 등(1997)은 폭력적인 남성들이 비폭력적인 남성들에 비해 그들의 상대방에 대해 의존도가 높고 집착하며 질투하는 혼란형 애착 유형을 특징적으로 보임을 발견하였다. 또한 연구들은 불안정형 애착이 형성된 폭력 남성들이 행동 통제에 더 많이 가담하고 이러한 조합이 폭력 사용의 빈도와 심각성을 예측한다고 확인하였다(예: Mauricio & Gormley, 2001).

스토킹 행동을 기술할 때 〈표 10-2〉에 있는 위험 요인과 IPV를 연합시켜 생각해 보면, 스토킹을 일종의 애착 행동으로 개념화할 수 있다는 것이 놀랍지는 않을 것이다. 실제로 애착 개념틀은 이제까지의 연구에서 나타난 스토킹을 가장 일관성이 있게 설명하는 유일한 이론이다. 비록 다른 사람들이 근친 스토킹과 관련된 통제 행동의 비율이 높고 실제로 통제의 수단으로 스토킹을 사용한다는 것 때문에 페미니스트의 설명을 주장하고 있기는 하지만(예: Melton, 2000), Meloy(1996)는 처음으로 강박적 미행이 '추적 행동에 대해 역겹게 반응하는 분노한 또는 놀란 대상을 향한 친숙성 추구'라고 주장하였다(p. 150). 이것은 외현적 애착 개념을 사용한다. 대학생의 스토킹 행동이 분노-질투에 의해 매개되기는 하지만 불안형(집착형) 애착과 관련이 있다는 증거가 있다(Davis et al., 2000). 보다 최근의 연구는 불안형(집착형) 애착 양식과 분노가 연합되어 있음을 확인하였다(Patton et al., 2010). 비록 애착 접근법이 근친

관계 맥락에서 스토킹을 설명할 때 직관적인 감이 있기는 하지만 Patton 등(2010)은 애착 불안정이 범죄자가 표적 대상을 이전에 알고 있건 모르고 있건 간에 일반적으로 표적 대상에 대한 친숙성이 요구되는 상황에서 스토킹이 일어날 때 역할을 한다고 주장하였다.

이 이론이 페미니스트 관점을 뛰어넘는 이점은 그것이 범죄자나 희생자의 성별을 가정하지 않는다는 것이다. 오히려 그것은 남성이나 여성이 모두 희생자나 범죄자가 될 수 있다고 본다. 따라서 그러한 성별을 포함한 접근법에 영향을 받은 조사나 경험적 연구는 범죄자 성별을 포함시킨 양방 가설을 검증하는 데 취약할 수 있다. 경험적 연구들은 다양한 이론이 IPV와 스토킹 병인론의 다양성에 대해 설명할 수 있음을 보여 준다. 그리고 종합적으로 몇 가지 이론은 독립된 다른 이론보다 더 좋은 설명을 제공해 준다(O'Leary et al., 2007).

범죄자 하위 유형

애인 폭력

경험적 연구들은 반복적으로 다양한 형태의 범죄자와 다양한 병인론의 존재를 입증해 왔다. Holtzworth-Munroe와 Stuart(1994)는 문헌 개관을 통해 지역사회에 사는 IPV 남성들의 가설적 유형을 제안하였다. 그들은 세 차원의 부부 폭력이 세 유형의 범죄자를 변별할 수 있다고 가정하였다. 그 유형은 부부 폭력의 강도, 폭력의 일반성 그리고 정신병리/성격장애다. 이들 유형의 사람들은 일반적으로 폭력/반사회적, 우울/경계선 그리고 가족 한정 범죄자로 명명되었다. 이들은 지역사회 남성 IPV 범죄자의 25%, 25%, 50%를 각각 설명하는 것으로 보고되었다. 이 세 가지 유형은 〈글상자 10-

3>에 제시되어 있다.

이 유형론은 가정된 하위 유형의 일부나 전부에 대한 증거가 나타나는 몇 가지 경험적 연구에서 지지되었다(예: Boyle et al., 2008; Chase et al., 2001; Huss & Langhinirichsen-Rohling, 2006; Holtzworth-Monroe et al., 2000). 여성 범죄자에게도 유사한 유형이 있는지를 조사하기 위해 제한된 연구가 수행되었다. 여하튼 이를 조사한 연구들은 미국과 영국의 여성 비살인 범죄자들에서 유사성을 발견하였으며(예: Babcock et al., 2003; Dixon, Fatania et al., 2011), 여성 범죄자에 대한 연구가

더 진행될 것이 권장되었다.

스토킹

애착이론을 스토킹 행동에 적용하는 이전의 논의에서 볼 때 근친관계의 스토킹이 IPV 범죄자의 **우울/경계선** 하위 집단에 속한다는 것은 놀랄 일이 아니다(Dutton & Kerry, 1999; 〈글상자 10-3〉 참조). 여하튼 모든 형태의 스토킹에 불안형(집착형) 애착이 잠재적으로 관련되어 있음에도 불구하고 스토커의 하위 유형을 확인하려는

글상자 10-3   Holtzworth-Monroe와 Stuart(1994)의 IPV 하위 유형

- **일반적인 폭력/반사회적** 범죄자는 가정 내에서나 밖에서 중등도에서 심각한 수준의 폭력 행동을 할 가능성을 증가시키는 다양한 위험 요인을 가지고 있다. 그들은 아동기에 가장 높은 수준의 폭력에 노출되었다. 그들은 일탈된 또래가 광범위하게 많고, 충동성, 약물 남용, 범죄 성향, 반사회적 성격과 자애성을 가지고 있다. 또한 여성에 대해 부정적 태도를 가지고 있으며, 일반적으로 폭력을 지지하는 태도를 가지고 있고, 다양한 상황에서 일어나는 갈등을 해결할 수 있는 기술이 부족하며, 무시형 애착 양식을 가지고 있다. 그들은 공감 수준이 낮고, 심리적 스트레스와 우울을 가지고 있으며, 중등도의 분노감을 가지고 있다. 그리고 존경받지 못하거나 배척되었다고 느낄 때(〈사례연구 10-1〉 참조) 통제력을 유지하거나 다시 얻기 위해 상대방에게 폭력을 행사할 가능성이 있다.
- **우울/경계선** 범죄자들은 일차적으로 가족들에게 중등도에서 심각한 수준의 폭력을 행사할 수 있다. 그들은 아동기 때 일부 가족 폭력을 경험했을 가능성이 있으며, 일탈된 또래들과 어울릴 수 있다. 또한 높은 수준의 심리적 스트레스, 정서적 변덕, 우울 그리고 분노를 드러낸다. 그들은 중등도의 폭력 지지 태도를 가지고 있고, 낮은 수준에서 중등도까지의 공감 능력과 범죄 성향 그리고 약물 남용을 보이며, 중등도의 충동성을 보이고, 부부 의사소통 기술이 낮다. 그들은 경계선 성격 특징을 보이며, 집착 또는 두려운 애착을 보인다. 따라서 그들은 배척당하거나 버려지거나 무시당한다고 느낄 때 분노 반응을 보일 수 있다. 그리고 불화나 이별의 위협을 느낄 때 근친관계를 유지하거나 다시 회복하기 위한 시도로서 스토킹을 하거나 희롱을 할 수 있다(〈사례연구 10-2〉 참조).
- **가족 한정** 범죄자는 가족에게 폭력을 행사하는데 심각성과 빈도가 낮다. 그들은 최소한의 범죄 행동과 정신병리를 보이며, 비폭력 남성들과 유사한 위험 요인을 가지고 있다. 그들의 폭력은 아동기 가정폭력에의 노출, 상대방과의 빈약한 의사소통 기술과 같은 낮은 수준의 위험 요인이 축적된 결과로 나타난다. 그리고 충동성이 경미하고, 상대방이나 알코올에 의존하고 약물 남용을 보인다.

노력이 지속되어 왔다. IPV 문헌에서 이 유형을 확인하려는 것과는 대조적으로 스토커 하위 유형은 전형적으로 희생의 특성에 따라 확인되었다. 잠재적으로 유용한 유형론은 Zona 등(1998)이 재분류하였다. 그들은 〈글상자 10-4〉에서 확인할 수 있는 바와 같이 스토킹 유형을 세 가지로 나누었다.

〈글상자 10-4〉에서 볼 수 있는 바와 같이 스토커의 분류는 대표성이 떨어지는 임상 표본에서 확인되었기 때문에 모호하다(예: Westrup, 1998)는 이유로 문헌에서 비판을 받아 왔다. 여하튼 IPV와 스토킹 행동의 이질성에 관한 증거를 함께 모아 본다면 이러한 문제의 이해를 위해 다요인적 개념틀이 필요함을 알 수 있다. 정말로 이는 몇몇 연구가 다양한 유형의 남성들에게 다양한 형태의 개입이 유익하다는 것을 제시한 점을 볼 때 중요한 것이다(예: Saunders, 1996).

사례연구 10-1　애인 폭력

David는 23세 남자로 자신의 여자친구인 Heather를 죽이려고 시도해서 유죄 판결을 받았다. 죄수 심리학자가 그의 범행의 원인을 보다 자세히 이해하기 위하여 David를 만났다.

위험 요인에서 볼 때 David는 범행 당시 무직이었고 어머니가 없는 아동기를 보냈으며 아버지로부터 학대와 배척을 받았다. 그는 엄마가 주변에 없어서 보호를 받지 못했고 '여성은 쓸모가 없다. 단지 두 가지 일에만 좋다. 요리와 섹스'(여성에 대한 부정적 태도)라고 설명하였다. 그는 어려서부터 그 지역 또래들과 어울리면서 많은 시간을 거리에서 보냈다고 설명하였다. 그들은 차를 훔치고 주거침입 강도질을 했고 불을 질렀으며 다른 반사회적인 행동을 했다(일탈된 또래 집단). David는 어려서부터 간헐적으로 알코올과 약물을 남용했고(물질 남용) 범죄를 저질러 유죄 판결을 많이 받았다. 노상 강도, 약물 거래, 주거침입 강도, 난투극, 범죄적 상해 등. 그의 파일에는 청소년기에 품행장애로 정신과적 진단을 받았고 폭력을 지지하는 태도를 가지고 있는 것으로 쓰여 있었다.

David는 Heather와 3개월 동안 동거해 왔다. 그는 Heather의 활동 전반을 심하게 통제했고, 친구를 만나는 것도 제한했으며, 그녀의 수입을 관리했고, 다른 사람들(특히 남성들)과 함께 그녀의 친구를 만나는 것에 대해 지속적으로 질투를 했다(행동 통제). Heather는 이전에 경찰에게 David가 자신을 죽일 것 같다고 알렸다.

문제의 그날에 David는 취하도록 마셨다. 그는 Heather가 자신의 허락 없이 집을 떠난 것을 발견하였다. 그는 이런 식으로 자신이 존중받지 못한다는 데 대해 그녀에게 분노를 느꼈다고 말하였고 '누가 그녀의 보스인지 보여 주겠다.'고 생각했음을 기억하였다. 경찰 진술서에는 그가 그녀의 얼굴과 배를 주먹으로 반복해서 때렸고 머리를 찧은 것으로 쓰여 있었다. 한 이웃이 그녀가 살려 달라고 외치는 소리를 들었고 경찰에 신고를 했다. Heather는 3주간 중환자실에 입원했다. 폭행 후 즉시 David는 집을 떠나 술집으로 가서 술을 계속 마셨다. 그는 자신의 행동을 후회하지 않는다고 말하였고 그녀가 자신을 감옥에 넣은 것에 대해 화가 나며 '자신이 나가면 더 조심해서 다녀야 할 것'이라고 말했다. 그는 또한 그녀가 '폭행을 당할 만했다'고 보고했으며 자기를 가지고 놀지 못하도록 한 수 가르쳐 준 것이 기쁘다고 했다.

죄수 심리학자는 David가 **일반적인 폭력/반사회적**(violent/antisocial) 범죄자와 유사한 특징을 가진 것으로 결론 내렸다.

사례연구 10-2   스토킹

Simon은 36세 남자로 자신의 전 여자친구 Sarah를 죽이겠다고 희롱하고 위협한 죄로 판결을 기다리고 있다. 보호관찰 심리학자는 그의 범죄 원인을 자세히 이해하고 판사의 선고 결정에 대한 정보를 주기 위해서 Simon을 만났다.

위험 요인의 관점에서 볼 때 Simon은 범행 당시 직업이 있었고, 아동기 때 그의 어머니로부터 오랫동안 신체적 학대를 경험했으며, 그의 아버지로부터는 성적 학대를 경험했다고 기술하였다. 덧붙여서 Simon은 그의 아버지는 어머니에게도 학대를 했으며 이러한 사건을 자주 목격했다고 하였다. 그는 수년 동안 이 장면에 대한 기억을 경험했으며 어렸을 때는 그의 부모에 대한 두려움 때문에 침대에 자주 오줌을 쌌다고 설명하였다(외상 증상). 그는 13세에 가출을 해서 그의 경험을 보고한 후 지역 공인 보호소에 계속 있었다. Simon은 친근한 관계 속에서 그의 많은 인생을 보냈지만 다른 사람, 특히 여자를 믿기가 어려웠다고 보고하였다. 그는 관계가 잘 진행되어 나갈 때조차도 상대방을 믿지 못했고 그들이 무엇을 하는지 알 수 없기 때문에 믿을 수 없다고 했다. Simon은 상대방들이 자신에게 확신을 주려고 노력했음에도 불구하고 이러한 감정들이 끊임없이 그를 사로잡았으며 아무것도 그를 더 좋은 감정으로 이끌지 못했다고 말했다. Simon은 주로 희롱과 범죄적 상해로 유죄 판결을 받은 기록이 있는데, 이 모든 것은 상대방이나 전 상대방을 대상으로 한 것이었다.

Simon은 Sarah와 3년간 동거했는데 그들의 관계는 5년 전에 끝났다. 그들이 함께 살 때 Simon은 Sarah의 움직임을 통제했으며 그녀가 어디를 가고 누구를 만나는지를 정확하게 알고 싶어 했다. 그는 다른 사람들, 특히 남성을 포함해서 그녀의 친구들에 대해 지속적으로 질투를 했다(행동 통제). Sarah는 Simon의 행동에 대해서 경찰에 어떤 불평도 호소하지 않았다.

Sarah는 그들의 관계가 끝난 이후 5년 동안 Simon의 희롱에 관한 증거를 수집하였다. 조사 중에 있는 증거는 Sarah가 15통 이상의 위협하는 편지, 수백 통에 달하는 익명의 위협 이메일, 지난 6개월 동안에는 한 달에 한 번씩 그녀의 난폭한 죽음과 '실행의 날'을 강조한 조작된 사진을 붙여 장미 화환을 보낸 것 등이 있었다.

보호관찰 심리학자는 David가 명백하게 **우울/경계선**(dysphoric/borderline) 범죄자의 특성을 가지고 있다고 결론지었다.

글상자 10-4   스토킹 유형

• **애정망상**(erotomanic) **스토킹**은 사랑하지만 얻을 수 없는 희생자에 대한 망상적 믿음을 가지고 있는 개인이 저지른다. 따라서 스토킹 행동으로 표적 대상이 범죄자의 존재를 알아차릴 수 있도록 극단적으로 주의를 끄는 행동을 사용한다. 전형적으로 이것은 표적 대상이 범죄자의 사회적 네트워크의 구성원일 때 일어나고 여성들이 이전에 어떠한 관계도 가지지 않았던 높은 지위에 있는 남성에게 스토킹을 한다.

• **단순 강박적**(simple obsessional) **스토킹**은 친근한 관계나 일이나 전문적인 상황에서 알게 된 지인이 저지른다. 이

두 하위 범주의 동기는 친근한 관계를 유지하거나 다시 시작하려고 하는 욕구 또는 학대받았다고 지각한 행동에 대한 복수인 것으로 확인되었다(〈사례연구 10-2〉의 Simon과 딱 들어맞는).

- **애정-강박적(love-obsessional) 스토킹**은 표적 대상이 스토커를 알고 있지만 이전에 그들 간에 친근한 관계가 없던 사이에서 일어난다. 그러한 표적 대상은 권력이 있거나 지위가 있는 공적 인물이나 유명인사인 경우가 많다.

(Zona et al., 1998)

실무에 대한 함축성: 위험 평가

위험 평가는 확인된 위험이 일으킬 수 있는 위험 수준을 결정하기 위해 많은 인생사에서 행해지고 있다. IPV의 경우, 위험 평가는 개인 범죄자가 현재 또는 과거 근친 상대방에게 일으킬 수 있는 상해의 위험(통상 상위, 중위, 하위 위험 수준으로 범주화되는)을 이해하기 위해 수많은 유형의 전문가(예: 경찰, 심리학자, 사회사업가, 독립적인 가정폭력 상담사)가 수행한다. 그러한 평가는 희생자와 다른 가족에 대한 안전 프로그램, 치료계획 개발 그리고 치료 후 위험 요인 평가와 같은 다양한 영역에서 유용하다. 따라서 전문가가 희생자에게 일어난 위험의 가능성을 예측할 때 정확성이 높아야 하기 때문에 위험 평가의 타당도와 신뢰도는 매우 중요하다.

위험 평가는 임상적·실제적 그리고 구조화된 전문적 판단과 같은 다양한 방법으로 시도되어 왔다. 위험 평가에 대한 임상적 평가는 전문가의 경험에만 의존한다. 그것은 어떤 개념틀에 의해 인도되지 않고 많은 편파에 노출되어 있으며, 경험적인 방법을 통해 위험 요인을 추출하고 위험 수준을 알려 주는 절단점을 찾는 통계적인 접근에 비해 정확성이 떨어진다. 여하튼 통계적인 방법에 대해 비판이 없을 수는 없다. 예를 들어, 그것은 시간에 따라 변하지 않는 정적 요인에 많이 의존하고 있어서, 구조화된 전문적 판단 도구들이 절충적으로 제시하는 것만큼 범죄자들이 자신들에게 부여된 위험 수준을 감소시킬 수 없는 결과를 초래한다. 이 방법은 경험적인 문헌으로부터 개발된 지침이나 개념틀을 제공한다. 그래서 전문가들이 체계적으로 위험에 대한 결론을 도출할 수 있도록 해 준다(자세한 논의는 Bowen, 2011b; Nicholls et al., 2007 참조).

이러한 증거 기반은 근친 상대방으로부터의 상해 위험이나 치사율을 추정할 수 있는 위험 평가 도구를 개발하는 데 도움이 된다. 통계적이고 구조화된 전문적 판단 도구는 많이 존재한다. 예를 들면, 배우자 폭행 위험평가(Spousal Assault Risk Assessment; Kropp et al., 1999), 위험평가용 간편 배우자 폭행 양식(Brief Spousal Assault Form for the Evaluation of Risk; Kropp et al., 2004), 온타리오 가정폭력 위험평가(Ontario Domestic Assault Risk Assessment, Hilton et al., 2004) 그리고 가정폭력 선별검사(Domestic Violence Screening Inventory; Williams & Houghton, 2004)가 그것이다. 위험 평가 개정판(Risk Assessment-Revised; Campbell et al., 2009)은 매우 심하거나 치명적인 상대방 폭력의 위험이 있는 여성을 확인하기 위해 특별히 개발되었다. 스토킹에 대해서는 단지 하나의 공식적인 위험 평가—스토킹 평가와 관리 지침(Guidelines for Stalking Assessment and Management; Kropp et al., 2006)—가 출판되었다. 이를 통해 위험 평가에 대해 구조화된 전문적 판단을 할 수 있다(자세한 것은 Bowen, 2011b 참조).

대부분의 위험 평가 도구가 여성 상대방에 대한 남성의 공격성(여성의 이성 또는 동성의 공격성은 아니고)을 조사한 연구로부터 개발되긴 했지만, 범죄자 또는 희생자의 삶에 대한 다양한 요인을 모두 평가한다. 그래서 하나의 관점에 의존하기보다 다양한 이론적 관점으로 부터 증거를 끌어낼 수 있다. 이것은 종합적이고 철저한 위험 평가를 할 수 있게 해 주기 때문에 문제의 원인을 적절히 이해하고 범죄자의 유형을 확인할 때 필요하고, 치료 그리고/또는 관리 전략에 대해서도 필요한 정보를 제공해 준다.

요약

- IPV와 스토킹이 독립적으로 일어나거나 함께 일어날 수 있는 매우 심각한 국제적 사회 문제라는 것은 분명하다. 유병률을 추정하기 위해 사용된 연구의 설계와 무관하게 이러한 폭력이 유병률의 상당한 부분에 부정적인 영향을 미치는 것은 분명하다.
- 문제의 크기와 어떤 성별이 우선적으로 영향을 받는지에 대한 합의는 문제의 본질과 원인에 대한 이해의 차이 때문에 아직까지 분명하지 않다. 그러나 증거 기반은 두 가지를 모두 조사하기 위해 성별을 포함한 접근이 필요함을 보여 주고 있다.
- 비록 IPV 여성과 스토킹의 유형에 대한 연구가 앞으로 더 필요하지만, 범죄자의 위험 요인에 관한 연구는 IPV와 스토킹을 설명하는 데 다양한 요인이 제공되고 있으며 다양한 형태의 원인론적 위험을 가진 하위 유형이 분명하다는 것을 보여 주고 있다.
- 여기에서 논의된 경험적인 증거를 모아 보면, 연구자들이 IPV와 스토킹의 종합적인 평가, 예측 그리고 예방에 도움이 되는 도구를 개발할 수 있을 것이다. 그러한 체계적 접근은 이 장의 도입부에서 기술한 것처럼 사고를 예방하는 데 필수적이다.

주관식 문제

1. '다요인이론은 애인 폭력의 원인에 대해 가장 좋은 설명을 제공하고, 위험 평가 시 가장 정확한 정보를 제공한다.' 이 진술에 대해 증거 기반을 사용하여 비판적으로 논의하라.
2. '애인 폭력과 스토킹은 이질적 범죄이고, 이것은 평가 그리고/또는 범죄자의 치료 동안에 설명이 이루어져야 한다.' 라는 것에 대해 비판적으로 논의하라.
3. 애정망상은 모든 스토킹 행동의 기초가 된다는 주장에 대해 비판적으로 평가하라.
4. 스토킹을 가정폭력의 한 형태로 봐야 한다는 Douglas와 Dutton(2001)의 주장을 비판적으로 평가하라.

참고문헌

American Psychiatric Association. (2000). *Diagnostic and statistical manual of mental disorders* (4th ed, text revision). Washington, DC: American Psychiatric Association.

Archer, J. (1994). Introduction. In J. Archer (Ed.), *Male violence* (pp. 1-20). London: Routledge.

Archer, J. (2000). Sex differences in aggression between heterosexual partners: A meta-analytic review. *Psychological Bulletin, 126,* 651-680.

Babcock, J. C., Miller, S. A., & Siard, C. (2003). Toward a typology of abusive women: Differences between partner-only and generally violent women in the use of violence. *Psychology of Women Quarterly, 27,* 153-161.

Bailey, B. (2010, March 16). Stalker guilty of stabbing ex-girlfriend to death in brutal attack. *London Evening Standard.* Retrieved 22 August 2011 from www.thisislondon.co.uk/standard/article-23815878-stalker-guilty-of-stabbing-ex-girlfriend-to-death-in-frenzied-attack.do

Bandura, A. (1977). *Social learning theory.* Oxford, England: Prentice-Hall.

Bartholomew, K., & Horowitz, L. M. (1991). Attachment styles among young adults: A test of a four category model. *Journal of Personality and Social Psychology, 61,* 226-244.

Basile, K., Swahn, M., Chen, J., & Saltzman, L. (2006). Staling in the United States: Recent national prevalence estimates. *American Journal of Preventive Medicine, 31,* 172-175.

Bell, K. M., & Naugle, A. E. (2008). IPV theoretical considerations: Moving towards a contextual framework. *Clinical Psychology Review, 28,* 1096-1107.

Blaauw, E., Winkel, F., Arensman, E., Sheridan, L., & Freeve, A. (2002). The toll of stalking: The relationship between features of stalking and psychopathology of victims. *Journal of Interpersonal Violence, 17,* 50-63.

Bowen, E. (2011a). *The rehabilitation of partner-violent men.* Chichester: Wiley-Blackwell.

Bowen, E. (2011b). Prevalence and experiences of dating violence in early adolescence. *Journal of Adolescent Health.* Manuscript submitted for publication.

Bowen, E. (2011c). An overview of IPV risk assessment and the potential contributions of victim appraisals. *Aggression and Violent Behavior, 16,* 225-241.

Bowlby, J. (1988). *A secure base: Parent-child attachment and healthy human development.* New York: Basic Books.

Boyle, D. J., O'Leary, D. O., Rosenbaum, A., & Hassett-Walker, C. (2008). Differentiating between generally and partner-only violent subgroups: Lifetime antisocial behaviour, family of origin violence and impulsivity. *Journal of Family Violence, 23,* 47-55.

Brewster, M. (2000). Stalking by former intimates: Verbal threats and other predictors of physical violence. *Violence and Victims, 15,* 41-54.

Brewster, M. (2002). Trauma symptoms of former intimate stalking victims. *Women & Criminal Justice, 13,* 141-161.

Bronfenbrenner, U. (1979). *The ecology of human development: Experiments by nature and design.* Cambridge, MA: Harvard University Press.

Browne, K. D., & Herbert, M. (1997). *Preventing family violence.* Chichester: John Wiley & Sons, Inc.

Budd. T., & Mattinson, J. (2000). *Stalking findings from the 1998 British Crime Survey. Home Office Research Findings 129.* London: Home Office.

Burgess, A. W., Baker, T., Greening, D., Hartman, C. R., Burgess, A. G., Douglas, J. E., et al. (1997). Stalking behaviours within domestic violence. *Journal of*

Family Violence, 12, 389-403.

Campbell, J. C., Webster, D. W., & Glass, N. E. (2009). The danger assessment: Validation of a lethality risk assessment instrument for intimate partner femicide. *Journal of Interpersonal Violence, 24,* 653-674.

Capaldi, D. M., & Clark, S. (1998). Prospective family predictors of aggression toward female partners for at-risk young men. *Developmental Psychology, 37,* 61-73.

Chase, K. A., O'Leary, K. D., & Heyman, R. E. (2001). Categorizing partner-violent men within the reactive-proactive typology model. *Journal of Consulting and Clinical Psychology, 69,* 567-572.

Cupach, W., & Spitzberg, B. (2000). Obsessive relational intrusion: Incidence, perceived severity and coping. *Violence and Victims, 15,* 357-372.

Davis, K., Ace, A., & Andra, M. (2000). Stalking perpetrators and psychological maltreatment of partners: Anger-jealousy, attachment insecurity, need for control and break-up context. *Violence and Victims, 15,* 407-425.

Dixon, L., Archer, J., & Graham-Kevan, N. (2011). *Perpetrator programmes for partner violence: Are they based on ideology or evidence?* Manuscript submitted for publication.

Dixon, L., Fatania, R., & Howard, P. (2011). *Classifying female perpetrated intimate partner aggression.* Manuscript submitted for publication.

Dixon, L., & Graham-Kevan, N. (2010). Spouse abuse. In B. S. Fisher & S. P. Lab (Eds.), *Encyclopaedia of victimology and crime prevention.* Thousand Oaks. Sage.

Dixon, L., & Graham-Kevan, N. (2011). Understanding the nature and aetiology of IPV and implications for practice: A review of the evidence base. *Trauma, Violence and Abuse.* Manuscript submitted for publication.

Dobash, R. P., & Dobash, R. E. (1979). *Violence against wives: A case against the patriarchy.* New York: The Free Press.

Dobash, R. P., & Dobash, R. E. (2004). Women's violence to men in intimate relationships. *British Journal of Criminology, 44,* 324-349.

Douglas, K. S., & Dutton, D. G. (2001). Assessing the link between stalking and domestic violence. *Aggression and Violent Behavior, 6,* 519-546.

Dutton, D. G. (1985). An ecologically nested theory of male violence towards intimates. *International Journal of Women's Studies, 8,* 404-413.

Dutton, D. G. (1995). *The domestic assault of women.* Vancouver, BC: UBC Press.

Dutton, D. G. (1998). *The abusive personality.* New York: The Guilford Press.

Dutton, D. G. (1999). Limitations of social learning models in explaining intimate aggression. In X. B. Arriaga & S. Oskamp (Eds.), *Violence in intimate relationships* (pp. 73-87). Thousand Oaks, CA: Sage.

Dutton, D. G. (2006). *Rethinking domestic violence.* Vancouver: UBC Press.

Dutton, D. G., & Kerry, G. (1999). Modus operandi and personality disorder in incarcerated spousal killers. *International Journal of Law and Psychiatry, 22,* 287-299.

Dutton, D. G., Saunders, K., Starzomski, A., & Bartholomew, K. (1994). Intimacy-anger and insecure attachment as precursors of abuse in intimate relationships. *Journal of Applied Social Psychology, 24,* 1367-1387.

Ehrensaft, M. K., Cohen, P., Brown, J., Smailes, E., Chen, H., & Johnson, J. G. (2003). Intergenerational transmission of partner violence: A 20-year prospective study. *Journal of Consulting and Clinical Psychology, 71,* 741-753.

Finney, A. (2006). *Domestic violence sexual assault and stalking: Findings from the 2004/05 British Crime Survey. Home Office Online Report No12/06.*

London: Home Office.

Fox, K. A., Nobles, M. R., & Fisher, B. S. (2011). Method behind the madness: An examination of stalking measures. *Aggression and Violent Behavior*, in press.

Gelles, R. J. (1990). Methodological issues in the study of family violence. In M. A. straus & R. J. Gelles (Eds.), *Physical violence in American families, risk factors and adaptations to violence in 8145 families.* (pp. 17–28). New Brunswick: Transaction Publishers.

Goodwin, I. (2003). The relevance of attachment theory to the philosophy, organization and practice of adult mental health care. *Clinical Psychology Review, 23,* 35–56.

Graham-Kevan, N. (2007). Power and control in relationship aggression. In J. Hamel & T. L. Nicholls (Eds.), *Family interventions in domestic violence: A handbook of gender-inclusive theory and treatment* (pp. 87–108). New York: Springer.

Hackett, K. (2000). Criminal harassment. *Juristat, 20,* 1–16.

Hazan, C., & Shaver, P. (1987). Romantic love conceptualised as an attachment process. *Journal of Personality and Social Psychology, 52,* 511–524.

Hilton, N. Z., Harris, G. T., Rice, M. E., Lang, C., Cormier, C. A., & Lines, K. J. (2004). A brief actuarial assessment for the prediction of wife assault recidivism: The Onrario Domestic Assault Risk Assessment. *Psychological Assessment, 16,* 267–275.

Huss, M. T., & Langhinrichsen-Rohling, J. (2006). Assessing the generalization of psychopathy in a clinical sample of domestic violence perpetrators. *Law and Human Behavior, 30,* 571–586.

Holtzworth-Munroe, A., Meehan, C., Herron, K., Rehman, U., & Stuart, G. L. (2000). Testing the Holtzworth-Munroe and Stuart (1994) batterer typology. *Journal of Consulting and Clinical Psychology, 68,* 1000–1019.

Holtzworth-Munroe, A., & Stuart, G. L. (1994). Typologies of male batterers: Three subtypes and the differences among them. *Psychological Bulletin, 116,* 476–497.

Holtzworth-Munroe, A., Stuart, G. L., & Hutchinson, G. (1997). Violent versus nonviolent husbands: Differences in attachment patterns, dependency and jealousy. *Journal of Family Psychology, 11,* 314–331.

James, D., & Farnham, F. (2003). Stalking and serious violence. *Journal of the American Academy of Psychiatry and Law, 31,* 432–439.

Kienlen, K. K., Birmingham, D. L., Solberg, K. B., O'Regan, J. T., & Meloy, J. R. (1997). A comparative study of psychotic and nonpsychotic stalking. *Journal of the American Academy of Psychiatry and Law, 25,* 317–334.

Ko Ling, C., Straus, M. A., Brownridge, D. A., Tiwari, A., & Leung, W. C. (2008). Prevalence of dating IPV and suicidal ideation among male and female university students worldwide. *Journal of Midwifery and Women's Health, 53,* 529–537.

Kropp, P. R., Hart, S. D., & Belfrage, H. (2004). *Brief Spousal Assault Form for the Evaluation of Risk (B?SAFER). User manual.* Vancouver: British Columbia Institute on Family Violence.

Kropp, P. R., Hart, S. D., & Lyon, D. R. (2006). *Guidelines for Stalking Assessment and Management (SAM).* Vancouver, BC: Proactive Resolutions.

Kropp, P. R., Hart, S. D., Webster, C. D., & Eaves, D. (1999). *Manual for the spousal assault risk assessment guide* (3rd ed.). Toronto, Ontario, Canada: Multi-Health Systems.

Logan, T., Cole, J., Shannon, L., & Walker, R. (2006). *Partner stalking: How women respond, cope and survive.* New York: Springer.

Logan, T. K., & Walker, R. (2009). Partner stalking: Psychological dominance or 'business as usual' — *Trauma, Violence and Abuse, 10,* 247–270.

Logan, T., Walker, R., Jordan, C., & Campbell, J. (2004).

An integrative review of separation and victimisation among women: Consequences and implications. *Violence, Trauma, & Abuse, 5*, 143-193.

Logan, T., Walker, R., Jordan, C., & Leukefeld, C. G. (2006). *Women and victimization: Contributing factors, interventions and implications.* Washington, DC: APA.

Lussier, P., Farrington, D. P., & Moffitt, T. E. (2009). Is the antisocial child father of the abusive man? A 40-year prospective longitudinal study of the developmental antecedents of intimate partner violence. *Criminology, 47*, 741-780.

Magdol, L., Moffitt, T. E., Caspie, A., Fagan, J., & Silva, P. A. (1997). Gender differences in partner violence in a birth cohort of 21 year olds: Bridging the gap between clinical and epidemiological approaches. *Journal of Consulting and Clinical Psychology, 65*, 68-78.

Mauricio., A. M., & Gormley, B. (2001). Male perpetration of physical violence against female partners. *Journal of Interpersonal Violence, 16*, 1066-1081.

McFarlane, J., Campbell, J. C., Wilt, S., Sachs, C., Ulrich, Y., & Xu, X. (1999). Stalking and intimate partner femicide. *Homicide Studies, 3*, 300-316.

Meloy, J. R. (1996). Stalking (obsessional following): A review of some preliminary studies. *Aggression and Violent Behavior, 1*, 147-162.

Meloy, J. R., & Gothard, S. (1995). Demographics and clinical comparison of obsessional followers and offenders with mental disorders. *Journal of Forensic Science, 45*, 147-152.

Melton, H. (2000). Stalking: A review of the literature and direction for the future. *Criminal Justice Review, 25*, 246-262.

Melton, H. (2007). Predicting the occurrence of stalking in relationships characterised by domestic violence. *Journal of Interpersonal Violence, 22*, 3-25.

Mohandie, K., Meloy, J., McGowan, M., & Williams, J.

(2006). The RECON typology of stalking: Reliability and validity based upon a large sample of North American stalkers. *Journal of Forensic Science, 51*, 147-155.

Moracco, K. E., Runyan, C. W., Bowling, J. M., & Earp, J. A. L. (2007). Women's experiences with violence: A national study. *Women's Health Issues, 2*, 3-12.

Mullen, P., Pathe, M., & Purcell, R. (2000). *Stalkers and their victims.* New York: Cambridge University Press.

Murphy, C. M., Meyer, S. L., & O'Leary, K. D. (1994). Dependency characteristics of partner assaultive men. *Journal of Abnormal Psychology, 103*, 729-735.

Nicholls, T. N., Desmarais, S. L., Douglas, K. S., & Kropp, P. R. (2007). Violence risk assessments with perpetrators of intimate partner abuse. In J. Hamel & T. L. Nicholls (Eds.), *Family interventions in domestic violence: A handbook of gender-inclusive theory and treatment.* (pp. 275-301). New York: Springer.

Nowinski, S., & Bowen, E. (in revision). IPV against men in heterosexual and homosexual intimate relationships: Prevalence and correlates. *Aggression and Violent Behavior.*

O'Leary, K. D., Smith Slep, A. M., & O'Leary, S. G. (2007). Multivariate models of men's and women's partner aggression. *Journal of Consulting and Clinical Psychology, 75*, 752-764.

Patton, C. L., Nobles, M. R., & Fox, K. A. (2010). Look who's stalking: Obsessive pursuit and attachment theory. *Journal of Criminal Justice, 38*, 282-290.

Povey, D., Coleman, K., Kaiza, P., Hoare, J., & Jansson, K. (2008). *Homicide, fi rearms and intimate violence 2006/07 (Home Office Statistical Bulletin 03/08).* London: Home Office.

Renzetti, C., & Miley, C. H. (Eds.) (1996). *Violence in lesbian and gay partnerships.* New York: Haworth Press.

Respect. (2008). *Respect position statement: Gender and domestic violence.* Retrieved 22 August 2011 from www.respect.uk.net/data/files/respect_gender_dv_position_satatement.doc

Rosenfeld, B. (2004). Violence risk factors in stalking and obsessional harassment: A review and preliminary meta-analysis. *Criminal Justice and Behavior, 31,* 9–36.

Santovena, E. E., & Dixon, L. (2011). Investigating the true rate of physical intimate partner violence: A review of nationally representative surveys. *Aggression and Violent Behavior.* Manuscript submitted for publication.

Saunders, D. G. (1996). Feminist-cognitive-behavioral and process-psychodynamic treatments for men who batter: Interaction of abuser traits and treatment models. *Violence and Victims, 11,* 393–414.

Sheridan, L., & Davies, G. M. (2001). Stalking: the elusive crime. *Legal and Criminological Psychology, 6,* 133–147.

Sheridan, L., & Davies, G. (2004). Stalking. In J. R. Adler (Ed.), *Forensic psychology: Concepts, debates and practice* (pp. 197–216). Cullompton: Willan.

Sheridan, L., Davies, G. M., & Boon, J. C. W. (2001). Stalking: Perceptions and prevalence. *Journal of Interpersonal Violence, 16,* 151–167.

Sheridan, L., Gillett, R., & Davies, G. M. (2000). Stalking: Seeking the victim's perspective. *Psychology, Crime & Law, 6,* 267–280.

Sheridan, L., Gillett, R., & Davies, G. M. (2002). Perceptions and prevalence of stalking in a male sample. *Psychology, Crime & Law, 8,* 289–310.

Smith, K., Flatley, J., Coleman, K., Osborne, S., Kaiza, P., & Roe, S. (2010). *Homicides, firearm offences and intimate violence 2008/09. Home Office Statistical Bulletin 01/10.* London: Home Office.

Spitzberg, B. H. (2002). The tactical topography of stalking victimization and management. *Trauma, Violence and Abuse, 3,* 261–288.

Stith, S. M., Smith, D. B., Penn, C. E., Ward, D. B., & Tritt, D. (2004). Intimate partner physical abuse perpetration and victimization risk factors: A meta-analytic review. *Aggression and Violent Behavior: A Review Journal, 10,* 65–98.

Straus, M. A. (1999). *Characteristics of the National Violence Against Women Study that might explain the low assault rate for both sexes and the even lower rate for assaults by women.* Retrieved 22 August 2011 from www.batteredmen.com/st-raus22.htm

Straus, M. A., & Gelles, R. J. (1985). *Is family violence increasing? A comparison of 1975 and 1985 national survey rates.* Paper presented at the American Society of Criminology, San Diego. In D. G. Dutton (2007). *Rethinking domestic violence* (p. 42). Vancouver: UCB Press.

Straus, M. A., & Gelles, R. (1990). Measuring intrafamily conflict and violence. In M. A. Straux & R. J. Gelles (Eds.), Physical violence in American families. New Brunswick, NJ: Transaction publishers.

Straus, M. A., Gelles, R. J., & Steinmetz, S. K. (1980). *Behind closed doors: Violence in the American family.* New York: Anchor Books.

Straus, M. A., Hamby, S. L., Boney-McCoy, S., & Sugarman, D. B. (1996). The revised conflict tactics scales (CTS2): Development and preliminary psychometric data. *Journal of Family Issues, 17,* 283–316.

Sugarman, D. B., & Frankel, S. L. (1996). Patriarchal ideology and wife-assault: A meta-analytic review. *Journal of Family Violence, 11,* 13–40.

Westrup, D. (1998). Applying functional analysis to stalking behaviour. In J. R. Meloy (Ed.), *The psychology of stalking: Clinical and forensic perspectives* (pp. 275–297). New York: Academic Press.

Westrup, D., & Fremouw, W. (1998). Stalking behaviour: A literature review and suggested functional analytic assessment technology. *Aggression and Violent Behavior, 3*, 255-274.

White, J., Kowalski, R. M., Lyndon, A., & Valentine, S. (2002). An integrative contextual developmental model of male stalking. *Violence and Victims, 15*, 373-388.

White, H. R., & Widom, C. S. (2003). Intimate partner violence among abused and neglected children in young adulthood: The mediating effects of early aggression, antisocial personality, hostility and alcohol problems. *Aggressive Behavior, 29*, 332-345.

Williams, K. R., & Houghton, A. B. (2004). Assessing the risk of domestic violence re-offending: A validation study. *Law and Human Behavior, 28*, 437-455.

Woodin, E. M., & O'Leary, K. D. (2009). Theoretical approaches to the etiology of partner violence. In D. J. Whittaker & J. R. Lutzker (Eds.), *Preventing partner violence: research and evidence-based intervention strategies* (pp. 41-66). Washington, DC: American Psychological Association.

World Health Organization. (2005). *Summary Report: WHO multi-country study on women's health and domestic violence against women: Initial results on prevalence, health outcomes, and women's responses.* Geneva: World health organization Press.

Yllö, K. A. (2005). Through a feminist lens: Gender, diversity, and violence: Extending the feminist framework. In D. R. Loseke, R. J. Gelles, & M. M. Cavanaugh (Eds.), *Current controversies on family violence* (pp. 19-34). Thousand Oaks. Sage.

Zona, M. A., Palarea, R. E., & Lane, J. C. Jr. (1998). Psychiatric diagnosis and the offender-victim typology of stalking. In J. R. Meloy (Ed.), *The psychology of stalking: Clinical and forensic perspectives* (pp. 70-83). San Diego, CA: Academic Press, Inc.

Zona, M. A., Sharma, K. K., & Lane, J. (1993). A comparative study of erotomanic and obsessional subjects in a forensic sample. *Journal of Forensic Science, 38*, 894-903.

주석이 달린 읽을거리 목록

Archer, J. (2000). Sex differences in aggression between heterosexual partners: A meta-analytic review. *Psychological Bulletin, 126*, 651-680. 남성과 여성에 의한 신체적 폭력의 비율을 조사한 연구들을 메타 분석하여 이성 IPV 범행에서의 성차를 조사한 논문.

Davis, K., Ace, A., & Andra, M. (2000). Stalking perpetrators and psychological maltreatment of partners: Anger-jealousy, attachment insecurity, need for control and break-up context. *Violence and Victims, 15*, 407-425. 스토킹에 대한 애착 이론 개념화에 대해 지지를 제공하는 경험적 연구.

Douglas, K. S., & Dutton, D. G. (2001). Assessing the link between stalking and domestic violence. *Aggression and Violent Behavior, 6*, 519-546. 스토킹의 문제와 그것이 일부 사람들에게서는 어떻게 가정 내 폭력 행위로 확장되는지를 개념적으로 설명한 실제적이고 유용한 개관.

Dutton, D. G. (2006). *Rethinking domestic violence.* Vancouver: UBC Press. 이 책은 조망에 근거한 증거로부터 애인 폭력에 대해 개관한 것을 제공하고 있다.

Holtzworth-Munroe, A., Meehan, C., Herron, K., Rehman, U., & Stuart, G. L. (2000). Testing the Holtzworth-Munroe and Stuart (1994) batterer typology. *Journal of Consulting and Clinical Psychology, 68*, 1000-1019. 이 경험적 연구는 남성 애인 폭력 속성에 대한 Holtzworth-Munroe와 Stuart(1994)의 유형론의 타당도를 검증한 것이다.

Westrup, D., & Fremouw, W. (1998). Stalking behaviour: A literature review and suggested functional analytic assessment technology, *Aggression and Violent Behavior, 3*, 255-274. 이 문헌은 스토킹을 독특한 현상이라는 점에 초점을 두고 고찰하였다. 스토킹 행동의 본질을 밝히기 위한 평가에서의 기능분석, 치료 및 연구는 물,론 문헌에 대한 연대적 설명을 명료하게 제공하고 있다.

제11장   테러

MAX TAYLOR

주요 용어

7/7	9/11	ETA	공식 북아일랜드 반영 지하 군사 조직	관타나모 만	급진 아일랜드 공화국군	살라피
알카에다	와하비	외로운 늑대 테러주의	이탈리아 붉은 여단	자기희생	적군파	지하디	타밀 호랑이
하마스	헤즈볼라

이 장의 개요

---

* 이 장은 John Horgan 박사가 만든 자료에서 많이 발췌되었다. 그의 기여에 감사드린다.

그 사람, 그 사람, 무기를 든 사람

무기를 든 사람

무기를 든 사람은 무서워, 무서워……

테러(terrorism)에 대한 연구에는 본질적으로 다학제 간 노력이 요구된다. 즉, 다양한 분야와 관점에서 살펴보는 것이 필요하다. 이런 점에서는 물론 다른 법정 관련 분야와 다르지 않다. 이 장에서는 법정심리학의 관점에서 테러(terrorism)와 테러분자(terrorist)의 특징이라고 할 수 있는 핵심적 논제 몇 가지를 살펴볼 것이다. 특히 여기에서는 과정(process)을 중심으로 뼈대를 세워서 살피는 데 초점을 둘 것이다.

테러란 무엇인가

테러와 법정심리학에 대해 고찰하기 전에, 우리는 테러가 무엇을 의미하는지를 먼저 생각해 보아야 한다. 테러(terrorism)와 테러분자(terrorist: 테러 범행을 저지르는 자)는 논란이 있는 용어로서, 보편적으로 일치된 정의가 없다. 어떤 의미에서 이는 범죄(crimes)와 범죄자(criminals)와 비슷한데, 사회적 흐름과 문화적 맥락이 특정한 범죄를 무엇으로 간주하는가에 영향을 미칠 수 있고, 마찬가지로 우리가 범죄를 저지르는 사람을 어떻게 이해하는지에 영향을 미칠 수 있기 때문이다. 그러나 어떤 의미에서 테러라는 개념은 범죄의 경우에 비해 더 복잡하다. 일반적으로는 테러를 범죄로 간주하지만, 그 차이는 테러에 정치적인 맥락(좀 이따 보게 되겠지만)이 있는 데 반해, 범죄는 전반적으로 그렇지 않다는 것이다. 더욱이 테러라는 용어는 서술적인 명칭(descriptive label)이라기보다는 비난하는 투로 대충 쓰이는 경우가 종종 있다.

이와 같은 불확실성에도 불구하고, 테러(또는 현대인의 관점에서 그렇게 보는 것)는 우리에게 아주 오래된 것이다. 이 장 서두의 짧은 인용문은 그때고 지금이고 시민이 무장한 사람들과 부닥쳤을 때 느낀 공포감(sense of terror)을 보여 주는 중세 프랑스의 노래에서 첫 세 줄을 따온 것이다(Burk, 2005). 이 노래는 15세기 것으로 알려져 있으며, 당대의 학자도 이 노래에는 이중적 의미가 있어서, 국가에 소속된 무기를 든 사람(병사) 또는 국가를 대표한다는 사람들을 경계하라는 뜻뿐만 아니라, 무장한 시민도 조심하라는 뜻이라고 해석하였는데(Lockwood, 1973), 중세 프랑스에서는 이 두 종류의 사람이 사실상 같았을 것이다.

징집된 지방 군대건 일반적인 의미에서 집단적·개인적으로 어떤 목적을 위해서 움직이는 무장 집단이건 간에, 무장한 시민은 현대의 우리가 당시로 가서 보면 테러와 관련된 느낌을 갖게 해 준다. Burk가 언급했듯이, 테러와 연관된 현대인의 두려움은 중세의 '무장한 사람(l'homme armé)'과 연관된 두려움과 비슷하다. 합법적인 국가적 활동(예: 사회 통제를 위한 활동)과 불법적인 개인적 활동(예: 우리가 테러라고 지칭할 만한 국가에 도전적인 무장 집단활동) 사이의 불명확한 혼돈성이 위 노래 속에 함축되어 있는데, 이런 혼돈은 우리가 '합법(legitimate)'이니 '국가기관(authority)'이니 할 때 그에 부여하는 의미에 따라서 영향을 받는 것이다. 테러에 대해 우리가 헷갈리게 되는 것은 이 둘 간의 관계 때문이다.

테러에 대해 보편적으로 일치된 정의는 없지만(Carlile, 2007), 널리 받아들여지고 있는 정의에 따르면 테러는 '국가 이하 규모의 집단 또는 비밀 조직원이 비전투원을 표적으로 사전에 모의하고 정치적으로 동기화된 폭력을 저지르는 것'이다(US Law Code, Title 22, Ch. 38, Para 2656f(d); [그림 11-1]). 당신이 이 말의 의미를 깊이 생각해 본다면, 당신은 테러를 이해하는 것이 얼마나 복잡한지를 다소 알 수 있을 것이다. 그러나 아주 확실한 한 가지는 테러가 국가적 합법성(state legitimacy)이라는 개념에 기초한 폭력을 수반하면서 본질적으로 도구적이고 정치적인 맥락 속에 굳게 자리 잡고 있다는 것이다. 문제가 있고 흔히 불법적이기는 하지만, 정치적 동기 없이 사람들을 겁주기 위해(그리고 테러분자의 폭력은 종종 사람을 향한 것임) 폭력을 사용하는 것은 그 자체만으로는 테러가 아니다(그러나 일종의 범죄로 여겨질 수도 있겠다). 테러를 범죄폭력(criminal violence, 예: 어떤 공통성을 공유하는 것으로 여겨지는 조직적인 범죄 활동과는 대조되는 범죄폭력)과 구별해 주는 결정적 요소는 그것이 비전투원을 표적으로 해서 정치적 목적을 달성하기 위한 도구적 성격을 띤다는 것이다.

영국 그리고 더 넓게 유럽에서는 테러에 대한 반응이 일반 시민과 범죄 관련 법의 맥락 속에서 틀이 형성되는 경향이 있어서, 테러에 대해 반응을 할 때 일반 시민 사회의 구성요소(civil society elements; 경찰, 사법부와 입법부의 통제)의 역할을 강조한다. 반면에, 미국에서는 테러에 대한 반응을 좀 더 군사적인 측면에서 보는 경향이 있었다(Oliverio, 2008). 이와 같이 테러에 접근하는 방식이 근본적으로 다르기 때문에 테러에 대한 반응은 크게 달랐다.

테러의 심리학

대중매체에서 거론되는 것과는 반대로, 현재까지 법정심리학은 테러의 분석에서 비교적 작은 역할만 담당해 왔다(Horgan, 2005; Silke, 2003). 사실상, 법정 분야의 다른 많은 응용 영역과는 다르게, 테러의 연구는 증거에 기반을 둔 연구가 일반적으로 부족했으며, 특히 심리학적 분석의 대상이 되지 못하는 경우가 많았다. 테러에 대한 학술적 연구가 9/11 사태 이후에 급속도로 팽창하기는 했지만, 대부분은 정치학 같은 사회과학 분야에서뿐이었다. 테러 연구에 관해서는 네 가지 접근이 있는데(Horgan, 2005), 이것이 독자의 이해에 도움이 될 수 있을 것이다. 이들 접근은 〈글상자 11-1〉에 제시되어 있다.

특정 개인을 그의 사회적 맥락에서 떼어 내고 마찬가지로 자신의 행위에 뒤따르는 결과에서 떼어 내는 것은 부적절하고, 사회적 맥락이 행동에 미치는 영향을 빠뜨리는 것이라고 주장할 수도 있을 것이다. 테러와 테러로 인한 정치적 영향이 초점일 경우에는 이런 주장이 더욱 큰 호소력이 있는 것으로 보일 수 있다. 반면에, 법정심리학에서는 문제의 가능성이 있고 부적절한 행동에 분석의 시발점을 둔다. 하수인(또는 그가 속한 조직)의 장기적 목표가 무엇이든

9/11
2001년 9월 11일에 벌어진 미국 내 표적물에 대한 공격. 알카에다 테러분자들이 네 대의 비행기를 공중 납치해서 두 대는 세계무역센터 건물로 돌진해 들어가고, 한 대는 펜타곤(미국방성 건물)에, 나머지 한 대는 펜실베이니아에 추락시켜서 거의 4,000명의 사람들이 죽었다.

[그림 11-1] 미국 CIA에서는 테러를 '국가 이하 규모의 집단 또는 비밀 조직원이 비전투원을 표적으로 사전에 모의하고 정치적으로 동기화된 폭력을 저지르는 것'으로 정의한다.

출처: © Dmitriy Shironosov. Shutterstock사의 허락하에 게재함.

글상자 11-1   테러를 이해하는 데 필요한 4개 요인

1. 개인과 그가 테러에 개입하게 된 특징적 과정
2. 개인과 그의 정치적 및 사회적 맥락 사이의 관계
3. 개인과 사회가 테러의 영향을 어떻게 받는지의 관점에서 본 테러에 따른 후속 결과
4. 테러를 연구하기 위한 방법론적 체계

간에 테러 행위를 저지르는 자는 개인이며, 우리가 여타 범죄에서도 살펴보았듯이 효과적인 통제를 할 수 있으려면 개인의 행위에 영향을 미치는 요인에 초점을 맞추어야 한다. 그러므로 아래에서 초점은 주로 개인에게 두며, 테러와 연관된 복잡하게 얽힌 요인들 속에서 개인의 역할을 탐색하려고 한다.

테러에 대한 심리학적인 관점에 초점을 둔 초기의 연구들은 테러분자가 왜 폭력을 저지르는지에 초점을 맞추는 경향이 있었다. 이런 설명은 비정상성, 정신병리 또는 개인의 성격 특질이라는 관점을 토대로 하는 경향이 있었으며(Schmid & Jongman, 1988), 명시적으로든 암묵적으로든 정신분석적 관점을 소개하는 경우가 종종 있었다. 이런 접근의 연장선상에 있는 한 가지는 심리적 프로파일(psychological profiles)로 표현하는 것으로, 어떤 학파에서는 아직도 사용하는 것이다(Russell & Miller, 1983). 그러나 현재 의견의 일치를 보고 있는 견해는 이런 접근이 도움이 되지 않고 테러에 대한 이해에도 보탬이 안 된다는 것이다(Beck, 2002; Corrado, 1981; Crenshaw, 1992). 또한 테러분자의 행동을 이해하거나 예측하기 위한 하나의 요인으로서 정신질환 또는 보다 일반적인 정신병리가 있다는 증거는 거의 없다(McCauley, 2002; Sageman, 2004).

보다 최근의 접근에서는 행동에 대한 학습적·상황적 맥락을 테러의 발달 관련 요인으로 중요시하고 있다. 이런 접근에 대해 영향을 많이 끼친 초기의 강력한 이론적 모형은 사회학습이론이다(Akers, 1994; Bandura, 1990). 이 접근에서는 학습에서 관찰의 역할을 강조하며, 그 연장선으로서 학습이 일어나는 사회적 맥락을 중시한다. 또 다른 최근의 접근은 **인지이론**(cognitive theories), 특히 사회 인지(social cognitions) 같은 개념을 토대로 한 공격성 이론을 기반으로 하고 있다. 예를 들면, Crenshaw(1988)은 사회 인지의 원리를 테러 조직과 테러분자 모두에게 적용하자고 제의했다. 즉, "테러분자의 행위는 객관적 현실보다는 이 세상에 대한 주관적 해석에 기반을 두고 있다. 정치 환경 및 사회 환경에 대한 지각은 과거 경험과 기억을 반영하는 신념과 태도라는 필터를 통해 형성된다."(Crenshaw, 1988, p. 12)

이와 같은 초기 연구 대부분에서의 어려움은 테러를 '존재(state of being)'하는 그 무언가로 간주하고는 테러분자의 행동 자체에 대한 질문을 던지기보다는 테러 행동이 왜 일어나는지와 관련된 질문을 던지는 데 있었다. 앞서 언급한 것처럼, 테러에 대한 연구는 다양한 관련 분야의 영향을 받아 왔으며, 위와 같이 초점을 두는 것은 정치학 같은 주로 이론적인 성향의 학문에서 나온 질문을 우선적으로 고려한 결과이며, 사회적 및 개인적 동기가 갖는 정치적 측면의 특별한 부분에 대한 견해를 감안한 것이라고 할 수 있을 것이다.

이런 접근이 가지는 함축성은 테러분자가 테러에 관여하면서 (확인할 수 있는 사건, 사회적 차별, 인생 경험 또는 조건을 기반으로 한) 결정적 '선택'을 했다고 가정하는 경향이 있다는 점이다. 그러나 이는 테러분자들이 테러 활동에 어떻게 관여하게 되는지에 대해서 우리가 알고 있는 바를 잘 반영해 주지 못하는 것으로 보인다. Horgan과 Taylor(출판 중)에 "우리가 실제 테러분자에

대해 알고 있는 바로 미루어 보면 테러분자가 되는 데 의식적으로 결정한 경우는 드물다는 것이다. 테러에 관여하는 대부분의 경우는 극단적 행동에 대해 점진적으로 노출되고 그를 향한 집단 활동에 참여(socialisation)하게 된 것에서 비롯된다"(p. 17). 더욱이 테러분자의 특성을 살펴보면, 우리는 동질성도 공통성도 거의 찾을 수 없고 경제적 불이익, 차별과 같은 구조적 요인과 특별히 관계도 없음을 발견할 수 있다[Bakker, 2006; Travis, 2008; Travis 논문에서의 보고 내용은 (정보기관 보고서이므로) 기밀로 취급되어 있지만 그 내용은 대체적으로 받아들여지고 있다. 그것은 영국에서 테러 범죄로 유죄를 선고받은 대부분의 사람이 '인구통계학적으로 두드러진 특징이 없고' 단순히 자기가 살고 있는 지역사회의 특성만을 반영하고 있을 뿐이라는 것이다]. 더욱이 더 중요하게 테러분자들에게 그들이 왜 관여하게 되었는지를 물어보았더니 그들은 여러 가지 설명을 내놓았는데, 이 설명은 시간이 흐르면서 퇴색되었고 '현실'보다는 질문하는 맥락과 관련성이 더 큰 것으로 보였다. 이와 같은 근본적인 방법론적 문제점이 이 분야의 연구를 우리가 잘 이해하지 못하게 할 수 있다.

그러나 면담에 토대한 서술적 연구의 공통된 결과는 집단 활동에 참여하다 보니 점차 테러에 빠져들었다는 느낌과 첫발을 내디디면서 점진적으로 관여도(commitment)가 높아졌다는 느낌을 받았다는 것이다. 이를 고려하면, 첫 관여와 지속적인 관여를 뒷받침해 주는 요인을 밝히는 데 집단적 요인이 핵심적으로 중요할 수도 있겠다. 전반적으로 볼 때, 우리는 외견상 관여의 정도(degrees) 면에서 뚜렷한 차이가 있다는 느낌을 받는다. 관여도에는 구성원으로서뿐만 아니라 확실한 세부적인 역할을 맡는 데에서 부여된 자부심(sense of premium)이 수반된다(Alonso, 2006).

우리는 뚜렷한 세 가지 관련 요소를 반영하여 테러분자로서 관여하는 과정을 개념화하고자 한다. 그것은 테러분자가 되는 것(becoming), 관여된 채로 머물러 있는 것(remaining) 그리고 떨어져 나가기(disengaging)다. 이는 테러에의 관여에 대한 'ARC'(즉, 테러 관여 요소들을 포함하는 곡선이라는 생각에서 도출됨)로 명명된 바 있다(Horgan & Taylor, 출판 중). 이들 요소 간의 경계선은 상호 침투해 들어갈 여지가 있고 뚜렷하지도 않지만, '테러분자'의 출현을 개념화하는 하나의 방식으로서 이 접근방법은 상당한 가치가 있다. 한동안 연구자들에게는 동화(assimilation)와 적응(accommodation)을 반영하며, 점진적으로 진전되는 가운데 질적으로 뚜렷이 구분되는 과정을 보여 주는, 역동적이고 상호작용하는 요인들이 복잡하게 얽히는 실제 현상이 뚜렷하게 보였던 적이 있다(Taylor & Quayle, 1994). 물론 정치적 발전과 조직적 발전 과정의 각기 다른 단계에 있는 각기 다른 사람들을 특징짓는 데에는 각기 다른 해설이 있을 수 있다(Jamieson, 1989). 이를 감안하여 **알카에다(Al Qaeda)**의 유럽 및 아프리카 지부 **지하디(jihadi)** 같은 현대의 테러분자의 움직임을 고찰할 때 우리가 자주 놓치는 것은, 똑같은 테러분자의 움직임이라고 하더라도 이는 사람들을—그들이 그 지역 출신이든, 외국의 운동가든, 또는 점차 우려의 대상이 되고 있는 '인근 방황자(local walk-ins)'든 간에—아주 다른 방식으로 매혹시키고 끌어당길 수 있다는 점이다(McAllister, 2004; Veldhuis & Staun, 2009).

지하디 (jihadi)
이슬람교의 종교적 의무인 지하드(jihad)에 종사하는 사람. 지하드는 투쟁을 의미하는데, 때로는 믿음을 계속 간직하기 위한 또는 무슬림 사회의 발전을 위한 투쟁으로 해석되기도 한다. 근본주의적 이슬람 테러의 지지자를 지칭하는 경우가 있다(그러나 이는 틀리게 사용하는 것임).

알 카에다 (Al Qaeda)
샤리아(Sharia) 율법에 토대를 두고 근본주의적 이슬람 수립을 추구하는 테러분자의 조직체/연결망. Osama bin Laden이 사망한 2011년까지는 그가 이끌었다.

테러분자가 되는 것, 관여된 채로 머물러 있는 것, 떨어져 나가기

테러분자의 폭력 행위에 직접적으로 관여한 사람들은 전체 움직임에 비하면 그 수가 아주 적다. 테러분자에 의한 사건의 실제 하수인은 일반적으로 훨씬 큰 맥락 속에 있는 단지 하나의 구성요소(element) 또는 사업팀(task)인 것이다. 예를 들면, **급진 아일랜드 공화국군**[Provisional IRA(Irish Republican Army)]은 병참부, 재무부, 심지어는 연구부(예: 폭탄 제조 기법을 연구; [그림 11-2])를 관할하는 복잡한 조직을 갖고 있었다(Horgan & Taylor, 1997). 그러므로 테러분자의 활동은 다양한 역할을 갖고 있는 것이 특징이라고 할 수 있다. 즉, 그들은 각기 다른 많은 종류의 관여를 하는 것이다. 이것이 가지는 함축성은 눈앞에 있는 테러분자는 실제로는 훨씬 더 크며 뒤에서 뒷받침하는(능동적이기도 하고 수동적이기도 한) 빙산의 일각에 불과하다는 것이다. 이와 같이 소규모 집단에서 다양한 기능을 발휘하는 것이 가늠하기가 더 어렵겠지만, 기능의 다양성은 분명히 존재한다.

조직에서 기능을 발휘하는 역할이 다양한 것은 테러의 과정을 살피는 데 짚고 넘어가야 할 부분으로서, 한 개인이 어떤 조직 속에서 다양한 활동과 역할을 수행할 뿐만 아니라 그런 행위를 통해서 조직에의 관여를 더 강하게 하고 확고하게 하며, 또한 나중에는 그런 관여를 줄이고 아주 벗어나게 되는 과정을 이해하는 데 도움이 된다. 이런 관점에서는, 테러분자가 '되는 것(becoming)'의 실제 모습은 점진적으로 어떤 역할을 맡는(그리고 때로는 벗어나는) 것이다. 따라서 테러에 관여하는 것은 (지원자에게는) 처음에는 지지적이고(supportive) 매력적인 속성

> **급진 아일랜드 공화국군 (Provisional IRA)**
> 아일랜드 의회 조직으로서 무장 반란과 테러를 통해서 통일 아일랜드를 세우려고 한다. 1969년 이후 약 1,800명이 사망하게 된 데 책임이 있다.

을 기반으로 해서 조금씩 변화하는 역동적 과정이라고 가장 잘 특징지을 수 있다. 이 관점에서 보면, 테러는 어떤 사람을 감싸고 있는 어떤 상태나 조건이 아니고, 테러(그리고 그와 연관된 폭력)는 다른 무엇보다도 극단주의 운동의 몇몇 구성원이 저지르는 행위라고 할 수 있다.

이를 더욱 발전시킨다면, 우리는 테러분자가 맡을 역할의 종류를 헤아려 볼 필요가 있다고 생각한다. 이런 역할은 새로운 형태의 테러[예: 글로벌 **살라피** 지하드(global Salafi jihad), 단일 목표의 테러주의(single-issue terrorism), 조직적인 범죄 관련 테러주의(organised crime-related terrorism) 그리고 테러분자의 인터넷 사용]의 발달과 더불어 복합적으로 증가했다. 또한 주목해야 할 중요한 것은 이런 역할이 모두가 꼭 불법적인 것은 아니라는

> **살라피 (Salafi)**
> 네 가지 율법에 따른 이슬람식 마드하히브(canonical Islamic madhahib), 즉 이슬람식 법철학을 가르치는 전통 학교의 '타클리드(taqlid, 모방)'를 배척하는 것을 주요 특징으로 하는 이슬람 방식. 이 방식에서는 어떤 판단이라도 내리려면 원래의 교리로 되돌아가는 것이 필요하다고 주장한다.

[그림 11-2] 눈앞에 있는 테러분자는 실제로는 훨씬 더 크고 뒤에서 뒷받침하는 빙산의 일각에 불과하다. 예를 들면, 급진 IRA는 병참부, 재무부, 심지어는 폭탄 제조 기법을 연구하는 연구부를 관할하는 복잡한 조직을 갖고 있었다.

출처: © arindambanerjee. Shutterstock사의 허락하에 게재함.

점이다. 물론 9/11 사태([그림 11-3]) 이후 우리는 '테러에의 관여'의 의미를 테러분자의 행위의 계획, 준비 또는 시행에 확실히 관여한 것과는 반대되는, 단순 가담도 포함하는 것으로 법 조항의 해석을 근본적으로 옮기는 것을 보았다.

또한 주목해야 할 부분은 테러분자의 관여 정도가 높아지는 것이 당사자에게는 긍정적 측면이 생기는 경우도 종종 있다는 것이다. 이는 어떤 종류의 기술(들)을 신속하게 습득하고, 힘이 있다는 느낌이 더욱 강해지며, 통제력, 목적 의식 및 자신이 중요하다는 느낌을 갖게 되는 것과 관련될 것이다. 관여도가 높아지고 역할이 바뀌는 것 또한 자신의 주가를 높여 주는 것으로 작용하고, 집단 내에서 수용되고 있다는 느낌을 갖게 해 주며, 이와 함께 위상을 획득한 느낌을 갖게 해 준다. 우리는 급진 IRA 같은 집단에서 이런 요인들을 확인해

[그림 11-3] 9/11 사태 이후 우리는 '테러에의 관여'의 의미를, 테러분자의 행위의 계획, 준비 또는 시행에 확실히 관여한 것과는 반대되는, 단순 가담도 포함하는 것으로 법 조항의 해석을 근본적으로 옮기는 것을 보았다.

출처: ⓒ Ken Tannenbaum, Shutterstock사의 허락하에 게재함.

낼 수 있었으며, 그것은 알카에다에의 관여에 대한 Sageman(2004)의 분석과도 일치한다.

외로운 늑대 테러주의(lone wolf terrorism)의 최근 예가 위의 내용(사회적 욕구를 중시)을 약화시킨다고 생각될지 모르겠지만, 사람은 어떤 의미에서는 남들과 연합해서 (무리 지어서) 테러에 관여하는 경향이

있다. 이는 우리의 행동에 영향을 미치는 집단 요인의 역할 비중이 상당할 수 있음을 시사해 준다(Kruglanski & Fishman, 2009). 이런 집단 요인은 구성원들을 (매력으로) 잡아당기기도 하고, 마음이 계속 테러에 머물게 하며 관여하게 하는 과정을 통해서 구성원들을 결속시키는 힘이 있는 것이 명백한 것 같다. 마찬가지로, 절대적인 동조(conformity)와 철저한 복종(obedience) 행위도 비밀 조직, 무엇보다도 불법 조직을 효과적으로 유지시켜 주는 조직의 속성이다. 이처럼 불법이라는 조직의 속성이 통제와 동조를 유지시켜 주는 중요한 요인이며, 이는 목적의 공유 또는 일체성과 방향성의 느낌 그리고 뚜렷이 파악 가능한 적의 존재와 더불어 집단 응집력을 강하게 해 준다. 집단에 영향을 미치는 그 밖의 요인들, 이를테면 사회 규범에의 동조 그리고 묵종(compliance), 동일시 및 내면화(internalisation)도 모두 의미가 있을 것으로 여겨진다. 책임의 확산(diffusion of responsibility) 그리고 책임감의 전이(displacement of responsibility) 같은 과정들도 마찬가지일 것이다. 희생자의 탓으로 돌리고(blaming), 희생자를 몰인격화(dehumanisation)하는 것도 마찬가지로 관련된 과정으로서, 이는 테러분자의 행동을 이해하는 데 확실히 연관된 사회심리적 과정이라고 통상 설명된다.

사회적 연계망(social network)과 사회적 연결 및 관계 (social connections and relationships)도 개인 행동에 영향을 미치는 요인이며, 따라서 테러분자의 행동을 이해하는 데 관련 요인이 될 것으로 기대할 수 있겠다. Della Porta(1995)는 초기 이탈리아 테러분자의 관여에 관련된 특기사항은 특정 조직의 구성원이 된다는 것이었고, 이것이 테러 조직에 가입하느냐에 영향을 미쳤다는 것에 주목했다. 그리고 Sageman(2004)은 이런 분석 방식을 알카에다로 확대해 이 같은 지하디 조직에 무자헤딘(mujahedeen)으로 참여하게 되는 특성이 무엇인지를 이해하고자 하였다. Enders와 Jindapon(2010)은 이런 분석 방식을 더 확대해서 테러분자의 즉각적 실행의지(readiness)가 테러분자가 자신이 속한 조직 연결망의 '형태(shape)'에 영향을 받는다는 개념을 제시했다.

테러 조직 전반의 속성에 대해서 Post(1984, 1987, 1990)가 탐색하여 유용한 정보를 제시했는데, 그는 테러 조직과 그 환경의 관계를 토대로 두 가지 주요한 유형의 집단을 구분해 냈다(〈글상자 11-2〉 참조). Post는 각 유형마다 그 구성원들에게 다른 방식으로 심리적 영향을 미칠 수 있으므로, 기대되는 보상이 다양한 것에 미루어 볼 때 구성원마다 매력을 느끼는 정도가 각기 다를 수 있으며, 소속감을 통해서 테러분자의 행동에 영향을 미치는 정도가 각기 다르게 될 것이라고 주장하였다.

Post(1984, 1987, 1990)의 요점은 (두 번째 유형인) 국수적 분리주의자(nationalist-separatist) 집단 내에서는 폭력 저항에 참여하고자 하는 개인적 결정의 정통성뿐만 아니라, 보다 보편적인 방식으로 자신의 뜻을 계속 유지하는 것도 주변 환경(또는 지역사회)의 맥락에서 보면 생애의 전환기적 사건, 즉 큰 지역사회 속에서 자기 정체성의 확립을 향한 움직임으로 보일 수 있다는 것이다. 이런 특성은 Post가 초점을 맞추었던 1970년대와 1980년대의 유럽의 테러 집단에 대해서 대체로 적합했듯이 오늘날에도 적절한 것으로 보인다. 이는 현대 테러분자의 움직임, 특히 요르단 강 서안 및 가자 지구에 뿌리를 둔 테러 움직임과 뚜렷이 평행선을 달리고 있다. 이곳에서는 하마스(Hamas)와 그 밖의 단체 순교자들이 지역사회로부터 크게 존경받고 있다. Hassan(2001)은 이 지역에서 많은 전투원을 면담하고는 팔레스타인 인근 지역의 사정이 어떤지를 기술했다.

> ### 하마스 (Hamas)
> 팔레스타인의 정치 조직으로서 2007년 이후 가자 지구를 관할해 왔다. 이 조직의 사회복지 정책은 부패 없이 효율적인 서비스를 제공하여 명성을 얻었다. 이 조직의 군사 부분은 이즈 아딘 알 콰삼 여단(Izz ad-Din al-Qassam Brigades)이다.

…… 자살폭탄 시행자의 초록빛 새가 포스터와 길거리의 언어인 그래피티(graffiti) 속에 보인다. 달력에는 '이달의 순교자'가 표시되어 있다. 그림에는 자살폭탄 시행자가 초록빛 새의 무리 밑에 승리의 기쁨을 안고 천국에 있는 모습을 그려서 찬양하고 있다. 이런 상징은 순교자의 영혼이 천국에 있는 초록빛 새 무리에 둘러싸여 알라 신에게 옮겨진다는 예언자 무하마드의 말에 따라서 그려진 것이다(Hassan, 2001).

Post 등(2003)은 투옥되어 있는 다양한 팔레스타인 연합 조직의 구성원들을 면담하였다. 특히 하마스와 그 무장 조직인 이즈 아딘 알 콰삼(Izz a-Din al Qassam), 헤즈볼라(Hizbollah), 이슬람 지하드(Islamic Jihad), 그리고 (이슬람) 종교와는 무관한 그 밖의 다른 무장 조직원들을 면담했다.

> ### 헤즈볼라 (Hizbollah 또는 Hezbollah)
> 레바논에 근거를 둔 사이파의 정치 조직 및 군사 집단으로서 '신의 편(the party of God)'으로 알려져 있다. 이 조직은 이란과 시리아로부터 정치적 및 재정적 지원을 받고 있다.

글상자 11-2 **Post에 따른 주요 테러분자 집단의 두 유형**

무정부-이데올로기(anarchic-ideologue) 집단

이들은 소규모의 '혁명을 추구하는' 집단으로서, 현재의 정치적 또는 사회적 통치 체제를 주로 이데올로기 이유로 전복시키려는 데 전념한다. 과거 유럽의 좌파 테러 운동, 이를테면 **이탈리아 붉은 여단(Italian Red Brigades)**과 독일의 가장 폭력적이고 유명한 좌파 테러 집단인 **적군파(Red Army Faction)**가 이 유형의 전형적인 예다. Post(1984, 1987, 1990)에 따르면 이런 집단의 특징은 가족이나 주변 이웃으로부터 '소외'되어 있다는 것이다.

> **이탈리아 붉은 여단**
> **(Italian Red Brigades)**
> 1967년부터 1980년대 후반까지 활동한 이탈리아의 마르크스-레닌주의를 추종하는 테러 조직

국수적 분리주의자(nationalist-separatist) 집단

급진 IRA(Provisional IRA)는 영국 및 아일랜드에서의 영국식 통제에 대한 오랜 저항의 전통을 갖고 있으며, 이 유형의 좋은 예가 된다. 이런 유형의 테러분자 조직에서 조직원(하위 또는 중요한 역할을 하는 조직원 모두)은 가족이나 소속된 사회로부터 소외되지 않고 그들의 요구를 반영하려고 한다. 최근에 우리는 급진적 이슬람 테러의 위협 때문에 이런 유형의 집단에 관심을 두게 되었지만, 앞으로는 무정부-이데올로기 집단이 또다시 부상할 것으로 보인다.

> **적군파**
> **(Red Army Faction)**
> (또한 RAF, Rote Armee Fraktion, Baader-Meinhof Group으로도 알려져 있음) 1970년부터 1990년대 후반까지 활동한 독일에 기반을 둔 좌파 테러 조직으로, 그 뿌리는 1960년대의 학생 저항 운동에 있다.

이슬람 테러분자들에게 소년 시절의 영웅은 종교적 인물로서, 이를테면 근본주의 **와하비(Wahabi)** 이슬람 교도, 비종교적인 테러분자에게는 Abdullah Azzam, Che Guevara 또는 Fidel Castro 같은 혁명 영웅인 것으로 드러났다. 대부분은 고등학교를 다녔으며, 일부는 고졸 이상의 학력도 소지하고 있었다. 면담한 사람들의 대부분은 자신의 가족이 지역사회에서 존경을 받고 있다고 보고했다. 가족들은 테러분자들이 '대의명분(cause)'에 전념하는 것을 모두 똑같

> **와하비**
> **(Wahabi)**
> 와하비즘(Wahabism)은 Muhammad ibn Abd al-Wahhab이 발전시킨 이슬람의 근본주의 지류다. 이는 사우디아라비아에서 지배적인 이슬람의 유형이며 이슬람을 극단-보수적으로 해석하는 것이 특징이다.

이 지지해 주고 있는 것으로 여겨졌다(Post et al., 2003, p. 172).

위의 연구는 유형별 네트워크와 조직의 중요성을 강조하는 것뿐만 아니라 폭력 반응을 정당화하는 데 쓰일 권위 있는 정통성을 원천적으로 제공해 주는 역할 모형의 개념을 소개하고 있다. 각각의 테러분자가 이런 모형에 내재되어 있는 권위(authority)가 무엇이라고 지각하는지는 각자의 전념 행동이 지속되느냐의 여부를 결정할 뿐만 아니라 폭력 조직에 보다 보편적으로 전념하도록 촉진시키는 데에도 영향을 미친다. Post 등(2003)의 분석에서는 사회 환경의 중요성이 더 크게 부각된 것으로 보이지만(동료 및 가족으로부터의 암묵적이거나

명시적인 인정을 통해서), 관여로 인해 얻는 그 밖의 보상도 수감 중인 테러분자들과의 면담을 통해 밝혀졌다. 다음의 내용은 이를 잘 보여 준다.

> 무장 공격을 감행한 하수인들은 영웅으로 비추어졌으며, 그들의 가족은 이스라엘 당국으로부터 테러 행위에 대한 처벌로서 파괴된 자신들의 집 대신에 새로운 집을 짓는 것을 포함하여 물질적 지원을 상당히 많이 받았다. …… 그것이 팔레스타인 민족을 위한 것일 수만 있다면 가족 전체가 그것을 했고, 그렇게 한 것에 대해 그들은 크게 존경받게 되었다. 내 형제들은 모두 감옥에 갇혀 있다. 그중 한 명은 이즈 알-딘 알 콰삼(Izz al-Din Al Qassam) 대대에서의 행위 때문에 종신형을 받고 복역 중이다(Post et al., 2003, p. 177).

Post 등(2003)은 테러 조직에 가입하면 지원 희망자들 사이에서 '사회적 지위'가 높아졌다고 주장하였다. 그들에 따르면 갓 가입한 조직원은 크게 존중받았다. 조직에 속했던 젊은이는 그렇지 못한 젊은이에 비해서 더 높게 인정받았으며, 조직에 들어가지 못한 사람들에 비해서 더 나은 대우을 받았다. 이와 유사한 분위기는 북아일랜드의 운동가들에 대한 면담에서도 느낄 수 있다. 예를 들면, Burgess 등(2009)은 한 운동가를 면담했는데, 그는 적극적 저항 운동에 관여하게 되다 보니 자신의 중요성을 깨닫게 되었다고 언급했다.

> 우리 지역사회에서 숭배받는 인물이 우뚝 떠오른 것은 대단한 것을 상징했기 때문이다. …… 당신의 부모, 교회의 제단에 있는 성직자 그리고 당신의 스승이 "이들 남성은 훌륭한 분들입니다. 그들은 여기에서 올바른 것을 위해 싸우고 있습니다."라고 말하기만 하면, 이 사람들은 중요한 인물이므로 그들이 말하는 것은 무엇이든지 옳다는 메시지가 즉각 전해진다. 그러다 보면 갑작스럽게 당신은 반정부 활동을 지지하는 데 발을 디디게 된 셈이다(Burgess et al., 2009, p. 32).

그러므로 국수적 분리주의자 집단에 관여하는 것은 활동가들이 모인 조직 속에서뿐만 아니라 주변의 지지해 주는 지역사회 속에서도 자신의 위상을 세울 수 있게 되는 것이다. 이때에는 집단 내에서 수용받는 것뿐만 아니라 보다 큰 지역사회 내에서 자신의 위상이 세워지고 흥분되는 느낌도 뒤따르게 된다. 이는 조직에 전념하는 것을 유지시켜 주는 강력한 요인이 될뿐더러 조직에 가입하게 하는 요인도 된다.

위의 요인들 몇 가지가 사례연구에 잘 설명되어 있다. 〈사례연구 11-1〉에서는 실제의 테러사건을 저지르는 데 집단과 개인 요인 모두가 어떻게 작용했을지를 보여 주고 있다. 이 사건은 영국에서 『메디나의 보석(The Jewel of Medina)』이라는 논란이 된 출판물과 관련된 공격사건을 설명한 것으로서, 경찰 및 법원의 기록에서 따온 것이다. 〈사례연구 11-2〉는 현대사회에서 테러분자의 공격으로서 아마도 가장 냉정하고 비정한 예의 하나가 될 사건에서 개인적 분석에 초점을 둔 것이다.

사례연구 11-1 메디나의 보석

　이것은 영국에서 『메디나의 보석(The Jewel of Medina)』이라는 논란이 된 출판물과 관련된 공격사건을 설명한 것이다. 이 사건의 상세한 내용은 공격한 집단과 소속된 개인 모두의 주변 여건에 대해서 다소 통찰할 수 있게 해 준다. 이는 또한 생명을 위협할 가능성이 있던 공격을 그 정도가 비교적 경미한 것으로 바꾸는 데 성공한 정보 기관 주도의 대테러 작전의 한 예도 된다. Sherry Jones의 책은 예언자 무하마드의 부인 중 한 명인 Aisha의 인생에 대한 픽션이다. 픽션이기는 하지만, 이 책은 많은 지역에서 항의를 불러일으켰다.

　2008년 9월에 세 명의 남성이 영국 런던에서 Martin Rynja(책의 출판 담당자)가 살던 지역에 차를 타고 지나갔다. 이들은 차를 타고 두 번이나 지나가고 난 뒤, 두 명이 차에서 내려서 연료 깡통이 담긴 하얀 플라스틱 가방을 들고 현관 쪽으로 접근했다. 그들은 디젤 연료를 우편함 속에 쏟아붓고는 일회용 라이터를 써서 불을 질렀다. 그들은 현장에서 벗어나려고 했으나 무장한 런던 시 경찰관에 의해 제지당하고 체포되었다. 이전에 수집된 정보에 따라서, 경찰에서는 출판 담당자와 그의 부인에게 집에서 떠나 있도록 경고한 바 있었다. 이 사건이 일어나기 전에, 이 세 남자는 모두 경찰의 밀착 감시를 받고 있었다. 두 명은 공격이 일어나기 전 주에 차를 타고 사전에 이 지역을 정찰하였던 것이 관찰되었다. 따라서 이는 명백히 사전 모의된 공격이었다.

　이 책을 출판하겠다고 하자 책 속의 혐오적 언급이 많은 점이 몇몇의 극단주의 지역에서 주목을 받게 된 것이고, 이번 공격으로 인해 더 많은 관심을 끌게 되었다. 알무하지룬(Al-Muhajiroun: 급진적 이슬람 집단)의 공동 설립자 중 한 명인 Anjem Choudhary는 그 공격에 대해 전혀 놀라지 않았다고 말했으며, 이 책에 대해서 아마도 추가적 보복이 있을 수 있다고 경고했다.

> 　그분의 명예(즉, 예언자의 명예)를 훼손하는 어떠한 공격도 죽음의 벌을 받게 된다는 것이 무슬림 율법에서는 뚜렷이 명시되어 있다. …… 사람들은 이와 같은 자료를 만들면 어떤 결과가 오게 되리라는 것을 잘 알고 있어야 한다. 사람들은 그런 일이 불러일으킬 감정의 크기를 알아야만 한다(Bingham, 2008).

　알무하지룬의 창설자인 Omar Bakri는 레바논에 거주하고 있었는데 영국으로부터 추방된 적이 있다. …… 그는 "……누구라도 그 자(Martin Rynja)를 공격한다면, 나는 이를 나쁘다고 할 수 없다."라고 말했다(Bingham, 2008). (Taylor, 2010에 의거함)

사례연구 11-2 엘 알 항공기의 폭격 시도

이는 아마도 최근에 일어난 가장 비정한 테러 행위 중 하나일 것이다. 범인인 Nezar Hindawi에 대한 심리학적 평가가 제대로 실시된 것은 없었지만, 그와의 면담 및 그 밖의 접촉 결과에 따르면 범인은 자신이 한 짓이 무엇인지를 제대로 이해하고 있었으며, 엘 알 항공편에 폭탄을 갖고 탑승하기 위한 도구로서 냉혹하게도 자신의 임신한 여자 친구를 이용했다는 것을 알려 준다. 또한 이는 국가(이 사례에서는 시리아)가 외국에 대한 정책적 목적을 위해 테러를 어떻게 이용했는지도 보여 준다.

Hindawi는 1986년 4월 서부 런던에 있는 호텔에서 체포되었다. 심문을 받는 중에 그는 임신한 여자친구(아일랜드인)에게 이스라엘로 가는 비행기 편에 그녀가 갖고 탈 폭발물이 든 가방을 건네주었음을 시인했다. 이 작전은 시리아 정부의 정보 기관을 통해 계획되고 조종되었다. 요르단 여권을 소지했지만, 이 작전을 위해서 그는 시리아의 공식 여권을 휴대했고 시리아의 아랍 항공사 직원들이 그를 호송하고 협조해 주었다. Hindawi는 이 사명을 수행하는 데 25만 불의 돈을 받았다.

Hindawi는 그의 여자친구와 간혹가다 만나는 관계였지만 그녀가 임신하자 떠났던 것으로 보인다. (시리아) 다마스커스의 지령에 따라서, 그는 그녀와 다시 접촉했고 그녀에게 청혼─그리고 이스라엘로의 신혼여행─을 하였는데, 그녀는 이를 받아들였다. (Hindawi는 사실상 폴란드 여성과 이미 결혼한 상태였다.) 비행기를 타기 전날에, Hindawi는 여자친구에게 폭발물이 든 가방을 갖다 주었는데, 그 가방 속을 여자친구의 옷 몇 가지로 가득 채워 넣었다. 다음 날 그는 그녀를 런던 히드로 공항으로 택시를 타고 데려다 주었다. 여행 중에 그는 폭탄의 뇌관을 작동시키고는, 자기는 다음 항공편으로 따라가겠다고 말하고 여자친구가 엘 알 항공기에 탑승하도록 두고 떠났다.

공항에 있던 이스라엘 보안 요원은 이 가방을 검색해 냈고, Hindawi의 여자친구는 체포되었다. Hindawi는 처음에는 런던에 있는 시리아 당국자와 함께 도피하려고 했지만, 생명의 위협을 느끼고는 영국 경찰에 자수했다. Hindawi는 히드로 공항에서 엘 알 항공기에 항공기를 파괴하거나 손상을 줄 수 있는 장치를 갖다 놓으려고 기도한 죄로 유죄를 선고받았는데, 이는 「범죄 미수법 1981(Criminal Attempts Act 1981)」의 1조 1항에 반하는 행위였기 때문이다. 그는 45년 징역형을 선고받았다. 재판관은 "이것은 잘 계획되고 잘 조직화된 범죄로서, 피고 이외에도 다른 많은 사람이 관여한 범죄이며, 그들 중 일부는 고위직에 있는 사람들이다. 이보다 더 잔인하고 비정한 속임수이자 더 무시무시한 대학살 시도는 상상하기도 힘들다."라고 평결했다(Foreign and Commonwealth Office, 1986). 전문가들은 재판 중에 그 장치(1.5kg의 군용 폭발물이 들어 있던)가 뇌관에 의해 폭발되었더라면 아마도 비행기를 포함해서 375명의 승객 및 승무원 전원이 사망했을 것이라고 증언했다.

근본주의

테러의 기원과 관련해서 흔히 쓰이고 최근에 더 유행하게 된 용어는 '근본주의(radicalisation)'다. 근본주의는 근본주의적 이데올로기의 영향을 받았거나 그에 동조하는 것으로 특징지을 수 있을 것이다. 특히 언론 매체에서 많이 사용되었지만, 이 말은 논란의 여지가 대단히 많은데, 특히 근본주의 견해를 갖고 있는 것과 폭력을 통해 이런 견해를 표현하는 일에 빠지는 것 사이를 뚜렷하게 구분해 주는 해설자도 거의 없기 때문이다. 아래의 내용은 근본주의에 빠질 위험성을 높여 주는 것과 관련이 있어 보이는 위험 요인의 범위를 파악 가능한 대로 요약한 것이다. 이런 요인들이 폭력적(violent) 근본주의와 관련될 수도 있고 관련이 없을 수도 있다는 것을 유념하는 것이 중요하며, 우리는 이 논제를 명확하게 풀어 줄 적절한 증거를 현재 갖고 있지 못하다.

실제로 위의 유의사항에 덧붙인다면, 이어지는 내용은 (모두 합쳐서 볼 때 자명하다는 점에서) 폭력적 근본주의로 이끄는 필요조건이라고 간주될 수도 있겠지만, 그 어느 것도 (모두 합쳐서 보거나 개별적으로 볼 때) 폭력에 관여하는 것을 충분히 설명해 주지는 못한다(Taylor, 2010). 앞서 언급했듯이 개인, 조직 및 상황 요인도 특정 개인이 폭력에 관여하는 데 중요한데, 이는 우리가 이 분야에서 자신 있게 주장할 수 있는 몇 가지 중의 하나에 의해서 더욱 복잡하게 얽힌다. 즉, 그 어떤 사회경제적인 한 측면(profile)만으로는 폭력적 근본주의에 빠질 위험성이 있는 젊은이들의 특성을 제대로 반영할 수 없다는 것이다(Dalgard-Nielsen, 2010). 그러나 총괄적으로, 다음에는 관련 요인의 전반적 목록이 제시된다. 각 요인들에 대해서는 나중에 좀 더 자세히 살펴볼 것인데, 이 요인들은 어느 정도 경험적 지지를 받고 있다.

이 요인들은 이슬람 문화에 관련된 것이지만, 개괄적으로 볼 때 그것이 극단주의적 진술의 또 다른 유형에 해당된다고 시사하는 증거가 있다. 예를 들면, 겉보기에 뚜렷한 종교적 요소를 배제하면, 아래에 소개한 주제는 20세기 중반의 서유럽의 테러뿐만 아니라 현 시대의 좌-우익 증오 활동의 특징을 보여 주고 있다.

이슬람식 근본주의(주목할 것은 이것이 근본주의의 한 유형일 뿐이지만, 그 속에는 공통 요소 몇 가지가 나타나고 있음)에 관여하는 것을 정당화시켜 주는 것이 특징인 주요 명제가 〈글상자 11-3〉에 제시되어 있다.

이런 명제에 담겨 있는 것은 네 가지 별개의 진술(Leuprecht et al., 2010)로서 명제를 뒷받침하고 확장시켜 주는 것인데, 이것이 〈글상자 11-4〉에 제시되어 있다.

이제 우리는 이런 명제에 내포된 요인을 살펴볼 것이다.

글상자 11-3　이슬람 근본주의의 주요 명제

1. 이슬람은 공격을 받고 있다(가장 최근에는 미국이 십자군의 형식으로 공격을 주도하고 있음).
2. 서구에서 '테러분자'라고 부르는 지하드는 이런 공격에 대항하기 위한 방어다.
3. 따라서 이슬람을 방어하기 위해 지하드가 벌이는 행위는 당연한 것이며, 정의로운 것이고, 종교적으로 성스러운 것이다.
4. 지하드의 행위를 지지하는 것은 선량한 무슬림으로서의 의무다.

(Betz, 2008)

글상자 11-4   근본주의를 지지하는 주장

정치적 주장(political narrative)으로서, 서구가 저지르는 악에 초점을 두고, 서구의 주도권과 착취로 인해 발생하는 세계적 차원의 불평등 및 분배의 영향과 관련된 신마르크스 학파의 견해도 포함한다.

도덕적 주장(moral narrative)으로서, 자유를 핵심적 가치로 내세우고, 평등과 정의에는 부수적인 가치를 부여하는 모순된 서구식 가치관에 초점을 둔다. 이런 가치관이 비현실적인 이상주의에 불과하며 사실상 (근본주의 이슬람의 관점에서 보면) 사회의 도덕적 쇠퇴를 가져오는 원인이라고 본다.

종교적 주장(religious narrative)으로서, 폭력 투쟁이 서구 십자군에 대항해서 이슬람을 방어하려는 것이라고 정당화한다.

사회심리학적 주장(social-psychological narrative)으로서, 고전적인 집단 내/집단 밖 전략을 써서 '이교도'를 집단 밖의 사람들로 규정하며, 사회적 배척에 대항하는 수단으로서 형제 전투조직(brotherhood-of-arms)을 구성하여 '진짜 신도(true believer)'에게 모험과 희생을 향한 열망을 완수하라고 강요한다.

(Kessels, 2010에서 인용)

---

1. 이데올로기에 관련된 요인

지하드 운동에 관한 연구는 이데올로기에 집착하고 그것에 영향을 받은 것이 상당하며 다음 중 일부 또는 전부가 강조된다고 시사하고 있다.

- 조직적 배타주의(structural exclusion; Buijs, 2009)
- 애도감, 살고 있는 사회에 대한 증오, 기본권이 박탈된 것(disenfranchisement), 사회적 정의의 결여, 시각적 표시로서의 상징의 중요성(예: 면사포를 쓰는 것 같은 옷차림; Change Institute, 2008b; Slootman & Tillie, 2006)
- 종교 부흥 운동(Change Institute, 2008b)
- 세계 도처의 여러 갈등 지역에서 무슬림의 열악한 여건에 초점을 두는 것(Slootman & Tillie, 2006)

이상의 요인을 감안하면, 이슬람 근본주의적 견해에서 중요한 것으로 보이는 핵심적 이데올로기적 요소는

다음과 같다(Change Institute, 2008b에서 인용).

- 지하드 운동(jihadism)을 강조하는 것[아랍권에서는 이는 서구권에 대한 '투쟁'의 종교적 의미라는 뜻을 지칭하며, 종종 성전(holy war)의 의미가 함축되어 있음을 뜻할 때 사용되기도 함.]
- 타크피르(takfir)의 역할(어떤 사람에 대해서 배교라고 선고하는 것, 기독교의 이단 선고에 해당됨, 이슬람을 버리는 것으로 알려진 사람의 결과, 사망 선고라고 해석될 수 있는 것)
- 이 세상을 다르 알 하르브(dar-al-harb, 전쟁의 집터: house of war)로 보는 것. 이는 무슬림 율법(샤리아, Shari'a)이 실시되지 않고 있는 나라를 지칭함.
- 시민과 군사 표적을 구분하지 않는 것
- 적에 대한 공격/대결
- 순교자의 적합성(appropriateness)과 바람직함(desirability)을 강조하는 것

● 칼리프 제도(Caliphate)의 복귀를 추구하는 것(이
는 이슬람권에 세워진 최초의 정부 형태로서 무슬림 국
가의 정치적 통일을 의미하는 것임)

또한 언급해야 할 중요한 점은 이상의 요인 모두가
근본주의적인 이데올로기적 주장에 이끌린 사람들 모
두가 반드시 신봉하는 것은 아니며, 어느 한 요인이 있
다고 해서 반드시 다른 요인도 함께 따르는 것은 아니
라는 것이다. 예를 들면, Leuprecht 등(2010)은 미국 무
슬림의 2007년도 신도들을 대상으로 한 설문조사에
'테러와의 전쟁에 대한 의구심' 그리고 '자살 폭탄 행
위의 정당성'에 관련된 문항이 포함되어 있었는데 상관
관계가 낮게 나타났다고 지적했다. 그들은 이 결과가
"어떤 자가 한 측면을 믿는다는 것을 알게 되면 또 다른
측면을 믿는 자에 대해서는 말할 것이 거의 없는 것으
로 보인다."(p. 61)는 것을 의미한다고 하였다. 심리학
적 용어를 빌리면, 앞서 제시한 유형의 이데올로기 관
련 내용을 받아들이게 되면 아마도 가장 중요한 결과는
이미 지적한 대로 적(敵)에 대한 비인간화, 집단 동일
시의 증진, 그리고 근본주의적 이슬람 이데올로기의 맥
락에서 순교에 초점을 두게 되는 것이다. 이런 주장이
갖는 특별한 강점은 행위와 전념으로부터 뒷받침을 받
으면 그 주장이 더욱 강력해진다는 것이다.

2. 사회적 맥락에 관련된 요인

사회적 맥락에서 보면, 가장 중요해 보이는 것은 강
력한 실제의 또는 가상적 동료 집단과의 연결로서
(Nesser, 2004), 이 집단 속에서 참여자는 의미를 찾으
려는 욕구가 충족되며, 소속감을 얻을 수 있게 되고
(Slootman & Tillie, 2006), 어느 곳이든 불의가 보이면
반응을 표출할 수 있게 된다(Slootman & Tillie, 2006).
이는 저항 행위(실제적)에 관여하거나 또는 인터넷 같

은 매체(가상적)를 통해서 표출될 수 있을 것이다
(Change Institute, 2008a). 특히 중요한 것은 피해자로
지각되는 집단과 동일시하게 되면 개인적으로 어떤 슬
픔도 겪은 적이 없던 개인도 근본주의자로 만들 수 있
다는 것이다. 매우 분명하게, 서구에서 근본주의자가
된 많은 젊은이는 이를테면 팔레스타인에서 살아 본 직
접적인 경험이 전혀 없다 해도 이런 식으로 동일시와
사회적 영향의 흐름 속으로 끌려 들어갈 수 있다. 앞서
지적했듯이, 소속감을 촉진시키는 중요한 요인은 친구
및/또는 가족이 있느냐다. 집단의 극단화(polarisation),
집단 경쟁 그리고 위협을 받고 있을 때의 집단 응집력
의 증진 같은 요인들은 근본주의화되는 것과 관련된 집
단 역동(group dynamics)에서 중요한 과정 요인임이 밝
혀졌다.

3. 리더십/카리스마적 인물과 관련된 요인

보다 폭넓은 동료 집단 및 사회적 관여의 일부로서
중요하고 카리스마가 있는 리더가 관여하는 것(Change
Institute, 2008a; Slootman & Tillie, 2006)은 의미가 있다.
연구 결과에 의하면, 아프가니스탄, 파키스탄, 발칸 반
도 그리고 소말리아에서 돌아온 지하드가 회교 사원이
나 군중 집합 장소에서 특히 영감을 주는 동료 집단 인
물(inspirational peer group figures; Change Institute,
2008a)로서 가족만큼이나 특별히 중요한 역할을 하는
것으로 보인다. '영혼의 제재자(spiritual sanctioners)'
그리고 '작전 능력이 있는 리더(operational leaders)'
의 역할은 근본주의 집단을 조사해서 파악될 수 있는데
(NYPD, 2007), 이런 리더는 귀환한 지하드를 통해서
표현될 때 특히 의미가 크다. 개인적 및 사회적 소외감
은 이데올로기와 동료 집단 모두와의 연계를 이해하는
데 중요한 요소일 수 있다.

4. 상황적 및 개인적 맥락과 관련된 요인

또한 최근의 연구 결과는 인생살이 중의 큰 사건(transformative event)이 꼭 폭력을 지향하는 것은 아니더라도 근본주의를 향한 개인의 인생 행로(Change Institute, 2008a)의 일부로서 의미가 있을 수 있음을 시사하고 있다. 이때 그 의미는 개인적일 수도 있고 집단적일 수도 있다. 이와 관련된 것이 다음과 같은 개념이다. 즉, 한 개인이 위에서 제시한 종류의 사건들 때문에 분노하여 당사자 또는 그의 사랑하는 사람들에게 위해를 가하려는 정부의 조치에 대해 복수하려 든다는 것이다. 그러나 강조해야 할 중요한 것은 개인적 슬픔이 보다 큰 집단적 슬픔을 반영하는 것으로 해석되지 않는다면 통상적으로 행위를 이끌어 내지는 못한다는 것이다(McCauley & Moskalenko, 2008).

이러한 분석에서 빠진 것은 근본주의적 사고방식에의 관여를 통한 표현 촉진보다는 그런 생각을 폭력으로 표현하는 것을 촉진시키는 요인으로까지 논의를 확장시키는 것이다. 앞서 지적했듯이, 여기에서 언급할 요점은 이상의 요인들이 개별적으로는 예측력이 거의 없다는 것—이 요인들만으로는 사람들이 왜 테러분자가 '되는'지를 설명해 주지 못한다는 것이다. 그러나 이 요인들이 결합되었을 때, 이들은 테러주의 또는 근본주의에 쉽게 관여하게 되는 맥락을 우리가 이해할 수 있게 해 주는, 복잡하지만 강력한 개념 체계를 제공해 준다.

테러 활동으로의 발전: 자서전 및 생애 전기 서술

우리는 테러 운동에의 관여도가 높아지는 것과 관련된 사회적 및 심리적 속성이 점진적 진전(gradual progression)의 느낌이라는 것에 주목한 바 있다. 이는 보다 넓고 '관습적인' 사회에서 서서히 벗어나서 극단주의가 모든 것을 포용하는 훨씬 좁은 사회로 향하는 주변화(marginalisation)로 특징지을 수 있겠다. 그러나 테러 조직의 은밀함과 은폐적 속성을 감안하면, 이런 과정을 체계적으로 파악하기란 극히 어렵다. 이를 실천하는 가장 효과적인 방법은 아마도 자전적 서술을 활용하는 것으로서, 이를 통해서 장기간의 과정을 최소한 힐끔 볼 수 있을 것이다. 이런 서술은 문제가 될 수 있는데, 일반적으로 편향되어 있고, 사건 이후에 쓰이며, 실제로 일어난 일에 대해서라기보다는 저술자의 정당화 구실로 사용될 것이기 때문이다. 그러나 이런 서술은 아마도 위의 논제를 다루는 데 우리가 쓸 수 있는 전부일 것이다.

독일 테러분자의 과거력을 조사했던 Kellen(1982)과 북아일랜드의 왕당파 테러분자를 면담했던 Taylor와 Quayle(1994)은 모두 테러에 관여하는 것이 점진적 사회화 과정을 통해 전념(commitment)의 수준이 점차 깊어지는 것뿐만 아니라, 이와 동시에 다른 것들에 대한 환멸감이 높아지는 것이 특징임을 분석 결과 확인했다. 어떤 의미에서 이런 것의 극치는 한 개인이 자신의 사회적 및 개인적 기회를 좁혀서 집중시킴으로써 다른 대안을 검토할 역량을 제한하는 과정을 통해 적극적인 테러분자로 성장하는 것이다. 이것이 Hundeide(2003)가 '실천하는 조직사회(community of practice)'라고 밝힌 것과 유사한 과정을 반영할지도 모른다고 생각하기 쉽다. 실천하는 조직사회는 비공식적이지만 대단히 강력한 위력이 잠재되어 있는 학습 환경으로서, 여기에서는 개인이 동료들로부터 공통되고 공유된 경험을 보이는 시범을 보고 관찰해서 학습하는 것이 이루어진다. 또한 부수적인 결과로서, 전념하는 정도가 높아지며 관여하는 수준이 점점 더 커지고 더 집중되는 나머지 당사자로 하여금 어려운 또는 도전적인 시대에 살 때에는 '끝까지 버티기(stick it out)'를 고수할 필요성이 지극히 크다는 것을 깨닫게 해 줄 수 있다(Sherman, 2005).

우리는 우리가 테러분자의 조직에 대해 알고 있는 것들을 활용하여 이런 서술을 보충할 수 있는데, 그것은 적어도 서술된 내용의 타당성을 점검해 주는 역할을 할 수 있다. 예를 들어, 급진 IRA의 경우 우리는 어떤 한 개인이 그 집단에 참여하겠다는 의사를 표명하였을 때 그가 조직에 실제 받아들여지는 데에는 몇몇 사례에서는 수 주일이 걸릴 수 있음을 알고 있다(Horgan & Taylor, 1997). 지원이 마침내 받아들여졌을 경우, 그는 일정 기간 현역 복무(active service)라는 활동에 꼭 종사하지 않아도 된다. 테러 조직 내에서 수행해야 할 역할은 아주 많으며 현역 복무는 그중 하나에 불과하다. 여기에는 어느 정도의 단련과 훈련이 포함되는데, 무기 사용 및 폭발물 취급 훈련도 들어 있다(Taylor & Horgan, 2006). 어떤 역할을 맡을 것이라는 기대가 지원자로 하여금 조직에의 관여도를 높여 줄 기회를 찾도록 영향력을 끼칠 수 있겠지만, 지원자는 처음에는 덜 매력적인 것으로 보일 수 있는 잡일(변두리 일)을 맡아야 한다는 것을 스스로 깨닫게 될 수 있다. 아일랜드 테러 운동에서 '역할 분배(role allocation)'의 중요성을 잘 통찰하지 못하고 있었음을 보여 주는 것이 **공식 북아일랜드 반영 지하 군사 조직**(Official IRA)에서 제작한 문서인 The Reporter's Guide to Ireland에 나타났다. 이 문서는 공식 IRA의 정보 책임자가 작성한 고등 정보 업무 지침서인데, 산하의 정보 요원에게 배포하여 이를 통해서 급진 IRA가 건네받아 사용하도록 하기 위한 것이다(Horgan & Taylor, 1999).

테러분자의 삶에 대한 자전적 서술(예: Collins with McGovern, 1997; McGartland, 1997; O'Callaghan, 1998)에서도 앞서 언급한 것과 비슷한 특징을 보여 주고 있다. 특히 아주 협소한 조직사회로 보이는 곳에서조차 다양한 역할을 맡고 그 역할에서 떠날 때의 느낌이 잘 드러나 있다(Alonso, 2003). McCauley와 Segal(1989)의 예시에 의하면, Ulrike Meinhof와 Horst Mahler가 적군파의 지휘자가 되기 전에, 그들은 각각 핵 확산 반대 및 온건한 사회주의자 독일학생연합(Socialist German Student Society)의 공동체 활동(community activism)에 참여했다. 북아일랜드의 IRA 조직원들 중의 상당수는 신페인당(Sinn Fein, 아일랜드 공화당)원 출신이었는데, 일부는 나중에 신페인당으로 복귀했다. Clark(1983)는 스페인의 무장 바스크 국가주의자 및 분리주의자 조직인 **ETA(Euskadi Ta Askatasuna)**에 관한 그의 연구에서 점진적 사회화 과정을 통해서 조직에의 관여도가 점차 높아지는 양상이 존재한다고 주장했다. 그러나 그의 주장에는 **에타라**(etarra: ETA 조직원)가 된다는 것이 무엇을 의미하는지를 규정하는 데 있어 애매한 부분이 있다.

> **ETA**
> **(Euskadi Ta Askatasuna)**
> 스페인의 바스크 국가주의자 및 분리주의자 조직으로서, 스페인에서 벌어진 많은 테러 공격을 가한 장본인

> **공식 북아일랜드 반영 지하 군사 조직**
> **(Official IRA)**
> 1969년에 아일랜드 공화국 군대는 둘로 나뉘어졌다. 즉, 주로 정치적 수단을 통해 아일랜드의 통일을 이룩하려고 했던 공식 IRA와 그리고 폭력적 대처를 표방했던 급진 IRA로 나뉘었다.

새로운 조직원이 모집되는 과정은 통상 느리고 점진적인 것이므로, 어떤 젊은이가 ETA 조직원의 기준을 통과하는 기준이 정확하게 무엇이라고 말하기는 어렵다. …… 바스크 분리주의를 추구하는 젊은이가 ETA의 구성원으로 변환되는 과정은 우회도로로 가득 찬 긴 여정이며 그 중간에는 눈길을 끄는 다른 길을 탐색하는 것도 포함된다. 실제의 모집 과정도 점진적인 것으로서, ETA 조직원이 될 잠재 능력이 있는 수많은 이를 대상으로 수개월 또는 심지어는 수년간 저항하던 이들이 마침내 조직에 참여하라

는 요청에 따르도록 굴복시키는 과정이다(Clark, 1983, p. 435).

이탈리아에서 Jamieson(1989)은 이전의 붉은 여단(Red Brigades: RB) 조직원이었던 Adriana Faranda를 면담했다. 면담이 예외적으로 정보를 많이 제공해 주어서, 조직에의 관여가 높은 것에 대한 대단히 명쾌하고도 사려 깊은 서술을 많이 얻어 냈다. Jamieson은 Faranda가 1968년경에 로마에서 학생 신분으로 정치에 입문하게 되었다고 했다. Faranda는 자신이 정치에 관여하게 된 것을 거의 '필수적인' 것으로 서술한 것을 들은 바 있던 Jamieson에게 다음과 같이 밝혔다.

일이란 그렇게 명확하게 돌아가는 법이 결코 없다. 나 말고도 로마에서는 똑같은 순간에 수없이 많은 다른 사람이 살고 있었지만, 내 나이 또래의 애들은 나처럼 정치적 투쟁에 관여하거나 연속되는 세월 속에서의 선택권 발휘에 관여하지도 않았다. 나는 이것이 그 당시의 사건을 내가 겪었던 방식, 문제에 대한 나 자신의 개인적 관점, 위기, 그처럼 특별한 길을 결정했던 것의 바깥에서 일어나고 있었던 것뿐만 아니라 우리가 간직했던 희망과 기대를 실제로 보여 주는 것이 아닐까 생각해 본다. …… 무수히 많은 조그만 발걸음이 종국에는 내가 막바지에 다다른 길로 이끌고 갔다. …… 문자 그대로 그것은 큰 도약이 아니었다. 그것은 단지 또 하나의 여정이었다. …… 이는 하나의 선택이었다(Jamieson, 1989, p. 36).

Faranda의 언급은 특히 중요한데, 그의 말은 어떤 수준에서는 테러에 관여하게 되는 것을 이해하기 위해 관련된 동기에 대해 질문하면 근본적으로 답변을 하지 못하는 이유(예: 위에서 인용한 '이것이 그 당시의 사건을 내가 겪었던 방식을 실제로 보여주는 것이 아닐까 생각해 본다')를 알려 줄 뿐만 아니라, 그와 같은 인생 행로가 그녀가 묘사한 '무수히 많은 조그만 발걸음'에 의해서 모양이 갖추어지는 방식도 요약해 주기 때문이다. 덧붙여 그녀는 면담의 후반부에서 그녀가 자신의 관여의 특징을 '무수히 많은 조그만 발걸음'을 내딛는 것으로 설명했지만, 나중에는 '되돌아올 수 없는 지점'까지 다다른 것을 그녀 스스로 알아차렸다고 인정했다. Faranda가 사용한 의미로는 '되돌아올 수 없는' 지점에 다다른 것이나 '조직원의 자격'을 취득한 것이 어떤 방식으로 보든 뚜렷해 보이지는 않지만, 단순 지원 활동과 '직접적 행위(direct action)' 사이에 있는 과거에는 가상적이었던 구분선이 특정 작전에의 참여를 통해서 더 이상 애매하지 않게 된 것처럼, 특정 작전에 참여하는 것을 종교적 의식처럼 여기듯이 하는 것이 그의 말의 특징이라고 간주할 수 있겠다. 당연히 이런 역동은 현재 관여를 고려하고 있는 집단의 유형이 무엇이냐에 따라서 다를 것이며, 예를 들면 조직에 깊이 전념할수록 가족 및 사회와 완전히 그리고 전면적으로 결별하는 것이 꼭 필요하느냐에 따라서 달라질 것이다(앞서 언급한 Post의 분석에서 제기되었듯이).

White와 Falkenberg White(1991)는 IRA의 과거 조직원이었던 사람을 면담하였는데, 그는 자신이 조직 운동에 처음으로 발을 디딜 때 이를 '뒷받침해 주는' 과정에 대해 다음과 같이 지적하였다.

"……글쎄요 거기에는 한 발씩 내딛는 것(progression)이 있지요. 아세요? 당신은 안 들어가려고 하겠지만, 일단 당신이 들어가게 되면 처음에는 덜 어려운 과제를 받게 돼요. 그러면 당신이 익숙해질수록 그만큼 당신은 이미 많이 들어간 것이고 누군가 당신 뒤를 따라오고 있게 될 거예요. 당신도 아시겠지만, 누군가 어떤 이들이 아마도 체포되거나 구금되거나 하면, 군사 훈련처럼 전진하는 일이 쭉 생기다가 당신이 어느 순간 적극적으로 작전에 관여하는 때까지 오게 되는 거예요. …… 제 추측으로는 아마도 6~7개월 걸렸던 것 같아요(White & Falkenberg White, 1991, p. 120)."

다른 연구자들도 이와 비슷한 특징에 주목했다. 예를 들면, Billig(1984)는 적군파(Red Army Faction; RAF)의 조직원이었던 'Rolfe'의 사례를 기술하였는데, Rolfe는 처음에는 안내원으로 적군파에 관여했다가, 몇 년 뒤에는 적군파 내에서 중요한 임무를 맡게 되기까지 나아갔고, 결국은 독일 사업가 Hans Martin Schleyer를 납치하고 살해하는 데까지 관여하였다. Jamieson(1990)은 붉은 여단 내에서 이와 비슷한(좀 더 공식적이기는 하지만) 과정을 파악해 냈다. 1970년대 초에 공장에 기반을 두고 좌익 운동을 침투시키고 선동하려던 이런 조직의 시도는 불법 행위를 향해 점진적으로 이동하도록 촉진시키는 분위기를 조성했다. Jamieson은 밀란(Milan) 공장에서의 상황을 다음과 같이 기술하고 있다.

…… 동조자라면 그의 공장 부서에 붉은 여단의 선전물을 돌리고, 기자재, 돈, 심지어는 무기도 집에 비축해 두라는 과제를 부여받았을 것이다. 나중에 그는 공장 벽에 스프레이로 글자나 그림을 새겨 놓거나, 공장 관리부서나 본부에 협박 메시지를 남겨 놓도록 요구받을 수 있다. 이런 것들은 '개별적 불법 행위'로 알려져 있다. '진짜로 질적인 도약'은 동조자가 무장 투쟁에 참여하면서 이루어진다. …… 각 조직원은 사전의 시험(prove) 또는 검사를 연달아 받으면서 계속 관찰 대상이 되어 왔던 것이다(Jamieson, 1990, p. 2).

이와 같은 서술으로부터 우리는 (테러분자의) 활동, 전념 그리고 전반적인 '관여'의 수준이 계속 변하는 것을 알아차릴 수 있다. McCauley와 Segal(1989)이 주목했듯이, 어느 시점에서 조직원들 중 일부는 '파악하기 위해 애쓰기 시작하고 …… 일부는 전념 쪽으로 마음이 바뀌며, 일부는 확고하게 전념하게 되고, 일부는 덜 전념하게 되며, 그리고 일부는 아주 떠나 버리는 과정에' 있게 된다. 또한 우리는 변하지 않는 속성이 있다는 가정하에 테러분자의 특징 분석(profiling)을 잘하는 것이 현재의 상황을 가장 잘 포착하는 것이 될 수 있음을 알 수 있다. 이 분석이 잘못되면 최악의 경우에는 방향을 호도하고 제한된 상황 파악만 가져올 수도 있다.

관여도가 높아지는 것과 관련된 특성으로서 당사자가 새겨야 할 마지막 특기사항은 관여 수준에 따라서 가치가 다르게 매겨지며, 이 가치도 시간이 흐르면 변한다는 것을 깨달아야 한다는 것이다. 이러한 '역할에 따른 가치(role values)'는 구성원을 지시하고 통제하기 위한 리더십에 사용될 수 있다. 예를 들면, 급진 IRA 내부에서 적극 복무의 역할을 맡는 것은 제한되는 경우가 있지만, 그것이 가능하도록 분위기를 조성해 놓으면 조직에 대한 가치와 심리적 가치를 느낄 수 있게 된다. 이와 비슷한 분석을 하마스에서의 순교자 역할에 대해서도 할 수가 있겠다. 알 콰삼의 조직원들을 대상으로 Hassan(2001)이 수행한 광범위한 면담에 따르면, 순교 작전을 맡길 인원을 제한하는 것'은 다른 조직원들을 실망시켰다. 그들은 인내심을 배워야 했으며 알라가 그들을 부를 때까지 기다려야만 했다.

앞서 살펴보았듯이, 테러 조직에의 관여도가 높아지는 것도 처음에 관여하는 것과 마찬가지로 발달되어 가는 과정이다. 그러나 현실적 측면에서는 더 짚고 넘어가야 할 점이 있다. 처음으로 관여하게 하는 데 영향을 주는 것으로 파악된 과정은 관여를 지속시켜 주는 요인들과 중복되기는 하지만, 그 종류가 질적으로 다른 성질의 것이다. 이는 테러 활동을 관리하는 실제 측면에서 볼 때 (조직원의) 각기 다른 발달단계에 맞도록 다양한 전략을 적용할 필요가 있다는 것을 시사할 수 있다.

손 떼기

모든 연구 영역 중에서 테러에서 손 떼기(disengagement) 단계는 가장 잘 이해되지 않고 있다. 최근까지도 이 영역은 관심을 많이 끌지 못했으며, 그에 대한 연구도 제한적인 수준에 머물러 있었다. Bjørgo와 Horgan(2009)은 테러로부터 벗어나는 것은 테러에 처음으로 관여하는 것을 우리가 이해하는 데 도움을 줄 과정만큼 복잡한 것이지만, 우리가 이에 대한 판단을 내리기 위해 갖고 있는 증거는 극히 제한되어 있다고 주장했다.

최근 들어, 투옥된 테러분자들이 석방 시 테러 활동에 더욱 빠져들 위험성을 줄이기 위해 많은 예방 조치가 마련되었다. 사우디아라비아, 싱가포르 및 예멘에서는 유죄 판결을 받은 범죄자들을 '근절(eradicalise)'하기 위해 공식적 프로그램을 일반 대중에게 널리 알리고 시작하였다. 또한 유죄로 판결된 테러분자들이 있는 서구 국가들도 상당수가 어떤 의미에서는 재범의 위험성을 다루기 위한 조치보다는 덜 공식적이지만 교도소 기반의 조치를 취하고 있다(Ashour, 2009). 그러나 사용되는 세부 기법이나 전략이 명료하지 못하고, 성공이나 실패를 구분하기 위한 기준에도 일관성이 없다.

성공이냐 실패이냐를 어떻게 알아낼 것인가의 문제는 특히 중요하다. 우리는 모든 근본주의자가 테러 활동에 관여하게 되는 것은 아니며, 또한 (체포된 테러분자들로부터 보기에) 모든 테러분자가 반드시 극단적인 정치적 관점을 갖고 있는 근본주의자인 것도 아니다. 그러나 탈근본주의(deradicalisation)에 관한 문헌 중 다수가 근본주의적 관점을 가진 것과 위험 행동 간의 인과관계를 가정하고 있다. 이는 성공이란 것을 근본적 태도와 신념을 바꾸게 된 것으로 측정해야 하는가, 또는 차후 범죄를 저지를 가능성[우리가 테러분자의 상습적 활동(terrorist recidivism)으로 지칭할 수 있음]의 측면에서 측정해야 하는가라는 핵심적인 의문점을 제기한다. 이런 딜레마는 위험성(risk)의 개념과 직접적으로 연결된다. 또한 위험성을 테러분자의 주변 여건에서 어떻게 측정하고 평가할 수 있겠는지와 관련된다. 앞서 언급했듯이, 우리에게는 타당도가 확립되고 효과적인 위험성 평가 도구가 없다.

이 분야에서의 성공에 대해서 우리가 알고 있는 바는 제한되어 있으며, 꼭 긍정적인 것만도 아니다. Horgan과 Taylor(출판 중)가 지적했듯이, 2010년 12월 7일에 미국 국가정보국 책임자(Director of National Intelligence: DNI)는 쿠바의 **관타나모 만**(Guantanamo Bay: GTMO)에서 수감 전력이 있었던 자들의 재관여(re-engagement)에 대한 요약 보고서를 공개하였다. 2010년 10월까지 거의 600명의 수감자가 GTMO에

> **관타나모 만**
> (Guantanamo Bay)
> [또한 G만(G-Bay), GTMO, GTMO으로도 알려짐].
> 아프카니스탄과 이라크에서의 전쟁에서 붙잡은 자들을 수용하기 위해 쿠바에 있는 미군 기지에 설립된 구금 캠프

서 풀려났다. DNI 보고서에는 석방된 자들의 약 13.5%가 테러분자 또는 저항 세력으로 다시 활동을 시작한 것으로 확인된 반면, Bergen 등(2011)이 발표한 세밀한 분석에서는 6%가 그에 해당된 것으로 나타났다. 또 다른 11.5%는 석방 후 테러 활동에 다시 관여한 것으로 '의심'되고 있었다(또한 Bumiller, 2009 참조). 이런 평가가 적절한지의 여부는 불확실하는데, 이는 **정보 및 위협 보고**(intelligence and threat information)에 근거를 둔 것으로 보인다. DNI 보고서에서는 테러 활동에 다시

관여한 것으로 확인되었거나 의심되는 것에 대한 첫 보고가 'GTMO 수용소에서 석방된 후 재관여로 첫 확인된 시점까지의 약 2.5년 후에 이루어졌음.'을 시사하고 있다(Horgan & Taylor, 출판 중, p. 1).

자살 테러와 정치적 자살

테러에 대한 고찰을 끝낸 후에 자살 테러를 소개하는 것은 다소 끔찍한 느낌을 줄 수 있겠다. 그러나 어떤 의미에서 자살 테러는 당사자에게는 테러를 끝장내기 위한 마지막의 확실한 방법이다. 물론 자살 행위로 인해서 당사자는 각오한 대로 죽게 되겠지만, 이런 행위 자체가 가져오는 사회적 파장은 종종 오래가며(9/11 자살폭탄 비행이나 영국에서의 7/7 자살폭탄 비행의 경우처럼), 이 때문에 테러분자의 관점에서는 아주 효과적인 기법으로 여기게 된다([그림 11-4]). 물론 자살테러 행위를 한 사람을 연구하는 것은 그가 이미 죽었기 때문에 지극히 어렵다. 그래서 연구자는 가용한 부차적 자료가 무엇이든지 그에 의존하게 된다.

> **7/7**
> 2005년 7월 7일에 런던의 운송 시설에 4명의 영국 시민이 합동으로 가한 자살 공격. 자살폭탄 공격을 가한 사람들을 포함해서 약 52명이 죽었고, 약 700명이 부상을 입었다.

Merari(2010)는 자살 테러에 대한 아마도 가장 종합적이고 숙려 깊은 것으로 여겨지는 분석 결과를 출판하였다. 그는 이스라엘 감옥에 감금되어 있는 자살폭탄 공격의 실패자뿐만 아니라 그들을 뽑은 자 및 그들을 이동시켜 준 자를 접촉해서 심층면담을 수행하고 다양한 심리검사를 실시할 수 있었다. 이 분야에서는 보통하지 못하는 것인데, 그는 유사 통제 절차(quasi control procedure, 자살이 아닌 다른 테러 행위로 유죄 판결을 받은 자들을 씀)를 사용했기 때문에 진술을 비교하기 위한 체

[그림 11-4] 당사자는 자살 행위를 저질러서 고의로 죽음을 맞게 되지만, 이런 행위 자체가 가져오는 사회적 파장은 시간이 흘러도 종종 되살아나기에, 테러분자의 관점에서는 아주 효율적인 수법이 된다.

출처: ⓒ Monika Wisniewska. Shutterstock사의 허락하에 게재함.

계적 토대를 어느 정도 갖출 수 있었다. 그가 발견한 전반적인 결과는 자살폭탄 공격에 실패한 자는 통제집단에 비해서 고등학교를 졸업한 경우가 더 많았고, 사회경제적 지위가 낮은 경우가 적었으며, 종교적 신앙심이 더 높았고, 이전에 폭력 행위를 저지른 경우가 더 적었다. 그리고 이들을 뽑은 자는 자살폭탄 공격자 또는 통제집단에 비해서 나이가 더 많은 경향이 있었다. Merari는 처음 뽑아서 이동 배치하는 데에는 약 40일의 시간이 소요되었으며, 직접 사명을 완수하기 위한 준비 시간은 제한적이고 짧았다고 밝혔다. 비디오 진술(때로는 '유언'으로 지칭됨)은 공격하기 24시간 전에야 촬영되는 경향이 있었다.

자살폭탄 테러범에 대한 공식적인(formal) 심리평가는 처음에는 다소 논란의 여지가 있는 결과를 보여 주었는데, 이들이 회피성-의존성 성격장애(avoidant-dependent personality disorder)의 진단[DSM-IV-TR(American Psychiatric Association, 2000)의 성격장애 설명을 사용함]을 갖고 있음을 시사해 주었으며, 또한 통

제집단에 비하여 우울증의 증상도 더 심했다. 그러나 이런 결과는 신뢰할 만하지 못하다는 비난을 받았다. McCauley와 Moskalenko(2011)는 사용된 진단 범주가 과연 적절한지에 대해 의문을 제기했다. 또한 수감된 범죄자들을 대상으로 어떤 연구를 수행하는 데에는 보다 근본적인 문제가 있다. 즉, 체포하고 구금하는 과정 자체가 당사자가 자신의 행위를 어떻게 돌이켜 볼지에 영향을 미칠 것이라는 점에서 그렇다. 자살폭탄 공격에 실패하고 이스라엘의 감옥에 구금된 사람들에게는 이는 중요한 주제가 될 수 있다.

자살 테러에 대한 언론 매체의 보도는 종종 거기에 종교적 색채가 있는 것으로 기조를 잡으며, 특히 이슬람의 맥락과 관련된 것이면 순교의 역할을 강조한다. 그러나 최근까지도 자살 테러분자 공격의 가장 많은 수는 공공연한 비종교 조직인 **타밀 호랑이**(Tamil Tigers, Liberation Tigers of Tamil Eelam)가 자행한 것이다.

정치적 자살과 자살 테러를 구분하는 것이 도움이 될 것 같다(Taylor, 1991). 개인의 취향이 어떻든 간에, 자살 테러는 모든 유형의 테러와 마찬가지로 비전투원을 희생시키게 된다. 반면에, 정치적 자살은 남을 희생시키지 않고 정치적 목적을 위해 자살을 감행하는 것이다. 저항으로서의 자살은 잘 알려져 있으며 놀라울 정도로 주기적으로 일어난다. 자살은 신문 보도를 통해 추정될 수 있는데, 매주 한두 건의 저항성 자살이 보도된다(저자의 개인적 연구 결과). 그런데 이는 때로는 정치적 이유로, 때로는 개인적 이유로 인한 것이다. **자기희생적** 자살(self-immolation suicide)은 서구 문화보다는 동

> **타밀 호랑이**
> **(Tamil Tigers, Liberation Tigers of Tamil Eelam)**
> 1976년에 북부 스리랑카에 설립된 분리주의자 조직으로서, 타밀 주민을 위한 독립된 주를 세우는 것을 추구한다. 2009년에는 스리랑카 군대에 패하였다.

> **자기희생**
> **(self-immolation)**
> 자기 의지로 자기 자신을 저항의 형태로서 불 위에 놓아서 자살하는 것

양 문화 맥락에서 일어나는 경향이 있지만, 우리가 아래에서 주목할 것처럼 서구에서 일어나는 자기희생적 자살의 예도 주목할 만하다.

아마도 가장 최근의 예는 2010년 12월 17일에 튀니지에서 일어난 Mohamed Barazizi의 자기희생이었다. 그러나 이 자살은 집단적인 속성의 의지 표명이라기보다는 개인적 의사 표시로 이해하는 것이 더 나은 것으로 보인다. 이 자살이 튀니지에서의 대중운동의 표상이 되었고, 대중운동의 촉발사건의 하나가 된 것은 Barazizi의 뜻은 아니었던 것으로 보인다. 물론 이는 알 수가 없다.

그 밖에도 정치적 목적의 이와 비슷한 자살의 예는 아주 많다. 가장 주목할 만한 것은 아마도 1968년 1월 16일에 체코슬로바키아의 소련 침공에 반대하는 저항으로 프라하 바츨라프 광장에서 Jan Palack이 자기희생을 한 것일 것이다. 이 사건도 마찬가지로 정치적 파장을 크게 일으켰다. 1981년 아일랜드인의 단식 파업도 어떤 의미에서는 정치적 목적의 자살과 비슷한 예라고 볼 수 있겠다. 왜냐하면 이들은 제3의 무관한 사람들을 희생시키지 않았기 때문이다. 그러나 Barazizi 또는 Palack의 경우와는 달리, 단식 파업은 정치권의 입김을 아주 강하게 받아서 시행된 것이다.

위험도 평가

이 장을 마무리하면서 테러분자에 대한 위험도 평가라는 주제를 간략하게 살펴보는 것이 적절할 듯하다. 법정심리학자는 다른 유형의 문제 행동(예: 성범죄)도 다루지만, 이런 종류의 평가는 흔히 법정심리학자가 하는 일 중에서 상당 부분을 차지한다. 따라서 이는 테러와 관련된 사례의 경우에도 마찬가지로 생각할 수 있겠

다. 그러나 테러 관련 사례에서의 위험도를 평가하기 위해 체계적 평가 도구를 개발하는 데에는 진전이 이루어진 바가 거의 없는데(Roberts & Horgan, 2008), 이는 폭력적 테러에 관여할 위험도 측면이나 이미 딛은 발을 더 깊이 집어넣을 위험도 측면 모두에서 그렇다.

언뜻 보면, HCR-20(Webster et al., 1997)과 같은 평가 도구들은 테러 사례의 경우에 사용할 만한 가치가 있어 보인다(이 도구에 대한 자세한 설명은 17장 참조). HCR-20은 타당도도 잘 확립되어 있고 널리 쓰이는 보편적인 폭력 위험도 평가 도구이지만, 이를 개발할 때 주로 폭력 전과가 있는 폭력적 범죄자들에게 초점을 맞추었기 때문에, 그것의 사용이 "폭력을 행사한 전력이 있고 정신질환이나 성격장애가 강력하게 시사되는 사람들이 많은 상황에서만 주로 이루어져야만 한다"(Webster et al., 1997, p. 5). HCR-20을 사용하는 연구에 토대를 두고, Pressman(2009)은 폭력성 극단주의자의 위험 평가를 위한 구조화된 전문적 판단 프로토콜(Structured Professional Judgment Protocol for Risk Assessment of Violent Extremists: VERA)을 개발하려고 했고, 이렇게 개발된 도구를 사용하기 위한 논리적 근거에 대한 일부 증거를 제시했다. 이 접근은 평가자(evaluator)의 판단에 의존하는데, 이런 판단을 내릴 때 최선의 결과(best practice)를 가져다주기 위한 지침에 따른다. 이런 점 때문에 평가자는 적용된 다양한 문항의 의미와 반응에 대한 코딩에 대해서 표준화된 판단을 내릴 수 있도록 평가 도구 사용법에 대한 훈련을 받아야 한다. VERA에 포함된 문항에는 다음과 같은 것이 있다. 태도(attitude) 문항, 맥락(contextual) 문항(예: 웹 기반의 활동, 폭력적 극단주의자에 대한 지지 제공 또는 그와의 접촉), 역사(historical) 문항 그리고 보호성(protective) 문항(예: 적에 대한 시각의 변화, 이데올로기상의 변화, 목표를 달성하는 데 폭력 사용을 배제하는 것), 이 외에도 인구통계적(demographic) 문항이 있다.

요약

- 테러(terrorism)와 테러분자(terrorist)에 대한 연구는 특정 학문 분야에만 속하는 것이 아니다. 이 장에서는 테러분자로서 관여하게 되는 'ARC' 과정, 즉 관여하게 됨(becoming engaged), 관여(engagement), 그리고 손 떼기(disengagement)가 강조되었다.
- 법정심리학(forensic psychology)은 이런 모든 과정을 이해하고 탐색하기 위해 연구 활동을 통해 특별하게 기여할 수 있다. 그러나 이 분야는 다학제 간(multidisciplinary) 영역이어서 연구가 쉽지 않으며, 우리의 법정심리학의 관점과 다른 학문 분야의 관점을 통합해야 할 어려운 과제가 극복되어야 잘 이해할 수 있다.
- 테러에 대한 연구는 그 접근 방식에서 다학제 간 접근을 충실히 하지 못했기 때문에 어려웠으며, 다양한 학문 분야에서 도출된 연구 관심 영역에 초점을 맞추기보다는 각 학문 분야 특유의 관심 영역이 우선시되는 경향이 있었다.
- 이 분야에 관심이 있는 연구자들의 핵심 딜레마는 테러와 관련해서 많은 요인이 밝혀졌지만, 그 어느 것도 충분한 설명력을 갖지 못한다는 것이다(Taylor, 2010).
- 법정심리학의 관점에서 보면, 이와 같은 핵심 딜레마를 다루는 것이 우선되어야 한다. 그러나 이 방면의 연구에는 현실적

및 방법론적으로 문제가 따르는데, 그 이유는 다음과 같다.

- 연구 주제가 일반적으로 법률을 어기는 것에 대한 것이어서 이런 주제에 대한 연구 수행에 관여하는 것은 위험할 수 있다.
- 폭력 행위에 관여하는 테러분자 못지않게 대테러 작전을 수행하는 국가에서도 은밀히 작전을 수행하는 영역이기도 하다.
- 테러분자뿐만 아니라 대테러 작전을 수행하는 국가에서도 은밀히 추진하기 때문에 신뢰할 만한 정보를 입수하는 것이 어려우며, 게다가 테러 활동과 대테러 활동(counter terrorism)에 정치적 맥락이 덧붙여지면, 이런 테러 관련 과정에 대한 신뢰할 만한 평가 작업이 대단히 어렵게 된다.

● 아마도 이상의 논제는 범죄 관련 다른 연구 영역과 다르지는 않겠지만, 테러 및 테러의 피해 유발 잠재력을 둘러싸고 현실적으로 및 정치적으로 지극히 민감해지게 되면 연구자가 관여하는 데 제한이 더욱 많아지게 될 것이다.

● 이 장에서 법정심리학의 관점에서 얻기 위해 노력했던 것은 테러를 하나의 과정으로서 보다 폭넓고 보다 증거에 기반을 두고 이해하는 것이었다. 이 장의 서두에서 소개된 무장한 사람(L'homme armé)은 없어질 것 같지 않으며 통제하는 것도 불가능할 것이다. 그러나 건실한 심리학적 탐구 활동을 통해서 우리는 테러에 대해 최소한 조금은 더 잘 이해하게 될 수 있을 것이라고 본다.

주석

한 국가의 특정한 대테러 전략에 대한 정보는 통상 해당 국가의 정부 기관의 웹사이트나 출판된 보고서에서 얻을 수 있다. 영국의 대테러 전략은 www.homeoffice.gov.uk/counter-terrorism/uk-counter-terrorism-strat에서 찾아볼 수 있으며, 미국의 대테러 전략은 www.state.gov/s/ct에서 찾아볼 수 있다.

주관식 문제

1. 테러분자가 사회의 보통 사람들과 비슷하다는 증거를 평가해 보라.
2. 테러분자의 자서전적 서술은 얼마나 쓸모가 있는가? 이를 사용할 때의 제한점은 무엇인가?
3. 테러분자의 관여에 대한 'ARC'('ARC' of terrorist involvement)는 무엇인가? 이것은 테러에 대해 고찰할 때 유용한 방식이라고 할 수 있는가?
4. 테러를 이해하는 데 큰 어려움 중의 하나는, 정치적 반대 세력이 아주 많음에도 불구하고(Taylor, 2010), 실제 테러에 관여하는 사람이 왜 아주 적을까하는 것이다. 여러분은 왜 이 말이 맞을 수도 있다고 생각하는가?

참고문헌

Akers, R. L. (1994). A social learning theory of crime. In F. T. Cullen & R. Agnew (Eds.), *Criminological theory: Past to present.* Los Angeles, CA: Roxbury Publishing Company.

Alonso, R. (2003). *The IRA and armed struggle.* London: Routledge.

Alonso, R. (2006). Individual motivations for joining terrorist organizations: A comparative qualitative study on members of ETA and IRA. In J. Victoroff (Ed.), *Social and psychological factors in the genesis of terrorism* (pp. 187-202). Amsterdam: IOS Press.

American Psychiatric Association. (2000). *Diagnostic and Statistical Manual of Mental Disorders, Fourth Edition, Text Revision (DSM-IV-TR).* Washington, DC: American Psychiatric Association.

Ashour, O. (2009). *The deradicalization of jihadists: Transforming armed Islamist movements.* London: Routledge.

Bakker, E. (2006). Jihadi terrorists in Europe: Their characteristics and the circumstances in which they join the jihad: An exploratory study. Den Haag: Netherlands Institute of International Relations Clingendael. Retrieved 22 August 2011 from www.clingendael.nl/publications/2006/20061200_cscp_csp_bakker.pdf

Bandura, A. (1990). Mechanisms of moral disengagement. In W. Reich (Ed.), *Origins of terrorism: Psychologies, ideologies, theologies, states of mind* (pp. 161-191). Cambridge: Cambridge University Press.

Beck, A. T. (2002). Prisoners of hate. *Behavior Research and Therapy, 40,* 209-216.

Bergen, P., Tiedemann, K., & Lebovich, A. (2011, 11 January). How many gitmo alumni take up arms? *Foreign Policy.* Retrieved 22 August 2011 from www.foreignpolicy.com/articles/2011/01/11/how_ma ny_gitmo_alumni_take_up_arms?page=full

Betz, D. (2008). The virtual dimension of contemporary insurgency and counterinsurgency. *Small Wars and Insurgencies, 19,* 520.

Billig, O. (1984). The case history of a German terrorist. *Studies in Conflict and Terrorism, 7,* 1-10.

Bingham, J. (2008, 28 September). Radical Islamic clerics warn of further attacks after publisher is firebombed. *The Telegraph.* Retrieved 5 October 2011 from www.telegraph.co.uk/news/uknews/3097350/Radical-Islamic-clerics-warn-of-further-attacks-after-publisheris-firebombed.html

Bjørgo, T., & Horgan, J. (Eds.) (2009). *Leaving terrorism behind: Individual and collective perspectives.* London: Routledge.

Buijs, F. J. (2009). Muslims in the Netherlands: Social and political developments after 9/11. *Journal of Ethnic and Migration Studies, 35,* 421-438.

Bumiller, E. (2009, 20 May). Late terror link cited for 1 in 7 freed detainees. *New york times Retrieved 5 October 2011 from www.nytimes.com/2009/05/21/us/polit-ics/21gitmo.html*

Burgess, M., Ferguson, N., & Hollywood, I. (2009). From individual discontent to collective armed struggle: personal accounts of the impetus for membership or non-membership in paramilitary groups. In W. Myers (Ed.), *The range of evil: Multidisciplinary studies of human wickedness* (pp. 29-39). oxford: interdisciplinary press.

Burk, K. (2005, 9 February). *At war with the French: The Hundred Years' War 1337-1453.* Lecture presented at Gresham College, London. Retrieved 24 September 2011 from www.greham.ac.uk/lectures-and-events/at-war-with-the-fr-ench-the-hundred-years

Carlile, Lord (2007) *The definition of terrorism. A report by Lord Carlile of Berriew Q.C. Independent Reviewer of Terrorism Legislation.* London: TSO.

Change Institute. (2008a). *Study on the best practices in cooperation between authorities and civil society with a view to the prevention and response to violent radicalisation.* London: The Change Institute.

Change Institute. (2008b). *Studies into violent radicalisation: The beliefs, ideologies and narratives.* London: The Change Institute.

Clark, R. P. (1983). Patterns in the lives of ETA members. *Terrorism, 6,* 423–454.

Collins, E., & McGovern, M. (1997). *Killing rage.* London: Granta.

Corrado, R. (1981) A critique of the mental disorder perspective of political terrorism. *International Journal of Law and Psychiatry, 4,* 293–309.

Crenshaw, M. (1988). The subjective reality of the terrorist: Ideological and psychological factors in terrorism. In R. O. Slater & M. Stohl (Eds.), *Current perspectives in international terrorism* (pp. 12–46). Basingstoke, Hampshire: Macmillan.

Crenshaw, M. (1992). How terrorists think: Psychological contributions to understanding terrorism. In L. Howard, (Ed.), *Terrorism: Roots, impact, responses* (pp. 71–80). London: Praeger.

Dalgard-Nielsen, A. (2010). Violent radicalization in Europe: What we know and what we do not know. *Studies in Conflict and Terrorism, 33,* 797–814.

Della Porta, D. (1995). *Social movements, political violence and the state.* Cambridge: Cambridge University Press.

Enders, W., & Jindapon, P. (2010). Network externalities and the structure of terror networks. *Journal of Conflict Resolution, 54,* 262–280.

Foreign and Commonwealth Office. (1986, November). *Background brief: The Hindawi Case: Syrian connexions.* Retrieved 5 October 2011 from http:// 212.150.54.123/articles/hindawi.htm

Hassan, N. (2001, 19 November). Letter from Gaza: An arsenal of believers—Talking to the human bombs. *The New Yorker.* Retrieved 22 August 2011 from www.newyorker.com/archive/2001/11/19/011119fa_FACT1?currentPage=all

Horgan, J. (2005). *The psychology of terrorism.* London: Routledge.

Horgan, J., & Taylor, M. (1997). The Provisional Irish Republican Army: Command and functional structure. *Terrorism and Political Violence, 9,* 1–32.

Horgan, J., & Taylor, M. (1999). Playing the green card— Financing the Provisional IRA–Part 1. *Terrorism and Political Violence, 11,* 1–38.

Horgan, J., & Taylor, M. (in press). Disengagement, de-radicalization and the arc of terrorism: Future directions for research. In R. Coolsaet (Ed.), *Jihadi terrorism and the radicalisation challenge in Europe* (2nd ed.). Aldershot, Hampshire: Ashgate.

Hundeide, K. (2003). Becoming a committed insider. *Culture and Psychology, 9,* 107–127.

Jamieson, A. (1989). *The heart attacked: Terrorism and conflict in the Italian state.* London: Marian Boyars.

Jamieson, A. (1990). Entry, discipline and exit in the Italian Red Brigades. *Terrorism and Political Violence, 2,* 1–20.

Kellen, K. (1982). *On terrorism and terrorists: A Rand Note N-1942-RC.* Santa Monica, CA: Rand Corporation.

Kessels, E. (2010, January). Introduction. In National Coordinator for Counterterrorism (NCTb) *Countering violent extremist narratives.* Netherlands: National Coordinator for Counterterrorism (NCTb).

Kruglanski, A. W., & Fishman, S. (2009). Psychological factors in terrorism and counterterrorism: Individual, group and organisational levels of analysis. *Social Issues and Policy Review, 3,* 1–44.

Leuprecht, C., Hataley, T., Moskalenko, S., & McCauley,

C. (2010). Narratives and counter-narratives for global jihad: Opinion versus action. In National Coordinator for Counterterrorism (NCTb) *Countering violent extremist narratives* (pp. 58-71). Netherlands: National Coordinator for Counterterrorism (NCTb).

Lockwood, L. (1973). Aspects of the 'L' Homme Armé Tradition. *Proceedings of the Royal Musical Society* 100, *1*, 97-122.

McAllister, B. (2004). Al Qaeda and the innovative firm: Demythologising the network. *Studies in Conflict and Terrorism, 27*, 297-319.

McCauley, C. (2002). Psychological issues in understanding terrorism and the response to terrorism. In C. E. Stout (Ed.), *The psychology of terrorism: Theoretical understandings and perspectives* (pp. 3-30). Westport, CT: Praeger Publishers.

McCauley, C., & Moskalenko, S. (2008). Mechanisms of political radicalization: Pathways towards terrorism. *Terrorism and Political Violence, 20*, 415-433.

McCauley, C., & Moskalenko, S. (2011). Do suicide terrorists have personality problems? A review of Ariel Merari, 'Driven to death: Psychological and social aspects of suicide terrorism.' *Terrorism and Political Violence, 23*, 108-111.

McCauley, C., & Segal, M. E. (1989). Terrorist individuals and terrorist groups: The normal psychology of extreme behavior. In J. Groebel & J. H. Goldstein (Eds.), *Terrorism* (pp. 41-64). Seville: Publicaciones de la Universidad de Sevilla.

McGartland, M. (1997). *Fifty dead men walking*. London: Blake.

Merari, A. (2010). *Driven to death: Psychological and social aspects of suicide terrorism*. Oxford: Oxford University Press.

Nesser, P. (2004). *Jihad in Europe: A survey of the motivations for Sunni Islamist terrorism in post-millennium Europe*. Kjeller: FFI Norwegian Defence Academy.

NYPD. (2007). *Radicalization in the West: The homegrown threat*. New York: NYPD Intelligence Division, New York City Police Department.

O'Callaghan, S. (1998). *The Informer*. London: Bantam.

Oliverio, A. (2008). US versus European approaches to terrorism: Size really does matter. *Policing 2*, 452-464.

Post, J. M. (1984). Notes on a psychodynamic theory of terrorist behaviour. *Terrorism, 7*, 241-256.

Post, J. M. (1987). Rewarding fire with fire: The effects of retaliation on terrorist group dynamics. *Terrorism, 10*, 23-35.

Post, J. M. (1990). Terrorist psycho-logic: Terrorist behavior as a product of psychological forces. In W. Reich (Ed.), *Origins of terrorism: Psychologies, ideologies, theologies, states of mind* (pp. 25-40). New York: Cambridge University Press.

Post, J. M. Sprinzak, E., & Denny, L. M. (2003). The terrorists in their own words: Interviews with 35 incarcerated Middle Eastern terrorists. *Terrorism and Political Violence, 15*, 171-184.

Pressman, D. E. (2009). *Risk assessment decisions for violent political extremism*. Ottawa: Public Safety Canada. Retrieved 22 August 2011 from www.publicsafety.gc.ca/res/cor/rep/2009-02-rdv-eng.aspx

Roberts, K., & Horgan, J. (2008). Risk assessment and the terrorist. *Perspectives on Terrorism, 2*, 3-9.

Russell, C. A., & Miller, B. H. (1983). Profile of a terrorist. In L. Z. Freedman & Y. Alexander (Eds.), *Perspectives on terrorism* (pp. 33-41). Wilmington, DE: Scholarly Resources.

Sageman, M. (2004). *Understanding terror networks*. Philadelphia, PN: University of Pennsylvania Press.

Schmid, A. P., & Jongman, A. J. (1988). *Political terrorism: A new guide to actors, authors, concepts, data bases, theories, and literature*. New Brunswick,

NJ: Transaction Books.

Sherman, N. (2005). *Stoic warriors. The ancient philosophy behind the military mind.* New York: Oxford University Press.

Silke, A. (Ed.) (2003). *Terrorists, victims, society: Psychological perspectives on terrorism and its consequences.* Chichester: John Wiley & Sons, Inc.

Slootman, M., & Tillie, J. (2006). *Processes of radicalisation. Why some Amsterdam Muslims become radicals.* Amsterdam: Institute for Migrations and Ethnic Studies, University of Amsterdam.

Taylor, M. (1991). *The fanatics: A behavioural approach to political violence.* London: Brassey's Defence Publishers.

Taylor, M. (2010). Is terrorism a group phenomenon? *Aggression and Violent Behavior, 15,* 121–129.

Taylor, M., & Horgan, J. (2006). A conceptual model for addressing psychological process in the development of the terrorist. *Terrorism and Political Violence 18,* 585–601.

Taylor, M., & Quayle, E. (1994). *Terrorist lives.* London: Brassey's.

Travis, A. (2008, 20 August). MI5 report challenges views on terrorism in Britain. *The Guardian.* Retrieved 24 September 2011 from www.guardian.co.uk/uk/2008/a ug/20/uksecurity.terrorism1

Veldhuis, T., & Staun, J. (2009). *Islamist radicalisation: A root cause model.* Den Haag: Clingendael Institute.

Webster, C., Douglas, K., Eaves, D., & Hart, S. (1997). *HCR-20 assessing risk for violence: Version II.* Burnaby, British Columbia: Mental Health, Law and Policy Institute, Simon Fraser University.

White, R. W., & Falkenberg White, T. (1991). Revolution in the city: On the resources of urban guerrillas. *Terrorism and Political Violence, 3,* 100–132.

주석이 달린 읽을거리 목록

Alonso, R. (2003). *The IRA and armed struggle.* London: Routledge. 광범위한 현장연구를 기반으로, Alonso는 급진 IRA로 가입하는 과정에서 일어나는 핵심적 역동에 대해 기술하고 있으며, 그 구성원들이 자신의 폭력 행위를 어떻게 정당화하는지에 대해서도 서술하고 있다. 이 책은 아일랜드에서의 테러분자의 활동에 대해 보다 넓은 관점에서 분석하였다.

Cronin, A. K. (2009). *How terrorism ends: Understanding the decline and demise of terrorist campaigns.* Princeton, NJ: Princeton University Press. 테러분자를 집단적으로 고찰하면서, Cronin은 테러 조직이 테러 활동을 어떻게 해서 그만두게 되는지를 탐색하였다. 그녀는 아일랜드 조직에서부터 알 카에다에 이르기까지 광범위한 테러 조직에서의 목 자르기(해직, decapitation)와 리더십의 제거, 협상, 성공, 명백한 실패, 억압 및 재교육의 역할을 탐색하였다.

Leuprecht, C., Hataley, T., Moskalenko, S., & McCauley, C. (2010, January). Narratives and counter-narratives for global jihad: Opinion versus action. In National Coordinator for Counterterrorism (NCTb) *Countering violent extremist narratives.* Netherlands: National Coordinator for Counterterrorism (NCTb; http://english.nctb.nl). 이 논문은 청중에 따라서 '전 세계의 지하드'에게 고함('global jihad' narrative)의 내용 중에서 각기 다른 부분을 받아들인다고 주장한다. 또한 많은 사람들이 급진적 행위나 테러활동으로 이어지지는 않을 이런 선전 내용에 대해서 동의한다는 것과, 따라서 대테러 제압 활동(counter terrorism initiatives)은 테러분자에 대하는 것처럼 이런 선전술을 표적으로 삼지는 말아야 한다고 주장하고 있다. 분석을 통해 개입할 필요가 있는 표적을 가려내고 '전 세계 지하드'에 고하는 선전 내용의 모든 부분, 그리고 이를 믿는 무슬림의 일부에 대해서 대적하기 위해서 각기 다른 대테러용 선전 내용이 요구되지는 않는다고 시사하고 있다.

Merari, A. (2010). *Driven to death: Psychological and social aspects of suicide terrorism*. Oxford: Oxford University Press. Merari는 이슬람 자살 폭탄 공격자 중 실패자, 이들의 관리자 그리고 자살 폭탄범이 아닌 테러분자로 구성된 통제집단의 사회인구 및 심리적 속성을 탐색하였다. 그는 이들 간의 차이점을 서술하였으며, 또한 실패한 자살폭탄범과 다른 사람들 사이에 정신건강상의 차이가 있다는 증거가 있다고 시사하였다.

Sageman, M. (2004). *Understanding terror networks*. Philadelphia, PA: University of Pennsylvania Press. 사회 연계망 분석(social network analysis) 및 사례연구를 이용하여, Sageman은 친구 및 친척 연계망에서 시작해서 지하드 테러분자 집단에 소속되는 과정을 잘 보여 주고 있다. 그는 가난 및 종교적 헌신 같은 요인들이 테러집단에 가담하는 주요 원인은 아니라고 주장한다.

Taylor, M., & Horgan, J. (2006). A Conceptual Model for Addressing Psychological Process in the Development of the Terrorist *Terrorism and Political Violence, 18*, 585-660. 이 논문에서는 과정 모형(process model)이 테러에 관여하게 되는 과정 및 그 이후의 발전 과정을 우리가 잘 이해할 수 있게 해 줄 수 있을지를 서술하고 있다. 이는 행동적 관점에서 아일랜드 테러주의와 이슬람 테러주의 모두에서의 실례를 이용하였다.

제3부
심리(審理) 과정

제12장 재판(사법 판단) 과정

JACQUELINE M. WHEATCROFT

주요 용어

| 대심 법정 체계 | 민사사건 | 사회적 도식과 각본 | 심문 법정 체계 | 유도 질문 | 형사사건 |

이 장의 개요

많은 심리학자에게 있어서 범죄 재판 체계는 종종 멀리 느껴지거나 복잡하고 신비스럽기까지 하다. 주된 목적―'진실'을 밝히고 유죄에 반대하는 사례를 구성하는 것인가?―조차도 혼란스러워 보인다. 이 장은 심리학과 법 그리고 법정의 관계를 조사할 것이다. 또한 세계 여러 나라에서 사용되고 있는 두 개의 기본적인 법적 체계에 대한 개관과 이해를 제공하고, 법정에서의 판결에 영향을 줄 수 있는 심리적 과정을 조사할 것이다. 변호사, 선고 전 공판 그리고 선고에서 사용되는 다양한 유형의 질문이 미치는 영향도 조사 문제에 포함된다. 영국과 미국 그리고 다른 나라들에서 판사와 배심원단은 재판(사법 판단) 과정과 판결을 내리는 데 중심적인 역할을 한다. 배심원단의 구성과 법적 이해 그리고 집단 역동이 평결에 어떻게 영향을 주는지에 대한 연구와 판사와 치안판사가 유죄를 선고할 때 사용하는 체계가 어떤 것인지, 검사와 변호사가 경쟁적으로 제시한 사건의 서술 사이에서 어떻게 판결이 이루어지는지에 대한 연구도 탐구할 것이다.

재판 체계에 대한 이해

대심 대 심문 재판 체계

서구 세계에서 사용되는 두 개의 기본적인 재판 체계는 대심과 심문 체계다. **대심 법정 체계(adversarial court system)**는 영국에서 시작된 보통법의 원리에 기초하고 있고 현재는 미국과 대부분의 영연방 국가에서 널리 사용되고 있다. Damaska(1973)는 대심 체계에서의 심리란 이론

대심 법정 체계 (adversarial court system)
흔히 고소, 고발을 말한다. 검사와 변호사가 공판 전에 사건을 제시한다. 판사는 양측 어디에도 도움을 주지 않고 진실을 찾는 데에도 참여하지 않는다.

적으로 동등한 입장에서 양측의 논쟁을 포함하는 구조화된 절차이고 법정―판사든 치안판사든 배심원이든―이 결과를 결정하는 것이라고 기술하였다. 영국에서는 비록 판사가 때로 증거로 제시될 수 있는 것이 어떤 것인지 결정하기는 하지만, 판사가 재판의 공정한 중재자이고 사건이나 증거의 조사나 준비에 참여하지 않는다. 따라서 판사의 주된 관심은 결과보다는 심리 진행의 공평성에 있다. 순수한 대심 모델에 따르면 판사는 수동적이고 공평한 역할을 하고 어느 한쪽이 법적 절차상의 문제를 제기할 때 이를 중재한다. 여하튼 전체적으로 비개입적 판사는 판사가 사실의 심판원이 될 수도 있는 민사나 치안판사 법정에서 특히 역할이 없다. 좀 더 심각한 형사 문제는 법적 훈련을 받지 않은 보통 사람들로 구성된 배심원들이 결정한다. 그러나 배심원들은 그들의 역할과 선서 의무를 피고에게 성실하게 적용하고 증거에 따라 진실된 평결을 한다.

이와 달리 유럽 법정 체계에서 많이 사용되고 있는 **심문 법정 체계(inquistorial court system)**에서는 판사가 자신의 심문을 통해 진실에 도달할 수 있을 것으로 기대한다. 선고 전에 목격자 면담과 피고의 조사를 포함한 충분한 법적 조사가 행해진다([그림 12-1]). 예를

심문 법정 체계 (inquistorial court system)
유럽에서 주로 사용되는 법정체계이다. 판사는 사건 자료를 모으고 목격자 질문을 하는 등 적극적인 역할을 한다. 전형적으로 판사는 피고가 유죄인지를 결정한다.

들어, 프랑스에서는 판사의 지시에 따라 이러한 조사의 절반은 치안판사가, 나머지 반은 형사가 한다. 사건을 진행시킬 것인지 아닌지도 판사가 결정하며, 재판 자체는 논쟁보다는 공정한 심문을 하는 것이다.

두 체계(〈표 12-1〉의 요약 참조)의 주요 차이는 언제 어떻게 증거를 제시하는가와 판사의 역할이다. 이론적으로 대심 체계에서는 수동적인 역할을 하는 반면, 심문 체계에서는 재판과 판결 모두에서 리더의 역할을 한

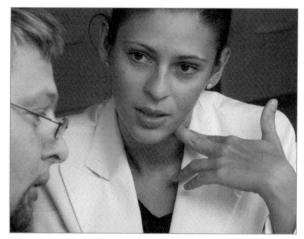

[그림 12-1] 판결 전, 목격자 면담과 피고의 사례를 조사하는 것과 같은 충분한 법적 심문이 실시된다.

출처: ⓒ Marcin Balcerzak. Shutterstock사의 허락하에 게재함.

 표 12-1　대심 대 심문 법정 체계의 주요 측면

체계	양식	증거	판사 역할	판사 관심
대심	논박	재판 시	수동적	과정의 공정성
심문	심문	재판 전	리더	사건의 가치

다. 여하튼 실제적으로 완전히 대심적이거나 심문적인 체계는 없다. 몇몇 대륙 국가에서는 배심원단을 심문 과정에 도입한다. 반면, 영국과 웨일즈에서는 최근 법률을 개정하여 묵비권과 치안판사가 그들의 결정을 설명하고 정당화할 필요성을 도입하여 심문적인 요소를 대심 전통에 포함시켰다.

형사 대 민사

대심 대 심문 체계는 민사와 형사 재판으로도 구별된다. 두 재판은 전형적으로 입증 기준과 증거 규칙에서 다르다. 영국과 웨일즈에서는 민사의 경우 유죄가 되는 일반적인 기준이 확률의 균형에 있다. "증거가 아닌 것보다는 좀 더 확률이 있다고 생각되는 것으로 법정에서 말할 수 있다면 책임은 무효가 된다. 그러나 증거가 동일하다면 책임을 지게 된다."(Eggleston, 1978, p. 129) 이것은 확률이 0.501일지라도 충분히 균형이 있다고 생각한다는 것이다. 실제로 이것은 양측에 유죄 평결을 설명하는 데 충분히 못하다. 예를 들면, 아동 구치와 관련된 **민사사건**(civil case)에서 법정은 판결을 내릴 때 **형사사건**(criminal case)과 같은 입증 책임을 지려는 견해를 가지고 있어야 한다.

형사 증거 기준은 합리적인 의심 이상의 증거를 요구한다(Woolmington v. DPP(HL)[1935] AC 462). 과학적 확률에서 보면 여전히 단점이 많이 있지만, 그것은 민사 증거 기준보다 훨씬 더 높은 기준을 요구한다. 기준의 정의는 많이 내려져 왔지만 기준 자체보다 더 큰 혼란을 야기해 왔다. Lord Denning은 기준을 다음과 같이 설정하였다.

> 합리적인 의심을 넘어서는 증거는 한 개인에 반하는 증거가 매우 강력해서 그에게 호의적인 가능성이 적다고 해도 의심의 그림자를 넘어서는 증거를 의미하지 않는다. …… 그 사건이 합리적인 의심을 넘어선다고 입증되어야 한다. 그렇지 않다면 증거의 어떤 단점도 충분하지 않을 것이다(Miller v. Minister of Pensions[1947] 2 All ER 372 at 3731947).

보다 최근에는 판사가 전달하는 것만큼의 높은 확실

민사사건
(civil cases)
한 사람과 다른 사람 간의 사적인 잘못에 대해 관심을 가진다.

형사사건
(criminal cases)
공공의 이익에 반한 것으로 생각되는 범죄에 관심을 가진다.

성을 배심원들에게 요구하고 있고, 이는 배심원들이 생각하는 것보다 높은 수준이다.

민사와 형사사건 모두와 관련된 것으로서 두 체계에서 공정한 판결을 확보하기 위해 고안된 방법이 증거의 법칙을 통해 증거 과정을 통제하는 것이다. 민사사건에서는 결정해야 할 문제가 허위성과 손해에 관한 것이다. 그리고 1998년에 새로 도입된 시민 절차 규칙(Civil Procedure Rules)은 비용, 지연 그리고 복잡성을 줄이는데 중점을 두고 있다. 증거의 문제는 법률과 목격 효능 그리고 전문가 증거에 대한 비중을 포함하고 있다(15장 참조). 형사사건의 경우 문제는 유죄냐 무죄냐. 지금까지 언급한 법률은 질문의 양식과 여기에서 언급한 문제와 절차적 정당성, 배심원들이 무엇을 들어야 하고 판결을 내리기 전에 정보를 어떻게 활용할 것인지를 포함하고 있다.

치안판사 대 형사 법정

영국과 웨일즈에서는 형사사건의 대부분—약 95%—이 치안판사 법정에서 다루어진다. 약식 재판으로 알려진 가장 덜 심각한 사건은 치안판사가 스스로 판단한다. 살인, 우발적 살인, 강간, 강도 같은 보다 심각한 형사 범죄도 형사 법정으로 보내지기 전에 치안판사 법정에서 일차적으로 다루어진다. 단순 폭행과 같은 약식 범죄는 차인판사 법정에서 다루어지지만 절도 같은 '일방의' 범죄는 각 사건의 환경과 피고의 소원에 따라 치안판사나 형사 법정의 배심원단이 판결할 수도 있다.

치안판사 법정에서 다루어지는 판결의 역동은 형사재판의 것과 다르다. 치안판사 법정에서 피고인들이 유죄 판결을 받는 비율이 90%이고 형사 법정에서 받는 비율이 70%인 점을 고려해 볼 때, 법적으로는 형사 법

정에서 피고인들이 무죄 판결을 받는 경우가 더 많은 것으로 보인다(Ashworth, 1994). 그러나 이 장의 후반부에 살펴볼 연구에 따르면 배심원 의사결정에 대한 신념은 잘못되었을 수 있다. 치안판사 법정에서는 법률의 해석과 사실의 확인 사이에 분리가 없다. 따라서 치안판사는 판결에 관계없이 어떤 증거를 받아들이고 어떤 것은 말아야 할지를 결정할 필요가 없다. 형사 법정에서 판사는 법률을 결정하고 배심원은 사실을 결정하기 때문에 형사 법정 절차에서는 편견의 여지가 적은 것처럼 보인다. 반대로 일부 법률가는 배심원들에게 잘못된 결론을 내릴 수 있는 중요한 증거에는 접근하지 못하도록 해야 한다고 강력하게 주장한다(Taylor, 2004 참조). 형사 법정이든 치안판사 법정이든 간에 판결은 신뢰할 만한 증거에 의해 이루어져야 하고 증거의 신뢰도는 많은 심리학적 연구에 의해 이루어진 결과를 따라야 한다.

법정에서의 증거

의사결정 과정에 외모, 목격자 및 피고의 태도가 미치는 영향

실험연구는 원고의 매력이 고소인에게 좀 더 호의적인 결과를 가져올 수 있다고 나타났다. 따라서 그런 개인은 배상을 더 많이 받을 것이다(Stephan & Corder-Tully, 1977). 매력적인 피고조차도 매력적이지 않은 사람에 비해 사건의 유형에 관계없이 덜 심각한 처벌을 받는 것으로 나타났다(Zebrowitz & McDonald, 1991). 선(좋음)으로 표상되는 이러한 영향은 '후광 효과'라고 알려져 있다(Cooper, 1981). 매력적인 사람에 대한 판단은 여러 차원에서 보다 긍정적이 될 수 있음을 시사한

사례연구 12-1   언어 장애에 대한 선고?

Garry Coombe의 몰락은 그의 말더듬 때문이었다. 자신의 부인을 폭행한 죄에 있어서 그의 언어 장애는 법정에서 솔직하지 않은 것으로 잘못 인식되었다. 치안판사가 그의 목소리가 심하게 떨린다는 이유로 증거를 믿지 않았기 때문에 그는 유죄 판결을 받았다(Dick, 2006). 법정에 제시된 법적 사실이나 증거와 무관하게 Gary Coombe의 사례는 외모와 태도가 법적 평가에 영향을 줄 수 있고 판결 과정에도 영향을 미침을 입증해 주었다.

다. Feild(1979)는 강간사건에서 피해자와 피고의 특성이 미치는 영향에 대해 분석하였다. 재판 결과에 대한 피해자의 매력의 영향은 전반적으로 인종, 피해자의 성적 경험, 증거 강도 및 강간 유형에서 나타났고 매력의 효과에 의해 조절되었다. 이는 매력의 영향이 이전에 생각했던 것보다 배심원의 결정에 훨씬 복잡하게 영향을 미치고 있음을 말해 주는 것이다(개관은 Memon et al., 2003 참조).

눈물을 흘리는 참회, 더 적은 유죄 평결을 얻는 매력, 명백한 장애가 있는 피고와 같은 특성은 유죄나 책임 그리고 선고 관대의 이익과 관련된 의심으로부터 더 많은 이득을 받았다. 여하튼 더 낮은 도덕적 특성(Hans & Vidmar, 1986) 또는 현재나 과거의 유죄 판결(최근과 현재의 문제와 다른지에 관계없이; Lloyd-Bostock, 2006)은 유죄 판결을 받을 가능성을 더 높였다. 증거가 없어도 태도는 결과와 선고에 영향을 미치는 것으로 보였다(Levenson, 2008).

목격 신뢰도

대질 심문 동안에 사용되는 질문 양식의 종류도 배심원들이 신뢰도를 지각하는 데 영향을 줄 수 있다. Wheatcroft 등(2004)은 그들이 '법률적 질문'(즉, 복잡한 질문 형태)이라고 명명한 것이 목격의 정확성과 확신도에 있어서 질문을 듣는 사람들에게 미치는 영향을 연구하였다. 모의 배심원들은 부정적인 피드백 양식을 가진 법률적 질문을 관찰하는 것에 가장 많은 영향을 받았으며, 목격이 전반적으로 덜 정확한 것으로 판단하였다. 따라서 목격이 부정적인 피드백에 의해 잘못된 것일 수도 있다는 시사는 관찰자들이 목격자 증언의 정확성을 의심하게 만드는 것으로 나타났다(Wheatcroft et al., 2001 참조). 또한 연구는 모의 배심원들이 일관성이 없는 회상 증언을 들으면 목격이 덜 정확하고 믿을 수 없는 것이라고 지각한다는 것을 입증하였다(Berman et al., 1995: Brewer et al., 1999).

또한 연구는 배심원들이 확신이 정확성의 타당한 예언 인자라고 믿고 있음을 보여 주었다. 따라서 많은 연구는 배심원과 판사들이 목격의 방식에 많이 의존하고 있음을 보여 주었다. 목격이 신뢰할 만한 것으로 보이면 그것은 보다 정확한 것으로 생각되었다(Culter et al., 1990; Kassin et al., 1991; Leippe et al., 1992; Lindsay, 1994; Sporer, 1993). 여하튼 일반적으로 연구 결과들은 정확성이 그리고 확신도와 정확성 간의 관계(즉, 자신의 진술에서 확신이 있는 목격이 확신이 없는 목격에 비해 더 정확하다고 말할 수 있는가)가 매우 빈약하고 재판에 주된 문제가 된다고 주장하고 있다(Kebbell et al., 1996: Kebbell & Giles, 2000; Wheatcroft et al., 2004; Wheatcroft & Wagstaff, 2003). 더군다나 Wheatcroft 등(2004)은 질문 양식과 무관하게 가장 신뢰할 수 없는 목격을 처음에 가짜로 확신을 과장하여 증언을 하도록 하면 목격자 증언이 정확한 것으로 지각한다는 것을 발견하였다. 이 경우, 관찰자들은 그들의 최초의 판단을 신뢰하였고 이어서 다른 증언을 들을 충분한 준비를 하지 않았다(더 자세한 중점 효과에 대한 논의는 Tversky & Kahneman, 1974 참조). 따라서 제시 순서는 태도 판단에 중요한 의미를 가지고 있다.

전반적으로 확신과 그럴듯한 목격은 주저하고 매력적이지 않거나 불쾌한 것보다 더 믿을 만한 것이 될 가능성이 많아 보인다. 따라서 그것이 가지고 있는 것보다 적절하지 못한 신뢰도가 주어질 가능성이 많다. 당연히 외모와 태도가 잘못된 추론을 하게 만들 가능성이 매우 높아진다. 더군다나 논평자들은 이전에 법정 과정 그 자체에서 심문 양식과 같은 즉각적인 상황적 요인의 잠재적인 역할을 간과해 왔다.

법률가의 심문과 반대 심문 양식

법정에서 모든 목격은 목격자로서 그 사람을 부른 편이나 법정에서 법적으로 대표성이 있는 모든 다른 사람들에게 심문의 대상이 된다. 심문은 주심, 반대 심문, 재심문과 판사나 치안판사의 심문으로 구성된다(Murphy, 1994). 주심은 목격에 대해 법정과 배심원단의 신뢰를 얻기 위한 절차다. 목격자 자신의 설명이 사건에 대해 자유로운 말투로 이루어지도록 격려되며 유도나 암시 질문은 허용되지 않는다. 그러나 반대 심문은 다른 목적을 가지고 있다. 즉, 그 목적은 목격의 신뢰도 가치를 확립하는 것이다. 따라서 DuCann(1964)은 Lord Hanworth의 진술을 인용하였다. "반대 심문은 목격의 진실성과 그의 이야기의 정확성과 완전성을 검증하기 위한 강력하고 가치 있는 무기다."(p. 95) 따라서 이런 점에서 목격자의 사실에 대한 지식, 불편부당, 진실성, 성격, 편견, 비신뢰성, 맹세에 대한 존중

및 일반적인 태도는 공격을 받을 수 있다. 따라서 놀랍지도 않게 반대 심문 전략은 목격자의 설명을 신뢰할 수 없게 하고, 심문자에게 다른 해석을 구성할 수 있는 기회를 주며, 재판의 당사자주의 성질을 반영해 주고, 반대 증거에 초점을 맞출 수 있게 하는 것과 같은 방법을 가장 효과적으로 사용할 수 있도록 구성된다(Ellison, 2007; Ellison & Wheatcroft, 2010). 이러한 반대 심문의 건설적인 기능은 폐쇄형, 구체적인 그리고 개방형 질문 양식의 차이를 언급한 가설적 질문 형태(Hickey, 1993; Hobbs, 2003; Wheatcroft & Wagstaff, 2003; Wheat et al., 2004; 6장 참조)에 주로 의존하고 있다. 가설적 질문은 간단한 확신을 유발하거나 목격이 반대 심문자의 구성대로 채택될 수도 있다는 희망을 부인하기 위한 틀로 정교하게 짜인 질문을 포함할 수 있다(Drew, 1992; Matoesian, 1993).

여하튼 반대 심문은 법적 전문가들에게 주심에서 얻어진 증거의 정확성을 입증하거나 신뢰할 만하지 못하거나 정직하지 못한 증언을 노출시키는 결정적인 방법으로 오랫동안 여겨져 왔다(Stone, 1988). 따라서 반대 심문에서는 **유도 질문(leading questions)**이 허용되는 법적 문화가 강한 설득력을 가지고 발달해 왔다. 더군다나 일반적으로 의심스러운 증거를 입증하거나 새로운 증거를 소개하기 위한 정상적이고 유용하며 효과적인 절차로서 잘못된 가정을 포함하고 있는 질문을 할 수 있다는 논쟁이 있어 왔다(Hickey, 1993). 논쟁이 있기는 하지만 유도 질문의 허용 가능성은 증인의 기억을 측정하거나 평가하는 데 도움이 된다는 개념에 근거하고 있다.

여하튼 유도 질문은 통상 정도에 대한 것이다(예: "그 차가 검은색이었나요 그렇지 않았나요?"). 따라서 그러한

> **유도 질문**
> **(leading questions)**
> 원하는 답을 시사하거나 포함하고 있는 방식으로 된 질문

질문은 두 개의 대안적인 강제 선택(즉, 예/아니요)을 하게 하는 제한된 반응을 목적으로 하거나 '예라고 말하는' 맥락에서 선호하는 대답을 유발하려는 목적으로 하는 것이다(Harris, 1984; Kebbell et al., 2001). 당연히 누군가가 이런 종류의 반대 심문이 목격의 신뢰도를 완전히 검증한다고 가정한다면(즉, 유도되는 모든 시도를 거부하는 증인이 그가 말하는 것이 틀림없이 정확하다고), 반대 심문자의 입장에서는 목격자가 유도를 거부하거나 가설에 따르는 것이 불리해질 수도 있다. 따라서 일부 법적 충고자들은 반대 심문에서 유도 질문을 하는 것이 현명하지 못한 것이라고 공개적으로 주장한다(Evans, 1995). 결과적으로 법적 질문이 반응을 유도하거나 억지로 하게 한다는 점에서 정의와 공정의 기본적인 패러다임에서 볼 때 심각한 문제가 있다고 논의되어 왔다(Brennan, 1995).

심리학적 연구들은 유도, 가설적 그리고 복잡한 질문이 목격의 정확성에 미치는 영향에 대해 심각한 의심을 제기하였다. 실제로, 많은 연구가 법률적 질문이 목격 정확성을 방해한다는 결과(Kebbell et al., 2010; Kebbell & Giles, 2000; Loftus, 1975; Wheatcroft et al., 2004; 또한 13장 참조)와 자신도 모르게 진실에 대한 방해를 한다는 결과(Loftus, 1975; Perry et al., 1995)를 보여 주었다. 더군다나 Perry 등(1995)은 혼란스러운 법적 질문이 어린 아동의 정확성을 감소시켰고 부정적인, 이중 부정적인 그리고 중다 부분 질문이 모든 연령의 집단에게 가장 큰 문제를 일으켰다고 보고하였다. 어리고 취약한 또 다른 증인들은 그러한 질문에 매우 많이 영향을 받는 것으로 나타났다(13장 참조). 빠른 언어 비율과 적대적인 목소리는 증인을 혼란스럽게 하거나 주저하게 만들고(Ellison, 2001) 희생자들이 그 과정에서 외상을 다시 경험하게 만들 수 있다(Kebbell et al., 2003; Wheatcroft et al., 2009). 영국과 웨일스에서 증인

이 법정 친숙화에 의해 이득을 볼 수 있다는 전망이 실무를 포함한 항소 법정의 판단에 특히 받아들여지고 있다(Wheatcroft & Ellison, 2010).

옹호자들은 재판 전 제시가 증인들이 필수적인 법정 기술을 갖출 수 있게 하고(Cooper, 2005 참조), 반대 심문의 특정한 요구와 타협할 수 있게 도와준다고 주장한다(Bond & Solon, 1999; Carson, 1990). 이러한 주장들이 직관적으로 호소력이 있는 반면에, 문헌을 고찰해 보면 성인을 대상(Boccaccini et al., 2005)으로 하거나 아동을 대상(Dezwirek-Sas, 1992; Lipovsky & Stern, 1997; Murray, 1997)으로 한 재판 전 준비에 초점을 둔 경험적 연구는 많지 않은 편이다. 빨리 수정하기 위해 Wheatcroft와 Woods(2010)는 형사 법정에서 성인 목격자에게 사용되는 유도 질문 양식의 효과에 대한 대체물로서 간단한 증언 준비 진술의 잠재력을 조사하였다. 그 결과, 직접적인 유도 질문에 대한 친숙성은 비지시적인 동등 조건에 비해 피험자 내(w-s) 확신-정확성(c-a) 관계에서 유의하게 큰 정적 관계를 보여 주었다. 유사하게 주어진 대답에 적절한 수준의 확신을 가지도록 한 것도 목격자에게 도움을 주었다. 두말할 필요도 없이 사용된 진술은 본질상 기본적인 것이었고, 기존의 친숙화 프로그램에서 사용된 논란이 될 수 있는 기법들은 제거한 것이었다. 따라서 Ellison과 Wheatcroft(2010)는 보다 자세한 증언 준비가 정확성에 미치는 영향을 고려하였고, 광범위하게는 다음과 같은 연구 결과를 발견하였다. ① 복잡한 질문에 대한 오류의 감소와 정확성의 증가 그리고 ② 검사자로부터 명확성을 추구하는 증언 능력의 증가.

사례연구 12-2   R V. MOMODOU(2005)와 R V. SALISBURY(2005)의 사례

Momodou의 경우, 법정은 일반적인 조사 과정에 증인이 익숙해지도록 하는 재판 전 배려를 허용하였고 증언의 경험이 없는 데서 올 수 있는 긴장감을 감소시키는 방식으로 향상될 수 있었다. 수석판사는 증인이 형사 재판 과정을 모르는 데서 오는 불이익을 받지 않도록 하기 위해서, 그리고 그들이 증거를 제시할 때 그것이 작동하는 방식에 놀라지 않도록 하기 위해서 양식 있는 재판 전 준비를 환영한다고 말했다(논의는 Ellison, 2007 참조; Ellison & Wheatcroft, 2010; Wheatcroft, 2008). 항소 법정은 대심 체계에서 증언하는 것이 가지는 부담을 인식하고 있고 형사 맥락에서 증언 친숙성의 실습을 인정하고 있다. 증언 코칭이 금지된 법정과 증인이 다가오는 재판에 대해 자신의 최선을 다하도록 도와줄 수 있도록 증거 제시 경험을 합리적으로 준비할 수 있게 해 주는 재판 사이에는 상당한 차이가 있다. 변호사협의회(Bar Counsil, 2005)의 전문가 기준 위원회는 보다 자세한 지침을 문제 삼아 증인 친숙화 과정의 일부분으로 적절하다고 생각하는 것을 명료화하였다. 그것은 법정 변호사가 증인에게 증거 제시에 필요한 기본적인 사항을 충고해 주고 질문을 듣고 대답하는 데 필요한 것과 증인이 말하는 것을 법정이 들을 수 있도록 똑똑하고 느리게 말하는 것과 무관한 언급을 피하는 것 등이다. 모의 주심과 반대 심문 그리고 재심에 증인이 참여하는 것도 허용되었으며 그 목적은 증인에게 친숙성을 증가시키고 구두 증언을 제시하는 과정에서 확신을 주기 위한 것이라고 지침은 진술하였다.

형사 법정은 Salisbury가 증언 준비를 하기 위한 타당성을 생각하여 더 많은 기회를 주었다. 이 사례에서는 간호사가 그의 병동에서 두 명의 환자를 살해하려 한 죄가 있는 것으로 나타났다. Salisbury와 함께 일한 전문가들이 증인으로 요청되었고 재판이 부당하게 스트레스와 불안을 야기한다는 우려 속에서 NHS 합동은 간부들이 법정 절차와 반대 심문 기법에 대한 충고를 받도록 배려하였다. 이런 정보를 받고 피고는 증언의 증거를 배제하거나 아니면 변론을 절차 남용을 근거로 고정해야 한다고 주장하였다. 여하튼 항소 법정은 거기서 일어나는 일들이 조사 책략에 대한 지시를 경험하는 증인이 증거를 제시하는 연습을 준비하는 것뿐이라는 설명에 만족하였다. 수석판사 Phillip(이 사건의 판사)의 견해에서 이것은 어떤 증언이라도 즐길 자격이 있고 활용되며 알릴 수 있는 연습이었다. "…… 내 견해로는 일관성 있게 증거를 제시하는 과제에 친숙해지는 과정과 주어진 증거를 통합하는 것에는 본질적으로 차이가 있는 것 같다. 후자는 객관적이어야 하지만 전자는 그렇지 않다."[R v. Salisbury(2005) p. 3103]

[R v. Momodou(2005) W.L.R., 1, 3442; R v. Salisbury(2005) EWCA Crim 3107]

재판 전 공표와 선고가 결과에 미치는 영향

유명한 사건인 경우, 보고하는 데 대한 법적 금지는 없다. 대중은 매체 보고를 통해 정보를 모은다. 최근에 배심원이 재판 중에 인터넷에 접근하거나 자료(예: 피고의 과거력)에 접근하는 것이 중요한 문제가 되고 있다. 수석재판관, 수석판사는 '사회 연결망 사이트에 의해 침해된다면 배심원 체계는 살아남을 수 없을 것'이라는 보고를 받았다(BBC News, 2010). 물론 이 단계에서는 배심원들이 정보가 정확하거나 신뢰할 만한지를

알 수 없다. 그러나 잠정적으로 연구들은 사건에 관한 매체 보고를 들은 사람들이 용의자를 유죄로 더 많이 볼 수 있다는 것을 예증하고 있다(Kerr, 1995; Steblay et al., 1999). 오늘날의 24시간 뉴스 주제에서 잠재적인 배심원들은 생생하고 때로는 끔찍한 범죄 영상에 반복적으로 노출될 수 있다. Ogloff와 Vidmar(1994)는 인쇄물과 텔레비전이 재판 전 편향에 미치는 영향을 조사하였다. 그 결과는 다시 모든 매체 노출이 재판 전 영향을 가지고 있는 것으로 나타났으며 인쇄물과 텔레비전이 특히 강한 것으로 나타났다. 유사하게, 다른 연구들에서도 모의 배심원들이 부정적인 선고 전 공표에 노출되었을 때 유죄 평결을 내리는 것이 증가한다고 보고하였다(Hope et al., 2004). 따라서 부정적인 선고 전 공표는 유책이 있는 경우 선고 결과에 강한 영향을 준다(개관은 Studebaker & Penrod, 1997 참조).

이러한 일이 일어나는 이유는 정보 사회적 영향의 편향 효과 때문이다. 즉, 우리는 타인의 해석이 더 정확하다고 믿기 때문에 자신 것보다 다른 정보의 출처를 통해 확인하려는 욕구가 있다(Cialdini, 1993). 감정을 불러일으키는 자료는 특히 강력한 영향력을 발휘한다. Kramer, Kerr와 Carroll(1999)은 세 개의 배심원 집단에게 노상강도 용의가 있는 남자의 재판을 지켜보도록 요구하였다. 지켜보기 전에 한 집단은 정서적 공표(즉, 노상강도에 사용된 것과 일치하는 차가 7세 소녀를 치어 죽였다)에 노출되었고 다른 집단은 사실적 공표(즉, 광범위한 범죄 기록)에 노출되었다. 세 번째 집단은 어떤 공표에도 노출되지 않았다. 결과적으로 정서적 공표가 주어진 배심원들은 역겨운 실제적인 정보를 받은 집단에 비해 편파적으로 더 많은 유죄 평결을 내렸다. 더군다나 어떤 지시나 정교한 전략도 공표 유형의 영향을 감소시키지 못하였다. 실제로 정교화는 공표 편향을 더 강화시켰고 설득에 대한 사회적 영향의 잠재적 결과를

예증하였다. 판사들이 배심원들에게 정보를 무시하라고 지시했음에도 불구하고 그러한 방향은 효과적이지 못했다. 사실 그들은 그러한 의견을 말함으로써 배심원들의 주의만 더 끌었다(Fein et al., 1997). 재판 끝에 영국 판사들은 그 사건을 요약하고 배심원들이 법률에 따라 심사숙고하도록 지시를 하였다. 법적 지시의 요구는 배심원들이 피고의 유죄를 증거의 진실성이 아닌 법률에 따라 결정해야 한다는 사실에 근거한 것이다. 그러나 배심원들은 지시를 해석하거나 이해하거나 적용하기가 어렵다. 왜냐하면 지시가 보통 사람의 마음보다는 법률 용어로 쓰여 있기(Steele & Thornburg, 1988) 때문이다. 그리고 많은 연구는 표준적인 법적 지시가 배심원의 이해를 구하는 데 어려움이 있음을 보여 주고 있다(Alfini et al., 1982; Severance & Loftus, 1982).

영국 사법부를 위해 Thomas(2010)가 행한 광범위한 연구에서 판사의 지시는 비록 재판과 세 개 법정에서 평가된 것이 변화가 있기는 하지만 '쉽게 이해될 수' 있다고 보고되었다. 논쟁이 될 수 있는 복잡한 주제는 구두 지시(정당방어 법에 관련된)에 대한 이해를 평가할 때 숨겨졌다. 30세 이상의 배심원들보다 젊은 배심원(18~29세)들이 더 잘 이해하는 것으로 나타났다. 그러한 연령에 따른 감퇴는 노인 배심원들에 대한 일부 법적 지시의 유용성에 의문을 제기하였다. 더군다나 배심원 이해는 범죄에 요구되는 검사에 특히 기초하여(즉, '강압이 필요한' 그리고 '합리적인') 구두와 문서 지시로 조사되었을 때('실제적인 신체적 상해' 그리고 '정당방위'와 관련된) 나쁜 것으로 나타났다. 중요하게도 배심원의 36%가 두 개의 법적 질문에서 어느 것도 확인하지 못하였다. 따라서 1970년대 이후로 배심원들의 어려움이 노출되었음에도 불구하고 표준적인 지시는 여전히 난해한 법적 언어로 쓰이고 있다고 Dumas

(2000)가 지적하였다.

흥미롭게도 Shaffer와 Wheatman(2000)은 독단적인 성격을 가진 지시들이 보다 적절하게 적용될 수 있음을 발견하였다. 일반 배심원들은 오해의 가능성 때문에 법률의 평가보다는 자신들의 상식과 개인적 경험을 지침으로 삼는 경향이 있다. 하나의 공통된 오해 방향은 위에서 개관한 '합리적인 의심을 넘어서는' 기준을 만족하는 데 필요한 증거다. 연구들은 배심원들이 비현실적인 가장 엄격한 검사—100%의 확신도를 가진—를 적용하는 경향이 있음을 보여 주었다(Montgomery, 1998; Zander, 2000). 더군다나 판사 자신들도 '합리적 의심을 넘어서는' 것을 만족시킬 수 있는 비율로 확인하는 문제를 가지고 있었다(Kagehiro, 1990). 오늘날까지의 연구 결과들에 기초하여 선고 전 공표는 최소한으로 해야 하며 판사들은 배심원들이 그들이 받은 정보를 보다 잘 이해하고 정확하게 적용할 수 있도록 재판 지시에 배심원 친화적인 표현을 채택해야 함을 마음에 새겨야 한다.

의사결정자로서의 판사

유럽 법정에서 판사의 의사결정

영국의 민사 법정과 대부분의 유럽 심문 체계에서는 배심원보다 판사들이 의사결정을 한다([그림 12-2]). 비록 법적 의사결정에 대한 연구들이 꼭 그렇지는 않다는 증거를 보이고는 있지만, 판사들은 공정하려고 노력하며 순전히 법률과 증거를 통해 그들의 결정을 내린다. Wagenaar 등(1993)에 따르면 판사들은 고정관념에 의한 진술(anchored narratives)에 영향을 받을 수 있다. Wagenaar 등에 따르면 '고정관념(anchor)'은 일반적으로 진실이라고 기대할 수 있는 상식적인 규칙(인간, 행동, 개념에 대한 의심할 수 없는 가정)을 말한다. 이러한 가정은 통상적으로 지각되는 어떤 진술에 정착하는 고정관념일 수 있다. 예를 들면, '한번 도둑은 영원한 도둑이다.' '약물 남용자는 거의 도둑놈들이다.' 와 같은 것들이다(Wagenaar, 1995). 법적 결정에 종종 삽입되어 있는 그러한 고정관념들은 외현적이기보다는 종종 내현적이다. Wagenaar 등(1993)에 따르면 법적 사실 확인은 특히 심리적인 과정이고 종종 논리를 결여하고 있다. 고정관념이 사실이나 가정을 지지하고 세계에 대한 일반적인 인상에서 유래되었다고 하더라도 반드시 올바른 것은 아니다. 이러한 관점에서 본다면 형사사건의

[그림 12-2] 영국의 민사 법정과 대부분의 유럽 심문 체계에서는 배심원보다 판사들이 의사결정을 한다.

출처: ⓒ Minerva Studio, Shutterlock사의 허락하에 게재함.

입증은 고정관념이 기초하고 있는 엄격한 정당성을 결여하고 있을 수도 있다.

'상식적인' 이해를 가지고 고정관념을 활용하는 것은 우리 자신의 의사결정 뿌리에 대한 통찰이 결여되어 있음을 보여 준다. 더군다나 의문시되고 있는 상식적 이해가 모든 부분에 포함되어 있다면 합의는 이루어질 필요도 없다. 네덜란드 법률에 있는 고정관념의 예는 '책임 있는 경찰은 결코 거짓말을 하지 않는다.'다. 이러한 고정관념은 단 한 명의 경찰관이 한 진술도 증거로서 충분하다고 가정하고 있다. Wagenaar 등(1993)이 언급한 사례에서 어떤 남자가 아스파라거스 농장에서 일하면서도 불법적으로 실직 보험금을 받은 혐의로 기소되었다. 검사는 경찰관 두명의 진술에만 의존하였다.

과거 선고에 대한 스페인의 연구들도 판결이 주로 체계적인 판단 편향에 의해 결정된다는 견해를 지지하고 있다(Fariña et al., 2002). Fariña 등은 남서부 스페인의 고등법원과 형사법원의 555건의 형사 판단사건을 검토하여 이 판단들의 63.6%가 고정관념에 의한 것이었다고 추정하였다. 따라서 문화적 고정관념은 의사결정에 영향을 줄 수 있고 일관성 없는 의사결정의 이유가 될 수 있다.

고정관념의 중요한 요소는 그럴듯한 가능성이다. 그것은 '내적 일관성'을 의미한다(Jackson, 1988, p. 171). 따라서 법정에서 양측의 중요한 목적은 판사와 배심원(즉, 법적으로 '합리적인 사람')이 믿을 수 있는 그럴듯하고 신뢰할 만한 설명을 하는 것이다. 그럴 가능성은 관련된 도식—특정 주제에 관련된 지식, 신념 및 기대를 통합하는 네트워크—을 활성화시키는 외적 고정관념에 민감할 수 있다(Canter et al., 203). 흥미롭게도 Canter 등은 그럴 가능성 수준은 진술이 사건의 시간적 순서를 따르지 않을 때 더 낮다는 것을 발견하였다. "이 과정들은 진술의 '내적' 구조적 요인과 특히 그들이 제시되는 순서, 그리고 개인이 진술의 특정 요소를 개념화하고 이해하는 '외적' 고정관념과 신념 체계와 관련이 있다."(Canter et al., 2003. p. 261)

고정관념에 의한 진술은 법적 의사결정을 할 때 잠재적인 편향 요인이다. 결과적으로 법정에서 두 진술 중에 어떤 것을 선택하는 결정을 해야 한다면 그들은 가장 그럴듯한 것을 선택할 것이다(Baudet et al., 1994). 더군다나 증인이 사건의 흐름에 대해 그럴듯하고 일관성 있게 설명하지 못하거나 청자들이 적절한 진술에 고정관념을 가지고 있다면 증인의 말은 진실의 가치와 무관하게 비중이 적어질 것이다. 여하튼 이러한 점들이 판사의 자각을 제고하고(Perkins, 1989), 다양한 고정관념 포인트와 원천 편향에 대한 욕구를 자각하는 훈련을 제공해야 하는(Plous, 1993) 결정적인 이유다. 하지만 치안판사나 판사들의 집단이 포함된 경우에도 그러한 편향이 법적 의사결정에 적용될 수 있을 것인가?

치안판사 혹은 판사 집단의 의사결정: 집단 역동

연구들은 치안판사의 의사결정이 일관성이 없고 때로 통일되어 있지 않다는 것을 보여 주었다. 예를 들어 보석의 경우, 경찰관은 법정에 모든 정보를 제공하지 않고 일부만 제공한다(Dhami, 2004; Doherty & East, 1985). 이것은 피고가 구치소에 불필요하게 구류되어 있고, 따라서 무죄가 되거나 구류를 취소하라는 명령을 받을 수 있음을 의미한다. 형법 체계에서는 선고 전의 불필요한 감금은 비싼 구류 시설비에 대한 압력으로 작용할 수 있고 형법 관계자들이 죄수를 조기에 방면하는 원인이 될 수 있다.

사용할 수 있는 가장 무거운 벌칙은 최근에 영국에서 사용되고 있는 평균적인 기간만큼 즉각적으로 구치하라는 선고를 내리는 것이다. 1995년 남자 21명에 대한 평균 선고는 1990년의 2.6개월에 비해 2.8개월로 늘었다. 반면에, 여성에 대한 선고는 같은 기간에 2.4개월에서 2.3개월로 줄었다(Flood-Page & Mackie, 1998). 이러한 증가된 기간이 사건의 사실로부터 도출된 판단에 따른 것인지, 그리고 그러한 증가된 처벌이 합당한 것인지에 대해서는 분명하지가 않다(Rumgay, 1995). 상대적으로 판사와 치안판사들이 범죄가 그렇게 심각해서 구류 선고가 정당화될 수 있는지를 평가해 줄 수 있는 공식적인 지침이 별로 없다. 여하튼 Cox(1993)에 따르면 수석판사 Taylor는 우파적 사고를 하는 사람 검사(right-thinking person test)가 옳은 접근이었음을 확인해 주었다. 여하튼 범죄의 심각성은 주관적인 판단의 문제로 개인이나 시간에 따라 달라질 수 있다(Ashworth & Hough, 1996). 걱정스럽게도 지난 연구들은 선고 결정에서의 비일관성을 반복해서 보여 주고 있다. 유사한 사건에 대해서도 선고 결정이 법정에 따라(Parker et al., 1981), 같은 법정에서도(Parker et al., 1989) 그리고 같은 사람에게도(Ashworth et al., 1984) 다르게 내려졌다. 실제로 Flood-Page와 Mackie(1998)는 치안판사 법정에서의 최근 영국 선고 실제를 조사한 후, 과거 연구에서 선고에서 상당한 차이를 보인 것은 "1993년 이후에 내려진 선고 실제들은 변경된 법적 틀에 의한 것이 아니었기 때문이다."(p. 139)라는 결론을 내렸다. 더군다나 치안판사들은 문서로 된 설명보다 비디오 증거에 근거해서 좀 더 심한 선고를 부과하는 것으로 나타났다(Chenery et al., 2001). 비디오 증거는 문서 진술에 비해 시각적으로나 직접적으로 더 큰 영향을 미쳐 의사소통 사고를 일으킬 가능성이 있다(Davies, 2003). 따라서 치안판사 선고 패턴의 차이에 대한 설명에 따라 '법정 문화'의 진보와 영속성을 위해 상호작용하고 의사결정하는 체계가 도입되어야 한다. 집단 의사결정에 영향을 미치는 요인들은 집단 압력에 대한 동조에 관한 연구에서 찾아볼 수 있다. 그 연구에서 동조는 집단 크기가 세 개에서 네 개가 될 때 유의하게 증가하다가 정점을 찍고 그 후 감소하는 것으로 나타났다(Stang, 1976). 더군다나 사회영향이론(social impact theory)은 우리가 다루어야 하는 집단이 한 개인인 경우 구성원들은 사고와 행동에서 만장일치를 보이며 집단 크기가 세 개 이상인 경우에도 그렇다고 확인해 주었다(Latané, 1981). 집단 과정에 대한 다른 중요한 심리학적 연구는 집단사고(groupthink; 즉, 집단 결속력의 유지; Janis, 1982), 양극화(polarisation; 즉, 극단적 결정을 하는 것; Isenberg, 1986), 그리고 사회적 이득(social loating; Latané et al., 1979)이 의사결정에 영향을 미칠 수 있음을 시사하였다. 법정에서 치안판사나 판사의 자리는 통상 세 명의 작은 집단으로 구성되어 있는데 그들의 욕구와 목표를 충족시킬 수 있다는 점에서 서로 상호작용하고 독립적이지 않으며 서로 의존할 수밖에 없다(좀 더 자세한 내용은 Aronson et al., 2005 참조). 따라서 판사나 치안판사의 집단은 편견에 면역되어 있지 않다. 그들은 판사의 자리에 앉기 전까지 경험해 보지 못한 부가적인 압력에 의해 영향을 받을 수 있다.

의사결정자로서의 배심원

선택과 프로파일링이 결과에 미치는 영향

배심원 의사결정에 영향을 미칠 수 있는 요인은 과정과 개인 모두에게 있다([그림 12-3]). 여하튼 영국의 배심원실은 매우 밀폐되어 있어서(Contempt of Court Act, 1981 참조) 그 영향의 크기가 얼마인지는 알 수 없고, 학자, 심리학자, 실무자들의 끊임없는 관심을 받아 왔다.

배심원들에 대한 직접적인 관찰을 못하기 때문에 배심원 연구의 타당도에 대해서는 격렬한 논쟁이 있어 왔다. Bornstein(1999)은 『법률과 인간 행동(Law and Human Behavior)』이 출판되기 시작한 초기 20년 동안 배심원 모의연구를 실시하고 분석했다. 그는 모의연구의 많은 약점을 인식한 후 다음과 같이 주장하였다. "이러한 관심들은 과학적 연구의 건전한 시행을 지배하는 근본적인 원리뿐만 아니라 모의연구의 결과를 활용하려는 바람과 궁극적으로 법적 체계를 향상시킬 수 있다는 점에서 정당하다."(p. 2)

주된 관심은 모의 배심원 연구에 사용된 표본(즉, 대학생 대 일반 성인), 연구 장면(즉, 실험실 대 법정), 선고 매체(즉, 서면 대 실제 선고 청취), 선고 포함 요소(예: 심의의 유무) 및 과제의 결과(즉, 가설적 대 실제 결정)에 모아졌다(Diamond, 1997; Konecni & Ebbesen, 1979). 예를 들면, 모의 배심원을 사용하는 것의 명백한 단점은 피고의 미래가 위험하지 않고 그래서 무게와 중요성이 없을 수 있다는 점이다(Darbyshire et al., 2002). 배심원 연구를 허용해 달라는 요구는 영국에서 아직도 진행 중인 논쟁거리다. Zander(2005)는 그러한 연구들이 '배심원실에서 바람직하지 못하게 일어나는 여러 형태의 처신과 참을 수 없는 정도의 비합리성, 편견, 어리석음을 드러낼 수 있기 때문에' 배심원제 폐지에 대한 요구가 생길지도 모른다고 경고하였다(p. 2).

그럼에도 불구하고 배심원 선택과 구성에 대한 연구는 남자가 훨씬 많고 비백인이 적으며(Zander & Henderson, 1993), 여성과 소수 인종이 여전히 적음을 보여 주었다(Lloyd-Bostock & Thomas, 1999). 예비 배심원들을 임명하고 해제하는 체계는 대표성에 영향을 미칠 수 있다. 예를 들면, Airs와 Shaw(1999)는 영국과 웨일즈에서 예비 배심원의 38%가 여러 가지 이유로 해제되었으며 단지 34%만이 활동할 수 있었다고 보고하였다. 더구나 임대 시설에 살고 있는 20~24세의 소수민족은 배심원으로 등록되지 않은 경우가 가장 높았다. 따라서 무선

[그림 12-3] 배심원 의사결정에 영향을 미칠 수 있는 요인은 과정과 개인 모두에게 있다.

출처: ⓒ Junial 기업. Shutterstock으로부터 사용이 허가됨.

적인 선거 투표식 표본이 반드시 전집을 대표하는 것이 아님을 보여 주었다.

배심원들에게 영향을 주는 것으로 기대되는 주된 요인 중의 하나는 증거이고(Kalven & Zeisel, 1966), 많은 부분이 아마도 사건 그 자체일 것이다. 여하튼 Ellsworth (1993)는 개인 배심원들은 같은 증거에 기초해서도 즉각적인 평결에 대해 다른 결론을 끌어낸다고 말하였다. 따라서 증거 하나만으로는 단일한 평결을 만들기에 불충분하다고 볼 수 있다. 배심원의 성별과 나이를 조사한 연구에서도 의사결정이 영향을 주는 것으로 나타났다. 예를 들면, 여성은 환경적인 증거에 의해 평결에 유의한 영향을 받는 것으로 나타났다(Sealy & Cornish, 1973). 이 연구에서 여성들은 강간범에 대해 78%가 최초 유죄 평결을 내렸고 살인범에게는 71%를 내린 반면에 남성에게는 각각 53%와 50%를 내렸다. 좀 더 최근에 Thomas(2010)는 최초와 최종 유죄 평결에서 남성은 안정된 채로 남아 있었지만 여성 유죄 평결의 경우에는 최초가 41%에서 최종은 33%로 낮아졌다는 것을 발견하였고 여성들이 설득과 사실에 대한 재심사에 더 열려 있다고 보고하였다. 같은 보고서에서 강간에 대한 성별 편견은 명확하게 나타나지 않았다. 여하튼 '여성 16개 이상' 범주에서 발견된 평결의 52%는 유죄로 분류되지 않았다. 반면에, '남성 16개 이상' 범주에서 나타난 평결의 77%는 유죄로 분류되었고 다른 것에서도 그랬다(논의는 Wheatcroft et al., 2009 참조). Sealy와 Cornish의 자료를 보다 자세히 조사해 보면 평결에서의 차이는 흑인 남성과 흑인 여성에서 나타났고 백인 남성과 백인 여성 사이에서는 어떠한 차이도 발견되지 않았다. 실제로 2006~2008년 사이에 백인 배심원들은 비록 그 차이가 유의한 것인지는 명확하지 않지만, 백인이나 아시아인 피고(각각 63%)에 비해 흑인 피고에게 더 많은 유죄 평결(67%)을 내린 것을 알 수 있다. Kemmelmeier (2005)는 인종이 백인 배심원의 의사결정에 결정적인 요인이라고 주장하였다.

반면에, 모의 재판에서 남자 배심원들은 강간범 피고에게 여자 희생자가 매력적인 경우 더 긴 선고와 같은 강한 처벌을 부과하는 경향을 보였다(Villemar & Hyde, 1983). 그러나 학력이 높아질수록 남성에 의해 무죄 비율이 높아지는 것을 보여 주었다(Mills & Bohannon, 1980). 그러한 영향 요인들은 인지적 요인에 의해 매개될 수 있었다. 예를 들면, Hastie 등(1983)은 교육 수준이 낮은 배심원들이 증언에서 제시된 사건 사실의 48%만을 회상한 반면, 교육 수준이 높은 배심원들은 그 비율이 70%나 된다는 것을 발견하였다. 〈사례연구 12-3〉은 배심원 선발의 어려움을 잘 보여 주고 있다. 관심 있는 독자들은 배심원 연구 고찰을 위해 Darbyshire 등(2002), Hale-Starr와 McCormick(2001)의 배심원 선택 논의를 읽어 보라.

우리가 내릴 수 있는 결론은 배심원 선발은 정확한 과학과 거리가 멀다는 것이다. 배심원의 예비 심문 선서 과정은 상대방과 다른 의견을 가진 배심원을 제거할 수 있다. 그러나 이 장에서 개관한 많은 학문적 의견에 따르면 배심원들은 그 외에도 다양한 요인에 영향을 받을 수 있다.

Visher(1987)는 개인의 성격은 재판 결과를 예측하는 데 있어서 목격자 신뢰도나 다른 증거와 같은 다양한 요인에 비해 중요하지 않다고 주장하였다. 그러나 아직 그러한 주장에 반대하는 연구들이 있고 배심원들이 재판(사법 판단) 과정에 편견 없이 참여하리라고 기대하는 것이 부적절함을 시사하고 있다. 이것은 특수하고 복잡한 언어의 사용과 같은 것들이 특별한 방식으로 영향을 줄 수 있는 것과 같이 재판(사법 판단) 과정이 명료해지지 않는 것에 포함될 수 있다.

사례연구 12-3 Scott Dyleski와 O. J. Sympson의 재판

"배심원들이 선서할 때 거의 모든 사건이 이기거나 진다는 것을 결코 잊지 말라."(변호사 Clarence Darrow, 1936)

배심원들은 매년 수천 건의 사건을 다룬다. 따라서 세계에서 사용되는 배심원 제도가 가장 중요하다는 것은 놀랄 일도 아니다. 이러한 점에서, 예를 들어 관련된 비용을 기꺼이 지불하려는 미국의 배심원 선발 서비스가 유용할 것이다. 이 서비스는 특정 사건에 대해 가장 적합한 배심원을 활용하기 위해 사회심리학적이고 행동주의적인 원리에 근거하고 있다.

그러한 사례 중의 하나는 Scott Dyleski인데, 그는 2005년 8월 15일 캘리포니아의 유명한 변호사 Daniel Horowitz의 부인인 Pamela Vitale의 살인 혐의로 2006년 10월 17세의 나이로 가석방 없는 종신형을 선고받았다. Dyleski는 희생자 부부가 계획했던 꿈의 집에서 쇠몽둥이로 죽을 때까지 얻어맞은 채 발견된 후에 기소되었다. 이러한 유명한 사건인 경우 사건에 대한 지식이 적거나 의견을 가지지 않은 배심원을 찾는다는 것은 보통 때보다 더 힘들다. 법정은 아직 의견이 없는 배심원들을 찾기 위해 잠재 배심원 수백 명을 부를 수 있다. Dyleski의 경우, 판사 Barbara Zuniga는 200명의 배심원을 콘트라코스타 카운티 고등법원으로 불렀지만 필요하다면 더 많이 요구할 수도 있었다. 유사한 형태로 1,000명 이상의 배심원이 같은 해에 Scott Peterson의 재판을 위해 레드우드 시에 소집되었다.

이론적으로 대규모 배심원단은 극단적인 견해를 가진 사람을 배제하고 일반적인 전집을 대표할 수 있는 사람을 선발하려고 한다. 여하튼 "실제로 당신이 궁극적으로 해야 할 일은 정상분포곡선의 중앙에 있는 것처럼 보이는 배심원을 찾는 것이다. 그것은 배심원 선택이 아닌 배심원 배제다."(M. Rice: Krupnick, 2006에서 재인용)

1995년 O. J. Simpson의 재판은 배심원 선발 기법을 공표한 것으로 유명하다. 선발을 하거나 선발을 하지 않는 방법을 예비 심문 선서 과정을 통해서 했다. 구두 예비 심문 과정은 질문지에 대한 대답으로 이루어졌고 미래의 배심원들이 질문지를 완성했다. 질문들은 법률가들이 배심원의 반응을 관찰하기 위해 구두로 질문하고 싶어 했던 것들로 구성했다. O. J. Simpson의 사건에서, 검사 Don Vinson의 자문가는 한 명의 아프리카계 미국 남성과 한 명의 히스패닉계 여성, 여덟 명의 아프리카계 미국 여성 그리고 두 명의 코카시안 여성을 배심원으로 추천하였다. 아프리카계 미국 여성을 강조한 것은 예비 심문 질문에 대한 답을 통해서였다. 이 여성들은 결혼생활에서의 신체적 폭력에 대해 좀 더 관대하였고 모든 관계는 문제가 있다는 신념을 가지고 있었다. 한 여성이 말했다. "사람들은 서로 때리기도 해요. 그건 그냥 일어나는 일들이에요." 두말할 필요도 없이 이러한 견해에 대해 이 사건의 수석검사인 Marcia Clark는 이 여성이 과거에 가정폭력을 경험했을 소지가 많고 남성보다 O. J.를 좀 더 엄격하게 판단했을 것으로 믿었다.

복잡한 서류와 법적 용어에 대한 배심원의 이해력

법률은 언어를 특별하게 사용하지 않고서는 존재하지 않는다. 그리고 그것은 법적 용어와 법적 체계 간의 밀접한 관계를 위한 것이 아니다(Danet, 1984). 이와 같이 법률에서 사용되는 용어는 두 가지 특징을 가지고 있다. 첫째, 특별한 어휘를 사용하기 때문에 기술적이다. 둘째, 법률은 사회과학을 망라하기 때문에 문화적으로 영향을 받는다(Terral, 2004). 따라서 법적 용어가 배심원들에 의해 집단적인 오해를 불러일으킬 수 있다는 것은 놀랄 일도 아니다. 예를 들면, Bornstein 등(2005)의 수행된 연구는 법정에서 가장 중요한 부정적인 배심원 지각은 재판의 복잡성과 의사결정을 하는 두 가지라고 지적하였다. Horowitz 등(1996)에 따르면 복잡성에 대한 배심원의 지각이 다수의 증거가 될 수 있는 요인을 인식하는 데 실패하도록 한다는 것이다. 즉, 처리해야 할 양이나 명료성 및 이해력과 같은 요인이 용어와 관련되어 있고 오해를 더 가중시킬 수 있다.

재판에서는 종종 복잡한 자료들이 배심원들에게 무계획적이고 혼란된 방식으로 제공된다. 따라서 배심원들은 적절한 평결을 내리는 데 방해를 받을 수 있다(Bennett & Feldman, 1981). 대신에 배심원들은 정보를 종합해서 조직화된 진술로 만드는데, 이것이 법정의 지각과 다르게 될 수 있다(Wiener et al., 2002). 실제로 인지 연구들은 복잡한 사건이 그러한 과제에 대해 사전 경험이 없는 배심원들에게 상당히 많은 인지적 작업을 요구해서 과중한 업무를 하게 한다고 하였다. 예를 들면, Heuer와 Penrod(1995)는 실제 배심원들에게 질문을 했는데, 배심원들은 추가적인 지시나 다른 지지가 없이 정보의 양이 증가할 때 자신들의 평결에 점차 확신이 없어진다고 보고하였다. 따라서 인지 과부하와 부적절한 귀납법의 사용 간에 정적 상관이 있을 것으로 기대되었다(Gilovich et al., 2001). 과도한 정보는 배심원들을 혼란시키고 손을 놓게 함으로써 가장 상식적인 결과로 이끈다. 전문가 증인의 증언은 도움이 될 수도 있고 편향된 이해를 불러일으킬 수도 있다. Cooper 등(1996)은 증언이 매우 복잡한 경우, 미국에서 모의 배심원들이 낮은 수준의 전문가 증인보다 높은 수준의 전문가 증인에게 더 많이 설득되는 것으로 보고하였다. 이러한 모의 배심원 연구에서 관찰된 영향은 실제 재판에서는 더 클 수 있는데, 그 이유는 배심원에 대한 압력이 실제 재판에서 더 크기 때문이다(Honess et al., 1998; Jackson, 1996).

배심원의 의사결정 과정

배심원에게 있어서 의사결정을 하는 과제는 그것의 중요성 면에서 비교할 수 없이 복잡한 것이다. 두말할 필요도 없이 배심원에게는 제시된 증거의 강도를 평가하고 결정을 내리는 것이 필수적이다(Vidmar, 2005). 의사결정 과정과 배심원 능력에 관한 심리학적 연구는 유사 연구의 결과를 법정에 적용하는 문제가 있기는 하지만 사회인지적 요인이 결정적임을 시사하고 있다.

배심원들은 단일 판사보다 재판에서 나온 미묘한 쟁점에 의해 활성화되는 집단 과정에 영향을 받을 가능성이 더 많다. 많은 연구는 배심원들의 개인차와 법정의 분위기를 포함하는 요인들이 배심원 논의에 미치는 영향을 연구하였다(개관은 Hastie et al., 1983 참조). 집단 토의는 다수의 의견을 강화시키는 경향이 있다. Meyers 등(2001)은 모의 배심원들의 다수가 최종 평결에서 집단 토의 전에 호의적으로 보인 방향으로 거의 90%가 간다는 것을 관찰하였다. 그러한 환경에서는 집단 극화의 위험이 있다. 즉, 집단은 사람들의 최초 판단의 방향에서 보다 극단적인 결정을 하게 만들 수 있다. 그러나 기소된 사건이 강력하다면 견해는 덜 극화된다. 즉, 처음에 무죄로 간 사람들이 유죄 평결로 설득될 수 있다 (Arce et al., 1996). 보다 최근의 미국 연구에서는 교묘함의 질을 다루고 있는데(Gastil et al., 2007), 267명의 실제 배심원에 대한 연구에서 배심원들이 모든 미묘한 질 측정치(즉, 사실과 법적 지시의 조사, 의견을 청취하고 논쟁하는 것)에서 높은 수준의 능력을 보인 것으로 나타났다. 그러한 연구들은 우리가 집단에서의 배심원 의사결정에 포함된 실제적인 과정에 관해 좀 더 배울 필요가 있음을 시사한다.

Pennington과 Hastie(1991)는 각 배심원이 어떻게 결론에 도달하는지에 대한 영향 모델, 즉 이야기 모델 (story model)을 제안하였다. 이 모델은 정보가 일관성 있는 정신적 표상으로 섞이는 능동적이고 구성적인 이해 과정을 말한다(Pennington & Hastie, 1992). 이 과정은 가장 단순한 토의를 통해 일어나는 것으로 가정된다 (Kintsch, 1988). 여하튼 토의 이해에 관한 연구는 이야기 연결고리가 토의 그 자체를 고려하거나 토의에 대한 청자나 독자의 표상을 고려하거나 둘 모두에서 높은 순서 구조를 가지고 있다고 시사하였다. 따라서 이들 표상은 전달자로서뿐만 아니라 정보의 해석자로서도 중요하다. 이야기들은 의미와 그럴듯함을 일련의 진술이나 관념에 적용하려는 시도를 나타내는 일화로 불리는 단위로 조직화된다(Trabasso & van den Broek, 1985). 결과적으로 나타나는 인지 과정은 의사결정에 중요하며 각본, 도식 및 귀납법[**사회적 도식과 각본(social schema and script)**]으로 이루어진 일련의 인지를 포함하고 있다. 예를 들면, 도식은 사람들이 이야기나 글을 어떻게 이해하고 기억하는지를 설명해

사회적 도식과 각본 social schema and scripts)
새로운 경험이나 사회적 단서에 대해 조직적인 구조를 제공함으로써 개인의 행동을 이끄는 인지적 틀

준다. 특히 배심원들은 편견을 갖고 오해를 할 수 있는 명백한 기회를 가진 채 '그 사건에 대한 자신만의 이야기'를 구성해서 증거를 이해하려고 한다고 주장되어 왔다(Wiener et al., 2002, p. 120). 인간이 특히 정보를 상식적으로 다룬다는 개념이 논의의 중심이다. 왜냐하면 이러한 가설적 과정은 배심원들이 판단을 할 때 결정적이고 통렬한 해석의 실수를 하게 만드는 이유를 설명할 수 있기 때문이다. 배심원을 포괄적으로 이해한다는 것은 초기 단계이지만 Pennington과 Hastie의 개념은 계속적으로 더 많은 연구를 이끌 것이다.

결론

이 장은 재판(사법 판단) 과정과 관련된 여러 가지 중요한 요인에 관한 심리학적 연구에 초점을 두었다. 여하튼 여러 주제에 대한 연구는 아직 초기 단계이기에 실무에 잘 연결시키는 것은 조심스럽게 이루어져야 한다. 증언의 비일관성이 미치는 영향에서부터 집단 토의의 질과 양에 이르기까지 많은 논제가 있지만 앞으로 더 많은 탐구가 이루어져야 할 것이다.

그러나 일부 영역에서는 그 결과들이 매우 명료하다. 재판 전 공표는 최소한으로 해야 하고 최근의 연구들이 재판 중에 배심원들이 인터넷에 접속하는 것에 초점을 맞추고 있다는 것은 명백하다. 두말할 필요도 없이 정보가 존재하고 그것이 판사와 배심원 모두에게 영향을 미친다고 한다면 이론적인 근거나 왜 편파 효과가 일어나는지에 대한 연구가 진행되어야 할 필요성이 크다. 배심원들에게 가장 친화적인 법적 방향은 배심원들이 보다 정확하게 정보를 활용하고 이해하도록 명료성을 높여 주는 것이다. 더 나아가서 우리는 판사의 의사결정이 배심원들의 의사결정보다 어렵지 않다

는 것을 가정해야 한다. 어하튼 고정관념에 의한 진술 연구는 판사들이 심리학자들의 도움을 받아서 결정적인 논리와 자각 기술을 개발할 필요성이 있음을 시사해 주고 있다. 또한 의사결정에 있어서 치안판사의 편파는 명확하기 때문에 영향력 있는 법정 문화에 대한 연구가 확실히 필요하다는 것을 시사해 준다. 소집단 연구는 실생활 연구에 초점을 둔 집단에서 배심원의 의사결정 과정에 포함된 실제 과정에 대해 좀 더 배워야 할 필요성이 있음을 지적해 주고 있다.

마지막으로, 법적 맥락에서 증거를 듣고 정보를 처리하며 판단을 하는 전체 과정은 연구 중에 있지만 법적 의사결정이 어떤 환경에서는 편파될 수 있다는 점도 지적되고 있다. 이러한 주제에 대한 효과적인 연구는 정보력 있는 질문을 만들고 필요하면 엔지니어를 바꾸기 위해 치안판사와 판사들의 협조와 지원을 필요로 할 것이다(증인 친숙화 연구가 그러한 협조의 증거다).

요약

- 심리학자들은 재판(사법 판단) 과정에 관련된 중요한 요인을 많이 확인하였다. 많은 논제가 연구의 초기 단계에 있고 비현실적인 법적 가정에 근거하고 있기 때문에 결론적으로 연구 결과를 실제 법정에 적용하는 데에는 주의가 필요하다.
- 증언의 비일관성의 영향, 집단 토의의 질과 양, 정보 영향의 이론적 근거 및 판사와 배심원에 대한 편파 효과의 연구가 더 많이 보장되어야 한다. 배심원들이 정보와 지시를 보다 정확하게 적용하고 이해할 수 있도록 배심원 친화적인 법적 지향이 더 많이 요구된다.
- 고정관념에 의한 진술 이론은 판사들이 심리학자들의 도움을 받아서 중요한 논리와 자각 기술을 개발할 필요가 있음을 시사해 주고 있다.
- 치안판사의 의사결정은 부가적인 증거 요인에 영향을 받는 것으로 나타났다. 이는 법정 문화 연구에 대한 필요성을 제기하였다. 소집단 연구는 실생활 연구에 초점을 둔 집단에서 배심원의 집단 의사결정에 포함된 실제 과정에 대해 좀 더 학습할 것을 요구하였다.
- 법적 맥락에서 증거를 듣고, 정보를 처리하며, 판단을 하는 과정은 연구 중에 있다. 이 주제에 대한 효과적인 연구는 치안판사와 판사의 협조와 지원을 필요로 한다. 정보력 있는 질문을 만들고 필요한 경우 공평하고 보다 효과적인 과정을 개발하는 데 도움을 줄 수 있기 때문이다.

주관식 문제

1. 심리적 요인이 법정에서 주어진 증거에 어떻게 영향을 미치는지 논의하라.
2. 반대 심문이 증언의 정확성과 완전성을 검증하는 데 필요하다는 견해에 대해 비판적으로 논의하라.
3. 판사와 배심원의 의사결정의 효과성에 대해 비판적으로 평가하라.
4. 배심원 구성과 배심원의 법적 이해력이 그들이 내리는 평결에 어떻게 영향을 미치는지 평가하라.

참고문헌

Airs, J., & Shaw, A. (1999). *Jury excusal and deferral. Home Office Research Development and Statistics Directorate Report No. 102.* London: Home Office.

Alfini, J., Sales, B., & Elwork, A. (1982). *Making jury instructions understandable.* Charlottesville, VA: Michie.

Arce, R., Fariña, F., & Sobral, J. (1996). From jurors to jury decision-making: A non-model approach. In G. Davies, M. McMurran, C. Wilson & S. Lloyd-Bostock (Eds.), *Psychology, law and criminal justice. International developments in research and practice* (pp. 435-439). Berlin: Walter de Gruyter.

Aronson, E., Wilson, T. D., & Akert, R. M. (2005). *Social psychology.* Upper Saddle River, NJ: Prentice-Hall.

Ashworth, A. (1994). *The criminal process: An evaluative study.* Oxford: Clarendon Press.

Ashworth, A., Genders, E., Mansfield, G., Peay, J., & Player, E. (1984). *Sentencing in the Crown Court: Report of an exploratory study.* Oxford: Centre for Criminological Research.

Ashworth, A., & Hough, M. (1996). Sentencing and the climate of opinion. *Criminal Law Review, November,* 776-786.

BBC News (2010, 19 November). *Top judge says internet 'could kill jury system'.* Retrieved 23 August 2011 from www.bbc.co.uk/news/uk-11796648

Bar Council. (2005). *Guidance on witness preparation.* London: Bar Council.

Baudet, S., Jhean-Larose, S., & Legros, D. (1994). Coherence and truth: A cognitive model of propositional truth attribution. *International Journal of Psychology, 29,* 219-350.

Bennett, W. L., & Feldman, M. (1981). *Reconstructing reality in the courtroom.* London: Tavistock.

Berman, G. L., Narby, D. J., & Cutler, B. L. (1995). Effects of inconsistent statements on mock jurors' evaluations of the eyewitness, perceptions of defendant culpability and verdicts. *Law and Human Behavior, 19,* 79-88.

Boccaccini, M., Gordon, T., & Brodsky, S. (2005). Witness preparation training with real and simulated criminal defendants. *Behavioral Sciences and the Law, 23,* 659-687.

Bond, C., & Solon, M. (1999). *The expert witness in court: A practical guide.* London: Shaw & Sons.

Bornstein, B. H. (1999). The ecological validity of jury simulations: Is the jury still out? *Law and Human Behavior, 23,* 75-91.

Bornstein, B. H., Miller, M. K., Nemeth, R. J., Page, G. L., & Musil, S. (2005). Jurors' reactions to jury duty: Perceptions of the system and potential stressors. *Behavioral Sciences and the Law, 23,* 321-346.

Brennan, M. (1995). The discourse of denial: Cross-examining child victim witnesses. *Journal of Pragmatics, 23,* 71-91. Special issue: Laying down the law: Discourse analysis of legal institutions.

Brewer, N., Potter, R., Fisher, R. P., Bond, N., & Luszcz, M. A. (1999). Beliefs and data on the relationship between consistency and accuracy of eyewitness testimony. *Applied Cognitive Psychology, 13,* 297-313.

Canter, D. V., Grieve, N., Nicol, C., & Benneworth, K. (2003). Narrative plausibility: The impact of sequence and anchoring. *Behavioral Sciences and the Law, 21,* 251-267.

Carson, D. (1990). *Professionals and the courts: Handbook for expert witnesses.* Sussex: Venture Press.

Chenery, S., Henshaw, C., Parton, P., & Pease, K. (2001). Does CCTV Evidence Increase Sentence Severity?

Scottish Journal of Criminal Justice Studies, 7, 87-99.

Cialdini, R. B. (1993). *Influence: Science and practice* (3rd ed.). New York: Harper Collins.

Civil Procedure Rules (1998). Retrieved 5 October 2011 from www.justice.gov.uk/gui-dance/courts-and-tribunals/courts/procedure-rules/index.htm

Cooper, J., Bennett, E. A., & Sukel, H. L. (1996). Complex scientific testimony: How do jurors make decisions? *Law and Human Behavior, 20*, 379-394.

Cooper, P. (2005). Witness preparation. *New Law Journal, 1753*, 155.

Cooper, W. H. (1981). Ubiquitous halo. *Psychological Bulletin, 90*, 218-244.

Cox (1993) 14 Cr App (S) 470.

Cutler, B. L., Penrod, S. D., & Dexter, H. R. (1990). Juror sensitivity to eyewitness identification evidence. *Law and Human Behavior, 14*, 185-191.

Damaska, M. (1973). Evidentiary boundaries to conviction and two models of criminal procedure: A comparative study. *University of Pennsylvania Law Review, 121*, 506.

Danet, B. (1984). Legal discourse. In T. A. van Dijk (Ed.), *Handbook of discourse analysis. Vol. 1: The disciplines of discourse analysis* (pp. 273-291). London: Academic Press.

Darbyshire, P., Maughan, A., & Stewart, A. (2002). *What can the English legal system learn from jury research published up to 2001?* Occasional Paper Series 49. Kingston upon Thames, Surrey: Kingston Business School/Kingston Law School, Kingston University.

Davies, G. M. (2003). CCTV identification in court and in the laboratory. *Forensic Update, 72*, 7-10.

Dezwirek-Sas, L. (1992). Empowering child witnesses for sexual abuse prosecution. In H. Dent & R. Flin (Eds.), *Children as witnesses* (pp. 181-200). Chichester: John Wiley & Sons, Inc.

Dhami, M. K. (2004). Conditional bail decision making in the magistrates court. *Howard Journal of Criminal Justice, 43*, 27-46.

Diamond, S. S. (1997). Illuminations and shadows from jury simulations. *Law and Human Behavior, 21*, 561-571.

Dick, T. (2006, August 3). Court out: How slip of tongue meant justice wasn't done. *Sydney Morning Herald*.

Doherty, M. J., & East, R. (1985). Bail decisions in magistrates' courts. *British Journal of Criminology, 25*, 251-266.

Drew, P. (1992). Contested evidence in courtroom cross-examination: The case of a trial for rape. In P. Drew & J. Heritage (Eds.), *Talk at work: Social interaction in institutional settings* (pp. 470-520). Cambridge: Cambridge University Press.

DuCann, R. (1964). *The art of the advocate*. Harmondsworth: Penguin.

Dumas, B. K. (2000). Jury trials: Lay jurors, pattern jury instructions and comprehension issues. *Tennessee Law Review, 3*, 701-742.

Eggleston, R. (1978). *Evidence, proof and probability (Law in context)* (2nd ed.). London: Butterworths Law.

Ellison, L. (2001). The mosaic art? Cross-examination and the vulnerable witnesses. *Legal Studies, 21*, 353-375.

Ellison, L. (2007). Witness preparation and the prosecution of rape. *Legal Studies, 27*, 171-187.

Ellison, L. E., & Wheatcroft, J. M. (2010). 'Could you ask me that in a different way please?' Exploring the impact of courtroom questioning and witness familiarisation on adult witness accuracy. *Criminal Law Review, 11*, 823-839.

Ellsworth, P. C. (1993). Some steps between attitudes and verdicts. In R. Hastie (Ed.), *Inside the juror: The psychology of juror decision making* (pp. 42-64). Cambridge: Cambridge University Press.

Evans, K. (1995). *Advocacy in court: A beginner's guide* (2nd ed.). London: Blackstone.

Fariña, F., Novo, M., & Arce, R. (2002). Heuristics of anchorage in judicial decisions. *Psicothema, 14*, 39-46.

Feild, H. S. (1979). Rape trials and jurors' decisions: A psycholegal analysis of the effects of victim, defendant case characteristics. *Law and Human Behavior, 3*, 261-284.

Fein, S., McCloskey, A. L., & Tomlinson, T. M. (1997). Can the jury disregard that information? The use of suspicion to reduce the prejudicial effects of pre-trial publicity and inadmissible testimony. *Personality and Social Psychology Bulletin, 23*, 1215-1226.

Flood-Page, C., & Mackie, A. (1998). *Sentencing practice: An examination of decisions in magistrates' courts and the Crown Court in the mid-1990s. Home Office Research Study No. 180.* London: HMSO.

Gastil, J., Burkhalter, S., & Black, L. W. (2007). Do juries deliberate? A study of deliberation, individual difference, and group member satisfaction at a municipal courthouse. *Small Group Research, 38*, 337-359.

Gilovich, T., Griffin, D. W., & Kahneman, D. (Eds.) (2001). *The psychology of judgement: Heuristics and biases.* New York: Cambridge University Press.

Hale-Starr, V., & McCormick, M. (2001). *Jury selection.* New York: Aspenlaw.

Hans, V. P., & Vidmar, N. (1986). *Judging the jury.* New York: Plenum Press.

Harris, S. (1984). Questions as a mode of control in magistrates' courts. *International Journal of Society and Language, 49*, 5-27.

Hastie, R., Penrod, S., & Pennington, N. (1983). *Inside the jury.* Cambridge, MA: Harvard University Press.

Heuer, L., & Penrod, S. D. (1995). Jury decision-making in complex trials. In R. Bull & D. Carson (Eds.), *Handbook of psychology in legal contexts* (pp. 527-541). Chichester: John Wiley & Sons, Inc.

Hickey, L. (1993). Presupposition under cross-examination. *International Journal for the Semiotics of Law, 1*, 89-109.

Hobbs, P. (2003). 'You must say it for him': Reformulating a witness testimony on cross-examination at trial. *Text, 23*, 477-511.

Honess, T. M., Levi, M., & Charman, E. A. (1998). Juror competence in processing complex information: Implications from a simulation of the Maxwell trial. *Criminal Law Review, November*, 763-773.

Hope, L., Memon, A., & McGeorge, P. (2004). Understanding pre-trial publicity: Predicisional distortion of evidence by mock jurors. *Journal of Experimental Psychology: Applied, 10*, 111-119.

Horowitz, I. A., ForsterLee, L., & Brolly, I. (1996). Effects of trial complexity on decision-making. *Journal of Applied Psychology, 81*, 757-768.

Isenberg, D. J. (1986). Group polarization: A critical review and meta-analysis. *Journal of Personality and Social Psychology, 50*, 1141-1151.

Jackson, B. (1988). *Law, fact, and narrative coherence.* Merseyside, UK: Deborah Charles Publications.

Jackson, J. (1996). Juror decision-making in the trial process. In G. Davies, M. McMurran, C. Wilson & S. Lloyd-Bostock (Eds.), *Psychology, law and criminal justice. International developments in research and practice* (pp. 327-336). Berlin: Walter de Gruyter.

Janis, I. (1982). *Groupthink: Psychological studies of policy decisions and fiascos* (2nd ed.). Boston: Houghlin Mifflin.

Kagehiro, D. K. (1990). Defining the standard to proof in jury instructions. *Psychological Science, 1*, 187-193.

Kalven, H., & Zeisel, H. (1966). *The American jury.* Boston: Little Brown and Co.

Kassin, S. M., Rigby, S., & Castillo, S. R. (1991). The accuracy-confidence correlation in eyewitness testimony: limits and extension of the retrospective self-awareness effect. *Journal of Personality and Social Psychology, 61,* 698-707.

Kebbell, M., Deprez, S., & Wagstaff, G. (2003). The direct and cross-examination of complainants and defendants in rape trials: A quantitative analysis of question type. *Psychology, Crime and Law, 9,* 49-59.

Kebbell, M. R., Evans, L., & Johnson, S. D. (2010). The influence of lawyers' questions on witness accuracy, confidence and reaction times and on mock jurors' interpretation of witness accuracy. *Journal of Investigative Psychology and Offender Profiling, 7,* 262-272.

Kebbell, M. R., & Giles, D. C. (2000). Lawyers' questions and witness confidence: Some experimental influences of complicated lawyers' questions on witness confidence and accuracy. *The Journal of Psychology, 134,* 129-13.

Kebbell, M. R., Hatton, C., Johnson, S. D., & O'Kelly, C. M. E. (2001). People with learning disabilities as witnesses in court: How questions influence answers. *British Journal of Learning Disabilities, 29,* 1-5.

Kebbell, M. R., Wagstaff, G. F., & Covey, A. C. (1996). The influence of item difficulty on the relationship between eyewitness confidence and accuracy. *British Journal of Psychology, 87,* 653-662.

Kemmelmeier, M. (2005). The effects of race and social dominance orientation in simulated juror decision-making. *Journal of Applied Social Psychology, 35,* 1030-1045.

Kerr, N. L. (1995). Social psychology in court: The case of prejudicial pre-trial publicity. In G. G. Brannigan & M. R. Merrens (Eds.), *The social psychologists: Research adventures* (pp. 247-262). New York: McGraw-Hill.

Kintsch, W. (1988). The role of knowledge in discourse comprehension: A construction-integration model.

Psychological Review, 95, 163-182.

Konecni, V. J., & Ebbesen, E. B. (1979). External validity of research in legal psychology. *Law and Human Behavior, 3,* 39-70.

Kramer, G. P., Kerr, N. L., & Carroll, J. S. (1990). Pre-trial publicity, judicial remedies, and jury bias. *Law and Human Behavior, 14,* 409-438.

Krupnick, M. (2006, 18 July). Dyleski trial highlights jury selection difficulties. *Contra Costa Times.*

Latané, B. (1981). The psychology of social impact. *American Psychologist, 36,* 343-356.

Latané, B., Williams, K., & Harkins, S. (1979). Social loafing. *Psychology Today, 110,* 104-106.

Leippe, M. R., Manion, A. P., & Romanczyk, A. (1992). Eyewitness persuasion: How and how well do fact finders judge the accuracy of adults' and children's memory reports? *Journal of Personality and Social Psychology, 63,* 181-197.

Levenson, L. L. (2008). Courtroom demeanour: The theater of the courtroom. *Minnesota Law Review, 573,* 92.

Lindsay, R. C. L. (1994). Expectations of eyewitness performance: Jurors verdicts do not follow from their beliefs. In D. F. Ross, J. D. Read & M. P. Toglia (Eds.), *Adult eyewitness testimony: Current trends and developments* (pp. 362-382). New York: Cambridge University Press.

Lipovsky, J., & Stern, P. (1997). Preparing children for court: An interdisciplinary view. *Child Maltreatment, 2,* 150-163.

Lloyd-Bostock, S. (2006). The effects on lay magistrates of hearing that the defendant is of 'good character', being left to speculate, or hearing that he has a previous conviction. *Criminal Law Review,* 189-212.

Lloyd-Bostock, S., & Thomas, C. (1999). Decline of the Little Parliament: Juries and jury reform in England and Wales. *Law and Contemporary Problems, 7,* 21.

Loftus, E. (1975). Leading questions and the eyewitness

report. *Cognitive Psychology, 7*, 560–572.

Matoesian, G. (1993). *Reproducing rape.* Cambridge: Polity Press.

Memon, A., Vrij, A., & Bull, R. (2003). *Psychology and law: Truthfulness, accuracy and credibility.* Chichester: John Wiley & Sons, Inc.

Meyers, R. A., Brashers, D. E., & Hanner, J. (2001). Majority/minority influence: Identifying argumentative patterns and predicting argument-outcome links. *Journal of Communication, 50*, 3–30.

Mills, C. J., & Bohannon, W. E. (1980). Juror characteristics: To what extent are they related to jury verdicts? *Judicature, 1*, 64.

Montgomery, J. W. (1998). The criminal standard of proof. *National Law Journal, 148*, 582.

Murphy, P. (1994). *Evidence & advocacy* (4th ed.). London: Blackstone.

Murray, K. (1997). *Preparing child witnesses for court: A review of literature and research.* Edinburgh: Scottish Office.

Ogloff, J. R. P., & Vidmar, N. (1994). The impact of pre-trial publicity on jurors: A study to compare the relative effects of television and print media in a child sex abuse case. *Law and Human Behavior, 18*, 507–525.

Parker, H., Casburn, M., & Turnbull, D. (1981). *Receiving juvenile justice: Adolescents and state care and control.* Oxford: Blackwell.

Parker, H., Sumner, M., & Jarvis, G. (1989). *Unmasking the magistrates: The 'Custody or not' decision in sentencing young offenders.* Milton Keynes: Open University Press.

Pennington, N., & Hastie, R. (1991). A cognitive theory of juror decision-making: The story model. *Cardoza Law Review, 13*, 497.

Pennington, N., & Hastie, R. (1992). Explaining the evidence: Tests of the story model for juror decision making. *Journal of Personality and Social Psychology, 62*, 189–206.

Perkins, D. N. (1989). Reasoning as it and would be: An empirical perspective. In D. M. Topping, D. C. Crowell & V. N. Kobayaski (Eds.), *Thinking across cultures: The third international conference on thinking* (pp. 175-194). Hillsdale, NJ: Erlbaum.

Perry, N., McAuliff, B., Tam, P., Claycomb, L., Dostal, C., & Flanagan, C. (1995). When lawyers question children: Is justice served? *Law and Human Behavior, 19*, 609–629.

Plous, S. (1993). *The psychology of judgment and decision-making.* New York: McGraw-Hill.

Rumgay, J. (1995). Custodial decision making in a magistrates' court. *British Journal of Criminology, 35*, 201–217.

Sealy, A. P., & Cornish, W. R. (1973). Jurors and their verdicts. *Modern Law Review, 36*, 496.

Severance, L. J., & Loftus, E. F. (1982). Improving the ability of jurors to comprehend and apply criminal jury instructions. *Law and Society Review, 17*, 153-198.

Shaffer, D., & Wheatman, S. (2000). Does personality influence reactions to judicial instructions? *Psychology, Public Policy and Law, 6*, 655–676.

Sporer, S. L. (1993). Eyewitness identification accuracy, confidence, and decision times in simultaneous and sequential lineups. *Journal of Applied Psychology, 78*, 22–33.

Stang, D. J. (1976). Group size effects on conformity. *Journal of Social Psychology, 98*, 175-181.

Steblay, N. M., Besirevic, J., Fulero, S. M., & Jimenez-Lorente, B. (1999). The effects of pre-trial publicity on juror verdicts: A meta-analytic review. *Law and Human Behavior, 21*, 283-297.

Steele, W. W., & Thornburg, E. G. (1988). Jury instructions: a persistent failure to communicate.

North Carolina Law Review, 67, 77.

Stephan, C., & Corder-Tully, J. (1977). The influence of physical attractiveness of a plaintiff on the decisions of simulated jurors. *Journal of Social Psychology, 101,* 149–150.

Stone, M. (1988). *Cross-examination in criminal trials.* London: Butterworths.

Studebaker, C. A., & Penrod, S. D. (1997). Pretrial publicity: The media, the law, and common sense. *Psychology, Public Policy, and Law, 3,* 428–460.

Taylor, S. C. (2004). *Court licensed abuse: Patriarchal lore and the legal response to intra-familial sexual abuse of children.* New York: Peter Lang Publishing.

Terral, F. (2004). Cultural imprint of legal terms. *Meta, 49,* 876–890.

Thomas, C. (2010). *Are juries fair? Ministry of Justice Research Series 1/10.* London: Crown.

Trabasso, T., & van den Broek, P. (1985). Causal thinking and the representation of narrative events. *Journal of Memory and Language, 24,* 612–630.

Tversky, A., & Kahneman, D. (1974). Judgment under uncertainty: Heuristics and biases. *Science, 185,* 1124–1131.

Vidmar, N. (2005). Expert evidence, the adversary system, and the jury. *American Journal of Public Health, 95,* 137–143.

Villemar, N., & Hyde, J. (1983). Effects of sex of defence attorney, sex of juror and attractiveness of the victim on mock juror decision-making in a rape case. *Sex Roles, 9,* 879–889.

Visher, C. A. (1987). Juror decision making: The importance of evidence. *Law and Human Behavior, 11,* 1–17.

Wagenaar, W. A. (1995). Anchored narratives: A theory of judicial reasoning and its consequences. In G. Davies, M. McMurran, C. Wilson & S. Lloyd-Bostock (Eds.), *Psychology, law and criminal justice. International*

developments in research and practice (pp. 267–285). Berlin: Walter de Gruyter.

Wagenaar, W. A., van Koppen, P. J., & Crombag, H. F. M. (1993). *Anchored narratives: The psychology of criminal evidence.* Hemel Hempstead: Harvester Wheatsheaf.

Wiener, R. L., Richmond, T. L., Seib, H. M., Rauch, S. M., & Hackney, A. A. (2002). The psychology of telling murder stories: Do we think in scripts, exemplars, or prototypes? *Behavioral Sciences and the Law, 20,* 119–139.

Wheatcroft, J. M. (2008). The trial process: Judicial processes. In G. Davies, C. Hollin & R. Bull (Eds.), *Forensic psychology* (pp. 161–184). Chichester: John Wiley & Sons, Inc.

Wheatcroft, J. M., & Ellison, L. E. (2010). Courtroom questioning, pre-trial preparation and witness accuracy. *Forensic Update, 101,* 41–44.

Wheatcroft, J., Kebbell, M., & Wagstaff, G. (2001). The influence of courtroom questioning style on eyewitness accuracy and confidence. *Forensic Update, 65,* 20–25.

Wheatcroft, J. M., & Wagstaff, G. F. (2003). The interface between psychology and law in the courtroom: Cross-examination. *Forensic Update, 75,* 8–18.

Wheatcroft, J. M., Wagstaff, G. F., & Kebbell, M. R. (2004). The influence of courtroom questioning style on actual and perceived eyewitness confidence and accuracy. *Legal & Criminological Psychology, 9,* 83–101.

Wheatcroft, J. M., Wagstaff, G. F., & Moran, A. (2009). Re-victimising the victim? How rape victims experience the UK legal system. *Victims and Offenders, 4,* 265–284.

Wheatcroft, J. M., & Woods, S. (2010). Effectiveness of witness preparation and cross-examination non-directive and directive question styles on witness accuracy and confidence. *International Journal of*

Evidence & Proof, 14, 189-209.

Zander, M. (2000). The criminal standard of proof-how sure is sure? *National Law Journal, 150,* 1517.

Zander, M. (2005). *Jury research and impropriety: A response to the Department of Constitutional Affairs' consultation paper (CP 04/05).* Retrieved 23 August 2011 from www.lse.ac.uk/collections/law/staff%20publications%20full%20text/zander/jury%20Research%20and%20Impropriety.pdf

Zander, M., & Henderson, P. (1993). *Crown Court study. Royal Commission on Criminal Justice, Research Study No 19* (pp. 131-136). London: HMSO.

Zebrowitz, L. A., & McDonald, S. (1991). The impact of litigants' babyfacedness and attractiveness on adjudications in small claims courts. *Law and Human Behavior, 15,* 603-623.

주석이 달린 읽을거리 목록

Ashworth, A. (1992). *Sentencing and criminal justice.* London: Weidenfeld and Nicholson. 이 책의 목적은 법률과 법정의 결정은 물론 처벌에 대한 연구 결과와 이론적 정당화를 포함하여 영국 선고법을 조사하는 것이다.

Ellison, L. E., & Wheatcroft, J. M. (2010). 'Could you ask me that in a different way please?' Exploring the impact of courtroom questioning and witness familiarisation on adult witness accuracy. *Criminal Law Review, 11,* 823-839. 이 논문은 성인 증인을 준비시키는 것의 효과를 보고하였다.

Fariña, F., Novo, M., & Arce, R. (2002). Heuristics of anchorage in judicial decisions. *Psicothema, 14,* 39-46. 이 연구는 편향의 영향을 평가하는 사법적 판단을 고찰하였다. 결과들은 편향을 완화시킬 수 있는 방법들의 입장에서 논의되었다.

Hannibal, M., & Mountford, L. (2002). *The law of criminal and civil evidence: Principles and practice.* Harlow: Pearson. 이 책은 형사와 민사 증거법에 대해 주로 개관하면서 실무적이고 학문적인 입장에서 현 법률에 대한 이해를 돕는다.

Hastie, R. (Ed.) (1993). *Inside the juror: The psychology of juror decision making.* Cambridge: Cambridge University Press. 이 책은 사회적, 인지적 그리고 행동적 심리학의 측면을 포함하고 있고, 기존 연구의 타당도를 제고하면서 배심원 의사 결정의 흥미로운 측면들을 제시하고 있다.

Kaplan, M. F., & Martin, A. M. (2006). *Understanding world jury systems through psychological research.* New York: Psychology Press. 이 책은 여러 나라의 다양한 배심원 제도를 조사하였다. 그리고 배심원 선발, 구성, 기능, 절차 그리고 선고 결과에 영향을 미치는 특징을 제고하였다.

Wrightsman, L. S. (1999). *Judicial decision-making. Is psychology relevant?* New York: Kluwer Academic/Plenum Publishers. 이 책은 심리학적인 관점에서 유래된 현대적 개념을 사용하여 판사들의 의사결정을 조사하였다.

제13장 증인 보호활동

HELEN L. WESTCOTT & GRAHAM DAVIES

주요 용어

| 난해한 법률 용어 | 보호활동 | 비디오 녹화된 주요 용어 | 생중계 | 우수한 실무 면담 지침 | 준비시키기 활동 |
| 중재인 | 차단막 | 최선의 증거 얻어 내기 | 취약한 증인 | 특별 조치 |

이 장의 개요

---

* 첫 번째 저자인 Helen L. Westcott은 이전에는 영국 오픈 대학교(Open University)의 비교 범죄 연구를 위한 국제센터(International centre for Comparative Criminological Research)에 근무했음.

당신이 6세인데 집에서 낯선 사람에게 납치를 당했다고 상상해 보라. 그다음에 그 사람은 당신이 살던 도시 주변을 20분간 차로 태우고 돌아다니더니, 두 번이나 세게 구타를 한 후 당신을 도로 위에 버리고 떠나 버렸다. 때는 1월인데 당신은 발가벗었고 몹시 춥다.

이것은 당신이 편안하게 상상하고 싶은 시나리오가 아닐 것이며, 당신이 그런 상황에 처하게 된 데에 대해서 불행하거나 심지어는 분노하게 될 것이다. 그러나 유사한 경험이나 그 밖의 어려운 개인적 상황을 겪어 냈고 나중에 그 일을 법정에서 말하게 된 아동 및 취약한(vulnerable) 성인의 심리적 욕구가 이 장의 주제다. 이들의 정서, 욕구 및 행복은 어떻게 충족시켜 줄 수 있을까? 구체적으로, 이 장에서 우리는 피고의 권리를 침해하지도 않고도 증인의 복지를 보장해 주기 위해서 어떤 조치를 취할 수 있는지를 살펴볼 것이다.

보호활동(safeguarding)의 뜻은 무엇인가? 이 용어는 적어도 영국에서는 아동 보호 영역에서 점차 그 중요성이 높아지게 되었다. 공식적 지침에 따르면 '아동의 복지 보호 및 증진(safeguarding and promoting the welfare of children)'이란 '아동이 학대받거나 방임되지 않도록 해서 아동의 건강 및 발달에 지장이 초래되는 것을 방지하며, 아동이 인생에서의 적정 수준의 기회를 제공받고 성공적으로 성인기에 들어갈 수 있도록 하는 데 필요한 안전과 효과적인 돌봄을 제공받으면서 성장할 수 있도록 확실히 조치해 주는 과정'을 지칭한다(Department of Education, 2011).

증인은 '아직 어리고, 능력이 없거나 주변 환경' 때문에 취약할 수 있다[Youth Justice and Criminal Evidence(YJCE) Act 1999; 5장 참조]. 따라서 아동, 노인

> **보호활동**
> **(safeguarding)**
>
> 아동이 학대받거나 방임되지 않도록 해서 아동의 건강 및 발달에 지장이 초래되는 것을 방지하며, 아동의 복지를 증진하고 삶을 제대로 누릴 기회를 높여 주는 과정을 말한다.

([그림 13-1]), 성폭력 피해자, 겁이 많은 증인, 그리고 정신건강상의 문제가 있는 사람들과 같은 집단의 모든 사람은 취약성이 있다고 간주될 수 있다. Burton 등(2006)은 「청소년 사법 및 범죄 증거법 1999(Youth Justice and Criminal Evidence Act 1999)」에 명시된, 증인에 적격인(eligible) 사람들의 일부 또는 모든 이에게 그들을 존중하기 위하여 적용할 수 있는 특별 조치 지침에 따라서 **특별 조치(special measures;** Home Office, 2002, p. 134, 부록 A에 정의됨)를 적용해 보고 나서 증인 중 24%가 취약하거나 겁을 먹은 것으로 나타났다고 '보수적으로' 추정했는데, 이는 공식 추정치보다 2~3배 높은 것이다.

그렇다면 보호활동이 법정에서 **취약한 증인(vulnerable witnesses)**에 대해서 어떤 의미를 갖고 있는가? 첫째, 증인 보호를 위해서는 증언 스트레스(stress of testifying)가 가능한 한 극소화될 필요가 있다. 둘째, 법정에서 증언을 하는 상황(또는 과정)이 가능한 한 취약한 증인에게 효율적이 되도록

> **특별 조치**
> **(special measures)**
>
> 청소년 사법 및 범죄 증거법 1999(Youth Justice and Criminal Evidence Act 1999)에 명시된 조치로서, 특별 조치 지침에 따라서 증인에 적격인(eligible) 사람들에게 적용할 수 있다. 여기에는 차단막(screens), 생중계(live link), 비디오 녹화된 주요 증거(video-recorded evidence-in-chief), 중재인(intermediaries) 그리고 의사소통 보조기구(aids to communication)가 포함된다.

> **취약한 증인**
> **(vulnerable witnesses)**
>
> 증인은 '아직 어리고, 능력이 없거나 주변 환경' 때문에 취약할 수 있다(예: 아동, 노인, 학습장애인, 신체장애인, 성폭력 피해자, 정신건강상의 문제가 있는 사람).

록 조성할 필요가 있다. 끝으로, 증인이 법정에서 증언하는 경험(implications of the court experience)이 이후의 인생에 끼칠 영향에 대해서도 살펴볼 필요가 있다. 이 장에서 우리는 다음 사항들을 철저히 살펴봄으로써 이 문제를 다루려고 한다.

● 법정에 나서는 것에 대한 증인의 두려움 및 인식

[그림 13-1] 노인과 아동은 취약성이 있다고 여겨지는 주요 두 집단이다.

출처: 왼쪽 사진: ⓒ Dean Mitchell; 오른쪽 사진: ⓒ Gladskikh Tatiana. 이 두 사진은 Shutterstock사의 허락하에 게재함.

- 증인이 법정에 서는 것을 준비시키기
- 증인을 법정에서 보호하기
- 증인에게 도전적인 법정 분위기

앞서 제시한 6세 아이의 예를 다시 고려해 볼 때, 우리는 가장 스트레스가 적고 가장 도움이 되는 방식으로 법정에서 자신이 유괴당한 것을 자세히 증언하도록 도와주려면 무엇을 해야 할까?

법정에 나서는 것에 대한 증인의 두려움 및 증인이 인식한 내용

증인이 법정에 나서는 것을 두려워하고 인식하고 있는 바를 그대로 인정해 주는 것이 중요하다. 왜냐하면 이는 기소의 성공 여부와 직간접적으로 연결될 수 있기 때문이다. 어떤 증인이 극도의 두려움을 느낀다면, 예를 들어 자신의 말을 안 믿어 주거나 정당하게 다루어

지지 않을 것이라는 두려움을 갖고 있다면, 이 증인은 자신의 겪은 일을 진술하는 것을 철회할 마음을 먹을 수 있다. Kelly 등(2005)은 강간 고소자의 14%가 첫 진술을 끝까지 마무리 짓는 것을 그만두었으며, 또 다른 14%는 수사 단계에서 포기하였고, 또 다른 2%는 기소 및 재판 단계에서 그만두었음을 발견했다. 취약성이 있는 증인 관련 사례에서의 중도 포기율은 다소 씁쓸한 양상을 보여 준다(개관은 Davies & Westcott, 2006 참조). 대부분의 사례(약 70%)에서는 수사 및 기소의 초기 단계에서 중도 포기하였다. 따라서 그런 증인들은 자신의 증언을 법정에서 제시하지도 못하게 된 셈이다. 어떤 사람이 범죄 사법 체계에 즐겁지 못한 연루 경험을 한 적이 있다면, 장차 또다시 연루되었을 때 얼마나 깊숙이 관여할 것인지에 대해서 물어보는 것이 합당하다(예: Esam, 2002; Hamlyn et al., 2004; Plotnikoff & Woolfson, 2004).

피해자와 증인에 대한 연구 결과는 수사 및 기소 과정에 관여하게 되는 것과 재판까지 가는 것에 대해서

기소 및/또는 재판에 관여하게 되는 것에 대한 피해자와 증인의 두려움

• 학대자로부터 해를 받을까 하는 두려움

• 가족으로부터 배척당할까 하는 두려움

• 믿어 주지 않을까 하는 두려움

• 다른 사람의 반응에 대한 두려움(예: 보호자들이 충격을 받는 것, 전문가들이 무신경한 것)

• 가족 해체의 두려움. 여기에는 자신이 가족들로부터 떨어져 나가는 것도 포함됨.

• 남들 앞에서 당황하게 되지 않을까 하는 두려움

그들이 다양한 수준의 두려움을 겪는다는 것을 보여 주었다(〈글상자 13-1〉에 요약되어 있음; 예: Harris & Grace, 1999; Kelly et al., 2005; Sas et al., 1991, 1995 참조).

그 밖에도, 피해자나 증인은 죄책감을 느끼거나, 책임감을 느끼거나, 창피함을 느끼거나 또는 겁을 먹게 될 수도 있다(〈사례연구 13-1〉 참조). 가족들은 피해자나 증인의 진술을 철회하게 하기 위해 알게 모르게 압력을 행사할 수도 있으며(Sas et al., 1991), 피고의 친지들은 증인으로 하여금 증언을 철회하도록 겁을 주려고 적극 노력할 수도 있다. 겁먹는 것은 취약성이 있는 증인들이 직면하는 특별한 문제가 되는 것으로 보인다. Hamlyn 등(2004)은 53%의 증인이 재판으로 가는 단계에서 주로 피고로부터(36%) 또는 피고의 가족으로부터(21%) 무언가 겁먹는 경험을 했다고 보고했다.

Mary

나는 12세다. 이웃집 Bob 아저씨와 그의 부인은 우리 가족과 사이좋게 지내 왔는데, 이 아저씨는 약 3년간 나에게 성적 행위를 저질렀다. 우리 가족은 모두 그를 좋아했고 나도 마찬가지였다. 그는 항상 나에게 아주 친절하게 대해 주었고 우리가 어렸을 적에는 아동 돌봄이를 자처하기도 할 정도로 잘 했다. 그 일이 시작된 것이 언제인지는 기억이 나지 않지만, 그는 내가 좋아하지 않았던 짓을 나에게 저지르기 시작했다. 처음에는 나는 무슨 일이 일어나고 있는지를 이해하지 못했고 내가 상상하고 있는 것이 틀림없다고만 계속 생각했다. 나는 그에게 그만하라고 요구했지만 그가 하는 짓을 멈추게 할 수가 없었다. 그는 그 짓이 내 잘못인 양 생각하게 만들었고 내가 말을 한다고 하더라도 누구도 내 말을 믿지 않을 것이라고 말하기까지 했다. …… 어느 날 학교에서 선생님이 나에게 무슨 일이 있냐고 물었을 때, 모든 것이 다 터져나오게 되었다. 선생님은 우리 엄마에게 알려 줄 것이며 그러면 모든 것이 괜찮아질 것이라고 말했다. 우리 엄마는 대단히 화가 났지만, 엄마는 내 말을 믿어 주었다. …… 나는 재판까지 가는 것은 생각하지 못했는데 어느 날 우리 엄마는 그 일이 다음 주에 진행될 것이라고 내게 알려 주었다.

우리는 기다리고 있었는데 어떤 분이 와서는 이미 다른 분이 사용하고 있기 때문에 내가 TV 중계실(link room)로 들어갈 수 없다고 말해 주었다. 담당자들은 내가 차단막 뒤에서 증언을 하게 될 것이라고 말했는데, 이 말은 내가 법정으로 들어가야 한다는 것을 의미한 것이었다. 그들은 내가 기다렸다가 TV 중계실에서 증언하기를 원한다면, 우리는 다른 날에 다시 와야만 할 것이라고 했다. …… 나는 그날 증언을 마무리 지어야만 하겠다는 생각이 들었다. 나는 그때 증언을 안 해 버리면 나중에 다시 해낼 수 있을 것 같은 생각이 들지 않았다.

첫 변호사는 괜찮은 편이었지만, 그는 내게 많이 물어보지 않았으며 나는 그가 말하는 것을 잘 이해하지도 못했다. …… 자세히 털어놓는 것은 진짜 당황스러운 일이었다. 나는 그들에게 모든 일을 말하지 못했다. 그렇게 할 수가 없었다. 두 번째 변호사가 나에게 질문을 던졌을 때, 그녀는 미소를 지었고 내게 농담도 던졌다. 나는 '일이 그렇게 나쁘게 돌아가지 않겠구나'라는 생각이 들기 시작했다. 그런데 그다음에 그녀는 바뀌기 시작했다. 그녀는 날짜와 시간에 대해 계속 나에게 물어보았지만, 나는 제대로 기억해 낼 수가 없었다. 나는 그녀에게 무슨 일이 나에게 일어났는지는 기억나지만 언제였는지는 기억이 안 난다고 말했다. 나는 그녀가 말한 긴 단어 중 몇 개는 아직도 이해가 안 간다. …… 그녀는 나를 거짓말쟁이라고 불렀다. 나는 그때 그녀와의 사이에 진행된 일의 절반은 아직도 이해하지 못한다. 나는 기분이 더러웠다. 그들은 내가 존재하지 않는 사람처럼 느껴지게 했다. 내가 법정에 가는 것이 어떤 것인지를 미리 알았더라면, 나는 그 짓을 결코 하지 않았을 것이다.

(Le Roy, 날짜 미상: Esam, 2002, pp. 309–10에서 인용).

증인이 법정에 서는 경험

많은 피해자 및 증인이 이러한 두려움과 공포를 보고하는데, 현실에서는 그것을 꼭 극복해 내지 못하는 것이 아니다(예: Gallagher & Pease, 2000; Kelly et al., 2005; Sanders et al., 1997; Westcott & Davies, 1996). 그러나 취약한 증인의 상당수는 법정에 서는 경험을 아주 힘들어 하였다, 이는 특히 아동을 대상으로 한 연구결과에서 잘 드러났다(예: Plotnikoff & Woolfson, 2004; Wade, 2002; Wade & Westcott, 1997). 〈사례연구 13-1〉에서 Mary의 경험담을 발췌한 내용을 살펴보라.

Mary의 경험담은 범죄 재판에서 취약성이 있는 증인을 어떻게 다룰 것이냐에 대한 많은 논란거리를 부각시켜 주고 있는데, 이에 대해서는 이 장 전반에 걸쳐서 다룰 것이다. 앞에서 지적했듯이, 이와 같은 관심사에는 증인의 복지와 안전, 이들이 증언하는 내용이 효과 있느냐 여부, 이상의 모든 절차에 엮이는 경험에 따른 영향 등이 포함된다. 특히 이런 증인을 면접할 때 앞에서 살펴보았던 인지적·발달적 및 사회정서적 요인에 비추어 보면 취약한 증인들은 논란을 일으키기 쉽다(5장 참조). 이런 요인들이 취약한 증인들에게서 나타나는 것을 보여 주는 예가 〈글상자 13-2〉에 요약되어 있지만, 그것이 특정한 증인(예: 노년기 여성, 학습장애가 있는 젊은이, 외상적 경험을 겪은 강간 피해자)에게 영향을 미치는 정도는 개인마다 다를 수 있을 것이다. 이런 요인들을 보다 자세히 살펴보기 위한 그 이상의 읽을거리, 이 요인을 감안해서 취약성이 있는 증인들을 보호할 때 어떻게 해야 할지, 그리고 사례 예시는 이 장의 말미에 제시되어 있다.

글상자 13-2 · 취약한 증인과 관련된 인지적 · 발달적 · 사회정서적 요인

• **기억 요인**: 지연(delay)이 기억에 현저하게, 부정적으로 미치는 영향. 기억의 출처를 회상하는 데 관련된 문제를 일으킴. 그릇된 정보로 인해 기억이 영향을 받기 쉽게 됨(예: 질문식 취조를 통해 영향을 받기 쉬움), 자유회상이 제한

되어 나타나기 쉬움, 절차 기억(script memory)과 관련된 문제를 일으킴(예: Baker-Ward & Ornstein, 2002; Powell & Thomson, 2002; Saywitz, 2002; 6장 참조).

• **언어 요인**: 어휘가 부족하고 문법 구조가 복잡한 문장을 잘 이해하지 못함. 성폭행과 관련된 어휘 습득이 제한적임. 비언어적 의사소통 체계를 사용함. **난해한 법률 용어(legalese)**에 익숙하지 못하고 그것에 대해 혼란을 느낌(예: Brennan & Brennan, 1988; Kennedy, 1992; Walker, 1993, 1994 참조).

> **난해한 법률 용어 (legalese)**
> 법조계에 종사하는 전문가의 요구에 맞도록 개발된 어휘적으로 그리고 문법적으로 복잡한 언어를 말한다.

• **권위 요인**: 사회적으로 바람직하다고 여겨지는 반응을 보여야 한다는 것에 특히 민감함. 묵종(acquiescence)과 거부의 표현만 함. 말하고 싶어하지 않음. 두려움과 불안을 보임 (예: Ceci et al., 1987; Meyer & Jesilow, 1993; Moston, 1992; Moston & Engelberg, 1992; Sanders et al., 1997; 6장 참조).

스트레스 요인과 취약한 증인을 위한 특별 조치

Spencer와 Flin(1993)은 아동기 증인에게 영향을 미칠 수 있는 특정 스트레스 자극과 매개 요인(mediating factors) 및 일어날 수 있는 효과를 모두 감안한 모형을 제시하였다. 이 모형은 취약한 증인에 대한 포괄적인 개념보다 시기적으로 앞서서 제시된 것이지만, 이 장에서 지금까지 살펴본 여러 논제를 잘 요약해서 보여 주고 있다. 따라서 [그림 13-2]에 다시 제시하였다.

이 모형에서 부각된 논제를 해결하려면 어떻게 해야 하는가? 사실상, 아주 많은 개입방법이 가능하기 때문에 이 모형이 정립된 이래 실제로 적용되어 왔다. 영국과 웨일즈에서는 「청소년 사법 및 범죄 증거법 1999」에 취약한 증인들의 증언을 촉진시키기 위한 다양한 특별 조치가 소개되어 있다. 이들은 『법의 정의를 위해 당당하게 말하기(Speaking Up For Justice)』(Home Office, 1998)라는 출판된 정부 보고서에서 유래하는데, 이 보고서에서는 피해자와 증인의 권리가 현행 범죄 사법 체계에서 잘 존중되지 못하고 있다고 주장하였다. 사실상 이런 특별 조치 중 상당수는 특정 범주의 증인(예: 아동)과 특정 범주의 사건(예: 성범죄자)에 이미 적용 가능한 상태에 있었다(Home Office, 1992). 그러나 법 1999에서는 이런 조치를 보다 광범위한 범위의 '취약한' 증인에까지 적용하도록 규정하였다(Home Office, 2002). 〈글상자 13-3〉에는 법 1999에 명시되어 있는 특별 조치가 소개되어 있는데, 이 조치를 적용하려면 (새로운 시행안의 개발이나 행정 조치보다는) 법조항의 변화가 필요했다.

더욱이 특정 범죄(예: 강간 및 성폭행) 혐의가 있는 피고인으로부터 증인에 대한 반대 심문이 금지되는 것과 마찬가지로 고소인의 성행동에 대한 증거와 질문도 제한을 받게 되었다. 또한 재판 전과 재판 중에 증인에 대한 전문적 지원의 중요성은 이전에 비해서 더욱 확고하게 인정되고 있다. 재판 소송의 진행을 위한 증인 면담에 관한 현존하는 지침서 『우수한 실무 면담 지침(The Memorandum of Good Practice)』(Home Office, 1992)은 개정되고 확대되어 『최선의 증거 얻어 내기(Achieving Best Evidence)』(Home Office, 2002; 5장 참조)로 출판되었다. 이 새로운 지침서에 이제는 겁이 많은 증인을 잘

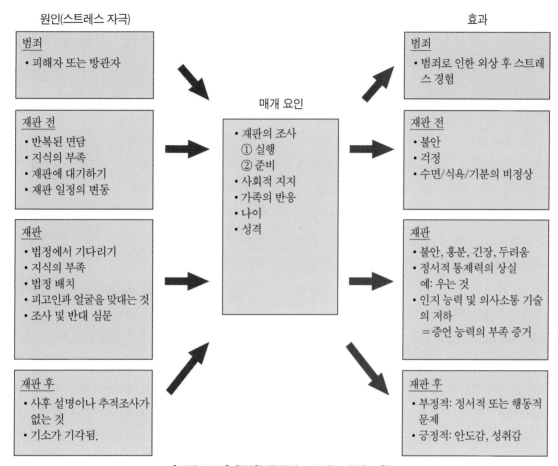

원인(스트레스 자극)

효과

범죄
- 피해자 또는 방관자

범죄
- 범죄로 인한 외상 후 스트레스 경험

매개 요인

재판 전
- 반복된 면담
- 지식의 부족
- 재판에 대기하기
- 재판 일정의 변동

- 재판의 조사
  ① 실행
  ② 준비
- 사회적 지지
- 가족의 반응
- 나이
- 성격

재판 전
- 불안
- 걱정
- 수면/식욕/기분의 비정상

재판
- 법정에서 기다리기
- 지식의 부족
- 법정 배치
- 피고인과 얼굴을 맞대는 것
- 조사 및 반대 심문

재판
- 불안, 흥분, 긴장, 두려움
- 정서적 통제력의 상실
  예: 우는 것
- 인지 능력 및 의사소통 기술의 저하
  =증언 능력의 부족 증거

재판 후
- 사후 설명이나 추적조사가 없는 것
- 기소가 기각됨.

재판 후
- 부정적: 정서적 또는 행동적 문제
- 긍정적: 안도감, 성취감

[그림 13-2] 취약한 증인의 스트레스 요인 모형

출처: Spencer & Flin (1993), p. 364. Oxford University Press의 허락하에 게재함.

글상자 13-3 「청소년 사법 및 범죄 증거법 1999(Youth Justice and Criminal Evidence Act 1999)」에 명시되어 있는 특별 조치의 요약

- 차단막을 사용해서 증인이 피고로부터 직접 부딪히지 않도록 보호한다.
- 법정 밖에서 촬영한 생중계 증거[evidence by live link(CCTV)]를 제시한다.
- 은밀한 사적 증거(evidence in private)를 제시한다. 그러나 성폭력이나 위협이 들어가는 사례의 경우 언론 및 일반 대중은 (언론을 대표하는 한 명의 지명된 사람을 제외하고는) 이를 볼 수 없게 한다.
- 변호사와 판사가 입는 가발과 법정에서 입는 가운을 착용하지 않는다.
- 사전 녹음된 주요 증거(pre-recorded evidence-in-chief), 반대 심문 그리고 재검사 결과를 보여 준다.
- 중재인(intermediaries)과 의사소통 보조도구(aids to communication)를 활용하여 질문한다.

이끌어 주기 위한 대처 요령을 소개하는 내용이 많아지자 원래의 예정된 개정 시기인 2011년(Ministry of Justice, 2011)에 앞서서 개정하게 되었다(Office for Criminal Justice Reform, 2007a).

〈글상자 13-3〉에 나열된 특별 조치는 이 조치를 시행하기 위해 법이 바뀐 정도, 절차나 처리 방식 면에서 서로 다르다(Burton et al., 2006). 예를 들면, 증인을 법정에서 안 보이게 하는 것은 소위 개인의 대면권(right of confrontation)의 정신에서 벗어나는 반면(Spencer, 출판 중), 가발과 법정에서 입는 가운을 입지 않게 하는 것은 법적 관행에서 사소한 변화에 불과할 뿐이다. 국제적으로, 증인을 위한 특별 조치를 취하는 데에는 다양한 접근이 적용되어 왔는데, 이는 그 나라의 사법 체계가 지적 위주(adversarial) [기소중심적(accusatorial)] 또는 조사중심적(inquisitorial)이냐에 따라서 달라지게 된다. 또한 취약한 증인이 재판에 대비해서 얼마나 잘 준비가 되었느냐에 따라 다르다(12장 참조; 또한 Bottoms & Goodman, 1996; Cashmore, 2002; Spencer et al., 1990 참조). 또한 특별 조치는 갑론을박의 논쟁적(controversial)이냐 또는 피고의 권리에 도전적으로 보이느냐의 정도에 따라서 다르다. 이는 사전 녹음된 반대 심문이나 **중재인(intermediaries)**을 활용할 경우도 마찬가지다. 우리는 이에 관한 논의를 마지막 절 '도전적인 법정 분위기'에서 다시 살펴볼 것이다. 이제 우리는 취약한 증인을 어떻게 보호할 것인지에 대해 좀 더 자세히 살펴보려 한다. 우선 재판 전에 적용되는 특별 조치에 대해서 소개한다.

> **중재인**
> **(intermediaries)**
> 청소년 사법 및 범죄 증거법 1999에서 용인된 특별 조치 중의 하나. 인가받은 중재인이 증인에게 질문을 전달하고는, 증인의 반응을 받아서 질문을 제기한 사람에게 전해 준다.

증인이 법정에 서는 것을 준비시키기

재판 절차의 준비와 사회적 지지

준비시키기 활동(preparation)과 사회적 지지를 제공하는 것은 [그림 13-2]에 제시된 모형에서 매개 요인에 해당된다. 즉, 이들은 재판 전의 스트레스 자극의 영향을 완화시킬 수 있는데, 단 취약성이 있는 증인이 법정에 출두하기 전에 이런 지지를 제공해야만 불안을 감소시키고 효과적인 증언을 하는 데 도움을 주어 증인을 보호할 수 있다. 『최선의 증거 얻어 내기』(Home Office, 2002; Office for Criminal Justice Reform, 2007a)에서는 사실상 증인이 범죄 사법 체계와 연결되자마자 곧바로 제대로 준비시키고 지지를 해 주어야 한다고 주장하고 있다(예: 첫 수사 면담에 대비시키는 것; 5장 참조). 또한 연구 결과에 의하면 취약한 증인이 위와 같은 지지가 제공된다고 지각하게 되면 연루된 사례에서 마찰이나 소모전(attrition)을 줄여 주는 효과도 있다(예: Kelly et al., 2005).

> **준비시키기 활동**
> **(preparation)**
> 증인의 욕구를 평가하고, 지지를 제공하며, 증인을 대신해서 연계망을 구축하고, 의사소통을 하며, 증인이 재판에 설 수 있도록 준비시키는 것(예: 관련 정보를 제공하기, 법정을 방문해 보기)과 관련된 활동을 말한다.

증인을 지지해 주고 준비시키려면 어떤 활동이 이루어져야 할까? 〈글상자 13-4〉에는 몇 가지 다른 차원의 활동이 요약되어 제시되어 있다. 누가 누구에게 어떤 지지와 준비시키기 활동을 제공하느냐 하는 것은 공간적인 거리 문제와 제공 가능한 것들이 어느 정도 있는지에 달려 있다(Murray, 1997; Plotnikoff & Woolfson, 1996). 간단히 말하면, 지지와 준비시키기 활동은 증인의 욕구를 평가하고, 지지를 제공하고, 도우미와의 긴밀한 연락 및 의사소통을 뒷받침하며, 재판에 준비시키

재판 전의 지지와 준비시키기 활동

- 정서적 지지를 제공해 주고 재판 전에 치료와 상담을 제공해 주는 전문가와 연계해서 도움을 주기
- 정보 제공 및 교육 실시(예: Young Witness Pack; NSPCC & ChildLine, 1998)
- 증언에 대한 증인의 관점, 소망 및 염려사항을 이해하고 전달해 주기
- 증인이 법정과 재판 절차에 익숙해지도록 돕기
- 재판 전에 법정을 찾아가 보도록 돕기
- 증인, 가족, 친구 및 전문가 사이의 긴밀한 연락 및 접촉을 지원하기(liaison)
- 증인의 특별한 취약점을 잘 보완해 줄 수 있는 전문가와 연락하기(예: 해석자/통역자)

는 것과 관련된다(Home Office, 2002).

〈글상자 13-4〉에 간략하게 소개된 지지와 준비 활동은 주로 아동기 증인에 대한 연구 결과에서 비롯된 것으로서 논란이 있어 왔다. 반대하는 사람들은 지지를 제공하는 자들이 아동을 유도하거나(심지어는 거짓 진술을 하도록까지) 아동에게 증언을 연습시킬 수 있다고 주장해 왔는데, 이런 주장은 지금까지 맹렬한 비판을 받아 왔다(이와 유사한 문제 제기가 재판 전에 아동을 치료하거나 상담을 했던 전문가들을 향했던 적이 있다). 그럼에도 불구하고 지지를 제공하는 사람들은 '증거 능력의 한계(evidential boundaries)'에 대해 잘 알고 있는 것이 아주 중요하다(Home Office, 2002, p. 88). 도우미들은 재판에서 증인인 사람이 한 명도 없어야 하며 사건의 전말이나 증인이 제시할 증거의 세부 내용도 알아서는 안 된다. 더욱이 이 도우미들은 사건에 대해서 토론해서도 안 되

며, 증인이 제시할 증거를 자신들이 활동한 실적의 일부로 여겨서도 안 된다. 고의적인 비밀누설(indiscretions)이 만에 하나라도 일어난다면, 증인이 제시하는 증거는 위태로워지기 쉽다(6장 참조).

어떤 도우미가 취약한 증인 앞으로 배정되면 재판 전에 도우미가 해야 할 역할은 "증인에게 증거를 제시하는 것과 법정에 머물러 있는 것에 대해서 어떤 관점을 갖고 있는지를 알아보고, 범죄 과정에 대한 정보를 제공하며, 재판 과정에서의 도우미의 역할을 알려 주고, 지지 및 일반적 자원(support and general assistance: sic)을 증인에게 제공하여 증인이 최선의 증거를 제시할 수 있게 해 주며, 다른 사람들과 긴밀한 연락 및 협조 체계를 적절하게 구축하는 것이다."(Home Office, 2002, p. 92) 도우미의 활동 대부분은 '장막 뒤에서' 사건에 관련된 다른 기관이나 당국과 연계망을 구축하고 증인의 욕구와 선호도에 대해 이들과 의사소통하는 것일 수 있다. 또한 도우미는 증인이 자신의 진술서(증인의 수사 면담 기록을 보는 것도 포함될 수 있음.) 내용을 보려고 할 때 증인을 동반할 수도 있고, 재판 전에 증인이 검사를 만날 때에도 옆에 있을 수 있다. 영국 및 웨일즈의 여러 지역에서 증인에 대한 지지 패턴을 조사한 결과는 제공되는 지지가 양적 측면에서 아주 다양함을 보여 주었다(Plotnikoff & Woolfson, 2007a). 지방에서 주도적으로 역할을 맡도록 하려는 공식적 분위기에 맞추어서 국가적인 야심찬 계획이 포기되었고(Office for Criminal Justice Reform, 2009), 그리하여 필연적으로 나라의 각 지방마다 제공되는 지지의 수준과 질이 달라지게 되었다.

증인(주로 아동)과 그들의 보호자들을 위해 교육 및 정보 자료가 점차 많이 제공되고 있다([그림 13-3]; Home Office, 2002, Appendix Q 참조). 이와 같은 자료에는 증언을 한다는 것이 무엇인가에

[그림 13-3] 아동 증인을 위해 교육 및 정보 자료가 점차 많이 제공되고 있다.

출처: ⓒ Noam Armonn. Shutterstock사의 허락하에 게재함.

대해 알려 주는 인쇄물, 법정의 모형 그리고 DVD 기록물이 있다(예: NSPCC, 2000). 학습장애가 있는 증인을 위한 자료도 있는데, 여기에는 '가상' 법정에서의 과정을 보여 주는 것도 있다(Cooke, 2001). 나이 어린 증인을 위한 자료집(The Young Witness Pack; NSPCC & ChildLine, 1998)은 영국에서 가장 널리 알려진 준비용 자료일 것이다. 그 내용은 〈글상자 13-5〉에 개관되어 있으며, 아동이 각기 다른 방식으로 법정에 출두하는 것을 준비시키는 데 관여할 수 있는 다양한 사람을 대략 보여 주고 있다.

글상자 13-5　나이 어린 증인을 위한 자료집(The Young Witness Pack Material)

- Let's Get Ready for Court: 5세 이상의 아동을 위한 활동 지침서
- Tell Me More About Court: 10~15세의 어린 증인을 위한 자료집
- Inside a Courtroom: 법정의 모형을 보드판 위에 글자를 새겨 넣어서 만든 것
- Going to Court: 최고 법원에 모습을 나타낼 13~17세 아동 증인을 위한 정보지
- Young Witnesses at the Magistrates' Court and the Youth Court: 9~17세 증인을 위한 정보지
- Screens in Court: 9~17세 증인을 위한 정보지
- Giving Evidence: What's it Really Like?: 나이 어린 증인을 위한 DVD
- Your Child is a Witness: 부모와 보호자를 위한 정보지
- Preparing Young Witnesses for Court: 아동 증인의 보호자를 위한 책자

아동 증인의 지지 방안에 대한 초기의 평가는 긍정적이었지만(Aldridge & Freshwater, 1993; Plotnikoff & Woolfson, 1995a, 1996), 아직도 해결해야 할 과제가 많이 남아 있다(특히 준비 활동의 책임과 제공자에 대한 것, 그리고 그런 지지 활동에 아동이 접근할 수 있게 하는 방안; Plotnikoff & Woolfson, 2004). 나이가 어린 증인은 앞과 같은 자료 및 도우미들에 대하여 상당히 좋은 반응을 보여 주었다. 예를 들면 다음과 같다.

도우미가 우리 집으로 와서 TV 중계(생방송)가 무엇인지를 내가 알 수 있도록 나와 함께 책을 섭렵했다. 그다음에 우리는 법정을 찾아갔다. 우리는 내가 당황하거나 피로해지면 어떤 일이 발생할지에 대해서 함께 토의도 했다. 나는 내가 증언을 할 때 잠깐 휴식이 필요하면 이를 요청할 수 있는지 물어볼 수 있다는 것도 알게 되었다(Fiona, 10).

나는 증인 도우미에게 나 좀 거들어 달라고 했다. 그는 나에게 모든 것을 말해 주었고, 나는 법정을 돌아보았으며, 그는 증인이 앉는 곳을 알려 주었다. 나는 앞으로 일이 어떻게 진행될 것인지에 대해서 확실히 좀 더 편안한 마음을 가질 수 있게 되었다. 나는 보통 법정(magistrates' court)과 최고 법정(Crown Court) 모두에 대해서 이런 지지를 받았다(Colin, 16).

(Plotnikoff & Woolfson, 2004, p. 26).

아동 증인을 준비시키기 위한 실험적 접근

본질적으로, 지지 및 준비시키기 활동은 취약한 증인이 겪는 지식의 부족(스트레스 자극), 불안, 그리고 인지 및 의사소통 기술의 혼란(그에 따른 영향)을 다루는

것이다([그림 13-2]에 예시되어 있는 것처럼). 준비시키기 활동이 널리 사용되고 있기는 하지만, 사실상 각 구성요소들의 성공 여부에 대한 경험적 평가 결과는 실제로는 이루어진 바가 없다(Murray, 1997). 또한 발달심리학자들은 취약한 증인들에게 있을 수 있는 〈글상자 13-2〉에 개관된 특정한 인지, 발달 및 사회정서적 요인을 다루는 것을 목표로 하는 실험연구에 근간을 둔 준비시키기 프로그램들도 개발하였다(예: Saywitz et al., 1993). 여기에는 발언의 정교화(narrative elaboration), 이해 점검(comprehension monitoring) 및 저항 훈련(resistance training)이 들어 있다.

발언의 정교화는 아동이 회상하는 세부 내용을 증가시키기 위해, 아동에게 '단서 카드(cue cards)'를 써서 함께 있었던 사람, 상황, 행위, 대화 및 후속 결과에 관련된 내용을 꺼내도록 촉진하는 성공적 기법이다. 이해점검 훈련은 아동이 이해하지 못하는 질문이 무엇인지를 알아 내어 성인 면접자들에게 말을 다시 바꾸어서 해 줄 것을 요청하도록 하는 데 도움이 된다. 마지막으로, 저항 훈련(resistance training)은 면접자들이 아동에게 던진 오류성(방향이 틀린, misleading) 질문을 아동이 파악하고 그에 대해 적절하게 반응할 수 있게(즉, 저항하게) 해 준다. 이들 기법에 대한 평가는 예상하지 못했던 결과(예: 아동이 자세한 내용을 말하기를 꺼리게 되는 것)가 나타날 수 있음을 부각시켜 주었기 때문에 이 기법들에 대해서는 사법 장면 속에서 검토해 보아야 할 것이다. 그러므로 이상의 실험적 접근들이 경험적 평가에서는 유망한 것으로 나타났다고 하더라도, 현실에서의 유용성은 검증될 필요가 있다.

증인을 법정에서 보호하기

법정에서 증인을 보호하는 것에 대한 논의로 넘어가기 전에, 〈사례연구 13-2〉를 읽어 보라. 이 사례는 수사 및 재판 과정에서 최신의 정보공학(Information Technology: IT)을 사용하는 것을 보여 주고 있다. 또한 이 사례는 취약한 증인이 법정에서 증언을 할 때 일어날 수 있는 그 밖의 문제의 일부를 부각시켜 주고 있다.

Sally와 Mary의 사례연구에서는 모두 비디오 녹화기록을 활용하고 나중에는 첨단 디지털 기술을 사용하여 증인 진술의 증거 능력을 뒷받침하였다. 사용된 기

사례연구 13-2   SALLY

Sally는 7세부터 계부로부터 성학대를 받아 왔다고 진술했다. 마침내 그녀는 12세가 되었을 때 학교 선생님에게 고백하고 말았다. 이에 따라 면담이 신속하게 실시되었고, 이때 Sally의 어머니는 일방경(one-way mirror) 뒤에 앉아서 면담 진행 상황을 보고 들을 수 있었다. …… 면담 도중에 Sally는 자신이 폭로하는 것이 가족에게 어떤 영향이 미칠까 하는 생각에 사로잡혀 있는 듯 보였고, 그래서 학대가 단 한 번 있었다고 앞뒤가 맞지 않는 말만 했다. 그러나 신체검사 결과 그녀의 주장과 일치하는 신체상의 흔적이 발견되어 기소가 이루어졌다. Sally의 계부는 죄가 없다고 항변하였지만 그를 재판할 때 Sally의 면담 기록이 핵심 증거로 사용되었다. 그다음에 Sally는 반대 심문을 받았으며, 성학대가 단 한 번 있었다는 것에 대해서 심문을 받고는 또 다른 사건을 언급하였다. 피고 측 변호사는 최종 변론에서 Sally의 첫 주장과 재판 시의 후속된 주장에 대한 의문을 다음과 같이 제기하였다.

사전 녹화된 면담

Sally가 비디오 녹화 면담에서 말한 모든 내용이 사실이라면, 그녀의 계부가 [성교를 시도했던 것이] 한 번 있었다는 것입니다. 그런데 이 계부가 변태라면 무언가 과거의 나쁜 행실이 어느 정도 있어야 하지 않겠습니까? 그러나 그녀의 진술에 의하면 계부가 그녀에게 파렴치한 짓을 한 것이 단 한 번뿐이라고 합니다.

법정에서의 진술 내용

오늘 뜻밖에도 또 하나의 진술이 나왔습니다. 면담이 기록되기 단 몇 주 전에 계부는 그녀의 어머니가 소파에 앉아 있는 가운데 그 앞에서 '그녀를 파렴치하게도 성폭행했다'는 것입니다. 이는 어처구니없는 말입니다. 이 말은 우리 모두를 깜짝 놀라게 했는데, 검찰 측도 놀랐을 겁니다. …… 그녀는 자기의 어머니를 힘들게 하고 싶지 않다고 말합니다. 그러나 그녀는 이미 성교에 대해서 말해 버린 것입니다. 이 말은 그녀가 실수로 한 것은 아닐 겁니다. 특히 비디오를 녹화하기 불과 몇 주 전에 일어났던 일이라면 말입니다. 이런 일은 어린아이의 마음이 약하다는 것을 보여 주거나 또는 우리가 종잡을 수 없는 어둠 속으로 들어가고 있거나 둘 중의 하나일 겁니다.

배심원단은 잠깐 동안의 토의를 거치더니 곧 Sally의 아버지에게 무죄 평결을 내렸다.

(Wade & Westcott, 1997, pp. 58-59).

술은 **생중계**(live link)와 사전 녹화된 면담이다. 이들 사례연구는 이런 특별 조치를 실행에 옮김으로써 얻는 이득뿐만 아니라 일부 문제도 보여 주고 있다. Sally의 경험은 공식적인 법정 상황에서 특히 반대 심문과 법정의 분위기에 취약한 증인이 등장할 때 수반될 수 있는 도전적 요소들을 일부 부각시켜 준다. 이러한 '종잡을 수 없는 어둠(murky waters)'에 대해서는 이 장 후반부에서 살펴볼 것이다. 그러나 우선 사회적 지지라는 주제부터 간략하게 다시 살펴보겠다.

> **생중계**
> (live link)
> 청소년 사법 및 범죄 증거법 1999에 의해서 용인된 특별 조치 중의 하나다.

법정에서의 사회적 지지

앞에서 우리는 준비시키기와 사회적 지지를 재판 전에 어떻게 제공할 수 있을까에 대해 살펴보았다. 법정에서는 보다 많은 '장막 뒤에서의' 작업이 도우미들에 의해 이루어지기 마련이다. 이를테면, 증인의 요구사항과 증인이 원하는 증언 방식에 대해 청취하고 소송을 하기 위한 정보과 향후 행동 방향을 제공해 주는 것 등이 있다. 더욱이 『최선의 증거 얻어 내기』 지침서에는 취약한 증인이 관여된 사건에서는 판사와 치안판사(magistrate)가 이를 적극적으로 관리해서 증인의 정신적 고통을 가능한 한 극소화시켜 주어야 하는 것이 그들의 역할이라는 점을 잘 설명해 놓고 있다(또한 Scottish Executive, 2003a 참조). 즉, 그들은 취약하고 겁먹은 증인의 이익을 보호(protect, 우리는 safeguard라고 말하겠음.)해야 할 책임이 있다. 일부 사례(예: 나이 어린 증인이 관여된)에서는 판사가 증인이 재판 과정을 '명료하게 이해하도록' 도와줄 준비를 해야 할 필요도 있다(Hamlyn et al., 2004). 물론 이런 일이 취약한 증인 중 상당수에게는 실제로 이루어질 것으로 보이지 않는다(Hamlyn et al., 2004). 또한 증인이 원한다면 변호사와 판사는 치장 목적의 가발과 가운을 입지 말아야 할 것이다. 이런 관행은 특별 조치의 시책을 도입한 후 8%에서 15%로 거의 두배 증가하였다(Hamlyn et al., 2004).

> 그들은 내게 가발을 벗고 있기를 원하는지를 물었고, 나는 "그렇다."라고 대답했다. 그러자 그들은 가발을 벗었고, 그들의 외양도 괜찮아 보였다(16세의 경도 학습부진 소년; Sanders et al., 1997, p. 65).

끝으로, 법정 증인의 도우미는 증인이 증언을 할 때 증인의 불안과 스트레스를 줄여 주어서 증인이 최선의 증거를 제시할 수 있도록 증인 곁에 있을 수 있다. 예를 들면, 증인 지원 기관에서 온 어떤 전문가의 경우 아동이 증거를 제시하고 있는 동안에 '생중계' 방 안에 앉아 있을 수 있다. 생중계는 현대적 기술을 이용한 특별 조치[『범죄사법법 1988(Criminal Justice Act 1988)』에 따른]로서 영국과 웨일즈에 최초로 도입된 것이었으며, 우리는 이제 그것의 활용에 대해서 좀 더 자세히 살펴보고자 한다.

차단막과 생중계

법정에서 생중계 또는 폐쇄회로 TV를 사용하는 주요 목적은 취약한 증인이 법정의 겁나고 낯선 상황으로부터 영향을 받지 않도록 하기 위함이며, 증인이 법정에서 피고를 대면하는 부담을 덜어 주기 위함이다(Davies & Noon, 1991). 이전에는 일부 법정에서 **차단막**(screens)을 사용해서 증인이 피고로부터는 차폐(shielded)되도록 하지만, 법정의 다른 사람들의 눈앞에는 보이도록

> **차단막**
> (screens)
> 『청소년 사법 및 범죄 증거법 1999』에 의해서 용인된 특별 조치 중의 하나

하곤 했다. 이런 차단막은 실제 법정에서 생생하게 증언하기를 원하지만 어느 정도 보호막을 원하는 취약한 증인에게 특별 조치의 하나로서 현재에도 널리 적용되고 있다([그림 13-4]). 차단막은 (생중계 방식과 달리) 증인이 피고의 눈에 띄지 않도록 물리적으로 차폐시키는 장점이 있으며, 이를 사용하는 증인들에게는 인기가 있는 것으로 보인다(Burton et al., 2006). 그러나 Hamlyn 등의 조사(2004)에서는 취약하거나 겁이 많은 증인들 중 단지 8%만이 차단막을 사용한 것으로 나타났다. 차단막은 법정 안에서 자신의 경험을 공개적으로 말하는 것을 가치 있게 여기며 피고가 저질렀던 것을 이 세상에 알리고 싶어 하는 증인에게 특히 매력적일 수 있다(Cashmore & De Haas, 1992).

[그림 13-4] 차단막은 취약한 증인을 위한 특별 조치 중의 하나로서 널리 사용되고 있다.

출처: © plastique. Shutterstock사의 허락하에 게재함.

　　그렇게 말한 사람은 우리 엄마 아니면 경찰관이었어요. …… 나는 처음에는 가고 싶지 않았어요. 그러나 나는 '법정으로' 가는 것이 기분이 좋았어요. 내가 법정에 가게 되면 그를 감옥에 처넣을 수 있게 된다는 것을 알고 나서요(15세의 자폐증 소년).

　　그들은 내가 법정에 가기를 원하는지 물었어요. 그래서 가겠다고 말했어요. 그가 이번에는 너무 심하게 굴었었어요. …… 저는 단지 그가 부드럽게 해 주었으면 하고 바랐는데요(20세의 경도 학습부진 여성; Sanders et al., 1997, pp. 37-38).

차단막은 증인의 스트레스를 줄여 주고 증언을 효과적으로 하게 하기 위한 한 가지 개입방법이다(또한 어떤 사건에서는 취약하지 않은 증인이라도 증인의 신원이 은폐될 필요가 있는 경우 사용된다). 그렇다 해도 증인은 법정에 들어가는 것에 대해 여전히 불안해할 수 있다. 증인이 생중계를 사용한다면, 그들은 사실상 법정에서 떠나 있지만 법정이 있는 건물에는 머물러 있는 것이다. 양방향 폐쇄회로 TV는 법정과 증인이 앉아 있는(원한다면 도우미와 함께) 또 다른 조그만 방을 연결시켜 주는 역할을 한다. 생중계를 써서 증인은 누가 그들에게 말하고 있는지를 볼 수 있으며, 또한 증인의 모습이 법정으로 실시간 전달된다. 마찬가지로, 생중계도 사회정서적 요인을 다루어 줌으로써 증인의 불안을 감소시키고 증언이 효과적으로 이루어지게 하려는 것을 목적으로 한다.

　　아동 증인에 대해서 생중계를 사용한 것에 대한 영국 및 호주에서의 초기 평가(Cashmore & De Haas, 1992; Davies & Noon, 1991; Murray, 1995)는 이 기술을 적용한 것에 대해서 전반적으로 긍정적인 수용 분위기가 있음을 보여 주었다. 특히 아동의 심리적 안전 보호에 관심 있는 측에서 그러하였다(관련 문헌에 대한 충실한 개관은 5장 참조). 많은 도우미는 생중계가 이 방법을 쓰지 않았으면 증언을 못했을 증인으로 하여금 증언을 하고, 자신이 갖고 있는 증거를 법정에 제시할 수 있게 되었다고 생각한다. 증인들 스스로도 이와 비슷하게 보고하였다(Hamlyn et al., 2004).

　　내가 '증인' 위치에 서 있는데 내가 나를 알아보
는 '피고를' 보게 된다면, 나는 아마도 기절할 것이
다. 아마도 그렇게 될 것이다. 아니면 거짓말을 하게
될 것이다(Susie, 11세).

　　나는 그런 식으로 '내 증거를' 제시하고 싶었다.
나는 피고를 마주볼 수가 없었다. 나는 그를 처다볼
수도 없다. 내가 그를 보아야만 한다면 그렇게 되었
을 것이다. 나는 법정에 들어갈 수도 없었을 것이다.
'그러나' 나는 그를 보지 않아도 되어서 안도감을
느꼈다(Caitlin, 16세).

　　　　　　　　　　　　　　　　(Wade, 2002, p. 224)

　생중계를 평가한 연구자들은 이 시스템을 사용하는
아동들이 자신감이 있고, 말을 유창하게 하며, 말을 알
아듣기가 어렵지 않았음에 주목했다(Davies & Noon,
1991). 그러나 불가피한 발아성 문제(teething problems)
가 여전히 존재할뿐더러, 일부 법률 전문가도 이 기술
을 사용하는 데 근본적으로 반대하고 있다(예: Davies &
Noon, 1991; Hall & Sales, 2008; Murray, 1995).

　발아성 문제는 이 기술 자체의 성공과 관련된 것이
다. 예를 들면, 초기 장치는 배경 소음에 지나치게 민감
하였다(예: Plotnikoff & Woolfson, 2004; Sanders et al.,
1997). 뿐만 아니라, 이 기술을 다소 오용(misuse)한 것
도 문제가 되었다. 이런 오용을 보여 준 사건으로, 아동
의 앞에 설치한 생중계 화면 위에 피고 측 변호사의 눈
만 보이게끔 제시되거나, 피고 측 변호사의 뒤에 있는
피고의 모습 전부가 보이게끔 피고 측 변호사가 서 있
었던 적이 있다(Davies & Noon, 1991). 생중계의 주요
장점 중 하나는 증인으로 하여금 피고를 보지 않고서도

증언을 할 수 있게 해 준다는 것인데, 이는 취약한 증인
이 법정에 출두하려 할 때 가장 크게 염려하는 것의 하
나로 널리 보고되어 있다(예: Hamlyn et al., 2004;
Plotnikoff & Woolfson, 2004; Sanders et al., 1997). 또 하
나 아직도 해결되지 않은 현실적 문제는 생중계를 실시
할 수 있느냐의 여부에 관한 것인데, 이는 앞에서 소개
한 Mary의 진술(〈사례연구 13-1〉)에 잘 예시되어 있다.
이는 놀랄 만한 일은 아니지만, 일정의 갑작스러운 변
동은 취약한 증인을 특히 놀라게 할 수 있으며, 이는 특
히 법정에서의 증언을 준비하는 것이 생중계를 통해 증
언하도록 잡혀 있을 때에 더욱 그러하다(예: Plotnikoff
& Woolfson, 2004).

　연구자들은 최신의 과학기술에 대한 '저항'과 관련된
보다 근본적인 문제를 보고하였다. Davies와 Noon
(1991)은 검사들이 생중계를 통해 증언하는 증인에게서
거리감을 더 느끼고, 그래서 그들의 증언이 재판부에 정
서적인 영향을 덜 주는 것 같다고 여기는 데 주목했다.
얄궂게도 증언을 할 때 무너지지 않은(not breaking down)
증인에 대해서는 재판부가 그 증인의 주장을 덜 믿는
것으로 보였다. 후속된 실험연구에서는 생방송의 증거
가 사전 녹화된 증거에 비해서 관찰자가 더 긍정적인
것으로 볼 수 있다는 견해를 지지했지만, 증거를 보여
주는 매체에 따라서 재판 결과에 영향을 미친다는 견해
는 지지되지 않았다(Davies, 1999; Landstrom, 2008).

　마지막으로, 생중계 자체에 대한 증인의 경험을 간과
하지 않는 것이 중요하다. 많은 증인의 경우 생중계가
별 문제없이 기능을 잘 발휘했지만 어떤 아동들은 이
기술과 관련된 어려움을 호소한 바 있다. 그들은 자신
이 '벽장'에 갇혀 있는 듯이 느꼈다고 하거나(Plotnikoff
& Woolfson, 2004), 이 기술에 적응하려고 애를 많이 썼
다고 호소했는데, 이는 이 기술을 도입할 때에는 미처
예상하지 못했던 것들이다.

약간 재미있었다. …… 마치 …… 사람들이 나에게 얼굴을 맞대고 이야기하는 것 같았다. 진짜 재미있었다. 나는 그들의 말을 제대로 알아듣지 못했다. …… 말소리는 충분히 크기는 했지만, 단지 내가 알아듣지 못했기 때문에 그들은 계속 반복해서 말해야만 했다. 나는 그들의 말을 제대로 알아듣지 못했다 (Lucy, 13세; Wade, 2002, p. 225).

증인이 이와 같이 알아듣지 못하는 문제는 준비시키기 활동을 통해서, 특히 증인이 법정을 방문한 적이 있고 이 기술을 써서 연습을 해 보았다면 해결이 가능하다. 준비시키기 활동에서의 또 다른 중요한 쟁점은 피고가 생중계를 통해서 증인을 볼 수 있을 것이라는 점 (그리고 이 장의 뒤에서 보겠지만, 사전 녹화된 면담을 볼 수 있다는 점)을 증인이 알게 해 주는 것이 있다. 막상 당일에 이런 것을 알게 되면 증인은 대단히 당황스럽게 되고 이는 증언 능력에 부정적인 영향을 미치게 되는 것으로 알려져 있다.

> 내가 [그가 내게 한 짓을] 말하고 있는 장면을 TV 화면으로 그가 보고 있었다는 것을 알게 되자 무서울 뿐이었다. 그는 그 장면과 모든 것을 득의의 미소를 띠고 바라볼 수 있는 인간이다(Ivy, 14세).

> 그가 TV 화면에 나온 나를 보았다는 것을 생각하기만 해도 진짜 끔찍했다. 나는 그를 보고 싶지 않다 (Gemma, 9세).

> (Wade, 2002, p. 224)

생중계를 도입한 후에 얻은 교훈 중 가장 중요한 것 하나는 아마도 자신의 증언을 어떤 방식으로 제시할 것인지의 **선택의 여지**(element of choice)가 있느냐가 증인

[그림 13-5] 자신의 증언을 어떤 방식으로 제시할 것인지의 선택의 여지가 있느냐가 증인에게는 가장 중요하다. 특정 과학기술의 사용 여부를 결정할 수 있느냐는 그 기술 자체 못지않게 중요할 수 있다.

출처: ⓒ kRie. Shutterstock사의 허락하에 게재함.

에게는 가장 중요하다는 것이다(Cashmore & De Haas, 1992). 증인이 특정 과학기술의 사용 여부를 결정할 수 있느냐는 그 기술 자체 못지않게 중요할 수 있다([그림 13-5]). 이 때문에 증인의 두려움, 염려, 선호하는 증언 방식을 이해하는 것이 도우미 역할의 일부로서 중요한 부분이 된다. 「청소년 사법 및 범죄 증거법 1999」에는 아동 증인은 모두 생중계를 사용할 것이라는 가정과 모든 법정에 걸쳐서 동일한 시행 절차가 제공될 것이라는 가정이 내포되어 있었다. 그러나 이 법은 법정에서 증언하기를 원하는 아동을 가로막고 말았다. 한 공식 보고서 (Office for Criminal Justice Reform, 2005)에서는 아동의 소망에 부응하기 위해 법정이 융통성을 좀 더 많이 발휘하도록 권고하였는데, 이런 융통성을 부여하기 위해서 법적인 변화가 진행되고 있다.

사전 녹화된 주요 증거

지금까지 살펴보았듯이, 생중계는 증언하는 데 관련된 사회정서적 요인을 주로 다루는 것으로서 생중계 자

체는 〈글상자 13-2〉에 그 개요가 제시되어 있는 것과 같은 인지 요인들에 영향을 미칠 수 있다. 예를 들면, 증언할 때의 스트레스는 증인의 정보 회상(기억)에 부정적인 영향을 미칠 수 있고(Baker-Ward & Ornstein, 2002) 그리고/또는 언어 요인(알아듣고 말하기 모두)에 나쁜 영향을 끼칠 수 있다(〈사례연구 13-1〉에서 Mary의 발언 참조). 1989년에 Pigot 판사는 비디오 녹화 기술이 아동 증인에게 영향을 미칠 수 있는 그 밖의 인지 요인을 해결해 주는지 그 가능성을 평가하는 정부 소위원회 위원장을 맡았다(〈글상자 13-2〉 참조). 이 위원회는 보고서(Pigot, 1989)에서 아동의 경찰관이나 사회복지사와의 첫 면담이 기록되었다면—범죄 수사 및/또는 아동 보호를 위한 조사의 초기 단계에서—아동의 진술을 이와 같이 비디오로 녹화하는 것이 **비디오 녹화된 주요 증거**(video-recorded evidence-in-chief)로서의 기능을 발휘하여 법정에서 아동이 생생하게 발언하는 주요 증거를 대체할 수도 있을 것이라고 하였다.

나아가서 Pigot 위원회는 후속된 반대 심문이 아동의 진술을 피고가 본 다음에 실시된다면, 이 또한 비디오로 녹화해 두어서 법정에서의 반대 심문을 대체할 수 있을 것이라고 주장하였다(이에 대한 개관은 Spencer, 출판 중 참조). 이렇게 하는 것은 다음과 같이 아동에게 도움이 될 것이다.

> **비디오 녹화된 주요 증거**
> (video-recorded evidence-in-chief)
> 훈련받은 전문가가 취약성이 있는 증인을 대상으로 실시하는 수사 초기 단계의 면담. 「범죄사법법 1991 (Criminal Justice Act 1991)」에서 처음 도입되었으며, 「YJCE법 1999 (YJCE Act 1999)」에서 용인된 특별 조치 중의 하나다.

● **기억**: 면담과 반대 심문은 모두 아동이 진술을 마치자마자 또는 조사 요원이 의뢰를 받자마자 곧 녹화할 수 있다. 이를 통해서 시간이 지연됨에 따라 아동의 기억이 영향을 받을지도 모른다는 문제

를 극복할 수 있다.

● **언어**: 면담자는 아동이 자기에게 주어지는 질문을 이해할 수 있도록 발달단계를 고려해서 적절한 언어를 구사하도록 훈련받아야 한다(앞에 인용된 사례연구에서는 달랐음).

● **권위의 효과**: 면담은 특별한 훈련을 받은 정복을 입지 않은 경찰관이나 사회복지사가 실시하되, 스트레스를 줄여 주기 위해서 경찰서로부터는 멀리 떨어져 있으며, 편안한 내부 장식을 갖추고 목적에 맞게 설계된 면담 전문실에서 이루어져야 할 것이다.

Pigot의 구상에 따르면, 비디오 녹화 면담이 끝나고 나면 아동이 치료를 받을 선택권을 갖게 되고, 재판에는 더 이상 참석할 필요가 없게 된다(이런 식으로 사회정서적 요인을 해결하려고 한다). 한때는 Pigot의 전반적인 구상이 내무성에서 너무 급진적인 것으로 간주되기도 하였다(Spencer & Flin, 1993). 그러나 특정한 성학대 범죄에 관련된 특정한 연령대의 아동기 증인을 위해서 비디오 녹화를 주요 증거로 삼도록 하는 내용이 「범죄사법법 1991(Criminal Justice Act 1991)」에 도입되었다(Home Office, 1992). 즉, 절반은 Pigot식 해결방법인 것이다. 『법의 정의를 위해 당당하게 말하기』(Home Office, 1998)라는 보고서가 출판된 후에, 취약한 증인 모두에 대해 적용할 Pigot 제안의 모든 내용이 「청소년 사법 및 범죄 증거법 1999」에 들어가게 되었다(앞 참조). 그러나 이 장의 마지막 절에서 살펴보겠지만, 사전 녹화된 반대 심문은 차기 정부와 사법부에게는 도달하기에 '너무 먼 다리'로 남아 있는 것으로 보인다.

5장과 6장에서는 취약한 증인을 대상으로 한 사전 녹화 면담의 실제에 관한 문헌을 개관하였고, 『우수한 실무 면담 지침』(Home Office, 1992)과 『최선의 증거 얻

어 내기(Achieving Best Evidence)』(Home Office, 2002; Office for Criminal Justice Reform, 2007a; Scottish Executive, 1993b)에 수록된 이런 면담에서의 지침을 살펴보았다. 요약하면, 이들 문헌에서는 면담자가 통상 지침으로 제시된 면담의 4단계를 모두 거치지만, 개방형 질문을 충분히 던지기보다는 너무 세부적이고 폐쇄형의 질문을 많이 던지고 있다는 것을 보여 준다. 일반적으로 아동에게 자신의 말로 사건을 회상할 수 있게 해 주면, 면담 중의 자유대화 단계의 시간은 짧아지게 되고 때로는 그것을 건너뛰기도 한다(예: Davies et al., 1995; Sternberg et al., 2001; Westcott et al., 2006; Westcott & Kynan, 2006). 종결 단계도 간단히 마치게 되거나 건너뛸 수 있는 경우가 종종 있다.

생중계와 마찬가지로, 사전 녹화된 주요 증거의 소개를 시작하고 나면 기술적으로 피할 수 없는 발아성 문제가 뒤따르게 된다. 이는 특히 아동 증인이 말하는 것을 청취하거나 재판 전의 기록 장비와 재판 중의 기록 장비 간의 호환성 문제와 관련된 것이다(Davies et al., 1995). 그러나 아동에 대한 이런 면담을 평가한 내무성 보고서에서는 일반적으로 이와 같은 혁신적 방법이 증인의 스트레스를 줄여 주는 의미 있는 방법으로서 재판부, 경찰 그리고 사회 서비스 관련 분야 사람들로부터 환영을 받았다고 보고하였다(Davies et al., 1995). 사전 녹화된 면담을 통해 증거를 제시한 증인은 법정에서 생방송으로 증거를 제시했던 증인들에 비해서 스트레스를 절반 정도만 받은 것으로 파악되었다(19% 대 37%). 또한 훈련받은 면담자들도 법정에서의 변호사에 비해서 더 지지적인 모습을 보인 것으로 파악되었다(37% 대 19%). 그러나 두 집단 모두 반대 심문 중에는 불안한 것으로 나타났다. 또한 변호사들 사이에서 다소의 저항도 있었는데, 원고 측 변호사는 (생중계의 경우와 마찬가지로) 비디오 녹화된 증거를 사용하는 것이 재판부에 영향을 덜 미치지 않을까 염려하였으며, 피고 측 변호사는 증인이 법정이 아니라면 거짓말하고 속이려고 하기가 더 쉽지 않을까 생각하고 있었다. 이를 평가하기 위해 기소 및 유죄 선고의 비율을 통계적으로 분석해 본 결과는 위의 어느 입장도 지지하지 않았다(또한 Burton et al., 2006 참조).

「청소년 사법 및 범죄 증거법 1999」의 전제 조건은 사전 녹화된 면담이 취약한 증인이 포함된 사건에서 통상 사용될 것이라는 것이었는데, 위와 같은 저항을 어느 정도 극복해 낸 것으로 보인다. 생중계와 마찬가지로, 이런 면담에서 증인이 겪은 경험, 특히 재판 중에 겪은 경험을 잠깐 살펴보는 것이 중요하다. 아동 증인에 대한 사법 관행은 바뀌어서, 이를테면 일부의 증인은 '증언 기억을 환기시키기 위하여' 서면 진술서와 마찬가지로 재판하기 전에 미리 사전 녹화된 면담을 보도록 허용되기도 한 반면, 다른 증인에게는 그러지 못한 경우도 있었다(Hamlyn et al., 2004; Plotnikoff & Woolfson, 2004). 대부분의 아동에게 자신이 말한 것을 다시 환기시켜 보도록 하는 것이 도움이 됨이 밝혀졌지만, 많은 아동은 자신이 녹화된 모습을 보는 것이 혼란스럽고 고통스럽다고 했다.

> 미리 비디오를 보는 것은 요상한 경험이었다. 사실상 비디오 속의 나는 진짜 나 같지가 않았다. 비디오 장면은 내가 또렷이 기억해 내지 못했던 것들에 대한 내 기억을 환기시켜 주는 데 도움이 되었다. 그러나 나는 비디오를 또다시 보고 싶지 않다. …… 그것은 이상한 경험이었다. …… 일어났던 모든 일을 내가 말로 설명하지 않으면 안 되었을 때와 똑같이. 내가 비디오를 또다시 보았을 때 마음속에서는 울고 싶은 기분이 들었다(Davina, 15세).

그것을 다시 보자니 고통스러웠다. 당신은 내가 범행을 당한 날 내 기분이 어떠했는지를 들여다보고 있는 것이다(Paul, 15세).

(Plotnikoff & Woolfson, 2004, p. 30)

아동이 재판 시 법정에서 자신이 녹화된 비디오 면담을 처음 보게 되면 이런 감정은 더 클 수 있다.

비디오를 보니까 재판 전에 상황이 어떠했는지가 아주 자세하게 회상된다. 나는 재판하는 날 그 비디오를 한번 보았을 뿐이다. 나는 내게 일어났던 일을 다시 들으면서 슬펐다. 나는 내 목소리가 낯설게 느껴졌다. 비디오를 미리 보는 것은 도움이 안 된 것 같다(Sheila, 9세).

나는 법정에서 틀어 주기 전에는 내가 녹화된 비디오를 보지 못했다. 내가 비디오 녹화 면담을 받은 것은 수개월 전이었다. 그 비디오를 보니까 아주 낯설었다. 나는 이전에는 이런 느낌을 가져 본 적이 전혀 없었다. 나는 그들이 나를 보고 비웃을 것이라는 생각이 들었다. 비디오에 집중하기가 힘들었다(Hattie, 14세).

(Plotnikoff & Woolfson, 2004, p. 31)

취약한 증인에게는 재판하기 전에 사전 녹화된 면담 내용을 볼 수 있도록 허용되어야 한다. 그러나 증인의 도우미들은 이 비디오를 보고 나서 수반될 수 있는 특정 정서에 대해서도 예상하고 있어야 한다.

〈사례연구 13-2〉에서는 피고 측 변호사들이 아동의 증언에 의문점을 던지기 위하여 사전 녹화된 증거를 사용해 온 방식의 한 가지를 보여 주고 있다. 수사 초기 단계에 관여한 전문가들은 일부 법정 변호사가 사전 녹화된 증거를 전부 또는 부분적으로 채택하지 않으려는 경향이 있어서 좌절을 겪곤 했다(예: Department of Health, 1994; Davies et al., 1995). 이 장의 끝 부분에서는 이런 좌절의 일부에 대해 좀 더 자세히 살펴볼 것이다.

도전적인 법정 분위기

피고 측 변호사들처럼 의심의 여지가 없이 막강하고 노련한 권위적 인물들이 왜 취약한 증인이 제공한 사전 녹화된 증거에 다소 문제가 있다며 흠을 찾아내려고 할까? 아마도 이 장에서 논의된 개혁 조치가 기존의 관행에 도전이 되기 때문에 저항을 받아 왔다고 여길 사람도 있을 것이다. 그것은 변호사와 재판부의 통제 능력을 일부 뒤흔들려는 것을 목적으로 하는 것이며, 수백 년간 거의 반대에 부딪히지 않고 관행으로 처리되어 온 전통적 방식에 변화를 요구하고 있는 것이다. 법률이란 자기중심적 체계(self-referential system)로서, 심리학이나 복지 같은 다른 체계의 진행 방식을 잘 고려하지 못한다(예: Henderson, 2002; King & Piper, 1995; King & Trowell, 1992). 따라서 외부의 감독을 받도록 이런 체계를 개방하는 것은 관련 법조인에게 도전적인 일이 된다. 많은 관련 인사는 현재의 법조 문화가 취약한 증인을 지지할 의도로 세워진 개혁 조치의 취지를 거스르는 경우가 종종 있다는 것을 발견하곤 한다(예: Davies & Noon, 1991; Davies et al., 1995; Plotnikoff & Woolfson, 1995b). 이는 이 장에서 살펴본 개혁 조치가 보여 주듯이 진전이 이루어진 것을 부정하고자 하는 것이 아니다. Hamlyn 등(2004)은 특별 조치의 지지를 받은 증인이 자신이 겪은 경험에 더 만족해하고, 덜 불안해하며, 해당 증거를 또다시 제시할 준비가 잘 되어 있는 것으로 보임을 발견했다. 그러나 현재의 주류 법조 문화에서 보이는 타성과 저항은 압도적인 영향을 줄 수 있다 (Westcott, 2006). 이런 타성과 저항의 네 가지 예는 쉽 게 떠올릴 수 있다.

지연

많은 개혁을 내세우고 실무 관행(practice)의 방향이 제시되었음에도 불구하고, 취약한 증인이 연루된 사건 의 처리가 지연되는 것은 풍토병처럼 법조계에서 고질 적인 것으로 보인다(예: Plotnikoff & Woolfson, 1995b, 2004). 통상적으로, 증언할 아동은 해당 사건이 법정에 오르기까지 대략 10~12개월을 기다려야 한다. 이처럼 지연되는 것은 아동의 기억(해당 사건뿐만 아니라 비디오 녹화된 증거에 관한)에 부정적인 영향을 미칠 뿐만 아니 라, 재판하기 전의 기간에 아동의 삶과 사회정서적 발 달에도 영향을 미친다. 또한 이 문제는 학습부진이 있 는 증인의 경우에도 심각하다. 증인 헌장(The Witness Charter; Office for Criminal Justice Reform, 2007b)에는 "아동 증인을 위시해서 취약한 증인이 연루된 사건은 가능한 한 빨리 재판을 받게 해야 한다."(표준 13)라는 공약이 들어 있다. 그러나 이와 같은 좋은 취지가 영국 의 범죄 사법 체계에서 인적 및 물적 지원의 감소 추세 를 극복하고 구현될 수 있을지는 불확실하다.

사전 녹화된 반대 심문

「청소년 사법 및 범죄 증거법 1999」에 비디오 녹화 된 반대 심문을 허용한다는 관련 법 조항이 들어 있지 만, 재판부가 그것의 도입을 계속 반대하여 그 취지가 망실되어 버린 지경까지 이른 것은 명확해 보인다. Pigot 보고서에 구상되었던 사전 녹화된 주요 증거에서 발전된 사전 녹화된 반대 심문은 〈글상자 13-2〉에 제시

한 세 개 범주—즉, 기억, 언어 및 권위—의 요인을 취 약한 증인에 맞추어서 다루었을 것이다. 그러나 법 1999 에서는 사전 녹화된 반대 심문은 재판을 시작하기 직전 에 시행하도록 규정하고 있는데, 이는 반대 심문의 장점 의 상당 부분을 없애 버린 꼴이 되었다. 현재의 진행 방 식은 유럽인권협약(European Convention on Human Rights) 위반으로 제지할 수도 있을 것이다. 이런 조치는 정부로 하여금 Pigot의 원래 제안서를 다시 검토하도록 압력을 넣는 효과를 가져올 수도 있을 것이다(Spencer, 출판 중).

중재인

전문가들은 언어적 의사소통이 전혀 안 되는 등 여 러 가지 장해가 있는 아동을 대상으로 하는 조사 면담 에서 숙련된 통역자를 사용하여 성공을 거두었다(예: Marchant & Page, 1992). 증인과 변호사/판사 사이의 중 간 대화자로서의 중재인을 활용하는 것은 법 1999에 도입된 모든 개혁 조치 중에서 가장 증인을 위하는 조 치일 것이다. 또한 취약한 증인을 잘 위해 주지 못한 사 례가 수없이 많음에도 불구하고(Henderson, 2002; Walker, 1993, 1994), 증인에게 스스로 직접 질문하는 권리를 오랫동안 자신의 기본권(예: Spencer & Flin, 1993)으로 여겨 왔던 법률 전문가에게는 가장 밥맛 없 는 일이었을 것이다.

중재적 특별 조치(intermediary special measure)는 2년간의 예비연구에서 연구 주제 중 하나였다(Plotnikoff & Woolfson, 2007b). 이 기간에 증인에게 도움이나 지원 을 해 주자는 요구가 200건이 넘었는데, 그중 가장 많은 건수(57%)가 지능의 장해나 사회적 기능에 어려움이 있 는 증인에 대한 것이었다. 지원 대상자 중 약 61%는 성 인이고 나머지는 아동이었다. 아동 중 단지 14%만이

나이를 기준으로 의뢰된 경우였다. 중재인은 조사 및 재판 전 단계 동안에 통상 투입되어서 예비연구가 끝날 때까지 법정에 나타난 사람은 거의 없었다. 중재인의 도움을 받은 거의 모든 이가 중재인이 도움이 되었다고 보고하였다. Plotnikoff와 Woolfson(2007b)은 한 판사의 말을 인용하였는데, 그 판사는 (증인에 대한) 질문이 복잡해졌을 때 중재 활동이 "강력히 전개되었다. 중재인의 개입 활동은 자주 이루어지지는 않았지만, 귀중한 도움을 주었다."고 했다. 예비연구의 성공으로 중재인의 활용은 2008년에 영국 및 웨일즈 전체로 퍼져나갔으며 스코틀랜드에서도 비슷한 방식이 거론되었다(Criminal Justice Directorate, 2007).

반대 심문

아동 증인에 대한 반대 심문(close-examination)에 관련된 논의는 광범위한 분석 결과를 산출했는데, 이는 반대 심문 절차가 증인의 심리적 안전(welfare)에 대한 침해 가능성이 있을 수 있다는 우려를 잘 보여 주고 있다(예: Westcott & Page, 2002). 예를 들면 다음과 같다.

다운증후군이 있는 사람들은 부정적 정서에 특히 민감한 경향이 있다. 그래서 이들은 공격적이라고 지각되면(예: 거칠게 질문하는 것) 질문한 사람에게 굽히는 방향으로 반응을 나타내곤 한다. 이런 반응은 암시의 영향을 받은 것으로 이어져서 증언의 내용이 어긋나게 되는 결과를 초래할 수 있다. 따라서 '특별한 사건'의 경우에는 (피해자에게) 이틀간 질문해서 얻어 낸 내용이 상호 모순되는 것들 투성이어서, 피고 측 변호사가 피해자를 칭찬해 주었다. 이런 결과가 나타나자 배심원 중 한 명은 눈물을 흘렸다(Sanders et al., 1997, pp. 76-77).

영국 변호사들은 범죄 수사 초기 단계에 사회복지사, 의사 및 경찰관이 제기하는 유도성 질문의 위험성을 극도로 염려하는 것으로 보인다. 역설적으로, 이들은 반대 심문 시 자신들이 유도성 질문을 사용하는 것과 이런 행위가 아동의 증거의 질에 어떤 영향을 미칠지에 대해서는 거의 관심이 없는 것으로 보인다. 반대 심문의 일환으로 이루어진 통상적 면담의 특징을 살펴보면 최선의 관행 원칙을 모두 위반하는 것으로 보인다. 그래서 증거를 오염시킬 위험성이 극대화되는 결과가 나타날 것으로 예측된다(Spencer & Flin, 1993, p. 307).

〈사례연구 13-2〉에서처럼, 교묘히 조종하려 하고 불친절하거나 모욕감을 주는 반대 심문은 증인의 자존감을 짓밟을 수 있고 증언의 효과성에도 심각한 문제를 가져올 수 있다. 취약한 증인에게는 반대 심문이 재판 과정 중에 가장 고통스러웠던 부분의 하나라고 반복해서 보고되어 왔다(예: Hamlyn et al., 2004; Plotnikoff & Woolfson, 2004; Sanders et al., 1997; Sas et al., 1991).

내무성(Home Office, 2002)과 스코틀랜드 행정부(Scottish Executive, 2003b) 모두의 지침에서는 재판부는 증인의 복지를 존중할 의무가 있으며 부적절한 질문은 증인에게 해를 끼칠 수 있다고 명확하게 언급하고 있다. 대검찰청(Crown Prosecution Service, 2005)이 마련한 검사의 공약(Prosecutor's Pledge)에는 검사가 "피해자가 자신의 인격에 대한 원치 않거나 무관한 공격을 받지 않도록 보호해야 하며 반대 심문이 부적합하거나 공격적인 것으로 여겨질 경우에는 재판부의 개입을 요청할 수 있다."라고 명시되어 있다. 물론 숙련된 변호사라면 자신의 주장을 관철하기 위해서 증인에게 꼭 모욕감을 줄 필요가 없을 것이다. 반대 심문은 "진실을 발견하기 위해 지금까지 발명된 사법 관련 엔진(legal engine) 중 가장 대단한 것"이라고 멋있게 묘사되었지만(Wigmore: Spencer & Flin, 1993, p. 270에서 재인용), 연구 결과에 의하면 적어도 아동에게는 정확성과 신뢰성 모두에서 해로운 결과를 초래할 수 있다. (독자는 Wigmore가 반대 심문의 가치를 높이 평가하기에 앞서서, 반대 심문의 역할을 사회에서의 고문의 역할과 비교한 적이 있다는 것을 알면 흥미가 유발될 것이다.) Zajac와 Hayne(2003)의 실험연구에서는 5세에서 6세의 아동에게 어떤 사건을 관찰하게 하고는 그 사건에 관한 녹화 면담을 실시하고 나중에는 실제 있었던 아동 증인 재판에서 따온 질문을 이용해서 반대 심문을 했다. 반대 심문에서는 아동의 85%가 자기가 원래 했던 발언을 바꾸었는데, 이 변화는 진실에서 거짓으로 바꾸거나 거짓에서 진실로 바꾸거나 그 변화의 정도가 비슷했다. 10세에서 11세의 아동을 대상으로 한 후속 연구에서는 말을 바꾼 정도가 더 적었으나 그 양상은 동일했다(Zakac & Hayne, 2006).

증인을 보호하고 증인이 제시한 증거를 검증하기

사전 녹화된 반대 심문과 중재인을 사용하는 것 그리고 반대 심문의 실제 관행은 법정에서 증인이 제시한 증거를 검증하는 것과 증인의 욕구 및 복지를 우선시하는 것 사이의 알력을 명료하게 부각시켜 준다. 물론 피고는 공정한 재판을 받을 권리가 있으며, 재판부의 의무는 재판이 이렇게 진행되도록 하는 것이다. 그러나 피고와 증인 사이의 실질적 동질성(substantive equality)과 형식적 동질성(formal equality)을 혼동하면 어려움이 발생한다.

학습부진이 있는 피해자는 다른 피해자와 마찬가지로 가능한 한 피고와 동일한 수준에 올려놓는 것

이 필요하다. 그리기 위해서는 '형식적' 동질성과 구분되는 '실질적' 동질성의 입장을 채택하는 것이 요구된다. …… 머리가 좋은 피고와 학습부진이 있는 피해자에게 똑같이 복잡한 질문을 던지는 것은 이들을 동등하게 다루는 것이 아니다. 단, 가장 임의적인 '형식적'(artificial 'formal') 의미에서만 그럴 뿐이다. 진짜로 동등하게 다루려면 피해자가 피고만큼 재판 과정을 이해할 수 있게끔 해 주어야 한다. 이와 똑같은 것이 재판부 및 관련 법조인들로부터 겁을 먹는 것을 해결해 주는 데에도 적용된다. 따라서 이와 같은 실질적 동질성 기준의 토대 위에서나 심의(trial)의 실시, (증인 대상의) 질문에 대한 판사의 개입, 그리고 차단막, 비디오 녹화 면담, 폐쇄회로 TV 등의 활용 여부를 고려하게 되는 것이다(Sanders et al., 1997, pp. 81-82).

이 장에서 우리는 취약한 증인들에게 **실질적 동질성**을 부여하기 위해 특별 조치를 적용해 온 개혁 과정을 살펴보았다. 그러나 지연, 반대 심문 그리고 관련 스트레스 같은 경험이 특별 조치가 실제로 적용되었을 때 성공하는 정도를 줄일 수 있으며, 따라서 증인의 입장에서 보면, **형식적 동질성**이 결과로서 생기는 것일 뿐이다. 더욱이 위와 같이 좋지 않은 관행으로 인해 범죄 사법 과정에 대한 증인의 인식과 재판 후 증인의 복지에 나쁜 영향을 끼칠 수 있으며, 특정 증인들에게는 지속적인 영향을 줄 수도 있다(예: Goodman et al., 1992; Hamlyn et al., 2004; Sas et al., 1991; 1995).

Hamlyn 등(2004)은 취약하고 겁을 먹은 증인이 다른 증인들에 비해서 (특별 조치로 인해) 그들이 겪는 경험 전반에 걸쳐서 덜 만족해하는 것을 발견하였으며, Burton 등(2006)은 특별 조치의 실제 적용이 엉성한 수준이라고 보고하였다. 취약한 증인은 재판 과정 중에

너무 뒤늦게 확인되고 있어서 특별 조치의 혜택을 받지 못하기 쉬운 경향이 있다. 대검찰청에서 재판 당일(너무 늦어서 증인이 준비하기 어려움)에 특별 조치를 위촉하는 경우도 종종 있을 정도다. 비디오 녹화 면담도 이를 적용하기 적합한 취약한 증인들 중에서도 소수에게만 적용되고 있으며, 준비 활동(예: 재판 전 법정 찾아가기)도 또한 제공되지 않는 경우가 종종 있다. Burton 등(2006)은 이런 상황을 '중요함에도 충족되지 않은 욕구(significant unmet need)'(p. vii)의 하나로 기술하고 있으며, 법정뿐만 아니라 수사 및 재판 전체 과정상의 문제로 간주하고 있다. 우리가 취약한 사람을 진정 보호해 주려고 한다면, 우리는 피고와 증인 사이의 실질적 동질성을 얻어 내는 것을 목표로 하고, 이 목표를 달성하기 위해서 재판 과정에서의 우선순위, 정책 및 관련 관행을 검토하고 바꿀 준비를 해야 할 것이다.

요약

- 대부분의 증인은 법정에서의 증언을 스트레스로 여기는데, 이는 특히 증인이 나이 또는 정신적·신체적 능력부진(disability) 및/또는 범죄 피해자라는 이유로 취약성이 있는 경우에 특히 그렇다.
- 법정으로 들어가는 아동 증인의 두려움에는 피고 및 피고 측 친지로부터 해를 받지 않을까, 가족으로부터 배척받고 가족이 해체되지 않을까, 그리고 증언을 제공할 때 믿어 주지 않거나 당황하게 되지 않을까에 대한 것이 있다.
- 최근에 영국 및 웨일즈의 법정에서는 재판 과정의 상호 반박적인 속성을 견지하면서도 증인이 최선의 증거를 제공하는 것을 지원하기 위한 다양한 특별 조치를 도입하였다.
- 특별 조치에는 사전 녹화된 주요 증거, 증인이 법정 밖에서 증언할 수 있게 해 주는 CCTV 연결망의 사용, 법정 내에서의 사회적 지지 제공, 그리고 의사소통의 어려움이 있는 증인을 중재인으로 하여금 돕게 하는 것 등이 있다.
- 이런 특별 조치 이외에도 법정에서 사건 경위를 청취하는 데 있어서 시간의 지연과 연기시키는 행위를 저지할 조치가 필요하며 외양적으로 공격적인 반대 심문 과정이 좀 더 순하게 이루어지도록 할 필요가 있다.
- 취약한 증인의 욕구를 세밀하게 파악하는 것은 영국의 관습법 전통을 공유하는 나라들에서 널리 확산되었으며 많은 실험을 통해서 절차상의 변화가 이루어졌다. 그러나 재판이라는 법률적 과정이 본질적으로 상호 반박하는 것임을 감안할 때 취약성이 있는 피해자에게는 실질적 동질성이 이루기 어려운 목표로 여겨지게 될 것이다.

1. 피해자와 증인을 취약하게 만드는 요인은 무엇인가? 특별 조치는 취약한 증인의 욕구를 어떻게 충족시켜 주었는가?

2. 취약한 증인으로부터 증언을 얻어 내는 것과 관련지어서 '보호활동(safeguarding)'의 개념을 논의하라.

3. 영국 및 웨일즈에서 범죄사건을 다루는 법정에서 증인을 보호하려는 최근의 시도는 증인의 욕구를 충족시켜 줄 정도로 충분히 이루어졌는가?

4. '피고와 피해자 사이의 형식적 동질성을 조성해 주는 정규적 절차가 피해자가 취약성이 있는 경우에는 종종 실질적 비동질성(substantive inequality)을 일으킨다.'는 진술에 대해 논의하라.

5. 취약한 증인의 욕구와 피고의 권리는 법정에서 어느 정도나 타협될 수 있을까?

참고문헌

Aldridge, J., & Freshwater, K. (1993). The preparation of the child witnesses. *Tolley's Journal of Child Law, 5*, 25–28.

Baker-Ward, L., & Ornstein, P. A. (2002). Cognitive underpinnings of children's testimony. In H. L. Westcott, G. M. Davies & R. H. C. Bull (Eds.), *Children's testimony: A handbook of psychological research and forensic practice*. Chichester: John Wiley & Sons, Inc.

Bottoms, B., & Goodman, G. S. (1996). *International perspectives on child abuse and children's testimony: Psychological research and law*. Thousand Oaks, CA: SAGE Publications.

Brennan, M., & Brennan, R. E. (1988). *Strange language: Child victims under cross-examination*. Wagga Wagga, NSW: Riverina Murray Institute of Higher Education.

Burton, M., Evans, R., & Sanders, A. (2006). Are special measures for vulnerable and intimidated witnesses working? Evidence from the criminal justice agencies.

(Home Office Online Report 01/06). London: Home Office. Retrieved 23 August 2011 from http://webarchive.nationalarchives.gov.uk/20110220105210/rds.homeOf-fice.gov.uk/rds/pdfs06/rdsolr0106.pdf

Cashmore, J. (2002). Innovative procedures for child witnesses. In H. L. Westcott, G. M. Davies & R. H. C. Bull (Eds.), *Children's testimony: A handbook of psychological research and forensic practice*. Chichester: John Wiley & Sons, Inc.

Cashmore, J., & De Haas, N. (1992). *The use of closed-circuit television for child witnesses in the ACT*. A report for the Australian Law Reform Commission and the Australian Capital Territory Magistrates Court.

Ceci, S. J., Ross, D. F., & Toglia, M. P. (1987). Suggestibility of children's memory: Psycholegal implications. *Journal of Experimental Psychology: General, 116*, 38–49.

Cooke, P. (2001). The virtual courtroom: A view of justice. *Ann Craft Trust Bulletin, 35*, 2–5.

Criminal Justice Directorate. (2007). *The use of*

intermediaries for vulnerable witnesses in Scotland. Edinburgh: Criminal Justice Directorate.

Crown Prosecution Service. (2005). The prosecutor's pledge. Retrieved 23 August 2011 from www.cps.gov. uk/publications/prosecution/prosecutor_pledge.html

Davies, G. M. (1999). The impact of television on the presentation and reception of children' evidence. *International Journal of Law and Psychiatry, 22,* 241-256.

Davies, G. M., & Noon, E. (1991). *An evaluation of the Live Link for child witnesses.* London: Home Office.

Davies, G. M., & Westcott, H. L. (2006). Preventing withdrawal of complaints and psychological support for victims. In M. R. Kebbell & G. M. Davies (Eds.), *Practical psychology for forensic investigations and prosecutions.* Chichester: John Wiley & Sons, Inc.

Davies, G. M., Wilson, C., Mitchell, R., & Milsom, J. (1995). *Videotaping children's evidence: An evaluation.* London: Home Office.

Department of Education. (2011) Every child matters: Children and young people. London: Department of Education. Retrieved 5 October 2011 from www. education.gov.uk/childrenandyoungpeople/safeguard ing/safeguardingchildren

Department of Health. (1994). *The child, the court and the video: A study of the implementation of the 'memorandum of Good Practice on video interviewing of child witnesses'.* London: Department of Health Social Services Inspectorate.

Esam, B. (2002). Young witnesses: Still no justice. In H. L. Westcott, G. M. Davies & R. H. C. Bull (Eds.), *Children's testimony: A handbook of psychological research and forensic practice.* Chichester: John Wiley & Sons, Inc.

Gallagher, B., & Pease, K. (2000). *Understanding the attrition of child abuse and neglect cases in the criminal justice system.* Unpublished Report to the ESRC (R000236891).

Goodman, G. S., Taub, E. P., Jones, D. P. H., England, P., Port, L. K., & Rudy, L. (1992). Testifying in criminal court: emotional effects on child sexual assault victims. *Monographs of the Society for Research in Child Development, 57* (Serial no. 229).

Hall, S. R., & Sales, B. D. (2008). *Courtroom modifications for child witnesses.* Washington, DC: American Psychological Association.

Hamlyn, B., Phelps, A., Turtle, J., & Sattar, G. (2004). *Are Special Measures working? Evidence from surveys of vulnerable and intimidated witnesses. (Home Office Research Study 283).* London: Home Office.

Harris, J., & Grace, S. (1999). *A question of evidence? Investigating and prosecuting rape in the 1990s. (Home Office Research Study 196).* London: Home Office.

Henderson, E. (2002). Persuading and controlling: The theory of cross-examination in relation to children. In H. L. Westcott, G. M. Davies & R. H. C. Bull (Eds.), *Children's testimony: A handbook of psychological research and forensic practice.* Chichester: John Wiley & Sons, Inc.

Home Office. (1992). *The Memorandum of Good Practice on video recorded interviews with child witnesses for criminal proceedings.* London: Home Office.

Home Office. (1998). *Speaking up for justice: Report of the interdepartmental Working group on the treatment of vulnerable and intimidated witnesses in the criminal justice system.* London: Home Office.

Home Office. (2002). *Achieving best evidence in criminal proceedings: Guidance for vulnerable or intimidated witnesses, including children.* London: Home Office Communication Directorate.

Kelly, L., Lovett, J., & Regan, L. (2005). *A gap or a chasm? Attrition in reported rape cases. (Home*

Office Research Study 293). London: Home Office RDS.

Kennedy, M. (1992). Not the only way to communicate: A challenge to voice in child protection work. *Child Abuse Review, 1*, 169–177.

King, M., & Piper, C. (1995). *How the law thinks about children* (2nd ed.). Aldershot: Arena.

King, M., & Trowell, J. (1992). *Children's welfare and the law: The limits of legal intervention*. London: SAGE Publications.

Landstrom, S. (2008). *CCTV, live and videotapes: How presentation mode affects the evaluation of witnesses*. Gothenburg, Sweden: University of Gothenburg.

Marchant, R., & Page, M. (1992). *Bridging the gap: Child protection work with children with multiple disabilities*. London: NSPCC.

Meyer, J., & Jesilow, P. (1993). Obedience to authority: Possible effects on children's testimony. *Psychology Crime and Law, 3*, 81–95.

Ministry of Justice. (2011). *Achieving best evidence in criminal proceedings: Guidance on interviewing victims and witnesses, and guidance on using special measures*. London: Ministry of Justice.

Moston, S. (1992). Social support and children's eyewitness testimony. In H. Dent & R. Flin (Eds.), *Children as witnesses*. Chichester: John Wiley & Sons, Inc.

Moston, S., & Engelberg, T. (1992). The effects of social support on children's eyewitness testimony. *Applied Cognitive Psychology, 6*, 61–76.

Murray, K. (1995). *Live television link: An evaluation of its use by child witnesses in Scottish criminal trials*. Edinburgh: HMSO.

Murray, K. (1997). *Preparing child witnesses for court*. Edinburgh: The Stationery Office.

NSPCC. (2000). *Giving evidence—What's it really like?* London: NSPCC.

NSPCC & ChildLine. (1998). *The young witness pack*. London: NSPCC.

Office for Criminal Justice Reform. (2005). *Improving the criminal trial process for young witnesses*. London: Office for Criminal Justice Reform.

Office for Criminal Justice Reform. (2007a). *Achieving best evidence in criminal proceedings: Guidance on interviewing victims and witnesses, and using special measures*. London: Office for Criminal Justice Reform.

Office for Criminal Justice Reform. (2007b). *The witness charter: Standards of care for witnesses in the criminal justice system*. London: Office for Criminal Justice Reform.

Office for Criminal Justice Reform. (2009). *Young witness support: It's in your hands*. London: Office for Criminal Justice Reform.

Pigot, T. (1989). *Report of the advisory group on video evidence*. London: Home Office.

Plotnikoff, J., & Woolfson, R. (1995a). *The child witness pack—An evaluation. (Research Findings No. 29)*. London: Home Office Research and Planning Unit.

Plotnikoff, J., & Woolfson, R. (1995b). *Prosecuting child abuse: An evaluation of the government's speedy progress policy*. London: Blackstone Press.

Plotnikoff, J., & Woolfson, R. (1996). Evaluation of witness service support for child witnesses. In Victim Support (Ed.), *Children in court*. London: Victim Support.

Plotnikoff, J., & Woolfson, R. (2004). *In their own words: The experiences of 50 young witnesses in criminal proceedings*. London: NSPCC.

Plotnikoff, J., & Woolfson, R. (2007a). *Evaluation of young witness support: Examining the impact on witnesses and the criminal justice system*. London: Home Office.

Plotnikoff, J., & Woolfson, R. (2007b). *The 'go between': Evaluation of intermediary pathfinder projects*.

London: Home Office.

Powell, M., & Thomson, D. (2002). Children's memories for repeated events. In H. L. Westcott, G. M. Davies & R. H. C. Bull (Eds.), *Children's testimony: A handbook of psychological research and forensic practice*. Chichester: John Wiley & Sons, Inc.

Sanders, A. Creaton, J., Bird, S., & Weber, L. (1997). *Victims with learning disabilities: Negotiating the criminal justice system*. Oxford: University of Oxford Centre for Criminological Research.

Sas, L. D., Cunningham, A. H., Hurley, P., Dick, T., & Farnsworth, A. (1995). *Tipping the balance to tell the secret: Public discovery of child sexual abuse*. London, Ontario: London Family Court Clinic, Child Witness Project.

Sas, L. D., Hurley, P., Hatch, A., Malla, S., & Dick, T. (1991). *Three years after the verdict: A longitudinal study of the social and psychological adjustment of child witnesses referred to the child witness project*. London, Ontario: London Family Court Clinic, Child Witness Project.

Saywitz, K. J. (2002). Developmental underpinnings of children's testimony. In H. L. Westcott, G. M. Davies & R. H. C. Bull (Eds.), *Children's testimony: A handbook of psychological research and forensic practice*. Chichester: John Wiley & Sons, Inc.

Saywitz, K. J., Nathanson, R., Snyder, L., & Lamphear, V. (1993). *Preparing children for the investigative and judicial process: Improving communication, memory and emotional resiliency*. Final Report to the National Center on Child Abuse and Neglect (Grant No. 90CA1179).

Scottish Executive. (2003a). *Lord Justice General's Memorandum on child witnesses. Appendix to guidance on the questioning of children in court*. Edinburgh: The Stationery Office.

Scottish Executive. (2003b). *Guidance on the questioning*

of children in court. Edinburgh: The Stationery Office.

Spencer, J. R. (in press). Evidence and cross examination. In M. E. Lamb, D. J. La Rooy, L. C. Malloy & C. Katz (Eds.), *Children's testimony: A handbook of psychological research and forensic practice*. Chichester: John Wiley & Sons, Inc.

Spencer, J. R., & Flin, R. H. (1993). *The evidence of children: The law and the psychology* (2nd ed.). London: Blackstone Press.

Spencer, J. R., Nicholson, G., Flin, R., & Bull, R. (1990). *Children's evidence in legal proceedings: An international perspective*. Cambridge: Cambridge University Faculty of Law.

Sternberg, K. J., Lamb, M. E., Davies, G. M., & Westcott, H. L. (2001). The Memorandum of Good Practice: Theory versus application. *Child Abuse & Neglect, 25*, 669-681.

Wade, A. (2002). New measures and new challenges: Children's experiences of the court process. In H. L. Westcott, G. M. Davies & R. H. C. Bull (Eds.), *Children's testimony: A handbook of psychological research and forensic practice*. Chichester: John Wiley & Sons, Inc.

Wade, A., & Westcott, H. L. (1997). No easy answers: Children's perspectives on investigative interviews. In H. L. Westcott & J. Jones (Eds.), *Perspectives on the Memorandum: Policy, practice and research in investigative interviewing*. Aldershot: Arena.

Walker, A. G. (1993). Questioning young children in court: A linguistic case study. *Law and Human Behavior, 17*, 59-81.

Walker, A. G. (1994). *Handbook on questioning children: A linguistic perspective*. Washington: ABA Center on Children and the Law.

Westcott, H. L. (2006). Child witness testimony: What do we know and where are we going? *Child and*

Family Law Quarterly, 18, 175-190.

Westcott, H. L., & Davies, G. M. (1996). Sexually abused children's and young people's perspectives on investigative interviews. *British Journal of Social Work, 26,* 451-474.

Westcott, H. L., & Kynan, S. (2006). Interviewer practice in investigative interviews for suspected child sexual abuse. *Psychology, Crime & Law, 12,* 367-382.

Westcott, H. L., Kynan, S., & Few, C. (2006). Improving the quality of investigative interviews for suspected child abuse: A case study. *Psychology, Crime & Law, 12,* 77-96.

Westcott, H. L., & Page, M. (2002). Cross-examination, sexual abuse and child witness identity. *Child Abuse Review, 11,* 137-152.

Zajac, R., & Hayne, H. (2003). The effect of cross-examination on the accuracy ofw children's reports. *Journal of Experimental Psychology: Applied, 9,* 187-195.

Zajac, R., & Hayne, H. (2006). The negative effect of cross-examination style questioning on children's accuracy: Older children are not immune. *Applied Cognitive Psychology, 20,* 3-16.

주석이 달린 읽을거리 목록

Burton, M., Evans, R., & Sanders, A. (2006). *Are Special Measures for vulnerable and intimidated witnesses working? Evidence from the criminal justice agencies. (Home Office Online Report 01/06).* London: Home Office. 특별 조치의 시행 전과 후에 수행된 다중-방법(multi-method) 연구 프로젝트에 대한 보고서. 이런 특별 조치가 실제 현장에서 얼마나 효과가 있는지 그 정도를 보고하고 있으며, '문화적 변화'가 요구되는 것을 관찰한 내용도 들어 있고, 장차 관심을 기울일 필요가 있는 제안사항도 제시하고 있다.

Hamlyn, B., Phelps, A., Turtle, J., & Sattar, G. (2004). *Are Special Measures working? Evidence from surveys of vulnerable and intimidated witnesses. (Home Office Research Study 283).* London: Home Office. 새로운 특별 조치를 시행하기 전과 후에 취약한 증인이 경험한 바를 조사한 연구 프로젝트 보고서.

Kelly, L., Lovett, J., & Regan, L. (2005). *A gap or a chasm? Attrition in reported rape cases. (Home Office Research Study 293).* London: Home Office RDS. 2,000개가 넘는 강간 사례를 조사하고 형사 사법 체계에 대한 피해자의 인식과 경험을 탐색한 연구 프로젝트 보고서. 이런 사례에서의 자연 감소율(attrition rates)을 상세히 분석하여 제시하고, 자세한 권고사항을 제시하였다.

Lamb, M. E., La Rooy D. J., Malloy L. C., & Katz, C. (Eds.) (2011). *Children's testimony: A handbook of psychological research and forensic practice.* Chichester: John Wiley & Sons, Inc. *A new edition of the handbook originally edited by Westcott et al. (2002).* 아동 증인을 면담 시 NICHD 진행방식을 사용할 때에 초점을 두고 관련된 다양한 쟁점을 종합적으로 다룬다. 개관도 소개하고 있으며 이 책에서 강조하는 관련 용어집도 들어 있다.

Plotnikoff, J., & Woolfson, R. (2004). *In their own words: The experiences of 50 young witnesses in criminal proceedings.* London: NSPCC. 50명의 어린 증인을 대상으로 재판 전 경험과 법정에서의 경험의 모든 측면에 대해서 면담한 연구 프로젝트 보고서. 특별 조치, 특히 비디오 녹화 면담, 생중계, 그리고 재판 전 준비 및 지원에 대해서 상세히 고찰하고 있다.

Sanders, A., Creaton, J., Bird, S., & Weber, L. (1997). *Victims with learning disabilities: Negotiating the criminal justice system.* Oxford: University of Oxford Centre for Criminological Research. 학습부진 피해자 76명의 사례를 조사한 연구 프로젝트 보고서. 이 피해자들이 수사 및 기소 과정의 각 단계에서 부딪친 특별한 문제들을 한 걸음씩 분석(step-by-step analysis)하였다.

Westcott, H. L., Davies, G. M., & Bull, R. H. C. (Eds.) (2002). *Children's testimony: A handbook of psychological research and forensic practice*. Chichester: John Wiley & Sons, Inc. 다양한 쟁점을 다루는 종합적인 논문집으로서, 여기에는 인지 및 발달적 토대, 기억 및 면담하기, 법정 관련 쟁점, 그리고 아동 증언에 대한 대안적 관점이 포함된다.

제14장   신원 확인 증거

TIM VALENTINE

주요 용어

| 들러리 | 맹목 실시 | 몰입 | 무기 초점 | 비디오 확인 | 사건 후 정보 | 순차적 제시 | 스트레스 | 원천 귀인 | | 줄 세우기 | 체계 변인 | 추정 변인 |

이 장의 개요

이 장에서는 기억의 심리학에 대한 내용을 살펴보고 목격자에 의한 확인(eyewitness identification)의 오류 가능성의 이유를 탐색한다. 이에 관한 증거는 실험실 실험이나 실제 목격자나 범죄 피해자에 의한 확인을 분석하여 얻었다. 신원 확인 증거를 얻는 데 사용한 방법들을 개략적으로 설명하였고, 목격자 기억에 영향을 미치는 요인을 기술하였으며, 신원 확인 절차가 목격자 확인의 신뢰도에 미치는 영향을 논의하였다. 목격자에게 주어지는 지시, **줄 세우기 (line-up)**에 필요한 사람의 선발 그리고 과거 확인 시도의 효과를 모두 고려하였다. 목격자의 확신을 변화시킬 수 있는 절차에 대해서도 논의하였다. 신원 확인 절차에 대한 공식적인 지침을 연구문헌의 관점에서 비판적으로 평가하였다. CCTV의 광범위한 활용을 통해 목격자 기억의 약점을 피할 수 있는 기회가 증가하고 있고, 범인을 확인하기 위해 비디오 이미지를 사용하는 것도 증가하고 있다. 여하튼 심리과학은 CCTV 형태의 이미지로부터 낯선 사람을 확인하는 것이 오류를 범할 수 있다는 것을 보여 준다.

> **줄 세우기 (line-up)**
>
> 피의자가 아닌 들러리 중에 있는 피의자를 확인하는 검사. 줄세우기는 사진으로도 할 수 있고 실제 사람으로도 할 수 있다.

잘못된 신원 확인의 문제

형사사건에서 범인의 확인은 종종 논쟁거리가 된다. 예를 들면, DNA나 지문 같은 범죄 증거가 없는 상태에서 법정에서의 중요한 논제는 목격자 확인의 정확성을 평가하는 것이다. 미국의 증거에서는 잘못된 확인이 틀린 선고의 요인으로 75%를 차지하였다. 잘못 선고된 275명 이상의 사람이 새로운 DNA 증거에 의해 무죄로 풀려났다. 사례사들을 보면 잘못된 목격이 자신들의 확인에 자신감을 줄 수 있는 한 사람 이상의 목격인 경우 동일하게 잘못된 신원 확인을 할 수도 있다(Innocence Project, 2010).

미국에서 잘못된 신원 확인이 틀린 선고의 주된 역할을 하고 DNA에 의해 제공된 증거로 무죄가 되는 일이 많아서 목격 확인을 하는 데 사용되는 방법에 대한 주의가 다시 환기되었다. 이전에 영국 정부는 잘못된 목격 확인에 기인한 틀린 선고에 대해 조사하도록 위임을 하였다(Devlin, 1976). 목격 확인 절차에 대한 정책을 심각하게 고치는 것은 잘못된 신원 확인의 가능성을 최소화하기 위한 것이다. 반면에, 신뢰성 있는 증인이 유죄 피의자를 가능한 한 확인하기 쉽게 만드는 것은 목격 확인 증거의 기소 가치를 향상시킬 수 있다. 형사사법 체계에 대한 앞으로의 개선은 목격 확인 증거가 법정에서 적절하게 해석되고 목격 확인 증거의 제한점이 알맞게 인식될 수 있도록 하기 위한 것이다.

목격 확인과 인간 기억

정보는 범죄 장면에 대한 목격에 의해 부호화된다는 것을 기억해야 한다. 목격자는 사건의 일부 측면을 기억하지 못할 수 있다. 왜냐하면 관련된 세부사항에 주의를 기울이지 못하고, 그리하여 그것이 기억에 부호화되지 못하기 때문이다. 정보는 개입 시기에 상실되거나 혼란되지 않고 저장된다. 마지막으로 회상이나 재인에 의해 적절한 시간에 인출될 수 있다(보다 자세한 내용은 5장 참조).

인간 기억은 기억에 부호화된 불완전한 정보로부터 사건에 대한 설명을 능동적으로 재구성하는 과정이다. 인간의 기억을 비디오 기록을 보는 사람이 어느 장면을 고정시켜 이전에는 알아차리지 못했던 부분을 자세하게 들여다보는 것이라고 생각해서는 안 된다. 기억할 때는 사건을 능동적으로 재구성하기 위해 정보가 활용된다. 이러한 정보에는 증인의 이전 지식, 기대 그리고 가정이 포함될 수 있다. 우리는 무엇이 '반드시 일어나야만 했는지'에 대한 기대를 가지고 기억에 없는 부분을 메운다. 기억하는 사람은 이 과정을 보통 인식하지 못한다. 그리고 기억에서의 새로운 정보와 순수하게 기억된 정보를 변별하지도 못한다. 기대는 상점에서 물건을 사거나 술을 마시러 나가거나(Schank & Abelson, 1977) 또는 고정관념(예: 승합차의 운전자가 남자였다)과 같은 전형적인 일상생활 사건(각본)에 대한 기억으로부터 생긴다. 예를 들면, 남자가 차에 타서 운전하고 갔다는 증언은 그가 운전석으로 올라갔다는 것을 가정하고 있다. 기억할 때 우리는 또한 사건 이후에 획득한 정보[사건 후 정보(post event information)]를 사용할 수도 있다. 그 정보는 조사관의 질문이나 다른 목격자의 설명으로부터 생길 수 있다.

사건 후 정보
(post event information)

증인이 관련된 사고가 일어난 후에 획득한 정보. 사건 후 정보는 증인의 증언에 영향을 줄 수 있다. 잘못된 사건 후 정보는 기억 왜곡을 가져올 수 있다.

예를 들면, 증인은 "다른 증인은 남자가 칼을 들고 있었다고 했는데 당신은 칼을 보았습니까?"라는 질문을 받을 수 있다. 요약하면, 인간 기억은 창조적인 요소를 포함하고 있는 능동적 과정이다. 이것이 기억이 암시(사건 후 정보로부터의)와 편견(사전 지식이나 가정으로부터의)에 취약한 이유다.

목격은 일화적 기억의 묘기를 부리도록 요구된다. 그들은 특정 장소와 시간(즉, 하나의 일화)에서 본 것들을 기억하도록 요구된다. 회상할 때 증인은 다양한 사건으로부터 회상되는 한 가지에 이르기까지 세부적인 부분을 오귀인할 수 있다. 예를 들면, 오전에 본 차를 범죄 장면에 있었던 것으로 잘못 기억할 수 있다. 이것

은 **원천 귀인**(source attribution) 오류라고 알려져 있다.

부호화는 관련된 항목에 주어지는 주의와 항목에 대한 인지적 처리의 정도(처리 수준)에 영향을 받을 수 있다. 예

원천 귀인
(source attribution)

특정한 원천이나 일화에 대한 기억의 귀인. 원천 귀인 오류란 기억이 부정확한 원천이나 일화에 잘못 귀인되는 상황을 말한다.

를 들어, 관련된 시간에 범죄 장면 가까이에 주차된 차를 알고 있는 두 명의 증인을 생각해 보자. 한 증인은 그것이 밤색 차였다고 할 수 있다. 이 증인은 상대적으로 낮은 수준의 정보처리를 하고 있어서 그 사건에 대해 질문을 받았을 때 인출 실패를 할 가능성이 상대적으로 높을 수 있다. 다른 한 증인은 그 차가 TV에서 탐정 Morse가 몰았던 것과 유사한 밤색 재규어 Mk II라고 말할 수 있다. 이 증인은 자신의 기존 지식을 그 항목의 특징에 연결시켜 좀 더 깊이 있게 처리한 것이다. 차의 세부사항은 증인의 인출 실패에 더 저항적일 수 있다.

어떤 사람이 사건을 회상하는 정도는 회상이 시도될 때 가용한 단서에 크게 의존한다. 인출의 성공은 인출 시에 가용한 단서와 기억에 저장된 단서의 중첩에 관련되어 있다(부호화 구체성 원리: encoding specificity principle). 예를 들어, 다음 두 질문을 생각해 보자. "당신은 1997년 8월 31일에 무엇을 했는지 기억할 수 있습니까?" "당신은 다이애나 왕세자비가 죽었다는 소식을 처음 들었을 때 무엇을 하고 있었는지 기억할 수 있습니까?" 날짜를 제공하는 것(첫 번째 질문에서)은 기억을 유발하는 데 좋은 단서가 아니다. 그러나 다이애나 왕세자비의 죽음은 충격적인 사건으로 상대적으로 기억에 뚜렷하게 남을 수 있다. 알아 두어야 할 것은 다이애나 왕세자비가 1997년 8월 31일에 죽었다는 것이다. 그래서 이 두 질문은 같은 정보에 대해 상이한 인출 정보를 제공한 것이다. 하나가 다른 것보다 훨씬

더 효과적이다.

누군가가 기억하려고 시도할 때마다 인출 시도에 대한 새로운 기억이 만들어지고 원래의 사건을 회상하는 데 간섭한다. 실험실 연구들은 이전에 회상된 재료는 연속적으로 회상될 가능성이 높지만 이전에 회상되지 못한 재료는 연속해서 회상되기 어렵다는 것을 보여 주고 있다. 이 효과는 인출 유도 망각(retrieval-induced forgetting)으로 알려져 있다(예: Bauml et al., 2005). 여하튼 Odinot 등(2000)은 비디오에서 본 사건에 대한 부분적인 반복 인출이 시연 재료의 회상을 증가시키지만 연습하지 않은 연속 회상을 손상시키지는 않는 것으로 보고하였다. 여하튼 반복된 회상은 오류에 대한 확신을 부적절하게 높여 옳은 답이든 틀린 답이든 확신을 높인다.

심리학자들은 사건에 대한 자유회상을 하는 외현 기억과 내현 기억을 구분한다. 어떤 사람이 기억의 영향을 인식하지 못할 때 내현 기억이라고 한다. 예를 들면, 일상생활 사건의 세부사항을 채우는 데 사용되는 기억 각본의 영향을 들 수 있다.

이런 점을 고려해서 기술된 기억의 원리는 일반적으로 목격자 증언에 적용될 수 있다. 범인의 얼굴을 확인하라고 요구되었을 때는 시각 기억이 사용된다. 일반적으로 기술된 기억 원리가 시각 기억에도 똑같이 적용된다. 여하튼 시각 기억의 회상, 특히 얼굴 기억은 각 얼굴을 특징적으로 기술할 수 있는 적절한 언어를 가지고 있지 못하기 때문에 부분적으로는 매우 어렵다([그림 14-1]). 따라서 범인의 얼굴을 확인하려고 할 때는 재인에 의존한다. 재인은 회상할 때 우수한 기억 수행을 한다. 신원 확인 절차(줄 세우기 같은)를 행하는 목적은 증인이 용의자의 얼굴을 재인하는지를 검사하는 것이다. 증인은 특정 경우에 있는 사람을 본 것(일화적 기억)들을 추억해서 얼굴을 재인할 수 있다. 여하튼 얼굴이 단지 익숙하기 때문에 재인할 수도 있다. 내현 기억의 영

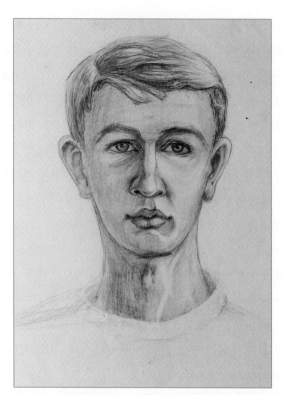

[그림 14-1] 시각 기억의 회상, 특히 얼굴에 대한 기억은 각 얼굴의 특징을 기술할 수 있는 적절한 언어가 없기 때문에 매우 어렵다.

출처: ⓒ Babich Alexander. Shutterstock사의 허락하에 게재함.

향이 그 얼굴을 이전에 본 어떤 추억도 없음에도 불구하고 얼굴을 비슷하게 보이게 할 수 있다. 얼굴에 대한 재인 기억은 만났다는 맥락에서 볼 때 회상보다 더 낫다. 이때 친숙성은 범죄 장면에 있었던 것에 대한 오귀인을 일으킬 수 있고 잠재적으로 잘못된 신원 확인으로 유도할 수 있다.

신원 확인 절차의 설계에 필요한 것

목격 확인 절차의 설계는 인간 기억에 대한 이해를 위한 몇 개의 장치와 재인 기억을 통해 평가될 수 있다. 신원 확인 절차는 과학적 실험으로 간주되는 것이 유

용하다(Wells, 1993). 경찰은 용의자가 범인이라는 가설을 가지고 있다. 신원 확인 절차의 목적은 증인이 용의자를 범인이라고 확인할 수 있도록 함으로써 그 가설을 검증하는 것이다. 그러한 실험은 불평을 자아낼 수도 있지만 범인을 확인하는 데 있어 신뢰할 수 없는 증인과 신뢰할 수 있는 증인을 구별할 수 있게 해 준다.

가장 간단한 신원 확인 절차는 증인 사진을 보고 그 사람이 범인인지를 알아보게 하는 것이다. 이 절차는 미국에서는 보여 주기(shown-up)라고 알려져 있고, 영국에서는 직면(confrontation)이라고 알려져 있다. 이것은 용의자를 체포하기에는 사유가 불충분할 때 범죄가 보고된 직후 그 장면이나 근처에 있던 것을 통상적으로 사용한다. 이러한 환경의 절차를 영국에서는 거리 확인(street identification)이라고 부른다. 본질적으로 똑같은 절차가 스코틀랜드 법정에서 사용되는데 증인은 법정에서 제시된 범인을 확인하라고 요청받는다. 이를 피고석 확인(dock identification)이라고 한다(〈사례연구 14-1〉참조). 이 절차가 가진 문제는 신원 확인을 하는 증인이 잘못을 저지르는지 점검할 방법이 없다는 것이다. 거기에는 단지 두 가지 가능한 결과가 있을 뿐이다. 즉, 증인이 그 사람을 확인하지 못하거나 용의자를 확인하는 것이다. 그러한 절차는 증인으로 하여금 그 사람이 경찰이 용의자로 지목했다고 믿게 하거나 피고석 확인의 경우 그 사람이 범죄를 저질렀다고 믿게 할 수 있다. 그 절차는 매우 암시성이 높다. 신원 확인을 요구하는 데 포함된 정보가 증인의 반응에 편향을 일으킬 수 있다.

사례연구 14-1　　Justin McAlroy의 살인범

Justic McAlroy는 약물 판매와 관련하여 5만 파운드를 벌었다고 알려졌다. 그는 2007년 3월 3일 퍼스(Perth) 감옥의 중범죄자를 면회한 후 오후 10시 전에 집으로 돌아왔다. 거기에는 총을 든 남자가 기다리고 있었다. 그의 부인은 집 안에 있었다. 그녀는 서너 발의 총성을 들었고 현관으로 뛰어갔다. 그녀는 창문의 유리를 통해서 차고 진입로에 있는 남자를 보았다. 그녀는 그에 대해 청록색 가죽 재킷을 입고 모자를 쓰고 있었으며 비슷한 색깔의 스카프나 머리띠로 코와 입을 가렸다고 기술하였다. 그녀의 첫 번째 진술은 총격이 있은 후 40분 정도 지난 시절에 이루어졌다. 그녀는 그를 알아보지 못할 것 같다고 말하였다. 다른 증인은 누빈 재킷을 입은 것 같다고 기술하였다. 목격자 중의 한 명인 Madden 씨는 비슷한 옷을 입은 사람이 하얀 차로 들어가서 스키 마스크를 벗는 것을 보았다고 보고하였다. 오후 10시 반쯤에 흰색 사브가 몇 마일 떨어진 곳에서 버려진 채 발견되었다. 차에 불을 지르려고 한 시도가 있었다. 안에는 모자가 달린 재킷이 포함된 옷가지들이 있었고 William Gage의 DNA가 묻어 있는 술병이 있었다. 그의 DNA는 장갑과 머리띠에도 있었는데 DNA 추적 결과 적어도 다른 두 사람의 것으로 나왔다. 총기 발사 흔적도 재킷과 머리띠에서 발견되었다.

William Gage는 체포되었고 살인범으로 기소되었다. 검찰사건은 흰색 사브가 도망간 용의자의 것이고 신원 확인 증거로 사용하기로 하였다. 피고는 흰색 사브가 범죄와는 관련이 없다고 주장하였고 William Gage는 저녁에 여자 친구와 시간을 보냈다고 하였다.

심문 과정에서 경찰은 McAlroy 부인에게 사브에서 가져온 옷으로 입힌 마네킹을 보여 주었다. 그녀는 비록 그녀의 초기 기술과는 다르지만 그 옷이 총잡이가 입었던 옷이라고 확인하였다. 예를 들면, 그 옷은 누빈 재킷이 아닌 방수

카굴(역자주: 무릎까지 오는 얇은 옷)이었다. 신원 확인 행진이 계획되었지만 Gage가 들러리의 선발에 반대했기 때문에 취소되었다. McAlroy 부인과 Madden 씨가 행진에 참여하지 않았지만 대신에 검찰은 피고석 확인을 실시하였다.

재판에서 McAlroy 부인은 Gage를 그녀의 눈으로 확인하였다. 그녀는 도망치는 그 남자가 자신이 결코 잊을 수 없는 '무서운 눈'을 가졌다고 말하였다. 그러나 그녀는 그녀의 진술에서 그의 눈에 대해 결코 언급한 적이 없었다. Madden 씨는 재판에서 Gage를 확인하지 못했다. 배심원단은 Gage를 살인범으로 평결하였고, 그는 종신형을 선고받았다.

이 사건은 2006년에 항고되었지만 기각되었다. 법정은 환경적 증거가 포함된 사건에서는 증거를 전체적으로 살펴볼 필요가 있다고 하였다. 각각의 증거는 그 자체로 유죄가 되기는 어렵다. 그러나 증언의 존재는 결정적이다. 배심원들은 이 증거를 어떻게 해석할 것인가를 결정하고 그들을 선택할 때 불일치하는 증거를 배제하는 역할을 한다. 2009년 6월에 스코틀랜드 형사사건 재심 위원회는 William Gage의 평결을 항소 법원으로 되돌려 보냈다. 왜냐하면 피고석 확인과 관련하여 배심원에 대한 특정 지향의 부재가 재판을 잘못 이끌었을 가능성이 있기 때문이다. 현재 이 사건에 대한 두 번째 항소가 진행 중이다.

[Gage v. Her Majesty's Advocate (2006), Scot HCJ AC 7
(www.bailii.org/scot/cases/ScotHC/2006/ HCJAC_7.html에서 2011년 9월 27일 인출)]

보다 더 좋은 절차는 증인에게 범인이 포함된 줄 세우기를 한 사람들 중에 범인이 있는지를 물어보는 것이다. 줄 세우기에서의 **들러리(foils)**는 용의자가 아니다. 이 과정은 세 가지 가능한 결과가 있다. 즉, 증인이 용의자가 범인이라는 증거를 제공하면서 용의자를 확인할 수도 있고 증인이 확인을 하지 못할 수도 있으며, 증인이 들러리를 잘못 확인하여 범인이라고 할 수도 있다. 줄 세우기는 영국과 미국에서 널리 사용되는 방법이다. 미국에서 줄 세우기는 실제 사람들을 줄 세우거나 사진을 나열하기도 한다(사진 배열). 영국에서는 공식적으로 체포된 용의자에 대한 공식적인 신원 확인 증거를 얻기 위해 사진을 사용하지 못하도록 지침을 내리고 있다. 역사적으로 신원 확인은 확인 행진(identification parade)이라고 알려진 실제 줄 세우기를 사용해 왔다. 최근 영국에서는 실제 줄 세우기를 비디오 확인(video identification) 절차로 대체해 왔는데, 이는 다음에 좀 더 자세히 기술할 것이다.

줄 세우기로부터 범인을 확인하는 목격자의 능력에 영향을 미치는 요인에 대한 연구는 광범위하게 많다. 형사 사법 체계의 통제하에 있는 요인[체계 변인(system variables)]과 그렇지 않은 요인[추정 변인(estimator variables)]을 변별하는 것은 유용하다(Wells, 1993 참조; 〈글상자 14-1〉). 추정 변인의 영향을 이해하는 것은 여러 조건에서 목격자의 수행을 평가하는 데 중요하다. 여하튼 체계 변인의 효과를

들러리 (foils)
용의자가 아닌 자원봉사자. 그러나 실제, 비디오 또는 사진 줄 세우기에 나타난다. 또한 주의 분산용 인물, 채우는 사람, 줄 세우기 구성원으로도 알려져 있다. 또한 영국에서는 자원봉사자 그리고 스코틀랜드에서는 서 있는 사람으로도 알려져 있다.

비디오 확인 (video identification)
증인이 줄 세워진 구성원을 연속적인 비디오 장면으로 보는 것. 영국과 웨일즈에서 공식적인 신원 확인 절차로 매우 많이 사용되고 있으며 실제 줄 세우기를 대체하고 있다.

체계 변인 (system variables)
형사 사법 체계의 통제하에서 목격자 기억의 신뢰도에 영향을 주는 요인. 줄 세우기를 위해 들러리를 선발하는 것이 체계 변인의 한 예다(추정 변인 참조).

추정 변인 (estimator variables)
형사 사법 체계의 통제하에 있지 않으면서 목격자 기억의 신뢰도에 영향을 주는 요인. 증인이 범인을 볼 수 있는 시간의 양이 그 예다(체계 변인 참조).

글상자 14-1 추정 및 체계 변인

증인이 범인을 볼 기회가 있는 환경과 관련된 추정 변인은 형사 사법 체계의 통제하에 있지 않으며 다음과 같은 것을 포함한다.

- 범인을 보는 시간, 증인의 거리, 사고 시의 조명과 다른 환경
- 범인의 외모 특징
- 증인이 범인을 알고 있는지 여부
- 무기의 존재
- 범인의 수
- 증인이 받은 스트레스
- 증인과 범인 간의 윤리성의 차이
- 증인의 나이

일반적으로 형사 사법 체계의 통제하에 있는 체계 변인은 다음과 같은 것을 포함한다.

- 신원 확인 방법의 선택(예: 거리 확인, 줄 세우기 절차, 피고석 확인)
- 제시 양식(예: 사진, 실제, 비디오)
- 증인에 대한 지시
- 줄 세우기의 '맹목 대 비맹목' 실시
- 사전 확인 절차의 사용(예: 줄 세우기 절차 전에 사진을 보여 주기)
- 줄 세우기에 사용할 들러리 선발방법
- 줄 세우기 실시방법(예: 줄 세우기 구성원을 동시 대 순차적으로 제시하기)
- 증인에 대한 피드백

이해하는 것은 최상의 실무를 하는 것으로 추천될 만하다.

추정 변인

목격자의 확인이 정확한지 아닌지는 목격자가 범인을 본 환경으로부터 판단할 수 있다. 이 절에서는 일부 추정 변인의 영향을 간단하게 개관할 것이다. 우선, 영국 법에서 특별한 상태에 있는 추정 변인은 법적 조망보다는 심리학적 측면에서 생각해 볼 필요가 있다. 이 절은 실제 형사사건에 대한 기록연구에 있는 추정 변인의 효과에 대한 것으로 결론을 내린다.

Turnbull 지침

영국 판례법은 좋은 목격자와 빈약한 목격자의 확인 증거 간에 차이가 있을 수 있다는 가정을 하고 있다. 항소 법원을 지배하고 있는 대사건에 따르면(R v. Turnbull, 1976), 정체성이 불확실할 때 재판 판사는 배심원단에게 확인의 환경을 주의 깊게 고려하라고 충고해야만 한다(〈글상자 14-2〉 참조).

Turnbull의 판단은 Devlin의 질문으로부터 일어났다(Devlin, 1976). 일련의 실험실 연구는 판단 시에 언급된 대부분의 요인이 목격 확인의 정확성에 영향을 미치는 것으로 확인했다. 예를 들면, 범인을 45초 동안 본 증인은 12초 동안 본 증인보다 줄 세우기에서 범인

을 더 잘 확인할 수 있다(Memon et al., 2003). 상이한 불빛 아래서 그리고 여러 거리에서 본 얼굴을 확인하는 능력은 연구가 이루어졌다(Wagenaar & Van der Schrier, 1996). 연구나 실험의 단계에서 다양한 얼굴이 보이는 경우, 목격자에게 알려진 사람들의 얼굴은 낯선 얼굴에 비해 일화 기억 과제에서 보다 큰 정확성을 가지고 기억된다(Bruce, 1982). 시간이 흐르면 정확한 확인은 감소한다. 예를 들면, Shepherd(1983)는 일주일 내에는 얼굴의 65%를 재인했으나, 한 달 후에는 55%, 세 달 후에는 50%, 그리고 11개월 후에는 10%만 재인했다고 보고하였다. 이와는 대조적으로, 잘못된 확인은 지연 효과가 없었다. Shapiro와 Penrod(1986)는 18개의 얼굴 재인과 목격자 확인 연구에 대해 종합분석을 한 결

글상자 14-2   **Turnbull 지침**

증인의 신원 확인 증거가 본질적으로 논쟁이 되는 사건에서 재판 판사는 배심원단에게 피고에게 평결을 내리기 전에 목격 확인 증거의 정확성에 대해 특별히 주의를 기울일 것을 경고한다. 판사는 확신이 있는 증인도 틀릴 수 있고 같은 확인을 한 증인 모두가 틀릴 수도 있다는 가능성을 참고해야 한다. 판사는 배심원단에게 각 증인의 확인이 이루어진 환경을 주의 깊게 고려하도록 지시할 수 있다. 관련된 요인은 종종 'ADVOKATE'라는 약자로 요약된다.

1. **A**(amount): 범인을 본 시간의 양
2. **D**(distance): 범인으로부터 증인까지의 거리
3. **V**(visibility): 범인의 가시성. 불빛은 어느 정도였는가?
4. **O**(obstruction): 증인의 시야 방해
5. **K**(known): 증인을 알고 있는가? 증인이 용의자를 전에 본 적이 있는가? 얼마나 자주?
6. **A**(any): 기억해야 할 어떤 이유? 단지 전에 우연히 봤다면 증인이 그 용의자를 기억해야 할 어떤 이유가 있는가?
7. **T**(time): 사건과 공식적인 신원 확인 절차 간의 시간적 지연
8. **E**(error): 사건 당시에 경찰에게 제시된 기술과 용의자의 외모 간에 어떤 물질적인 차이가 있는가?

[R v. Turnbull (1976) 3 ALL ER 549]

과 정확한 확인(효과 크기=0.43)과 잘못된 확인(효과 크기=0.33) 모두에서 지연 효과를 발견하였다. 분석된 연구에서 지연의 평균은 4.5일이었고 표준편차는 21일이었다. 실험실 연구에서 확인하기 어려운 것으로 나타난 Turnbull 경고에서 언급된 유일한 요인은 자료의 서술적 오류에 관한 문제였다. 이 연구는 언어적 기술의 질이 이어지는 신원 확인의 정확성과 강하게 연합되어 있지 않다고 시사하였다(예: Pozzulo & Warren, 2003).

추정 변인에 대한 실험실 연구

이 절에서는 목격 확인의 정확성에 대한 몇 가지 요인의 영향을 개관할 것이며, 최근 몇 년 사이의 연구에서 주목을 받았던 논제에 초점을 맞출 것이다.

무기 초점

범인이 칼이나 총을 휘두르는 상황에 직면할 때 증인의 주의는 무기에 빼앗긴다[무기 초점(weapon focus), [그림 14-2] 참조]. 이러한 상황에서는 주의가 협소해지고 그 장면의 다른 측면에 대한 주의가 감소한다. 따라서 목격자가 칼이나 총의 세세한 부분에 대해 기술하는 것은 가능하지만 범인의 얼굴을 재인하는 것은 덜 가능하다. Steblay (1992)는 19개의 가설 검사를 체계적으로 분석하여 확인에 관한 신뢰할 만하지만 작은 효과(효과 크기=0.13)를 발견하였다. 증인들은 무기가 있는 경우 범인을 확인하는 데 있어 정확성이 낮았다.

> **무기 초점**
> (weapon focus)
> 무기로 위협받는 희생자는 무기에 주의를 집중하기 때문에 그 장면의 다른 측면이나 범인의 외모에는 주의를 덜 기울인다.

스트레스

무기의 존재는 직접적으로 주의 자체를 끈다기보다

[그림 14-2] 범인이 칼이나 총을 휘두르는 상황에서 증인의 주의는 무기에 사로잡힌다.

출처: © corepics, Shutterstock사의 허락하에 게재함.

증인에게 공포나 **스트레스(stress)**를 유발하는 영향을 발휘하는 것으로 보인다.

놀랍거나 스트레스를 주는 사건을 경험한 증인은 스트레스를 덜 경험한 증인에 비해 신뢰도가 낮을까? Morgan 등 (2004)은 심문할 때 있었던 사람을 회상하는 군인의 능력을 조사하였다. 군인은 전쟁터의 모의 죄수와 12시간을 함께 있었다. 각 군인은 신체적 직면을 포함한 높은 스트레스와 낮은 스트레스 수준에서 심문을 받았다. 24시간 후에 군인은 확인 절차를 받았다. 낮은 스트레스 상황에서 심문을 받은 사람들(67%)이 높은 스트레스 상황에서 심문을 받은 사람들

> **스트레스**
> (stress)
> 희생자나 증인이 유발한 정서적 각성. 높은 스트레스는 심박 증가, 빠른 호흡 그리고 근육 긴장과 같은 신체적 각성을 증가시킨다.

(29%)에 비해 표적 인물을 확인하는 데 더 정확하였다.

Valentine과 Mesout(2009)는 공포 미로(Horror Labyrinth)에서 만난 배우를 확인하기 위해 런던 지하감옥에서 관광객들의 능력을 조사하였다. 어둠 속에서 심한 불안을 느끼고 미로에서 방향을 잃는 경험을 했다고 보고한 관광객은 18%가 9명의 사진 줄 세우기에서 배우를 확인하였다. 반면에, 미로에서 불안을 별로 경험하지 않았다고 보고한 관광객은 75%가 배우를 확인할 수 있었다.

Deffenbacher 등(2004)은 성공적으로 스트레스를 조작한 연구를 종합분석하여 표적 인물이 부호화된 후 가능한 한 빠르게 얻어진 측정치를 통해 이를 입증하였다. 그들은 높은 스트레스는 신원 확인과 표적 인물의 회상에 중간 정도의 부적 효과가 있다고 보고하였다. 신원 확인에 대한 스트레스의 영향은 표적 인물이 줄 세우기에 포함된 경우에 정확한 확인의 숫자를 제한하는 것으로 나타났다. 표적 인물이 없는 경우 스트레스가 줄 세우기에서 정기각(correct rejecting)하는 데 영향을 미치지 못하였다.

인종

증인들은 범인이 자신과 다른 인종인 경우 덜 정확한 재인을 보였다. 효과 크기는 중간 정도였고 증인의 경험에 의존하는 것으로 나타났다. Chiroro와 Valentine(1995)은 일상생활에서 다른 인종의 사람들을 경험하면 인종의 영향이 감소하거나 제거되는 것을 발견하였으나 반드시 그런 것만은 아니었다. 사회적 접촉의 질은 중요한 매개 요인이다. 얼굴 재인에 대한 인종의 영향은 개인의 얼굴이 한 사람이 그 생애에서 경험한 얼굴 전집에 비해 특징적인 질에 의해 재인되는 것으로 해석할 수 있다(Valentine, 1991; Valentine & Endo, 1992). 인종이 얼굴 재인에 미치는 영향에 대한 고찰은 Meissner와 Brigham(2001)을 보라.

증인 나이

실험실 연구는 나이 든 사람들이 얼굴 재인 검사에서 정확한 반응이 더 적음을 발견하였다(예: Bartlett & Fulton, 1991; O'Rourke et al., 1989). O'Rouke 등(1989)은 신원 확인 정확성이 50세 정도에서 급격히 감소하는 것을 발견하였다. 증인 나이의 영향으로, 더 늙은 증인일수록 정확한 반응을 덜 하고 잘못된 신원 확인을 더 많이 하는 것으로 나타났다(Searcy et al., 1999; 2000; 2001).

자신감

자신 있는 증언은 매력적인 증거를 제공할 수 있고 배심원이나 판사에게 큰 영향을 줄 수 있다. 자신감 있는 증인이 틀릴 수도 있다는 것은 오랫동안 받아들여져 왔다. 많은 목격 확인 연구는 자신감과 정확성 간에 낮거나 무시할 수 있는 상관이 존재한다고 시사해 왔다. 심리학자들은 증인의 자신감은 정확성을 평가하는 데 믿을 만한 수단이 되지 못한다고 결론지었다. 최근에 자신감-정확성에 대한 우리의 이해는 보다 정밀해졌다. 그 관계는 보는 조건이 광범위할수록 강해진다(Lindsay et al., 1998). 실험실 연구에서 관계를 제한하는 한 가지 요인은 참여자가 보통 동일한 조건에서 실제의 혹은 비디오 모의 범죄를 볼 때다. 더군다나 상관은 우리가 증인에게 줄 세우기로부터 누군가를 확인하라고 할 때 더 강하게 나타난다. 줄 세우기를 배제하면 증인들 간의 상관은 낮아진다(전형적으로 이 영역에서는 r = 0.5; Sporer et al., 1995). 여하튼 이러한 상관은 자신감이 있지만 잘못된 목격이 자주 공평하게 취급된다는 것을 의미한다. 더 고찰을 하려면 Brewer(2006)를 보라.

추정 변인에 대한 문헌연구

영국에서 실제 형사사건을 조사하기 위해 실제 줄 세우기를 실시한 결과, 증인의 약 40%가 용의자를 확인하였고, 증인의 약 40%는 어떤 확인도 하지 못했으며, 증인의 20%는 무고한 들러리를 잘못 확인하였다 (Slater, 1994; Valentine, Pickering et al., 2003; Wright & McDaid, 1996). 문헌연구에서는 줄 세우기에서 실제 범인을 얼마나 포함시켰는지는 알 수 없다. 알려진 잘못된 확인은 증인이 자신들이 본 사람이 줄 세우기에 있거나 없을 수 있다고 한 신호를 통해 얻었다. 1,776개의 확인 행진으로부터 경찰이 수집한 문헌 자료는 용의자가 사건의 48% 정도로 확인되지만, 이 자료들이 비확인과 들러리의 확인을 구별하지는 않은 것으로 나타났다(Pike et al., 2002). 미국 형사사건에서 수행된 58개의 실제 줄 세우기에 대한 문헌연구에서는 용의자들의 50%가 확인되었으며, 들러리 확인은 24%였고, 26%는 목격자가 확인을 하지 못하거나 거부한 것으로 나타났다(Behrman & Davey, 2001).

Valentine, Pickering 등(2003)은 런던 메트로폴리탄 경찰이 행한 300건의 실제 줄 세우기를 본 거의 600명의 증인을 대상으로 신원 확인 결과에 대한 추정 변인의 효과를 조사하였다. 증인이 30세 이하인 경우 용의자를 더 잘 확인하였다. 용의자가 백인 유럽인인 경우 (아프리카계 카리브인인 경우보다) 증인이 더 세세하게 기술하였고, 그 장면에서 범인을 1분 이상 본 경우 줄 세우기에서 더 빠른 결정을 하였다. 사건이 발생한 지 7일 후 줄 세우기에서 용의자를 확인한 증인의 65%가 유지하고 있었고, 8일 이상인 경우에는 증인의 38%가 용의자를 확인하였다. Pike 등(2002)은 영국 경찰이 수행한 실제 줄 세우기 결과에서 증인 나이의 효과를 보고하였고 범죄 동안에 무기의 사용은 효과가 없었으며

증인과 용의자 간의 인종에서의 차이도 효과가 없는 것으로 보고하였다.

Behrman과 Davey(2001)의 미국 형사사건에서의 증언 확인에 대한 문헌 분석에서는 289개의 사진 나열의 분석 결과가 포함되었다. 전형적인 형식은 세 명의 사진이 두 줄로 나열되어 있는 여섯 개의 사진을 보여 주는 것이었다. 그들은 증인의 48%가 용의자를 확인하는 것을 발견하였다. 앞서 언급한 영국 연구와 유사하게, 범죄에서의 무기 존재가 용의자 확인의 가능성에는 영향을 미치지 못하였다. 용의자의 확인 비율(64%)이 사건 발생 7일 이내에 행한 줄 세우기는 8일 이후에 실시된 줄 세우기(33%)보다 높았다. 여하튼 영국 자료에 비해 Behrman과 Davey는 인종의 효과를 발견하였다. 동일한 인종의 증인들 중 60%가 용의자를 확인한 반면, 다른 인종의 증인들은 45%를 확인하였다.

체계 변인

형사 사법 체계는 신원 확인 절차의 여러 측면에 영향력을 발휘한다(체계 변인). 예를 들면, 줄 세우기는 사진, 비디오 또는 실제로 제시될 수 있다. 줄 세우기의 '들러리'를 선발하는 방법과 증인에 대한 교육도 공식 지침으로 구체화할 수 있다.

제시 모형

줄 세우기를 상이한 매체(사진, 비디오, 실제)로 하는 것과 가용한 단서(예: 정지, 움직이는 이미지, 걷는 사람)를 풍부하게 조작하는 것의 효과는 놀랍게도 작다. 가능한 이유는 얼굴이 정지 사진에서 좋은 질로 충분히 잘 지각될 수 있기 때문이다. 따라서 걸음걸이, 자세 또

는 색깔 이미지와 같은 단서는 부가적인 이익이 별로 없다. Cutler 등(1994)은 문헌을 고찰하고는 다음과 같이 결론지었다. "현재의 실무에 비추어 볼 때 보수적인 결론은 가용한 연구에 근거해서 실제 줄 세우기, 비디오 줄 세우기 또는 사진 나열이 본질적으로 신원 확인 수행에 차이를 가져온다고 믿을 만한 이유가 없다는 것이다."(p. 181)

비디오 확인의 공정성

2003년 이후로 영국과 웨일즈에서는 비디오 기법이 실제 확인 행진을 대체하였다. 비디오 줄 세우기는 각 줄 세우기 구성원의 상반신에 대한 사진을 15초 동안 찍는다. 그 후 그들은 고개를 양옆으로 돌려 옆모습을 찍는다. 이 이미지는 표준 조건에서 만들어진다. 각 줄 세우기 구성원은 화면의 왼쪽 상단에서부터 개인이 확인할 수 있도록 한 번에 순차적으로 보여 준다. 실제 줄 세우기에 비해 비디오 확인이 가지고 있는 이점은 〈글상자 14-3〉에 제시되어 있다.

연구들은 비디오 줄 세우기가 실제 줄 세우기보다 용의자에게 더 공정하다는 것을 보여 주었다(Valentine, Harris et al., 2003; Valentine & Heaton, 1999). 이 연구들에서 참여자들(모의 증인으로 알려진)은 원 증인이 제공한 범인에 대한 첫 번째 기술을 받았다. 그리고 줄 세우기 구성원 중 누가 용의자인지를 추측하도록 요구받았다. '모의 증인'들은 범인을 보지 못했다. 따라서 용의자는 어떤 방식으로든 나타나지 않도록 했다. 완벽하게 공정한 줄 세우기에서 용의자는 다른 줄 세우기 구성원보다 더 자주 선택되지는 않았다. 줄 세우기가 용의자와 여덟 명의 들러리를 포함하고 있다면 용의자는 모의

글상자 14-3 비디오 확인 절차의 이점

• 비디오는 신원 확인을 조직화하기 전까지의 지연을 획기적으로 줄일 수 있다. 실제 줄 세우기는 줄 세우는 데 가용한 적절한 들러리의 선발에 오랜 시간이 걸린다(전형적으로 한 달에서 세 달 정도; Valentine, Pickering et al., 2003 참조). 반면에, 비디오 줄 세우기는 요청된 지 2시간 안에 만들어질 수 있다.

• 거의 50%의 줄 세우기가 취소되었다. 예를 들면, 보석으로 풀려난 용의자가 참여하지 않았기 때문이다. 반면, 비디오 확인은 취소율이 약 5% 이하다(Pike et al., 2000).

• 비디오 장면의 많은 데이터베이스(약 23,000개)는 더 많은 들러리를 선발하는 데 활용될 수 있다. 이것은 줄 세우기를 보다 공정하게 하는 데 도움을 준다(보다 자세한 것은 본문 참조).

• 비디오는 희생자에게 덜 위협적이다. 예를 들면, 공격자가 물리적으로 존재하는 확인 장소에 더 이상 참여하지 않아도 되기 때문이다. 증인이 줄서기 한 경찰 용의자를 확인하는 것이 너무 두렵고 위협을 느껴 범인으로 확인해 주지 못할 수도 있다. 비디오 사용은 증인 위협을 예방하지는 못하지만 신원 확인 절차 시 위협의 수준을 감소시키는 유용한 방법이 될 수 있다.

• 비디오 장비는 경찰서에 참석할 수 없는 증인에게도 사용할 수 있다. 2005년에 공격을 받아 마비가 된 Abigail Witchalls는 그녀의 병실에서 비디오 줄 세우기를 볼 수 있었다. 결과적으로 용의자는 탐문에서 제거되었다.

증인에 의해 아홉 중의 하나(11%)보다 더 많이 선택되지는 않아야 한다. Valentine과 Heaton(1999)은 모의 증인이 실제 줄 세우기에서 우연보다 더 자주(25%) 용의자를 확인하는 것으로 보고하였다. 그러나 비디오 줄 세우기(15%)에서는 우연보다 더 유의미하게 용의자를 선택하지 못하였다. Valentine과 Harris 등(2003)은 모의 증인의 인종을 같은 수로 하여 아프리카계 카리브인과 유럽 백인의 비디오 줄 세우기가 똑같이 공정했음을 발견하였다.

증인에게 주어지는 지시

증인은 만약 경찰이 그들의 용의자가 유죄라고 믿을 만한 좋은 이유가 없다면 자신들을 신원 확인에 초대하지 않을 수 있다고 가정할 수 있다. 그리고 증인이 용의자를 확인하는 것이 경찰에게 도움이 될 것이라고 가정할 수 있다. 증인에 대한 지시에서 용의자가 유죄가 아닌 경우에는 확인을 하지 않는 것이 옳은 일이라는 것을 강조하는 것이 중요하다. 아주 흔하게 이것은 증인이 보고 있는 사람이 '그럴 수도 있고 아닐 수도 있다'는 지시를 하는 것이 요점이다. 범인이 줄 세우기에 있지 않을 수도 있다는 것을 지적하지 않는 지시는 '편향' 지시라고 볼 수 있다(예: "이 사진들을 보세요. 당신은 당신을 희롱한 남자를 확인할 수 있습니까?"). 18개 연구에 대한 종합 분석은 편향된 지시가 주어졌을 때 증인이 옳든 그르든 신원 확인을 할 가능성이 더 많음을 보여 주었다. 편향된 지시는 범인이 없는 줄 세우기에서 무고한 사람을 용의자로 확인할 가능성을 증가시킨다(Steblay, 1997).

줄 세우기의 맹목 실시

맹목 실시(blind administration)는 증인에게 줄 세우기

절차를 실시하는 사람이 줄 세우기에 용의자가 있는지를 모르게(즉, 눈감게) 한다는 의미에서 사용된다. 그 절차는 증인과 줄 세우기 실시자가 용의자의 정체를 모른다는 의미에서 종종 '이중 맹목(double-blind)'이라고 불린다. 실험에 대한 기대는 행동적 연구의 결과에 영향을 줄 수 있다(Harris & Rosenthal, 1985). 줄 세우기 실시자는 증인에게 줄 수 있는 우연한 영향도 예방하기 위하여 용의자의 정체를 몰라야만 한다. 그러한 영향은 매우 미묘하고 전적으로 무의식적일 수 있다. 예를 들면, 실시자는 용의자의 이미지가 보일 때 증인을 바라볼 수도 있고 용의자인지 잠정적으로 확인하는 것을 수용하도록 할 수도 있다. Phillips 등(1999)은 이중 맹목 줄 세우기 실시가 일부 환경에서는 잘못된 신원 확인의 비율을 감소시킴을 발견하였다. 신원 확인 절차에서 이중 맹목 실시를 하는 것은 증인을 유도하는 모든 가능성을 제거한다. 따라서 신원 확인 증거의 정직성이 향상될 것이고 어떤 잠재적인 편향에 대한 불평에도 반박할 수 있을 것이다.

> **맹목 실시**
> **(blind administration)**
> 줄 세우기 실시자나 증인이 어떤 줄 세우기 구성원이 용의자인지를 모르게 줄 세우기를 하는 방법. 이는 또한 '양방 무지(양쪽 다 모른다는 뜻) 실시'로 알려져 있다.

사진에 대한 사전 노출

만약 경찰이 용의자를 확인하지 못한다면 그들은 증인이 범인을 확인할 수 있으리라는 기대를 가지고 이전에 유사한 범죄를 저지른 사람의 상반신 사진을 보여줄 수도 있다. 이런 절차에서 모든 사람은 용의자가 된다. 따라서 조사받고 있는 어떤 사람들에게 어떤 확인을 유도할 수도 있다. 심문 후에 경찰들은 줄 세우기로부터 신원 확인 증거를 수집하고자 할 수 있다. 증인이 그들의 사진을 이전에 앨범에서 보았다면 순차적인 줄

세우기가 범인에 반해 편향을 일으킬 것인가?

Deffenbacher 등(2006)은 상반신 노출 효과에 대해 체계적인 연구를 하였다. 그들은 줄 세우기에 나타날 누군가의 사진을 미리 보는 것이 줄 세우기에서 잘못된 확인을 할 가능성을 높이는 것으로 보고하였다. 그 효과는 범죄 장면에서 본 것으로 잘못 귀인된 사진으로부터의 친숙성 전이에 기인한 것으로 보인다. 그 효과는 상반신 사진을 많이 본 것보다 적게 볼 때(8~15번 이하) 더 강했다. 특히 그 효과는 사람이 상반신 사진으로부터 범인이라고 잘못 확인할 때 더 컸다. 이것은 초기 확인에서 **몰입**(commitment) 효과라고 알려져 있다. 본 사람 중 어느 누구도 줄 세우기에 없을 때는 사진 보여 주기의 나쁜 효과가 나타나지 않았다. Deffenbacher 등(2006)은 친숙성 전이가 줄 세우기에 포함된 원래의 모의 범죄 시에 있던 구경꾼에게도 일어날 수 있음을 지적하였다. 구경꾼 설계를 사용한 실험은 잘못된 확인이 증가하는 효과를 보여 주었다. 그러나 그 효과는 구경꾼보다 상반신 사진으로 얼굴을 본 경우에 더 강한 것으로 나타났다. 범인이 아닌 구경꾼이 줄 세우기에 포함되었을 때 잘못된 확인의 위험이 증가하는 것은 용의자가 그 장면에 있기는 했지만 범죄를 저지르지는 않았다고 하는 것과 매우 유사하다(예: 싸움하는 곳에서 구경한 경우).

> **몰입**
> (commitment)
> 증인이 얼굴을 한 번 본 것으로 확인하면 확인에 몰입하게 되고 최초의 판단이 틀린 경우에도 같은 얼굴을 다시 확인하는 효과

들러리 선발

영국과 웨일즈의 실무 지침은 줄 세우기 들러리를 '용의자와 유사한' 사람으로 선발하도록 명세화하고 있다. 이것은 용의자 유사 전략이라고 알려져 있다. Luus와 Wells(1991)는 범인에 대한 증인의 기술과 매

치되는 들러리를 선발하는 것이 가장 좋은 전략이라고 주장하였다. 증인이 그가 경찰에게 한 기술을 기억할 수 있고 자신의 기술과 일치하는 누군가를 확인하려고 가정하는 것은 타당하다. 따라서 증인은 자신의 기술과 일치하지 않는 들러리는 배제하려고 하거나 다른 사람보다 자신의 기술에 더 잘 맞는 어떤 사람에게 특별한 주의를 기울일 수 있다. 공정을 기하기 위해 모든 줄 세우기 구성원은 범인에 대한 증인의 기술과 맞아야 한다.

Luus와 Wells(1991)는 줄 세우기 구성원들이 원래의 기술에서 언급되지 않은 특징에서 다르다면 범인에 반해 편향이 일어나지 않는다고 하였다. 기술에서 언급되지 않은 다양한 특성은 증인이 들러리로부터 범인을 구별해 낼 수 있는 믿을 만한 기억을 하는 데 도움을 줄 것이다. 용의자가 범인이 아니라면 증인은 용의자를 이전에 보지 못했기 때문에 기술에서 언급되지 않은 특징에 의해 잘못된 확인을 할 가능성이 많지 않을 것이다. 줄 세우기 구성원들이 모든 외모에서 용의자와 매우 닮은 사람으로 선발되기 때문에 신뢰성 있는 증인도 범인을 확인하는 데 어려움을 겪을 수 있다.

범인 기술 줄 세우기를 할 때는 기술할 때 중립적인 가치를 설명하는 것이 필요하다. 때로 사람들은 그 사람의 성별이나 인종을 기술하지 않을 수도 있고 누군가 턱수염을 기르지 않았는지 또는 안경을 끼고 있지 않은지를 말하는 것에 대해 무심할 수 있다. 이것은 증인이 중립적인 가치를 가정하기 때문에 일어날 수 있다(Lindsay et al., 1994).

실제 도둑을 본 직후에 검사를 하면 증인은 범인이 줄 세우기에 있는 경우, 용의자 유사 줄 세우기(22%)보다 범인 기술 줄 세우기(67%)로부터 올바른 확인을 더 많이 한다. 그러나 범인 부재 줄 세우기에서의 잘못된 확인의 수는 유의하게 다르지 않았다(Wells et al., 1993). Juslin 등(1996)도 유사한 결과를 얻었다. 참여자

의 44%가 용의자 유사 줄 세우기로부터 범인을 확인하였고, 범인 기술 줄 세우기에서는 52%가 범인을 확인하였다. 범인 부재 줄 세우기에서는 참여자의 9%가 두 가지 줄세우기에서 무고한 사람을 범인으로 확인하였다. Lindsay 등(1994), Tunnicliffe와 Clark(2000), Darling 등(2008)은 범인 기술 줄 세우기와 용의자 유사 줄 세우기 간에 올바르거나 잘못된 확인에 있어서 통계적으로 유의한 차이를 발견하지 못하였다. 현재 경험적인 연구는 너무 모호해서 용의자 유사 전략이 기술 매치 전략으로 바뀌어야 한다고 추천하기는 어렵다. 여하튼 증인의 기술에 비해서 용의자가 특정되는 것이 좋은 실무라고 생각할 수 있다.

상대적 및 절대적 판단: 순차적 및 동시적 제시

목격 확인을 이해하는 데 있어서 지속적으로 나타나는 문제는 증인의 상당한 소수(5명 중의 한 명)가 범인이 줄 세우기에 없을 수도 있다는 적절한 경고를 받았음에도 잘못된 확인을 하는 이유를 설명하는 것이다. Wells (1993)는 적어도 문제의 일부분은 절대적 판단이 아닌 상대적 판단을 하는 증인 때문이라고 주장하였다. 줄 세우기에 직면할 때 증인은 범인과의 닮음이 유사성의 어떤 기준을 능가하면 그 사람을 확인할 수도 있다(절대적 판단). 다른 한편, 증인은 모든 줄 세우기 구성원을 조사한 후에 범인과 가장 유사한 사람을 확인할 수도 있다(상대적 판단). 상대적 판단의 영향은 대체 없이 제거하는 방법을 사용하여 예증할 수 있다(〈표 14-1〉). 〈표 14-1〉의 첫 줄에는 모의 범죄에 대해 100명의 증인이 한 선택의 분포가 제시되어 있다.

범인이 있는 경우 6명 줄 세우기를 하였다. 54%가 범인을 확인하였고 21%가 줄 세우기를 거부하였다. 다른 참가자들은 범인이 제거된 5명 줄 세우기에 제시되었다. 우리는 범인이 있는 경우에 올바른 확인을 한 증인들이 줄 세우기를 거절할 것으로 기대하였다. 대신에 잘못된 확인의 수는 극적으로 늘어났다. 범인이 없는 경우 많은 증인은 범인에 대한 자신들의 기억과 가장 유사한 들러리를 확인하는 것으로 나타났다. Clark와 Davey(2005)는 이 선택 순서를 범인으로부터 들러리로 대체하였다. 이 자료는 상대적인 확인 결정이 잘못된 확인의 원인임을 시사하였다.

순차적 줄 세우기 제시방법은 증인들이 상대적 판단을 하지 못하도록 하기 위해 개발되었다. **순차적 제시** (sequential presentation)에서 얼굴 사진은 한 번에 한 개씩 제시된다(Lindsay & Wells, 1985).

줄 세우기 실시자는 용의자의 정체를 몰라야 한다. 증인은 몇 명의 얼굴이 제시될지 몰

> **순차적 제시**
> (sequential presentation)
> 줄 세우기에서 한 번에 한 사람만 제시하는 방법. 증인은 다음 사람을 보기 전에 그 사람이 범인인지를 결정해야 한다.

 표 14-1 범인 존재와 범인 제거를 한 사진 나열의 구성원에 따른 신원 확인 분포

	줄 세우기 구성원						
	1	2	3(P)	4	5	6	비선택
범인 존재	3%	13%	54%	3%	3%	3%	21%
범인 제거	6%	38%	-	12%	7%	5%	32%

출처: Wells(1993)의 자료. APA의 허락하에 재인용.

라야 한다. 그러나 각 얼굴이 제시될 때 다음 얼굴이 제시되기 전에 범인인지 아닌지를 결정해야만 한다(Lindsay et al., 1991). 더군다나 증인은 두 번째 선택이 허용되지 않거나 이전에 제시된 얼굴을 다시 볼 수 없다.

Steblay 등(2011)은 순차적 및 동시적 줄 세우기에서의 정확도 비율을 종합분석으로 비교하였다. 가장 관련 있는 분석은 범인 제시와 범인 부재 줄 세우기에서 순차적 및 동시적 제시를 비교한 27개의 발표된 검사였다. 줄 세우기에서 제시될 때, 목격자들은 동시적 줄 세우기에서 범인을 더 많이 확인하였다(각각 52% 대 44%). 범인이 줄 세우기에 없는 경우, 무고한 용의자를 지목하는 잘못된 확인이 순차적 줄 세우기보다 동시적 줄 세우기에서 더 많았다(28% 대 15%). 요약하면, 순차적 제시는 범인 존재와 범인 부재 줄 세우기로부터 모두 선발의 비율을 감소시켰다. Meissner 등(2005)은 순차적 줄 세우기가 좀 더 보수적인 반응 기준을 유발하지만, 변별 정확도에는 영향을 미치지 않음을 발견하였다. 순차적 제시의 효과는 범인 부재 줄 세우기에서 잘못된 확인을 하지 못하도록 보호하는 것이다. 그러나 신원 확인 절차의 민감성에 대한 대가는 범인이 줄 세우기에 있을 때에 더 높았다. Steblay 등(2011)은 순차적 줄 세우기로부터의 용의자 확인이 확률값이 더 높다고 주장하였다(즉, 보다 신뢰할 만한 유죄 증거를 제공한다). 그 이유는 순차적 제시가 범인이 있을 때 올바른 확인을 하는 비율을 감소시키는 것보다 범인이 없을 때 잘못된 확인을 하는 비율을 더 많이 감소시켰기 때문이다.

미국의 일부 경찰서에서는 목격 연구의 추천에 따라 줄 세우기의 순차적 제시 절차를 채택하고 있다. 일리노이 경찰은 현재의 이중 맹목 순차적 줄 세우기와 동시적 줄 세우기 절차(비맹목)와 비교하면서 재판을 하고 있다(Mecklenburg, 2006). 예비연구는 사진 나열과 실제 줄 세우기를 포함하고 있다. 이것은 실제 사건으로 범인은 줄 세우기에 있지 않다. 그 결과는 용의자들이 동시적 줄 세우기보다 순차적 줄 세우기에서 더 적게 확인됨을 보여 주었다. 이것은 실험실 연구와 일치하는 것이다. 여하튼 연구 결과와는 대조적으로 동시적 줄 세우기로부터 들러리를 잘못 확인하는 것은 더 적었다(〈표 14-2〉). 불행하게도 그 실험 설계는 맹목 실시 사용과 줄 세우기 제시(동시 대 순차)방법을 혼합하여 사용하였다. 이는 경찰이 비맹목 동시 줄 세우기로부터 들러리 확인을 적절하게 기록하지 않았음을 시사하였다(Wells, 2008). 여하튼 계속되는 실험실 연구에서 순차적 줄 세우기의 우월성이 항상 관찰되는 것은 아니며, 효과의 한계를 정하기 위해서는 앞으로 더 많은 연구가 더 요구된다(Gronlund et al., 2009). 일리노이 프로젝트는 심리학을 실세계에 적용하는 것이 어렵다는 것을 입증하였고, 신원 확인 증거의 질을 본질적으로 향상시키기 위해 심리학에서 앞으로 주의 깊은 연구가 요구됨을 보여 주었다.

영국에서 사용되는 비디오 확인은 자연스럽게 순차적 제시를 하고 있지만 증인들이 어떤 확인을 하기 전에 전체 줄 세우기를 두 번 보도록 의무적으로 요구하고 있다. Valentine 등(1991)은 비디오 줄 세우기의 효과가 제시되는 각 얼굴에 예/아니요 반응을 요구하는 지시를 변화시킴으로써 개선될 수 있는지를 알아보았다(Lindsay et al., 1991). 참여자들은 줄 세우기 구성원

표 14-2 순차적 및 동시적 줄 세우기에 대한 일리노이 현장 재판의 결과

구분	동시	순차
N=548	(비맹목, n=319)	(맹목, n=229)
용의자 확인	60%	45%
들러리 확인	3%	9%
비확인	38%	47%

을 선발하기 위해 국가 경찰 데이터베이스를 사용하는 경찰이 구성한 비디오 줄 세우기를 보기 전에 일주일 정도 실제 사건을 목격하였다. 기존(두 번 보기) 절차가 Lindasy 등(1991)이 제시한 직접적인 순차적 지시와 비교되었다. 범인이 줄 세우기에 있는 경우, 그는 현재의 '두 번 보기' 절차를 사용한 경우 좀 더 많이 확인되었다(36% 대 65%). 무고한 용의자가 줄 세우기에 있을 때, 그가 잘못 확인될 비율은 직접적인 순차적 지시에서는 10%였던 데 비해 '두 번 보기' 지시에서는 23%였다. 그러나 이러한 차이는 통계적으로 유의하지 않았다. 결론적으로 엄격한 순차적 지시는 비디오 줄 세우기의 민감성을 유의하게 감소시키지만 들러리 확인에서의 감소는 통계적으로 유의하지 않았다. 이 실험에서 영국의 조작적 맥락에 근거해 볼 때 사용된 줄 세우기 지시는 맹목 실시와 혼합되지 않았다. 즉, 모든 증인이 이중 맹목을 받았다. 더군다나 기초적인 진실이 알려졌다. 이러한 특징들은 일리노이에서 행해진 현장 재판과 비교하여 자신감을 가지고 생태학적으로 타당한 실험실 연구 결과를 해석하는 것이 더 쉽다는 것을 보여 준다.

증인 확신도의 변화 가능성

중요한 연구 결과는 증인 확신도가 증인이 신원 확인 절차에 참여한 후에 요구되는 정보에 의해 변할 수 있고 영향을 받는다는 것이다. 증인이 범인을 확인한 것에 대해 피드백을 받거나 누군가가 같은 확인을 하면 확인에 대한 증인의 확신도는 증가할 것이다(〈사례연구 14-2〉 참조). 증인들이 지지하는 피드백을 받으면 확인하는 데 더 많은 자신감을 가질 것이다. 그러나 계속되는 증언의 추정치가 범인을 얼마나 오랫동안 보았는지, 얼마나 가까이에서 보았는지, 그리고 증인이 얼마만큼의 주의를 기울였는지를 포함하여 부풀려질 수도 있다(Wells & Bradfield, 1998). 더군다나 신원 확인 후 지지하는 피드백은 목격자가 지나치게 자신감을 갖게 할 수 있다. 즉, 그들은 신원 확인 시에 그 이전보다 더 많은 자신감을 갖게 될 것이다(Semmler et al., 2004). Wright와 Skagerberg(2007)는 피드백이 증인의 자신감과 실제 범죄의 희생자에게 영향을 미친다고 하였다. 증인이

사례연구 14-2　Jill Dando의 살인범

Jill Dando는 영국의 유명한 TV 방송인이다. 그녀는 1996년 4월 26일 오전 11시 30분에 집에 돌아왔고 계단에서 권총으로 한 방에 살해되었다. 누구도 살인범을 보지 못했다. 두 명의 이웃이 창문 너머로 입을 가린 채 비명을 지르는 소리를 들었고 그 집으로부터 남자가 걸어가는 것을 보았다. 그러나 누구도 거기에서 어떤 잘못이 일어나고 있었는지를 알지 못했다. 두 명의 목격자가 본 남자는 의심할 바 없이 살인자였다. 최초에 경찰은 암살자가 살인을 한 것으로 보았다. 그러나 일 년 후 지방의 실직자 Barry Geroge가 살인범으로 기소되었다.

신원 확인 증거는 사건에 중심적이다. 살인이 있던 날 아침이나 그 전날 고원 가에서 남자를 본 16명의 사람이 신원 확인 절차에 참여하였다. 처음 다섯 증인은 실제 행진을 보았다. 나머지는 George의 변호사무장이 어떤 실제 행진에도 참여하지 말라고 충고하여 비디오 행진을 보았다. Barry George는 살인 당시에는 깨끗이 면도를 하였으나 현재는 턱수염을 기른 상태였다. 따라서 줄 세우기의 모든 남자가 턱수염을 길렀다. Jill Dando의 이웃은 누구도

George를 확인하지 못하였다. 한 명의 증인만이 그를 확인하였다. 이 증인은 살인이 있기 몇 시간 전에 5~6초 정도 남자의 얼굴을 보았다. 그리고 17개월 후에 신원 확인을 한 것이다.

그녀가 신원 확인을 한 후 다른 두 명의 증인과 함께 경찰차를 타고 집으로 돌아왔다. 차를 타는 동안 다른 증인들이 그녀가 올바른 신원 확인을 했다는 것을 알게 되었다. 분명히 이러한 사실에 영향을 받아 두 사람은 그들도 George를 확인하려고 했지만 비디오를 통해 그의 모습이나 키를 볼 수 없어서 하지 못했다고 말하였다.

이 사건은 선례를 남겼다. 왜냐하면 신원 확인 증거가 줄 세우기에서 정작 신원 확인을 하지 못한 네 명의 증인으로부터 제출되었기 때문이다. 두 명의 회고적 확인에 덧붙여서, 우체부는 그가 본 사람이 줄 세우기에 없었다고 진술하였다. 그리고 그는 살인이 일어난 지 며칠 후 어떤 남자가 Dando 사건에 대해 대화하는 것을 들었다고 하였다. Barry George가 그것을 사실로 확인하였다. 검사는 증인들이 George를 살인자로 지목하는 기술에 기본적으로 통일성이 있음을 주장하였다.

Barry George는 2001년 7월 다수 평결에서 살인죄로 결정이 났고 종신형을 선고받았다. 2002년 7월 항소 법원은 용의자를 확인하지 못한 증인도 법정에 증거를 제출할 수 있다는 원칙을 공표하였다(R v. George, 2002). 여하튼 2007년 5월 형사사건 재심 위원회는 재판 중 권총 발사 증거에 대해 중요한 의문이 있어서 이에 대한 새로운 증거를 요구하는 조건으로 Barry George의 판결을 항소 법원으로 되돌려 보냈다. 그의 유죄 판결은 2007년 11월 기각되었다.

[R v. Geroge (2002) EWCA Crim 1923
(www.bailii.ort/ew/cases/EWCA/Crim/2002/1923.html에서 2011년 9월 27일 인출)]
[R v. Geroge (2007) EWCA Crim 1923
(www.bailii.ort/ew/cases/EWCA/Civ/2007/2722.html에서 2011년 9월 27일 인출)]

법정에서 증거를 제시할 때에 그들은 지지하는 피드백을 받을 가능성이 있거나 그들이 증거를 제출하기 위해 불려 왔다는 사실로 인해 그렇게 짐작할 수 있다. 증인이 '잘못된' 사람으로 확인된다면 법정에 오라고 요구되지 않았을 것이다.

공식 지침

영국과 웨일즈에서의 신원 확인 절차 수행은 「경찰과 범죄 증거법(1984) 시행령」의 코드 D에 따라 이루어진다. 현재의 지침은 2011년부터 시행되었는데 내무성 웹사이트(Home Office, 2011)에서 다운로드할 수 있다. 그 지침의 주된 부분은 다음과 같다. 신원 확인이 논쟁이 될 때, 실무적으로 하기 어렵거나 '실제' 확인 행진이 적합하지 않다면 움직이는 이미지를 포함한 비디오 확인 절차를 제공해야만 한다. 모든 줄 세우기는 최소 여덟 명의 들러리와 용의자 한 명으로 구성되어야 한다. 들러리는 '나이, 일반적인 외모 그리고 생활 습관에서 용의자와 닮아야 한다.' 증인들은 그들이 본 사람이 없을 수도 있다는 것을 고지받아야 하며 적어도 두 번 전체 줄 세우기를 보아야 한다. 그 절차를 실시하는 사람은 사건 조사에 참여하지 않아야 한다. 용의자는 법적 대리인이 출석하도록 요구할 권리가 있다. 용의자나 법적 대리인은 절차(예: 들러리 선발)에 반대할 수 있고, 그들의 반대 이유는 기록되어야만 한다. 증인이 사전에 사진을 본 경우에는 사진의 세부사항이 기록되어야 한다. 증인이 말한 어떤 것도 그들이 신원 확인실을 떠나기 전에 문서화해야 한다.

　미국에서는 신원 확인 절차가 주 수준 또는 그 이하에서 통제된다. 따라서 연방법이나 실무 지침이 없고 사진으로 확인하는 것이 보통이다. 때로 심문 경찰관이 절차를 수행하기도 한다. 미국 법무부는 신원 확인 절차에 대한 문제를 제기하였으나 법으로 강제하지는 못하였다(Technical Working Group for Eyewitness Evidence, 1999). 그 지침은 사진이나 '실제' 자원봉사자들에게 순차적 및 동시적 줄 세우기를 하도록 추천하였지만 어떤 방법이 다른 방법보다 더 지지되거나 하지는 않았다. 최소한 다섯 명의 들러리가 요구된다. 지침은 용의자가 불공정하게 드러나지 않도록 들러리를 선발할 것, 편향되지 않은 지시를 줄 것, 그리고 모든 확인이나 비확인을 주의 깊게 기록할 것을 포함한다.

CCTV로부터의 신원 확인

　목격이 틀렸을지도 모른다는 견해에서 볼 때, 많은 경우 우리가 범인 확인을 CCTV 이미지에 의존할 수 있다고 생각하는 것이 편안할 수 있다. 그렇게 함으로써 목격 증언에 포함된 인간의 오류를 차단할 수 있을 것이다([그림 14-3]). 특히 영국에서는 이러한 생각이 정치가나 일반 국민에게 매우 매력적인 것으로 받아들여지고 있다. 영국은 세계에서 CCTV 감시 밀도가 가장 높은 것으로 믿어진다(개관은 Norris et al., 2004 참조). 범죄 조사에 사용되는 것을 포함하여, CCTV는 많은 이점이 있다. 여하튼 CCTV로부터 범인을 확인하는 것은 인

[그림 14-3] 많은 경우 법정은 범인을 확인하기 위해 CCTV 이미지에 의존하고 있다.

출처: ⓒ Monkey Business Images, Shutterstock사의 허락하에 게재함.

간 실수에 놀랍도록 민감한 것으로 증명되었다. 사람은 매우 낯익은 사람(예: 직장 동료, 친구 및 가족)에 대해서는 낮은 질의 이미지에서도 매우 잘 재인한다. 낯익은 사람은 CCTV 영상의 질이 좋지 못한 경우에도 90%의 정확성을 가지고 재인될 수 있다(Bruce et al., 2001; Burton et al., 1999). 여하튼 우리는 낯선 사람에 대해서는 다양한 카메라를 사용해도 이미지를 매치시키는 데 어려움이 크다. 예를 들어, Bruce 등(1999)은 참가자들에게 표적 얼굴과 매치가 되는 10장의 질 좋은 사진으로부터 얼굴을 찾으라고 요구하였다. 표적 사진은 정지 사진 배열에서 같은 날 비디오 촬영을 한 것이었다. 사진은 120명의 젊은 남자로 깨끗이 면도를 한 코카서스 지방 경찰 훈련생들로서 본청에서 제공받았다. 배열은 서로 닮은 사람으로 판단되는 얼굴로 구성되었고, 사진

글상자 14-4   CCTV 영상을 확인에 사용하는 것의 법적 함의

- 다른 사람의 사진도 서로 매우 유사하게 보일 수 있다.
- 같은 사람의 두 이미지도 다른 카메라로 찍었을 때 매우 다르게 보일 수 있다.
- 낯익은 사람의 얼굴은 CCTV로 얻은 나쁜 질의 영상에서조차 정확하게 재인될 수 있다.
- 낯선 사람의 확인을 여러 카메라로 찍은 영상으로 매치시키는 것은 영상이 양질이더라도 오류를 일으킬 가능성이 있다.
- 오류를 포함하는 것(다른 사람을 같은 사람으로 판단하는 것)과 오류를 배제하는 것(같은 사람을 다른 사람으로 판단하는 것)은 흔한 일이다.
- 얼굴 정체성을 매칭하는 것은 얼굴을 기억할 필요가 없는 경우에도 오류 가능성이 있다.
- CCTV는 잠재적인 용의자를 더 조사하게 하는 데 도움을 주기 때문에 강력한 조사 도구다. 법정에서 논쟁이 되고 있는, 신원 확인을 정립하기 위한 수단으로 CCTV를 증거로 사용하는 것은 매우 조심스럽게 다루어져야 한다.

은 머리 모양, 몸무게 또는 나이와 같은 기본적인 차이에 근거하지 않고 선택되었다. 표적 관점과 얼굴 표정 그리고 배열에서의 이미지가 맞을 때(즉, 이상적인 조건에서 비교가 이루어질 때), 참가자들은 배열의 79%에서 올바른 선택을 했다. Bruce 등(1999)은 "이러한 발견의 함축성은 법정이 낯선 사람의 확인에 양질의 비디오테이프를 통해 비슷한 인상을 가진 사람을 사용하려고 한다면 조심스러워야 한다는 것을 알려 준다."라고 결론지었다(〈글상자 14-4〉 참조).

통상 상업 안전 CCTV 시스템에서 기록된 낮은 질의 비디오로부터 얼굴을 재인하라는 연구들이 법정에서 갖는 의미는 다음과 같이 요약될 수 있다. "이런 유형의 비디오 확인은 시청자가 표적 인물을 알지 못하는 상황이라면 신뢰도가 매우 낮다."(Burton et al., 1999) 더군다나 Burton 등의 연구에서는 평균 13년의 법정 확인 경력을 가진 경찰들이 표적에 낯선 다른 참가자들만큼 수행을 잘하지 못한 것으로 나타났다. 경찰은 비디오로부터 표적 인물과 유사하게 친숙한 사람들보다 다른 누군가를 더 정확하게 확인하지 못했다.

Davis와 Valentine(2009)은 사람들이 방 안에 물리적으로 나타난 사람과 40초 동안 양질의 비디오에 나타난 사람을 매치시킬 수 있는지를 조사하였다. 이 비교는 피고가 출석하고 있는 법정에서 비디오를 보고 있는 배심원들이 직면하고 있는 과제를 시뮬레이션하기 위한 것이었다. 비디오는 배우의 얼굴과 몸을 여러 각도에서 세 번 보여 주었다. 시행 중 절반에서 피고는 비디오에 나타나지 않았다. 전반적인 오류율은 약 20%였다(표적이 있는 경우 22%, 표적이 없는 경우 17%). 즉, 증인 다섯 명 중의 한 명이 범인의 얼굴을 기억할 필요가 없고 어떤 시간 압력도 없는 이상적인 조건임에도 불구하고 오류를 범하였다. 한 특정 배우의 경우에는 참가자의 44%가 비디오에 나온 배우를 '무고한 피고'라고 잘못 판단하였다.

Henderson, Bruce와 Burton(2001), Davies와 Thasen(2000)의 연구에서는 낯선 사람을 CCTV로 확인하는 데 있어 유사하게 높은 오류율을 보였다. Davis와 Thasen은 확인 정확률이 15~30%이고, 오경보율이 60~65%라고 보고하면서 사람들이 확인하고자 하는 사람이 없는 경우 특히 오류 확인을 하는 경향이 있음을 밝혔다.

왜 익숙한 얼굴의 재인은 안정적인 반면, 익숙하지 않은 얼굴의 재인은 그렇게 취약한 것일까? 이것은 익숙한 얼굴이 익숙하지 않은 얼굴보다 내적 특징(눈, 코, 입)에서 상대적으로 더 잘 재인되기 때문인 것으로 알려져 있다(Ellis et al., 1979). 낯선 얼굴을 볼 때 변화할 수 있는 표면적인 유사성에 더 많이 의존하는 것으로 보인다(예: 머리 모양, 머릿결).

이전에 범인을 체포했거나 면담한 경찰들에게 신원 확인을 위한 목적으로 CCTV 장면을 제시하였다. 경찰들이 CCTV로부터 한 재인은 종종 법정에서 신원 확인 증거로 사용된다. 앞서 논의된 실험 증거는 범인이 경찰에게 친숙한 정도가 확인의 신뢰도를 평가하는 데 결정적인 변인임을 시사해 주고 있다. 이런 유형의 신원 확인 증거는 의문을 제기한다. 얼마나 친숙해야 사람이 비디오로부터 신뢰할 만하게 얼굴을 재인할 수 있는가?

현재 이러한 지적에 대한 과학적 증거는 매우 빈약하다. Bruce 등(2001)은 다양한 관점에서 30초에서 1분까지 노출해서 친숙해진 얼굴과 매칭 과제 직전에 본 얼굴을 가지고 매칭에 대한 수행을 비교하였다. 과제는 8~10장의 사진 배열에서 표적 사진을 매칭시키는 것이었다. 시행의 반에서 표적 인물은 배열에 제시되지 않았다. 거기에는 두 명의 참가자가 얼굴을 함께 보며 친숙화 동안에 토의를 해서 고무된 것을 제외하면 사전 친숙성의 이점이 나타나지 않았다. 이러한 환경에서 같은 관점에서 양질의 이미지를 매칭시킬 때 사전에 '사회적' 친숙성을 받은 참가자의 98%가 표적 인물을 확인하였고 '표적 부재' 배열에서는 68%가 정기각을 하였다. 이것은 사전 친숙화를 받지 않은 참가자들이 각각 81%와 39%를 보인 것과 비교된다. 결론적으로 사전에 간략한 사회적 친숙화를 하는 것은 기억 부하가 없는 이상적인 조건에서 매칭을 향상시킬 수 있다. 그러나 이러한 이상적인 조건(같은 관점에서의 양질의 비디오 이미지)에서조차 배열에 '표적'이 있지 않은 경우 근본적인 오경보 반응(반응의 32%)을 보인다.

결론

전에 본 얼굴을 판단하는 우리의 능력은 우리가 접하는 환경을 회상하는 능력을 능가할 수 있다. 공식적인 신원 확인 절차에서 친숙성에 의존하는 것은 특히 잘못된 확인을 이끌 가능성이 높다. 증인이 종종 실수를 저지르고 잘못된 신념에 유도된다는 증거는 매우 많다. 따라서 공식적인 신원 확인 증거를 얻는 절차는 설계되어야 하고 조심스럽게 사용되어야 한다. 대안으로부터 선택을 요구하지 않는 절차(예: 피고석 확인, 보여주기 또는 거리 확인)는 목격자가 오류를 보일 수 있는 검사를 제공하지 않는다. 그리고 그 맥락은 매우 암시적일 수 있다. 증인은 신원 확인 절차에 반복적으로 참여해서는 안 된다. 절차를 설계할 때는 들러리의 선발과 증인에 대한 지시를 포함하여 선택방법을 맹목적으로 하고 주의 깊게 고려해야 한다. 줄 세우기 절차에서 확률값을 높일 수 있는 두 가지 방법이 추천되어 왔다. 그것은 범인에 대한 증인의 기술에 매칭되는 들러리의 선발(용의자와의 유사성에 근거한 것보다는), 그리고 이미지를 동시에 제시하는 것보다 순차적으로 제시하는 것이다. 여하튼 최근 연구는 특히 영국에서의 조직적 맥락에서는 결과가 기껏해야 혼합되어 있다. 이러한 점에서 기존의 실무를 변화시키라고 추천하는 것은 부적절한 것으로 보인다.

CCTV의 감시가 늘어나는 것은 범죄 조사에 뚜렷한 영향을 주고 있다. CCTV 이미지로부터 낯선 얼굴을 확인하는 것은 놀랍게도 실수할 가능성이 높다. 다른 사람의 이미지도 매우 유사하게 보일 수 있는 반면, 같은 사람의 이미지도 다른 카메라로 찍으면 매우 다르게 보일 수 있다. 비록 CCTV가 인간 기억의 약점을 극복할 수 있는 기회를 주는 것처럼 보이지만 CCTV 자체가 인간을 잘못 확인하는 중요한 문제를 가지고 있다.

우리는 범죄 현장 조사관들이 좋이옷을 입고 고무장갑을 낀 채 현장을 오염시키지 않으면서 떨어진 샘플이나 훼손된 증거를 수집하는 장면에 익숙해 있다. 또한 범죄와 현장을 연결할 수 있는 마지막 사소한 흔적도 찾아내려는 노력도 잘 알고 있다. 이러한 접근법을 확장하여 목격의 기억을 범죄 현장의 한 부분으로 생각하는 것도 유용할 것이다. 조사관들은 신뢰할 수 있는 목격 증거를 얻기 위해 민감하고 편향되지 않은 절차를 사용할 필요가 있다. 마찬가지로 조사관들도 다중 확인 절차를 사용하거나 편향된 줄 세우기 또는 증인에 대한 피드백을 제공함으로써 증인의 기억을 오염시키지 않도록 많은 주의를 기울여야만 한다.

요약

- 목격자에 의한 잘못된 신원 확인은 잘못된 평결의 원인이 된다.
- 친숙성에 의존하는 것은 특히 오류를 일으킬 수 있다.
- 목격 확인의 정확성에 영향을 주는 요인은 증인이 범인을 본 시간의 길이, 증인이 경험한 스트레스 양 그리고 증인의 나이다.
- 증인은 잠재적인 친숙성 오귀인을 피하기 위해 신원 확인 절차에 반복적으로 참여해서는 안 된다.
- 정확한 확인을 한 증인은 잘못된 확인을 한 증인들에 비해 더 높은 자신감을 가질 수 있다. 그러나 자신감 있는 증인도 실수를 저지르는 것이 보통이다.
- 목격의 확신은 확인하려는 사람이 경찰 용의자인지 아닌지를 듣는 것과 같은 나중에 획득한 정보에 영향을 받을 수 있다.
- CCTV 영상을 통해 낯선 얼굴을 확인하는 것은 놀랍게도 오류의 가능성이 높다. 상이한 사람의 이미지도 매우 유사하게 보일 수 있는 반면, 같은 사람의 이미지도 매우 다르게 보일 수 있다.
- 목격의 기억은 범죄 장면의 일부로 간주되어야 한다. 따라서 증인의 기억을 왜곡하지 않도록 설계된 절차가 필요하다.

주관식 문제

1. 심리학은 잘못된 목격 확인을 이해하는 데 어떤 통찰을 주고 있는가?
2. 목격 확인에 대한 실험실 연구와 문헌연구의 강점과 약점을 비교하라.
3. 심리학적 연구에 근거하여 확인 행진을 공정하고 효과적으로 수행할 수 있도록 경찰관들에게 어떤 실제적인 충고를 하고 싶은가?
4. 범인 확인을 도와주는 수단으로서 CCTV 증거의 강점과 제한점을 논의하라.

참고문헌

Bartlett, J. C., & Fulton, A. (1991). Familiarity and recognition of faces in old age. *Memory & Cognition, 19*, 229-238.

Bauml, K-H, Zellner, M., & Vilimek, R. (2005). When remembering causes forgetting: Retrieval-induced forgetting as recovery failure. *Journal of Experimental Psychology: Learning, Memory & Cognition, 31*, 1221-1234.

Behrman, B. W., & Davey, S. L. (2001). Eyewitness identification in actual criminal cases: An archival analysis. *Law and Human Behavior, 25*, 475-491.

Brewer, N. (2006). Uses and abuses of eyewitness identification confidence. *Legal and Criminological Psychology, 11*, 3-23.

Bruce, V. (1982). Changing faces: Visual and non-visual coding processes in face recognition. *British Journal of Psychology, 73*, 105-116.

Bruce, V., Henderson, Z., Greenwood, K., Hancock, P., Burton, A. M., & Miller, P. (1999). Verification of face identities from images captured on video. *Journal of Experimental Psychology: Applied, 5*, 339-360.

Bruce, V., Henderson, Z., Newman, C., & Burton, A. M. (2001). Matching identities of familiar and unfamiliar faces caught on CCTV images. *Journal of Experimental Psychology: Applied, 7*, 207-218.

Burton, A. M., Wilson, S., Cowan, M., & Bruce, V. (1999). Face recognition in poor quality video: evidence from security surveillance. *Psychological Science, 10*, 243-248.

Chiroro, P., & Valentine, T. (1995). An investigation of the contact hypothesis of the own-race bias in face recognition. *Quarterly Journal of Experimental Psychology, 48A*, 879-894.

Clark, S. E., & Davey, S. L. (2005). The targets-to-foils shift in simultaneous and sequential lineups. *Law and Human Behavior, 29*, 151-172.

Cutler, B. L., Berman, G. L., Penrod, S., & Fisher, R. P. (1994). Conceptual, practical and empirical issues associated with eyewitness identification test media. In D. F. Ross, J. D. Read & M. P. Toglia (Eds.), *Adult eyewitness testimony: Current trends and developments* (pp. 163-181). Cambridge: Cambridge University Press.

Darling, S., Valentine, T., & Memon, A. (2008). Selection of lineup foils in operational contexts. *Applied Cognitive Psychology, 22*, 159-169.

Davies, G., & Thasen, S. (2000). Closed-circuit television: How effective an identification aid? *British Journal of Psycho logy, 91*, 411-426.

Davis, J. P., & Valentine, T. (2009). CCTV on trial: Matching video images with the defendant in the dock. *Applied Cognitive Psychology, 23*, 482-505.

Deffenbacher, K. A., Bornstein, B. H., & Penrod, S. D. (2006). Mugshot exposure effects: Retroactive interference, mugshot commitment, source confusion and unconscious transference. *Law and Human Behavior, 30*, 287-307.

Deffenbacher, K. A., Bornstein, B. H., Penrod, S. D., & McGorty, K. (2004). A meta-analytic review of the effects of high stress on eyewitness memory. *Law and Human Behavior, 28*, 687-706.

Devlin, P. (1976). *Report to the Secretary of State for the Home Department on the departmental committee on evidence of identification in criminal cases.* London: HMSO.

Ellis, H. D., Shepherd, J. W., & Davies, G. M. (1979). Identification of familiar and unfamiliar faces from internal and external features: Some implications for theories of face recognition. *Perception, 8*, 431-439.

Gronlund, S. D., Carlson, C. A., Dailey, S. B., & Goodsell,

C. A. (2009). Robustness of the sequential lineup advantage. *Journal of Experimental Psychology: Applied, 15*, 140-152.

Harris, M. J., & Rosenthal, R. (1985). Mediation of interpersonal expectancy effects: 31 meta-analyses. *Psychological Bulletin, 97*, 363-386.

Henderson, Z., Bruce, V., & Burton, A. M. (2001). Matching the faces of robbers captured on video. *Applied Cognitive Psychology, 15*, 445-464.

Home Office. (2011). Police and Criminal Evidence Act 1984 code D of practice for the identification of persons by police officers. Retrieved 24 November 2011 from http://www.homeoffice.gov.uk/publications/police/operational-policing/pace-codes/pace-code-d-2011

Innocence Project. (2010). *Eyewitness misidentification.* Retrieved 24 August 2011 from www.innocerce project.org/understand/Eyewitness-Misidentification.php

Juslin, P., Olsson, N., & Winman, A. (1996). Calibration and diagnosticity of confidence in eyewitness identification: Comments on what can be inferred from the low confidence-accuracy correlation. *Journal of Experimental Psychology: Learning, Memory and Cognition, 22*, 1304-1316.

Lindsay, D. S., Read, J. D., & Sharma, K. (1998). Accuracy and confidence in person identification: The relationship is strong when witnessing conditions vary widely. *Psychological Science, 9*, 215-218.

Lindsay, R. C. L., Lea, J. A., & Fulford, J. A. (1991). Sequential lineup presentation: Technique matters. *Journal of Applied Psychology, 76*, 741-745.

Lindsay, R. C. L., Martin, R., & Webber, L. (1994). Default values in eyewitness descriptions: A problem for the match-to-description lineup foil selection strategy. *Law and Human Behavior, 18*, 527-541.

Lindsay, R. C. L., & Wells, G. L. (1985). Improving eyewitness identification from lineups: Simultaneous versus sequential presentation. *Journal of Applied Psychology, 66*, 343-350.

Luus, C. A. E., & Wells, G. L. (1991). Eyewitness identification and the selection of distracters for lineups. *Law and Human Behavior, 15*, 43-57.

Mecklenburg, S. H. (2006). *Report to the legislature of the State of Illinois: The Illinois pilot program on sequential double-blind identification procedures.* Retrieved 24 August 2011 from http://portal.chicagopolice.org/portal/page/portal/ClearPath/News/Statistic/Reports/Legal Reports/Illinois Pilot Report on Eyewitne-ss identification Methods

Meissner, C. A., & Brigham, J. C. (2001). Thirty years of investigating the own-race bias in memory for faces. *Psychology, Public Policy and Law, 7*, 3-35.

Meissner, C. A., Tredoux, C. G., Parker, J. F., & MacLin, O. (2005). Eyewitness decisions in simultaneous and sequential lineups: A dual-process signal detection theory analysis. *Memory & Cognition, 33*, 783-792.

Memon, A., Hope, L., & Bull, R. (2003). Exposure duration: Effects on eyewitness accuracy and confidence. *British Journal of Psychology, 94*, 339-354.

Morgan, C. A., Hazlett, G., Doran, A., Garrett, S., Hoyt, G., Thomas, P., Baranoski, M., & Southwick, S. M. (2004). Accuracy of eyewitness memory for persons encountered during exposure to highly intense stress. *International Journal of Law and Psychiatry, 27*, 265-279.

Norris, C., McCahill, M., & Woods, D. (2004). The growth of CCTV: A global perspective on the international diffusion of video surveillance in publicly accessible space. *Surveillance and Society, 2*, 110-135. Retrieved 24 August 2011 from www.surveillance-and-society.org/cctv.htm

Odinot, G., Wolters, G., & Lavender, T. (2009). Repeated partial eyewitness questioning causes confidence inflation but not retrieval induced forgetting. *Applied*

Cognitive Psychology, 23, 90–96.

O'Rourke, T. E., Penrod, S. D., & Cutler, B. L. (1989). The external validity of eyewitness identification research: Generalizing across subject populations. *Law and Human Behavior, 13*, 385–397.

Phillips, M. R., McAuliff, B. D., Kovera, M. B., & Cutler, B. L. (1999). Double-blind photoarray administration as a safeguard against investigator bias. *Journal of Applied Psychology, 84*, 940–951.

Pike, G., Brace, N., & Kyman, S. (2002). *The visual identification of suspects: Procedures and practice. Briefing note 2/02.* London: Policing and Reducing Crime Unit, Home Office Research Development and Statistics Directorate. Retrieved 24 August 2011 from www.homeoffice.gov.uk/rds/prgbriefpubs1.html

Pike, G., Kemp, R., Brace, N., Allen, J., & Rowlands, G. (2000). The effectiveness of video identification parades. *Proceedings of the British Psychological Society, 8*, 44.

Pozzulo, J., & Warren, K. L. (2003). Descriptions and identifications of strangers by youth and adult eyewitnesses. *Journal of Applied Psychology, 88*, 315–323.

Schank, R. C., & Abelson, R. P. (1977). *Scripts, plans, goals and understanding.* Hillsdale NJ: Lawrence Erlbaum Associates Inc.

Searcy, J. H., Bartlett, J. C., & Memon, A. (1999). Age differences in accuracy and choosing in eyewitness identification and face recognition. *Memory & Cognition, 27*, 538–552.

Searcy, J. H., Bartlett, J. C., & Memon, A. (2000). Relationships of availability, lineup conditions, and individual differences to false identification by young and older eyewitnesses. *Legal and Criminological Psychology, 5*, 219–236.

Searcy, J. H., Bartlett, J. C., Memon, A., & Swanson, K. (2001). Ageing and lineup performance at long retention intervals. Effects of metamemory and context reinstatement. *Journal of Applied Psychology, 86*, 207–214.

Semmler, C., Brewer, N., & Wells, G. L. (2004). Effects of postidentification feedback on eyewitness identification and nonidentification confidence. *Journal of Applied Psychology, 89*, 334–346.

Shapiro, P. N., & Penrod, S. D. (1986). Meta-analysis of facial identification studies. *Psychological Bulletin, 100*, 139–156.

Shepherd, J. W. (1983). identification after long delays. In S. M. A. Lloyd-Bostock & B. R. Clifford (Eds.), *Evaluating eyewitness evidence* (pp. 173–187). Chichester: John Wiley & Sons, Inc.

Slater, A. (1994). *Identification parades: A scientific evaluation.* London: Police Research Group (Police Research Award Scheme), Home Office.

Sporer, S., Penrod, S., Read, D., & Cutler, B. L. (1995). Choosing, confidence and accuracy: A meta-analysis of the confidence-accuracy relations in eyewitness identification studies, *Psychological Bulletin, 118*, 315–327.

Steblay, N. K. (1992). A meta-analytic review of the weapon focus effect. *Law and Human Behavior, 16*, 413–423.

Steblay, N. K. (1997). Social influence in eyewitness recall: A meta-analytic review of lineup instruction effects. *Law and Human Behavior, 21*, 283–297.

Steblay, N. K., Dysart, J. E., & Wells, G. L. (2011). Seventy-two tests of the sequential lineup superiority effect: A meta-analysis and policy discussion. *Psychology, Pubic Policy & Law, 17*, 99–139.

Technical Working Group for Eyewitness Evidence. (1999). *Eyewitness evidence: A guide for law enforcement.* Washington: US Department of Justice. Retrieved 24 August 2011 from www.ojp.usdoj.gov/nij/pubs-sum/178240.htm

Tunnicliff, J. L., & Clark, S. E. (2000). Selecting foils for identification lineups: Matching suspects or descriptions? *Law and Human Behavior, 24,* 231-258.

Valentine, T. (1991). A unified account of the effects of distinctiveness, inversion and race in face recognition. *Quarterly Journal of Experimental Psychology, 43A,* 161-204.

Valentine, T., Darling, S., & Memon, A. (2007). Do strict rules and moving images increase the reliability of sequential identification procedures? *Applied Cognitive Psychology, 21,* 933-949.

Valentine, T., & Endo, M. (1992). Towards an exemplar model of face processing: The effects of race and distinctiveness. *Quarterly Journal of Experimental Psychology, 44A,* 671-703.

Valentine, T., Harris, N., Colom Piera, A., & Darling, S. (2003). Are police video identifications fair to African-Caribbean suspects? *Applied Cognitive Psychology, 17,* 459-476.

Valentine, T., & Heaton, P. (1999). An evaluation of the fairness of police line-ups and video identifications. *Applied Cognitive Psychology, 13,* S59-S72.

Valentine, T., & Mesout, J. (2009). Eyewitness identification under stress in the London Dungeon. *Applied Cognitive Psychology, 23,* 151-161.

Valentine, T., Pickering, A., & Darling, S. (2003). Characteristics of eyewitness identification that predict the outcome of real lineups. *Applied Cognitive Psychology, 17,* 969-993.

Wagenaar, W. A., & Van der Schrier, J. (1996). Face recognition as a function of distance and illumination: A practical tool for use in the courtroom. *Psychology, Crime & Law, 2,* 321-332.

Wells, G. L. (1993). What do we know about eyewitness identification? *American Psychologist, 48,* 553-571.

Wells, G. L. (2008). Field experiments on eyewitness identification: Towards a better understanding of pitfalls and prospects. *Law and Human Behavior, 32,* 6-10.

Wells, G. L., & Bradfield, A. L. (1998). 'Good you identified the suspect': Feedback to eyewitnesses distort their reports of the witnessing experience. *Journal of Applied Psychol ogy, 66,* 688-696.

Wells, G. L., Rydell, S. M., & Seelau, E. (1993). The selection of distractors for eyewitness lineups. *Journal of Applied Psychology, 78,* 835-844.

Wright, D. B., & McDaid, A. T. (1996). Comparing system and estimator variables using data from real lineups. *Applied Cognitive Psychology, 10,* 75-84.

Wright, D. B., & Skagerberg, E. M. (2007). Postidentification feedback affects real eyewitnesses. *Psychological Science, 18,* 172-178.

주석이 달린 읽을거리 목록

Bogan, P., & Roberts, A. (2011). *Identification: Investigation, trial and scientific evidence* (2nd ed.). London: Jordans. 이 두 책은 특별히 선고와 처벌(영국과 웨일스에 초점을 맞춘)을 참조하여 보다 상세한 법률의 배경을 제공하고 있다.

Schachter, D. L. (1999). The seven sins of memory. Insights from psychology and cognitive neuroscience. *American Psychologist, 54,* 183-203. 이 책들은 심리학과 일반 범죄의 관계에 대해 매우 광범위한 개요를 제공하고 있다.

Thompson, J. (2000, 18 June). I was certain but I was wrong, *New York Times.* Retrieved 24 August 2011 from http://truthinjustice.org/positive_id.htm. 이 책은 형사 사법 개입의 주요 범주에 관한 연구를 광범위하게 고찰하였다.

Valentine, T. (2006). Forensic facial identification. In A. Heaton-Armstrong, E. Shepherd, G. Gudjonsson & D.

Wolchover (Eds.), *Witness testimony; Psychological, investigative and evidential perspectives* (pp. 281-309). Oxford: Oxford University Press. 범죄 행동을 감소시키기 위한 심리사회적 개입에 관한 연구를 충분히 기술한 책.

Wells, G. L., Memon, A., & Penrod, S. (2006). Eyewitness evidence. Improving its probative value. *Psychological Science in the Public Interest, 7,* 45-75. 처벌의 역사와 다른 여러 측면에 대해 깊이 있게 논의한 책.

Wilcock, R., Bull, R., & Milne, R. (2009). *Witness identification in criminal cases: Psychology and practice.* Oxford: Oxford University Press. 처벌과 법률-저항 행동을 매개하는 다른 요인 간의 관계에 대한 연구를 개관한 책.

제15장 전문가 증언의 역할

BRIAN R, CLIFFORD

주요 용어

| Daubert 검사 | Frye 검사 | 기억상실증 | 법률상 | 변경될 수 있는 | 병원성의 | 보강 증거 | 사실상 | 생태학적 타당도 | 아동 성적 학대 | 음향학적 분석 | 전문가 증언 | 첫인상 | 청각-지각적 분석 | 해리 | 해부학적 교정 인형(ACDs) |

이 장의 개요

법정에서 **전문가 증언**(expert witnesses)을 사용하는 것은 현대의 현상이 아니다. 그러한 증언은 적어도 14세기 이래로 사용되어 왔고(Wigmore, 1978), 전문가들은 18세기 이래로 반대파에 대해 논박을 하기 위해 등장하였다(Miller & Allen, 1998). 그러한 증언을 법적인 목적으로 사용하는 이유는 항상 사실에 대한 심사관을 보유하지 못한 경우 전문가를 제공하기 위한 것이었지만, 그들을 허용하는 기본적인 법칙은 끊임없이 개정되어 왔다[R v. Turner (1975); Clifford, 2003; Mackay et al., 1999)].

이 장에서는 논쟁 중인 세 가지 법정심리학 영역—잘못된 시각적 및 목소리 확인, 성적 학대 사례에 특히 중점을 둔 아동 증언, 발굴된 기억—에 초점을 맞출 것이다. 그리고 전문가 증언이 그것을 해결할 수 있는 역할이 가능한지를 탐색할 것이다. 우리는 전문가 증언의 역할이 어떻게 확장되어 왔는가를 살펴볼 것이다. 그리고 전문가 증언을 받아들이는 것이 국가와 법적 체계에 따라 다르다는 점도 지적할 것이다. 여하튼 기본적으로는 전문가가 문제에 대해 증언을 할 때 질적으로 과학적인 것에 의존해야 함을 논의할 것이다. 전문가 증언이 재판 과정에 도움을 줄 가능성은 있지만, 이 가능성을 현실화하는 것이 심리학 분야에서 단순하지도 않고 정착된 일도 아니라고 결론지을 수 있다.

전문가 증언의 진화

역사적으로 법정은 인간 요인보다는 비인간 요인에 관해 검사한 전문가를 처음부터 선호한 것으로 보인다.

> **전문가 증언**
> (expert witnesses)
> 증거법은 두 가지 형태의 증언을 인정하고 있다. 사실에 대한 일반적 증언과 전문가 증언. 전문가 증언은 훈련과 지식 및 경험을 통해 전문적인 의견을 표현할 수 있는 자질을 갖춘 사람들이 하는 것이다.

그 후 정신 상태보다는 인간의 신체적 상태를 검사한 전문가를 선호하였다. 정신 상태에 대한 전문가를 받아들일 때는 법정이 정상 정신 상태보다는 이상 정신 상태에 관해 검사한 전문가를 선호하였다. 이런 점에서 법정은 정신과적 전문가가 의학적 과학에 기초하고 있기 때문에 임상심리학 전문가보다 정신과적 전문가를 더 선호하였다. 한참 후에야 법정은 기억, 지각 및 언어와 같은 정상적인 마음 상태를 실험적으로 조사하는 전문가들을 선호하였다. 정말 최근까지도 그러한 정상 인간 과정은 배심원이나 사실 심문관의 지식이나 경험으로만 존재했으며, 합리적인 의사결정 역할을 명확히 하고 정보를 얻기 위해 전문가 의견을 요구하지 않았다(Clifford, 2003; Mackay et al., 1999 참조).

법정에서 수용될 수 있는 전문가 유형의 진보는 대심과 심문 법정 체계 모두에서 추적할 수 있다. 그러나 역사적으로 심문 체계가 대심 체계보다 더 오래 전문가를 고용해 왔다(Spencer, 1998).

미국, 영국, 호주, 뉴질랜드 그리고 캐나다가 모두 대심 재판 방식을 도입하고 있지만, 정상 정신 상태 전문가는 이들 나라마다 매우 다르게 사용되고 있다(각 사법권 내에서 전문가 증언의 수용에 대한 뛰어난 설명은 Kapardis, 1997 참조). 한 예로, 그러한 전문가 증언은 영국보다는 미국에서 더 많았다. 전자에서 전문가 수용은 Frye(1923)[**Frye 검사**; Frye v. United States 293 F.1013 (D.C. Cir. 1023)]와 이후의 Daubert(1993)(**Daubert 검사**; Daubert v. Merrell Dow

> **Frye 검사**
> (Frye test)
> 전문가 증언을 수용할 것인지 배제할 것인지를 결정하는 미국 법적 검사. 과학적 증거는 그것이 그 분야에서 일반적으로 수용되는 이론이나 연구 결과에 기초한 경우에만 허용된다고 규정된다.

> **Daubert 검사**
> (Daubert test)
> Daubert v. Merrell Dow Pharmaceuticals, Inc. (1993)를 따라 전문가 증언을 수용하는 것에 관한 규칙. 이것은 제시된 증언이 건전한 과학적 방법에 의해 얻어진 정보에 기초해야 함을 강조하고 있다.

Pharmaceuticals Inc. 509 U.S., 113 S.Ct. 2786 1993)와 같은 기념비적 사례에 의해 결정되었다. 이들은 전문가가 검사해야 할 조건을 명세화하였다. 모든 사법권에서 판사는 전문가 증언을 허용할지 말지를 결정하는 궁극적 '문지기'다.

어떤 주제에 대해서 어느 정도로 전문가의 의견을 취할 것인지 받아들여지고, 그 증언의 목적이 사실 조사관들이 이성적이고 합리적으로 결정하는 데 도움을 주기 위한 것이지만, 전문가가 '궁극적인 문제'에까지 침해해서는 안 되었다. 이 규정은 법원이 결정을 내려야 하는 바로 그 문제(즉, 분쟁이 되는 사실. 예를 들면, 이 특정 아동이 성적으로 학대를 당했는가? 이 특정 증언을 믿을 수 있는가?)에 관해 자신의 의견을 가지고 증언을 하는 것을 금지하였다. 궁극적인 문제에 접근하는 것과 그것에 관해 의견을 말하지 말아야 하는 것 사이의 분명한 선이 전문가 증언의 역할에 관한 논쟁의 심장부에 놓여 있다.

누가 전문가인가

전문가 증언은 어떤 전문가가 설계한 것이 아니라 법정 체계가 한 것이다. 영국심리학회(British Psyhological Society: BPS)가 출판한 『전문가 증인으로서의 심리학자: 영국과 웨일즈의 지침과 절차(Psychologists as Expert Witnesses: Guidelines and Procedures for England and Wales)』(2007)는 전문가 증언을 "전문적인 훈련과 연구 또는 경험을 한 사람이 법정이나 판사석, 청중에게 판사, 서기, 재판장 또는 배심원단의 경험이나 지식을 넘어서는 것으로 보이는 과학적이고 기술적인 정보를 제공하는 것"(p. 2)이라고 정의하고 있다. 이들 지침은 전문가의 역할은 법정을 보좌하는 것이고 그들을 교육하

는 부분은 아니라는 점을 강조하고 있다. 이들은 또한 전문가 증언과 일반 증언(사실에 대한 증언)의 주된 차이점은 전문가 증언이 의견을 제시할 수 있는 데 반해, 일반 증언은 사실적 진술이나 증거를 제공하는 것이라고 지적하고 있다. 따라서 전문가는 최선의 증거를 제시하기 위해 교육, 수련, 경험, 기술과 지식을 통해 자격을 갖추어야 한다. 전문가의 영역은 재판 중인 사건과 맞아야 한다. 그들이 의지하는 자료는 직접적이고 교차조사를 하거나 또는 반대 전문가와의 대면하에서 명확한 진술, 의견, 결론 그리고 주장을 허용할 수 있을 정도로 신뢰할 만하고 타당해야 한다. 마지막으로, 전문가들은 진실이나 정의보다 의뢰인의 입장을 보다 우세한 상태에서 주장하기 위해 어떠한 수단—공평하건 반칙적이건—을 써서라도 그들의 과학적 신뢰성, 객관성 전문성을 공격할 수 있는 대질 과정에도 참여할 준비를 해야 한다. 법정은 전문가가 아닌 법률가들의 선택의 경기장이다. 법률가들은 게임의 규칙을 알고 그 게임이 무엇인지 그리고 그 게임을 어떻게 해야 잘하는지를 알고 있다. 반면, 전문가는 그렇지 못하다. BPS 지침(British Psychological Society, 2007)은 전문가 증언을 제공하는 동안 일어날 수 있는 실제적·윤리적 그리고 법적 문제들을 어떻게 다루어야 하는지에 대해 유용한 제안을 하고 있다.

전문가 증인은 열린 법정에서 선서 증언([그림 15-1])을 할 수도 있고 법정에서나 재판 후 선고 전에 증인으로서 실제로 나타나지는 않고서 전문가 보고서나 의견을 제공할 수도 있다. 전문가는 다른 편의 전문가와 대면해서 변호사에게 조언을 해 줄 수 있다. 그때에는 분명하게 '전문가가 되는' 색채를 띤다. Gudjonsson (1985, 1996, 2007/8)은 미국에서의 전문가의 본질, 전망 그리고 실제에 대해 세 가지 분리된 질문지를 통해 조사하였다. 구두 증언보다는 서면 보고가 더 많이 준

[그림 15-1] 전문가 증인은 열린 법정에서 서서 증언을 할 수도 있고, 법정에서나 재판 후에 전문가 보고서나 의견을 제공할 수도 있다.

출처: ⓒ Stephen Coburn, Shutterstock사의 허락하에 게재함.

비되었다. 그 비율은 도시와 범죄 소송 간에 다르게 나타났다. 범죄 사례에 있어서는 구두 증언이 더 많은 것으로 나타났다. 그러나 형사 법정에서는 대부분의 전문가 증언은 서면 보고의 형태였으며, 규칙보다 예외적으로 구두 증언이 있었다.

구두 증거가 주어진 모든 응답자의 약 45%가 광범위한 교차조사를 받았다고 말하였다. 1995년의 조사(Gudjonsson, 1996)에서 44%가 대면 전문가를 만났다고 말했다. 1985년의 보고(Gudjonsson, 1985)에서는 22%가 대면 전문가를 경험했다. 기쁘게도 전문가 증언을 제출한 전문가의 95%에서 97%가 법정이 자신들의 증언을 긍정적으로 처리했다고 보고하였다.

사례 유형에 관계없이 전문가 심리학자들은 ① 재판에 대항하는 능력, 과다 암시성, '건전한 마음' 가지기 등과 같이 사실에 대해 직접 말하거나 사건에 대해 생각하도록 요구되거나 ② 증언을 신뢰할 수 없게 하는 요인, 희생자가 암시에 복종하게 된 것, 학대받은 아동이 비증상적(즉, 학대의 징표가 없는 것)인 이유에 대한

설명, 학대의 노출이 지연된 것, 하나 이상의 경우를 부인한 것과 같은 요인에 대해 논의하게 하는 교육적 기능을 수행하도록 요구되었다. 전문가에게 첫 번째 유형의 역할을 수행하도록 요구한 경우, 그들 대부분은 확실히 피고인을 조사하였고 전문가들은 심리학자, 임상가 또는 치료자였다. 후자의 역할을 수행하도록 요구한 경우, 전문가는 피고인, 희생자, 목격자와 상호작용을 하지 않았고, 전문가는 연구자나 실험심리학자들이었다. 이러한 접근법의 예는 나의 사례 중 하나에서 볼 수 있다(〈사례연구 15-1〉). 우리가 알고 있듯이 인식론적인 또는 지식 기반의 두 가지 증언 유형은 매우 갈등을 하고 있고 대조적이다.

전문가의 영역이 전문적ㆍ임상적 또는 과학적이냐에 관계없이, 전문가 자신의 증언을 입증하기 위해 의존하고 있는 자료의 신뢰도와 타당도가 중요하게 고려되어야 한다. 우리가 일부 논쟁적인 영역에서 전문가의 역할을 생각하고 있기 때문에 자료 통일의 중심성과 **생태학적 타당도**(ecological validity), 일반화 가능성, 내

적·외적 타당도, 반복 가능성이 어떻게 유지되고 있는지에 중점을 둘 것이다.

'목적에 대한 적합성'을 확보하기 위해 어떤 전문가 증인은 동료 개관 논문을 출간한 사람, 관련 문헌을 주의 깊고 비판적이며 종합적으로 읽은 사람, 소환된 것을 논박하기 위해 반대편에서 제기한 문제에 대해 합리적인 파악을 한 사람과 같은 능동적인 연구자가 되어야만 하는 경우가 있다. 이런 점에서 『기억과 법률에 대한 지침: 기억에 대한 과학적 연구로부터의 추천(Guidelines on Memory and the Law: Recommendations from the Scientific Study of Memory)』(British Psychological Society, 2008, 2010 개정)은 관심을 끈다. 이 지침은 법정이 동료 개관 논문을 출판한 것과 같이 '관련된 결과물'을 가진 사람들로 정의되는 '기억 전문가'라고 부르는 전문가 증인에게만 배타적

> **생태학적 타당도 (ecological validity)**
> 실험 조건이 실생활 상황을 정확하게 재생산할 수 있는 정도. 생태학적 타당도는 외적 타당도와 밀접하게 관련되어 있다.

으로 의존할 것을 요구한다. 여하튼 기억 분야에서 동료 개관 논문의 출판이 전문가 증인으로서 자신을 드러내 보이는 데 필요조건이라 할지라도 충분조건이 될 수는 없다. 출판을 많이 한 '전문가'가 아동의 증언과 그 증언에 대한 성인의 기록 또는 아동기 경험에 대해 현재 표현된 성인의 기억이 개념적으로 차이가 있음을 인식하는 데 실패한다면 법정에서 전문가가 아니라고 드러날 것이다. 그러한 자각은 사실 법정에 도움을 주는 **법률상(de jure)** 전문가 증언에 반대하는 **사실상(de facto)** 전문가 증언에 있어서 결정적인 것이다. 최근의 몇 가지 사례가 이 점을 밝히는 데 도움을 주었다[예: R v. E(2009) EWCA Crim 1370].

> **법률상 (de jure)**
> 문자 그대로 '법률에 따르는; 권리에 의해'. 현실과는 상응하지 않을 수도 있는 법적 또는 이론적 입장

> **사실상 (de facto)**
> 문자 그대로 '실제 사실'. 그 사례가 법적으로 또는 이론적으로 어떤 것이냐와 관계없이 사실 또는 실제적으로 어떤 것이냐 하는 것

사례연구 15-1 항소 법정, 고등 법원의 재판관, 에딘부르그, 2004

사건: 살인

전문가 증언: Brian R. Clifford 교수

전문가 역할: 실험심리학자

2001년 나는 1984년 글래스고에서 일어난 '아이스크림 전쟁'이라고 알려진 사건으로 Campbell, Steele와 Gray가 살인 혐의로 유죄 판결을 받은 세 번째 항소심에서 전문가 증인으로 활동하는 데 관심이 있느냐는 스코틀랜드 범죄사례 고찰 위원회의 전화를 받았다. 항소 측면에 대해, 나는 다양한 시간 지연 그리고 언어적 간섭 조건하에서 관련된 것으로 추정되는 사람, 축어록 확인, 상위 폭(단기기억 용량을 초과하는) 숫자에 대한 몇몇 경찰관의 회상, 항소인들이 주장하는 발언에 대해 접근하였다. 기본적으로 이것은 언어심리학적인 문제였다. 나는 출판, 훈련, 경험과 교육(언어심리학 박사, 인공지능과 선천 언어과정 이학 석사) 측면에서 전문가 의견을 제출할 수 있는 자격이 있었다.

나는 현존하는 언어심리학적 이론과 자료를 통해 사례가 특정한 조건하에서 축어록 회상의 가능성에 문제가 있음을 지적하는 한편, 신기한 사례 관련 자료가 많이 부자연스럽다는 점을 언급하기로 결정하였다. 따라서 나는 네 개의 실험을 진행하였다. 결국 나의 224명의 관계자 중 어느 누구도 네 명의 경찰관이 한 주장을 회상할 수 없었다. 이 새로운 자료가 이미 알려진 단기 축어록 기억의 한계를 반복했고 언어심리학에서 수용되는 이론과 일치한다는 점에서 항소심 판사들은 다음과 같은 결론을 내렸다. '우리의 견해로는 새로운 증거가 배심원의 평결이 재판의 과오로 간주될 수 있기 때문에 항소를 무시하고 환송한다.'

(H.M.A. v. Campbell, Steele & Gray. Appeal Court, High Court of Justiciary Opinion of the Court, 2004. 3. 17.)

논쟁: 오인

오인(mistaken indentification; Scheck et al., 2000)에 대해 알려진 사례는 전문가 증언의 필요성을 제기한다. 많은 면죄, 사면, 기존의 유죄 판결을 벗어난 상황은 이런 종류의 증거가 무엇인가 잘못되었음을 지적한다(14장 참조).

실험심리학자들은 매우 많은 요인(Clifford, 1979 참조)과 추정치 그리고 체계 변인(14장 참조; 또한 Wells, 1978)들이 일반 사람(배심원들)에게 알려져 있지 않고 그래서 정의가 행해질 수 있도록 그들에게 관심을 기울여야 한다고 주장한다.

그러나 다른 결론을 끌어내는 다른 추론의 입장이 있다. 이 입장은 ① 우리는 기억이 부호화, 저장 그리고 인출 요소를 포함하고 있다는 데에 동의한다. ② 여러 체계와 추정치 변인이 이 단계의 하나 이상에 영향을 미쳐 기억의 정확성을 감소시킨다는 것을 인정한다. 여하튼 우리는 재판을 받고 있는 특정 사례의 특별한 증인/희생자의 경우 어떤 국면에서, 어느 정도로 영향을 받는지 결코 그리고 확실히 알 수 없다. 이러한 불확실성의 배경에 반해 전문가 증언을 제공하는 것은 그러한 증언이 배심원의 입장에서 불공정하게 의심을 증가시

키게 되고 이익이 되지 못한다.

덧붙여서, 통제된 실험실 연구가 실생활 범죄에 어느 정도로 일반화될 수 있는가? 결과들이 얼마나 자주 '사실'로 간주되기 전에 반복될 수 있는가? 결과가 반복되더라도 한 사례에서는 변인의 효과 크기(양)가 크고(0.8 이상), 다른 사례에서는 중간(0.6)이며, 또 다른 사례에서는 작다(0.2)는 것은 무엇인가? 그리고 효과가 반복되지 않는 모든 알려진(알려지지 않은 연구가 더 많겠지만) 연구에 대해 우리는 어느 정도로 비중을 두어야 하는가?

조작적으로 될 수 있는 것과 될 수 없는 요인과 특정 사례에서 나타나거나 나타나지 않을 수 있는 효과를 넘어서서 다른 생각을 해 볼 수 있다. 실험심리학은 분포 간의 중첩을 가지고 집단 평균으로 주로 예측을 한다. 이것이 실제로 의미하는 바는 실험집단의 한 명이 사실 '못하는' 집단의 한 사람보다 더 못하는 수행을 했더라도 통제집단보다 실험집단이 전체적으로는 '더 나은' 것으로 나타날 수 있다는 것이다. 좀 더 구체적으로, 만약 우리가 실험집단의 70%가 조건 X에서 부정확한 확인을 했다고 한다면 현재 재판 중인 특정 사례의 특정 증언이 조건 X하에서 70%의 범주에 속하고, 30% 범주에는 속하지 않는다는 것을 어떻게 알 수 있는가? 우리는 아마도 알 수 없을 것이다. 그렇다면 우리는 우리가

하려는 것이 배심원들이 다루고 있는 특정 사례에서 필요로 하는 것보다 더 많은 의심을 제공해 줄 때, 어떻게 배심원을 교육시킬 수 있을 것인가? 이런 입장의 추론에서는 전문가 증언이 증거를 제공하기보다 손해를 끼친다고 받아들인다(Ebbesen & Konecni, 1996 참조).

그리고 아직까지 근심 어린 시민으로서, 우리는 무죄를 증명하기 위해 유죄 판결 후 행해진 DNA 검사 결과가 이제까지(2011년 2월) 잘못 판결된 266명의 혐의를 벗겨 주었다는 무죄 프로젝트(www.innocenceproject.org)의 결과를 보고 불안을 떨칠 수 없다(Valentine, 이 책 참조).

전문가 증언은 위임된 해결일 수 있다. 여하튼 그러한 증언을 입증하는 자료가 끊임없이 변하고 정제되며 차이를 보이기 때문에, 전문가를 검증하는 일은 그들이 무엇에 관해서 검증을 준비하고 있고 그들이 확정적이고 뛰어나며 확실한 의견보다 조건적이고 확률적이며 맥락화된 진술을 하려고 어느 정도로 준비하는가와 같은 부분에서 신중을 기해야 한다. 전문가의 진짜 역할은 변호나 당파정신이 아닌 교육이다(예: Miller & Allen, 1998). 관련된 증언은 그 사례에 관련된 일반적인 원리, 결론에 도달하게 된 자료, 그 자료들에 의존하는 이유, 그 자료로부터 제시된 결론을 이끌어 내는 데 사용된 추론 입장을 설명해야 한다. 한 예로, 미국(Yarmey, 2003 참조)과 영국(PACE, 1984, 2005) 모두 증거 확인에 대한 지침을 제공하고 있다. 그리고 이러한 지침이나 요강으로부터 일탈하는 것은 법정에서 문제가 제기될 것이고 전문가 증언의 합법적 영역에 문제를 일으킬 것이다.

앞서 지적하였듯이, 증거 확인을 포함하여 사례에 대해 전문가 증언을 사용하는 주된 관심 중의 하나는 그러한 증언이 모든 그러한 증거에 관한 일반적인 의심 수준을 증가시킬 가능성이다. 사실 그러한 의심은 특정

사례에서는 정당화될 수 없다. 몇몇 연구가 이 의심 문제와 부가적으로 그러한 증언이 편견을 일으키는 요인에 대한 배심원의 민감성 증가와 증거에 대한 비신뢰성을 증가시킬 가능성에 대해 주목하였다.

Devenport 등(2002)이 수행한 연구에서 800명의 모의 배심원은 줄 세우기 확인 절차에 관한 정보를 포함한 녹화된 재판을 보았다. 확인 절차에 대한 제시는 돋보이는 선택 편향, 지시 편향(범죄자가 있거나 없을 수 있다고 말해 주는 것 또는 말해 주지 않는 것), 제시 편향(편파된 범주를 가지고 있는 동시적 줄 세우기, 편파가 되지 않은 순차적 줄 세우기)으로 변화시켰다. 연구자들은 전문가 증언이 줄 세우기 제시에 영향을 미치는 세 가지 요인을 통해 모의 배심원들이 어느 정도로 예민해지는지에 대해 관심을 가졌다. 그들은 처음으로 배심원들이 부각되는 선택 편향에 민감하고 지시 편향이나 제시 편향에는 그렇지 않다는 것을 발견하였다. 전문가 증언은 지시에 대한 민감성을 향상시키는 데 도움을 주었지만 제시 편향에서는 그렇지 않았다. 중요하게도 전문가 증언이 증거 확인에 대해 전반적인 의심 태도를 만든다는 증거는 별로 없었다.

두 번째 연구는 Leippe 등(2004)의 연구다. 두 개의 실험에서 모의 배심원들은 목격자 기억에 관한 일반적인 전문가 증언을 포함하거나 포함하지 않은 살인 재판 기록을 읽었다. 전문가 증언은 그 사례에 대한 증거를 제시하기 전에 주어지거나 증거가 제시된 후에 주어졌다. 배심원에 대한 판사의 마지막 지시는 배심원들에게 전문가 증언을 상기시키거나 그렇지 않는 것이었다. Leippe 등은 전문가 증언이 증거 뒤에 따라오거나 판사가 언급을 한 경우 유죄의 지각과 목격의 신뢰성을 감소시키는 것을 발견하였다. 그러나 증거가 앞에 나오거나 판사가 언급을 하지 않은 경우에는 그렇지 않았다. 이것은 기소 사건이 어느 정도는 약해지거나 어느

정도는 강해질 수 있다는 것을 보여 준 사례다. 전문가 증언의 타이밍이 결정적이라는 사실과 판사의 상기에 의해 지지될 필요가 있다는 사실은 전문 목격자 증언의 제시가 재판 중이거나 다루고 있는 사례가 아니더라도 목격 증언 자체에 대한 의심을 증가시키는 효과를 가질 수 있다는 두려움을 배제하는 데 도움을 주었다.

이 두 연구는 모두 전문가 증언의 도입이 모든 목격자 증언과 확인에 대해 전반적인 의심을 증가시킴으로써 전체적으로 배심원의 평결에 '색을 입히는' 것이 아니라는 점을 지적하였다. 오히려 그들은 일반적(Leippe et al., 2004)이고 보다 특정한(Denenport et al., 2002) 전문가 증언은 재판 전반에 걸쳐 타이밍과 지지에 의존한 편향의 중요한 측면에 대해 예민성을 향상시키는 데 도움이 될 수 있다고 지적하였다.

또한 시각적 확인에 대해 위에서 언급한 모든 것은 목소리 확인에서도 더 많이 적용될 수 있다(Clifford, 1980; Yarmey, 2007). 목소리 확인은 최근의 몇몇 사례에서 중요한 역할을 했다[HMA v. Thomas Sheridan (2010) High Court Glasgow, 11-12월; R v. Doheny & Adams (1997)(1) Cr App. R.369; R v. Flynn & St John EWCA Crim 970 (2008. 5. 2.); R v. Khan & Bains (2003) Central Criminal Court; R v. O'Doherty NICA B 51 (2002. 4. 19.); R v. Robb (1991) 93 Cr App. R.161]. 목소리 확인에 관련된 사례는 시각적 확인에서 나타나는 모든 어려움과 갈등을 보여 주지만 부가적인 수준의 복잡성을 가지고 있다. 목소리 확인 사례에서는 세 가지 상이한 장면의 전문가가 포함될 수 있다. ① 들은 목소리가 익숙한 것인지 또는 한 번이나 자주 듣지는 못한 것인지를 인지하는 보통 사람의 능력에 관심이 있는 전문가, ② 목소리의 유사성에 대해 청각-지각적 확인을 하는 것에 관심이 있는 전문가, ③ 참조 원천이나 문제의 원천으로부터 나온 말에 대한 **음향학적 분석**(acoustic analysis)에 관한 문제에 관심이 있는 전문가.

일반 청취자의 목소리 기억 능력에 대한 전문가는 실험적 증거, 예를 들면 익숙한 목소리에 대해 인지/확인 정확성이 100% 정확성(예: Hollien et al., 1983)으로부터 80%(예: Blatchford & Foulkes, 2006), 60%(예: Goldstein & Chance, 1985), 50%(예: Barsics & Bredart, 2010) 그리고 30%(예: Read & Craik, 1995)까지 분포하는 증거에 직면한다. 청각-지각적 전문가(음성학자; **청각-지각적 분석**)는 화자 내(그리고 화자 간) 차이와 인간 청취자가 지각적으로 변별할 수 없는 언어 신호의 음향학적 특징을 변별해야 하는 사실에 직면해야만 한다. 음향학적 전문가는 참조 표본과 문제 표본의 비교 가능성과 호환성이라는 중요한 문제를 받아들여야 하고, 음향학적 분석이 검사하고 있는 전집의 통계치가 없다는 어디에나 존재하는 문제를 받아들여야 한다.

> **음향학적 분석**(언어 표본의)
> (acoustic analysis)
> 음성학자에 의한 분석방법으로 기본적인 빈도와 같은 말의 물리적(지각적이 아닌) 속성을 컴퓨터로 분석하는 데 초점을 둔다.

> **청각-지각적 분석**(발성의)
> (aural-perceptual analysis)
> 비율, 음고 '대역' 그리고 모음과 자음을 발음하는 특정 유형과 같이 들은 언어 특징을 식별하는 데 초점을 둔 음성학자들이 사용하는 분석방법

논쟁: 아동 증언의 신뢰도

아동은 항상 법적으로 문제가 되어 왔다(Spencer & Flin, 1990). 원래 영국과 웨일즈에서는 **보강 증거**(corroboration)와 보여 줄 수 있는 신뢰성을 요구한다. 아동 성적 학대(child sexual abuse: CSA)가 세계적으로 급등하고 범죄 수준이 증가하면서 일부 국가에서 아동 목격자/희생자

> **보강 증거**
> (corroboration)
> 타인이나 부가적인 원천으로부터 확인된 것

에 대한 법의 지각에 변화가 생겼다. 아동들이 듣고 믿는 것에 대해 자신들의 목소리를 점차 내기 시작하였다.

여하튼 이러한 권리가 인식 되는 것에 맞춰서 아동이 특

아동 성적 학대
(child sexual abuse: CSA)

아동이 무엇이 일어나는지 깨닫건 깨닫지 못하건 간에 매춘을 포함한 성적 활동의 한 부분을 맡으라고 아동이 나 어린 사람을 강제하거나 유혹하는 것

히 피암시적이 될 수 있다고 보는 연구가 나타나기 시 작했다. 그리고 전략적 질문 요강과 주도적이고 폐쇄적 인 성질의 전술적 질문을 통해 아동들에게 교묘하게 주 입된 또는 모르게 제시된 일을 주장할 수 있어야 한다 는 연구가 나타났다(예: Ceci & Bruck, 1993, 1995).

아동 목격 영역에 있는 전문가들은 이 장에서 논의 된 다른 영역과 마찬가지로 결속력이 덜하고 합의도 약 한 연구 결과 자료에 명백하게 직면하였다(예: Davies & Malloy, 2001 참조).

이러한 아동 연구의 갈등적인 자료는 응답자의 본질 보다 질문의 본질에 초점을 맞춰야 해결될 수 있다. 아 동은 많은 점에서 성인과 다르지 않다. 즉, 둘 다 오인 하는 정보에 피암시적이고, **변 형될 수 있으며(malleable)**, 영향 을 받기 쉽고, 언어적 피드백 에 의해 설득당하기 쉬운 것 으로 보인다.

변형될 수 있는
(malleable)

다른 목격자, 질문자 또는 자기반추와 같은 외부의 힘 에 의해 변형이 될 수 있는

따라서 아동을 포함한 법정 증언에서는 아동의 기억 이 문제가 되는 것이 아니라 증언으로 이끄는 질문 전 략과 전술에 대해 이해하는 것이 중요하다([그림 15-2]; 5장과 6장 참조). 면접 실무에서 최상의 것을 끌어내는 대표적인 지침들은 아동 또는 취약한 성인으로부터 신 뢰할 만한 증언을 확보할 수 있도록 설계되어 있다. 이 들을 무시하거나 업신여긴다면 목격자 증언 코멘트는 법적인 문제를 일으킬 수 있다.

아동 증언의 신뢰성이 '일상적인' 목격 상황에서도

[그림 15-2] 아동을 포함한 법정 증언에서 아동의 기억이 중요한 것이 아니라 증언으로 이끄는 질문 전략과 전술이 문제가 된다.

출처: ⓒ Tomasz Trojanowski. Shutterstock사의 허락하에 게재함.

문제가 될 수 있지만, 더 문제가 되는 것은 아동이 성적 학대를 주장할 때다. CSA 사례에는 자주 상이한 유형 의 전문가, 상이한 자료 그리고 상이한 인식론적 출발 점이 있다.

Berliner(1998)는 그러한 사례에 전문가 증언이 필요 하다고 주장하였다. 왜냐하면 사실 확인자들이 CSA 상 황(예: Morison & Greene, 1992)의 본질에 대해 지식이 부족하고 학대에 의심을 하고 있기 때문이다. 다른 말로 하면, 지배적인 규준은 그러한 사안에 있어서 아동 증언 의 신뢰도에 대해 부정적이라는 것이다(예: Goodman, 1984; Raitt & Zeedyk, 2003). 심리학적 전문가가 기소를 검토하고 학대를 지지하거나 확신하는 진술을 제공한

다면, 전문가가 사용되지 않았을 때에 비해 피고의 유죄를 확인할 가능성이 더 높을 수 있다(Bottoms et al., 2007).

이러한 편견을 보완하기 위해 미국 연구자들은 두 가지 유형의 전문가 증언 중 하나를 사용하도록 제안되었다. 하나는 Walker와 Monahan(1987)이 사회적 개념틀 증언(social framework testimony)이라고 부르는 것이다. 이 유형의 증언은 배심원들에게 이전에는 알지 못했던 정보를 제공하거나 또는 성적 학대의 본질, 희생자의 반응 그리고 외상이 기억에 영향을 미치는 방법과 관련하여 상식적이지만 잘못된 오지각을 바로잡아 주도록 설계된, 심리학적 연구에서의 결론에 근거한 개념틀이나 배경 맥락을 제공한다. 두 번째 유형의 증언은 실체적 증언(substantive testimony)이라고 종종 언급되는데, 전문가가 그 사건의 아동이 학대받아 왔거나 성적 학대를 받은 아동에게서 공통적으로 발견되는 특징을 보인다는 의견을 내놓는 것이다.

미국에서는 법적으로 사회적 개념틀 증언이 자주 허용되고 있다. 반면, 실체적 증언은 신뢰성에 대해 직접적인 코멘트를 하기 때문에 잘 허용되지 않는다[예: United States v. Whitted (1993) 994 F.2d. 444 (8th Cir.)]. 과학적으로 실체적 증언은 실험심리학자들의 관심을 일으켰다. 왜냐하면 많은 연구자가 그러한 증언을 입증하는 자료들이 비과학적이고 심리측정적으로 약하며(즉, 타당도나 신뢰도 중 하나나 모두를 결핍하고 있음.) 객관적인 사실보다는 주관적인 의견에 기초하고 있다고 주장하고 있기 때문이다. Berliner(1998)가 언급했듯이 임상가들이 확인된 자료들로부터 동일한 결론에 신뢰성 있게 도달할 수 있다는 경험적 증거는 없다. 실제로 McAnulty(1993)는 한발 더 나아가서 성적 학대의 실체적 본질에 대한 전문가 의견의 과학적 기반은 법정에서 받아들여질 만큼 충분히 타당하거나 신뢰할 만하지 못

하다고 주장하였다.

CSA의 경우 독특하거나 보편적인 반응 증상학의 개념에 대해 과학적 지지가 결핍되어 있다(Berliner, 1998). 한 예로, Kendall-Tackett 등(1993)은 성적 학대를 받은 아동의 절반 이상에서 어떤 증상도 나타나지 않았음을 발견하였다. 덧붙여서, 학대받은 아동에게서 종종 나타나는 증상들(불안, 우울, 낮은 자존감)이 학대받지 않은 아동에게서도 발견되었다. 따라서 CSA와는 다른 원인을 가지고 있을 수 있다. 이것은 또한 기저율 연구로부터도 예언될 수 있다(즉, 불안, 우울이 자연적으로 일어날 빈도 그리고 일반 전집에서도 그렇다; Melton, 1994).

CSA가 본질, 강도 그리고 빈도에서 변화하는 다면적 측면을 가지고 있기 때문에 다양한 모델과 그에 연관된 검사지가 개발된 것은 놀랄 일이 아니다. 그중 하나가 아동 성적 학대 순응 증후군(child sexual abuse accommodation syndrome: CSAAS; Summit, 1983)이다. 그러나 CSAAS는 Bussey J v. Commonwealth 재판에서는 의학적으로 수용될 수 있는 과학적 개념이 아니라고 판단되었다[Appellee Supreme Court. Sept 6 697 S.W. 2d 139 (ky.1985)]. 또 다른 것은 아동 성적 학대 증후군(child sexual abuse syndrome: CSAS; Sgroi, 1982), 외상후 스트레스 장애(post-traumatic stress disorder: PTSD; Walker, 1990) 그리고 외상유전 모델(Finkelhor & Browne, 1985)이다. 여하튼 Fisher(1995; Fisher & Whiting, 1998)가 지적했듯이 이들은 모두 CSA가 일어난 것에 대해 진단을 하는 근거가 과학적으로 검증되지 않은 채 치료적 맥락으로부터 유도된 증상기반 모델이다. Fisher와 Whiting(1998)이 언급했듯이 이 이론적 모델들에 근거한 검사지의 타당도를 경험적으로 검증한 연구는 별로 보고되지 않았다. 특히 Summit(1992)는 CSAAS가 임상적 의견이지 과학적 도구가 아니며

요인 자체들 간의 인과관계와 실제적 학대가 일반적으로 모호하다고 주장하였다.

궁극적인 문제 제기의 관점에서 본다면, 전문가가 할 수 있는 최선은 아동의 행동을 다양한 증상 체크리스트와 연결시켜서 그 증거가 CSA의 발생과 '일치한다' 또는 '시사한다'고 말하는 것이다. 이것은 법률은 만족시킬지 몰라도 과학자들은 만족시킬 수 없다. 왜냐하면 Lawlor(1998)가 지적했듯이 그러한 표현들은 외포(예증)을 통해 할 수 없는 것을 내포(함축성)를 통해 하려고 시도하기 때문이다. 그러한 표현론은 명백하게 궁극적인 문제에 대해 직접적으로 언급하는 것을 피한다. 그것은 CSA가 탐지되었다는 진단을 떠나도록 설계되었기 때문이다. 그것은 사실에 의해 보장되지 않는다. '일치하는' 그리고 '시사하는'과 같은 말은 동일 결과(equifinality, 같은 종류의 증상이 다른 원인을 가질 수 있다는 사실)와 동일 원인(equicausality, 같은 원인—학대—이 많은 다양한 결과를 가져올 수 있다는 사실)의 문제를 무시한다(Baker, 1969). 다른 식으로 말하면, 어떤 사건이 다른 사건과 일치한다는 것은 두 번째 사건의 가능성을 제기하는 것이지 그것의 확률을 말하는 것이 아니다.

미국에서는 증상학 기반의 실체적 증언이 '부활' 목적에 사용되기 때문에 더 많이 허용되는 것으로 나타난다(Myers, 1993). 따라서 변호사는 ① 진술상 학대받은 아동이 통상 학대 아동과 연관된 것으로 생각되는 행동과 정서를 보이지 않는다. 그러므로 ② 아동은 학대받지 않았다. 그리하여 ③ '피고는 무죄다.'라고 준비할 수 있다. 반면, 실체적 증언은 학대의 주장을 부활시키기 위해 제공될 수 있다. 이미 알려진 CSA 증상학은 증상에 맞지 않는 행동, 비자발성, 보고 지연, 점진적인 노출, 보고 거절 그리고 철회가 모두 CSA의 증상으로 인지될 수 있다고 설명할 수 있다. 여하튼 과학자의 관

점에서 보면 그러한 부활 증거는 여전히 받아들일 수 없다. 나쁜 과학은 그 의도와 관계없이 언제나 나쁜 과학이라는 것이다.

증상론적 체크리스트가 실체적 증언을 하는 전문가가 가장 많이 사용하는 증거의 형태인 반면, 다른 기법들도 활용되었지만 똑같이 과학적으로 문제가 있다. 예를 들어, **해부학적 교정 인형**(anatomically correct doll: ACDs)은 Fisher와 Whiting(1998)이 결정적 차별화의 문제—학대받거나 학대받지 않은 아동은 모두 인형 놀이에서 성적인

> **해부학적 교정 인형(ACDs)**
> (또한 해부학적으로 상세한 인형이라고 알려짐)
> 인간 같은 성기를 가진 인형. 때로 성적으로 공격당했다고 의심되는 아동을 면담할 때 사용된다.

것을 보여 주었다—라고 부르는 것 때문에 고통을 받고 있다(예: Dawson et al., 1991).

특히 진술 타당도 분석(statement validity analysis: SVA)과 준거기반 내용분석(criterion-based content analysis: CBCA)은 모두 비과학적인 것으로 보인다. Vrij(2005)는 CBCA를 사용한 37개의 연구를 질적으로 고찰한 결과, "SVA 평가는 형사 법정에서 전문가의 과학적 증거로 채택될 만큼 충분히 정확하지 못하다." (p. 3)라고 주장하였다. 후에 같은 저자는 양적인 연구에서 CBCA 점수 기저의 이론적 원리를 밝히는 데 실패하였고 "이론적 기초의 결핍은 도구의 가능성과 제한점이 무엇인지를 불명확하게 한다."라고 결론지었다(Vrij & Mann, 2006, p. 347).

그러면 대부분의 실체적 증언이 경험에 기초한 심리측정적 기초를 결핍하고 있는 것으로 보일 수 있다. Fisher와 Whiting(1998)은 전문가 증언이 CSA의 증상을 평가할 때 임상적으로 관련되나 진단적으로는 비실체적인 기법의 사용을 회피해야 함을 강조하였다. 전문가는 과학적 사실로 인해 임상적 판단에 혼란이 있어서는 안 된다. 그렇게 되면 잠재적으로 교육자에서 변호

State v. Michaels (1988); State. v. J. Q. (1993)

사건: 아동 성적 학대. 뉴저지 위케어(wee care) 주간보호소

전문가: Eileen Treacy

전문가 역할: 실체적 증언

1988년 Treacy는 배경 정보(사회적 맥락 증언)와 아동 특정 진술(실체적 증언)을 모두 포함한 증언을 하였다. 아동의 법정 진술과 함께 사전 시행 면담과 아동의 친척이 기술한 행동의 분석에 기초하여, Treacy는 아동의 증언과 행동이 아동 성적 학대와 일치하는지를 검증하였다. 그녀는 '일치하는'이라는 것에 대해 '확률적으로 그리고 수적으로 0.6 이상의 높은 상관이 나오는 것'이라고 정의하였다[State v. Michaels (1993), p. 501]. 배심원들은 Michaels가 19명의 아동을 학대한 것으로 판결하고 47년을 선고하였다.

1993년 항소 법원은 Treacy의 '증언이 피고의 유죄에 대한 실체적 증거보다 더 못한 것이 없다'는 것을 근거로 결정을 파기하였다(p.501). 이것은 State v. J. Q.의 재판에 근거한 것이었다. 그것은 전문가 증인이 특정 변호[State v. J.Q. (1993), p. 1197]를 평가하는 데 있어서 배심원들이 도움을 받도록 하기 위해 CSA 희생자에게서 발견된 증거를 기술할 수는 있지만 그들이 학대가 실제로 일어났다는 의견을 제시할 수는 없다는 것이었다.

당신이 당신 스스로에게 물을 수 있는 질문은 'Treacy가 어디에서 0.6의 수치를 얻은 것일까?'다.

[State v. Michaels (1993). 625 A.2d 489 (N.J. Superior Ct. App.Div.) 1993; 136 N.J. 299,642,A.2d. 1372 1994; 642 A.2d. 1372 (N.J.) 1994.]

[State v. J.Q. (1993). 617 A.2d 1196 (N.J. 1993)]

자로 그 역할이 바뀌게 된다. 이러한 변화의 예를 〈사례연구 15-2〉에서 볼 수 있다.

CSA 사례에서 전문가 증언은 얼마나 효과가 있는가

Crowley 등(1994)은 사회적 개념틀 증언의 영향을 연구하였다. 그들은 전문가가 조사하는 재판에 지연된 노출, 기억, 피암시성과 현실 검색과 같은 녹화된 모의 자료를 제시하였다. 전문가가 검사 중이라는 얘기를 들은 모의 배심원들은 아동 목격자가 기억 능력, 현실 검색 그리고 암시에 대한 저항에서 뛰어나다고 평가하였다. 그러나 그것은 평결과는 아무 관련이 없었다.

Klettke 등(2010)은 여덟 개의 CSA 사례에 대해 기소 전문가의 신뢰성, 증거 강도 그리고 배심원 결정에 대한 일관성의 잠재적 영향을 연구하였다. 그들은 전문가의 증거 강도와 일관성이 배심원이 피고를 유죄로 평결하는 데 유의미한 영향을 미치는 것으로 확인하였다.

Kovera와 Borgida(1998)는 참여자들에게 모의 아동 성적 학대 재판에서 세 시간 반 분량의 비디오를 보여 주었는데, 등장하는 학대 아동은 8세에서 14세의 여배우들이 역할을 하였다. 그들은 ① 사회적 개념틀 증언,

② 실체적 증언 그리고 ③ 전문가 증언 부재 조건의 효과를 비교하였다. 전문가 증언의 본질은 성적 학대에 대한 전형적인 희생자 반응 태세에 관심을 두었다. 그리고 어린 아동들의 경우는 자신들의 학대 경험에 관해 효과적으로 의사소통할 수 있는 지식이 매우 부족했기 때문에 연령에 영향을 받았다. 그들은 전문가 증언 부재 조건에서는 목격자가 8세보다는 14세인 경우 피고에게 유죄가 되는 비율이 더 높다는 것을 발견하였다. 그러나 아동의 목격 연령은 배심원들이 여러 유형의 전문가 증언을 제시받은 경우 유죄 판결 비율에 영향을 미치지 못하였다. 연구자들은 일반적이고 특정한 전문가 증언이 모두 전문가 증언 부재 조건에 비해 더 어린 아동에 의해 노출된 학대를 반직관적 행동 반응으로 보도록 배심원의 지각을 바꾸는 데 기여했다고 결론지었다.

이 연구들로부터 사회적 개념틀 및 실체적 전문가 증언은 모두 배심원들이 성적으로 학대받은 아동의 불안, 주저함 그리고 기술의 명료함과 같은 것으로 오판하는 것을 교정해 주는 교육적 기능을 가지고 있다고 결론지었다.

여하튼 다른 연구들은 전문가를 포함시키는 것에 덜 긍정적이다. McAuliff와 Duckworth(2010)는 223명의 배심원 자격이 있는 사람들에게 CSA 재판에 제시된 내적으로 타당하지 않은 심리학적 증언을 탐지할 수 있는지에 대해 조사하였다. 변호 전문가는 목격자 기억과 피암시성에 관해 자신이 수행한 연구 결과를 제시하였다. 그 증언은 타당한 조건, 통제집단 결여 조건, 혼동 조건, 실험적 편향 은폐 조건으로 구성되었다. 단지 통제집단 결여 조건에서만 탐지가 분명하였고, 혼동과 실험 편향 조건에서는 탐지를 못하였다. 따라서 잠재적 배심원들은 전문가의 증거에서 내적 타당도를 위협하는 탐지에서 한계점을 드러냈다. 여하튼 이 연구는 논

박의 한쪽에만 전문가 증언을 제시하였다. 상대편에 대해 반대하는 전문가가 어떤 전문가에 의해 제시된 과학이 타당하지 못하다고 배심원이 깨닫도록 할 수 있을까?

Levett와 Kovera(2008)는 배심원들에게 변호 전문가의 증언을 조작한 CSA 사례에 대한 서면 요약을 제시하였다. 조작은 타당한, 통제집단 결핍, 질문의 역균형화 결핍 조건이었다. 반대하는 입장의 전문가의 증언은 연구의 방법론적인 단점을 지적하거나 단지 일반적인 반박 비평을 제시하였다. 세 번째 조건은 반대하는 입장의 전문가 증언을 포함시키지 않았다. Levett와 Kovera(2008)는 강한 의심 효과를 발견하였다. 반대하는 입장의 전문가가 있을 때 반대하는 입장의 전문가 증언의 본질과 상관없이 평결과 비율은 영향을 받았다. 변호 전문가 증언의 방법론에 결함이 있는지에 대한 민감화 효과의 증거는 거의 나타나지 않았다. 따라서 반대하는 입장의 전문가 증언이 배심원들로 하여금 잘못된 그리고 타당한 과학적 증언의 차이를 변별하는 데 도움을 줄 수 있다는 증거는 나타나지 않았다. 이 연구들은 반대하는 입장의 전문가들이 법정에 들어와서 쓰레기 과학을 예방할 수 없다고 결론지었다.

논쟁: 발굴된 기억

Schachter 등(1997)이 지적했듯이 발굴된 기억(recoved memory) 논쟁은 인간 기억의 본질에 관해 치러진 전쟁 중에서 가장 격렬한 것이었고, 임상가와 실험심리학자 사이에서 패러다임의 대립을 가져왔다. 그 논쟁은 편협한 것과는 거리가 멀다. 그것은 지구상에 있는 수많은 가정의 삶을 다루었고 거기에 포함된 사람들에게 커다란 정서적인 상처를 주었다.

결과적으로, 오류/발굴 기억 논쟁은 매우 신랄했고

감정적이었으며 빛보다는 열을 더 많이 발생시켰다(예: Lindsay & Read, 1994, 1997). 그러나 기본적으로 근본적인 문제나 문제들은 단순한 것으로 보인다: 인간 기억의 진실성(신뢰성; Conway, 1997), 기억, 외상, 피암시성(Yapko, 1997) 그리고 망각, 왜곡, 정확성(Schachter et al., 1997). 실제로 각각 이름이 붙여진 문제들은 무지의 바다에 떠다니는 거대한 빙산의 일각에 불과하다. 오류/발굴 기억 논쟁은 Donald Rumsfeld(2002)의 아름다운 훈계로 표현되었다. "여기에는 알려진 아는 것들이 있다. …… 여기에는 알려진 모르는 것들이 있다. …… 그러나 여기에는 또한 알려지지 않은 모르는 것들도 있다."

우리는 CSA가 매우 빈번하게 일어난다는 것을 알고 있다(여성 5~33%, 남성 3~30%, 예: Ghate & Spencer, 1995). 억압된 기억의 추정치는 CSA를 보고한 성인 표본의 20%에서 40%에 걸쳐 나타난다(예: Epstein & Bottoms, 2002). 우리는 외상적 기억이 정상 기억과 다른 방식으로 형성된다는 것을 안다(예: Cahill et al., 1994). 우리는 **해리**(dissociation)가 방어적으로 사용될 수 있고, 나중에는 발굴되지만 **기억상실증**(ammesia)을 일으킬 수도 있음을 알고 있다(예: Hornstein, 1992). 그러나 우리는 또한 기억이 매우 신뢰할 수도 있고 그렇지 않기도 하며 암시, 논의, 틀린 정보에 의해 영향을 받을 수 있다는 것도 알고 있다(예: Ceci & Bruck, 1993, 1995).

알려진 모르는 것에서 논쟁이 있는 알려진 모르는 것들로 이동할 때, 우리는 객관적인 사실에서 주관적인 추론으로 움직이는 경향이 있다.

해리(또한 비연합)
(dissociation)

외상적 삽화를 경험하는 중이거나 후에 심리적 스트레스를 감소시키기 위해서 의식적으로나 무의식적으로 느낌, 사고, 행동 사이에 정상적으로 일어나는 연결을 방어적으로 혼란시키는 것

기억상실증
(ammesia)

기억의 손상. 그러한 손상은 선택적이거나 전반적으로 나타날 수 있다.

한 예로, 우리는 외상적 경험이 비외상적 경험과는 다른 방식으로 부호화될 수 있고(예: Horowitz & Reidbord, 1992), 보다 일상적인 기억보다 더 생생하고 통합된 방식으로 부호화됨을 알고 있다. 여하튼 PTSD 우산 속에 CSA를 포함시키려는 시도가 있어 왔지만 PTSD는 회상(flashback)이 특징인 반면, 성적 학대에 대해 발굴된 기억은 발굴될 때까지 회상이 없는 것이 특징이다. 이 두 가지 유형의 외상적 기억은 왜 다르게 작동하는 것일까? 우리는 우리가 알지 못한다는 것을 알고 있다고 인정해야만 한다.

순수한 기억과 혼입되거나 착각된 기억을 외적 보강 증거 없이 타당하게 구별할 수 있는 방법은 없고, 진실한 기억과 그 정확성의 존재에 대해서도 개념적으로 다르기 때문에, 우리는 외적 증명 없이 기억에 대한 설명을 어떻게 증명할 것인지에 대해 알지 못한다고 결론 내릴 수밖에 없다.

특히 발굴된 기억 영역 내에서, 우리는 취약한 의뢰인과 이론적으로 주도된 치료자의 조합이 '발굴된' 또는 '오류의' 기억에 대한 가능성을 날조하거나 잉태할 수 있다는 것을 받아들여야만 한다([그림 15-3]). 그러나 사람들이 실제로 학대를 당하지 않았는데도 학대를 당해 왔다고 믿도록 만들 수 있는가? 외계인 납치와 같이 생생하게 기억되지만 사실상 불가능한 형태의 학대 사례 예들은 그 대답이 예라고 분명하게 해 준다(예: French, 2003).

진정으로 발굴된 기억의 예에는 학대의 증거가 없고 사건에 대한 간헐적인 망각이 있으며 학대에 대한 지식을 얻을 수 있는 다른 방법이 없음에도 불구하고 사건에 대해 우연히 발굴되는 것이 필요하다(Schooler et al., 1997; Wright et al., 2006). Wright 등(2006)이 지적한 것처럼, Cheit(2005)는 덜 엄격한 규준을 가지고 가상의 101명의 확증 사례를 모았다. Cheit의 연구에 포함되기

[그림 15-3] 발굴된 기억 영역 내에서 취약한 의뢰인과 이론적으로 주도된 치료자의 조합이 '발굴된' 또는 '오류의' 기억에 대한 가능성을 날조하거나 잉태할 수 있다.

출처: ⓒ Phase4Photography. Shutterstock사의 허락하에 게재함.

위해서 사례는 자백, 유죄 변명 또는 자기고발적 진술과 같은 '강한 보강 증거', 다른 목격자의 증언 또는 '유의미한' 환경적 증거가 있어야만 했다. 유죄 평결 또한 포함될 수 있는 규준인데, 당연히 그러한 평결을 얻기 위해서는 다른 요인들이 역할을 해야 하기 때문이다.

발굴된 기억에 관한 주장과 반대 주장의 벽을 넘어서기 위해 일부 실험심리학자는 발굴 논쟁에서 논리적이고 실제적인 측면을 잘라 내려고 하였다. 논리적으로 발굴된 기억 사례가 신임을 얻기 위해서는 원래의 기억이 있어야만 하고 그다음에 잃어버리고 또 그다음에 계속해서 발굴되어야만 한다. 의심 많은 인지심리학자들이 공격하는 것 중의 하나는 나중에 발굴될 실제 기억의 망각이 실제로 있느냐 하는 것이다. Merckelbach 등(2006)의 연구가 정보를 제공해 준다. 그들은 참가자들에게 기억할 수 있는 어떤 아동기 기억이라도 회상하라고 요구하였다. 다음 국면에서는, 이 외현 기억 국면 후 한 시간 또는 2일 후에 참가자들에게 최근의 어떤 특정 사건에 대한 기억을 물어보았다. 이들 특정 사건

은 첫 번째 국면에서 회상한 사건과 이전에는 회상하지 않았던 사건 모두를 포함하였다. 많은 참가자는 전에는 한 시간이나 이틀 후에 그것을 회상했음에도 불구하고 이전에 수년 동안 회상했던 사건에 대해 생각이 나지 않는다고 보고하였다. 흥미롭게도 Merckelbach 등은 CSA에 대한 '계속적인' 또는 '발굴된' 기억을 가진 참가자들에게 같은 실험을 했다. 그들은 CSA에 대한 '회복된' 기억을 가진 참가자들이 '계속적인' 기억을 가진 참가자들에 비해 최근에 회상한 사건을 기억하지 못하는 망각을 더 많이 보임을 발견하였다. 발굴된 기억을 조사받는 사람들이 CSA 일화를 계속적으로 기억하는 사람들에 비해 그들이 기억하는 것을 더 자주 망각한다는 간단한 사례를 통해 '발굴된' 기억 논쟁은 끝이 난다(또는 적어도 논쟁의 일부분이 끝난다). 치료가 암시하는 환경을 만든다는 것 때문에 치료적 **병원성(iatrogenic)** 문제

병원성
(iatrogenic)
환자 증상에 대한 치료 과정 자체의 영향. 이 용어는 의학에서 시작되었지만 현재는 심리학, 특히 환자에 대한 치료의 효과를 보고할 때 적용되고 있다.

가 남아 있기는 하지만 '발굴된' 기억에 대한 연구는 기억 자체에 대한 것으로 되돌아온다.

그러나 Raitt와 Zeehyk(2003)은 순수한 과학적 관점을 가지고 발굴된 기억에 대해 논쟁하는 것은 이제 문제가 많아졌다고 주장하였다. 그러한 접근은 단지 기억 과정에만 초점을 맞추고 있는데 학대(발굴된 것)를 증후와 증상을 이해하려는 요소들 중의 하나라기보다 배경 사회학적 맥락에서 다루려고 하는 경향이 있다. 이것이 바로 실험심리학자와 임상가(연구자와 치료자)가 대립하게 되는 원인이다. 치료자들은 비맥락적인 과정(기억)을 조사하기 위해 맥락적인 방법(실험)을 사용하는 것은 보다 다양한 (발굴된) 기억의 측면을 이해하는 데 필요한 통찰을 제공할 수 없다고 주장한다.

우리는 이미 아동 증언의 신뢰도와 신빙도의 논쟁—문제를 치료하는 사람들(임상가)과 문제를 연구하는 사람들(연구자) 간의—에서 이 문제에 부딪힌 적이 있다. 여기에는 기본적으로 인식론적인 관점의 차이가 있다. 치료자들은 단순히 객관적 진실만을 추구하지 않는다. 반면에, 연구자들은 그렇다. 치료자들은 촉진된 기억의 진실성에는 관심이 없다. 치료자들은 기억을 주어진 것으로 보고 어떤 충격이 기억에 주어졌는지를 묻는다. 그러나 과학자들은 '그 기억이 실제인가?'라고 묻는다. 법과 재판은 이런 입장에서 현실을 알고자 한다. 학대가 일어났는가? 희생자는 강한 발생 증거로서 실질적인 학대의 기억을 진실로 가지고 있는가? 기억이 잊힐 수 있고 나중에 발굴될 수 있는가? 피고의 자유와 명예가 걸려 있을 때 법은 이 문제들에 대한 답을 요구한다. 사례의 초점은 기억 전문가가 유아 기억상실증(BPS 지침에서 아동기 기억상실증으로 확장된; British Psychological Society, 2008/2010)의 개념을 법정 사례로 활용할 수 있는가 하는 것이다. 대부분의 기억 연구자가 유아 기억상실증—3세 이전에 부호화된 기억의

회상 가능성 결핍—을 받아들이지만 7세까지의 기억도 회상할 수 없다는 데 동의하는 사람은 훨씬 더 적다. 그 지침에서는 "일반적으로 7세 이하의 기억 정확성은 독립된 보강 증거가 없는 상황에서는 성립될 수 없다."라고 주장하고 있다(British Psychological Society, 2008/2010, p. 13). 이러한 유형의 기억 증언이 제시될 때, 법원은 활용 가능한 증거에 의한 지지가 약하고 배심원들이 가지고 있는 집합적 경험의 결과인 상식에도 어긋나기 때문에 기각해 왔다.

그렇다면 그러한 사례에서 존재하는 전문가 증언의 역할은 무엇인가? 분명히 그 역할은 복잡한 것이다. 임상가는 아마도 가설적이지만 사례에 근접한 논쟁의 입장에서, 발굴된 기억이 실제로 진실일 수 있는 확률에 대해 의견을 제시하라고 요청받을 수 있다. 그들은 '~과 일치하는'과 같은 진술을 끌어낼 수 있지만, 이미 우리가 살펴본 바와 같이 외포에 의해서는 할 수 없고 내포에 의해서만 할 수 있다. 전문가가 실험심리학자라면 그들은 배심원들에게 상실과 이후에 발굴된 기억의 기제가 가능하다는 점을 교육하려고 할 것이다. 이보다 더 많은 것을 제시하는 많은 연구자는 충고나 동료의 입장을 취한다.

기존의 연구문헌을 고찰한 것에 기초해서, Wright 등(2006)은 첫째, 과거의 외상에 대해 새롭게 기억된 회복된 기억은 때로 정확하고 때로는 부정확하며 때로는 두 가지가 섞여 있기도 하고, 둘째, 회상된 것 중의 많은 것이 인정되거나 인정되지 않을 수 있으며, 셋째, 앞선 두 가지 문제점 때문에 발굴된 기억에 기초한 외상의 보고는 법적 결정을 내릴 수 있는 유일한 기초가 되기에는 충분하지 못하다고 주장한다.

이같이 기억 증언에서 가장 논쟁적인 영역이 앞으로 나아갈 길은 Brewin과 Andrews(1997)가 억압에 대한 논의—발굴된 기억에 대해 가정된 기제—에서 제시하

였다. 그들은 실험심리학자와 임상가 간에 대화가 필요하다고 주장하였다. 두 입장 모두 인과와 의도적 설명이 인간 행동을 이해하는 데 동일한 가치가 있음을 받아들여야만 한다. 그들의 귀중한 자료가 매우 상이하지만, 그럼에도 불구하고 정신 상태를 설명하는 데에는 똑같이 가치가 있기 때문에 그들은 수용해야만 한다. 이러한 대화가 일어난다면 무엇이 '과학적'이냐는 좁은 견해는 확장될 수 있고, 발굴된 기억 현상은 더 빨리 이해될 수 있을 것이다. 그때 목격자 증언은 증언을 제시하는 데 더 강한 기초를 갖게 될 것이다.

전문가 증인은 법정에서 무엇을 말할 수 있는가

이제까지 나는 전문가 증언이 점차적으로 법정에서 결론에 도달하는 데 도움을 주었다는 점을 지적하였다. 그러나 정상적인 인간 과정에 대해 조사하는 전문가들에 대한 호의나 개방이 현재까지 별로 많지 않고 영국보다는 미국에서의 소송에서 더 많이 그렇다. 오늘날 뇌 손상이나 정신적 손상과 같은 비정상 영역에서 증언을 제공하는 전문가들은 시민과 법정에서 일반적으로 환영받고 있다. 왜냐하면 그러한 증언이 어떠한 조건의 가능한 결과와 그로 인해 의사결정을 할 때 배심원이나 법정을 교육하거나 민감하게 만들 수 있다는 점이 인정되었기 때문이다.

그러나 가장 최근에 일어난 그 분야에서의 전문적 증거의 수용도 이 장에서 논의한 바와 같이 영국에서는 특히 배심원의 한계를 벗어날 수 없다. 여기에서 정상 정신 상태 사례라고 말하는 전문가 증언은 배심원들이 이전에 생각하지 못한 것에 대해 민감하게 만들고, 오래 되었지만 잘못된 가정과 편견 그리고 일반 이론을

바로 잡아서 더 좋은 의사결정을 하도록 도와주며, 결국 더 좋은 재판이 되도록 한다.

몇몇 연구는 목격자 전문가들이 일치를 보이는 지식이 법조인이나 배심원 자격이 있는 응답자들의 견해와 뚜렷하게 다르다는 점을 보여 주었다. 이런 예는 캐나다(Yarmey & Jones, 1983; 그러나 Read & Desmarais, 2009 참조), 미국(Benton et al., 2006; Kassin et al., 1989, 2001; Wise et al., 2009), 호주(McConkey & Roche, 1989), 노르웨이(Magnussen et al., 2010) 그리고 영국(Noon & Hollin, 1987)에서 볼 수 있다. 따라서 비록 Alonzo와 Lane(2010)이 사람들이 목격자 기억의 지식을 평가할 때 '말하는 것'과 '판단하는 것'의 차이를 구별해야 한다고 지적했지만, 이 분야의 지식 전문가들이 그들이 그곳에서 발견한 다른 지식(신념)을 법정으로 가져온 **첫인상**(prima facie) 사례가 있다. 여하튼 이 결론에는 날카롭게 의견을 달리하는 목소리들이 있다.

> **첫인상**
> **(prima facie)**
> 처음으로 본 것, 첫눈에, 그 것의 한쪽 면만 본 것

Ebbesen과 Konecni(1996)는 다양한 관계를 연구하는 데 사용된 실험 절차나 측정치들이 법적 절차와 잘 연계되어 있지 않거나 특정한 발견이 실체적이지 않은 경우가 있기 때문에 많은 발견이 일관성이 없거나 적용이 불가능하고 타당하지 못하다고 지적하였다. 이에 덧붙여서, 예를 들어 기억에 관한 지식은 매우 복잡해서 법정에 그것을 솔직하게 제시하는 것은 배심원의 의사 결정을 향상시키기보다 혼란만 일으킨다고 주장하였다. 반면에, Clifford(1997)는 이러한 견해의 기본적 신조에는 동조하였지만 그들이 사례를 너무 과장해서 언급했다고 주장하였다. 그러나 Yarmey(1997, 2001)는 전문가들이 증언으로 제시하기 위해 준비한 많은 발견들은 신뢰성과 일관성이 있다고 지적하면서 그들의 주장에 반대했다.

법조계에서는 많은 분야에서 보통 사람들의 신념과 이해가 잘못 인도되고 편향되어 있으며 조사되지 않거나 솔직히 말하면 틀린 것이라는 깨달음이 서서히 나타나고 있다. 그런 만큼, 법정에서 설득하기 위해서 이러한 오지각과 오해가 재판에서 다루어져야 하며 전문가들이 그것을 다룰 수 있는 가장 좋은 위치에 있어야 한다.

그러나 판사들은 보통 사람들이 기본적인 인간 과정에 대해 가지고 있는 오지각에 대해 배심원들을 교육할 수 있는 더 좋은 자리에 있는 것은 아니지 않은가? 1939년 Daubert 규칙은 명백하게 판사를 과학적이고 비과학적인 증거의 수용성에 대한 문지기라고 하였다. 그러나 판사들이 이런 수준의 판별을 할 수 있는가?

Dahir 등(2005)은 미국 판사들을 연구하여 그들이 Dabert 지침을 이해하지도 못하고 활용하지도 못한다는 것을 발견하였다. Gatowiski 등(2001)은 400명의 주 재판법정 판사들에게 Daubert 지침의 기본적인 과학적 준거를 이해하고 있는지에 대해 조사하였다. 단지 판사의 4%만이 '오류 가능성'에 대해 명확하게 설명하였고, 35%는 거의 틀린 답을 말하였다. 또한 단지 4%만이 '오류율'을 설명하였고, 86%는 거의 틀린 답을 말하였다. 영국과 웨일즈에서 범죄 처분에 대한 전문가 증언의 수용 가능성에 대한 연구에서, 증거 신뢰도의 결정에 관한 새로운 접근에 대해 법률 위임 자문단이 영국심리학회(2009)에 물었을 때, 법률 위임 자문단은 판사의 문지기 역할에 더 큰 비중을 두어야 한다는 의견을 더 선호하였다. 그러나 원칙적으로는 오늘날 전문가가 제공하는 다양한 범위의 보고서나 구두 증언의 증거 가치에 대해 정보적 판단을 하는 데에는 충분한 시간이 필요하고 학습을 해야 하기 때문에 증거 가치가 과소평가되어 실무에 활용되기는 어려운 것으로 결론지었다.

재판은 무엇에 관해 하는가? 미국과 영국 모두 판사가 재판 중인 사례의 주요 측면에 대해 배심원들에게 교육하는 데 중점을 두고 있다. 따라서 예를 들면, 신원 확인 증거에 대해 판사가 배심원에게 하는 교육은, 좀 더 정확하게 말해 신뢰할 만한 증거의 징후에 대한 교육은 가장 오래됐으면서도 취약한 형태의 증거에 관한 문제에 대해 배심원들이 충분히 민감해질 수 있는 것이어야 한다. 여전히 우리는 배심원들이 판사의 교육을 이해하는 데 실패했다는 사실을 미국 연구로부터 알고 있다(예: Gutler et al., 1990). 배심원들은 지시를 이해하더라도 활용하는 데는 실패한다. 그리고 가상의 신뢰할 만한 증거에 대한 징후는 틀리지 않는 것과는 거리가 멀다(예: Brigham et al., 1999; Wells & Murray, 1983).

이러한 질적인 관점에서 그리고 지식 생산의 속도가 증가하고 있는 점에서 볼 때, 전문가 증언이 모든 분야의 법학과 모든 판결 체계에서 계속 성장할 것이라는 데에는 의심의 여지가 별로 없다(Faigman & Monahan, 2005; Huff, 2002 참조).

결론

신뢰할 수 없는 전문가 증거는 재판을 위험에 빠뜨릴 수 있다. 2006년에 미국 과학자들은 유아의 돌연사 증후군(침대 사망)이 유전적 장애에 의해 일어날 수 있다고 발표하였다. 이것은 법정에서 매우 존경받고 뛰어난 전문가 증인인 Roy Meadow 교수의 주장과는 강하게 반대가 되는 것이었다. 그는 하나의 침대 사망은 하나의 비극이고, 두 번은 의심스러운 것이며, 세 번은 살인이고, 같은 가족 내에서 두 명의 아이가 침대 사망으로 죽을 확률은 7,300만분의 1이라고 하였다[R v. Cannings EWCA Crim 1 (2004. 1. 19.)].

전문가 증거는 사실 확인자들이 하지 못한 전문가의 의견을 제공하기 위해 채택된다. 그러한 채택의 목적은 그들이 올바른 결정을 하도록 도와주는 것이다. 그렇게 행동하도록 요청받은 전문가들은 그들이 충분히 자신의 역할을 할 만큼 교육과 훈련을 받았으며, 지식이 풍부한 경우에만 결정을 내릴 수 있다. 이것은 판단 요구(그러나 상당한 생각과 숙고를 하지 않고 가볍게 만들어져서는 안 되는 정도의 요구)다. Ceci와 Hembrooke(1998)의 재판의 질은 전문가 증언이 없다면 감소할 것이나 그러한 증언은 고상한 이상에 도움을 주기 위해서 윤리적이고 도덕적이며 신뢰할 수 있고 관련되어 있으며 인정할 수 있는 것이어야 한다는 주장은 매우 올바른 것이 될 것이다.

요약

- 전문가 증언은 수 세기 동안 법정에서 사용되어 왔지만 시간이 지남에 따라 검증해야 할 영역은 더 넓어졌다. 여하튼 정상 정신 상태 전문가의 수용은 광범위한 국가별 변동과 일반적인 저항을 보여 준다.
- 전문가 증인의 역할은 임상가, 실험심리학자, 법정 서기, 충고자의 역할이 될 수 있다. 그 역할이 무엇이든 간에 전문가는 교육, 훈련, 경험, 기술 및 지식을 통해 자격을 갖추어야만 한다.
- 전문가 증언을 수용하는 것에 대한 주요 논쟁은 전문가가 증거로 제출하기 위해 이끌어 낸 연구의 본질과 질이다. 정상 정신 상태 문제의 경우, 법정은 배심원들이 충분히 능력이 있다고 믿고 있지만 국제적인 연구들은 그렇지 않을 수 있음을 시사한다. 일반적으로 심리학 사회에서는 임상적 판단과 과학적 사실의 상대적인 확률적 가치에 대해 논쟁한다. 특히 실험심리학 영역에서는 신뢰도, 타당도, 일반화 가능성에 대해 관심이 있으며 따라서 실험실 기반 발견물들을 현실생활의 법적 관심에 적용시키는 데 관심이 있다.
- 이 논쟁은 얼굴과 음성 확인 영역, 아동 목격과 CSA 사례, 그리고 오류/발굴 기억의 영역에서 절정을 이룬다. 각 영역에서 전문가 증인의 다양한 역할이 탐색되고 있다. 그러나 이 세 영역만 보더라도 전문가 증인의 역할은 변호사나 동반자라기보다는 교육을 하고 정보를 제공하는 쪽을 더 강조하고 있다.
- 이 세 영역에서 언급된 사례들은 전문가 증거가 할 수 있는 것들을 보여 준다. 배심원들에게 증거 절차의 문제를 강조하고 전반적인 목격 증언에 정당하지 못한 의심을 하지 않도록 하며, 아동 성적 학대 그리고 행동적 결과에 대한 오해를 풀고, 발굴된 기억의 경우 인간의 행동에 대한 인과적이고 의도적인 설명 모두를 숙고하게 하고 임상적이고 과학적인 지식의 역할을 존중하게 하며 기억 연구에서의 탈맥락화의 위험성을 알려 준다.
- 전반적으로 건전하고 연구를 기반으로 한 전문가 증언은 재판의 질을 향상시키는 힘을 가진 것으로 생각된다. 반면, 건전하지 못하고 여론을 기반으로 한 증언은 그것을 감소시킬 뿐이다.

주관식 문제

1. 잠재적인 법적 논박의 한 분야를 선택하라. 그리고 전문가가 그 사례에 대한 증거로 제출하기 위해 접근한 자료를 확인하라. 그 자료는 얼마나 신뢰할 만하고 타당한가?

2. 비장애 행동은 매우 투명해서 전문가에 의해 설명되거나 명백해질 필요가 없다는 R v. Turner(1975)에 의해 형성된 투명 정책을 심리학이 어떻게 해야 가장 잘 받아들일 수 있는가?

3. 연구자와 임상가들은 불가피하고 구제불능일 정도로 맞부딪치고 갈등을 겪는가?

4. 실험심리학자들이 전문가 증인으로 활동할 수 있는가? 당신의 답에 대한 이유를 쓰라.

5. 당신의 견해로는 전문가 증언에서 제시된 전문적 의견에는 무엇이 포함되어야 하는가?

참고문헌

Alonzo, J. D., & Lane, S. M. (2010). Saying versus judging: Assessing knowledge of eyewitness memory. *Applied Cognitive Psychology, 24,* 1245-1264.

Baker, F. (1969). Review of general systems concepts and their relevance for medical care. *Systematics, 7,* 209-229.

Barsics, C., & Bredart, S. (2010). Recalling episodic information about personally known faces and voices. *Consciousness and Cognition, 2,* 303-308.

Benton, T. R., Ross, D. F., Bradshaw, E., Thomas, W. N., & Bradshaw, G. S. (2006). Eyewitness memory is still not common sense: Comparing jurors, judges and law enforcement to eyewitness experts. *Applied Cognitive Psychology, 20,* 115-129.

Berliner, L. (1998). The use of expert testimony in child sexual abuse cases: In S. J. Ceci & H. Hembrooke (Eds.), *Expert witnesses in child abuse* (pp. 11-27). Washington, DC.: American Psychological Association.

Blatchford, H., & Foulkes, P. (2006). Identification of voices in shouting. *Journal of Speech, Language and the Law, 13,* 241-254.

Bottoms, B. L., Golding, J. M., Stevenson, M. C., Wiley, T. R. A., & Yozwiak, J. A. (2007). A review of factors affecting jurors' decisions in child sexual abuse cases. In M. P. Toglia, J. D. Read, D. F. Ross, & R. C. L. Lindsay (Eds.), *Handbook of eyewitness psychology* (pp. 509-543). Mahwah, NJ; Lawrence Erlbaum.

Brewin, C. R., & Andrews, B. (1997). Reasoning about repression: Inferences from clinical and experimental data. In M. A. Conway (Ed.), *Recovered memories and false memories* (pp. 192-205). Oxford: Oxford University Press.

Brigham, J. C., Wasserman, A. W., & Meissner, C. A. (1999). Disputed eyewitness identification evidence: Important legal and scientific issues. *Court Review, 36,* 12-25.

British Psychological Society. (2007). *Psychologists as expert witnesses: Guidelines and procedures for England and Wales.* Leicester: British Psychological Society.

British Psychological Society. (2008/2010). *Guidelines on memory and the law: Recommendations from the scientific study of human memory*. Leicester: British Psychological Society.

British Psychological Society. (2009, July). *Admissibility of expert evidence: British Psychological Society response to the Law Commission consultation: The admissibility of expert evidence in criminal proceedings in England and Wales (A new approach to the determination of evidentiary reliability)*. Retrieved 23 August 2011 from www.justice.gov.uk/lawcommission/docs/cp190_Expert _Evidenc-e_Consultation.pdf

Cahill, L., Prins, B., Weber, M., & McGaugh, J. (1994). B-adrenergic activation and memory for emotional events. *Nature, 371*, 702-704.

Ceci, S. J., & Bruck, M. (1993). The suggestibility of children's recollections: An historical review and synthesis. *Psychological Bulletin, 113*, 403-439.

Ceci, S. J., & Bruck, M. (1995). *Jeopardy in the courtroom: A scientific analysis of children's testimony*. Washington, DC: American Psychological Association Press.

Ceci, S. J., & Hembrooke, H. (1998). Introduction. In S. J. Ceci & H. Hembrooke (Eds.), *Expert witnesses in child abuse cases*. (pp. 1-8). Washington DC: American Psychological Association.

Cheit, R. E. (2005). *The archive: 101 corroborated cases of recovered memory*. Recovered Memory Project. Retrieved 23 August 2011 from www.brown.edu/ Depa-rtments/Taubman_Center/Recovmem/archive. html

Clifford, B. R. (1979). The relevance of psychological investigation to legal issues in testimony and identification. *Criminal Law Review, March*, 153-163.

Clifford, B. R. (1997). A commentary on Ebbesen and Konecni's eyewitness memory research: Probative v. prejudicial value. *Expert Evidence, 6*, 140-143.

Clifford, B. R. (1980). Voice identification by human listeners: On earwitness reliability. *Law and Human Behavior, 4*, 373-394.

Clifford, B. R. (1983). Memory for voices: The feasibility and quality of earwitness evidence. In S. Lloyd-Bostock & B. R. Clifford (Eds.), *Evaluating witness evidence* (pp. 189-218). Chichester: John Wiley & Sons, Inc.

Clifford, B. R. (2003). Forensic psychology. In R. Bayne & I. Horton (Eds.), *Applied psychology* (pp. 67-78). London: Sage.

Conway, M. A. (1997). Introduction: What are memories? In M. A. Conway (Ed.), *Recovered memories and false memories* (pp. 1-22). Oxford: Oxford University Press.

Crowley, M. J., O'Callaghan, M. G., & Ball, P. G. (1994). The judicial impact of psychological expert testimony in a simulated child sexual abuse trial. *Law and Human Behaviour, 18*, 89-105.

Cutler, B. L., Dexter, H. R., & Penrod, S. D. (1990). Non adversarial methods for sensitising jurors to eyewitness evidence. *Journal of Applied Social Psychology, 20*, 1197-1207.

Dahir, V, B., Richardson, J. T., Ginsburg, G. P., Gatowski, S. J., Dobbin, S. A., & Merlino, M. L. (2005). Judicial application of Daubert to psychological syndrome and profile evidence. *Psychology, Public Policy and Law, 14*, 62-82.

Davies, G., & Malloy, L. C. (2011). Relationship between research and practice. In M. Lamb, D. La Rooy, L. Malloy & C. Katz (Eds.), *Children's testimony: A handbook of psychological research and forensic practice* (2nd ed.). Chichester: John Wiley & Sons, Inc.

Dawson, B., Vaughan, A. R., & Wagner, W. G. (1991). Normal responses to sexually anatomically detailed dolls. *Journal of Family Violence, 7*, 135-152.

Devenport, J. L., Stinson, V., Cutler, B. L., & Kravitz, D. A. (2002). How effective are the cross examination and expert testimony safeguards? Juror's perceptions of the suggestiveness and fairness of biased lineup procedures. *Journal of Applied Psychology, 87,* 1042–1054.

Ebbesen, E. B., & Konecni, V. J. (1996). Eyewitness memory research: Probative v. prejudicial value. *Expert Evidence, 5,* 1–2, 2–28.

Epstein, M. A., & Bottoms, B. L. (2002). Explaining the forgetting and recovery of abuse and trauma memories: Possible mechanisms. *Child Maltreatment, 7,* 210–225.

Faigman, D. L., & Monahan, J. (2005). Psychological evidence at the dawn of the law's scientific age. *Annual Review of Psychology, 56,* 631–659.

Finkelhor, D., & Browne, A. (1985). The traumatic impact of child sexual abuse: A conceptualisation. *American Journal of Orthopsychiatry, 55,* 530–541.

Fisher, C. B. (1995). The American Psychological Association's ethics code and the validation of sexual abuse in day-care settings. *Psychology, Public Policy and Law, 1,* 461–468.

Fisher, C. B., & Whiting, K. A. (1998). How valid are child sexual abuse validations? In S. J. Ceci & H. Hembrooke (Eds.), *Expert witnessing in child abuse cases* (pp. 159–184). Washington DC: American Psychological Association.

French, C. C. (2003). Fantastic memories. *Journal of Consciousness Studies, 10,* 153–174.

Gatowski, S., Dobbins, S., Richardson, J., Ginsburg, G., Merlino, M., & Dahir, V. (2001). Asking the gatekeepers: A national survey of judges in judging expert evidence in a post-Daubert world. *Law and Human Behavior, 25,* 433–458.

Ghate, D., & Spencer, L. (1995). *The prevalence of child sexual abuse in Britain: A feasibility study for a large-scale national survey of the general population.* London: HMSO.

Goldstein, A. G., & Chance, J. E. (1985, May). *Voice recognition: The effects of faces, temporal distribution of 'practice' and social distance.* Paper presented at the annual meeting of the Mid-western Psychology Association, Chicago, IL.

Goodman, G. S. (1984). Children's testimony in historical perspective. *Journal of Social Issues, 40,* 9–31.

Gudjonsson, G. H. (1985). Psychological evidence in court: Results from the BPS survey. *Bulletin of the British Psychological Society, 38,* 327–330.

Gudjonsson, G. H. (1996). Psychological evidence in court: Results from the 1995 survey. *The Psychologist, May,* 213–217.

Gudjonsson, G. H. (2007/8). Psychologists as expert witnesses: The 2007 BPS survey. *Forensic Update, 92,* 23–29.

H. M. A. v. Campbell, Steele & Gray. Appeal Court, High Court of Justiciary Opinion of the Court, 17 March 2004.

Hollien, H., Bennett, G., & Gelfer, M. P. (1983). Criminal identification comparison: Aural versus visual identification resulting from simulated crime. *Journal of Forensic Sciences, 28,* 208–221.

Hornstein, G. (1992). The return of the repressed. *American Psychologist, 47,* 254–263.

Horowitz, M., & Reidbord, S. (1992). Memory, emotion and response to trauma. In S. Christianson (Ed.), *The handbook of emotion and memory: Research and theory* (pp. 343–358). Hillsdale, NJ: Erlbaum.

Huff, C. R. (2002). Wrongful conviction and public policy: The American Society of Criminology 2001 presidential address. *Criminology, 40,* 1–18.

Kapardis, A. (1997). *Psychology and law: A critical introduction.* Cambridge: Cambridge University Press.

Kassin, S. M., Ellsworth, P. C., & Smith, V. L. (1989). The general acceptance of psychological research on eyewitness testimony: A survey of the experts. *American*

Psychologist, 44, 1089-1098.

Kassin, S. M., Tubb, V. A., Hosch, H. M., & Memon, A. (2001). On the general acceptance of eyewitness testimony research: A new survey of the experts. *American Psychologist, 56*, 5, 405-416.

Kendall-Tackett, K. A., Williams, L. M., & Finkelhor, D. (1993). Impact of sexual abuse on children: A review and synthesis of recent empirical studies. *Psychological Bulletin, 113*, 164-180.

Klettke, B., Graesser, A. C., & Powell, M. B. (2010). Expert testimony in child sexual abuse cases: The effects of evidence, coherence and credentials on jury decision-making. *Applied Cognitive Psychology, 24*, 481-494.

Kovera, M. B., & Borgida, E. (1998). Expert scientific testimony on child witnesses in the age of Daubert. In S. J. Ceci & H. Hembrooke (Eds.), *Expert witnessing in child abuse cases* (pp. 185-215). Washington DC: American Psychological Association.

Lawlor, R. J. (1998). The expert witness in child sexual abuse cases: A clinician's view. In S. J. Ceci & H. Hembrooke (Eds.), *Expert witnessing in child abuse cases* (pp. 105-122). Washington DC: American Psychological Association.

Leippe, M. R., Eisenstadt, D., Rauch, S. M., & Seib H. M. (2004). Timing of eyewitness expert testimony, jurors' need for cognition and case strength as determinants of trial verdicts. *Journal of Applied Psychology, 89*, 524-541.

Levett, L. M., & Kovera, M. B. (2008). The effectiveness of opposing expert witnesses for educating jurors about unreliable expert evidence. *Law and human Behavior, 32*, 363-374.

Lindsay, D. S., & Read, D. J. (1994). Psychotherapy and memories of child sexual abuse: A cognitive perspective, *Applied Cognitive Psychology, 8*, 281-338.

Lindsay, D. S., & Read, D. J. (1997). 'Memory work' and recovered memories of childhood sexual abuse: Scientific evidence and public, professional and personal issues. *Psychology, Public Policy and Law, 1*, 845-908.

Mackay, R. D., Colman, A. M., & Thornton, P. (1999). The admissibility of expert psychological and psychiatric testimony. In A. Heaton-Armstrong, E. Shepherd & D. Wolchover (Eds.), *Analysing witness testimony: A guide for legal practitioners and other professionals.* London: Blackstone Press.

Magnussen, S., Melinder, A., Stridbeck, U., & Raja, A. Q. (2010). Beliefs about factors affecting the reliability of eyewitness testimony: A comparison of judges, jurors and the general public. *Applied Cognitive Psychology, 24*, 122-133.

McAnulty, R. D. (1993). Expert psychological testimony in cases of alleged child sexual abuse. *Archives of Sexual Behaviour, 22*, 311-324.

McAuliff, B. D., & Duckworth, T. D. (2010). I spy with my little eye: Jurors' detection of internal validity threats in expert evidence. *Law and Human Behavior, 34*, 489-499.

McConkey, K. M., & Roche, S. M. (1989). Knowledge of eyewitness testimony. *Australian Psychologist, 24*, 337-384.

Melton, G. B. (1994). Doing justice and doing good: Conflicts for mental health professionals. *The Future of Children, 4*, 102-118.

Merckelbach, H., Smeets, T., Geraerts, E., Jelicic, M., Bouwen, A., & Smeets, E. (2006). I haven't thought about this for years! Dating recent recalls of vivid memories. *Applied Cognitive Psychology, 20*, 33-42.

Miller, J. S., & Allen, R. J. (1998). The expert as an educator. In S. J. Ceci & H. Hembrooke (Eds.), *Expert witnesses in child abuse cases* (pp. 137-155). Washington DC: American Psychological Association.

Morison, S., & Greene, E. (1992). Juror and expert

knowledge of child sexual abuse. *Child Abuse & Neglect, 16,* 595-613.

Myers, J. E. B. (1993). Expert testimony regarding child sexual abuse. *Child Abuse & Neglect, 17,* 175-185.

Noon, E., & Hollin, C. R. (1987). Lay knowledge of eyewitness behaviour: A British survey. *Applied Cognitive Psychology, 1,* 143-153.

PACE. (1984, 2005). *Police and Criminal Evidence Act 1984, updated codes of practice 2005.* British Home Office. London: HMSO.

Raitt, F. E., & Zeedyk, M. S. (2003). False memory syndrome: Undermining the credibility of complainants in sexual offences. *International Journal of Law and Psychiatry, 26,* 453-471.

Read, J. D., & Craik, F. I. M. (1995). Earwitness identification: Some influences on voice recognition. *Journal of Experimental Psychology: Applied, 1,* 6-18.

Read, J. D., & Desmarais, S. L. (2009). Lay knowledge of eyewitness issues: A Canadian evaluation. *Applied Cognitive Psychology, 23,* 301-326.

Rumsfeld, D. (2002). *DoD News Briefing — Secretary Rumsfeld and Gen. Myers.* Retrieved 23 August 2011 from www.defenselink.mil/Transcripts/Transcript.aspx TranscriptID=2636

Schacter, D. L., Norman, K. A., & Koutstaal, W. (1997). The recovered memories debate: A cognitive neuroscience perspective. In M. A. Conway (Ed.), *Recovered memories and false memories* (pp. 63-99). Oxford: Oxford University Press.

Scheck, B., Neufeld, P., & Dwyer, J. (2000). *Actual innocence.* New York: Doubleday.

Schooler, J. W., Ambada, A., & Bendiksen, M. (1997). A cognitive corroborative case study approach for investigating discovered memories of sexual abuse. In J. D. Read & D. S. Lindsay (Eds.), *Recollections of trauma: Scientific research and clinical practices*

(pp. 379-388). New York: Plenum.

Sgroi, S. M. (1982). *Handbook of clinical intervention in child sexual abuse.* Lexington, MA: Lexington Books.

Spencer, J. R. (1998). The role of experts in the common law and the civil law: A comparison. In S. J. Ceci & H. Hembrooke (Eds.), *Expert witnesses in child abuse cases* (pp. 29-59). Washington DC: American Psychological Association.

Spencer, J. R., & Flin, R. (1990). *The evidence of children: The law and the psychology.* London: Blackstone Press.

State v. Michaels. (1993). 625 A.2d 489 (N. J. Superior Ct. App. Div.) 1993; 136 N. J. 299, 642, A.2d. 1372 1994; 642 A.2d. 1372 (N.J.) 1994.

Summit, R. (1983). The child sexual abuse accommodation syndrome. *Child Abuse & Neglect, 7,* 177-192.

Summit, R. (1992). Abuse of the child sexual abuse accommodation syndrome. *Journal of Child Sexual Abuse, 1,* 153-161.

Vrij, A. (2005). Criteria-based content analysis: A qualitative review of the first 37 studies. *Psychology, Public Policy and Law, 11,* 3-41.

Vrij, A., & Mann, S. (2006). Criteria-based content analysis: An empirical test of its underlying processes. *Psychology, Crime and Law, 12,* 337-349.

Walker, L. E. (1990). Psychological assessment of sexually abused children for legal evaluation and expert witness testimony. *Professional Psychology: Research and Practice, 21,* 344-353.

Walker, L. E., & Monahan, J. (1987). Social frameworks: A new use of social science in law. *Virginia Law Review, 73,* 559-598.

Wells, G. L. (1978). Applied eyewitness testimony research: system variables and estimator variables. *Journal of Personality and Social Psychology, 36,* 1546-1557.

Wells, G. L., & Murray, D. M. (1983). What can psychology

say about the Neil v. Biggers criteria for judging eyewitness accuracy? *Journal of Applied Psychology, 68*, 347–362.

Wigmore, J. H. (1978). *Evidence in trials at common law*. Boston: Little Brown.

Wise, R. A., Pawlenko, N. B., Safer, M. A., & Meyer, D. (2009). What US prosecutors and defence attorneys know and believe about eyewitness testimony. *Applied Cognitive Psychology, 23*, 1266–1281.

Wright, D. B., Ost, J., & French, C. C. (2006). Recovered and false memories. *The Psychologist, 19*, 352–355.

Yapko, M. (1997). The troublesome unknowns about trauma and recovered memories. In M. A. Conway (Ed.), *Recovered memories and false memories* (pp. 23–33). Oxford: Oxford University Press.

Yarmey, A. D. (1997). Probative v. prejudicial value of eyewitness memory research. *Expert Evidence, 5*, 89–97.

Yarmey, A. D. (2001). Expert testimony: Does eyewitness memory research have probative value for the courts? *Canadian Psychology, 42*, 92–100.

Yarmey, A. D. (2003). Eyewitness identification guidelines and recommendations for identification procedures in the United States and Canada. *Canadian Psychology, 44*, 181–189.

Yarmey, A. D. (2007). The psychology of speaker identification and earwitness memory. In R. C. L. Lindsay, D. F. Ross, J. D. Read, & M. P. Toglia (Eds.), *The handbook of eyewitness psychology: Vol. 2. Memory for people* (pp. 101–136). N.J.: Lawrence Erlbaum Associates.

Yarmey, A. D., & Jones, H. P. T. (1983). Is the psychology of eyewitness identification a matter of common sense? In S. Lloyd-Bostock & B. R. Clifford (Eds.), *Evaluating witness evidence* (pp. 18–40). Chichester, UK: John Wiley & Sons, Inc.

주석이 달린 읽을거리 목록

Ceci, S. J., & Hembrooke, H. (Eds.) (1998). *Expert witnesses in child abuse cases*. Washington DC: American Psychological Association. 아동 성 학대와 전문가의 역할에 초점을 둔 우수한 교재. 또한 오류/회복 기억의 일부 측면에 대한 것도 건드리고 있다.

Conway, M. A. (Ed.) (1997). *Recovered memories and false memories*. Oxford: Oxford University Press. 오류/발굴 기억을 둘러싼 논쟁에 대해 학문적으로 접근한 책.

Costanzo, M., Krauss, D., & Pezdek, K. (Eds.) (2007). *Expert psychological testimony for the courts*. Mahwah NJ: Lawrence Erlbaum Associates. 전문 목격자의 관점에서 확인, 심문, 성희롱, 매 맞는 여성, 위기 평가 그리고 위험성과 같은 영역을 주시하는 광범위한 책.

Cutler, B. L. (Ed.) (2009). *Expert testimony on the psychology of eyewitness identification*. Oxford: Oxford University Press. 실험학자와 법적 조망으로부터 논쟁이 되고 있는 확인 판례에서 전문가 증거의 보증과 위험을 깊이 있게 개관한 교재.

McQuiston-Surrett, D., & Saks, M. J. (2009). The testimony of forensic identification science: What expert witnesses say and what fact finders hear. *Law and Human Behavior, 33*, 436–453. 전문가가 견해를 표현하는 방법이 배심원의 의사 결정에 뚜렷하게 상이한 영향을 미친다는 것을 지적한 중요한 논문. 증언은 머리카락 샘플과 독특한 확인에 중점을 두었다.

Martire, K. A., & Kemp, R. I. (2009). The impact of eyewitness expert evidence and judicial instruction on juror ability to evaluate eyewitness testimony. *Law and Human Behavior, 33*, 225–236. 이 논문은 사실 추구자들이 목격의 정확성에 예민해지도록 하는 사법적 경고에 반대하면서, 가치 또는 전문가 증언을 평가하는데 '실제'와 '공상'의 목격 패러다임을 대조하여 연구한 것이다.

제4부
범죄자 다루기

제16장 범죄와 처벌: '무엇이 효과가 있는가'

James McGuire

주요 용어

| 3차 예방 | 구속 | 내현 민감화 | 민첩성 | 다중기법 프로그램 | 범죄유전적 욕구 | 선고 | 성실도 | 심각성 | | 심판 | 위험 요인 | 위험-욕구-반응성(RNR) 모형 | 유도된 자위 | 자기관리 | 재활 | 제지 | 제지이론 | 종합분석 | 프로그램 | 행형학 | 확실성 | 회복 | 효과 크기 | 후각 혐오 조건화 |

이 장의 개요

이 장은 심리학적 조망을 가지고 선고의 본질과 결과에 대해 접근한다. 그리고 비록 일반적으로는 판결이 이루어진 후에 무엇이 발생하는지를 참조하지만, 선고의 각 단계에서 심리학자들이 하는 역할을 개관한다. 다른 장들은 경찰 심문이나 법정에서의 증거 제시와 같은 법적 과정의 초기 단계를 다루었지만, 이어지는 17과 18장은 범죄자의 처리를 좀 더 자세하게 다룬다.

이 장의 첫 절은 법적 처벌에 대해 연구하는 **행형학**(penology)으로 시작한다. 일반적으로 무엇이 선고의 주요 목적이라고 할 수 있는지를 생각해 볼 것이고 각 사건의 선고에 기초가 되는 논리가 무엇인지를 살펴볼 것이다. 그 목적은 **심판**(retribution), **구속**(incapacitation), **제지**(deterrence), **재활**(rehabilitation) 그리고 **회복**(restoration)을 포함한다.

선고(sentence)가 사회적으로 바람직한 효과를 얻기 위한 의도를 가졌기에 주로 선고 대상이 되는 사람들에게 미치는 영향의 관점에서 이 장의 두 번째 절은 이와 관련된 연구 결과를 개관할 것이다. 그리고 이것이 지속적으로 범죄를 저지르는 사람들의 재범률(반복된 범죄 유형)을 낮출 수 있는지도 조사할 것이다. 연구는 선고의 본질이 선고 과정에서 일어나는 것보다 덜 중요하다는 것을 명백히 보여 주고 있다. 다른 전문 분야처럼 심리학자들도 이 영역에서 다양한 방식으로 중요한 공헌을 해 왔다. 예를 들면, 범죄 재발에 관여된 **위험 요인**(risk factors)을 확인하는 것, 자주 유죄 판결을 받는 범죄자를 연구하는 방법에 대한 설계와 실시, 그리고 심리적 개입의 결과를 평가하는 것이다. 이 장의 마지막 절에서는 심리학이 범죄 재판의 실무와 관련해서 그 자체로 발견한 역설적인 상황을 살펴볼 것이다.

'범죄'라는 단어에 대해 세계적으로 일치하는 정의가 없으며, 현재 이 정의의 복잡성에 대해 논의할 공간이 부족하다는 점을 명심하라. 여기에서 사용되는 범죄라는 용어는 일정한 시기에 일정한 사법권으로 공식화되었다고 하더라도 단순히 형법에 저촉되는 것을 말한다. 좀 더 확장된 논의를 위해서는 McGuire(2004)를 보라.

> **행형학**
> (penology)
> 법적 처벌과 이를 어떻게 실시할 것인지를 연구하는 학문

> **심판**
> (retribution)
> 선고 목적의 하나이고 선고 과정에 영향을 주는 이론 중의 하나. 범죄자에 의해 행해진 상해가 그들을 적절히 처벌함으로써 사회적인 불균형을 교정할 수 있다는 가정에 근거하고 있다.

> **구속**
> (incapacitation)
> 선고의 목적. 범죄자로부터 범죄 기회를 제거함으로써 범죄를 감소시키기 위해 형사 사법 개입에서 사용하는 것

> **제지**
> (deterrence)
> 혐오적인 결과(처벌)가 범죄의 재발(재범)을 감소시킬 것이라는 전제를 근거로 하는 선고 목적 중의 하나

> **재활**
> (rehabilitation)
> 범죄자가 사회에 재통합될 수 있고 재범을 줄일 수 있도록 교육, 훈련 또는 기타 서비스를 제공하는 건설적인 노력에 관심을 가지고 하는 선고 및 그와 연관된 형사 사법 결정의 목적

> **회복**(또는 회복 재판)
> (restoration)
> 상대적으로 최근의 분야. 범죄자가 자신들이 한 상해에 대해 희생자에게 보상을 하거나 때로 주의 깊게 관리되는 협상이나 조정 과정을 통한 서비스를 하는 것

> **선고**
> (sentence)
> 법정에서 범인에게 유죄 판결이 났을 때 개인에게 부과하는 처벌. 선고하기는 이것을 결정하는 과정

> **위험 요인**
> (risk factors)
> 범죄 활동에 포함될 수 있는 큰 가능성과 연관된 경험적 연구를 통해 얻어진 개인 또는 환경적 변인

선고하기

범죄를 저질러서 유죄가 된 개인은 법정에서 선고를 받을 것으로 기대할 수 있다. 이것은 여러 나라에서 수백 년간 내려온 표준 실무다. 넓게 말해서, 범죄의 심각성과 선고의 양 간에는 대략 상응하는 점이 있다. 이로부터 동떨어진다면(주로 선고가 너무 관대한 경우) 종종 논쟁이 일어난다. 수 세기 동안 축적된 경험에도 불구

하고 이 과정의 많은 측면이 잘 이해되지 못한 채로 남아 있다. 최근까지도 그중 일부는 제대로 연구되지 않았다. 적어도 현재까지도 형사 법정에서는 유죄 혹은 무죄를 밝혀내고 선고를 승인하는 일이 가장 잘하는 법적 과정이다.

'선고(sentence)'라는 말은 (중세 영국과 고대 프랑스를 거쳐) 어떤 사람이 타인에게 전달하는 감정이나 의견을 의미하는 라틴어 sententia에서 유래되었다. 이것은 어떤 결정적인 것을 내포하고 있다. 매우 예외적인 환경과는 달리 선고는 공적인 과정이다. 선고에 참여하는 치안판사, 판사 그리고 다른 사람들은 어떤 사람이 행한 무엇에 대한 공동체의 혐오, 아마도 반감을 반영하고 품어야 한다. 따라서 선고는 근본적으로 표현적 기능을 하는 것으로 생각할 수 있다. 그것은 범죄자에게 범죄를 행한 것에 대한 대중의 반응을 전해 주는 것이다.

행형학

행형학은 선고와 그것을 어떻게 실시할 것인가에 대한 학문이다. 이것은 형사 법정에서 일어나는 것으로 법정, 죄수 보호관찰, 젊은 판사 그리고 사회 내에 관련된 기관을 느슨하게 언급하는 행형 체계를 말한다. 이러한 배열은 오랜 세월에 걸쳐 단계적인 형식으로 발달해 왔기 때문에 결과적으로 '체계'라고 부를 수 있는데, 이는 Ashworth(2005)가 언급했듯이 정확한 기술이라기보다는 '단순히 편리함과 열망'(p. 67) 때문인 것이다.

잠재적으로 심리학은 이 체계의 여러 부분에서 중요한 공헌을 했다. 비록 여기에 관여한 심리학자들이 다른 전문가들과 낮은 관계를 맺고 있기는 하지만, 최근 그것은 점차 확대되고 있다. 선고 과정이 어떤 사람이 왜 그렇게 행동하게 되었는지를 이해하는 것과 유사한 행동이 반복될 수 있는 기회를 감소시키기 위한 것이기

때문에 심리학은 사건에 대해 이제까지 해 왔던 것보다 훨씬 더 많은 영향력 있는 역할을 해야만 할 것이다. 논쟁이 있겠지만, 이것이 황당한 것으로 들리지 않는다면 법의 작동은 어떤 점에서 응용심리학의 한 형태라고 볼 수 있다.

선고의 목적

형법과 특별히 행형학 내에서 선고는 독특하지만 서로 연결되어 있고 겹쳐져 있는 목적을 가진 것으로 개념화될 수 있다. 이들 중 핵심은 처벌의 개념이고 범죄자가 행한 것에 관해 벌칙을 부과함으로써 사회의 불쾌감을 알리는 신호다. 이렇게 직설적으로 보이는 개념에도 많은 기저의 복잡성을 포함하고 있다. 다음의 개관은 이 문제를 다루고 있는 여러 교재에서 빌려 온 것이다(Ashworth, 2005; Duff & Garland, 1994; Easton & Piper, 2005; Miethe & Lu, 2005). 선고 주제에 대해 어떠한 명백한 합의도 있지 않지만, 선고는 다섯 종류의 주요 기능을 하는 것으로 현재 생각되고 있다.

심판과 (공평한) 죄

하나의 관점은 사회가 순수하고 단순한 이유로 범죄자를 처벌해야 한다고 반응한다는 것이다. 여기에는 매우 많은 뉘앙스가 있지만 심판의 개념에 기초하고 있는 논리는 다음과 같은 것들이다. 어떤 개인이 법률을 위반하면서 사회에 반하는 행동을 했을 때 위험에 처하게 해야 한다는 근본적인 원리가 있다. 그러한 행동이 야기한 상해는 사회에게 자동적으로 권리와 의무를 부여하고 범죄자에게 그 대가로 고통을 가하도록 한다. 바꾸어 말하면, 논쟁이 계속되는 것처럼 범죄자는 또한 처벌받을 권리를 가지게 된다. 심판 조치는 범죄자가 행한 잘못을 교정함으로써 범죄에 의해 생겨난 불균형

을 바로잡는다(공평한 죄와 유사한 관념을 가진 개념).

이런 생각의 기원은 고대 유대 기독교 경전에 진술된 '보복의 법' 또는 같은 형태의 복수법(lex talionis)으로 거슬러 올라갈 수 있다. 거기에는 심판의 강도와 형태가 범죄에 상응해야 한다고 되어 있다('눈에는 눈'). 그러한 견해는 범죄자가 원래 희생자에게 가한 것과 같은 정도의 고통을 가해야 한다는 것으로 일부 나라에서 아직도 실제로 적용되고 있다. 그러나 이에 대한 현대의 개념적 틀은 18세기 독일의 철학자 Immanuel Kant (1724~1804)에서 나왔다. 그는 범죄를 저지르면 범죄자는 법을 지키는 사람들에 대해 불공평한 이득을 얻는 것이라고 주장하였다. 개인을 서로 그리고 국가에 묶어

주는 일반적인 정치적 의무하에서는 상호성이 필수적이다. 따라서 처벌은 범죄자와 나머지 사회 구성원 간의 적절한 균형을 회복하는 것이다([그림 16-1]). 그런 점에서 범죄자는 공동체의 법을 지키는 사람들에게 진 빚을 갚아야만 할 의무가 있다(Murphy, 1994).

이에 대한 보다 최근에 새롭게 공식화된 입장은 책망(censure) 또는 비난의 표현과 귀인 개념을 포함하고 있다. 선고는 비난하는 기능을 가지고 있고 행해진 상해의 양과 받아야 할 처벌의 양 간에 비율이 맞아야 한다는 원리에 근거하고 있다(von Hirsch, 1994).

전반적으로 심판의 철학은 도구적 효과나 결과에 관심을 가지고 있지 않다. 처벌은 '…… 본질적으로 적절한 것'이고 범죄와 공식적 반응의 사이클은 그대로 밀접한 원을 그리고 있다(Garland & Duff, 1994, p. 7). 그러나 우리가 다음에서 볼 수 있듯이 심판의 개념은 또한 선고가 다양한 목표를 동시에 성취하도록 설계될 수 있는 것처럼 다음 요소들과 결합될 수 있다.

구속으로서의 선고

거의 완전히 반대로 구속은 범죄자를 범죄를 저지를 수 있는 환경으로부터 제거함으로써, 즉 행동하는 자유를 제한함으로써 범죄 통제를 가능하게 하는 것을 말한다. 현대사회에서 이것을 행하는 가장 명백한 수단은 수감하거나 다른 폐쇄된 거주 장면(아동보호시설에서부터 고도안전병원에 이르기까지)에 구치하는 것이다. 그렇게 함으로써 범죄자들은 사회로부터 제거되고 자동차를 타거나 집을 부수거나 약을 팔거나 싸움을 하거나 (불행하게도 이러한 활동의 일부는 교도소에서도 지속되는 것으로 알고 있지만) 하는 환경에서 제거된다. 신체적인 구속뿐만 아니라 자유도 공동체 처벌에 따라 정도가 다르지만 제한될 수 있다. 예를 들면, 이것은 야간 통행금지, 전기적으로 감시되는 주택 감금 이전에 범죄를 저

[그림 16-1] 개인을 서로 그리고 국가에 묶어 주는 일반적인 정치적 의무하에서는 상호성이 필수적이다. 따라서 처벌은 적절한 균형을 회복시켜 준다.

출처: ⓒ interlight. Shutterstock사의 허락하에 게재함.

지른 이웃으로부터 배제 또는 특정 시간 또는 지도감독을 받으라는 요구 등으로 이루어진다. 심각하고 반복적으로 타인에게 해를 끼치는 사람은 흔히 듣는 구호인 '공공 보호'와 '공동체 안전'을 확보하기 위해 어떤 식으로든지 제한을 가해야 한다는 원리가 시민들에게 널리 퍼져 있다.

그러나 구속의 개념은 심판만큼이나 오래된 역사를 가지고 있다. 먼 과거에는 개인이 공동체로부터 추방당하거나 유배되었다. 그렇게 오래되기 전까지도 이와 같은 일들은 영국에서부터 호주에 이르기까지 수많은 범죄자에게 실제로 행해졌다(추방 유죄 판결에 대한 국가 기록은 www.nationalarchives.gov.uk/records/research-guides/transportation-australia.htm 참조). 중세 유럽에서는 족쇄 구멍이 있는 차꼬나 목과 손목을 끼워 넣는 형틀로 신체적 제한을 하거나 그래도 견딜 수 있는 형벌 제한으로 쇠구슬과 체인을 사용하여 구속을 하였고 다른 방법들도 사용하였다. 현대에 이런 것을 행하는 방법은 크게 신체적이지는 않지만 범죄자의 입장에서 반사회적 행동에 대한 통제를 추구한다는 점에서는 전체적으로 효과가 비슷할 것이다.

제지로서의 선고

선고 과정이 추구하는 세 번째 의도는 범죄 행동에 부정적인 결과를 첨부함으로써 변화를 시키고자 하는 것이다. 이것은 범죄에 대한 반응으로 처벌을 위해 실용주의자 또는 결과론자 논리라고 이름 붙여진 패러다임의 예다(Walker, 1991). 이것은 법적 제재가 그것을 만들게 한 개인에게 영향을 미쳐야 한다는 개념에서 발견되었다. 이런 기대 태세는 때로 **제지이론**

> **제지이론**
> (deterrence theory)
> 행형학에서 범죄를 저지른 대가로 범죄 활동을 억제시키는 정책. 일반적인 제지는 전집에 대한 효과를 말하는 것이고 특정 제지는 유지를 받은 개인에게 효과가 있는 것이다.

(deterrence theory; Gibbs, 1986 또는 종종 제지 정책)이라고 불리는데, 이는 가장 널리 받아들여지는 선고 목적일 것이다.

제지 효과는 의도된 결과의 상이한 척도에 따라 나뉜다. 첫 번째로, 기본적이고 관습적인 구분은 특정 제지와 일반 제지다(Stafford & Warr, 1993). 전자는 처벌의 대상이 되는 개인에게 처벌의 효과가 있는 것이다. 이론적으로 어떤 사람이 범죄를 저질러서 처벌을 받을 때 그들이 그것을 다시 할 가능성은 적어진다고 볼 수 있다. 후자는 보다 광범위한 효과를 말하는 것으로 다른 사람에게 미치거나 공동체 전체에 영향을 미치는 것을 말한다. 범죄를 저질렀을 때 처벌을 받는 것으로 알려진다면 대부분의 대중은 그것이 그들에게 불쾌감을 결과적으로 가져올 것을 알기 때문에 그것을 할 가능성이 낮아지게 된다. 이것이 유용한 개념적 차이이지만 일상적인 현실에서는 특정 제지 효과와 일반 제지 효과가 복잡하게 얽혀 있다(Stafford & Warr, 1993).

행형학자들은 선고의 객관적 특징이 주관적 또는 지각적 특성보다 미래의 범죄자들에게 덜 중요하다는 것을 알고 있다(Gibbs, 1986). 객관적 특성은 경찰이나 정부 통계학자가 기록하는 것들이다. 예를 들면, 탐지, 체포 또는 상이한 형태의 범죄로 연속 수감되는 비율 등이다. 주관적 또는 지각적 특성은 개인 범죄자에게 의미가 있는 것으로 범죄 통계에 관한 정보는 전혀 없이 어느 동료가 체포를 피했는지, 누가 체포되었는지, 특정 잘못은 무엇이었는지와 같은 것들이다. 범죄를 생각하는 어떤 사람이 매일 의사결정을 할 때 실제로 작동하는 요인은 공식적인 데이터베이스보다 즉각적인 개인의 지식일 가능성이 많다.

객관적인 관점과 주관적인 관점을 고려한 선고의 몇 가지 특징은 확실성, 민첩성 그리고 심각성이다. **확실성**(certainty)은 범죄를 저지른 결과로서 법적 처벌을 받게 될 가능성을 말한다. 객관적으로 정의해서, 확실성이란 공식적인 처벌을 결과로 가져오는 특정 형태의 범죄 비율을 말한다. 그러나 주관적으로는 잡힐 가능성에 대한 개인 범죄자의 추정을 반영한다. **민첩성(celerity)**은 저지른 범죄와 공식적인 제재를 받게 되기까지의 경과된 시간량을 말한다. 그리고 **심각성(severity)**은 유죄를 받은 범죄자가 견뎌야 하는 고통이나 불편감의 추정된 양이나 처벌의 양을 말한다.

일상생활에서 비교해 본다면, 자신들의 차에서 내리려고 하는 대부분의 사람이 사고를 생각할 수 있지만 그들에게 일어나지 않는 것처럼(그들이 그러한 위험에 관한 통계치를 어렴풋이 깨닫고 있다고 할지라도), 범죄를 저지르는 대부분의 개인은 측정된 가능성을 깎아내리는 경향이 있고 자신들의 행동이나 환경의 세세한 부분에 초점을 맞춘다. 행형학자들은 법률을 깨려고 하는 개인의 행동에 영향을 많이 줄 수 있는 것은 제재의 특징에 대한 지각이 변화하는 것이라는 점을 발견하였다(von Hirsch et al., 1999).

> **확실성**
> **(certainty)**
> 행형학에서 범죄를 저지른 결과로 받게 되는 법적 처벌의 가능성. 객관적으로 (공식적인 통계를 통해) 또는 주관적으로(개인 범죄자의 경험을 통해) 평가될 수 있다.

> **민첩성**
> **(celerity)**
> 행형학에서 저지른 범죄와 공식적인 제재를 받게 되기까지의 경과된 시간의 양을 말한다.

> **심각성**
> **(severity)**
> 행형학에서 저지른 범죄와 공식적인 제재를 받게 되기까지의 경과된 시간의 양을 말한다.

재활로서의 선고

심판, 구속 그리고 제지는 종종 범죄자를 재활하는 효과를 촉진시키는 것으로 믿어진다. 개인이 자신의 행동을 사회가 어떻게 지각하고 있는지를 인지하고 자유를 잃는 불쾌감이나 처벌의 효과를 알게 된다면 그들은 변화하려고 하고 범죄 행동을 중지하려고 할 것이다.

따라서 일부 행형학자는 재활이 심판과 제지 효과를 통해 통합적으로 수행되어야 한다고 생각한다.

그러나 다른 사람들은 법정 선고가 재활을 지지하도록 외현적으로 설계된 절차를 사용해야 한다는 견해를 가지고 있다. 예를 들면, 그 절차는 치유적 교육, 취업 훈련, 추천되는 다양한 형태의 심리치료, 범죄 행위를 감소시킬 수 있도록 특별히 설계된 프로그램에 대한 참여를 포함할 수 있다. 이들 각각은 (잠재적으로) 많은 범죄자가 이미 경험한 외로움과 선고 과정에서 생긴 부가적인 낙인찍힘을 감소시킬 것이다. 반면에, 좀 더 완전한 몫을 하는 시민과 공동체의 법을 지키는 구성원이 되고자 하는 개인의 전망을 향상시켜 줄 것이다.

이러한 위험 요인(위험 요인과 이를 평가하는 측정 도구에 대한 더 자세한 사항은 17장 참조)들은 초기 단계에서 가정되었던 것처럼 성격 특질의 변형에서 유래된 것이 아니라, 다른 많은 변인에 의해 나타난다. 그것은 범죄 연합의 유형, 반사회적인 태도, 충동성에 대한 경향, 빈약한 정서적 자기조절 그리고 많은 사회적·인지적 문제해결 기술의 결핍을 포함한다(Andrews & Bonta, 2010; McGuire, 2004). 이러한 위험 요인의 확인을 통해, 이들이 심리적인 개입에 의해 성공적으로 치유된다면 개인은 결과적으로 향후 범죄를 저지를 가능성이 적어질 것으로 가정할 수 있다. 현재 그러한 가정을 지지하는 본질적인 증거와 이 분야에서의 중요한 발견들은 이 장의 후반부에서 기술할 것이다.

회복과 배상으로서의 선고

처벌에 관한 다섯 번째 그리고 상대적으로 고상한 조망은 범죄 희생자의 권리와 욕구에 대한 인식이 점차 증가하면서 지난 25년에 걸쳐 나타났다. 일부 국가에서는 이것을 적용하여 희생자가 선고를 내리는 사람들이 심사숙고하는 데 영향을 주기 위하여 법정에서 영향 진술(impact statement)을 할 기회를 주는 것이다(Ashworth, 2005).

그러나 보다 혁신적인 발전은 비서구 사회에서 취한 범죄에 대한 접근의 영향을 받아 왔다. 이것은 회복 사법의 개념을 도입하였다(Johnstone & Van Ness, 2006). 이는 세계의 일부 토착 공동체에서 전통적으로 일어나는 것처럼 범죄자가 희생자에게 직접적인 배상을 함으로써 범죄자와 희생자간에 화해를 하도록 하는 것이다. 여기에서의 기본적인 원리는 범죄에 의해 생겨난 희생자와 공동체의 손상을 치료하는 것이다. 그러나 심판적인 접근으로 관습적인 처벌적 제재를 가한다면 완전히 다른 방향으로 갈 것이다. 그것은 범죄자의 인식 또는 범죄에 대한 그들의 책임감, 사과하기 또는 희생자, 범죄자 그리고 다른 관계 입장 간에 어떤 방식으로든 직접적인 배상을 하는 것과 같은 다양한 요소를 필요로 한다.

몇몇 기소에서는 광범위한 회복 모형이 적용되어 모든 관계자—희생자, 범죄자, 그들의 가족 그리고 지역사회 대표—가 범죄자의 행동에 대한 반응에 동의하는 집단 의사결정에 참여한다. 뉴질랜드와 호주에서 처음 시작된 이후, 이 절차는 비록 아직까지 오래된 선고 절차도 약간씩 사용하고 있긴 하지만 다른 많은 나라에서 시범적으로 실시되고 있다(Leibmann, 2007). 그러한 프로젝트의 평가는 공식적인 법정에서 듣는 보다 비인간적인 절차보다 희생자의 만족 수준이 더 높다는 것을 보여 주고 있다(Graef, 2001).

이제까지 개관한 다양한 처벌의 철학들은 조합될 수 있고, 단일 선고가 몇 가지 목적을 한번에 성취할 수도 있을 것이다. 어떤 환경에서는 판사가 다른 처벌 목적으로 사용하기 위해 처벌이 차지하고 있는 부분을 명시함으로써 주어진 선고에 어떻게 도달했는지를 보여 주면서 명확하게 진술할 수도 있다(Ashworth, 2005).

영국과 웨일즈의 지배적인 선고 틀인 「형사사법법 2003(Criminal Justice Act 2003)」은 선고의 목적을 Ashworth(2005, p. 74)가 주장한 '선택과 혼합' 접근 내에서 다양한 법적 목적을 단일 선고 결정(Taylor et al., 2004)에 통합할 수 있는 외현적 가능성을 만드는 방식으로 명세화하고 있다. 다양한 범죄에 적용할 수 있는 선고 형태와 심각성의 세부사항은 선고지침 위원회(Sentencing Guidelines Council, 2008, 지방 판사 법정 부분)가 만든 일련의 자료집에서 찾을 수 있다. 거기에는 또한 선고의 객관성을 명료화하기 위한 충고도 제공되어 있다(선고지침 위원회 웹사이트인 http://sentencingcouncil.judiciary.gov.uk 참조). 치안판사 법정에서는 선고의 마지막 단계에서 결정 자체에 왜 판사가 그런 선고를 하게 되었는지 그 이유를 밝히는 진술이 포함되어 있다.

법정의 법적 틀, 선고력, 그들에게 가능한 선고 옵션 그리고 많은 다른 형사 사법의 특징들은 나라마다 상당히 다르고 시간에 따라 변화한다. 행형 체계에서 일하는 어떤 심리학자라도 그가 일하는 맥락에서 근본적인 원리에 익숙해지라고 충고할 만하다. 수많은 교재와 웹사이트 그리고 다른 정보 원천이 모든 나라에서 이것을 촉진하기 위해 존재하고 또한 형사 사법의 주요 속성을 비교하고 국제적으로 분석하여 요약해 놓은 통합적인 책들도 있다(예: Newman et al., 2001).

선고의 영향

이 장의 제목에서의 질문에 답할 수 있을까? 그리고 선고가 어떻게 '작동'하는지에 관해 선고의 유용성에 대해 어떤 강한 결론을 끌어낼 수 있을까? 일찍이 시사한 것처럼, 선고가 순전히 심판적이거나 '비결과론자적'인 목적을 가지고 있다는 점에서 그것의 적용은 직접적으로 경험적인 검증이 이루어져야 할 필요가 없다.

왜냐하면 일차적인 관심이 결과 효과가 아니기 때문이다. 그것의 목적이 표현적이고 상징적이어야 함을 의미한다면, Garland(1990)가 주장한 것처럼 그것의 효과성을 평가하려는 사람들은 어떤 식으로든 핵심을 놓치고 있는 것이다.

선고의 또 다른 목적은 잠정적으로 원리를 검증하는 것이다. 그러나 그렇게 하려는 정도에서 실제로는 변화가 있다는 것을 알아야 한다. 예를 들어, 일반적인 제지를 평가하려고 할 때 사회는 가설 검증 목적에서 자신들의 법률을 일시적으로 불안하게 하는 대규모 실험에 투자하는 것을 별로 좋아하지 않는다. 이러한 저항은 범죄 제재의 존재가 사회를 하나로 묶는 것이라는 결론을 내리게 만든다. 다소 일정하게 각자의 관심을 변화시키는 것으로부터 시민을 구속하는 것은 국가적 처벌의 한 구성 요소인 일반적인 제지의 효과뿐이다.

여하튼 일반적인 제지의 부분적인 검증은 다른 원천으로부터 인용할 수 있다. 예를 들어, 한 가지는 시민이 불안해하는 일이 일어나는 중에 사회의 법률과 질서가 파괴되면서 무엇이 일어나는지를 관찰하는 것이다. 역사적으로 관련 사례는 풍부하고 실제로 많은 범죄가 그러한 일화 동안에 일어난다. 그러나 사회 질서가 붕괴될 때 많은 변화가 동시에 일어나기 때문에 그중의 어느 하나에 결과적인 무법 상태를 귀인시키는 데에는 문제가 있다. 덜 극단적인 상황에서, 관찰된 변화의 요소로서 형사 재판소의 역할을 구별해 내는 데에는 어려움이 있고 그들의 영향도 적게 나타날 것이다. 예를 들면, 1990년대 초 소련 연방의 공산주의가 몰락하고 사회자유주의가 잇따라 일어날 때 2년 동안에 범죄 비율은 50% 증가하였다(Gilinskiy, 2006). (10만 명당 범죄가 1990년 1,242건에서 1992년에는 1,856건으로 기록되었다.) 그러나 이것은 거의 확실하게 경제적·정치적 그리고 사회적 변화가 동시에 일어나면서 많은 영향의 함수로 나타난 것이었다. 경찰과 법정의 네트워크는 이 기간에 같은 방식으로 계속 작동하였다. 그러나 다른 요인에 의해 주도된 흐름을 제한할 수 있는 효과는 관찰되지 않았다.

[그림 16-2] 경찰이 범법자를 체포할 수 없는 경우에도 범죄가 급격히 늘어났다는 증거는 찾을 수 없었다.

출처: ⓒ r.nagy. Shutterstock사의 허락하에 게재함.

아마도 보다 놀라운 것은 경찰이 범법자를 체포할 수 없는 경우에도—예를 들어, 그들이 파업 중이었기 때문에—범죄가 급격히 늘어났다는 증거는 찾을 수 없었다는 것이다(그림 16-2). 1969년 몬트리올에서 경찰이 하루 동안 파업을 했을 때 '범죄가 빈발'한 적이 있다(Clark, 1977). 그러나 이 경우를 떠나서 경찰의 다른 집단 활동의 연구에서는 '가는 청색 선(thin blue line)' 가설을 지지하는 증거가 나타나지 않았다. 1919년 보스턴에서 오랜 기간 파업이 일어났을 때는 대중 폭동이 있었다. 그러나 분석은 이러한 사건이 경찰이 파업을 하건 하지 않건 어떤 경우라도 일어날 수밖에 없었던 것이었다고 시사하였다(White, 1988). Pfuhl(1983)은 1970년대 미국 11개 시의 경찰 파업에 대한 범죄율 자료를 분석하였다. 파업 기간은 3일에서 30일이었다. 일부 지역에서 범죄율이 증가하기는 했지만 대부분의 지역에서는 변화가 없었다. 유사하게, 1976년 핀란드에서 경찰 파업이 있었을 때도 범죄의 증가나 다른 사회적 문제가 발생하지 않았다(Makinen & Takala, 1980). 따라서 우리의 편애가 아니더라도 경찰 존재가 범죄에 대한 주요 제지 요인이라는 것을 지지해 주는 패턴은 나타나지 않았다.

범법의 제재가 일상생활에서 범법의 발생을 저지하는 기본적인 힘이 아니라는 것을 지지해 주는 다른 좋은 이유들이 있다. 사회에는 개인 행동의 자기조절에 영향을 주는 '규범적' 요인들이 명백히 있다. Tyler(2006)는 대부분의 사람이 매일 법을 지키는 행동을 하는 것은 탐지되고 처벌받는 것에 대한 두려움보다는 법을 지지하고 그것의 작동을 합법적이라고 지각하는 기능 때문이라는 강력한 증거를 제시하였다. Tyler는 시카고에서 1,575명의 무선 표본 응답자에게 구조화된 면접을 하였다. 그들 중 804명은 일 년 뒤 다시 면담을 하였다. 참가자들은 법에 대한 그들의 경험과 지각 그리고 그들의 행동과 관련된 다양한 요인에 대해 질문을 받았다. 대부분의 사람이 법적 행동을 고수하는 주요 이유는 부분적으로는 개인적 도덕성이나 법의 적절성에 대한 신념을 가지고 그렇게 하는 것에 대한 몰입이었다. 따라서 법률이 합법성을 가지고 있는 것으로 지각된다면, 즉 근거가 건전하고 그 작동이 공평하다고 지각된다면, 대부분의 시민은 규칙적이고 자발적으로 법에 따라 행동할 것이다. 개인이 법에 동의하지 않거나 적용이 불공정하다고 경험하는 경우, 그들의 응종은 약해질 것이다. 그때 일부 법률은 처벌적 제재가 가용하더라도 작동하기 어렵거나 불가능해질 것이다.

범죄 제재/선고의 효과

범죄와 처벌은 우리 문화와 매일의 논쟁 그리고 대중의 기대와 불가피하게 연결되어 있다. 앞서 고찰한 행형 철학의 범위는 따로 놓더라도, 선고의 가정된 개인 제재 기능은 전체적으로 그 과정을 지각하는 데 중심적인 논쟁을 불러일으키고 있다. "선고 원리가 처벌의 정확한 형태와 양을 결정하는 데 어떻게 사용되더라도, 처벌 결과는 범죄자가 재범을 하거나 잠재적인 범죄자가 되는 것을 제지할 것이라고 광범위하게 가정된다."(Easton & Pipeer, 2005, p. 101) 세계의 법적 체계에서 처벌적 제재를 중심적인 위치에 할당했을 때, 어떤 증거가 개인이 공식적인 처벌 경험에 의해 미래의 범죄를 제지할 것이라는 도처에 존재하는 기대를 정당화할 수 있을까? 몇 가지 유형의 증거가 이러한 기대가 매우 나쁘게 잘못 위치하고 있음을 지적해 준다.

만일 처벌적 제재가 신뢰할 만하게 개인이나 특정 제재를 성취할 수 있다면 다음과 같은 것을 기대하는 것은 비합리적인 것이 아니다. 우리는 처벌의 경험과 결과적인 그들의 행동과 관련하여 말하는 것 사이에 관계가 있다고 기대할 수 있다. 우리는 선고의 강도와 재범 결과 간에 상관이 있다고 기대할 수 있다. 다른 변인들이 고정된다면 벌칙이 무거울수록 효과가 더 클 것으로 기대할 수 있다. 우리는 특별히 설계된 연구에서 일부 범죄자가 좀 더 엄하게 다루어지면 범죄 가담을 더 적게 할 것이라고 예상할 수 있다. 처음부터 직관에 어긋나는 유형이긴 했지만 지금까지 수집된 어떤 증거도 이 기대를 지지하지 못했다.

첫 번째 유형의 증거는 개인들이 절도나 약물 남용으로 체포된 후에 그들에게 영향을 주었고 그들의 행동을 변화시키는 데(일어난 장소) 영향을 받았다고 말한 것으로부터 얻었다. Klemke(1982)는 젊은 사람들이 범죄에 다시 가담하는 수준을 탐색하기 위해서 그들이 처음 체포되고 얼마 후에 면담을 하였다. 범죄를 중지했던 사람들은 범행을 어떤 형사 사법 체계와의 접촉과 관련된 제지 효과로 결코 귀인하지 않았다. 물론 일부 연구자는 이런 종류의 자기보고 자료가 인상 관리, 체포에 대한 두려움 그리고 잠재적으로 작동하는 다른 요인과 같은 변인을 고려할 때 약한 형태의 증거라고 간주할 수 있다.

두 번째 유형의 증거는 좀 더 강한 것으로, 공식적으로 기록된 통계—통상 많은 표본을 사용하는 다양한 유형의 선고에 따르는 재범의 유형—에 기초한 것이다. 이들 자료는 개인의 과거 범죄 역사에서 얻은 정보로부터 재범의 위험성을 평가하기 위해 특별히 설계된 척도를 사용하여 예측한 것을 기초로 했기 때문에 실제 범죄율과 기대 범죄율 간에 비교를 할 수 있어서 특히 관심을 받았다.

범죄자 집단 재범척도(Offender Group Reconviction Scale, 현재 3판; Howard et al., 2009; 이 측정 도구에 대한 자세한 사항은 17장 참조)는 이러한 목적으로 개발되었다. 그러나 Lloyd 등(1994)과 후에 Kershaw(1999)는 이

것을 상이한 유형의 선고(예: 수감 대 지역사회 벌칙)의 효과를 비교하는 데 사용하였다. 그들은 2년 후의 재범 비율이 우연히 동일한 것을 발견하였다. 후속 범죄의 유형은 부과된 처벌의 형태에 전혀 영향을 받지 않는 것으로 나타났다(McGuire, 2002 참조). 보다 심한 제재가 어떤 억제나 처벌적 효과를 가져 왔다는 증거는 없었다. 유사하게, 23개 연구의 6,248명의 표본에서 자료를 모은 캐나다의 사무변호사를 대상으로 한 대규모 고찰에서도 Gendreau 등(1999)은 죄수 선고의 길이와 후속 재범 비율 간의 명확한 관계를 발견하지 못하였고, 표본 간에는 다른 차이가 한 번 나타났다.

그러나 아마도 가장 강력한 형태의 제지 가설 검증은 실험집단은 개입이 향상된(즉, 심한) 처벌로 구성되었고 통제집단은 전형적인 처벌을 받게 한 특별히 설계된 실험으로부터 나왔다. 이러한 유형의 연구는 많았다. 그리고 그 연구들은 다소 동일하게 이런 식으로 범죄자를 다루는 것은 전체 효과가 없거나(효과 크기가 0) 실제로 부정적이라는 것을 보여 주었다. 즉, 사람들은 점점 나빠지고 더 많이 범죄를 저지르는 것으로 나타났다(Gendreau et al., 2001; McGuire, 2004). 특별히 강력한 예는 1994년 이후 일부 미국 주에서 사용된 '삼진 아웃제'의 평가로부터 나왔다. 캘리포니아에서 이루어진 최근의 비교는 기대한 것과 반대되는 효과가 나타났다. 법률을 최소한으로 경험하게 한 사법권에서 가장 많이 사용한 나라보다 폭력 범죄가 감소한 것으로 나타났다(Center on Juvenile and Criminal Justice, 2008).

우리가 이 증거를 받아들인다면 그리고 제지 효과가 매우 약하거나 단지 존재하지 않거나 실제로 해롭다고 결론을 내린다면 이 역설을 어떻게 보아야 할지 난감할 것이다. 대부분의 사람은 어떤 일을 해서 받는 처벌의 불쾌감 때문에 그것을 하는 우리의 기회가 감소하는 것이라고 가정할 수 있다. 행동심리학에서는 강화와 처벌

의 힘으로 인간 행동의 유형을 조성할 수 있다고 주장한다(행동 프로그램에 대한 기술은 18장 참조).

그러나 그 영역의 연구들 또한 처벌이 효과적으로 작동하기 위해서는 어떤 조건이 맞아야 한다는 것을 보여 준다. 예를 들면, 그것이 효과적이기 위해서는 우연히 어떤 것이 일어나야 하고 감소되어야 할 문제 행동이 즉각적으로 따라와야만 한다. 이러한 환경은 형사 사법 체계에서는 결코 만나기 힘든 상황이다. 다른 증거는 범죄 쪽으로 기울어진 개인은 그들의 행동이 가져올 부정적인 결과에 대해 상세한 방식으로 생각하지 않는다는 것을 보여 준다(McGuire, 2004).

범죄 행동을 감소시키기

다행스럽게도 개인 수준에서 공식적인 제재보다 효과적으로 재범의 문제를 다루는 다른 접근법이 나타났다. 이 활동 영역은 선고를 받은 범죄자—범죄가 유죄이고 적절히 선고된 사람들—에게 초점을 맞춘것으로 때로 **3차 예방**(tertiary prevention)이라고 알려져 있다(Gendreau & Andrews, 1990). 좀 더 학문적으로는 Martinson(1974)의 논문 제목에서 따온 것으로 범죄자 재활에 대한 초기의 증거에 대해 부정적 결론을 내린

> **3차 예방**
> (tertiary prevention)
>
> 형사 사법 체계에서 유죄로 선고된 범죄자들을 대상으로 이후의 재범을 감소시키려는 체계적 노력(일차 예방은 장기적인 초점; 이차 예방은 비행의 위험이 있는 사람들과의 작업)

유명한 연구다. 이 연구는 종종 '무엇을 할 것인가?'라는 말로 불린다[이것은 때로 장기적인 발달적 가족과 지역사회를 기반으로 한 시작에 초점을 맞춘 일차적 예방(예: Farrington & Welsh, 2007 참조)과 이미 비행에 가담해서 '위험성'이 있는 집단과 작업하는 데 초점을 둔 이차적 예방(예: Goldstein, 2002 참조)과 대조적이다].

이 분야의 연구는 지난 몇 년 동안에 상당한 발전을 했고 통계적 통합을 적용하거나 연구 결과에 대해 **종합분석**(meta-analysis)을 한 몇 개의 개관 논문이 출판되었다(위험한 폭력과 성범죄의 치료에 대한 종합분석 증거는 18장 참조). 1985년에 형사 재판에 최초로 사용된 이래로 이 접근법은 범죄자에 대한 치료-결과 연구의 많은 고찰에 사용되었다(Wilson, 2001). 발전의 속도는 2008년 중반에 3차 수준의 범죄 치료에 대한 75개의 종합분석이 출판되는 정도였다(McGuire, 2008; 2009). 해야 할 많은 연구가 남아 있지만 이 분야의 축적된 결과들은 범죄자들에게 어떤 접근법을 사용해야 재범을 낮추는 결과를 가져올 수 있는지에 대한 확실한 방향을 제공하고 있다.

증거 기반

이 분야에서 행해지고 있는 대부분의 고찰 그리고 그것이 기반을 두고 있는 수많은 일차적 연구는 비록 많은 나라로부터 온 자료를 포함하고 있지만 북미에서 기원된 것이다. 몇 개는 유럽에서 행해졌고 이들은 미국 결과와의 타당도와 일반화 가능성을 검증하기 위해 각각 고찰되었다(Redondo et al., 2002). 대부분은 영어로 출판되었지만 많은 고찰이 진행되고 있으며(Person et al., 1997), 14개의 비영어권 나라와 접촉하고 있고 300개 이상의 보고서가 영어가 아닌 다른 언어를 사용하는 데서 얻어졌다.

상당히 많은 일차 연구가 남자 범죄자를 다루고 있는데, 남자들이 대부분의 범죄를 저지르기 때문에 이는 놀랄 일이 아니다. 가장 큰 종합분석 중의 하나는 Lipsey(1992, 1995)가 수행한 것인데 출판된 연구의 단지 3%만이 여자 범죄자 표본만을 사용하였다. 연령으로 보면 고찰의 약 2/3가 14세에서 21세 사이의 청소년 또는 젊

은 성인 범죄자에 대한 개입에 초점을 두고 있다. 이것은 대부분의 나라에서 비행의 최정점 나이를 포함한다(Farrington & Welsh, 2007). 다른 연구들은 성인에게만 관심을 갖거나 다양한 연령의 범죄자를 포함하고 있다. 인종에 관해서는 많은 연구가 다양한 인종 집단으로부터 범죄자의 자료를 제공하고 있다. 이러한 유형은 변화가 있고 일관성 있게 기록되지 않았다. 그러나 많은 나라에서 형사 재판에 기소가 된 소수 지역사회의 대표성을 가지고 있어서 이 결과들은 인종이 광범위하게 섞인 전집에 기초하고 있다.

고찰의 결과

일부 연구가 특정한 형태의 범죄 행동(예: 폭력, 음주운전, 성폭력)에 접근하고 있지만, 대부분은 다양한 개입법의 상대적 효과에 초점을 두고 있다. 연구들은 독일에서의 잘 설계된 사회치료적 죄수 관리 체계의 영향과 광범위한 의미에서 정의된 치료 공동체의 효과를 가진 교육적 그리고 직업적 프로그램을 다루고 있다. 행동 변화에서 매개 변인으로 인지의 중요성에 접근하는 것, 구조화된 인지-행동 프로그램의 효과에 대한 것, 가족기반 개입과 학교기반 개입에 관한 것들에 대해 종합분석이 실시되었다. 또한 종합분석은 회복 재판과 희생자-범죄자 매개를 평가하는 결과들을 종합하는 데에도 사용되었다. 연령, 성별, 인종 그리고 직원의 기술의 중요성, 조직 실무의 다른 측면을 포함하는 조절 변인들도 이런 식으로 고찰되었다.

종합분석에서 관심을 받는 주요 결과는 **효과 크기**(effect size)다. 이것은 여러 방식으로 표현할 수 있지만 각 사례의 기능은 동일하다. 즉, 개입 연

효과 크기
(effect size)
여러 연구에서 표준편차 단위로 표현된 독립변인의 효과 크기를 비교하는 통계. 일반적으로 보고되는 두 개의 효과 크기는 Cohen과 Pearson의 상관(r)이다.

구에서 '실험' 조건과 '통제' 조건 간의 차이 정도에 대한 측정치를 제공하는 것이다. 효과 크기를 계산하는 방법은 다양하다. 종합분석의 복잡성 때문에 일부 연구자는 그에 대해 비판적이다. McGuire(2004)는 이러한 문제에 대해 고찰했고, 효과 크기를 어떻게 해석하고 비교해야 하는지를 논의하였다. [그림 16-3]은 다양한 형태의 심리사회적 개입을 비개입 통제와 비교한 효과 크기를 보여 주고 있다.

범죄자 치료에 대한 이전 종합분석의 전반적인 결과는 범죄자와 '아무것도 하지 않은' 일반적으로 반복된 주장과는 매우 다르다(Hollin, 2001; McGuire, 2004). 재범에 대한 사회심리적 개입의 영향은 평균적으로 정적이었다. 즉, 비교 표본에 비해 실험집단에서 재범 비율이 전체적으로 감소하였다. 그러나 평균 효과는 다양한 유형의 치료나 개입이 사용되었기 때문에 중간 정도였다. 상관계수로 표현하면 평균이 약 0.10으로 추정되었다. 종합분석으로 얻어진 평균 결과는 실험집단의 45%와 통제집단의 55%의 재범 비율과 상응한다. 그 수치가 낮지만 통계적으로는 유의하고 많은 다른 분야에서 발견된 효과와 합리적으로 잘 비교할 수 있다. 일반적으로 가치 있는 이득을 내는 것으로 알려진 일부 건강관리 개입은 낮은 평균 치료 효과를 보였다. 그러나 결정적으로 연구의 다양한 하위 집단을 비교했을 때는 그들 간의 변화가 일부 일정한 패턴을 보이고 있다. 이는 높은 성공률을 보인 개입의 측면과 비교해 볼 때 훨씬 더 많은 정보를 제공해 준다.

여기에서 개입의 방법과 관련된 주요 발견은 뚜렷하게 다른 결과가 있다는 것이다. 이 장의 앞부분에서 논의했듯이 제지/제재는 전체적으로 효과가 없거나 부정적이었다. 따라서 널리 기대되는 것과 달리 재범의 전체적인 증가와 관련이 있었다. 일부 개입은 정적이었으나 효과가 약했고, 반면에 다른 것들은 재범률을 감

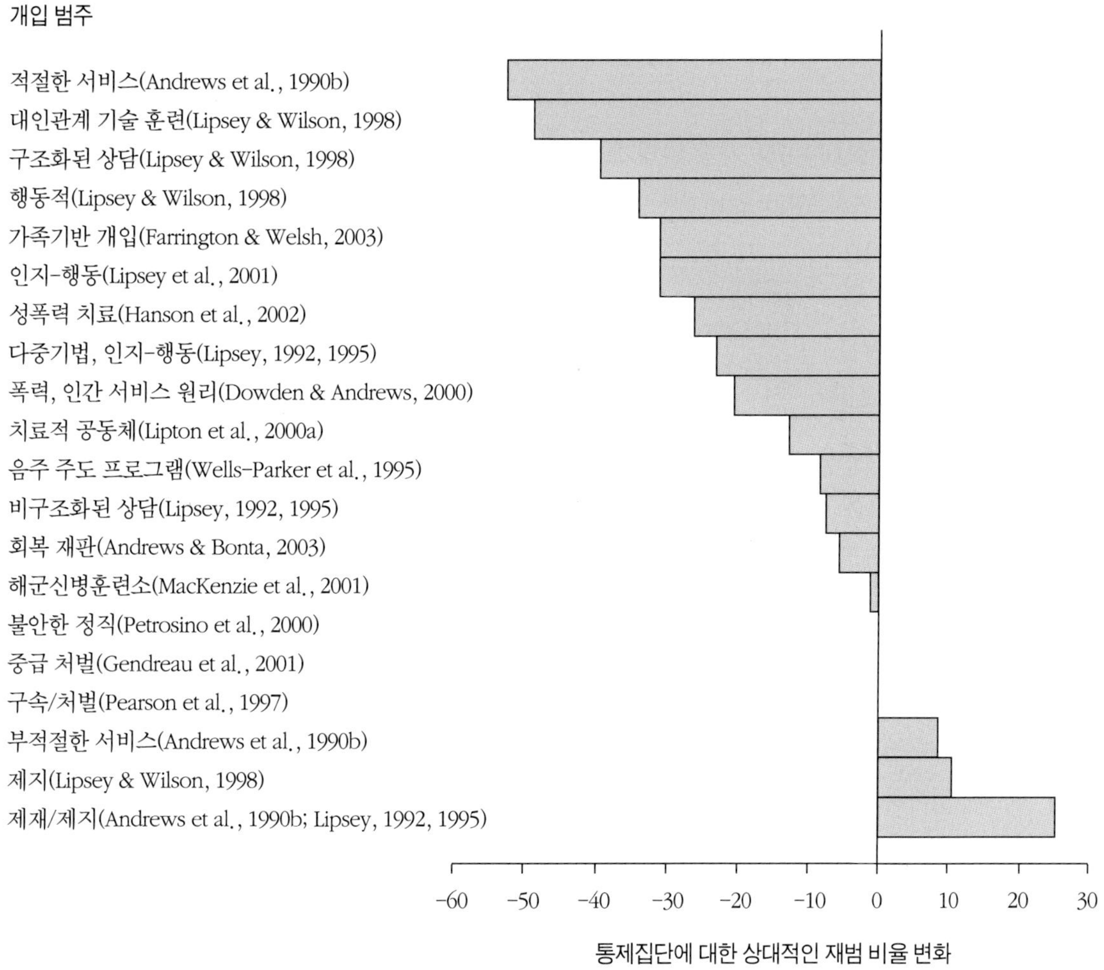

개입 범주

적절한 서비스(Andrews et al., 1990b)
대인관계 기술 훈련(Lipsey & Wilson, 1998)
구조화된 상담(Lipsey & Wilson, 1998)
행동적(Lipsey & Wilson, 1998)
가족기반 개입(Farrington & Welsh, 2003)
인지-행동(Lipsey et al., 2001)
성폭력 치료(Hanson et al., 2002)
다중기법, 인지-행동(Lipsey, 1992, 1995)
폭력, 인간 서비스 원리(Dowden & Andrews, 2000)
치료적 공동체(Lipton et al., 2000a)
음주 주도 프로그램(Wells-Parker et al., 1995)
비구조화된 상담(Lipsey, 1992, 1995)
회복 재판(Andrews & Bonta, 2003)
해군신병훈련소(MacKenzie et al., 2001)
불안한 정직(Petrosino et al., 2000)
중급 처벌(Gendreau et al., 2001)
구속/처벌(Pearson et al., 1997)
부적절한 서비스(Andrews et al., 1990b)
제지(Lipsey & Wilson, 1998)
제재/제지(Andrews et al., 1990b; Lipsey, 1992, 1995)

-60 -50 -40 -30 -20 -10 0 10 20 30

통제집단에 대한 상대적인 재범 비율 변화

[그림 16-3] 효과 크기의 변화표

출처: McGuire (2004). Open University Press의 허락하에 게재함.

소시키는 입장에서 볼 때 통계적으로나 실제적으로 의미가 있는 효과를 보였다.

지금은 범죄 프로그램에서 다양한 요소를 조합하면 효과 크기를 최대화할 수 있다는 데 널리 합의되고 있다(Andrews, 2001; Gendreau, 1996; Hollin, 1999). 효과적인 개입은 어떤 공통 특징을 가지고 있는 것으로 생각된다. 초기에 매우 영향력 있는 고찰을 한 Andrews 등(1990)은 '인간 서비스의 원리' 라고 불렀고, 이어서 **위험-욕구-반응성(RNR) 모형[risk-need-responsivity(RNR)** model]으로 공식화했다(Andrews et al., 2006).

Andrews와 동료들(1990)은 효과 크기를 향상시키는 데 개별적으로 공헌한 특징들을 뽑아서 조합하였는데 누적 효과가 있음을 발견하였다. 이러한 특징을 가진 개입은 재범률을 평균 53% 감소시켰다. 모든 연구에 걸쳐 평균 효과 크기가 특별히 크지는 않았는데 이는 부분적

> **위험-욕구-반응성 모형**
> **[risk-need-responsivity (RNR) model]**
> 성격 또는 상황적 변인을 적절히 통제하거나 강화하거나 감소시킴으로써 범죄자의 성향을 감소시키기 위한 위험 관리 재활 모형

으로 처벌의 부정적인 영향 때문이었다. 개입이 적절히 설계되고 전달되면 정적이고 큰 효과를 확보할 수 있다.

앞에 제시된 결과들 중에서 아마도 가장 널리 보급된 혁신은 방법과 자료를 **프로그램**(programmes)이라고 알려진 특별히 준비된 형식으로 조합하는 것이었다. 이 단어는 어떤 사람들에게는 경직되고 무감각한 작업방법이라는 인상을 불러일으키기 때문에 나쁜 것으로 생각될 수 있다. 그러나 엄격하게 정의해서 프로그램은 단순히 일련의 계획된 학습 기회로 구성되어 있다(McGuire, 2001). 재판 장면에서 사용되는 경우, 일반적인 목적은 참여자의 후속 재범을 감소시키는 것이다. 그런 맥락에서 전형적인 프로그램은 사전에 배열된 활동 세트와 명확하게 진술된 목적, 계획된 설계에 따라 서로 연결된 요소들을 포함하며, 성공적인 기회를 재생산할 수 있다.

> **프로그램**
> (programmes)
> 변화를 지지하고 격려하기 위해 설계된 그리고 진보된 목적과 내용으로 계획된 일련의 구조화된 학습 기회; 보통 요강이나 다른 자료를 동반한다.

심리학자의 연구 결과를 실무에 전환시킨 가장 큰 단일 부분은 설계된 구조화된 프로그램을 이런 식으로 사용한 것이었다(예: Hanson et al., 2009, Hollin & Palmer, 2006 참조). 미국과 캐나다 형사 사법 체계에서 최근에 사용되고 있는 대부분의 프로그램은 인지 사회학습 이론과 인지-행동 개입으로 알려진 것에서 뽑은 방법들을 사용하고 있다. 이것이 유일하게 가용한 이론적 옵션과는 거리가 멀지만 아직까지는 가장 일관성 있게 정적인 결과를 보여 주고 있다. 이런 유형의 프로그램은 보통 특별히 준비된 요강이 있고 다른지지 자료들도 있다(범죄자 프로그램에 대한 상세한 내용은 17과 18장 참조).

효과적인 실무에 대한 함축성

전문 연구자들은 재범을 줄일 수 있는 실제적이고 유의미한 영향을 줄 가능성을 최대화할 수 있는 형사 사법 개입에 일정한 특징이 있다는 데 동의한다. 여기에서 나타난 주요 결과들은 〈글상자 16-1〉에서 볼 수 있다.

글상자 16-1   **효과적인 실무에 관련된 주요 결과**

명료한 이론과 증거 기반

개입 노력은 그들이 개념적으로 건전하고 좋은 경험적 지지를 가지고 있는 범죄 행동 이론에 근거하고 있다면 지속될 가능성이 많다. 이것은 사용될 방법에 대한 근거를 제공하고 개인이 참여하고 그 프로그램으로부터 이익을 얻을 수 있을 때 사용될 것으로 생각되는 '변화의 도구'를 확인할 수 있어야 한다. 예를 들면, 이것은 새로운 기술을 배우는 것, 태도를 변화시키는 것, 의사소통 능력을 키우는 것, 자기 지식을 증가시키는 것, 문제해결 또는 나쁜 감정 극복하기 등이 될 수 있다.

위험 수준 평가

일반적으로 위험 수준을 평가해서 개인을 다양한 수준의 서비스에 할당하는 것은 좋은 실무로 간주된다. 위험 평가는 통상 개인의 범죄사, 즉 그들이 처음으로 유죄로 처벌받은 나이, 현재까지의 전체 유죄 횟수 등의 정보에 근거해서 한다. 가장 강력한 개입 유형은 가장 높은 재범 위험성을 가진 것으로 평가된 개인에게 할당된다. 반면, 낮은 위험을 가진 것으로 평가된 개인은 그러한 개입에 노출되지 않는다. 이것은 **위험 원리**라고 불린다(Andrews & Bonta, 2010). 그것은 관련 문헌의 고찰에서 근본적인 지지를 얻었다(Lowenkamp et al., 2006).

변화의 목표로서 위험-욕구 요인을 확인하기

비행 출현에 대한 연구는 사회적 상호작용의 유형, 사회적 또는 인지적 기술, 반사회적 태도, 비행 또래 집단과 다른 요인의 영향이 발병과 유지에 연관되었음을 시사한다. 범죄자와의 작업이 재범의 전망에 대해 차이를 만드는 것이라면, 이 변인들은 변화의 목표가 되어야만 한다. 그것은 재범을 변화시키는 데 필요한 요인들로서 **범죄유발성 욕구(criminogenic needs)**라고 명명된다. 변화 가능성을 따라 그것은 때로 역동적 위험 요인이라고 불리며, 재활 서비스를 할 때 그것을 우선순위에 놓아야 할 강한 이유가 있다.

> **범죄유발성 욕구**
> **(criminogenic needs)**
> 시간에 따라 변하고 직접적인 노력에 의해 변할 수 있는 그래서 범죄 활동의 위험을 감소시킬 수 있는 범죄에 개입될 위험과 관련된 개인의 특성. 또한 역동적 위험 요인으로 알려져 있다.

다양한 목표의 사용

범죄 활동에 공헌하는 것으로 알려진 다양한 요인 때문에 연구자들 간에는 보다 효과적인 개입이 앞서 언급한 위험 범위를 포함하는 다양한 요소를 절충하는 것이라는 데 자연스럽게 합의가 이루어져 있다. 이것을 성공적으로 하기 위한 개입을 **다중기법 프로그램(multimodel programmes)**이라고 한다. 예를 들면, 지속적인 젊은 범죄자 집단과 작업을 할 때 사회적 기술 훈련, 충동의 자기조절 학습 그리고 멘토링 도식을 통해 이러한 변화에 대해 지지를 제공하는 것 등이 포함될 수 있다.

> **다중기법 프로그램**
> **(multimodel programmes)**
> 한 가지 변화 목표(사회적 기술, 사고, 약물 남용 등)보다 더 많은 것을 가진 또는 그것을 성취하는 데 한 가지 방법 이상을 사용하는 개입 프로그램을 기술하는 데 사용되는 용어

반응성

형사 재판 개입 시 참여자가 변화하는 데 도움이 되고 동기를 부여하는 데 우수한 것으로 나타난 방법과 접근법이 있다(Andrews, 2001; Gendreau & Andrews, 1990; Harkins & Beech, 2007; McMurran, 2002). 여기에는 두 가지 측면이 있다. 첫째, 만일 재활이 명료하고 구체적인 목적을 가지고 있으며 내용이 구조화되어 있고 활동과 기술의 획득에 초점이 맞추어져 있다면 재활 노력은 더 잘될 것이다. 이것을 제공하는 데 포함된 사람은 양질의 대인관계 기술을 가지고 있고 지지를 하며 명확하게 설명된 범위 내에서 협조적인 관계를 형성할 수 있어야 한다(일반적인 반응성). 둘째, 참여자의 연령, 성별, 인종, 언어 그리고 언어 양식에 비추어 다양성을 적용할 수 있는 개입 전략을 채택하는 것이 핵심이다(구체적 반응성).

(프로그램) 성실도

Lipsey(1995)와 다른 사람들은 최근에 종합분석을 통해 개입 서비스에 대해 능동적으로 연구할 때 그것이 더 잘 이루어질 수 있음을 발견하였다. 개입이 어떻게 전달되는지에 대한 자료를 정기적으로 수집하는 것은 목적의 명료성을 유지하고 동원하려고 한 방법을 고수하도록 해 준다. 이러한 특징은 **성실도(integrity)** 또는 개입의 충실성이라고 부른다 (Bernfeld, 2001; Hollin, 1995). 그리고 최상의 개입 서비스에서는 정규적으로 모니터되고 점검된다.

> **성실도**
> **(integrity)**
> 개입이 계획대로 전달되고 그것이 기초하고 있는 변화 모형을 따르는 정도. 때로 충실도, 프로그램 성실도 또는 치료 성실도라고 부른다.

여기서 제시된 종류의 전달하는 데 가장 바람직한 조건을 제공하려면 많은 다른 요인이 있어야 한다. 예를 들면, 사용되는 평가 도구의 타당도를 확보하는 것과 철저한 검색과 평가 절차, 제공 장소 내에서 서비스의 도입을 관리하기 위한 대규모의 전략 등이다(충분한 논의는 Andrews, 2001 참조).

효과적인 개입의 예

(여기에는 일반적인 작업이 기술되어 있다. 범죄자에 대한 개입에 대해 좀 더 알아보기 위해서는 17장과 18장 참조)

청소년, 성인, 범죄자에게 커다란 영향을 줄 수 있는 개입의 종류는 매우 다양하지만 중요한 중첩이 있다. 보다 심각한 범죄를 저지르는 젊은이에게는 Lipsey (1995, 2009)가 종합분석을 한 결과를 적용하여 추천한 것처럼 6개월 이상의 기간을 가진 개입 프로그램을 제공해야 하고, 최소한 일주일에 두 번은 접촉을 해야 한다. 대규모 고찰에 근거해서 이 집단과 작업을 할 때 보다 효과적인 것으로 나타난 몇 가지 방법이 있는데 (Dowden & Andrews, 1999; Lipsey & Wilson, 1998), 이는 〈글상자 16-2〉에 제시되어 있다.

성인 범죄자는 앞에서 언급했듯이 젊은 사람보다 일반적으로 효과 크기가 작다(덜 강한 결과를 시사함). 두말할 필요도 없이 그 결과는 실무에서 의미가 있고 유형을

글상자 16-2   청소년 범죄자와 작업할 때 효과적인 개입

대인관계 기술 훈련

이것은 참여자가 다른 사람과 상호작용하는 기술을 향상시키도록 설계된 일련의 연습으로 구성되어 있다. 소집단에서 작업할 때, 개인은 그들이 어떻게 행동해야 할지를 모르는 상황이나 다른 사람으로부터 압력을 받는 것과 같은 때로 잘못 다루는 상황을 확인한다. 그러한 상황을 관리하는 데 적합한 방법을 논의하고 이후 역할 놀이를 하거나 실습과 피드백을 해 본다.

행동적 개입

범죄자와 작업할 때 이것은 수반성 접촉을 포함한다. 거기에서 개인 범죄자와 그의 지도감독자는 문제 행동 목록을 만들고 그것을 수정하는 과정에서 제공할 보상 체계를 만든다. 모델링과 점진적 연습과 같은 행동 훈련 절차들이 많은 다른 유형의 개입의 한 부분으로 포함된다.

인지 기술 훈련

이 유형에는 몇 가지 프로그램이 있다. 대부분은 일련의 구조화된 회기로 구성되어 있다. 각각은 참여자가 사고 영역의 능력을 개발하고 일상생활(보통 대인관계) 문제를 해결하는 데 도움을 줄 수 있도록 설계된 연습을 포함하고 있다. 전형적인 자료는 일상생활의 문제를 단어로 적는 연습이나 그것에 관한 정보를 얻는 것, 가능한 해결책을 만드는 것, 수단과 목적을 연결시키는 것, 결과를 예측하는 것, 결정을 하는 것, 기술을 연결시키는 것 등이 포함된다.

구조화된 개인상담

가장 널리 사용되는 상담 형식은 상대적으로 비구조화된 활동이다. 여기에서 상담자는 인간중심적이고 비지시적 방법을 통해 내담자가 이끌어 가도록 허용한다. 이것은 여러 목적에 가치가 있다. 그러나 그것이 재범을 감소시키는 방법으로 효과적인지는 아직 드러나고 있지 않다. 그러한 맥락에서 작업을 하기 위해 연구는 좀 더 직접적이고 구조화된 것, 그리고 '현실치료'나 '문제해결' 틀에 근거한 것들이 더 필요하다고 주장하고 있다.

가족 가르치기

이것은 거주 단위나 그룹홈에서 특별히 훈련된 성인이 짝을 이뤄 '부모를 가르치는' 작업을 하는 것이다. 그들의 역할은 거주자와 정적인 동맹을 맺고, 사회적 및 자기관리 기술을 알려 주며, 영역을 명료화하고, 상담과 충고 서비스를 제공하는 것이다. 젊은이들은 계속 학교에 가야 하고 주말에 집에 돌아올 수 있다. 이제까지 가장 큰 효과 크기가 보고된 것은 젊은 범죄자와 가족이 함께하면서 기능적 가족치료, 현명한 부모 노릇, 가족 권한 위임, 유사한 치료적 접근을 하는 것이었다(Gordon, 2002). 가장 세련된 접근은 다중체계이론(multi-systemic theory: MST)이었다. 여기에는 젊은 사람, 그의 가족 그리고 학교 스태프가 함께 참여한다(Henggeler et al., 1998).

비교하는 것은 작업하기에 가장 좋은 개입 형태를 찾도록 해 줄 수 있다. 이 연령 집단에서 애인 폭력 프로그램을 제외하고 가족기반 작업은 일반적이지 않다. 그리고 개입은 종종 집단 형태로 하기도 하지만 거의 개인 자체로 배타적으로 실시하는 것이 좋다. 〈글상자 16-3〉은 성인 범죄자와 무엇을 할 수 있는지를 보여 준다.

글상자 16-3　성인 범죄자와 할 수 있는 작업

재범의 위험 요인에 초점을 둔 '매뉴얼화된' 인지-행동 프로그램

이것은 가장 타당하고 널리 사용되는 접근법이다(Lipsey et al., 2007; Lipton et al., 2002a; Tong & Farrington, 2006; Wilson et al., 2005). 이 접근법의 변형들은 금품, 폭력 그리고 약물 관련 범죄와 같은 혼합 범죄 유형을 가진 개인에게 우선적으로 잘 맞는다(Hollin, 2001; McGuire, 2006; Motiuk & Serin, 2001). 이 유형의 프로그램은 보호관찰 서비스 장면 같이 대규모로 실시될 때 정적 결과를 가져온다(Hollin et al., 2008; McGuire et al., 2008; Palmer et al., 2007). 초기에는 높은 탈락 비율을 보이지만 전달 과정이 잘 형성되고 나면 완성 수준은 근본적으로 향상됨을 보여 준다(National Offender Management Service, 2008). 2년 후의 추수 연구에서 이 프로그램에 참여한 사람들의 재범률이 기대치보다 현저하게 낮은 것으로 나타났다(Hollis, 2007).

부가적인 요소를 가진 특별히 설계된 프로그램

이것은 폭력 범죄가 있는 성인을 위해 개발되었다([그림 16-4]; 이들 프로그램에 대한 충분한 기술은 18장 참조).

이것은 분노 조절, 기분 조절 그리고 위험 인식과 자기관리에 초점을 두고 있다(Bush, 1995; Henning & Frueh, 1996). 분노 관리 프로그램 같은 경우에는 캐나다에서 고위험 죄수에게 3년간 추수 연구를 하여 폭력 재범이 86% 감소한 것으로 보고한 Dowden 등(1999)의 경우처럼 매우 강한 결과가 있는 반면 다른 치료에서는 그 효과가 적었고, 이러한 프로그램의 유형을 어디에 할당하는 것이 적절한지 그리고 '변화의 준비성'과 관련된 문제는 어떻게 해결해야 하는 지에 대한 연구가 더 필요한 것으로 나타났다. 성폭력 범죄(18장 참조)에 대한 치료는 특별한 요소를 포함해야 한다.

치료적 공동체

약물 남용 역사가 긴 범죄자에게는 치료적 공동체가 좋은 것으로 보인다. 이들은 시설에 있을 수도 있고 넓은 지역사회에 있을 수도 있다. 그들이 기초하고 있는 모형은 몇몇이 다르다(Lipton et al., 2002b). 몇 개의 요소를 포함하고 있는 다른 다중기법, 통합 프로그램은 물질 오용을 감소시키는 데 효과가 있는 것으로 입증되었다(Springer et al., 2003).

[그림 16-4] 부가적인 요소를 가진 특별히 설계된 프로그램은 성폭력 범죄를 저지른 성인을 위해 개발되었다.

출처: ⓒ Marcin Balcerzak. Shutterstock사의 허락하에 게재함.

여기서 제시된 유형의 프로그램들이 유용하다는 증거들은 그것을 채택하게 할 만큼 충분히 인상적이고, 영국이나 웨일즈의 교도소나 보호관찰소에서 적절한 규모로 활용되고 있다(Hollins & Palmer, 2006). 이것은 2000년부터 시행된 범죄 감소 프로그램 같은 주요 정부 주도 정책의 요소가 되고 있다. 그것의 한 부분으로 프로그램의 '공개'와 도입의 과정에서 질을 통제하고 감독하기 위한 수단인 교정복지 고문위원회(Correctional Services Accreditation Panel: CSAP) 같은 독립적인 전문가 위원회도 만들어졌다. 2008년까지는 법정 장면에서 사용할 수 있는 프로그램이 27개 미만이었고 보호관찰소에서 사용할 수 있는 프로그램은 20개였다(일부는 양쪽에 인정됨; Correctional Services Accreditation Panel, 2009). Maguire 등(2010)은 '내부자'의 조망으로 위원회의 역사와 업적을 기술하였다.

아마도 대부분 현재 가장 널리 사용되고 있는 프로그램은 집단 형식일 것이다. 이것은 많은 참여자를 포함할 수 있고, 서비스의 비용-효과를 얻을 수 있으며, 사용된 방법의 효과를 향상시킬 수 있는 '변화 요인'을 찾아낼 수도 있다(Bieling et al., 2006). 여하튼 법률을 위반한 많은 사람에게 개인적인 차원에서 많은 부분의 작업이 이루어지고 있다. 〈사례연구 16-1〉과 〈사례연구 16-2〉는 다양한 형태의 범죄 행동을 감소시키는 데 심리에 기초한 방법이 적용되는 예를 보여 주고 있다.

사례연구 16-1   절도(들치기)의 치료

Aust(1987)는 Diane을 도와주기 위해서 심리학자의 일을 기술하였다. Diane은 젊은 여자로 여러 건의 들치기 범죄로 집행유예 선고를 받고 보호관찰 중에 있었다. 평가에서 그녀는 이전 절도 때문에 체포되어 몇 차례 선고를 받았음에도 불구하고 수많은 상점 절도를 했고 훔치려는 충동을 통제할 수 없다고 느꼈으며 절도가 16세 이후 그녀 인생의 특징이 되었다고 했다. 그녀는 상점에 있을 때는 들뜨고 강박 행동의 사이클을 경험하지만 다른 시간에는 우울한 기분으로 고통을 받는다고 기술하였다. Diane은 두 자녀가 있었고 셋째를 가질 예정이라고 했다. 또한 자신이 재범을 해서 감옥에서 아이를 출산할지도 모른다는 절박한 예상 때문에 매우 괴로워했다.

Diane과 그녀의 보호관찰관 그리고 심리학자는 그녀가 강박적인 절도를 극복할 수 있도록 개입계획을 작성하였다. 여기에는 두 개의 주요 요소가 있다. 하나는 **내현 민감화(covert sensitisation)**로, 행동치료 절차다. Diane의 경우에는 체포될 당시에 느꼈던 두려운 결과를 생각하면서 자기 자신에게 스스로 말했던 이야기들을 오디오테이프에 녹음하면서 다시 말하도록 하는 과정을 거쳤다. 이것의 힘은 그녀가 그 효과를 얻기 위해 듣는 것보다 그것을 보아야만 하는 것이었다. 두 번째는 몇 가지 **자기관리(self-management)** 기법을 실습하는 것이었다. 그녀가 쇼핑을 갈 때마다, 예를 들어 어떤 물건이 어디에 있는지 자신에게 보여 달라고 요구하는 것처럼 점원의 관심을 끄는 행동을 포함하고 있다. 또한 구매 기록으로 영수증을 받고, 물건을 감출 수 있는 옷을 입지 않으며, 크고 투명한 짐가방을 사용하는 것이었다. 그녀는 이 변화를 수행하면서 또한 체육 회기를 가졌다. 이는 그녀의 자기존중감과 기저 기분을 높이고 들치기의 '흥분'에 대한 대안을 제공하기 위한 것이었다. 그녀가 후에 법정에 나타났을 때 판사는 그녀가 이 계획을 계속할 수 있도록 선고를 6개월 미뤘다. 이 기간의 끝에 그녀는 상점 절도를 성공적으로 피할 수 있었고, 그녀의 충동을 감소시키는 새로운 균형을 얻었으며, 그것을 새로운 유형의 행동으로 대체하였다. 이 연구를 들치기 '전문' 집단과 '초보' 집단을 비교하여 이들 집단이 뚜렷하게 다른 인지 유형을 보인다는 결과를 얻은 Carroll과 Weaver(1986)의 연구와 비교해 보는 것도 흥미가 있을 것이다.

내현 민감화 (covert sensitisation)

행동치료에서 개발한 방법, 개인이 사회적으로나 개인적으로 받아들이기 힘든 감정이나 행동을 거북한 경험과 연합시켜 그 잠재성을 감소시키는 조건화 원리를 응용한 것

자기관리 (self-management)

어려움이나 스트레스를 유발하는 그들의 사고, 정서, 행동의 측면에 대해 내적 통제력을 발휘함으로써 개인의 능력을 증진시키도록 설계된 인지행동 개입의 한 형태

사례연구 16-2 성폭력범의 치료

　　Marshall(2006)은 Bill과 수행한 치료 프로그램을 기술하였다. Bill은 38세의 트럭 운전사로 아동에 대한 성폭력 혐의로 유죄를 선고받았다. 그는 20년 동안 6세에서 10세 사이의 소녀 여덟 명을 성희롱하였다. 그는 지역사회 기반 클리닉에서 치료를 받는 조건으로 교도소에서 조기 출소하였다. Bill의 개인사는 어린 소녀에 대한 성적 환상의 유형을 보였다. 그리고 그의 연령대의 여성에게는 관계를 맺는 데 실패하였고 그러한 만남에서 비참함을 느꼈다. 아동기 때는 혼자 고립된 시골 지역에서 자랐으며 그의 발달은 사회적 접촉이 매우 제한된 것이 특징이었다. 보다 광범위한 평가에서 그는 여성에 대해 부정적인 태도를 보였고, 그가 본 아동이 복종적이다가 반항한 것으로 보는 등 아동에 대한 왜곡된 견해가 있었으며, 자신을 비하하였다. 남근 측정 평개[음경 체적 기록기(Penile Plethysmograph: PPM)를 통한]에서는 아동에 대해서는 강한 각성 상태를 보였으나, 성인 여성에 대해서는 각성의 증거가 나타나지 않았다.

　　Bill에 대한 개입은 아동에 대한 성적 관심을 감소시키는 것을 포함하여 다양한 영역에 초점을 맞춘 다면 프로그램이 개발되었다. **후각 혐오치료(olfactory aversion therapy; 또는 후각 혐오 조건화, olfactory aversive conditioning)**의 조합을 사용하는 접근법도 있었다.

　　거기에서 그는 아동에 대한 성적 각성을 구역질나는 냄새와 연합시키는 학습을 4주간 40회 받았다. 그리고 성인 여성을 상상하면서 **유도된 자위(directed masturbation)**를 연합시켰다. 이들 개입은 그가 범죄를 지지하는 태도와 신념을 돌아보도록 설계된 인지 재구성 회기와 별개로 수행되었다. 치료 프로그램은 Bill의 성적 취향과 그의 습관적 사고와 감정을 변화시키는 데 효과가 있었다. 2년 후 추수 검사를 했을 때도 변화는 유지되고 있었다. 그때 당시에 그는 성인 여성 파트너와 안정된 관계를 발전시키고 있었다.

후각 혐오 조건화 (olfactory aversive conditioning)

사회적으로 받아들일 수 없는 성적 각성 유형과 관련된 행동을 보이는 성범죄를 저지른 개인에게 사용되는 조건화 원리에 기인한 행동 치료 기법

유도된 자위 (directed masturbation)

또한 자위 재조건화라고도 부른다. 부적절한 성적 충동이나 흥감을 좀 더 사회적으로 수용되거나 덜 해로운 방식으로 돌리기 위해 개인에게 도움을 주는 조건화 원리에 근거한 행동치료 기법

범죄자 평가와 관리에 대한 심리학적 공헌

　　교도소, 보호관찰소, 소년 사법 장면에서 일하는 법정심리학자들은 이전의 위치보다 그들의 역할을 진보적으로 확장하였다. 다소 배타적으로 평가와 할당에 초점을 맞추었다가 현재는 위기 평가, 개인 수준에서의 개입 전달, 프로그램의 설계와 평가, 보고서 작성 그리고 이 모든 주제에 대한 연구로까지 확장되었다.

　　최근에는 위험-욕구-반응성 틀이 미래의 범죄 가담을 예측하기 위한 보다 복잡하고 깊이 있는 평가 도구를 구성하는 데 사용되고 있다. 몇 개의 척도가 현재 정적 및 역동적 위험 요인의 평가를 조합하는 데 사용된다. 전자는 일정 시점의 시간에 고정된 요인이다(예: 법정에 처음으로 나타난 개인의 연령). 후자는 시간에 따라 변하는 영향으로, 개입을 통해 잠재적으로 변할 수 있는 것을 말한다(예: 반사회적 태도, 자기통제 수준, 문제해결 기술). 아마도 이러한 변인들을 조합할 수 있는 가장 잘 알려진 평가의 예는 서비스 수준/사례관리 검사

(Level of Service/Case Management Inventory: LS/CMI; Andrews et al., 2004)일 것이다(이 측정 도구에 대한 좀 더 깊이 있는 기술은 17장 참조). 여하튼 일반적인 사례 관리 목적으로 이 작업을 수행하는 특별한 방법들은 매우 많다(여기에 포함된 기본적인 개념들에 대한 개관은 Hollin, 2002 참조; 뛰어난 예언 정확성을 가진 도구에 대한 최근 개관은 논문은 Yang et al., 2010 참조).

변인의 종합에 기초한 이러한 유형의 접근은 어떤 단일 이론적 모형보다 실제적인 가치가 더 많은 것으로 인식되고 있다. 재범 가능성을 예언하는 것에 덧붙여서, 이 접근법들은 또한 위기 관리와 심리학자나 다른 범죄 재판 관계자들이 개인 범죄자에게 노력을 집중할 수 있도록 목표 범위를 확인하는 데에도 사용될 수 있다.

범죄에서 심리학 기반 연구와 다른 접근법들이 연결되면서 범죄 행동에 공헌하는 요인을 이해하고 범죄 행동에 영향을 주지 못했던 전통적이고 견고한 실무, 범죄 재발의 감소에 순수하게 도움을 주는 방법 등이 개발되면서 지난 20년 동안 비약적인 발전이 이루어져 왔다. 이 중의 어느 것도 완벽한 상태까지 가지는 못했지만 발전은 두말할 것도 없이 중요했다.

이 누적된 지식을 기초로 범죄에 대한 대중과 정부의 관심이 배가됐지만 놀랍게도 획득된 정보와 많은 범죄 재판소에서의 일상적인 실무 간에는 커다란 간격이 남아 있다. 범죄에서의 개인적 요인을 이해하려고 하는 광범위한 지각은 오랜 시간을 소비해야 하는 조작적 요인이라는 점을 심리학자들이 이해해야 한다는 점을 시사하고 있다. 앞으로의 연구와 지식 축적을 떠나서, 가용한 결과를 법적 실무로 전환하는 것에는 많은 도전이 남아 있다. 또한 심리학이 이 분야에 제공할 수 있는 가치 있는 것이 무엇인지 관심을 가지고 찾아보는 일도 남아 있다.

요약

이 장에서 다룬 주요 영역은 다음과 같다.

- 법정에서 선고를 하는 주된 목적(심판/죄, 구속, 제지, 재활 그리고 회복/배상)과 각각에 대한 근거
- 재범에 대한 형사 선고의 효과에 대한 개관
- 제재와 제지의 증거에 대한 보다 자세한 고찰
- 75개의 종합분석 논문의 결과에 대한 요약과 그 결과들 간의 경향에 대한 것을 포함하여 범죄 행동에 대한 심리사회적 개입의 영향에 관한 증거의 개관
- 범죄 재판과 관련 기관에서의 실무에 대한 함축성 조사
- 집단 프로그램과 개인 사례연구를 포함하여 범죄 행동을 감소시키는 데 효과가 있는 것으로 나타난 개입 유형의 예
- 범죄자 평가와 관리에 대한 현재의 심리적인 공헌에 대한 간략한 개관

주관식 문제

1. 범죄에 대한 사회 반응의 주요 요소로서 처벌의 용도에 대한 주된 논쟁을 요약하라.
2. 반복적으로 형법을 어기는 사람들이 심리적 개입을 통해 '재활' 될 수 있는 정도에 관한 증거를 평가하라. 이 증거가 형사 사법 정책 입안자들에게 관심을 받을 만한 것인지에 대한 당신의 견해를 밝히라.
3. 범죄와 그것을 어떻게 감소시킬 것인가에 대한 심리학적 연구는 폭력과 성폭력 또는 범죄와 정신장애 간의 연결 같은 심각한 범죄에 초점을 맞추는 경향이 있다. 그렇게 하는 이유와 그러한 강조가 정당화될 수 있는 것인지에 대한 당신의 견해를 밝히라.
4. 현재 처벌 체계에서 심리학적 지식이 활용되는 것과 그 안에서 심리학자들이 하고 있는 역할을 간략하게 요약하라. 이러한 활용과 역할이 확장 가능한지 가정해 보고 그에 대한 적절한 정당성을 제시하라.

참고문헌

Andrews, D. A. (2001). Principles of effective correctional programs. In L. L. Motiuk & R. C. Serin (Eds.), *Compendium 2000 on effective correctional programming* (pp. 9–17). Ottawa: Correctional Service Canada.

Andrews, D. A. (2011). The impact of nonprogrammatic factors on criminal-justice interventions. *Legal and Criminological Psychology, 16,* 1–23.

Andrews, D. A., & Bonta, J. (2010). *The psychology of criminal conduct* (5th ed.). Newark, NJ: LexisNexis/Matthew Bender.

Andrews, D. A., Bonta, J., & Wormith, J. S. (2004). *Level of Service/Case Management Inventory (LS/CMI).* Toronto: Multi-Health Systems.

Andrews, D. A., Bonta, J., & Wormith, J. S. (2006). The recent past and near future of risk and/or need assessment. *Crime & Delinquency, 52,* 7–27.

Andrews, D. A., Zinger, I., Hoge, R. D., Bonta, J., Gendreau, P., & Cullen, F. T. (1990). Does correctional treatment work? A clinically relevant and psychologically informed meta-analysis. *Criminology, 28,* 369–404.

Ashworth, A. (2005). *Sentencing and criminal justice* (4th ed.). Cambridge: Cambridge University Press.

Aust, A. (1987). Gaining control of compulsive shop theft. *Probation Journal, 34,* 145–146.

Bernfeld, G. A. (2001). The struggle for treatment integrity in a 'dis-integrated' service delivery system. In G. A. Bernfeld, D. P. Farrington, & A. W. Leschied (Eds.), *Offender rehabilitation in practice: Implementing and evaluating effective programmes* (pp. 184–204). Chichester: John Wiley & Sons, Inc.

Bieling, P. J., McCabe, R. E., & Antony, M. M. (2006). *Cognitive-behavioral therapy in groups.* New York: Guilford Press.

Blackburn, R. (2003). *The psychology of criminal conduct* (2nd ed.). Chichester: John Wiley & Sons, Inc.

Bush, J. (1995). Teaching self-risk-management to violent offenders. In J. McGuire (Ed.), *What works:*

Reducing reoffending: guidelines from research and practice (pp. 139–154). Chichester: John Wiley & Sons, Inc.

Carroll, J., & Weaver, F. (1986). Shoplifters' perceptions of crime opportunities: A process-tracing study. In D. B. Cornish & R. V. Clarke (Eds.), *The reasoning criminal: Rational choice perspectives on offending* (pp. 19–38). New York: Springer-Verlag.

Center on Juvenile and Criminal Justice. (2008). *Research update: Does more imprisonment lead to less crime?* San Francisco, CA: Center on Juvenile and Criminal Justice.

Clark, G. (1977). What happens when the police strike? In R. M. Ayres & T. L. Wheelen (Eds.), *Collective bargaining in the public sector: Selected readings in law enforcement* (pp. 440–449). Alexandria, VA: International Association of Chiefs of Police.

Correctional Services Accreditation Panel (CSAP). (2009). The Correctional Services Accreditation Panel Report 2008–2009. London: Ministry of Justice/Correctional Services Accreditation Panel Secretariat. Retrieved 24 August 2011 from www.justice.gov.uk/publications/docs/correctional-services-report-20080-09.pdf

Dowden, C., & Andrews, D. A. (1999). What works in young offender treatment: A meta-analysis. *Forum on Corrections Research, 11*, 21–24.

Dowden, C., Blanchette, K., & Serin, R. C. (1999). Anger management programming for federal male inmates: An effective intervention. *Research Report R-82.* Ottawa, ON: Correctional Service of Canada.

Duff, R. A., & Garland, D. (Eds.) (1994). *A reader on punishment.* Oxford: Oxford University Press.

Easton, S., & Piper, C. (2005). *Sentencing and punishment: The quest for justice.* Oxford: Oxford University Press.

Farrington, D. P., & Welsh, B. C. (2007). *Saving children from a life of crime: Early risk factors and effective interventions.* Oxford: Oxford University Press.

Garland, D. (1990). *Punishment and modern society: A study in social theory.* Oxford: Clarendon Press.

Garland, D., & Duff, R. A. (1994). Introduction: Thinking about punishment. In R. A. Duff & D. Garland (Eds.), *A reader on punishment.* (pp. 1–43). Oxford: Oxford University Press.

Gendreau, P. (1996). Offender rehabilitation: What we know and what needs to be done. *Criminal Justice and Behavior, 23,* 144–161.

Gendreau, P., & Andrews, D. A. (1990). Tertiary prevention: What the meta-analyses of the offender treatment literature tell us about 'what works'. *Canadian Journal of Criminology, 32,* 173–184.

Gendreau, P., Goggin, C., & Cullen, F. T. (1999). The effects of prison sentences on recidivism. *Report to the Corrections Research and Development and Aboriginal Policy Branch.* Ottawa: Solicitor General of Canada.

Gendreau, P., Goggin, C., Cullen, F. T., & Andrews, D. A. (2001). The effects of community sanctions and incarceration on recidivism. In L. L. Motiuk & R. C. Serin (Eds.), *Compendium 2000 on effective correctional programming* (pp. 18–21). Ottawa: Correctional Service Canada.

Gibbs, J. P. (1986). Deterrence theory and research. In G. B. Melton (Ed.), *The law as a behavioral Instrument: Nebraska Symposium on Motivation, 198* (pp. 87–130). Lincoln and London: University of Nebraska Press.

Gilinskiy, Y. (2006). Crime in contemporary Russia. *European Journal of Criminology, 3,* 259–292.

Goldstein, A. P. (2002). Low-level aggression: Definition, escalation, intervention. In J. McGuire (Ed.), *Offender rehabilitation and treatment: Effective programmes and policies to reduce re-offending* (pp. 169–192). Chichester: John Wiley & Sons, Inc.

Gordon, D. A. (2002). Intervening with families of troubled youth: Functional Family Therapy and Parenting Wisely. In J. McGuire (Ed.), *Offender Rehabilitation and Treatment: Effective Programmes and Policies to Reduce Re-Offending* (pp. 193-219). Chichester: John Wiley & Sons, Inc.

Graef, R. (2001). *Why restorative justice? Repairing the harm caused by crime.* London: Calouste Gulbenkian Foundation.

Hanson, R. K., Bourgon, G., Helmus, L., & Hodgson, S. (2009). The principles of effective correctional treatment also apply to sexual offenders: A meta-analysis. *Criminal Justice and Behavior, 36,* 865-891.

Harkins, L., & Beech, A. R. (2007). A review of the factors that can influence the effectiveness of sexual offender treatment: Risk, need, responsivity and process issues. *Aggression and Violent Behavior, 12,* 615-627.

Henggeler, S. W., Schoenwald, S. K., Borduin, C. M., Rowland, M. D., & Cunningham, P. B. (1998). *Multisystemic treatment of antisocial behavior in children and adolescents.* New York: Guilford Press.

Henning, K. R., & Frueh, B. C. (1996). Cognitive-behavioral treatment of incarcerated offenders: An evaluation of the Vermont Department of Corrections' cognitive self-change program. *Criminal Justice and Behavior, 23,* 523-542.

Hollin, C. R. (1995). The meaning and implications of program integrity. In J. McGuire (Ed.), *What works: Reducing reoffending: guidelines from research and practice* (pp. 195-208). Chichester: John Wiley & Sons, Inc.

Hollin, C. R. (1999). Treatment programmes for offenders: Meta-analysis, 'what works', and beyond. *International Journal of Law and Psychiatry, 22,* 361-371.

Hollin, C. R. (2001). To treat or not to treat? An historical perspective. In C. R. Hollin (Ed.), *Handbook of offender assessment and treatment* (pp. 3-15). Chichester: John Wiley & Sons, Inc.

Hollin, C. R. (2002). Risk-needs assessment and allocation to offender programmes. In J. McGuire (Ed.), *Offender rehabilitation and treatment: Effective programmes and policies to reduce re-offending* (pp. 309-332). Chichester: John Wiley & Sons, Inc.

Hollin, C. R., McGuire, J., Hatcher, R. M., Bilby, C. A. L., Hounsome, J., & Palmer, E. J. (2008). Cognitive skills offending behavior programs in the community: A reconviction analysis. *Criminal Justice and Behavior, 34,* 269-283.

Hollin, C. R., & Palmer, E. J. (Eds.) (2006). *Offending behaviour programmes: Development, application, and controversies.* Chichester: John Wiley & Sons, Inc.

Hollis, V. (2007). *Reconviction analysis of interim accredited programmes software (IAPS) data.* London: Research Development Statistics, National Offender Management Service.

Howard, P., Francis, B., Soothill, K., & Humphreys, L. (2009). OGRS 3: The revised Offender Group Reconviction Scale. Research Summary 7/09. London: Ministry of Justice. Retrieved 24 August 2011 from www.justice.gov.uk/publications/docs/oasys-researchsummary-07-09-ii.pdf

Johnstone, G., & Van Ness, D. W. (2006). *Handbook of restorative justice.* Cullompton, Devon: Willan.

Kershaw, C. (1999). Reconviction of offenders sentenced or released from prison in 1994. Research Findings, 90. London: Home Office Research, Development and Statistics Directorate. Retrieved 24 August 2011 from http://members.multimania.co.uk/lawnet/RECONVIC.PDF

Klemke, L. W. (1982). Reassessment of Cameron's apprehension-termination of shoplifting finding. *California Sociologist, 5,* 88-95.

Leibmann, M. (2007). *Restorative justice: How it works.* London: Jessica Kingsley Publishers.

Lipsey, M. W. (1992). Juvenile delinquency treatment: A meta-analytic inquiry into the variability of effects. In T. Cook, D. Cooper, H. Corday, H. Hartman, L. Hedges, R. Light, T. Louis & F. Mosteller (Eds.), *Meta-analysis for explanation: A casebook* (pp. 83-127). New York: Russell Sage Foundation.

Lipsey, M. W. (1995). What do we learn from 400 studies on the effectiveness of treatment with juvenile delinquents? In J. McGuire (Ed.), *What works: Reducing re-offending: Guidelines from research and practice* (pp. 63-78). Chichester: John Wiley & Sons, Inc.

Lipsey, M. W. (2009). The primary factors that characterize effective interventions with juvenile offenders: a meta-analytic overview. *Victims and Offenders, 4,* 124-147.

Lipsey, M. W., Landenberger N. A., & Wilson S. J. (2007). Effects of cognitive-behav-ioral programs for criminal offenders. Campbell Systematic Reviews. DOI: 10.4073/csr.2007.6

Lipsey, M. W., & Wilson, D. B. (1998). Effective intervention for serious juvenile offenders: A synthesis of research. In R. Loeber & D. P. Farrington (Eds.), *Serious and violent juvenile offenders: Risk factors and successful interventions* (pp. 313-345). Thousand Oaks, CA: Sage Publications.

Lipton, D. S., Pearson, F. S., Cleland, C. M., & Yee, D. (2002a). The effects of therapeutic communities and milieu therapy on recidivism. In J. McGuire (Ed.), *Offender rehabilitation and treatment: Effective programmes and policies to reduce re-offending* (pp. 39-77). Chichester: John Wiley & Sons, Inc.

Lipton, D. S., Pearson, F. S., Cleland, C. M., & Yee, D. (2002b). The effectiveness of cognitive-behavioural treatment methods on recidivism. In J. McGuire (Ed.),

Offender rehabilitation and treatment: effective programmes and policies to reduce re-offending (pp. 79-112). Chichester: John Wiley & Sons, Inc.

Lloyd, C., Mair, G., & Hough, M. (1994). *Explaining reconviction rates: A critical analysis. Home Office Research Study, 136.* London: HMSO.

Lowenkamp, C. T., Latessa, E. J., & Holsinger, A. M. (2006). The risk principle in action: What have we learned from 13, 676 offenders and 97 correctional programs? *Crime and Delinquency, 52,* 77-93.

Maguire, M., Grubin, D., Lösel, F., & Raynor, P. (2010). 'What works' and the Correctional Services Accreditation Panel: Taking stock from an insider perspective. *Criminology and Criminal Justice, 10,* 37-58.

Makinen, T., & Takala, H. (1980). 1976 police strike in Finland. In R. Hauge (Ed.), *Policing Scandinavia.* Oslo: Universitetsforlaget.

Marshall, W. L. (2006). Olfactory aversion and directed masturbation in the modification of deviant sexual preferences: A case study of a child molester. *Clinical Case Studies, 5,* 3-14.

Martinson, R. (1974). What works? Questions and answers about prison reform. *The Public Interest, 10,* 22-54.

McGuire, J. (2001). Defining correctional programs. In L. L. Motiuk & R. C. Serin (Eds.), *Compendium 2000 on effective correctional programming* (pp. 1-8). Ottawa: Correctional Service Canada.

McGuire, J. (2002). Criminal sanctions versus psychological interventions with offenders: A comparative empirical analysis. *Psychology, Crime and Law, 8,* 183-208.

McGuire, J. (2004). *Understanding psychology and crime: Perspectives on theory and action.* Maidenhead: Open University Press/McGraw-Hill Education.

McGuire, J. (2006). General offending behaviour programmes. In C. R. Hollin & E. J. Palmer (Eds.), *Offending behaviour programmes: Development, application, and controversies* (pp. 69-111). Chichester:

John Wiley & Sons, Inc.

McGuire, J. (2008). A review of effective interventions for reducing aggression and violence. *Philosophical Transactions of the Royal Society B, 363,* 2577–2597.

McGuire, J. (2009). Reducing personal violence: Risk factors and effective interventions. In S. Hodgins, E. Viding & A. Plodowski (Eds.), *The neurobiological basis of violence: Science and rehabilitation* (pp. 287–327). Oxford: Oxford University Press.

McGuire, J., Bilby, C. A. L., Hatcher, R. M., Hollin, C. R., Hounsome, J. C., & Palmer, E. J. (2008). Evaluation of structured cognitive–behavioral programs in reducing criminal recidivism. *Journal of Experimental Criminology, 4,* 21–40.

McMurran, M. (Ed.) (2002). *Motivating offenders to change: A guide to enhancing engagement in therapy.* Chichester: John Wiley & Sons, Inc.

Miethe, T. D., & Lu, H. (2005). *Punishment: A comparative historical perspective.* Cambridge: Cambridge University Press.

Motiuk, L. L., & Serin, R. C. (Eds.) (2001). *Compendium 2000 on effective correctional programming.* Ottawa: Correctional Service Canada.

Murphy, J. G. (1994). Marxism and retribution. In R. A. Duff & D. Garland (Eds.), *A reader on punishment* (pp. 44–70). Oxford: Oxford University Press.

National Offender Management Service. (2008). *Annual report for accredited programmes 2006–2007.* London: National Probation Service.

Newman, G., Bouloukos, A. C., & Cohen, D. (Eds.) (2001). *World factbook of criminal justice systems.* Washington, DC: Department of Justice. Retrieved 24 August 2011 from http://bjs.ojp.usdoj.gov/content/pub/html/wfcj.cfm

Palmer, E. J., McGuire, J., Hounsome, J. C., Hatcher, R. M., Bilby, C. A. L., & Hollin, C. R. (2007). Offending behaviour programmes in the community: The effects on reconviction of three programmes with adult male offenders. *Legal and Criminological Psychology, 12,* 251–264.

Pearson, F. S., Lipton, D. S., & Cleland, C. M. (1997, November). *Rehabilitative programs in adult corrections: CDATE meta-analyses.* Paper presented at the Annual Meeting of the American Society of Criminology, San Diego, CA.

Pfuhl, E. H. (1983). Police strikes and conventional crime– A look at the data. *Criminology, 21,* 489–503.

Redondo, S., Sánchez-Meca, J., & Garrido, V. (2002). Crime treatment in Europe: A review of outcome studies. In J. McGuire (Ed.), *Offender rehabilitation and treatment: Effective programmes and policies to reduce re-offending* (pp. 113–141). Chichester: John Wiley & Sons, Inc.

Sentencing Guidelines Council. (2008). *Magistrates' court sentencing guidelines.* London: Sentencing Guidelines Council. Retrieved 24 August 2011 from www.sentencingcouncil.org.uk/docs/web_sgc_magistrates_guidelines_including_update_1__2__3_web.pdf

Springer, D. W., McNeece, C. A., & Arnold, E. M. (2002). *Substance abuse treatment for criminal offenders: An evidence-based guide for practitioners.* Washington, DC: American Psychological Association.

Stafford, M. C., & Warr, M. (1993). A reconceptualisation of general and specific deterrence. *Journal of Research on Crime and Delinquency, 30,* 123–135.

Taylor, R., Wasik, M., & Leng, R. (2004). *Blackstone's guide to the Criminal Justice Act 2003.* Oxford: Oxford University Press.

Tong, L. S. J., & Farrington, D. P. (2006). How effective is the 'Reasoning and Rehabilitation' programme in reducing re-offending? A meta-analysis of evaluations in three countries. *Psychology, Crime and Law, 12,* 3–24.

Tyler, T. R. (2006). *Why people obey the law.* Princeton,

NJ: Princeton University Press.

von Hirsch, A. (1994). Censure and proportionality. In R. A. Duff & D. Garland (Eds.), *A reader on punishment* (pp. 112-160). Oxford: Oxford University Press.

von Hirsch, A., Bottoms, A. E., Burney, E., & Wikström, P. O. (1999). *Criminal deterrence and sentencing severity: An analysis of recent research*. Oxford: Hart Publishing.

Walker, N. (1991). *Why punish? Theories of punishment reassessed*. Oxford: Oxford University Press.

White, J. R. (1988). Violence during the 1919 Boston police strike: An analysis of the crime control myth. *Criminal Justice Review, 13,* 61-68.

Wilson, D. B. (2001). Meta-analytic methods for criminology. *Annals of the American Academy of Political and Social Science, 578,* 71-89.

Wilson, D. B., Bouffard, L. A., & Mackenzie, D. L. (2005). A quantitative review of structured, group-oriented, cognitive-behavioral programs for offenders. *Criminal Justice and Behavior, 32,* 172-204.

Yang, M., Wong, S. C. P., & Coid, J. (2010). The efficacy of violence prediction: A meta-analytic comparison of nine risk assessment tools. *Psychological Bulletin, 136,* 740-767.

주석이 달린 읽을거리 목록

Ashworth, A. (2005). *Sentencing and Criminal Justice*. Oxford: Oxford University Press; Easton, S., & Piper, C. (2005). *Sentencing and Punishment: The Quest for Justice*. Oxford: Oxford University Press. 이 두 책은 특별히 선고와 처벌(영국과 웨일즈에 초점을 맞춘)을 참조하여 보다 상세한 법률의 배경을 제공하고 있다.

Andrews, D. A., & Bonta, J. (2010). *The psychology of criminal conduct* (5th ed.). Cincinnati, OH: Andersen Publishing; Blackburn, R. (2003). *The psychology of criminal conduct*. Chichester: John Wiley & Sons, Inc.; McGuire, J. (2004). *Understanding psychology and crime: Perspectives on theory and action*. Maidenhead: Open University Press/McGraw-Hill Education; and Hollin, C. R. (2007). Criminological psychology. In Maguire, M., Morgan, R., & Reiner, R. (Eds.), *The Oxford handbook of criminology* (4th ed.) (pp. 43-77). Oxford: Oxford University Press. 이 책들은 심리학과 일반 범죄의 관계에 대해 매우 광범위한 개요를 제공하고 있다.

MacKenzie, D. L. (2006). *What works in corrections: Reducing the criminal activities of offenders and delinquents*. Cambridge: Cambridge University Press. 이 책은 형사 사법 개입의 주요 범주에 관한 연구를 광범위하게 고찰하였다.

McGuire, J. (Ed.) (2002). *Offender rehabilitation and treatment: Effective practice and policies to reduce re-offending*. Chichester: John Wiley & Sons, Inc. 범죄 행동을 감소시키기 위한 심리사회적 개입에 관한 연구를 충분히 기술한 책.

Miethe, T. D., & Lu, H. (2005). *Punishment: A comparative historical perspective*. Cambridge: Cambridge University Press. 처벌의 역사와 다른 여러 측면에 대해 깊이 있게 논의한 책.

Tyler, T. R. (2006). *Why people obey the law*. Princeton: Princeton University Press. 처벌과 법률-저항 행동을 매개하는 다른 요인 간의 관계에 대한 연구를 개관한 책.

제17장 위험 평가와 범죄자 프로그램

RUTH HATCHER

주요 용어

| 관음증 | 국가범죄자관리국(NOMS) | 대리 강화 | 반응성 | 반응성 원리 | 범죄유전적 욕구 | 알고리즘 |
| 욕구 원리 | 위험 원리 | 위험 평가 | 인지행동치료 | 종합분석 | 친절히 굴기 |

이 장의 개요

지난 20세기의 사사분기 동안, 범죄자들에게 무엇을 해야 하는가라는 운동이 일면서 효과성에 대해 다양한 방식으로 얻어진 증거가 넘쳐나게 되었다. 아마도 가장 영향력 있는 증거 연구는 **종합분석(meta-analysis)**이라고 알려진 연구 결과를 통합하기 위한 방법을 사용해서 수많은 연구를 집합적으로 고찰한 것에서 나왔다. 이러한 평가들은 상습적인 범죄 행동을 감소시키는 데 효과적인 개입의 요소에 관한 지식을 진보시켜 왔고, 특히 현대의 교정 서비스 규정을 형성하는 데 영향을 미쳤다. 그 결과, 범행 행동 프로그램 그리고 관련된 **위험 평가(risk assessment)** 실무는 현재 영국, 유럽, 호주 그리고 북아메리카를 포함한 세계의 많은 교정국에서 공통적으로 사용되고 있다.

> **위험 평가**
> **(risk assessment)**
> 개인에 의한 미래 범행의 가능성과 그것에 의해 야기될 수 있는 피해 수준 그리고 그것과 관련된 요인을 확인하기 위한 일련의 절차와 방법

Andrews 등(1990)의 개입 평가 연구에 대한 종합분석은 이제까지 있었던 무슨 작업을 할 것인가 논문 중 가장 특출한 것이다. 이 논문과 연속된 논문에서 Andrews와 동료들은 범행 행동 프로그램의 설계와 수행에 영향을 미치는 범죄자 프로그램의 위험, 욕구 및 반응성에 대한 증거기반 원리를 발견하였다. 이들이 차례대로 논의할 것이다.

위험 원리(risk principle)는 범행 행동에 영향을 주기 위해 범죄자가 받는 개입의 수준은 그가 야기할 수 있는 위험의 수준에 따라야 한다는 것을 말한다. 따라서 고위험 사례로 평가된 범죄자는 저위험 범죄자보다 더 높은 수준의 개입을 받아야 한다. 분명히, 범죄자들이 개별적으로 적절한 개입 수준에 할당되기 위해서는 위험에 대한 정확한 평가가 필요하다.

> **위험 원리**
> **(risk principle)**
> 범죄자가 받는 개입의 수준은 범죄자가 일으킬 수 있는 위험 수준과 맞아야 한다는 원리. 고위험 개인은 저위험 개인보다 높은 수준의 개입을 받아야 한다.

위험 원리가 프로그램의 용량에 관심을 갖는 반면, **욕구 원리(need principle)**는 치료의 목표를 결정한다. Andrews와 Bonta(2010)는 범죄자의 삶에 존재하는 일반적인 문제와 욕구 간에 차이가 있음을 발견하였고, 이들을 범죄 행동과 연결시켰다. 욕구 원리는 상습 범행을 감소시키기 위해서 개입이 범행 행동에 공헌하는 욕구들(위험 요인들)에 대해 목표를 맞추어야 한다고 제안한다. 그러한 요인들은 **범죄유전적 욕구(ciminogenic need)**라 불린다.

> **욕구 원리**
> **(need principle)**
> 개입이 범행 행동에 공헌하는 욕구들(위험 요인들)에만 목표를 두어야 한다는 원리

세 번째 원리는 **반응성(responsivity)**으로 개입이 범죄자에게 전달되는 것에 관심을 둔다. **반응성 원리(responsivity principle)**는 출석자의 학습 양식과 전달의 양식과 방법을 성공적으로 잘 맞춘 프로그램이 보다 효과적일 것이라는 원리다. 반응성의 원리는 이 장의 후반부에서 보다 자세히 다루어질 것이다. 우리는 우선 북아메리카와 영국의 교정국에서 공통적으로 사용되는 도구의 예를 살펴보기 전에 위험과 욕구의 평가 실제와 이론을 살펴볼 것이다.

> **반응성**
> **(responsivity)**
> 개입 프로그램의 효과성에 공헌하는 특징을 가진 설계. 일반적일 수도 있고(전반적 접근) 구체적일 수도 있다(참가자의 다양성을 반영하는 설명 요인을 포함하는).

> **반응성 원리**
> **(responsivity principle)**
> 개입 전달 방법은 전달받는 사람들의 학습 양식과 맞아야 한다는 가정

범죄자 관리에서의 위험 평가

범죄자 관리에서의 위험 평가는 다른 분야에서의 위험 평가와 많은 부분에서 같은 원리로 작동된다. 예를

들어, 당신이 보험에 들 때, 당신의 보험회사는 일반적으로 당신과 당신의 사적인 환경에 관한 특별한 정보를 요구할 것이다. 이들 정보는 보험회사가 보장해 줘야 할 것이 일어날 결과의 가능성을 판단하는 데 사용된다. 일반적으로 발생 가능성이 높을수록 또는 다른 방법으로 높아질수록, 회사가 당신에게 보장해 주는 위험성이 높아지고 당신의 보험금은 더 높아질 것이다. 예를 들어, 자동차 보험의 비용을 생각해 보자. 15년 경력의 35세 운전자가 운전 범죄 경력이 없고 이전에 자동차 보험 청구도 없었을 때는 과속으로 범칙금을 받고 차와 가로등을 받는 사고로 자동차 수리 비용을 청구한 2년 경력의 21세 운전자보다 더 낮은 보험금을 내야 한다고 주장할 수 있다! 미래 청구의 가능성이 전자보다 후자의 경우에 더 높을 것이라는 것은 쉽게 알 수 있다. 운전자가 운전 경험이 더 적고, 위험한 운전 행동을 보이며, 차를 부순 경력이 있기 때문이다. 따라서 보험금은 미래의 청구를 계산하는 보험회사 입장에서 높게 적용될 수밖에 없다.

매우 같은 방식으로, 범죄자에 대한 위험 평가는 미래 행동의 가능성에 대한 판단을 하기 위해 범죄자와 그의 환경에 관한 정보를 사용한다. 그러한 평가는 범죄자가 얼마나 재범행할 가능성이 있는가, 타인에게 해 피해를 입혀 다시 유죄 판결을 받을 가능성은 얼마인가에 대해 숙고한다. 미래 행동이 예측의 주제가 될 것인지는 평가의 목적에 달려 있다.

따라서 위험 평가의 효능성은 미래 행동을 정확하게 예측하는 능력에 달려 있다. 그러나 예측은 정확한 과학이 아니다. 우리가 잠시 보험 예를 상기해 본다면, 생명 보험회사는 미래의 심각한 질병이나 사망의 가능성을 검토하기 위해 우리의 연령, 건강 상태, 생활 양식, 가족 의학 경력 그리고 미래의 몇 가지 사항, 우리의 염색체와 관련된 정보를 사용할 것이다. 그 후 보험금은 이 지각된 위험에 따라 계산될 것이다. 그러나 그러한 정보가 불을 켠 버스나 트럭에 받히는 것과 같은 보다 특이한 건강 위협을 예측하는 데에는 소용이 없다는 것이 명백하다. 매우 같은 방식으로 재범이나 상해에 대한 범죄자 위험 평가도 같은 부정확성에 노출되어 있다.

[그림 17-1]은 예언에 관해 네 개의 잠재적 결과를

실제 사건		예언	
		재범	비재범
	재범	결과 1 정확한 예언(올바른 긍정)	결과 3 부정확한 예언(잘못된 부정)
	비재범	결과 2 부정확한 예언(잘못된 긍정)	결과 4 정확한 예언(올바른 부정)

[그림 17-1] 위험 평가의 가능한 결과

제시하고 있다. 어떤 사건이 일어날 것으로 예측될 때 그것은 일어나거나(결과 1) 일어나지 않을 수 있다(결과 2). 마찬가지로 사건이 일어나지 않을 것으로 예측되었을 때도 사건이 일어날 수도 있고(결과 3) 일어나지 않을 수도 있다(결과 4). 부정확한 예언(결과 2와 3)은 오히려 불쾌할 것이다. 예를 들어 범죄자 재범 예언의 경우, 범죄자가 위험 평가에서 재범 가능성이 낮다고 간주될 때 예언에 근거해서 비보호관찰 선고를 받거나 불구속 재판을 받을 수 있을 것이다. 만일 그 예언이 부정확해서 범죄자가 재범을 한다면(즉, 결과 2) 부정확한 위험 평가에 의해 예언된 이전의 결정은 실질적이고 불쾌한 결과를 가져온 것 때문에 사회에 영향을 줄 수밖에 없다. 개인적 수준에서는 연속된 범행 행동이 부가적인 희생자를 낳고 그와 관련된 희생 스트레스를 받는 것이지만, 사회는 미래의 조사와 재판의 실시에 대한 기회비용에 영향을 받게 된다.

잘못된 긍정 결과 또한 바람직하지 못하다. 가석방에 대한 범죄자의 적용은 미래 범행 행동을 예언하는 위험 평가에 기초하여 기각될 것이다. 위험 평가가 부정확하다면 범죄자는 재범하지 않을 것으로 판단되어 불구속될 것이다(즉, 결과 3). 잘못된 평가는 인간의 권리를 구류하는 위반을 범하게 하거나 지속적인 구금으로 인해 공공의 자금을 낭비하게 할 것이다. 따라서 모든 위험 평가의 주된 목표는 정확한 예언의 부분을 최대화하고 잘못된 긍정과 잘못된 부정을 최소화하는 것이다.

위험을 평가하는 방법

개인의 위험 수준을 결정하는 방법은 많이 있지만 크게 임상적 위험 평가와 통계적 위험 평가의 두 가지 범주로 나뉜다. 임상적 위험 평가는 그 명칭에 내포되어 있는 바와 같이 범죄자의 위험 수준을 평가하는 데 평가자의 임상적 기술을 사용한다. 따라서 임상적 평가에서는 전문가가 범죄자의 배경 정보를 수집하거나 관찰을 하게 된다. 임상가는 그러한 관찰에서 얻어진 정보들을 자신의 경험과 훈련에 따라 위험 예언을 만드는 데 활용한다. 의학 분야로부터 시작된(Monahan, 1981) 이러한 실제는 진단적 위험 평가라고 해석될 수 있다 (Howells & Hollin, 1989).

통계적 예언은 실제로 매우 다르다. 통계적 방법은 전형적으로 특정한 정보 항목으로부터 위험 점수를 얻기 위해 통계적 **알고리즘**(algorithm) 또는 방정식을 사용한다.

이 점수들은 관심 있는 사건의 발생 가능성을 추정하는 것으로 해석될 수 있거나(예: 0에서 100까지의 척도에서), 저·중·고위험과 같은 위험 수준으로 범주화될 수 있다. 통계적 예언에 활용되는 계산법은 일반적으로 연구하고 있는 결과와 연관된 요인을 평가하는 대단위 공통집단 종단연구 프로젝트를 통해 결정된다. 따라서 결과로 나온 평가는 유사한 표본의 결과에 대한 축적된 지식과는 달리 개인의 위험 예언 인자의 비교를 통해 얻는다.

임상적 평가와 통계적 평가 모두 자료 점수의 범위로 얻을 수 있다. 이들 자료는 범죄자의 이전 유죄 판결 횟수, 연령, 성별과 같은 정적인(또는 개인사적 요인) 것일 수 있다. 그러한 요인은 개입이나 다른 것을 통해 변화시킬 수 없기 때문에 '정적'이라고 명명된다. 더군다나 두 유형의 평가는 또한 심리적(인지적 왜곡, 범죄에 대한 태도), 사회적(고용 상태, 동료 집단의 성질) 또는 행동적(충동성 수준, 공격성 지연) 측정치와 같은 역동적이고 이론적으로 변화할 수 있는 요인을 활용할 수도 있다. 따라서 두 종류의 평가에서 사용되는 정보의 선택은 부

> **알고리즘**
> **(algorithm)**
> 일련의 순서를 따라 전반적인 점수를 끌어내는 수학적 절차

[그림 17-2] 이 죄수는 출옥될 것인가? 그를 불필요하게 감옥에 가두는 것은 인권 침해다. 그러나 위험을 잘못 계산하여 그를 놔주는 것은 타인이 해를 입도록 할 수 있다.

출처: ⓒ CURA photography. Shutterstock사의 허락하에 게재함.

분적으로 또는 전적으로 겹칠 수 있다. 임상적·통계적 예언 분야 간의 차이는 이러한 정보를 사용하는지 안 하는지에 달려 있다([그림 17-2]).

심리학 분야의 오랜 논쟁은 이 두 가지 위험 평가방법의 장점을 비교하는 데 중점을 두어 왔다. 임상적 방법을 지지하는 사람들은 집단으로부터 개인에게 정보를 일반화하는 것은 그 자체가 문제라고 주장한다(Dingwall, 1989). 다른 사람들은 통계적 방법이 재범에 대한 범죄자의 판단이나 피해를 일으키는 요인의 복잡성을 과잉 단순화시키며(Grubin, 1997; Grubin & Wingate, 1996; Litwack, 2001) 예언력이 매우 높을 수 있는 독특성을 사용하는 데 실패할 수 있다고 주장한다. 대조적으로 Grove와 Meehl(1996)은 통계적 위험 평가가 "결론에 도달하기 위해 공식적·계산적·객관적 절차(예: 방정식)를 포함하는"(p. 293) 반면, 임상적 예언은 "사람의 임상적 판단에 의해 (어느 정도) 도달된, 비공식적이고 '암산으로 하는', 인상적이고 주관적인 결론에 의존한다."(p. 294)라고 주장한다. 이러한 견

해는 두 방법의 예언적 정확성을 비교하고 통계적 평가의 입장에서 결론을 내린 그들의 종합분석 결과에서 예언된 것이다.

이 견해는 현재 일반적으로 받아들여지고 있다(Howe, 1994; Milner & Campbell, 1995; Quinsey et al., 1993). 더군다나 일부 저자는 임상적 평가를 통계적 측정치로 '완전히 대체'해야 한다는 정도까지 나아가고 있다(Quinsey et al., 1998). 다른 사람들은 그러한 진술이 너무 성급하다고 표현한다. Douglas 등(1999)은 다음과 같이 주장하였다.

> 통계적 방법이 유용하지만 모든 문제의 해결책은 아니다. 그리고 그것은 위험 평가 분야에서의 한계를 가지고 있다. 통계적 예언방법의 기능은 단순히 예언이다. 여기서 생각하는 위험 평가는 예언보다 더 광범위한 것이다. 예언은 필요한 첫 단계다. 위험 관리와 예방도 똑같이 필요한 단계다. 어떤 사람이 위험하다고 정의된다면 그러한 위험을 완화시킬 수 있는 방법들을 제시하는 것이 모든 사람이 가장 바라는 바일 것이다(Douglas et al., 1999, p. 155).

연구자들은 위험과 욕구에 대해 '경험적으로 타당하고 구조화된 임상적 평가'를 하기 위해 임상적 그리고 통계적 방법을 조합하여 사용한다(Douglas et al., 1999, p. 157). 그러한 도구는 전문가 결정의 전문성을 사용해서 위험에 영향을 줄 수 있는 독특성에 초점을 맞출 수 있게 한다. 반면에, 그것은 또한 경험적으로 유도되고 타당화된 위험 점수나 수준을 제공해 줄 수 있다. 실제로 임상적 평가와 통계적 평가의 조합이 논쟁이 되고 있기는 하지만 관심을 받는 결과에 공헌하는 요인을 확인하는 데 중요한 역할을 할 수 있다(Limandri & Sheridan, 1995). 그와 같이 구조화된 임상적 판단의 발

달은 때로 제3세대 도구라고 언급되기도 하지만 위험의 객관적 평가를 할 수 있게 해 준다. 반면에, 그것은 또한 범죄유전적 욕구에 대해 경험적으로 유도되고 개인화된 프로파일을 제공해 줄 수 있다. 이 장의 다음 절에서는 좀 더 공통적으로 사용되는 평가 도구에 대해 살펴볼 것이다.

범죄자용 위험과 욕구 도구

영국과 웨일즈에서 죄수 집단은 최근 해가 갈수록 증가해 왔다. 2008년에는 증가세가 다소 감소하기는 했지만, 이 책을 쓰는 시기(2011년 2월)에는 전집이 약 8만 5,000명에 다다랐다. 부가적으로 24만 명의 유죄 범죄자들이 보호관찰국의 감독하에 지역사회에서 그들의 선고를 수행하고 있다. 이 사람들은 보호관찰 명령을 신고받은 사람들과 구치소에서 일정 기간 복역하고 가석방된 사람들을 포함한다.

이들 개인들이 저지른 범죄는 보험사기와 들치기부터 성폭행, 고의가 아닌 살인 그리고 살인과 같은 흉악 범죄에 이르기까지 모든 범위를 포함하고 있다. 그리고 죄수와 보호관찰국이 접촉한다는 점에서 그들의 위험과 욕구 수준은 변할 것이다. 따라서 위험과 욕구 도구는 범죄자가 자신, 타인 그리고 사회에 대해 품고 있는 위험을 결정하고, 그 위험과 욕구를 교정국에서 어떻게 관리할 것인지를 결정하는 데 사용될 수 있다. 실제로 영국과 웨일즈의 **국가범죄자관리국**(National Offender Management Service: NOMS)에서 하는 범죄자 관리의 핵심 원리는 "자원이 위험을 따른다."라는 것이다(National Offender Management Service, 2006a, p. 22). 이 범죄자 관리 법칙은

> **국가범죄자관리국**
> (National Offender
> Management Service:
> NOMS)
>
> 일영국과 웨일즈에 있는 법무부의 이사회로 재범 감소와 대중 보호를 한다. 산하에 교정과 보호관찰국을 두고 있다.

Andrews와 동료들이 위험 원리 논의에서 다뤘던 내용과 상응한다. 당신이 기억하듯이 위험이 더 높은 사람은 낮은 사람보다 더 강한 개입을 받아야 한다는 것이다. 이 원리의 조작적 결론은 범죄자에게 부과되는 구속, 감독, 개입의 수준이 그들의 재범 위험, 상해 위험 그리고 욕구 수준에 따라 결정되어야 하며 이 모든 것이 위험과 욕구 평가 도구를 활용하여 얻어져야 한다는 것이다.

그러면 실제로 위험과 욕구 평가 도구는 범죄자에게 선고를 내리는 데 필요한 것들을 결정할 수 있는 정보를 얻기 위해 선고 전에 실시되어야 한다. 예를 들어, 법정은 범죄자가 타인에게 해를 끼칠 수 있는 잠재적인 위험과 다시 유죄 판결을 받을 수 있는 위험이 높다면 지역사회 벌칙을 허용할 수 있고 따라서 일정 기간의 투옥을 선고할 수 있다. 재범의 위험이 중간 정도라면 지역사회 내에서 범죄 행동 재활 프로그램에 참여시킬 수 있다. 더 나아가서 지역사회 관청은 범죄자의 선고 계획, 가석방 결정 그리고 구치소에서의 위험 관리 계획 또는 지역사회로의 석방에 대한 정보를 얻는 데 위험과 욕구 평가의 결과를 사용할 수 있다. 〈사례연구 17-1〉은 위험 평가 정보가 투옥 상황 내에서 결정을 하는 데 어떻게 사용될 수 있는 지에 대한 예를 보여 주고 있다. 그것은 또한 유용하고 정확한 평가를 하는 것은 물론, 그 결과를 범죄자 관리에 대한 결정을 할 때 심각하고 유용한 정보로 활용할 수 있도록 욕구 평가에 초점을 맞춘다.

다음 세 가지 예는 교정국 내에서 흔히 사용되는 평가 도구를 기술하고 있다. 이러한 도구들은 본질적으로 일반적인 것이어서 특정 형태의 재범 행동을 분류하는 것보다는 상습범이나 재범과 관련하여 예방하거나 치료 목표를 끌어내는 것을 목적으로 한다.

Zahid Mubarek의 사망

잠재적으로 격렬해질 수 있는 감옥 상황을 생각해 보자. 죄수가 다른 죄수나 교도관들에게 입힐 수 있는 상해의 위험을 최소화하기 위해 위험 평가가 사용될 수 있다. 예를 들어, 개인의 위험 평가가 교도관에 대한 위험이 있다고 지적하면 그들에 대한 관리계획은 이 위험을 관리하기 위한 단서를 포함한다. 그 단서의 예는 그들이 감옥 밖으로 나오는 것이 허락될 때는 두세 명의 교도관이 그곳에 있어야 한다는 것이다. 마찬가지로 그러한 평가는 범죄자가 다른 죄수에 대한 위험이 있는지를 범죄 역사나 인종에 근거하여 판단할 때도 사용된다. 그러한 정보는 예를 들면 교도관이 감옥 할당을 하는 데에도 사용될 수 있다. 감방에서 잠자고 있는 동안 감방 동료인 Robert Stewart에 의해 살해된 Zahid Mubarek의 높은 특성과 비극적인 사례는 그러한 평가의 결과를 무시했거나 평가에 따라 행동하는 데 실패한 예다. Zahid Mubarek의 사망을 조사한 보고서(House of Commons, 2006)에는 Robert Stewart가 강한 인종차별주의자 견해를 가지고 있었고 폭력 행동과 정신건강 문제가 있었던 것으로 기술되어 있다. 이 비극적인 사건 이후에 교도소는 '감방 분배 위험 평가 양식'을 도입해서 평가하였다. 현재는 그것이 미래에 일어날 그러한 사건의 가능성을 감소시키기 위해 수감 과정에서 사용된다. 여하튼 질문할 때 이 평가의 완성을 위해 제공되어야 할 훈련이 없었고 보고서는 '이 최초의 평가가 위험의 정확한 예언 인자를 찾아낼 수 있는지'에 대해 의문을 제기하였다(House of Commons, 2006, p. 500). 따라서 이러한 위험 평가 분야가 전진하고 있지만 아직도 가야 할 길이 멀다고 생각된다.

범죄자용 집단 재범척도(OGRS; Copas & Marshall, 1998; OGRS2: Taylor, 1999; OGRS3: Howard et al., 2009)

범죄자용 집단 재범척도(Offender Group Reconviction Scale: OGRS; Copas & Marshall, 1998)는 영국과 웨일즈에서 개발된 재범의 위험성을 통계적으로 측정하는 도구다. 최근 판인 OGRS3(Howard et al., 2009)은 여섯 가지 범죄 역사와 인구학적 정보를 통해 범죄자가 1~2년 내에 유죄 판결을 다시 받을 확률을 계산한다. OGRS3은 2002년 초 출옥하거나 지역사회 벌칙을 선고받은 약 8만 명의 범죄자에 대한 연구에 기초하여 개발되었다. 표본의 계속적인 재범 역사는 국가 경찰 컴퓨터로부터 추출하였고 일련의 정적 자료의 예언적 유용성을 평가하는 데 사용되었다. 재범을 예언하는 데 효율적인 것으로 입증된 것들은 OGRS3 계산에 포함되었고 0에서 100에 이르는 재범 위험 점수를 얻을 수 있었다. OGRS3에서 재범을 예언하는 데 사용된 자료는 〈표 17-1〉에 제시되어 있다.

OGRS 도구는 영국의 교정국에서 널리 사용되고 있는데, 그것의 편리함과 속도가 실용성을 높여 준다. 그러나 위험 평가 도구는 보다 역동적이고 사회적이며 행동적인 항목을 사용하지 않고 정적이고 역사적인 범죄 역사 그리고 인구학적 변인에만 초점을 둔다고 비판받아 왔다. 그렇기 때문에 이 도구는 재범 위험의 추정치로만 사용될 수 있고 범죄자 욕구의 평가에는 사용되지 않는다. 그럼에도 불구하고 이 도구의 정확성은 매우 높다. 저자들은 곡선 아래 영역 통계치(Area Under the Curve statics: AUC; 예언타당도 측정치)가 80%에서 84% 사이라고 보고하였다.

표 17-1 재범 위험을 예언하기 위해 OGRS3에 사용된 변인

1. 위험 시기의 범죄자 연령
2. 성별
3. 현재의 범죄
4. Copas 비율: 범죄자가 유죄 판결을 받은 비율의 함수(구속 횟수와 범죄 경력 길이를 합한 것)
5. 구속 역사: 현재의 구속이 유죄 판결에 의한 것인지 아닌지 그리고 그것이 처음인지 두 번째인지 아니면 다른 구속인지.

출처: Howard et al. (2009)의 자료에 근거함.

서비스 수준 검사-개정판(LSI-R)

서비스 수준 검사(Level of Service Inventory-Revised: LSI-R; Andrews & Bonta, 1995)는 54문항으로 된 위험과 욕구 평가 도구로서 처음에는 캐나다인 자료를 활용하여 개발되었고(Andrews, 1982), 유럽과 북아메리카의 다양한 범죄 표본에까지 확대되어 사용되었다. 이 도구는 재범의 위험에 대한 평가를 할 뿐만 아니라 평가받는 범죄자의 치료 욕구와 관련된 정보도 제공한다. LSI-R의 문항은 정적이고 역동적인 요인을 모두 포함하고 있으며, 10개의 하위 요소에 대한 점수를 얻을 수 있다. 이들 하위 요소는 범죄 역사, 교육/고용, 재정, 가족/결혼, 순응성, 정서적/사적 그리고 태도/지향의 영역에서 범죄자의 욕구와 관련된 정보를 제공한다. 이 영역 점수들은 또한 이전의 연구들이 총점을 통해 얼마나 효율적으로 재범을 예언했는지를 보여 주는 것에 따라 가중된다. 따라서 총점은 미래의 범행 가능성을 나타낸다. 낮은 점수는 범죄유전적 위험 요인의 유병률이 낮다는 것을 의미하고 따라서 미래의 범행 위험이 낮은 것으로 판단할 수 있다.

Hollin과 Palmer(2003)는 LSI-R이 범죄자의 욕구-위험 평가를 하는 데 효과적이고 효율적인 평가 도구라고 기술하였다. 실제로 연구 결과들은 일반 범죄자 전집(Raynor, 2007), 여성과 관련해서(Coulso et al., 1993), 소수민족집단(Schlager & Simourd, 2007), 폭력 범죄자(Hollin & Palmer, 2003), 성범죄자(Simourd & Malcolm, 1998) 그리고 어린 범죄자(Shields, 1993; Shields & Simourd, 1991)와 관련해서 이 평가 도구의 타당도와 신뢰도를 입증하였다.

범죄자 평가체계(OASys)

21세기로 들어서면서 영국과 웨일즈에 있는 교도소와 보호관찰국에서 새로운 위험과 욕구 평가 도구를 개발하고 사용하려는 운동이 의욕적으로 일어났다. 범죄자 평가체계(Offender Assessment System: OASys)를 개발하기 전에는 영국과 웨일즈의 교도소와 보호관찰국에서는 사정, 사례 관리 및 평가(assessment, case management and evaluation: ACE) 도구(Robert et al., 1996), OGRS 그리고 LSI-R과 같은 여러 가지 위험 예언 도구를 사용하였다. 죄수와 보호관찰 환경에 걸쳐 사용된 공통된 도구의 규정은 논란이 있기는 했지만 NOMS는 지속적인 사정과 평가를 할 수 있도록 하였다.

OASys를 완성하는 데 요구되는 자료는 정적이고 역동적인 요인을 모두 포함하고 있는데 파일 개관과 범죄자 면담을 통해 수집된다. 그렇기 때문에 OASys는 구조화된 임상 평가 도구다. 즉, 그것은 범죄자의 환경에 대한 통계적인 방법과 실무자 해석을 통해 최종 위험 평가에 대한 정보를 얻는다. 그러나 OASys에 대한 주된 비판은 평가를 완성하는 데 걸리는 시간에 대한 것이다. 내무성(Home Office, 2003: Raynor, 2007에서 재인용)은 LSI-R을 실시하는 데에는 10분 정도 걸리는 데 비해, OASys를 실시하는 데는 두 시간 반이 걸린다고 추정하였다(Raynor, 1997: Raynor, 2007에서 재인용).

이러한 원천 경비에 대한 보답은 OASys가 만들어 내는 자료의 풍부성이다. 이들 자료는 OASys의 다섯 개 하위 요소를 포함하고 있다. 그것은 〈표 17-2〉에 요약되어 있다. OASys의 주요 부분을 차지하고 있는 첫 번째 하위 요소는 12개의 범죄 관련 요인의 평가를 포함한다(〈표 17-2〉 참조). LSI-R과 유사하게, 각 부분에서 얻어진 점수들은 가중되고 위험 점수를 얻기 위해 합해진다. OASys의 가장 최근 판은 일반 재범 위험 점수(general risk of reconviction score: OGP)와 폭력 재범 위험 점수(risk of violent reconviction score: OVP)를 제공해 준다. 이는 OGP 점수만 제공해 주던 이전 판보다는 발전된 것이다. OVP 점수는 살인 공모와 폭행, 위협과 희롱, 공격용 무기의 소지, 공공질서 위반, 범죄적 상해와 폭력적 범죄를 예언한다. 반면에, OGP 점수는 다른 범죄(성범죄를 포함하지 않은)를 예언한다.

표 17-2 OASys 위험 및 욕구 평가 도구의 요소

1. 재범 위험과 범행 관련 요인
   a) 범행 정보
   b) 범행의 분석
   c) 순응성
   d) 교육, 훈련 및 고용성
   e) 재정 관리와 수입
   f) 관계성
   g) 생활양식과 그 외 것들
   h) 약물 오용
   i) 알코올 오용
   j) 불안과 우울을 포함한 정서적 안녕
   k) 사고와 행동
   l) 범행과 감독에 대한 태도

2. 심각한 상해의 위험, 개인에 대한 위험이나 다른 위험

3. OASys 요약표

4. 선고계획

5. 자기평가

출처: Moore(2006)의 자료에 근거함.

〈표 17-2〉에서 볼 수 있는 바와 같이 OASys는 재범 위험 점수보다 더 많은 것을 제공해 준다.

두 번째 절에서는 '생애 위협적인 그리고/또는 외상적인 그리고 신체적이거나 심리적으로 회복이 어렵거나 불가능하다고 예상되는 위험'이라고 정의된(OASys manual: Howard et al., 2006, p. 7에서 재인용) 심각한 상해의 위험을 통계적·사회적 및 개인적 요인의 평가를 통해 분석해 준다. 따라서 이 절로부터 나온 결과는 위험 관리 절차의 적용에 대한 정보를 제공해 준다. OASys의 요약표와 선고계획 절은 범죄자의 관리와 감독에 대한 정보를 제공하기 위해 고안된 것이다. 마지막으로, OASys는 자기평가 질문지 조항이 있는데 이를 통해 실무자들은 범죄자가 자신의 욕구에 대해 가지고 있는 견해에 대해 알 수 있는 기회를 얻는다. 최근의 자기평가 질문지는 10만 명의 범죄자에게 실시되었는데 범죄자들이 OASys가 예언한 것보다 범죄로부터 벗어날 기회에 대해 더 낙관적으로 보았고 실무자들이 그들의 생활 영역에서 확인한 것보다 범죄가 더 적을 것으로 보는 경향이 있다고 결론 내렸다(Moore, 2007).

OASys의 개발은 긍정적인 환호를 받았다. "OASys는 LSI-R이나 ACE와 같은 다른 연구들로부터 정보를 얻어서 만들어진 포괄적이고 강력한 연구기반 평가 도구다."(Raynor, 2007, p. 135) 실제로 OASys는 영국과 웨일즈 밖에서도 채택되어 왔으며 광범위한 사전연구를 했고 진행 중인 연구에 맞춰 도구를 정제하고 개선시키는 과정을 고찰해 왔다. 예를 들어, OASys의 이전 판에 대한 예언타당도를 알아보는 연구에서는 OVP를 도입하고 일반 범죄(OGP)의 예언을 수정해 왔다. 이러한 증거기반 수정은 이 도구의 타당도를 증진시켜 왔다. OGP와 OVP는 재범을 예언하는 데 있어서 OGRS3과 이전의 OASys 위험 점수보다 뛰어나다(Howard, 2009).

폭력 범죄자용 위험 및 욕구 도구

영국 범죄조사에 따르면 영국과 웨일즈에는 2009~2010년에 성인 폭력 범죄자가 약 200만 명이었고 이는 이 기간에 일어난 모든 범죄의 20%에 달하는 것이었다(Flatley et al., 2010). 폭행범들을 징계할 때는 첫째, 그들이 폭력적인 방법으로 재범할 가능성이 어떻게 되는가 하는 것과 둘째, 우범 욕구의 수준을 평가하는 것이 그들에 대한 선고와 관리를 결정하기 위한 정보를 얻는 데에 더 유용할 것이다. 예를 들어, 폭행범의 역사가 있고 어떤 사회 부문에 대해 강한 부정적 견해를 가지고 있는 범죄자는 많은 양의 술을 소비한 후나 상대방에게 난폭하게 범행한 사람과는 다른 방법으로 관리를 해야 할 것이다. 따라서 각 개인을 상대로 반복적인 폭행 행동을 알려 주고 잠재적인 행동을 촉발하는 요인의 존재를 평가하는 것이 필요하다. 우리는 OASys 도구가 폭행 위험의 평가에 적합하다는 것을 알고 있다. 그러한 다른 도구로는 HCR-20이 있다.

역사적, 임상적, 위험 관리-20(HCR-20; Webster et al., 1997)

HCR-20(Historical, Clinical, Risk Management-20: HCR-20)은 시민 정신과적, 법정 그리고 형사 사법 전집을 대상으로 미래의 폭력 행동에 대한 평가를 제공하기 위해 구조화된 임상 판단을 하는 위험 평가 도구다. Cooke(2000)는 HCR-20이 "가장 잘 알려지고 가장 연구가 잘 된 경험기반 위험 평가 도구"(p. 155)라고 말하였다. 이 도구는 20문항으로 구성되어 있다. 10개는 역사적, 5개는 임상적 그리고 5개는 위험 관리 요인(〈표 17-3〉 참조)이다. 실제로 이 도구는 이 영역의 첫 문자를 따서 HCR이라고 하였고 그것을 구성하는 문항의 수를 포함시켰다. 현재 사용되고 있는 HCR-20은 2판으로, 원판의 경험적 문헌을 주의 깊게 고찰하여 개발된 것이고 초기에 시행된 임상적 경험에서 얻은 증거도 계속해서 포함시켰다. 그 도구의 개발과 수정에 법정 임상가들의 자문을 구한 것은 긍정적인 것으로 보인다. "그것처럼, HCR-20은 임상 실제에 통합될 수 있는 도구를 제공함으로서 과학과 임상을 통합하려는 시도일 뿐만 아니라 경험을 기반으로 하고 검증 가능한 도구

 표 17-3 HCR-20의 요소들

역사적 문항	임상적 문항
1. 이전의 폭력	1. 통찰의 결여
2. 최초 폭력사건 연령	2. 부정적 태도
3. 관계 불안정성	3. 주요 정신장애의 활동적 증상
4. 고용 문제	4. 충동성
5. 물질사용 문제	5. 치료에 대한 무반응
6. 주요 정신장애	위기 관리 문항
7. 정신병질	1. 실현 가능성이 결핍된 계획
8. 초기 적응장애	2. 불안정한 사람들에 대한 노출
9. 성격장애	3. 개인적 지지의 결여
10. 과거의 지도감독 실패	4. 교정 시도에 대한 불복종
	5. 스트레스

다." (Douglas et al., 2006, p. 4).

HCR-20은 병원에서 퇴원한 같은 전집의 폭력 범죄(Douglas & Webster, 1999)뿐만 아니라 물론 시민 정신과적 내담자의 참지 못하는 폭력(Klassen, 1999)을 예언하는 것으로 알려졌다. 또한 지역사회와 수감자들을 포함한 법정 전집에 대한 연구에서도 폭력과 관련되어 예언 타당도가 있는 것으로 입증되었다(Douglas & Webster, 1999; Strand et al., 1999; Wintrup, 1996). 실제로 HCR-20의 저자들은 시민과 범죄자 전집을 대상으로 HCR-20의 유용성을 평가하는 연구논문 목록을 정기적으로 주석으로 달아 놓는다. 최근의 개정은 이 폭력 위험과 욕구 도구의 유용성을 보고하는 100개의 연구 영역을 포함하고 있다(Douglas et al., 2006).

성범죄자에 대한 위험 및 욕구 도구

성범죄는 모든 범죄의 작지만 중요한 부분을 차지한다. 영국과 웨일즈에서는 2009~2010년에 전체 4,300만 건의 범죄 중 약 5만 4,500건이 성범죄였다고 경찰에 보고되었다(Flatley et al., 2010). 여하튼 공무원들은 성범죄의 실제 유병률을 과소평가하려는 경향이 있다. 일부는 주저하고 창피해서 또는 그러한 범죄를 보고할 수 없어서 그렇다. 실제로 영국 범죄조사는 심각한 성폭행 희생자의 단지 11%만이 그들의 피해에 대해 경찰에 말했다고 지적하고 있다(Povey et al., 2009). 여하튼 이것을 허용한다고 하더라도 성범죄는 모든 범죄의 작은 부분을 차지하고 있다. 두말할 필요도 없이 교정국은 여전히 이런 유형의 범행자의 위험과 욕구를 평가할 수 있는 도구를 갖추려고 하고 있다.

'성범죄'라는 용어는 이방인 강간과 아동 성폭행으로부터 아동 학대 영상의 수집과 성적 접촉을 위해 아동에 대해 **친절히 굴기(grooming)** 행동이나 음탕한 노출이나 **관음증(voyeurism)**에 이르기까지 매우 다양한 여러 가지 행동을 포괄하고 있다. 그렇기 때문에 자신의 행동이 '성범죄'라고 보는 사람들은 본질적으로는 이질적이지 않지만 교정국으로서는 매우 상이한 위험과 욕구 양상을 가지고 있는 것으로 보인다.

성범죄의 파괴적 영향을 생각해 볼 때, 그러한 폭력의 감소와 예방이 위험과 욕구 평가의 궁극적 목적이 될 수 있다. 역동적 위험 요인의 확인은 치료 목표와 관리계획의 내용에 대한 정보를 주기 때문에 결국 성범죄 위험과 욕구 도구의 목적이 될 수 있다. 그러한 도구 중의 하나는 성범죄 문헌을 사용하여 경험적으로 개발된 구조화된 위험과 욕구 평가(Structured Assessment of Risk and Need: SARN)로 영국과 웨일즈 교도소의 성범죄자 치료 프로그램의 개입 작업에 대한 정보를 주기 위해 사용되고 있다.

구조화된 위험 및 욕구 평가(SARN; Thornton, 2002)와 위험행렬표 2000(RM2000; Thornton et al., 2003)

구조화된 위험 및 욕구 평가(Structured Assessment of Risk and Need: SARN)는 처음으로 순수한 통계적 위험 도구인 위험행렬표 2000(Risk Matrix 2000: RM2000)을 사용하여 정적 위험을 측정하였다(Thornton et al., 2003). 초기의 구조화된 고정 임상판단(Structured Anchored Clinical Judgement; Thornton, 1997)과 정적 99(Static 99; Hanson & Thornton, 1999)에 근거하여, 위험행렬표 2000은 범죄자의 위험 수준(저·중·고·최

친절히 굴기 (grooming)

아동에게 성적 접촉을 하기 위한 신뢰를 얻을 목적으로 친절하게 구는 것. 영국과 웨일즈에서는 성범죄법 2003에서 범죄로 간주된다.

관음증 (voyeurism)

성적 활동을 하는 다른 사람을 관찰함으로써 성적 쾌감을 느끼는 일탈. 비동의 관음증은 영국과 웨일즈에서는 성범죄법 2003(Sexual Offences Act 2008)의 67절에 따라 불법으로 간주된다.

고)을 결정하기 위해 두 단계의 과정을 사용하였다. 한 단계는 성범죄 선고의 횟수와 범죄 선고 횟수 그리고 감옥에서 석방된 범죄자의 연령을 통하여 최초의 위험 수준을 평가한다. 두 번째 단계에서는 필요한 경우 악화 요인의 존재를 고려하여 처음에 평가된 위험 수준을 조정한다. 두 개 이상의 위험 요인이 존재하면 최초 위험 수준으로부터 한 단계 더 올라가게 된다. 수준 2의 위험 요인은 이전의 성범죄에서 남자 희생자가 있는 경우, 이전의 성범죄에서 이방인 희생자가 있는 경우, 비접촉 성범죄가 있는 경우, 결혼한 적이 없는 경우다.

위험행렬표 2000의 수준이 결정되면, SARN의 두 번째 단계에서는 경험적 연구를 통하여 성범죄 재발에 관련된 16개의 역동적 위험 요인의 유무를 평가한다(Thornton, 2002). 이 위험 요인들은 수준에 따라 성적 관심, 왜곡된 태도, 사회적·정서적 기능 및 자기관리의 네 개 영역으로 나뉜다. 16개 요인은 그들의 연관성에 따라 첫 번째는 범죄자의 범행 사슬과 두 번째는 일반적인 범죄자의 인생에 따라 두 번 채점된다. 심리측정적 자료를 활용하여 개인력 정보, 면담 자료 그리고 파일 고찰을 통해 각 요인들은 0(없음), 1(있지만 중심 특성은 아님), 2(중심 특징)로 채점된다. 범행 사슬과 범죄자 일반생활 모두에서 2점을 받은 요인은 그 특정 범죄자의 치료 욕구에 맞추는 데 사용된다. 따라서 이 도구는 치료계획에 활용될 수 있는 욕구 프로파일을 결합한 위험 점수를 제공한다.

Webster 등(2006)은 16개 위험 요인의 임상 점수가 평가자에 따라 달라짐을 고려하여 SARN의 평정자간 신뢰도를 평가하였다. 두 집단의 평가자들을 사용하여 이들 저자는 경험이 있거나 또는 '전문가'인 평정자들이 경험이 적은 평정자들에 비해 더 높은 신뢰도를 보인다고 보고하였다. 그들은 성범죄 분야에서는 범죄자들이 자주 부인을 하고 최소화해서 평가자들을 혼란에

빠뜨리기 때문에 높은 수준의 신뢰도를 얻기 어렵다고 주장한다. 경험이 적거나 훈련이 부족한 평가자들이 낮은 신뢰도를 보인 것에 대해 이 저자들이 내린 결론은 다음과 같다.

위험이나 재범에 대해 양적으로 예측하는 데 SARN 개념틀을 사용하는 것은 적절하지 못하다. 그러나 이 논문에서 보고된 연구들은 치료 욕구를 임상적으로 평가하는 도구로서 SARN을 사용할 수 있다고 본다는 것이 우리의 견해다. 이런 목적에 그것을 사용할 때의 조건은 다음과 같다. SARN의 사용자들은 감독 없이 평가를 시행하기 전에 합당한 평정자간 신뢰도를 보여야 한다. SARN은 수련생 수준의 관계자보다는 경험 있는 심리학자가 사용해야 한다. 그리고 SARN의 사용은 계속적으로 검색되고 평가되어야 한다(Webster et al., 2006, p. 451).

정신장애 범죄자

영국과 웨일즈에서는 현재 병원에 감금된 정신장애 범죄자들이 4,300명이다(Ministry of Justice, 2010a). 죄수 전집을 볼 때 이 숫자는 1999년 이래 매년 증가하고 있다(Ministry of Justice, 2010a). 일반적으로 모든 정신장애인이 일반 사람들에게 상해의 위험을 나타내는 위험한 사람들이라는 오해(일부 매체에 의해 촉진된)가 있다. 더군다나 이러한 견해는 가정된 위험성의 원인을 정신장애 자체로 보는 것으로 생각된다. 여하튼 그러한 입장은 정신장애로 진단되었지만 법을 따르는 시민과 대중에게 상해의 위험을 나타내지 않는 집단의 구성원들을 고려하지 못한다. 동시에 이러한 입장은 비장애 범죄 집단의 위험성의 상관이 장애 범죄 집단의 것과 본질적으로 다르다는 것을 가정한다. 어느 정도 이 분야

의 연구 방향은 정신장애의 위험 연구에서 임상적 혹은 정신병리적 요인에 초점을 맞춤으로써 역사적으로 이러한 가정에 따랐다. 여하튼 이 분야의 종합분석 연구는 '재범의 주된 예언 인자들은 정신장애 범죄자들이나 비정신장애 범죄자들이나 같고…… 임상적 변인들이 가장 적은 효과 크기를 보여 준 것으로' 나타났다(Bonta et al., 1998, p. 123). 그러한 결론에 근거해서 임상적·정신병리적 변인에서 정신장애와 재범 간의 관계에서의 사회심리학적·범죄학적 요인의 역할에 대한 연구로 변화가 이루어지고 있다.

이와 관련해서 다른 행동보다 범죄 행동과 밀접하게 관련된 것으로 보이는 한 가지 정신장애 유형이 있다. 이전에 사이코패스는 「정신건강법 1983(Mental Health Act 1983)」에서 "관심 있는 사람의 한 부분에 대해 비정상적으로 공격적이고 심각하게 무책임한 행동을 하게 만드는 지속적인 장애 또는 마음의 장애(심각한 지능의 손상과 무관하게)"(p. 2)라고 정의되었다. 따라서 이 정의에 따르면 사이코패스는 범죄 행동과 밀접하게 연관되어 있다.

영국과 웨일즈에서는 법무부, NOMS, 보호관찰국과 교도소 그리고 건강 분야에서 위험하고 심각한 성격장애(dangerous and severe personality disorder: DSPS) 프로그램을 실시하고 있다. 또한 이들은 심한 성격장애의 결과로 심각한 범죄를 저지를 위험이 높은 사람들로부터 대중을 보호하기 위해, 그리고 그러한 개인들의 정신건강 결과를 개선하기 위해 지지와 치료를 제공하고 있다. 심각한 성격장애는 DSPD 프로그램에 의하면 사이코패스 체크리스트 개정판(Psychopathy Checklist-Revised: PCL-R)에서 매우 높은 점수(30+)를 얻거나 PCL-R에서 높은 점수(25+)를 얻고, 거기에 더해서 적어도 하나의 성격장애(반사회적 성격장애와는 다른) 또는 두 개 이상의 성격장애가 있는 경우로 정의된다.

현재 DSPD 프로그램은 고도 감시 교도소에 있는 사람들과 두 개의 고도 감시 병원(브로드무어와 램턴)에서 특별하고 다양한 서비스를 제공하고 있다. 그러나 이 책을 쓰고 있는 동안에도, 이들 서비스는 연합 내각에서 고찰되고 있고 고도 감시 병원과 중도 감시 단위로부터 교도소나 지역사회로 가는 조건을 제안하는 자문의 주제가 되고 있다(정신장애 범죄자에 대한 자세한 기술은 20장 참조).

사이코패스 체크리스트 개정판 (PCL-R; Hare, 1991)

임상 평가를 하기 위해 설계된 사이코패스 체크리스트 개정판(PCL-R)은 정신병질적 장애의 진단에 대한 개념틀을 제공한다. 그렇지만 이것은 엄격하게 말해 위험 평가 도구는 아니다. 그러나 이것은 성인 폭력 재범(Hart et al., 1994; Serin, 1991; Serin et al., 1990)과 젊은 남자 범죄자(Forth et al., 1990)를 예언하는 것으로 나타났다. Cleckey(1964)의 작업에 기초하여, Hare(1991)는 정신병질을 포함하는 임상적 요인을 경험에 근거하여 평가하려고 하였다. 그 결과로 나온 체크리스트와 후에 개정된 것이 범죄와 임상 분야에서 널리 사용되고 있고 '정신병질의 진단에 세계적으로 사용되는 황금 기준'으로 기술되고 있다(Morana et al., 2005, p. 2).

PCL-R의 20문항은 인구학적·범죄학적·사회적·심리학적 영역을 포함하고 있다. 이들의 유무는 면담, 파일 그리고 사례력 고찰을 통해 결정된다. 각 문항은 0(범죄자 기록에서 명백하지 않은), 1(약간 있지만 완전한 증거는 아닌), 2(어떤 특성이 분명히 있는)로 채점된다. 따라서 가능한 최대 점수는 40이다. 사이코패스로 진단하는 절단점에 대한 논쟁이 법정심리학과 정신과 단체의 주제다. Hare(1991)는 30점 이상인 사람들을 사이코

표 17-4 PCL-R의 문항

피상적 매력
과대한 자기가치감
자극에 대한 욕구/쉽게 싫증 냄
병적 거짓말
조작적
후회나 죄책감의 결핍
정서적 깊이가 없음
냉담한
기생하는 생활양식
문란한 성생활
조기 행동 문제
장기계획의 결핍
충동성
무책임감
자신의 행위에 대한 책임감 수용 실패
잦은 결혼 실패
청소년 범죄
보호관찰에서의 나쁜 기록 또는 다른 조건적 석방
다방면의 범죄

출처: Hare(1991, 2003)에서 발췌함.

패스 성향이 있는 것으로 봐야 한다고 권고하였다. 이 같이 높은 점수는 정신병질적 집단에서 오류 긍정의 수를 줄이기 위해 설정된 것이다. 여하튼 Rice와 Harris (1995)는 이 도구의 타당도가 절단점을 25로 했을 때 최대화되며, 상이한 절단점이 고찰되고 있는 전집에 따라 다르게 사용되어 왔음을 보고하였다(Mirana et al., 2005).

요약: 위험 평가

이 장에서 기술된 바와 같이 범죄자 재범에 관련된 위험 평가방법은 많은 논쟁의 주제가 되어 왔고 또 앞으로도 그럴 것이다. 통계적 도구가 임상적 판단 하나보다는 미래의 결과를 예언하는 데 더 신뢰할 만한 것처럼 보이지만 임상가가 하는 것처럼 독특한 위험 증거에는 민감하지 못하다. 그리고 그것은 평가되는 범죄자의 욕구에 대해서는 자세한 내용을 제공하지 못한다. 이런 점에서 최근에는 통계적 평가와 임상적 평가 방법을 조합한 구조화된 도구의 개발로 옮겨 가는 것 같다. 이들 '제3세대' 평가 도구들은 개인이 가진 위험에 대한 판단은 물론 범죄자에 대한 일련의 재활 작업에 필요한 욕구 정보도 풍부하게 제공해 준다. 이 장의 남은 절에서는 현재 범죄자들에게 행해지고 있는 재활의 개념틀에 초점을 맞출 것이다.

치료 전달

범죄자들을 위해 실무자가 활용할 수 있는 범죄 행동 프로그램의 수는 계속 빠르게 증가하고 있다. 그것의 한 예는 영국과 웨일즈의 교정국에서 볼 수 있다. 이 사법권에서는 프로그램 평가를 종합분석적으로 고찰해서 확인된 효과적인 실무 요소들을 일련의 프로그램 자격 인정 원칙에 공식적으로 포함시켜 왔다(〈표 17-5〉 참조).

프로그램을 평가하고 모든 기준을 만족하면 자격을 부여하는 영국과 웨일즈 교정국 자격인정 위원회(Correctional Services Accreditation panel: CSAP)의 최근 보고는 교도소나 보호관찰국에서 사용할 수 있는 조건부 또는 전부 자격 인정을 받은 프로그램이 45개라고 기술하였다(Correctional Services Accreditation panel, 2011).

최근에는 다양한 범죄자용 프로그램이 매뉴얼로 개발되고 있다. 범죄자에는 폭력범, 성범죄자, 음주운전자, 약물사용 보조 범죄자, 정신병질적 범죄자, 여성 범죄자 그리고 습득물 범죄자가 포함된다. 덧붙여서 많은

표 17-5 교정국 자격인정 위원회의 자격 인정 기준

1. 프로그램은 명확한 변화 모델에 근거해야 한다.
2. 프로그램은 범죄자의 선발에 있어서 명확하고 공정한 선발 기준을 가져야 한다.
3. 프로그램은 역동적 위험 요인의 범위에 있어야 한다.
4. 프로그램은 효과적인 변화방법을 사용해야 한다.
5. 프로그램은 기술 지향 목표를 포함해야 한다.
6. 프로그램의 용량(순서, 강도 그리고 지속 기간)은 연구에 기초해서 정해져야 한다.
7. 프로그램은 동기와 참여 문제를 다룰 수 있도록 설계되어야 한다.
8. 프로그램과 범죄자 관리의 연결이 교도소나 지역사회에서 모두 명확해야 한다(즉, 프로그램과 서비스의 연속성).
9. 프로그램은 프로그램 성실성의 문제에 유의해야 한다.
10. 프로그램은 계속적인 평가를 허용하도록 설계되어야 한다.

일반 범행 프로그램이 있는데, 범행 특정적 치료 욕구를 다루지 않았지만 늘 다양한 범죄로 유죄 판결을 받는 재범 범죄자의 욕구를 다루기 위해 개발된 것들이다. 이들 프로그램은 현재 자세히 조사되고 있다. 위험한 폭력과 성범죄자들에 대한 구체적인 프로그램은 18장을 보라.

일반 범죄 행동 프로그램

일반 범죄 행동 프로그램은 인지 사회학습이론 (Bandura, 1977, 2001)에서 가져온 것이다. 그것은 개인이 사건으로부터 학습하기 위해 사건을 직접 경험할 필요가 없다고 가정한다. 대신에 어떤 다른 사람에게 일어나는 사건을 관찰함으로써 학습이 간접적으로 일어날 수 있다고 본다. 더군다나 이 관찰 학습 또는 **대리 강화 (vicarious reinforcement)**는 사람들이 어떻게 일정한 행동 유형을 획득하고 유지하는지를 설명해 준다. Bandura는 사람들이 학습하는 데 가족 구성원, 또래 집단 그리

고 상징적인 모델(예를 들어, 미디어에서 본)의 세 가지 계층이 있다고 가정하였다. 따라서 일반 범죄 행동 프로그램은 새로운 기술의 습득을 통해 범죄 행동의 감소를 촉진하려는 것이다. 강화 전략을 사용하여 범죄자들은 범죄 행동에 대한 대안을 선택할 수 있는 문제해결 기술을 향상시키도록 격려된다. 더군다나 일반 범죄 행동 프로그램은 자기관리와 사회적 상호작용 기술의 획득을 촉진시킨다.

영국과 웨일즈의 교도소와 보호관찰소에서 사용할 수 있는 자격을 갖춘 집단용 일반 범행 프로그램은 매우 많다. 여기에는 사고 기술 향상(Enhanced Thinking Skills: ETS) 프로그램, 사고 우선(Think First), 사고력 증진 및 재활(Reasoning & Rehabilitation: R&R), 인지 기술 향상(Cognitive Skills booster) 프로그램(일반 범죄 행동 프로그램의 학습을 강화하도록 설계된), JETS 생활 기술 (JETS Living Skills) 프로그램(남성 청소년을 목표로 한) 그리고 최근에 개발된 사고 기술 프로그램(Thinking Skill Programme: TSP)과 같은 것들이 있다. 〈사례연구 17-2〉는 범죄자가 어떻게 TSP를 참고하고 그 과정에 대해서 어떻게 느끼는지에 대한 예를 제공해 준다.

R&R 프로그램

R&R 프로그램은 교정 장면에 처음으로 등장한 프로그램이다(Ross & Fabiano, 1985a). 이 프로그램은 캐나다에서 개발되었는데 적어도 17개 국가에서 수행되고 있다(Antonowicz, 2005). 여하튼 영국과 웨일즈의 보호관찰소나 지역사회 장면에서 R&R 프로그램의 전달은 2004년에 중지되었다. 그 뒤를 이어 ETS 프로그램이 교도국에서 유일한 일반 범죄 행동 프로그램으로 활용되었다. 반면에, ETS 프로그램과 사고 우선(Think First) 프로그램은 지역사회 기반 범죄자들에게도 활용할 수 있다.

사례연구 17-2   John

John은 22세 남자로 주거침입 강도죄로 지방 치안판사로부터 유죄를 선고받았다. John은 유사한 범죄 행동 역사가 있고 이전에 지역사회 질서를 위반한 적이 있다. John은 선고 전에 OGRS2의 점수가 64점(중등도에서 높은 재범 위험)으로 평가되었고 자기통제나 문제 재인과 같은 인지 기술의 결손을 보였다. 따라서 John의 선고 전 보고서는 법정이 일반 범죄 행동 프로그램에 John이 참여하는 것을 요구하는 지역사회 벌칙을 선고해야 한다고 추천하였다. 이 선고가 치안판사에게 통과돼서 John은 그의 범죄 관리자(보호관찰 공무원)에게 2주일에 한 번씩 보고를 하고 사고 기술 프로그램(TSP)에 참여하였다.

John의 범죄 관리자와 그의 감독에 대한 회의를 하는 동안, John은 OASys 평가에서 확인된 그의 범죄 행동과 관련된 욕구를 언급할 기회를 가졌다. 그의 OASys 프로파일은 순응성과 고용 영역에서 범죄 관련 욕구가 있는 것으로 지적되었다. 그의 범죄 관리자와의 감독 회의에서 John은 그의 실직 상태가 돈의 결핍을 가져왔고 따라서 어쩔 수 없이 살기 위해서 주거침입 강도짓을 했다고 논의할 기회를 가졌다. 그는 또한 그의 순응성 문제를 논의할 수 있었고 이런 것들을 어떻게 완화시킬 수 있는지에 대해서도 충고를 받았다.

선고된 지 4주 후 John은 다음 TSP 프로그램에 참여하라는 요구를 받았다. John은 그렇게 하는 것에 대해 신경질이 났다. 왜냐하면 그는 학교에서 특히 나쁜 경험을 했고 결과적으로 읽고 쓰는 기술이 좋지 않았기 때문이다. 여하튼 John이 그 프로그램을 시작한 후에 그는 빨리 그 프로그램이 학교와는 다르다는 것을 깨달았다. 비록 학교 선생님들보다 편안하고 덜 권위적이긴 했지만 그에게는 자신의 사고, 감정 그리고 행동이 다른 사람과 어떻게 상호작용하는지를 생각하는 것이 도전이었다. 그럼에도 불구하고 출석에는 명백하고 엄격한 규칙이 있었다. 즉, 그는 두 회기를 빠지면 법정으로 돌아가야 한다.

11주가 지나서 John과 그의 프로그램 동료는 TSP 프로그램을 완성하였다. 이 과정은 쉽지 않았지만 전체 여섯 명의 집단 구성원이 프로그램을 끝까지 마쳤다. 또한 John은 지속적으로 순응하는 태도를 보였고 직업에 적응하기 시작하였다. 그의 범죄 관리자와의 대화에서 그는 TSP 프로그램이 그에게 그의 행동에 대해 그리고 행동 전에 어떤 결과가 올 것인지에 대해 멈춰서 생각하게 만들었다고 말하였다. John은 자신이 그 프로그램을 마쳤다는 데 자부심을 가졌다(그는 자격증을 받았다!). 그리고 그는 그의 새로운 기술을 가지고 미래의 범죄에 저항할 수 있다는 희망을 가졌다.

ETS 프로그램

ETS 프로그램은 영국과 웨일즈의 교정국에서 R&R 프로그램(위험 원리에서 고위험 범죄자들을 목표로 한 장기 프로그램)을 보완하기 위해 1990년대에 개발되었고 중도 위험 범죄자들에 대한 개입에 제공되었다. ETS 프로그램의 초점은 상호 프로그램 전달을 통해 대인관계 문제를 해결하고 사회적·도덕적 추론 기술을 향상시키는 것이다(Clark, 2000). 이 프로그램은 또한 촉진자가 정적 행동이나 상호작용을 모델로 하는 것이 아니라 '친사회적 모델링' 의 사용을 강하게 촉진하였다. 이 과정은 직접 교육과 좀 더 많은 상호작용적 학습의 조합을 사용하였고 후자를 더 강조하여 '소크라테스식' 방법에 초점을 두었다. 이 프로그램에서는 전달자들이 역할 연기, 지도된 논의, 집단 연습 및 소집단 활동을 활용하였다.

사고 우선 프로그램

사고 우선(Think First) 프로그램(McGuire, 2000)은 문제해결, 자기관리 및 사회적 기술 훈련의 사회적 인지 요소를 덧붙였고 범죄 초점적이라는 점에서 ETS 또는 R&R 프로그램과는 다르다. 그렇기 때문에 이 프로그램은 행동 수정을 하려는 의도를 가지고 범죄자 자신의 범죄 행동 분석을 제공한다. '5-WH' 연습을 사용하여 프로그램 참가자들은 그들의 범행을 해체하고 무엇이 일어났는지, 누가 포함되었는지, 언제 일어났는지, 어디에서 일어났는지, 왜 일어났는지에 대해 자세히 분석한다. 이 연습의 반복은 범죄자의 연속 범죄에 초점을 두고 있어서 행동 패턴의 응급성과 공헌 요인을 강조한다. 따라서 문제 행동의 반복을 예방하기 위해서 회피 전략이 개발되었다.

사고 기술 프로그램

사고 기술 프로그램(TSP)은 최근에 일반 범죄 행동 프로그램에 부가된 것으로 중도와 고도 재범 위험 남녀 범죄자들을 위해 설계되었다. TSP는 사고 기술의 개발을 통해 재범을 감소시키고, 이 기술을 개인 위험 요인의 관리와 예방 요인의 개발에 활용하는 것이 목적이다. TSP는 또한 재발 예방을 지원하는 친사회적 목표 장면에서 범죄자에게 도움을 준다. 그렇기 때문에 TSP는 사고 우선 프로그램처럼 범죄 초점적이고 범죄자들에게 그들의 범죄 행동과 관련된 위험 요인과 예방 요인을 자각할 때까지 범행의 유형을 탐색하도록 요구한다.

TSP는 세 개의 학습 모듈을 가지고 있으며 각각은 여섯 개 회기로 구성되어 있다. 다섯 개는 집단 형식으로 전달되고 한 개는 개인 회기에서 전달된다. 이 모듈은 자기통제, 문제해결 그리고 정적 관계에 초점을 둔다. 이 모듈은 개인적인 도입 회기를 보충하여 총 19회기까지 간다(15개는 집단 그리고 4개는 개인). R&R, ETS 그리고 사고 우선 프로그램과는 달리, 이 프로그램은 세 모듈까지 집단이 그대로 남아 있는 고정 집단 형태로 전달될 수도 있고 범죄자들이 어떤 모듈에서 시작하고 끝낼지를 순환하는 집단 형식, 즉 집단 구성이 프로그램에 따라 변화할 수 있는 형식으로 전달될 수도 있다.

공격성 대체 훈련 프로그램

공격성 대체 훈련(Aggression Replacement Training: ART) 프로그램(Goldstein et al., 1998; Goldstein & Glick, 1987)은 아마도 일반 폭력범에게 가장 널리 활용되고 있는 프로그램일 것이다. 이 프로그램은 원래 공격적인 청년들을 위해 개발된 것으로 성인 폭력범용으로 개정되어 활용되고 있다([그림 17-3]). Goldstein 등(1998)은 공격 행위가 다양한 원인에서 비롯된다고 주장하였다. 그들은 개인의 공격 행동에 대한 내적 영향을 세 가지 요인으로 추적할 수 있다고 하였다. 첫째, 개인적·대인관계적 그리고 사회 인지적 기술의 부족, 둘째, 충동적이고 공격적인 행동을 낮은 수준의 분노 통제와 함께 사용하는 것, 셋째, 미성숙하고 자기중심적이며 구체적인 스타일의 도덕적 추론이다. 따라서 ART 프로그램은 이 세 가지 요인을 기술 능력별 편성, 분노 통제 그리고 도덕적 추론 훈련을 통해 중지하도록 하는 것이 목적이다. 행동 기술 편성 요소는 친사회적 행동을 형성하는 사회적 기술의 동일시, 개발과 실습을 하는 사회학습이론에서 따온 것이다. 이 기술들은 역할

[그림 17-3] 공격성 대체 훈련(ART) 프로그램은 아마도 일반 폭력 범죄자들에게 가장 널리 활용되는 프로그램일 것이다. 공격적인 청년용으로 개발되었고 성인 폭력 범죄자용으로 개정된 형식이 있다.

출처: ⓒ siamionau pavel. Shutterstock사의 허락하에 게재함.

연기, 논의 및 수행 피드백을 통해 더 발전할 수 있다. 분노 통제 훈련은 Novaco와 Miechenbaum(1977)의 초기 분노 통제 작업에서 가져온 것이다. 정서 지향 요소는 개인이 그들의 분노와 공격성을 관리할 수 있는 능력을 갖추도록 하는 데 목적이 있다. 자기통제 회기는 개인적 격발 요인과 분노와 공격성의 가능한 결과를 확인하는 것이다. 따라서 이러한 연습을 통해 증가된 자기지각은 협상, 자기말(self-talk) 또는 분노 격발 상황을 회피하는 것과 같은 친사회적 대처 전략을 대안으로 개발할 수 있게 해 준다. 도덕적 추론 요소는 공격 행동을 나타내는 사람들이 전형적으로 보이는 구체적이고 자기중심적인 사고에 적용된다(Antonowicz & Ross, 2005; Barriga & Gibbs, 1996; Liau et al., 1998; Ross & Fabiano, 1985b). 따라서 이 요소는 친사회적 행동을 증가시키는 것과 관련된 범죄자의 추론 능력을 향상시

키는 것을 목적으로 한다.

ART 프로그램은 다양한 임상 집단, 장면 및 결과에 대해 평가되어 왔다. 그 결과, ART가 효과적인 개입이라는 증거가 나타났다(개관은 Goldstein, 2004 참조). ART의 지역사회 기반 성인판에 대한 평가에서는 ART 프로그램에 단순히 할당하는 것만으로도 재범이 13.3% 감소한 것으로 나타났다. 반면에, 프로그램을 더 잘 수행한 완성자들은 재범이 15.5%로 감소하였다.

개입의 효능

일반 범죄 행동 프로그램은 그것의 효과에 대한 평가 수가 꾸준히 증가하고 있다. 캐나다, 미국, 영국 그리고 스웨덴에서 R&R 프로그램을 종합분석한 결과에서는 프로그램 참가자의 14%가 통제집단 참가자들에 비해 재범을 덜 한 것으로 나타났다(Tong & Farrington, 2006). 사고 우선 프로그램의 평가는 또한 그 프로그램이 심리측정적 검사에서 정적인 변화를 가져온 것으로 결론지어졌다(Roberts, 2004; Steele, 200b). 지역사회 장면에서의 R&R, ETS 그리고 사고 우선 프로그램에 대한 국가적 평가는 이 세 프로그램에서의 통제집단에 비해 프로그램 완성 집단의 재범이 유의미하게 감소한 것으로 결론 내려졌다(Hollin et al., 2004; 2008; Palmer et al., 2007). 이 프로그램의 비교는 세 프로그램에 걸쳐서 볼 때, 사고 우선 프로그램이 마찰이나 재범 비율에서 ETS나 R&R 프로그램보다 더 우수한 것으로 나타났다(Palmer et al., 2007). 최근에 개발되어 포함된 TSP는 아직 강한 증거 기반이 형성되지 못했다. 여하튼 집단 촉진자들과 남녀 프로그램 참여자들을 대상으로 한 예비 연구들(Barnett, 출판 중; Turner, 2008)은 프로그램의 설계에 영향을 받았다. 현재 교도소와 지역사회 장면에서 진행되고 있는 결과 평가는 2~3년 안에 완성될 것이다.

범죄 행동 프로그램에 관련된 문제

참여와 프로그램 미완성

범죄 행동 프로그램의 전달에 대한 가장 큰 도전 중의 하나는 범죄자 참여(또는 오히려 참여의 결핍!)다. 부족한 범죄자 참여는 이해와 기술 획득을 감소시키고 결과적으로 치료 이득의 감소를 가져올 수 있다. 다른 면으로 낮은 참여는 프로그램과의 마찰(즉, 탈락)을 가져올 수 있다.

프로그램 마찰은 보호관찰 장면보다 지역사회 내에서 보다 많이 일어난다. 교도소에서의 일반 범죄 행동 프로그램 미완성 비율은 11%(Cann et al., 2003)에서 16%(Pelissier et al., 2003)인 것으로 보고되었다. Hollin 등(2004)은 지역사회 마찰은 프로그램을 선고받은 사람들의 2/3에서 높게 나타났다고 보고하였다. 보다 최근에는 Hatcher(2009)가 지역사회 기반 ETS 마찰 비율이 57%라고 보고하였다. 41.6%가 그들이 선고받은 프로그램을 시작하는 데 실패했고(미출발자들), 15.4%는 시작은 했지만 ETS를 끝마치지 못했다(미완성자들).

낮은 참여에 관한 주된 관심은 이 기준에 맞는 사람들이, 그래서 개입할 필요성이 있다고 확인된 사람들이 개입을 통한 이익을 보지 못한다는 것이다. Hollis(2007)는 예언된 OGRS2 재범률과 실제 2년간 재범률을 비교하였다. 그 결과, 프로그램 완성자들이 잘 지내는 것으로 나타났고, 재범의 예언된 비율(64.3%)과 실제 비율(47.3%)에서 17%의 차이가 관찰되었다. 그러나 미출발자들과 미완성자들에서는 예언된 비율과 실제 비율의 차이가 나타나지 않았다. 그렇기 때문에 프로그램 완성에 실패한 사람들은 그것으로부터 이익을 취할 수 없었다.

여하튼 다른 연구들은 탈락이 단순히 이득을 얻지 못하는 것이 아니라 실제로 손해를 보는 결과를 가져왔다고 보고하였다. McMurran과 Theodosi(2007)는 프로그램 미완성자와 치료하지 않은 비교집단의 재범률을 비교하는 종합분석을 했다. 미완성은 재범률(d= -0.16)이 상승하는 것으로 나타났다. 그러한 유형은 여러 문헌에서 나타났다; Hollin 등(2008), van Voorhis 등(2004), Hatcher(2009), Hatcher 등(출판 중)은 모두 비개입 비교집단에 비해 프로그램 탈락자들의 재범률이 더 높다고 보고하였다. 이를 손해 보는 '미완성' 효과라고 지적하였다. 떠오르는 연구들은 조기 탈락자(프로그램의 40% 이내를 완성한 사람)들이 이러한 효과에 영향을 받는다고 시사하였다(Hatcher et al., 2011). 후기 탈락자들의 재범률은 비교집단의 그것과 유의미하게 다르지 않았다. 미완성 효과가 방법론적 설계의 기능인지, 자기선택, 개입의 양상인지 또는 그것을 지원하는 조직적 과정의 문제인지 또는 탈락 자체의 과정인지에 대한 논쟁은 문헌들에서 계속되고 있다. 여하튼 서비스와 실무자들에 대한 도전은 어떻게 해야 참여를 높이고 범죄자 개입에 대한 마찰을 감소시키는가를 결정하는 것이다.

목표 설정과 선택

당신은 이 장의 앞에서 범죄 행동 프로그램에 대한 자격심사 기준은 위험과 욕구에 기초하여 범죄자를 선발할 것을 추천해야 한다고 한 것을 기억할 것이다. 그럼에도 불구하고 구체적인 준거에 해당되지 않는 범죄자를 선발했다는 명백한 증거가 있다. 예를 들면, Palmer 등(2008, 2009)은 지역사회 내에서의 '적절한' 할당 비율이 보호관찰 지역에 따라 37.1%에서 거의 모든 범죄자의 반 이상이 추천하는 수준 밖에 속하는 82.1%까지 변한다고 예시하였다. 유사하게, Turner

(2006)도 ETS 프로그램 참가자의 1/4이 목표 설정 기준보다 낮은 위험 점수를 가진 것으로 보고하였다. Gill(2004)은 사고 우선 프로그램 미완성자들의 절반이 상위 한계보다 높은 위험 점수를 가졌음을 발견하였다. 반면에, 프로그램 완성자는 한 명만이 이 범위보다 위에 속했다.

Hatcher(2009)의 지역사회 기반 범죄 행동 프로그램 마찰을 평가한 작업에서 표집의 7%가 목표 설정 기준보다 낮은 위험 점수를 보였고 33% 이상이 프로그램보다 더 높은 위험 점수를 가진 것으로 나타났다. 완성 비율이 위험에 따라 변하는 것처럼 높은 위험 범죄자들은 프로그램을 가장 적게 완성하는 집단일 가능성이 높다(적절한 위험 범주에서는 46.4%인 것에 비해 30.2%이고 너무 낮은 위험 범주에서는 80.9%). 할당된 사람들의 1/3 이상이 '너무 높은' 위험군이었다는 사실은 조직적 요인이 마찰 비율에 영향을 미칠 수 있다는 주장에 힘을 실어 준다.

이어지는 재범률을 따라 이런 결과들을 생각해 보면서, Palmer 등(2008)은 이런 사람들에게 커다란 완성 효과가 있다는 증거를 발견하였다. '너무 높은' 프로그램 완성자들은 비교집단보다 재범률이 44.7% 낮게 나타났다. 이것을 볼 때, 교정 서비스는 풀기 어려운 수수께끼처럼 보인다. 높은 위험 범죄자들 간의 프로그램 완성률은 낮다. 그러나 완성을 한 사람들은 재범의 견지에서 보면 매우 잘 지내고 있다. 교정 서비스에 대해 생각해 볼 문제는 소수 집단에서의 재범 감소가 탈락의 효과와 이어지는 재범에 대한 결과보다 더 큰가라는 것이다. 당연히 그러한 비율은 반드시 정적인 것은 아니다. 탈락의 상관에 관한 연구는 앞으로 프로그램을 통해서 높은 위험 범죄자들의 많은 부분을 지지하는 실제적인 정보를 얻을 수 있을 것이다.

목표 선정 기준보다 낮은 위험 점수를 가진 범죄자들과 관련하여, 80.9%의 완성률(Hatcher, 2009)은 개입에 대한 개인의 할당이 적합했던 것으로 보인다. 여하튼 Palmer 등(2008)은 '너무 낮은' 범주에서 프로그램을 완성한 사람들과 적절한 비교집단 간에 재범에서 차이가 없다고 보고하였다. 그렇기 때문에 이 프로그램은 이 집단의 재범에 미친 영향이 적거나 없었다. 위험 원리가 말하는 것처럼, 이 범죄자들은 강한 개입이 요구되지 않는 재범 위험 수준에 속하는 사람들이었을 가능성이 있다.

매뉴얼화된 집단 작업

엄격한 프로그램 자격 심사 과정을 하는 목적은 중거기반 프로그램의 자질을 확보하기 위한 것이다. 반면에, 반대자들은 매뉴얼화된 집단 작업을 비판한다. 즉, 개인의 욕구에 맞추지 않았고 기껏해야 **인지행동치료**(cognitive behavioral therapy: CBT)의 원리를 가지고 하며 치료 전달자들이 '임상적 예술성'을 실무에서 발휘할 수 있는 능력을 제거하고 단순화시켰다고 비판한다(Wilson, 1996, p. 295).

> **인지행동치료 (CBT)**
> 사고, 태도 그리고 신념이 상호 연관되어 있어서 서로 영향을 준다는 개념에 기초한 치료이론. 이 치료법은 문제 행동에 공헌하는 사고, 태도 그리고 신념을 확인하고 변화시키려고 노력한다.

이 비판에 대해 반응하는 사람들은 일대일 그리고 집단 개입을 조합하는 것이 집단 작업의 실제적이고 경제적인 효율성을 보장하면서 보다 개인에 맞춘 접근을 더 많이 허용해 준다고 주장한다(Hollin & Palmer, 2006). 나아가서 임상적 예술성의 감소는 관계자들의 사기 저하를 가져올 수 있지만 프로그램이나 그 효과에 부정적인 영향을 끼치지는 않을 것으로 가정되었다(Hollin, 2006). Hollin은 매뉴얼을 만들어 이런 실무를 제한하는 것은 프로그램 성실성의 개념에서 볼 때 위협으로부터 보호하는 것이라고 주장하였다.

'프로그램 성실성'이라는 용어는 프로그램 매뉴얼의 지시에 따라서 개입을 전달하는 실무를 말한다. 만일 잘 설계된 증거기반 프로그램이 의도대로 전달되지 않는다면 그 프로그램의 효과성은 감소될 수 있다. 이런 개념의 중요성은 효과적인 실무 원리 중의 하나를 채택한 데에서 입증될 수 있다(〈표 17-5〉 참조) Hollin (1995)은 프로그램 성실성에 대한 세 개의 잠재적 위협을 기술하였다. 프로그램 표류(프로그램 전달의 목적과 방법을 서서히 변화시키는 것), 프로그램 전복(프로그램을 깎아내리고 전달에 저항하며 목적과 방법에 반대하는 것), 프로그램 미복종(프로그램 촉진자가 내용, 목적 또는 치료 목표를 변경시킴으로써 프로그램을 수정하는 것)이다. 이 세 가지 위협은 프로그램에서 어떤 식으로든 절충될 수 있다. 최상의 경우에는 작업을 완성할 수 있게 할 것이고 최악의 경우에는 재범을 감소시키려는 전반적인 목

적을 훼손할 것이다.

영국과 웨일즈의 지역사회 장면에서 프로그램의 수행에 대한 연구들은 실무자들이 프로그램 성실성을 유지하는 것과 Andrews와 Bonta(2010)의 반응성 원리를 보장하는 원리 사이에서 혼란스러워한다는 것을 발견하였다(Hollins et al., 2002). 이 장의 앞에서 언급하였듯이 반응성은 범죄자가 개입에 참여할 수 있도록 전달자의 양식과 방법을 프로그램 학습자의 생활양식에 맞추는 것을 말한다. 따라서 한편으로는 실무자가 그들의 실무가 프로그램 매뉴얼로부터 일탈되지 않아야 한다는 점도 이해해야 하고, 다른 한편으로는 프로그램 참가자의 욕구에 반응하려는 욕구도 느껴야 한다. 그렇기 때문에 프로그램의 성공은 부분적으로는 바로 이것을 할 수 있는 프로그램 촉진자의 능력에 달려 있다. 그러므로 이 작업을 성공적으로 수행하는 데 필요한 기술은 과소평가될 수 없다.

요약

- 증거기반 범죄 행동 프로그램은 현재 서구 사회 전반에 걸쳐 교정 서비스에서 공통된 것이다.
- 2009~2010년 영국과 웨일즈에서 프로그램을 완성한 범죄자의 수는 2만 6,500명에 이른다(Ministry of Justice, 2010b).
- 프로파일 사용에도 불구하고 이러한 프로그램이 프로그램에 참여해야 할 사람들의 삶에 어떠한 영향을 미치는지에 대해 아직도 많이 배워야 한다.
- 우리는 종합분석 연구로부터 이 프로그램들이 그것을 완성한 범죄자의 재범 행동을 감소시킬 수 있다고 확신할 수 있다.
- 그러나 우리는 왜 사람들이 프로그램에서 탈락하는지, 범죄자들의 참여 동기를 높일 수 있는 방법에는 어떤 것이 있는지, 조직적 요인이 프로그램의 효과에 어떤 영향을 미치는지에 대한 답을 구하고 있다.
- 양질의 연구를 통해서만 이러한 질문에 답을 할 수 있을 것이고 교정 분야의 발전도 이루어질 것이다.

주관식 문제

1. 통계적 위험 평가와 임상적 위험 평가 방법을 비교하라. 미래의 개인적 재범 가능성을 평가하기 위해 이들 방법을 사용할 때 두 방법이 가지고 있는 제한점은 무엇인가?

2. 범죄자에 대해 종합적인 위험 평가를 하는 데 실패한 경우에 나타날 수 있는 잠재적인 결과에 대해 논의하라. 이것이 범죄자, 다른 개인 그리고 사회에 어떻게 영향을 미칠 수 있는가?

3. 범죄자 재활에 있어서 프리 사이즈(한 사이즈로 모든 것에 맞추기) 접근은 얼마나 효과적인가? 프로그램 자격 심사는 재범 행동 감소의 목적에 성공적인가?

4. 범죄 행동 프로그램을 평가하는 데 있어서 방법론적 문제는 무엇인가? 어떤 프로그램이 재범을 감소시키는지 검증하기 위해 당신은 어떤 방법론을 사용할 것인가?

참고문헌

Andrews, D. A. (1982). *The Level of Supervision Inventory (LSI): The first follow-up.* Toronto: Ontario Ministry of Correctional Services.

Andrews, D. A., & Bonta, J. (1995). *The Level of Service Inventory-Revised manual.* Toronto: Multi-Health Systems.

Andrews, D. A., & Bonta, J. (2010). *The psychology of criminal conduct* (5th ed.). New Providence, NJ: LexisNexus.

Andrews, D. A., Zinger, I., Hoge, R. D., Bonta, J., Gendreau, P., & Cullen, F. T. (1990). Does correctional treatment work? A clinically relevant and psychologically informed meta-analysis. *Criminology, 28,* 369-404.

Antonowicz, D. H. (2005). The Reasoning and Rehabilitation program: outcome evaluations with offenders. In M. McMurran & J. McGuire (Eds.), *Social problem solving and offending* (pp. 163-181). Chichester: John Wiley & Sons, Inc.

Antonowicz, D. H., & Ross, R. R. (2005). Social problem-solving deficits in offenders. In M. McMurran & J. McGuire (Eds.), S*ocial problem-solving and offending: Evidence, evaluation and evolution* (pp. 91-102). Chichester: John Wiley & Sons, Inc.

Bandura, A. (1977). *Social learning theory.* New York: Prentice-Hall.

Bandura, A. (2001). Social cognitive theory: An agentic perspective. *Annual Review of Psychology, 52,* 1-26.

Barnett, G. (in press). Gender-responsive programming: A qualitative exploration of women's experiences of a gender-neutral cognitive skills programme. *Psychology, Crime and Law.*

Barriga, A. Q., & Gibbs, J. C. (1996). Measuring cognitive distortion in antisocial youth: Development and preliminary validation of the 'How I Think' questionnaire. *Aggressive Behavior, 22,* 333-343.

Bonta, J., Law, M., & Hansen, K. (1998). The prediction of criminal and violent recidivism among mentally disordered offenders: A meta-analysis. *Psychological Bulletin, 123,* 123-142.

Bunton, J., & Morphew, R. (2007). Continuing professional development: Lessons from a European Union twinning project. *Forensic Update, 89,* 25-28.

Cann, J., Falshaw, L., Nugent, F., & Friendship, C. (2003). Understanding what works: Accredited cognitive skills programmes for adult men and young offenders. *Home Office Research Findings, 226.* London: Home Office.

Clark, D. A. (2000). *Theory manual for enhanced thinking skills.* Prepared for Joint Prison-Probation Accreditation Panel. London: Home Office.

Cleckley, H. (1964). *The mask of sanity.* St. Louis, MI: CV Mosby.

Cooke, D. (2000). Annex 6: Current risk assessment instruments. In Scottish Executive, Report of the committee on serious and violent offenders. Edinburgh: Scottish Executive.

Copas, J. B., & Marshall, P. (1998). The Offender Group Reconviction Scale: The statistical reconviction score for use by probation officers. *Journal of the Royal Statistical Society, Series C47,* 159-171.

Correctional Services Accreditation Panel. (2011). *The Correctional Services Accreditation Panel report 2009-10.* London: Home Office.

Coulson, G., Nutbrown, V., & Giulekas, D. (1993). Using the Level of Supervision Inventory in placing female offenders in rehabilitation programmes or halfway houses. *IARCA Journal, 5,* 12-13.

Dingwall, R. (1989). Some problems about predicting child abuse and neglect. In O. Stevenson (Ed.), *Child abuse: Public policy and professional practice* (pp. 28-53). Hemel Hempstead: Harvester Wheatsheaf.

Douglas, K. S., Cox, D. N., & Webster, C. D. (1999). Violence risk assessment: Science and practice. *Legal and Criminological Psychology, 4,* 149-184.

Douglas, K. S., Guy, L. S., & Weir, J. (2006). *HCR-20 violence risk assessment scheme: Overview and annotated bibliography.* Burnaby, Canada: Department of Psychology, Simon Fraser University.

Douglas, K. S., & Webster, C. D. (1999). The HCR-20 violence risk assessment scheme: Concurrent validity in a sample of incarcerated offenders. *Criminal Justice and Behavior, 26,* 3-19.

Flatley, J., Kershaw, C., Smith, K., Chaplin, R., & Moon, D. (2010). *Crime in England and Wales 2009/10. Home Office Statistical Bulletin 12/10.* London: Home Office.

Forth, A. E., Hart, S. D., & Hare, R. D. (1990). Assessment of psychopathy in male young offenders. *Psychological assessment, 2,* 342-344.

Gill, E. J. (2004). *Attrition or completion on the Think First programme: Offender perspectives.* Unpublished thesis (MSc Forensic Psychology). Manchester: Manchester Metropolitan University.

Goldstein, A. P. (2004). Evaluations of effectiveness. In A. P. Goldstein, R. Nensen, B. Daleflod & M. Kalt (Eds.), *New perspectives on aggression replacement training* (pp. 230-244). Chichester: John Wiley & Sons, Inc.

Goldstein, A. P., & Glick, B. (1987). *Aggression replacement training: A comprehensive intervention for adolescent youth.* Champaign, IL: Research Press.

Goldstein, A. P., Glick, B., & Gibbs, J. C. (1998). *Aggression replacement training* (Revised ed.). Champaign, IL: Research Press.

Grove, W. M., & Meehl, P. E. (1996). Comparative efficiency of informal (subjective, impressionistic) and formal (mechanical, algorithmic) prediction procedures: The clinical-statistical controversy. *Psychology, Public Policy, and Law, 2,* 293-323.

Grubin, D. (1997). Predictors of risk in serious sex offenders. *British Journal of Psychiatry, 170,* s17-s21.

Grubin, D., & Wingate, S. (1996). Sexual offence recidivism:

Prediction versus understanding. *Criminal Behaviour and Mental Health, 6*, 349–359.

Hanson, R. K., & Thornton, D. (1999). *Static 99: Improving the predictive accuracy of actuarial risk assessments for sex offenders.* Ottawa: Public Works and Government Services Canada.

Hare, R. D. (1980). A research scale for the assessment of psychopathy in criminal populations. *Personality and Individual Differences, 1*, 111–119.

Hare, R. D. (1991). *The Hare Psychopathy Checklist-Revised.* Toronto, Ontario: Multi-Health Systems.

Hare, R. D. (2003). *The Hare Psychopathy Checklist-Revised (PCL-R)* (2nd ed.). Toronto, Canada: Multi-Health Systems.

Hart, S. D., Hare, R. D., & Forth, A. E. (1994). Psychopathy as a risk marker for violence: Development and validation of a screening version of the Revised Psychopathy Checklist. In J. Monahan & J. Steadman (Eds.), *Violence and mental disorder: Developments in risk assessment* (pp. 81–98). Chicago, IL: University of Chicago Press.

Hatcher, R. M. (2009). An investigation of attrition from community-based offending behaviour programmes (Doctoral dissertation). Retrieved 25 August 2011 from http://research-archive.liv.ac.uk/1220/1/Hatcher Ruth_Apr_2009_1220.pdf

Hatcher, R. M., McGuire, J., Bilby, C. A. L., Palmer, E. J., & Hollin, C. R. (in press). Methodological considerations in the evaluation of offender interventions: The problem of attrition. *International Journal of Offender Therapy and Comparative Criminology.*

Hatcher, R. M., McGuire, J., Palmer, E. J., & Hollin, C. R. (2011, March). *Dosage, appropriateness of selection, and reconviction amongst completers and non-completers of community based offender interventions in England and Wales.* Paper presented at the North American Correctional and Criminal Justice Psychology Conference, Sheraton Centre, Toronto.

Hatcher, R. M., Palmer, E. J., McGuire, J., Hounsome, J. C., Bilby, C. A. L., & Hollin, C. R. (2008). Aggression replacement training with adult male offenders within community settings: A reconviction analysis. *Forensic Psychiatry and Psychology, 19*, 517–532.

Hollin, C. R. (1995). The meaning and implications of 'programme integrity'. In J. McGuire (Ed.), *What works: Reducing reoffending—Guidelines from research and practice* (pp. 195–208). Chichester: John Wiley & Sons, Inc.

Hollin, C. R. (2006). Offending behaviour programmes and contention: Evidence-based practice, manuals, and programme evaluation. In C. R. Hollin & E. J. Palmer (Eds.), *Offending behaviour programmes: Development, application, and controversies.* (pp. 33–67). Chichester: John Wiley & Sons, Inc.

Hollin, C. R., McGuire, J., Palmer, E. J., Bilby, C., Hatcher, R., & Holmes, A. (2002). *Introducing Pathfinder programmes into the probation service: An interim report. Home Office Research Study, 247.* London: Home Office Research, Development and Statistics Directorate.

Hollin, C. R., & Palmer, E. J. (2003). Level of service inventory-revised profiles of violent and nonviolent prisoners. *Journal of Interpersonal Violence, 18*, 1075–1086.

Hollin, C. R., & Palmer, E. J. (2006). Offending behaviour programmes: Controversies and resolutions. In C. R. Hollin & E. J. Palmer (Eds.), *Offending behaviour programmes: Development, application, and controversies* (pp. 247–278). Chichester: John Wiley & Sons, Inc.

Hollin, C. R., Palmer, E. J., McGuire, J., Hounsome, J., Hatcher, R., & Bilby, C. (2004). *An evaluation of Pathfinder Programmes in the Probation Service.*

Unpublished research report to the Home Office Research, Development, and Statistics Directorate.

Hollin, C. R., Palmer, E. J., McGuire, J., Hounsome, J., Hatcher, R., & Bilby, C. (2008). Cognitive skills offending behaviour programmes in the community: A reconviction analysis. *Criminal Justice and Behavior, 35*, 269–283.

Hollis, V. (2007). *Reconviction analysis of programme data using Interim Accredited Programmes Software (IAPS)*. London: National Offender Management Service.

House of Commons. (2006). *Report of the Zahid Mubarek Inquiry*. London: HMSO.

Howard, P. (2009). *Improving the prediction of re-offending using the Offender Assessment System. Ministry of Justice Research Summary 02/09*. London: Ministry of Justice.

Howard, P., Clark, D., & Garnham, N. (2006). *An evaluation of the Offender Assessment System in three pilots 1999–2001*. London: Home Office.

Howard, P., Francis, B., Soothill, K., & Humphreys, L. (2009). *OGRS3: The revised Offender Group Reconviction Scale. Ministry of Justice Research Summary 07/09*. London, Ministry of Justice.

Howe, E. (1994). Judged person dangerousness as weighted averaging. *Journal of Applied Social Psychology, 24*, 1270–1290.

Howells, K., & Hollin, C. R. (1989). *Clinical approaches to violence*. Chichester: John Wiley & Sons, Inc.

Klassen, C. (1999). *Predicting aggression in psychiatric inpatients using 10 historical factors: Validating the 'H' of the HCR–20*. Unpublished thesis. Vancouver: Simon Fraser University.

Liau, A. K., Barriga, A. Q., & Gibbs, J. C. (1998). Relations between self-serving cognitive distortions and overt versus covert antisocial behavior in adolescents. *Aggressive Behavior, 24*, 335–346.

Limandri, B., & Sheridan, D. (1995). Prediction of interpersonal violence: Fact or fiction. In J. C. Campbell (Ed.), *Assessing dangerousness: Violence by sexual offenders, batterers, and child abusers* (pp. 1–19). Thousand Oaks, CA: Sage Publications.

Litwack, T. R. (2001). Actuarial versus clinical assessments of dangerousness. *Psychology, Public Policy and Law, 7*, 409–443.

McGuire, J. (2000). *Think First: Programme manual*. London: National Probation Service.

McGuire, J., & Hatcher, R. (2001). Offence focused problem solving: Preliminary evaluation of a cognitive skills program. *Criminal Justice and Behaviour, 28*, 564–587.

McMurran, M., & Theodosi, E. (2007). Is treatment non-completion associated with increased reconviction over no treatment? *Psychology, Crime and Law, 13*, 333–344.

Miechenbaum, D. M. (1977). *Cognitive behavior modification*. New York: Plenum Press.

Milner, J. S., & Campbell, J. C. (1995). Prediction issues for practitioners. In J. Campbell (Ed.), *Assessing dangerousness: Violence by sexual offenders, batterers, and child abusers* (pp. 41–67). Thousand Oaks, CA: Sage Publications

Ministry of Justice. (2010a). *Offender management caseload statistics 2009. Ministry of Justice Statistics Bulletin*. London: Ministry of Justice.

Ministry of Justice. (2010b). *National Offender Management Service: Annual report and accounts 2009–2010*. London: Ministry of Justice.

Monahan, J. (1981). *The clinical prediction of violence*. Beverley Hills, CA: Sage.

Moore, R. (2006). The Offender Assessment System (OASys) in England and Wales. *Probation in Europe, 37*, 12–13.

Moore, R. (2007). *Adult offenders' perceptions of their*

underlying problems: Findings from the OASys self-assessment questionnaire. *Home Office Research Findings, 284.* London: Home Office.

Morana, H. C. P., Arboleda-Flórez, J., & Câmara, F. P. (2005). Identifying the cut-off score for the PCL?R scale (Psychopathy Checklist-Revised) in a Brazilian forensic population. *Forensic Science International, 147,* 1-8.

National Offender Management Service. (2006a). *The NOMS offender management model.* London: Home Office.

Novaco, R. W. (1975). *Anger control: The development and evaluation of an experimental treatment.* Lexington, MA: D. C. Heath.

Palmer, E. J., McGuire, J., Hatcher, R. M., Hounsome, J., Bilby, C. A. L., & Hollin, C. R. (2008). The importance of appropriate allocation to offending behaviour programmes. *International Journal of Offender Therapy and Comparative Criminology, 52,* 206-221.

Palmer, E. J., McGuire, J., Hatcher, R. M., Hounsome, J., Bilby, C. A. L., & Hollin, C. R. (2009). Allocation to offending behavior programmes in the English and Welsh Probation Service. *Criminal Justice and Behavior, 36,* 909-922.

Palmer, E. J., McGuire, J., Hounsome, J. C., Hatcher, R. M., Bilby, C. A. L., & Hollin, C. R. (2007). Offending behaviour programmes within the community: The effects on reconviction of three programmes with adult male offenders. *Legal and Criminological Psychology, 12,* 251-264.

Pelissier, B., Camp, S. D., & Motivans, M. (2003). Staying in treatment: How much difference is there from prison to prison? *Psychology of Additive Behaviours, 17,* 134-141.

Povey, D., Coleman, K., Kaiza, P., & Roe, S. (2009). *Homicides, firearm offences and intimate violence 2007/08 (Supplementary Volume 2 to Crime in England and Wales 2007/08). Home Office Statistical Bulletin 02/09.* London: Home Office.

Quinsey, V. L., Harris, G. T., Rice, M. E., & Cormier, C. A. (1998). *Violent offenders: Appraising and managing the risk.* Washington DC: American Psychological Association.

Quinsey, V. L., Harris, G. T., Rice, M. E., & Lalumière, M. L. (1993). Assessing treatment efficacy in outcome studies of sex offenders. *Journal of Interpersonal Violence, 8,* 512-523.

Raynor, P. (2007). Risk and need assessment in British probation: The contribution of LSI-R. *Psychology, Crime and Law, 13,* 125-138.

Rice, M. E., & Harris, G. T. (1995). Violent recidivism: Assessing predictive validity. *Journal of Consulting and Clinical Psychology, 63,* 737-748.

Roberts, C. (2004). An early evaluation of a cognitive offending behaviour programme (Think First) in probation areas. *Vista: Perspectives on Probation, 8,* 130-136.

Roberts, C., Burnett, R., Kirby, A., & Hamill, H. (1996). *A system for evaluating probation practice. Probation Studies Unit Report 1.* Oxford: University of Oxford Centre for Criminological Research.

Ross, R. R., & Fabiano, E. A. (1985a). *Reasoning and Rehabilitation: Manual.* Ottawa: AIR Training & Associates.

Ross, R. R., & Fabiano, E. A. (1985b). *Time to think: A cognitive model of delinquency prevention and offender rehabilitation.* Johnson City, TN: Institute of Social Sciences and Arts.

Schlager, M. D., & Simourd, D. J. (2007). Validity of the Level of Service Inventory-Revised among African American and Hispanic male offenders. *Criminal Justice and Behavior, 34,* 545-554.

Serin, R. C. (1991). Psychopathy and violence in criminals.

Journal of Interpersonal Violence, 6, 423-431.

Serin, R. C., Peters, R., & Barbaree, H. (1990). Predictors of psychopathy and release outcomes in a criminal population. *Psychological Assessment, 2,* 419-422.

Shields, I. W. (1993). The use of the Young Offender Level of Service Inventory (YO-LSI) with adolescents. *IARCA Journal, 5,* 10-26.

Shields, I. W., & Simourd, D. J. (1991). Predicting predatory behaviour in a population of incarcerated young offenders. *Criminal Justice and Behavior, 18,* 180-194.

Simourd, D. J., & Malcolm, P. B. (1998). Reliability and validity of the Level of Service Inventory-Revised among federally incarcerated sex offenders. *Journal of Interpersonal Violence, 13,* 261-274.

Steele, R. (2002a). *Psychometric features of Think First participants' pre and post programme.* Liverpool: Research and Information Section, National Probation Service, Merseyside.

Steele, R. (2002b). *Reconviction of offenders on Think First.* Liverpool: Research and Information Section, National Probation Service, Merseyside.

Strand, S., Belfrage, H., Fransson, G., & Levander, S. (1999). Clinical and risk management factors in risk prediction of mentally disordered offenders—more important than historical data. *Legal and Criminological Psychology, 4,* 67-76.

Taylor, R. (1999). *Predicting reconvictions for sexual and violent offences using the revised Offender Group Reconviction Scale. Home Office Research Findings 104.* London: Home Office.

Thornton, D. (1997). *Structured anchored clinical judgement.* Paper presented at the NOTA Annual conference, Southampton.

Thornton, D. (2002). Constructing and testing a framework for dynamic risk assessment. *Sexual Abuse: A Journal of Research and Treatment, 14,* 139-153.

Thornton, D., Mann, R., Webster, S., Blud, L., Travers, R., Friendship, C., & Erikson, M. (2003). Distinguishing and combining risks for sexual and violent recidivism. In R. A. Prentky, E. S. Janus & M. C. Seto (Eds.), Sexually coercive behavior: Understanding and management. *Annals of the New York Academy of Sciences, 989,* 225-235. New York: New York Academy of Sciences.

Tong, L. S. J., & Farrington, D. P. (2006). How effective is the 'Reasoning and Rehabilitation' programme in reducing reoffending? A metaanalysis of evaluations in four countries. *Psychology, Crime and Law, 12,* 3-24.

Turner, R. (2006). *Developing understanding of accredited programmes completions: The role of case-management and barriers to completion.* Unpublished report, West Yorkshire Probation Area.

Turner, R. (2008). *A qualitative evaluation of the new cognitive skills programme pilots (second phase).* Unpublished research report: RDT Consultancy.

van Voorhis, P., Spruance, L. M., Ritchey, P. N., Listwan, S. J., & Seabrook, R. (2004). The Georgia cognitive skills experiment: A replication of Reasoning and Rehabilitation. *Criminal Justice and Behavior, 31,* 282-305.

Webster, C. D., Douglas, K. S., Eaves, D., & Hart, S. D. (1997). *HCR-20: Assessing risk for violence, version 2.* Burnaby, British Columbia: Mental Health, Law, & Policy Institute, Simon Fraser University.

Webster, S. D., Mann, R. E., Carter, A. J., Long, J., Milner, R. J., O'Brienn, M., Wakeling, H. C., & Ray, N. L. (2006). Inter-rater reliability of dynamic risk assessment with sexual offenders. *Psychology, Crime and Law, 12,* 439-452.

Wilson, G. T. (1996). Manual-based treatments: The clinical application of research fi ndings. *Behaviour, Research and Therapy, 34,* 295-314.

Wintrup, A. (1996). *Assessing risk of violence in mentally disordered offenders with the HCR-20.* Vancouver: Simon Fraser University.

주석이 달린 읽을거리 목록

Beech, A. R., Craig, L. A., & Browne, K. D. (2009). *Assessment and treatment of sex offenders: A handbook.* Chichester: John Wiley & Sons, Inc. 성범죄자의 치료에 대해 이론적 · 실제적 문제를 논의했을 뿐만 아니라 성범죄자의 진단 문제 그리고 성범죄자의 위험 평가와 같은 주제를 다룬 편저.

Hollin, C. R. (Ed.) (2001). *Handbook of offender assessment and treatment.* Chichester: John Wiley & Sons, Inc. 위험 평가, 치료에 대한 이론적 접근에 대한 논의 그리고 다양한 유형의 범죄자에 대한 평가와 치료와 같은 주제를 포함하여 범죄자 평가와 치료를 다루고 있는 포괄적인 책. 각 장은 각 분야의 전문가들이 썼다. 또한 간편 '핵심' 핸드북도 있다.

Hollin, C. R., & Palmer, E. J. (Eds.) (2006). *Offending behaviour programmes: Development, application, and controversies.* Chichester: John Wiley & Sons, Inc. 일반 및 특수 범죄자를 위한 범죄행동 프로그램을 소개하고 있는 완전히 읽어 볼만한 편저. 범죄 행동 프로그램에 대한 현재의 상황, 그들에 대한 지지 증거와 반대 증거 그리고 그들을 둘러싼 문제와 논쟁을 자세히 고찰하였다.

McGuire, J. (Ed.) (1995). *What works: Reducing reoffending: Guidelines from research and practice.* Chichester: John Wiley & Sons, Inc. 1990년대 중반부터 현재까지 진행되고 있는 범죄자 재활에서 '무엇을 할 것인가'에 관한 논쟁을 자극한 고전적인 교과서. '무엇을 할 것인가'에 대한 논의는 물론 범죄 행동 프로그램의 실제적인 문제, 전달 그리고 이행까지 다루고 있다.

Palmer, E. J., McGuire, J., Hounsome, J. C., Hatcher, R. M., Bilby, C. A. L., & Hollin, C. R. (2007). Offending behaviour programmes within the community: The effects on reconviction of three programmes with adult male offenders. *Legal and Criminological Psychology, 12,* 251-264. 영국과 웨일즈의 지역사회 장면에서 사용된 세 개의 일반 범죄 행동 프로그램을 평가한 가장 최근에 발행된 논문.

제18장 위험한 범죄자의 치료

LEIGH HARKINS, JAYSON WARE & RUTH MANN

주요 용어

| 반응성 | 범죄유발성 욕구 | 분노 관리 프로그램 | 선한 삶 모형(GLM) | 자기관리 | 재발 방지 |

이 장의 개요

위험한 범죄자[1]에 대한 효과적인 치료는 사회 전반 및 범죄자 자신에게도 중요한 의미를 띤다. 정의상 위험한 범죄자는 다른 사람들에게 심각한 해를 끼칠 수 있는 위험성을 제기한다. 폭력 범죄자들은 그 밖의 비폭력 범죄자들에 비해서 재범률이 더 높은 경향이 있다(Motuik & Becourt, 1997). 캐나다에서 1999년에 출판된 연구에 의하면 폭력 범죄로 복역한 범죄자들 중 약 40%는 2년 이내에 유사한 범죄 행위로 인해 다시 교도소에 들어온다고 한다(Dowden et al., 1999). 성범죄의 재범률은 대략 11%(Hanson & Morton-Bourgon, 2005)에서 14%(Hanson & Morton-Bourgon, 2009) 사이에 있지만, 이는 성범죄의 진짜 재범률이라기보다 과소평가된 수치로 여겨지고 있다(Ahlmeyer et al., 2000).

효과적인 치료라는 것은 일반인들이 (범죄자로부터) 위해를 입는 것을 미리 방지하거나 위해를 입는 것을 줄여 주는 것을 의미할 뿐만 아니라, 범죄자들이 과거 자신의 범죄력으로부터 벗어나서 범죄를 저지르는 것과는 거리가 먼 긍정적인 삶을 영위하도록 도와줄 수 있으리라는 희망도 담고 있다. 이 장의 목적은 다음 주제를 간략하게 서술하는 것이다.

- 치료를 통해 효과를 볼 수 있는 위험한 폭력범/성범죄자의 유형
- 이런 범죄자들에게 통상 실시되는 치료의 유형
- 그런 치료의 효과에 대한 경험적 근거 자료
- 이처럼 위험한 범죄자들을 치료할 때 고려할 필요가 있는 요인

형사 사법 상황에서 통상 치료가 제공되는 위험한 범죄자의 유형

폭력범

폭력으로 인해 유죄가 확정된 사람들은 통상 교도소 재소자 중에서 그 비율이 상당히 높다. 심리학적 (치료) 관점에서 보면, 폭력이란 다른 사람에게 가해지는, 계획적인 악의에서 비롯된 신체적 상해라고 서술되고 있다(Blackburn, 1993). 폭력은 그 유형이 아주 다양할 수 있으며 폭력범들 사이에서도 폭력 행동을 유발한 원인과 그 지속 요인에 따라 크게 다를 수 있다.

폭력 범죄자는 자신의 배우자나 자녀들을 때린 사람들로부터, 1회 또는 그 이상의 심각한 수준의 폭력에 연루된 자, 조직 폭력단의 일원으로서 폭력을 저지르거나 절도 과정 중 폭력을 저지른 경우뿐만 아니라, 살인을 저지른 사람까지도 포함된다.

폭력 범죄자들 중에는 '생애 지속형 범죄자(life-course persistent offenders)'라고 명명될 수 있는 비교적 소수의 유형이 있다(Moffit, 1993). 이들 남성 폭력범들은 다른 범죄자들에 비해서 더 자주 더 폭력적인 범행을 저지를 뿐만 아니라 비폭력적인 범행도 다양하게 자주 저지르는 경향이 있다(Polaschek et al., 2004). 적절하게 치료하고 관리해 주지 않으면 나중에 더욱 심각한 폭력 범죄를 저지르기 쉬운 자들이 이런 심각한 폭력 범죄자들이다. 이와 같은 종류의 폭력범들은 통상 위험평가 측정도구에서 폭력 재범의 가능성이 가장 높은 것으로 나타난다. 우리가 치료의 표적으로 삼으려고 하는 대상은 그 범죄의 유형이 어떻든 간에 이런 유

형의 범죄자들이다. 우리는 우선 폭력의 다양한 유형에 대해 간략히 설명하겠다.

도구적 폭력 대 표현성 폭력

폭력은 도구적(instrumental) 폭력이나 표현성(expressive) 폭력으로 지칭되는 경우가 종종 있다(Berkowitz, 1993). 도구적 폭력은 종종 목표 지향적이거나(goal-oriented) 목적이 있으며, 스스로 통제해서 나타나며(controlled), 감정이 없는 것이 일반적인 특징이다. 이는 목적 달성을 위한 수단으로서 종종 사용된다. 예를 들면, 절도를 성공적으로 해내기 위해 절도하는 도중에 폭력을 행사하는 경우다. 표현성 폭력은 반응적이거나(reactive), 분노에 따른 것이거나, 정서적(감정적)이거나 충동적이라고 명명되기도 한다(McGuire, 2008). 표현성 폭력은 종종 분노나 생리적 흥분 같은 불쾌한 내부 상태를 감소시키고자 하는 시도로서 나타난다. 예를 들면, 어떤 사람은 단순히 화가 나서 폭력 행위를 저지를 수도 있다. 그러나 공격 행위는 흔히 하나 이상의 기능을 발휘하는 경우가 많으며, 사전 계획에 의해 저질러질 수도 있으며, 그럼에도 불구하고 분노의 수준은 계속 높은 상태에 있을 수 있다(Daffern et al., 2007).

애인 폭력

애인 폭력(intimate partner violence: IPV) 또는 가정폭력(domestic violence; 애인 폭력에 대한 보다 심층적인 논의는 10장 참조)은 친밀한 관계에 있는 애인(partner) 사이에서 행해지는 공격을 말한다. **구타(battering), 배우자 학대(spousal abuse), 부부 폭력(marital violence)** 등의 용어는 이런 현상을 설명하는 데 같은 의미로 종종 쓰인다(Graham-Kevan & Wigman, 2009). 애인 폭력에는 신체적 폭력이 포함될 뿐 아니라 언어 폭력과 정서적 학대(고함 지르기, 욕하기, 겁주기 및 험담하기)와 성적 학대 행위까

지 모두 포함되며, 그 밖에도 애완동물 학대와 재물 파손 행위 그리고 그 밖의 강압적 행동이 모두 포함된다.

살인

Dearden과 Jones(2008)의 보고에 의하면 살인 희생자의 약 40% 정도는 가족에게 살해되었고, 거의 25% 정도는 애인에게 살해되었다. 사회적 통념과는 달리, 유죄 선고를 받은 살인자는 치료를 안 받았더라도 또다시 살인을 저지를 확률이 거의 없다. 또한 이들은 다른 범행을 또다시 저질러서 유죄 판결을 받을 확률도 비교적 거의 없다. 1995년에 출판된 뉴사우스웨일즈 지방의 자료에 따르면, 살인죄로 유죄 판결을 받은 범죄자의 13% 정도가 석방 후 2년 이내에 살인보다는 좀 더 가벼운 범행으로 또다시 유죄 판결을 받았다(Thompson, 1995). (처음으로 수감된 범죄자 중에서는 단지 8%가 재수감되었다.) 이들 중 단지 2%만이 폭력 범죄자로 돌아왔을 뿐 그 외의 누구도 다시 살인을 저질러서 유죄 판결을 받지 않았다.

성범죄자

성범죄란 어떤 사람이 다른 사람으로 하여금 강제로 성행위를 하도록 하고, 자신의 성기를 노출하거나 원치 않는데도 남의 성기 부위를 만지거나, 또는 상대방이 성행위를 할 만큼 나이가 성숙하지 못했거나 거부 의사를 표현할 능력이 없는데도 그와 함께 성행위를 하는 경우에 해당된다. 그리고 상대방의 뜻에 반해서 음란물을 보여 주거나, 성행위를 수락할 정도로 나이가 들지 않은 사람이 등장하는 음란물을 제작하거나, 그런 음란물을 보유하고 있는 것이 해당된다. 또한 나체나 성행위를 하는 사람을 몰래 보는 행위(즉, 관음증; voyeurism)도 해당된다.

아동 성범죄자

아동을 성적으로 학대하는 사람의 경우 다양한 유형이 있는데, (사춘기 이전의 아동에게 매력을 느끼는) 완전 소아성애자(paedophilic)에서부터 사춘기 아동에게 매력을 느끼는 청소년성애자(hebephilic)까지 있을 뿐만 아니라, 아동(통상 10대)과 성인 모두에게 흥분되는 사람도 있는가 하면, 성인에게 흥분되지만 학대는 아동을 대상으로 힘(power)을 행사하거나, 조종(control)하거나 또는 권한이 있다는 느낌(sense of entitlement)(예: 근친상간 범죄자; incestuous offenders) 등의 여러 이유로 아동을 학대했던 사람에 이르기까지 다양하다. 성범죄자를 묘사할 때 그가 저지른 범행의 유형과 관련지어서 설명하는 것이 연구 및 논문 개관 모두에서의 관행이다(Bourget & Bradford, 2008; Laws & O' Donohue, 2008). 아동 성범죄라는 용어는 아동과의 성행위를 서술하는 데 쓰인다. 여기에서 아동은 가족 내(근친상간) 피해자 그리고 가족관계가 아닌 피해자가 포함된다. 영국에서는 아동 학대자(child abuser)라는 용어가 흔히 사용되고 있고, 북미에서는 같은 뜻의 용어로서 아동 치한범(child molester)이라는 말이 흔히 사용되고 있다. 이 용어들은 아동을 대상으로 범행을 저질러 온 모든 사람을 포괄적으로 지칭하는 말이다(성별 구분이나 피해자와의 관계 구분 없이). 아동을 학대하는 사람들은 보편적으로 흔히 피해자와의 관계(즉, 관계 유무), 그들이 표적으로 삼은 피해자의 성별(남성/여성/모두) 그리고 연령 집단(사춘기 전/후)에 따라서 분류한다.

강간범

강간은 성인에 대한 성폭력으로 정의되며, 통상 피해자의 허락 없이 삽입하는 성행위를 저지르거나 그럴 의도가 있는 경우가 해당된다. Marshall(2000)은 강간범(rapists)들이 통상적으로 다른 범죄자들 또는 비범죄자들에 비해서 그렇게 다르지 않다고 지적했다. 이에 대한 증거가 되는 초기의 연구 결과는 Malamuth(1981)의 연구에 소개되어 있다. 이 연구자는 미국 대학의 남학생을 대상으로 한 설문 조사에서 남학생의 35%가 만약에 처벌을 받지 않는 것이 확실하다면 강간을 저지르고 싶다고 보고한 것을 발견하였다.

강간의 저변에 깔린 동기를 부각시켜 주는 강간범의 유형론이 있다. 일반적으로 강간범 유형론의 기본 주제는 강간이 성적인 욕구 또는 성적이 아닌 욕구에 의해 동기 유발되었는지의 여부에 초점을 맞추고 있다(Beech et al., 2005; Robertiello & Terry, 2007). 강간범 유형의 분류는 Knight와 Prentky(1990)가 개관한 것이 〈글상자 18-1〉에 제시되어 있다.

글상자 18-1   강간범의 분류(KNIGHT & PRENTKY, 1990의 분류)

여기에서는 강간범을 동기에 따라 대략 세 가지의 유형으로 분류한다. 그것은 성적인 동기, 분노에 의한 동기 그리고 가학적인 동기다. 이 분류 체계에서 성적인 동기에 의한 강간범은 다음의 두 가지 유형으로 구분된다.

- **기회주의적 강간범**(opportunistic rapist): 마음 자세(태도)가 범행을 저지르기 쉬운 유형으로서, 강압에 의한 성행위를 갖는 데에는 잘못된 것이 전혀 없다고 믿는다. 이런 유형의 강간범이 저지르는 성폭력은 충동적이고, 포식자

의 입장에서 저지르는 행위이며, 성적인 환상이 뚜렷이 있거나 분노에 의해서라기보다는 상황 여건에 의해 행동 여부가 결정된다.

- **비가학적 강간범**(non-sadistic sexual rapist): 고도의 성적 환상에 사로잡혀서 범행을 저지른다. 이와 같은 환상은 성적인 흥분뿐만 아니라 여성과의 성행위에 대한 왜곡된 태도를 보여 줄 것이다. 통상적으로 이런 유형의 범죄자는 대인적 공격성의 수준이 비교적 낮기 쉬우며, 피해자를 굴종시키기 위한 도구로서 완력이나 힘을 사용한다.

분노에 의해 동기화된 강간범(anger-motivated rapist)은 Knight와 Prentky의 분류 체계에 따르면 두 가지 유형으로 구분된다.

- **보복성 강간범**(vindictive rapist): 이런 남성의 분노의 표적은 여성이 그 중심에 있고 여성밖에 없다. 이들이 저지르는 성폭력은 피해자에게 신체적인 상해를 입히고 욕보이고 굴욕감을 주는 행동이 특징이다. 분노에 성적 요소가 깃들어 있다는 증거도 없으며, 성적 환상에 사로잡혀서 강간을 저질렀다는 증거도 없다. 이 분류 체계에 따르면, 보복성 강간범이 저지르는 폭력은 살인에까지 이를 정도로 심각할 수 있다.
- **분노만연성 강간범**(pervasively angry rapist): 이 유형의 범죄자는 생활 전반에 걸쳐서 구분되지 않는(undifferentiated) 분노에 의해 동기가 유발된다. 이런 범죄자들은 여성 및 남성에게 똑같이 자기 내면의 조절할 수 없는 공격성을 표출하는 것으로 보인다. 이들 범법 남성은 반사회적 행동의 전력이 길며, 여기에서 강간은 분노와 적개심의 또 다른 표현일 뿐이다.

이 분류 체계에는 또 하나의 유형이 더 있는데, 가학성 강간범(sadistic sexual rapist)으로 불리며, 성 관련 요소와 공격성이 혼합되어 있는 경우다. Knight와 Prentky에 의하면 이들의 경우에는 성적이고 파괴적인 생각 및 환상이 자주 일어나며, 분노에도 성적 요소가 깃들어 있다.

성 관련 살인자

추정에 따르면, 영국에서 교도소에 수감되어 있는 사람 중 약 200여 명은 외견상 또는 자백에 의해 성적인 동기 때문에 살인을 저지른 것으로 시사된다(A. Carter, Lifer Unit, HM Prison Service, 개인적 의사소통, 2003. 5.). 아주 최근까지도 이들 대부분의 수감자는 교도소에서 성범죄가 아닌 다른 폭력범들과 같은 방식으로 관리되어 왔는데, 그들이 성범죄자라기보다는 살인자로 분류되기 때문이다[영국에서는 현재 성 관련 살인범(sexual murder)이라는 분류가 존재하지 않기 때문임]. 최근 10~15년 전부터 비로소 범죄 관련 요인으로서 성과 관련된 측면이 있을 때 이 부분에 대해서 치료를 제공해야 한다는 것이 인식되었다(Beech et al., 2005). 이제는 피해자를 살해한 남자들(살인의 배후에 성 관련 요소가 있었다고 의심되거나 확인됨)이 성범죄에 대한 치료를 받는 모든 남성의 약 5%에 해당된다(Beech et al., 2005). 〈글상자 18-2〉에는 Beech 등(2005)의 성 관련 살인자에 대한 분류가 제시되어 있다.

글상자 18-2   **성 관련 살인자의 분류**

- 가학성 동기에 의한 경우(sadistically motivated): 이 경우 범죄자는 내면에 살인을 향한 극도의 강박적 충동이 있다. 살인은 범행자가 성적인 살인과 관련된 이탈된/가학적 환상을 실행에 옮길 때 발생한다. 이런 유형의 성 관련 살인자는 〈글상자 18-1〉에 제시된 가학성 강간범의 더 극단적 유형이라고 볼 수 있다.
- 성적 동기에 의한 경우(sexually motivated): 이 경우의 살인은 범행자가 성폭력을 하는 동안이나 그 후에 피해자를 계속 침묵하게 하려고 또는 체포되는 것을 막으려고 하는 동기에 의해서 저질러진다. 이런 유형의 범행에서 주요 동기는 성적으로 범행을 저지르는 것이다. 이렇게 해서 가해자는 발각되지 않으려고 피해자를 충동적으로 살해하거나 살해할 계획을 미리 세워 놓곤 한다. 따라서 이 유형의 범죄자는 앞서 기술된 성적으로 동기화된 기회주의적 강간범(opportunistic rapist, 성폭력＋충동적 살인자) 또는 비가학적 강간범(non-sadistic sexual rapist, 성폭력＋계획적 살인자)의 극단적 유형으로 볼 수 있다.
- 불만이 동기인 경우(grievance-motivated): 이 경우 살인 및 살인을 초래한 성적 공격은 강력한 내면의 폭력성 때문에 유발된다. 이런 폭력적 긴장은 살인 피해자와는 통상 아무 관련 없는 다른 사람(들) 또는 환경과의 갈등이 길어져서 발생한다. 이런 유형의 성적 살인범은 〈글상자 18-1〉에 기술된 분노에 의해 동기화된 강간범(특히 보복성 강간범의 유형)의 보다 더 극단적인 경우로 볼 수 있다.

치료의 기본 틀

폭력범에 대한 치료의 기본 틀

폭력범의 재활치료에 대한 개관에서 Polaschek과 Collie(2004)는 폭력범의 치료를 이론적 접근에 따라 유용하게 분류하였다. 이들은 각종 치료 프로그램의 기반을 분노 관리(anger management), 인지 기술(cognitive skills), 대인 폭력 프로그램(interpersonal violence programmes) 또는 다중기법 접근(multimodal approaches)으로 분류하였다. 분노 관리 프로그램과 인지 기술 치료 프로그램은 기간이 짧고 강도가 약한(통상 150시간 이하) 프로그램이다. 이 두 접근법은 한 가지 요인(분노 또는 반사회적인 사고방식)이 폭력 행동의 원인이라는 가정에 토대를 두고

있다. 다중기법 프로그램은 다른 접근법들에 비해서 훨씬 강력한 편이다(통상 300시간 이상). 이들은 폭력 행동의 원인과 지속에는 많은 요인이 관련되어 있다고 가정하는데, 이런 요인에는 여러 심리적 요인과 행동적 요인(예: 사회 기술, 사고방식, 물질 남용 등)이 해당된다고 생각하였다. 이제 우리는 이런 접근법의 각각에 대해 좀 더 자세히 살펴보겠다.

분노 관리

폭력범에 대해서 적용되는 가장 보편적인 프로그램 중 하나는 **분노 관리 프로그램**(anger management programmes; Novaco, 1975)이다. 분노 관리

분노 관리 프로그램
(anger management programmes)

이는 통상 폭력범들로 하여금 자신의 분노 및 그 촉발 요인에 대해 좀 더 잘 알아차리도록 하는 데 초점을 맞춘다. 그다음에는 사회 기술과 이완 훈련을 위시한 다양한 기술을 습득하도록 해서 폭력범으로 하여금 분노로 인한 흥분을 감소시키고 분노 통제력을 강화시키도록 지지해 준다.

프로그램은 집단으로 실시할 때 효과가 촉진되는 경향이 있으며, 실시 기간도 짧은 편이다(즉, 2시간 1회기를 10~20회기 실시함). 분노 관리 프로그램에서는 통상 폭력범들로 하여금 자신의 분노 및 그 촉발 요인([그림 18-1])에 대해 좀 더 잘 알아차리도록 하는 데 초점을 맞춘다. 그다음에는 사회 기술과 이완 훈련을 위시한 다양한 기술을 습득하도록 해서 폭력범으로 하여금 분노로 인한 흥분을 감소시키고 분노 통제력을 강화시키도록 지지해 준다.

이와 같은 접근법에서는 폭력이 당사자의 분노에 의해 유발된 것이거나 분노에 따른 결과라는 것을 가정한다. 예를 들면, Howells(2004)는 폭력 행위가 "분노 행동(angry behaviours)"(p. 190)으로 명명되어 왔던 것에 주목하였다. 그러나 분노와 폭력적 범죄 행동이 연결되어 있다는 증거를 발견하지 못한 연구들(예: Mills & Kroner, 2003)도 있다. 분노 관리 프로그램을 옹호하는 많은 연구자도 분노가 폭력을 일으키는 데 기여하는 하나의 요인으로 간주되어야 하며, '특히 그 밖의 많은 요소가 동시에 나타날 때에는' 더욱 그러하다는 것

[그림 18-1] 분노 관리 프로그램은 통상 범죄자로 하여금 자신의 분노 및 그 촉발요인에 대해 좀 더 잘 알아차리도록 하는 데 초점을 맞춘다. 그다음에는 범죄자로 하여금 분노로 인한 흥분을 감소시키고 분노 통제력을 강화시키도록 다양한 기술을 알려 준다.

출처: ⓒ FuzzBones, Shutterstock사의 허락하에 게재함.

(Howells, 2004, p. 189), 또는 분노가 폭력이 일어나는 데 꼭 필요한 조건은 아니라는 것(이를테면 폭력이 도구적이거나 심지어는 가학적 성격을 띨 때에)을 언급했음을 감안하면, 그 밖의 다른 조건들에도 관심을 기울이는 것이 필요해 보인다. 즉, 다양한 요소를 갖춘 치료법이 필요하다는 것이다(Polaschek, 2006).

인지 기술 프로그램

인지 기술 프로그램(cognitive skills programmes)도 폭력 범죄자를 치료하는 데 활발히 적용되어 왔다(Bush, 1995; Robinson, 1995). 인지 기술 프로그램의 예로는 사고력 증진 및 재활(Reasoning and Rehabilitation; Antonowicz, 2005), 먼저 생각하기(Think First; McGuire, 2005) 그리고 인지적 자기변화 모형(cognitive self-change model; Bush, 1995)이 포함된다.

이와 같은 프로그램의 저변에 깔린 생각은 폭력 범행이 반사회적 사고방식에 의해 유발되는 것이기 때문에 프로그램에서는 범행자가 범죄로 이어지기 쉬운 자신의 사고 유형을 인식하고 문제를 해결하기 위한 새로운 사고방식을 습득하도록 돕는 데 초점을 둔다. 이런 프로그램은 집단의 형태로 실시되며, 다른 분노 관리 프로그램보다는 실시 기간이 비교적 긴 편이기는 하지만 전체적으로는 짧은 편에 속한다. Robinson(1995)은 캐나다에서 실시된 인지 기술 프로그램에 대해서 보고했는데, 이는 회기당 2시간짜리가 36회기로 구성되어 있었다. 그러나 Bush(1995)의 인지적 자기변화 모형에서는 매주 2회기씩 최대 3년까지도 지속된 적이 있다고 보고되고 있다. Henning과 Frueh(1996)는 55명의 범죄자를 대상으로 했을 때 평균 참여 기간이 10개월 정도였다고 보고하였다.

Ward와 Nee(2009)는 인지 기술 프로그램이 공격성과

폭력에 대해 머릿속에 새겨지고 강하게 뿌리내린 신념과 태도를 갖고 있는 심각한 고위험의 폭력 범행자에게는 효과를 보기 어렵다고 주장한 바 있다. 그들은 이런 프로그램이 인지 변화를 위해 비교적 협소한(narrow) 접근법에 토대를 두고 있어서 심각한 수준의 폭력 범행자에게는 잘 들어맞지 않을 수 있다고 주장한다.

애인 폭력 프로그램

애인 폭력(IPV) 프로그램은 원래 교육 위주였던 것으로서 IPV의 발생원인에 대한 여성동등권(feminist) 이론을 기반으로 발전된 것이다(이에 대한 자세한 서술은 10장 참조). 따라서 이 프로그램에서는 권력과 통제력, 친밀한 관계에서의 학대/강압 행동, 그리고 의사소통 및 스트레스 관리 기법(Graham-Kevan & Wigman, 2009) 같은 주제에 초점을 맞추는 경향이 있다. 그러므로 IPV 프로그램은 보편적인 폭력 성향이 있는 남성들에 대한 프로그램과는 별개로 발달된 것이다(Polaschek, 2006). 이는 배우자에게 신체적 폭행을 가하는 남성은 일반적인 폭력 성향의 남성과 다르다는 가정에서 비롯된 결과다. Hanson과 Wallace-Capretta(2000)는 애인 폭력범이 성역할과 여성과의 관계에 대한 태도에서뿐만 아니라 애인 폭력에 대해 관대한 태도를 갖기 쉽다고 보고하기는 했지만, 이들은 또한 IPV 범행자들이 반사회적 태도 수준이 높은 것을 위시하여 보편적 폭력 범행자들의 특성도 많이 공유하고 있음을 발견하였다.

좀 더 최근에는 IPV 연구 분야의 많은 연구자/임상가가 성(gender)을 포함시키는 접근을 취하고 있다(즉, 여성도 남성을 대상으로 폭력을 저지름). 이에 따라 페미니스트 입장에 따른 접근법들이 여성이 저지른 폭력에 적용하기에는 적절하지 않다는 주장이 있는 반면(예: Dixon et al., 투고 중; Dutton, 2006), Mederos(1999)는 IPV 프로그램의 초점이 매우 협소하여 IPV 범행자의 이질성을 수용하지 못하고 있는 것이 현실이라고 주장한 바 있다. 또한 Norlander와 Eckhardt(2005)는 IPV프로그램에서는 종종 알코올 남용과의 관련성을 다루지 못하고 간과해 버리는 경우가 종종 있다고 지적하였다.

다중기법 프로그램

McGuire(2008)는 (공격성과 폭력의 효과적인 치료에 대한 개관을 바탕으로 해서) "현재 제공되는 부적절한 치료 수준을 넘어서서 치료('투약량')의 제공 기간과 강도를 높이는 것이 거의 확실히 필요하다."(p. 2591)라고 지적했다. 고위험 폭력범에게 적용하기 위해 좀 더 최근에 개발된 다중기법(multimodal) 치료 프로그램에서는 분노 관리 프로그램이나 인지 기술 프로그램에 비해서 그 강도도 더 세고 더 크고 넓은 범위의 표적을 대상으로 하는 경향이 있다. 뉴질랜드 폭력 방지반(New Zealand Violence Prevention Unit; Polaschek et al., 2005) 같은 다중기법 프로그램은 심각한 폭력 행동의 전력이 있어서 상습범으로서의 위험성이 높다고 평가된 남성들에게 대표적으로 제공된다. 다중기법 프로그램은 통상 학제 간 팀이 운영하는데, 이는 심리학자, 보호관찰관 및 그 밖의 교육 및 프로그램 진행진으로 구성된다. 이런 프로그램의 실시 기간은 통상 12개월 이상이며, 보통 치료가 집단치료 방식으로 이루어지고, 개인치료는 필요시 추가된다.

이런 프로그램들은 적어도 이론상으로는 치료 프로그램 속에서 치료 목표를 당사자에게 맞도록 개별화하는 것이 가능하며, 이 목표를 달성하기 위해 좀 더 긴 시간을 사용할 수 있도록 되어 있다. 또한 이런 프로그램들의 기본 가정은 폭력이 다양한 문제를 배경으로 해서 발생했을 수 있고, 그렇기 때문에 그런 다양한 문제를 모두 치료 목표로 삼을 필요가 있다는 것이다(Polaschek, 2006). 이런 의미에서 보면, 이런 프로그램들은 분노 관리 프로그램이나 인지 기술 프로그램에 비해서 그 강도가 훨씬 더 세고 더 넓은 범위의 문제들을 목표로 한다.

폭력범을 위한 치료 프로그램의 내용

폭력범에 대한 치료에서 꾸준히 의문점으로 제기되어 온 것은 그들에게 전문화된 특수 치료가 필요한지 아니면 보다 일반적인 범죄자들에 대한 프로그램에의 참여가 도움이 될 수 있는지의 여부다(Polaschek & Collie, 2004). 궁극적인 의문점은 심각한 폭력범들에게 폭력 이외의 다른 유형의 범죄자와 다른 방식으로 치료를 실시할 필요성이 있느냐에 대한 것이다. 폭력이 아닌 다른 범죄의 위험성이 높은 범행자들이 최소한 한 번 이상의 폭력 범행을 저지른 과거가 있는 경우가 많다는 사실을 감안하고(Bourgon & Armstrong, 2005), 폭력의 위험 요인, 즉 **범죄유발성 욕구**(criminogenic needs)가 비폭력성 재범의 예언 요인으로서 괜찮은 점을 감안하면(Wong & Gordon, 2006), 이 의문점은 복잡해진다.

치료계획을 세울 때 가장 중요하다고 간주되는 요인은 폭력범 사이의 이질성(heterogeneity)이다. 구체적으로 말하면, 범행자에게 폭력이 갖는 기능과 범행의 유발 및 지속 요인을 잘 파악하는 것이 아주 중요하다(Howells & Day, 2002). 폭력 행동의 범주가 광범위한 점을 감안하면, 아주 비슷해 보이는 폭력 범죄를 저지른 두 명의 범행자가 범행을 저지른 이유는 아주 다를 수 있다는 것이다.

폭력범에 대한 치료를 계획할 때 폭력범을 치료에 대해 어떻게 준비시키고 동기화시킬 것인지를 생각해 보는 것도 중요하다. Howells와 Day(2002)는 범행자가 치료를 받을 준비가 얼마나 되어 있느냐의 관점에서 이 점을 살펴보았다(이 주제에 대해서는 이 장의 후반부

참조). 폭력범들은 통상 치료받을 필요성에 관해서는 가장 잘 봐 줘야 양가적(ambivalent, 즉 받을까 말까) 수준이다. 또는 간단히 말해 폭력범은 치료를 받아도 나아질 준비가 되어 있지 않다고 할 수 있다. 폭력범에 대한 치료는 폭력범을 대상으로 치료 작업을 하는 치료자가 어려움에 부딪힐 수 있음을 감안하면 더욱더 복잡해진다.

16장에 서술된 대로, Andrews와 Bonta(2006)는 범죄 행동과 직접적으로 연결된 범행자의 특성, 즉 치료의 초점이 되어야 할 대상을 설명하기 위하여 범죄유발성 욕구라는 용어를 처음으로 만들었다. Polaschek(2006)는 폭력범에서 치료의 대상이 되는 범죄유발성 욕구에 관한 기초 증거를 개관했다. 그녀는 "심각한 폭력 범행자에 대한 연구가 더 필요한데" 그 이유는, 이를테면 "폭력범의 범죄유발성 욕구에 대한 연구가 거의 없기 때문이다."(p. 145)라고 했다. 그러나 폭력범에 대한 다중기법 프로그램의 대부분은 너무 많은 문제를 목표로 삼고 있는데, 이들 목표 중 상당수가 상습 범행의 위험성과 최소한 어느 정도의 관계가 있는 것으로 보여서 범죄유발성 욕구에 해당되는 것처럼 보이기 쉽다(Polaschek, 2006). 예를 들면, 부정적/반사회적 태도는 일반적으로 반사회적 태도를 시사하거나 또는 폭력 사용에 대한 허용적 태도를 특정해서 반영할 수도 있다.

Polaschek 등(2004)은 범죄에 대한 전반적 태도 척도와 폭력적 태도 척도가 모두 상습 범행의 위험을 예측해 주는 것을 입증하였다. 많은 연구는 폭력범이 비폭력범에 비해서 충동성이 더 높음을 보여 주었다(예: Nussbaum et al., 2002). 우리는 〈글상자 18-3〉에 폭력범과 관련된 것으로 파악된 많은 범죄유발성 욕구를 제시하였다. 폭력범에 대한 치료적 접근의 한 가지 예는 〈사례연구 18-1〉을 보라.

글상자 18-3   폭력범의 욕구 중 치료가 필요한 것

- 분노
- 부정적/반사회적 태도
- 적대감
- 물질 남용
- 충동성
- 주요 정신질환으로 인해 발현 중인 증상(active symptom)
- 대인관계 및 문제해결 기술의 부족

- 반사회적 성격
- 사회정보 처리의 결손
- 대인관계의 불안정성
- 공감 부족
- 교육/직업
- 반사회적 패거리

사례연구 18-1   폭력범의 치료

Ron은 28세에 세 번째로 교도소에 수감되었다. 그의 죄목은 폭력과 약물 관련 범죄였지만, 그는 이전부터 도둑질, 사기 및 음주운전으로 유죄 판결을 받은 전력이 있다. 그는 지금껏 살아오면서 거의 대부분의 기간이 무직이었다. 그가 가장 최근에 저지른 폭력 범행은 모두 다 같은 날 밤에 저지른 것이다. 첫 번째 범행은 모르는 18세 남성에게 심각한 수준의 폭행을 가한 것이었는데, 피해자는 우연히 혼잡한 술집의 바깥에 있던 사람이었다. 경찰에서 수집된 증언에 따르면 이는 전적으로 이유 없는 공격이었다. 두 번째 범행은 첫 번째 범행이 발생한 지 2시간도 못 돼서 일어났다. 이는 주유소에서 무장강도짓을 벌이던 중 55세 남자 직원을 폭행한 사건이다. Ron과 두 명의 동료는 고기를 걸어 놓는 갈고리로 무장했다. 두 명의 피해자는 모두 병원에 입원해야 할 만큼의 상해를 입었다.

평가 중에 범행에 대해 질문했더니, Ron은 문제가 되는 사건이 있던 날 밤에 대해서 "내가 동료들과 함께한 조그만 재밋거리(a little fun with me mates)"였다고 기술했다. 그는 두 명 중 어느 피해자에 대해서도 피해자가 입은 부상에 대해서 전혀 신경을 쓰지 않았으며, 그가 마실 것을 살 때 18세 정도 되어 보이는 사람이 그를 밀쳤다(그를 화나게 했다)고 말했고, 강도짓은 "마약을 사는 데 필요한 돈을 좀 많이 구하기 위한 방법"이었을 뿐이라고 말했다. 또한 그는 "누구나 이따금씩 남을 휘둘러 패는 것이 필요하죠. 그렇게 하고 나면 당신도 강인해지게 됩니다."라고 말했다. Ron은 술집에 가기 전에는 24시간에 걸쳐서 다량의 알코올과 마약을 복용했다고 말했다. 그는 술집에 있는 동안은 애인 때문에 '약간' 화가 났다고 진술했다. 그리고는 피해자가 '사람 좋아 보이는 조그만 멍청이(good looking little jerk)'인 줄로 알았다고 덧붙였다. 나중에 Ron은 피해자가 자기 애인에게 말을 거는 것을 보았다고 시인했다. Ron이 절도 행위에 대해서 기술한 것을 보면, 사전에 잘 계획한 것이 아님을 알 수 있었다. Ron과 그의 패거리들은 마약을 구입할 돈이 좀 더 필요했을 뿐이며, 이들은 아마도 주유소를 대상으로 '저질러 버릴까(doing over)'라고 의논했을 뿐이었다.

주요 치료 목표/ 범죄유발성 욕구

- 폭력 사용을 지향하는 범행 지지적 태도("조그만 재밋거리" 그리고 "누구나 남을 휘둘러 패는 것이 필요하죠.")
- 반사회적 성격의 가능성(이전의 세 번의 폭력 범행과 그 밖의 다른 범죄)
- 반사회적 패거리(패거리가 없었어도 이런 범행을 그가 저질렀을까?)
- 물질 남용(폭력은 알코올과 마약을 구입할 돈을 버는 수단으로 사용된 것으로 보임).
- 분노(처치를 위한 중요 의문점은 치료 목표로 삼을 중요한 정서 상태가 분노 또는 질투/거절에 대한 두려움이냐에 있음.)
- 대인관계의 불안정성
- 대인관계 기술 및 문제해결 기술의 부족
- 충동성(Ron이 피해자를 폭행하기로 마음먹은 것은 충동적이고 무계획적인 것임)
- 취업이 목표/학력 문제

치료 접근

치료 목표가 여러 가지임을 감안하면, Ron은 인지 기술 프로그램과 분노 관리 프로그램만 실시해서는 효과를 보기 어려울 것으로 여겨졌다. 사실상, 그는 이전에 교도소에 수감된 적이 있을 때 분노 관리 프로그램을 완전히 이수하였다. Ron의 경우에는 폭력이 다중적 문제로 인해 유발된 것으로 보이므로, 이런 모든 문제는 다중기법 치료 프로그램(또는 알코올 및 약물 프로그램, 인지 기술 프로그램과 같은 특정화된 전문 프로그램을 많이 적용해서)을 통해서 다루어져야 한다.

다중기법을 사용하는 치료 접근에는 포괄적인 **재발 방지(relapse prevention)/자기관리(self-management)** 계획을 세우는 것이 들어갈 것이다. 이 계획에서는 Ron이 폭력을 사용하기 쉬운 여러 상황을 파악하고, 그가 충동을 억제하도록 도와줄 전략을 짜는 것이 될 것이다. 또한 치료 시 Ron의 폭력 사용이 반응적일 뿐만 아니라 도구적 속성을 띠는 특별한 점을 감안하여 그의 범죄유발성 욕구의 모든 것을 목표로 삼아야 할 필요가 있을 것이다.

> **재발 방지 (relapse prevention)**
> 문제 행동을 반복해서 일으키는 사람들을 돕기 위해 고안된 자기조절(self-control) 프로그램으로서, 종종 성범죄자들을 치료할 때 사용되곤 한다. 원래는 알코올중독과 같은 중독 행동을 치료하기 위해 구상된 것이다.

성범죄자 치료의 기본 틀

성범죄자는 그 유형에 따라 연구하고 고찰하는 것이 보통인데, 성범죄자의 치료는 일반적으로 아동 치한범에서 치료 대상이 되는 욕구를 우선적 목표로 한다. 강간범은 일반적으로 아동 치한범의 경우와 비슷한 방식으로 치료하는데, 이런 치료 관행을 지지하는 증거는 거의 없다(Gannon et al., 2008). 영국에서는 강간범이 교도소에 수감된 모든 성범죄자의 약 50% 정도나 되지만, 치료에 참여하는 남성 중의 15%만이 강간범인 것으로 보인다(Beech et al., 2005). 이상의 치료적 접근법들이 어떻게 실시되는지를 보여 주는 예는 〈사례연구 18-2〉를 보라. 이제 우리는 성범죄자에 대한 현대적 치료 접근을 살펴보겠다.

사례연구 18-2   **성범죄자에 대한 치료**

Joe는 23세의 범죄자로, 16세가 안된 여자아이와 성행위를 해서 유죄 판결을 받았다. Joe에 대한 심리평가를 실시하면서 과거 범행에 대해서 물었더니, Joe는 피해자와 3주 동안 '관계'를 가졌다고 진술했는데, 피해자의 당시 나이는 12세에 불과했다. 그는 피해자와 사랑하는 사이였다고 주장했으며, 피해자와의 성행위도 그녀가 즐겼기 때문에 범죄가 아니라고 믿고 있었다. Joe는 피해자와의 관계에 대해서 '단지 조그만 재미(just a little fun)'라고만 진술했으며, 그 밖에 적절한 나이의 여성 세 명과 가졌던 성관계에 대해서도 언급했는데, 이 세 번의 성관계도 겨우 며칠간만 지속되었을 뿐이다.

Joe는 부모님과 매우 가까웠고 석방되면 부모님께 되돌아가려 하고 있었다. 그는 직장을 구하기가 어려울 것으로 걱정하고 있었다. 왜냐하면 그의 전력이 나이 어린 애들을 데리고 노는 것이었는데 이제는 그 짓을 하지 못하게될 것이기 때문이었다. 그는 대부분의 여가 시간에 13~21세 사이의 사람들과 스케이트보드와 비디오게임 같은 비슷한 취미 활동을 공유하면서 보냈다. 그는 자신과 같은 연령대의 사람들이 두렵게 느껴진다고 진술했다. Joe의 누나는 그의 편이었다. Joe의 누나는 그가 무죄라고 믿고 있으며, 이따금씩 그에게 그녀의 두 딸을 돌보아 달라고 요청한다고 한다.

• **치료 목표/범죄유발성 욕구**: 범행에 대한 지지적 태도(예: '그녀가 그것을 즐겼기 때문에 그것은 범죄가 아니다.'), 아동들과의 정서적 동일시(예: 아이들과 '관계'를 맺는 것, 아이들과 비슷한 취미를 갖는 것, 그리고 어른이 무섭게 느껴지는 것), 그리고 어른들과 정서적으로 성숙한 관계가 부족한 것

• **재발 방지 접근**: 치료하려면 재발 방지 계획을 수립하는 것이 포함되는데, 여기에는 Joe가 부닥칠 수 있는 잠재적 위험 상황이 무엇인지를 파악하고 그것을 어떻게 피할 것인지 그 요령을 습득하는 것이 포함될 것이다. 예를 들면, Joe에게 아이들과 함께 어울리면 재범의 위험성이 높아질 것이며 이런 상황을 회피하게 해 주는 기술을 개발할 필요가 있다는 것을 깨닫게 한다. 이를테면, 자기보다 나이가 어린 아이들이 모이게 되면 그 자리를 떠나는 식이다. 또는 누나가 Joe에게 자녀들을 돌보아 달라고 간절히 요청한다 하더라도 그런 요청에 대처하기 위한 여러 가지 방법을 개발할 필요가 있을 것이다.

• **선한 삶 모형(good lives model: GLM) 접근**: 이런 방식의 치료에서는 Joe가 범행을 통해 얻으려고 하는 '좋은 것(goods)'이 무엇인지를 파악하는 것이 포함될 것이다. Joe는 (친밀하고 애정 있는) 우정관계라는 소위 좋은 것을 얻으려고 했던 것으로 보인다. GLM 접근에서는 적절한 나이의 애인과도 친밀한 관계를 추구할 수 있다는 확신을 키워 주는 데 필요한 기술을 습득하도록 도와주는 것이 포함될 것이다.

인지행동치료

성범죄자에 대해 가장 흔히 사용되는 치료는 인지행동치료(cognitive-behavioural therapy: CBT)다. 인지적 요소는 당사자가 갖고 있는 친범죄적 믿음(pro-offending beliefs)뿐만 아니라, 범행을 저지를 가능성을 높여 주는 방식으로 정서 상태와 행동의 수위를 증가시키는 인지도 목표로 삼는다. 따라서 인지치료에서는 당사자로 하여금 자기 앞에 발생한 사건에 대해 달리 생각해 보도록 격려하는 것을 목표로 하며, 이를테면 성행동에 영향을 미치는 인지 내용에 대해 새로운 통찰을 할 수 있게 해 주거나, 성범죄와 관련된 자신의 사고 유형을 깨닫도록 훈련시키며, 다양한 도구를 사용해서 자신의 사고 유형을 다시 평가하도록 돕는다.

인지행동치료에서 행동적 측면은 개인의 외양적 및 내면적 행동을 대상으로 한다. 원래 이것은 학습이론의 원리(즉, 바람직한 행동은 보상해 주고 바람직하지 않는 행동은 처벌하는 것)에 기반을 두고, 행동을 변화시키기 위한 절차를 적용하는 것뿐이었다. 그러나 이후에는 그 적용 범위가 넓어져서 모방 학습(modelling; 바람직한 행동을 시범으로 보여 주는 것) 그리고 기술 훈련(행동 시연을 통해 특정 기술을 가르쳐 주는 것)까지 포함하게 되었다. 따라서 인지행동치료는 성범죄자를 치료하기 위한 포괄적 접근방법을 제공해 주고 있으며, 현재 연구 결과에 따르면 그 효과성(efficacy)이 뒷받침되고 있다(치료 효과에 대해서는 이 장 후반부의 해당 절 참조).

재발 방지 접근

인지행동치료 접근에 추가된 중요한 부분은 중독 분야에서 온 재발 방지(Relapse Prevention: RP) 접근법을 이 방면에 맞게 적용한 것이었다(Marshall & Laws, 2003; Pithers et al., 1983). 재발 방지는 자신의 행동을 변화시키려고 하는 사람들에게 재발이라는 문제가 언제 예상되는지, 그리고 그에 어떻게 대처해야 할지를 가르쳐 주기 위해 고안된 자기관리 방식의 접근법이다. 성범죄자들에게 적용할 때, 재발은 성적으로 이탈된 환상 또는 성적 재범을 하는 것을 말한다. 재발 방지 접근법에서는 지역사회에서 맞부딪치게 될 수 있는 다양한 고위험 상황에 대해서도 자신의 성적 이탈에 대해 지속적으로 통제력을 유지할 수 있도록 성범죄자를 도와주도록 고안된 것이다. 그러나 보다 최근에는 RP를 무조건적으로 적용하는 것이 유용한가에 대한 의문이 제기되었는데, 이는 다음과 같다.

- 여기에서의 기본 가정은 모든 범죄자가 같은 길을 따라가서 범행을 저지르게 된다는 것이다(Laws & Ward, 2006). 그러나 성범죄자가 범행에 다다르는 과정에는 그 경로가 아주 다양할 수 있음을 시사하는 증거가 있다(Bickley & Beech, 2002; Ward & Hudson, 1998; Ward & Siegert, 2002).

- 치료에 있어서 부정적인 초점을 갖고 있어서 범죄자들이 재범을 저지를 수 있는 위험을 최소화하기 위해 여러 상황을 회피해야 한다는 것이다. 이런 전략은 보다 더 긍정적인 데 초점을 두는 접근보다는 범죄자들에게 호소력이 적다. 회피 전략보다는 목표에 접근하게 하는 방식이 치료에 더 관여하게 해 준다는 증거는 확실하다(Mann et al., 2004).

그러나 문제점이 제기되었다 해도 현대의 많은 인지행동치료 프로그램에서 RP는 여전히 일부분을 차지하며 쓰이고 있다.

위험/욕구/반응성을 목표로 하는 치료

위험, 욕구, 반응성(risk/need/responsivity: RNR)의 원칙은 16장에서 범죄자의 효과적 재활을 위해 핵심적 요소라고 기술한 바 있다. 그러나 여기에서 간략하게 요약해서 제시하면, 그 뜻은 고위험(high-risk) 사례를 우선적으로 해서, 이런 범죄자에게서 파악된 심리적 문제(범죄유발성 욕구)를 당사자에게 걸맞은 방식[**반응성의 주제** (responsivity issue)]으로 다룬다는 것이다. 특히 성범죄자들과 관련해서 위험 수준은 전문화된 성범죄자 위험 평가 도구를 써서 판단을 내리는 것이 가장 적절할 것이다(16장 참조). 성범죄자 특유의 범죄유발성 욕구 변인은 Thornton(2002)이 제시한 네 개의 상호 관련된 영역으로 분류할 수 있다. 즉, 그것은 다음의 각 수준에 따라 분류 가능하다. ① (이탈된) 성적인 관심(즉, 아동에게 성적인 흥분을 느끼는지 또는 성인 피해자와 강압적으로 성관계를 맺는 데 흥미를 느끼는지), ② 왜곡된 태도(아동과 성교를 해도 괜찮다는 생각이나 성인과 강압적 성교를 하는 생각을 하는지), ③ 사회-정동적 기능 수준(socio-affective functioning)이 낮은 것(즉, 타인에 대한 친근감 또는 적대감 여부), ④ 자기 관리에서 문제가 있는 것(즉, 자신의 행동/정서에 대한 통제력의 부족).

이 네 가지 핵심 영역에서의 문제가 상습 범행과 관련되어 있음이 입증되었다(Craig et al., 2007; Hanson et al., 2007; Thornton, 2002). 치료 전과 후에 범죄유발성 욕구를 평가했더니, 치료의 결과로 이들이 통상 호전되는 것으로 나타났다(Marques et al., 2005; Olver et al., 2007). 따라서 범죄유발성 욕구는 성범죄자를 치료할 때 치료 목표로 삼아야 할 가장 중요한 변인이다(Mann et al., 2010).

반응성에 관해 내부 반응성 요인과 외부 반응성 요인을 구분하기도 한다(Looman et al., 2005). 내부 반응성 요인에는 동기화 수준이 포함된다. 외부 반응성 요인은 당사자의 외부에 있지만 치료를 통해 효과를 보는 정도에 영향을 미치는 요인으로서, 이를테면 치료자 특성과 치료 분위기 등이 있다(Looman et al., 2005). 이들에 대해서는 이 장의 마지막 절에서 좀 더 자세히 살펴볼 것이다.

RNR 원리의 유용성에 관한 증거를 살펴보면, Hanson 등(2009)은 연구 설계의 기본 기준을 충족하는 23개의 연구(n= 6,746)를 추려 냈다. 모든 연구에서 RNR의 원리를 충실히 따른 정도가 평정되었다. Hanson 등은 치료받지 않은 범죄자 중에서 성범죄의 재범률이 19%인 반면에, 치료받은 집단에서는 11%임을 발견했다. 세 가지의 RNR 원리를 모두 충실히 따랐던 연구에서는 재범률이 대조집단 재범률의 절반 이하로 나타났음이 발견되었다. RNR의 원리를 한 가지도 따르지 못했던 연구에서는 재범률을 낮추는 데 효과가 거의 없었다.

RNR 접근의 효과를 뒷받침하는 증거가 있음에도 불구하고, 많은 비판이 제기되어 왔다. 특히 치료 시 범죄유발성 욕구에만 초점을 맞춘다는 것은 당사자가 갖고 있는 또 다른 문제를 간과한다는 것을 의미하는 것이라는 반론이 제기되었다. 즉, 한 개인을 전체로 치료하는 것이 아니고 범죄유발성 욕구 덩어리로만 본다는 것이다. 치료의 초점이 범죄유발성 욕구를 감소시키면 당사자의 삶의 질이 어떻게 향상될 것인지에 대해서는 설명하지도 않고 범죄유발성 욕구에만 치료의 초점을 맞추게 될 경우, 당사자에게 거의 호소력이 없을 것이라는 점이 지적되었다(Willis et al., 2011). RNR이 위험 관리에 주요 초점을 두고 있어서, 치료 대상자의 가치관과 삶의 우선순위를 배려하는 다른 접근법만큼 대상자의 참여를 극대화시켜 주지는 못한다.

'선한 삶' 모형

RNR 방식을 비판하는 새로운 접근방법들이 제안되

었다. 특히 범죄자 재활의 이론적 기본 틀로서 (위험 관리만을 지향하는 것과는 반대로) 좀 더 긍정적인 방향을 추구하는 접근법이 관련 전문가들로부터 크게 긍정적으로 받아들여졌다. **선한 삶 모형**(good lives model: GLM; Ward & Stewart, 2003)은 이와 같은 기본 틀로서 성범죄자들을 대상으로 점차 많이 사용되고 있다. 이와 같은 긍정적인 방향을 추구하는 재활이론에서는 당사자에게 좀 더 호소력 있게 보이도록 해서 당사자가 치료를 받아서 효과를 보기 쉽도록 치료를 제공하는 것

> **선한 삶 모형**
> (good lives model: GLM)
>
> 개인이 갖는 강점에 기반을 둔 범죄자 재활이론으로서, 중요한 개인적 목표를 달성하도록 하기 위해 범죄자에게 내부 및 외부 자원을 제공해 주어서 역동적 위험요인을 감소시키거나 관리하는 것을 추구한다.

[그림 18-2] 긍정적 재활이론에 따르면, 모든 인간은 주요한 '좋은 것(goods)'을 추구하는데, 성범죄는 이런 좋은 것을 부적절한 방법으로 얻으려는 시도로 인해 일어난다.

출처: ⓒ Felix Mizioznikov. Shutterstock사의 허락하에 게재함.

이 유용하다는 점을 인정하고 있다. 이 이론에 따르면, 성범죄자를 포함해서 모든 인간은 11가지의 주요한 '좋은 것(goods)'을 추구한다(21장 참조; 또한 Ward et al., 2006; Ward & Stewart, 2003 참조). 이런 기본 틀(Ward et al., 2006; Ward & Stewart, 2003)에 따르면, 성범죄는 이런 좋은 것들을 부적절한 방식으로 얻으려고 시도한 결과로 발생한다([그림 18-2]). 치료 목표는 범죄자가 석방되면 그 속에서 범행을 저지르지 않고 성공적인 삶을 영위할 수 있도록 그에 필요한 지식, 기술 및 역량을 갖추도록 하는 것이다(Ward et al., 2006).

현재까지의 GLM에 대한 주된 비판은 그 효과에 대한 경험적 증거가 부족하다는 것이다. 그러나 이 접근법을 사용할 것을 지지하는 증거가 축적되기 시작하고 있다(예: Harkins et al., 출판 중). 이런 기본 틀에 대한 비판이 있음에도 불구하고, 많은 학자는 긍정적이고 동기유발을 강조하는 GLM의 기본 틀과 RNR의 경험적으로 지지된 기본 틀을 결합시키면 그 잠재력이 커진다는 것을 인식하기 시작했다(Ward et al., 2007; Willis et al., 2011).

통합된 틀

현대의 성범죄 이론에서는 생물학적·사회적 및 심리적 원인을 통합한다(예: Marshall & Barbaree, 1990; Ward & Beech, 2006; Ward et al., 2006). 현재 치료를 위한 기본 틀이 아직까지는 이런 통합적 접근을 따라잡지는 못하고 있다고 주장할 수도 있겠다. 왜냐하면 그것이 주로 심리적 측면만 우세하고 범행에 대해 지지적인 태도, 대인관계 및 자기조절(self-regulation) 등의 주제에만 초점을 맞추고 있기 때문이다.

북미 지역의 프로그램 대부분은 최근 조사에서 스스로를 인지행동적 프로그램이라고 기술하였는데(McGrath et al., 2010), 그중 약 50%는 RP 모형을 따르고 있다고

했다(응답자는 자신의 프로그램의 이론적 접근을 기술할 때 한 가지 이상을 선택할 수 있었음). RNR 모형은 그 효과를 뒷받침하는 증거가 많음에도 불구하고, 응답자 중 자신들의 프로그램이 RNR 모형을 따르고 있다고 기술한 경우는 1/3 미만에 불과했다(예: Andrews, 2011 참조). 자신들의 프로그램이 성적 외상 모형(sexual trauma model)을 따른다고 기술하거나 또는 다중체계적 치료(multi-systemic therapy)—청소년 성범죄자에 대해서 경험적 지지를 받는 접근법—라고 기술한 경우는 더욱더 드물었다. 성적 생각에 사로잡혀 있거나 강박적인 성적 환상을 겪는 범죄자들에게 심리적 처치 이외에도 의학적 처치를 병행해서 효과를 높이는 것에 대한 증거가 많음에도 불구하고, 북미 지역의 프로그램 중 성욕 억제제 또는 선택적 세로토닌 재흡수 억제제(selective serotonin reuptake inhibitor: SSRIs)를 처방해 주는 의사가 있는 경우는 20% 미만이라고 한다.

확실한 것은 프로그램의 내용 속으로 증거에 기초한 최신의 변동사항이 반영되려면 다소간의 시간이 필요하다는 것이다. 이는 특히 영국 및 웨일즈에서의 교도소 프로그램 및 보호관찰 프로그램과 같은 매뉴얼에 따라 여러 기관에서 운영되는 대규모 프로그램의 경우에 그러하다. 프로그램의 구성을 변경하는 과정은 수년이 걸릴 수 있는데, 이는 특히 변경 과정에 대해 외부 기관으로부터 승인을 받아야 하는 경우에 그렇다. 프로그램 인증 시스템을 운영하는 사법 시스템에 계류된 경우가 그 예가 된다(McGuire et al., 2010).

금세기의 첫 10년간은 성범죄의 원인에 대한 지식뿐만 아니라 효과적인 치료의 요소에 대한 증거도 많이 축적되었지만, 성범죄 및 그 치료에 대해서는 풀리지 않은 의문점이 아직도 많이 남아 있다. 예를 들면, Hanson (2010)이 결론을 내렸듯이, 소아성애의 원인은 아직도 모른다. 몇몇 학자(예: Caimilleri & Quinsey, 2008; Seto, 2008)는 소아성애에 대한 신경 발달적 해석을 지지한다고 확실하게 주장했지만, 이와 같은 증거 기반은 아직도 초기 단계에 불과하며, 이러한 지식을 치료 패러다임으로 발전시키려면 아직 멀었다.

현재로서 통합된 최선의 치료의 기본 틀은 생물학적·사회적 및 심리적 자원을 확대하는 것을 목표로 하며, RNR의 원리에 맞게 작용하며, 치료 참여자들에게 프로그램의 목표가 매력적이고 도달 가능한 것으로 보이도록 할 필요가 있음을 인정해야 한다. 매뉴얼에 따라 진행하는 치료에 대한 찬반 논쟁이 있지만(예: Mann, 2009a; Marshall, 2009), 대부분의 사람은 프로그램의 구조가 미리 정의된 구조를 갖추고 있는 것이 치료의 신뢰도를 유지하고 연구 결과에 대한 평가가 이루어지는 데 필요하다는 것에 동의할 것이다. 대부분의 치료 프로그램은 집단 프로그램이다. 집단 프로그램은 통상 그 효율성 때문만이 아니라 개인치료에서는 해내기 어려운 방식으로 대인관계 기술을 발전시킬 기회를 참여자에게 제공하기 때문에도 선호된다. 그러나 어떤 치료 양식이 다른 것에 비해서 더 낫다는 것을 지지한다고 말할 만한 증거는 없다(Ware et al., 2009).

성범죄자에 대한 프로그램에서의 치료 내용

북미 전체 지역에 걸쳐 있는 1,379개의 성범죄자 치료 프로그램에 대한 조사(McGrath et al., 2010)에서는 다소 놀랍게도 대부분의 프로그램에서 범행에 대해 책임감을 느끼는 것과 피해자를 공감하는 것처럼 재범과 밀접한 관계에 있는 것으로 알려져 있지 않은 주제에 초점을 맞추는 것으로 드러났다. 위와 같은 주제에 초점을 맞추는 것은 성범죄자의 치료에 관한 초기의 영향력 있는 문헌(예: Salter, 1988)에서 비롯된 것이다. 이들 초기 문헌은 범죄유발성 욕구에 관한 연구가 잘 정립되기

표 18-1   경험적 근거가 있는 성범죄 재범의 위험 요인

경험적 지지를 받는 위험 요인	가능성이 있는 위험 요인	지지를 받지는 않지만 흥미를 끄는 예외적 요인/ 연구해 볼 만한 요인	위험 요인이 아닌 것
• 성적 생각에 빠져 있는 것 • 아동에 대한 성적 선호 • 성으로 표현된 폭력 • 복합적 성도착증 • 범행을 지지하는 태도 • 아동과의 정서적 일체감 • 성인과의 정서적 친밀관계의 부족 • 충동적 생활 방식 • 자기조절 문제 • 문제해결 능력의 부족 • 규율에 대한 저항 • 불평조의 사고방식 • 부정적인 사회적 영향	• 여성에 대한 적대감 • 권모술수 위주(Machiavel-lianism) • 냉담함(callousness) • 성적인 대처 방식 • 외현화	• 부정(denial) • 부적절한 자기상 • 주요 정신질환 • 외로움 • 적대적인 성적 태도 • 자기애가 취약한 것 • 성적 능력에의 자만심	• 우울 • 피해자에 대한 공감 능력의 부족 • 치료 접수 시 치료에 대한 동기 결여 • 사회 기술의 부족

이전에 쓰인 것이다. Mann 등(2010)은 위험 요인에 관한 문헌을 개관하여 경험적 지지를 가장 많이 받는 이런 위험 요인(따라서 치료 시 목표로 삼아야 하는 그런 영역)의 목록을 만들어 내서 치료 프로그램 설계를 변화시키도록 격려하려고 노력하였다. 〈표 18-1〉에는 이런 개관 작업의 성과가 요약 제시되어 있다. 각 위험 요인에 대한 자세한 설명은 출처 문헌에서 찾을 수 있다.

Mann 등(2010)은 경험적으로 지지를 받는 위험 요인이 치료 프로그램의 주된 초점이 되어야 한다고 결론지었다. 그러나 McGrath 등(2010)이 밝혔듯이, 이는 임상 실제에서는 항상 지켜지기가 어렵다. 예를 들면, 이탈된 성적 흥미(deviant sexual interest)는 재범과 가장 강력히 연결된 위험 요인이다. 그러나 미국에서는 치료 프로그램의 2/3에서만 이 문제를 다룬다고 보고되었다. McGrath 등(2010)은 많은 성범죄 프로그램의 치료 목표

가 성범죄의 재범을 예측하는 요인에 관한 연구 결과와는 '들어맞지 않는 경우가 종종 있다'고 결론지었다.

임상 실제와 증거 기반 사이에는 틈이 있을 수 있는데 왜냐하면 치료 프로그램이 변화하려면 시간이 다소 걸리기 때문이다. 예를 들면, 매뉴얼도 다시 써야 할 것이며, 담당자도 재교육을 받아야 하는 것 등이다. 어떤 경우에는 연구 결과가 기존에 굳건히 받아들여지고 있는 믿음(예: 성범죄자는 다시 범행을 저지르지 않으려면 자신의 성범죄 행위에 대해 책임을 져야 한다는 아주 널리 퍼져 있는 믿음)을 강력하게 뒤흔드는 경우, 담당자도 변화에 적극 저항할 수 있다. 따라서 프로그램 설계자는 치료 프로그램에 주요한 변화를 도입할 때 연구 결과가 출판된 후 어느 정도 기다리는 것이 좋을 수 있다.

위험한 범죄자에 대한 치료의 효과 증거

폭력범

폭력범에 대한 치료의 효과 여부에 대해서는 경험적 증거가 놀랄 정도로 부족해서 결론을 내릴 수가 없다. 이는 아마도 대부분의 사법 기관에서 다른 유형의 범죄자, 대개는 눈길을 끄는 성범죄자를 치료하는 데 기관의 자원을 집중하고 있기 때문일 것이다(Howells et al., 1997; Polaschek, 2006). 즉, 대부분의 형사 사법 체계(criminal justice systems)에서는 이들처럼 심각한 폭력범에게 치료를 제공하는 것이 얼마나 중요한지를 잘 깨닫고 있다는 뜻이다. 따라서 형사 사법 체계에서는 일반적 범죄유발성 욕구 관련 프로그램(앞서 언급한 것처럼)을 제공하거나 또는 이런 특수 집단의 범죄자에게 적용할 특수한 집중치료 프로그램을 개발해 냈다(Serin et al., 2009). 이런 사실은 폭력범에 특정한(specific) 치료 프로그램의 효과를 철저히 평가하려고 한 시도가 비교적 적었던 이유를 설명해 준다.

폭력 범죄자의 치료에 대한 최초의 광범위한 문헌 개관에서, Polaschek와 Collie(2004)는 방법론적으로 엄격한 기준을 통과했다고 간주된 9개의 연구를 요약했다. 이들 중 2개는 인지 기술 프로그램이고, 3개는 분노 관리 프로그램이며, 나머지 3개는 다중기법 프로그램으로 분류되었다. 이 연구들은 각각 유망한 결과를 보고했다. 그러나 Polaschek와 Collie(2004)는 이 연구들이 모두 방법론적으로 취약하거나 제공하는 정보가 부족해서 폭력범 치료의 효과에 대한 확실한 결론을 내릴 수가 없다고 지적했다. 보다 최근에 Jolliffe와 Farrington(2007)은 폭력범 치료 프로그램의 효과에 대해 체계적으로 개관

한 결과, 좋은 치료 프로그램으로 선정될 정도로 방법론적 기준에 부합되는 효과 연구가 겨우 11개에 불과함을 발견했다.

Polaschek와 Collie(2004)가 최초로 개관연구 결과를 발표한 이후, 폭력범에 대한 다중기법(집중적) 프로그램들의 효과에 관한 연구가 많이 발표되었다. 그런데 이들 연구에서도 일관성이 결여된 결과가 나타났다. Polaschek 등(2005)은 뉴질랜드에서 교도소를 기반으로 한 집중적 폭력 방지반 프로그램(intensive violence prevention unit programm)에 대해 보고하였다. 이 집중적인 집단 기반의 프로그램은 28주 동안에 매주 4회기씩 진행되었다. Polaschek 등(2005)은 프로그램을 첫 번째로 이수한 22명을 배합설계(matched)의 통제집단과 최소 2년 이상의 추적조사 기간에 비교하였다. 치료를 받은 집단 중 32%만이 재범을 저지른 반면에, 통제집단에서는 63%가 재범을 저질렀다. 치료를 받은 집단 중 재범자들은 그 이후의 범행을 저지를 때까지의 잠복기간이 통제집단에 비해서 두 배 이상 길었다.

Cortoni 등(2006)은 캐나다에서 교도소 기반의 폭력 방지 프로그램(violence prevention programm: VPP) 94회기를 이수한 500명의 범죄자와 치료를 받지 않은 배합설계의 통제집단 466명을 비교하였다. 연구 결과, VPP를 이수한 범죄자들은 프로그램 종료 후 6개월 및 1년 동안에 교도소의 주요 규칙 위반을 의미 있게 적게 저지른 것으로 나타났다. 더 중요하게, 치료를 받지 않은 범죄자들은 12개월 동안에 폭력 범행으로 죄목이 추가되는 경우가 두 배 이상인 것으로 나타났다.

Serin, Gobeil과 Preston(2009)은 캐나다에서의 지속형 폭력범에 대한 프로그램의 효과를 평가한 결과, 그것이 덜 긍정적인 것으로 나타났다. 이들은 144시간짜리 프로그램을 이수한 폭력범들이 분노 관리 프로그램을 이수했거나 아무런 프로그램에도 참여하지 않은 범

죄자들과 비교했을 때 재범을 저지를 확률이 비슷하다는 것을 발견했다. 마찬가지로, 범죄자들 사이에서는 교도소 규정 위반 행위나 치료적 변화 측정에서 거의 차이가 없었다.

분노 관리 프로그램의 효과 여부에 대한 결과도 혼동되는 수준으로 나타났다. Dowden 등(1999)은 110명의 분노 관리 프로그램 참여자를 3년간 추적조사(follow-up)했더니 폭력 재범률이 86% 정도 감소했다고 보고하였다. 반면에, 호주에서 수행된 분노 관리 프로그램의 평가에서는 그 효과가 아주 작은 것으로 나타났다(Howells et al., 2002). 이 프로그램들은 Dowden 등(1999)이 보고했던 프로그램에 비해서 회기 실시 기간도 짧고 덜 집중적이었던 것으로 보인다.

인지 기술 프로그램에 대한 평가도 또한 혼동되는 결과를 보여 주었다. 캐나다에서 수행된 대규모의 연구에서, Robinson(1995)은 재범률이 36%까지 줄어들었음을 보고하였다. 다양한 종류의 범죄를 저지른 범죄자들에게 교도소 기반의 사고력 증진 및 재활(Reasoning and Rehabiliation) 인지 기술 프로그램을 36회기 이수하게 했다. 여기에서 이 프로그램에 참여했던 폭력범들은 절도죄로 유죄 판결을 받은 다른 범죄자들에 비해서 프로그램을 통해 효과를 본 것으로 나타났다. 영국 및 웨일즈에서 수행된 비슷한 규모의 평가(Falshaw et al., 2004)에서도 인지 기술 프로그램을 이수한 범죄자들이 배합설계의 통제집단에 비해서 2년 동안의 재범률에서 차이가 없는 것으로 나타났다.

Babcock 등(2004)은 22개의 연구를 기반으로 애인 폭력 프로그램에 대한 대규모의 종합분석(meta-analysis)을 실시했다. 이들의 결론에 의하면, 애인 폭력 프로그램은 기껏해야 재범에 대해서 아주 작은 긍정적 효과만 나타냈을 뿐, 대부분 효과가 없었다. Polaschek (2006)는 이런 프로그램의 위와 같은 효과에 대해서 다

소 낙관적인 마음 자세로 임해야 할 필요가 있다고 주장하였고, 프로그램의 효과를 증진시킬 방도에 대해서 청사진을 제시하였다.

성범죄자에 대한 치료의 효과

성범죄자에 대한 치료의 효과는 광범위하게 연구되었고 개관 작업도 이루어졌다(Gallagher et al., 1999; Hall, 1995; Hanson et al., 2002; Kenworthy et al., 2004; Rice & Harris, 2003). 치료의 효과 여부를 판단 내릴 때에는 많은 요인을 고려해야만 한다(이에 대한 개관은 Harkins & Beech, 2007 참조). 여기에 치료 유형(예: 통찰지향적 치료, 인지행동치료), 연구방법론[예: 무선배정이 안된 참여자(incidental cohort), 무선 통제 시행(randomised control trial: RCT)]이 포함된다. 성범죄자에 대해 무선 통제 시행을 적용하는 데 관련된 문제에 대한 논의는 Marshall과 Marshall(2007)을 보라. 또한 이에 대한 반론 및 효과를 어떻게 측정할 것인가(예: 재범률, 치료 과정 중의 변화)에 대해서는 Seto 등(2008)을 보라.

다양한 치료적 접근의 효과를 평가하는 데 유용한 방법은 종합분석을 사용하는 것이었다. 이는 많은 연구에서의 결과를 종합해서 전반적 효과가 있느냐의 여부를 결정 내리는 것이다. 이 방법은 여러 가지를 합치는 땜질식(amalgamating) 연구에서 통상 비롯되는 표본 크기가 큰 연구에서도 조그만 처치 효과를 탐지할 수 있게 해 준다.

Hanson 등(2002)은 2000년 5월까지 이루어진 것으로 파악된 치료 효과 평가 연구들을 대상으로 종합분석을 실시했다. 분석 대상에 포함된 모든 연구에는 대조집단으로서 치료를 받지 않은 사람들뿐만 아니라 부적절하거나 부적합하다고 판단된 프로그램에 참여한 사람들도 포함되어 있었다. 이들의 검색에서는 43개의 연구

(N=9,534)가 밝혀졌는데, 이 연구들은 지역사회 및 교도소에서의 치료 프로그램에 대한 것으로서 23개는 출판된 것이고 20개는 출판되지 않은 것이며, 추적조사 기간은 평균 46개월이었다. Hanson 등은 치료가 의미 있는 효과를 가져왔다고 보고하였다(치료받은 범죄자들은 12.3%, 치료받지 않은 범죄자들은 16.8%). 모든 유형의 치료를 평균했더니 치료의 효과가 유의미하였다. 접근 유형에 따라 치료를 분류한 결과, Hanson 등은 '낡은 치료'(예: 행동적 접근을 쓰지 않는 치료/인지행동치료가 아닌 치료)가 문제의 감소에 거의 효과가 없었던 반면에, 인지행동치료(CBT)는 긍정적인 치료 효과가 있었다는 것을 발견했다.

Lösel과 Shmucker(2005)도 비슷한 결과를 보고했는데, 이들은 2003년 6월 이전에 연구가 완료된 69개의 연구(N=22,181)를 분석했다. 이 종합분석에서도 치료를 받은 성범죄사에게서 긍정적 치료 효과가 확인되었다. 이들은 신체적 치료(예: 거세 수술과 호르몬 치료)가 심리사회적 접근의 치료에 비해서 효과가 더 큰 것을 발견했다. 또한 인지행동치료와 전통적 행동치료 모두 성범죄의 재범률에 의미 있는 효과를 가져오는 것으로 나타났다. 반면에, 심리치료 지향적 접근(예: 통찰지향 접근, 치료 공동체, 그리고 그 밖에 잘 확인되지 않은 심리사회적 접근)은 재범률에 의미 있는 영향을 끼치지 못했다.

보다 최근의 종합분석에서 Beech 등(준비 중)은 연구 설계는 다양하지만 모두 통제집단이 포함된 54개의 치료 효과 연구(N=14,694)를 조사했다. 그 결과 성범죄의 재범과 일반 범죄의 재범 모두에 대해서 긍정적 치료 효과가 나타났는데, 체계적이고 CBT 지향적인 접근이 성범죄 및 일반 범죄의 재범을 감소시키는 데 더 효과가 있는 것으로 나타났다. Beech 등(준비 중)은 이와 같은 결과가 성범죄자에 대한 치료가 효과가 있음을 지지하는 것이라고 시사했다. 이는 특히 가장 강력한 처치 설계[즉, 무선 통제 시행과 일부 무선 배정이 안 된 집단이 포함된 설계(incident cohort combined)]를 적용했을 때 그렇게 나타났으며, 계통적 치료(systemic therapy)와 인지행동치료가 효과적인 개입으로서 가장 유망한 것으로 보인다고 시사되었다.

위험한 범죄자를 치료할 때 고려할 사항

위험한 범죄자들을 치료할 때에는 고려할 사항이 많다. 이제 우리는 그중 몇 가지를 간략하게 살펴보겠다.

정신병질적 범죄자

정신병질자는 ① 자기중심적인(self-serving) 대인관계적 특질[예: 과대사고(grandiosity)], 병적인 거짓말(pathological lying), 남을 조종하려는 근성(manipulativeness), 정동이 얕은 것(shallow affect, 즉 깊이 우러나오는 정서가 없는 것), 공감이나 죄책감이나 후회가 없는 것, 그리고 ② 반사회적인 특질이 많은 것(즉, 충동성, 지속적으로 사회 규범을 위반하는 것)이 그 특징이다(1장과 Hare, 2003 참조). 정신병질 척도에서 점수가 높은 남성은 전통적인 치료 프로그램을 받아도 반응을 잘 나타내지 않는 집단적 성향이 있다는 흔히 거론되는 내용에 대한 관련 연구 및 개관 결과가 아주 많다(Hare et al., 2000; Hare & Neumann, 2009; Hobson et al., 2000). (PCL-R에서 점수가 30점인 것이 정신병질을 가려내는 기준 점수로 사용된다; Hare, 2003.) 어떤 연구에서는 정신병질적 특질이 높은 남성을 치료하면 더욱 악화된다는 것(즉, 재범을 저지르기 쉬운 것; Hare et al., 2000; Looman et al., 2005; Rice et al., 1992; Seto & Barbaree, 1999)을 보여 주기도 한 것으로 나타났다. 그러나 정신병질자의 치료 효과가 부정적이라고 시사하는 연구에는 다소 문제가 있다. 보다 최근의 연구에서는 정신병질자가 재범률이 항상 높은 것은 아니라고 보고한다(Abracen et al., 출판 중; Barbaree, 2005; Langton et al., 2006).

정신병질자의 치료에 관한 문헌의 개관은 통상 PCL-R에서 점수가 높게 나타난 남성이 치료에 대해 부정적인 반응을 보인다는 견해를 지지하는 증거가 충분하지 않다고 결론짓고 있다(Abracen et al., 2008; Doren & Yates, 2008; D'Silva et al., 2004; Loving, 2002; Olver & Wong, 2009; Thornton & Blud, 2007). 정신병질자는 비정신병질자보다 치료할 때 도전적인 느낌을 더 많이 주기 때문에 치료가 잘 안 된다고 할 수는 있겠지만, 그래도 정신병질자도 치료될 수 있다. 특히 정신병질자는 전통적 치료 프로그램에 대해서는 반응을 잘 나타내지 않지만, 그들의 욕구에 딱 들어맞도록 고안된 치료 프로그램에 대해서는 반응을 잘 나타낼 수도 있다(Harkins, Beech, & Thornton, 출판 중; Thornton & Blud, 2007; Wong & Hare, 2005).

치료받을 준비

어떤 학자들은 반응성(responsivity)의 주제에 대해 '치료받을 준비(treatment readiness)'라는 좀 더 넓은 용어를 감안해서 고찰해야 한다고 시사하고 있다(Serin, 1998; Ward et al., 2004). 이 개념에는 다양한 개인적 요인(즉, 믿음, 정서, 기술)과 치료에의 참여를 촉진하고 변화를 증진시켜 주는 맥락 요인(즉, 치료 상황과 치료받을 가능성, 외부로부터의 지원, 자격 있는 치료자의 유무)이 내포되어 있다(Ward et al., 2004). 이 이론에 따르면, 어떤 사람은 자기 내면에서 이루려고 하는 변화를 촉진시켜 줄 외부 요인이 구비된 상황에서야 자기 내면에 자신이

갖고 있는 만큼 변화할 준비가 되어 있다(Ward et al., 2004, 2006).

Ward 등(2004)은 치료 성과는 치료받을 준비에 영향을 주는 요인을 다룸으로써 향상될 수 있다고 시사했다. 여기에 해당되는 주제에는 학습장애, 언어 기술의 부족 및 문맹, 치료자가 문화적 배경이 다른 경우, 변화하고자 하는 동기가 없고 폭력 범행을 부인하는 것 등이 있는데, 이런 요인들은 모두 치료를 시작하기 전에 다루어야 할 중요한 주제다(Howells et al., 1997; Serin & Preston, 2001). 위의 주제들은 모두 범행자가 자신을 변화시키려는 치료 활동에 대해 '저항하는' 결과를 가져올 수도 있다. 이는 결정적으로 중요한 주제인데, 왜냐하면 치료를 받다가 중도 탈락하는 위험한 범죄자는 아무런 치료도 받지 않은 범죄자에 비해서 재범률이 거의 항상 높은 것으로 나타났기 때문이다(즉, 폭력 범행의 경우 재범률은 전자는 40% 대 후자는 17%이었다; Dowden & Serin, 2001).

치료 분위기

집단의 치료 분위기(therapeutic climate)란, 치료 효과가 나타날 때의 주변 맥락(context)을 지칭한다. 이는 치료자의 특성뿐만 아니라 집단 내 참여자들 간의 상호관계(interrelationships)와 같은 요인의 영향을 받는다. 그러므로 범죄자의 특성도 중요하지만, 치료자의 특성과 치료 집단 자체의 특성도 과소평가되어서는 안 된다. 문헌 개관을 통해서 Marshall, Fernandez 등(2003)은 공격적으로 직면시키는 접근 방식은 피해야만 하며 지지적인 분위기에서 공감하고 존중해 주지만 준엄하게 도전시키는 방식을 써야 한다고 시사하였다. Marshall과 동료들은 공감(empathy), 온정(warmth), 참여자에게 보상을 주고 지시적으로(directive) 이끄는 것 같은 많은 치

료자 특성이 치료를 통해서 긍정적으로 변화하는 것과 관계가 있음을 발견하였다(Marshall et al., 2002; Marshall, Serran et al., 2003). 거칠게 직면시키는 것은 치료적 변화와는 반대관계에 있었다. 이와 같은 '동기유발(motivational)' 접근은 또한 성범죄자들(예: Drapeau, 2005; Fernandez, 2006; Garland & Dougher, 1991; Kear-Colwell & Pollock, 1997; Preston, 2000)과 일반 범죄자들(예: Andrews & Bonta, 2003; Ginsberg et al., 2002; Mann et al., 2002)에 대한 치료에서도 그 밖의 많은 연구자로부터 지지를 받고 있다. 또한 동기유발 접근은 성범죄자 사이에서의 긍정적 집단 분위기와도 관련이 있다(Beech & Fordham, 1997).

집단 분위기의 측면에서, Beech와 Fordham(1997)은 성공적으로 치료를 받은 성범죄자 집단의 특성을 조사한 결과, 효과적인 집단에서는 집단 구성원들에게 희망을 고취시켜 주고, 응집력이 좋으며(cohesive), 서로 잘 엮여 있고(well-organized), 바람직한 집단 규범을 갖고 있으며, 집단 진행이 잘 이루어진다는 것을 밝혀냈다. Beech와 Hamilton-Giachritsis(2005)는 성범죄자 집단의 치료 분위기가 치료를 통해 친범죄적 태도에서 변화가 발생하는 것과 관련이 있는지를 조사하였다. 이들의 발견은 범죄유발성 욕구(즉, 피해자에 대한 공감 부족, 인지적 왜곡 및 아동과의 정서적 동일시) 측정에서의 의미 있는 치료적 변화가 집단 응집력의 수준 및 집단 구성원들이 집단 내에서 자기 자신을 표현하도록 격려를 받는 정도와 관련이 있다는 것이다(Beech & Hamilton-Giachritsis, 2005).

치료 환경

치료 프로그램은 위험을 감소시킬 수 있는 주요한 방법으로 여겨지는 경우가 종종 있지만, 사실은 가장

잘 짜인 프로그램이라고 하더라도 치료의 메시지가 명확하게 전달되고 치료 참여자들이 안전하고 지지받는다고 느끼는 분위기에서 치료를 실시해야만 효과적이다. 따라서 교정 기관에서의 치료 프로그램은 특히 성범죄자들에게는 상당한 도전거리가 될 것이다. 성범죄자들은 같은 교도소 수형자뿐만 아니라 많은 사법 기관 직원으로부터 '최하층(the lowest of the low)' 인간으로 취급받고 있다. Glaser(2010)가 지적했듯이, 사법 체계 안에서 프로그램에 참여하는 것이 요구사항일 경우에는 그 프로그램은 재활이라기보다는 처벌의 속성을 띤다. 즉, 이런 프로그램은 치료 참여자들로부터 최우선 순위의 흥미 대상이 되지 못하며, 오히려 이런 프로그램은 시민의 보호라는 사회적 목표를 지원하기 위해 존재한다. 즉, 이런 프로그램에서는 범죄 분야가 아닌 다른 영역의 정신건강 치료 프로그램에서처럼 비밀보장을 존중해 주지 못하기 쉽다. 즉, 재판부가 치료에 참여하는 것을 명령하는 경우도 있어서 범죄자의 자율성, 즉 선택권이 존중되지 않는다. 교도소 내에서의 치료 프로그램은 그 밖의 도전에 직면해 있다. 즉, 교도소의 규율과 규칙이 치료 프로그램에서 추구하는 것과는 다른 원칙을 추구하는 경우가 종종 있기 때문이다. 예를 들면, 우리가 지금까지 살펴본 치료 프로그램은 범죄를 저지른 것에 대해 책임을 지는 것에 상당한 비중을 두는 반면에, 교도소 내에서 생존하려면 범죄자가 자신이 저지른 성범죄에 대해서 남들로부터 받아들여질 만한 변명거리를 제시해야 하는 경우가 종종 있다.

Mann(2009b)은 교도소 프로그램에 초점을 두고 핵심적인 맥락 요인 몇 가지에 대한 개요를 제시하였는데, 그것은 수감자들이 종종 교도소 직원뿐만 아니라 프로그램 진행자에게까지 느끼는 불신, 다른 사람들로부터 적대적 반응을 받으리라는 것에 대한 예상, 낙인찍히는 것에 대한 두려움 등이다. Mann은 교도소에서 성범죄

자를 관리하는 방식에서 몇 가지만 간단히 바꾸면 그들이 치료를 더 많이 받아들일 수 있게 될 것이라고 주장했다. 그 예로는 성범죄자의 교도소 수감생활 경험에 대해 좀 더 시간을 들여서 경청해 주고 이해해 주는 것, 치료에 대해 교도소 내에 널리 퍼져 있는 잘못된 믿음에 대항하기 위한 조치를 좀 더 취하는 것, 치료에서는 재소자의 강점을 살려 주는 것을 목표로 한다는 것을 전달하는 것, 프로그램에의 배치를 신속히 그리고 세심하게 하는 것, 치료 프로그램에 관여하지 않는 교도소 직원들에게 치료의 목적, 원리 및 효과에 대해서 교육하는 것, 교도소 책임자가 재소자들이 친사회적 행동을 배워서 나타내는 것을 적극 격려해 주고 지지하는 분위기를 만드는 것 등이 있다.

폭력범에 대한 프로그램과 지역사회에서 진행되는 프로그램이 교도소에 수용된 성범죄자에게 실시되는 프로그램에 비해서는 아마도 문제가 적겠지만, 이런 치료 프로그램들에서의 공통점은 '치료'가 불가피하게 처벌과 동시에 이루어지고 있다는 것이며, 그래서 처치 환경(context of treatment)이 범죄자의 개인적 목표와 우선순위에 부합되기보다는 필연적으로 상반되는 입장에 있을 수밖에 없다는 것이다.

요약

- 이 장에서는 위험한 범죄자에게 효과적인 치료를 제공하는 것이 중요함을 강조하였다.
- 모든 치료적 접근에서 비판할 점이 있기는 하지만, 가장 좋은 치료적 접근은 통합적, 즉 다중기법 접근을 채택하고, 치료를 제공할 때 전반적인 위험-욕구-반응성(risk-need-responsivity: RNR)의 틀을 사용하며, 프로그램의 목표가 치료에 참여하는 사람들에게 끌릴 뿐만 아니라 그들이 달성할 수 있도록 하는 것으로 보인다.
- 현재까지 수집된 증거 자료에 따르면, 성범죄자에 대한 최선의 치료 목표(즉, 범죄유발성 욕구)에는 성적 생각에 빠진 것(sexual preoccupation), 아동을 성적 대상으로 선호하거나 성적인 욕구가 밑에 깔린 폭력, 아동과의 정서적 동일시, 정서적으로 친밀한 대인관계의 결핍, 충동적인 생활 방식 등이 있다.
- 폭력범에 대한 다양한 접근에서 도출된 증거는 제한적일 뿐만 아니라 일관성도 부족하지만, 몇몇의 접근(분노 관리, 인지 기술 및 다중기법 접근)이 유망함을 시사해 주고 있다.
- 폭력범에 대한 치료에서 효과를 가져오는 데 가장 유망한 목표에는 무엇보다도 분노, 적개심, 충동성, 약물 남용 그리고 대인관계의 불안정성이 있다.
- 종합분석 결과는 성범죄자를 치료하는 데 RNR, 인지행동치료(CBT), 신체적·행동적 및 체계적(systemic) 접근이 효과가 있음을 지지해 주고 있다.
- 위험한 범죄자에 대한 모든 치료적 접근에 해당되는 것으로서, 정신병질(psychopathy)의 특성으로 인해 영향을 받을 가능성 그리고 범죄자가 치료받을 준비가 된 정도를 감안하는 것이 유용하다.
- 또한 집단의 치료 분위기도 감안하는 것이 중요하다. 여기에는 치료자의 특성과 치료를 제공하는 환경(context)이 해당된다. 이런 요인들에 주의를 기울이는 것은 우리에게 미래의 위해(future haim)를 방지하거나 줄여 줄 방도를 어느 정도 마련해 줄 수 있을 것이며, 또한 위험한 범행을 저지른 사람의 앞으로의 인생에도 좋은 방도를 마련해 줄 수 있을 것이다.

주관식 문제

1. 폭력범에 대한 치료적 접근들을 비판적으로 논의하라.

2. 성범죄자들을 위한 효과적인 치료에서 중요하게 고려할 점은 무엇인가?

3. 위험한 범죄자에 대한 치료적 접근들의 효과를 보여 주는 증거로는 무엇이 있는가?

4. 성범죄자에 대한 치료적 접근들의 효과를 보여 주는 증거로는 무엇이 있는가?

5. 위험한 범죄자에 대한 치료 작업을 진행할 때의 주요 고려사항은 무엇인가?

참고문헌

Abracen, J., Looman, J., Ferguson, M., Harkins, L., & Mailloux, D. (in press). Recidivism among treated sexual offenders and comparison subjects: Recent outcome data from the Regional Treatment Centre (Ontario) high intensity Sex Offender Treatment Progamme. *Journal of Sexual Aggression.*

Abracen, J., Looman, J., & Langton, C. M. (2008). Treatment of sexual offenders with psychopathic traits: Recent developments and clinical implications. *Trauma, Violence, and Abuse, 9,* 144–166.

Ahlmeyer, S., Heil, P., McKee, B., & English, K. (2000). The impact of polygraphy on admissions of victims and offences in adult sexual offenders. *Sexual Abuse: A Journal of Research and Treatment, 12,* 123–138.

Andrews, D. A. (2011). The impact of nonprogrammatic factors on criminal-justice interventions. *Legal and Criminological Psychology, 16,* 1–23.

Andrews, D. A., & Bonta, J. (2003). *The psychology of criminal conduct* (3rd ed.). Cincinnati, OH: Anderson.

Andrews, D. A., & Bonta, J. (2006). *The psychology of criminal conduct,* (4th ed.). Cincinnati, OH: Anderson.

Antonowicz, D. H. (2005). The Reasoning and Rehabilitation programme: outcome evaluations with

offenders. In M. McMurran & J. McGuire (Eds.), *Social problem solving and offending: Evidence, evaluation and evolution* (pp. 163–181). Chichester: John Wiley & Sons, Inc.

Babcock, J. C., Green, C. E., & Robie, C. (2004). Does batterers' treatment work? A meta-analytic review of domestic violence treatment. *Clinical Psychology Review, 23,* 1023–1053.

Barbaree, H. E. (2005). Psychopathy, treatment behavior, and recidivism: An extended follow-up of Seto and Barbaree (1999). *Journal of Interpersonal Violence, 20,* 1115–1131.

Beech, A. R., & Fordham, A. S. (1997). Therapeutic climate of sexual offender treatment programs. *Sexual Abuse: A Journal of Research and Treatment, 9,* 219–237.

Beech, A. R., & Hamilton-Giachritsis, C. E. (2005). Relationship between therapeutic climate and treatment outcome in a group-based sexual offender program. *Sexual Abuse: A Journal of Research and Treatment, 17,* 127–140.

Beech, A. R., Oliver, C., Fisher, D., & Beckett, R. C. (2005). *STEP 4: The sex offender treatment programme in prison: Addressing the needs of rapists and sexual murderers*. Retrieved 25 August 2011 from www. hmprisonservice.gov.uk/assets/docum-ments/ 100013DBStep_4_ SOTP_report_2005.pdf

Beech, A. R., Robertson, C., & Freemantle, N. (in preparation). *A meta-analysis of treatment outcome studies: Comparisons of treatment designs and treatment delivery*. Unpublished manuscript.

Berkowitz, L. (1993). *Aggression: Its causes, consequences, and control*. New York: McGraw-Hill.

Bickley, J. A., & Beech, A. R. (2002). An investigation of the Ward and Hudson pathways model of the sexual offence process with child abusers. *Journal of Interpersonal Violence, 17*, 371-393.

Blackburn, R. (1993). *The psychology of criminal conduct: Theory, research and practice*. Chichester: John Wiley & Sons, Inc.

Bourget, D., & Bradford, J. M. W. (2008). Evidential basis for the assessment and treatment of sex offenders. *Brief Treatment and Crisis Intervention, 8*, 130-146.

Bourgon, G., & Armstrong, B. (2005). Transferring the principles of effective treatment into a 'real world' setting. *Criminal Justice and Behavior, 32*, 3-25.

Bush, J. (1995). Teaching self-risk management to violent offenders. In J. McGuire (Ed.), *What works: Reducing re-offending: Guidelines from research and practice* (pp. 139-154). Chichester: John Wiley & Sons, Inc.

Camilleri, J. A., & Quinsey, V. L. (2008). Pedophilia: Assessment and treatment. In D. R. Laws & W. T. O'Donohue (Eds.), *Sexual deviance: Theory, assessment and treatment, second edition* (pp. 183-212). New York: Guilford.

Cortoni, F., Nunes, K., & Latendresse, M. (2006). *An examination of the effectiveness of the violence prevention program. Research Report R-178*. Ottawa, Canada: Correctional Service Canada.

Craig, L. A., Thornton, D., Beech, A. R., & Browne, K. D. (2007). The relationship between statistical and psychological risk markers to sexual recidivism.

Criminal Justice and Behavior, 34, 314-329.

Daffern, M., Howells, K., & Ogloff, J. (2007). What's the point? Towards a methodology for assessing the function of psychiatric inpatient aggression. *Behaviour Research and Therapy, 45*, 101-111.

Dearden, W., & Jones, W. (2008). *Homicide in Australia: 2006-2007 National Homicide Monitoring Program Annual Report*. Canberra, Australia: Australian Institute of Criminology, Canberra.

Dixon, L., Archer, J., & Graham-Kevan, N. (submitted). *Perpetrator programmes for partner violence: Are they based on ideology or evidence?* Manuscript submitted for publication.

Doren, D. M., & Yates, P. M. (2008). Effectiveness of sex offender treatment for psychopathic sexual offenders. *International Journal of Offender Therapy and Comparative Criminology, 52*, 234-245.

Dowden, C., Blanchette, K., & Serin, R. C. (1999). *Anger management programming for federal male inmates: An effective intervention. Research report R-82*. Ottawa, Canada: Correctional Service Canada.

Dowden, C., & Serin, R. (2001). *Anger management programming for offenders: The impact of programme performance measures. Research Report No. R-106*. Ottawa, Canada: Correctional Service of Canada.

Drapeau, M. (2005). Research on the processes involved in treating sexual offenders. *Sexual Abuse: A Journal of Research and Treatment, 17*, 117-125.

D'Silva, K., Duggan, C., & McCarthy, L. (2004). Does treatment really make psychopaths worse? A review of the evidence. *Journal of Personality Disorders, 18*, 163-177.

Dutton, D. G. (2006). *Rethinking domestic violence*. Vancouver-Toronto: UBC Press.

Falshaw, L., Friendship, C., Travers, R., & Nugent, F. (2004). Searching for 'What Works': HM Prison

Service accredited cognitive skills programmes. *The British Journal of Forensic Practice, 6,* 3-13.

Fernandez, Y. M. (2006). Focusing on the positive and avoiding negativity in sexual offender treatment. In W. L. Marshall, Y. M. Fernandez, L. E. Marshall & G. E. Serran (Eds.), *Sexual offender treatment: Controversial issues* (pp. 187-197). Chichester: John Wiley & Sons, Inc.

Gallagher, C. A., Wilson, D. B., Hirschfield, P., Coggeshall, M. B., & McKenzie, D. L. (1999). A quantitative review of the effects of sex offender treatment on sexual offending. *Corrections Management Quarterly, 3,* 19-29.

Gannon, T. A., Collie, R. M., Ward, T., & Thakker, J. (2008). Rape: Psychopathology, theory, and treatment. *Clinical Psychology Review, 28,* 981-1008.

Garland, R. J., & Dougher, M. J. (1991). Motivation intervention in the treatment of sex offenders. In W. Miller & S. Rollnick (Eds.), *Motivational interviewing: Preparing people to change addictive behavior* (pp. 303-313). New York: Guilford.

Ginsberg, J. L. D., Mann, R. E., Rotgers, F., & Weekes, J. R. (2002). Motivational interviewing with criminal justice populations. In W. Miller & S. Rollnick (Eds.), *Motivational interviewing: Preparing people to change addictive behavior* (pp. 333-346). New York: Guilford.

Glaser, B. (2010). Sex offender programmes: New technology coping with old ethics. *Journal of Sexual Aggression, 16,* 261-274.

Graham-Kevan, N., & Wigman, S. J. A. (2009). Treatment approaches for interpersonal violence: Domestic violence and stalking. In J. L. Ireland, C. A. Ireland & P. Birch (Eds.), *Violent and sexual offenders: Assessment, treatment and management* (pp. 198-232). Cullompton, Devon: Willan Publishing.

Hall, G. C. N. (1995). Sexual offender recidivism revisited: A meta-analysis of recent treatment studies. *Journal of Consulting and Clinical Psychology, 63,* 802-809.

Hanson, R. K. (2010). Dimensional measurement of sexual deviance. *Archives of Sexual Behavior, 39,* 401-404.

Hanson, R. K., Bourgon, G., Helmus, L., & Hodgson, S. (2009). The principles of effective correctional treatment also apply to sexual offenders: A meta-analysis. *Criminal Justice and Behavior, 36,* 865-891.

Hanson, R. K., Gordon, A., Harris, A. J. R., Marques, J. K., Murphy, W., Quinsey, V. L., & Seto, M. C. (2002). First report of the collaborative outcome data project on the effectiveness of psychological treatment for sex offenders. *Sexual Abuse: A Journal of Research and Treatment, 14,* 169-194.

Hanson, R. K., Harris, A. J. R., Scott, T., & Helmus, L. (2007). *Assessing the risk for sexual offenders on community supervision: The Dynamic Supervision Project.* Ottawa, Canada: Corrections Research, Public Safety and Emergency Preparedness Canada. Retrieved 25 August 2011 from www.publicsafety.gc.ca/res/cor/rep/_fl/crp2007-05-en.pdf

Hanson, R. K., & Morton-Bourgon, K. E. (2005). The characteristics of persistent sex offenders: A meta-analysis of recidivism studies. *Journal of Consulting and Clinical Psychology, 73,* 1154-1163.

Hanson, R. K., & Morton-Bourgon, K. E. (2009). The accuracy of recidivism risk assessments for sex offenders: A meta-analysis of 118 prediction studies. *Psychological Assessment, 21,* 1-21.

Hanson, R. K., & Wallace-Capretta, S. (2000). *Predicting recidivism among male batterers. Research Report 2000-06.* Ottawa, Canada: Department of the Solicitor General Canada.

Hare, R. D. (2003). *The Hare Psychopathy Checklist-Revised (PCL-R)* (2nd ed.). Toronto, Canada: Multi-Health Systems.

Hare, R. D., Clarke, D., Grann, M., & Thornton, D. (2000).

Psychopathy and the predictive validity of the PCL-R: An international perspective. *Behavioral Sciences and the Law, 18*, 623–645.

Hare, R. D., & Neumann, C. S. (2009). Psychopathy: Assessment and forensic implications. *The Canadian Journal of Psychiatry, 54*, 791–802.

Harkins, L., & Beech, A. R. (2007). Measurement of the effectiveness of sex offender treatment. *Aggression and Violent Behavior, 12*, 36–44.

Harkins, L., Beech, A. R., & Thornton, D. (in press). The influence of risk and psychopathy on the therapeutic climate in sex offender treatment. *Sexual Abuse: A Journal of Research and Treatment.*

Harkins, L., Flak, V. E., & Beech, A. R. (in press). Evaluation of a community-based sex offender treatment program using a Good Lives Model approach. *Sexual Abuse: A Journal of Research and Treatment.*

Henning, K. R., & Frueh, B. C. (1996). Cognitive-behavioral treatment of incarcerated offenders: An evaluation of the Vermont department of corrections' cognitive self-change program. *Criminal Justice Behavior, 23*, 523–542.

Hobson, J., Shine, J., & Roberts, R. (2000). How do psychopaths behave in a prison therapeutic community? *Psychology, Crime and the Law, 6*, 139–154.

Howells, K. (2004). Anger and its links to violent offending. *Psychiatry, Psychology and Law, 11*, 189–196.

Howells, K., & Day, A. (2002). Grasping the nettle: Treating and rehabilitating the violent offender. *Australian Psychologist, 37*, 222–228.

Howells, K., Day, A., Bubner, S., Jauncey, S., Williamson, P., Parker, A., & Heseltine, K. (2002). Anger management and violence prevention: Improving effectiveness. *Trends and Issues in Crime and Criminal Justice, 227*,
1–6.

Howells, K., Watt, B., Hall, G., & Baldwin, S. (1997). Developing programs for violent offenders. *Legal and Criminological Psychology, 2*, 117–128.

Jolliffe, D., & Farrington, D. P. (2007). A systematic review of the national and international evidence on the effectiveness of interventions with violent offenders. *Ministry of Justice Research Series, 16/07.* London: Ministry of Justice.

Kear-Colwell, J., & Pollock, P. (1997). Motivation or confrontation: Which approach to the child sex offender? *Criminal Justice and Behavior, 24*, 20–33.

Kenworthy, T., Adams, C. E., Bilby, C., Brooks-Gordon, B., & Fenton, M. (2004). Psychological interventions for those who have sexually offended or are at risk of offending. *Cochrane Database of Systematic Reviews. Issue 4.*

Knight, R. A., & Prentky, R. A. (1990). Classifying sexual offenders: The development and corroboration of taxonomic models. In W. L. Marshall, D. R. Laws & H. E. Barbaree (Eds.), *Handbook of sexual assault: Issues, theories, and treatment of the offender* (pp. 23–52). New York: Plenum.

Langton, C. M., Barbaree, H. E., Harkins, L., & Peacock, E. J. (2006). Sexual offenders' response to treatment and its association with recidivism as a function of psychopathy. *Sexual Abuse: A Journal of Research and Treatment, 18*, 99–120.

Laws, D. R., & O'Donohue, W. T. (Eds.) (2008). *Sexual deviance: Theory, assessment, and treatment.* New York: Guilford.

Laws, D. R., & Ward, T. (2006). When one size doesn't fit all: The reformulation of relapse prevention. In W. L. Marshall, Y. M. Fernandez, L. E. Marshall & G. A. Serran (Eds.), *Sexual offender treatment: Controversial issues.* (pp. 241–254). Chichester: John Wiley & Sons, Inc.

Looman, J., Abracen, J., Serin, R., & Marquis, P. (2005).

Psychopathy, treatment change, and recidivism in high-risk, high-need sex offenders. *Journal of Interpersonal Violence, 20*, 549-568.

Looman, J., Dickie, I., & Abracen, J. (2005). Responsivity in the treatment of sexual offenders. *Trauma, Violence, and Abuse, 6*, 330-353.

Lösel, F., & Schmucker, M. (2005). The effectiveness of treatment for sexual offenders: A comprehensive meta-analysis. *Journal of Experimental Criminology, 1*, 117-146.

Loving, J. L. (2002). Treatment planning with the Psychopathy Checklist-Revised (PCL-R). *International Journal of Offender Therapy and Comparative Criminology, 46*, 281-293.

Maguire, M. Grubin, D., Lösel, F., & Raynor, P. (2010). What works and the correction services accreditation panel: An insider perspective. *Criminology and Criminal Justice, 10*, 37-58.

Malamuth, N. M. (1981). Rape proclivity among males. *Journal of Social Issues, 37*, 138-157.

Mann, R. E. (2009a). Sexual offender treatment: The case for manualisation. *Journal of Sexual Aggression, 15*, 121-132.

Mann, R. E. (2009b). Getting the context right for sex offender treatment. In D. Prescott (Ed.), *Building motivation for change in sexual offenders*. Brandon, VT: Safer Society Press.

Mann, R. E., Ginsberg, J. I. D., & Weekes, J. R. (2002). Motivational interviewing with offenders. In M. McMurran (Ed.), *Motivating offenders to change: A guide to enhancing engagement in therapy* (pp. 87-102). Chichester: John Wiley & Sons, Inc.

Mann, R. E., Webster, S. D., Schofield, C., & Marshall, W. L. (2004). Approach versus avoidance goals with sexual offenders. *Sexual Abuse: A Journal of Research and Treatment, 16*, 65-75.

Mann, R. E., Hanson, R. K., & Thornton, D. (2010).

Assessing risk for sexual recidivism: some proposals on the nature of psychologically meaningful risk factors. *Sexual Abuse: A Journal of Research and Treatment, 22*, 191-217.

Marques, J. K., Wiederanders, M., Day, D. M., Nelson, C., & van Ommeren, A. (2005). Effects of a relapse prevention program on sexual recidivism: Final results from California's Sex Offender Treatment and Evaluation Program (SOTEP). *Sexual Abuse: A Journal of Research and Treatment, 17*, 79-107.

Marshall, W. L. (2000). Adult sexual offenders against women. In C. R. Hollin (Ed.), *Handbook of offender assessment and treatment* (pp. 333-348). Chichester: John Wiley & Sons, Inc.

Marshall, W. L. (2009). Manualisation: A blessing or a curse? *Journal of Sexual Aggression, 15*, 109-120.

Marshall, W. L., & Barbaree, H. E. (1990). An integrated theory of the etiology of sexual offending. In W. L. Marshall, D. R. Laws & H. E. Barbaree (Eds.), Handbook of sexual assault: Issues, theory and treatment of offenders. New York: Plenum Press.

Marshall, W. L., Fernandez, Y. M., Serran, G. A., Mulloy, R., Thornton, D., Mann, R. E., & Anderson, D. (2003). Process variables in the treatment of sexual offenders: A review of the relevant literature. *Aggression and Violent Behavior, 8*, 205-234.

Marshall, W. L., & Laws, D. R. (2003). A brief history of behavioural and cognitive approaches to sexual offenders: Part 2, the modern era. *Sexual Abuse: A Journal of Research and Treatment, 15*, 93-120.

Marshall, W. L., & Marshall, L. E. (2007). The utility of the random controlled trial for evaluating sexual offender treatment: The gold standard or an inappropriate strategy? *Sexual Abuse: A Journal of Research and Treatment, 19*, 175-191.

Marshall, W. L., Serran, G. A., Fernandez, Y. M., Mulloy, R., Mann, R., & Thornton, D. (2003). Therapists' characteristics in the treatment of sexual offenders: Tentative data on their relationship with indices of behaviour change. *Journal of Sexual Aggression, 9,* 25-30.

Marshall, W. L., Serran, G. A., Moulden, H., Mulloy, R., Fernandez, Y. M., Mann, R., & Thornton, D. (2002). Therapist features in sexual offender treatment: Their reliable identification and influence on behaviour change. *Clinical Psychology and Psychotherapy, 9,* 395-405.

McGrath, R. J., Cumming, G. F., Burchard, B. L., Zeoli, S., & Ellerby, L. (2010). *Current practices and emerging trends in sexual abuser management: The Safer Society 2009 North American Survey.* Brandon, VT: Safer Society Press.

McGuire, J. (2005). Social problem solving: Basic concepts, research and applications. In M. McMurran & J. McGuire (Eds.), *Social problem-solving and offending: Evidence, evaluation and evolution* (pp. 3-29). Chichester: John Wiley & Sons, Inc.

McGuire, J. (2008). A review of effective interventions for reducing aggression and violence. *Philosophical Transactions of the Royal Society B, 363,* 2577-2597.

Mederos, F. (1999). Batterer intervention programs: The past, and future prospects. In M. F. Shepard & E. L. Pence (Eds.), *Co-ordinating community responses to domestic violence: Lessons from Duluth and beyond* (pp. 127-150). Thousand Oaks, CA: Sage.

Mills, J. F., & Kroner, D. G. (2003). Anger as a predictor of institutional misconduct and recidivism. *Journal of Interpersonal Violence, 18,* 282-294.

Moffitt, T. (1993). Adolescent limited and life-course persistent antisocial behavior: A developmental taxonomy. *Psychological Review, 100,* 674-701.

Motiuk, L., & Belcourt, R. (1997). Profiling federal offenders with violent offences. *Forum on Corrections Research, 9,* 8-13.

Norlander, B., & Eckhardt, C. I. (2005). Anger, hostility, and male perpetrators of intimate partner violence: A meta-analytic review. *Clinical Psychology Review, 25,* 119-152.

Novaco, R. W. (1975). *Anger control: The development and evaluation of an experimental treatment.* Lexington, MA: Lexington Books.

Nussbaum, D., Collins, M., Cutler, J., Zimmerman, W., Farguson, B., & Jacques, I. (2002). Crime type and specific personality indicia: Cloninger's TCI impulsivity, empathy and attachment subscales in non-violent, violent and sexual offenders. *American Journal of Forensic Psychology, 20,* 23-56.

Olver, M. E., & Wong, S. C. (2009). Therapeutic responses of psychopathic sexual offenders: Treatment attrition, therapeutic change, and long-term recidivism. *Journal of Consulting and Clinical Psychology, 77,* 328-336.

Olver, M. E., Wong, S., Nicholaichuk, T., & Gordon, A. (2007). The validity and reliability of the Violence Risk Assessment Scale-Sex Offender version: Assessing sex offender risk and evaluating therapeutic change. *Psychological Assessment, 19,* 318-329.

Pithers, W. D., Marques, J. K., Gibat, C. C., & Marlatt, G. A. (1983). Relapse prevention with sexual aggressors: A self-control model of treatment and maintenance of change. In J. G. Greer & I. R. Stuart (Eds.), *The sexual aggressor: Current perspectives on treatment* (pp. 214-239). New York: Van Nostrand Reinhold.

Polaschek, D. L. L. (2006). Violent offender programmes: concept, theory and practice. In C. R. Hollin & E. J. Palmer (Eds.), *Offending behaviour programmes: Development, application, and controversies* (pp. 113-154). Chichester: John Wiley & Sons, Inc.

Polaschek, D. L. L., & Collie, R. M. (2004). Rehabilitating serious violent adult offenders: An empirical and theoretical stocktake. *Psychology, Crime and Law,*

10, 321-334.

Polaschek, D. L. L., Collie, R. M., & Walkey, F. H. (2004). Criminal attitudes to violence: Development and preliminary validation of a scale for male prisoners. *Aggressive Behavior, 30*, 484-503.

Polaschek, D. L. L., Wilson, N. J., Townsend, M. R., & Daly, L. R. (2005). Cognitive-behavioural rehabilitation for violent offenders: An outcome evaluation of the violence prevention unit. *Journal of Interpersonal Violence, 20*, 1611-1627.

Preston, D. L. L. (2000). Treatment resistance in corrections. *Forum on Corrections Research, 12*, 24-28.

Rice, M. E., & Harris, G. T. (2003). The size and sign of treatment effects in sex offender therapy. In R. A. Prentky, E. S. Janus & M. C. Seto (Eds.), *Sexually coercive behavior: Understanding and management. Annals of the New York Academy of Sciences, 989*, 428-440.

Rice, M. E., Harris, G. T., & Cormier, C. A. (1992). An evaluation of a maximum security therapeutic community for psychopaths and other mentally disordered offenders. *Law and Human Behavior, 16*, 399-412.

Robertiello, G., & Terry, K. J. (2007). Can we profile sex offenders? A review of sex offender typologies. *Aggression and Violent Behavior, 12*, 508-518.

Robinson, D. (1995). *The impact of cognitive skills reasoning on post-release recidivism among Canadian federal offenders. No. R-41.* Ottawa, Canada: Research Branch, The Correctional Services.

Salter, A. C. (1988). *Treating child sex offenders and victims: A practical guide.* Thousand Oaks, CA: Sage.

Serin, R. C. (1998). Treatment responsivity, intervention and reintegration: A conceptual model. *Forum on Corrections Research, 10*, 29-32.

Serin, R. C., Gobeil, R., & Preston, D. L. (2009). Evaluation of the Persistently Violent Offender Treatment Program. *International Journal of Offender Therapy and Comparative Criminology, 53*, 57-73.

Serin, R. C., & Preston, D. L. (2001). Programming for violent offenders. *Forum on Corrections Research, 5*, 3-5.

Seto, M. (2008). Pedophilia: Psychopathology and theory. In D. R. Laws & W. T. O'Donohue (Eds.), *Sexual deviance: Theory, assessment and treatment* (2nd ed., pp. 164-182). New York: Guilford.

Seto, M. C., & Barbaree, H. E. (1999). Psychopathy, treatment behavior, and sex offender recidivism. *Journal of Interpersonal Violence, 14*, 1235-1248.

Seto, M. C., Marques, J., Harris, G. T., Chaffin, M., Lalumière, M. L., Miner, M. H., et al. (2008). Good science and progress in sex offender treatment are intertwined: A response to Marshall and Marshall (2007). *Sexual Abuse: A Journal of Research and Treatment, 20*, 247-255.

Thompson, B. (1995). *Recidivism in NSW: General study. Research publication, No. 31.* Sydney, Australia: NSW Department of Corrective Services.

Thornton, D. (2002). Constructing and testing a framework for dynamic risk assessment. *Sexual Abuse: A Journal of Research and Treatment, 141*, 139-153.

Thornton, D., & Blud, L. (2007). The influence of psychopathic traits on response to treatment. In H. Hervé & J. C. Yuille (Eds.), *The psychopath: Theory, research, and practice* (pp. 505-539). New York: Routledge.

Ward, T., & Beech, A. R. (2006). An integrated theory of sex offending. *Aggression and Violent Behavior, 11*, 44-63.

Ward, T., & Hudson, S. M. (1998). A model of the relapse process in sexual offenders. *Journal of Interpersonal Violence, 13*, 700-725.

Ward, T., Mann, R., & Gannon, T. A. (2007). The good lives model of rehabilitation: Clinical implications. *Aggression and Violent Behavior, 12*, 87-107.

Ward, T., & Nee, C. (2009). Surfaces and depths: Evaluating the theoretical assumptions of cognitive skills programmes. *Psychology, Crime and Law, 15*, 165–182.

Ward, T., Polachek, D. L. L., & Beech, A. R. (2006). *Theories of sexual offending*. Chichester: John Wiley & Sons, Inc.

Ward, T., & Siegert, R. J. (2002). Toward a comprehensive theory of child sexual abuse: A theory knitting perspective. *Psychology, Crime, and Law, 8*, 319–351.

Ward, T., & Stewart, C. A. (2003). The treatment of sex offenders: Risk management and the good lives model. *Professional Psychology: Research and Practice, 34*, 353–360.

Ward, T., Vess, J., Collie, R. M., & Gannon, T. A. (2006). Risk management or good promotion: The relationship between approach and avoidance goals in treatment for sex offenders. *Aggression and Violent Behavior, 11*, 378–393.

Ware, J., Mann, R. E., & Wakeling, H. C. (2009). Group versus individual treatment: What is the best modality for treating sexual offenders? *Sexual Abuse in Australia and New Zealand, 2*, 2–13.

Willis, G., Gannon, T., Yates, P., Collie, R., & Ward, T. (2011, Winter). 'In style' or evolving through research? Misperceptions about the Good Lives Model. *The ATSA Forum, XXIII* (1).

Wong, S. C. P., & Gordon, A. (2006) The validity and reliability of the Violence Risk Scale: A treatment friendly violence risk assessment tool. *Psychology, Public Policy and Law, 12*, 279–309.

Wong, S. C. P., & Hare, R. D. (2005). *Guidelines for a psychopathy treatment program*. Toronto: Multi-Health Systems.

주석이 달린 읽을거리 목록

Beech, A. R., Craig, L. A., & Browne, K. D. (Eds.) (2009). *Assessment and treatment of sex offenders: A handbook*. Chichester: John Wiley & Sons, Inc. ISBN 978-0470019009. 다양한 범죄자 집단(남녀 성인, 청소년, 여성, 그리고 정신장애, 성격장애, 및 지능부전이 있는 사람들)의 평가 및 치료에 대한 최신의 개관.

Marshall, W. L., & Laws, D. R. (2003). A brief history of behavioural and cognitive approaches to sexual offenders: Part 2, the modern era. *Sexual Abuse: A Journal of Research and Treatment, 15*, 93–120. 이 논문에서는 성범죄자에게 현재 쓰이고 있는 많은 처치 접근법(treatment approaches)의 개발 및 적용에 대해서 역사적 관점을 제시하고 있다.

McGrath, R. J., Cumming, G. F., Burchard, B. L., Zeoli, S., & Ellerby, L. (2010). *Current practices and emerging trends in sexual abuser management: The Safer Society 2009 North American Survey*. Brandon, VT: Safer Society Press. 이 논문에서는 현재 쓰이고 있는 많은 수효의 성범죄자 처치 접근법의 개요를 보여 주고 있으며, 미국 및 캐나다에서 이런 접근법을 실무에 적용하는 것을 뒷받침해 주는 증거를 제시하고 있다.

McGuire, J. (2008). A review of effective interventions for reducing aggression and violence. *Philosophical Transactions of the Royal Society B, 363*, 2577–2597. 공격성 및 폭력성 처치의 효과에 관한 유용한 개관 논문.

Polaschek, D. L. L., & Collie, R. M. (2004). Rehabilitating serious violent adult offenders: An empirical and theoretical stocktake. *Psychology, Crime and Law, 10*, 321–334. 이 논문에서는 각각의 이론적 접근을 기반으로 폭력범의 처치법을 유용하게 구분해 놓고 있으며, 저자들이 최고의 방법론적 엄격성을 갖춘 것으로 여기는 연구 결과들을 요약 제시하고 있다.

Ward, T., Day, A., Howells, K., & Birgden, A. (2004). A multifactor offender readiness model. *Aggression and*

Violent Behavior, 9, 645-673.

Ward, T., Polachek, D. L. L., & Beech, A. R. (2006). Theories of sexual offending. Chichester: John Wiley & Sons, Inc. 성범죄자의 처치에 관련된 모든 역사적 이론 및 현대의 이론에 대해서 그 개요를 제시하고 비판하고 있다.

제19장 지능부전이 있는 범죄자를 위한 개입

WILLIAM R. LINDSAY, JOHN L. TAYLOR & AMANDA M. MICHIE

주요 용어

| 인지 평가 | 적응 행동 | 지능부전 |

이 장의 개요

범죄자 중 일부는 지능이 상당히 낮은 것으로 알려졌는데 이로 인해서 수십 년간, 형사 사법 체계에서 시행되는 평가, 관리 및 치료 서비스를 개발하는 데 어려움이 야기되었다. 따라서 관련 연구자들과 서비스 제공 기관에서는 지능이 제한된 범죄자의 유병률, 특징, 범죄 유형 등에 관심을 기울여 왔다. 일단 이들의 특성과 특별한 욕구를 잘 파악한 후, 당사자들이 형사 사법 체계 및 그 밖의 기관들에서 의미 있는 도움을 받을 수 있도록 절차를 그들에게 잘 맞게끔 다듬어야 한다. 끝으로, 의문점은 이러한 서비스들이 얼마나 당사자들의 재범을 감소시키고 지역사회로 돌아갈 수 있게 해 줄까에 대한 것이다. 최악의 시나리오는 특정 부류의 범죄자들이 재활과 재범 방지에 초점을 둔 개입을 제공받아도 변화를 보이지 않는 것이다.

이 장에서 위의 모든 주제에 대한 연구를 개관하는 것은 가능하지 않을 것이므로, 우리는 **지능부전(intellectual disability: ID)**이 있는 범죄자들에 대한 평가와 치료의 효과에 대해서만 소개할 것이다. 우리는 범행과 관련된 심리학적 변인들을 평가하는 도구가 갖고 있는 심리측정적 속성에 관한 증거를 살펴볼 것

지능부전 (intellectual disability: ID)
IQ가 70 이하이고 적응 행동상 최소한 두 가지 영역에서 결손이 있으며 성인기 전에 이러한 결손이 나타난 사람들을 지칭하는 국제적으로 통용되는 용어

이다. 우리는 또한 폭력 범죄와 성범죄 같은 주요 범죄행동 몇 가지에 대한 치료의 효과도 고찰할 것이다.

범죄자 집단에서의 지능부전 유병률

Linsay, Hastings 등(2011)은 범죄자 모집단(populations)에서 지능부전이 있는 범죄자들의 유병률을 연구할 때의 세 가지 주요 방법론적 어려움을 지적한 바

있다. 첫째, 감옥(MacEachron, 1979), 보호관찰소(Mason & Murphy, 2002) 및 법정 출두(Vanny et al., 2009)와 같은 다양한 환경에서 연구가 실시되어 왔다. Vanny 등(2009)은 호주 뉴사우스웨일즈에서 치안판사 법정에 출두한 250명을 대상으로 지능 선별검사를 사용하여 연구한 결과, 그중 10%는 지능부전의 범주에 해당된 반면, 또 다른 20%는 경계선 지능의 범주에 속하는 것을 발견하였다. 반면에, MacEachron(1979)은 미국의 메인과 매사추세츠 주에 있는 주립 교도소에서 지능부전의 유병률이 0.6~2.3%라는 것을 발견하였다. 그녀는 평가 시 사용된 방법이 유병률에서 유의미한 차이가 나게 한 원인이라고 결론지었다.

선별 도구는 후속된 정밀한 평가의 대상이 될 사람들을 가려내도록 과잉 포괄적으로(over-inclusive) 설계되었기 때문에 종합적 심리평가의 경우에 비해서 유병률이 더 높게 나타나는 경향이 있다. 변산의 세 번째 원인은 적용된 포함 기준(inclusion criteria)이다. 이는 특히 경계선 지능 범위(IQ 70~80)의 기능 수준을 발휘한다고 여겨지는 사람들이 포함될 경우에 특히 그러하다. Vanny 등(2009)의 연구에서는 경계선 지능에 해당되는 사람들이 지능부전(ID)이 있는 범죄자 속에 포함될 경우에 유병률이 10%에서 30%로 세 배나 높아지는 것으로 나타났다. 사실상, 범죄자에 대한 연구에서 지능이 낮은 것을 감안할 때(예: Farrington, 2005), IQ가 85 이하인 경우를 그 기준으로 잡는 경우가 종종 있다.

최근의 많은 보고는 유사한 발견에 도달하였다. Hayes 등(2007)이 영국에서 140명의 수감자를 대상으로 한 연구에서는 종합심리평가를 실시하였으며 **적응 행동**도 평가하였는데, 표본의 2.9%가 지능부전의 범위에 해당되는 것으로 나타났다([그림 19-1]). Herrington(2009)은 젊은 범죄자 수용 시설에 있는 185명의 성인 남성 수감자를 대상으로 선별 평가 도구를 사용하여 재평가

하였다. 그 결과, 수감자 중 10%가 지능부전의 범위에 해당되는 것으로 나타났다. 노르웨이에서 수행된 연구(Søndenaa et al., 2008)에서는 교도소 재소자들 중에서 무선적으로 선정된 143명을 대상으로 지능부전을 평가하기 위해 선별 평가 도구를 사용하였다. 그들은 표본의 10.8%가 지능부전의 범주에 해당된다고 보고하였다. 유념할 것은 선별 평가 도구가 과잉포괄적이 되도록 설계되었다는 점이다.

> **적응 행동**
> **(adaptive behavior)**
> Vineland 적응행동척도(Vineland Adaptive Behavior Scale: VABS)와 미국 지능 및 발달 부진 적응행동척도(American Association of Intellectual and Developmental Disabilities Adaptive Behaviour Scale-Residential and Community 2nd Edition; ABSRC2)와 같이 잘 알려져 있는 표준화된 평가 도구를 사용하여 평가한다.

　연구들 간에 사용된 방법론이 다른 것은 여전한 상황이다. Crocker 등(2007)은 몬트리올의 재판 전 구치소에 있는 749명의 범죄자에 대한 평가를 시도하였다. 참여 거부, 행정적 어려움, 기술적 문제 등의 여러 가지 이유로, 이들은 281명의 참여자에 대해 해당 지역 기준으로 표준화된 정신능력 척도(선별검사와 동일)의 세 개 하위척도만을 평가할 수 있었다. 이들은 18.9%가 지능

[그림 19-1] 영국의 교도소 재소자 140명을 대상으로 한 연구에서는 종합심리평가를 사용하여 적응 행동을 평가한 결과, 그들 중 2.9%가 지능부전의 범주에 해당된다는 것을 발견하였다.

출처: © Eric Von Seggern, Shutterstock사의 허락하에 게재함.

부전의 가능성이 시사되는 범위에 해당되고, 다른 29.9%는 경계선 수준에 해당된다고 보고하였다. 이 수치는 아주 특이하게 높은 유병률을 보여 주는 값이다. 반면에, Holland와 Persson(2011)은 호주 빅토리아에 있는 교도소에서 2003년 7월부터 2006년 6월 사이에 석방된 모든 남성 죄수를 조사하였다(총 9481명의 수감자). Wechsler 성인용 지능검사 3판(Wechsler Adult Intelligence Test, 3rd edition: WAIS-III)을 사용하여 IQ를 평가하고 IQ가 70 이하의 준거를 사용하여 유병률이 1.3%인 것을 발견하였는데, 이는 일반인의 경우와 일치하는 수치다.

　분명한 것은 위의 두 연구 간에 방법론적으로 큰 차이가 있다는 것이다. 한 연구에서는 재판 전 구치소에 수감된 범죄자들에서의 발생률을 평가하였고, 다른 한 연구에서는 미국의 한 개 주 내의 모든 재소자를 평가하였다. 또한 한 연구에서는 지능 선별검사를 사용하였고 다른 한 연구에서는 종합적인 **인지 평가(cognitive assessment)** 도구를 사용하였다. 평가방법, 표본의 위치와 크기는 위 두 연구 결과에서의 차이를 가져온 원인일 것이다. 교도소에서의 유병률을 조사한 연구들에 대한 체계적 개관 분석에서 Fazel 등(2008)

> **인지 평가**
> **(cognitive assessment)**
> Wechsler 계열의 검사 도구 중의 하나를 쓰는 것처럼 널리 인정받고 있는 검사를 사용해서 평가를 내린다. 영국판 Wechsler 성인용 지능검사 4판이 가장 흔히 사용되는 평가 도구다.

은 과학적으로 타당한 기준을 충족한 연구들에서는 통상 수감자의 0.5~1.5%가 지능부전으로 진단이 내려졌다는 결론을 내렸다. 이 수치는 유병률에 대한 추정치 중에서 아래의 위치에 있지만, Fazel 등은 교도소 수감자 중에서 지능부전이 있는 사람이 상당히 의미 있게 있음을 알려 주는 것으로서 교정 정책 및 교정 실무에 대해 시사하는 바가 있다고 결론지었다.

　앞에 언급된 것과 같은 방법론적 차이는 또한 지능부

전이 있는 범죄자들의 특징에 관한 연구 결과들 간의 차이를 가져온 원인이 될 수도 있다. Walker와 McCabe (1973)는 지능부전이 있는 범죄자 사이에서 성범죄와 방화의 유병률이 높다고 보고하였다. 또한 Lunsky 등 (2011)도 지능부전이 없는 사람들과 비교했을 때 정신병원에 수용된 지능부전 범죄자들에게서 방화와 재물 파손의 발생률이 더 높은 것을 발견하였다. Hogue 등 (2006)은 지역사회, 중급 감호 시설과 상급 감호 시설에 따라서 지능부전이 있는 범죄자들의 특징을 여러 측면에서 살펴보았다. 그 결과, 이들은 지표 범행으로서의 방화의 발생률이 어느 장면에 있느냐에 따라 다르다는 것을 발견하였다. 즉, 지역사회 거주자에게서 발생률이 낮고(2.9%), 중급 감호 시설에서는 발생률이 높았다 (21.4%). 이 결과는 지능부전이 있는 범죄자들에게서 방화를 저지른 비율이 방화범의 경우와 같지만, 지능부전이 있는 방화범을 중급 감호의 정신과 병동으로 이송하는 경향이 있는 것 때문일 수 있음을 시사한다. 그래서 Lunsky 등(2011)의 연구에서 그런 수치가 발견되고 중급 감호 시설에서의 유병률이 높아지게 된 것일 수 있다.

지능부전이 있는 범죄자에 대한 평가

너무나 분명해서 언급할 필요가 거의 없어 보이지만, 내담자가 평가를 제대로 마치려면 그가 평가 과정을 이해하고 있어야 한다. 이는 아주 기본적 요구사항이다. 지능부전이 있는 사람들은 통상 글을 읽고 쓰거나 이해하는 능력에서 현저한 손상이 있기 때문에, 모든 평가 도구는 사용된 언어와 개념이 단순하게 제시되도록 적절히 번안되어야(adapted) 한다. 불행하게도, 이와 같은 명백한 기본사항이 소홀히 된 경우가 있다.

예를 들면, 교도소에서 수형자들을 대상으로 평가 연구를 수행할 때에는 수형자들에게 평가 도구를 나누어 주고 각자 속한 방에서 스스로 완성하게 하는 것이 상당히 보편적인 과정이다. 그러나 지능부전이 있어서 읽고 쓰는 데 어려움이 있는 범죄자들에게는 이런 식으로 자료를 수집할 수가 없다. 그러므로 이처럼 언어 능력이 제한된 재소자 집단에 대해서는 평가 도구가 그들에게 맞게끔 번안될 필요가 있다(Lindsay & Skene, 2007).

시간이 많이 소요되는 사법 관련 평가에서 고려해야 할 두 번째 중요 사항은 문맹 때문에 모든 검사 문항을 응답자에게 읽어 주고 설명해 주어야 한다는 것이다. 그러므로 검사 문항과 반응 항목 모두가 설명되어야 한다. 이런 문제들은 다른 문헌에서도 광범위하게 다루어졌기 때문에(예: Lindsay, 2009; Taylor & Novaco, 2005), 여기에서는 자세히 검토하지 않겠다. 그러나 위의 문제점은 두 가지 후속 결과를 가져왔다. 첫 번째, 평가하는 데 시간이 훨씬 오래 걸리기 때문에 응답자에게 일련의 설문지를 주고 일주일 뒤에 설문지에 응답한 것을 돌려받는 것이 불가능하게 되었다. 두 번째로, 평가자가 문항을 읽어 주고 어떻게 응답해야 할지에 대해 설명해 주어야 하기 때문에 이런 평가 도구들은 모두 구조화된 면접의 형식을 띠게 된다. 질문에 대한 응답자의 반응 그리고 정서적 반응은 모두 평가자에게는 평가 과정의 일부로서 전달될 것이다. 이와 같은 부가적 정보는 상당한 분량이 되고 어떤 평가 과정 및 평가 보고서도 그 내용을 풍부하게 하는 데 보탬이 될 수 있다.

평가 도구와 평가 과정이 모두 다른 방식으로 접근되어야 하기 때문에, 지능부전이 있는 범죄자를 평가할 때는 이들에게 맞추어서 번안하는 작업이 널리 이루어지고 있다. 이런 방식을 따를 때에는 평가 도구의 심리측정적 속성이 훼손되지 않아야 하며, 평가 과정의 원래 내용이 이런 맞춤식 실시에 의해 약화되거나 줄어들지 않도록 하는 것이 중요하다. 이제는 여러 학자가 지능부전이 있는 범죄자들에게 사용할 수 있도록 맞춤식 평가(adapted assessments)의 심리측정적 속성에 대해서 개관하는 작업이 이루어졌다.

Keeling 등(2007a)은 많은 평가 도구를 번안한 맞춤식 평가의 심리측정적 속성을 조사하였다. 이들의 연구에서 문제점 중 한 가지는 대상자들이 호주의 교정 체계에 수용된 특수 욕구를 가진 범죄자 집단에서 편의상 선발되었다(convenience sample)는 것이다. 이 집단은 지능부전이 있는 범죄자들보다 훨씬 더 다양해서, 여기에는 후천적 뇌 손상, 문맹 및 의사소통의 결함이 상당한 자들이 포함되어 있었다. 이 집단에는 지능부전이 있는 사람들이 많았지만, 경계선 지능, 심지어는 평균 수준의 IQ(뇌 손상이 동반됨)를 가진 사람도 들어 있었다. 맞춤식 평가의 타당성과 충실성을 평가하기 위하여, 이들은 위 참여자들을 53명의 성범죄자와 비교하였다. 그 결과 이들은 사회친밀감척도(Social Intimacy Scale), 범죄태도척도(Criminal Sentiment Scale) 그리고 피해자 공감 왜곡척도(Victim Empathy Distortions Scale)가 번안 후에도 원래 척도의 심리측정적 속성을 대체로 잘 유지하고 있다는 것을 발견하였다. 가장 덜 성공적으로 번안된 것은 대인관계 척도설문(Relationship Scale Questionnaire)으로서, 이 설문은 내적 일관성이 낮은 것으로 나타났다. 검사-재검사 신뢰도는 높았으며 원본과 번안본 사이의 상관관계도 좋았는데, 이는 특히 사회친밀감척도와 피해자 공감 왜곡척도의 경우에 그러하였다.

Williams 등(2007)은 지능부전이 있는 성범죄자를 대상으로 여섯 개의 자기보고식 측정 도구의 심리측정적 속성을 평가하였다. 사용된 평가 도구는 성범죄자 자기평가척도(Sex Offender Self-Appraisal Scale; Bray, 1996), 성범죄자 견해검사(Sex Offender Opinion Test; Bray, 1996), 피해자 공감 결과검사(Victim Empathy Consequence Test; Offending Behaviour Programmes Unit, HM Prison Service, 1996), 자존감 설문(Self-Esteem Questionnaire; Webster et al., 2007), 정서적 외로움 척도(Emotional Loneliness Scale; Russell et al., 1980), 그리고 번안된 재발방지면접(adapted Relapse Prevention Interview; Beckett et al., 1997)이다.

평가에 사용된 집단은 HM 교도소(HM Prison Service)에서의 맞춤식 성범죄자 치료 프로그램을 이수한 자들 211명이었다. 평균 IQ는 71.9이었고, 프로그램에의 참여는 IQ 80까지만 받았는데, 이는 명백히 지능부전의 범주를 벗어난 것이다. 그러나 글자 독해 수준은 비슷한 것으로 보였는데, 모든 평가와 설문 문항을 참여자들에게 읽어 주었고, 그다음에 참여자들에게 응답을 완성하도록 도움을 주었기 때문이다. 평가 도구들은 내적 일관성이 좋게 나타나서 알파 계수가 0.75를 넘었다. 이러한 두 개의 예시(즉, Keeling et al., 2007a; Williams et al., 2007)는 현존하는 평가 도구들이 지능부전이 있는 범죄자들에게 맞도록 번안하는 방식을 잘 보여 주고 있다. 다음 절에서는 특정 문제들에 대한 특정 평가 도구를 소개할 것이다.

분노가 동기인 범죄자의 평가

지능부전이 있는 범죄자들에 대한 임상 문헌 및 연구문헌에서는 분노와 공격성이 가장 흔한 문제임을 보여 주고 있다(Didden et al., 1997; Lindsay, Michie et al., 2006; Lindsay et al., 2010; O'Brian et al., 2010). 몇몇 저자는 이와 같은 빈번한 문제를 평가하기 위한 도구들을 개발해 왔다. Oliver 등(2005)은 공격성의 빈도 및 강도를 옆에 있는 사람이 평정하는 척도인 수정된 외양적 공격성 척도(Modified Overt Aggression Scale)를 처치성과 연구의 일환으로 지능부전이 있는 소수의 사람에게 실시했더니 평정자간 신뢰도가 높은 수준으로 나타났다고 보고하였다. Willner 등(2005)은 지능부전이 있는 사람들이 분노 상황을 관리하기 위해 특정 기술을 어느 정도나 사용하는지를 평가하기 위해 분노 대처기술 프로파일(Profile of Anger Coping Skills)을 개발하였다. 관찰자에게는 특정의 분노 대처 상황에서 내담자들이 여덟 가지 분노 관리 전략을 사용하는지 평정하게 하였다. 분노 관리 전략에는 이완 기술, 10까지 숫자 세기, 조용히 걸어 나가기, 도움을 요청하기, 주의 분산 활동을 하기, 인지 재구조화, 자기주장하기 등이 있었다. Willner 등은 평가 도구가 받아들일 만한 수준의 심리측정적 속성을 갖고 있으며 분노 개입과 관련된 변화를 민감하게 잰다는 것을 발견하였다. 이 연구의 가장 중요한 측면 중 하나는 분노 관리 전략의 사용 여부를 직접적으로 평가한 것으로서, 참여자들이 배운 기술을 실제로 써먹었다는 것을 보여 주었다. 아마도 10까지 숫자 세기와 이완하기가 분노 관리 기술 중 가장 많이 가르쳤을 것이라고 생각되겠지만, 이 두 가지 기술은 평가 대상이 된 기술 중에서는 가장 적게 사용된 것이다.

Novaco와 Taylor(2004)는 지능부전이 있는 범죄자들에 대한 여러 가지 수정된 분노 평가 측정 도구의 신뢰도와 타당도를 조사하였다. 여기에는 Novaco 분노척도(Novaco Anger Scale: NAS; Novaco, 2003), Spielberger 상태-특질 분노표현목록(Spielberger State-Trait Anger Expression Inventory: STAXI; Spielberger, 1996) 그리고 울화목록(Provocation Inventory, 자기보고식 분노 반응성 척도; Novaco, 2003)이 있다. 이외에도 병동환자용 분노 평정척도(Ward Anger Rating Scale: WARS; Novaco & Taylor, 2004)가 있다. 수정된 자기보고식 분노 측정 도구들은 내적 일관성이 높게 나왔고 검사-재검사 신뢰도도 적절한 수준으로 나타났다. NAS와 STAXI 사이에는 상관 계수가 높게 나타나서, 이는 동시타당도(concurrent validity)에 대한 증거가 되었다. 환자의 분노에 대한 의료진의 WARS 평정치는 자기보고 측정치와 의미 있는 상관관계를 보여 주었으며, 이 자기보고 측정치는 폭력 행동의 전력과 의미 있는 상관관계가 있었다. NAS는 환자(범죄자)가 병원에 입원한 이후 남들을 물리적으로 공격한 적이 있었는지, 그리고 공격한 총 횟수를 유의미하게 예측해 주었다. 그러므로 분노 측정 도구들에 대해서는 동시타당도가 의미 있다고 볼 수 있다.

후속 연구에서 Taylor, Novaco, Guinan 등(2004)은 지능부전이 있는 사람들에 대해 추가적으로 사용될 수 있는 개체기술적(ideographic) 분노평가 절차로서 상상적 울화검사(Imaginal Provocation Test: IPT)를 개발하였다. 이 검사는 분노 경험과 표현의 핵심 요소를 추출한 것으로서 분노 치료와 관련된 변화를 예민하게 드러내 준다. IPT는 각 내담자의 분노 경험과 관련된 네 가지 지표를 산출해 준다. 그것은 분노 반응, 행동 반응, 분노와 행동 반응의 결합 그리고 분노 조절이다. IPT는 내부 신뢰도가 양호하며 NAS 및 STAXI와도 정적 상관을 보였다. 또한 Alder와 Lindsay(2007)는 하나의 울화목록(provocation inventory)으로서 Dundee 울화목록(Dundee Provocation Inventory: DPI)을 개발했는데, 이것은 사용하기가 쉽다. 이 목록은 Novaco(1975, 1994)가 분노를 정서 문제의 하나로 분석하고 개념화한 것을 토대로 한 것이다. Novaco가 분석한 결과중의 한 측면은 개인이 내부 및 외부 자극을 오해하여 보다 더 적절하고 덜 공격적인 반응을 나타내기보다는 절도라고 지각하고 그에 따른 반응을 보였을 수 있다는 것이다. DPI를 지능부전이 있는 114명의 참여자를 대상으로 실시한 결과, Alder와 Lindsay(2007)는 이 도구가 신뢰도와 수

럼타당도가 양호함을 발견하였다. DPI는 NAS와 의미 있는 상관관계(r = .57), PI와 의미 있는 상관관계(r = .75)를 보였고, 이는 DPI와 PI의 수렴도(convergence)가 좋다는 것을 보여 준다. 이들은 또한 자존감에 대한 위협, 외부 통제 소재(external locus of control), 실망감, 좌절감 및 분개심으로 구성된 5요인 구조를 발견하였다. 가장 강력한 요인은 자존감에 대한 위협이었으며, 이는 분노 및 분노와 위협의 관계에 대한 Novaco의 분석과 확실히 잘 맞아떨어졌다. 그러므로 DPI는 지능부전이 있는 범죄자들에게서 다양한 관련 요인들과 함께 울화를 신속하게 평가해 줄 수 있을 것으로 보인다.

성범죄자의 평가

Keeling 등(2007a)과 Williams 등(2007)은 지능부전이 있는 성범죄자들에게 안심하고 사용할 수 있는 평가 도구를 개발하거나 번안하였다(아래의 개요 참조). Griffihs와 Lunsky(2003)는 사회적 성 지식 및 태도 도구(Social Sexual Knowledge and Attitudes Tool: SSKAT) 개정판을 개발했는데, 이는 사회관계 및 성관계에 관련된 다양한 영역에서의 지식과 태도를 평가하도록 설계된 것이다. 여기에는 신체 부위, 청소년 발달, 연애관계, 성관계, 전희, 임신 조절, 성교에 따른 질환, 알코올 및 불법 약물의 사용, 그리고 성적 건강의 유지 등이 들어 있다. SSKAT는 Michie 등(2006)이 지능부전이 있는 성범죄자들의 성 지식을 평가할 때 사용하였다. 이들은 허울뿐인 이탈(counterfeit deviance)의 가설을 검증하였는데, 이는 Hingsburger 등(1991)이 처음 제안한 것으로서, 의심할 여지가 없는 이탈된 행동이지만 부적절한 개인이나 행동에 대한 선호도 또는 성 충동에 의해서라기보다는 성 지식의 부족, 사회 기술 및 이성 교제 기술의 부족, 성적 관계를 만들 기회의 부족, 사회

적인 미성숙(naiveté) 등의 요인에 의해 촉발될 수 있는 행동을 지칭한다. 이것이 맞다면 교정의 목표는 부적절한 성욕보다는 교육 문제 및 발달적 성숙에 초점을 두어야 한다. Griffiths 등(1989)은 허울뿐인 이탈의 개념을 보여 주는 많은 사례를 제시하였다.

Michie 등(2006)은 성범죄자들을 통제집단과 비교한 결과, 지능부전이 있는 성범죄자들이 지능부전이 있는 통제집단에 비해서 성 지식의 수준이 높음을 발견하였다. 두 번째 비교연구에서는 16명의 성범죄자를 15명의 통제집단과 비교하였다. 그 결과, Michie 등(2006)은 통제집단에서 IQ와 SSKAT 총점 간에 의미 있는 정적 상관관계를 발견하였지만 성범죄자 집단에서의 IQ와 SSKAT 간에는 의미 있는 관계가 나타나지 않았다. Michie 등은 첫 번째 발견에 대해 다음의 두 가지 가능성이 있다고 시사하였다.

- (성범죄의) 정의상, 연구 대상이 되는 성범죄자는 모두 어떤 형태든 성적 상호작용(sexual interaction)의 경험이 있다. 이런 성적 상호작용의 경험이 우연히 이루어진 것이라고 보기는 어려우므로, 그들이 적어도 부적절한 성행동 및 성학대를 저지르기 전에 성욕에 대해 무언가 생각하고 주의를 기울였을 것이라고 결론을 내릴 수도 있다. 따라서 우리는 그들이 성행위의 경험을 최소한 어느 정도 했을 것이라고 믿지만 통제집단은 이런 경험이 없는 것이다.

- 두 번째로 가능한 설명은 이 사람들이 성적 흥분이 높게 될 만한 발달력이 있을 수 있다는 것이다. 이 때문에 비공식적 출처로부터 얻은 성 관련 정보에 선택적으로 주의와 흥미를 기울이게 되었을 수 있다. 이와 같이 꾸준히 주의를 기울이다 보니 마음속 되뇜(시연, rehearsal)을 통해 관련 정보를

더 많이 간직하게 되고 자위와 같은 연관된 적절한 성행위를 하는 것까지 되었을 것이다. 이러한 행동적 및 비공식적 교육 경험은 높은 수준의 성 지식으로 이어졌을 것이다. 후자의 가설에서는 성적 흥분과 성적 선호도가 지식의 습득뿐만 아니라, 아마도 태도 및 믿음과도 상호작용하는 것으로 여긴다.

허울뿐인 이탈 행위에 대한 두 번째 검증에서는 또다시 SSKAT를 사용해서 Lunsky 등(2007)이 두 범주의 성범죄자와 통제집단을 비교하였다. 이들은 성범죄자를 이탈된 상습적 성범죄자(deviant persistent offenders, 접촉성 성범죄(contact sexual offences)와 아동을 대상으로 범죄를 저질렀던 자)와 순진범(naive offenders, 공공장소에서의 자위 및 점잖지 못한 노출을 보인 자)으로 나누었다. 그 결과, 이들은 순진범이 상습범에 비해서 성 지식의 수준이 정말로 낮은 것을 발견하였다. 물론 순진범이라도 해도 허울뿐인 이탈 가설에서 기대되었던 대로 통제집단에 비해서 성 관련 지식이 빈약하지는 않았다. 그러나 연구에서 두 집단의 성범죄자에게서 차이가 있다는 발견은 성 지식에 대한 평가의 중요성을 시사해 주고 있다.

인지적 왜곡(범행을 정당화하는 왜곡된 태도)은 한때 성범죄자로 이어지는 경로에서 중요하다고 간주되었고, 이에 따라 성범죄자에 대한 평가에서 중요한 요인으로 여겨졌다. 많은 종류의 평가 도구[Bumby(2006)의 RAPE 및 MOLEST 척도 같은 것]가 주요 성범죄자에게 쓰이기 위해 개발되었다. 그러나 사용된 언어가 지능부전이 있는 사람들에게는 지나치게 복잡한 실정이다(Kolton et al., 2001).

지능부전이 있는 성범죄자들의 인지적 왜곡을 평가하는 데 가장 널리 사용되는 평가 도구는 성범죄 지향 태도 설문(Questionnaire on Attitudes Consistent with Sexual Offending: QACSO)인데, 이는 Linsay 등(2007)이 지능부전이 있는 범죄자들을 대상으로 사용하기 위해 고안하고 표준화한 것이다. QACSO에는 강간과 여성에 대한 태도, 관음증, 노출증, 데이트 학대, 동성애적 폭행(homosexual assault), 아동 대상의 범죄 그리고 스토킹에 대해 평가하는 일련의 척도로 구성되어 있다. 이들은 QACSO의 7개 척도 중 6개가 지능부전이 있는 성범죄자들의 인지 왜곡에 대한 타당하고 신뢰할 만한 측정치를 제공해 준다는 것을 발견하였다(동성애적 폭행 척도만 제외). 또한 Lindsay, Michie 등(2006)은 강간 척도와 아동 대상의 범죄 척도가 특히 성인 대상의 범죄자와 아동 대상의 범죄자를 잘 구분해 준다는 것도 발견하였다. 성인 대상의 범죄자는 강간 척도에서 높은 점수를 보였고 아동 대상의 범죄 척도에서는 낮은 점수를 보인 반면에, 아동 대상의 범죄자는 아동 대상의 범죄 척도에서 의미 있게 높은 점수를 보였다. 그러므로 지능부전이 있는 범죄자의 인지 왜곡이 어느 정도 신뢰도와 타당도 있게 평가될 수 있는 것으로 보인다.

Linsay와 동료들은 인지적 왜곡과 위험성(risk)의 관계를 고찰할 때 조심스럽게 임하였다. 이들은 (인지적 왜곡과 관련된) 태도의 변화가 억제(suppression), 사회적 바람직성(social desirability)의 영향 및 심지어는 거짓말하는 것 같은 많은 과정이 반영된 결과일 수도 있다고 기술하였다. 이들은 QACSO의 결과를 해석할 때 통계적 위험성(actuarial risk), 사회-정동 기능(socio-affective functioning) 그리고 자기조절 능력(self-regulation abilities)을 포함한 다양한 위험 평가 변인들과 관련지어 살펴보아야 한다고 권고하였다.

방화범의 평가

이 논제가 당사자, 지역사회 그리고 재판부에게 중요함에도 불구하고, 지능부전이 있는 방화범의 평가와 치료에 관해 출판된 연구들은 비교적 적다. 방화 행동만을 전적으로 측정하는 도구는 개발된 것이 거의 없으며 신뢰도와 타당도가 분석된 도구도 거의 없다.

법정 임상 맥락(forensic clinical context)에서는 어떤 경우에라도 위험성, 욕구 그리고 개입 계획을 정립(formulate)하려면 다양한 출처(당사자 및 중요 인물의 보고, 행동 관찰, 서류 검토, 임상적 평가)로부터 체계적으로 정보를 수집하고 통합하는 것이 중요하다. Taylor, Thorne 등(2004)은 새로이 고안된 병리적 방화범 면접(Pathological Fire-Setters Interview: PFSI)의 사용에 관하여 보고하였다. 이는 구조화된 면접으로서 환자의 기록, 진행 팀의 관찰 그리고 환자 및 중요 인물이 작성한 임상 평가에서 얻은 부가적 정보로 보강된다. 이 면접은 다음에 관한 정보를 기능적 분석 체계(Jackson, 1994 참조)에 맞게 수집한다. 수집되는 영역은 ① 자세한 인구학적 기록, 개인력, 가족력 그리고 범죄력, ② 개인적 방화 관련 조건, ③ 상황적 방화 관련 조건, ④ 방화의 선행 요인, ⑤ 방화의 동기 그리고 ⑥ 방화 후의 결과(생각, 감정 그리고 현실)다.

Murphy와 Clare(1996)는 지능부전이 있는 성인 방화범에게 사용하기 위한 방화평가 절차(Fire Setting Assessment Schedule: FSAS)를 개발하였다. FSAS는 Jackson 등(1987)이 제안한 방화에 대한 기능적 분석 접근(functional analytical approach)에 따라서 제작되었는데, 여기에서는 방화가 많은 심리적 기능과 관련이 있다고 가정한다. 이런 심리적 기능에는 또래로부터 인정받고 싶은 욕구, 흥분 욕구(need for excitement), 슬픔을 줄이거나 표출하고 싶은 욕구, 정신질환, 복수하고

싶은 소망, 불안을 줄이고 싶은 욕구 등이 있다. FSAS는 방화를 저지르기 전의 인지와 감정에 관한 16개의 문항(예: '나는 사람들이 나에게 주목하고 내 말에 귀를 기울이도록 하기 위해 불을 지르기 시작했다.' '나는 어디로 가거나 무언가를 하려는 마음을 떨쳐 버리기 위해 불을 질렀다.' '나는 사람들에게 화가 나서 불을 질렀다.'), 그리고 방화 후에 느낀 생각 및 감정에 관한 16개의 문항(예: '방화 후에 나는 좀 더 차분해졌다.' '방화 후 사람들이 나에게 눈길을 더 주기 시작했다.' '나는 방화 후 더 행복했다.')이 추가로 더 있다. 모든 문항은 '예' 또는 '아니요'로 평정된다.

Murphy와 Clare(1996)는 지능부전이 있는 10명의 성인 방화범을 대상으로 FSAS를 사용하여 면접을 실시하였다. 이들은 연구에 참여한 방화범들이 방화의 결과보다는 방화의 선행 요인을 보다 더 신뢰성 있게 파악해 내는 것을 발견하였다. 가장 많이 인정한 선행 요인은 분노였고, 그다음으로는 무시당함, 우울의 순이었다. 이 평가 도구는 제작된 이래 임상적으로 유용함이 입증되었지만, 그것의 신뢰도와 타당도에 관한 후속 연구가 거의 없다가 Taylor, Thorne 등(2002)이 경도에서 경계선 수준 사이의 지능부전이 있는 14명을 대상으로 이들에 대한 방화 프로그램의 효과를 살펴보는 데 이를 사용하였다. Murphy와 Clare(1996)의 연구 결과와 일치하게도, Taylor, Thorne 등(2002)은 참여자의 방화 행동의 선행 요인 및 후속 결과와 관련하여 분노, 무시당함 그리고 우울(순서로)이 FSAS에서 가장 많이 응답한 문항이라는 것을 발견하였다. 방화 전력이 있고 경도의 지능부전이 있는 여섯 명의 여성을 대상으로 한 후속 연구에서, Taylor, Robertson 등(2006)은 또한 분노와 우울이 이들이 특히 방화를 저지르기 전에 가장 많이 느낀 것이라고 응답한 문항이라는 것을 발견하였다.

Murphy와 Clare(1996)는 또한 지능부전이 있고 방

화 경력이 있는 내담자들에게 사용하기 위하여 방화흥미 평정척도(Fire Interest Rating Scale: FIRS)를 개발하였다. FIRS는 불과 관련된 14개의 상황을 서술하는 문항들로 구성되어 있다(예: '밤중에 캠프파이어를 하는 것처럼 바깥에서 불꽃 놀이를 구경하는 것' '소방차가 도로로 달리는 것을 구경하는 것' '건물에 불을 놓기 위해 성냥을 켜는 것'). 응답자들은 각 상황에 대하여 '가장 무섭고/가장 두려운'에서부터 '매우 신나는, 사랑스러운, 멋진'에 이르기까지의 7점 척도에서 자신이 어떻게 느끼는지를 평정하였다.

Taylor, Thorne 등(2002)은 경도에서 경계선 수준의 지능부전이 있는 방화범들을 대상으로 집단치료를 실시했을 때 그 반응을 임상적으로 평가하기 위해 일련의 목표달성척도(Goal Attainment Scales: GAS; Kiresuk & Sherman, 1968)를 개발하였다. 반구조화된 면접에서 방화범들의 응답을 토대로, 집단치료자와 또 다른 독자적 평가자는 각각 GAS를 사용하여 여섯 개의 범죄 관련 치료 목표의 점수를 매겼다. 그것은 ① 죄책감의 수용, ② 책임감의 인정, ③ 피해자의 어려움에 대한 이해, ④ 범죄 재발의 고위험 요소의 이해, ⑤ 정서의 적절한 표현, ⑥ 관계를 형성하고 유지하는 능력이다. 평가자들은 조작적으로 정의된 채점 기준을 써서 각 GAS에 대해 0점 '기대한 것보다 훨씬 나쁜'부터 4점 '기대했던 것보다 훨씬 나은'까지의 5점 척도에서 점수를 매겼다.

미래에 사고를 일으킬 위험성의 평가

지능부전이 있는 범죄자에 대한 법정 분야의 미래에 사고를 일으킬 위험성에 대한 평가에서는 몇 가지 중요한 발전이 있었다. Fitzgerald 등(2011)은 지능부전이 있는 범죄자 145명을 대상으로 많은 범죄 경력 관련 변인들의 예언타당도를 평가하였다. 2년간에 걸친 추적조사에서 이들은 과거에 범행을 저지른 횟수, 과거의 약물 범행의 횟수 그리고 과거의 취득성 범행의 횟수가 모두 미래의 범행과 의미 있는 관계가 있음을 발견하였다. 알코올 남용과 약물 남용의 전력은 모두 재범과 관련이 있었다. 이어서 Fitzgerald 등은 보호관찰 상황에서 사용하기 위해서 개발된 평가 도구를 적용하였다. 이 도구는 여섯 개의 변인, 즉 성별, 현재의 범행, 첫 유죄 선고를 받은 나이, 현재의 범행에 대해 유죄 선고를 받은 나이, 과거에 구금되었던 횟수와 과거에 유죄 선고를 받은 총 횟수를 대상으로 한 것이다. 이 위험 평가 도구는 이전의 평가 결과에 기반을 둔 것으로서, 지능부전이 있는 범죄자가 미래에 재범을 저지를 가능성을 잘 예측해 주는 것으로 나타났다.

Linsay, Elliot 등(2004)은 지능부전이 있는 52명의 남성 성범죄자들을 대상으로 이전에 파악된 다양한 변인의 재범에 대한 예측력을 살펴보기 위해서 연구를 수행하였다. 회귀 모형에서 의미 있는 것으로 드러난 변인들은 주요 연구들에서 파악된 변인들과 일반적으로 유사하였다. 그러나 성범죄자에 대한 연구에서 재범과 관련성이 아주 높았던 취업 경력 또는 비정상적인 피해자 선택 같은 몇몇 문항은 예측 변인으로 드러나지 않았다. 반면에, 역동적 변인 그리고 개시 행동 및 태도(start behaviour and attitudes)와 관련된 변인이 강력한 예측 변인으로 드러났다. 이 연구자들은 이런 결과가 이 방면의 평가 도구를 제작하는 전문가들이 자신들의 시각을 어떤 방향으로 조정해야 하는지를 알려 주는 하나의 지표일 수 있다고 고찰하였다. 예를 들면, 지능부전이 있는 사람들 중 취업 경력이 있는 자는 대단히 적겠지만, 그들에게는 특수교육에의 배치, 일할 장소 및 이와 비슷한 기회의 제공을 통해 주변 사회와 매주 늘 상적으로 접촉하는 자리를 마련해 줄 수 있을 것이다. 이와 같은 지지에 대해서 이들이 따르지 않았다는 것이

의미 있는 변수로서 드러났는데, 이는 지능부전이 있는 사람들에 대해 판단을 내릴 때에는 그들의 또래관계를 감안해서 판단해야 함을 시사한다.

Quinsey 등(2004)은 지능부전이 있는 참여자 58명을 대상으로 16개월의 추적조사 기간에 폭력 위험평가 지침(Violence Risk Appraisal Guide: VRAG)을 이용한 평가를 실시하였다. 이들은 폭력사건에 대해 중간 정도의 효과 크기를 가진 의미 있는 예측치를 발견했는데, 참여자의 행동에 대한 진행진의 평정치가 반사회적 사건을 의미 있게 예측해 냈음을 발견하였다. 또한 이들은 역동적/근접한(dynamic/proximal) 위험 지표(17장 참조)의 가치에 대해서도 평가하였다. 그 결과 이들은 폭력/성 관련 사건을 저지르기 한 달 전에, 반사회성의 역동적 지표들이 사건이 있기 6개월 전에 기록한 역동적 지표에 비해서 의미 있게 높다는 것을 발견하였다. 그리하여 이들은 그러한 결과가 역동적 평가의 가치를 보여 주는 설득력 있는 증거라고 결론지었다. 즉, 범행을 저지르기 한 달 전에 역동적 위험 요인이 증가한 것이 범행 발생의 측면에서 다른 어떤 요인의 탓으로 돌릴 수 없다는 것이다. 다시 한 번, 이 연구는 이런 종류의 집단에서 역동적 위험 요인이 중요함을 부각시켜 주고 있다.

VRAG, 역사적, 임상적, 위험 관리-20(Historical, Clinical, Risk Management-20: HCR-20; 자세한 것은 17장 참조; Webster et al., 1995) 그리고 정신병질 점검목록표 개정판(Psychopathy Checklist- Revised: PCL-R; 자세한 것은 17장 참조; Hare, 1991; 2003)에 대한 보다 광범위한 연구에서, Gray 등(2007)은 지능부전이 있는 145명의 법정 관리 대상 환자와 996명의 보통의 법정 관리 대상 환자를 비교하였는데, 이들은 모두 병원에서 퇴원한 환자들이었다. 이 연구자들은 위의 모든 평가 도구가 지능부전이 있는 집단의 재범률을 일반적 법정 관리 대상

자의 그것과 비교할 때 효과 크기가 후자만큼 크거나 그보다 더 크게 나타남을 예측해 준다는 것을 발견하였다. 후속된 위험 평가의 비교연구에서, Lindsay 등(2008)은 지능부전이 있는 폭력범과 성범죄자들이 섞인 212명을 대상으로 연구하였다. 이들은 참여자들을 1년간 추적 조사한 결과, VRAG가 미래의 폭력사건을 의미 있게 예측해 주는 요인이었으며, 정적 99(Static 99; Hanson & Thornton, 2000; 성범죄자에 대한 정적 위험 평가 측정 도구에 대한 기술은 17장 참조)가 미래 성범죄 사건을 의미 있게 예측해 주는 요인임을 발견하였다. Camilleri와 Quinsey(2011)는 이 참여자들에 대한 위험 평가를 개관한 다음, VRAG에 대한 소규모 연구를 수행하였다. 700명이 넘는 참여자를 대상으로 해서, 이들은 경계선 수준 및 경도의 지능부전에 해당되는 참여자에 대한 VRAG상 수치가 나머지 참여자의 수치와 비교하였을 때 동등한 예측력이 있다는 것을 발견하였다. Taylor 등(2007)은 HCR-20의 예언타당도에 관한 심리 측정적 속성을 개관하였다. 그 결과, 이들은 평가자 간 신뢰도가 모든 하위척도에 대해서 80% 이상의 일치율을 나타내서 받아들일 만하다는 것과, Cronbach 알파 값도 H척도(0.75)에 대해서는 받아들일 만하였으나 C와 R 척도에서는 낮게 나타났다(각각 0.59, 0.39)는 것을 발견하였다. 또한 이들은 R척도가 1년이라는 기간에 걸쳐서 기록된 사건들에 대해 가장 높은 예측 값을 나타냈다는 것을 발견하였다. 이상의 연구 결과들을 바탕으로, 우리는 VRAG, HCR-20 그리고 정적 99가 지능부전이 있는 사람을 대상으로 법정 서비스를 제공하는 데 유용하다고 결론을 내린다.

Quinsey 등(2004)의 그것과 비슷한 연구 설계를 사용하여 Lindsay, Allan 등(2004)은 역동적 위험 평가 및 관리 체계(Dynamic Risk Assessment and Management System: DRAMS)를 실시하였다. 이 체계를 실시하는 것

이외에도 프로그램 진행자들이 내담자의 기분, 반사회적 행동, 이탈된 생각, 정신증적 증상, 자기조절, 치료동맹, 일상 규칙에 대한 순응 정도, 대인관계의 변동 등에 대해 매일 평정하였다. 이렇게 얻은 평정치를 사건이 발생한 날, 사건이 있기 하루 전날 그리고 사건으로부터 최소한 7일 정도 떨어진 날(통제 비교 조건) 간에 비교하였다. 그 결과, 사건이 있기 하루 전날의 평정치에서 기분, 반사회적 행동, 이탈된 생각 그리고 DRAMS 총점상 의미 있는 증가가 나타났다. Steptoe 등(2008)은 동일한 설계를 사용하여 DRAMS의 예측력에 대한 보다 큰 규모의 연구를 수행하였다. 그 결과, 사건이 있기 하루나 이틀 전에 실시된 평가와 사건으로부터 최소한 7일 이상 떨어진 날(통제 비교 조건)에 실시된 평가 사이에 의미 있는 효과 크기의 차이가 나타났다. 따라서 역동적 위험 평가는 지능부전이 있는 범죄자들에 대해서 동시타당도 및 예언타당도 모두에서 유용성이 있는 것으로 보인다.

지능부전이 있는 성범죄자의 위험 평가에 대한 새로운 접근으로, Boer 등(2004)은 ARMIDILO를 개발하였다(〈글상자 19-1〉 참조).

Blacker 등(2011)은 ARMIDILO의 하위척도들의 예측력을 평가하여 갑자기 변한 급성 항목의 점수를 합쳤을 때 미래에 사고를 일으킬 위험성을 중간 정도의 효과 크기로 예측해 주는 것을 발견하였다. 또한 Lofthouse 등(투고 중)은 지능부전이 있는 64명의 성범죄자를 6년간 추적 조사하여 ARMIDILO의 예측력에 대해 분석하였다. 이들은 ARMIDILO의 총점이 미래에 범죄를 일으킬 위험성을 잘 예측해 주는 것을 발견하였다. 이런 결과는 역동적 변인이 지능부전이 있는 범죄자들 중에서 미래의 성범죄와 폭력 범죄의 발생을 예측하는 데 의미 있게 유용하다는 것을 시사한다. Quinsey 등(2004), Lindsay, Allan 등(2004), Blacker 등(2011), Lofthouse 등(투고 중)은 모두 역동적 변인이 미래의 범죄사건을 예측하는 데 있어서 정적인 변인들과 비슷하거나 더 낮

글상자 19-1 ARMIDILO(Assessment of Risk and Manageability of Intellectually Disabled Individuals Who Offend; Boer et al., 2004)

ARMIDILO는 네 개 큰 범주의 총 30문항으로 구성되어 있다.

- 첫 번째 범주는 안정된 역동적 환경과 관찰자 요인에 대한 것으로, 관찰자 사이의 의사소통과 지능부전이 있는 성범죄자에 대한 관찰자의 태도와 같은 문항이 들어 있다.
- 두 번째 범주는 평정 대상인 범죄자의 안정된 역동적 요인에 관한 것으로, 지도감독에 따르는 정도와 성욕의 자기조절 같은 문항이 들어 있다.
- 세 번째 범주는 갑자기 변한 역동적 환경 요인에 관한 것으로, 지도감독을 하는 진행자가 새로 왔을 경우 그리고 대상자에 대한 관찰 방식의 변화에 대한 문항이 들어 있다.
- 마지막 범주는 범죄자에게서 갑자기 변한 역동적 요인들과 관련된 것으로, 사회적 지지에서의 변화, 물질 남용에서의 변화, 성적인 집착에서의 변화 등의 문항이 들어 있다.

다는 것을 발견하였다.

지능부전이 있는 범죄자에 대한 개입

교도소 및 보호관찰 서비스에서의 범죄자 갱생 프로그램의 확장과 관련된 주요 발전 중 하나는 사회적 문제해결 및 인지적 기술의 향상에 있다(16장과 18장 참조). 인지 기술 프로그램의 목적은 범죄자에게 생각하는 기술을 가르쳐 주어서 범죄를 저지르기 쉬운 상황에 처해 있을 때 종전과는 달리 친사회적으로 접근하는 수단을 모색하도록 하기 위한 것이다. 이와 같이 종전과는 다르게 생각해 보는 방식은 당사자로 하여금 범죄자 특유의 사고방식에 의해 강화를 받았을 가능성이 있는 습관적 범행에서 벗어나게 해 줄 것이다. Wilson 등(2005)은 범죄자들에게 제공되는 다양한 인지행동 프로그램에 대해서 분석하였다. 그 결과, 이들은 일반적으로 적절한 문제해결 기술에 초점을 맞춘 프로그램이 재범률을 의미 있게 감소시켰다(7~33%)는 것을 발견하였다. 또한 이들은 통합성이 높은 프로그램을 사용한 수준 높은 연구가 재범률을 가장 많이 감소시켰다는 결론을 내렸다. 후속된 개관연구(Joy Tong & Farrington, 2006; Pearson et al., 2002)에서도 이런 프로그램들이 범죄 재발을 14~21% 감소시켰다고 결론지었다.

지능부전이 있는 범죄자들이 지적 기능 수준이 낮아서 사회적 문제해결에 결함이 있는 경향이 있다는 것을 고려하여 최근에야 이러한 발전이 이 분야에 적용되었다. Lindsay, Hamilton 등(2011)은 지능부전이 있는 범죄자에게 적용하기 위하여 **사회적 문제해결 및 범죄 관련 생각**(Social Problem Solving and Offence Related Thinking: SPORT) **프로그램**을 개발하였다. 이들은 이 프로그램에 참여한 다섯 명씩의 두 개 집단에서 치료

효과를 보인 10개 사례를 소개하였다. 치료 후, 참여자들은 대인 간의 문제들에 대해 보다 긍정적인 감정을 느낀다고 보고하였으며, 또한 그들에 대한 평가에서도 그들이 사회적 상황에서 덜 충동적이고 덜 회피적인 것으로 나타났다. 이런 호전 효과는 3개월 뒤에 이루어진 추적조사에서도 지속되었다. 이런 긍정적 결과에도 불구하고, 이 결과는 오직 예비적 성격에 불과한 것으로 간주될 수 있을 뿐이다. 이제 우리는 지능부전이 있는 범죄자라는 특정 집단에 대한 개입에 관해 좀 더 자세히 살펴보겠다.

분노와 폭력에 대한 치료

이 분야에서는 범죄자에게 가장 흔히 적용하는 치료적 접근이 행동적 개입들이었다(Carr et al., 2000). 범죄자들에게 행동적 접근법을 실시하는 데 있어 한 가지 어려운 점은 그것을 실시하려면 일반적으로 상당수의 진행자가 갖추어진 통제된 수용 시설 환경에서, 일관되고 신뢰할 만한 방식으로 참여자의 행동에 즉각적으로 피드백을 제공해 주어야만 한다는 것이다. 이런 상황은 (지능부전이 있는 다른 사람들에 비해서) 기능 수준이 비교적 높고, 잦지는 않지만 대단히 심각한 공격성을 나타내며, 비교적 통제받지 않는 지역사회에서 생활해 온 지능부전 범죄자의 상황과는 대조된다. 분노와 공격성에 대한 보편적인 자기조절을 증진시켜 주는 '자기실현(self-actualising)' 치료에 대한 수요에 부응하여 여러 연구자는 Novaco(1975, 1994)가 개발한 접근법에 기반을 둔 인지행동적 치료를 적용하였다. 이 접근법에서는 인지 재구조화, 흥분 감소 및 행동 기술 훈련뿐만 아니라 스트레스 예방 기법도 사용한다.

Taylor(2002), Taylor와 Novaco(2005)는 개인치료 및 집단치료 형식으로 실시된 많은 사례연구 및 통제되

지 않은 집단 분노 치료 연구에 대해 살펴보았다. 여기에 포함된 치료 유형은 흥분 감소, 기술 훈련 그리고 자기관찰을 위시한 인지행동 기법들을 다양하게 결합한 것도 있었다. 일반적으로 말하면, 이런 사례연구에서는 분노와 공격성의 감소에 좋은 성과를 가져다준 것을 보여 주었으며, 증세 호전 효과는 평가 기간에는 유지되고 있었다. 이러한 사례연구(예: Black & Novaco, 1993; Murphy & Clare, 1991; Rose & West, 1999)의 대부분은 공격 행동의 전력이 있는 것으로 평가된 사람들이 있던 병원과 지역사회 상황에서 수행된 것이다.

지능부전이 있는 범죄자들을 대상으로 인지행동적 분노 치료를 적용한 소수의 사례연구도 있었는데, 이들은 긍정적 성과를 가져왔다고 보고하였다. Lindsay 등(2003)은 경도의 지능부전이 있는 여섯 명의 남자에 대해 보고하였다. 이들은 모두 공격성과 폭력 때문에 형사 사법 체계에 연루된 자들이었다. 분노 치료는 심리교육, 흥분 감소, 역할극, 문제해결, 분노 유발 상황의 상상을 통한 스트레스 면역(stress inoculation) 훈련 등이 포함된 집단치료 형식으로 실시되었다. 치료 효과는 자기보고식 측정, 공격적 사건에 대한 보고 내용 그리고 분노 일기를 사용하여 평가되었다. 모든 측정치는 의미 있게 호전되었고, 이러한 증세 호전이 15개월 뒤의 추적조사에서도 유지되고 있음을 보여 주었다. 4년 뒤의 추적조사에서는 참여자 중 누구도 폭력 행위를 보이지 않았다.

또 다른 단일 사례연구에서, Novaco와 Taylor (2004)는 중간 수준의 보호 시설에서 수용되어 있다가 폭력 행동으로 인해 의뢰된 한 남성을 대상으로 실시된 개인적 분노 관리 훈련에 대해 소개하였다. 분노에 대한 자기보고와 분노에 대한 반응은 의미 있게 감소하였다(각각 3.3과 2.8의 표준편차만큼 감소). 치료 지원팀(care staff)이 관찰한 폭력성의 감소는 위의 결과와 방향

이 일치하였으며, 증세 호전은 4개월의 추적조사에서도 유지되었다. Allen 등(2001)은 경도에서 경계선 수준 사이의 지능부전이 있는 다섯 명의 여성을 대상으로 한 치료에 대해 보고하였는데, 이들은 모두 폭력 때문에 형사 사법 체계에 연루된 적이 있다. 치료는 Lindsay 등(2003)이 기술한 것과 유사하였는데, 개입 후에 의미 있는 증세 호전이 있었으며, 이는 15개월 뒤의 추적조사에서도 유지되었다. 오직 한 명의 여성만이 나중에 폭력사건을 일으켰지만, 자기보고식 검사에서로 호전된 점수는 유지되었다. 이러한 사례연구 결과가 일반적으로 긍정적 성과를 보여 주고는 있지만, 이런 효과가 모두 통제 되지 않은 연구 결과인 것이 제한점이다.

분노 관리 훈련(AMT)에 대한 통제된 연구

분노 관리 훈련(AMT)에 대한 통제 시행(controlled trials)이 많이 시도되었다. AMT의 무선화된 통제 시행에서 Willner 등(2002)은 지역사회 지원 팀에게 분노 관리 집단에 참여하면 도움이 될 사람들을 의뢰해 줄 것을 요청하였다. 이렇게 해서 의뢰받은 14명을 무선적으로 처치 조건과 통제 조건에 배정하였다. 처치는 두 시간씩 9회기로 구성되었는데 전체 회기에 다 참여한 사람은 없었다. 처치 효과는 참여 내담자와 이들의 도우미가 분노 유발 상황에 관한 두 개의 검사를 각기 독자적으로 응답하게 해서 이를 분석하였다. 처치집단의 내담자들은 처치 전 점수와 통제집단의 처치 후 점수에 비교했을 때 자기평정 및 도우미 평정 결과에서 모두 향상된 것을 보여 주었다. 처치집단의 내담자들은 3개월간의 추적조사에서도 증세 호전이 더 진전된 것을 보여 주었다. 이 연구가 형제 사법 체계를 통해 참여자를 모집하지는 않았지만, 무선화된 통제 절차를 사용하였고, 그 결과 대기 통제집단에서는 나타나지 않은

고유 효과를 보였다.

통제집단 참여자를 대기자 명단에 넣어 처리하는 연구 설계를 사용하여, Taylor, Novaco 등(2002)은 분노에 대한 인지행동치료의 효과를 평가하였다. 경도의 지능부전이 있는 20명의 성인 남성이 참여자로 모집되었다. 이들은 모두 폭력과 공격성 때문에 영국 및 웨일즈의 「정신보건법 1983(Mental Health Act 1983)」에 따라 수감된 것이다. 10명은 AMT 조건에 배정되었고 다른 10명은 대기자 명단에 배정되었다. 준비 단계는 6회기분으로서 분노 처치의 속성과 목적에 대한 정보를 제공해 주며, 자기노출(self-disclosure), 정서적 자각(emotional awareness) 및 자기관찰(self-monitoring)을 위시한 기본 기술을 세부적으로 검토하여 바꾸고 발전시키도록 격려해 주는 것이었다. 그다음에 참여자들은 인지 재구조화, 흥분 감소 및 행동 기술 훈련 등의 핵심 요소로 구성된 12회기의 처치 단계로 나아갔다. 모든 참여자는 Novaco 울화촉발 목록(Novaco Provocation Inventory; Novaco, 1986)과 WARS로 평가되었다. 참여자들은 통상적인 수준의 돌봄(routine care)을 제공받은 대기 통제집단과 비교하였을 때 분노 처치 후에 분노 강도가 의미 있게 낮아졌다고 보고하였다([그림 19-2]). 수간호사의 평정은 처치 종결 후와 한 달 뒤의 추적조사에서 이루어졌다. 처치 후 평정치의 평균값은 중간 수준으로 호전된 것을 보여 주었으며, 이러한 증세 호전 효과는 추적조사 시의 평가에서도 지속된 것으로 나타났다. AMT 조건의 참여자들은 처치 후에 어떤 측면에서도 악화된 것을 보여 주지 않았던 반면에, 통제집단의 참여자들은 자기보고 평정에서 처치 후 평가 시 약간 더 나빠진 것을 보여 주었다.

지능부전이 있는 사람을 지원하는 지역사회의 법정 서비스 기관으로 의뢰된 사람들을 참여자로 받아들인 연구에서 Lindsay, Allen 등(2004)은 법원에서 의뢰를

[그림 19-2] 참여자들은 분노에 대한 인지행동치료를 받은 후 분노의 강도가 의미 있게 줄어들었다고 보고하였다.

출처: Shutterstock사의 허락하에 게재함.

받아 AMT를 실시한 33명의 참여자를 대기 통제 조건 속에 있던 14명의 참여자와 비교하였다. 처치는 40회기 동안 지속되었으며 통제 조건의 참여자들은 약 6개월간 대기자 명단에 머물러 있었다. AMT 집단에서는 모든 측정에서 집단 내에서 의미 있는 증세 호전이 나타났다. 두 집단에 대한 처치 후 비교에서 울화촉발 목록에서는 전혀 차이가 없었지만, 자기보고 일기와 분노 유발 역할극에서는 집단 간에 의미 있는 차이가 나타났다. 이런 증세 호전 효과는 15개월 뒤의 추적조사에서도 유지되었다. 또한 연구는 두 집단 모두에서의 공격사건과 재범의 건수에 대해서도 보고하였다. 대기자 명단에 있던 참여자에 대한 처치 후 평가 시점(6개월간의 추적조사)에서 통제집단은 45%가 또다시 폭력을 저질렀던 반면에, 처치집단은 14%만이 또다시 폭력사건을 일으켰다. 따라서 추적조사 기간이 비교적 짧기는 했지만, AMT가 이 참여자들이 저지른 공격사건의 건수에 의미 있는 영향을 미쳤다는 다소간의 증거가 있다.

Taylor, Novaco 등(2002)의 연구를 확대하여 Taylor, Novaco 등(2005)은 경도에서 경계선 수준 사이의 지능부전이 있고 범죄 경력이 있는 40명의 남성을 대상으로

한 더 큰 규모의 연구 결과를 보고하였다. 이 참여자들은 모두 「정신보건법 1983」에 따라 지능부전이 있는 자를 위한 전문가 제공의 법정 서비스 실시 대상자였다. 개입에서는 Taylor와 Novaco(2005)의 처치 절차를 세부적으로 똑같이 실시하였는데, 20명의 참여자는 이런 처치 절차의 AMT 조건에 배정하고 다른 20명은 일상적 돌봄을 제공하는 대기 통제 조건에 배정하였다. 자기보고한 분노 성향 및 반응성 지표의 점수들은 처치집단이 통제집단에 비해서 처치 후에 의미 있게 감소하였고, 이런 차이는 4개월 뒤의 추적조사에서도 유지되었다. 연구 참여자의 분노 성향에 대한 진행 팀의 평정 결과는 자기보고한 평정치와 방향을 같이했으나, 통계적인 유의도에는 도달하지는 못하였다. 이 연구는 AMT 평가 분야에서 가장 광범위하게 실시되고 잘 통제된 연구다. 이 연구에서는 처치 매뉴얼뿐만 아니라 대기 통제 조건과 4개월 뒤의 추적조사도 사용되었다.

지금까지 지능부전이 있는 범죄자의 분노와 폭력에 대한 처치 연구들이 많이 수행되어 왔다. 이들 중 가장 큰 규모의 연구는 Taylor와 동료들(Taylor, Novaco et al., 2002; Taylor, Novaco, Guinan et al., 2004; Taylor, Novaco, Gillmer et al., 2005)의 시리즈 연구로서 이는 보호감호 시설에 수용된 폭력성 범죄자들에 대한 AMT의 효과를 평가한 것이다. 이 연구에서는 분노와 행동 반응의 자기보고식 측정에서 의미있는 호전이 나타났고, 이 호전 효과는 처치 후 4개월 때까지 유지되었다. 이런 연구 결과를 지지해 주는 것은 여러 곳의 치료 센터에서 수행된 많은 수의 통제된 연구 결과들이다. 다른 센터에서의 연구 결과도 분노 처치가 통제 조건에 비해서 더 나은 효과를 가져온 것을 입증해 주었을 뿐만 아니라, 처치 결과 참여자들이 저지른 사고의 건수도 줄어들었음을 보여 주었다. 이상의 증거는 AMT 개입이 지능부전이 있는 범죄자들에게 효과가 있을 수 있음을 시사한다.

지능부전이 있는 성범죄자의 치료

처치 효과에 대한 초기의 보고서에서는 기술 훈련과 성교육에 초점을 맞추었다. Griffiths 등(1989)은 30개의 일련의 사례를 소개하면서 그들이 사용한 방법을 잘 보여 주었으며, 또한 1년 뒤의 추적조사에서도 범죄 재발이 없었다고 보고하였다. Haaven 등(1990)은 행동 관리 체계하의 성범죄 행위를 대상으로 하는 종합 프로그램에서 사회 기술 훈련, 성교육, 자기조절력의 증진 등이 포함된 폭넓은 다양한 처치에 대해서 기술하였다. 보고 내용은 폐쇄병동 입원 환자의 처치와 관련된 것으로서, 참여자들은 추적조사 기간 내내 꾸준히 관찰 및 지도를 받았으며 범죄를 다시 저지를 기회는 거의 없었다.

그러나 성범죄 치료에서의 가장 의미 있는 발전이 있는 곳은 문제해결과 인지행동치료(CBT) 기법을 적용한 부분이었다. 지능부전이 있는 성범죄자에게 CBT 기법을 적용한 것은 성범죄자 연구의 흐름에서 좀 뒤늦게 이루어졌다. 최초 연구들 중의 하나는 O'Conner(1996)의 연구였는데, 그는 지능부전이 있는 13명의 성인 남자 성범죄자에게 적용할 문제해결 방식의 개입법을 개발하였다. 여기에는 범죄자가 다양한 위험 상황에서 자기 자신을 위해서, 그리고 가상적인 피해자를 위해서 안전한 해결책을 마련해야만 하는 과제가 주어졌다. O'Conner는 대부분의 참여자가 지역사회에의 접근 권한을 더 많이 얻어 내는 등 긍정적인 치료 효과를 얻었다고 보고하였다.

일련의 사례연구에서 Lindsay와 동료들(Lindsay, Marshall et al., 1998; Lindsay, Neilson et al., 1998; Lindsay, Olley et al., 1998; Lindsay et al., 1999)은 인지 원리에 기반을 둔 치료법을 개발한 것으로 보고하였다. 이 기법은

범행을 부인(denial)하고 가볍게 낮추어 진술(mitigation)하는 여러 가지 방식에 대해서 3년까지 연장될 수 있는 치료 기간 내내 직면시키고 도전시키는 것이 주 특징이다. 이 연구자들은 근간이 되는 연구 결과에서 도출된 기본 원리를 지능부전이 있는 범죄자를 위한 치료법으로 번안시키는 등 번안된 치료의 몇 가지 측면을 소개했는데, 이런 원리와 번안된 치료 방식은 현재까지도 쓰이고 있다(Linsay, 2009; Rose et al., 출판 중). Lindsay와 동료들이 보고한 사례연구에서는 모든 참여자의 왜곡된 인지가 감소하였으며, 최소 4년간의 추적조사 기간에 단지 한 명만이 재범을 저질렀고, 또 다른 한 명은 재범의 혐의를 받고 있는 것으로 밝혀졌다.

여러 개의 처치 연구에서의 치료 성과를 평가하는 데서의 어려움 중의 하나는 지능부전이 있는 다섯 명의 성범죄자에 대한 Craig 등(2006)의 보고서에 잘 나타나 있다. 이들은 7개월에 걸친 치료 프로그램을 실시하였는데, 여기에는 성교육, 인지 왜곡을 수정하기, 범행 주기(offence cycle)를 되돌아보기, 그리고 재발 방지를 증진시키기 등이 들어 있다. 이들은 어떤 측정에서도 의미 있는 향상이 나타난 것을 발견하지는 못했지만, 12개월에 걸친 추적조사 기간에는 성범죄가 더 이상 나타나지 않았다고 보고했다. 그러나 이들의 보고에 의하면 모든 참여자는 지역사회 또는 다른 기관에서 계속 관찰을 받는 등 24시간 관찰을 받고 있어서, 아마도 성 행동을 비롯한 그 어떤 부적절한 행동도 저지를 기회가 거의 없었을 것이다. 따라서 이들의 연구에서의 성과에 관한 차료는 그 가치가 제한될 수밖에 없다.

사회 정책의 관점에서 볼 때 보고된 것 중 가장 중요한 정보는 치료를 받은 후에 일어난 사건의 정도와 그 심각성에 대한 것이다(Lindsay & Beail, 2004). 이상적으로 치료 효과는 관찰(supervision)과 밀착 보호(escort) 같은 가외적인 주요 영향 요인이 없는 가운데 평가되어야

할 것이다. 이런 지적은 많은 보고서에도 해당될 수 있을 것이다(Haaven et al., 1990; O'Conner, 1996). 반면에, Lindsay와 동료들(Lindsay, Marshall et al., 1998; Lindsay, Neilson et al., 1998; Lindsay, Olley et al., 1998; Lindsay et al., 1999)의 보고서에서는 모든 대상자가 지역사회에 자유롭게 드나들 수 있었고, 지역사회에서 생활하고 있었다는 점이 주목할 만하다.

Rose 등(2002)은 성학대를 저지를 지능부전 남성 다섯 명을 대상으로 16주에 걸친 집단치료에 대해서 보고하였다. 집단치료에서는 자기통제(self-control) 절차, 범행이 피해자에 미치는 영향을 살펴보기, 정서적 되새기기(emotional recognition) 그리고 위험 상황을 회피하기 위한 전략을 다루었다. 참여자들에게는 QACSO 태도 척도, 통제 소재(locus of control) 측정, 성 행동과 법에 관한 측정, 그리고 피해자 공감 척도를 실시하여 평가하였다. 처치 전과 후에 걸쳐서 의미 있는 차이가 나타난 것은 통제 소재 측정뿐이었다. 그러나 출판 참여자들은 1년 뒤의 추적 조사에서 이들이 재범을 저지르지 않았다고 보고하였다. 이들 연구의 연장선에서 Rose 등(출판 중)은 지역사회에 거주하고 있는 성범죄자를 대상으로 한 6개월간의 집단치료에 대해서 보고하였다. 이 치료 프로그램의 일부는 Lindsay(2005, 2009)의 이론 논문을 기반으로 한 것으로서, 이 연구자들은 범죄자의 보호자를 프로그램에 함께 참여시켜서 범죄자의 주변 생활의 실제 상황도 치료에 포함시키려고 노력하였다. 연구 결과, OACSO 척도에서 의미 있는 향상과 통제 소재 측정에서 변화―불행하게도 통제 소재가 좀 더 외적으로 옮겨 갔다는 결과(역자 주: 즉, 자신의 운명을 좀 더 외부 탓으로 본다는 뜻임)가 나타났고, 1년 뒤의 추적 조사에서 재범이 없었던 것으로 나타났다.

성범죄자 치료의 효과를 평가하기 위하여 처치 간 비교연구가 많이 수행되었지만, 여기에서의 문제점에

대해 이 연구들 모두에서 처치 실험을 실시하기 위한 적절한 기준이 없었으며, 어떤 결과든지 방법론적 제한점을 감안하고 고찰하는 것이 중요하다. 가장 강력한 비교연구는 Lindsay와 Smith(1998)가 수행했는데, 이들은 2년 이상 치료를 받은 일곱 명의 참여자를 1년 미만의 치료를 받은 또 다른 일곱 명의 참여자와 비교하였다. 범행의 강도 또는 유형에서는 집단 간에 의미 있는 차이가 없었다. 1년 미만의 치료를 받은 집단은 치료의 진전(progress)이 의미 있게 낮았으며, 이 집단의 참여자들은 최소 2년간 치료를 받은 참여자들에 비해서 재범을 저지르는 경향이 높았다. 그러므로 치료 기간이 짧으면 이런 부류의 참여자(내담자) 집단에게는 그 효과가 제한적으로 나타나기 쉬운 것으로 보인다.

Keeling 등(2007b)은 '특별한 욕구(special needs)'가 있는 11명의 성범죄자를 위험 수준, 피해자 유형, 범행 유형 및 나이에 따라서 맞게 배합된(matched) 11명의 주요 범죄자와 비교하였다. 연구자들은 이 연구에 제한점이 많다고 보고하였다. 즉, 특별한 욕구가 지능부전과는 다른 것이기 때문에 결과적으로 연구자들은 주요 범죄자와 특별한 욕구가 있는 범죄자 사이의 지능 수준의 차이를 확인할 수 없었다. 치료는 각각의 집단에 맞게 수정되었기 때문에 직접적으로 비교할 수가 없었다. 그리고 특별한 욕구가 있는 집단에 대한 평가 절차나 방법도 수정하지 않을 수 없었다. 처치 후에는 집단 간의 차이가 얼마 나타나지 않았지만, 추적조사(석방 후) 자료를 보면, 이 두 집단의 참여자들 중 누구도 더 이상 성범죄를 저지르지 않았다는 것이 확인되었다. Lindsay, Michie 등(2011)은 여성을 대상으로 한 범죄자 15명의 치료 진전 상황을 아동을 대상으로 한 범죄자 15명의 진전 상황과 비교하였다. 이들은 이 두 집단 모두에서 3년간의 치료 기간에 걸쳐서 의미 있는 향상이 나타났고, 치료에 따른 진전은 치료 기간 전체에 걸쳐서 상당히 고르게(직선 모양으로) 이루어진 것을 발견했다. 이 두 집단은 재범률에서 차이가 없었다(두 집단 모두에서 약 23% 정도임).

사례연구 19-1 분노/폭력 문제

Bill은 28세의 남성으로서 IQ가 71인데, 극도로 심한 폭력 행동으로 인해 복지 수용 시설에서 의뢰되었다. 어느 날 저녁 그가 컴퓨터를 갖고 놀고 있었는데, 시설 직원이 그에게 저녁 준비를 도와달라고 요청했다. 그는 자신이 노예 취급을 당하는 것 같다고 불평하고는 사건을 일으켰다. 그는 두 명의 직원을 공격하고 나서는 자기 방에서 바리게이트를 쳤다. 경찰이 출동하였다. 다음 날, Bill은 질서 위반 혐의로 재판을 받았다. Bill은 이전에도 언쟁/폭행으로 세 번이나 체포된 적이 있었다. 판결 후, Bill은 집행유예 명령의 일환으로 분노 관리 치료(anger management treatment: AMT)를 받기 시작하였다. 치료는 표준적인 AMT 절차에 따라 실시되었는데, 분노를 일종의 정서로서 이해하게 하고, 불안 감소 연습을 시작하며, 매일 그리고 매주 단위로 그간 있었던 사건들을 기록하는 요령을 이해하도록 돕는 것이었다. 치료의 다음 단계는 분노의 구성 요소와 그 기능을 분석하는 것이 포함되어 있었다. 또한 일반적 및 개별적 상황 모두를 포함한 다양한 상황에서 위협을 어떻게 해서 느끼는지에 대해서도 분석이 이루어졌다. 마지막 단계에서는 많은 기법을 동원해서 다양한 분노 유발 상황을 생성하는 절차가 들어 있었다. 또한 여기에는 실제로 위협을 느끼게 하는 상황에 대한 분석, 그리고 상상 및 역할극을 통한 스트레스 면역 훈련이 들어 있어서, Bill은 각각의 상황에 맞는 대처 전략을 발전시킬 수 있었다.

Bill의 분노 감정과 분노 반응을 조사하기 위해 Novaco 분노척도(Novaco Anger Scale: NAS)가 치료 내내 사용되었다. 반복 측정된 값은 〈표 19-1〉에 제시되어 있다. NAS에는 인지, 행동 및 흥분의 세 가지 차원에 대한 분노 표현 척도와 분노 조절 척도가 각기 들어 있다. 표현 척도 중 가장 낮은 점수는 이론적으로 16점인 반면, 조절 척도의 가장 낮은 점수는 분노 조절 전략이 전혀 없다는 것을 나타내는데, 각 조절 척도에서 4점인 경우다. 〈표 19-1〉에서 볼 수 있듯이, Bill은 두 번의 기저수준(baseline) 평가에서(한 번은 법정에 출두하기 전에 평가한 것이고, 다른 한 번은 치료를 시작하기 전에 평가한 것) 분노 표현의 세 개 척도 모두에서 분노 표현의 수준이 고도로 높다고 보고하였다. 치료가 진행되면서 그리고 자신의 분노 정서에 대한 이해가 높아지면서, 그의 분노 표현 점수는 꾸준히 감소하여 마침내는 분노를 비교적 관리 가능한 수준으로까지 감소시켰다. Bill의 보고 내용으로 미루어 보면 분노와 관련된 인지 내용이 행동 및 흥분 영역에 비해서 더 높은 수준에서 지속되었다는 점이 흥미롭다. Bill은 자신이 화가 나더라도 그것이 정당하다는 생각과 그가 신뢰할 수 없는 사람들이 많다는 생각을 계속 갖고 있었다. 이런 인지 내용 때문에 인지적 표현 영역에서 더 높은 점수가 나타나게 된 것이다. 위와 같은 증세 호전은 한 달 뒤와 6개월 뒤에 실시된 추적조사에서도 유지되었다.

우선, Bill은 화가 나면 스스로 사용할 수 있는 조절 기술 또는 대처 기술을 작동시키는 것이 완전히 불가능하다는 것을 깨달았다. 치료가 진행되면서 그는 이제는 다양한 대처 전략을 사용할 수 있게 된 것을 깨닫기 시작하였는데, 이것은 분노 조절 영역에서의 점수 변화로 반영되었다. 또다시, 이러한 증세 호전은 1개월 뒤와 6개월 뒤의 추적조사에서도 지속되었다. 위의 기간(9개월간의 처치 기간과 6개월간의 추적조사 기간)에 경찰의 개입이 필요한 어떤 공격적 사건도 전혀 보고되지 않았다. 실제로 진행 팀은 Bill이 주변 사람들과 전반적으로 좋은 관계를 유지했다고 보고하였다. 진행팀이 관찰한 기간에 그가 격노에 휩싸인 채 참고 있는 것을 관찰하였으며, 언어적·신체적 공격을 분출하지 않고도 분노를 조절할 수 있었음이 보고되었다. 울화를 유발하고 위협을 주는 것으로 진행 팀이 지각한 상황에 대해 그가 통상 대처하는 방식에서 큰 증세 호전이 나타났다.

 표 19-1 Novaco 분노척도에서 Bill의 반복 측정된 점수

NAS 척도	기저수준 1	기저수준 3	3개월	6개월	처치 후 평가	추적조사 1	추적조사 2
분노 표현							
인지	42	44	35	32	30	34	33
행동	40	45	38	25	23	24	25
흥분	38	45	30	25	24	22	22
분노 조절							
인지	4	4	4	6	9	9	10
행동	4	4	5	6	7	9	10
흥분	4	4	5	7	7	9	8

성범죄자 개입의 효과를 분석한 성과 연구

상당히 큰 규모의 연구 세 개가 최근에 보고되었는데, 해당 지역사회에 살고 있는 성범죄자의 특성, 처치 내용 그리고 처치 성과에 대해 기술하고 있다. 미국 버몬트 주의 탈원화(deinstitutionalization)에 따라서, McGrath 등(2007)은 지능부전이 있는 성인 성범죄자 403명에 대한 처치 및 관리의 효과를 살펴보았다. 처치에는 사회 기술 및 생활 기술, 위험 관리 기술을 증진시키는 절차가 포함되어 있었다. 범죄자의 절반 이상은 한 가지 이상의 성범죄를 저지른 전력이 있었다. 평균 5.8년간, 최대 11년간의 추적조사에서 이들은 범죄 재발이 11%라고 보고하였다. McGrath 등(2007)은 이 대상 집단을 다른 집단과 비교하였다. 첫째, 이들이 보고한 자들은 지능부전이 있는 남성 성범죄자 195명으로서 처치를 받은 자와 받지 않은 자로 구성되어 있었는데, 과거에 수감된 적이 있고 그 후 평균 5.72년의 추적조사 기간에 관찰되었다. 그 결과, 이들 중 23%가 추적조사 기간 중 어느 시점에선가 또다시 성범죄를 저질러서 기소되었다. 두 번째 비교연구에서 이들이 보고한 자들은 지능부전이 있는 남성 성범죄자 122명으로서 처치를 받은 자와 받지 않은 자로 구성되어 있었는데, 이전에 보호관찰 명령을 받고 5.24년의 추적조사 기간에 관찰되었다. 그 결과, 이들 중 6.5%가 또다시 성범죄를 저질러서 기소되었다. 따라서 이들의 처치집단에서는 재범률이 11%였던 반면에, 지역사회에 의뢰되지 않고 지능부전이 있는 수감된 성범죄자로서 지역사회에서 추적조사 관찰을 받지 않았던 집단에서는 재범률이 23%였다.

과학적 관점에서 보면, 다른 연구들의 경우와 마찬가지로, McGrath 등(2007)의 지능부전이 있는 재소자 집단에서의 어려움 중의 하나는 그들 중 62%가 24시간 감시를 받고 있어서, 희생자가 될 뻔한 사람들에게 접촉하는 것이 제한되었다는 것이다. 그러나 McGrath 등은 또한 감시를 받지 않았던 다른 두 집단의 재소자들과 비교하였을 때, 이러한 수준의 감시 때문에 미래의 사건 발생 여부를 보다 철저하게 알아낼 수 있었을 것이라고 간주하였다. 또한 이들은 연구 참여자의 83%가 접촉성 범행자로 분류되었던 사람들인데, 범행의 45%만이 접촉성 범행으로 나타나서 이 범행자들이 위해를 끼치는 정도가 상당히 줄어들었다고 보고하였다.

Lindsay와 동료들(Lindsay, Smith et al., 2004; Lindsay, Steele et al., 2006; Lindsay, Haut et al., 2011)은 지역사회의 지능부전자에 대한 법정 서비스의 효과를 평가한 일련의 보고서를 출판했다. 가장 최근의 보고서는 지능부전이 있는 309명의 범죄자를 20년 이상 추적한 것이다. 이들 중 156명의 남성은 성범죄 또는 성학대를 저질렀고, 126명의 남성은 다른 유형의 범죄를 저질렀으며, 또 27명은 여성이었다. 이 연구 대상자(cohort) 집단 중 9%가 여성이었는데, 이는 지능부전이 있는 범죄자 중에서 여성과 남성의 상대적 비율이 전체 인구에서의 그 비율과 일치함을 보여 주고 있다. 법정 서비스로 제공되는 처치는 포괄적인 것으로서, 여기에는 성범죄자 치료, 분노 관리 치료, 정신과적 개별 사례 검토, 간호 중재, 직업치료, 일자리 창출 및 교육 알선 그리고 적절한 개인치료가 포함되어 있었다. 주요한 성과 측정은 20년 기간의 재범 정도에 관한 것이었다. McGrath 등(2007)의 연구에서와 같이, 모든 참여자는 지역사회에서 사회복지사 및 해당 지역 간호사로부터 면밀하게 관찰되었고, 그래서 재범과 관련된 어떤 사건도(경찰에는 신고가 되었든 안 되었든 간에) 지능부전자에 대한 법정 서비스 기관에 보고되기 마련이었다.

McGrath 등(2007)의 연구에서와는 달리 모든 참여자는 지역사회에 자유롭게 다닐 수 있었고, 가족과 함

사례연구 19-2   성범죄

Andrew는 경도의 학습부진(IQ가 66)이 있는 36세의 남성이다. 그는 8세 여아에게 음란하고 외설적인 범행을 저질러서 기소되었다. 여아를 돌보면서, 그는 여아에게 자기 무릎에 앉으라고 하고서는 함께 TV를 보면서 여아의 다리 사이를 문지르고 그녀의 옷 바깥 쪽에서 비벼 대고는 사정하였다. 다음 날, 여아는 이런 그의 행동이 이상하고 특이하다고 생각하고는 엄마에게 말했다. 또한 이 여아는 Andrew가 이전에 아이 돌봄이를 했을 때에도 이런 적이 있다고 말했다. Andrew는 체포되었고 경찰 심문에서 전날 저녁의 자신의 행동에 대해 인정하였다. 그는 이런 일을 전에는 한 적이 없었다고 부인하였으며 그래서 경찰은 전날 저녁의 사건에 대해서만 그를 심문하였다. 그는 법원으로부터 3년간의 보호관찰 처분과 더불어 치료 명령을 받았다. 치료는 통상적인 방식에 따라 진행되었다. 그 세부 내용은 다른 문헌에 소개되어 있다(Linsay, 2009와 18장). 여기에서는 그 사건이 드러나게 된 경위, 범행으로 귀결된 그간의 경위에 대한 이해, 범행과 관련된 인지 왜곡에 도전하기, 포르노 외설물의 사용에 대한 유의, 대인관계를 발전시키기, 재범 방지, '선한 삶(good lives)' 모형(18장과 21장 참조)을 사용하여 미래의 긍정적인 삶을 발전시키기 등에 관한 모듈(modules)이 포함되어 있었다. 치료 시작 전에 두 번 그리고 그 후부터 치료 종결 시까지 규칙적으로 QACSO를 사용하여 측정치를 얻었다. QACSO를 통해서 얻은 자료는 〈표 19-2〉에 제시되어 있다.

이 표에서 알 수 있듯이, Andrew는 치료를 시작하기 전에는 비정상적일 정도로 아주 많은 인지 왜곡을 갖고 있다고 응답하였다. 치료가 진행되면서, 그가 응답했던 인지 왜곡의 수준은 높은 수준에서 비교적 낮은 수준으로 감소하였다. 공식적 치료가 종료된 지 1년 뒤부터 4년간 이루어진 추적조사 결과는 증세 호전이 지속되고 있음을 보여 주었다. Andrew는 치료 기간이나 추적조사 기간에 다시는 재범하지 않았으며, 그가 아동에 대해 어떤 성적 흥미를 나타냈다는 증거도 더 이상 없었다.

표 19-2 Andrew에 대한 QACSO 척도 점수

QACSO 척도	치료 시작 전 1	치료 시작 전 2	6개월	12개월	18개월	24개월	30개월	36개월	48개월
강간	7	8	5	2	1	1	2	2	2
관음증	5	5	5	2	0	0	1	0	1
노출증	6	5	5	2	0	0	1	0	0
스토킹	8	5	3	1	0	0	1	0	0
데이트 학대	4	5	4	5	0	0	0	0	2
아동	11	12	9	8	2	1	2	2	2
사회적 바람직성	5	5	4	4	3	5	4	4	4

께 사는 집, 혼자 사는 작은 방(independent flat), 지원받은 임대주택 또는 집단거주 숙소(group home)와 같은 지역사회의 주거 환경에서 살고 있었다. Lindsay와 동료들은 성범죄자의 재범률을 23.5%로 보고했는데, 이 수치는 다른 연구들의 결과와 비교하면 높다. 그러나 모든 참여자가 지역사회에서 자유롭게 다닐 수 있었고 어떤 사건이라도 서비스 기관에 보고되고 재범으로 계산되었을 것이라는 점을 유념해야 한다. 이 연구자들이 사건에 대해 이처럼 종합 정보를 가지고 있었기 때문에, Lindsay와 동료들은 20년이 넘는 기간의 위해 감소(harm reduction) 정도도 산출해 낼 수 있었다. 연구자들은 기관으로 의뢰되기 전 2년간의 사건 발생 건수와 의뢰된 이후 20년간의 사건 발생 건수를 비교하였는데, 재범자들의 경우만 보았을 때 성범죄자들은 사건 발생 건수가 70% 감소하였다. 성범죄자 전체를 대상으로 하였을 때에는 재범률의 감소가 95%가 넘었다. 이는 아주 의미 있는 결과로서, 그 효과 크기도 대단히 컸다.

Murphy 등(2010)은 지역사회에 거주하고 있는 지능부전의 성범죄자 46명에 대한 처치 연구를 수행하였다. 처치집단에 대해서는 1년 이상 처치가 실시되었고 평가에는 여러 가지의 태도 측정 도구가 포함되었다. Murphy 등은 성 지식, 피해자 공감 및 인지 왜곡이 처치 후 의미 있게 향상되었으나 성 지식의 증진과 인지 왜곡의 감소에 대해서만 6개월 뒤의 추적조사에서 그 효과가 지속되었음을 발견하였다. 또한 이들은 참여자 집단의 9%가 1년간의 처치 프로그램을 받은 후 재범을 저질렀다고 보고하였다. 두 건은 성적 접촉(옷 바깥에서의)이었고 나머지는 비접촉성 범행(공공장소에서의 자위와 스토킹)이었다. 이와 별도로, Murphy와 Sinclair (2006)는 통제 조건을 따로 둔 처치 시행(treatment control-led trial)을 설계하였는데, 통제 조건의 참여자를

모집하고 계속 머물러 있게 하기가 힘들었다고 보고하였다.

이상의 다양한 연구가 서비스 제공 기관에서의 평가이고 통제 조건이 없는 처치 시행 연구이지만, 지능부전이 있는 성범죄자에 대한 처치의 관점에서 볼 때, 인지행동 원리와 구조화된 개입에 기반을 둔 심리학적 처치가 상당한 성과를 가져다준다고 잠정적인 결론을 내릴 수 있을 것 같다. 처치 기간이 더 길수록 더 좋은 성과를 가져온다. 이런 성과는 수년간 지속되며 지능부전자에 대한 조직적인 법정 서비스는 지역사회에 끼치는 위해를 의미 있게 줄여 주는 것으로 보인다.

방화범의 치료

오랫동안 문헌에서는 방화와 낮은 지능 사이에 관련이 있는 것으로 여겨졌다(예: Walker & McCabe, 1973). 그러나 보다 최근의 연구에서는 방화가 범죄 행위와 반사회적 행동으로 인해 지능부전자를 위한 서비스 기관에 의뢰된 사람들 중에서 아주 적은 부분(4%)만을 차지하고 있음을 밝혀 주었다. 반면에, 방화의 과거력 때문에 지능부전자를 위한 보호 시설에 수용된 사람들 중의 비율은 높은 편이다. Hogue 등(2006)은 영국에서 연구한 집단인 낮은/보통 수준의 보호 시설 수용자 중에서 21% 정도가 방화 범행의 지표(index offence of arson)에 해당된다는 것을 발견하였다. 같은 수용자를 대상으로 해서, Taylor, Thorne 등(2004)은 환자 중 19%가 방화로 유죄 선고를 받았고, 또 다른 13%는 이전에 방화 전력이 있다는 것을 발견하였다.

지난 30년 동안, 사례연구(case study), 사례 시리즈 (case studies)및 처치 전후에 걸친 집단 연구가 많이 수행되었는데, 이들은 불에 대한 흥미와 불을 놓는 성향이 성공적으로 치료될 수 있다는 것을 보여 주고 있지

만, 체계적이고 통제된 평가 연구들은 하나도 없었다. Rice와 Chaplin(1979)은 북미에서 높은 수준의 정신과 보호 시설에 수용된 10명의 방화범(5명씩 2집단)을 대상으로 사회기술 훈련을 실시한 연구를 수행하였다. 집단 중 하나는 "경도에서 경계선 수준의 정신지체"(p. 105)에 해당하는 기능을 나타내고 있는 것으로 보고되었다. 처치 후, 두 집단 모두에서 역할극으로 표현된 자기주장 행동의 신뢰성 있는 관찰 평정 척도에서 의미 있는 향상이 나타났다. 연구 결과의 보고 시점에서는 이 연구에서 처치를 받은 10명의 환자 중 8명이 약 12개월 동안 퇴원 조치되었고, 누구도 불을 저질렀다는 혐의를 받거나 유죄 판결을 받지 않았다.

Clare 등(1992)은 두 번의 방화를 저지르고 유죄 선고를 받은 후 높은 수준의 보호감호 병원에 입원된 경도의 지능부전이 있는 남자에 대한 사례연구를 보고하였다. 그는 이전에 방화를 저지르고는 사기 전화로 응급 서비스를 요청한 과거력이 있다. 그는 해당 지역의 전문적 입원환자 병동으로 이관된 후 종합 치료를 받았는데, 여기에는 사회 기술 훈련 및 자기주장 훈련, 대처 전략의 발달, 내면 민감화(covert sensitisation) 그리고 얼굴 성형수술(얼굴의 현저한 변형으로 인해)이 포함되었다. 의미 있는 임상적 증세 호전이 처치 후에 관찰되었다. 이 내담자는 지역사회로 복귀하였으며, 그 후 30개월간의 추적조사에서 방화와 관련된 어떤 범죄 행동도 하지 않았다.

보다 최근에는 방화범의 치료를 위한 인지행동적 접근이 개발되었다. Hall 등(2005)은 지능부전이 있는 사람과 방화의 관계를 고찰하고는 인지분석치료(cognitive analytical therapy: CAT)에 대해 서술하였다. 이 치료는 단기적 심리치료의 통합 모형으로서(Ryle, 1990), 지능부전이 있는 방화범에게 적용하여 방화 행동을 초래하는 심리적 고통의 원인과 부적응적 대처 전략을 성공적으로 재형성하게 해 줄 수 있다. 또한 이 연구자들은 영국의 전문 NHS 중급 감호 병실에 수용된 지능부전과 방화 과거력이 있는 여섯 명의 성인 남성 환자에게 실시한 16회기 집단 인지행동적 접근에 대해 기술하였다. 개입의 목표는 환자들로 하여금 자신의 방화와 관련된 개인적 위험 요인들을 파악하고 재범의 위험을 감소시켜 주는 대안적 대처 전략을 발달시키는 것을 돕는 것이었다. 프로그램은 세 가지의 순차적 단계로 이루어졌다. 즉, ① '불에 대한 소개'로서, 불의 위험성과 방화 및 방화범에 대한 사회 및 언론 매체의 관점을 살펴보는 것, ② '개인적 방화(불 지르기)'로서, 환자 개개인의 방화 행동과 범행 사이클을 행동적 개념 체계 속에서 살펴보는 것, ③ '대안적 대처 방안'으로서, 개인적 위험 요인을 파악하고 그것을 관리하는 전략을 다루는 것이다. 프로그램의 목표 달성을 촉진하기 위해 16회기를 마치고 난 후 두 번의 추적조사를 위한 집단적 회기가 실시되었는데, 첫 번째 회기는 원래의 집단 처치가 끝난 뒤 6주 뒤에 이루어졌고 두 번째는 6개월 뒤에 이루어졌다.

Hall 등(2005)이 방화를 측정하는 데 전문화된 임상평가 도구를 사용하여 집단적 개입의 효과를 분석하기 위해 처치 전후에 A-B 설계를 적용한다고 기술하였지만, 처치 후에 대한 자료는 제시하지 않았다. 그러나 이들의 보고에 따르면, 대부분의 집단 참여자는 개입 후 자신의 임상적 문제에서 긍정적 효과를 나타냈으며, 이 중 두 명의 환자는 프로그램 종료 후 보호감호 수준이 좀 더 낮은 시설로 성공적으로 이관되었다.

Taylor, Thorne 등(2002)은 지능부전이 있고 방화로 유죄 선고를 받은 14명의 남녀를 대상으로 한 집단치료에 대해 보고하였다. 이 재소자들은 처치 전과 후에 방화의 전문적 측정 도구, 분노, 자존감 그리고 우울 척도로 평가를 받았다. 개입은 이 환자 집단에 맞게 개발된 인지행동적 접근을 실시하였다. 이는 Jackson(1994) 이 소개한 접근에 기반을 둔 다면적 프로그램으로서, '기능 분석 패러다임(functional analysis paradigm)'을 근간으로 하는 것이다(Jackson et al., 1987, p. 175). 여기에서는 일곱 개의 모듈이 대략 40회기에 걸쳐서 실시되는데, 이 회기 동안에는 범행 사이클, 방화에 따른 대가에 대한 교육, 이전의 방화 행동과 관련된 정서 문제에 대해 장차 잘 대처하도록 해 주기 위한 기술 훈련, 재범 방지를 위한 개인적 계획 짜기 등이 다루어진다. 이런 유형의 집단에서 방화의 선행 요인으로서 분노 및/또는 복수심이 중요하다는 것이 입증된 것을 감안하여(Murphy & Clare, 1996; Taylor, Thorne et al., 2002), 10회기까지는 Taylor와 Novaco(2005)가 개발한 증거기반 개입을 사용하여 분노 대처 전략을 발달시키는 데 주력한다.

Taylor, Thorne 등(2002)이 기술한 개입은 이 환자들을 성공적으로 끌어들였으며, 이들은 모두 4개월에 걸쳐 실시된 프로그램을 완수하였다. 이들이 지능 및 인지 능력상 제한이 있었음에도 불구하고, 모든 참여자는 높은 수준의 동기와 더불어 전념하는 모습을 보여 주었다. 처치 후에는 방화 관련 전문 척도, 분노 및 자존감 척도에서 의미 있는 증세 호전이 나타났다.

이러한 작업을 확장해서 Taylor, Thorne 등(2004)은 지능부전이 있고 방화죄로 유죄 선고를 받은 네 명의 남성 수용자에 대한 사례 시리즈를 기술하였다. 이들은 동일한 처치 절차를 받기 전과 후에 평가를 받았다. 이 환자들은 처치에 잘 참여하였으며, 모두 높은 수준의 동기와 전념 행동을 보여 주었는데, 이는 자신의 방화 행동과 관련된 개인적 책임감, 피해자의 고통 및 위험 요인의 인식에 대한 태도에서 전반적으로 향상된 모습으로 반영되었다.

Taylor, Robertson 등(2005)은 후속 연구로 실시된 지능부전이 있고 방화로 유죄 선고를 받은 여섯 명의 여성에 대한 사례 시리즈에서도 같은 방법을 사용하였다. 또다시 참여자들은 잘 참여하였고, 모두 프로그램을 완수한 것으로 보고되었다. 방화 관련 처치 목표의 측정에서 이들의 점수는 개입 후 일반적으로 향상되었다. 한 명을 제외하고는 모든 참여자가 2년 뒤 추적조사에서는 퇴원하여 지역사회로 복귀해 있었고, 이들 중 누구도 불을 지르려고 하거나 방화 위험과 관련된 행동을 하지 않았다고 보고되었다.

요약

- 지능부전이 있는 범죄자를 평가하는 방법에서 의미 있는 발전이 이루어졌다. 이는 특히 분노 및 폭력의 영역과 성범죄의 영역에서 그렇다.
- 분노의 성향(propensities)에 대한 표준적인 평가 절차가 지능부전이 있는 범죄자 집단에 맞도록 번안되고 표준화되었다. 이를 통해서 임상가 및 연구자는 관련된 내담자를 평가하고, 그 결과에 대해서 상당한 확신을 가질 수 있게 되었다. 또한 이 덕분에 임상가들은 내담자에 대한 평가 결과를 지능부전이 있는 사람들로 구성된 좀 더 큰 비교집단(cohort)의 결과와 비교할 뿐만 아니라 주류 (범죄) 집단과도 비교할 수 있게 되었다. 이는 한 개인 내담자(범죄자)의 폭력에 대해서 훨씬 더 확실한 판단을 할 수 있게 해 주는 임상적으로 의미 있는 발전이다.
- 또한 성범죄와 관련된 특정한 쟁점의 해결을 위해서 평가 도구가 개발되었다. 우리는 이제 지능부전이 있는 내담자에게서 성 지식과 부적절한 성 행동 사이의 관계를 좀 더 명확하게 이해할 수 있게 되었다. 이제는 지능부전이 있는 일반 집단

과 지능부전이 있는 범죄자 집단 모두에 대한 규준이 구비된 포괄적 성 지식 평가 도구가 마련되어 있다. 또한 방화에 대한 흥미와 사회적 문제해결을 평가하는 데에서도 발전이 있었다. 그리고 장차 폭력을 저지르거나, 장차 성범죄를 저지를 위험성을 평가하는 데에서도 의미 있는 발전이 있었다.

● 평가 기법의 발전에 상응하여, 분노/폭력 및 부적절한 성행동의 두 가지에 대한 처치 서비스와 그 절차도 이제는 상당히 잘 확립되었다. 분노 관리 처치법과 성범죄자를 위한 인지행동치료와 같은 접근법들은 지능부전이 있는 범죄자에게 맞도록 번안되었다. 처치에 관한 자세한 서술은 이제는 구할 수 있어서 전문가들이 자신이 일하는 상황에 맞도록 다듬고, 자신만의 프로그램을 구축하고 적용할 수 있게 되었다.

● 처치법들은 연구를 통해서, 그리고 서비스 제공 상황에서 그 효과가 평가되었다. 통제된 연구가 많이 이루어진 최선의 잘 확립된 처치 접근법은 분노 관리 처치법이다. 성범죄자 처치의 효과에 대한 평가 연구는 아주 많지만, 이 연구들은 현 시점에서 이 집단에 대한 분노 처치의 효과를 평가한 것만큼 방법론적으로 유사한 수준의 표준적 위치에 도달하지 못했다.

주관식 문제

1. 지능부전이 있는 범죄자들에 대한 위험 평가를 할 때의 어려움은 무엇인가?
2. 폭력 범죄자와 성범죄자에 대한 처치의 효과에 대한 증거를 비교하라.
3. 학습부진이 있는 범죄자를 대상으로 범죄 유발 요인을 어떻게 평가할 것인지를 기술하라.
4. 기능 수준이 낮은 범죄자도 다른 유형의 범죄자와 비슷한 방식으로 평가하고 처치할 수 있다. 이 진술에 대해 논의하라.

참고문헌

Alder, L., & Lindsay, W. R. (2007). Exploratory factor analysis and convergent validity of the Dundee Provocation Inventory. *Journal of Intellectual and Developmental Disabilities, 32,* 179-188.

Allan, R., Lindsay, W. R., Macleod, F., & Smith, A. H. W. (2001). Treatment of women with intellectual disabilities who have been involved with the criminal justice system for reasons of aggression. *Journal of Applied Research in Intellectual Disabilities, 14,* 340-347.

Beckett, R. C., Fisher, D., Mann, R., & Thornton, D. (1997). The relapse prevention questionnaire and interview. In H. Eldridge (Ed.), Therapists' guide for maintaining change: Relapse prevention manual for adult male perpetrators of child sexual abuse. Thousand Oaks, California: Sage Publications.

Black, L., & Novaco, R. W. (1993). Treatment of anger with a developmentally disabled man. In R. A. Wells & V. J. Giannetti (Eds.), *Casebook of the brief psychotherapies.*

New York: Plenum Press.

Blacker, J., Beech, A. R., Willcox, D., & Boer, D. P. (2011). The assessment of dynamic risk and recidivism in their sample of special-needs sexual offenders. *Psychology, Crime and Law, 17*, 75-92.

Boer, D. P., Tough, S., & Haaven, J. (2004). Assessment of risk manageability of developmentally disabled sex offenders. *Journal of Applied Research in Intellectual Disabilities, 17*, 275-284.

Bray, D. G. (1996). *The Sex Offender Self-Appraisal Scale* (SOSAS). Unpublished manuscript. North Warwickshire, NHS Trust.

Bumby, K. (1996). Assessing the cognitive distortions of child molesters and rapists: Development and validation of the RAPE and MOLEST scales. *Sexual Abuse: A Journal of Research and Treatment, 8*, 37-54.

Camilleri, J. A., & Quinsey, V. L. (2011). Appraising the risk of sexual and violent recidivism among intellectually disabled offenders. *Psychology, Crime & Law, 17*, 59-74.

Carr, J. E., Coriaty, S., Wilder, D. A., Gaunt, B. T., Dozier, C. L., Britton, L. N., Avina, C., & Reed, C. L. (2000). A review of 'noncontingent' reinforcement as treatment for the aberrant behaviour of individuals with development disabilities. *Research in Developmental Disabilities, 21*, 377-391.

Clare, I. C. H., Murphy, G. H., Cox, D., & Chaplain, E. H. (1992). Assessment and treatment of fire setting: A single case investigation using a cognitive behavioural model. *Criminal Behaviour and Mental Health, 2*, 253-268.

Craig, L. A., Stringer, I., & Moss, T. (2006). Treating sexual offenders with learning disabilities in the community. *International Journal of Offender Therapy and Comparative Criminology, 50*, 111-122.

Crocker, A. J., Cote, G., Toupin, J., & St-Onge, B. (2007). Rate and characteristics of men with an intellectual disability in pre-trial detention. *Journal of Intellectual and Developmental Disability, 32*, 143-152.

Didden, R., Duker, P. C., & Corzilius, H. (1997). Meta-analytic study on treatment effectiveness for problem behaviours with individuals who have mental retardation. *American Journal of Mental Retardation, 101*, 387-399.

Farrington, D. P. (2005). Childhood origin of antisocial behaviour. *Clinical Psychology and Psychotherapy, 12*, 177-189.

Fazel, S., Xenitidis, K., & Powell, J. (2008). The prevalence of intellectual disabilities among 12,000 prisoners: A systematic review. *International Journal of Law and Psychiatry, 31*, 369-373.

Fitzgerald, S., Gray, N. S., Taylor, J., & Snowden, R. J. (2011). Risk factors for recidivism in offenders with intellectual disabilities. *Psychology, Crime and Law, 17*, 43-58.

Gray, N. S., Fitzgerald, S., Taylor, J., MacCulloch, M. J., & Snowden, R. J. (2007). Predicting future reconviction in offenders with intellectual disabilities: The predictive efficacy of VRAG, PCL-SV and the HCR-20. *Psychological Assessment, 19*, 474-479.

Griffiths, D., & Lunsky, Y. (2003). Sociosexual Knowledge and Attitudes Assessment Tool (SSKAAT-R). Wood Dale, IL: Stoelting Company.

Griffiths, D. M., Quinsey, V. L., & Hingsburger, D. (1989). *Changing inappropriate sexual behaviour: A community based approach for persons with developmental disabilities.* Baltimore, MD: Paul Brooks Publishing.

Haaven, J., Little, R., & Petre-Miller, D. (1990). *Treating intellectually disabled sex offenders: A model residential programme.* Orwell, VT: Safer Society Press.

Hall, I., Clayton, P., & Johnson, P. (2005). Arson and learning disability. In T. Riding, C. Swann & B. Swann (Eds.), *The handbook of forensic learning disabilities* (pp. 51–72). Oxford: Radcliffe Publishing.

Hanson, R. K., & Thornton, D. (2000). Improving risk assessments for sexual offenders: A comparison of three actuarial scales. *Law & Human Behaviour, 24*, 119–136.

Hare, R. D. (1991). *The Hare Psychopathy Checklist-Revised*. Toronto, Ontario: Multi-Health Systems.

Hare, R. D. (2003). *The Hare Psychopathy Checklist-Revised (PCL–R)* (2nd ed.). Toronto, Canada: Multi-Health Systems.

Hayes, S., Shackell, P., Mottram, P., & Lancaster, S. (2007). The prevalence of learning disability in a major UK prison. *British Journal of Intellectual Disabilities, 35*, 162–167.

Herrington, V. (2009). Assessing the prevalence of intellectual disability among young male prisoners. *Journal of Intellectual Disability Research, 53*, 397–410.

Hingsburger, D., Griffiths, D., & Quinsey, V. (1991). Detecting counterfeit deviance: Differentiating sexual deviance from sexual inappropriateness. *Habilitative Mental Health Care Newsletter, 10*, 51–54.

Hogue, T. E., Steptoe, L., Taylor, J. L., Lindsay, W. R., Mooney, P., Pinkney, L., Johnston, S., Smith, A. H. W., & O'Brien, G. (2006). A comparison of offenders with intellectual disability across three levels of security. *Criminal Behaviour and Mental Health, 16*, 13–28.

Holland, S., & Persson, P. (2011). Intellectual disability n the Victorian prison system: Characteristics of prisoners with an intellectual disability released from prison in 2003–2006. *Psychology, Crime and Law, 17*, 25–42.

Jackson, H. F. (1994). Assessment of fire-setters. In M. McMurran & J. Hodge (Eds.), *The assessment of criminal behaviours in secure settings* (pp. 94–126). London: Jessica Kingsley.

Jackson, H. F., Glass, C., & Hope, S. (1987). A functional analysis of recidivistic arson. *British Journal of Clinical Psychology, 26*, 175–185.

Joy Tong, L. S., & Farrington, D. P. (2006). How effective is the 'Reasoning and Rehabilitation' programme in reducing offending? A metaanalysis of evaluations in four countries. *Psychology, Crime and Law, 12*, 3–24.

Keeling, J. A., Rose, J. L., & Beech, A. R. (2007a). A preliminary evaluation of the adaptation of four assessments for offenders with special needs. *Journal of Intellectual and Developmental Disability, 32*, 62–73.

Keeling, J. A., Rose, J. L., & Beech, A. R. (2007b). Comparing sexual offender treatment efficacy: Mainstream sexual offenders and sexual offenders with special needs. *Journal of Intellectual and Developmental Disability, 32*, 117–124.

Kiresuk, T., & Sherman, R. (1968). Goal attainment scaling: a general method of evaluating comprehensive mental health programmes. *Community Mental Health Journal, 4*, 443–453.

Kolton, D. J. C., Boer, A., & Boer, D. P. (2001). A revision of the Abel and Becker Cognition Scale for intellectually disabled sexual offenders. *Sexual Abuse: A Journal of Research & Treatment, 13*, 217–219.

Lindsay, W. R. (2005). Model underpinning treatment for sex offenders with mild intellectual disability: Current theories of sex offending. *Mental Retardation, 43*, 428–441.

Lindsay, W. R. (2009). *The treatment of sex offenders with developmental disabilities: A practice workbook*. Chichester: Wiley-Blackwell.

Lindsay, W. R., Allan, R., Macleod, F., Smart, N., & Smith, A. H. W. (2003). Long term treatment and management of violent tendencies of men with intellectual disabilities convicted of assault. *Mental Retardation, 41*, 47–56.

Lindsay, W. R., Allan, R., Parry, C., Macleod, F., Cottrell, J., Overend, H., & Smith, A. H. W. (2004). Anger and aggression in people with intellectual disabilities: Treatment and follow-up of consecutive referrals and a waiting list comparison. *Clinical Psychology and Psychotherapy, 11,* 255-264.

Lindsay, W. R., & Beail, N. (2004). Risk assessment: Actuarial prediction and clinical judgement of offending incidents and behaviour for intellectual disability services. *Journal of Applied Research in Intellectual Disabilities, 17,* 229-234.

Lindsay, W. R., Elliot, S. F., & Astell, A. (2004). Predictors of sexual offence recidivism in offenders with intellectual disabilities. *Journal of Applied Research in Intellectual Disabilities, 17,* 299-305.

Lindsay, W. R., Hamilton, C., Moulton, S., Scott, S., Doyle, M., & McMurran, M. (2011). Assessment and treatment of social problem solving in offenders with intellectual disability. *Psychology, Crime and Law, 17,* 181-197.

Lindsay, W. R., Hastings, R. P., & Beech, A. R. (2011). Forensic research in offenders with intellectual and development of disabilities: Prevalence and risk assessment. *Psychology, Crime and Law, 17,* 3-7.

Lindsay, W. R., Haut, F., Steptoe, L., & Brewster, E. (2011). An evaluation and twenty-year follow up of a community forensic intellectual disability service. *Submitted for publication.*

Lindsay, W. R., Hogue, T., Taylor, J. L., Steptoe, L., Mooney, P., Johnston, S., O'Brien, G., & Smith, A. H. W. (2008a). Risk assessment in offenders with intellectual disabilities: A comparison across three levels of security. *International Journal of Offender Therapy & Comparative Criminology, 52,* 90-111.

Lindsay, W. R., Marshall, I., Neilson, C. Q., Quinn, K., & Smith, A. H. W. (1998). The treatment of men with a learning disability convicted of exhibitionism. *Research on Developmental Disabilities, 19,* 295-316.

Lindsay, W. R., Michie, A. M., Haut, F., Steptoe, L., & Moore F. (2011). Comparing offenders against women and offenders against children on treatment outcome for offenders with intellectual disability. *Journal of Applied Research in Intellectual Disability, 24,* 361-369.

Lindsay, W. R., Michie, A. M., Whitefield, E., Martin, V., Grieve, A., & Carson, D. (2006). Response patterns on the Questionnaire on Attitudes Consistent with Sexual Offending in groups of sex offenders with intellectual disability. *Journal of Applied Research in Intellectual Disabilities, 19,* 47-54.

Lindsay, W. R., Murphy, L., Smith, G., Murphy, D., Edwards, Z., Grieve, A., Chettock, C., & Young, S. J. (2004). The Dynamic Risk Assessment and Management System: An assessment of immediate risk of violence for individuals with intellectual disabilities, and offending and challenging behaviour. *Journal of Applied Research in Intellectual Disabilities, 17,* 267-274.

Lindsay, W. R., Neilson, C. Q., Morrison, F., & Smith, A. H. W. (1998). The treatment of six men with a learning disability convicted of sex offences with children. *British Journal of Clinical Psychology, 37,* 83-98.

Lindsay, W. R., O'Brien G., Carson, D., Holland, A. J., Taylor, J. T., Wheeler, J. R., Middleton, C., Price, K., Steptoe, L., & Johnston, S. (2010). Pathways into services for offenders with intellectual disabilities. *Criminal Justice and Behavior, 37,* 678-694.

Lindsay, W. R., Olley, S., Baillie, N., & Smith, A. H. W. (1999). The treatment of adolescent sex offenders with intellectual disability. *Mental Retardation, 37,* 320-333.

Lindsay, W. R., Olley, S., Jack, C., Morrison, F., & Smith, A. H. W. (1998). The treatment of two stalkers with intellectual disabilities using a cognitive approach. *Journal of Applied Research in Intellectual Disabilities,*

11, 333-344.

Lindsay, W. R., & Skene, D. D. (2007). The Beck Depression Inventory II and The Beck Anxiety Inventory in people with intellectual disabilities: Factor analyses and group data. *Journal of Applied Research in Intellectual Disability, 20*, 401-408.

Lindsay, W. R., & Smith, A. H. W. (1998). Responses to treatment for sex offenders with intellectual disability: A comparison of men with 1 and 2 year probation sentences. *Journal of Intellectual Disability Research, 42*, 346-353.

Lindsay, W. R., Smith, A. H. W., Law, J., Quinn, K., Anderson, A., Smith, A., & Allan, R. (2004). Sexual and non-sexual offenders with intellectual and learning disabilities: A comparison of characteristics, referral patterns and outcome. *Journal of Interpersonal Violence, 19*, 875-890.

Lindsay, W. R., Steele, L., Smith, A. H. W., Quinn, K., & Allan, R. (2006). A community forensic intellectual disability service: Twelve year follow-up of referrals, analysis of referral patterns and assessment of harm reduction. *Legal and Criminological Psychology, 11*, 113-130.

Lindsay, W. R., Whitefield, E., & Carson, D. (2007). An assessment for attitudes consistent with sexual offending for use with offenders with intellectual disability. *Legal and Criminological Psychology, 12*, 55-68.

Lofthouse, R., Lindsay W. R., Totsika, V., Hastings, R., Boer D., & Haaven J. (submitted). *Prospective dynamic assessment of risk of sexual reoffending in individuals with an intellectual disability and a history of sexual offending behaviour.*

Lunsky, Y., Frijters, J., Griffiths, D. M., Watson, S. L., & Williston, S. (2007). Sexual knowledge and attitudes of men with intellectual disabilities who sexually offend. *Journal of Intellectual and Developmental Disability, 32*, 74-81.

Lunsky, Y., Gracey, C., Koegl, C., Bradley, E., Durbin, J., & Raina, P. (2011). The clinical profile and service needs of psychiatric inpatients with intellectual disabilities and forensic involvement. *Psychology Crime and Law, 17*, 9-25.

MacEachron, A. E. (1979). Mentally retarded offenders prevalence and characteristics. *American Journal of Mental Deficiency, 84*, 165-176.

McGrath, R. J., Cumming, G., Livingston, J. A., & Hoke, S. E. (2003). Outcome of a treatment programme for adult sex offenders. *Journal of Interpersonal Violence, 18*, 3-17.

McGrath, R. J., Livingston, J. A., & Falk, G. (2007). Community management of sex offenders with intellectual disability: characteristics, services and outcome of a Statewide programme. *Intellectual and Developmental Disabilities, 45*, 391-398.

Mason, J., & Murphy, G. (2002). Intellectual disability amongst people on probation: Prevalence and outcome. *Journal of Intellectual Disability Research, 46*, 230-238.

Michie, A. M., Lindsay, W. R., Martin, V., & Grieve, A. (2006). A test of counterfeit deviance: A comparison of sexual knowledge in groups of sex offenders with intellectual disability and controls. *Sexual Abuse: A Journal of Research and Treatment, 18*, 271-279.

Murphy, G., & Clare, I. (1991). MIETS: A service option for people with mild mental handicaps and challenging behaviour or psychiatric problems. *Mental Handicap Research, 4*, 180-206.

Murphy, G. H., & Clare, I. C. H. (1996). Analysis of motivation in people with mild learning disabilities (mental handicap) who set fires. *Psychology, Crime and Law, 2*, 153-164.

Murphy, G., & Sinclair, N. (2006, December). *Group cognitive behaviour treatment for men with sexually abusive behaviour.* Paper presented to 6th Seattle Club Conference on Research and People with Intellectual Disabilities.

Murphy, G. H., Sinclair N., Hays, S. J., et al. (SOTSEC-ID) (2010) Effectiveness of group cognitive behavioural treatment for men with intellectual disabilities at risk of sexual offending. *Journal of Applied Research in Intellectual Disabilities, 23,* 537-551.

Novaco, R. W. (1975). *Anger control: The development and evaluation of an experimental treatment.* Lexington, MA: Heath.

Novaco, R. W. (1986). Anger as a clinical and social problem. In R. Blanchard & C. Blanchard (Eds.), *Advances in the study of aggression (Volume 2)* (pp. 131-169). New York: Academic Press.

Novaco, R. W. (1994). Anger as a risk factor for violence among the mentally disordered. In J. Monahan & H. J. Steadman (Eds.), *Violence in mental disorder: Developments in risk assessment.* Chicago, IL: University of Chicago Press.

Novaco, R. W. (2003). *The Novaco Anger Scale and Provocation Inventory Manual (NAS-PI).* Los Angeles, CA: Western Psychological Services.

Novaco, R. W., & Taylor, J. L. (2004). Assessment of anger and aggression in offenders with developmental disabilities. *Psychological Assessment, 16,* 42-50.

O'Brien, G., Taylor, J. L., Lindsay, W. R., Holland, A. J., Carson, C., Steptoe, L., Price, K., Middleton, C., & Wheeler, J. (2010). A multicentre study of adults with learning disabilities referred to services for antisocial offending behaviour: demographic, individual, offending and service characteristics. *Journal of Learning Disabilities and Offending Behaviour, 1,* 5-15.

O'Conner, W. (1996). A problem solving intervention for sex offenders with intellectual disability. *Journal of Intellectual & Developmental Disability, 21,* 219-235.

Offending Behaviour Programmes Unit, HM Prison Service. (1996). *The adapted victim empathy consequences task.* Unpublished manuscript.

Oliver, P. C., Crawford, M., Rao, B., Reece, B., & Tyrer, P. (2005). Modified Overt Aggression Scale (MOAS) for people with intellectual disability and aggressive challenging behaviour: A reliability study. *Journal of Applied Research in Intellectual Disabilities, 20,* 368-372.

Pearson, F. S., Lipton, D. S., Cleland, C. M., & Yee, D. S. (2002). The effects of behavioural/cognitive behavioural programmes on recidivism. *Crime and Delinquency, 48,* 476-496.

Quinsey, V. L., Book, A., & Skilling, T. A. (2004). A follow-up of deinstitutionalised men with intellectual disabilities and histories of antisocial behaviour. *Journal of Applied Research in Intellectual Disabilities, 17,* 243-254.

Rice, M. E., & Chaplin, T. C. (1979). Social skills training for hospitalised male arsonists. *Journal of Behaviour Therapy and Experimental Psychiatry, 10,* 105-108.

Rose, J., Jenkins, R., O'Conner, C., Jones, C., & Felce, D. (2002). A group treatment for men with intellectual disabilities who sexually offend or abuse. *Journal of Applied Research in Intellectual Disabilities, 15,* 138-150.

Rose, J., Rose, D., Hawkins, C., & Anderson, C. (in press). Sex offender treatment group for men with intellectual disabilities in community settings. *Journal of Forensic Practice.*

Rose, J., & West, C. (1999). Assessment of anger in people with intellectual disabilities. *Journal of Applied Research in Intellectual Disabilities, 12,* 211-224.

Russell, D., Peplan, C. A., & Cutrona, C. A. (1980). The revised UCLA Loneliness Scale: Concurrent and discriminant validity evidence. *Journal of Personality and Social Psychology, 39,* 472-480.

Ryle, A. (1990). *Cognitive analytic therapy: Active participation in change*. Chichester: John Wiley and Sons, Inc.

Søndenaa, E., Rasmussen, K., Palmstierna, T., & Nøttestad, J. (2008). The prevalence and nature of intellectual disability in Norwegian prisons. *Journal of Research in Intellectual Disabilities, 53*, 1129–1137.

Speilberger, C. D. (1996). State–Trait Anger Expression Inventory, research edition: Professional manual. Odessa, FL: Psychological Assessment Resources.

Steptoe, L., Lindsay, W. R., Murphy, L., & Young, S. J. (2008). Construct validity, reliability and predictive validity of the Dynamic Risk Assessment and Management System (DRAMS) in offenders with intellectual disability. *Legal and Criminological Psychology, 13*, 309–321.

Taylor, J. L. (2002). A review of the assessment and treatment of anger and aggression in offenders with intellectual disability. *Journal of Intellectual Disability Research, 46*, (Suppl. 1) 57–73.

Taylor, J. L., Lindsay, W. R., Hogue, T. E., Mooney, P., Steptoe, L., Johnston, S., & O'Brien, G. (2007). Use of the HCR–20 in offenders with intellectual disability. *Paper presented to the annual conference of the BPS forensic division, Edinburgh*.

Taylor, J. L., Lindsay, W. R., Hogue, T. E., Mooney, P., Steptoe, L., Johnston, S., & O'Brien, G. (2007, May). Use of the HCR–20 in offenders with intellectual disability. *Paper presented to the British Psychological Society Forensic Division Conference, Edinburgh*.

Taylor, J. L., & Novaco, R. W. (2005). *Anger treatment for people with developmental disabilities: A theory, evidence and manual based approach*. Chichester: John Wiley & Sons, Inc.

Taylor, J. L., Novaco, R. W., Gillmer, B., & Thorne, I. (2002). Cognitive behavioural treatment of anger intensity among offenders with intellectual disabilities. *Journal of Applied Research in Intellectual Disabilities, 15*, 151–165.

Taylor, J. L., Novaco, R. W., Gillmer, B. T., & Robertson, A. (2004). Treatment of anger and aggression. In W. R. Lindsay, J. L. Taylor & P. Sturmey (Eds.), *Offenders with developmental disability* (pp. 201–220). Chichester: John Wiley & Sons, Inc.

Taylor, J. L., Novaco, R. W., Gillmer, B. T., Robertson, A., & Thorne, I. (2005). Individual cognitive behavioural anger treatment for people with mild–borderline intellectual disabilities and histories of aggression: A controlled trial. *British Journal of Clinical Psychology, 44*, 367–382.

Taylor, J. L., Novaco, R. W., Guinan, C., & Street, N. (2004). Development of an imaginal provocation test to evaluate treatment for anger problems in people with intellectual disabilities. *Clinical Psychology and Psychotherapy, 11*, 233–246.

Taylor, J. L., Robertson, A., Thorne, I., Belshaw, T., & Watson, A. (2005). Responses of female fire–setters with mild and borderline intellectual disabilities to a group based intervention. *Journal of Applied Research in Intellectual Disabilities, 19*, 179–190.

Taylor, J. L., Thorne, I., Robertson, A., & Avery, G. (2002). Evaluation of a group intervention for convicted arsonists with mild and borderline intellectual disabilities. *Criminal Behaviour and Mental Health, 12*, 282–293.

Taylor, J. L., Thorne, I., & Slavkin, M. L. (2004). Treatment of fire setting behaviour. In W. R. Lindsay, J. L. Taylor & P. Sturmey (Eds.), *Offenders with developmental disabilities* (pp. 221–240). Chichester: John Wiley & Sons, Inc.

Vanny, K. A., Levy, M. H., Greenberg, D. M., & Hayes, S. C. (2009). Mental illness and intellectual disability in magistrates courts in New South Wales. *Journal of Intellectual Disability Research, 53*, 289–297.

Walker, N., & McCabe, S. (1973). *Crime and insanity in England. Volume 2-New solutions and new problems.* Chicago, IL: Adeline Publishing Company.

Webster, C. D., Eaves, D., Douglas, K. S., & Wintrup, A. (1995). *The HCR-20: The assessment of dangerousness and risk.* Vancouver, Canada: Simon Fraser University and British Colombia Forensic Psychiatric Services Commission.

Webster, S. D., Mann, R. E., Thornton, D., & Wakeling, H. C. (2007). Further validation of the Short Self-esteem Scale with sexual offenders. *Legal and Criminological Psychology, 19,* 217-236.

Williams, F., Wakeling, H., & Webster, S. D. (2007). A psychometric study of six self-report measures for use with sexual offenders with cognitive and social functioning deficits. *Psychology Crime and Law, 13,* 505-522.

Willner, P., Brace, N., & Phillips, J. (2005). Assessment of anger coping skills in individuals with intellectual disabilities. *Journal of Intellectual Disability Research, 49,* 329-339.

Willner, P., Jones, J., Tams, R., & Green, G. (2002). A randomised controlled trial of the efficacy of a cognitive behavioural anger management group for clients with learning disabilities. *Journal of Applied Research in Intellectual Disabilities, 15,* 224-253.

Wilson, D. B., Bouffard, L. A., & MacKenzie, D. L. (2005). A quantitative review of structured group orientated cognitive behavioural programmes for offenders. *Criminal Justice and Behavior, 32,* 172-204.

주석이 달린 읽을거리 목록

Farrington, D. P. (2005). Childhood origin of antisocial behaviour. *Clinical Psychology and Psychotherapy, 12,* 177-189. Farrington과 동료들은 범죄자의 인생 행로와 범행으로 가는 경로에 기여하는 발달적 요인들에 대한 장기간의 시리즈 연구를 수행하였다. 이 논문은 이 주요 연구 프로젝트에 대한 몇 개의 요약 중 하나다. Farrington은 위험 요인으로서, 아동기의 말썽, 아동기의 형편없는 주거환경, 8세 때의 부모의 형편없는 행동, 부모가 유죄 선고를 받은 것, 그리고 IQ가 낮은 것 등을 들고 그 개요를 서술하였다.

Fazel, S., Xenitidis, K., & Powell, J. (2008). The prevalence of intellectual disabilities among 12,000 prisoners: A systematic review. *International Journal of Law and Psychiatry, 31,* 369-373. 이 Cochrane 개관(Cochrane review, 권위 있는 학자들의 체계적 개관연구)에서는 교도소 수감자 전집(populations)에서 지능부전이 있는 범죄자들의 비율에 관한 연구 결과에서의 증거의 질을 평가하였다. 그 결론은 질이 좋은 실험설계를 사용한 연구들에서의 지능부전자의 비율이 1%에서 2% 사이에 있다는 것이다.

Lindsay, W. R., O'Brien G., Carson, D., Holland, A. J., Taylor, J. T., Wheeler, J. R., Middleton, C., Price, K., Steptoe, L., & Johnston, S. (2010). Pathways into services for offenders with intellectual disabilities. *Criminal Justice and Behavior, 37,* 678-694. 이 논문은 지역사회의 법정 서비스 기관과 보호감호 시설에 의뢰되는 것 사이의 차이점을 개관하고 있는 주요한 연구 프로젝트를 소개하고 있다. 여기에서는 지능부전이 있는 범죄자가 일반적 지역사회 서비스, 전문가 제공의 지역사회 법정 서비스, 낮은/보통 수준의 보호시설과 최고 수준의 보호시설에 의뢰되는 경우를 개관하고 있다.

Lindsay, W. R., Steele, L., Smith, A. H. W., Quinn, K., & Allan, R. (2006). A community forensic intellectual disability service: Twelve year follow-up of referrals, analysis of referral patterns and assessment of harm reduction. *Legal and Criminological Psychology, 11,* 113-130. 이 논문에서는 잘 발달된 지역사회에서의 법정 학습부진 서비스를 서술하고 있다. Lindsay 등은 성범죄자와 다른 유형의 범죄자가 현재의 범행을 포함해

서 범죄 과거력상으로 뚜렷이 구분된다는 것을 발견하였다. 성범죄자들은 다른 유형의 범죄자에 비해서 통상 나이가 많으며 형사 사법 체계로부터 의뢰되는 경우가 더 많았다. 처치 성과는 위험 감소가 약 70%인 것으로 수량화할 수 있음을 입증해 주었다.

Michie, A. M., Lindsay, W. R., Martin, V., & Grieve, A. (2006). A test of counterfeit deviance: A comparison of sexual knowledge in groups of sex offenders with intellectual disability and controls. *Sexual Abuse: A Journal of Research and Treatment, 18*, 271-279. 이 연구는 '허울뿐인 이탈(counterfeit deviance)'로 알려진 가설을 검증하였는데, 이 가설은 지능부전이 있는 남성의 경우 적절한 행동에 대한 오해와 성 지식의 부족으로 인해 성범죄를 저지르게 된다고 시사한다. 두 개의 연결된 연구들에서는, 사실은 가설과 정반대라는 것과 성범죄자가 성범죄를 저지르지 않은 자에 비해서 성 지식의 수준이 더 높다는 것을 발견하였다. 성범죄를 저지르지 않은 자에서는 성 지식의 수준이 IQ와 유의미한 상관이 있었지만, 성범죄자 집단에서는 IQ와 전혀 관계가 없음을 보여 주었다.

Murphy, G. H., Sinclair N., Hays, S. J., et al. (SOTSEC-ID) (2010) Effectiveness of group cognitive behavioural treatment for men with intellectual disabilities at risk of sexual offending. *Journal of Applied Research in Intellectual Disabilities, 23*, 537-551. 이와 같은 대규모의 협력 연구(collaborative study)에서, 46명의 지능부전이 있는 성범죄자들을 대상으로, 매뉴얼에 따른 CBT 프로그램을 사용해서 1년간 처치를 실시하였다. 이 남성들은 지역사회 및 보호시설에서 온 자들로서 소규모의 집단으로 처치를 받았다. 성범죄자에 대한 선행 연구에서와 마찬가지로, 참여자들은 피해자에 대한 공감, 성 지식 및 인지 왜곡의 측정치상으로 호전된 것을 보여 주었으며, 이 효과는 6개월간의 추적 조사 시까지 지속되었다. 자폐 스펙트럼 장애(ASD)가 있는 경우만 범행을 저지르는 것과 관련되어 있었는데, (위에 소개된) 다른 연구에서는 ASD가 범죄자 모집단에서 그 수효가 많지 않고, 범죄자의 인생행로를 예측하는 데에서 두드러지지 않는다는 것을 발견하였다.

Taylor, J. L., Novaco, R. W., Gillmer, B. T., Robertson, A., & Thorne, I. (2005). Individual cognitive behavioural anger treatment for people with mild-borderline intellectual disabilities and histories of aggression: A controlled trial. *British Journal of Clinical Psychology, 44*, 367-382. 이 연구팀에서는 분노 관리 처치에 대한 많은 수효의 통제 처치 시행을 수행하였다. 이 연구에서는 폭력 관련 사건으로 유죄 선고를 받은 40명의 남성들을 실험집단과 통제집단으로 똑같이 나누어서 비교하였다. 처치를 받은 집단은 Novaco 분노 척도와 치료진의 평정치를 포함한 대부분의 측정치상에서 통제집단보다 우수한 발전 효과를 보여 주었다. 이러한 호전 효과는 4개월간의 추적조사 시까지도 지속되었다.

제20장 정신장애 범죄자에 대한 교정치료

DAWN FISHER, MICHELLE GINTY & JAGJIT SANDHU

주요 용어

이 장의 개요

법정 정신건강 장면에서 심리학자의 역할
  평가
  위험 관리
  치료
  심리학 조교

요약
주관식 문제
참고문헌
주석이 달린 읽을거리 목록

정신장애 범죄자들에 대한 부서, 법률 그리고 특수 실무에 관한 모든 영역을 법정 정신건강(forensic mental health)이라고 부른다. '법정'이라는 말은 단순히 '법정에 속하거나 사용되는'이라는 뜻이다. 그렇기 때문에 법을 위반한 사람들과 관련되어 사용된다. 법정 정신건강은 형사 사법 체계(Criminal Justice System: CJS)가 하는 일과 정신건강 분야를 조합한 것이다. 이것은 전문가들에게 정신장애 범죄자들의 욕구와 CJS 그리고 대중에 대한 잠재적 위험 사이에서 균형을 유지해야 한다는 특별한 과제를 던져 준다. 이러한 접근법은 효과적인 학제 간 작업, 창조성과 외적 탐구를 강조한다.

이 분야에서 효과적으로 일을 하기 위해서는 형사 사법과 건강 서비스 간에 훌륭한 협조가 이루어져야 한다. 궁극적으로 이것은 그러한 범죄자들이 CJS와 접촉하면서 다양한 단계에서 그들의 정신장애에 대한 적절한 보호와 치료를 받아야 함을 의미한다. 이것은 체포 단계에서부터 병원 명령을 통한 선고 과정의 일부로 병원으로 가거나 선고 후 교도소로 이송되는 과정에 이르기까지 이루어질 수 있다(간단히 말해, 이 후자의 환자 집단은 전형적으로 정신장애가 그다음에 범죄 행동을 일으킨다는 것이다). 법정 정신건강 서비스는 형사 사법 과정뿐 아니라 일반적인 정신과적 과정에서도 이루어져야 한다. 그러한 예로서 특별한 법정 관리와 개입을 필요로 하는 위험한 행동이 정신병의 발병 후에 나타날 수 있다. 이 환자들이 폭력과 같은 범죄로 유죄를 받더라

도, 심각한 정신장애의 맥락에서 행해지는 범죄 책임에 대한 논쟁 때문에 항상 CJS의 지지를 받는 것은 아니다.

법정 정신건강 부서에서 일을 하는 심리학자들은 역사적으로 임상 또는 상담 심리학자들이었다. 그들은 범죄자에 대한 일에 전문성이 있다. 여하튼 최근의 법정 심리학은 눈에 띄는 전문 분야로서 인식이 증가하고 있다. 여하튼 이 분야는 광범위하고 반드시 정신장애를 포함하지 않는 법적 체계에 속해 있는 많은 영역을 포함하고 있다. 그리하여 정신장애 범죄자들과 일하려는 법정심리학자들은 전형적으로 정신건강 분야에서 부가적인 훈련을 받아야 한다. 이 장은 이 영역에 대한 개관을 제공하고자 한다. 그것은 다음과 같이 기술될 수 있다.

● 이 집단에 대한 서비스의 역사
● 정신장애 장면에서 공통적으로 나타나는 병의 범위
● 이 환자들에 대한 보호 의무와 관련된 정신건강 규정
● 이 내담자 집단과 작업할 때의 심리학의 역할

이 장의 마지막 절에서는 심리학 조교의 역할을 개관할 것이다. 그들은 전형적으로 법정 그리고/또는 임상 심리학에 진출하기를 원하는 심리학 석사들로서 처음으로 갖는 직업인 경우가 많다.

영국의 법정 정신건강 서비스 역사

전문적인 법정 부서가 지난 30~40년간 크게 확장되어 왔지만 이 집단에 속해 있는 규정이나 조항은 훨씬 더 오래 존재해 왔다. 영국에서 정신장애를 가진 사람들은 전형적으로 보호소에서 관찰된 후에 정신병원으로 보내졌다([그림 20-1]). 자신이나 타인에게 위험하다고 생각되는 이들은 감금되었지만 이들에 대한 특별한 규정은 없었다.

특수 병동, 중위 그리고 하위 등급 안전시설에서의 정신장애 범죄자에 대한 병원 규정

정신장애 범죄자들을 위한 목적으로 처음 세워진 병원은 영국 버크셔에 있는 브로드무어(Broadmoor) 병원이다. 이 병원은 하원 의회의 명령으로 1863년에 완공되었는데 런던에 있는 베스렘(Bethlem) 병원 같은 정신과적 시설의 부적절한 조건들을 개혁한 곳이다. 브로드무어는 영국에 있는 네 개의 고안전 특수 병원 중의 하나다. 다른 것들은 애쉬워스(Ashworth, 이전에는 Moss Side and Pakr Lane), 램턴(Rampton) 그리고 스코틀랜드에 있는 카스테어(Carstairs)다. 특수 병원의 역할은 고도의 안전을 필요로 하는 것으로, 평가된 심각한 정

[그림 20-1] 정신병이 있는 사람들은 한때 커다란 보호소, 나중에 정신병원이라 불린 곳에서 감시를 받아야 했다. 이 그림은 1868년 Sainte Anne Asylum의 감금실 밖에 있는 복도를 그린 것이다.

출처: © Antonio Ambrignani. Shutterstock사의 허락하에 게재함.

신장애 범죄자들에게 거주지를 제공하거나 치료를 하는 것이다. 단지 네 개의 특수 병원밖에 없기 때문에 결과적으로 정신장애 범죄자들은 그들의 집에서 멀리 떨어져야 했고, 가족 방문이 어려웠으며, 고안전 병원을 떠나기 위한 재활에도 어려움이 있었다. 그보다 더 큰 문제는 고안전과 지역사회 복귀 사이에 커다란 차이가 있다는 것이었다. 환자에게는 적응하는 데 어려움이 있었고 전문가에게는 그들이 지역사회에서 안전하게 대처할 수 있는지를 확인하는 데 어려움이 있었다.

이러한 어려움에 대한 반응으로 Glancy 보고서(Department of Health and Social Security, 1974)와 Butler 보고서(Department of Health and Social Security, 1975)는 좀 더 지역에 기반을 둔 중위 등급 안전 시설의 필요성을 제기하였다. 거기에서는 환자들이 집에 더 가까워질 수 있고 특수 병원보다 덜 안전한 조건에서 치료받을 수 있도록 하는 내용이 있었다. Butler 보고서는 특히 고안전으로부터 환자를 점진적으로 재활시키는 데 관심을 두었다. Glancy 보고서는 일반 정신과 병원에 있는 환자들의 욕구에 초점을 맞추었다. 그들은 안전 조건을 필요로 하는 위험한 방식으로 행동할 수는 있지만 특수 병원에 입원해야 할 만큼 충분히 위험하지는 않은 사람들이었다. 이 보고서들은 지역사회로 복귀할 수 있도록 점진적으로 재활을 시켜야 하는 것과 환자의 행동을 관찰할 수 있는 능력과 안전한 환경에서 환자를 치료하기 위해 통제할 수 있는 능력을 제공하는 것을 예상하였다.

Butler 보고서와 Glancy 보고서의 결과로 영국과 웨일즈 전역에 중등도의 안전을 제공하는 지역 안전 시설이 세워져야 한다고 추천되었다. 이 시설들은 중위 등급 안전 시설(medium secure unit: MSU)이라고 알려져 왔다. MSU가 개원하면서 보다 완전한 보호 통로를 제공하고, 재활받는 사람들의 안전 수준을 점차 감소시키기 위해 하위 등급 안전 서비스 병원이 등장하게 되었다. 여기서 환자들은 최소한의 제한을 받는 상태에서 재활을 하게 되었고 따라서 중등도의 안전을 필요로 하지 않는 환자들에게 대신 제공되었다. 시간이 흐름에 따라 강한 정신과적 보호 시설은 급성 상태의 정신장애를 보이는 환자들에게 제공되었다. 반면에, 하위 등급 안전 시설(low secure unit: LSU)들은 치료에 잘 반응하지 않는 장기 질병을 가진 환자들에게 제공되었다. 이들 특별 시설(MSU와 LSU와 같은 특수 시설)과는 달리 지역사회나 교도소 장면에서 정신장애 범죄자들에게 제공되는 다른 장면도 있었다. 정신건강센터는 2011년 4월에 'NHS의 안전 서비스 비용이 1.2억 파운드였고 동시에 8,000명을 치료했으며 대부분 중위와 하위 등급 안전 병원 시설에서 이루어졌다.'라고 보고하였다. 이는 2002년과 2010년 사이에 안전 서비스 비용이 두 배 이상 증가했음을 말해 주는데, 이는 그 기간의 모든 정신건강 서비스 비용의 30%를 차지하는 것이었다.

지역사회 부서 규정

지역사회 법정 부서는 Reed 보고서(Department of Health and Home Office, 1999)의 추천에 따라 설치되었다. 그것은 개별 환자에 대한 통제와 안전의 수준이 자신과 타인에 대한 위험을 가장 잘 관리하기 위해 최소한의 제한을 해야 한다고 추천하였다. 지역사회 법정 팀이 결성되기 시작하였고 2006년까지 영국과 웨일즈에 37개 부서가 생겼다. 그들의 임무는 안전 시설로부터 퇴원한 환자들과 안전 시설에 한 번도 간 적이 없는 환자들에게 서비스를 제공하는 것이다. 이들은 지역사회 명령을 받은 범죄자들을 보호관찰 서비스를 통해 관리하였다. 그러한 범죄자들은 법원에 정신건강 치료 요구를 하게 되었고 3년까지 지속할 수 있었다. 그리고 이 범죄자들의 치료를 관찰하는 데 책임을 질 책임 있는 임상가가 필요하게 되었다.

교도소에서의 정신장애 범죄자

교도소에는 많은 수의 정신건강 문제를 가진 범죄자들이 있다. 교도소에서 정신건강 문제가 의심되면 정신과 의사나 심리학자와 같은 초빙 법정 전문가들이 정신건강에 대한 평가를 한다. 그곳에는 죄수들을 담당하는 병원이 있어서 가장 혼란된 환자를 돌보며 평가를 하고 적절한 안전 시설로 보낼 수 있다. 그럼에도 불구하고 정신건강 문제를 가진 많은 사람이 교도소 체계에 남아 있다.

감옥개혁 재단(Prison Reform Trust, 2009)이 인용한 수치는 남자의 72%와 여자의 70%가 두 개 이상의 정신건강 장애로 고통을 받고 있다는 것으로 나타났다. 그리고 다섯 명 중 한 명이 다섯 개 주요 정신건강 장애 중 네 개를 가지고 있다고 보고되었다. 정신병적 장애는 선고된 죄수 중 남자는 7%, 여자는 14%로 나타났다. 이는 일반 전집에서 발견되는 것보다 14~23배에 달한다. 또한 장애와 학습장애를 가진 범죄자의 추정 비율이 20~30%라고 언급되었다. 이것은 심각한 문제로 교도소 장면에서 충분히 다루어져야 할 것이다.

법정 정신건강 장면에서 볼 수 있는 정신장애의 유형 및 법정 행동

법정 정신건강 부서는 정신병과 장애로부터 고통을 받는 사람들을 위해 일한다. 여기에는 높은 공존율을 보이는데, 말하자면 한 장애보다 더 많은 진단 기준을 충족한(이중 진단) 환자들이 있다는 것이다. 비록 대부분의 정신장애 범죄자들이 남성이지만, 적지만 유의미한 여성들도 있다. 그들에 대한 전문가 부서도 있다. 또한 청소년에 대한 작은 규모의 전문가 부서도 있다.

현재 정신병과 장애를 분류하기 위해 사용되는 두 개의 주요 질병 분류 체계가 있다. 『질병과 사망 원인에 대한 국제분류(International Classification of Diseases and Causes of Death: ICD-10)』(World Health Organization, 1992)는 영국에서 사용된다. 『정신장애의 진단 및 통계 편람 4판 개정판(Diagnostic and Statistical Manual of Mental Disorders, version Four, Text Revision: DSM-IV-TR)』(American Psychiatric Association, 2000)은 미국에서 사용된다. DSM-5가 출판 중이며(자세한 것은 미국정신의학회의 www.dsm5.org/Pages/Default.aspx 참조) 개발 중인 ICD-11과 자문 과정을 거쳐 2014년 발매를 준비하고 있다. 우리는 ICD-10과 DSM-IV 준거에 기초하여 위에서 개관한 장면들에서 가장 공통적으로 나타나는 형태의 정신병과 장애를 살펴볼 것이다.

정신분열증(조현병)

정신분열증(schizophrenia)은 법정 정신건강 장면에서 가장 흔한 진단이다. 이것은 부적 증상(둔감한 정서, 무욕증, 무쾌감증 등을 포함하는)을 동반하거나 동반하지 않는 심각한 지각적 혼란(환각, 망상 그리고 사고 장애의 정적 증상들)의 일화를 특정으로 하는 심각하고 만성적인 질병이다. 이들은 개인의 사고, 정서 그리고 행동에서 주요한 변화를 초래한다. 이 특정 증상들 중 어느 것도 정신분열증에서 배제되지 않으며 또한 진단에 필수적인데, 증상들은 적어도 한 달 이상 나타나야 하고 기질적 두뇌 손상과 약물 오용과 같은 다른 조건에 의해 설명되지 않아야 한다. 진단을 위해서는 또한 적어도 6개월 이상 지속된 사회적 역기능의 증거가 필요하다.

정신분열증 일화는 그들의 사고와 신념(정적 증상)에서의 심각한 변화와 환청, 환시, 환촉, 환미 그리고 환후 같은 장애를 종종 특징으로 한다. 이러한 맥락에서 '정적'이라는 용어는 정상 상황에서는 나타나지 않는 개인의 나날의 경험에 '첨가된' 정신병적 경험을 말한다. 이것은 다른 사람들은 경험할 수 없는 소리를 듣는 사람으로부터 합당한 증거가 없는 망상이라고 알려진 고정된 신념에 대해 확고한 믿음을 가진 사람들에게까지 분포되어 있다.

정신병적 일화 중에 또는 그 후에는 부적 증상도 나타난다([그림 20-2]). 이런 맥락에서 '부적'이라는 용어는 그들의 추동, 에너지 그리고 열정과 같은 증상들을

언급하는 데 사용되는 용어다. 부적 증상은 우울 일화를 반영할 수도 있다. 그리고 실제로 반응성 우울이 외상이나 정신병적 일화 그리고 최초 진단 후에 종종 경험되는 상실감에 의해 촉발될 수도 있다. 일반적으로 정신분열증은 항정신병 약물의 발전에도 불구하고 예후가 좋지 않고, 환자의 80%가 공식 진단이 만들어진 후에 한 가지 이상의 정신병적 일화를 경험하는 것으로 생각되고 있다. 두말할 것도 없이 개별적인 결과는 매우 다양하다. 약물 복용이 나쁘면 그리고/또는 심리사회적 스트레스원이 있으면 재발 행동이 촉발될 수 있다.

편집형 정신분열증

편집형 정신분열증(paranoid schizophrenia; 〈사례연구 20-1〉 참조)은 법정 정신건강 장면에서 가장 흔한 형태의 정신분열증이다. 이것은 피해망상이나 때로 과대망상(정적 증상)을 특징으로 한다. 어떤 사례에서는 어떤 개인의 범죄 행동이 정신병적 경험과 직접 연결되어 있다. 예를 들면, 어떤 남자가 정신병적 일화를 보이는 중에 자신의 파트너가 자신과 자녀들에게 독을 먹였다는 신념을 가지고 그녀를 칼로 찌른 사례가 있다. 다른 사례에서는 증상이 간접적으로 연결되어 있다고 이해될 수밖에 없는 경우도 있는데, 이는 그들이 명확하게 사고하거나 합리적인 의사결정을 할 수 있는 능력에 방해를 받기 때문이다.

주요 정동장애

주요 정동장애(major affective disorders)는 기분 상태가 극적으로 기복을 보이는 양극성 장애와 지속적이고 극단적인 기분 상태를 보이는 우울장애가 특징으로 개인의 기능을 방해한다. 극단적인 사례에서는 환청이나

[그림 20-2] 정신병적인 일화가 있는 동안이나 그 후에는 부적 증상이 흔하게 나타난다.
출처: ⓒ Andrew Lever, Shutterstock사의 허락하에 게재함.

　　편집형 정신분열증

　　B 씨는 45세로, 편집형 정신분열증으로 진단되었다. 그는 처음 10대 후반에 정신적으로 아파서 정신과 병원에 반복적으로 입원하였다. 망상 신념에 대한 반응으로 그는 점차 다른 사람에게 공격적으로 되었고, 지역 정신과 병원에서는 더 이상 그를 안전하게 보호할 수 없게 되었다. 그는 하위 안전 법정 부서에 보내졌고, 그곳에서 엄격한 제한에 잘 반응하였으며, 공격적인 폭발의 빈도가 감소되었다. 심리 보고서는 그의 공격적인 발작이 고정된 망상적 신념에 대한 반응이라고 해석하였다. 불행하게도 B 씨의 정신병은 의학에는 잘 반응하지 못했고 '치료 저항' 범주에 속하게 되었다. 그는 그의 혼란된 정신 상태 때문에 심리치료에도 순응적이지 못했고 동기가 약해 참여에도 어려움이 있었다. 그에게는 삶의 질이 주요 문제였다. 그래서 일차적인 치료 목표는 그에게 즐거움을 주고 인생의 목적을 제공해 주며 망상을 막아 주는 가능한 한 많은 활동에 참여하여 질환이 악화되는 것을 막는 것이었다. 그가 안정된 상태가 되면 그 계획에서는 그를 지역사회에 더 접근할 수 있는 폐쇄 재활 시설로 옮길 예정이다. 이것이 성공하면, 그는 그의 지역사회로 돌아갈 재활을 받게 될 것이다.

환시, 망상 같은 정신병적 증상들이 병의 일화 중에 나타난다. 여하튼 임상가들이 이들을 정신분열증적 일화와 구별하도록 도와주는 것은 정신병적 경험이 항상 기분과 일치한다는 것이다(즉, 경험하고 있는 기분을 반영한다는 것이다). 예를 들면, 어떤 사람은 조증 일화와 관련하여 자신이 황제의 권력을 가지고 있거나 음악의 대가라고 믿을 수 있다.

성격장애

　　성격이론에서는 사람들이 여러 상황에 걸쳐 안정된 특성을 보인다고 말한다. 이 특성들은 기질과 환경 요인의 조합에 의해 형성된다(Millon, 1990). 이것은 많은 사람이 생물학적 성향을 가지고 태어나 성격장애로 발달되는 반면, 다른 사람들은 어려운 삶의 사건에 의해 나타난다는 점에서 설득력이 있다. 따라서 어떤 사람이 '성격장애(personality disorder)'가 있다고 생각된다면

정상적인 발달 과정을 어떤 식으로든 벗어난 것이라고 볼 수 있다. 이것은 성격장애를 가진 어떤 사람들이 한 개 이상의 기본적인 정서적 욕구를 경험하는 것으로부터 방해를 받는 어려운 인생 경험을 했기 때문이다. 이것은 결과적으로 아동에게 심리적 생존에 필요한 극단적인 대처 전략을 발달시키거나 애착의 어려움을 가져온다(이에 대한 간략한 설명은 10장 참조).

　　성격장애를 가진 사람들은 흔히 다양한 정신건강 문제와 심리적 스트레스를 경험한다. '장애'와 '질병' 간의 차이는 안정된 조건의 성질이나 일화적인 정신장애냐에 따른다. 예를 들어, 정신분열증을 가진 사람들은 전형적으로 정신적으로 안녕감이 있는 시기를 경험한다. 그러나 정신적으로 안녕하지 못할 때 재발한다. 성격장애를 가진 사람들은 그들의 어려움이 더 많이 나타날 때 위기를 경험하지만, 일반적인 의미에서 정서적이고 행동적인 문제는 지속된다. 경계선 성격장애(borderline personality disorder, 특히 다루기 어려운 성격

사례연구 20-2   경계선 성격장애

A 양은 25세 여성으로 방화범으로 선고받기 전에 평가를 위해 중위 등급 안전 시설로 보내졌다. 그녀는 전에 자해를 한 역사가 있으며 경계선 성격장애로 진단받았다. 그녀는 자기 아버지로부터 성적 학대를 받은 역사를 말했으며 그에 대한 노출의 결과로 그의 가족과 거리가 멀어졌다. 그녀의 아버지는 어떤 처벌도 받지 않았다. 심리 평가(이 장의 다른 곳 참조)와 면담은 그녀를 경계선 성격장애로 확인하였다. 더군다나 심리측정적 검사는 그녀가 자존감이 매우 낮고 정서적으로 외로우며 외적 통제 소재를 가지고 있고 충동적이라고 보고하였다. 심리 보고서는 그녀의 방화와 자해 행동이 부정적인 생활사건, 특히 대인관계 문제에 의해 촉발되었다고 해석하였다. 그녀는 중위 등급 안전 시설에서 치료받는 것이 적절하다는 평가를 받았다. 그리고 「정신건강법 1983(Mental Health Act 1983)」의 37절에 해당되었다(〈글상자 20-2〉 참조). 치료는 변증법적 행동치료(DBT)가 포함되었다. 그녀는 '스트레스 감내, 기술 훈련과 마음챙김'(Linehan, 1993 참조)을 포함하는 집단과 개인 회기를 모두 받았다. 이를 따라 A 양은 자기연민 개발에 초점을 둔 희생자 문제에 접근하는 개인 작업을 받았고, 그 후에 그녀의 방화에 관한 구체적 범죄 초점적 작업에 들어갔다. 그 작업이 진행됨에 따라 그녀는 자신의 행동에 대해 더 많은 통제를 할 수 있게 되었고 중위 등급 안전 시설에서 더 낮은 안전 시설로 옮겨졌으며 마침내는 지역사회 팀의 보호하에 지역사회에서의 적응을 지지하기 위해 석방되었다.

장애)를 가진 사람에 대해 기술되어 있는 〈사례연구 20-2〉를 보라.

성격장애는 이러한 대처 전략으로 인해 개인들이 성인으로 성숙하는 데 실패한 것으로 인식되며, 따라서 더 이상 적응적이지 못하다. 예를 들어, 질병의 결과로 엄마와 상당 기간 떨어져 지낸 어린 아동은 독립적으로 대처할 수 있는 능력이 없다는 신념을 갖거나 자신이 의지해야 하는 어떤 사람으로부터 버려졌다는 신념을 가지고 자랄 수 있다. 아동이기 때문에 자신의 욕구를 충족시키기 위해 엄마를 활용할 수 없는 경우 다른 어른을 보고 배울 수 있다. 아동은 또한 자신이 행동을 잘하고 요구를 적게 할수록 그러한 어른들이 더 잘 보호하는 역할을 한다는 것을 학습할 수 있다. 어른이 되었을 때 이러한 관계 발달에 대한 전략이 확립되면서 궁극적으로 비생산적이 될 수 있다. 포기에 대한 두려움은 성인이 다른 사람의 욕구를 우선시하고 자신의 욕구를 억누르는 것으로 이끈다. 이것이 관계를 유지시킬 수는 있지만 만족스럽지 못한 것이고 뿌리 깊은 후회감을 갖게 하면서 심각한 스트레스를 가져올 수 있다. 이 악순환은 의존적인 성격장애의 기준을 충족시키는 사람들에게서 전형적으로 나타난다.

성격장애의 평가는 매우 중요하지만 두말할 필요도 없이 법정 정신건강에서도 중요한 영역이다. 다양한 성격장애의 진단과 얼마나 많은 형태가 있는지에 대해서는 DSM-IV-TR과 ICD-10 간에 의견의 일치를 보지 못하고 있다. 두말할 필요도 없이 적절한 확인은 결정적이다. 진단이 성인기에 내려지지만 25세까지는 성격이 형성되기 때문에 그 전에 진단을 내리는 것은 실질적이지 못하다. 진단은 임상적 관찰, 자기보고 평가[(예: Millon 임상 다축평가 3판(Millon Clinical Multiaxal Inventory: MCMI-III); Millon, 2009] 그리고 구조화된 임상 면접[(예: 국제성격장애조사(International Personality

Disorder Examination: IPDE; Loranger et al., 1994]을 통해 내릴 수 있다.

자기보고 측정치에만 의존하는 것은 여러 이유에서 추천되지 않는다. 그것은 문제의 이해와 통찰에서 빈약해질 여지가 있다. 그리하여 개인의 기분과 정신 상태를 자신도 모르게 왜곡할 수 있고 교묘하게 응종을 하지 않는 결과를 낳을 수 있다. 법정 정신건강 장면에서 이 마지막 포인트는 특히 관계가 깊다. 환자의 자기보고를 안면 가치만 가지고 수용하는 것에 대해 건강한 의심을 유지하는 것이 중요하다. 왜냐하면 그들은 의심할 바도 없이 평가 결과가 그들의 보호 통로, 치료 그리고 위험 판단에 커다란 영향을 가지고 있다는 것을 알고 있기 때문이다. 성격장애의 평가는 성격장애를 가진 사람의 15%만이 단일 장애의 기준을 충족시킨다는 점에서 더 복잡하다. 대부분은 두세 개 장애 유형의 기준을 충족시킨다. 법정 정신상태 집단에 있는 성격장애인들은 정신분열증과 같은 정신병으로도 흔히 진단된다. **공존질환**(한 개 이상의 진단을 받는)이 진단을 어렵게 만든다.

사이코패스

사이코패스(psychopathy)는 법정 정신건강에 매우 관계가 깊은 문제이지만, 논쟁의 여지가 많다(이 주제에 대한 더 많은 논의는 4장과 17장 참조). DSM-IV와 ICD-10의 어디에도 진단은 있지 않다. 그러나 DSM-5에는 포함될 것으로 시사되었다. 사이코패스의 개념은 임상적인 실체로 볼 때 정신병질적 장애라는 법적 용어에 의해 더 복잡해졌다. 이것은 한 개인이 「정신건강법 1983」에 의해 구류될 수 있는 범주에 있음을 뜻하며, 광범위한 성격장애에 속함을 의미한다. 임상적인 용어로 사이코패스란 반사회적 성격장애의 특수한 형태로서 '자신, 타인 그리고 환경과의 관계에서 사회적 역할이나 의무를 충족시키는 데 실패하고 결과적으로 스트레스를 겪는 만성적 장애'라고 특징지을 수 있다(American Psychiatric Association, 2000).

일부 임상가는 사이코패스를 극단적인 반사회적·비사회적 성격장애의 한 형태로 본다. 그렇지만 이것은 이중성이나 상당한 중첩으로 논쟁을 일으킬 수 있다. 사이코패스로 보이는 모든 사람이 반사회적 성격장애(antisocial personality disorder: APD)나 비사회적 성격장애(dissocial personality disorder: DPD)에 대한 기준을 충족시키지만, APD나 DPD를 충족시키는 사람 중의 1/3만이 사이코패스 진단 역치에 도달한다. 사이코패스로 진단되기 위해서는 특별하게 훈련된 임상가가 사이코패스 체크리스트 개정판(Psychopath Checklist-Revised: PCL-R; Hare, 1991, 2003)으로 평가해야만 하고, 그 점수가 일련의 역치(전형적으로 40점 만점에 30점)를 넘어야만 한다.

사이코패스가 정신장애 범죄자들의 작업과 그렇게 관련이 많은 것은 PCL-R(Hare, 1991)이 폭력과 재범을 평가하는 도구로서 매우 좋은 예언타당도를 가지고 있기 때문이다(Webster et al., 1997). 일부는 사이코패스의 개념이 단순히 범죄성을 의학화한 것이라고 보면서 자기설명적이라고 비판한다.

사이코패스에 대한 전형적인 견해는 이들이 위험하고 조작적이며 치료되지 않는다는 것이다. 따라서 이 명칭을 받은 사람들은 비정신병질적 동료들에 비해 유의하게 확장된 교도소나 병원에 머물러야 할 것으로 기대된다. 왜냐하면 PCL-R의 결과는 그들의 보호와 치료에 대한 영향이 훨씬 적은 것으로 나타나기 때문이다. 또한 입원은 장기화되는데 이는 잠재적인 지역사회 부서가 종종 그들 보호에 대한 책임을 떠맡기를 꺼리기 때문이다. 실제로 많은 부서가 그들이 제공할 수 없는 특별한 서비스를 필요로 하기 때문에 사이코패스를 받아들이지 않는다. 사이코패스에 대한 특별한 서비스를 제공하기 위한 필요성에 대한 반응으로 위험하고 심각한 성격장애 시설이 1999년에 네 개 만들어졌다.

지적장애와 발달장애

지적장애(intellectual disability)는 전형적으로 지능의 전반적 장애로 정의된다. 이는 발달 시기에 시작되어서 인생 전반에 지속되며 전반적인 기능에 손상을 가져온다. 중등도나 심각한 지적장애를 가진 사람들은 전형적으로 법정 정신건강 장면에서는 볼 수 없다. 그들의 일상적인 욕구와 기능의 성질이 고도의 지지와 감독을 필요로 하기 때문에 심각한 범죄에 참여하는 것으로부터 그들을 예방하게 된다(이 영역에 관한 논의는 19장 참조). 경도 지적장애를 가진 사람들 중 일부가 상대적으로 작은 범죄 행위를 보일 수 있는데 다른 사람들이 그들의 장애를 통해 그들을 변명해 주기 때문에 구속을 피할 수 있다. 이것이 보고가 적은 이유가 될 수 있다. 어떤 개인의 행동이 범죄로 확인되거나 정의되는 것이 실패할 때의 위험은 개입 시기를 놓쳐 좀 더 빈번하고 좀 더 심각한 범죄가 일어나는 것을 예방하지 못할 수 있다는 것이다. 그러나 경도 지적장애를 가진 사람들이 체포될 가능성이 더 많기 때문에 범죄자 집단에 더 많은 것처럼 보일 가능성도 있다. 지적장애를 가진 사람들이 정신병을 더 많이 가질 수 있는 것으로 보인다. 이러한 위험은 지적장애의 수준에 따라 극적으로 증가하고 **자폐스펙트럼장애**(autistic spectrum disorder: ASDs)와 같은 진단을 함께 받기도 한다.

최근 몇 년에 걸쳐 ASD로 진단된 사람들의 증가가 법정 정신건강 부서에서 관찰되고

> **자폐스펙트럼장애 (autistic spectrum disorder: ASDs)**
>
> '특수한 흥미 그리고 반복적인 행동'은 물론, 사회적 상호작용과 의사소통에서 광범위한 비정상을 특징으로 하는 심리적 조건의 계통

있다. 이는 ASD에 대한 자각과 확인이 늘어난 것과 관련이 있어 보인다. 또한 이 장애의 특수한 성격이 일반 집단에 비해 위험한 행동을 하는 경우가 더 많도록 하기 때문일 수도 있다. 예를 들어, ASD를 가진 사람들은 충동 통제가 어렵고 대인관계 기술이 부족해 사회적 환경을 해석하는 능력이나 타인에 대해 공감하는 능력이 약할 수 있다. 이것이 특별한 ASD 법정 정신건강 시설의 발전이 필요한 이유다.

후천성 뇌손상

법정 집단에서 후천성 뇌손상(acquired brain injury: ABI)의 유병률을 측정해서 내린 결론은 ABI와 범죄 간의 연결이 복잡하다는 것이다. 이것은 많은 뇌 손상 사고기 보고되지 않고 해로운 영향이 과소평가되기 때문이다. 또한 개인이 범죄 행동을 하게 되는 요인과 ABI의 위험성이 증가하는 것, 특히 개인이 물질을 오용했을 때와 유사하기 때문에 더욱 복잡하다.

ABI([그림 20-3])는 인지, 정서 그리고 성격 기능에 유의한 영향을 미치기 때문에 충동적 반응이나 반사회적 행동과 연관될 수 있다. ABI에 따라오는 공통된 인지 기능의 문제들에는 주의력 손상, 기억 그리고 실행 기능이 있다. 이들 문제는 정보처리 능력을 감소시키고 처리 속도를 감소시키며 계획, 조직, 유연한 사고 그리고 문제해결 능력을 감소시킬 수 있다. 성격의 변화도 가져올 수 있는데 그것은 자기중심성, 서투름, 충동성, 관심의 결여, 통찰의 결여와 빈약한 판단력이다.

ABI를 가진 정신장애 범죄자들의 문제와 관련된 것은 정서적인 조절 기술의 감소로서, 흥분성과 적개심 그리고 공격성이 증가된 것을 어떻게 입증할 것인가 하는 것이다. 심각한 ABI를 가진 정신장애 범죄자들을 위한 특수 법정 정신장애 부서가 존재한다. 두말할 것

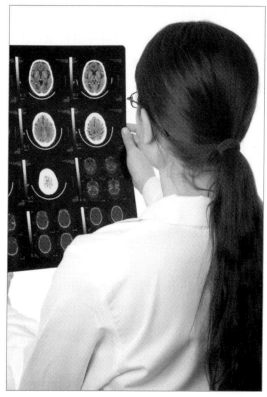

[그림 20-3] 후천성 두뇌 손상은 인지, 정서 그리고 성격기능에 유의한 영향을 미치기 때문에 충동적 반응이나 반사회적 행동과 연관될 수 있다.

출처: ⓒ Lusoimages, Shutterstock사의 허락하에 게재함.

도 없이 전문가들은 정신장애 범죄자 집단에서 덜 심각한 ABI를 가진 사람들의 높은 사고율과 이것이 그들의 기능에 미칠 수 있는 잠재적 영향을 염두에 두어야 할 필요가 있다.

물질 오용 장애

물질 오용(substance misuse) 장애는 많은 이유에서 이 집단에 매우 만연되어 있다. 진단을 할 때, 물질 오용 장애는 구치를 판결하는 일차적인 장애

> **물질 오용**
> (substance misuse)
> 중독, 해로운 사용/남용, 의존, 금단과 같은 조건 그리고 물질, 특히 약물과 알코올과 관련된 정신병 또는 기억상실증을 기술하는 포괄적 용어

로 사용되지는 않는다. 그러나 다른 정신건강 조건과 병발하기 때문에 예후에 상당한 영향을 가지고 있다. 건강 부서에 따르면 심각한 정신건강 문제를 가지고 있는 사람들의 1/3에서 반 정도가 물질 오용 문제를 같이 가지고 있다(Department of Health, 2002). 정신과 집단에서 물질 오용이 재발 및 관련된 폭력의 가장 중요한 위험 요인이라는 증거는 매우 풍부하다. 물질 오용과 범행의 관계는 보다 일반적으로 연구에 의해 폭넓게 지지되고 있다.

빈약한 분노 조절

빈약한 분노 조절과 그 결과로 나타나는 공격성 및 폭력은 그 사람이 정신병원이나 또는 형사 사법 보호 과정을 통해 왔건 상관없이, 그리고 정신건강 문제의 본질과 무관하게 환자를 법정 정신건강 부서로 전이시켜야만 하는 가장 공통적인 '위험'이다. 또한 폭력의 관리는 일반 대중에게도 우선성을 가진 것으로 보인다. 왜냐하면 부서들이 이 문제에 적절하게 대처하지 못하면 매체들이 매우 빠르게 관심을 갖기 때문이다. 심각한 자해나 자살 행동과 같은 자신에 대한 폭력도 법정 부서로 보내져야 한다는 점을 기억해야 한다.

안전 장면에서 폭력을 관리하는 것은 임박한 폭력의 위협과 중도 및 장기간으로 예측되는 폭력 그리고 지역사회를 포함하는 상이한 맥락에서의 폭력을 포함한다. 따라서 부서들은 개인의 위험에 포함된 가까운 원인과 먼 원인을 설명할 필요가 있다. 성범죄와 방화와 같은 다른 범죄 행동도 법정 정신건강 부서의 초점이 될 수 있다. 그리고 특정 지적장애 안에서 특히 여성부에서 보다 특별하게 특징을 찾기 시작할 수도 있다. 우리는 이제 정신장애 범죄자들을 관리하는 작업과 관련된 법률을 살펴볼 것이다.

정신장애 범죄자에 속한 법률

정신장애 범죄자들이 자신이나 타인에 대한 위협을 나타낸다는 사실 때문에 자주 그들이 더 이상 위험을 보이지 않는다고 판단될 때까지 감독과 검색 및 구류가 필요하다. 관리자들이 개인을 감독하고 검색하며 구류할 수 있는 힘을 실어 주기 위해 관계자들이 가질 수 있는 힘의 범위와 그 힘을 사용할 수 있는 환경을 정해 주는 법률이 필요하다. 개인을 구류하고 치료할 수 있는 힘을 제공해 줄 수 있는 법률에 덧붙여서 구류된 사람들의 권리와 인간적 처우를 보장해 주는 법률도 있어야 한다. 우리는 이제 이 법률 제도를 좀 더 자세히 살펴볼 것이다.

정신건강 법률 및 제도

정신건강 법률은 수 세기 동안 여러 형태로 존재해 왔고 계속 개정되어 왔다. 그리고 현재의 집단의 요구에 관련해서 수정되고 있다. 「정신건강법 1983」은 단지 영국과 웨일즈에만 적용되었고 스코틀랜드와 북아일랜드는 자신들의 법률을 가지고 있었다. 「정신건강법」은 2007년에 수정되었고 유의한 변화가 도입되었

다. 정신장애는 2007년에 '마음의 어떤 병 또는 장애'라고 수정되면서 광범위하게 정의되었다. 정신건강 보호는 2009년에 설립된 보호자격 위원회(Care Quality Commission)라고 알려진 기관에 의해 통제되었다. 그들의 역할은 영국과 웨일즈에서 건강 및 사회 보호 서비스를 조사하고 조정하는 것이다.

「정신건강법」은 정신적으로 장애가 있는 범죄자와 그들의 보호 및 구류와 관련된 모든 측면을 포함한다. 그것은 개인을 그들의 의지에 반해 평가하고 치료하기 위해 '나누고' 구류할 수 있는 기준을 만들었다. 또한 일부 전문가 집단에게 그 명령을 행사할 수 있는 권한을 주었다. 개정된 법(2007)하에서 일련의 전문가는 개인의 보호와 구류에 관해 결정할 수 있는 궁극적인 책임을 수행하는 책임 임상가가 될 수 있었다. 강제 병원 입원에 대한 기준은 〈글상자 20-1〉에 제시되어 있다. '의학적 치료'는 장애나 한두 개의 증상이나 발현을 완화하고 악화되는 것을 예방하는 것으로 광범위하게 정의되었다. 이것은 의학적 보호와 치료와 함께 간호 보호, 심리적 개입 및 재활을 포함한다.

개인을 그들의 소망에 반해 구류하고 평가와 치료를 강제하기 위해서 다양한 기간에 구류하는 데 사용할 수 있는 공간이 활용되었다. 이후 그들은 고찰되었고 책임 임상가가 특정 환경의 영역에 새롭게 배치할 수 있었

글상자 20-1   강제 병원 입원의 기준

1. 개인이 정신장애를 가지고 있거나 가지고 있는 것으로 의심될 때
2. 정신장애가 병원에서 의학적 치료를 받거나 구류될 정도나 성질을 가지고 있을 때
3. 구류는 반드시 환자의 건강과 안정 또는 타인의 보호에 대한 관점에서 이루어져야 한다.
4. 적절한 치료가 활용되어야 한다.

글상자 20-2   공통적으로 사용되는 정신건강법 절

3절: 이것은 치료를 위해 개인을 6개월간 구류할 수 있는 명령이다. 그 후 6개월을 다시 구류할 수 있고 그 후 매년 할 수 있다. 이는 최소 두 명의 의사와 다른 인정된 정신건강 전문가에 의해 적용될 수 있다.

37절: 이것은 '입원 명령'으로 알려져 있다. 오직 수감될 범죄로 유죄 판결을 받은 사람들에게만 적용된다. 이것은 적어도 두 명의 의사의 추천으로 법원이 부과한다. 6개월간 구류할 수 있고 6개월간 연장할 수 있으며 그 후에는 1년 단위로 연장한다.

41절: 이것은 '제한 명령'이라고 불리며 오직 형사 법원에서 부과할 수 있다. 이것은 개인이 타인에게 심각한 상해를 입힐 위험이 있는 경우 사용될 수 있다. 병원으로부터 떠나거나 전원 그리고 퇴원에 대한 결정은 오직 법무부만이 할 수 있고, 그러한 결정을 할 수 있는 책임 임상가의 권한을 제한할 수 있다. 개인은 또한 어떤 조건이 부과되는 조건부 퇴원을 할 수 있다. 그 조건은 치료를 계속 받아야 한다거나 그들의 정신건강 팀과 접촉을 유지해야 한다는 것 등이다. 개인이 명령을 따르지 않거나 정신건강이 악화되면 그들은 강제로 병원에 재수감될 수 있다.

지역사회 치료 명령: 「정신건강법 2007」 수정본은 이 명령을 도입하였다. 즉, 3절이나 37절에 해당하는 개인이 41절에서 부과된 것처럼 어떤 조건하에서 지역사회로 복귀할 수 있다. 따르지 않는 개인은 다시 소환될 수 있다. 이 명령의 목적은 제한 명령을 받지 않은 사람들로부터 응종을 확보하기 위한 것이다.

다. 모든 영역에 대해 기술하는 것은 이 장의 범위를 넘어서는 것이지만, 〈글상자 20-2〉는 법정 시설에서 가장 공통된 영역의 예를 보여 준다. 다른 영역은 정식 정신건강 간호사에게 '잡을 수 있는 권한'을 제공하고 교도소에서 병원으로 전원할 수 있거나 경찰이 개인을 안전한 장소로 재이송할 수 있는 것들이다.

환자 보호 법률

환자의 권리를 보호하기 위해 그리고 적절한 보호를 위해 개인이 불필요하게 구류되지 않을 수 있는 부가적인 법률이 있다. 앞서 언급했듯이 보호자격 위원회는 정신장애 범죄자의 모든 법정 건강 보호 영역을 통제하고 조사한다. 덧붙여서 「정신건강법」에 의해 분류된 개인은 독립된 재판 기관인 정신건강 고찰 법원에 회부되어 그들의 사례가 고찰되고 임상가 팀과 법무부 모두의 결정을 받을 수 있으며 병원에서의 계속적인 구류가 더 이상 필요하지 않다고 생각되면 퇴원할 수 있다.

정신건강 고찰 법원은 법적 대표자, 의학 대표자 그리고 일반인이 혼합된 위원들로 구성되어 있다. 위원회는 임상 팀에서 제출한 증거를 듣고 개인의 사무변호사가 팀의 증거를 조사한다. 병원에 구류되어 있는 환자는 또한 병원장의 설명을 들을 자격이 있고 거기에서 다시 퇴원할 수 있다. 환자 보호에 관한 최근의 발달은 「정신건강법 2007」에 의해 도입된 정신건강 변호 체계다. 이것은 모든 구류된 환자들이 정신건강 전문가와의 만남을 가질 때(병동 회진이나 보호 프로그램 접근 고찰; 아래 참조) 앉아 있는 정신건강 변호사에게 접근할 수 있고 필요하다면 자신의 처우에 대해 말할 수 있도록 하고 있다.

동의 능력

치료에 동의하는 능력은 매우 복잡하고 그것에 속하는 법률도 그렇다. 개인이 구류되는 영역에 의존하여, 그들은 3개월까지 그들의 의지에 반해 강제로 의학 처방을 받을 수 있다. 이후 책임 임상가들이 환자의 동의를 얻거나 이차 의견 지명 의사로부터 이차 의견을 구할 수 있다. 치료는 반드시 병원에서만 할 수 있고 교도소에서는 할 수 없다.

또 다른 문제는 의미 있는 동의를 할 수 있는 능력이 의심되는 개인들이다. 「정신능력법 2005(Mental Capacity Act 2005)」는 개인이 특정 주제에 대해 이해하고 결정하며 자신들의 바람을 의사소통할 수 있는 능력이 있는지를 충분히 평가하도록 보장하고 있다. 치료에 대한 동의 관점에서, 「정신건강법」은 「정신능력법」보다 우위에 있기 때문에 개인이 능력이 있어서 치료를 받지 않는 쪽이 선택되더라도 그들의 의지에 반해 강제될 수 있다.

다중 부서 공공보호제도

잠재적으로 위험한 개인이 지역사회로 복귀한 경우에 그들을 관리하기 위해 그리고 정보를 공유할 필요성 때문에 형사 사법과 법정국법 2000이 제정되었다. 경찰, 보호관찰관 그리고 교도관이 부서를 이끌지만 **다중 부서 공공보호제도(Multi-Agency Public Protection Arrangement: MAPPA)**에 따라 정신건강 서비스를 해야 할 의무가 있다. 성 및 폭력 정신장애 범죄자들과 심각한 상해 위험이 있다고 생각되는 사람들이 MAPPA에 포함된다.

> **다중 부서 공공보호제도 (MAPPA)**
>
> 다중 부서 공공보호제도는 현재까지 활용되고 있는 범죄자 관리 개념틀 중에서 가장 발전된 것 중의 하나로 인식되고 있다. 그 과정은 범죄자가 효과적인 위험 확인과 정보 교환을 통해 평가되고 관리되는 방식으로 구성되어 있다.

보호 통로 접근 제도

법정 건강 서비스에 접촉한다는 점에서 보호 통로 접근(Care Pathway Approach: CPA)은 개인적으로 확인된다. CPA는 정신건강 문제를 가진 개인에게 전체적인 개입을 제공하기 위해 다학문적 치료(multi-disciplinary treatment: MDT) 모델에 기초하고 있다. MDT는 전형적으로 심리학자, 정신과 의사, 사회사업가, 간호사 그리고 직업치료사로 구성되어 있다. ASD 영역에서는 또한 말 및 언어 치료사가 포함되며 대부분의 MDT는 현재 약사도 부가적으로 포함시키고 있다.

법정 정신건강 장면에서 심리학자의 역할

심리학자들이 지역사회 서비스에 익숙한 것은 아니지만 그들은 종종 거주 법정 정신건강 장면에서 중추적인 역할을 한다. 그들이 복잡한 욕구를 평가하고 부서에 개입의 우선권을 부여할 수 있는 정교한 보고서를 만들기 때문이다. 이것은 정신건강과 위험을 평가하고 이들을 어떻게 연결시킬 것인지에 대한 보고를 포함한다. 심리학자들은 훈련 때부터 팀 작업을 잘 이해하도록 개발되며 관련된 정보와 입원 관계자들에 대한 지지를 제공한다. 또한 그들은 다음에서 볼 수 있는 매우 광범위한 임무를 가진다.

평가

심리학자들은 환자의 병원 수용에 관해 핵심적인 평가를 하고 과정을 평가한다. 이것은 인지기능 평가(즉, Wechsler 성인용 지능검사 4판(WAIS-IV)을 사용한 IQ 평가), 신경학적 검사 배터리, 성격 평가(MCMI-111과 같은), 특수 범죄 관련 평가, 태도/도식의 평가를 포함한다. 개인의 위험과 치료 필요성에 따라 다른 평가가 수행될 수 있다. 사전 및 사후 집단 평가는 그 당시에 행해지는 개입에 따라 관계자와 환자 집단 모두에게 정기적으로 실시된다. 수행되는 모든 작업에 기초가 되는 증거를 제공하기 위해 모든 개입에 대해 사전과 사후 심리측정적 평가가 정기적으로 사용된다.

위험 관리

위험 관리는 법정 정신건강 전문가에게는 중요한 관심사다. 그리고 대중을 보호하는 반면, 개인에 대한 최상의 질을 보장하기 위해서 위험 관리 절차를 주의 깊게 숙고할 필요성이 제기된다. 건강부는 모든 정신장애 범죄자가 역사적, 임상적 위험 관리-20(Historical, Clinical, Risk Management-20: HCR-20; Webster et al., 1997)으로 알려진 구조화된 위험 평가 측정을 사용하여 위험 평가를 받도록 요구한다. HCR-20은 미래의 폭력 재범의 위험을 평가하는 데 사용된다. 그리고 문항들은 증가된 폭력 위험과 관련된 연구에 의해 제시된 것들이 포함되어 있다. 이 위험 평가를 완성하는 일부로서 위험 관리계획이 도출된다. 이것은 위험이 증가되는 환경과 가능한 결과에 중점을 두고 있으며, MDT가 개인의 미래의 안전 관리에 대해 적절한 계획을 세울 수 있도록 도와준다. 위험 평가는 정기적으로 고찰되고 개정되며 환자의 보호에 포함되어 있는 다른 전문가들과 공유된다.

치료

법정 정신건강 서비스는 정신병 그리고/또는 장애 치료 및 위험 관리와 최소화라는 두 가지 책임을 가지고 있다. 어떤 경우에는 위험 행동이 질병 일화와 직접적으로 관련되어 있다. 그러한 경우, 정신장애 범죄자들의 정신건강 문제를 치료하는 것이 최우선 순위가 된다. 개인의 재범 위험을 입증하는 요인들이 복잡하지만, 개인의 정신 상태를 우선 안정시키는 과정이 충분히 성공해야지만 목표에 대한 특수한 개입이 효과적일 수 있다. 개인의 정신 상태가 안정되면 정신건강 전문가들이 통찰과 이해를 증진시키기 위한 심리교육을 제공하는 중요한 역할을 할 수 있고 환자가 앞으로 정신 건강을 관리하는 데 커다란 역할을 할 수 있는 힘을 제공해 줄 수 있다([그림 20-4]).

정신장애 범죄자들에게 사용되는 광범위한 개인적 방법에 대해 기술하는 것은 이 장의 범위를 넘어서는

[그림 20-4] 법정 정신건강 서비스는 정신병 그리고/또는 장애 치료 및 위험 관리와 최소화라는 두 가지 책임을 가지고 있다.

출처: ⓒ Gina Sanders, Shutterstock사의 허락하에 게재함.

것이다. 따라서 어떤 정신건강 내담자에게나 사용되는 개입은 참여와 동기를 보장해 주는 개인의 욕구와 능력에 대한 평가에 기초하고 있다. 개입은 개인이나 집단으로 할 수 있다. 일반적으로 인지행동치료(CBT) 접근에 기초하고 있지만 **변증법적 행동치료(DBT)**, **마음챙김(mindfulness)**, **인지분석치료(CAT)**, 안구운동 둔감화 및 재처리(EMDR), **수용전념치료(ACT)**, **자비중심치료(CFT)**와 같은 다른 접근들도 사용될 수 있다.

특정 범죄 행동(즉, 성범죄,

변증법적 행동치료 (dialectical behavior therapy: DBT)

경계선 성격장애인을 치료하기 위해 Marsha Linehan이 개발한 치료 체계. 주로 불교 명상 수련으로부터 나온 마음챙김과 같은 개념과 함께 인지행동 기법도 쓴다.

마음챙김 (mindfulness)

이것은 판단을 하지 않고 순간적인 현재의 경험에 완전한 주의를 기울이는 것을 포함하는 심리적 질을 말한다.

인지분석치료 (cognitive analytic therapy: CAT)

Anthony Ryle이 영국에서 개발한 심리치료의 한 형태. 강한 개혁의 사용, 인지적·분석적 수행의 통합 그리고 협동을 특징으로 한다.

안구운동 둔감화 및 재처리 (eye movement desensitisation and reprocessing: EMDR)

강간이나 군사 전쟁과 같은 외상적 또는 스트레스 사건의 결과로 나타난 외상 관련 장애를 해결하기 위해 개발된 것

분노 관리, 물질 오용, 방화)에 활용할 수 있는 프로그램도 흔하며 사고 기술 향상, 일반 사회적 관계 기술, 그리고 재발 예방/퇴원 집단 준비와 같은 문제해결 능력을 향상시키려는 목적의 프로그램도 많이

수용전념치료 (acceptance and commitment therapy: ACT)

심리적 유연성을 높이기 위해 전념과 행동 변화 전략을 다양한 방식으로 혼합하여 수용과 마음챙김 전략을 사용하는 경험에 기초한 심리적 개입

자비중심치료 (compassion-focused therapy: CFT)

대승불교 심리학에 뿌리를 둔 심리치료의 한 형태. 수치심이나 자기비판을 하는 사람들에게 자기연민을 개발하도록 강조한다. Paul Gilbert와 동료들이 개발하였다.

있다(주요 범죄자에 대한 개입의 고찰은 18장 참조). 〈글상자 20-3〉은 정신병적 장애(즉, 정신분열증, 주요 정동장

글상자 20-3   정신과적 범죄를 치료할 때 만나는 어려움

정신과적 범죄자를 효과적으로 치료하려고 할 때 나타나는 어려움은 통찰 결여, 빈약한 동기, 빈약한 치료 응종 그리고 물질 오용과 같은 잦은 부가적인 문제들이다. 정신분열증(망상을 제외한)의 정적 증상은 일반적으로 이제까지 개발된 다양한 항정신병적 약물치료에 잘 반응한다. 부적 증상은 약물학적 치료로 덜 변화하기 때문에 지속적이다. 두말할 것도 없이 그들은 개인의 일상 기능을 손상시키는 중요한 장애로 이끌기 때문에 중요한 개입의 목표가 된다.

임상가가 정동장애를 안정시킬 수 있는 약물학 분야에서 중요한 진보가 있어 왔다. 기분 안정제에 응종을 하지 않는 것은 주요정동장애가 재발할 수 있는 공통된 전구 증상이다. 이것은 정신건강 서비스에 특별한 도전이 된다. 왜냐하면 증가된 에너지, 희망과 긍정적인 자기신념의 특징을 가지고 있는 초기 조증 일화는 너무 유혹적이어서 그들이 이러한 특징을 잃고 싶어 하지 않기 때문이다.

정신분열증과 물질 오용의 두 개 진단을 모두 가지고 있는 환자는 약물치료나 다른 보호에 잘 응종하지 않아서 사회적 기능의 안정성이 감소하거나 입원 비율이 증가하고 중위 등급 안전 기관으로부터 퇴원한 후에 재범하는 비율이 증가한다. 따라서 회복을 지지해 주고 기능을 향상시키며 범행을 감소시키기 위해 안정된 장면에서 개인에 대해 개입하는 것이 중요하다.

글상자 20-4   **성격장애를 치료할 때의 어려움**

성격장애, 특히 정서성으로부터 나온 증상을 치료하는 데 효과가 있는 약물학적 치료에 대한 증거가 많아지고 있다. 여하튼 성격장애의 주된 치료 목표는 심리학적 모델에 근거하고 있다.

Rice와 Harris(1997)의 인지행동치료(CBT) 개입에 대한 개관에서는 많은 주제가 DSM-IV의 군집에 기초한 특정 성격장애의 범주에 대해 어떤 치료 전략이 효과적인지에 대한 논의가 나타났다.

- 군집 A의 의존적 성격장애를 가진 개인을 목표로 한 사회 기술 프로그램이 가장 효과적인 것으로 나타났다. 또한 정서 관리 기술 훈련도 경계선 성격장애와 같이 정동적 불안정을 가진 사람은 물론 불안 및 우울/의존 성격장애를 가진 사람들에게도 효과적인 것으로 나타났다.
- 군집 B의 독립적인 성격장애를 가진 사람들은 충동성과 적대적 반응을 특징으로 하는데 생애 기술 훈련에 잘 반응하는 것으로 나타났다.

물질 오용은 종종 성격장애와 공존한다. 성격장애의 근거가 만연되고 확고한 반응 유형의 특징을 갖는다는 것 때문에 법정 정신건강 장면에서 이들의 영향을 조절하는 과정은 느릴 수밖에 없다. 따라서 성격장애 자체는 안 좋은 예후의 지표가 될 수 있다. 이러한 이유로 해서 정교한 치료를 적용해야 할 필요성이 있다. 하지만 우선적으로는 정확하게 장애를 확인한 다음에 수행되어야 한다.

애)를 치료하는 문제 유형을 보여 준다. 반면에, 〈글상자 20-4〉는 성격장애에 대한 지시적인 치료를 보여 준다.

그러한 개입은 국가 임상적 우수성 연구소(National Institute of Clinical Excellence: NICE) 지침(http://guidance.nice.org.uk/Topic/PublicHealth 참조)를 포함하는 증거기반 실제 연구로부터 제공된 자료를 근거로 하고 있다. 여하튼 공존율과 정신장애 범죄자들의 정신장애의 만성적인 성질을 포함한 사례의 복잡성은 증거 기반이 부적절하다는 것을 예증한다. 법정 정신건강 서비스는 또한 정신장애 범죄자들에 대한 개입계획을 개발할 때 개인의 권리와 대중의 보호도 함께 생각해야 하기 때문에 대립되는 안건에 대한 설명을 해야만 한다.

더 나아가서 개입의 단계는 자각을 촉진하고 환자에게 심리교육을 하기 위해 개인이나 집단 회기를 포함한다. 이것의 예는 바이오피드백 회기를 통해 신체적 긴장과 정신 상태 간의 관계를 이해시키거나 마음챙김 실습을 통해 공상을 감소시키고 스트레스를 주는 경험을 극복하고 감내할 수 있도록 도와주는 것을 들 수 있다. 따라서 환자는 이 기술을 일상생활 그리고/또는 스트레스 상황에 활용하여 자신들이 긴장이나 불안에 기초한 각성 수준을 관찰하고 검색할 수 있는 능력을 향상시키도록 격려된다.

심리학 조교

많은 안전 정신건강 장면에서 직접적인 감독하에 자

격 있는 심리학자를 조교로 사용하는 것은 흔한 일이다. 이들은 허가된 임상 또는 법정심리학자들이 조교들이 정식 수련을 시작하기 전에 조교 수준에서 일하면서 임상 장면에서 경험을 얻도록 훈련시키려는 목적이 흔하다. 심리학 조교들이 하는 이런 유형의 일들은 〈글상자 20-5〉에 제시되어 있다.

글상자 20-5   법정 정신건강 장면에서 심리학 조교의 역할

안전 법정 정신건강 장면에서 심리학 조교는 환자에 대한 다양한 수준의 심리학적 치료 개입(동기 수준, 반응성 및 정신 상태에 따라)에 관여할 수 있다. 그 개입은 다음과 같은 것을 포함한다.

- 심리측정적 검사, 면담 그리고 행동에 대한 직접 관찰과 같은 다양한 방법을 사용하여 환자의 욕구, 능력, 행동을 평가하는 것
- 적절한 치료 프로그램을 고안하고 검색하는 것을 도와주는 것
- 치료자에게 불안, 우울, 중독, 사회적 및 대인관계 문제와 어려운 행동을 전달해 주는 것
- 서비스 규정을 평가하는 것
- 연구 수행을 보조하는 것

조교는 적절한 의사소통을 하고 집단 장면에서 상호작용 기술을 도입하기 위한 목적으로 낮은 수준의 개입을 설정하고 전달하는 일을 할 수 있다.

또한 조교는 위험 평가의 완성을 위한 정보 수집을 할 수 있다. 그것을 위해 위험 평가와 위험 관리의 한 부분으로 모든 법정 환자를 정기적으로 사용할 수 있다.

요약

- 법정 정신건강 장면에서 일하는 심리학자들은 전형적으로 보호 통로 접근, 위험 평가, 문제 행동에 대한 일반 평가와 보고 및 환자의 치료에 관여한다.
- 심리학자들은 다른 학제 간 관계자들, 예를 들면 정신과 의사, 직업치료사, 안정 정신건강 장면에 있는 간호사 등과 밀접하게 일한다. 이들 전문가와 함께 다문학적 팀을 구성한다.
- 그러한 작업은 개인 정신 상태를 안정시키고 유지시키기 위한 것이고 최소한으로 제한된 환경에서 재범 행동의 위험을 관리하고 최소화하기 위한 것이다.
- 이것은 법정 장면에서 활동하는 심리학자와 다른 정신건강 전문가들에게 관심 있는 문제를 제기한다. 분명히 그들은 그들의 환자를 치료하고 재활하는 보호 의무를 가지고 있다. 두말할 필요도 없이 그들은 환자에게 나타날 수 있는 위험으로부터 대중을 보호하는 부가적인 역할도 해야 한다.

주관식 문제

1. 법정 정신건강 장면에서 일하고 있는 심리학자들에 대해 우선적으로 고려해야 할 점들을 기술하라.
2. '정신병이 범죄로 이끌 수 있는 주된 요인이다.' 라는 것에 대해 논의하라.
3. 재활 과정이 일반적인 정신건강 장면에 비해 법정 장면에서 어떻게 다른가?
4. 법정 장면에 특수한 치료 접근의 범위를 기술하라.
5. 법정 정신건강 장면에서 다문학적 작업의 이점은 무엇인가?

참고문헌

American Psychiatric Association. (2000). *Diagnostic and statistical manual of mental disorders. Fourth edition. Text revision (DSM-IV-TR)*. Washington, DC: American Psychiatric Association.

Centre for Mental Health. (2011). *Pathways to unlocking secure mental health care*. London: Centre for Mental Health.

Department of Health. (2000). *Effective care co-ordination in mental health services: Modernising the care programme approach, A policy booklet*. London: Department of Health.

Department of Health. (2002). *A study of the prevalence and management of co-morbidity amongst adult substance misuse and mental health treatment*. London: Department of Health.

Department of Health and Home Office. (1992). *Review of health and social services for mentally disordered offenders and others requiring similar services*. (The Reed report). London: HMSO.

Department of Health and Social Security. (1974). *Security in NHS hospitals for mentally ill and the mentally handicapped*. (Glancy report). London: DHSS.

Department of Health and Social Security. (1975). *Report of the Committee on Mentally Abnormal Offenders*. (Butler Report). London: HMSO.

Hare, R. D. (1991). *The Hare Psychopathy Checklist—Revised*. Toronto, Ontario: Multi-Health Systems.

Hare, R. D. (2003). *The Hare Psychopathy Checklist—Revised (PCL-R)* (2nd ed.). Toronto, Canada: Multi-Health Systems.

Linehan, M. M. (1993). *Cognitive-behavioural treatment of borderline personality disorder*. New York: Academic Press.

Loranger, A. W., Sartorius, N., Andreoli, A., Berger, P., Buchheim, P., Channabasavanna, S. M., Coid, B., Dahl, A., Diekstra, R. F. W., Ferguson, B., Jacobsberg, L. B., Mombour, W., Pull, C., Ono, Y., & Regier, D. A. (1994). The International Personality Disorder Examination (IPDE). *Archives of General Psychiatry, 51*, 215-224.

Millon, T. (1990). *Towards a new personology: An evolutionary model*. New York: Wiley.

Millon, T., Millon, C., David, R., & Grossman, S. (2009). *Millon Clinical Multiaxial Inventory (MCMI-III) Manual* (4th ed.). Minneapolis, MN: Pearson Assessments.

Prison Reform Trust. (2009). *Bromley Briefings Prison Factfile, November 2009*. London: Prison Reform Trust.

Rice, M. E., & Harris, G. T. (1997). The treatment of mentally disordered offenders. *Psychology, Public Policy and Law, 3*, 126-183.

Webster, C. D., Douglas, K. S., Eaves, D., & Hart, S. D. (1997). *HCR-20: Assessing risk for violence (Version 2)*. Vancouver, Canada: Simon Fraser University.

World Health Organization. (1992). *Classifications of Mental and Behavioural Disorder: Clinical Descriptions and Diagnostic Guidelines (ICD-10)*. Geneva: World Health Organization.

주석이 달린 읽을거리 목록

Gibbon, S., McMurran, M., & Khalifa, N. (2009). *Forensic mental health*. Cullompton, Devon: Willan. 이 책은 '형사 사법과 정신건강 보호 체계의 광범위한 맥락에서 원칙이 작동하는 방법은 물론, 법정 정신건강의 주요 개념을 명료하게 개관한' 책이다. 주요 문제에 대한 개관을 훌륭하게 지적하면서 시작해서 다학문적인 팀의 할 일, 거기에 포함된 법률 그리고 환자에게 취해질 보호 경로에 대해서도 기술되어 있다.

Hodgins, S. (2008). Criminality among persons with severe mental illness. In K. Soothill, P. Rogers & M. Dolan, M. (Eds.), *Handbook of forensic mental health*. Cullompton, Devon: Willan. 이 장은 범죄와 정신적 질병 간의 연관성을 훌륭하게 개관하였고 심각한 정신적 질병 간의 범죄 유병률에 대해 고찰하였다.

Mental Health Act 1983 and Mental Health Act 2007. 이 명령은 법정 정신건강 환자와 그들을 보호하는 정신건강 팀의 의무와 책임에 대한 법률을 이해하기 위해 살펴볼 가치가 있다. 이 명령에 대한 지침을 제공하는 다른 참고자료는 다음과 같다: Jones, R. (2008). *The Mental Health Act Manual*. London: Sweet and Maxwell.

Soothill, K., Rogers, P., & Dolan, M. (Eds.) (2000). *Handbook of forensic mental health*. Cullompton, Devon: Willan Publishing. 이 책은 법정 정신 건강 분야에 대해 깊이 있는 기술을 하고 있다. 첫 부분은 관리와 사회적 틀을 다루고 있고, 두 번째 부분은 직무의 과정과 체계를, 세 번째 부분은 법정 정신건강의 주요 문제를 그리고 마지막 부분은 법정 정신건깅 실무자들을 위한 기술을 다루고 있다.

World Health Organization. (2005). *International Statistical Classification of Diseases and Related Health Problems, 10th revision (ICD-10)*. Geneva: World Health Organization. 이것은 정신건강 문제를 포함하여 모든 기존의 질병과 장애를 진단하고 분류하는 데 관련된 임상가들이 유럽에서 사용하는 세계보건기구 기호다. 그것은 각 장애에 대한 진단 기준을 포함하고 있다. 이것은 「정신건강법 1983」하에 분류된 다양한 장애의 증상학 유형의 개념을 이해하기 위해 읽을 가치가 있다.

제21장 범죄자의 재활: 선한 삶, 범죄와 손 끊기, 위험 줄이기

TONY WARD, CHELSEA ROSE & GWENDA M. WILLIS

주요 용어

| 반응성 원리 | 범죄와 손 끊기 | 범죄유발성 욕구 | 선한 삶 모형(GLM) | 욕구 원리 | 위험-욕구-반응성(RNR) 모형 | 위험 원리 | 재발 방지 | 재활 |

이 장의 개요

범죄자의 재활은 사회적 연결망과 더 넓은 사회 속으로 재진입하여(re-entry) 궁극적으로는 재통합(reintegration)을 이루는 다면적 과정이다. 범죄자들은 범죄를 저지르게 된 자신의 개인적 특성들을 고치려고 많은 노력을 해야겠지만, 범죄자가 속한 사회에서도 범죄자들의 이와 같은 스스로의 교정 노력에 대하여 사회적 지지와 자원을 제공하여 지지해 주어야 할 책무가 있다. 범죄자가 범죄의 대가를 치르면서 교화의 성과를 이룩해 내면, 이런 범죄자에게는 원상복귀(redemption)와 사회에의 재적응(reconciliation)의 기회를 주는 것이 마땅하다(Ward & Salmon, 2009). 인간의 평등성에 대한 가정은 공정하고 정의로운 사회의 초석이다. 이러한 가치관은 우리 모두에게뿐만 아니라, 범죄자들에게도 적용된다. 더욱이 범죄자의 재활은 범죄자에게서 규범을 세워 주고 능력을 배양해 주는 과정이다. 그러므로 이러한 실제 적용의 관점에서 볼 때, 과학적인 방법과 윤리적인 판단은 모두 똑같이 중요하다. 우리의 관점에서 타인에게 중대한 해를 끼쳤던 여정을 검토하기 시작할 수 있는 적법한 유일의 출발점은 모든 사람이 품위와 도덕적 지위상 모두 동등하다고 간주되는 지점이다(Laws & Ward, 2011).

재활치료자들에게는 재활이론이 필요한데, 이 이론들은 본질적으로 이정표 역할을 해서 범죄자를 대상으로 재활치료를 할 때 나타나는 다양한 도전과 문제를 해결하는 데 도움이 되기 때문이다(Ward & Maruna, 2007). 이상적으로는 이러한 이정표는 긴급한 문제를 다루는 데 있어 안내자의 역할을 해 주리라 여겨진다. 이를테면, 개입의 전반적인 목적, 위험요인의 내용, 범죄의 일반적인 원인, 범죄자들을 다루고 치료하는 가장 효과적인 방법, 범죄자의 욕구와 지역사회의 이익 간의 최선의 균형을 잡는 방법 등이 해당된다.

최근에는 범죄자의 재활에서 '강점 기반의(strengths-based)' 또는 '회복적(restorative)' 접근들이 그 유명한 범죄자 재활을 위한 **위험-욕구-반응성 모형[risk-need-responsivity(RNR) model**; Andrews & Bonta, 2006]의 대안으로서 마련되었다(Ward & Maruna, 2007참조). 그러나 요점을 말하면, 위기 관리 접근의 실제적인 주요 초점은 역동적 위험 요인(즉, **범죄유발성 욕구**)를 탐지해 내고 수정하는 데에 있는 반면, 강점 기반의 관점에서는 범죄자의 역량을 만들어 내어 위험을 좀 더 간접적으로 감소시키는 것을 추구한다.

범죄자들도 우리와 같은 사람이다. 우리가 이러한 태도를 견지하면서 그들과 관계를 맺기 시작한다면 교정 작업의 성과는 향상될 것이며 재범률도 감소할 수 있다. 범죄자들이 범죄에서 손을 끊는 것에 관한 연구 결과를 보면, 분명한 것은 범죄자들이 그들에게 관심을 보여 주며, 그들의 삶을 되돌릴 수 있는 능력이 있다고 믿는 치료자들에게는 좋은 반응을 보였다는 것이다([그림 21-1]; McNeill et al., 2005). 더욱이 범죄자들을 (치료되지 않아서) 격리시켜야 할 대상으로 보기보다 존중해 주고 친절로써 대하는 것은 그들이 더 나은 사람이 되도록 해 주며, 우리가 그들을 경멸하는 데서 비롯될 수 있는 해악을 당하지 않도록 위험을 줄여 줄 수 있을 것이다.

이 장의 목표는 범죄자 재활의 속성 및 ① 재범률을 감소시키는 데 그 개입의 효과성을 살펴보고, ② 범죄에서 손을 끊는 것(desistance)에 관한 연구에 대해 간략하게 개관하며, ③ RNR 모형을 서술하고[단념이론과 연구와 잘 들어맞지 않는 점 등] 이 모형의 제한점을 살펴보며, ④ 범죄자 재활에 대한 보다 최근의 강점 지향적(strength-oriented) 이론인 **선한 삶 모형(Good Lives Model: GLM)**에 대해 자세히 소개하는 것이다. 이어지는 논의에서 우리는 우리의 주장을 뒷받침하기 위해 성범죄에 관한 문헌을 종종 언급할 것이다. 그러나 이는 제

[그림 21-1] 범죄자들은 그들에게 관심을 보여 주며, 그들의 삶을 되돌릴 수 있다는 능력이 있다고 믿는 치료자들에게는 좋은 반응을 보인다.

출처: ⓒ Yan Lev. Shutterstock사의 허락하에 게재함.

시하기 위한 것일 뿐이며, 우리의 주장은 모든 종류의 범죄자들에게 보편적으로 적용하는 것을 염두에 둔 것이다.

범죄자 재활의 본질은 무엇인가

재활의 실제 적용에 대해서는 헷갈리는 용어들이 쓰여 왔고 이론적 배경도 다양한 것이 제시되었다. 그중에서도 재활(rehabilitation), 재통합(reintegration), 재진입(re-entry), 그리고 손 끊기(단념, desistance) 같은 용어

들이 개인으로 하여금 범죄 활동을 그만두고 생산적이고 사회적으로 책임 있는 삶을 영위하도록 지지하는 사회적 및 심리적 과정을 지칭하는 데 사용되어 왔다(Ward & Maruna, 2007). 심리학자들은 '재활(rehabilitation)'이라는 용

> **(범죄에서) 손 끊기**
> **(단념, desistance)**
>
> 범죄를 저지르는 것을 단념하게 하는 심리적 및 사회적 과정을 말함. 뚜렷한 어떤 시점(definitive stopping point)에 나타난다기보다는 범행을 저질렀다가, 재발했다가 회복(recoveries)되는 일련의 과정을 거치는 것이 특징이다.

어를 선호하는 경향이 있는 반면에, 범죄학자들은 재활이라는 말 속에 함축된 뜻인 개인이 종전의 용납될 만한 기능 상태로 되돌아간다는 개념에 당연히 의심을 품고, 통합(integration) 또는 손 끊기(desistance) 같은 보다 명확한 용어를 선호한다(Laws & Ward, 2011; Ward & Laws, 2010). 우리는 이와 같은 논쟁도 감안하지만, '재활'이라는 명칭을 계속 사용하기로 결정하였는데, 이 말이 교정 및 법정 실제 상황의 주요 흐름을 반영해 주기 때문이다.

그러나 재활이론이란 정확하게 무엇인가? 위에 언급된 용어 사용상의 논쟁은 차치하고라도, 그간 재활이론의 개념을 분석하고 재활이론의 핵심 특징의 개요를 제시하는 데 주저해 왔던 것도 사실이다. 이는 문제의 소지가 있는데, 왜냐하면 어떤 종류든 분석이 이루어지지 않으면 다양한 재활이론을 비판적으로 비교하거나 평가하는 것이 거의 불가능하기 때문이다. 간략히 말하면, 우리가 재활이론을 보는 관점은 그것이 법정 및 교정을 위한 개입의 방향을 이끌어 주고 치료자들이 이러한 원리들을 매일의 치료 실제에 적용하는 데 도움이 되도록 쓰이는 통합적 목표, 가치관, 원리, 정당성 및 원인론적 가정을 제시해 준다는 것이다(Ward & Maruna, 2007).

재활이론은 근본적으로 복합(hybrid) 이론이다. 즉, 거기에는 이론적·윤리적·과학적 및 실제적 요소들

글상자 21-1   **형사 사법 상황에서 개입의 적절성을 평가하기**

1. 전문가의 실제 활동을 뒷받침해 주는 재활이론이 있는가?
2. 이 재활이론이 범죄 행동의 근원을 정신질환의 관점에서 보편적인 용어로 설명해 줄 수 있는가?
3. 재활의 일반적 목표는 무엇인가? 이 목표들이 범죄 행동의 원인과 어떻게 관련되는가?
4. 재활 과정에서 진행되는 변화 기제(change mechanisms)의 원리는 무엇인가?
5. 재활이론이 치료와 관련된 태도, 동기 및 대인관계의 측면을 세부적으로 제시해 주고 있는가? 치료 과정과 관련된 쟁점들을 다루는 요령을 포함해서 치료 동맹(therapeutic alliance)에 대한 지침이 제공되는가? 내용과 과정이 통합되어 있는가?
6. 재활이론에 내포된 윤리적/철학적 가치관은 무엇인가? 예를 들면, 범죄자는 어떻게 묘사되고 있는가? 처벌 또는 교화치료가 강조되고 있는가? 개인의 권리와 사회의 권리 사이에서 상대적 균형이란 어떤 것인가? 위험 수준은 어떻게 개념화되고 있는가?

이 혼합되어 있다. 가 이론은 원인론적 유형의 이론(즉, 인지행동이론 또는 정신역동이론) 또는 치료 유형의 이론의 관점에서 구분될 수 있다. 치료이론은 보다 세부적인 것으로서 개인 행동의 특정 측면을 변화시키기 위해서 해당 원리와 실제적인 전략을 적용하는 것이 그 내용이다. 위와 같은 분석을 감안하여, 법정 및 교정 활동 영역에서 재활치료적 개입의 적합성을 평가할 때 〈글상자 21-1〉에서 제시된 의문점에 대해서 답을 할 수 있어야 한다(Ward & Maruna, 2007).

가치관과 재활

범죄자들로 하여금 자신의 범죄 친화적 태도와 기질을 바꾸도록 노력하게 하는 과제는 규범적(즉, 가치가 내재된) 및 능력 양성 과정으로서, 그 주요 초점은 개인적으로 의미 있고 사회적으로도 받아들여질 수 있는 현실적인 자기정체감(practical identities)을 구축하는 데 있

다(Laws & Ward, 2011; Lösel, 2010; Ward & Laws, 2010). 재활에서의 '규범적(normative)' 차원은 〈글상자 21-2〉에 예시되어 있다.

재활에서 능력 양성의 차원은 범죄자에게 자원과 기회를 제공하는 것을 강조한다는 면에서 규범적 차원과 밀접하게 연결되어 있다. 그 목표는 범죄자들에게 내부(즉, 기술, 지식, 태도, 신념) 조건과 외부(즉, 사회적 지지, 취업, 교육, 친밀관계, 여가 활동) 조건을 마련해 주어서 범죄자들이 개인적으로 추구하는 목표를 달성할 수 있게 해 주는 것으로서, 이러한 과정을 통해서 궁극적으로 더 낫거나 또는 선한 삶을 살 수 있게 된다. 선한 삶(good lives)이란 한 사람이 살아감에 있어 인생의 목적 의식이 있고, 보다 높은 수준의 복지를 영위하며, 사회적으로 용인된 규범을 준수하는 것이 특징이라고 할 수 있겠다(Ward & Maruna, 2007).

글상자 21-2   현재 시행되고 있는 재활 실제의 저변에 깔려 있는 개념

1. 범죄자(offender)라는 개념은 도덕적인 것이다. 즉, 이를 기준으로 해서 어떤 사람이 잘못된(불법) 행동을 저지른 것으로 판단이 내려졌고 그에 따라 처벌을 받았다.

2. 의미 있는 삶을 성공적으로 추구한다는 것은 각 개인이 진짜로 가치 있는 것이 어떤 것인지를 파악하고 이런 가치관을 반영해 주는 성과, 활동 그리고 특질을 획득하도록 하는 데 도움이 될 수 있는 생활 방식을 구축해 내느냐에 달려 있다.

3. 위험 감소(risk reduction)의 개념은 일반적으로 모든 교정 프로그램과 개입 활동의 주요 목표인데, 그 목표가 범죄자뿐만 아니라 지역사회에 미칠 수 있는 유해한 결과가 발생할 가능성을 감소시키고, 관리하며, 계속 지켜보는 데 있다는 점에서는 가치가 내재된(value-laden) 개념이다.

4. 범죄를 성공적으로 단념시키는 데 중요한 요소인 것으로 입증된 현실적인 또는 이야기의 주인공으로서의 자기정체감(practical or narrative identities)은 다양한 가치관으로 구성되어 있다(예: 역할 기준이나 기대감, 개인적 특질, 활동, 치료 실제의 측면에서).

효과 있는 범죄자 재활 프로그램의 핵심 특징은 무엇인가

최근에 Lösel(2010)은 범죄자 재활에서 효과를 가져오는 것에 관한 개관 논문(이와 같은 접근법에 대한 좀 더 자세한 내용은 16장 참조)에서 교정 영역에서의 이론적 및 경험적 문헌을 체계적으로 평가하였다. 연구에서 나타난 증거에 대한 그의 개관에 따르면, 결론적으로 효과적인 재활 프로그램들을 통합하고, 지역사회의 수단을 좀 더 많이 활용하며, 재범 방지를 위한 발달적 관점을 채택하는 것이 범죄율을 낮추어 주기 쉬운 것으로 나타났다. Lösel(2010)뿐만 아니라 Bonata와 Andrews(2010)와 같은 교정 분야의 연구자들도 특정한 유형의 교정치료 활동이 효과를 가져오는 반면, 다른 유형의 교정 활동은 부적절해지는 것을 밝혀냈다.

요약하면, 일반적인 범죄자 및 폭력적인 범죄자들에 대한 성과 연구는 범행의 사회학습 모형에 기반을 두고 있고, 구조화되어 있으며, 기술 향상을 중시하고, 자격 있는 진행자에 의해 치료 지침서(매뉴얼)에 따라서 실시되며, 지지적 분위기에서 시행되는 프로그램들의 범죄 감소율이 10~30%에 이른다는 것을 밝혀 주었다(Lösel, 2010). 예를 들면, 최근에 방법론적으로 타당한 방식으로 성범죄자에 대한 치료 효과를 평가한 연구들이 아주 많았는데, 이들은 모두 유사한 결론에 도달하였다.

성범죄자 치료에 대한 종합분석을 통한 개관에서, Lösel과 Schmucker(2005)는 선행 개관연구보다 향상된 결과를 내기 위하여 종합분석의 대상이 되는 연구의 범위를 넓히고 분석 대상인 연구 피험자의 수도 늘렸다. 이렇게 해서 이들은 2003년까지 수행된 69개의 연구(피험자＝22,181명)를 포함시켰는데, 이 중 1/3은 북미(미국과 캐나다)가 아닌 다른 지역의 연구들이었다. 분석한 결과는 치료의 효과를 지지해 주었는데, '치료를 받은' 성범죄자들이 다양한 대조집단(17.5%)에 비해서 재범률이 의미 있게 낮아졌다(11.1%). 더욱이 이와 유사한 결과는 다른 일반 범죄자들에게도 나타나서, 이는 인지행동치료(기술 지향적 방법)가 다른 유형의 치료보다 더 효과적임을 시사해 주었다. 반면에, 군기훈련(boot camps) 같은 처벌 위주 또는 공포심으로 기를 죽이는 조치들뿐만 아니라, 성범죄자나 다른 유형의 범죄자들에 대한 정신역동적 치료의 효과를 지지하는 증거는 없었다(Bonta & Andrews, 2010; Hanson et al., 2009).

보다 최근의 연구 동향은 프로그램 평가(evaluation)의 범위를 넓히고 표준화된 개입 프로그램의 내용을 더 비판적으로 살펴보게 되었다. Porporino(2010)는 이 분야가 소위 증거 기반의 프로그램을 더욱 정교하게 발전시켜 보았자 더 이상의 의미 있는 발전을 가져오지 못할 지점에까지 도달한 것 같다는 주장도 하였다. 왜냐하면 이런 프로그램들이 그 효과를 내는 과정에서 불확실한 요소들이 너무나도 많기 때문이라고 하였다. 그는 RNR 모형에 대해 다음과 같이 언급하고 있다.

······ 그런 패러다임에서 소홀히 되고 있는 것은 범죄자들이 새로운 친사회적 정체감(pro-social identities)을 세우는 데 얼마만큼이나 진전이 있는지, 그들로 하여금 이런 과제를 해내도록 고무시킬 수 있는 것은 무엇인지, 이런 변화를 지지해 줄 수 있는 동기 유발을 위한 압력은 무엇인지, 이런 압력은 어디에서 올 수 있는지, 새로운 정체감 및 그것이 함축하는 미래의 친사회적 자기(self)가 버리려고 하는 자신의 과거 범죄 경력과 어떻게 타협될 수 있는지 등에 관한 것이다(Porporino, 2010, p. 63).

Porporino는 우리의 현재 지식 기반에 문제가 있음을 강조한다. 여기에는 증거 기반의 프로그램이 프로그램 실시 후의 인생살이에 어떤 영향을 미칠지에 대해 우리가 모르고 있다는 것도 해당된다(그는 범죄자에게 물어보면 범죄자는 이런 프로그램들에 단지 통과 점수만을 줄 뿐이라는 것을 발견한 Farral, 2004a, 2004b을 인용한다). Porporino(2010)는 범죄의 단념에 관련된 문헌을 토대로 범죄자를 대상으로 교정 작업을 할 때 여러 가지의 방식을 사용할 것을 제안하고 있다. 여기에는 범죄자를 변화시키거나 교정하는 것이 아니라, 단순히 그들이 "새로운 안경을 끼고 자신의 삶을 바라보도록, 그들의 욕구와 바람을 꺼내 주며, 그들의 애매한 소원을 명료하게 하고 어떤⋯⋯ 목표에 전념하도록 도와주려고 할 뿐인 것을 목표로 하는 프로그램을 개발하는 것도 들어 있다"(p. 78).

Porporino(2010)는 주변 여건의 중요성도 강조한다. 또한 특정 기술을 각기 따로따로 가르치는 것은 목표 달성에 거의 도움이 안 된다는 점을 부각시킨다. 그는 다음과 같이 지적했다. "우리는 마치 그들이 요리법(recipe)을 확보하게 되면, 그들이 요리해 낸 식사가 자동적으로 맛있을 것이라고 믿고 있는 것 같다."(p. 80)

Martin 등(2010)은 사회 및 취업 복귀를 목표로 하는 개입을 추가로 포함시킨 프로그램이 사회 인지 훈련[사고력 증진 및 재활(Reasoning and Rehabilitation: R&P) 프로그램의 스페인판]만 제공하는 프로그램에 비해 더 효과적인지를 조사하기 위해 준실험 설계(quasi-experimental design)를 적용하였다. 참여한 재범자는 117명인데, 이 중 남성은 87명이고 여성은 30명으로, 대부분 재물/약물 관련 범죄로 유죄 판결을 받았지만 대인 범죄도 있었다. 사회 및 취업 복귀는 사회복지사가 진행하였으며, 여기에는 고용주를 만나고 직장에도 가 보는 활동이 들어 있었다(이 집단은 크기가 작아서 12명이었다). 6년간의 추적연구 결과, 생존분석(survival analysis)에 따르면 R&R 프로그램이 통제집단에 비해서 재범을 저지르기까지의 대기 시간이 통계적으로 의미 있게 길어졌음을 보여 주었다. (아마도 통계적 검증력이 낮은 탓에) 유의하지는 않았지만, R&R과 사회 및 취업 복귀 개입 처치를 받은 참여자들은 (재범률도 낮아졌고) 재범을 저지르기까지 시간이 더 오래 걸렸다. 따라서 사회 및 취업 복귀는 사회 인지 훈련 프로그램의 효과를 더 크게 해 주는 것으로 보였다. 이러한 결과는 R&R을 긍정적으로 보게 해 주었지만, 이 프로그램이 개인이 처한 사회 및 경제 여건을 감안하지 못하고 있음을 시사해 주고 있다.

양적 연구와 질적 연구 방법을 혼합해서 사용하여, Bahr 등(2010)은 중범죄(felonies)를 저지르고 적어도 1년간은 교도소에 수감되었던 51명의 범죄자(약물 관련 범죄가 가장 많음)를 대상으로 교도소 출소 후 3년간 성공적인 사회적 재복귀(가석방의 종결 처분으로 정의됨)와 관련된 요인이 무엇인지를 탐색했다. 연구자들은 Laub와 Sampson(2001, 2003)의 생애과정이론(life course theory)에서 아이디어를 따서 약물 처치, 또래관계, 취업, 연령, 결혼/부부생활 그리고 부모가 된 것이 성공적인 복귀와 관련이 있다고 가설을 세웠다. 가석방된 사람들에 대해서는 가석방 직후 짧은 시간 동안 면담을 하였고, 면담 후 1개월 뒤, 3개월 뒤 그리고 6개월 뒤에 다시 면담을 실시하였다. 교도소에 있을 때 약물 남용에 관한 프로그램에 참가한 것과 친구들과의 즐거운 활동에 시간을 많이 보낸 것이 모두 성공적 재복귀와 관련이 있었다. 또한 가석방 후 취업한 자 중에서 주당 최소 40시간 일하는 것이 성공적 재복귀와 관련이 있었다. 예상과 달리, 배우자가 있는 것, 결혼하는 것, 부모가 되는 것, 부모와 친밀한 관계를 갖는 것 그리고 교육 수준은 성공적 재복귀와 관련이 없었다. 즉, 질적 자료는 가석방 상태를 성공적으로 마친 사람은 가족과

친구로부터 지지를 더 많이 받았던 것이며, 자기효능감(self-efficacy)도 높았음을 보여 주었다. 이 두 요인(지지, 자기효능감)은 참여자가 약물로부터 멀어지려고 노력하는 것을 뒷받침해 준 셈이다.

캐나다에서 수행된 연구에서 Martin과 Stermac (2010)은 희망이 재범 가능성과 관련이 있는지, 그리고 남성(50명)과 여성(50명) 수감자가 희망의 수준에서 차이가 있는지도 조사하려고 하였다. 그 결과, 희망 척도 (Hope Scale; Snyder et al., 1991)의 총점과 개정판 복역 수준 목록(Level of Service Inventory-Revised: LSI-R; Andrews & Bonta, 1995: 재범의 가능성을 재는 척도임. 이 척도의 자세한 내용은 17장 참조)의 점수 사이에 부적 상관이 유의미하게 나타났다. 이 결과는 희망 수준이 높은 것이 재범할 가능성이 낮은 것과 관련되어 있음을 시사한다. 그러나 희망 척도의 하위척도(목표 추구, 힘, 연결통로)들을 따로따로 보면, 그중 힘(agency)이란 하위척도만 재범의 위험성과 관련이 있었다(즉, 힘이 많을수록 재범의 위험성이 낮다고 추정됨). Martin과 Stermac은 희망이 보호 요인으로서 작용하여, 추후 범죄에 얽혀들 위험성을 낮추어 줄 가능성이 있다고 결론을 내렸다.

취업과 재범의 관계를 조사하는 대부분의 연구에서는 취업이 추후 재범할 가능성을 낮추어 주느냐의 여부만 단순히 살폈으며, 일자리를 얻는 것이 재범을 저지르기까지의 시간을 지연시키는지의 여부를 조사한 연구는 거의 없었다([그림 21-2]). Tripodi 등(2010)은 텍사스 교도소에서 가석방된 남자 중 무선적으로 추출한 이들(250명)을 대상으로 이 관계를 조사하였다. 그 결과 범죄 전력에 관련된 변인(그리고 그 밖에 재범을 예측해 준다고 알려진 요인)을 통제했더니, 교도소에서 가석방된 상태에서 취업을 하는 것은 재수감될 확률을 의미 있게 감소시키는 것과 관련이 없었지만, 취업은 재수감

[그림 21-2] 대부분의 연구에서는 취업이 나중에 범행을 저지를 가능성을 감소시키는지의 여부를 살펴보았다. 취업을 하는 것이 재범을 저지르기까지의 시간을 지연시켜 주는지의 여부에 관한 연구는 거의 없었다.

출처: ⓒ StockLite. Shutterstock사의 허락하에 게재함.

되기까지의 시간을 의미 있게 지연시키는 것과 관련이 있었다. 연구자들은 자신들이 발견한 것이 결과라기보다는 과정으로서의 범죄 단념(아래 참조)의 개념과 일치하는 것에 주목했다. 이들의 발견은 범죄를 저지르지 않고 지내려고 하는 동기가 시간이 흐름에 따라 누그러지기 쉬울 수 있음을 시사한다. 따라서 연구자들은 범죄자들이 좀 더 오랫동안 친사회적 목표에 집중할 수 있도록 동기 면담 및 그 밖의 동기 증진 기법을 사용할 것을 권고하고 있다.

Bouman 등(2009)은 성격장애 환자들(135명)을 대상으로 주관적 행복감과 ① 3개월 동안에 걸쳐서 스스로 보고한 범죄 행동 사이의 관계를 조사했으며, ② 3년의 추적조사 기간에 사법 기관에 기록된 재범률 사이의 관계를 조사했다. 그 결과, (주관적 행복감 중에서) 건강에 대한 만족도와 일반적 삶의 만족도가 3년의 추적조사 기간의 폭력성 재범의 위험성을 완화시켜 주는 완충 역할을 하는 것이 발견되었다.

어느 프로그램이 효과적인가를 면밀히 분석해 보면 앞과 같은 요구사항 외에도, RNR 원리(아래에 소개된 범죄자 재활의 RNR 모형에서 제시된 바대로)에 충실하는 것이 재범률을 유의하게 감소시키는 결과를 가져왔다(Andrews & Bonta, 2006). 더욱이 성공적으로 재범률이 감소하는 데에는 탄력성(resilience) 또는 단념(desistance)과 관련된 요인이 많이 관여하는데, 여기에는 범행을 저지르지 않는 생활 방식을 권장해 주는 사회의 모범적 인물을 만나는 것, 취업, 안정된 정서관계, 사회적 지지를 잘 받는 것, 인지 능력, 적절한 자기개념의 발달, 인생의 의미를 깨닫게 되는 것 등이 있다(Laws & Ward, 2011; Lösel, 2010; Maruna, 2001).

현재 범죄 단념의 결과, 프로그램의 효과 평가 그리고 탄력성에 관한 연구 흐름 사이의 연결고리가 점차 많아지고 같은 방향으로 가고 있다. 이런 흐름은 치료적 개입의 기술적(technical) 측면에 집중하는 것으로는 충분하지 않음을 보여 주고 있다. 사실상, 교정 전문가 및 정책 입안자들이 개입 프로그램을 짜거나 지원할 때 그리고 어떤 개입계획에서도 범죄자의 개인적 목표를 감안하도록 그리고 사회 집단과 지역사회 집단도 끌어들이도록 좀 더 신경을 써야만 한다는 것이 중요함이 시사되고 있다(Marshall et al., 2006; Maruna & Roy, 2007; Sampson & Laub, 1993). 요약하면, 재활 과정에서 범죄자의 내면만 전적으로 계속해서 보려고 하는 것과 사회적 관계 및 지역사회와 연관을 맺는 것이 중요한 역할을 하는데도 불구하고 이를 무시하거나 경시하는 것은 잘못이다(Laws & Ward, 2011; McNeill, 2006).

앞서 살펴본 교정 프로그램과 치료적 개입에서 효과를 가져오는 요인에 대한 간략한 개관은 사회적 지지, 자기개조(self-transformation), 의미 찾기 그리고 역량 증진이 결정적으로 중요함을 강조하고 있다. 통상적인 원인론적 가정은 범죄 행위가 잘못된 사회 학습의 결과라고 보는 것이며, 어떤 사람이 범죄를 저지르는 이유는 사회 기술이 많이 부족해서 남들로부터 사회적으로 용납될 수 있는 방식으로 보상을 받기가 어렵기 때문이라는 것이다(Andrews & Bonta, 2006; Laws & Ward, 2011; Ward & Laws, 2010; Ward, Polaschek et al., 2006). 따라서 범죄 행위의 저변에 깔려 있는 주요 기제는 사회적이고 심리적인 것으로 생각된다. 물론 어떤 사람들의 반사회적 행위가 부분적으로 호르몬의 비정상적 활동 같은 생물학적 기제의 기능부전에 기인한다는 것도 널리 인정되어 있다(Andrews & Bonta, 2006; Mitchell & Beech, 2011; Ward, Polaschek et al., 2006).

주요 목표는 범죄자들에게 사고, 감정 및 행동의 방식을 변화시키는 기술을 가르쳐 주고, 그것을 사용해서 장차의 고위험 상황을 회피하거나 벗어날 수 있게 해 주는 것이다. 다음과 같은 문제 영역에 도움이 되도록 만들어진 치료 양식(modules)이 별개로 만들어졌다. 여기에는 인지 왜곡, 이탈된 성적 흥미, 사회 기술의 부족,

문제해결 및 인지 기술의 손상, 공감력 부족, 친밀감 부족, 정서 조절 곤란, 충동성, 생활 방식의 불균형, 물질 남용, 범행 후 적응(post-offence adjustment), **재발 방지(relapse prevention)** 등이 있다(Bonta & Andrews, 2010; Ward & Maruna, 2007).

점차적으로, 현재의 추세는 위험 감소에만 전적으로 치중하기보다는 접근하기, 즉 긍정적 목표를 향하여 치료와 개입의 방향을 트는 방식의 유용성에 대해 주의를 많이 기울이는 쪽으로 가고 있다(Laws & Ward, 2011). 이렇게 하면 의미 있는 성과를 얻기 위하여 개인이 갖고 있는 소질을 살리게 되는 장점이 있다. 또한 이런 접근에서는 범죄자가 보다 적응적인 자기도식(adaptive self-schemas) 또는 자기독백(self-narratives)을 만들어 내도록 지원해 주기가 훨씬 쉽다. 이런 재활의 관점은 '강점 기반 접근(strength based approaches)'이라고 불리어 왔는데, 그것이 범죄자들로 하여금 자신이 원하는 것 그리고 궁극적으로는 자신의 핵심적 가치관에 중심을 두는 생활 방식을 구축할 수 있도록 필요한 자원을 제공해 주기 때문이다.

범죄로부터 손 끊기(단념)

최근의 교정 및 사법 재활치료에서 초점이 뚜렷이 변화하게 되었는데 사회적 자원을 좀 더 활용하자는 것과 소위 '단념 요인(desistance factors)'이라고 불리는 것을 중시하자는 것이다(Laws & Ward, 2011). 법정심리학 관련 문헌에서 범행 및 재범에 관련된 요인에 초점을 두고 있는 것과는 달리, 단념에 관한 문헌에서는 범죄와 손을 끊는 것과 관련된 생활 방식의 변화 과정을 이해하는 데 초점을 두고 있다(예: Laws & Ward, 2011; Serin & Lloyd, 2009). 역동적 위험 요인이 감소한

것만 갖고서 단념을 설명할 수 있다고 시사하는 것은 우리의 관점에서는 신빙성이 없다. 이와 같은 설명은 너무 단순해서 논쟁의 여지가 있으며, 인간 행위의 규범적 차원을 무시하는 것이다. 즉, 인간이란 개인적으로 의미 있고 가치도 있는 결과를 능동적으로 추구한다는 사실을 무시하는 것이다(Ward & Maruna, 2007). 단념에 관한 문헌들을 보면 범죄자들이 역동적인 위험 요인에 어떻게 영향력을 발휘하는지를 잘 보여 주고 있다. 따라서 이런 문헌들은 법정심리학 문헌에서 보여 주지 못하고 있는 풍부한 정보를 제공해 주고 있다(Laws & Ward, 2011; McNeill, 2006). 가용한 증거에 의하면 단념의 과정을 촉진시키는 역할을 하는 사회적 요인과 심리적 요인이 많이 있다(Laws & Ward, 2011). 이러한 요인들은 다양하게 불려 왔는데, 예를 들어 '전환점(turning points)'(Laub & Sampson, 2003; Sampson & Laub, 1993), '변화의 계기(hooks for change)' '이야기 주인공으로서의 자기정체감의 변화(change in narrative identity)'(McNeill et al., 2005), '선하게 되는 것(making good)'(Maruna, 2001)으로 불리기도 한다.

아마도 최근에 범죄 단념에 관한 연구 자료에 가장 크게 기여한 것은 Laub과 Sampson(Laub & Sampson, 2001; Sampson & Laub, 1993), Maruna(2001)의 연구일 것이다. Laub과 Sampson은 Sheldon과 Eleanor Glueck(Glueck & Glueck, 1950; 1968)의 이정표적인 연구에 참여한 남성들을 대상으로 추적조사의 범위를 확대해서 종합적인 추적조사를 수행하였다. 연구 초점은 비행의 정도가 심하고 지속적인 소년들과 비행을 저지르지 않은 대조집단의 소년들(non-delinquent boys)을 구분해 주는 요인을 찾는 것이었다. Laub과 Sampson은 결혼 및 취업 같은 전통적인 사회 유대 요인이 아동기의 어려움과 같은 다른 변인들로는 예측해 내지 못한 범죄 관련 부분을 설명해 내는 것을 발견하였다. 세부적으로 말하면,

이 연구자들은 강력한 사회 유대, 강력한 부부간 애착 및 직업의 안정성이 범죄를 단념하는 데 필요한 생활 방식의 변화를 이루는 데 도움이 됨을 발견한 것이었다.

Laub과 Sampson의 발견은 범죄 단념에 관한 다른 연구논문(예: Graffam et al., 2004; Maruna, 2001; Petersilia, 2003; Uggen, 2000)에서도 동일하게 발견되었으며, 법정심리학 관련 문헌(예: Hanson & Harris, 2000; Hanson & Morton-Bourgon, 2005)에서도 이와 비슷한 발견이 보고되었다. Laub과 Sampson은 또한 범행 횟수가 나이에 따라서 감소한다는 범죄학에서의 오래된 발견(예: Gottfredson & Hirschi, 1990 참조)도 반복해서 확인하였다. 이들은 또한 범죄를 끊은 남성들이 범죄로부터 벗어나려는 선택을 스스로 내리고 적극적으로 단념했다는 것에 주목하면서, 인간적 역량(human agency)의 역할을 중시하였다. Maruna(2001)는 사회 유대의 중요성을 보여 주는 Laub과 Sampson의 연구를 반복해서 확인하였으며, 또한 인간의 역량 또는 인지 변화(즉, 새로운, 보다 적응적인 이야기 주인공으로서의 자기정체감을 만들어 냄)가 범죄 단념에서 핵심 요소임을 발견했다. 요약하면, 외부 요인(예: 사회적 지지를 받는 것, 취업 기회를 잡는 것)과 내부 요인(예: 다른 인생을 살고 싶다는 결정을 스스로 판단해서 내리는 것)이 모두 범죄 단념과 관련된 생활 방식의 변화 과정을 촉진시키는 데 필수적이다.

지금까지 제시한 것을 요약하면, 범죄자 재활 개념의 핵심은 철저한 사회 복귀에 있는 것으로서, 이런 규범적인 모습은 당사자의 현실적 또는 이야기 주인공으로서의 자기정체감을 만들어 내는 과정에서 개인적 인생살이 모습으로 드러나는 것이며, 또한 위험 감소와 관리를 목표로 하는 교정 정책의 측면에서 볼 때 사회적 수준에서도 올바르게 살아가도록 한다는 뜻이다. 그러나 범죄자 재활에 관한 이론들의 발전 방향으로는 좀

더 광범위한 시각을 갖추고 범죄자들에게 보다 만족스러운 삶을 영위할 가치관 및 역량을 갖게 해 주면서 동시에 재범의 위험은 감소시키는 것을 추구할 필요가 있다는 것이 점차 명백해지고 있다. 재활의 교정이론 중 가장 두드러지는 것은 RNR 모형과 GLM(good lives model) 모형이다. RNR 모형은 주로 위험 관리에 초점을 두는 반면, GLM 모형은 범죄자의 위험성을 소홀히 다루지는 않지만 범죄자의 복지를 증진시키는 데에 일차적 관심을 갖고 있다. 우리는 이제부터 이 이론들을 차례차례 살펴보겠다.

범죄자 재활에서의 위험-욕구-반응성(RNR) 모형

범죄자 재활에 대한 위험 관리 접근은 Andrews와 Bonta의 씨앗 같은 저서인 『범죄 행위의 심리학(The Psychology of Criminal Conduct)』(2006)에서 유래된 것이다. 우리가 보기에, Andrews와 Bonta는 일반 성격심리학과 사회심리학의 관점을 기반으로 해서 재범에 관해 경험적으로 도출된 예측 요인을 통해서 범죄 행동을 설명하려고 시도했다. 이들은 범죄자의 재범 위험을 낮추는 것을 목표로 하는, 경험을 기반으로 한 3개의 원리를 제시하였다. 그것은 위험(risk), 욕구(need) 그리고 반응성(responsivity)(Andrews & Bonta, 2006; Andrews, Bonta et al., 1990)인데, 이는 법정심리학 분야에서는 흔히 범죄자 재활의 RNR 모형으로 지칭되며, 위험 관리 접근(risk management approach)과 뜻이 같은 용어다. 즉, 위험 관리 접근의 저변에 깔려 있는 기본 가정은 범죄자들이란 상습적으로 범행을 저지를 위험성이 큰 사람이라는 것이며, 범죄자 재활의 주된 목표는 RNR의 원리를 충실하게 따름으로써 이러한 상습 범행의 위험을 낮추는 것이다.

위험 원리에 따르면, 개입의 양이나 강도가 범죄자의 위험 수준에 부합되어야 한다. 즉, 위험성이 높은 범죄자에게는 집중적인 개입이 적용되어야 하며, 위험성이 낮은 범죄자에게는 약한 개입을 제공해야(또는 전혀 주지 말아야) 한다.

욕구 원리는 개입의 목표에 대해 알려 준다. 즉, 개입의 목표가 범죄를 야기하는 욕구에 초점이 맞추어져야 한다. 범죄유발성 욕구는 역동적 위험 요인으로도 알려져 있는데, 이 요인은 범행의 원인이 되는 것으로서, 당사자에게는 변동 가능한 것이다. 역동적 위험 요인에는 반사회적 태도 및 반사회적 패거리(Andrews & Bonta, 2006)가 있으며, 성범죄의 경우에는 이탈된 성적 관심과 자기조절의 어려움이 해당된다(예: Hanson & Morton-Bourgon, 2005). 치료 목표는 역동적 위험 요인을 감소시키는 것이다. 욕구 원리에 따르면, 자기존중감(self-esteem)이 낮은 것 그리고 괴롭힘(victimisation)을 당한 전력이 있는 것과 같은 범죄유발성 욕구가 아닌 것을 대상으로 개입을 기울여 보았자 효과가 없는 것으로 나타날 것이다. 왜냐하면 위와 같은 것들은 상습 범행과 관련이 없는 것으로 나타났기 때문이다(Andrews & Bonta, 2006; Hanson & Morton-Bourgon, 2005).

끝으로, **반응성 원리**에 따르면 개입의 효과를 극대화할 수 있도록 개입을 실제로 제대로 제공하는 것이 중요하다. 일반적 반응성(general responsivity)을 감안하면, 구조화된 인지행동치료 개입이 바람직한데, 통상 이 개입이 성범죄자와 같은 집단에게 현재로서는 적용 가능한 최선의 치료로서 인정되고 있기 때문이다(예: Hanson et al., 2002). 재발 방지(예: Laws, 1989)는 성범죄자들에게 인지행동치료를 제공할 때 우선적으로 사용하는 틀이 되는 것으로서(McGrath et al., 2003), 중독 치료에 관한 연구 결과를 기반으로 성범죄자에 사용할 수 있도록 번안된 것이다(McGrath et al., 2003). 반응성을 구체적으로 높여 주려면 각 범행자의 인지 능력, 학습 유형, 성격 프로파일, 문화, 그리고 범행자의 그 밖의 다른 특징을 감안하여 그에 맞게 치료를 제공해야 한다. RNR 모형은 국제적으로 범죄자 재활의 움직임을 시작하게 하는 데 큰 영향력을 발휘해 왔으며, 1990년 대 초기에 태동한 이래 교정치료의 근간을 이루고 있다 (Bonta & Andrews, 2010).

RNR 모형의 제한점

앞서 언급한 대로, 종합분석 결과는 RNR 기반의 치료 프로그램이 일반 범죄자 및 성범죄자의 상습 범행을 감소시키는 데 효과가 있음을 지지해 주고 있다(예: Andrews & Dowden, 2005; Andrews, Zinger et al., 1990; Bonta & Andrews, 2010; Hanson et al., 2002, 2009; Lösel & Schmucker, 2005). 그러나 어떤 연구자들은 현재의 치료 프로그램들이 실제로 효과가 있다고 결론을 내리기에는 가용한 증거들이 불충분하다고 주장하고 있다 (예: Marques et al., 2005; Rice & Harris, 2003). 치료의 효과에 대한 의문을 한편 생각해 보면, 치료를 받은 아동 치한범 중 12%(예: Hanson et al., 2002)에서 50%(예: Prentky et al., 1997) 사이의 어느 지점에 해당되는 비율 (그리고 치료를 받은 일반 범죄자 중에서는 46%; Wilson et al., 2005)이 다시 재범을 저질렀다는 사실은 범죄자의 재활 및 재통합 의지를 향상시킬 부분이 상당히 많다는 것을 보여 준다([그림 21-3]).

RNR 모형에 대해 가장 크게 지적되는 비판점은 범죄자들의 재활 동기를 증진하고 재활 과정에 적극적으로 관여하게 하지 못했다는 것이다(예: Mann, 2000; Ward & Maruna, 2007). Jones 등(2006)은 판사가 치료를 권고한 것이 성범죄자가 치료에 자발적으로 참여하

느냐의 여부를 의미 있게 예측해 준 것을 발견했다. 이는 가석방 처분을 받을 수 있느냐의 여부 같은 외부의 동기 유발 요인이 치료를 받으려는 의사결정에 영향을 미친다는 것을 시사한다. 더욱이 성범죄자 치료 프로그램의 탈락률은 30~50% 정도로 높다고 보고되었는데(예: Browne et al., 1998; Moore et al., 1999; Ware & Bright, 2008), 이는 치료에의 몰입 수준이 낮기 때문이라고 여겨졌다(예: Beyko & Wong, 2005). 일관된 증거들이 보여 주는 바는, 치료를 중도 포기한 사람들이 치료를 받지 않은 사람들 못지않게(Hanson et al., 2002), 치료를 끝까지 받은 사람들에 비해서 재범을 저지르기 쉬움을 보여 주고 있다(예: Hanson et al., 2002; Marques et al., 2005). 치료 과정 중 탈락하는 문제를 해결하지

[그림 21-3] 범죄자의 재활 및 재통합 의지를 향상시킬 부분이 상당히 많다. 치료를 받은 일반 범죄자 중 46%(Wilson et al., 2005)나 재범을 저지른다.

출처: ⓒ Victor Newman, Shutterstock사의 허락하에 게재함.

못했기 때문에, 현재의 치료 프로그램들은 치료가 몹시 필요한 성범죄자들에 대하여 치료를 제공하지 못하고 있는 셈이 되며(Beyko & Wong, 2005), 그 결과 RNR 모형의 위험 원리를 적용하지 못하고 있는 것이 된다. 따라서 경험적 기반에서 도출되었다고 하더라도, 현실에서는 위험 원리를 준수하기가 어려운 것이다.

위험 관리 접근에서 범죄자를 재활에 몰입하게 하지 못하는 이유는 무엇일까? 우선, 위험 관리 접근은 다른 내담자 집단(예: 정신건강 프로그램에서의 치료)에 적용된 치료 모형과는 다음 면에서 상당히 다르다. 즉, 치료 목표의 방향이 다르고, 내담자와 치료자 간의 협력이 제한되어 있으며, 문제 행동의 원인이 아닌 부분에 주의를 제한적으로 기울이는 것(예: 범죄사건의 경우, 자존감이나 개인적 고민처럼 범죄유발성 욕구가 아닌 부분)에서 크게 다르다. 위에 제시된 첫 번째 쟁점을 해결하기 위해, 위험 관리 개입에서는 재발의 위험 요인에 신경을 곤두세우도록 격려하고 역동적 위험 요인을 감소시키는 방식을 통해서 회피성 목표(avoidant goals)의 설정 및 달성을 최우선으로 한다(Mann, 2000). 반면에, 접근성 목표(approach goals)를 강조하는 방식에서는 내담자들에게 자신의 목표를 달성하는 최선의 방법에 대한 지침을 제공해 준다(예: 단순히 부정적 결과를 피하는 것을 강조하기보다는 구체적 성과를 달성하는 것을 강조한다). 접근성 목표에 의해 동기가 유발된 사람은 긍정적 성과에 초점을 맞추기 때문에, 위협에만 초점을 맞추는 회피성 목표에 의해 동기가 유발된 사람들보다 더 오래 그 상태를 유지해 낼 것이라고 간주되었다(예: Higgins, 1996). 치료의 전반적 목표(예: 재범 위험의 감소)를 접근성 목표로 재설정하는 것이 '타인을 항상 존중하는 만족스러운 삶을 영위하는 사람이 되도록 하는 데' 더 좋을 것이다(Mann, 2000, p. 194). 이런 목표는 범행을 저지르는 것과 배치된다면 재발을 피하는 것과 맥락을 같

이하며, 개인적으로도 의미 있는 하위 목표로 쪼갤 수 있다. 하위 목표는 교정 대상의 내담자에게 삶의 방향(예: 성인 여성들과 어울리는 데 자신감이 높아지는 것)을 제시해 준다. 따라서 접근성 목표를 활용하면, 치료를 통해 범죄자들에게 단지 남에게 해를 덜 끼치는 삶이 아니고, 당사자 개인적으로 의미 있고 사회적으로도 받아들여질 수 있는 방식으로 좀 더 나은 삶을 살 수 있게 도와줄 수 있으며, 또한 위험 감소에도 도움을 줄 수 있다(Mann, 2000; Ward & Maruna, 2007). 실제로 Mann 등(2004)은 성범죄자들을 대상으로 접근성 목표에 초점을 둔 개입이 전통적인 회피성 목표에 둔 개입에 비해서 치료에의 참여율을 높여 줌을 보여 주었다.

두 번째로, 위험 관리 접근에서의 치료 목표는 치료 과정에서 (치료자와 내담자 사이에) 상호 합의를 보는 과정(Mann, 2000)을 통해서 치료관계를 형성하는 것이라기보다는 범죄자들에게 강제로 부여되는 것이다. Marshall과 동료들(예: Marshall et al., 2003; Serran et al., 2003)은 내담자에게 직면을 시키는 치료 유형(confrontational therapeutic styles)이 태도 및 행동의 변화에 부정적 영향을 끼치는 반면에, 공감, 온정 및 격려를 보여 주고 어느 정도의 방향성(directiveness)도 제시하는 것이 치료 변화를 촉진시켜 주는 것을 보여 주었다. 이는 치료관계에 세심한 주의를 기울이는 것이 치료에의 참여를 높여 줄 수 있음을 시사한다. 그러나 위험 관리 접근에서의 교화 중심적 속성 때문에 치료관계를 증진시키는 데 제한점이 있었다.

세 번째로, 어떤 연구자들은 범죄유발성 욕구에만 전적으로 초점을 맞추는 것이 치료에 열심히 몰입하는 것을 저해하며, 범죄유발성이 아닌 욕구(non-criminogenic needs), 이를테면 복지 증진과 삶의 질 향상과 관련된 것들에 주의를 기울이는 것이 치료에의 참여를 높일 가능

성이 있다고 신빙성 있게 주장해 왔다(Ward & Maruna, 2007). 좀 더 세부적으로 말하면, 범죄유발성이 아닌 욕구에 초점을 맞추는 것이 치료 동맹관계를 증진시켜서 범죄유발성 욕구를 표적으로 하기 위한 선행 요건이 될 수도 있을 것이다(Ward & Stewart, 2003). 예를 들면, 개인적 고민이나 가정 경제 위기(둘 다 범죄유발성이 아닌 욕구)가 있는 상황에서 범죄유발성 욕구를 다루려고 시도하는 것은 보다 시급한 문제를 충분히 다루어 주지 않았기 때문에 별 효과를 나타내지 못할 것이다(Ward & Maruna, 2007).

위험 관리 접근에서의 또 다른 일반적 제한점은 (고위험 상황을 파악하고 적극적으로 이를 피하는 것 이외에도) 사회로의 재진입과 재통합을 조금밖에 다루지 않는다는 것이다. 범죄의 단념에 관한 문헌에서는 범죄를 단념하는 데 있어서 친밀하고 지지적인 대인관계 그리고 취업 같은 환경 시스템의 역할이 결정적으로 중요함을 강조하고 있다. 따라서 주변 환경에 있는 기회, 자원 및 지원을 활용하고 축적하고 강화하는 것이 범죄자의 재활과 사회 복귀에 핵심적인 요소다. 더욱이 치료를 받은 범죄자의 경우에는 환경 요인이 역동적 위험 요인에서 치료를 통해 얻은 변화가 지속되는 것을 촉진시키거나 저해하는 영향을 미칠 수 있다. 최근의 논문에서 Ward와 Nee(2009)는 치료 효과가 일반화되려면 범행 지지적 신념(offence-supportive beliefs)을 재구조화하는 것 같은 새로 학습한 개념을 지지하고 강화해 주는 것을 환경으로부터 받아야 한다고 주장했다. 예를 들면, 범행 지지적 신념을 갖고 있는 사람들과 어울리는 것은 치료를 통해 재구성된 신념을 계속 유지하는 데 도움이 되지 않기 쉽다.

우리는 범죄의 위험 관리 접근에서 범행 지지적 내담자를 재활 과정에 몰입하지 못하게 하는 이유가 바탕이 되는 이론(이론적 결함)에 있다고 주장한다(자세한 논의

는 Ward & Maruna, 2007 참조). 즉, 인간의 본성이 가치 판단적이고(value-laden), 의미를 추구하며(meaning-seeking), 목표 지향적인(goal-directed) 존재라는 것을 소홀히 하기 때문이다. 우리는 위험 관리 접근이 기계적(mechanistic)이며 환원주의적(reductionist)이라고 주장한다. 이 말은 범죄자라고 하더라도 기능을 잘못 발휘하고 있는 부분을 고치면, 적정 수준의 기능 발휘 상태로 (아마도) 회복될 수 있다는 뜻이다. 다른 한편으로는 인간이란 존재는 여러 기제의 융합체라고만 할 수는 없는 것으로서 자기 나름대로의 가치관을 갖고 있는 사람인 것이다. 우리는 단순히 개인적으로 부족한 것만을 바로잡거나 범죄유발성 욕구를 감소시키고, 자기에게 가치가 있다고 지각된 목표를 추구하는 과정에서 범죄를 저지른 사람이 재활될 것이라고 기대하는 것만으로는 충분하지 않다고 생각한다. 달리 말하면, 범죄자의 삶을 향상시키지 않고 위험 관리만을 강조하는 밑바탕의 이론이 내담자의 재활에의 몰입과 변화 역량을 퇴색시킨다는 것이다(Ward & Maruna, 2007).

요약하면, 범죄자 재활과 사회 복귀 노력의 일환으로 현재 적용되고 있는 RNR 접근이 효과적인 개입으로서는 필요하지만 충분하지는 않다는 지적이 있다(Ellerby, Bedard, & Chartrand, 2000; Maruna, 2001; Ward & Maruna, 2007; Ward & Stewart, 2003). 우리는 경험적으로 지지를 받는 개입을 범죄자에게 적용하는 것을 아주 중요시한다. 그러나 교정의 실무 영역에서는 아직도 해야 할 것이 많이 있으며, 범죄 단념 이론 및 관련 연구가 범죄자들을 대상으로 활동하는 전문 인력들에게 좋은 아이디어와 실천 지침을 풍부하게 제공해 줄 수 있을 것이라고 여겨진다. 범죄자 재활에서 두 가지 초점이 중요하다는 것이 신빙성 있게 주장되어 왔다. 즉, 위험을 감소키는 것과 접근성 목표를 제시해서 인간적 욕구와 가치를 증진시키는 것이다. 이 둘을 통

해서 범죄자는 치료 과정에 적극 참여하게 된다(Ward & Brown, 2004).

선한 삶 모형(GLM)은 이와 같은 이중 초점(dual focus)을 모두 다루는 재활의 대안적 접근으로서 발달되었다. 달리 말하면, GLM의 핵심 본질은 범죄자로 하여금 치료에 참여해서 더 이상 범행을 저지르는 것을 단념하도록 동기를 유발하고 범죄자의 주변 여건을 감안함으로써 위험 관리 접근의 제한점을 해결하고자 하는 것이다(Ward et al., 2007; Ward & Maruna, 2007; Ward & Stewart, 2003). 각각 독자적으로 발달되었지만, 뒤에서 보게 되듯이 GLM도 본질적으로는 단념이론과 연결된 것이다. 왜냐하면 두 관점은 모두 이론적 가정이 중복되며 범죄자의 역량과 사회 자원 모두의 중요성을 강조하기 때문이다.

선한 삶 모형(GLM)

선한 삶 모형(good lives model: GLM)은 Ward와 Stewart(2003)가 처음 제안하였고, 이후 Ward와 동료들(예: Ward & Gannon, 2006; Ward & Marshall, 2004)이 발전시켰다. 이 모형은 범죄자의 재활에 대한 강점기반 접근이다. GLM이 강점기반 재활이론에 속하는 이유는 이 이론에서는 범죄자들마다 각자 특유의 관심사, 능력, 열망을 중시하기 때문이다. 또한 이 이론에서는 범죄자에게 개인적으로 의미 있는 목표를 달성하는 데 필요한 능력을 습득할 수 있도록 도와주는 개입계획을 명확하게 수립하도록 치료자(practitioners)들에게 지침을 제공해 준다. 이 이론에서의 가정은 모든 개개인이 비슷한 열망과 욕구를 가지고 있다는 것이며, 부모, 교사 및 그가 사는 지역사회의 주요한 책임 중 하나는 우리 각자가 자기 나름대로 세상을 살아가는 데 필요한 도구를 습득하도록 도와주는 것이다.

범죄 행동은 사람들이 친사회적 수단을 통해 자신이 중요시하는 것을 충족시키는 데 필요한 내부 및 외부 자원이 부족할 때 일어난다. 달리 말하면, 범죄 행동은 부적응적인 방법으로 인생의 가치관을 충족시키려고 하는 시도라고 할 수 있다(Ward & Stewart, 2003). 따라서 재활치료에서는 범죄자가 다른 사람에게 해를 끼치지 않으면서 자신의 삶의 가치관을 충족시키는 데 필요한 지식, 기술, 기회 및 자원을 갖추게 해 주어야 한다. 범죄자의 삶의 가치관에 초점을 두고, GLM은 범죄자의 도구적 행동의 속성을 크게 강조한다. 즉, 범죄자들도 다른 사람들과 마찬가지로 자신이 쓸 수 있는 무슨 수단이든지 이용해서 자신의 삶의 가치관을 충족시키려고 적극적으로 추구한다. GLM에서 범죄자의 내부 가치관 및 삶의 우선순위뿐만 아니라 자원 및 기회와 같은 외부 요소들에도 동시에 주의를 기울이는 것은 단념 지향 개입(desistance-oriented intervention)을 실시할 때 쓸모가 있다. 우리는 GLM이 단념의 위력(agency), 상호의존(interdependency) 및 발달에 초점을 두어 단념이라는 개념을 포용하는 개념적 자원이 구비된 모형이라고 주장한다. 달리 말하면, 단념이론과 GLM은 자연스럽게 어울리는 관계에 있다. 왜냐하면 이 둘은 이론상으로 중복되는 것이 있으며, 인간과 그 주변 사회 사이의 관계를 폭넓게 개념화하고 있기 때문이다.

GLM은 그 속에 세 개의 가정이 위계적으로 엮여 있는 범죄자 재활이론이다. 그 가정은 ① 재활의 목표에 관한 일반적 가정, ② 범죄의 발생 및 지속을 설명해 주는 원인론적(aetiological) 가정, ③ 첫째와 둘째의 가정에 따른 실제 적용에 관련된 함축성이다. 각각의 가정에 대해 자세히 살펴보고 나서, GLM의 유용성에 대해 밝혀진 경험적 연구 결과를 요약해서 제시하려 한다.

GLM의 일반적 가정

GLM은 인간의 존엄성 및 **보편적 인권**이라는 윤리적 개념에 기반을 두고 있다(Ward & Syversen, 2009 참조). 그래서 이런 식으로 인간의 역량(human agency)을 강조하고 있다. 즉, GLM에서는 인간이 목표를 수립하고, 선택하며, 계획을 짜고, 이를 완수하기 위해 자유롭게 행동할 수 있느냐에 관심을 기울인다. GLM의 기본 가정 중 가장 밀접히 관련된 것은 다른 모든 사람과 마찬가지로 범죄자들도 마음(mind)의 특정 상태, 개인적 특징 및 경험을 가치 있게 여긴다는 것으로서, 이는 GLM에서 기본 가치(primary goods)로 정의되고 있다. 심리학, 사회학, 생물학 및 인류학의 관련 문헌을 광범위하게 고찰한 다음, Ward와 동료들(예: Ward & Brown, 2004; Ward & Marshall, 2004)은 최초로 아홉 가지의 기본 가치를 제안했다. 보다 최근의 연구(예: Ward & Gannon, 2006; Ward et al., 2007)에서는 11가지 기본 가

치를 제안하였는데, 이는 〈글상자 21-3〉에 제시되어 있다([그림 21-4] 참조).

모든 인간은 모두 위와 같은 기본 가치를 어느 정도는 추구한다고 가정되지만, 각각의 기본 가치에 부여하는 비중이나 우선순위는 그 사람의 가치와 삶의 우선순위

[그림 21-4] GLM 모형의 기본 가치

출처: ⓒ Yeko Photo Studio. Shutterstock사의 허락하에 게재함.

글상자 21-3   GLM 모형의 기본 가치

- 삶(life, 건강하게 살면서 기능을 제대로 발휘하고 있는 것이 포함됨)
- 지식 습득(knowledge acquisition)
- 재주가 있음(excellence in play, 무엇인가를 잘하는 것)
- 일에서의 수월성[excellence in work, 통달 경험(mastery experiences)이 있는 것을 포함]
- 역량에서의 수월성(excellence in agency, 차분한 마음으로 어떤 일을 잘 완수해 낼 수 있는 것)
- 내면의 평화(inner peace, 정서적 동요와 스트레스가 없는 것)
- 친밀한 대인관계(friendship, 친밀하고, 애정 어린 관계와 가족관계가 있는 것)
- 사회성(community, 보다 넓은 사회 연결망의 일원이 되는 것)
- 영성(spritualty, 삶에서의 의미와 목적을 찾는 것)
- 행복감
- 창의성

에 따라 다르다. 더욱이 많은 현실적 정체감—예를 들면, 가족 구성원으로서의 역할(예: 부모로서의 역할), 직업(예: 심리학자로서의 역할) 그리고 여가 활동(예: 축구/테니스 선수로서의 역할)—이 존재한다는 것은 개인마다 상황이 달라지면 각각의 현실적 정체감 저변에 깔린 규범적인 가치관에 따라 각기 다른 가치관을 적용하게 될 수 있음을 의미한다.

도구적 가치(instrumental goods), 즉 부차적 가치(secondary goods)는 기본 가치를 획득하기 위한 구체적 수단을 제공해 주며 접근성 목표의 형태를 띠고 있다(Ward, Vess et al., 2006). 예를 들면, 도제식(apprenticeship) 훈련을 잘 마치는 것은 지식 습득 및 일에서의 수월성을 충족시킬 수 있으며, 반면에 성인 스포츠 팀이나 독서 모임에 가입하는 것은 친밀한 대인관계라는 기본 가치를 충족시킬 수 있을 것이다. 이런 활동들은 역동적 위험 요인과는 양립이 불가능한데, 이는 GLM에서 접근성 목표에 초점을 맞추는 방식으로 해서 회피성 목표를 간접적으로 표적으로 삼고 있다는 것을 의미한다. 선한 삶 계획을 실천에 옮긴 예는 〈사례연구 21-1〉과 〈사례연구 21-2〉를 참조하라.

사례연구 21-1　선한 삶 계획

42세의 Sam은 북미 원주민으로 구성된 폭력 조직의 일원이다. 그는 범죄의 전력이 길며 과거에는 폭행, 강간 및 절도죄로 몇 차례 수감된 적이 있다. Sam의 선한 삶 계획(GLP)은 지식, 사회성 그리고 대인관계의 가치를 대학생이면서 또한 대학 및 지역 내 북미 원주민 지지 집단과 문화 집단의 구성원이기도 한 현실적 정체감(부차적인 가치와 맥락)과 명료하게 연결되어 있었다. 그는 자신의 분노, 알코올 및 약물 복용을 관리하는 방법과 사람들에게 대처할 때 보다 적응적인 규준과 신념을 적용하는 방법을 배웠다. 이런 것들은 그가 교정심리학자(correctional psychologist)로부터 치료를 받는 동안 배운 것이다. 이 치료 작업은 과거에 그가 RNR 폭력 프로그램에 참여했던 것을 토대로 이루어졌다. 그러나 그가 전념하는 목표의 달성을 돕기 위한 전략이 적용되어서, Sam은 이 전략을 보다 열심히 사용하게 되었다. 그는 만나는 다양한 지지 집단 속의 일반인들과 어울려서 사교적 관계 심지어는 애인 관계도 만들어 낼 수 있을 것으로 예상되었다. 이는 아마도 레크리에이션 및 스포츠 활동에 참여할 수많은 기회를 살려서 그럴 것으로 예상되었다. 모든 기본 가치가 Sam의 GLP 활동에 반영되었는데, 특히 북미 원주민의 역사 및 문화를 공부하는 학생으로서의 정체성과 북미 원주민 사회 및 종족의 구성원으로서의 정체성의 두 가지 기본적인 현실적 정체감을 구축하는 것이 강조되었다.

사례연구 21-2　선한 삶 계획

Peter는 33세의 독신 남성으로서, 10대 소녀 2명에게 테니스를 지도하면서 이들을 성추행해서 유죄 선고를 받았다. Peter의 선한 삶 계획(GLP)은 두 가지 기본 가치의 충족 및 그와 연관된 현실적 정체감 획득, 자기역량 획득(자기통달, mastery) 및 지역사회에의 봉사를 중심으로 수립되었다. 자기역량 획득에 관해서는 Peter의 지도 열의와 지도자로서 입증된 능력을 감안하여, 지역 내 학원에서 어학 교사로서 일하기 위한 훈련을 받기로 결정되었다. 이런 정체성은 Peter가 가슴 깊이 원하던 것으로서, 지역사회에 봉사하고 싶은 욕구도 충족시켜 줄 것이다. Peter가 힘든 삶을 살고 있는 남자들을 대상으로 일하는 것을 통해서 말이다. 이를 위해 훈련받는 기회를 최대한 활용하기 위해 Peter는 자신의 경미한(mild) 불안감과 자기주장의 어려움에 대해서도 치료를 받고, 성인 남녀와 보다 효과적으로 의사소통하기 위한 자신감과 능력을 개발하는 데 동의하였다. 그는 자신의 성범죄에 대해서는 너무 전문성이 강하지 않은 심리치료를 요청했으며, 재활치료의 초점은 대부분 그의 사회적 및 직업적 관계뿐만 아니라 관련된 기회도 개발하고 굳건하게 하는 것에 맞추어졌다.

GLM의 원인론적 가정

GLM에 따르면, 범행을 저지르게 되는 주요 경로로 직접 경로와 간접 경로가 있다(Ward & Gannon, 2006; Ward & Maruna, 2007). 직접 경로는 범죄자가 범죄 행위를 통해 기본 가치를 충족시키기 위해 (종종 뚜렷한 자각 없이) 적극적으로 시도를 하는 경우다. 예를 들면, 성인들과의 친밀감이라는 가치를 충족시키기 위한 역량이 부족한 범죄자의 경우 그 대신에 아동을 대상으로 성범죄를 저질러서 이런 욕구를 충족시키려고 시도할 수 있다. 간접 경로는 하나 또는 그 이상의 가치를 추구

하다 보니까 무언가 길이 엇나가게 되고, 그 결과 조그만 것들이 쌓여서 나중에는 폭포처럼 되어 범행을 저지르는 것으로 귀결되는 경우다. 예를 들면, 친밀감의 가치와 자율성의 가치 사이의 갈등 때문에 특정 대인관계가 깨지게 되고, 그 결과 외로움과 정신적 고통을 느끼게 될 수 있다. 고민을 해소하기 위해 술을 마시는 것 같은 부적응적 대처 전략은 특정한 상황에서는 통제력을 상실하게 하여 종국에는 성범죄를 저지르게 할 수도 있다(Ward et al., 2007). 범죄자가 주요 가치를 획득하는 데 네 가지 유형의 어려움이 있다고 제안된 바 있다(〈글상자 21-4〉 참조).

글상자 21-4   기본 가치를 부적응적 방식으로 획득하는 경로

1. 범행을 저지르는 직접 경로에서 가장 흔한 방식은 기본 가치를 획득하기 위해 부적응적 전략(부차적 가치)을 사용하는 것이다.

2. 개인의 내면에 있는 선한 삶 계획은 식견(scope)의 부족으로 인해 많은 가치가 자신의 삶의 계획에서 빠져 있어서 실행이 어려울 수도 있다.

3. 가치를 추구하는 데 갈등이 있을 수 있는데, 이로 인해 급성의 심리적 스트레스와 불행감을 갖게 될 수 있다.

4. 자신이 살고 있는 환경에서 기본 가치를 충족시키기 위한 **내부 능력과 외부 능력**(internal and external capabilities)이 부족할 수 있다. 내부 능력에는 적절한 지식과 기술이 해당되는 반면, 외부 능력에는 환경에서의 기회, 자원 그리고 지지가 해당된다(이들 중 일부는 단념 요인이 됨; Laws & Ward, 2011).

경험적으로 확인된 범죄유발성 욕구는 GLM에서는 기본 가치의 획득을 방해하는 **내부**(internal) 또는 **외부**(external) 장애물이라는 개념으로 정립되어 있다. 실제로 Ward와 Maruna(2007)가 밝힌 바와 같이, 각각의 기본 가치는 하나 또는 그 이상의 범죄유발성 욕구와 관련이 있을 수 있다. 개인적 역량(agency)이라는 기본 가치를 예로 들면, 충동성은 이 가치의 충족을 가로막을 수 있다. 마찬가지로, 정서 조절 능력이 낮으면 내면의 평화(inner peace)를 느끼지 못하게 될 수 있다.

GLM의 실제 적용을 위한 함축성

정리하면, GLM에 따른 교정치료의 목표는 기본 가치, 즉 인간의 욕구를 충족시켜 주는 것으로서, 이를 통해 심리적 행복감(well-being)을 증진시키는 것이다(Ward & Brown, 2004). GLM을 적용할 때에는 다양한 주요 기본 가치를 얼마나 중요시하는지를 평가해서 범죄자의 선한 삶에 대한 구상을 파악하는 것으로 시작한다. 이는 다음의 과정을 통해 이루어진다. ① 범죄자가 삶에서 핵심적으로 전념하는 것과 가치를 두는 매일의 활동과 경험에 대해 점진적으로 세밀하게 질문을 던지는 것, ② 범죄자의 범죄 관련 행위에서 뚜렷이 드러난 범죄자의 목표 및 기저의 가치를 알아내는 것이다. 치료는 범죄자의 선한 삶 개입계획의 실천을 돕고 이와 동시에 가치의 달성을 가로막을 수 있는 범죄유발성 욕구도 해결하도록 범죄자를 지원해 주기 위해 범죄자 개인별 맞춤식으로 제공된다. 따라서 치료에는 범죄자의 내부 능력과 필요한 기술을 쌓는 것과 기본적인 인간적 가치를 사회적으로 용인될 수 있는 방식으로 충족시킬 수 있도록 외부 자원과 사회적 지지를 최대한으로 제공하는 것이 포함될 수 있다.

Ward 등(2007)은 현재 최선의 성범죄자 치료 프로그램의 대표적인 일곱 개 모듈에 기반을 둔 집단 프로그램을 소개하였다. ① 그 모듈은 치료의 규준을 세우는 것(치료의 규칙을 정하는 것), ② 범행을 이해하고 인지 재구조화하기, ③ 이탈된 흥분(deviant arousal)을 다루는 것, ④ 피해자가 받은 충격을 이해하고 공감력을 높이는 훈련을 하는 것, ⑤ 정동 조절, ⑥ 사회 기술 훈련, 그리고 ⑦ 재발 방지다. 이러한 모듈은 대부분 기본 가치와 연관된 것으로서, 역동적 위험 요인이 기본 가치를 획득하기 위한 부적응적 수단으로 이해될 수 있다는 견해와 맥락을 같이한다. 예를 들면, 범행을 이해하고 인지를 재구조화하기 모듈에서 중요한 가치는 지식에 대한 가치인데, 이는 범죄자들에게 자신의 생각, 감정 및 행위가 어떻게 범행을 저지르게 이끌었는가를 이해하게 해서 달성되는 것이다. 사회 기술 훈련 모듈은 친밀한 대인관계, 사회성 및 개인적 역량의 가치와도 연관되어 있다. 범죄자의 개인적 선한 삶 계획(GLP)에서는 이런 모듈에서 제공되는 개입의 본질에 대한 정보를 제공해 주어야 한다. 예를 들면, 어떤 범죄자들은 친밀한 대인관계보다 일과 놀이에서의 수월성 같은 다른 기본 가치를 더 중요시할 수 있다. 따라서 이들에게는 기본적인 사회 기술 훈련만으로도 충분할 수 있다. 반면에, 다른 범죄자들은 친밀한 대인관계를 아주 중요시할 수도 있다. 따라서 이들에게는 친밀감과 관계 형성에 대한 집중적인 치료 작업이 제공될 수 있을 것이다.

GLM의 유용성을 지지하는 경험적 연구

GLM에 대해서 가장 흔히 거론되는 비판점은 경험적 지지가 부족하다는 것이다(Bonta & Andrews, 2003; Ogloff & Davis, 2004). 그러나 GLM은 치료이론이라기보다는 재활의 한 가지 틀로서, 치료 전문가에게 전문 활동의 저변에 깔린 목표와 가치를 한눈에 볼 수 있게 해 주는 것이 그 목적이다. GLM은 넓은 조망을 제시하는 **지도(broad map)**로서의 역할을 할 뿐이므로, 인지행동치료 기법과 같은 구체적인 개입을 소개하는 특정한 소규모(mini)이론으로 보완될 필요가 있다(Ward & Maruna, 2007). 따라서 GLM이 경험적으로 지지를 받지 못하고 있다는 비판은 핵심을 전혀 보지 못한 것이다. GLM은 현존하는 범죄자 치료에 대한 보다 포괄적인 틀을 제공하는 것이 그 목적이다. 그러나 프로그램들은 GLM의 가정을 반영하고 있는 프로그램을 제작할 수 있고 또는 그렇게 제작되고 있으므로, 이런 프로그램의 효과를 평가할 수 있다(평가하면 된다). 위와 같은 것들은 GLM에 부합되는 프로그램으로 간주되고 있지만, GLM 자체는 아닌 것이다(Laws & Ward, 2011; Ward & Maruna, 2007).

이와 같은 일반 사항을 마음에 두고 볼 때, 성범죄자에 대한 개입에서 GLM의 원칙을 가미해서 긍정적 결과를 얻어 낸 연구들이 점차 많아지고 있다(Gannon et al., 출판 중; Harkins et al., 2008; 출판 중; Lindsay et al.,

2007; Marshall et al., 2011; Simons, McCullar, & Tyler, 2008; Ware & Bright, 2008; Whitehead et al., 2007). 또한 다른 연구들에서는 GLM의 저변에 깔린 가정을 지지하는 결과도 제시하고 있다(Barnett & Wood, 2008; Bouman et al., 2009; Willis & Grace, 2008; Willis & Ward, 출판 중; Yates, 2009). 이상의 결과를 종합하면, 앞서 제시한 연구들은 GLM을 채택하는 것이 치료에의 참여를 높여 주고 긍정적 치료관계도 증진시켜 줄 뿐만 아니라, 장기간 범죄를 단념시키는 데에도 효과가 있음을 시사하고 있다.

요약하면, GLM은 예비 단계이기는 하지만 범죄자의 재활에 대한 위험 관리 접근의 핵심적 제한점을 해결하는 데 효과가 있음을 보여 주었다. 이는 세부적으로는 치료 참여 수준의 향상, 범죄를 단념하고자 하는 마음의 활성화, 그리고 환경 여건에 주의를 더 많이 기울이는 것을 통해서 이루어진 것이다. 더욱이 점증하는 연구 결과들은 GLM의 저변에 깔린 가정을 뒷받침해 주고 있다.

요약

- 범죄 전력이 있는 사람은 위험 요인이 많기 때문에, 재활(rehabilitation)과 재통합(reintegration) 노력에는 위험 관리 이상의 활동이 필요하다.
- 위험 관리 접근은 영향이 컸기 때문에, 우리는 RNR의 주요 원리를 배제하고 싶지 않다. 오히려 우리는 GLM이라는 보다 폭넓은 강점 기반의 재활이론(strengths-based rehabilitation theory)에서 (RNR의) 위험, 욕구 및 반응성의 원리를 포용하기를 원한다. 범죄자도 우리와 같은 보통 사람이라는 인식을 통해서, GLM에서는 범죄자를 범죄 단념의 과정 속으로 끌어들이고, 이를 통해 그들의 삶과 그들이 접촉하는 사람의 삶을 더 낫게 해 준다.
- 위험 관리 접근에 따른 치료 모형의 문제점은 이 모형이 범죄자 개개인에게 초점을 맞추는 경향이 있고 폭넓은 사회적 및 문화적 조망을 볼 수 있게 해 주는 이론적 및 윤리적 자원을 충분히 갖추지 못하고 있다는 것이다.
- 범죄자들로 하여금 자신의 삶의 방향을 돌리도록 도와주려면 그들의 욕구와 가치뿐만 아니라 남에게 해를 끼치는 식으로 행동하는 경향성에도 주의를 기울일 필요가 있다.
- 실제로 GLM 모형에 따르면, 자신의 개인적 목표를 추구하고 달성할 수 있는 능력을 갖추도록 돕는 것이 그들을 좀 더 안전하게 살도록 만들어 주기도 쉬운 것 같다.

주관식 문제

1. 재활이론이란 무엇인가?

2. 범죄자 재활의 과정에서 가치는 어떤 역할을 하는가?

3. 범죄 단념(desistance)의 개념에 대해 서술하고, 범죄자 사회 복귀에서 단념의 역할에 대해 기술하라.

4. 범죄자 재활의 RNR 모형의 개요를 서술하고 비판적으로 평가하라.

5. 범죄자 재활의 GLM 모형의 개요를 서술하고 비판적으로 평가하라.

6. 재활의 RNR 모형과 GLM 모형을 대조하고 비교해 보라.

참고문헌

Andrews, D. A., & Bonta, J. (1995). *The Level of Service Inventory—Revised manual.* Toronto: Multi-Health Systems.

Andrews, D. A., & Bonta, J. (2006). *The psychology of criminal conduct* (4th ed.). Cincinnati, OH: Anderson Publishing.

Andrews, D. A., Bonta, J., & Hoge, R. D. (1990). Classification for effective rehabilitation: Rediscovering psychology. *Criminal Justice and Behavior, 17,* 19-52.

Andrews, D. A., & Dowden, C. (2005). Managing correctional treatment for reduced recidivism: A meta-analytic review of programme integrity. *Legal and Criminological Psychology, 10,* 173-187.

Andrews, D. A., Zinger, I., Hoge, R. D., Bonta, J., Gendreau, P., & Cullen, F. T. (1990). Does correctional treatment work? A clinically relevant and psychologically informed meta-analysis. *Criminology, 28,* 369-404.

Bahr, S. J., Harris, L., Fisher, J. K., & Armstrong, A. H. (2010). Successful reentry: What differentiates successful and unsuccessful parolees? *International Journal of Offender Therapy and Comparative Criminology, 54,* 667-692.

Barnett, G., & Wood, J. L. (2008). Agency, relatedness, inner peace, and problem solving in sexual offending: How sexual offenders prioritize and operationalize their good lives conceptions. *Sexual Abuse: Journal of Research and Treatment, 20,* 444-465.

Beyko, M. J., & Wong, S. C. P. (2005). Predictors of treatment attrition as indicators for program improvement not offender shortcomings: A study of sex offender treatment attrition. *Sexual Abuse: A Journal of Research and Treatment, 17,* 375-389.

Bonta, J., & Andrews, D. (2010). Viewing offender assessment and rehabilitation through the lens of the risk-need-responsivity model. In F. McNeill, P. Raynor & C. Trotter (Eds.), *Offender supervision: New directions in theory, research, and practice* (pp. 19-40). Abingdon, UK: Willan Publishing.

Bonta, J., & Andrews, D. A. (2003). A commentary on Ward and Stewart's model of human needs. *Psychology, Crime & Law, 9,* 215-218.

Bouman, Y. H. A., Schene, A. H., & de Ruiter, C. (2009).

Subjective well-being and recidivism in forensic psychiatric outpatients. *International Journal of Forensic Mental Health, 8*, 225-234.

Browne, K. D., Foreman, L., & Middleton, D. (1998). Predicting treatment drop-out in sex offenders. *Child Abuse Review. Special Issue: Working with sex offenders, 7*, 402-419.

Ellerby, L., Bedard, J., & Chartrand, S. (2000). Holism, wellness, and spirituality: Moving from relapse prevention to healing. In D. R. Laws, S. M. Hudson & T. Ward (Eds.), *Remaking relapse prevention with sex offenders: A sourcebook* (pp. 427-452). Thousand Oaks, CA: Sage Publications.

Farrall, S. (2004a). Supervision, motivation and social context: Which matters most when probationers desist? In G. Mair. (Ed.), *What matters?* (pp. 187-209). Cullompton, Devon: Willan Publishing.

Farrall, S. (2004b). What makes people stop offending? *Safer Society, 22* (Autumn), 23-25.

Gannon, T., King, T., Miles, H., Lockerbie, L., & Willis, G. M. (in press). Good lives sexual offender treatment for mentally disordered offenders. *British Journal of Forensic Practice.*

Giordano, P. C., Schroeder, R. D., & Cernkovich, S. A. (2007). Emotions and crime over the life course: A neo-Meadian perspective on criminal continuity and change. *American Journal of Sociology, 112*, 1603-1661.

Glueck, S., & Glueck, E. (1950). *Unraveling juvenile delinquency.* New York: The Commonwealth Fund.

Glueck, S., & Glueck, E. (1968). *Delinquents and nondelinquents in perspective.* Cambridge, MA: Harvard University Press.

Gottfredson, M. R., & Hirschi, T. (1990). *A general theory of crime.* Stanford, CA: Stanford University Press.

Graffam, J., Shinkfield, A., Lavelle, B., & McPherson, W. (2004). Variables affecting successful reintegration as perceived by offenders and professionals. *Journal of Offender Rehabilitation, 40*, 147-171.

Hanson, R. K., Bourgon, G., Helmus, L., & Hodgson, S. (2009). The principles of effective correctional treatment also apply to sexual offenders: A meta-analysis. *Criminal Justice and Behavior, 36*, 865-891.

Hanson, R. K., Gordon, A., Harris, A. J. R., Marques, J. K., Murphey, W., Quinsey, V. L., et al. (2002). First report of the collaborative outcome data project on the effectiveness of psychological treatment for sex offenders. *Sexual Abuse: A Journal of Research and Treatment, 14*, 169-194.

Hanson, R. K., & Harris, A. J. R. (2000). Where should we intervene?: Dynamic predictors of sexual assault recidivism. *Criminal Justice and Behavior, 27*, 6-35.

Hanson, R. K., & Morton-Bourgon, K. E. (2005). The characteristics of persistent sexual offenders: A meta-analysis of recidivism studies. *Journal of Consulting and Clinical Psychology, 73*, 1154-1163.

Harkins, L., Flak, V. E., & Beech, A. R. (2008). *Evaluation of the N-SGOP Better Lives Programme.* Report prepared for the Ministry of Justice.

Harkins, L., Flak, V. E., & Beech, A. R. (in press). *Evaluation of a community-based sex offender treatment program using a Good Lives Model approach.*

Higgins, E. T. (1996). Ideals, oughts and regulatory focus: Affect and motivation from distinct pains and pleasures. In P. M. Gollwitzer & J. A. Bargh (Eds.), *The psychology of action: Linking cognition and motivation to behaviour* (pp. 91-114). New York: Guilford.

Jones, N., Pelissier, B., & Klein-Saffran, J. (2006). Predicting sex offender treatment entry among individuals convicted of sexual offense crimes. *Sexual Abuse: A Journal of Research and Treatment, 18*, 83-98.

Laub, J. H., & Sampson, R. J. (2001). Understanding

desistance from crime. *Crime and Justice, 28,* 1-69.

Laub, J. H., & Sampson, R. J. (2003). *Shared beginnings, divergent lives: Delinquent boys to age 70.* Cambridge, MA: Harvard University Press.

Laws, D. R. (1989). *Relapse prevention with sex offenders.* New York: Guilford Press.

Laws, D. R., & Ward, T. (2011). *Desistance and sexual offending: Alternatives to throwing away the keys.* New York: Guilford Press.

Lindsay, W. R., Ward, T., Morgan, T., & Wilson, I. (2007). Self-regulation of sex offending, future pathways and the Good Lives Model: Applications and problems. *Journal of Sexual Aggression, 13,* 37-50.

Lösel, F. (2010, 25 October). *What works in offender rehabilitation: A global perspective.* Keynote given at the 12th Annual Conference of the International Corrections and Prisons Association, Ghent, Belgium.

Lösel, F., & Schmucker, M. (2005). The effectiveness of treatment for sexual offenders: A comprehensive meta-analysis. *Journal of Experimental Criminology, 1,* 117-146.

Mann, R. E. (2000). Managing resistance and rebellion in relapse prevention intervention. In D. R. Laws, S. M. Hudson & T. Ward (Eds.), *Remaking relapse prevention with sex offenders: A sourcebook* (pp. 187-200). Thousand Oaks, CA: Sage Publications.

Mann, R. E., Webster, S. D., Schofield, C., & Marshall, W. L. (2004). Approach versus avoidance goals in relapse prevention with sexual offenders. *Sexual Abuse: A Journal of Research and Treatment, 16,* 65-75.

Marques, J. K., Wiederanders, M., Day, D. M., Nelson, C., & van Ommeren, A. (2005). Effects of a relapse prevention program on sexual recidivism: Final results from California's Sex Offender Treatment and Evaluation Project (SOTEP). *Sexual Abuse: A Journal of Research and Treatment, 17,* 79-107.

Marshall, W. L., Marshall, L. E., Serran, G. A., & Fernandez, Y. M. (2006). *Treating sexual offenders: An integrated approach.* New York: Routledge.

Marshall, W. L., Marshall, L. E., Serran, G. A., & O'Brien, M. D. (2011). *Rehabilitating sex offenders: A strength-based approach.* Washington, DC: American Psychological Association.

Marshall, W. L., Serran, G. A., Fernandez, Y. M., Mulloy, R., Mann, R. E., & Thornton, D. (2003). Therapist characteristics in the treatment of sexual offenders: Tentative data on their relationship with indices of behaviour change. *Journal of Sexual Aggression, 9,* 25-30.

Martin, A. M., Hernandez, B., Hernandez-Fernaud, E., Arregui, J. L., & Hernandez, J. A. (2010). The enhancement effect of social and employment integration on the delay of recidivism of released offenders trained with the R&R programme. *Psychology, Crime and Law, 16,* 401-413.

Martin, K., & Stermac, L. (2010). Measuring hope: Is hope related to criminal behaviour in offenders? *International Journal of Offender Therapy and Comparative Criminology, 54,* 693-705.

Maruna, S. (2001). *Making good: How ex-convicts reform and rebuild their lives.* Washington, DC: American Psychological Association.

Maruna, S., & Roy, K. (2007). Amputation or reconstruction? Notes on the Concept of 'knifing off' and desistance from crime. *Journal of Contemporary Criminal Justice, 23,* 104-124.

McGrath, R. J., Cumming, G. F., & Burchard, B. L. (2003). *Current practices and trends in sexual abuser management: The Safer Society 2002 nationwide survey.* Brandon, VT: Safer Society Press.

McNeill, F. (2006). A desistance paradigm for offender management. *Criminology and Criminal Justice, 6,* 39-62.

McNeill, F., Batchelor, S., Burnett, R., & Knox, J. (2005).

21st century social work. Reducing reoffending: Key practice skills. Edinburgh: Scottish Executive.

Mitchell, I. J., & Beech, A. R. (2011). Towards an attachment related neurobiological model of offending. *Clinical Psychology Review, 31,* 872-882.

Moore, D. L., Bergman, B. A., & Knox, P. L. (1999). Predictors of sex offender treatment completion. *Journal of Child Sexual Abuse, 7,* 73-88.

Ogloff, J. R. P., & Davis, M. R. (2004). Advances in offender assessment and rehabilitation: Contributions of the risk-needs-responsivity approach. *Psychology, Crime and Law, 10,* 229-242.

Petersilia, J. (2003). *When prisoners come home: Parole and prisoner reentry.* New York: Oxford University Press.

Porporino, F. J. (2010). Bringing sense and sensitivity to corrections: From programmes to 'fix' offenders to services to support desistance. In J. Brayford, F. Cowe & J. Deering (Eds.), *What else works? Creative work with offenders* (pp. 61-85). Portland, OR: Willan Publishing.

Prentky, R. A., Lee, A. F. S., Knight, R. A., & Cerce, D. (1997). Recidivism rates among child molesters and rapists: A methodological analysis. *Law and Human Behavior, 21,* 635-659.

Rice, M. E., & Harris, G. T. (2003). The size and sign of treatment effects in sex offender therapy. In R. Prentky, E. Janus, M. Seto & A. Burgess (Eds.), Understanding and managing sexually coercive behavior. *Annals of the New York Academy of Sciences, 989,* 428-440.

Tripodi, S. J., Kim, J. S., & Bender, K. (2010). Is employment associated with reduced recidivism? The complex relationship between employment and crime. International *Journal of Offender Therapy and Comparative Criminology, 54,* 706-720.

Sampson, R. J., & Laub, J. H. (1993). *Crime in the making: Pathways and turning points through life.* Cambridge, MA: Harvard University Press.

Serin, R. C., & Lloyd, C. D. (2009). Examining the process of offender change: The transition to crime desistance. *Psychology, Crime, & Law, 15,* 347-364.

Serran, G., Fernandez, Y., Marshall, W. L., & Mann, R. E. (2003). Process issues in treatment: Application to sexual offender programs. *Professional Psychology: Research and Practice, 34,* 368-374.

Simons, D. A., McCullar, B., & Tyler, C. (2008, October). The utility of the self-regulation model to re-integration planning. Paper presented at the 27th Annual Association for the Treatment of Sexual Abusers Research and Treatment Conference.

Snyder, C. R., Harris, C., Anderson, J. R., Holleran, S. A., Irving, L. M., Sigmon, S. T., et al. (1991). The will and the ways: Development and validation of an individual differences measure of hope. *Journal of Personality and Social Psychology, 60,* 570-585.

Uggen, C. (2000). Work as a turning point in the life course of criminals: A duration model of age, employment, and recidivism. *American Sociological Review, 65,* 529-546.

Ward, T., & Brown, M. (2004). The Good Lives Model and conceptual issues in offender rehabilitation. *Psychology, Crime and Law, 10,* 243-257.

Ward, T., & Gannon, T. A. (2006). Rehabilitation, aetiology, and self-regulation: The comprehensive good lives model of treatment for sexual offenders. *Aggression and Violent Behavior, 11,* 77-94.

Ward, T., & Laws, D. R. (2010). Desistance from Sexual Offending: Motivating change, enriching practice. *International Journal of Forensic Mental Health, 9,* 11-23.

Ward, T., Mann, R. E., & Gannon, T. A. (2007). The good lives model of offender rehabilitation: Clinical implications. *Aggression and Violent Behavior, 12,* 87-107.

Ward, T., & Marshall, W. L. (2004). Good lives, aetiology

and the rehabilitation of sex offenders: A bridging theory. *Journal of Sexual Aggression. Special Issue: Treatment & Treatability, 10,* 153-169.

Ward, T., & Maruna, S. (2007). *Rehabilitation: Beyond the risk assessment paradigm.* London, UK: Routledge.

Ward, T., & Nee, C. (2009). Surfaces and depths: Evaluating the theoretical assumptions of cognitive skills programmes. *Psychology, Crime, & Law, 15,* 165-182.

Ward, T., Polaschek, D., & Beech, A. (2006). *Theories of sexual offending.* Chichester: John Wiley & Sons, Inc.

Ward, T., & Salmon, K. (2009). The ethics of punishment: Correctional practice implications. *Aggression and Violent Behavior, 13,* 239-247.

Ward, T., & Stewart, C. A. (2003). The treatment of sex offenders: Risk management and good lives. *Professional Psychology: Research and Practice, 34,* 353-360.

Ward, T., & Syversen, K. (2009). Human dignity and vulnerable agency: An ethical framework for forensic practice. *Aggression and Violent Behavior, 14,* 94-105.

Ward, T., Vess, J., Collie, R. M., & Gannon, T. A. (2006). Risk management or goods promotion: The relationship between approach and avoidance goals in treatment for sex offenders. *Aggression and Violent Behavior, 11,* 378-393.

Ware, J., & Bright, D. A. (2008). Evolution of a treatment programme for sex offenders: Changes to the NSW Custody-Based Intensive Treatment (CUBIT). *Psychiatry, Psychology and Law, 15,* 340-349.

Whitehead, P. R., Ward, T., & Collie, R. M. (2007). Time for a change: Applying the Good Lives Model of rehabilitation to a high-risk violent offender. *International Journal of Offender Therapy and Comparative Criminology, 51,* 578-598.

Willis, G. M., & Grace, R. C. (2008). The quality of community reintegration planning for child molesters: effects on sexual recidivism. *Sexual Abuse: A Journal of Research and Treatment, 20,* 218-240.

Willis, G. M., & Ward, T. (in press). *Striving for a good life: The Good Lives Model applied to released child molesters.* Manuscript submitted for publication.

Wilson, D. B., Bouffard, L. A., & Mackenzie, D. L. (2005). A quantitative review of structured, group-oriented, cognitive-behavioral programs for offenders. *Criminal Justice and Behavior, 32,* 172-204.

Yates, P. M. (2009). Using the Good Lives Model to motivate sexual offenders to participate in treatment. In D. S. Prescott (Ed.), *Building motivation to change in sexual offenders.* Portland, OR: Safer Society Press.

주석이 달린 읽을거리 목록

Bonta, J., & Andrews, D. (2010). Viewing offender assessment and rehabilitation through the lens of the risk-need-responsivity model. In F. McNeill, P. Raynor & C. Trotter (Eds.), *Offender supervision: New directions in theory, research, and practice* (pp. 19-40). Abingdon, UK: Willan Publishing. 이 장에서는 RNR의 두 명의 창시자인 Bonta와 Andrews가 그 주요 원리에 대해서 종합적으로 개관하고 있다. 그 원리는 이들이 교정 분야의 광범위한 경험적 문헌에서 도출한 것으로서 이들은 RNR 및 그 구성요소의 유용성을 평가하여 제시하고 있다.

Laub, J. H., & Sampson, R. J. (2003). *Shared beginnings, divergent lives: Delinquent boys to age 70.* Cambridge, MA: Harvard University Press. 이 개척적인 책에서 Laub과 Sampson은 일단의 비행 소년에 대해서 50년 이상 진행된 연구 결과를 보고하고 있다. 이들은 범행으로부터 성공적으로 손을 떼는 것과 관련된 요인에 대해서 논의하고 있으며, 결론짓기를 사회적 연대(social bonds), 자기변형(self-transformation) 및 지역사회의 지지가 가장 중요한 단념 요인이라고 했다.

Maruna, S. (2001). Making good: *How ex-convicts reform and rebuild their lives*. Washington, DC: American Psychological Association. 이 씨앗 같은 책에서 Maruna는 범죄에서 손을 떼거나 계속하는 범죄자의 이탈적 삶과 그들의 열망에 대해서 조사했다. 그가 주장하기를 성공적 재활에서 결정적인 측면은 범죄자의 자기 개념에서 자기속죄(redemptive)의 속성이 얼마나 있느냐 그 정도에 따라 달려 있다고 했다.

Porporino, F. J. (2010). Bringing sense and sensitivity to corrections: From programmes to 'fix' offenders to services to support desistance. In J. Brayford, F. Cowe & J. Deering (Eds.), *What else works? Creative work with offenders* (pp. 61-85). Portland, OR: Willan Publishing. 이 장에서는 교정적 개입의 아버지이자 영향력 있는 인지 기술 훈련의 개발자가 교정 영역에서의 현대의 이론적 및 실무적용 모형을 개관하고 있다. 그는 결론짓기를, 진전이 이루어지기는 했지만 아직도 우리가 알아야 힐 것이 많나고 했다. 더욱이 그는 단념에 기반을 둔 아이디어와 강점에 기반한 아이디어를 통합하는 것이 개입의 독창성에 더 힘을 실어줄 수 있을 것이라고 했다.

Ward, T., & Laws, D. R. (2010). Desistance from Sexual Offending: Motivating change, enriching practice. *International Journal of Forensic Mental Health*, 9, 11-23. 이 책에서 Laws와 Ward는 단념에 관한 범죄 이론적 및 경험적 문헌을 개관하고 범죄자의 재활에 대한 함축성을 도출해 내고 있다. 보다 세부적으로 말하면, 이들은 범죄자 재활의 선한 삶 모형에 들어 있는 풍성한 내용이 단념의 아이디어와 유익하게 통합될 수 있는 방식을 입증해 보이고 있다.

Ward, T., & Maruna, S. (2007). *Rehabilitation: Beyond the risk assessment paradigm*. London, UK: Routledge. 이 책에서 Ward와 Maruna는 재활 이론의 개념을 조심스럽게 분석하고 범죄자들을 다루는 전문가 및 연구자에게 이 이론이 안내자의 역할로서 중요하다고 주장한다. 그러고는 이들은 현재 사용되는 있는 두 가지의 가장 종합적인 재활 이론, 즉 RNR과 GLM 이론을 기술하고 이 두 모형을 비판적으로 평가하고 있다.

용어집

3차 예방(tertiary prevention)
추가적인 상습적 범행을 감소시키기 위해 형사 사법 체계 내에서 유죄 판결을 받은 범죄자를 대상으로 체계적 시도를 하는 것이다 (1차 예방은 장기적 목표에 집중하고, 2차 예방은 비행 위험이 있는 사람들을 대상으로 한다).

7/7
2005년 7월 7일에 4명의 영국 시민권자가 런던의 항공 관제 시스템에 대해 합동으로 자살 공격을 가한 것을 말한다. 폭탄을 안고 자살 공격한 범인들 이외에도 약 52명의 사람들이 죽었으며, 약 700명의 사람들이 다쳤다.

9/11
2001년 9월 11일에 미국의 표적물에 대해 가해진 공격을 말함. 이 날 알카에다 테러분자들이 4대의 항공기를 공중 납치하여, 그중 2대는 세계무역센터로, 한 대는 미국 국방성(펜타곤)으로, 그리고 나머지 한 대는 펜실베이니아에 돌진하여 4,000명에 가까운 사람들이 죽었다.

ACE 모형(ACE model)
유전과 환경의 상대적 기여도를 조사하는 데 사용된다. A는 유전 가능성(heritability), C는 공통되거나 공유된(common or shared) 기반이 되는 환경, 그리고 E는 환경 조건(environmental conditions)을 뜻한다. 이 모형은 또한 공유되지 않은(non-shared) 환경적 영향이라는 용어로도 알려져 있다.

Daubert 검사(Daubert test)
전문가 증언의 수용 가능 정도를 Daubert v. Merrell Dow Pharmaceuticals, Inc.(1993)의 기준에 따라서 가늠하는 잣대를 말한다. Merrell Dow Pharmaceuticals, Inc.(1993)에서는 제시되는 증언이 과학적으로 충실한 방법에 의거한 정보에 토대를 두고 있어야 함을 강조한다.

ETA(Euskadi Ta Askatasuna)
스페인에서 테러분자에 의한 공격의 배후 세력인 바스크 분리주의자 조직을 말한다.

Frye 검사(Frye test)
전문가 증언을 받아들일 것이냐 버릴 것이냐를 결정하는 데 사용되는 미국의 법정 검사. 과학적 증언은 그것이 보편적으로 받아들여지는 이론이거나 그 분야에서의 연구 결과로 밝혀진 경우에만 그 증언을 받아들일 수 있다는 것을 전제 조건으로 한다.

PEACE 면담 모델(PEACE model of interviewing)
면담 단계를 말하는 첫 글자(계획과 준비, 참여와 설명, 설명과 명료화 및 도전, 완료·평가).

Undeutsch 가설(Undeutsch hypothesis)
Udo Undeutsch가 처음 세운 가설로서, 만약 아동의 진술이 실제 경험에 대한 기억에 기초하고 있다면 허구에 기초한 진술과 내용과 질 측면에서 차이가 있다는 것이다.

가정 유대감(family bonding)
부모와 자녀가 가족 내에서 동일한 목표와 태도를 공유하고 있다고 믿게 해 주어서, 부모와 자녀가 잘 어울리면서 지내게 해 주는 활동을 말한다.

가족으로부터의 외상(familial trauma)
가족의 일원이 저지른 학대(abuse)나 방임(neglect).

간접 피해(indirect victimisation)
다른 사람이 학대받는 것을 보거나 부모들이 서로에게 폭력을 휘두르는 것을 보는 것과 같이 희생되는 사람을 목격함으로써 자신도 희생되는 느낌을 갖는 것.

강압-내면화 허위 자백(coerced-internalised false confession)
수사관의 강압으로 인한 거짓 자백을 말했는데, 이것이 피의자 스스로 진실이라고 인정하는 경우다.

강압-복종 허위 자백(coerced-compliant false confession)
수사관의 강압으로 인해 거짓(허위) 자백을 한 것을 말한다. 이는 단지 수사관의 요구에 부응하기 위한 일환일 뿐 피의자 자신은 인정하지 않는 것이다.

경찰과 범죄증거법 1984(Police and Criminal Evidence Act 1984)
PACE로 알려진, 경찰 조사와 피의자와의 상호작용 행동을 관리하기 위해 1984년에 영국과 웨일즈에서 도입된 법령.

계층화된 음성 강도 분석(layered voice-stress analysis: LVA)
매우 정교한 기술에 근거한 거짓말 탐지 기법. 말할 때의 오류를 확인하기 위해 디지털화된 원래의 목소리를 분석하는 컴퓨터 프로그램을 사용한다. 그러한 오류는 인간의 귀로는 탐지하기가 어렵지만 보다 정교화된 방법으로 측정할 수 있다.

고의(mens rea)
문자 그대로 '죄책감이 있는 마음'. 피의자가 범죄 의도와 자신의 행동에 책임이 있음을 알아채고 있는 것.

공병(comorbidity)
어떤 장애에 대해 내려진 첫 진단에 덧붙여서 두 번째(또는 그 이상으로) 내려지는 진단을 말한다.

공식 북아일랜드 반영 지하 군사 조직(Official IRA)
1969년에 북아일랜드 반영 지하 군사 조직이 급진 IRA와 공식 IRA로 분파되었다. 공식 IRA는 주로 정치적인 수단을 통해 아일랜드의 통일을 추구한다. 반면에, 급진 IRA는 격렬한 직면을 주장한다.

과학적 내용분석(scientific content analysis: SCAN)
Sapir가 개발한 기법. 실제 경험의 기억에 근거한 진술은 허구에 근거한 진술과 그 내용이 다르다는 가정에 기초하고 있다.

관음증(voyeurism)
성적 쾌감의 원천이 타인의 성행위를 관찰하는 데 있다. 영국과 웨일즈에서는 「성범죄법 2003」의 67절에 따라 합의되지 않은 관음증은 불법적 행위로 간주된다.

관점 바꾸기(change perspective)
인지 면접에서 원래의 사건을 다른 관점에서 회상하도록 요구할 때 피검자에게 제시하는 단서.

관타나모 만(Guantanamo Bay; G-만, GITMO, GTMO로도 알려져 있음)
아프가니스탄과 이라크 전에서 잡은 포로를 수용하기 위해 미국 해군이 쿠바에 세운 포로 수용소.

구속(incapacitation)
선고의 목적. 범법자가 범죄 기회를 갖지 못하도록 함으로써 범죄를 감소시키기 위한 형사 재판 개입에서 사용.

국가범죄자관리국(National Offender Management Service: NOMS)
재범을 감소시키고 시민을 보호하기 위해 영국과 웨일즈에서 만든 법무부의 관리국.

급진 아일랜드 공화국군(Provisional IRA)
아일랜드를 통일하기 위해 무장 폭동과 테러를 추구하는 아일랜드 준군사 조직. 1969년 이래 약 1,800명의 사망을 초래하였다.

기능 분석(functional analysis)
어떤 행동이 당사자에게 어떤 기능을 나타내는지를 파악해서 그 행동을 이해하려는 접근.

기능적 자기공명영상(functional magnetic resonance imagery: fMRI)
심리학에서 널리 사용되는 뇌 활동 영상화 기법이다. 여기에는 거짓말과 관련된 신경학적 현상(neural correlates)을 찾는 것도 있다.

기억상실증(amnesia)
기억력의 상실. 이런 기억상실은 선택적(selective) 또는 전반적(global)일 수 있다.

난해한 법률 용어(legalese)
법률 전문가의 요구에 맞도록 개발된 어휘적으로 그리고 문법적으로 복잡한 언어를 말한다.

내재화 증상(internalising symptoms)
개인이 내적 불안이나 걱정(예: 불안, 우울)을 과잉 통제하려는 시도에서 생기는 정서적·행동적 어려움.

내현 민감화(covert sensitisation)
행동치료에서 발달된 방법. 이는 사람으로 하여금 혐오감을 겪게 해서 그 위력을 줄이려고 조건형성 원리를 적용한다.

뇌전도(electroencephalogram: EEG)
두뇌의 전위(electrical potential)상의 변화를 기록하는 절차.

다중 부서 공공보호제도(Multi-Agency Public Protection Arrangements: MAPPA)
MAPPA는 현재 활용될 수 있는 가장 진보된 범법자 관리틀 중의 하나로 인식된다. 그 과정은 위험성의 효과적인 검증과 정보 교환을 통해 범법자를 평가하고 관리하는 방법으로 구성되어 있다.

다중기법 프로그램(multimodal programmes)
하나 이상의 변화 목표(사회적 기술, 사고, 물질 남용 등)를 세우고 그것을 얻기 위해 하나 이상의 방법을 사용하는 개입 프로그램을 말하는 용어.

대리 강화/학습(vicarious reinforcement/learning)
타인의 행동이 강화, 처벌되는 것을 보고 어떤 방식으로 행동할지를 배우는 것.

대심 법정 체계(adversarial court system)
흔히 고발(탄핵, accusatorial) 재판 방식으로도 불린다. 피고 및 원고 쌍방은 재판정 앞에 어떤 사건(고발 및 항변)을 내놓는다. 재판관은 양쪽에 대해 아무런 도움도 주지 않으며 진실 규명에도 참여하지 않는다.

대화 관리(conversation management: CM)
Shepherd가 제안한 면접 기법으로서, 경찰관이 면접의 진행을 주관하고 있음을 말로서뿐만 아니라 비언어적으로도 강조해서 표현한다.

동종 가정(homology assumption)
범죄 장면 행동과 범죄자 특성 간에 관계가 있기 때문에 비슷한 범죄 장면 행동을 하는 범법자는 비슷한 특성을 공유한다는 가정.

들러리(foils)
실생활이나 비디오 장면이나 사진 속 화면에서 용의자가 아니면서 그 주위에 줄지어 서 있는 자원자들을 말한다. 또한 주의 분산용 인물이나 줄 세운(line-up) 인물이라고도 소개된다. 영국에서는 도우미(volunteer), 스코틀랜드에서는 줄 서 있는 사람(stand-in)이라고도 불린다.

마음이론(theory of mind: ToM)
정신 상태(즉, 믿음, 의도, 바람, 가장, 지식 등)가 자신과 상대방에게 영향을 미침을 알고, 타인이 자신과 다른 믿음, 바람, 의도를 가지고 있음을 이해하는 능력.

마음챙김(mindfulness)
순간에 기초하여 무판단적으로 현재의 경험에 자신의 온전한 주의를 기울이는 심리 상태.

맥락 재진술(context reinstatement)
인지 면접(cognitive interview)에서 첫 사건의 주변 맥락을 마음속에서 원래대로 다시 느껴 보도록 요구할 때 피검자에게 제시하는 단서.

맹목 실시(blind administration)
용의자들을 줄로 세워 놓는데, 줄을 세우는 관리도 목격자도 그중의 누가 용의자인지를 모르게 한 채 세워 놓는 방법. 또한 '양방 무지(양쪽 다 모른다는 뜻) 실시(double blind administration)'로 알려져 있기도 하다.

면담자 편향(interviewer bias)
목격한 아동이나 경험한 아동이 면담자가 믿는 것과 일치하는 것을 최대한 노출하도록 면담 과정을 조성하는 것.

모든 것을 보고하기(report all)
심문 중인 사건에 관해 모든 것을 말한 인지 면담 기록.

모의 범죄(mock crime)
법정심리학에서 피의자가 아닌 관찰자들에게 실제인 것 같지만 범죄 행위를 시도하지 않는 장면에 노출시키는 기법.

물질 오용(substance misuse)
물질 오용은 약물이나 술과 같은 물질 사용과 관련된 중독, 해로운 사용/남용, 의존, 금단 증상 그리고 정신증이나 기억상실증과 같은 상태를 기술하기 위한 포괄적 용어.

민사사건(civil cases)
어떤 사람과 다른 사람 간의 사이에서 일어나는 일처럼 사적인 옳고 그름에 관련된 사건.

민첩성(celerity)
행형학(行刑學, penology)에서의 민첩성이란 범죄를 저지른 시기와 공식적 제재(sanction)가 가해진 시기 사이에 흘러간 시간을 말한다.

밑바닥 진실(ground truth)
특정 사건에 실제로 일어났던 일의 진실(실체). 범죄 수사 시 중인의 말만으로는 진실을 규명하기가 불가능한 경우가 때때로 있다.

반응성 원리(responsivity principle)

Andrews와 동료들이 위험 및 욕구 원리에 따라 개발한 것으로 반응성 원리는 다양한 개입이 개입을 받는 사람들의 학습 양식과 잘 맞아야 한다는 것을 전제로 한다.

반응성(responsivity)

범죄자에 대한 개입 프로그램의 효과에 영향을 미치는 설계 특징. 일반적인(전반적인 접근) 또는 특수한(참가자들의 다양성을 반영하는 요인을 설명하는) 것이 있다.

발달적 기질이론(developmental propensity theory)

발달적 요인 때문에 특정한 사람들이 품행장애와 청소년 비행을 저지르게 하는 저변의 기질을 갖게 된다고 설명하는 이론.

범죄 연계 전문가(crime linkage practitioner)

범죄 연계 분석을 수행하는 전문가로서 경찰에 고용되거나 경찰 자문을 제공해 주는 사람을 말한다.

범죄 연계(crime linkage)

범죄자의 범죄 현장 행동에 대한 분석을 통해서 예상되는 연속 범죄를 파악해 내려는 분석 기법을 말한다.

범죄유발성 요인(criminogenic needs)

범죄를 저지르게 될 위험과 관련된 개인적 특성을 말한다. 이는 시간의 흐름에 따라 변하며 직접적 노력에 의해 바뀌어서 범죄 행위의 위험성을 줄이게 될 수도 있다. 역동적 위험 요인(dynamic risk factors)으로도 알려져 있다.

범죄자 일관성 가설(offender consistency hypothesis)

범법자들이 자신의 범죄를 상대적으로 일관된 방식으로 범한다는 가정. 이 가정은 범죄가 범인들이 보인 행동에서 유사할 것이라는 점을 의미한다.

범죄자 프로파일링(offender profiling)

가장 협의의 관점에서는 범죄자가 범죄를 저지르는 동안에 보인 행동 특징을 통해 예측하는 것.

법률상(de jure)

문자 그대로 '법률에 따라서(권리상)'의 뜻이다. 법률적 또는 이론적 입장을 말하는데, 현실에 부합되지 않을 수도 있다.

변증법적 행동치료(dialectical behaviour therapy: DBT)

Marsha Linehan이 경계선적 성격장애인을 치료하기 위해 처음으로 개발한 치료 체제를 말한다. DBT라는 것은 정서 조절(emotion regulation) 및 현실 검증(reality-testing)을 높여 주기 위한 표준적인 인지행동적 기법에 고통 감내(distress tolerance), 수용(acceptance), 그리고 불교의 명상 수행에서 주로 유래된 마음챙김에 의한 알아차림(mindful awareness)의 개념을 덧붙인 것이다.

변형될 수 있는(malleable)

다른 증인, 질문자 또는 자기반영 같은 외부 압력에 의해 형성될 수 있는.

병원성(iatrogenic)

환자의 증후에 대한 치료 과정 자체의 영향. 이 용어는 의학에서 유래되었으나 지금은 심리학에서 환자 보고서에서 치료 효과를 기술할 때 사용된다.

보강 증거(corroboration)

다른 증거 또는 부가적인 증거에 의해 보강되는 것을 말한다.

보호활동(safeguarding)

학대나 방치된 사람의 건강, 발달적 손상을 예방하고 복지와 삶의 기회를 증진시키기 위해 보호하는 과정.

부적응적 믿음(maladaptive beliefs)

긍정적 적응을 보여 주지 못하는 사고 패턴을 보이는 신념(예: 빈약한 신체적 건강과 관련된 자기비난).

부호화(encoding)

특정 정보가 인간의 기억 속에 등록되는 과정을 말한다.

분노 관리 프로그램(anger management programmes)

범죄자로 하여금 자신의 분노 및 그 촉발 요인을 잘 알아차리게 한 후, 사회적 분노 유발(social anger arousal) 같은 일련의 기법을 가르쳐 주어서 통상 분노 조절 능력을 증진시키는 데 초점을 맞추는 프로그램.

비디오 녹화된 주요 증거(video-recorded evidence-in-chief)

보통 취약한 증인에 대한 초기 수사 면담 과정에서 사용되며 전문가에 의해 진행된다. 「형사사법법 1991」에서 처음으로 소개되었으며, 「청소년 사법 및 범죄증거법 1999」에서 특수 조치 중 하나로서 허용되었다.

비디오(영상) 확인(video identification)
증인이 줄 세우기 인물들이 연속해서 나오는 비디오 클립을 보는 줄 세우기 방식. 영국과 웨일즈에서는 압도적 다수의 공식적인 식별 절차로서 사용되고 있으며, 실시간 줄 세우기 방식을 대체해 오고 있다.

비행발달에 대한 케임브리지 연구(Cambridge Study in Delinquent Development)
영국 런던 남부 지역 남성 411명을 대상으로 한 장기적 종단조사(prospective longitudinal survey). 1961년에 이들이 8세였을 때 첫 조사를 시작했다. 50세까지의 유죄 선고 이력, 48세까지의 인생 성공 이력 등 그들의 인생 행로를 잘 파악하기 위한 목적으로 실시되었다.

사건 후 정보(post-event information)
관련 사건이 일어난 후에 증인으로부터 얻은 정보. 사건 후 정보는 증인의 증거에 영향을 줄 수 있다. 잘못된 사건 후 정보는 기억 왜곡에 의해 나타날 수 있다.

사실상(de facto)
문자 그대로 '실제로(사실대로)'의 뜻이다. 법적으로 또는 이론상으로 맞는지의 여부와 관계없이 사실이거나 실제인 경우를 뜻한다.

사실적 접근(factual approach)
면접 수사관이 피의자에게 모든 가용한 증거를, 때로는 틀린 정보도 보여 주는 것을 말한다. 이때의 기본 가정은 이렇게 하면 피의자가 더 이상 저항해 보았자 소용없다고 믿게 됨에 따라 빠른 시간 내에 자백을 하게 될 것이라는 데 있다.

사회 도식과 각본(social schema and scripts)
인지적 체계로서 새로운 경험이나 사회적 단서들에 대한 조직적인 구조를 제공함으로써 개인의 행동을 이끈다.

사회문화적 요인(sociocultural factors)
사회와 문화 내에 존재하는 요인들로 사람들의 사고와 행동을 이끈다.

사회통제이론(social control theory)
사람들은 자신이 사회와 맺는 관계가 강한 정도에 따라 범죄를 저지르지 않게 된다고 제안하는 이론.

사회학습이론(social learning theory)
사회학습이론은 사람들이 관찰, 모방 그리고 강화를 통해 서로에게 배운다고 한다. 이 이론은 행동주의와 인지적 학습이론을 이어 주는 다리 역할을 하는 것으로 기술되어 왔는데, 그 이유는 이 이론이 주의, 기억 그리고 동기를 망라하기 때문이다.

살라피(salafi)
전통적인 이슬람 법률 학교에서 만든 4개의 이슬람 법률(마드하힙, madhahib)의 모방을 배척하는 이슬람의 한 분파. 어떤 판단을 하기 위해 원래의 근원으로 돌아가야 할 필요가 있다고 주장하는 파.

상호작용이론(interactional theory)
상이한 연령에서 나타나는 반사회적 행동을 일으키는 요인과 양방향적 효과를 가정하는 데 초점을 둔 이론(예: 허술한 부모 감독이 반사회적 행동을 유발하고 반사회적 행동이 허술한 부모 감독을 유발한다는 것).

상황적 요인(situational factors)
개인의 환경 내에 존재하며 개인의 행동에 영향을 미치는 요인들.

생애과정 지속 범행(life-course-persistent offending)
종종 아동기부터 시작되는 개인의 생애를 통해 지속되는 범죄적인·반사회적인 행동을 말한다.

생중계(live link)
「청소년 사법 및 범죄 증거법 1999」에 의해 허용된 특수 측정법 중의 하나.

생태학적 타당성(ecological validity)
실험 조건이 실생활의 상황을 정확하게 반영하는지의 정도를 뜻한다. 생태학적 타당도는 외부 타당도(external validity)와 밀접하게 관련된다.

생활양식이론(lifestyle theory)
과거의 광범위한 이론에 대한 통찰을 오늘날 미니 모형의 엄격한 방법론에 조합시켜 포괄적인 개념적 틀을 제공하는 이론적인 미니 모형에 의존해 심리적으로 생긴 문제를 고치려고 하는 이론. 범죄는 특징적인 생활양식의 일부라고 가정한다.

선고(sentence)
법정에서 유죄로 판단된 개인에게 부과되는 벌칙. 판결은 선고를 결정하기 위한 과정.

선한 삶 모형(good lives model: GLM)
강점(strength)을 기반으로 한 범죄자 재활이론이다. 이 이론에서는 범죄자에게 중요한 개인적 인생 목표를 달성하는 데 필요한 내부 자원 및 외부 자원을 제공해 주어서 역동적 위험 요인(dynamic risk factors)을 줄여 주거나 관리하려고 한다.

성실도(integrity)
개입이 계획한 대로 전달되는 정도와 근거가 되는 변화 모형과 일치하는 정도. 때로 충실 프로그램 성실도 또는 치료 성실도라고도 불린다.

성역할(gender role)
남녀 성별에 따라서 사회적으로 금기시되는 특정 행동이 있고 규범적으로 해야 할 행동이 있다는 생각을 받아들이는 것.

소통관계(라포, rapport)
면접자가 피면접자와 친근한 관계를 형성하기 위해 하는 예비 면담 단계.

수용전념치료(acceptance and commitment therapy: ACT)
심리적 유연성(flexibility)을 높여 주기 위하여 수용(acceptance) 및 마음챙김 전략(mindfulness strategies)을 전념(commitment) 및 행동 변화 전략과 다양한 방식으로 혼합하여 사용하는 심리학적 개입으로서 경험적 증거의 지지를 받고 있다.

순서 바꾸기(change order)
인지 면접(cognitive interview)에서 원래의 사건을 다른 순서로 (예: 거꾸로) 회상하도록 요구할 때 피검자에게 제시하는 단서.

순차적 제시(sequential presentation)
한 번에 한 사람씩 줄을 서게 하는 방법. 증인은 다음 사람을 보기 전에 그 사람이 범인인지를 결정한다.

스토킹(stalking)
특정 개인을 대상으로 당사자가 원치 않음에도 반복되는 행위들로 공포감을 조성하거나 안전을 염려하게 만들거나 괴롭힘을 당한다고 느끼게 만든다.

스트레스 면역 훈련(stress inoculation training)
외상후 스트레스 장애 치료법의 일종으로서 미래의 스트레스 상황에 대한 면역력을 길러 주는 것이 목적이다.

스트레스(stress)
피해자나 증인들이 경험하는 정서적 각성 상태다. 높은 스트레스는 생리적 각성을 증가시키며, 이는 심박 증가, 호흡 증가, 근육 긴장으로 나타난다.

신경영상촬영(neuroimaging)
뇌의 신경과 활동을 조사하는 데 사용되는 주사(scanning) 기법.

실행기능(executive functioning)
계획하기(planning), 추상적 사고(abstract reasoning) 그리고 문제해결 같은 고차원의 인지적 과제를 담당하는 두뇌 과정을 말한다. 실행기능부전(executive dysfunction)은, 이를테면 충동 조절, 자기조절(self-regulation), 주의의 지속(sustained attention), 계획하기, 문제해결 등에 결함이 있는 것을 말한다.

심리적 스트레스 측정기(Psychological Stress Evaluator: PSE)
음성 강도 분석의 다른 이름.

심문 법정 체계(inquisitorial court systems)
대부분의 유럽 국가에서 볼 수 있는 법정 진행 유형. 재판관이 사례 자료나 증인 질문을 하면서 적극적인 역할을 한다. 전형적으로 피고가 유죄인지를 결정한다.

심문 요강(interrogation manuals)
기본적으로 과학적 범죄 연구를 하는 경찰이나 탐지자 또는 선임 간부가 쓴 책, 메모 또는 다른 프린트로 된 추천물. 심리적인 지식을 비판하지 않고 주관적으로 사용해서 자백을 받아 내는 과정에 대한 가장 흔한 절차.

심판(retribution)
선고 목적 중의 하나. 그리고 범법자들을 적절히 처벌함으로써 그들이 사회에 입힌 불균형을 교정해야 한다는 가정에 기초한 영향력 있는 선고 과정 이론의 하나.

아동 성학대(child sexual abuse: CSA)
아동이나 나이 어린 사람을 대상으로 해당 아동이 상황을 알고 있든 모르든 간에 매춘 등의 성행위에 얽히도록 강제하거나 꾀는 것.

아동보호계획(Child Protection Plan)
특정 아동을 신체적·성적 및/또는 정서적 학대(abuse) 및/또는 방임(neglect)으로부터 보호할 필요가 있다고 여겨질 경우, 해당 아동에 대해 관심 영역(주의 대상), 조치계획, 지속적 관찰 내용

등을 상세히 적은 것.

안구운동 둔감화 및 재처리(eye movement desensitisation and reprocessing: EMDR)

외상적 또는 고통스러운 사건, 이를테면 강간이나 전투 상황 같은 것에 노출되어서 발생한 외상과 관련된(trauma-related) 장애를 해소시켜 주기 위해 개발된다.

알고리즘(algorithm)

일련의 절차를 따르다 보면 전체 점수가 도출되게 되는 수학적 절차.

알카에다(Al Qaeda)

이슬람 율법(Sharia law)에 따라서 근본주의적 이슬람 세계를 세우려고 시도하는 테러분자들의 조직/연결망. Osama bin Laden이 2011년 사망하기 전까지 이끌었다.

애인 폭력(intimate partner violence)

어느 성에 관계없이 현재나 과거의 친근한 파트너가 신체적 · 성적 · 심리적 공격 그리고/또는 통제 행동을 하는 것

애착이론(attachment theory)

초기 발달에 대해 잘 정립된 이론으로서, 어릴 적의 대인관계가 어떻게 형성되는지, 그리고 이런 대인관계의 형성 과정이 아동 후기 및 성인기의 기능 수준에 어떤 의미를 갖는지에 초점을 맞춘다.

언어학적 분석과 단어 분류(linguistic Inquiry and word count: LIWC)

단어를 다양한 군집으로 범주화함으로써 언어적 프로파일을 만드는 컴퓨터 기반 기법.

연쇄 범죄임을 시사하는 지표(indicators of series membership)

연쇄 범죄에 속한다고 시사되는 행동적 · 공간적 · 시간적 범죄의 특징.

연쇄 범죄자(serial offendeers)

여러 희생자를 대상으로 한번 이상의 범죄를 저지른 범법자. 이 용어는 특정 범죄 유형(예: 연쇄 강간, 연쇄 살인 또는 연쇄 강도)에 적용된다.

연쇄 살인(serial murder)

동일한 사람이 저질렀을 수 있는 일련의 살인.

영국 범죄통계(British Crime Survey)

영국 및 웨일즈에서 표본 집단에 대하여 지난 1년 동안에 범죄를 겪었는지의 여부를 물어보아서 범죄의 발생량을 측정하는 연례 표본 조사를 말한다.

와하비(Wahabi)

와하비즘(와하비 신앙 운동)은 이슬람의 극단주의 분파로 Muhammad ibn Abd al-Wahhab이 창시하였다. 사우디아라비아 이슬람의 지배적 형태로서 이슬람을 확고한 원리주의적 입장에서 해석하는 것이 특징이다.

외로운 늑대 테러주의(lone wolf terrorism)

어떤 특정 테러분자 집단의 일부가 아닌 개인의 정치적인 열망만 가지고 테러를 하는 사람.

외상성 뇌손상(traumatic brain injury: TBI)

외력에 의해 뇌에 외상적 손상이 일어난 경우.

외현화 행동/증상(externalising behaviours/symptoms)

아동이 밖으로 표출하는 행동 문제를 지칭하는 것으로서, 주변 환경에 대한 부정적 반응을 반영하는 것이다. 여기에는 공격성, 비행 및 과잉활동(hyperactivity)이 포함된다. 다른 용어로는 품행문제(conduct problems) 그리고 반사회성(antisocial)이 있다.

욕구 원리(need principle)

개입이 범죄 행동에 관여된 욕구들(위험 요인들)에 초점을 맞춰야 한다는 이론.

우수한 실무 면담 지침(Memorandum of Good Practice: MOGP)

가능성이 있는 범죄 진행에 대해 아동 증인에 대한 비디오 기록을 하면서 조사하는 면담 기법으로 1992년 영국과 웨일즈의 경찰과 사회복지사들을 위해 도입된 기본적인 공식 지침. 최선의 증거를 얻기 위해 지속적으로 대체된다.

원천 귀인(source attribution)

어떤 기억을 특정 출처나 사건에 귀인하는 것. 원천 귀인 오류는 기억을 실수로 잘못된 출처나 사건에 귀인하는 경우를 의미한다.

위험 원리(risk principle)

범법자가 범죄를 저지를 위험 수준에 따라 개입의 수준을 정해야 한다는 원리. 고위험 범법자는 저위험 범법자보다 더 높은 개입 수준을 받아야 한다는 것.

위험 평가(risk assessment)

개인이 저지를 수 있는 미래 범죄의 가능성을 평가하거나 미래 범죄에 의해 일어날 수 있는 피해의 수준, 그리고 미래 범죄와 연관된 요인을 확인하는 일련의 절차나 방법.

위험성-욕구-반응도 모형[risk-need-responsivity (RNR) model]

범법자의 성격, 상황적 변인을 적절히 강화하거나 감소시키거나 통제함으로서 재범 경향을 감소시키려는 위험성 관리 재활 모형.

위험성이 낮은 거짓말(low-stake lies)

사소한 결과를 가져오는 거짓말; 전형적으로 속임수에 대한 실험실 연구 참가자들이 하는 거짓말.

위험성이 높은 거짓말(high-stake lies)

거짓말하는 사람의 자유에 결정적인 효과가 있는, 전형적으로 경찰 면담 시 용의자가 하는 거짓말.

유도 질문(leading questions)

원하는 답을 시사하거나 의미하는 방식으로 말을 하는 질문.

유도된 자위(directed masturbation)

자위의 재조건형성(masturbatory reconditioning)이라고도 불린다. 조건형성 원리에 토대를 둔 행동치료 기법의 한 가지다. 이는 부적절한 성적 충동이나 이끌림이 있는 사람들에게 보다 사회적으로 용납되고 남에게 해가 덜 가게 되도록 자신의 관심사를 전환하도록 도와주기 위해 사용된다.

유죄 추정 과정(guilt-presumptive process)

피의자의 유죄를 추정하는 면담 양식.

유죄인식 검사(guilty knowledge test: GKT)

거짓말 탐지 검사. 용의자에게 범죄에 관한 중다 선택 질문을 한다. 유죄 용의자는 유죄인 사람만이 알 수 있는 올바른 질문에 대해 생리적인 각성을 보다 많이 보인다.

음성 강도 분석(voice stress analysis)

발화를 담당하는 근육의 활동을 측정함으로써 말하는 사람의 정신 상태를 추론하는 것이 가능하다고 본다(예: 스트레스 경험).

음성 분석(발언한 것에 대한)(acoustic analysis)

음성 분석 전문가(phoneticians)가 사용하는 분석으로서, 음성의 물리적(지각적이 아닌) 속성, 이를테면 기본 주파수(fundamental frequency)를 컴퓨터로 분석하는 데 초점을 둔다.

음성에 대한 지각적 분석(aural-perceptual analyses, 발성에 대한 것)

음성 분석 전문가가 사용하는 분석으로서, 속도(rate), 음조(pitch), 성량 부족(breathiness)처럼 음성이 귀에 들릴 때의 구분 가능한 특성에 초점을 둔다.

이란성 쌍둥이[dizygotic(DZ) twins]

일란성/이란성 쌍둥이[monozygotic(MZ)/dizygotic(DZ) twins]에 대한 해설을 보라.

이탈리아 붉은 여단(Italian Red Brigades)

1967년부터 1980년대까지 활동한 이탈리아 마르크스-레닌주의 테러분자 집단.

인지 평가(cognitive assessment)

Wechsler 계열의 검사 도구와 같이 널리 인정된 검사를 하나 사용해서 완수된다. Wechsler 성인용 지능검사(Wechsler Adult Intelligence Test) 4판이 가장 흔히 사용되는 검사 도구다.

인지분석치료(cognitive analytic therapy: CAT)

영국의 Anthony Ryle이 처음으로 개발한 심리치료의 한 유형. 이 치료의 특징은 재공식화(reformulation)의 강도 높은 적용, 인지치료와 분석치료의 통합적 활용, 그리고 환자를 치료에 적극 참여시키는 협력적 속성에 있다.

인지-정동적 성격 체계(cognitive-affective personality system: CAPS)

Mischel과 Shoda(1995)가 고안해 낸 성격 모형.

인지처리치료(cognitive processing therapy)

외상후 스트레스 장애에 대한 치료의 일종이다.

인지행동치료(cognitive behavioural therapy: CBT)

사고(생각), 태도 및 신념이 서로 얽혀 있어서 영향을 준다는 개념에 토대를 두고 있다. 인지행동치료에서는 문제 행동의 저변에 깔려 있는 생각, 태도 및 신념을 파악하고 이를 변경시키는 데 주력한다.

인출 간섭(retrieval interference)

최근에 부호화된 또는 강한 정보가 최초에 경험된 사건의 기억 혼적에 접근하는 것을 막는 것을 일컫는 말.

일란성/이란성 쌍생아[monozygotic(MZ)/dizygotic(DZ) twins]
일란성 쌍생아는 단일 난자에서 생기며 정확하게 동일한 유전자를 가진다. 이란성 쌍생아는 두 개의 분리된 난자에서 생기며 다른 형제들과 함께 같은 유전자의 50%만 공유한다.

일화적(episodic)
특정한 일화 또는 사건에 관련된 것임을 의미한다.

자기관리(self-management)
문제나 스트레스를 일으키는 사고, 감정, 행동에 대한 내적 통제 능력을 증진시키기 위해 고안된 인지행동적 개입의 한 형태.

자기손발놀림(self-manipulations)
보통 속임수와 관련된 것으로 믿어지는 손이나 손가락 및 발이나 발가락의 움직임.

자기희생(self-immolation)
저항이나 자살의 한 형태로 자신에게 자발적으로 불을 붙이는 행동.

자발적 허위 자백(voluntary false confession)
수사관이 아무런 강압을 가하지 않았음에도 피의자가 거짓 자백을 하는 것.

자비연민치료(compassion-focused therapy: CFT)
대승불교(Mahayana Buddhist) 심리학에 뿌리를 둔 심리치료의 일종이다. 이 치료에서는 수치심과 자기비난의 감정에 빠지기 쉬운 사람들에게서 자기연민(self-compassion, 자기사랑)을 키우도록 격려한다. Paul Gilbert와 동료들이 개발했다.

자살 성향(suicidality)
자살과 관련된 사고나 행동.

자폐스펙트럼장애(autistic spectrum disorders: ASDs)
사회적 상호작용과 의사소통상의 전반적 비정상뿐만 아니라 관심을 보이는 대상이 특별하고 반복적 행동을 특징으로 하는 심리적 장애의 스펙트럼.

작업기억(working memory)
일시적 기억 체계로서 정보 중 일부가 장기기억으로 옮겨지기 전까지 정보의 저장과 처리가 동시에 일어나게 한다. 작업기억은 추론, 이해, 학습 등과 같은 복잡한 과제 수행에 필요하다.

장기기억(long-term memory)
개인에게 중요한 정보를 오랫동안 저장하는 것. 이 정보의 일부는 매우 회상하기 쉽지만 다른 기억은 접근하기가 훨씬 어렵다. 장기기억은 망각되기 쉽지만 일부 기억은 일생 동안 유지된다.

장기노출치료(prolonged exposure therapy)
외상후 스트레스 장애에 대한 인지행동적 치료의 한 형태.

재발 방지(relapse prevention)
문제 행동, 흔히 성범죄자 치료에 사용되는 재발 방지를 위한 자기통제 프로그램. 원래 알코올중독과 같은 중독 행동의 치료를 위해 개발되었다.

재활(rehabilitation)
판결과 그에 연계된 형사 재판 판결의 목적. 범죄자가 사회에 통합되고 상습적 재범을 감소할 수 있도록 교육, 훈련, 기타 서비스를 제공하려는 구조적인 노력.

적군파(Red Army Faction: RAF; 붉은 군대당, 바아더-마인호프 집단으로도 알려짐)
1970년부터 1990년대까지 존재했던 독일의 좌익 테러분자 집단. 1960년대의 학생 저항 운동에 그 기원이 있다.

적응 행동(adaptive behaviour)
『Vineland 적응행동척도(Adaptive Behaviour Scale: VABS)』 또는 『미국 지능 및 발달 부전 적응행동척도-지역사회 및 동거가족용 2판(American Association of Intellectual and Developmental Disabilities Adaptive Behaviour Scale-Residential and Community 2nd Edition: ABS:RC2)』 같은 널리 인정되고 표준화된 평가 도구를 사용하여 평가한다.

전문가 증언(expert witnesses)
증거의 법칙(the law of evidence)에서는 두 종류의 증언을 인정한다. 즉, 사실에 입각한 증언(common witness to fact)과 전문가 증언(expert witness)의 두 가지다. 전문가 증언은 훈련 과정, 지식 및 경험을 기준으로 볼 때 전문가로서의 소견이라고 인정받을 만한 자격이 있는 경우를 말한다.

전향적 종단연구(prospective longitudinal surveys)
집단(일관적인)을 시간에 걸쳐 반복적으로 측정하는 연구.

정서 및 스트레스 경로에 대한 조절부전(dysregulation of the emotion and stress pathways)
생리적 반응성 때문에 정서 및 스트레스 조절을 비교적 잘하지 못하는 것을 말한다.

제지(deterrence)
(형량) 선고의 목적 중 하나. 즉, 부정적 결과(처벌)는 범죄 행위(재범)의 발생을 줄여 줄 것이라는 전제하에 형량 선고가 내려진다.

제지이론(deterrence theory)
행형학(行刑學, penology)에서 범죄를 저지른 대가를 받게 되면 범죄 행위가 억제된다는 원칙을 말한다. 일반적 제지(general deterrence)는 모든 사람에게 영향을 준다는 것을 의미하는 것이고, 특정 제지(specific deterrence)는 죄를 저지른 사람에게만 해당되는 것을 뜻한다.

조사적 면담(investigative interviewing)
국가의 법률이나 인간에 대한 UN 헌장의 틀 안에서 정확하고 신뢰할 만한 정보를 얻기 위해 공평하고 상호적이며 열린 마음으로 대화하는 것으로 심문보다 더 넓은 개념.

조종 행동(control behaviours)
한 배우자가 다른 배우자의 자유를 속박하거나 행위나 행동 방식에 영향을 미치려고 취하는 행동을 말한다. 이를테면, 사는 집에서 외출하는 횟수를 통제하는 행동과 같다.

족적 증거(shoemark evidence)
범죄 현장에 남아 있는 물리적 법적 증거로서 범죄자가 신고 있던 신발의 흔적으로 이루어진다.

종단연구(longitudinal study)
장기간의 시간에 걸쳐 반복적인 관찰을 하는 연구 설계.

종합분석(meta-analysis)
연구 문제에 답하기 위해 여러 양적인 연구의 결과를 조합하는 통계 기법.

죄지은 행위(actus rea)
문자 그대로 죄지은 행위를 뜻하며, 범죄 행위가 일어났음을 의미한다.

주도권 넘기기(transfer of control)
면담의 통제권을 면담 대상자에게 넘기고자 만들어진 인지적 면담 지침.

준거 기반의 내용분석(criteria-based content analysis: CBCA)
아동의 진술을 검토할 때 진실성을 반영한다고 믿어지는 지표를 기반으로 분석하는 방법. 19개의 준거로 구성되는데, 이는 3개의 보편적 특성, 10개의 세부적 내용, 5개의 동기와 관련된 내용 준거, 그리고 1개의 범죄 특정적 요소 준거(offence-specific element criterion)로 구분된다. 진술 타당도 분석(statement validity analysis)의 일부다.

준비시키기 활동(preparation)
증인에게 필요한 일(예: 정보 제공, 법정 방문)을 준비하면서 증인 필요성의 평가, 지원 제공, 연락 및 의사소통과 관련된 법정에서의 활동을 말한다.

줄 세우기(line-up)
용의자를 용의자가 아닌 사람들 사이에 끼워 넣어서 확인하는 검사. 줄 세우기는 사진을 배열해서 보여 주거나 사람을 실제로 줄을 세워서 할 수도 있다.

중재인(intermediaries)
1999년 「청소년 사법 및 범죄 증거법 1999」에 의해 허용된 특수 측정의 하나. 공인된 중개인이 증인에게 질문을 전달하고 그에 대한 답변을 질문자에게 다시 전달해 준다.

증거 기반의 전문 활동(evidence-based practice)
당시 기준으로 최고의 이론 및/또는 최고의 증거에 기반을 두고 그에 따라서 시행되는 심리치료.

지능부전(intellectual disability: ID)
IQ가 70 이하이고, 적어도 두 가지 영역에서 적응의 결손을 보이며, 성인기가 되기 전에 이러한 결손이 나타나는 사람들에 대해 국제적으로 사용되는 용어.

지리적 근접성(geographical proximity)
두 곳의 (범행) 장소가 공간적으로 가까운 것을 말한다.

지하드(jihadi)
투쟁을 의미하는 지하드의 무슬림 종교 의무에 참여하고 있는 사람. 때로는 신념을 유지하거나 무슬림 사회를 개선하기 위한 투쟁으로도 해석된다. 캔(Can, 부정확하게)은 이슬람 과격파 테러주의의 지지자를 말한다.

진술 타당도 분석(statement validity analysis: SVA)
독일과 스칸디나비아에서 널리 사용되는 기법으로서 아동 진술의 진실성을 구두상의 내용에 기초하여 평가한다. 전체적인 SVA 과정은 ① 반구조화된 면담, ② 진술에 대한 준거 기반(CBCA)의 내용분석, ③ CBCA 결과에 대한 평가로 이루어진다.

집착(commitment)
특정 얼굴이 누구인지를 파악하고 나면, 목격자는 이에 집착하여 첫인상이 틀렸다고 하더라도 동일한 얼굴을 계속 처음 본 대로 파악하려는 경향이 있음을 일컫는다.

차단막(screens)
「청소년 사법 및 범죄 증거법 1999」에서 허용하는 특별 조치법의 하나.

첫인상(prime facie)
처음에 본 것, 첫 인상/첫 모습, 처음 본 얼굴 표정.

청소년 한정 범행(adolescent-limited offending)
10대에 발생하지만 성인이 되면 멈추는 비행 및 반사회적 행동을 말한다.

체계 변인(system variables)
목격자 기억의 신뢰도에 영향을 줄 수 있는 형사 사법 체계 통제 하의 요인들. 줄 세우기 들러리 선택이 체계 변인의 일례다(추정 변인 또한 참조).

최선의 증거 얻어 내기(Achieving Best Evidence: ABE)
2001년부터 영국 및 웨일즈에서 사법 관련 모든 종사자 및 증인이 될 수도 있는 모든 사람을 위해서 작성된 것으로서, 첫 면담 수사에서부터 법정 출두에 이르기까지의 행동 요령을 위한 공식적 지침서.

추정 관련 변인(estimator variables)
목격자 기억의 신뢰성에 영향을 미칠 수도 있는 요인으로서 사법부로서도 어찌할 수 없는 것들을 지칭한다(예: 목격자가 가해자를 볼 수 있었던 시간의 길이). 또한 체계 변인(system variables)에 대한 해설도 보라.

출처 확인 오류(source-monitoring error)
기억의 출처를 잘못 귀인하는 것(예: 내적 사고와 실제 현실을 혼동하는 것).

취득성 범죄(acquisitive crime)
절도나 사기로 재산을 취득하는 것과 관련된 범죄 유형.

취약한 증인(vulnerable witnesses)
어떤 증인은 어린 나이, 능력 부족 또는 상황들로 인해 취약해질 수 있는데, 다음 집단의 구성원들을 예로 들 수 있다. 아동, 노인, 학습장애, 신체장애가 있는 증인, 성범죄 피해자, 정신건강에 문제가 있는 사람.

친숙성(familiarity)
주변 맥락의 자세한 내용이 없어도 어떤 내용에 관한 한 이를 겪은 적이 있다는 느낌.

친절히 굴기(grooming)
아동과 성적 접촉을 갖기 위해 아동의 신뢰를 얻을 목적으로(그리고 아마도 아동의 보호자의 신뢰도 얻을 목적으로) 친근하게 대하는 시도를 말함. 이런 행동은 영국과 웨일즈에서는 2003년도에 「성범죄법 2003(Sexual Offences Act 2003)」에 따라 범죄 행위로 간주된다.

타당도 점검표(validity checklist)
진술 타당도 분석(state validity analysis: SVA)의 마지막 단계로서, 아동의 진술에 대한 대안 가설이 고려된다.

타밀 호랑이(Tamil tigers, 타밀엘람의 해방 호랑이)
스리랑카 북부에 기반을 둔 분리주의자 단체로서 타밀족의 분리 국가 설립을 추구하였다. 1976년에 조직되어 광범위한 테러 공격을 수행하였으며, 매우 잘 발달된 군사 구조를 갖고 있었다. 2009년에 스리랑카 정부군에 패배하였다.

탄력성(resilience)
일치된 정의는 없음. 그러나 통상 정신병리가 없고 여러 영역에서 성공적인 기능을 의미하는 데 사용된다.

태아 알코올 증후군(foetal alcohol syndrome: FAS)
임상적 양상이 일정하지 않고 강도 면에서 다양한, 일종의 연속선상에 있는 장애(spectrum of disorders).

통제질문 검사(control question test: CQT)
폴리그래프(polygraph) 검사 시의 한 방법으로서, 과거의 사소한 법규 위반을 묻는 통제 질문에 대한 반응과 수사 중인 범죄와 직접적으로 관련된 질문에 대한 반응을 비교한다. 유죄자는 범죄와 직접 관련된 질문에 보다 더 큰 반응을 보이기 마련이다.

통합인지 반사회적 잠재성(ICAP)이론[integrated cognitive antisocial potential (ICAP) theory]
케임브리지 연구에서 얻은 결과의 영향을 받아서 주로 하류층 남자 범법자를 설명하는 데 사용되는 이론.

특별 조치(special measure)
「청소년 사법 및 범죄 증거법 1999」에서 명시된 기법들로서, 특수 기법 사용 시 증인 자격을 갖출 수 있는 경우, 판사가 사용을 명할 수 있다. 장막, 생중계, 비디오 녹화된 주요 증거, 중재인 그리고 의사소통 보조기구 등이 이에 속한다.

틀린 정보 패러다임(misinformation paradigm)
틀린 정보 효과를 검사하기 위해 Loftus가 시작한 세 단계 패러다임.

틀린 정보 효과(misinformation effect)
사람들의 부호화, 저장, 인출 및 사건의 보고에 영향을 주는 사회적(묵인)과 심리적(기억) 요인.

퍼지흔적이론(fuzzy-trace theory)
기억의 이중 과정(dual-processes) 모형. 특정한 내용에 대하여 단어 그대로 저장되는(verbatim) 흔적과 요점(gist) 흔적의 두 가지로 저장된다.

폴리그래프(다중측정장치, polygraph)
때로 거짓말 탐지기로도 불린다. 피의자에게 질문을 해서 피부 전도 반응, 심혈관 활동 및 호흡 유형을 측정하는 기계.

품행장애(conduct disorder: CD)
아동기 장애의 하나로서 타인의 권리나 사회적 관습을 무시하고 우롱하는 행동을 반복적이고 지속적으로 저지르는 것을 말한다. 품행장애가 있는 사람들 중 다수는 남의 감정을 잘 공감하지 못하고 배려심도 거의 없으며, 타인의 의도를 실제보다 더 적대적이고 위협적인 것으로 잘못 지각하는 경우가 많다.

프로그램(programmes)
진보된 목적과 내용을 가지고 변화를 지지하고 격려하기 위해 설계된 구조화된 학습 연계. 통상 매뉴얼이나 다른 재료를 동반한다.

피암시성(suggestibility)
틀린 정보 효과를 보라.

하마스(Hamas)
2007년부터 가자 지구를 지배해 온 팔레스타인 정치 조직. 사회복지당은 부패 척결과 효과적인 서비스 전달을 내세우고 있다. 군사당은 이즈 아드 딘 알 콰삼(Izz ad-din al-Qassam) 여단이다.

학대의 세대 간 전이(intergenerational cycle of maltreatment)
학대받은 아동이 자기 가족에 대한 학대자가 되는 것.

해당 증상(symtomology)
특정 상태나 현상과 관련된 증상과 증후군들.

해리(dissociation, 또는 disassociation으로도 불림)
감정, 생각, 행동 그리고 기억 간의 정상적인 연결고리가 (정신적) 방어를 위해 흐트러진 것을 말한다. 이는 의식적이든 무의식적이든 간에, 외상적 경험 도중이거나 그 후에 심리적 고통을 줄이려는 목적을 위한 것이다.

해부학적 교정 인형[anatomically correct dolls: ACDs, 또한 해부적으로 자세한 인형(anatomically-detailed dolls)으로도 알려짐]
인간의 성기와 비슷한 모양의 모조 성기가 달린 인형. 성폭력을 당했을 가능성이 있는 아동을 면접할 때 종종 사용된다.

행동 수사 자문관(behavioural investigative advisors)
경찰에 고용되거나 자문 의뢰를 받아 경찰 수사에 대한 행동적 조언을 제공해 주는 전문가.

행동상 독특성(behavioural distinctiveness)
범죄자가 남들과는 다른 방식으로(구분되게) 범죄를 저지른다는 원칙.

행형 강도(severity)
유죄 범법자가 견뎌야 하는 불편감이나 추정된 고통의 양, 또는 처벌의 강도를 말한다.

행형학(penology)
법적 처벌과 그것의 관리를 다루는 학문.

허위 자백(false confession)
자신이 저지르지 않은 범죄 행위를 고백하거나 인정하는 것.

헤즈볼라(Hizbollah)
레바논에 근거를 둔 '신의 정당' 이라고 알려진 시아파 정치 조직 및 군사 집단. 이란과 시리아로부터 정치적 · 경제적 지원을 받는다.

현실성 파악(reality monitoring: RM)
사람들이 상상한 사건 기억으로부터 실제 사건에 대한 기억을 분리하는 과정. 시간과 장소 및 어의적 정보와 관련된 맥락 정보와 같은 사고에 기초하고 있는 것이 특징이다.

형사사건(criminal cases)
공공의 이익에 반하는 위반 행위와 관련된 사건을 말한다.

혼합된 기억(blended memories)
첫 기억(사건 발생 시 기억)의 내용과 사건 발생 후 기억의 세부 내용이 합쳐진 것.

확실성(certainty)
행형학(行刑學, penology)에서의 확실성이란 범죄를 저지른 결과로 법에 의한 처벌을 받게 될 가능성의 정도를 말한다. 이는 객관적으로(공식적 통계를 토대로) 또는 주관적으로(각 범죄자별로 자신의 경험에 비추어) 가늠이 될 수 있다.

회복(restoration, 또한 회복적 사법)
비교적 최근에 시작된 것으로 범죄자들이 자신이 해를 입힌 희생자에게 배상하는 서비스를 한정하는 것. 때로 주의 깊게 관리된 협상과 화해를 통해 이루어진다.

효과 크기(effect size)
여러 다른 연구들에서 나타난 독립변인의 효과 정도를 표준편차의 단위로 비교하는 데 사용되는 통계치를 말한다. 흔히 보고되는 효과 크기 통계치의 두 가지는 Cohen의 d 그리고 Pearson의 상관계수(r)(Pearson's correlation ⓡ)가 있다.

후각 혐오 조건화(olfactory aversive conditioning)
행동 치료 기법의 일종. 사회적으로 용납될 수 없는 성적 각성 유형과 행동을 한 성범죄자에게 적용되는 조건화 원리.

흔적 변조(trace alteration)
최초 경험된 사건의 기억 흔적이 덧씌워지거나 바뀌어 버린 틀린 정보.

찾아보기

〈내용 색인〉

편저자 소개

Graham Davies

Graham Davies는 영국 레스터(Leicester) 대학교의 심리학 명예교수이자 버밍엄(Birmingham) 및 코번트리(Coventry) 대학교의 법정심리학 명예교수다. 그의 연구 관심은 아동 및 성인의 증언 그리고 법정에서의 취약한 증인에 대한 지원에 초점을 두고 있는데, 이 주제에 대해서 그는 10권이 넘는 저서를 출간하였고 150개 이상의 논문을 과학학술지에 게재한 바 있다.

그는 『최선의 증거를 얻어 내기(Achieving Best Evidence)』의 초판을 작성한 팀을 이끌었다. 이 책은 영국 법정에서 피해자와 증인을 면담하는 데 쓰이는 표준적인 지침서다. 그는 아동이나 다른 취약한 증인의 증언이 관심의 초점이 되는 법정 사례에서 전문가 증인으로서 상당한 경험을 쌓았다.

그는 영국심리학회(British Psychological Society)의 상급회원 Fellow이며, 기억과 인지에서의 응용연구 협회(Society for Applied Research in Memory and Cognition)의 전임 회장과 유럽의 심리학과 법률 협회(European Association for Psychology and Law)의 전임 회장이었다. 또한 *Applied Cognitive Psychology* 학술지의 설립 편집자이며, Wiley 출판사의 *Crime Policing and the Law* 시리즈의 공동편집자다. 학술 및 전문 활동 이외에도, 그는 러프버러, 멜턴, 벨부아 그리고 러틀랜드 지역의 판사팀에서 치안판사의 역할을 수행하고 있다.

Anthony Beech

Anthony Beech는 영국 버밍엄(Birmingham) 대학교의 법정 및 범죄 심리학(Forensic and Criminological Psychology) 센터의 교수이자 센터장이다. 그는 영국에서의 교도소 및 보호관찰 기관과 광범위하게 협력하며 일했으며, 영국에서 경찰 기관과 많이 연계해서 일하고 있다. 그는 법정 과학/형사 사법 영역에서 동료의 검토를 받은 학술논문(peer-reviewed articles)을 140개 넘게 게재하였으며, 책 속의 장(chapters)을 30개, 그리고 5권의 책을 저술했다.

그의 특별한 연구관심 영역은 다음과 같다: 범죄자의 위험도 평가, 아동에 대한 온라인 착취를 감소시키기, 범죄자에게 실시된 처치의 심리치료적 효과를 증진시키기. 그는 성범죄자의 평가 및 처치에 대해 특별한 전문성을 갖고 있다. 2009년에는 이 영역에서 그의 업적을 인정받아서 미국 텍사스 주의 댈러스 성 남용자 치료 협회(Association for the Treatment of Sexual Abusers in Dallas)로부터 공로상을 받았다.

그는 영국에서 법정심리학과 관련하여 광범위한 경험을 쌓았다. 2005년에는 영국심리학회의 상급회원이 되었으며, 2009년에는 일생 동안 법정심리학 분야에서 의미 있는 기여를 한 점을 인정받아 영국심리학회 법정심리 분과로부터 원로상을 받았다.

역자 소개

이봉건(Lee, Bong-Keon) 전자우편: clinpsy@chol.com
임상심리전문가로 시작해서 범죄심리 실무에 관심을 갖게 되어 범죄심리전문가 자격을 취득하였으며, 임상심리전문가/인지행동치료전문가/범죄심리전문가로서 임상범죄심리학자의 입장에 주안점을 두고 관련 활동을 해왔다. 심리학과 학부과정에도 임상범죄심리를 주로 가르칠 범죄심리학 과목을 개설하였다. 국내에서 한국심리학회 산하 범죄심리자격관리위원회와 경찰청과의 협약하에 경찰서 청소년 다이버전 프로그램으로 실시된 범죄심리 수련생의 경찰서 면접 및 심리평가 업무를 지도·감독하였다. 또한 경찰서 주관의 교화 프로그램 및 충청지역 교도소 수백 명의 재소자를 대상으로 하는 교화 프로그램을 짜서 그 주요 내용인 인지행동 및 명상치유 프로그램을 실시하였다(법무부 교화과 요청에 따른 교정시설 수용자 사회적응교육 프로그램 설계 및 실시, 대전교도소, 청주교도소, 청주여자교도소). 수형자 사회적응 및 직업윤리 프로그램에 관한 특강을 실시하였고(법무부 작업훈련과), 재소자의 자살방지를 위한 심리학적 접근 및 면담요령 강의 및 자살방지 사례회의에서 조언을 제공하였다(청주여자교도소). 또한 보호관찰소에서 직원 강의 및 프로그램 지원을 제공하였으며, 경찰청 대테러위원으로서 강의 및 지원활동을 수행하였다(정신병질자와의 대화기법 발표).

〈약력〉
서울대학교 심리학과 석사, 박사(임상심리 전공)
임상심리전문가(한국심리학회)/정신보건임상심리사 1급(보건복지부)/범죄심리전문가(한국심리학회)
명상지도전문가(K-MBSR) R급 전문가(한국명상학회, mbsr.or.kr)
인지행동치료전문가(한국인지행동치료학회, www.kacbt.org)
충북대학교 심리학과 교수 역임(현 명예교수)
현 경인심리건강센터장(cbpsy.cafe24.com)

〈주요 역서〉
이상심리학: 심리장애의 과학과 치료(시그마프레스, 2018), Goodwin & Guze의 이상행동의 이해와 분류(글로벌콘텐츠, 2018) 외 다수

〈관련 논문〉
정신병질자(psychopath)의 면담요령/반사회성 성격장애자와의 대화기법/정신병질자와의 면접 및 대화 시 유의사항, 면접자의 준비요령/정신병질자(psychopath)의 행동분석, 위험성 예측, 위기협상, 위기협상관의 역량증진을 위한 심리행동적 접근 등(대테러연구지, 경찰청)
수형자 사회적응을 위한 프로그램 개발과 효과성 연구: 사례분석 중심으로(교정복지연구, 제39호, 2015)
청소년기 애착유형에 따른 분노표현양식과 공격행동: 비행청소년과 일반청소년의 비교(공동연구, 한국심리학회지: 사회 및 성격, 27(4), 2013)
우울-반사회적 성향 재소자의 기질 및 정서특성과 자살생각(공동연구, 한국교정학회 교정연구, 제55호, 2012)
사회인지 동영상을 활용한 사회성기술훈련이 정신분열병 환자의 대인관계기술에 미치는 효과(공동연구, 한국심리학회지: 임상, 30(2), 2011)
비행청소년의 범죄유형에 따른 재범 위험성 차이에 관한 연구·비행촉발요인 조사서와 PAI 검사결과를 중심으로(공동연구, 한국심리학회지: 사회 및 성격, 23(2), 2009)
정신장애인을 위한 재활프로그램 개발(공동연구, 충북대사회과학연구, 2008)

이철원(Lee, Chul-Won)

1958년 강화도에서 태어났다. 중앙대학교 심리학과를 거쳐 서울대학교 대학원에서 임상심리학을 전공하고 서울대학교병원 임상심리연수원에서 수련을 받았다. 중앙대학교에서 임상심리학으로 박사학위를 받은 후 심리상담소를 개설하여 현재까지 25년간 활동하고 있다. 임상심리학회의 이사와 부회장을 역임하였으며, 한신대학교를 비롯한 여러 대학에서 강의를 계속하고 있다. 한편, 한국성폭력상담소, 정신대대책협의회, 강남청소년상담센터 자문위원을 하였으며, 서울가정법원 사법제도개혁위원회 위원과 서울남부지원 상담위원 등을 하였다. 현재는 법무부 피해자 상담위원과 경찰교육원 외래 강사풀에 속해 있다. 상담소에서는 정신과 환자에 대한 심리검사와 함께 학교폭력 피해자, 성폭력 피해자, 가정폭력 피해자 등에 대한 심리검사와 상담도 하고 있다. 심리평가와 로르샤하 검사에 대한 특강 및 임상심리전문가에 대한 수퍼비전과 상담심리전문가를 위한 심리검사 수퍼비전을 하고 있다.

〈약력〉
인천 제물포고등학교 졸업
중앙대학교 심리학과 학사
서울대학교 대학원 심리학과 석사(임상심리 전공)
중앙대학교 대학원 심리학과 박사(임상심리 전공)
서울대학교병원 신경정신과 임상심리연수원 수료
한국임상심리학회 수석부회장 역임
중앙대학교, 명지대학교, 상명대학교, 숭실대학교 강사 역임
임상심리전문가(한국심리학회)/정신보건임상심리사 1급(보건복지부)

현 마음힐링센터 자인(1993년 3월 4일 개업) 소장
　한신대학교, 충북대학교 강사

〈주요 저서 및 역서〉
아동 및 청소년을 위한 학교상담(공역, 시그마프레스, 2015)
직무 스트레스의 이해와 대처(자상의놀이터, 2014)
일본군 '위안부' 문제의 책임을 묻는다(공저, 풀빛, 2001)
심리학 개론(공저, 학지사, 1995)
심리학의 이해(공저, 학지사, 1993)

〈관련 논문〉
혐오장면에 의한 스트레스가 강박집단의 주의에 미치는 영향(서울대학교 대학원 석사학위논문)
충동성이 추적과제의 속도-정확성 길항에 미치는 영향(중앙대학교 대학원 박사학위논문)
자긍심과 자아탄력성 증진 집단상담이 초등학생의 비행 성향에 미치는 영향(공동연구, 교정복지연구, 제32호, 2014)
다문화가정 자녀의 자아존중감과 대인관계 능력 및 비행예방 프로그램 개발(교정복지연구, 제31호, 2013)
처벌과 보상이 충동성집단의 문제해결과제 수행에 미치는 영향(한국심리학회지: 임상, 16(1), 1997)
충동성과 뇌파특성의 관계에 대한 연구(공동연구, 중앙의대지, 18(4), 1993)
한국인 남자에서 Aldehyde Dehydrogenase I의 변이와 알코올 민감성, 음주습관 및 알코올 중독과의 관계에 관한 연구(공동연구, 신경정신의학, 16(2), 1991)
한국판 Tridimensional Personality Questionnaire(TPQ) 개발을 위한 예비연구(공동연구, 신경정신의학, 30(2), 1991)

범죄수사심리학: 범죄, 사법, 법률, 개입
Forensic Psychology: Crime, Justice, Law, Interventions (2nd ed.)

2017년　7월　20일　1판 1쇄 발행
2018년　12월　5일　1판 2쇄 발행

엮은이 • Graham Davies · Anthony Beech
옮긴이 • 이봉건 · 이철원
펴낸이 • 김진환
펴낸곳 • (주) **학지사**
　　　　　04031 서울특별시 마포구 양화로 15길 20 마인드월드빌딩
대표전화 • 02)330-5114　　　팩스 • 02)324-2345
등록번호 • 제313-2006-000265호

홈페이지 • http://www.hakjisa.co.kr
페이스북 • https://www.facebook.com/hakjisa

ISBN 978-89-997-1296-8 93180

정가 26,000원

역자와의 협약으로 인지는 생략합니다.
파본은 구입처에서 교환해 드립니다.

이 도서의 국립중앙도서관 출판시도서목록(CIP)은 서지정보유통지
원시스템 홈페이지(http://seoji.nl.go.kr)와 국가자료공동목록시스템
(http://www.nl.go.kr/kolisnet)에서 이용하실 수 있습니다.
(CIP 제어번호: CIP2017014257)

교육문화출판미디어그룹 학지사
심리검사연구소 **인싸이트** www.inpsyt.co.kr
원격교육연수원 **카운피아** www.counpia.com
학술논문서비스 **뉴논문** www.newnonmun.com
간호보건의학출판 **학지사메디컬** www.hakjisamd.co.kr